U0955487

算法经济理论

经济学的认知革命及其大综合

Foundations of Algorithmic Economics

The *Cognitive Revolution and the Grand Synthesis* of Economics

李 斌 ◎ 著

经济日报出版社

图书在版编目（CIP）数据

算法经济理论 / 李斌著. — 北京：经济日报出版社，2019. 4

ISBN 978 - 7 - 5196 - 0521 - 6

Ⅰ. ①算… Ⅱ. ①李… Ⅲ. ①经济学 - 算法理论 Ⅳ. ①F0

中国版本图书馆 CIP 数据核字（2019）第 070401 号

算法经济理论

作　　者	李　斌
责任编辑	门　睿
出版发行	经济日报出版社
社　　址	北京市西城区白纸坊东街 2 号 A 座综合楼 710
邮政编码	100054
电　　话	010 - 63567689（编辑部）
	010 - 63538621　63567692（发行部）
网　　址	www. edpbook. com. cn
E - mail	edpbook@ sina. com
经　　销	全国新华书店
印　　刷	北京九州迅驰传媒文化有限公司
开　　本	787 × 1092 毫米　1/16
印　　张	50
字　　数	1100 千字
版　　次	2019 年 5 月第一版
印　　次	2019 年 5 月第一次印刷
书　　号	ISBN 978 - 7 - 5196 - 0521 - 6
定　　价	198. 00 元

版权所有　盗版必究　印装有误　负责调换

作者自序

如果说主流的新古典静态框架并不令人满意的话，那么一种足以用来取而代之的“动态经济学”又将是什么样子呢？种种自我宣称的“动态理论”之所以至今未能被广泛接受，其中的“奥秘”究竟为何呢？在微观经济学与宏观经济学之间，究竟是否存在可以把它们统一起来的一致逻辑呢？“制度”究竟是怎么一回事？“货币”又是怎么一回事？创新与发展为什么以及如何发生？如何科学地看待心理、人性、“非理性”等的存在？倘若知识与思想必须作为经济学的一类分析对象来看待的话，那么，我们怎样来分析它们？是否存在一门可以集合众家学派之长的统一的“经济学”？经济学与社会科学有没有可能统一起来，从而实现古典学者们当初所设想的目标？我们如何用一个统一的理论框架来描述、分析、解释和预测纷繁复杂的经济社会生活？

以上所有这些问题其实都是相互关联着的，它们拥有一个简明而统一的答案，这就是借鉴计算机原理而建立的“算法框架理论”。计算机是近代以来一系列思想、学科和技术发展的综合产物。透过它的启发，我们恍然大悟，一下子明白了长期困扰社会科学界的一系列重大而基本的理论问题的症结所在。算法理论及其各个推论，就好像人体内的血管系统，使各个器官与组织实质性地沟通起来，并紧密地联结为一个整体，浑然天成，可谓“天作之合”。其中的逻辑如此流畅，各类论据如此强大，而理论形式又是如此简单（即使不了解计算机原理的读者，只要用心阅读和思考，也是能够掌握的。参阅 1.5.5 节），以致我们不得不使用“发现”（而不是“构造”）这个词来描述对它的获得。也就是说，有关的原理简直就是客观上摆在那里的，只等着人们去“看见”和“拾取”。这种确定性（或可信性）不取决于任何人是否喜欢它或熟悉它；只要承认相应的前提，结论就会自然而然地流淌出来。由于算法理论可以用来方便地解释几乎无穷多样的社会现实，以致我们甚至也可以相信人脑的“真相”就是如此——这种“相信”几乎不仰赖于脑科学（或者智能科学）未来将会取得的进步。

算法理论及其所造成的一系列后果具有历史上众多重要科学发现所共同具有的一些普遍特征，因此，笔者自行宣称这是一场“革命”。而且，这场“革命”不是对包括认知科学在内的相关领域科学成果的简单运用，而是借助已有的成果，进行了新的创造，而这种新的创造反过来又可以用来完善那些领域。这就加强了这种发现的重要性和可信性。心理学领域内的“认知革命”，在扩展到经济学和社会科学时，显露出

"心有余而力不足"的迹象，原因显然在于认知科学原先所具有的一些缺陷。认知革命只有经过算法式的改造，它的扩张与革命运动才能重获新生，才能得以延续下去。这就是"算法式的认知革命"所具有的特殊意义。然而，我们应当向建立在计算机科学基础上的当代认知科学表示敬意，算法理论也仍然应当视作属于"认知科学"这个大范畴。因此，本书的副标题仍然采用了"经济学的认知革命"这一说法，以标明它的渊源、路线和风格。

一旦来到算法的境地，回望经济学以及人文社会科学的历史，一条条清晰的学科发展脉络便次第地浮现出来。在"算法理论"这面镜子的观照之下，各门学科、各种学说的优劣得失显露得格外清楚明白。它们现在都汇合到算法框架之下，可以由我们批量性地、一次性地予以总结，并予以集中的、简约的表述。如此一来，诸多道理、认识、价值、信条和观念（例如多元、冲突、发展等）再也不必继续作为散乱的、僵硬的教条来遵从了，它们被"活化"了，变成了接受这一理论的人们可以在自己的思想中自生自发产生的东西。"直至今日，方知当初。"可以说，古典时期的困惑与纷争至此也就"知其所以然"了。显然，除非来到了信息时代，否则这些理论困难便具有一种"难以解决"的性质。这种相互的印证不仅发生在古今之间，也发生在不同的学科领域之间。算法理论在经济学、社会科学与人文哲学领域内的广泛应用不仅不应当看作一种夸张和炫耀，反而应当视作一种间接的证据，证明"大综合"不仅是可能的，其正确答案我们也的确已经找到了。其实，只要我们洞察到各学科近现代以来始终为相似或相关的问题所困扰，也就可以推知，理论综合只在某些局部领域（例如经济学内部）发生却不触及其他领域（例如哲学）的情况是不大可能出现的；否则，这种所谓的"综合"很可能就是虚假的，不是真正的、够格的和正确的"综合"。

在这个"环环相扣"和"触类旁通"的过程大致上结束之后，社会科学建立起了自己的明晰的、统一的和自洽的原理与方法体系。这个体系与自然科学既相互联系又相互区别，并且其联系与区别之处也都是合情合理的，甚至是可以按照一定的逻辑关系推导出来的。这个体系具有相对的完整性，它意味着一整套新的研究纲领。按照这一纲领，许多进一步的具体工作的必要性已经凸现出来，并相当明确地摆在了前方的路上。算法理论几乎关涉我们常见的所有议题，每一个议题都需要经受算法式的改造。例如算法理论对于各个具体经济学分支或具体学派进行综合与改造的专论，对于计算机模拟进路的研究可以进行的综合与改造，对于社会学、法学、政治学可以进行的综合与改造，对于哲学与历史学可以进行的综合与改造，等等。这些工作可以用来填充新世纪里今后若干年间各个领域研究的日程表。本书只是为这些工作提供了一个大纲和若干基本思路而已。由此我们意识到了一个时代的终结，以及另一个时代可以以新的方式开始了。笔者深信，按照自然科学所建立起来的先例与标准，我们可以把算法理论视作一门统一的社会科学的真正的"开始"。它不仅是对已有成果的综合，而且包含着、并且将会越来越多地包含已有学说所未能容纳的重要的新内容。

为了证明上述的基本观点，我们展开了一个比较漫长的旅程。全书的论述仍然从对社会科学大综合的主要绊脚石——新古典经济学的分析和批判开始。笔者的做法是，按照新古典学者们所能够理解、并且有可能接受的逻辑，带领读者一步步地前行，直至“算法的境地”，从而实现范式的大转换。在重述了算法理论之后，接下来的工作分为两个步骤：一个是破坏，一个是建设。我们首先针对各个理论流派逐个地评述其优劣得失。这相当于对它们分别进行拆解。正确的或有用的留下，错误的或无用的则予以放弃。然后是重新组装，同时把自有的新的东西加进去。这项工作虽然听上去复杂，然而，因为算法方法拥有流畅的逻辑，所以本人信笔写来，任意行进；尚未尽兴之余，百万字的著作已经形成了。

这样一来，就产生了一个名为“算法经济理论（或曰“算法经济学”）”的体系性的东西。现在，我们就来随意地检阅一下，看看其中都有一些什么“亮点”，可以用来向读者进行展示。

这个新的经济学需要从社会科学起步。首先论述人的思维、个性及其成长，然后是通信、互动、政府的产生以及制度型态。旧的经济学在抛开货币的前提下起步，而新的经济学的起步却离不开货币、资产、制度、思想、社会等“边缘性的”构件。它从对“交易中心主义”的批驳开始，交易与货币被重新“降格”到局部性的、从而正确的位置上。这种方法不仅内生了货币，而且把货币用来作为区分经济与社会的一个技术性的（二者在本质上无须进行区分）标准。这是对“经济学”下定义的一个简易的、巧妙的和水到渠成的方法。经济活动绝不是在缺失上述各个元素的情况下起步的；恰恰相反，这些元素不同时具备，则经济活动根本就不能起步。也就是说，真实的世界**从一开始**就**直接地**、**无保留地**作为我们的对象、内生物和理论原型了，接下来的工作只是次第地论述摆在我们面前的这整个实体的方方面面而已。

按照经济学的传统，接下来的论述涉及投资、生产、组织、交易、金融、产业、区位、分配、增长、周期等各个方面。它们既按照算法的逻辑（“思维—知识—冲突—创新四位一体”、多元、冲突、混合性、高阶一致性等）保持着各部分之间的一致性，又使各个议题分别具有各自的特色和独立性。可以说，几乎每一种论述，即使表面上与已有的文献相似，在本质上和基础上也是不同的和新颖的。各章节所努力去揭示、强调和解释的那些现象和事实，长期以来处于“灯下黑”的状态。然而，一旦我们真正理解了它们，也就会无一例外地同意把它们作为组成一个适当的经济理论体系的必要元素。例如，价格是动荡的，它不仅不是居于中心位置的所有信息的“汇总”，而且是一个浮躁的、跳上跳下的、行止极端的“小狗”。经济体系中存在着一定的秩序和严密性（均衡），而它的另一面却是复杂的和“漏洞百出”的，这些“漏洞”引诱着各类行为者奔忙前行，形成行为流量。旧的“漏洞”消灭了，新的又产生出来。对知识发展的“组合爆炸”效应的失察可能是迄今为止各类经济学所共同具有的重大缺点，而对这一缺点的纠正则使经济系统决定性地成为一个开放的、单向发展的、从根本上难以实现稳定的系统。这一原理也许是算法经济学可以做出的最为重大的贡献。在“知识大爆炸”的背景下，任何均衡、秩序、失败和退化都只能退守一隅。这是对传统均衡范式的批判性吸收。

政府的在场和内生化是"大综合"的一个重要方面。政府意味着较大范围的理性设计和强制力的运用，这是在强行推广某些高度确定的既有知识（例如对于偷窃行为必须**立即**强制惩罚）。但是，鉴于知识以及执行力的局限性等因素，**其余的、在数量上无限的**领域必须向自由市场进行开放；这是在实行"除外算法"（参阅 7.5.7 节脚注）。政府与市场在各自所处的领域中都是具有比较优势的。按照诸如此类的逻辑，市场经济体制的特性与有效性才能得到**基本正确**的阐述。"看不见的手"原理则在"半内在化"这个概念之下得到了正确的解读与重述。与之相对照，我们很容易看出新古典的"解释"是何等地"南辕北辙"和"离题万里"！

世界需要一门**正确的**经济学。这门经济学首先不要讲什么"确切"和严格的"实证"。如果经济学在主要的和基本的方面都不正确，都不能解释那些最为显明的事实，何谈"确切"和"实证"呢？！这一点正是笔者所要反复强调的。例如，经济理论不能实现动态化，也就谈不到基本的真实性。又如，市场需要政府，这个道理在原则上是不需要质疑的。假如经济学家们至今仍然在争论这些基本的问题，那只能表明经济学可能连最为初级的社会奥秘也还没有发现。制度是一种武断的（甚至可以说是"错的"；"犯错误"简直就是它得以建立的一个必要条件）东西，因而只能在有所冲突的而不是追求全面一致性的环境中来进行刻画。倘若我们不能认识到这一点，则"制度经济学"也就不可能正确地起步。经济政策（无论在宪法的、立法的还是行政的层面）的构思在原则上是必需的，是一门相对完整的"经济学"所必不可少的内容；要是以反对"理性设计"为由来否定政策的必要性，那也就只能表明经济学可能还只是处在"前科学的"阶段。真正够格的"统一原理"将会把绝大多数的理论争论予以科学化、技术化和细节化。为了演示算法理论在政策实务上可以发挥的基本指导作用，本书开辟了专门的一篇，即第四篇。

"懂深不懂浅"（张五常语）正是所谓"现代经济学"的一个特点。因此，本书的论题虽然广泛，但大都从最基本的方面入手。尽管诸多事例表明，算法理论在尖端性的学术争论中可以发挥良好的、甚至奇妙的作用，笔者也宁愿保持克制，而把论述的中心放在算法理论如何与诸多高端议题进行"对接"这个焦点问题上。也即，针对每一个具体的论题，新古典的方法是怎样的，算法的方法又是怎样的，以及如何实现"过渡"，等等。笔者不断地变换角度和题材，以图在不同的语境中对此进行说明。所有的论述都可以仅仅视作例证（或者初步的、启发性的思路）。在各个有关的具体议题上，本人不求全面和精深，而只求用来说明主题即可。我们关注的重点始终是基本范式、框架、原理与方法的大转换，而不是在任何具体应用领域里求全责备。为此，本书在论点之间穿插转换较快，着重于保持整体的和宏观的视野。希望读者能够理解为了进行"大综合"所采取的这种不大寻常的论述方式。这不是论点的散乱，而是主题的集中。由此引起的缺陷是明显的，但为了突出主题，也只好予以容忍了。笔者宁愿把发挥的空间留在未来，或者留给对算法经济理论感兴趣的其他作者——实际上。

本书中所涉及的大部分子议题，只要投入一定的精力，都可以比较容易地单独扩展为一本书。这些工作无论谁来做，今后都是必需的。在资料和文献方面，本书（尤其是第三、四篇）所使用的资料基本上是普通教科书级别的，而不大涉及尖端的文献，因而大都没有注明出处。这种写作方式有点类似于教科书或者经济思想史著作。尖端的文献对于本书来说大都是无用的。唯其愈发基本、常见而“毋庸置疑”，我们才要愈发质疑、纠正或颠覆之。我相信，这是完成“大转换”所必需的。

不过，这并不表明本书是通俗易懂的。尽管它也可以供一般读者阅读，实际上它是写给专业学者的，尤其是写给那些对于经济学和社会科学的基本问题具有深入思考和探索的学者们的。由于习惯与成见过于强大，初次接触算法理论的人，往往竟然不知所云。对于算法理论所要回答的问题，这些学者其实压根儿就没有意识到它的存在，更不要说对之进行思索了。算法理论在理解上的难度，超出了我最初的想象。因此，它自从问世以来所遭受的冷遇，其实是情理之中的。这导致了本书还不能直接当作普通教科书来进行使用。“算法原理”固然应当是未来的人文与社会科学专业的学生们需要普遍掌握的基本科学原理，但是，在本书与普通教科书之间，还需要各领域的专业学者们进行大量的工作。这些工作本人目前无力承担。本人试图做出的贡献其实只有一个。这百万字的篇幅，归根到底，实际上只是为了说明一个理论、一种原理和一套方法而已。只要本书能够实现这个主要的目标，我宁愿书中所有的专门性工作都被各领域的专家们无情地推倒，从头再来。普通教科书级别的“算法经济学”只能作为“经济学的认知革命”的最终成果来呈现，方才是对普通大众负责任的做法。

然而，本书也具有强烈的时代性。在知识界，经济学的改革运动正在风起云涌，蔚为大观。新世纪与新千年的更替同时也使经济学界的风向陡然发生了变化。纵览国内外的各种新学说（例如所谓“批判实在论”）、新言论，可以发现，改革者们的基本想法多有一致之处。同时，笔者相信，算法理论是对大部分这类常见设想的一个精炼，一个具体的、高效的实现。有了算法理论，大部分有关的争论也就可以平息了，或者可以转入算法的轨道来重新进行了。作为一名中国本土的独立学者，笔者对于这一发现的取得以及能够获得为世界经济学做出贡献的机会而深感幸运。

自从前苏联和东欧发生剧变以来，重大的意识形态、社会制度和公共政策争论困扰着各个前任的以及现存的社会主义国家。而在西方，自从最近一轮的经济危机发生以来，经济政策至今尚未退出危机管控模式，历时超过了十年。西方体制在东欧等地取得颠覆性的胜利之后，却正在西方本土遭到新一轮的怀疑。对这些思想问题的解答离不开经济学。经济学实际上是当下世界公众舆论关注的中心议题之一。而现存的经济学不仅不能令人满意地解答人们心中的困惑，甚至还是引起困惑的一个来源。因此，重构和新建一门综合的、正确的经济学说其实是迫在眉睫的，是具有重大现实意义的。这对于舒缓中国当下愈益尖锐的思想纷争尤为重要。一些中国的经济学者们如今以尊奉西方为荣，唯西方“权威”的马首是瞻。然而，思想的自由、自主和自生的发展终究不受国内外任何权威的束缚；发展往往是以出人意料的（也许不那么令人舒适的）方式进行的。而从长期看，学术本身的更新方式与学问家们所研究的现实世界的更新方式是类似的，历史的悲喜剧总是重复地上演的。

如同本人的前两部算法类书籍（《算法框架理论：一门统一的社会科学之基础》以及《社会科学原理初探：算法方法》，由中国人民大学出版社分别于 2009 年和 2012 年出版）一样，笔者把希望主要寄托在思想前卫的年轻学者身上。无论身处体制内还是体制外，只要潜心攻读，任何读者都有可能掌握（以及改造和发展）这门迄今为止也许最为合理的经济学说。对于一门新学问的初期发展而言，即使没有很多人参与，寥寥数人往往也是可以做出很大的成绩的。人生的幸事在于觅得若干知音。若果如此，则笔者辛劳数年写作本书的目的，也就算侥幸地达到了。

感谢张曙光教授、冯兴元教授所提供的帮助。感谢新加坡南洋理工大学经济系 Albert Winsemius 讲席教授黄有光先生、西安交通大学经济与金融学院冯涛教授所做出的评论。感谢山东大学陈强教授的帮助。感谢我的弟弟、西安安迪克信息技术有限公司董事长李小江在计算机专业知识方面所提供的咨询意见。不过，本书中的任何不妥之处，均由本人承担责任。感激我的妻子张若希为了照料孩子与我的生活所做出的牺牲。

李斌

http：//blog.sina.com.cn/libinw

libinw@sina.com

2019 年 3 月 18 日

目　录
CONTENTS

第二篇 新古典经济学的终结以及经济学的大综合

第四篇　社会工程学

引　言

“算法进路的”社会科学终于进展到了这样的阶段，即我认为现在可以直接来面对比较具体的经济议题了。《算法框架理论：一门统一的社会科学之基础》（中国人民大学出版社，2009年；以下简称“《算法》”）正式提出了算法理论，《社会科学原理初探：算法方法》（中国人民大学出版社，2012年；以下简称“《原理》”）则运用这一理论来尝试性地构造社会科学中的若干基本原理。现在，在以上工作的基础上，本书则试图运用“算法的”理论、原理与方法来改造现有的经济学，以及在综合已有各个经济学说的基础上，尝试性地提出一个“大一统的”、新的经济学图式。[①]

尽管算法理论可以具有广泛的用途，它最初却是因为经济学的需要而产生的。由于现代主流经济学把那种源于自然科学的理性主义方法发展到了一个极端，进而在与其他学说和学科的冲突中把这种方法的诸多弊病鲜明地暴露了出来，这才使我们看清了问题的症结所在，算法理论因而才得以问世。算法理论是一种“催化剂”，一旦它被投入人文与社会科学这个大水池，就会引起一连串剧烈的化学反应，使得社会科学最终走向统一，并且使得社会科学与各个人文学科之间的一致性得以建立起来。这种综合过程可以称为“大综合”；这是笔者新近冒昧使用的一个说法。不过，算法理论的最为迫切的应用仍然在经济学和经济领域之内。这并不是说算法理论在其他学科领域中的应用不够重要，而是说，算法理论对经济学的改造势必会取得最为丰富、最有启示性的成果。如果对经济学的改造取得了成功，也必将促进算法理论在其他领域的应用。在其他非经济领域，基本原理与方法中的有关问题一般不像经济学这样明显，虽然笔者同样认为，在这些学科中应用算法原理仍然是非常必要和紧迫的。

我们可以把算法理论简单地表述为：人进行思考就是运用头脑中先天就有的各种基本思维工具、并且以有限的速度来逐个地、交替地、反复地加工来自外部世界的各种信息，也即“思考＝计算＝（指令＋信息）× 计算速度 × 计算时间”（其中，指令 = 计算机指令或“人工指令”）。这是计算机科学最先采用的一个基本原理。然

① 图式（schemata）作为一个较早的概念，笔者认为，它相当于经由托马斯·库恩的著作而得以广泛流行的“范式”（paradigm）一词。库恩并没有严格地给出范式的定义。图式或范式实际上是在异质性与离散性的环境中关系相对较近的多个元素的集合，因而，它类似于“模式”“系统”之类的概念，但专用于方法论讨论的语境中。思想在空间中的离散的存在、关系的亲疏、冲突与一致性的混合等都是其必要条件。换言之，算法框架正是定义图式或范式的合适工具。

而，由于种种原因，它被各个领域的学者们普遍地忽视了。这也包括了那些以计算机科学为基础工具来研究人类认知的学者们。本书将特别说明，即使对于现有的“认知科学”而言，算法理论仍然称得上是一种创新。由于它的缺失，认知科学目前呈现出杂乱无章、相对停滞的趋势——这也就解释了那些试图向认知科学寻求帮助的经济学家们为什么至今依然所获甚少。一言以蔽之，在如此广泛的领域之内，我们所推广的其实只是上述这个简单的理论，我们用这个理论来推导出丰富的经济学与社会科学含义。这就是迄今为止全部的“算法式的工作”的性质。

读者所困惑的往往是不理解上述这个理论与他们所关注的各种问题之间有什么联系，为此我们发展了诸多概念和推论，以便在两者之间架起桥梁。为了便于陈述，现将算法理论及其推论合称为“算法原理”。“算法原理”是不可能全面列举的，不过，在此可以举出一些例子；看了这些例子，读者自然就可以对算法理论的重要性有所理解：在有限计算速度之下，人的认识既在特定时点上是局部的和有限的，又是历史性地持续发展的；可以认为，知识发展的潜力近似于无穷；人们之间在思想上既有相同之处，又存在差异；一般而言，个人的知识体系内部必定存在着冲突，个人也会不时地否定自己的过去，进行创新；换言之，人的思想与社会世界广泛地处于差异化、碎片化、多元性、不确定性与相对性之中；临时计算必定会形成知识存量，知识存量又支持和约束将来的临时计算，这意味着理性计算本身就是模式化的、粗略的、鲁莽的和有倾向的，也即理性计算在现实世界中必然会发生“弯曲”，或者发生主观的、“非理性”的“转向”，只有这种“转向”才使决策能够及时做出，进而产生外在的行为；这种机制与本能、情感等“非理性因素”的工作机制是类似的；相应地，“行为”在原则上都只包含着有限因素，它是主观与武断的产物，不同行为之间既有一致之处，也会存在着冲突；科学的性格是内生的，理论对于现实世界一般是有影响力的；文学艺术作品在学科体系中应当具有不可缺少的地位；有必要明确提出“社会工程学”这个学科门类，等等。简言之，算法理论可以用于在以下诸多范畴之间广泛地建立一致性：静态与动态，有限与无限，流量与存量，绝对性与相对性，多元与统一，主观性与客观性，理性与“非理性”，意识与“潜意识”，机械论与有机论，认识与行动，个人与社会，定性分析与定量分析，科学与人文，本体论与方法论，等等。尤其是，算法理论可以为经济学与社会科学带来真正令人满意的动态理论，可以对社会发展与进步的不可避免性进行逻辑清晰的解析和展示，这可能是一个突出的成就。还有，社会科学的统一性可以与多元性相互并存；这种逻辑貌似荒谬，实则合情合理；它使我们豁然开朗。这种逻辑可以表述为“高阶的一致性”这个概念。

在人文与社会科学的历史上，在如此广泛的领域、范畴、观念以及学说之间建立起如此精致的、令人满意的一致性，笔者认为这很可能是第一次。原始型态的社会科学虽然是综合性的，但很不精确。后来，随着严格性要求的不断提高，学者们之间就方法论问题产生了分歧，并于19世纪在欧洲形成了大辩论。然而，“方法论大论战”并没有能够达成一致，反而使得社会科学分裂了。关心不同议题、采用不同方法的学者们此后分道扬镳，各自为政。这不仅造成了学科之间泾渭分明的界线，而且造成流派纷呈，相互攻讦。由于采用了某些非常错误的观念与方法，在我看来，一些学科（例如新古典经济学）已经发展到凌空蹈虚、走火入魔的地步了。算法理论是在信息技术的启发下形成的，实际上它可以视作信息技术革命在心理学及其相关领域内所引起的“认知革命”的一个延续。有了“算法的”眼界与认识，我们可以条理清楚地勾勒出人文与社会科学的各个支流在20世纪的发展脉络及其含义，并且比较确切地说明为什么“大综合”迟至如今才会发生。

上述概念或论题都还比较抽象，都具有浓厚的哲学意味。的确，算法理论与哲学之间具有密切的联系。在《原理》中，我们已经提出，算法理论至少可以用于综合自黑格尔以来的各个现代哲学流派；尤其是，算法框架下理性计算所发生的主观性与“非理性”转向，使我们看清了“非理性”这个术语在大多数使用它的场合其实都是多余的，千百年来对于人的智力（或曰“理性思维”）的基本认识中包含着颇多错误的成分。这个错误其实在柏拉图论述“理念”与“事物”的分层、以及“理智”与“情感”两驾马车相对立的时候就已经犯下了。所以，算法理论实际上可以用来综合整个哲学和哲学史。然而，限于篇幅和主题，本书对哲学问题的涉及将仍然是初步的，只把它限定在必要的、尽可能小的范围之内。

算法理论不是哲学，而是一种科学。在大大扩展演绎法或者理性分析方法的范围、因而大大提高了理论解释能力的同时，算法理论仍然只是在奉行公认的科学准则。这不仅表现在我们总是力图采用通用的科学方法，而且表现在我们的主要兴趣和最终目的是对社会现实的关注、描述、解释、预测和干预上。在前期阶段，大量的哲学思辨是自然而然的，是必不可少的；而当这些哲学观念被普遍接受因而成为新的常识之后，注意力自然就要转到具体的实用性问题上了。

人们的常识性观念是，经济只是社会的一个组成部分，因而经济学也只是社会科学的一个组成部分。从算法的观点来看，这种常识无疑是正确的。所以，与当前其他经济学著作的阐述方式不同，算法框架下的经济学将以一门统一的社会科学作为出发点；我们将首先对社会系统的性质以及社会科学方法论做出一定的论述。相关的原理与方法将被视为完全适用于经济学，经济学将不再享有区别于其他学科的独立原理与方法，而完全成为一门“问题导向型”的实用学问。换言之，“算法进路的经济学”其实就是一种社会科学，只不过相对偏重于通常所称的“经济问题”而已。

关于算法框架下的经济学，我们已经在《算法》第一章、第5.1节和《原理》第八章提出了不少思路。这些思路值得进一步讨论，并需要大大地进行延伸。在《算法》中，笔者曾经声明，这些思路都是例证性的；在此基础上，本书则试图构造一个经济学的“体系”，我们将广泛论及经济学方方面面的问题。之所以要搞体系，原因并不是笔者认为应该制造某种“大而全”的东西——依照算法的观点，我们一般不可能对任何事物建立起某种“全面的”认识，更不要说对“社会”或“经济”这些复杂对象了——而是因为，既然声明要进行“大综合”，那么就不得不尽可能涉及现有经济学（无论主流的或异端的）所涉及的各个基本问题；如果现有的经济学可以理解为包含着一种或多种体系的话，则这个新的经济学也就姑且可以称为一种“体系”了。这不过是相对而言的，是为了叙述的方便。本书的目标只是给这个体系奠基，它还需要大大地扩充、深化和具体化。这个体系需要一个名称，我们姑且称之为“算法经济学”。

算法经济学既是对现有各个经济学说的批判性综合，又包含着其他学说尚未涉及的新内容。首先，在对已有的“算法式”论述进行概括与扩充的基础上，本书继续开辟专门的章节来分析和批驳新古典的一般均衡理论。虽然新古典经济学的错误与缺陷在算法的逻辑之下表现得十分明晰和难以抗辩（对此我们已经在《原理》中做出了专门论述），但是，这一问题对于现时代而言是非常重要的，它关系着众多学者的职业和前途，它意味着经济学的一个巨大的转向，因此仍然有必要继续做出详尽的阐述。只有使主流学者们确信经济学的转向是必需的，算法经济学的种种具体议题才能浮上水面。

在对各个经济学说进行广泛综合与改造的前提之下，算法经济学可以系统地描述和解释经济现象。通过探究当事人[①]的意识（以及“潜意识”），可以解释其行为；特定行为与其对象（思想、人、物理世界等）在时空环境中相互作用、相互补充、相互竞争以及相互替代，造成了种种经济的（或社会的）存在与过程。“算法经济学”将会是这样的：价格的静止与变动相并存；诸如“进程分析”与“进程管理”等结构性议题具有独立于价格分析的重要意义；彻底放弃“一般均衡”概念，经济的变动、发展、停滞甚至倒退相互并存，但总体上仍然明显地呈现出单向的“大爆炸”特征；当事人具有内生的个性，因此其经济状况存在着广泛的差异；失业是常见的，承认“不平等”问题的存在；知识、习俗、制度与组织内生于其中；货币与金融议题也是内生的；政府与宏观经济管理机构的“在场”，等等。总之，算法理论对于经济现象的解释不仅在根本上不同于主流新古典经济学，而且在很多重要方面不同于种种异端经济学。通过各章节的具体论述，相信读者将会在许多方面形成全新的经济观点。

上述理论性的“算法世界”大体上可以视作真实的世界。在已有的概念工具的基础上，我们可以把对真实社会世界进行全面的重建作为理论解释工作的总目标。以传统的方法论准则来衡量，这一目标似乎太过于“雄心壮志”了。然而，算法的方法是这样的：**它以对结构性、异质性、复杂性、混合性、多元性、不确定性、冲突与创新等抽象原理的证明从而在原则上一次性地内生整个世界**。例如，它首先不直接解释世界中每一个具体事物是如何产生的，及其与其他事物的区别与联系（任何理论要想轻易地做到这一点显然都是不可能的），而是首先去证明“多样性”与“复杂性”的存

① 在算法类文献中，我们广泛地使用“当事人”一词来称呼经济与社会行为者，以便突出其与我们观察者之间的区别。这个词同时与计算机模拟模型中的 agent 一词相一致，因而便于与基于计算机模拟的研究相接轨。在后一类研究中，围绕着 agent 这个术语，研究者们正在建立起对于社会科学中的“个人”概念的颠覆性的、同时也真正合乎实际的认识。

在。这种证明为解释具体现象的具体理论的产生做出了铺垫。具体理论当然还需要进行假设或引入具体的材料与条件。算法式的方法论所要强调的是，此类“元理论”的缺失正是此前经济学的一大缺陷。对于经济与社会系统，我们需要在整体上建立一些适当的、科学的认识或命题。这些基本原理的确立具有优先于具体理论或模型的重要性。关于具体经济与社会现象的研究应当置于这些原理之下。巨细靡遗地进行解释是不可能的，但是，另一方面，适当的、高度概括性的原理可以具有这样的效果，即它可以导致我们对于社会现象的具体细节丧失一般的兴趣，使我们的好奇心显著缩减，以致公认为理论解释的**主要目标**暂时业已达到。例如，物理学处于这种相对满足的状态中已经有半个世纪之久了——这并不是说物理学中已经没有问题需要研究了。与此相反，由于生命与智力现象至今仍然是一个谜团，生物学就不如物理学那样令人满意了。经过算法式的改造以后，笔者认为，经济学与社会科学同样将会进入与物理学相类似的状态之中。

对解释性工作之需求的降低，将伴随着规范性工作、或曰“社会工程学”的重要性的上升。经过若干准备以后，我们将向一个传统的重要议题发起冲击，即社会主义与资本主义、或者政府与市场的关系问题；我们将经由多种进路力图把二者统一在一个分析框架之内。算法的逻辑可以清晰地显示出，已有文献对于市场经济体制的论述以及对其有效性的“证明”是多么地残缺、错误、零散甚至混乱！在整理已有论述的基础上，算法经济学可以对此做出全面的、连贯的、中肯的和有力的说明；进而，它当然也可以以其强大的逻辑来说明计划经济体制为什么失败、以及政府在市场中的作用与局限性等问题。笔者相信，对于这些重大的问题，算法式的分析及其观点都具有鲜明的新颖性。有关论述将会进一步唤起我们对于探索更美好社会制度的好奇心。经济学的最终目标在于为改造社会现实提供指导意见；为此，本书也将提出“算法式的”社会改良意见和政策主张。这些建议既与现有的诸经济学说相互联系，又与之具有明显的区别。笔者相信它是重要的，甚至是独树一帜的。

尽管如此，上述所有的工作都是基础性和尝试性的，并且只着重于展示原理与方法。当一个人在白茫茫的大地上开疆拓土时，完备性是根本谈不上的。就目前阶段来说，整理旧学说、提出新问题显然要比回答这些问题更为重要。算法理论将不断地把我们推入这样的境地，即究竟我们应当提出或者面向怎样的经济与社会问题？至于对某些问题的回答，笔者也从来未敢要求自己一定要向读者奉上一块毫无瑕疵的美玉；这超出了本人目前所具有的能力。鉴于算法式的工作几乎每天都在进展之中，笔者仍然采取以往的态度，即进行了多少思考，就奉献多少成果。此外，需要把这里所阐述的算法经济学与算法理论区别对待。借助各个具体的分析和论述，本书的主要目标仍然在于说明算法理论及其方法对于经济学与社会科学有多么重要！笔者诚挚地期待相关领域的学者们能够关注、理解、接受和掌握这种方法，并把它用于各自的研究领域，以便建立自己的“算法式的”工作。这种方法虽然入门过程有些艰难，但一经理解和进入，就会发现它其实非常简单而又连贯；只要掌握了它，至少就目前阶段来说，经济学与社会科学的研究便是得心应手的，几乎无往而不利！

本书的具体章节安排如下：第一篇重述算法理论及其方法。在对算法理论、算法原理及其方法论进行扼要复述的同时，再就有关议题做出补充性的论述。这里着重提到了弗洛伊德心理学是如何阴差阳错地发生了南辕北辙式的错误，以及认知科学目前所处的良莠不齐的半成品状态。这既可以帮助新读者了解算法理论，又可以帮助老读者深度研讨算法方法。第二篇展示“大综合”。它旨在说明，在算法理论问世以后，新古典经济学已经不能继续成立了；进一步地，已有的各个流派的经济理论与经济学说，以及各种方法与进路的经济学研究，原则上都需要转入算法的轨道上来（也即以算法理论为基础）。对错误的剔除既不会否定原有的各门经济学所具有的合理性，也不会牺牲经济学作为一门社会科学所具有的多元性。第二篇是按照学派类别来进行阐述的，在第三篇中，章节划分的口径则变成了功能性的议题，我们将按照类似于经济学教科书的顺序逐次地演示，在各个具体的经济议题上可以怎样来运用算法方法，可以提出什么样的问题，可以持有什么样的基本观点，可以怎样统合已有的学说，可以怎样进行论证和探索，以及可以得出什么样的初步结论。本书的论域将会大大超越传统经济学的范围，经济议题将与政治、法律与社会议题紧密结合。为此，本篇先从一般社会科学开始，用专门的一章来为后面的“纯粹经济学”进行铺垫。第四篇首先专门论述了社会工程学。除专业学者之外，也许这将是政策制订者和普通读者相对更为感兴趣的部分。该篇将先泛泛地论述一下古今中外多种重要的治国理政模式。在前文论述的基础上，继续运用算法的方法来评价其优劣得失。然后再提出算法式的治理方法和政策主张。作为“关注和干预现实”的具体示例，在全书最后一章中，我们将以对比的方式简要地讨论一下俄罗斯与中国的改革和发展问题。

本书仍然只是一个引子，一个起点。许多工作都在本书中遗憾地空缺了。例如，一种结构比较健全的算法经济学，应当包括对经济史的叙述和理论性说明。经济史（以及一般的历史）研究一定会大大地加深我们对于经济系统以及当前经济状况的理解。可是，这项工作目前已经来不及做了，这构成本书的一个重大缺憾。又如，以计算机模拟为手段的精确研究，本人更是无力承担，只能仰赖于切实掌握了计算机工具的高手们了。

一条清晰的道路和大量的“算法式工作”摆在前方，热切期待着广大读者、尤其是青年学者们的加入。

第一篇

社会科学的“算法原理”及其方法

在人文社会科学领域，新的思想一般总是传播得很慢。用算法的语言来说，这主要是因为社会世界的“结构性”较之自然界太过显著。虽然距离第一次发表算法理论已经过去数年了，但它还不能算是公共的知识。这就导致笔者不得不在每部算法类书籍的开端都必须重新阐述一下算法理论，以便新的读者即使未曾阅读以前的文献，也不至于不能阅读本书。当然，这样做也有一个好处，就是我可以借此机会补上关于算法理论的最新的说明和发展。《算法》《原理》及有关论文[①]发表或发布以后，许多读者不甚理解，这就迫使我需要不断地变换方式来进行说明；加之有关论题也处于不断的丰富和发展之中，因此就有必要进行回顾、补充、重述和精炼——尽管在我看来，算法理论的主体部分及其有关推论至今也毋需做出任何重大的改动。算法理论是如此重要，因此新的重述是完全值得的。这可以使后来的读者在理解和掌握它的时候付出较少的代价。本部分以及全书的论述都将尽可能兼顾老读者与新读者、专业学者与普通读者，力图使人人都能够清楚明白。

本篇共分两章。第一章介绍算法理论的思想背景、提出过程以及理论本身。对背景与发现过程的介绍有助于对该理论的理解。第二章介绍算法理论的推论和应用，尤其增加了论述弗洛伊德心理学和当代认知科学的两个小节。这里的部分内容将在第五

---

① 迄今为止，算法的论文（本人作为唯一作者）都是非正式发布的，它们有：《算法经济学：一个关于有限理性的“一般”理论》，载《经济研究信息》2006（6），3-15；The Synthesis of Various Economics: An All-in-One Solution, Association of Heterodox Economics annual conference, Nottingham, UK., 2011；《经济学的大综合》，“中国经济学跨学科理论创新研讨会”，天则经济研究所，2014.5；《制度与组织的内生：算法方法》，中国制度经济学年会，杭州，2015.10。

章的前半部分继续展开。因此，在阅读过后对于算法理论仍然感到不甚了解的读者，可以直接跳过去继续阅读第五章。在理解了算法的理论和原理之后，再对全书进行顺序阅读，方才可以达到较高的效率。本章的最后部分用来专题说明和讨论一下算法式的社会科学方法论。

第一章　算法理论概述

1.1 提出算法理论的背景

1.1.1 分久必合：20 世纪的人文与社会科学

20 世纪的人文与社会科学领域处于一种“百舸争流”的状态之中。由于自然科学与技术领域在过去几个世纪中取得了巨大的成功，这激发了知识分子们在前人工作的基础上试图建立与自然科学相对应的“社会科学”的努力。学者们艳羡自然科学的成就，他们试图把社会科学建造得跟自然科学一样具有严密性和精确性。这项工作大致上是从 18 世纪开始的，并且一直延续到今天。可是，从 19 世纪末期开始，越来越多的学者们认识到，这种想法太过简单了；社会性的议题具有许多不同于自然界的特点，因此，不能仅仅依靠挪用自然科学的方法来解答社会问题。众多学者分别强调了这些特点的不同方面，由此形成了与上述理性主义方法之间的对抗。在我看来，这就是 20 世纪人文与社会科学界的基本局面。

这是一个需要予以解决的重大问题。这个问题的一边是理性、客观性、确定性、普遍性、静态性、精确性、数量性、绝对性、一致性、决定性等，而另一边则是“非理性”、主观性、不确定性、特殊性、动态性、模糊性、异质性、结构性、相对性、多元性和建构性。人文与社会科学领域的内在冲突，简而言之，就是上述这两类范畴之间的矛盾。如果不能找到适当的途径将二者统一起来，则不可能产生适当的社会科学方法体系；而在适当的方法体系建立起来之前，又怎么可能存在适当的社会科学呢？

这就是算法理论所要面对的问题。在我看来，算法理论正是解决这个问题的正确答案。如果我们注意到“完善”这个词的相对性含义，那么，甚至可以说，这就是一个完善的解决方案。基于算法理论，可以提出一套综合性的社会科学原理与方法论，并在此基础上来着手构建统一的社会科学。由于这个发现，我深信人文与社会科学将在新世纪中进入一个“大综合”的历史阶段。因为这一领域的基本问题终于得到了解决，人文与社会科学将与自然科学一样，步入一个稳定发展的时期，并与自然科学相互融合。

现在，我们先来回顾一下这个发现、推导与构造的过程。

1.1.2 算法理论的发现过程

算法理论直接起源于诸经济学说之间的相互冲突。20 世纪的最后 12 年，我处于学习和思考经济学的过程中。如同其他同学一样，大家早在中学时代就学习了马克思主义政治经济学；进入大学以后，相关课程得到了延续和深化。另一方面，改革开放事业已经进行得如火如荼，西方经济学课程因而得以进入了课堂教学之中。除了学习标准的微观经济学和宏观经济学，在那个异彩纷呈的时代，其他非主流的学说也在课堂和讲座中得到了介绍。老师告诉我们，新古典经济学并不足以解释经济增长；在这个困难的刺激之下产生了人力资本理论。约瑟夫・A・熊彼特的创新理论得到了重点介绍。此外还有赫伯特・西蒙的有限理性论。新制度经济学当时在大学中异军突起，当然也不例外。关于经济体制改革的讨论进行得非常热烈，因而奥地利学派经济学也得到了一定的介绍。思想的多元化与实际问题的刺激提供了难得的机遇；及至毕业时，我的脑中既充满了问题，又饱含着思索的兴趣。尤其是，人力资本与创新不能进入主流经济分析框架，这一点给我留下了深刻的印象。当然，那时候，我并不知道经济学的内在冲突是更广泛的人文与社会科学领域中所存在的种种根本问题的一种反映。

1992 年大学毕业之后，我一边工作，一边进入了一个独立研习和探索的时期。新制度经济学在此后若干年中逐步发展成为一种公共的知识和话题，势头日盛一日，长久不衰，实在有些令人惊讶。在这些年中博弈论和演化经济学也在全球范围内取得了引人瞩目的发展。奥地利经济学重归流行，其势头甚至超过了新制度经济学的盛况。而在现实世界里，苏联的解体、东欧的剧变、此后这些国家所经历的痛苦的转轨过程及其与中国发展模式之间的对比，都为理论思考提供了激情和素材。出于实际工作的需要，我的计算机知识也得到了丰富。

根据对国有企业改革问题的长期思考，我于 2002 年写作了《国资宪法：一个关于中国国有资产管理的制度设计》（该书由经济日报出版社于 2005 年以《国企改革：一个新方案》为名出版）一书。在该书中，我对组织理论和新制度经济学的产权理论进行了再思考。这种反思在该书完成之后仍然得以继续。新制度经济学的价值也许在于它具有提出问题和启发读者的作用。张五常在北京大学的一篇演说稿启发了我。他说，制度与交易费用并不是互不相干的东西；他认为制度是交易费用的一种产物或表现。而在关于企业性质的问题上，罗纳德・科斯则强调定义企业的关键在于定义人对人的指挥与控制。两位经济学家均未过多阐发他们的观点，但我感到其中隐藏着重要的东西，试图抓住它们究竟是什么。经过较长时间的思考，有一天，我终于认识到，要想把制度、组织、交易费用这些东西包括在经济分析的框架中（用理论语言来说，也即“内生”它们），正确的办法就是把人的思考活动视为一种与生产劳动相似的

“动作”，同时把人的思想视为同商品一样的存在物；思考需要知识，并且产生着知识，这就好像物质生产过程一样；制度是一种思想、知识和人力资本，因此，制度的内生化只是知识或人力资本内生化的一个特例；知识必须是某种有限的、具体的甚至可数的东西，于是，它自身难免会发生变化，或者进行外延式的成长，而这就意味着“创新”了。我认识到，需要设法找到能够刻画思维活动的上述进行方式（后来我才知道，这叫做“迂回生产方法”）的某种理论；一旦这个目标得以实现，将意味着我所接触的所有经济学说都可以纳入一个统一的分析框架，也即全部实现相互一致了。这个想法大体形成于2003年，现在我把它称为“思维—知识—冲突—创新四位一体原理”①（参见下一节）。

这个设想仍然是很粗糙的，其中的一些谜团有待澄清。探索的焦点现在集中于人的思维活动之上。显然需要一套可以确切地描述思维现象的语言。为此，我自然地想到了计算机。当时，计算机产业的蓬勃发展是一个比经济学更为热门的大众话题，许多文科的学者也在思考计算机对我们意味着什么。于是，我开始研习计算机科学。作为一名文科生，这是相当吃力的；可以说，其中的许多细节我至今仍然不甚了了。但是，这一研习的目标很明确，就是在其中寻找可以为经济理论所借用的最为简洁明了的原理，并忽略与此无关的其他内容。②在排除了若干最初的似是而非的设想之后，“指令”这个概念很快成为了关注的焦点，而方案则最终确定在“计算＝指令＋信息”这个原理之上；也即，我们可以假设，人的思维是以类似于计算机的“指令＋信息”的方式来进行的。由于“指令”主要指代思维活动或逻辑计算的一些具体种类，因此这个概念不难于理解。对于经济学者来说，它也不是黑箱。它更类似于一个旧事物的新名称。人脑中普遍存在的、先天就有的指令加工外来的信息，即构成思维活动或“计算”。计算在“冯·诺依曼架构”下以串行的方式进行，形成数据、程式或思维存量；这相当于奥地利学派经济学中的“迂回生产方法”，只不过我们把它扩大到了精神产品的生产方面。所以，这个方案意味着对计算机科学原理的最少的借用，也就是说，只要在经济理论中添加上面这个公式，也就可以达到目的了！这一理论拥有一个现成的证据，那就是人工智能工程。人工智能科学家们每天都在试图向公众证明：人脑与计算机是类似的。因此，几乎无需经济学者们对此再多说什么。至于计算机迄今为止尚不能很好地模仿的那些思维活动，则可以通过假设人脑比计算机多一些指令（我将之命名为“人工指令”）的方式而得以弥补（这同样遵循了“设置最少假设”的方法论原则）。如果我们引入这一理论来重构经济学，还可以借助计算机模拟手段来实现形式化；这又是对目前通行的数学方法的一种水到渠成的替代。总之，方案堪称完美！2005年初，我提出了最初的论文，并直接把它命名为：《算法经济学：

---

① 我在写作《算法》的时候，这个术语尚未提炼出来。在《原理》中，我首次把它命名为“思维—知识—创新三位一体原理”。现在看来，还是“思维—知识—冲突—创新四位一体原理”更为恰当。

② 当时我并不知道许多经济学者也在进行着类似的寻找，例如道格拉斯·诺斯，已经于20世纪90年代就开始以改革经济学为目的而进入认知科学领域了。

走向统一的社会科学》。

我把论文投给了《经济研究》，过了初审关，然而，最终却收到了退稿信。审稿人显然并不理解这个理论（同时也提出了个别有分量的意见）。最终结果是，这篇论文于2006年6月以《算法经济学：一个关于有限理性的“一般”理论》为题刊登在了社科院经济学所的内部刊物《经济研究资料》（现已更名为《经济研究信息》）上，不过并没有引起什么反响。失望之余，在朋友的建议下，我决心提出更加详细的论证。这最终导致了《算法》与《原理》两部书籍的出版。

1.1.3 应用的扩展

算法理论的核心内容至今仍然基本上保持着最初的原貌，但它的应用是逐渐地得到扩展的。尤其是，自2009年以来，在阅读哲学、认知科学和生物学文献的过程中，我惊讶地发现，自黑格尔以来的诸现代哲学（甚至黑格尔以前的哲学），作为关心人与社会的哲学，大体上竟然可以为算法理论所概括！这里存在着一条非常清晰的逻辑脉络。当然，如同对经济学的综合一样，这种对哲学的综合必然伴随着批判。例如，弗洛伊德的潜意识理论虽然大大强化了“非理性”的倾向，但是，弗洛伊德在他的书中所列举的许多例子，用算法的眼光来看，完全是一种思维现象，或者是理性计算的一种方式而已。弗洛伊德敏锐地观察到了思维活动的这种特定方式，但他的解释却正好把事情弄反了。现代哲学家们谈论动态性、不确定性、实践性、实用性、逻辑、直觉、语言、沟通等，其实是在建构着一种整体的一致性。这种视野跨度很大，需要很大的阅读量，但还是被我们觉察到了。一旦这种一致性被发现，诸人文与社会科学学科就是一个具有整体性的学科体系，文学艺术作品与社会科学之间的联系也就变得一目了然了。许多传统的理论难题因此也都将迎刃而解。例如，通过与达尔文的进化论相比较，我们可以认识到，达尔文的理论无论如何是不能摆脱“拟人化”的指责的；只有按照有意识选择的、也即算法的方式来阐释进化论，才能够揭示“进化论”这一理论的精髓。换言之，只有算法理论（作为一种“文化进化论”）才是真正的进化论，而生物体的进化问题只能通过比照算法理论而得到勉强的理解。[①] 不仅如此，即使仅仅从进化的速度来判断，思想的进化（文化进化）也要远远胜于生物进化。[②]

尽管算法理论实际上很简单，但现在我越来越认识到，无论对于普通读者还是专业经济学者而言，理解它都需要一个漫长的过程。因为有关计算机的知识形成了一道屏障，而读者们一般不会为了试图理解一篇论文或一部书籍而去补学一门课程。另一方面，对于了解计算机原理的读者来说，他往往也不理解这个理性而冰冷的机器同我们所要阐述的那些“温软的”社会或人文议题之间有什么直接的联系。对算法理论

---

① 参阅《原理》第6.6节。

② 参阅《原理》第3.5节。对生物学的崇拜心理普遍地存在于众多经济学家中间，这些学者一面反对经济学的物理学化，一面反对计算主义，实则多多少少包含着“把自己不理解的东西加以神秘化”的味道。高级的思想为什么反而要崇拜比“它”低级的对象呢？门格尔更是早就指出，这只是一种“有点肤浅的感觉”而已（参阅4.4.5节）。

的抵触与对人工智能的抵触之间具有相似之处。这是理解算法理论的第二个难点。然而，我认为，这也意味着一种机遇。读者的不解可以促使我把算法理论阐释得更好、更透彻、更连贯、更清晰、更深入浅出。参与者的缺乏也意味着我可以继续扩大算法理论的成果；我不仅制造了工具，还可以把它投入应用。我可以通过具体应用再来反复说明算法理论的意义。这就是笔者来到本书之前的心路历程。

1.1.4 经济学改革的潮流

下面再来回顾一下近年来国际学术界的一些情况，以及国际经济与政治局势。

当我正在构思算法理论的时候，我并不知道，新千年伊始就爆发了法国学生针对当今主流经济学的抗议活动；这一活动迅速扩大为一种国际运动[①]，吸引了大批经济学家的关注，造成了长期影响。哈佛学生于 2011 年对曼昆的经济学课程的抵制[②]，也可以视作这一运动的一个延续。在此期间产生了一批旨在改革经济学的国际性学术组织，诸如新经济思想研究所（Institute for New Economic Thinking）、世界经济学会（World Economics Association，简称 WEA）等。WEA 于 2011 年 5 月份成立，两个月之内就有6000名会员加入。[③]其他以经济学改革为目标的小型学术团体更是数不胜数。

学术界对于主流经济学的挑战尚在其次，而在现实世界中，局面则更为严峻。2008 年爆发的美国次贷危机给世界经济造成巨大冲击。此后，欧洲公共债务危机接踵而至。美国和日本的公债危机似乎也处于酝酿之中。当前的世界经济局势已经一改数年前的乐观气氛，霎时变得一片黯淡，似乎有无穷无尽的危机在前方等待着人们。经济学家们的声誉现在已经一落千丈，成为公共媒体讥讽、嘲笑和挞伐的对象。每当此时，如同历史上不时发生的情形那样，马克思的《资本论》又开始热销。

重要的是，公众并没有误解经济学家。真相并不是经济学家拥有完善的理论，好经让癞和尚给念歪了。事情的真相是，在我看来，经济学这门学科的基本原理和方法还没有达到一门学科所应有的"正常"水平，它根本不足以解释任何最为基本的经济事实。微观经济学家不知道危机是什么，因为他们的理论模型根本不能包容危机。宏观经济学家倒是正视危机，可是，作为其理论基础的凯恩斯的经济学却像一个七拼八凑的怪物，各种杂乱的倾向混合于其中。[④]在经济理论的基本问题尚未得到令人满意的解决之前，凯恩斯主义的药方却已经盛行大半个世纪了。无论美国次贷危机，还是欧债危机，扩张性的货币或财政政策显然都是发生危机的重要原因。但愿这些危机能

---

① 参阅［英］爱德华·富布鲁克：《经济学的危机：经济学改革运动最初 600 天》，贾根良、刘辉锋译，北京：高等教育出版社，2004 年。

② 参阅 http：//www.thecrimson.harvard.edu/article/2011/11/2/mankiw-walkout-economics-10/。

③ 非主流经济学会（The Association for Heterodox Economics，简称 AHE）也在发展壮大之中。笔者于 2011 年 7 月携一篇介绍算法理论的英文论文《经济学的大综合》（The Synthesis of Various Economics：An All-in-One Solution）前往英国诺丁汉参加了 AHE 2011 年会，并进行了演讲。

④ 关于这一点，可参阅一本用词激烈却又不失合理性的著作：［美］托马斯·伍兹：《清算谎言经济学》，马慧译，北京：中华工商联合出版社有限责任公司，2010 年。

够让世界从凯恩斯的吗啡中清醒过来，能够让经济学家们从受到公众关注的洋洋自得中冷静下来，转而反思一下这门学科的基本问题。

1.1.5 批判性综合

然而，面对种种危机与挑战，主流经济学者们似乎一如既往地不为所动，表现得镇定而自信。我绝非有任何进行人身攻击的意图，但我还是忍不住要说，在算法理论所揭示的包容个性的社会图景中，我认为，“新古典主义者”代表着这样一种人格：他自认为非常有学识，他的理论武器是最棒的，一切反对意见都是例外，他总是滔滔不绝地向人们讲述他业已发现的那些“牢不可破的”真理；他坚信科学工作的主要部分业已完成，因此他安详地、无忧无虑地生活着。他自有一套解释或应对有关负面证据的方法。这正应了科学哲学家伊·拉卡托斯的观点：一种理论往往具有某些“硬核”，同时也有许多辅助假说作为保护带；后者“顽强地保护这一硬核使之不致遭到反驳”。“科学家的脸皮很厚，他们不会只因为事实与理论相矛盾就放弃理论。他们通常发明某种挽救假说以说明他们届时称为只是一种反常的东西，如果不能说明这种反常，他们便不理会它，而将注意力转向其他的问题。”①一些非主流经济学者现在已经转向采用辛辣的语言和越来越高的调门来批判主流经济学，例如，“经济学改革国际运动”以及 WEA 的核心人物之一爱德华·富布鲁克就是如此。②这些人士之所以如此激动，显然是因为他们已经把主流经济学的问题看得相当清楚了。主流经济学是如此蛮横而荒诞，任何业已了解这些问题的人，如果他具有诚实的美德，那么，他完全保持平静将是不可能的。看来，经济学的革命，如果它将会发生的话，也将如同历史上业已发生过多次的科学革命一样，是一个与傲慢、顽固和盲从进行斗争的重复的故事。我真不知道，当历史翻过这一页之后，那些曾经以“主流经济学家”自居的人，他们会不会问自己这样一个问题：“历史真的进步了吗？”

请不要以为我想得太远了，因为在我看来，经济学的革命已经开始了，尽管其进展没有预想的那么快。而在所有对主流经济学的批判中，我相信“算法式的攻击”是最为致命的。中国人有一句古话，叫做“以子之矛，攻子之盾”。既然主流经济学家以其逻辑的严密性而自傲，那么，好吧，我们就来谈谈逻辑。我认为，对主流经济学的批评需要改变以往的做法，即老是批评它没有解释什么，它如何与现实相冲突，等等；这等于是在默认主流经济学在其解释范围之内所做的分析是无懈可击的。我们将在后文详细说明，真相绝非如此，主流经济学具有巨大的逻辑漏洞，因而它在逻辑上、在科学分析上往往不能自圆其说。

准确地说，现在要做的其实是“批判性综合”（或者叫做“扬弃”），意即我们既批判各个学派的缺陷，又要保留其各自的合理性。不过，关于这个“大综合”的可能

---

① ［英］伊·拉卡托斯：《科学研究纲领方法论》，上海：上海译文出版社，1987 年。均引自第 5 页。

② 可参阅一篇文章，来体会一下他的风格：http：//ineteconomics.org/blog/inet/edward-fullbrook-toxic-textbooks。

性，仍然存在着一个外部的障碍，此即在经济学界日益升温的“多元化”思潮。多元论者把经济理论的相互冲突视为当然的正常状态，这似乎为放弃追求一致性提供了哲学上的理由，而一些人却因此进而拒绝认真考虑任何理论综合的方案。多元论在经济学界以外流行了几十年以后，其意义现在终于被经济学者们认识到了；这当然是一个进步。但是，由于多元论的引入，我们就可以拒绝对一致性的探求吗？我曾问过一位学者这样的问题：“既然经济理论是多元化的，那么是不是我们今后就无须再批判主流经济学了？”他无言以对。由此可见，经济学界（以及知识界）思想混乱的状况如今已经发展到了何种程度？！多元论可以与通行的科学原则相互协调。这个说法看似奇怪，但绝非故弄玄虚。下一节将详细说明，这不过是一个简单的逻辑结论而已。

1.1.6 算法理论是一个独立的创造

关于提出算法理论的背景，鉴于其与现有认知科学之间的相似性，因此还有必要说明一下二者之间的关系。由于算法理论属于在计算机的启发下所产生的一种关于人的思维方式的理论，所以它也可以视作认知科学或者“认知革命”运动的一部分。当我写作《算法》的时候，根据有限的阅读量，我只知道算法理论相对于已有的认知科学文献来说是新颖的，但并不知道它究竟新颖到何种程度。要想证明某种想法是重复的，这比较容易，因为只需要找到一个事例就足够了；但是，要想证明它是独创的，则需要证明它在其他角角落落都不曾存在过；这就会困难得多。随着阅读量的增加，尤其是当我读到有关“第二代认知科学”的文献时，我逐渐确信不仅算法理论本身，而且其所引出的主要结论都具有独创性（参见第2.3节）。尽管算法理论的诸多部件大都是现成的，但把它们从文献中筛选出来经过改装后组织为一个连贯的整体，看来是本人的单独的贡献。例如，离开了经济学基本思想与原理的注入，要是不把经济学与认知科学这两方面结合起来，则根本就不可能产生适当的认知理论。只要理解了算法理论，读者就会同意这是沿着多个支流摸索出来的一个整体性的、飞跃性的发现，而绝不是一个简单的拼凑物。这种整体性意味着以一种统一的、全新的眼光和态度来看待思想、人物与社会。在已有考证的基础上，可以相信，“算法原理”（或它的相似物）在这个世界上的其他地方还不存在。假如这个学说早就存在的话，知识领域绝不会发生这么多的冲突与困惑。当然，这种认识是在不同的年份里逐渐得到丰满与深化的。

1.2“思维—知识—冲突—创新四位一体”

1.2.1“人力资本”问题

算法理论的核心是“思维—知识—冲突—创新四位一体原理”；这是我们进行理

论大综合的主要工具，也是笔者早期的一个主要发现。在本节，我们在不引入计算机术语的前提下来介绍一下这个发现。

新古典经济学所遭遇的一个严重危机来自对人力资本的发现。“人力资本”（human capital，也可以译为“人的资本”“人身资本”等）原指存在于人的身体之上（而不是人身之外的空间之中）的资本；除了人的体力，当然也包括脑力、知识和技能。后者可以统称为“知识”。它虽然存在于人的头脑（也许部分地存在于身体）之内，但主要是个人在其成长过程中通过经验和学习而获得的。知识的重要性不过是一种常识，为什么还需要被“发现”呢？这是一个重要而有趣的问题，也是一个尖锐的问题。在我看来，经济学的悲剧就在于，学者们对这些简单朴实的问题思考得太少了。实际情况是：当一些学者运用主流新古典理论来研究美国经济增长时，他们发现财富增长的大部分都不能得到解释；于是，他们认为这要归因于有关函数形状的改变，也即发生了“技术性的进步”（包括生产技术改良在内的任何“定性的”改良），而这种“技术性的进步”则来自在知识研发和培训领域的持续投资所生成的“人力资本”。新古典经济学不能内生人力资本，所以也就不能很好地解释经济增长。一个不能解释经济增长的理论意味着它不能说明财富的性质及其来源，那么，我们要它有什么用呢？换言之，这类研究其实相当于一种“判决性实验”；人们应当从这类研究中得出一个结论，即新古典经济学必须予以放弃。可是，事实不是这样，经济学家们此后果然如拉卡托斯所说的科学家们在这种情况下的普遍做法：“他们便不理会它，而将注意力转向其他的问题”了（作为这项研究在中断多年之后的一个延续，“新增长理论”于 20 世纪 90 年代出现。我们将在 1.4.6、3.9.3 等节陆续展开对它的评论）。

人力资本问题所暴露出的显然是“知识”在经济分析框架中的地位问题（“技术进步”问题也顺带产生了）。经济学家们对这个问题弃之不顾的原因，一方面在于按照这门学科的习惯，增长问题尚不处于经济理论的核心位置；另一方面，经济学家们显然还不能理解，逻辑严密的新古典理论怎么可能是错的；它的逻辑漏洞究竟在什么地方？在这个问题得到澄清以前，新古典理论显然是不会被贸然地弃用的，问题只能依然作为问题而存在。

1.2.2 思想的迂回生产方法

笔者对这个问题的思考，首先是从“知识”的性质开始的。

“有知识”与“没有知识”之间有什么区别呢？区别就在于前者比后者多出了一个叫做“知识”的“东西”，可见，知识是个“东西”，有它与没有它是不一样的。这就强烈地暗示了，知识其实与我们手头供人使用的任何“物品”都差不多。用哲学语言来说，就是必须把“知识”这个对象看作类似于存在、实在、事物、事实、实体之类的概念。“有”与“无”这个问题说明了知识有一定的形状与边界，因而人们通过将之与周边虚空的空间相对比，才定义了它的存在。“有”与“无”的问题也说明了它具有“位置”的概念，它可以在空间中占据一定的位置，于是，观察者通过判定其是否占用了特定的位置，才判定了它的“有”与“无”。相应地，这还说明了它可以运动，可以在时间上延续，所以具有时间特征。如同任何物体一样，它是在时空中存在的。

以上认识进一步暗示着，“知识”是一种与物质商品生产中的物质资本（机器、设备、厂房等）相类似的东西。它不是天然存在的，而是人进行工作的产物。它被预先制作好放在那里，等着人来使用。有时候它是空闲的、无用的，但到了要使用它的时候，使用者就临时让它发挥一定的作用。

于是我们来到了“迂回生产方法”。这个现成的奥地利经济学概念揭示了资本的来源以及存量与流量之间的关系。它的具体含义是：由于劳动者自身的能力是有限的，直接地徒手生产某种产品是有困难的，为此，他必须先制造有关的工具（包括机器、设备、厂房等），也即必须“迂回”到对工具的生产；而为了生产工具，他又必须再次迂回到对生产工具的工具的生产……依此类推。反过来，在某个特定的时刻，如果生产工具已经**事先**准备得比较充分，那么生产不仅将会变得可行，而且也就可以相对**及时**地得以完成。[①]

参照这个道理就可以知道，知识作为一种资本存量，是与产生它的流量活动相伴生的。这种“流量活动”是什么呢？显然就是思维活动。也就是说，倘若要把知识作为一种资本来定义的话，那么就要把“思维活动”作为一种“经济行为”来定义。一说到“经济行为”，通常想到的都是类似于体力劳动的物理化行动，它们主要作为人的肢体动作来看待。但是，现在，需要把思想本身直接当作“行为”了。较早期发生的思想活动形成了知识存量，知识存量支持了较晚期发生的思想活动。迂回生产方法同时显示了价值流量与资产存量之间的一致性：因为经济行为是需要花费的，所以由此形成的资本存量才具有经济价值。同理，这个逻辑要求我们赋予思维活动以“成本—收益”的特征；只有这样，知识或者人力资本才能成为一种财富，道理上才讲得通。当然，思维活动是一种辛苦的“工作”，需要花费[②]，这是常识，也是事实，因此我们要做的只是在理论上承认这个常识性的事实罢了。

这尤其意味着对于思考时间的引入。在物质商品生产中，因为生产者的即时生产能力有限，所以生产需要一个时间过程。即使引入了资本，也只能缩短而不是消灭生产的周期。同理，“思想的流量”也同时意味着，思想者在单位时间内的思考能力是有限的（这一点可以作为“有限理性”这个概念的基本含义），因而即使借用了知识存量，思考也仍然需要占用时间。对时间的占用是对资源占用的一个方面，因而思维活动产生了成本。所以，合乎逻辑的结论是，对思维流量的引入要求我们具备一个刻画思维能力有限性的理论，这样才能合理地说明思维活动为什么需要时间过程。最

① 参阅［奥］庞巴维克：《资本实证论》，陈端译，北京：商务印书馆，1983 年，第 53–59 页。

② 在本书中，我们较多地谈论思考的“成本”而不是“收益”，遵从的是新制度经济学的传统（例如“交易成本”）。实际上，如同分析物质商品的生产那样，把“成本—收益”作为概念对同时加以普遍使用在原理上是不应有任何问题的。

好能有一个简明的理论，它可以直接地、确切地说明思维活动是如何进行的，什么是思想生产中的“人的双手”、什么是“原材料”、什么是“工具”、什么是“产品”，等等。

明眼人已经看出，对思考时间的引入同时产生了一个巨大的好处，那就是理论的动态化。思想的动态化是经济理论动态化的关键。对此我们稍后论述。

平心而论，笔者并不认为，在经济理论问题的思索者们中间，只有我本人走到了这一步。事实上从“迂回生产”的角度来看待“知识”的文字已经零星地出现于经济文献之中。在传统上，经济学者们更是常常用与描述物理对象相类似的方法来描述思想对象，“脑力劳动”“服务”“无形资产”“人力资本”“社会资本”等术语就是这样产生的。诸学者们把物质对象与精神对象简单地混合在一起，展开他们的论述。然而，思想作为对象时，可以这样简单地进行处理吗？回答是否定的：二者绝不可以如此简单地混同起来！因为，思想的迂回生产还有着更为丰富的意义。

1.2.3 多元、冲突与创新的发生

当知识就像摆在我们面前的某种有形资产那样来“存在”的时候，这种情景是令人生疑的。这种“资产”是一种类似于固体的东西，它被有关的各种元素构造好了，定型了，具有特定的（而不是任意的）功能。当这种资产被调用的时候，它就“啪”的一下，现场发挥特定的（而不是任意的）作用。它的价值就在于它是现成的，不需要使用它的人在现场重新进行构造了。可是，由此产生的问题是，难道这种知识就不需要与现场的其他信息、知识和思想进行进一步协调吗？——尤其是考虑到思维活动就是各类主客观元素之间进行协调的活动；为了得出有关问题的正确答案，这种“协调”要求各个环节随时保持充分的灵活性。否则，有什么可以保证它就一定适合于其所要解决的问题呢？而且，知识资产都是反复使用的，又有什么可以保证它还可以应用于解决一系列众多的问题呢？

由此可见，知识资产是一把“双刃剑”，它的出现意味着一种两难困境：作为一种模式或者模块，它如不加以构造，就不能对那些临时进行的思维活动产生助益，而思维活动在解决每个具体问题时，就要从原始信息开始，把所有的思考过程全部走一遍——在时间有限的情况下，这个任务恐怕是不能完成的；反之，引入了知识资产，思维活动难免就要受制于它了，思维活动不可能逐一地检视和调整各个知识资产，只能被动地、甚至盲目地使用它。由此得出的结果不大可能是正确的和精确的。

现在可以进一步做出猜想，即在思维能力有限、因而思维活动需要一个时间过程的条件下，思维活动的进行方式、知识的状态以及思维的结果（例如决策）很可能与我们平时心目中的印象大相径庭。具体地说，“知识”很可能就是一种不完善的东西，是一种权宜之计，一种粗制滥造的“急就章”；它与思维活动之间可能存在着冲突；进而，其他的知识也是一定的思维活动形成的，那么知识与知识之间可能也存在着冲突；那么，不可避免的是，思维活动的结果也就不可能是完全“合理的”，也就

是说，“非理性”就会发生。

继续进行推理。倘若某个特定时刻的知识、思想或者意见不是那么合理的，是不精确的，或者就是错误的，则在接下来的时间里就可以继续纠正它了。时间上较晚的知识（新知识）否定了时间上较早的知识（旧知识），难道这不正好就是“创新”一词的含义吗？创新可以指在不否定旧知识的前提下增加新知识，但常常尤其是指对旧知识的否定，这后一种含义（显然更为“核心”）现在可以生发出来了。而且，思维活动的动态化不能仅仅是指“它会消耗时间”这样一种干巴巴的含义，而且应当把思想的发现、创新、除旧布新等含义包括在内；只有这样，动态的思维理论、从而动态理论本身才会具有基本的全面性和正确性。

小结一下。知识的内生要求人的即时思维能力是有限的，因而思维活动需要时间过程；知识则作为时间过程的中间结果以及最终结果来呈现。而在思维活动需要花费时间的条件下，笔者发现，矛盾、冲突、“非理性”、多元性与创新就会**不可避免地同时**发生。主流新古典经济学重点描述了一致性，而由马克思主义所强调的矛盾与冲突一直游离于主流理论之外，现在则可以综合进来了。思维结果的不精确、不正确表明思维可以具有主观性，因而主观性——这个奥地利学派所强调的元素也就同时进来了。矛盾、冲突与主观性的存在表明，至少在当事人看来，他们**在当下**还没有找到把有关的不同思想统一起来的方法，因而，不仅“多样性”、而且“多元性”这个词语也就可以使用了。（作为观察者的研究者难道可以在根本上与此不同吗？！）创新同时意味着“发展”“增长”“进步”等，那么相关的内容岂不同时也与主流学说合为一体了吗？——“演化的”经济学同样也是如此。

“踏破铁鞋无觅处，得来全不费功夫”。只要建立一个关于思维活动如何进行的动态理论，就可望实现经济学的大综合。这就是笔者所认为的主要发现。

1.2.4 多元、冲突与创新的发生（续）

对于“思维—知识—冲突—创新四位一体”这个原理，还有必要做进一步的论证与说明。

思想实体、尤其是思考时间的引入，产生了此前意想不到的问题。这就是，为了进行决策所占用的思考时间，会不会妨碍决策的执行呢？会不会导致当事人坐失良机呢？这个问题以前是不存在的。在主流新古典经济学中，当事人被假定为按照某种理想的方式做出了最优的决策，而且决策过程是不占用时间的。也就是说，按照主流的观念，只有物理化的行动（肢体动作）才是“真实的”行为，而思想过程则不是“真实的”行为（虽然也被勉强认为是存在的）。物理化的行动在“前台”“演出”着，思维过程则在后台默默地支持着。思想与知识不限量、不限时、无限度地供应着，要多少有多少。但是现在，思维对象与物质对象并列地存在于对象世界中，存在于理论模型中。由于当事人的精力是有限的，他要么从事外在的行动，要么从事内在的思考。即使两种行为兼而有之，边思考边行动，行动的规模与强度也必定是有限的，对一些行为的进行势必会挤占进行另一些行为的资源。依照常识，许多决策都是有时间要求或者时间限制的，这就使得读者顿生疑窦：在有限的时间内，当事人究竟能不能做出正确的决策呢？而“正确的决策”究竟应该需要多少时间来做出呢？

对这样的问题进行思索，使我们获得了更多的发现。首先是，外部世界是运动变化的，它从遥远的过去向未来进行无限的延伸，所以处于历史进程中的任何人，都不可能得到全部有关的信息。其次，从空间角度来看，因为空间是无限的，任何人都只能处于其中的某个点上，看到、听到、想到周围有限的事物，而事物是普遍联系的，假如不把全部的对象都“过一遍”，又怎么能够对眼前的事务形成正确的认识、进而做出稳妥的决策呢？再其次，这种思索形成了一个附带的体悟，即“思考的时间”可以是很长的。人们之间相互接力地进行思考，后代接续前辈进行思考，至今也只形成了眼下的有限的知识，而且许多问题仍然处于纠缠不清之中。因此，这个因素绝不是一个可有可无的次要因素。最后，终极的、完全的真理恐怕是难以想象的，因为需要思考时间的人无论如何也不可能跳出历史的进程，看到其后的最终真相。当事人不可能，作为观察者的经济学者们也不可能！

基于以上认识，我们需要重新思考决策问题。“决策”的意涵是什么呢？其实它意味着，在知识有限的情况下强行拿主意。当事人不能像科学家们那样按部就班地发展知识，像“新古典人”那样严谨地进行推理，要是感到不可靠就不前进，就不做出结论。当事人必须在有限的时间内投机取巧，运用一切简易的手段高效率地前进。即使明知没有把握，有时候也要强行做出结论——因为有些决策是不能不做出的。这就必然影响决策的质量，甚至导致错误与大量似是而非的东西产生。考虑到处于历史进程中的当事人实际上并不完全知道正确的方向，因而并不知道他已经犯了错误，这种脱离“正轨”的“弯曲”的情况一定是非常普遍和严重的。不仅决策如此，而且认识基础必定也是如此——因为认识过程需要产生花费，所以认识过程究竟在哪里停止，现在其实也属于需要“决策”的事项了。

这要求我们跳出传统的理性主义框架，彻底地用一种全新的、综合的眼光来看待人类思维的性质与状态。新古典式的思维是直线式的，它主要采用演绎推理的方式，直奔某种最终的目的地，“不达目的绝不罢休”。而在本书中，我们将借用爱因斯坦相对论中非常形象的说法，把思维活动对于这种假想状态的偏离称作思维活动发生了“弯曲”[①]。思维在时间的压力之下发生了弯曲，自此以后，它自身将发生**质的变化**；它将改变方向，不再前往那个目的地，并停留在**历史进程之中**的某个地方。

“幸福的家庭都是相似的，不幸的家庭各有各的不幸。”思维的弯曲具有丰富的表现形式，可以产生十分广泛的后果。例如，认识活动沿着科学的轨道受阻了，当事人将会主动脱离信息基础，出发点可能就会转向问题端，从实际问题进行回溯。这

① “弯曲”一词主要相对于新古典的直线式思维而言，它的意涵实际上是中性的，不带有价值判断的色彩，所以，本书主要使用“弯曲”而不是“扭曲”一词。后者常常是贬义的。若以“最优化”的眼光来看，这种弯曲并不是“扭曲”，而恰恰是一种确当，新古典的解释才是扭曲的。

意味着实用主义方法，也意味着工程学（或者用来指导行动的形形色色“学说”）脱离科学而具有了相对独立性。思维的弯曲导致了失败、失望、绝望和彷徨的情绪，这反而在一定程度上解放了思想，意志论就会流行起来，空想、神秘主义和说教就会出笼。站在**某个时点**上的当事人，就会以自己的方式尽其所能地总结（或者叫做“了结”）**整个世界**——新古典的一般均衡思想由此就可以得到吸收和改造。“弯曲”因此就会加剧。各种不相容的思想与学说（不管来自学者们还是来自其他身份的人们）就会长期流行，相持不下。

对象世界如此，作为观察者与研究者的学者们的主观世界也是如此。学者们也没有三头六臂，他们的思想不可能本质性地不同于当事人。有时候学者们比当事人高明，其中的主要原因不是别的，而是在思想成本的压力之下进行分工与专业化努力的结果。这种“比较优势”的取得是以学者们在其他方面的策略性放弃为代价的。所以，本书的基本观点是，沿着这个方向，不仅可以形成正确的、合理的本体论，而且同时也可以形成与本体论相一致的合理的方法论。

笔者把上述原理称为“思维—知识—冲突—创新四位一体”（参阅图表 1）。这是我们进行“认知革命”与“大综合”的基本工具。需要强调的是，我们不仅仅是在（像主流学者们那样）口头上“承认”多元、冲突与发展，而是在**论证**它们；多元、冲突与发展是论证的目标，而论证本身却是演绎性的，是前后一贯的；我们把多元、冲突与发展当作“规律”来进行揭示。经济学与社会科学首先要做的，不是去发现任何具体的规律，而是这样的**基本规律**。只有这样的规律，才够得上成为社会科学的基本原理。

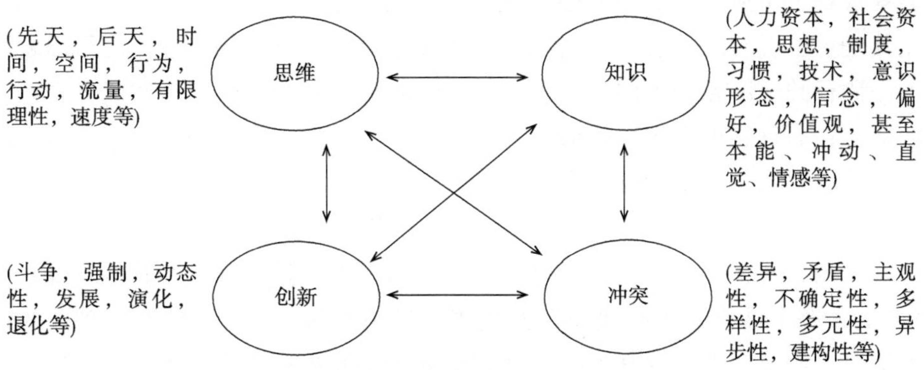

图表 1：思想的迂回生产：思维—知识—冲突—创新四位一体

1.3 怎样综合和改造新古典经济学

1.3.1 “忽略计算时间”是新古典经济学的核心特征

既然知识、不确定性、主观性、冲突、创新等非主流元素的理论地位找到了，那么，它们又如何与主流新古典经济学相互协调呢？按照业已发现的“原理”，各个异端经济学将能够与主流经济学融为一体呢，还是将继续一如既往地“自说自话”？假如是前者，那么，主流经济学又将如何进行改造呢？

这就需要我们再回看主流新古典经济学的内部。这时，笔者惊讶地发现，新古典经济学的一个重要的、甚至可以说是主要的特征，就是避免以上述态度来对待人的思想活动。虽然它所采取的是通过推测当事人的思想活动来解释其行为进而解释世界状态的路线（意识进路），但它所展示的主要是一些演绎过程：从某些前提出发，经过演绎，到达一个完美的、无争议的、终极的状态——“一般均衡状态”。需要强调的是，虽然所展示的是演绎的**过程**，但这个过程似乎并不消耗时间与其他资源。这一点在以下做法中表现得尤为清楚：凡是研究者能够想到的，当事人也被认为一定能够想到；凡是一个当事人能够想到的，另一个当事人也被认为一定能够想到。不仅思考的时间被忽视了，信息传播与通信过程也被忽视了。

新古典经济学的另一个特征就是它的决定论和理想主义：在一般均衡状态下，智力活动按照一条确定无疑的路线行进，最后达到了其最高限度（“最大化”或者“最优化”）；在这个“最高限度”上，人与自然、人与人、当事人与研究者、过去与未来实现了高度的一致化。在诸社会科学学科内部，这种决定论和理想主义可能是最为突出的了。它似乎是下述哲学观念的反映，即确信我们人类一定能够全面地、完全地抓住世界的本质与规律（也即“真理”）；真理，作为一个体系，必然是时时处处均匀一致的。

笔者发现，主流经济学的上述特征与其不把思考视作“行为”的特点是相互一致的。尤其是对思考时间的忽略，与把“真理”绝对化的倾向相一致。说得形象和直白一点，一辆行驶速度无穷大的车，就好像一匹脱缰的野马一样，当然就会直奔其最终的目的地了；而且它也必须这样做，它不能在半路上停下来。因为这个原因，新古典经济学致力于对有关的经济现象给予精确的、“头头是道”的解释（即从全局进行解释），而当事人在展开行动时，总是假定把所有相关的因素都考虑到了——而进行这种“考虑”的方式也被认为是最为恰当的。这样一来，新古典学者们也就绕开了上述“在思考的半路上就必须进行决策”的处境。另一方面，对于“绝对真理”的信仰，使得经济学家们急于去探寻和设想那种理想的状态究竟是什么样子，主流经济学的研究方法和研究顺序变成了这样，即先假定存在某种最优状态，然后再反向回溯，寻找达成这种最优状态的条件，最后再检验这些条件的现实性。在这种研究模式之下，认识过程被置于了次要地位，认识过程与现实社会中所存在的一切负面的、不那么理想的特征与条件也都被边缘化了，被忽视了。而且，这种忽视具有一些看上去好像站得住脚的理由：既然那个最终结果早晚都会实现，过程又有什么重要性呢？条条大路通罗马呀！因为所有负面的东西都可以视作认识过程中的**临时**产物，它们的存在也就都只是暂时的、偶然的、非本质的，所以也就没有多少意义了。就这样，新古典经济学完成了它自己的逻辑循环，走上了一条僵硬的、形而上的、甚至鄙视现实的道路——

但却招致了大量的、越来越猛烈的批评。

究竟是上述的第一个特征导致了第二个特征，还是第二个特征导致了第一个特征呢？诸如此类的问题在后文中还将详细论述。依笔者之见，两方面的因素可能都存在。既有哲学观念上的，也有科学知识上的。就后者来说，可能出乎一般学者意料的是，思维的时间过程问题竟然具有如此重大的后果，这也许是众多学者所严重忽视的地方。实际上，有的学者的确也对思考的成本予以了一定的考虑，而另外一些学者则想尽千方百计，把主流经济理论予以合理化，使之尽可能地贴近现实世界。由于这些原因，当我们指出新古典经济学具有“忽视思考时间”“绝对真理观”、脱离现实等特征的时候，一些主流学者情绪激动地、坚决地予以否认。在笔者看来，这种否认恰恰表明了众多的主流经济学家对于自己所从事的这项工作的弱点缺乏认识，因而长期顽固地、心无旁骛地固守它。因此，这种否认具有一种“对号入座”的意味。其实，大量的文献显示，杰出的一流经济学家们对于主流经济学的缺陷大都“心中有数”，并且他们在不断地致力于为之寻找出路。

笔者认为，主流新古典经济学的上述种种特征及其衍生物具有内在的统一性，而这种统一性可以简单地概括为“忽略思考（或者计算）的时间”。这构成了所谓“新古典主义”的核心特征；或者，我们干脆就把这一特征及其后果定义为“新古典主义”。

思想的迂回生产方法可以内生非主流经济学，而这种生产方法在主流经济学中的缺乏导致了主流经济学的种种弊端；这两个论点结合起来，其含义是什么呢？答案显然就是：只要我们适当地定义了思想的迂回生产方法，经济学就可以实现大综合，主流经济学的（主要的）弊病就可以得到医治。难道不是这样吗？

1.3.2 拉普拉斯决定论的谬误及其修正

在以上论述过程中，读者也许已经注意到，基于思考或计算的时间而得出“思维—知识—冲突—创新四位一体”这一推论具有一个由来已久的、老牌的敌人，这个敌人就是所谓的“拉普拉斯决定论”。它在科学界具有十分广泛而深远的影响。不奇怪的是，这种观念也为主流经济学所接纳；它与“信息”这个概念相互配合，从而建立了似乎无懈可击的“科学分析”。

拉普拉斯决定论认为，人类通过分析过去，可以确知今天；通过分析今天，可以确知未来。这种观念认为世界由“规律”进行统治，而这种“规律”是人类完全可以抓得住的。“规律”就好比一根绳子，抓住了它的一端，就可以摸索前进，到达另一端。拉普拉斯决定论不否认信息的重要性，但它同时认为，任何信息都具有最优的处理方法；经由这种方法，可以得出确定的结论。所以，在“信息—信息处理方式—结论”之间可以建立一一对应的关系。

这种哲学观念否认了思维活动发生“弯曲”的必要性。当前进行的任何思维活动，既可以与过去的思想相一致，也可以与未来的思想相一致；据此，任何在局部进行的思维活动，都可以与整体的知识体系相一致。当前的思维活动也不会发生错误和浪费。思维活动进行多少，人类的知识库也就会线性地、简单地扩大多少。这就好比农民收获庄稼，收割多少耕地，仓库里就会增加多少粮食；虽然尚未收割的庄稼依然长在地里，有待于去收割，但已经收进仓库里的粮食却都是有效的、“算数”的，这种“囊中之物”再也不会丢失掉了。

这种哲学观念通过各种渠道渗透进了社会科学研究与人们的日常思维之中；在很大程度上，它被奉为“标准的”知识。有了这个“标准”，一切负面的、否定性的现象或证据都被视为暂时的和病理性的，它们被认为终将得到克服而消失。“知识”则被划分了等级，一部分作为“真理”被收藏进了“谷仓”，永久保存，其他的则作为随时可能消失的“意见”等型态而暂时存在。在这种观念之下，人们也察觉不到思维活动与存量知识之间有什么冲突存在；即使冲突被察觉到了，也被置于次要、“非实质”的地位了。这方面典型的例子就是数学计算规则，诸如乘法、除法、解方程的方法、定理等。一般认为，这些计算规则（作为需要死记硬背的“知识”）与解题时需要进行的临时计算都是相互一致的，并且都是正确的。临时计算不一定非要使用这些规则。临时计算本身也可以演绎出或发展出这些规则。这些规则只是一些“小窍门”，其作用**仅仅**是节约了计算的时间而已。应当说，这种关系被视为临时计算与存量知识之间的主要的、典型的关系。主流经济学家们显然正是这样来理解“制度”的。市场交易与自由行为需要制度，而后者则为前者提供了完美的支撑。至于两者之间的冲突，则都被视作暂时的现象。

由此可见，拉普拉斯决定论是以数学方法为主的新古典经济学的支柱。对它的批驳可以沿着多条路线进行。首先是思考的时间问题。特定信息需要用特定的、正确的方式来进行加工，这一点是其所主张的；那么要问的是，这种“正确方法”是不是也需要时间来获知呢？如果是的话，那么，在当事人进行决策的当时，这些“正确方法”是否已经获得了呢？当事人是在某个时点上一次性地全部获知这些方法呢，还是逐步地获知？倘若是前者，那么是在什么时点上、以什么时点作为“未知”与“已知”的分水岭呢？——这一天究竟是拉普拉斯先生所生活的18、19世纪，还是我们现在所处的21世纪呢？倘若是后者，这岂不是表明，当事人对于加工信息的“正确方法”，通常来说处于“部分已知、部分未知”的“一知半解”的状态呢？

拉普拉斯决定论的另一个重大弱点，就是它的“新信息”说：除非获得特定的新信息，否则某些问题就是不可解决的；或者，动态的变化只来自新信息所造成的“冲击”，否则就不会有动态的变化。然而，这种论调忽略了，“计算”或者说思想的本质功能之一就是进行预测，即根据对客观对象的某些**属性**的认识，揭示其在某些冲击之下的变动趋势，也即由“已知”推断“未知”，“以所见知所不见”。而这又意味着什么呢？这意味着，“新信息”是可以根据旧信息计算并预测出来的。如此一来，“新信息”也就不是什么新信息了，对于思想者而言，它也就没有什么新颖之处了。既然较近的新信息可以由较近的旧信息推断出来，那么，较远的新信息也就可以由较远的旧信息推断出来；如此环环相扣，推断和预测的范围就会不断地向远处和未来延伸。同理，最初的那个“旧信息”也一样，它也应当可以由较早的旧信息推断出来，如此循环往复，真正的“旧信息”也就会向无限的早期进行退却……结论很清楚，这就是旧信息与新信息都将无法定义；进而，“信息”是什么，也就从根本上说不清楚了，“信息”概念本身实际上被毁坏了，变得无用了。

这个严重的困难表明，严格地讲，拉普拉斯决定论是不能成立的。然而，却有那么多的学者采用它，有那么多的读者接受它，这表明其中必定存在着某些合理之处。那么，这些合理之处又是什么呢？或者说，我们如何将之加以发掘与改造呢？

笔者认为，如同其他决定论一样，这种决定论主要展示了知识体系中**局部存在的**确定性和绝对性，以及已有的知识在人类认识和征服世界中所取得的成功。知识体系具有一种特性，就是即使尚未获知知识的整体面貌，其中的某些部分也仍然可以先行确定下来；人们只要碰到这类知识，即使明知尚有其他知识是未知的，也能够确信已经获得的这部分知识是正确的和可靠的。“思维—知识—冲突—创新四位一体原理”要想成立，就必须对于这种情况提出某种解释，将之包容在内。这个议题将在1.3.4节再次拾起。

其次，这种确定性、绝对性和成功毕竟是局部的。首先是，思想的迂回生产势必产生诸多作为“半成品”而存在的东西，这种“半成品”意味着确定性、绝对性和成功的诸多反面将会同时存在。这个道理就如同我们只要走进一家连续运转的工厂，就总是可以看到原材料、半成品与成品**相互并存**的道理一样。在这个多元的环境中，简单地认为正面的特征终将统治世界是一种过度的乐观主义。这种乐观主义是武断的——因为相反的逻辑也许同样可以成立。与其陷入这种形而上的争论，不如首先为这种争论建立一个综合性的框架。

笔者尤其认为，拉普拉斯决定论实际上反映了一种很少被提及的、但又在潜意识中被视为不言而喻的观念，即思维活动具有一定的“规模”或“长度”，它就像蛙泳运动员一样，把头埋在水下游一段距离之后，就要露出脑袋，呼吸一下新鲜空气。换句话说，它实际上表明，认识者在客观世界中所发现的确定性是碎片化、片段化的，一旦演绎式的、追求确定性的思维过程不能持续进行，它就会暂时宣布终结；自此点以后，认识者就“浮出水面”，转而寻找信息（而不再进行推断）了。按照这种认识，所谓“新信息”就是那些在这个混合性的世界中认识者所暂时不能推知、因而必须设法从外部去采集和获取的信息。而为了内生这些现象与过程，则需要离散、独立、多元与混合的大背景。

最后再补充说明一下，目前的主流经济学和“信息经济学”所采用的显然就是拉普拉斯决定论的样式。稍加留意就会发现，它们对待信息的方式是一元论的，即把信息的加工方法（也即我们在后文将要定义的“算法”）视为唯一的和绝对的。它们只探讨信息供应问题，市场中的任何不完美则都被归因于信息的缺乏。因此，这是一种“一条腿走路”的经济学。可是，通常说来，信息不仅有供应的问题，也有加工方法的问题；改善信息供应可以促进决策的改良，改善信息的加工方法同样也可以达到类似的效果。常识告诉我们，特定信息的加工方法通常绝不是唯一的、无可争议的，也不是难以改进的。信息供应与信息加工方法通常都应当视作可变的，它们之间也具有一定的替代关系。经济学要是能够实现这样的“二元论”，则就合理和中肯得多了。

1.3.3 时间因素难以完全消解

“思维—知识—冲突—创新四位一体原理”所面临的另一个危险，来自这样一种虽不多见但却颇具挑战性的认识，即在主流经济学中，思维活动的客观实在性并非没有得到承认。例如，在一些研究中，计算活动的代价就被“考虑在内”了；而“计算的时间”作为“计算的代价”的内涵之一，也就可以认为，它已经被包容在了已有的经济分析框架之内、因而无须再专门予以考虑了。

这种逻辑在经济学文献中若隐若现，已经存在良久。这种逻辑的实质是计算时间可以用通行的价值尺度完全地、准确地、数量化地予以衡量（就好像衡量其他要素的价值那样）；或者说，可以完全货币化。这样一来，无论当事人还是研究者进行决策或计算时，假如一定要考虑计算时间的话，只需在诸多成本项目中增加一个项目，写上“计算时间　×××元”就可以了，**而无需对分析框架本身进行任何改动**。又由于这个“金额”必然又会被设想为相当微小，这反过来加强了通常做法的“合理性”，即可以对计算时间忽略不计。

实际上，这种做法只是主流新古典框架中所潜藏的“价格至上论”的一个特例。鉴于**诸多**主客观因素的存在与变动都会影响商品供给和需求，进而影响到价格，新古典经济学暗示，当事人在进行有关商品交易数量的决策时，**只要**考虑价格因素就足够了。又因为商品被假定为完全可分割以及时时处处可以交易，新古典经济学进一步暗示商品交易活动似乎可以解决**一切**经济问题，并且关于过去、现在与未来的**一切**事物的**一切**信息，都已经**适当地**反映在了当前的价格体系之中。这么一来，价格就是压倒一切的，其他都是从属性的。新古典经济学的这一特征可以称作“价格至上论”（或者“价格中心主义”[①]）。

然而，我们可以发现，计算时间以及通信时间的引入，能够对这种“价格至上论”造成重大的打击。这里首先存在着一个看似简单实则重要的逻辑：鉴于信息传递与计算需要时间，那么，一般说来，决策时间受限而又分布在不同地理位置上的个人，当其定价决策过程关闭之时，是不可能接收到有关的全部信息的；即使直接相关的某些信息接收到了，间接的也不一定能收到；因而，任何**实际生成的**价格所反映出来的必然只能是局部的信息，而绝不可能是全面的完整的信息。其次——假如“思维—知识—冲突—创新四位一体原理”正确的话——当思维在时间的压力下发生“弯

① 笔者认为，“价格中心主义”这个业已存在的术语尚不足以准确表达新古典经济学的本质特征，故而用“价格至上论”一词取代之。

曲”以后，主观性发生了，个人把自己个性化的思想掺杂到价格里了，价格因此已经不仅仅是客观信息的“反映”了；换言之，价格可能“扭曲”了某些信息，也可能遗漏、压制或者掩盖了某些信息。产生价格的各种主客观因素混合在一起，但价格只有一个，因而从中很难分辨出它究竟反映了什么。当事人使用这些信息进行进一步的经济核算（例如作为成本项目）时，这种核算也就不可能充分地全面而可靠。此外，即使在商品交易的环节，某些信息也可能“反映”在交易的其他条款（例如交货期、支付条件等）或安排上，而不反映在价格上。至于其他的信息，也许会以某些方式反映在其他行为中，而根本就不会反映在交易的环节。依照常识来推测，这种情形必定也是存在的。

计算时间本身也是这样。计算时间的影响力不仅不可能完全地体现在一个个处于时空环境中的具体价格上，而且也不会有那么一天，历史进程“终止”了，坐等全部信息与计算进程“赶上来”，以便揭示出计算时间本身确切的价值。如果“思维—知识—冲突—创新四位一体原理”正确，则计算时间的存在势必会引起“结构性的”后果，而不仅仅是数量性的后果。甚至，由于这种结构性的后果如此重要，以至于在某些具体的计算和决策过程中，在对各方面的结构因素进行充分的考虑和安排之后，究竟是否还要考虑所占用的那段比较短暂的计算时间的具体货币价值，反倒成为了一个颇为次要的问题。

计算时间的重要性还可以通过其他方式来进行理解。例如，特定时长计算活动所产生的直接资源耗费也许较少，尤其是相对于许多物质商品生产活动来说，更是如此，然而，在发挥作用的机理上，思考的代价并不是与工厂的“原材料采购成本”“燃料耗费”等项目直接进行比较的；思考的代价所直接影响和制约的是思维活动的进行，工厂的经理如果因此而懒于进行思考，决策就可能发生质的变化，从而对物质生产活动带来重大的影响。这就是“四两拨千斤”的道理。另一种理解方式则是：“计算时间的货币价值”这个概念意味着，当事人可以通过支付该金额的货币而避免使计算活动在时间上延续，也即避免进行计算（计算时间为零）或者缩短计算时间。应当承认，这种可能性在一定程度上是真实的，因为诸多商品与服务（例如计算机、书籍、信息、咨询服务等）的购买都可以达到这个效果。然而，这个目标是否**时时处处**都可以实现呢？是否不动脑筋、当事人就可以获得一切呢？只要看一看超级富豪们的生活，也就可以得到答案了。这个目标所能实现的程度，体现着计算时间可以货币化的限度。

这就来到了我们将要反复讲述的一个重大原理，即多元性原理：一般说来，由万事万物所组成的客观世界，我们难以把它仅仅用一种信息、一个变量或者一个原理来进行描述和概括，也难以用一种行动来对待它；万事万物都有其不为外物所包含的独立内容。我们之所以常常试图这样做，并不是因为“上帝”偷偷告诉过我们这样做是可行的；总是处于认识过程中的人类，也不可能完全看到世界背后的真相。我们之所以常常试图这样做，一个自觉或者不自觉的原因是，我们想要节约思想活动的代价，减少由此造成的麻烦，因而做了有利于我们自己的想象而已。我们不仅想象着终极真理的存在，而且认为终极真理是简单的。“世界完全可以量化”就是我们想象出来的终极真理，而“价格至上论”则是这种终极真理的一个具体型态。

在思维过程被视为一个时间过程之后，一个合乎逻辑的问题就是：在思维活动展开之前，世界在当事人的眼中是什么样子的呢？这个问题的答案必然是：世界是差异、多元与矛盾的。否则，思维活动就没有展开的理由了，就不必展开了。我们可以把这种“前思维的”多元性称作“外在的”或者“预设的”多元性。相应地，人的主观思维活动给知识体系添加了新的差异、多元与矛盾，我们可以称此为“内生的多元性”。这是对待多元性的一种科学的（而不是哲学的）方法。按照这个原理，通常所谓的“定量分析”与“定性分析”之间（在一定程度上）就是**平行**或**并列**关系，而不是彼此包含的关系。并且，定量分析与定性分析内部各自也具有众多的类型与表现形式，这一点也就是“正常的”和自然而然的。

按照汉语的意思，“元”是指某种原初的、绝对的、难以解释或者不需要解释的差异性。算法框架下的差异性显然主要是相对的，因为它们在未来都有可能经过进一步的思维活动而变得一致起来。这是我们在使用该词时需要小心的地方。与多元性类似的还有多样性、结构性、异质性等词语。“结构性”一般指不同事物之间的某种“定性的”（而不是数量的）关系；在极端意义上，也可以指不同性质的事物之间“没有关系”或者相互冲突等情形。这是一种算法式的引申。“**异质性**”一词与“结构性”的含义较为接近，但却侧重强调了“多元性”“独立性”“混合性”等含义。在本书中，并未严格地限定各个术语的定义。①

1.3.4 确定性与不确定性的结合：需要一个理想而具体的先验论（一）

行文至此，还有一些关键的问题需要解决。特别是，正如 1.3.3 节所提及的，人们为什么在不了解全局的情况下就可以判断正确与错误？某些知识为什么可以优先于其他知识得到确认或“确信”？为什么人们在十分确信某些知识的前提下又产生了不确定性？知识发展的前景究竟如何？等等。

与上述问题相关联的是演绎法与其他各种“非演绎的”思维方法（例如归纳法）之间的结合问题。新古典经济学是演绎法运用的一个典范，其特点是着重关注、描述和分析在特定前提之下的演绎推理过程。鉴于演绎推理的结论普遍认为是可靠的，新古典经济学由此抓住了社会世界中的确定性，树立了自身的“科学”形象。至于演绎推理据以进行的那些前提，主流学者们则以多种理由拒绝进行详细讨论。这些理由包括：某些前提属于其他学科的研究对象（例如技术）；某些前提属于生理和生物现

① 在英文中，“异质性”（heterogeneity）一词的原意是指某种对象的内部不够均匀，由多种成分组成，因而不能够线性地进行分割。这个词正好可以用来表达经济学中与“商品的无限可分性”完全相反的各种意思。假如把结构性仅限于指称不同性质对象之间的联系（这是该词通常的意思），那么，异质性＝结构性＋多元性。可以考虑这样严格地进行定义，尽管本书中尚未这么做。

象（例如欲望）；某些前提属于价值观（因而科学对它只能"尊重"而不能进行"研究"）；某些属于审美的或精神层面的（因而是"高贵"的）；某些是暂时的存在（例如主观的"意见"、错误或者不完全的归纳）；某些则是"纯粹的不确定性"，是"随机的""不可以认识的"，等等。

借助于上述多种途径，新古典经济学就把各种"非演绎法"（这些方法与演绎法之间的关系显然应当是平等的和并列的）及其智力成就都推到了边缘的、背景的和次要的位置上了。同时，它把各种演绎性的成果通过各种"管道"或"接口"设法连成一片，形成了一个颇为庞大而又不断扩展的体系。这种态势给人造成了一种印象，即这个体系早晚将会吞没整个知识体系，而任何妨碍这个扩张过程的"反常"情形都是暂时的，是势必要被超越的。也就是说，随着人类发现的"确定性"越来越多，余下的"不确定性"将越来越少。在这种基调的暗示下，以及在种种科技、经济与社会发展成果的鼓舞下，经济学的受众们相信创新的机会终将枯竭，而世界的最后真相也终将"揭开"。

解决这个问题的哲学思路，存在于由德国哲学家康德所首创的一种先验论哲学（确切的叫法是"超验论"，本书仍简单地称作先验论）之中。这种哲学认为，人脑中先天地、普遍地存在着某些不同于、并且独立于经验材料的东西；人进行思考，就是这种先验的"东西"与经验材料之间相互"邂逅"、进而相互作用的过程。我们姑且把这种"东西"称作"思维工具"。在先验论者看来，思维活动与物质产品的生产有些相像，即用"工具"加工"原材料"，进而形成"产品"。由于工具必然是一种又一种的，加工过程也就必然是分步骤的，因而先验论哲学中暗含着"思维活动最小单位"的意思：单个思维工具加工特定的原材料（当然是信息），构成了"一个工序（或步骤）"；不同的工序前后衔接，构成了思想的生产过程。

这个经过引申和阐发的先验论哲学，可以用来回答上述问题。

这种哲学的一个重大优点，就是它非常有利于说明"确定性"究竟是什么。按照先验论哲学家们的本意，"确定性"归根到底起源于人的先天思维工具所具有的特定"形态"或功能。"正确"或"错误"的观念（以及"一致""相符""矛盾""冲突"等）不是来自外部世界，外部世界中并不存在这些观念；这些观念是由人的先天思维工具所**规定**的。人的思维工具具有特定的格式、"性能"或要求，把它们按照各自的格式、"性能"或要求来使用，用对了，人就会做出"正确"的判断；否则，就会判定"错误"。就好比斧子、钳子、剪刀这些东西各有一定的形状和功能一样，先验论所强调的正是人的先天思维工具的**具体性**和**特定性**，也即，在我们谈论它的此时，它已经**定形**了，不可更改了。这种哲学其实首先特别有利于说明错误为什么以及如何产生；**没有它，甚至可以说，"错误"作为一种现象将是不可解释的**。其次，前文论及的数学运算中的确定性和一致性也可以视作按照同样的机理产生的。康德认为，数学与逻辑知识主要都是人的思维系统"**自己跟自己打交道**"的结果。换句话说，它们相当于一台尚未投入生产作业的机器进行"操练"或者"自检式运行"的结果。由此产生的确定性和一致性反映了这台机器“情况正常”，也反映了它的内部构造是颇为优良的（尽管这一点并不是绝对的）。而且，这种思维工具是人人都有的，也是亘古不变的，所以，当事人所做出的逻辑上的正误判断，观察者们一般也都会同意；古人所做出的逻辑上的正误判断，今人一般也都会同意。思维工具的这种普遍性和通用性构成了人际交流的根本基础。

然而，当思维工具面向外部世界时，情况却不一样了。先验论哲学的观点是，思维工具**首先**是具体的和特定的，至于它是否完全适合于认识和改造世界，则是**未知的**。鉴于人类在认识与改造世界方面取得了一定的成功，思维工具与代表外部世界的经验材料之间显然具有相互一致、相互适应的地方。可是，人类同样也遭遇了很多失败，还有很多未解之谜存在着，这又做何解释呢？而且，即使思维工具与经验材料之间可以完全相互适应，显然也需要历史过程，而在这个过程**之中**，冲突也难免发生。所以，综合起来看，比较稳妥而合理的办法是取一种折中的态度，即承认这种先天的思维能力与客观世界之间可能既有相互适应之处，也有相互不那么适应的地方；总之，这种基本的能力是**有限的**和**具体的**（甚至有些奇形怪状）。至于思维过程最终的总结果，先验论哲学则对之持开放的态度，而不预设立场。

这种态度可以叫做“形而上学中立”。这是建立一门科学的必要条件。而主流经济学所采取的恰恰不是这种中立的态度。主流经济学中存在着一种“形而上学偏向”，即它预先假定，存在着一个终极的、完善的因而也是静态的知识体系，这个体系是人们随时随地可以达到的。这个武断的假设是不必要的，它是制造一切麻烦的一个根源。现在，应当把这个多余的东西用“奥卡姆的剃刀”予以剔除。

1.3.5 确定性与不确定性的结合：需要一个理想而具体的先验论（二）

有限、具体而特定的思维工具，一旦碰到来自外界的信息——因为我们已经事先假定它们之间是陌生的，尚未经过协商与安排——则发生惊讶、疑问、困惑、茫然、“不确信”、冲突、矛盾之类的效果就是难免的。同时，另一方面，相互契合、恍然大悟、满意、成功之类的后果也有可能发生；或者，即使一时尚未发生，经过当事人的努力与调适之后，也终于发生了。我们可以把上一小节所述的确定性称作“逻辑的确定性”，而把这里的确定性称作“经验的确定性”。

一种适当的先验论也可以用来很好地解释经验的确定性。首先，空间的存在使得思维工具在一定的情境中所接触的信息是有限的；从而，针对这些信息加工出来的知识成果也就是相对有限的。这些成果可能在较长的时期里都得到当事人的信奉，因而维持不变。客观世界具有一定的静态性，其中的某些局部（空间的、时间的、逻辑关系上的，等等）长期维持不变，针对它们的知识也有可能长期维持不变。可以观察到众多这样的知识现象（例如牛顿的物理定律、财产所有权等）。这代表着知识开发在某个局部所到达的相对极限。

然而，当知识开发活动关涉到较广范围的时候，确定性就会下降。这一点可以借用“排列组合”的概念来进行说明。就好比物理学把物质分为分子和原子一样，先验论哲学中蕴含着某种原子式的概念：单个思维工具，单个信息，“最小单位的思维活动”，等等。思维活动是思维工具与信息之间的相互作用与组合（思维活动＝思维工具＋信息），日常思维活动则由这些微观单位组合而成。“排列组合”是个数学概念，意指离散的、独立存在的不同个体联合组成一个序列。其间具有顺序特征的叫做“排列”，没有顺序特征的则叫做“组合”。这两个词经常联合使用，用来概括和泛指这两种情况。思维工具与信息是来自不同方向的两种东西，当它们不断变换次序进行排列组合的时候，怎么能够保证每一次排列组合都能产生确定的知识呢？这显然是不可能的。而且，所涉信息范围越广，加工程度越初级，则“命中率”就会越低，“残次品率”就会越高。后文也将正式讲到，随着初级信息的增长，以及加工后的信息的再加工，就会发生剧烈的“组合爆炸”现象，也即可开发的知识将以极为迅速的速度增长，很快就会达到近乎无限的程度。[①] 这是一个重要的发现。组合爆炸使得任何局部的确定性（从而均衡）都黯然失色了，当事人因而挣脱了**收敛**过程，重回色彩斑斓的不确定性之中（可以叫做“发散”）。创新势必还将不时地摧毁某些已有的确定性，因为这些确定性是经验上的，归根到底是不可靠的。

在以上思路之下，我们再来重新思考演绎法以及“非演绎法”之间的关系。演绎法与“非演绎法”都可以视为基本的思维工具（或者基本思维工具之间的某些固定的排列组合模式）。演绎法固然令人满意，但它的使用却是有条件的。只有在若干命题产生以后，并且在这些命题之间具有特定的内在联系的情况下，演绎法才可以顺利地运用。“演绎”只是在已有命题的基础上把这些命题再向前发展一步。这一点在“三段论”式的推理中表现得十分形象：思维活动是由演绎、归纳、联想等“微观单位”所组成的流量，就好比由不同材质的零件连接而成的一条链子。譬如，人们根据对外部世界的观察归纳出若干命题，再在这些命题之间进行演绎推理；或者再由其中的一些命题联想到储存于记忆中的其他知识或命题，再进行推理……如此等等。这条“链子”十分形象地展示了思维的“弯曲”。“演绎推理”走的好比是直线，可是，这条直线虽然是“直的”，但其“长度”却是有限的，它的末端也许不能直接连接到另一条“直线”，而必须经由某些“曲线”才能连接过去。种种非演绎的思维活动就是这些“曲线”。直线加曲线，整个“链子”也就变成弯曲的了。这意味着人类的思想无论就其过程还是结果，无时无刻不在脱离新古典的轨道。“非演绎法”的运用固然可以视为造成“弯曲”的原因，可是，没有它们，推理也就不能进行；从这个意义上说，“非演绎法”当然也就是资源；拥有这样的资源、这些与生俱来的能力，人们应该庆幸而不是抱怨。

---

① 组合爆炸的例子有很多。例如，音乐创作中所用的音符只有数十个，可是，以此为材料而创作的音乐作品却数不胜数，永不枯竭。又如，化学元素的种类很少，但由这些元素所构成的物质的种类却非常多，并且还在不断增加之中。另一个经典的例子是赫伯特·西蒙早就举过的：数十个棋子与棋盘上数十个方格之间的排列组合构成了棋谱，而理论上可以存在的棋谱的数目可以与宇宙中原子的总数目媲美！（参阅 4.11.2 节）

这样一来，我们也就再次来到了一个“混合性”的总体图景之中。主流经济学展示了演绎法、数量性、静态性、客观性、绝对性、有序性和确定性，而它与其他经济学所展示的种种非演绎的方法、定性分析、不确定性、动态性、主观性、相对性、无序性以及不确定性共存于同一个世界之中（这个“世界”既包括物理世界，也包括思想世界）；这个单一世界以及这种“共存性”便是它们之间的**统一性**之所在。它们分别刻画了这同一个世界的不同侧面（为了简便起见，可以分别称作“正面特征”与“负面特征”）。尽管直接地看，这两类特征之间是相互冲突的，可是，由于思维活动是持续进行的，它们之间的这种冲突就可能不是绝对的和永久的，就有可能向自己的反面进行转化，甚至最终消除冲突。因此，我们说，算法框架下的冲突与矛盾首先不是绝对的，而是过程性和技术性的，它们在未来有可能实现相互一致。笔者称此为“高阶的一致性”（这个词语有点儿拗口，其中的逻辑有点儿类似于物理学中的“波粒二相性”，然而其实并不复杂。不是这样吗？）。

再来说明一下“混合性”。在本书中，这个词的含义其实只需要从字面来进行理解就可以了——也即简单地混合起来，“堆放”在一起。当哲学引入矛盾与冲突的时候，出现了一种针对这些概念的哲学——辩证法。当人们不能从一个方面去解决问题的时候，干脆转而从它的逻辑对立面去入手，有可能打开思路。这是辩证法的合理性所在。也就是说，它可以作为一种类似于反证法的探索方法来进行使用。然而，如上所述，矛盾与冲突毕竟是主观的范畴，它是主客观相“碰撞”而产生的心理现象，但黑格尔却硬把它说成客观世界所固有的特征，并且硬要在矛盾的对立面之间建立诸多规则的关系（例如所谓的“对立统一”），这就是多余的了。这种做法从根本上是倾向于消灭矛盾与冲突的。去除了这些多余，也就恢复了矛盾与冲突的本来面目。差异、多元、矛盾、冲突只需要进行算法式的、也即科学的看待即可。它们之间的共存就是一种混合；即使彼此之间仍然可能还存在着其他某些关系，这种混合性在原则上也是不可否认的。而且，当我们谈论混合性时，混合就是混合，没有别的。这是正确的社会科学应当包含的必要元素。

“自由”也是如此。算法理论是解析自由的科学方法。人的思想的确是有自由的，这种自由来源于什么地方呢？答案正如上述：来源于信息及其加工方式。每个人的基本思维工具是一定的，在这一点上谁也没有自由，但是，个人可以不断变换这些思维工具的使用顺序，可以把它们用于加工和再加工不同的信息、知识等，从而形成互有差别的、有特色的思想。这就是思想的自由所在。然而，这种自由显然不是无限的，思想的自由不可能无穷大。新的思想无论多么离奇、怪异，都是“人想出来的”，不可能不带有人的（基本思维工具的）特征，不可能不受人脑思维能力的限制。新思想与旧思想的差异、甲人思想与乙人思想的差异，不可能大到无边无际，不可能大到就好像世界上任意两种东西的差异那样。人际的思想差异，要么来源于所使用的不同的信息，要么来源于加工这些信息的思维工具的不同排列组合。可以认为，超出这个范围的“思想自由”其实并不存在。这种认识显然是符合实际的。例如，经过辩论之后，两个人的意见分歧常常可以得到澄清，这种现象恰恰表明了，思想的人际差异很可能不是绝对的，不是不可以分析的。

1.3.6 确定性与不确定性的结合：需要一个理想而具体的先验论（三）

从原子式的思想实体开始，我们正在设想一个几乎与主流新古典体系完全相反的新体系。这个体系同时包含着流量与存量、静态与动态、绝对性与相对性、收敛与发散等。新古典体系是先设想一种理想状态，再向现实社会中寻求使之成立的条件，而这个体系则是从思维活动的最小单位起步，逐步向上生长。但是，这条路线与已有的“演化”的方式又是不同的。这样说的根据之一，就是我们吸收了主流的“一般均衡”思想。一般均衡可以理解为一个“终局”，就好像历史尽头的“世界末日”。这种“末世说”是有一定道理的，因为任何人都不会只顾眼前，而完全不知道未来与全局的存在。末世说只是夸大了全局性。那么，解决的办法是什么呢？这就是，当事人不完全采用严格的演绎方法来探知全局，而是夹杂采用了种种非演绎的方法，千方百计，粗制滥造，囫囵吞枣，以便在有限的时间之内对全局进行一个概括和抽象。换句话说，“世界末日”将会被“掰开揉碎”，融化于历史过程之中。每一个决策都既与其他决策相联系，又都具有一定的**终局**性质，成为全局和全部时空的一个（扭曲的）缩影。当事人将在每一个决策中按照自己的理解方式单独为世界勾画一幅“全景图”。每一天都将既是终点，又是起点。从而，均衡论就将从根本上遭到破坏，历史的终局将会被遗忘，旧式的“从历史终点倒推到当前现实”的研究方法就将为新的“**起点＋过程－终点**”的研究方法所代替。拟议中的经济学将深深地陷入并持久地居留于历史过程之中。

可以认为，真实当事人的丰富多彩的思想意识就是按照以上的方式形成的。也就是说，以上的方式可以（在原则上）让理论模型从一开始就一下子内生出整个真实的世界。真实世界的丰富多样性这时候不但不会成为理论解释的负担和障碍，而且成为了拟议中的理论的一种**论据**，因为我们要证明的就是丰富多样性本身。我们不需要像主流理论那样**一个一个地**向理论模型中“添加”真实因素，真实因素批量地形成了，并且在（一定的）相互依赖性中整体性地呈现了——剩下的只是需要在具体理论中去说明细节而已。可以说，这是一种具有极高解释效率的巧妙方法。这种方法的“妙处”在与新古典方法的对比中表现得尤其鲜明。

理解了真实当事人的思想，也就产生了对之的尊重，进而认识到传统的均衡方法的严重缺陷与不当。经济学家不能坐在书斋里按照自己想象的方式去寻找解决问题的“完美方法”，因为当事人所面临的具体条件经济学家很可能尚未理解；要是经济学家真正身处其中，也就会发觉实际生活中的大部分问题的确都没有完美的答案。经济学家也没有必要去证明世界的“均衡”，因为世界在很多情况下事实上就是不均衡的。“均衡”这个词的含义虽然有些模糊，具有争议，但无论哪一种含义，都可能被现实世界所证伪。所以，以“完美性”和“均衡”为标准去解释世界，反而把世界给解释错了，把真相给掩盖起来了。

上述方法让我们一下子“看”到了人类思想的真实状况，理解了现实社会形成和运转的基本逻辑。不过，有读者在此可能会问：“先验论的作用既然这么大，为什么以前未曾听说呢？”这就再次涉及先验论的具体形式问题。这个问题也就是人类思维的具体运作方式问题。由于相关的具体科学理论的缺乏，近现代的哲学家与思想家们走了许多弯路。

康德的先验论已经引起了哲学史上的“哥白尼”式的革命，这一革命其实至今还没有完成，还有待于继续和深化。

1.3.7 再论迂回生产方法

可以说，借助于“迂回生产方法”这个概念，我们获得了重大的发现。这个概念显然应当作为经济理论的一个核心概念来予以重新看待。那么要问的是：既然这个概念已经在经济学中存在良久了，那为什么它在此前未能起到类似的作用呢？为什么这些发现的取得要迟至今日呢？我们又当如何再认识和再评价这个概念呢？

在 19 世纪末期，这个概念经由奥地利经济学家庞巴维克正式提出，在当时可谓“热络一时”。但是，随着岁月的流失，经济学家们却渐渐地倾向于认为，这个概念并没有什么特别的意义。按照古典经济学的传统，这个概念被解读为是对“分工”概念的另一种表述方式，即它强调了资本品生产部门与消费品行业之间的区别。在这种解读之下，连庞巴维克自己似乎也迷失了，转而去强调“生产时期”这个概念，以便测量“生产的迂回程度”。尽管人人都知道资本品是迂回生产方法的运用结果，权威经济学辞典还是就此做出了如下的结论：“……迂回生产方法只能从直觉上吸引人，从分析角度看却是无用的。”①

“迂回生产方法”是把流量分析与存量分析相联系的关键概念。它利用了“空间的广度”这样一个“结构性的”因素，以此来弥补即时生产能力不足的问题。所以，在引入时间的同时，这个概念也引入了空间。借助于对空间与时间之间的转换关系的描述，它显示了空间与时间这两个元素是如何密不可分的。这一点通常是被忽视的。

更为重要的是，“迂回生产方法”其实需要**首先**应用到思想的生产上；离开了思想的迂回生产，我们就不能理解物质产品的迂回生产的意义。物质生产活动是由当事人的思想进行指挥的，当事人的意识活动赋予了物质产品以特定的意义。尽管不同的当事人赋予这些物理性对象的意义可能有所不同，但这并不能妨碍我们以下述方式来看待这些物理对象，即当我们来面对和分析它们时，主要是理解、体味、挖掘和评价当事人所赋予它们的这些意义。例如，对于一张桌子，我们（无论作为另一个当事人还是作为研究者）主要把它当作“桌子”来看，而不是仅仅当作一块木料来看，这是

① ［英］约翰·伊特韦尔、［澳］默里·米尔盖特、［英］彼得·纽曼编：《新帕尔格雷夫经济学大辞典》，第四卷，北京：经济科学出版社，1996 年，第 242 页。省略号为笔者所加。

因为当事人就是这样来看的。对于工厂里的机器设备，我们也把它们当作机器设备或“资本”来看，而不是仅仅当作一堆“铁疙瘩”来看，这同样是因为当事人也是这样来看的。据此，一个合乎逻辑的结论就是：如果我们不搞清当事人的思想而撇开它们**单独**去看那些物理对象的话，也就不可能看出什么门道来。[①] 是思想的注入让物质对象“活过来了”，使它们不再是僵死的了。

然而，可以说，**实际上**主流新古典经济学恰恰就是这么来看待经济领域里的物理对象的。这个观点必定会令主流学者们不服气，因为，公允地说，新古典经济学具有一种重视思想或意识活动的倾向，它几乎总是通过推测当事人的意识活动来解释其行为、进而来解释世界状态的。但是，不幸的是，由于假设了思考或计算的时间为零，及至当事人做出决策进而展开行动之时，原本“存在”的思想却“消失”了，只剩下干巴巴的物理现象了。在一定程度上，我们可以说，只有当思想表现出其具体性、有限性、冲突性和不圆满性的时候，思想才算是**存在着**的；进而，我们通过对于**思想事实的直接“观察”**，才能够理解其所造成的物理现象。

例如，在新古典的条件下，我们不可能看到流量与存量之间的冲突。主流学者们设想了多种途径，试图建立“新古典的资本理论”，这项工作实际上已经以失败告终了（参阅 3.9.4、3.9.5 节）。这是经济理论史上的大事件，而这种失败业已成为公论。现在，借助于思想的迂回生产，我们就可以认识到，存量其实具有与流量相对立的一面，它绝不仅仅类似于某些线性过程中可以自我抵消的那种“中间变量”或“过程变量”。首先，我们可以认识到思想流量与知识存量之间的不可避免的冲突。其次，既然思想流量与知识存量之间有冲突，那么，由思想流量所控制的一般经济活动与物质资本存量之间有没有冲突呢？考虑到物质资本是在历史上生产的，并且可能是由不使用该物质资本的其他人来生产的，以及考虑到思想系统内部时时处处可能存在着的冲突，这个答案便是不言自明的。这就可以解释为什么“新古典的资本理论”会失败，以及“迂回生产方法”这个概念为什么未能在经济学说史上发挥应有的作用。不引入冲突，不引入有限理性，不足以建立资本理论；而不从流量与存量相冲突的角度来看待资产炒作与投机活动，也就不足以理解困扰着我们的诸多经济问题，进而，也就不足以制订适当的经济政策。这样的观点和立场将会成为贯穿本书的思路之一。

当事人的思想意识固然赋予了物理化的社会现象以特定的意义，可是，对于这个逻辑，必然有人会反问：难道这是社会现象的唯一意义吗？当然不是。一个依赖于自身的有限性而取得“生存权”的对象，必然同时意味着对于其他对象的地位的承认。由于特定当事人所赋予的意义是有限的，客观对象（无论物理的还是思想的）之中很

---

① 关于这一点，哈耶克在《科学的反革命》（[奥]哈耶克著，冯克利译，南京：译林出版社，2003 年）一书第一部分第 3 节所作的论述就颇为鲜明。他说：“（社会科学）首先研究的是个人的思维现象或精神现象，而不是直接研究物质现象。”“社会研究不能用自然科学的客观方法，而只能根据人们的信念，对这种关系进行定义。”“不但人们针对外在事物的行为，而且人与人之间的全部关系和社会制度，都只能根据人们对它们的想法去理解。”（分别参见该书第 21、24、27 页）

可能还蕴含着其他当事人所赋予的意义，一些人不关注而另一些人（包括观察者和研究者）却很关注的意义，以及该对象在未来可能还会进一步被发现的意义，等等。这样一来，思想与物理对象之间就不是单向的反映与被反映、产生与被产生、决定与被决定的关系，而是平等的、平行的和双向的互动关系，经济学与社会科学于是就要在一个无所不包的大一统框架中来研究这种互动性，描绘其图景，设想其未来。

最后，我们要再强调一个观点：思想的迂回生产及其进入经济理论，绝不是一件普通的事情，不能仅仅理解为经济理论中线性地增加了一类对象而已。这不仅是因为思想与普通经济社会现象之间存在着复杂的、不规则的相互作用，那个在暗处把客观世界打理好以供我们研究的神秘的、自动的“机制”消失了，而且是因为，在客观世界之外，那些“上帝”般的观察者同时也消失了。在主流理论中，经济现象的观察者和研究者用尽自己最大的脑力去推测经济社会现象的演变，他们似乎以为自己能够洞察一切。然而，当事人被“有限理性化”以后，研究者们必定也会意识到自身的理性也是有限的，无论他们如何竭尽所能地观察、研究和推测社会，他们都将不可能凌驾于当事人之上。于是，研究者们将会**自觉地**从其所试图扮演的“上帝”位子上走下来，转而与当事人“同呼吸、共命运”。相对于当事人在实践中形成的知识，研究者们将会认识到自身的理论知识的相对性、有限性、它的比较优势和比较劣势，或者说它的“个性”和“风格化特征”。这将进一步意味着“理论知识的内生化”，或者叫做研究者们的“自我对象化”。研究者们将会在他们的理论模型中扮演一类角色。由此可以引申出算法式的方法论及其“社会工程学”范畴。

1.3.8 算法理论与化学

然而，“思想的迂回生产”仅仅停留在思想阶段是不够的。直至计算机产生以后，这一生产方法才获得了清晰的、理想的和可行的形式。直到20世纪末和21世纪初，这种“学科大汇流”的条件和脉络方才得以比较明显地表现出来。笔者认为，这主要是因为先验论哲学获得了理想的表达形式。

算法理论是分散在各个学科领域里的已有的有关思想、学说与理论的一个归集、重组和边际性发展。例如，早在19世纪，奥地利哲学家恩斯特·马赫等人就提出过“思维经济”的思想。来自各个领域的碎片最终拼成了一幅相对简洁而完整的图画，它拥有良好的延展性，具备了强大的解释能力。于是，我们就可以相信这个理论是“真实的”，它揭示了世界的“真相”。这就是实证原则的具体运用。

在科学的历史上，通过引入新假说来进行理论综合的做法向来是科学进步的一种重要方式，即使这种新假说听上去颇为“奇怪”，甚至在被普遍接受之时还未得到直接的“证明”。爱因斯坦的相对论便是这样。它之所以被接受，是因为它可以给物理学家们当时所面对的诸多理论难题提供一个统一的解释，从而可以平息相关的争论。在化学界，类似事件的发生则更加富有戏剧性。19世纪上半叶，化学领域处于众说纷纭的混乱状态中（这有点儿像今天的经济学界）。为了平息争论，寻找统一的化学理论，各国化学家们于1860年在德国召开了第一届国际化学会议。当这次会议行将结束时，意大利化学家康尼查罗所撰写的一本名为《化学哲理课程大纲》的小册子在会上得以散发；与会者们带着这本小册子踏上了各自的归途。这本小册子的主旨是论证"原子—分子理论"可以在当时相互抵触的各个学说之间建立起一致性。当时流行的是化学家道尔顿的原子论，即物质是由原子直接构成的。康尼查罗论证说，阿伏伽德罗于50年前提出的"分子假说"必须被接受。这一假说提出原子先构成了分子，然后才由分子组成了物质。康尼查罗的论证使化学家们豁然开朗，他们迅速达成了一致意见。一个理论就这样成立了，而统一的近代化学也就这样形成了。①

化学家们接受这一理论的主要原因并不是因为他们的确亲眼看见了原子组成分子、分子再组成物质的过程，而是因为他们只有这样认为，才能同时解释所观测到的诸多现象。笔者要强调的是，算法的理论和方法与此颇为类似。除了一些间接的理由之外，我们难以**看到**"思维工具"的具体形状及其运作过程，也就无法为算法理论本身提供直接的、确切的、明白无误的证据；但是，在我看来，缜密的逻辑分析过程已经清楚地显示它具有"大综合"的效果，这就是它值得接受的理由。读者要么质疑我的分析过程，否则，它就是难以抗拒的。如今，一些经济学家一面批评现有的经济学，一面拒绝考虑任何他们感到陌生的东西。经济学一发生危机，他们就去翻故纸堆；似乎他们确信所有的经济奥秘都已经被发现并记载下来了，唯一需要做的就是去把它们重新翻拣出来。经济学家们一面论证创新对于经济活动的"伟大意义"，一面却在理论建设上持这样一种抱残守缺的态度，这实在是有失妥当的。

主流经济学曾经模仿过物理学，物理学时至如今实际上仍然在启发着经济学（对此后文将在多处举例说明）。除此之外，算法的视角将要显示出这样的道理，即经济学也可以从化学中得到重要的启发。先天思维工具与信息的结合就好比化合作用一样，会产生奇妙的、甚至难以预知的后果。这种后果就是知识，它是一种既来自信息与智力两个方面、但又不简单等同于这两种独立因素的东西。而在"化合作用"之前，它们分别（或者随着人体）在松散的空间中游走。它们或远或近，或聚或分，相互反应又再反应，从而产生了色彩斑斓、变化多端的思维世界。这个道理表明了，我们通常所强调、甚至所迷恋的"人文性"也许不是什么神秘的东西，它很可能只不过是"复杂""多样""变化""难以把握"这些特征的一个复合体而已。鉴于算法理论所强调的因素（例如计算时间）是相对简单的，其逻辑也是十分确定的，这就更进一步表明了，算法理论所遵循的仍然是"从易到难""立足于确定性来应对不确定性"等普遍的科学方法论准则；算法理论不过是这些准则在新的历史条件下的具体运用。

也可以说，算法理论只是一个"小窍门"。有论者认为它不过是又一种"还原论"。笔者并不拒斥这些说法或评价。然而，窍门虽小，功用颇大。传统的经济学只是把个体定义在"个人"的层面，而我们则继续向后退，采用"对个人进行分析"的

① 参阅张德生：《化学史简明教程》，北京：中国科学技术大学出版社，2009年，第二章第四节。

方法，找到了“指令”“信息”这些更为微观的实体。虽然这仅仅是后退了一步，或者说又增加了一层“还原”的层次，但这一小步却可以极大地改善现有经济学与社会科学的面貌，这又有什么不可以呢？科学的进步是永无止境的，一代人也许只能做他们能够做到的事情；只要我们不再自己给自己压上追求终极真理的“使命”，我们就可以感到满足了。

一个关于认知过程的适当理论，将会令人满意地包含我们现今所关注的所有理论元素，将会达到我们所期待的所有主要的理论目标。

有人曾经问过我这样的问题：“你是否认为算法理论是经济学以及社会科学实现综合的唯一方案？”对此我只能以反问作答：“您还有其他可供选择的方案吗？”

1.4 一种简单有效的哲学观念

1.4.1 思想是众多实体中的一个普通种类

赋予思想活动以时间维度，把它想象得像物质产品生产活动那样进行；这种方法看上去并不复杂，实际上它意味着一种重要的方法论原则的提出（或者重述），也意味着对传统主流哲学观念的一种修正。由此我们还可以进一步认清传统经济学方法论的实质和弊端。这并不是笔者要故弄玄虚，而是以上论述的一个自然的延伸。读者如果了解了这些论点，必定也会认为这方面的探讨是必不可少的。

首先来说明一下这种方法的含义。思想活动具有有限的进行速度，这一点意味着它是一种相对独立的“存在物”“实物”“实体”或“客观实在”，它应当与人的外在行动以及物理世界并列为社会科学的研究对象，并且这些对象之间可以按照特定的方式进行运动和相互作用。思想存在于人的大脑之中①，这是它的存在在空间上的表现方式。参照计算机的工作原理，我们可以进一步把思想理解为以物质的某种特定方式而存在，就好比能量也以物质的某种特定形态或运动方式而存在一样——当然，即使实情并非如此，也并不影响我们在这里要表达的观点。“能量”这个概念就是这样。虽然它被视为物质的某种特性，实际上当我们谈论它时，我们是在把它当作某种“实体”来看待的；我们想象着这种“实体”在不同的物质之间进行“流动”，它在这里就不在那里，等等。“能量”这个概念启示我们，某种可以**单独**作为分析对象的**实体**，既不一定要具有一定的体积（长、宽、高等），也不一定非要通过与特定的物质基础相“捆绑”才能“存在”。我们经常说记忆活动很费劲，担心“脑子装不下”，

① 按照认知科学家们比较晚近的观点，思想也存在于身体的其他部分（参阅［美］Mark Rowlands，“The New Science of the Mind：From Extended Mind to Embodied Phenomenology”，The MIT Press，2010）。让我们对此暂时予以忽略。

这表明“思想占有空间”乃是一种常识性的认识。思想可以移动位置，就好比物体可以移动一样。思想可以变动，可以生长，就好像植物与动物会生长一样。**思想可以以特定的方式影响其他种类的存在物，这恰恰表明思想就是与其他存在物相互平等的、属于同一大类而只是具体性质有所区别的“存在”或“实在”而已。**思想具有一定的“形态”或“状况”，因此，我们才可以探讨“某人的思想状况究竟是什么（或不是什么）样子”这样的问题。这种探讨就好比对物体的具体形状的探讨。思想也是一种“事实”，因此，“我某某时刻有没有产生过什么念头”才是一个值得问的问题；这个问题意在弄清楚该“**事实**”究竟为何。而这种“事实性”又必然意味着，**思想与其他存在物之间各自具有自己的独立性；它们不仅分别占有各不相同的时间与空间，而且具有各不相同的、甚至有所冲突的内容；**它们不是作为“事先商量好了的”一个整体而存在的。这种观点是与它们的“相互作用”相一致的。因而，它们的相互作用才变成了一种邂逅和“遭遇战”，这种**过程**才是有意义的，新现象、新结果或者新事物的产生才是合理的或可以理解的，并且才是值得研究的。

思想虽然看不见，可是，无线电波、磁场等也都看不见，所以，“看不见”并不妨碍我们相信它的存在。我们能够感知到自己的思想，因为这里的“感知者”正是思想，是“思想在感知思想”。思想如果不存在，等于思想在否定自己是存在的。实际上，思想在认识到外物的存在之前，必定是先确信自身的存在的。推己及人，我们也经常能够“感受”、推断进而了解到他人思想的存在，如同我们相信外部物理世界的存在一样——尽管我们始终无法彻底地确定这一点。就此而论，不管对于思想还是物理对象，它们的“存在”当然都只是一些我们认为其可靠程度较高的假设而已。**我们可以假设物质、能量、波的存在（实在），也就可以假设思想的存在（实在）。这里的判断标准一如既往，也即只要我们在分析上认为值得这样做就行了。**

思想是亿万种存在物的一种，是诸存在物中普通的一员。当我们说“思想”“精神”“观念”“观点”“想法”“念头”“意向”“意志”等词语时，就是在说这一类为数甚巨的存在物（包括我们自己的大脑）的内容，而不是在说什么神秘的、或者并不存在的“东西”的“内容”。就其“存在”这一点而言，它就跟诸如石头这样的有形物的存在一样普通；**只是，我们不要忘记其种种不同于有形物的具体性质（例如可以无限复制，思想不因复制而减少）就可以了**。这就是笔者在此要推荐的一种哲学观念。只要我们自己不强行规定“存在”“实在”“实体”等概念必须具有什么样的具体属性，不自己给自己画地为牢，也就没有什么可以阻拦我们持有这种观念。事实上，人们通常对于这些具体性质了解得相当多，只是出于种种迷信、禁忌或错误观念，而不敢或不愿意将思想视作普通的存在物。许多人在这个问题上都犹犹豫豫，含糊其辞，欲迎还拒。当然我们也可以在这个问题上旁征博引，进行长篇大论，不过，与其冒险地、不厌其烦地引征他人的说法，不如自己首先把它直接地说出来，方才最为简明准确。

1.4.2“美人鱼”的“存在性”问题

为了准确地说明我的意思，下面检视一下诸多不当观念中的若干例子。

德国心理学家布伦塔诺曾经这样说：意向对象不必实际存在。研究现象学的人对此是很熟悉的。这句话的意思是说：人可以在大脑中想象一个长着鱼尾巴的美人，然后再“研究”这个“美人鱼”，而现实世界中却可以没有“美人鱼”，这并不会妨碍相关研究活动的进行。这个命题似乎是合理的，似乎比较接近于我们的“算法立场”；实则不然。因为它暗含地假定了，只有物理性的事物才可以“存在”，也即让物理世界独占了“存在”这个术语；或者，某个对象可不可以存在，应当根据类似有形物体这样的存在物来制订“存在”的标准。进而，这等于是说，我们还可以研究“不存在的”东西。其次，它把人脑中的观念武断地视作外物的等价物，似乎“鱼”这个概念就是自然界中的鱼儿“不加修饰地”溜进了人脑之中；于是，这才产生了这只“鱼”“是否可以实际存在”这样的问题。对此，算法式的态度很简单：美人鱼、或者意向对象不存在“是否可以实际存在”这样的问题，因为它本身存在着，它作为思想存在于人脑之中，这种存在就是“实际的”。换言之，它就是一种“客观实在”或者“实体”！

显然，布伦塔诺是在背负着“反映论”的包袱而前行；他试图挣脱这个束缚，结果还是陷入其中了。这种“反映论”认为，人心就像镜子一样观照着世界，于是，就有“实的”和“虚的”两个不同“层次”的世界；我们要么谈论前者，要么谈论后者，而不可将二者“并行”讨论。这就好比是说，某个屋子里原来有两个人，现在其中一个拿出一面镜子开始顾影自怜，你总不能因此认为屋子里现在有三个人了吧。反映论主张，镜子里的人不能算数；而我们主张，可以把镜子里的人与真实的人并行讨论，且镜子里的人只作为“镜子里的人”（而不是真实的人）予以讨论。

传统的经济学具有强烈的“反映论”倾向。它要么研究决策过程，要么研究可见的行为和经济现象，而绝不把它们并列于一个框架之内来讨论。无论这种方法如何与诸多业已被广泛接受的现代哲学观念相抵触，都可以将其实质归结为一点，即它忽略了“思考的时间”。对思考时间的忽略意味着计算速度无穷大，而对于一个无比飞快、一闪而过、转瞬即逝的东西，可以认为它“不存在”。学者们通常要么否认思想的客观实在性，要么就把它当作圣物一样供奉起来。在我看来，这就是主流经济学方法论的根本特点之所在，也是它陷入种种困境的根源。你硬是否定思想的“存在性”，可是思想穿着“人力资本”的外衣硬是跑出来了；这种效应多么富有戏剧性啊！

1.4.3 柏拉图的谬误

也许有人会提出这样的问题：“你说思想可以作为存在、实在、实体或实物，那么，它可以同一把椅子相碰撞从而使之发生移动吗？”这样的问法看似荒谬，在历史上实则不乏先例。这个问题是重要的。对此我们可以这样来作答：第一，思想和椅子是性质不同的存在物，因此它们不能**直接**相互作用是可以理解的，这就好比光的照射同样不能使椅子移动一样。存在物不一定要有体积、重量和可观察的形状。**这些“禁忌”早在能量被实体化的时候就已经破除了**。第二，虽然思想不能直接做到这一点，但它可以支配人体，产生肢体动作，从而移动椅子；这类似于阳光照射太阳能电池、电池中的电力驱动马达、马达可以通过机械装置挪动椅子的道理。你不能因为这些过程是比较间接的就否认这也是“相互作用”的一种方式。没有太阳光，椅子是不能发生移动的；同理，没有产生那个控制肢体动作的思想，椅子也是不能移动的。思想的有无，其效果是迥然不同的。从这个意义上讲，凡是可以作为存在物予以看待的对象，它一定可以以某种方式对其他的存在物产生一定的影响；这可以作为我们界定存在物的一项参考标准。

与以上道理相类似，思想不因复制而减少的现象也不能否定思想的实在性。一个物体如果可以非常容易地、源源不断地复制它自身，我们必定会觉得不可思议，甚至会怀疑该物体是不是真实的物体。因为，物体不会凭空地、无缘无故地、没有来源地产生。在很大程度上，思想不被视为客观实在的原因就在于它在这一特征上似乎与可见的物体不相同，思想可以无限地复制，而被复制的“原件”却仍然完好无损。这简直就是“妖魔鬼怪”，怎么能够把它与“人间的真实事物”相提并论呢？对此，至少可以有三个回答方法：1. 我们可以把思想当作一种**特定类型**的存在物，而把物体当作另一种类型的存在物，于是，我们也就不必以一类存在物的具体性质去要求另一类存在物，不必把存在物复制的容易程度作为定义存在物的一个要件。反正，除了我们人类自己，没有其他的什么权威强迫我们非得那样认为。2. 思想的复制仍然是需要付出代价的，这一代价有时候似乎微不足道，有时候其实是很显著的。例如，教育和学习都是很辛苦的工作。抄写和背诵课文就是如此。更为关键的在于，无论其代价多么微小，这个代价却绝不可以不付出。不付出代价，思想绝不会自动地复制。这个“代价”，就是思想的复制品的来源和原因，所以，思想其实不是“凭空地”“无缘无故地”复制的。3. 计算机科学启发我们，思想可以表示为物质的状态，所以，复制思想，就是让物质甲具有与物质乙同样的状态。这个理解可以进一步消除我们对于思想复制现象的困惑。

错误思想的源头可以一直追溯到柏拉图。柏拉图认为，存在着“理念世界”与“事物世界”两个并行的世界，抽象的理念与可感的事物都是“实体”。就此而论，这似乎与我们所主张的“算法的态度”相接近。但是，柏拉图进而认为，理念与事物是相互对应的，可感的事物是通过“分有”相应的理念才成为它自己的。例如，某物之所以美，是因为“分有”了美的理念。那么，如何进行“分有”呢？让我们引用张汝伦先生就此所作的介绍性述评：

事物分有理念而存在，这是柏拉图坚定不移的信念。至于怎样分有，却是

> 一个难题。柏拉图承认，事物对同名理念的分有只能有两种方式，或者是分有整个的理念，或者是分有理念的一部分，但这两种方式都有困难。因为理念的首要特性是单一完整性，而事物则是多数的。如果每个事物都分有一个整体的理念，那么有许多事物就需要有许多个理念。这就与理念论的基本原则，即多数同类的事物只能有一个同名的理念，发生了矛盾。如果事物分有理念的一部分，那同样破坏了理念的完整性，把同一理念肢解成很多部分了。例如，如果大的事物分有"大的理念"的一部分，因为部分小于整体，它分有的便是小而不是大了。如果相等的事物分有"相等的理念"，由于部分小于相等自身，它所分有的便不是相等了。如果小的事物分有"小的理念"的部分，因为整体大于部分，那么"小的理念"相应于小的事物，就是大而不是小了。既然只能有两种分有方式，而这两种方式都难成立，那么分有说本身是否成立呢，柏拉图感到左右为难。①

我们之所以引用这段话，是因为它典型地反映了知识传统中的一种严重的迷失。"理念"是一种思想，思想有思想自己的性质；而这段话清楚地表明，在柏拉图的传统中，理念或思想本身的性质被以物体为参照标准来进行理解、推测和想象。②说"某物存在"，它就一定有体积，有长、宽、高等规格。缺乏这些特征的存在者，即使有时也被定义为"存在""实在"或"实体"，也是勉强的，是衍生性、附属性的。换句话说，这里实行的是"先到先占"的原则。物体被当作最为"标准"的、最有"资格"的存在者，它占了先机，使人们对于"实体"的定义产生了一种先入为主的认识。后来的存在者也就只好以之为标准了。于是，理念才被当成了物体的类似物，这才发生了这样的争论。立论者与质疑者都陷入了同一种逻辑之中。

我们确信思想的存在，熟知其性质与作用，为什么要这样来"反主为客"呢？这是荒谬的，也是不明智的。我们只需要承认思想、物体、"非物体的存在物"都是不同种类的存在、实在或实体不就可以了吗？作为具体分析展开之前的一种最初的、一般的态度，我们无须坚持哪一种存在物更为"高级"，更为"基本"——除非这样做是有益的和值得的。这就是"算法的立场"。③

柏拉图可以视作"反算法立场"的集大成者。他崇尚理念世界，认为它是可感世界的本质，是圆满的，自我同一的，并且是静止不变的；而人们看到的世界只是现象，现象在围绕本质做运动；本质就是现象的意义，此外它没有什么重要性。通过认识理念，人们获得正确的、绝对不变的"知识"；而对于现象本身，则只能形成"意

---

① 张志伟：《西方哲学十五讲》，北京：北京大学出版社，2004年，第83讲。

② 柏拉图看待思想的这种视角深入地影响着西方人的思维方式。例如，以下的文学语言就体现了这种传统："林肯是个忧郁的人，每当我看到他，就觉得忧郁几乎要从他的身上哗哗地掉落下来。""同情心？这个东西你比较少，所以你还是自己留着吧！"

③ 在"分有"的问题上，我国学者们常说，朱熹的"月映万川"要比柏拉图的"分有"好，且不说这种观点仍然是"先验知识"论的产物。"分有"实为拷贝（复制）。知识与思想都不因拷贝而减少，拷贝可以是无限的。现在大家都熟知这种特性。在此情况下，这样的比喻不仅没有必要，而且是不准确的和误导性的。

见”。“意见”不能算作“知识”，等等。柏拉图虽然也是一个“先验论者”（或者“先天论者”），但他的先验论是十分极端和武断的：知识先天就存在于脑海之中，后天的学习和体验，只是起到了把这些知识回忆起来的作用。这种论点与他所宣示的知识的绝对性和永恒性是彼此呼应的。柏拉图开启了西方思想界的理性主义传统。从他的观点中，可以清楚地看到主流新古典经济学的影子。

在人类对于自身思维活动的方式与性质具有适当的认识之前，也即在一个适当的关于“有限理性”的理论建立之前，我们不可能透彻地理解和反驳柏拉图。下面，结合所涉及的有关问题，再对“算法的立场”做一个概括性说明。

1.4.4 对“算法立场”的综述

把人的思想实体化和对象化，意味着必须采取这样的态度，即人的思想是一种具体的、已经比较定型的东西；我们既不要把它幻想为认识世界的完美工具，也不要认为它一无所用。为了加深印象，甚至可以把它想象为某种“怪模怪样”的东西。对于认识和把握世界的任务而言，它可能既有合用之处，又有不合用或不那么理想的地方；比它更好或更差的认识工具也都有存在的可能。当然，一种比较定型的东西并不意味着它不可以发展变化，只是，其变化受制于一定的约束、条件、机制和方式；其中既有相对不变的东西，又有易变的东西。此外，变化是需要时间和过程的。

可以以“盲人摸象”的故事来说明这个意思。每个盲人所处的位置不同，他所获得的对大象的认识就不相同。人类与其他物种就好比不同的“盲人”。假如我们同意猫儿和狗儿也都在认识世界的话，则人类对世界的认识必定是与这些动物有所不同的。也许还存在比我们人类智力更高的智力，而人类的智力不过是这些不同智力之中的一种。研究人的行为，研究社会过程，也就是研究“人的智力”作为一种存在物与其他存在物之间的相互作用过程。“认识外物”是人的智力（经由感觉器官）与外物相互作用的一种方式，或者说是其与外物相互作用的一种条件。这也可能是对外物的一种“扭曲”。不同的物种按照不同的方式来进行“扭曲”；不过，这却与被认识的“外物”无关，这是人或其他物种“自己的事儿”。这种思想源于康德，算法理论只不过是在把这些经典的先验论哲学应用在社会科学研究上面而已。

思维与物质作为研究对象的“并列”，体现在它们之间的互动过程之中。外部世界的信息通过感觉器官进入人的大脑，在那里与先天存在的“思维工具”“相遇”，于是发生了“思考过程”，产生了思想和决策。决策由大脑指挥人的身体器官予以实施，作用于外部世界，此即“行动”。行动的结果再反馈到人的大脑，如此周而复始。思想活动是这些流量或“链条”上必不可少的一个环节，它独立地消耗一定的体能和其他资源。有些人（尤其是一些自然科学家或者哈耶克所谓的“科学主义者”）基于人类智识上的某些成功，把人类的思想臆想为包含着自然界的所有密码，因而天然适于揭示世界的奥秘，或者早晚一定会揭示世界的全部奥秘。上述哲学观念与此种臆想之间并无必然的联系；它既不依赖于它，也不完全反对它。它不必进行这种形而上学的选择。如前所述，算法理论强调，我们永远只能处于“过程”之中，每个情境都既是终点，又是起点。即使世界的奥秘最终证明可以被人类完全破解，情形也不会有大的不同。因为，处于历史过程中的我们，不可能事先获知这个结局。

把思想当作石头那样的客观实在，意味着不同思想之间具有相对独立性，彼此可以以对方作为对象。进而，研究者作为思想者，才可以研究当事人的思想，才可以品评它，才可以与之互动，并且才可以反思自己的思想，经济学与社会科学研究因而才是可能的。科学研究必须具有这样的条件，即研究对象相对于研究者要具有一定的独立性；当对象运动时，研究者可以冷静地观察它，而不必受其逼迫而随之起舞；当研究者动起来并从多个角度观察它时，它必须要么静止不动，要么像原来那样运动，不受研究者的（显著）干扰；或者说，不同思想之间在一定程度上必须是“离散的”。新古典主义意味着这些条件均不能得到满足。由于计算速度被假定为无穷大，因此不同思想之间是难以分割或区分的，各人的思想在本质上不具有冲突，人是千篇一律的，我的思想也就是你的思想，于是，思想只要一个就足够了。即使要研究它，研究者回忆一下自己的思想就行了，没有必要煞有介事地把他人的思想当作“对象”来研究。思想就这样“合乎逻辑地”消失了。

我与对象、对象与对象之间的独立性并不排斥相互之间的联系与互动；独立性是互动的条件，否则，就无所谓“互动”。“事物—差别—联系—互动—变化”是一个相互依赖的概念组，是时间因素的引入使它们能够同时成立。简言之，承认事物之间的相对差别必然把我们导向动态理论，而动态理论的构造也必须把事物之间的差别作为其必要条件。

1.4.5 心物分离原则

让我们再换个角度来理解这个问题。思想主要是由大脑细胞来“承载”的，也可以说它是大脑细胞这种物质所产生的一种“现象”。那么，我们为什么要把它视作相对独立的存在呢？首先，这是因为科学界至今对于物质如何产生精神的问题尚不了解，因此我们也就不可能用对物质（细胞）的描述和分析来“完全替代”对精神的描述，即使我们同时承认这里存在某种“一体两面”式的关系。其次，即使到了关于精神的科学之谜已经得到破解之时，我们也不必把精神置于物质之后，或者作为物质对象的“替补”。在大多数情况下，精神仍然应当作为主要的研究对象。这是因为，研究者的思想，作为一种思想，首先可以与自己的、他人的以及当事人的思想相互沟通。可以确信的是，思想还将会按照现在的方式来进行运作，自己控制自己。**即使人类已经知道某种分子或细胞的作业过程决定了某个思想过程，难道因此就会放弃如今的思考方式、而把思维活动完全变成对生物分子或脑细胞的手动加工过程吗？**显然，即便在那种情况下，物质也只能作为思想的“替补”，而不能反过来。这是传统的经济学方法论所严重忽视的一个问题，也是我们在本书中要反复强调和多角度演示的一条新的方法论准则——在《原理》第 3.2 节，我们把它叫做“心物分离原则”。

在万事万物当中，什么可以作为“实体”或“本质”来看待，什么只能作为附属的“现象”，这种划分不是绝对的，要视其对表述和分析的便利程度而定。例如，煤炭可以燃烧，通常来说，火焰就是煤炭这种“实体”所产生的一种“现象”，但这并不妨碍我们把火焰视作独立的“实体”或“实在”予以看待。我们可以先把煤炭与火焰“并列”起来，进而来研究这两种对象之间的“相互关系”。因为事实上它们的确可以“同时”呈现在我们的眼前。一个物体具有一定的温度，温度是分子或原子的动能；然而，在热传递的过程中，我们一般无需在微观层面来讨论问题；我们只需想象着一股“热流”从甲物体流到乙物体。这种想象并不是没有道理的，也不是没有用处的。那种把实体与现象的界线绝对化的做法终将会走入死胡同，因为事物是普遍联系的。在此情况下，我们就不能说某个在视觉上独立存在的事物一定不能算作另一个位于远方的特定事物的“现象”（犹如我们不能说某个位于特定对象旁边的事物永远只能作为它的“现象”或附属物而不可以有任何独立性）。“系统”这个概念就是一例，其作用就在于突破视觉界线来建构实体。①

算法框架下的哲学讨论可以很简单，也可以很复杂；而这些讨论绝不是吹毛求疵、无关宏旨的。例如，在经济与社会分析中，诸学者们通常习惯于从层级的、单向的、决定论的、绝对化的眼光来看待对象事物，而不是采用广泛相互作用的方法。“价格是总揽一切信息的信号”的观念便是其中一例。殊不知，一旦要进入动态分析，首先承认摆在我们面前的包括思想在内的万事万物的相对独立性和“并行性”就是一个必要的前提和方法——即使这种承认在某些情况下是暂时的和技术性的。

1.4.6 结束语

公允地说，经济学并没有完全忘记把思想包容在其分析框架之中，只是，由于它没有采取适当的方法，没有认识到包容思想所需要进行的大范围的迂回性工作，没有认识到包容思想所具有的极为广泛而重大的含义，这种包容只能是一种肤浅的包容。例如，继20世纪六七十年代研究人力资本的潮流之后，保罗·罗默等人又于90年代提出了所谓“新增长理论”。新增长理论假定研发投资会促进技术进步，但它又明确宣布以一般均衡理论作为其基础分析框架。②经济学家们一如既往地对于这种自相矛盾的做法不知不觉，反而欢呼这样的“创新”。这种严重错误与类似“新古典的制度理论”这样的说法一样荒谬。经济学似乎正在愈益严重地陷入这种“逻辑的分裂”之中。尤其是在美国，由于欧陆哲学传统的影响在那里一向比较薄弱，那里的新说越多，经济学就越发自我冲突和混乱。那里的经济学似乎陷入了逻辑的深渊，彻底地迷失和令人绝望了。这种景况是与一些人对于某些微小“进步”的沾沾自喜相并存的；似乎很少有人对此感到滑稽和尴尬。我们虽然正在主张把对象世界作为一种混合体来

---

① 参阅《原理》3.1、3.6、4.1.2等节。

② 参阅 Roamer, Paul M. Endogenous Technological Change. The Journal of Political Economy, 1990, Volume 98, Issue 5, Part 2, S71-S102.。

予以看待，却不应该容忍理论建构中的这种逻辑矛盾。重申一遍：要引入思想，首先就要放弃一般均衡框架；不仅如此，经济学的原理与方法就需要进行大变动。

当我们的认识到达这一步之后，把计算机原理引入社会科学就成为不可避免的了。没有计算机所提供的语言、范例、证据以及大量的实践，上述想法就会成为一种神秘莫测的东西，就难保不被视作奇谈怪论，甚至就像其他非主流学说一样长期被束之高阁，而不能取得决定性的胜利。另一方面，计算机所提供的语言和原理是那样地形象、确切和贴近生活，如果不对之加以借用，则纯属迂腐和傲慢。这就好比在理性主义哲学的指导下，经济学家们就无法抗拒引入类似“函数”“方程”这样的东西。笔者可以预先声明的是，与众多的竞争性方法相比，算法理论的构造既非常简单，又十分微妙。一个重要的微妙之处就在于，**算法理论对于计算机原理的借用其实是形式性的，它并不会妨碍社会科学作为一门相对独立的、富有思想性和人文性的学科而存在**。它的传统与风格在很大程度上还将继续保持下去。同时，如果需要，它也立即可以被用以构建高度形式化和高度精密的理论模型。社会科学自此以后可望成为具有重大实用价值的学科门类。经由算法的进路，经济学与社会科学的基本思想与方法可以发扬光大，甚至可以直接或间接地回报其他学科。

1.5 算法框架理论

1.5.1 计算机原理概述

算法理论是一个关于人的思维活动如何进行的理论，它借用了计算机科学的术语和原理来进行构造。由于它是为经济学与社会科学而“量身定制”的一个假说，故又称为“算法框架理论”。基于这个理论，我们很快将会引申出大量重要的社会科学命题与推论，并由此逐步建立起一个关于“社会科学基本原理与方法论”的体系。把计算机与人脑进行类比是不同学科领域的众多学者们所采用的一种基本观点和研究方法；但是，根据笔者掌握的资料，算法理论与所有已有的理论和方法均不相同。

为了介绍这一理论，需要从计算机原理讲起。

自古以来，人类就在使用一些简单的人造装置（例如算盘）来进行算术运算；这些装置可通称为“计算器”。导致计算器发展成为“计算机”的是这样一种思想：除算术运算（加、减、乘、除等）之外，人类日常进行的许多（可能并非全部）逻辑思维活动（尤其是演绎推理），都可以表示为与算术计算式相似的形式，并进而可以在类似的装置上进行“演算”。这种思想体现在“数理逻辑”这门数学分支学科之中。数理逻辑学引起了这样一种后果，即我们可以把算术运算与逻辑运算统一用“计算”这个词语来概括，而计算就是指特定的计算种类与有关数据的结合。在计算机科学中，该“特定的计算种类”另有一个名称，叫做“指令”。“指令”原来是指计算机的使用者要求计算机去完成的具体计算任务的种类，后来演变成了计算机可以接受的任务、从而从事的“工作”的具体种类。简言之，计算＝指令＋数据。这就是计算机科学所告诉我们的最为重要的东西。

一台成品的计算机，其内部包含一个由有限个（从数十个到数百个不等）指令所组成的指令系统；计算机所进行的任何作业实质上都可以分解为这些指令分别交替加工特定数据的活动。也就是说，计算机如今在无数个实际应用中所演示的那些“智力”，实际上都是通过“指令＋数据”的方式实现的。指令系统一经成型，在计算机产品的整个使用周期之内不发生变更。“数据”则是“信息”的另一个说法。计算器只能加工数量型的数据；计算机则可以加工字符、图像、声音等“数据”。由于客观世界是丰富多彩的，信息的“数值”和类型都很丰富。有的指令可以加工任何信息，有的指令则只能加工特定类型的信息。每种指令都是按照特定的、固定的格式或方式来加工数据的。在指令格式的特定位置通常留有空格，进行计算时，把要加工的数据填入，经过运算得出结果。指令格式中还有专门的空格用来填入下一条指令的地址，从而使得下一条指令可以找到，计算于是可以连续进行（参阅图表 2）。

操作码（指令）	第一操作数地址	第二操作数地址	结果的地址	下一条指令的地址

图表 2：一条典型的四地址指令的一般格式 ①

指令与信息的这种结合方式，使我们想到了康德哲学，即人类进行思考就是用其头脑中特定的、一律的、先天就有的思维工具加工来自外界的“原材料”。人之所以能够认识世界，做出决定，是因为人先天地具有智力。那么，这种“智力”是什么？它是事先储存于头脑中的现成的知识（柏拉图主义）吗？是对现实问题的一个个现成的答案吗？不是的。最为可信的解释就是，“智力”是指类似于“指令”这样的东西。它不是知识，但它可以通过加工来自外部的原材料（信息）而生产知识。换言之，“指令”显然可以作为前文所提出的“思维工具”来予以看待。鉴于“信息”或“数据”的概念是相当直白的，至此我们的假说也就可以落实了，即我们可以把人脑的思维活动视作与计算机相似，思考活动就是以类似于“指令＋信息”的方式来进行的。

计算机的具体结构与作业方式叫做“冯·诺依曼架构”（见图表 3），这一名称是为了纪念计算机科学思想的集大成者和主要的阐释者冯·诺依曼先生（他同时也是博弈论的奠基人）。“冯·诺依曼架构”的主要内容如下：信息由“输入设备”一个个地输入计算机，在“运算器”中与特定的指令“相遇”，即进行计算，其结果暂时存入

① 引自宋焕章、张春元、王保恒：《计算机原理与设计》，长沙：国防科技大学出版社，2000 年，上册，第 51 页。括号内注释为我所加。

“存储器”中。存储器中（作为以前运算的结果）预先存有大量的数据、参数和程式（或者叫“程序”）[①]。程式是事先编写好的、按一定顺序排列的指令，它也以“数据”的形态进行存储。因而，当它被调用和读取时，就会“自动地”指示下一步执行哪个指令以及加工什么样的信息（这叫做“存储程序原理”），于是计算机就会连续地运转起来，信息、数据以及任何暂时性的计算结果就会按照时间序列连续地、有选择地、依次地、往复地调入运算器中进行计算（这称为“串行作业方法”），以便完成特定的任务。“控制器”负责协调整个作业流程。最后的计算结果通过“输出设备”提供给用户。

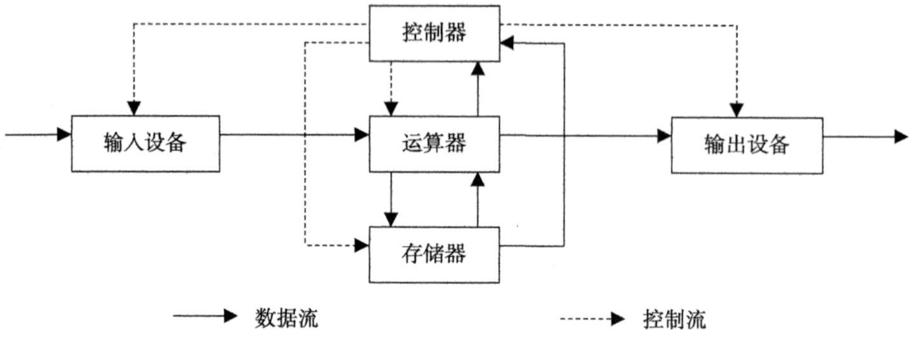

图表 3：冯·诺依曼架构 [②]

计算机的作业就像一家工厂。显然，“冯·诺依曼架构”就是一种迂回生产方法，这里有“时间”的概念，有“计算速度”的概念，有“存储”的问题，也有“最小单位的计算活动”。总之，基于前文的所有论述，计算机本身就可以视作一个理想的经济学与社会科学理论模型。

如今，任何一台普通的计算机，其计算速度都在每秒数亿次的数量级上。然而，有限的指令数目与海量的数据相结合，发生了“组合爆炸”，也即可以进行的计算作业的数目在理论上常常近乎无穷无尽（参阅图表 4）。为了节约资源和作业时间，计算的效率问题就变得很重要了。为了解决特定的问题，如何利用有限的指令和数据高效率地得到答案？这样的方法称为“算法”。计算机科学家们已经认识到，经济因素是造成“算法”成为一个问题的基本原因。例如，某计算机原理教科书开篇就问道：“假如计算机无限快，并且计算机存储器是免费的，那么你还有任何理由来研究算法吗？”[③]

本章对于计算机原理的集中介绍到此为止。介绍如此简短，是因为笔者认为只要

---

① 即“程序”，英文为 program。为了在形式上与社会科学中通常所称的“程序”有所区别，故作此称谓。当然，这种“区别”在实质上也许不存在。

② 引自宋焕章、张春元、王保恒：《计算机原理与设计》，长沙：国防科技大学出版社，2000 年，上册，第 10 页。名称为笔者所加。

③ ［美］Thomas H. Cormen 等：《算法导论》，潘金贵等译，北京：机械工业出版社，2006 年，第 7 页。然而，遗憾的是，该教科书却提供了模棱两可的甚至错误的答案。这反而说明，计算机科学乃至整个的“认知科学”群体都需要吸收经济学（从而“算法经济学”）的成果。

了解了这些知识，就足以阅读和理解本书。如果读者有兴趣继续做进一步阅读，可以参阅任何有关计算机原理的教科书。

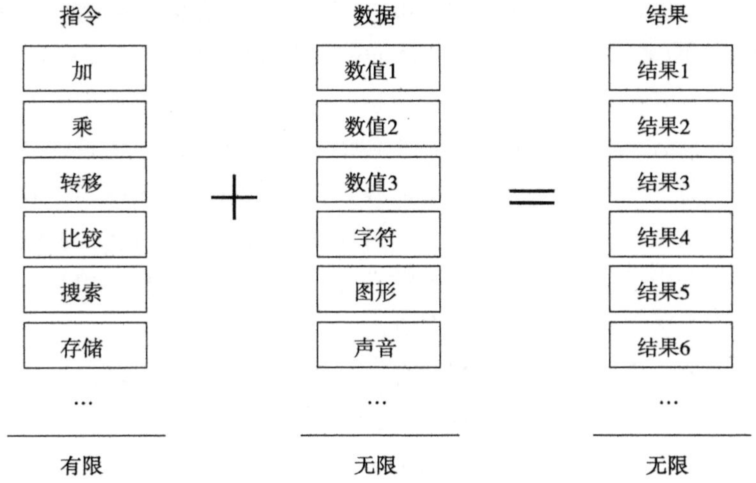

图表 4：组合爆炸

思维活动是在信息与指令之间建立排列组合的活动，它引起“组合爆炸”现象。

1.5.2 算法框架理论

在以上认识的基础上，我们提出“算法框架理论”如下：假定人脑中存在一个与计算机相似的“指令系统”，其中包括数目有限的若干个“指令”。特定指令加工特定的信息，一般只得出特定不变的结果。计算机的指令集是人脑指令集的子集[①]，余者称为“人工指令”。指令系统人人相同，且永久不变。人的思维活动是指、且仅指指令对信息进行逐个的、串行的、交替的和反复的加工，**即思考＝计算＝（指令＋信息）× 计算速度 × 计算时间**。指令与计算的具体物理形式与生物实现方式暂且不予考虑；在不得不予以考虑的地方，原则上均假定为与计算机相类似。

严格地讲，算法理论的内容只需要这么多。为了便于叙述，这里再扩展提供若干术语和概念。一个指令所加工的数据，一般不会超过两个；计算所得出的结果，不会超过一个。指令是按照特定的格式来书写、读取和执行的。一个完整的、可执行的指令，既包括指令本身，也包括其所要加工的数据（见图表 2）。指令与信息在大脑的“中央处理区”（相当于计算机的“中央处理器”）相遇并相互作用。一个指令执行一次，称为“一次计算”；这是最小单位的思维活动，因此也可以叫做“元计算”。计算速度可以用元计算所需的时间来衡量，也可以用单位时间内可以完成的计算次数

① 由于计算机只是为人所使用的一种工具，因此它具有一个输出系统，而人并不是工具，所以人就不具有输出系统。因此，严格地说，关于控制输出系统的指令，人脑就不具有。人体器官与电脑内部与外部设备的差别很大，据此可以推测，直接涉及硬件控制的指令，人脑与电脑之间必定还会存在更为广泛的差异。不过，这些问题显然无关算法理论在实质上的可接受性。

来衡量。任何人的计算速度无疑都是有限的，并且会随着年龄、生理和健康状况的变化而变化。对此我们不必做硬性的假定，甚至在大多数情况下都可以忽略。如同计算机中对于存储器所做的划分一样，我们可以假定人脑的存储区分为“临时存储区”和“长期存储区”，前者用于保存与计算活动密切相关的数据，后者则用于永久保存数据。这个区分的好处是可以借此建立“遗忘”这个概念：临时存储区的数据并非全部需要保存；其中只有某些数据根据需要才会转入长期存储区，余者则会废弃。鉴于数据的持续保存需要占用存储空间和耗费资源，长期存储区中的数据一般也只能保存有限的时间，然后就会淡忘——除非它被不时地唤起和强化。当然，长期记忆的唤起和检索是一项费时费力的工作，这种代价常常会导致当事人放弃对相关记忆的搜索，即使这种搜索只要付诸实施就能够取得成功。

在任何特定的时点上，人脑中都只有一个指令在执行。所以，为了完成一定的任务，需要把许多指令按照时间序列前后相继地排列在一起；这就形成了“程式”。程式往往具有一定的抽象度，也即可以用于相似的一系列问题的解答，只要允许其中的某些参数是可变的。程式是个人在出生后通过计算、积累经验以及从他人那里学习而得到的。按照“知识”一词通常的意思，程式可以视作“知识”的主要表现形式。我们可以认为，一个人（无论儿童还是成年人）的头脑中总是存储着大量的、具有各种各样目的与功能的程式。当事人主要依靠他们脑中的数据与程式存量来进行计算。然而，鉴于对计算结果的鉴别与评价常常是不确定的，我们可以扩大“知识”一词的含义，使之泛指一切计算结果——无论初级的还是成熟的、系统的还是零散的、正确的还是错误的、低值的还是高值的、认识的还是行动的，等等。本书在很多情况下都是在这个意义上使用该词的。“算法”可以定义为“运用数据和指令构造程式的方法”，也即要选取和使用什么样的指令与信息来构造元计算，各个元计算（也即包含着信息的完整的“指令”）按照什么样的次序或样式来进行排列（见图表5），以及数据的输入输出之间建立怎样的流程，等等。指令的数目是有限的，而算法则是无穷无尽的，它是智慧的主要体现。因此，我们把这里所提出的理论称为“算法理论”“算法框架”或“算法框架理论”；把采用以上方式进行思维的人称为“算法人”；用算法人替代真实世界中的真实的人，我们则得到“算法世界”。基于算法理论来研究经济与社会的方法称为“算法方法”。“算法方法”的另一名称是“算法进路”，这是广义的；狭义的“算法进路”，系指“意识进路”，即主要通过研究当事人的意识活动来解释其行为和社会现象的研究方法。在算法类文献中，根据具体情况，**“算法的”“算法式的”“算法化的”**等词语可以指“算法理论的”“算法世界的”“算法方法的”等不同含义；既可以作定语，也可以作谓语。把“的”改为“地”后，也可以作状语使用。又因为算法理论同时把动态性、主观性、有限理性、冲突、发展等元素整合在了一个高度统一的架构之内，所以，在算法类文献中，有时用“算法的”“算法式的”等词语来指代“动态的”“主观的”“冲突的”“发展的”等等意思，甚至指代算法理论所间接含有的任何复合的或单一的意思，以便表明这些意思并不是普通意义上的，而是**算法意义上的**。这类用法在后文中将比较常见。

指令在计算机中被称作“机器语言”，因为它只有计算机可以识别，用户则很难识别。为了便于接受用户的任务，以及为了便于程序员编写程序，计算机还拥有汇编语言、高级语言等不同级别的“语言”。这些语言中的每一个命令，实际上都是一种小程序，即由不同指令所构成的排列组合。与此类似，由于一个人的思想是看不见、摸不着的，不易为外人所了解，所以，人们发明了“自然语言”“肢体语言”等方式来实现人际的思想交流；这又称为“通信”。“通信”的核心意义在于，它要把人的思想表达为图形、表情、声音、动作等**物理符号**，也即在思想与物理对象之间建立一种对应关系。自然语言类似于计算机中的“通信协议”，它意味着一套关于人际交流的标准；所以，语言的核心特征之一就是它的“规定性”；它是由人们经过协商共同规定的，不了解它的人需要通过从别人那里学习才能掌握它——这与人们操持不同语言的人拥有相同的指令系统互不矛盾。相应地，有了语言和通信，人们之间就可以进行商议、约定、欺诈、威胁等社会性的活动，从而结成像计算机网络那样的“社会网络”。

由于指令和元计算都是相对独立地工作的，借助记忆功能，某个或某些计算可以以个人已有的或过去发生的计算活动及其结果作为对象，于是，个人就可以反思“自己”。“反思”（或“自我对象化”）也就成为了一个算法式的概念——后文将会逐步说明，算法的进路是说明反思的真正正确的方式。这里的“自己”之所以加上引号，是因为人所反思的其实都是关于自己的记忆，也即那个“凝固的自己”，而不是作为“反思者”正在反思的“自己”。基于同样的原因，个人之间也可以相互以对方的身心存在及其行为作为计算的对象；这叫做“相互对象化”。

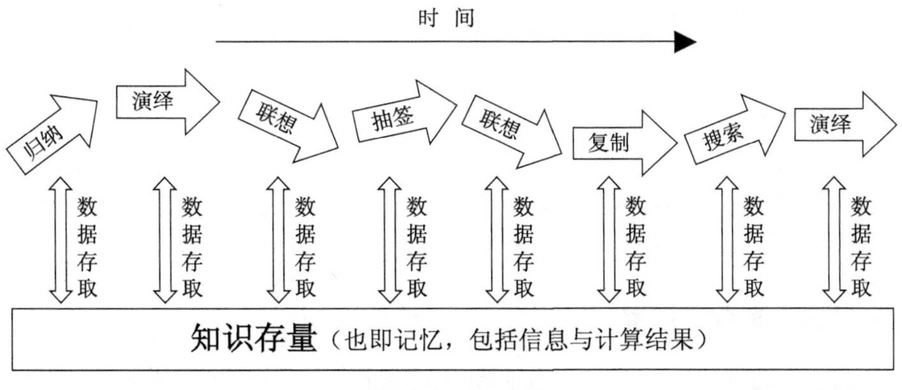

图表5：思维链

思维活动是由不同种类的“元计算”所组成的“弯弯曲曲”的流量，就好比由不同材质的珠子串接成一条链子。

1.5.3 “指令”详解

算法理论的核心部分已经介绍完毕，现在我们转向讨论其中的若干要点、疑点或难点。

“指令”这个概念居于算法理论的核心，这是算法理论不同于其他竞争性学说的关键之处。首先要强调的是，“指令”绝不是什么神秘的东西。由于智力之谜尚未得到令人满意的揭示，我们不能确切地知道它的全部内容，但是，可以通过多种途径予以探索。第一种途径，就是检视计算机的指令清单（也即一份载有所有指令的清单）。加、减、乘、除、逻辑加、逻辑乘、比较、传送、循环、停止（或“停机”）等常用指令都是容易理解的。某些指令是功能性或服务性的，并不真正“加工”数据。例如，数据传送类的指令，它只针对单个的数据进行操作，把它从一个地方移送到另一个地方。“停止”是一个“空指令”，它不操作任何数据。这些指令的执行都被统统纳入了“计算”这个概念。这是一个重要的概括。人的思维活动显然也包括了这些功能性的活动。例如，“回忆”就是指寻找和“读取”数据，“结束某个思维过程”可以理解为执行了“停止”这个指令。为了执行某个决策，需要大脑指挥身体器官进行工作；这些器官一边作业，大脑需要同步地运行，并且往往还要特别集中注意力。这可以理解为是在执行某些“硬件控制型”的指令。在计算机中，有许多这类指令。

某些程序语言中的“命令”也可以拿来当作“指令”予以理解。例如，“寻找”或“搜索”是应用程序中的常用命令。“在某个范围内搜索 A”意味着要把该数据范围内的每个数据都与 A 对比一下，看看它是否等于 A。如果等于，则要标记出来；如果不等于，就要继续搜索。所以，实际上这是由众多指令、数据、也即由“元计算”所组成的一个复杂的计算过程。但是，为了便于表述，当提及“搜索”时，我们一般并不需要把它累赘地分解为上述复杂的步骤，而只是简单提及“搜索”一词，且将之与“比较”“传送”等指令并列讨论。这就引起了“重复”的问题；也即，特定指令清单中的特定指令，实际上是其他若干指令的组合，“指令”与“命令”是混用的。然而，这是一种有益的重复，它带来便利性。例如，作为一种高级语言的“C 语言”就是采用这样的结构。

这种相对性还体现在指令与程式、算法等概念的关系上。一定的程式和算法是相对于一定的指令清单而言的；反之，假如指令清单不能确定，就会引起用语的模糊性。例如，在《算法》中，我们曾分别在“指令”和“算法”的题目下讨论过“联想”。这种重复虽然无损大局，但也有必要予以注意。

1.5.4 “人工指令”详解

通过检视计算机的指令清单，我们就不可避免地来到了“人工指令”这个概念。“人工指令”是指无法通过计算机模拟充分实现其功能的指令。我们不知道人脑指令清单的详情，也不确知人工智能工程最终将能够模拟哪些种类的思维活动，又不能模拟哪些种类的思维活动，所以也就（至少暂时地）不可能确切地知道“人工指令”都有哪些。对这个问题的探索只能尝试着进行。首先，一些人曾经认为，计算机只能进行数学计算和演绎推理，不适合模拟联想、想象、归纳、模糊计算等复杂的思维活动。然而，近数十年来，人工智能工程却在这些领域中不断取得进展。例如，你在互联网上发表了一篇文章，其中的一些词语会被自动标识为“超级链接”格式，以便读者深度阅读。实际上这种功能就类似于“联想”。有些人会反驳说，这不是“真正的”联想，真正的联想要比这“复杂得多”。这话也许并不全错。然而，问题在于，其实我们通常很少仔细地考虑“联想”的具体过程。上述功能背后的实现步骤，在主要方面上必定都是与“真正的联想”差不多的，即寻找对象的特征，然后在记忆中搜索与这些特征相联系的东西。又如，当你开始使用某个新的软件时，过一会儿，软件会提示你：看来你似乎不喜欢某某功能，要不要关闭它？这就是软件所做的归纳。这个归纳不一定准确，有的错得也很离谱；但是，人脑的归纳能力往往也不过如此，在很多情况下它都不够完备。至于想象一些虚拟的、虚幻的事物，计算机更不能被排除在外了。计算机模拟和仿真技术如今具有极为广泛的应用。运用计算机来设计产品，就是在“想象”一些世界上还不存在的东西。如果要说得直观一些，那么，网络游戏的世界则足够“超现实”了，其程度恐怕不亚于传统的“幻想小说”。关键在于，我们需要认识到，如果说人脑接收信息的过程是在“反映”外部世界的话，那么，信息加工过程则绝不是在简单地继续这个“反映过程”。“加工”就是在以已有的东西制造现在还没有的东西，就是在“创造”。$11+14=25$，这个计算过程是在“创造”吗？对于某个旁观者来说，这可能不算；而对于当事人来说，当然是。因为，假如他业已拥有了这个结果（25），为什么还要计算一下呢？所以，计算行为的发生表明，这个结果对他来说就是“新的”；或者，即使他在什么地方存有一个旧的答案，由于去进行回忆或者查询很麻烦，他宁愿重新计算一遍。这就是我们把思想看作一个个的“客观实在”的微妙含义之所在。只要我们以这样的眼光来看待人类思维活动，则“想象”也就不再那么神秘了。

我们可以用这种微观分析的方法来解析诸如类比、分析、综合、抽象、概括、学习等各种各样的思维活动。通过这样的解读，诸多传统的似是而非的认识就可以大幅度地得到澄清。这种“澄清”的后果之一，就是“人工指令”的候选项显著地减少了。

截至目前，笔者可以举出的“人工指令”的一个例子，就是“抽签”。抽签意味着针对一些选项，当事人自由地决定选择哪一个。这意味着在同样不变的情势之下，当事人每一次的决策可能会有所不同。这是对于“特定指令加工特定的信息，永远只得出特定不变的结果”这一假定的一个重要的例外。“抽签”意味着自由意志，至少有一些人是这样认为的。这是社会科学中极为重要的一个议题，也将是本书中的重要议题之一。计算机不能产生真正的随机数；也就是说，它不能抽签。凡是需要使用随机数的地方，计算机一般会通过两种方法来处理：一是使用一种物理装置，来生成随机数；另一个办法是引入某种程式和算法，从而产生某些看上去似乎是“随机的”结果。由于这些结果实际上是通过严格的计算而产生的，所以称作“伪随机数”。“伪随机数”与真正的随机数有多大差别呢？可以相信，在大部分实际应用中，区别并不很大。但是，如果一个人相信这个区别具有本质性，那么，“抽签”就可以算作一个“人工指令”了。

通过以上分析，可以使我们对机器人与算法人之间的相同点与差别有所认识，进而对算法人与真实的人之间的关系也有所认识。即使机器人与算法人之间的区别较大，笔者相信，算法人与真实的人之间的区别也是很小的。就其在社会科学上的应用来说，后一种区别主要可以视作形式性的，而非实质性的。不过，同样可以相信的是，无论用算法人来替代真实的人，还是用机器人来替代算法人，都是可以大有作为的。

这就是“理论”的作用之一。一种“理论”制造了一种话题，提供了一种研究问题的程序，增加了论点的明晰性，从而使知识取得进步。

1.5.5 简易算法理论

探索指令清单内容的第二条途径，就是求诸语言和逻辑学。我们可以探索逻辑思维有哪些基本的元素和形式（概念、判断、推理等），可以尝试用自然语言来描述思维（或者“心理活动”）的过程。指令大致上相当于句子中作为谓语的动词。例如，“由这件事我联想到我们之间曾经发生过的一系列不快”，或者“这让人感到十分难堪”，这里的“联想”或“感到”则可拿来当作指令看待。这种方法叫做“人工的算法进路”。“人工的算法进路”是暂时抛开计算机来展开的，它不考虑相关的“指令”是否可以为计算机所模拟，而是集中关注指令的“基本性”等问题。在我看来，迄今为止关于语言与逻辑的大量文献，都可以在这个意义上为我们所用。例如，美国语言学家诺姆·乔姆斯基认为，人类的大脑中存在一种通用的语法（“转换–生成语法”），这一点保证了不同的语言体系之间可以相互翻译。[①] 乔姆斯基因此被尊奉为认知科学的先驱之一。美国哲学家与认知科学家杰瑞·福多则认为，人脑中存在着一种通用的“思想语言”（language of thought）[②]。这些已有的成果既可以用来作为算法理论的佐证，也可以使我们明白算法理论与之区别何在，从而理解在这些已有成果的基础上，为什么提出算法理论仍然是必要的。其答案就在于：我们把“指令”或“指令系统”理解为一种类似实体的东西，而实体与表达它的语言是有区别的，更不能简单地用语言来替代实体。这就好比计算机指令系统与通信系统的关系一样。只有这样，我们才能既不会取消语言在社会科学中的地位，也不会夸大这种地位。

语言学在传统上并没有采用信息科学的方法。信息科学诞生以后，其对语言学和逻辑学的影响十分巨大（反向的影响当然也是存在的）。然而，尽管如此，“指令”这个概念却似乎尚未得到重视，“指令”与“信息”的二分法、以及“指令＋信息”的结构似乎并未被采纳为基本的原理和方法论准则。一些初步的考察显示，算法的方法

---

① 参阅［美］诺姆·乔姆斯基：《句法结构》，邢公畹等译，北京：中国社会科学出版社，1979。

② 参阅［美］Jerry A. Fodor, The Language of Thought, Thomas Y. Rowell Company, 1975。

一定能够给这些相关学科的研究带来一些助益。这个问题笔者目前尚难以充分展开；不过，我相信提出这个观点仍然是必要的。

计算机模拟意味着“以机器来猜度人”，而“人工的算法进路”则是“以人来猜度人”。因为各人的指令清单被假定为完全相同，这导致了一个后果，即研究者与研究对象各自的指令清单相互“**抵消**”了，于是在“人工的算法进路”之下，我们**反而不必**刻意地探求指令的详细种类。研究者只需要直接推断当事人的思想。研究者可以推断思维的过程，但却不必强求自己要严格地以“指令＋信息”这种“算法的形式”来描述当事人的思维活动。也就是说，不确知指令清单之详情，并不会实质性地妨碍算法方法的实施。在这种情况下，“指令”就好像数学计算中的一个“工具变量”，它先在某些假定之下作为未知数被引入，经过一系列运算之后，在其值尚未被解出的情况下，又被抵消掉了，退出了计算过程。这种逻辑应当是可以成立的。试想一下，假定我们所研究的对象不是人，而是某种动物。尽管可以假设动物也具有心理活动，可是，这种心理活动与人是否相似呢？动物与人是否具有相同的指令系统呢？答案显然是不能肯定的。倘若两者被视为并不完全相同，则我们也就难免需要列出该物种具体的指令清单了。我们将不得不这样做。

如此一来，我们就来到了一个说明性的论点，即我们假定了指令系统的存在，实际上我们却绕开了这个概念；我们老是谈论“指令”如何如何，在“人工的算法进路”之下，其实我们并不需要十分关注它究竟是什么；我们只要运用自然语言来进行陈述和辩论就可以了。考虑到（如前一小节所述）实际上我们的确可以举出大量关于指令的例子，那么，算法理论的立论基础也就更加牢固了。要是不经过上述仔细的思索过程，则不可能到达这样一个有信心的结论。

这就涉及到了“**简易的算法理论**”。这是指，对于一时尚难以详细了解计算机原理的读者来说，甚至可以暂时抛开包括“指令”在内的所有计算机术语；我们只需要想象，大脑中先天性地存在着数十或数百种思维工具（就好比一个工匠的工具箱中总是存放着刀子、斧子、扳手、螺丝刀等工具一样），这些思维工具可以用某些描述思维活动的动词来进行表示——常识告诉我们，它们的数目必定是相当有限的（即使成千上万）。个人进行思维活动，就是运用这些思维工具逐个地、交替地、反复地加工来自外界的信息。这叫做“计算”。一个个计算独立地、前后相接地进行，分别把计算结果（又是另一些信息，或者“改头换面”之后叫做“念头”“思想”“主意”等等）存储在记忆中，又分别再次地、交叉地调取出来，等等。**只要我们采用了这样的视角，那么，种种算法式的结论就会像流水一样自然而然地、汩汩不断地“流淌”出来**。在阅读本书的过程中，读者们时时刻刻都需要做这样的想象。这里的一个要诀是，要把任何可以复述出来的、或者任何值得讨论的思维活动都想象为一个或多个独立的小型计算（也即“元计算”）所组成；元计算要比任何“计算”都小，而不是更大。倘若不坚持这一点，思维流量就不能被“切碎”，离散的社会科学也就难以建立。

实际上，对于原理与方法构造阶段的经济学与社会科学，只需要提出、承认、接受和坚持这样一个简单的“理论”，也就足够了。我们并不否认人类精神世界的复杂性，但我们可以**首先**把它看得如此简单。在获得足够的相反证据之前，我们只能祈求这种简单的看法不会实质性地否定大脑的复杂性。不仅如此，我们还将延续计算主义的传统，尽可能地用这个简单的理论来解释种种复杂的精神现象。在此过程中，倘若产生了相反的疑问，我们宁愿再来重新进行检讨——否则就一直走下去。

1.5.6 若干人工智能问题

有一些读者提出，“指令”这个名词过于晦涩了，“算法”也缺乏一些人文味道，能否更换一下？对此我都做出了否定的答复。主要原因在于，这些术语与计算机科学中的相关用语具有高度的对应性；在信息技术已经盛行于世的时代，算法理论作为一个后来者，已经无权更改业已定型并被广泛接受的术语。假如纯粹为了增添表面上的娱乐性，则无异于画蛇添足，徒增烦扰。经济学者既然能够陶醉于那么枯燥的数学模型，就不应该畏惧计算机术语。不了解一点计算机科学，则算法理论就不可能入门；反之，在熟悉了计算机原理之后，一两个术语也就不成问题了。笔者认为，区别于单纯强调信息供应问题的“信息经济学”，“算法”这个词语实际上是十分精当的。但愿读者也能够同意这一点。

计算机科学的、或者说算法的方法能够回答或消解大量传统的哲学和社会科学问题。例如，如果说人脑中有思维工具，那么，传统的思维方式是：谁（或者“什么器官”）又在使用这个工具呢？于是，这就预设了某个“主体”存在于人脑中，而且这个“主体”显然在尺度上是很小的，它类似于一个“很小的人”。同理，这个“很小的人”又需要“更小的人”来指挥，“更小的人”又需要“更更小的人”来指挥……此即为所谓的“小人（homunculus）问题”，它在逻辑上是一种无穷后退。“指令+信息”这一结构的妙处在于，它取消了这个问题。指令与信息都可以视为思想性的实体，“计算”就是这两个实体相互结合的一种活动；分散的信息与人脑中分散的指令一个个地“相遇”，产生了一些后果；较晚进行的计算的计算方法要么由较早计算的结果给出，要么随机进行，等等。这个活动已经不再需要一个独立的、第三方的指挥者了。在宏观上，我们可以说“我在计算”；但是，在微观上，当我们的视野深入人脑内部以后，“我”消失了，“计算”不再需要主语了。指令这时候有点儿像主语，又有点儿像谓语，但它实际上并不是二者之中的任何一个，算法语言之中已经没有这个问题了，它把这个问题回避了，绕开了，取消了，超越了。除业已论述的机制以外，现在我们不再需要假设其他实体或“指挥者”的存在，就可以让这个系统（人脑）运转起来，生发出日常的思维活动。个人作为整体已经不是一个绝对的概念了。“整体”或“自我”是在连续计算中通过自我对象化或相互对象化而逐渐生成的一个内生性的、简化的概念（或者“感觉”）。根据前几节的论述，这时的“自我”必定包含着许多内在冲突，所以它已经处于“元计算——个人——人群”这个相对性的图式之中了。对于初次进入这个领域的读者来说，这有点儿费解，有点儿匪夷所思，然而这正是计算机科学的一个巨大贡献。

我们通常说人是“活的”，有“自主性”“主动性”“能动性”，有“主见”；这些说法表达了许多层意思。从计算机科学的角度来理解，其中的一层意思是说，不同的元计算为什么能够那样合乎情理地彼此“串接”起来，得出有意义的结果——就好像有人在后面指挥一样。计算机科学告诉我们，要做到这一点，不需要任何“皇帝”或者“领袖”的在场；其实这只是知识（也即程式和数据等思维存量）的作用而已。因为每个人都拥有一定的知识积累，所以大家都在一定程度上懂得如何来“串接”元计算。在这种依照特定的程式所作的“串接”中，某种“指挥着”的概念就会油然而生。知识存量在这里扮演了关键的角色。要是没有知识存量，又将会如何呢？答案很简单：人的思维活动绝不会如此有秩序、有意义、有生产力！它将成为一团乱麻！另一方面，又由于各人的知识存量互有差别，所以各人的思想和行为**在别人眼中**才会有所差异，不易预测；才不会显得（像物体运动那样）很机械，很单调，对象才会对观察者具有一定的启发性、竞争性、对抗性和“反制”能力。这大概就是人们通常想表达的意思吧。

有人可能会问：指令现在不正是又一个“小人”吗？对此，笔者的回答是：现在情况已经十分不同了，因为“指令”这个概念是相当简单、具体而透明的，它的主要部分都不神秘。指令清单虽然不完全是我们可以一目了然的“白箱”，但绝不是我们一无所知的“黑箱”，而是“白”中略微带“黑”的“灰箱”。这种透明性和具体性可以用来抵御任何试图把它神秘化的企图。

第二章 “算法原理”及其方法

2.1“算法原理”

2.1.1 引言

算法理论以及据此而发展出来的种种推论合称为“算法原理”，我们视之为经济学与社会科学基本原理的组成部分。这个“算法原理”之所以加上引号，一是为了突出这个对大多数读者来说还很新颖的名词；第二个原因是，把相关的命题作为“原理”来对待，这种做法虽未遭到激烈的反对，但还没有获得广泛的同意；引号表示这是一个有待确认的议题。不过，为了简洁起见，这仅限于标题；在以下的正文中，引号就不再使用了。

一个命题的引入可以导致多少推论，这是没有定数的。所以，这里的论述只能限于笔者已有的工作成果，并且是择其要者。其次，需要强调的是，这些结论都是演绎性的，尽管论证的形式可能并不那么严格。对于个别的难点问题，我们将提供比较详细的论证。在大部分情况下，算法式的结论几乎都是从脑中“涌现”出来的；在笔者看来，近乎毋庸置疑。假如读者认为某些推理过程或结论值得商榷，欢迎做出反驳。

同时，这也是泛泛论述社会系统与社会科学基本问题的一章；这些论述将作为算法经济学的前提和基础。

2.1.2 再论“思维—知识—冲突—创新四位一体”(一)

算法原理的提出首先是针对新古典经济学、新古典主义或者“新古典的世界”而言的。假如读者不理解这个参照系的性质，就会以为我们所说的都是废话，以为我们所论证的东西是没有必要进行论证的。这种在当今经济学界居于主流和中心位置的学说，主要把世界看作一种静止和平衡的状态；其间各种因素相互联系，各种力量相互作用；而我们眼前所目睹的世界状态则是所有因素相互作用之后所导致的后果。变动是由于偶然的、当事人所不能预测的冲击或扰动造成的。人们之间虽然有差异，但是，这些差异要么是物理性或生理性的，要么则是伦理的、政治的、主观的和“非理性”的。总之，人们之间不存在思想上的、“理性的”冲突。就好像一个个碎片拼成了一幅“完整的”地图一样，众多个人组成了和谐的社会。

上述看法虽然不无道理，但是，它是片面的。由于主流经济学**仅仅**专注于这种片面的认识，这就妨碍了它与其他社会科学相协调，进而妨碍了一般社会科学的形成。现在，基于算法理论，我们来看看如何突破和走出上述世界观，如何对社会建立一种全面的、正确的和基本的认识，以及在此基础上如何批判性地吸收新古典主义。在前文所做的大量准备的基础上，这里的论述将兼顾一般性的介绍和补充性的说明。

有限计算速度意味着人的注意力是有限的，在特定时刻只能关注有限的、特定的问题。这也意味着人的意识的“容量”是有限的，活跃的思维活动、或者“活动的”（active）计算（元计算）只具有有限的规模和能力。这是我们对“有限理性”这个概念所做出的正面的（科学的）刻画与说明。

有限计算速度所导致的第一个重大结论，就是任何人在任何时刻所获得的知识以及他策划行动的能力都是有限的，同时又是随着时间推移而不断发展的，而知识发展的潜力在原则上则是没有止境的。这三个命题必定同时成立。我们先来解释这后一个命题。由于我们从客观世界所获得的信息量极为庞大，这些信息与诸指令之间可以建立的排列组合的数目、从而可以进行的计算作业的数目也就极为庞大；加之计算结果又可以作为新的信息再次投入计算作业之中，也即程式的长度实际上是没有限定的，根据数学知识和“组合爆炸”原理，进行计算的可能性、也即知识发展的潜力也就近乎无穷。这绝不是人类在任何可以设想的天文时期内可以完成的任务。而在信息的引入和全部计算尚未进行完毕之前，声称存在某种静态的、完美的和终极的知识体系的断言也就是高度不可信的。理解了这一点，前两个命题显然就是无需证明的。可以推测，自有文字记载以来的区区几千年间人类所发展起来的知识，必定只是这种“总和知识”的一小部分。知识的发展就像“宇宙大爆炸”（参阅图表6）一样，是一个持续的扩张过程，也是一种每日每时都在发生的常规现象；“无限发展”也就不再是一种观念和教条，而成为一个科学的结论了。这些命题和结论听上去似乎有些肤浅，但笔者相信，它们都是十分可靠的。

人类每天都在生产以前所没有的知识。可以通过引入新信息来生产新知识；这可以叫做“信息推动型创新”。也可以不引入新信息，而仅仅通过改变加工已有信息的指令及其排列次序的方式（也即变换算法，相关的计算可以叫做“深思”）来生产新知识；这可以叫做“算法改良型创新”。大部分创新必定是这两种方式相结合的产物。

知识的发展是一种类似温度计内的水银柱上升的线性过程吗？在这种线性过程中，就好像把具体数值代入一个早就设计好的公式里并求得结果一样，不会发生一点儿浪费；所有的工作结果如同砖块那样层层叠叠地堆积起来，构成了一座大厦。对于这个问题，我们只能回答，在部分情形之下，的确如此；而在另一些情形下，知识是以迂回的方式而得以发展的。需要进行较多的推导才能得出这个结论。

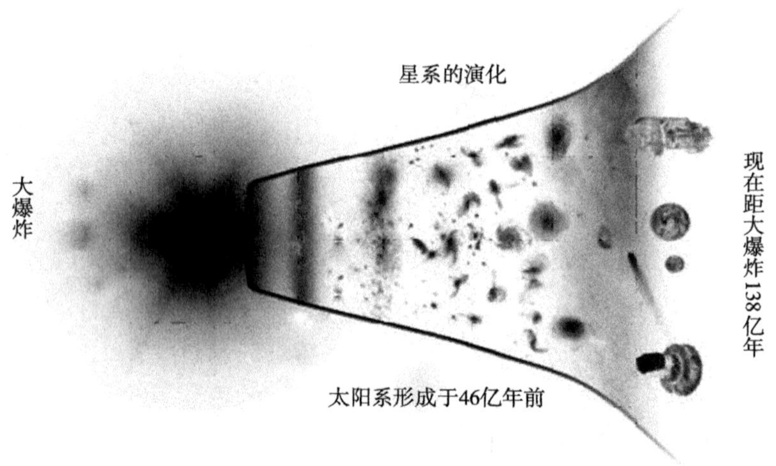

图表 6：知识发展类似于宇宙大爆炸

上图为物理学者绘制的“宇宙大爆炸”示意图（来源：互联网）。知识的发展与此相类似。由于知识记录、传承、扩散与通信手段的进步，知识发展具有加速的趋势，这一点也与宇宙的扩张相似。

首先，每个人在任何特定时刻所拥有的知识都是有限的，而“有限的知识”并不是指某种特定型态的知识，而是指“不是完全知识”的知识，因而它必定是多种多样的。它可以是残缺的、错误的、片面的或局部性的，等等。另一方面，计算时间因素的存在引起了新古典框架之下所没有的新问题，那就是计算进程与物理进程或者实际事务进程之间需要匹配起来。实际问题的解决通常是限时的（在这种情况下所进行的计算，叫做“临时计算”）；知识的有限性意味着现有知识对于解决实际问题可能是不足够的，不可能单纯凭借演绎的方法来获得圆满的答案；临时发展新知识也是来不及的，因而当事人只能凭借其有限的知识来面对和解决实际问题。这就是算法人在算法世界中需要面对的典型情况①，实际上也是真实的人在真实世界中的真实处境。我们称此为“算法人的问题”（参阅图表 7）。

面对“算法人的问题”，算法人应该怎么办？答案就在于：他将考虑采用种种非演绎的方法。这些方法是主流经济学的各个批评者们常常在不同语境中加以强调的，其实也都是我们所熟悉的。例如，他可以根据有限的事例归纳或猜想一般性的结论，或者干脆假设某种情况，再来求证它；迫不得已之时，他将不得不主观地、武断地做出某些决定，甚至不惜采用抽签的方法；假如从道理上想不清楚，他会去进行实验或试验；他可能仅仅基于以往的经验和个案采取行动；他会广泛地使用简化、近似与模糊处理的方法；他可能求诸直觉和顿悟；鉴于这时他不能准确地预测别人的行为，他可能会采用缔约、欺诈或强制手段，来制造于己有利的决策环境，

① 我们需要强调“理想情形”与“典型情形”之间的区别。新古典经济学着重于研究某些对于研究者来说颇为理想的情形，这些情形一般都是单纯的、极端的和特殊的，而不是普遍的、“一般的”或“典型的”。

等等。我们把这种种非演绎的“算法”合称为“另类算法”。这是笔者所做出的一个归纳。通过对计算的具体操作步骤进行微观的分析[①]，我们可以理解每一种算法的具体含义，即它如何通过某些指令的一定的排列组合来实现，以及它在计算中发挥什么样的功能。算法人一般会综合运用演绎法和种种另类算法，从而灵活地做出决策。

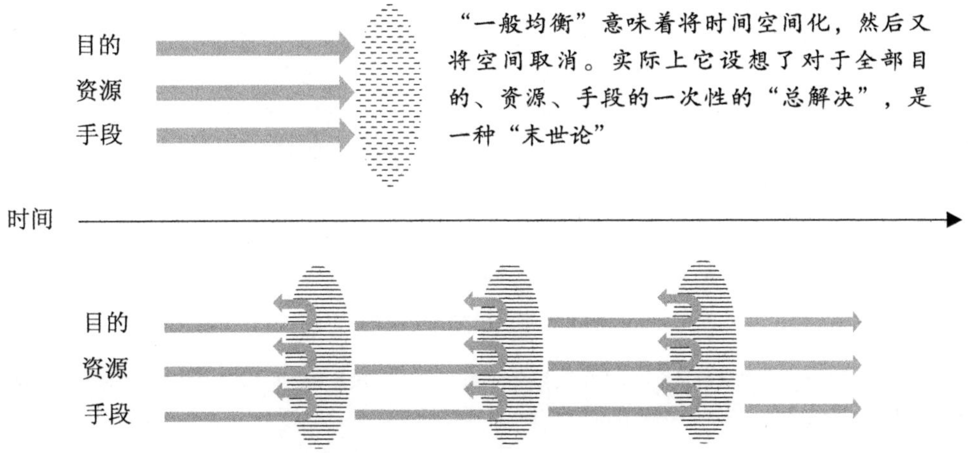

图表 7：“算法人的问题”及其解决

有限计算速度引入之后，鉴于目的和资源都沿着时间轴流逝，当事人必须在知识不足的情况下强行关闭计算，以便做出决策。这导致思想发生了“弯曲”。计算必须不时地关闭尔后又重新打开。每天都既是终点，也是起点。当事人永远在路上。“世界末日”则无需予以考虑。

如果我们把新古典世界设想为处于诸假设与“一般均衡状态”之间的一个条理分明的、严整的体系，那么，算法人的计算活动及其知识系统就是散乱的、破碎的和不连贯的，片段性的演绎推理活动及其结论就像无根的浮萍一样漂泊在这“知识的海洋”之中。新古典的理想是从我们的所在地出发，一个个演绎推理紧致地、首尾相接地直达所需的决策；现在，这个“纯演绎的梦想”破灭了，一个个孤立的演绎推理夹杂着一个个“另类的”计算，组成一种结构松散的体系，其结果也散乱地朝着不同的方向。这就好比摆在我们面前的虽然看似一串珠子，但这些珠子实际上是由质地不同的材料制作的，并且是按照五花八门的方式串接起来的。主观性将会在使用另类算法的每一个环节上以各种各样的方式发生，由此得出的决策既不是那么可靠的，而且往往也将具有广泛的人际差异。如前所述，我们称此为计算的“弯曲”或“主观性转向”。这种“弯曲”或“主观性转向”的发生，使计算脱离了新古典式的线性发展轨道（参阅图表 8）。换言之，计算与计算之间产生了矛盾或冲突。

---

① 可参阅《算法》第 4.3 节，第 126 ~ 138 页。

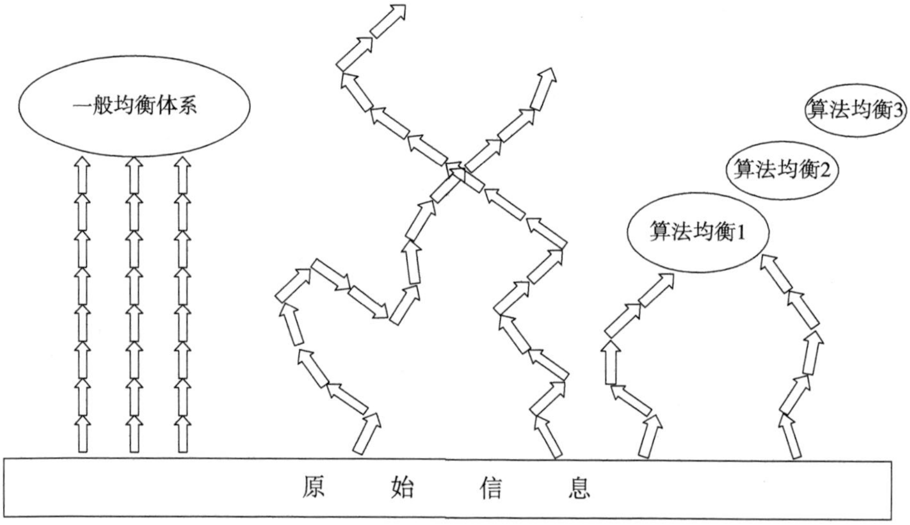

图表 8：思维的弯曲

“一般均衡”意味着人们的思想从原始信息直达完全的知识。引入有限计算速度之后，“一般均衡体系”崩溃；在决策时限的压力下，思维发生了各种各样的“弯曲”，并在局部领域形成了相对稳定状态（算法均衡）。

2.1.3 再论“思维—知识—冲突—创新四位一体”（二）

我们尤其可以通过对决策形成过程的分析来说明“主观性转向”是如何发生的。“决策”系指要解决一个关于行动的实际问题。为了实现这个目标，通常要寻找有关的知识基础。知识主要是基于经验材料而产生的。经验性知识可能是对现实材料进行归纳的结果，也可能包含着大量的演绎推理过程和其他算法，然而，无论如何，由于有限计算速度的存在，其所涉及的范围（空间广度、时间长度、逻辑全面性等）、数量与深度都是有限的。在具体时空环境中需要现场进行决策的当事人，其拥有的和可获得的这类知识也就更加有限了。其结果是，**从经验材料中生长起来的这些知识，不大可能恰好满足具体决策问题的需要；现成的知识与决策所需的知识之间，通常只是“交集”的关系。经验性知识在材料周围的分布过于密集，而在“问题”这一端的分布则过于稀疏。行动者们的前进方向正好相反**。迫于现实需要，行动者们则会**优先地从实际问题出发**，优先面对、构思和应付与解决实际问题联系最为密切的那些具体事项，从而发展起来诸多解决实际问题的技巧。这些技巧我们可以称作“工程学知识”，它是与上述从材料中生长起来的经验性知识有所不同的另一类知识（尽管它通常遭到社会科学的忽视）。**相对于经验数据来说，这类知识具有一定的原创性或者“原初性”，甚至可以说它是人脑“凭空构思出来的”**。这类知识中的某些部分是专门性的，它只掌握在特定行动者的手中，因而不易得到系统的总结和传播。而另一些则具有通用性，可以适用于众多实际问题而不是单一问题的解决（例如战术欺骗、“三十六计”，又如“乐观的态度”，或者“做重要事情时多加几重保险才好”这样的“技巧”)。具体决策的达成，一般都是对来自相反方向的这两类知识进行综合的结果，而且，这种“综合”往往也只是勉强地进行“拼凑”而已(参阅图表9)。

这是“决策”的算法的和真实的过程，这个过程与新古典主义者所设想的在信息、知识与问题之间进行全面的严格推理的图景是很不相同的。这个分析过程可以使我们理解到认识与决策、或者科学与工程学之间的联系、差异与脱节。

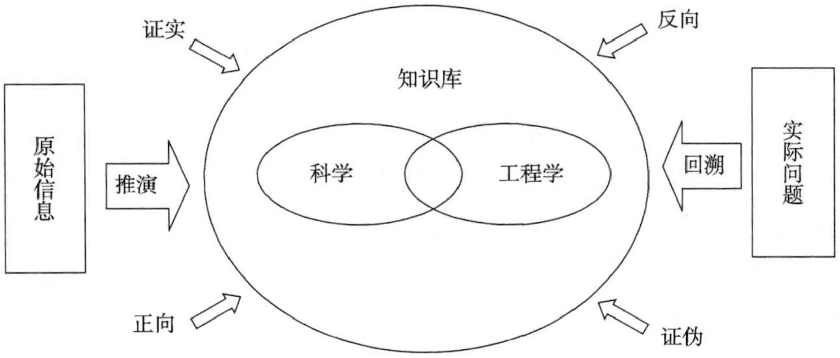

图表9：科学与工程学

科学与工程学之间往往只是“交集”的关系。在思想实体化的条件下，每种计算路经的效益与效率都不相同，将会交替发生计算效果的递增、递减和逆转现象，因而需要不时地进行路经的转换。这是反证法、归谬法、证伪法等方法得以产生的根源。

再换个角度来说明。决策是指为了使目标变量(因变量)实现一定的数值，对某些可控变量(自变量)进行取值。采用各种方法所形成的知识体系把有关的自变量和因变量置于一个复杂的、松散的和相互作用的网络之中。对于当事人来说，许许多多的变量都是直接或间接可控的，并且它们的变动都可能在一定程度上导致目标的实现。相关变量的单独变动、多个变量的联合变动，正向、反向以及形态各异的变动，形成了可能的、或者需要考虑的解决方案在数目上呈现出“组合爆炸”的效果。因为这些初级方案需要一一进行分析验证，这又需要非常漫长的计算时间——如果进行严格的理论分析，就会“意外地”发现，所需的计算量常常会接近于无穷。这就导致了：当事人一般并不十分清楚究竟有多少种方案(或方案的组合)可以真正地用于实现目标，因而也就不能确知哪种才是最优的。无奈之下，当事人一般只是基于经验、习惯、直觉、偏好、便利性或其他模糊的依据来构思出**若干有限的**方案，而**置其他可能性于不顾**，然后再做出最后的抉择，就匆匆付诸行动了。

诸如此类的决策方式不仅造成了经验材料、实际问题与行动之间的鸿沟，而且势必造成**人际差异、人际意见冲突**以及**个人自我冲突**的发生。不同的当事人就会做出彼此有所差别的决策与行动，体现出各自的“行事风格”。这种效应是与存量知识(无论个人的还是人际的)所内在的广泛的冲突和异质性问题相一致的，也是与人的**个性**问题相一致的。

鉴于这也是颠覆新古典图式的关键问题之一，因而还有必要再从其他进路继续进行论证。第一，个人散布于世界的不同地方，从周围得到不同的信息，产生不同的问题，采用不同的算法，这就产生了不同的思想——这么多“不同”的发生，从新古典的角度看，原因在于他们**当时**不知道那个单一的“真理”是什么。由于每种思想都是相对独立地产生的，因而它们也就有可能是相互冲突的。第二，如前所述，经济学与社会科学把人置于“解决问题”的处境之下，这本身就意味着把人置于“矛盾”与“一致性”之间往复运动的过程之中，意味着**预设**了矛盾的存在。矛盾与冲突从历史开端之时、从任何人开始思考和行动之初或者从任何理论模型展开之处就在那里。由于所有问题不可能一下子解决，所以总体而言，矛盾也就始终存在。第三，包括试错法在内，各种另类算法的运用都会导致矛盾与冲突的产生。新古典主义其实并不否认另类算法实际上是会得到运用的，它只是认为，这是认识“过程”中发生的事情，在认识过程的终结之处，完美的、演绎的算法（从而通常所谓的“知识体系”）已经找到，因此另类算法也就可以退出了。然而，只要引入计算时间，另类算法也就无法退出，它们每时每刻都将存在于人的思想体系之中。第四，新古典主义强调全局的存在及其重要性，然而，在计算需要时间的条件下，信息与知识都是不足的，因而每个人所认识到的“全局”以及个人在不同时间所体察到的“全局”都是不相同的，个人将会不时地、**强行地**就全局做出结论，从而提出自己的“世界观”。这就好比，个人会不时地给整个世界“画像”；在画每一幅图像的时候，他都“相信”，他对世界的了解和概括都已经比较充分了，因此眼前的这幅图像是世界的真实缩影。他会把这幅图像作为背景框架，据此来支撑他对所碰到的实际问题进行决策。由此导致的后果是，这些不同的图像（从而世界观）之间彼此将是有所冲突的，各个实际决策之间也将是有所冲突的。

2.1.4 再论“思维—知识—冲突—创新四位一体”（三）

思想冲突或（当事人所定义的）“错误”的产生还可以从流量与存量的关系上得到进一步解释。知识存量是根据过去的信息和计算而形成的。因为处于历史过程之中，知识存量一般都是通过**强行关闭计算**而得出的，所以大都是局部性的。即使相关知识是专门为了未来特定的计算而制作的，也不一定完全适合需要。而且，出于计算的经济性要求，只要认为略有价值，当事人一般就会将所获得的信息与计算结果保存起来，而不轻易加以毁弃。即使许多计算结果的产生只是出于一时的权宜之计，当事人也会设法在日后重复使用它。然而，相对于“计算活动”，或者“活动的计算”，知识存量已经“沉淀”了，“凝固”了，“僵化”了。因此，在临时计算中，它们一般只能进行直接的应用，其真实性与可靠性一般不会再遭到复核或检视；或者，即使当事人根据某些迹象认为重新检视是必要的，重新检视的工作量也不会超过另行制作该等知识的代价。否则，知识存量就是无用的，当事人就没有必要采用迂回生产方法了。**这是“知识存量”的一个核心特征，是其核心价值之所在。**换言之，**迂回生产方法在思维活动中的采用，一定意味着对存量知识在一定程度上的盲目使用，意味着一**

种冒险。

存量知识的再利用，可能立即发生在生产它的活动之后，也可能间隔很远（或者长期闲置）；可能由它的生产者本人使用，也可能在经历无数次复制与传播过程之后，由相隔很远的完全陌生的人在很不相同的场合下进行使用。存量知识可以按照其创造者所赋予它的意义来使用，也可以由使用者发现或赋予它新的意义。特定的存量知识可能会在某个时刻被判定为虚假的或错误的，从而被废弃，但是，“鱼目混杂”的情况从根本上是难以改变的。基于这样的存量知识所做出的决策，也就不可能不发生弯曲。

经济学家们注意到了这些困境的存在，但却未能真正理解它。例如，当有人遵从习惯行事时，经济学家们常说：这是“非理性的”！通过笔者自行进行的排查，“非理性”这个词所指的，在很多情况下都是这种含义，即“对已有知识不加检视地予以使用”。由于这些存量性思维成果的积极意义不能被认识到，则说话者所认识到的自然也就只剩下负面的东西了。人之所以犯错误，其原因被认为就是受到这些存量因素的“不良影响”。**显然，这不是一种“非理性”，而是一种迫不得已的、从根本上难以避免的理性选择。**

论证思维弯曲的方式很多，有兴趣的读者还可以自己从其他角度尝试进行。内生了“弯曲”，当然也就会内生对它的“拉直”——也即纠正。这种机制借助“自我对象化”与“相互对象化”的方式实现。算法理论把“反思”变成实实在在的过程和事件。这首先是因为“弯曲”是真实的历史事件；进而，反思、纠正从而创新也都是真实的历史事件。新古典式的“反思”是假设的过程：假设某人犯了错误，然后再迅速地纠正它。由于纠正速度过于迅速，以致相关的“过程”**实际上**并不存在。在当事人真正行动的时候，他被设想为是“一步到位”的，从一开始就走在了正确的道路上——因而他势必就是前后一贯的。当然也可以认为算法人将会进行这种“虚拟的”心理过程，他没有必要把每个计算结果都转化为决策，付诸物理化的行动。但是，要强调的是，这是有限度的；在所谓“真正的”行为层面，“弯曲”通常也是难以避免的。因而，不仅心理系统的内部是有冲突的，在时间上先后实施的不同行动之间也是有冲突的。所以，知识既可能发生增量性的进步（“增量型创新”），也会部分地采用否定存量的方式（“破坏型创新”）。结果是，知识的规模或数量绝不会严格进行线性的增长，数量扩张与质量的提高是相互交织、亦步亦趋的。

“思维—知识—冲突—创新四位一体”原理是一个基础，由此可以进一步引伸出制度、组织、半内在化、个性与风格、同步性与异步性、对冲、算法均衡、收敛、发散、发展等诸多推论。对此转入下文再做论述。

2.1.5 模式、制度与组织

“算法原理”的一个重要意涵是，“动态发展观”将无可避免地替代新古典的“静态平衡观”而成为经济学与社会科学的基本观点；同时，“动态发展观”并不排斥新古典的“静态平衡观”。二者相协调的方法是：在这个具有异质性、离散性和混合性的世界中，变动与静止都是**局部的**现象。“静止”的含义之一是，当计算到达某个地方的时候，总是按照某种固定的方式进行；或者特定变量总是采用固定的取值，或者相关计算总是采用固定的算法。这是一种确定性。这种确定性的建立可能因为当事人认为这样做是正确的，也可能基于以下的原因：面对繁复的计算任务，以及面对“纯演绎的理想”的破灭，对于计算中的众多变量，当事人选取其中的某些变量，**故意**将它的取值固定下来，虽然**明知**它是可变的。当事人认为，这样做虽然严格说来是不正确的，但由此造成的确切性的丧失是值得的，或者说“只能如此”。当事人打算对同类的计算采用同样的做法。这时，我们说当事人建立了一个（或一些）“**模式**”（或“模块”）。我们称此种算法为“模式化”（或“模块化”）。模式化导致相关计算采取了“部分变量适用模式+剩余变量进行临机权衡”的分级作业方式。如同其他知识存量一样，模式化意味着当事人对于模式不经检视（或者进行比创建模式相对较少的检视）就加以使用。通过建立或引进各种各样的模式，临时计算将变得相对简单易行。

模式化类似于“程式化”。人类的知识存量大都是模式化的。这种模式化的知识总是让计算过程指向一定的、而不是任意的方向，它“告诉”计算者在这个特定的节点上如何向前行进而不必顾及其他。它就好比一台构造好的机器，具有特定的“零件”，并且各个“零件”之间具有固定的关系。所以，它的确让计算变得“机械”了，失去了原有的灵活性。作为一种后果，临时计算的范围缩小了，任意权衡的空间变窄了，“计算”变成了机械的部分与灵活的部分的结合。鉴于模式的机械性，可以推测的是，人们必定不会把计算完全予以模式化，因为要是这样做的话，“弯曲”的程度就会过于厉害，计算结果的质量就会严重下降。既然人们通常都有一些时间用于临时计算，何不也让临时计算承担部分任务呢？于是，这就必然在模式化与临时计算之间形成一定的比例关系。模式化程度越高，计算就会越容易进行，并且进行得越快，然而其质量却会变差。反过来，临时计算的分量越重，计算结果的精确度与质量就会提高，但所需要的时间与代价也会增加（当然，根据知识与问题各自不同的性质和种类，知识存量与临时计算的关系必定会呈现为多形态的，尚需我们多方面地进行考察）。[①]

因为个人所从事的各个计算活动之间具有相对的独立性，所以当事人可以建立各

① 模式并不神秘。例如，有人说，人在观察事物（例如他人的面容）时可以一下子抓住对象的“特征值”，从而迅速识别对象，所以他认为人脑的能力非常玄妙。这个问题其实可以很容易地给予算法式的解释：鉴于人的观察、记忆与计算能力的局限性，他必定总是试图评估各种已获得信息的重要性，进而首先抓住那些最为重要的信息，忽略次要信息。由此使得相关的信息存储量大幅度地减少，这就提高了检索作业的速度。当对象的某些特征再次映入眼帘时，他便可以迅速比对有关记忆并识别对象。在思想的种种实体特征的作用下，算法人会培养出既抓取某些信息又忽略另一些信息的种种技巧和习惯；他将不得不如此。又由于各人知识积累的相似性，进行“模式识别”的结论常常难免相同，这就使得一些研究者对此产生了玄妙感。事实上，由于同样的原因，模式识别也经常失败。如果研究者们注意到了那些失败的事例，他们的玄妙感也就消失了。所以，这样的话题真正凸显出来的只是，人脑并不是简单地按照信息呈现的物理顺序来被动地、盲目地加工信息，而是会主动地进行跳跃、筛选和提炼。“系统”“范式”之类的对象也是基于这样的机制而构造出来的。

种自用的、用于规范或指导自身行为的模式，以便协调不同计算之间的关系。例如，“每天早晨要了解当天天气预报”，或者“每当账面亏损5%就清仓止损”。同理，人们之间还可以建立关于规制人际互动的模式。这里的原因当然首先是因为借助于通信手段，人们之间可以相互识别对方的思想与行为，进而就可以如同处理自己的思想与行为那样来处理别人的思想与行为。自己的思想与行为都是客观实在，别人的思想与行为也都具有同等的地位。当然也不能否认人际互动过程具有某些不同于“自我交流”的特点，例如“可信性”的问题。人们之间会发生欺骗，因而需要相互监督对方的言行，在彼此打交道的过程中也需要重视客观证据。“制度”就是在这样的背景下产生的。按照用语的习惯，与一般的认识性规则（例如通常所谓的“客观规律”）不同，“制度”的内容主要是指示当事人怎么做，所以它是一种工程学的建构，它主要是人们通过一定的主观构思而产生的。由于他人的行为难以预测，通过相互约定，人们订立了制度。制度把不同个人的行为强行绑定在一起，使之（至少在某些方面）按照某种既定的轨道运行。诚如论者们业已指出的，制度可以降低人际互动中的不确定性。算法地看，制度势必会把这种不确定性降低到临时计算可以承受的范围之内，从而使得制度与临时计算之间产生良性的互动。典型的制度就是以强制力为后盾而得以实施的法律。而典型的法律则主要采用书面的形式。写在纸上的法律不会因为人们的记忆退化而改变，也不会因为有人故意抵赖而废止。法律文本处于人们之间，扮演了“客观证据”的角色。从外观上来看，法律体系就好像“活的人服从于死的文书”那样来进行运作。诸如伦理、道德、习惯、习俗等“非正式制度”则主要存在于人们的头脑中，以不那么严格的方式进行运作，并且常常只以舆论谴责和“拒绝继续合作”等方式惩罚违约行为。

类似的逻辑也可应用于对组织的内生：自发的、散乱的个人行为会引起冲突和浪费，于是，经过相互约定，人们建立了组织，以便相互协调行动，并分享由此带来的追加利益。组织可以建立在完全平等协商的基础上（例如协会），也可以由某个人主动发起，他以建立组织后的预期收益为基础，雇佣他人听命于自己。这也是一种通过“约定”而建立人际协调性的方式。后者即是企业。当然，组织也可以纯粹建立在强制的基础上，对此姑且略而不论。组织意味着多人之间的紧密的（在离散的世界中，关系的紧密与否，显然是一个合理的议题）联系，因而也是制度密集的地方。然而，犹如个人的事务不可能全部依靠模式化的知识存量而得以解决一样，组织的事务也无法全部仰赖内控制度。因此，一个组织，既需要（正式的或非正式的）立法和司法机构，也需要行政部门和领导人，后者负责进行自由裁量和临时计算。集体的协商是比较稳妥的，而个人的专断则是迅速高效的。造成这种对比的核心原因在于通信与计算的速度。信息在一个人大脑内部的传递与处理显然快于其在个人之间的传播与处理。个人计算结果的内在一致性往往也会高于群体。这种对比导致了独裁与民主之间的竞争与协作关系，于是就产生了治理结构、科层制与**权力**，整个组织实际上就处于“部分变量适用制度＋剩余变量由首脑进行临机权衡”的分级作业方式之下了。“制度”

使人们听从于事先拟定的文本，而科层制下的人际控制权则意味着，鉴于对下级的指示无法事先客观地、书面化地予以确定，因而只要求“下级随时服从上级”就可以了。上级的决策也许是缺乏规律与连贯性的，但是，只要下级随时按照上级的指示行事，下级与上级之间的行为一致性在很大程度上也就可以建立起来了。这是建立人际协调性的另一种方式。

对制度和组织的解释与内生是算法理论的一个重大应用，也可以视作它的一个重要成就。这里只是简短地表述了若干要点，有关内容在后文中还将继续反复地进行说明。显而易见，离开了上述任何一个算法的元素，制度与组织就都不可能得到合理的解释。所以，长期以来，关于制度与组织的学说不能与主流经济学相融合，也就不足为怪了。反过来，算法式的制度与组织理论则为这个论题提供了最为基本的合理性。例如，按照上述“模式化”的观点，法律的合理性就不是绝对的，它的消极性就是显著的，而绝对合理的规则（这正是新古典主义的制度观）将几乎是难以设想的。这些见解都是与法学界长期以来的主流观点相吻合的，但尚未见容于已有的制度经济学（以及新制度经济学）。按照这种路线行进的制度理论，还将会导向制度变迁与制度创新的方向。

在本小节的最后，我们再来讨论一下拉普拉斯决定论。显然，拉普拉斯决定论所展示的实际上是上述“部分变量适用模式＋剩余变量进行临机权衡”的分级作业方式。由于某些确定性的发现或建立，对部分变量的计算采取了模式化的方式；然而，模式的规模是有限的，依据现有的知识，另一些变量的取值尚无法决定，于是只好从外部世界采集它的值，这就造成了这种混合性的算法：一些量的取值或其相互关系维持不变，而另一些变动的量则围绕着它们进行“旋转”。在当事人的眼中，后者是“外生的”或“随机的”。所以，一个关于思维过程的理论，就足以解释拉普拉斯决定论；或者说，拉普拉斯决定论只不过展示了“有限知识”的一种具体型态，如此而已。

2.1.6“半内在化”

包含着自我冲突的众多个人组成了群体和社会；这些个人之间经由种种通信手段来实现相互交流。单个大脑内部所进行的不同计算之间会频繁地相互引用对方的计算结果，这也可以视作不同计算在大脑内部的“交流”。那么，这两种“交流”有什么不同呢？有人可能会马上回答说，它们的区别是，个人之间可以相互欺骗对方，而自己则不能欺骗自己。然而，这并不正确，个人也可以“自欺”（对此弗洛伊德等思想家早已经指出）。对于任何两个不同的计算（请不要忘记，通信也是一种计算），如果仅仅因为其所发生的“地点”不同，我们就说它们具有本质的区别，这是违背我们的假设的。实际上，我们想象不出它们有什么“本质的”区别；它们之间的区别，只能在于其程度和技术细节方面。个人之间一般需要借助语言、文字等物理符号来进行通信，而人脑内部的通信则是通过神经连接直接进行的；用计算机术语来说，这种通信是基于“机器语言”而不是“高级语言”的。所以，它是简练的、容易的和低成本的。其次，人际通信具有空间距离，这种距离甚至可以非常遥远；而人脑的内部通信则是非常迅速的。频繁的、相对充分的交流有助于知识体系的内部整合及其一致化。这些简单然而可靠的理由把我们迅速导向一个结论，即在一个由形形色色的一致性和“不一致性”所组成的混合世界中，通常而言，个人自我一致化的程度要高于群体（其差距也许是倍数的或数量级的）；在“元计算——个人——人群”这个相对性的图式中，作为一个分析单位，“个人”这个概念的可靠性位于另外两者之间。

在由相对独立进行计算的不同个人所组成的“网络”中，必然同时存在着以下多方面的人际关系：1. 存在着大量的重复计算，各人的思想中具有相当比重彼此雷同的部分。2. 同理，各人的思想中也具有相当比重彼此差异的部分，这些差异可以进一步划分为“相互补充”“相互冲突”以及“关系未知”这三种情形。后者意味着在当事人的眼中，差异仅仅是差异，当事人暂且对此说不出什么来，并且也不能确定未来将永远“无话可说”。在现实社会中，存在着大量这样的情形。这是我们在立论时需要容纳的情况。3. 就“相互冲突”的情形来说，这将引起争论和斗争，从而进入博弈论的研究范围。争论和斗争将会整合人际关系，使之趋于一致与和谐，但也有可能引发僵局或者更大的冲突。4. 就“相互补充”的情形而言，这意味着分工与合作的关系。传统的主流经济学重点研究和描述了这种关系。这种关系也是亚当·斯密的经典名著《国富论》的主题，尤其以他的“看不见的手”的比喻最为出名。然而，在笔者看来，对于亚当·斯密所提出的分析任务，迄今为止还尚未取得一个良好的开端。这将是本书的主题之一。为此，让我们现在就开始着手进行。

由于注意力与知识的有限性，算法人的行为一般会引起“意料之外的”（无论对于当事人还是观察者）后果；通过观察这些后果，当事人进一步调整他的目标和手段，从而在“意图–后果”之间往复转圜。这就是通常所谓的“演化过程”。所以，探讨行为的意外后果也罢，外部性也罢，演化也罢，这些议题实际上都是算法式的，而不是新古典的。斯密认为，分工合作的市场经济秩序不是经济活动的当事人有意造成的，而是当事人行动的意外后果。可是，这样的机制被斯密认识到了，然后又被公共管理者和社会大众逐步认识到了，国家的政治法律体系开始有意地维护这种体制，公众舆论也强烈地支持这种体制，这种体制因此而得以存续，还能继续说这是行为的意外后果吗？由此发生的进一步的问题是，这种意外后果究竟是对所有人来说是“意外的”呢，还是只针对特定的人？一定的意外后果，将永远是一种“意外”呢，还是可以重新内在化？答案是显然的：所谓的“意外后果”，只能针对特定的人和特定情境下的特定行为而言；一个人的“意料之外”可能正是另一个人的“意料之中”；特定行为所产生的意外后果，一旦被当事人意识到，则进入了意识和意图的范围之内，而不再置身其外了。所以，这一切绝不是简单地运用“意外后果”“看不见的手”或者“外部性”等概念就可以予以概括的；甚至可以说，这些论述本身其实是具有误导性的。而要想正确地、科学地厘清其中的是非曲直，首先就需要适当的“个人”概念、“行为”概念和“有限理性”概念，就要存在人际差别和“**异步性**”。在这些工作完成以前，并不具备进行有效探讨的条件（“演化经济学”因而也就是缺乏基础的）。

反过来，有了算法框架，我们则可以更进一步。例如，可以提出“**半内在化**”这个新的概念。这是指：某种社会状态，对一些人来说是其行为的意外后果，而对另一些人来说，却是他刻意促成的。譬如，老板指使员工去完成某项工作，员工为了赚取工资而听命于老板，却不知道他的工作对于整个企业来说有多么重要。在日常生活中，人们的行为相互之间发生着广泛的相互影响。一个人可能没有注意到自己行为对别人造成的某些影响，但却注意到了别人行为对自己造成的某些影响，于是，人们之间相互表达着对对方相应行为的支持或者反对、鼓励或者惩罚；而这种表达可以是明示的，也可以是暗示的，或者夹杂在自己的行动之中。接受这些“意见”的人可能并不确知对方支持或者反对他的具体原因，甚至也不知道对方是在有意地向自己传递着这些“意见”，但却可能因此调整自己的行为，趋利避害。也就是说，**一切就在“稀里糊涂”之间、“半梦半醒”之间发生了**。

公共管理中的道理也是这样。单个人无力、也无须致力于维护社会秩序，后者是政府的**有意识的**责任和目标；而政府则通过制订和强制实施法律来引导个人行为。个人在遵守或违反法律时一般并不知晓其行为的全部后果，执法的警察一般也不负有解释法律的责任，然而，某个法律条款为什么要这样制订，违反它会造成怎样的后果，绝非没有**任何人**知道。恰恰相反，这些议题在立法辩论中一般会得到详细的讨论。同理，可以相信的是，对于市场经济体制与公共福利之间的关系，即使远在《国富论》出版之前，也绝非没有人予以关心。一个企业的规模只要足够大，它就会有关心地方公共事务的动机，它就会想要去控制更多的社会领域，它就想把周围的一切安排得秩序井然。一个思想家或政治家，即使身无分文，他也可能以天下为己任，著书立说，吸引大众的注意力。一般公众可能无暇去详细思索宏观的社会问题，但却可以对某个已经提交到他面前的学说表示赞成或反对，甚至同意为此有所支出。这样一来，思想家与政治家也就可以取得声誉或公共职位，养家糊口。市场经济体制的效力，无论在整体上还是就其各个具体部分，自古以来必定不断地受到形形色色当事人的关注、审视和评价，由此必定也不断地引发制度的改革；它绝非是处于所有当事人之外的一个议题。这种正的外部性的存在更不是在暗示，为了达到某种目的，我们要假装不以它为目的，如此一来，那个目的的实现反而会更加容易一些；这是荒唐可笑的。既然是一种意外后果，那么，合乎逻辑的推测是，这种后果既可能是积极的，也可能是消极的，而绝不会只是其中的一种。即使不做实地考察，也可以断定这一点。

在这种意图与后果相互错位、相互混合的世界中，人们大都在不十分了解底细和详情的情况下相互利用着对方的知识，这是平常而又平常的。这绝不是有人要故弄玄虚，而是不得不如此。“底细”和“详情”是没有尽头、无休无止的，当事人无法全面顾及。简练和效率是这里的关键因素。通过各个局部性的努力，也许会拼凑出某种整体性的知识；这种可能性是存在的。例如，某个重大理论的提出，往往是众多学者在多个领域不懈探索的结果，而其中必定有不少人都未能预见到这个最终结果的产生。

个体之间的这种协作方式，将不可避免地产生“人口效应”。由于完全竞争理论中的“总有无限多个买者与卖者”的假设，主流经济学已经从根本上排斥了人口效应。人口效应是指由于人口变化所引起的社会效应。尤其是，随着人口的扩大，国民福利会得到提高。经济学在传统上把它解释为生产分工程度的提高。现在，在算法框架下，从知识发展的角度来看，我们可以发现，随着人口的扩大，计算的多样性增加了；经由通信手段，更加多样的知识得以传播和相互结合，这相当于针对特定信息或问题进行了更加深入的计算，于是，发现新知识的概率也就提高了。换言之，一群人结成一个可以方便地进行内部交流的社会，比之这些人维持彼此孤立的状态，具有“减少重复计算”这样一个优势，这就极大地提高了计算的效能。如果我们同意知识发展是经济与社会发展的一个主要原因，那么，以上解释就要比基于物质生产的传统解释更有说服力了。这就应当成为一个主要的解释。

当然，人口效应也不可能都是正面的。对此将在下一小节有所涉及。

2.1.7 若干微观、宏观与动态效应

在本小节，我们再来推导一下在引入算法理论之后，社会在微观、宏观与动态演变中将会发生的其他种种效应。

主观性转向的发生以及人际思想差别的存在意味着人是有**个性**、有**风格**的。依照传统的观念，人的性格既具有先天的成分，也具有生理性的因素；不过，对此姑且不论。我们要强调的是，纵使个性的来源是多样化的，思想上的个体特征可能才是主要的。思想的人际差异首先是一种简单的差异——即仅仅因为知识有限而对信息进行盲目的、随机的加工的结果。在极端的情况下，可以设想为在完全没有知识存量支持的情况下加工信息的结果。这样的加工，可以叫做“**纯粹简单计算**”。此后展开了知识积累。一种效应是，不同的个人在不同的情境中分别发展出了不同的、然而却都有效的知识。当这些不同的知识有朝一日放在一起进行比较的时候，因为比较者用来进行比较的知识也是有限的，他可能不能严格地判别它们各自的优劣得失，于是就用“个性”“风格”“流派”等词语来称呼它们。“不可通约”与“有效性”是这些词语所共同具有的核心含义。“算法人的问题”所导致的计算的强行关闭可以视为造成这种效应的关键原因。后文将进一步说明，假如我们能够充分地运用这种方法，个性的先天来源就将变得相对次要。

多样性或多元性是算法理论的天然盟友。可以设想的是，基于不同的个性与风格，多元性、异质性与结构性将在社会中显著地生长。个人的思想差异将会扩大到行动的、群体的、组织的、地区的、时期的和宏观的层面上，这些差异又将与自然的、物理的以及生理的差异相互结合，从而使社会的形态复杂化和多样化，分工关系、竞争关系以及“简单的差异性”将会共同存在。同时，个性差异也意味着人的身份是重

要的，人们相互是否“认识”和了解对方也是重要的。与熟人之间有意识地建立的合作关系是比较可靠的，而与陌生人之间无意识地、或者“半内在化”地建立的合作关系则不那么可靠。人们之间的关系与任何两个思想或物理对象之间的关系相类似，都有远近亲疏之分。

具有不同个性的人们，在世界中从事着各种各样的行为。基于种种算法的理由，我们可以得出一个非常明显的结论，即不同个人的行为常常是“**异步**”的。这是指，这些行为常常分别在不同的时间进行，而在相同的时点或期间，人们各自所从事的行为却是不相同或者不相关的。异步性的反面是**同步性**，这是指两个相同或者相互配套的行为在相同的时间（时点或期间）展开。异步性与同步性都可能是刻意协调和安排的结果，但也可能是无组织的、凌乱的，仅仅作为各有关当事人的一种意外后果而存在。因为，协调这些行为是不容易的，是需要付出代价的。

异步性、差异性需要与套利和对冲的机制相协调。套利系指消除差异（或者“落差”）的行为，而**对冲**则是指两种相反的效应虽然在微观层面上各自独立地发生了，但经过彼此的抵消，它们在宏观层面上却没有表现出来。“微观”与“宏观”的分野是由于有限的视野与有限的计算能力联合产生的，这导致了当事人在凑近具体研究对象时，虽然可以看得清楚，但对象的范围却收缩了；而在远离具体研究对象时，虽然其微观的个体特征模糊了，却在对大数目个体对象的**同时观察**中，发现了在微观层面上难以发现的规则性。具体到对冲效应上，它导致了社会的微观表现可能十分活跃而剧烈，但它的宏观表现则相对稳定；并且，“微观”与“宏观”分别成为了“社会”这个整体的**相对独立的**、**并行的**两个**部分**。与此同时，可以推测的是，性质相反的力量之间的对冲绝不可能是精确的和完全的，有时候将会是叠加的和相互强化的。所以，对冲效应与叠加效应又将会同时存在，由此又需要进一步探讨它们之间的比例关系。

上述逻辑表明了，微观上的多元性、异质性和结构性在宏观层面上将会继续存在，只是在程度上、表现形式上可能有所不同罢了。这些性质广泛存在的后果之一，就是线性与非线性运动相互交织在一起，规模经济与范围经济效应交替地发生。边际效应在原则上很少会是线性的和单调的，逆转、中断、变换等不规则的现象会频繁地出现。因此，想要用一套单一的、规则的函数体系来描述经济社会系统的努力注定是难以成功的。社会作为一个总体，无知、误会、巧合、混乱、随机性和冷漠都会存在于其中。秩序虽然也存在，但只能存在于局部区域、局部方面和局部期间。

基于存量的动态演进，只能是边际性的。这是因为，存量是长期历史的积淀，而在这整个历史过程中，元计算的能力是维持不变的，今人的能力与古人的相同。由此可以推导出一种**不可能性**：人们不可能在今天立即地改变作为存量的整个社会，社会的改良必然是一步步地、缓慢地、一个领域一个领域交替地进行的。演变经常是路径依赖的，因为当事人常常舍不得毁弃已有的存量资产——除非迫不得已或者利害关系巨大。“路径依赖”的另一个含义是，业已形成的、曾经在过去发挥过积极作用的观念可能会成为今后发展的障碍。某些可能性会被错误地排除掉。由于当事人（包括观察者和学者）都在局中，其所拥有的知识都是有限的，所以，人们往往并不知道什么是“错误”，或者在事后才能判定何者为错误（用个拗口的说法：某种真理，人们在知道它之前并不知道它）。这种局面是无论如何也难以摆脱的，即使说话的此时此刻也是如此。这就是社会科学的“相对论”。另一种效应是，基于串行的（递归的、序贯的或者“马尔科夫的”）过程，“自我证实”与“自我证伪”的效应就会发生。这两种效应都是基于前后两个行为之间的相互作用。只要合理地定义了**单个行为**本身的独立性，前后两个行为都作为相对独立的事件发生，一个被另一个对象化，那么这种现象也就是自然而然的，毫不令人惊讶——只是“自我”这个概念本身被消解了。

2.1.8 收敛、发散与发展

人的思想和行为使主客观世界逐步变得有条理。设想有某个领域，其中存在着若干有限的人、信息和问题。然后，当事人开始计算。可以相信的是，在经过一个活跃的计算过程之后，计算的活跃度终将下降。这一过程的长短会因为该“领域”规模的大小而有所不同。最终，当事人之间可能会到达某种（逻辑的或经验的）确定性，以致就特定问题达成了一致的意见和良好的合作，或者不同的意见处于某种势均力敌的僵局（类似于纳什均衡）之中；当事人要么无忧无虑，要么则因为束手无策而陷入了绝望，或者基于对某些观念的敬畏，以致放弃了努力。他也许觉察到世界之巨大和时间之久长，但是，他认为在这个特定的领域，已不值得再投入计算资源。我们把由此所形成的各种规模有限的、相对的稳定或静止状态统称为**“算法均衡”**。算法均衡貌似有些类似于新古典的局部均衡，但是，由于这种均衡是算法人在按照自己特定的、简易的方式（包括通过运用另类算法）考虑全局与历史之后达成的，因此它在本质上不同于新古典的局部均衡；在这个意义上，它甚至是一种特别的“一般均衡”。因为这种“一般均衡”不是用新古典的方式达成的，因而不同的算法均衡之间允许存在相互冲突。相应地，我们把上述计算活跃度下降以至趋向于算法均衡的过程统称为“收敛”。任何均衡都只能在有限的范围与规模上进行讨论，因而，实际上它们都是某些种类的算法均衡，可以在算法框架之下来重新寻求意义。

反之，新信息或者新算法的引入可能使得计算的活跃度持续上升，新知识不断涌现，或者使得原有的均衡遭到破坏，重组过程启动。我们把这样的过程称为“发散”。如前所述，发散过程会对收敛过程产生抵消和抑制的作用，从而使得计算的活跃度在总体上得到保持。一个个算法均衡作为一些内部关系紧密的体系，就好像浮萍一样漂浮在知识的海洋里（参阅图表 10）。当然，这种对冲效应一般也不会是精确的和势均力敌的，所以计算的总体活跃度通常将会是起起伏伏的。

不过，这些论述是外观上的、中性的，尚不涉及价值判断。如果把价值因素注入其中，动态变化至少可以分为三类：发展（或者“进步”）、倒退与“演化”。有些变化是势必发生的，就好比在人流中步行，前呼后拥，不得不保持运动状态，不可能停下来。这一类变动没有**明显的**价值含义（或者，说话者尚不了解其价值含义）；按照汉语的习惯，就以“演化”称呼之。而当价值含义比较明显的时候，通常称之为“发展”，其反面则是“倒退”。

算法理论的一个重大应用就是它可以用于对发展（以及倒退）的机理做出科学的说明，**我认为，这在社会科学的历史上可能尚属首次**。发展首先具有一个主观上的原因，就是我们观察者用来判断社会变动的尺度是相对稳定不变的（例如，收入高总是要比收入低好），并且与当事人的努力方向（尽管当事人的价值观是多元化的）是大体一致的。而在客观上，发展首先起始于知识的贫乏状态。元计算的能力是微弱的；离开了知识存量的支持，“纯粹简单计算”几乎无力得出任何具有实用价值的决策。所以，算法方法用来解释发展的“窍门”就在于，首先不是向前看，而是向后看。理解了过去的贫乏，就理解了成长。

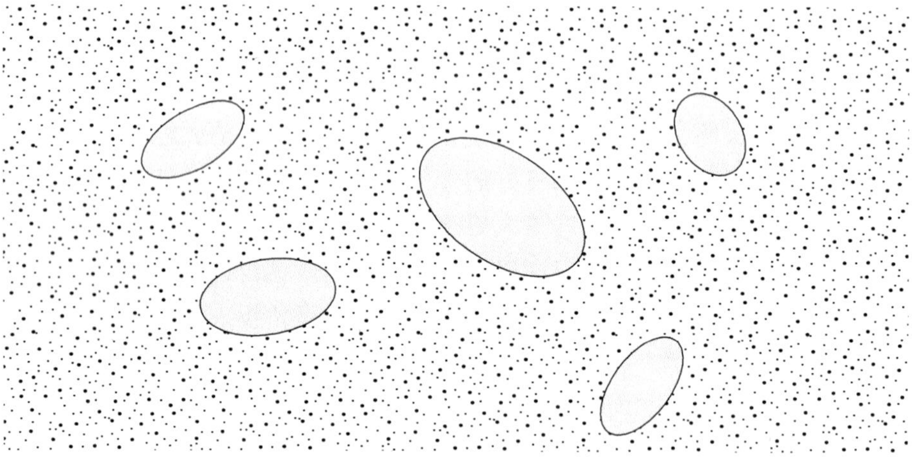

图表 10：均衡是局部的，社会是混合的

在信息与知识的海洋中，一个个“算法均衡”（演绎性体系、纳什均衡以及任何相对稳定的系统）只是在其中漂浮着的一片片浮萍，它是有边界的，并不时地发生解体，重新进行分化组合。收敛与发散、正面与负面的混合。“高阶的一致性”。

知识的保存、复制与传承常常要比知识的开发容易，这个机制可以保证知识存量在数量和质量上都是不断提高的。当事人把提高了的知识用于实践，就可以取得发展。当然，事实上的成本比较关系并不尽然，因而当事人有时候宁愿自己重复地开发知识。这时候发展就会停止。不过，即便在这种情况下，只要环境是稳定的，一代代当事人的处境在概率上就不会持续地变坏；再加上在上述条件有利的地方所取得的进步，总体性的发展仍然还会发生。要害在于当事人不会故意地选择有害的主意，以至导致了退步。退步只能是意外发生的——或者作为价值观相互冲突条件下的“主体间性”现象而存在。这个机理，虽然早在马尔萨斯时代就已经提出来了，但由于达尔文过于激进地把它转用于动物而不是人类，结果陷入了长期的争议之中。算法理论是关于人类思想的进化论。只有思想既具有价值取向，又在有意识地进行选择，所以，进化论天然属于思想；关于思想的进化论，才是正确的进化论。

然而，“失败”现在已经成为了必不可少的理论元素，而不再作为一个“病理因素”而免于常规的考虑了。当事人判断力的局限性以及知识本身的有限性都会导致，即使当事人有意地选择那些（被认为）有利于发展的知识，也不表明当事人最终一定会取得发展。所以，每个当事人都面临着风险管理的问题，需要在保守与激进之间进行搭配和抉择。他们可以不断地重复使用那些在历史上被证明为行之有效的旧知识，而把对新知识的尝试控制在一定的范围之内。宏观上的发展是借助大数目的独立行为者在概率意义上得到保证的。其次，由于选择机制的作用，价值较高的新知识要比价值较低的知识传播得快。在有限理性的世界中，如同我们一般不能认为已经“完全”认识了某个对象一样，我们在原则上也必须承认“溢出”或者外部性效应都是常规的。所以，在宏观统计结果上，倒退的发生要比微观上较为罕见——即使考虑到某些失败带来了知识上的进步，也是如此。破坏型创新尤其会导致产出的动态表现不够稳定，所以它势必遭到控制。不过，在良性循环与恶性循环都很常见的情况下，某些恶性循环会扩散；假如同时遭遇了显著的同步性，就会相互感染，迅速升级，扩大为全局性的结构崩溃。因此，整体的危机与倒退在原则上都是不能排除的。在那些由一个中心进行全面的强力控制的社会中，发展的不稳定性势必更为显著。

最后再来展望一下社会世界的长期前景。虽然前辈创造的物理财富可能多于其所消耗的，但经验研究已经表明，发展主要由知识的创新所推动。可以认为，信息推动型创新和算法改良型创新交替驱动着发展。知识的拷贝与传播、从而世界中所存在的某些知识的“份数”的增加就可以直接导致发展，这个机制虽然在历史上一直发挥着重大的作用，但在理论上却是遭到无视的。不仅如此，前文已论及，鉴于组合爆炸所导致的知识发展的无穷可能性，即使信息推动型创新发生了衰微的趋势，算法改良型创新也将持续发挥促进增长的作用。所以，算法地看，人类社会的长期前景是无限乐观的——除非环境的变化快于知识的进步，以致有用的知识在数量与质量上都发生了总体性的下降。因而，对于宏观管理者来说，主要职责可以放在“进程管理”方面——适度地熨平动态的周期，防止大中型崩溃的发生。为此，需要保持独立行为者的大数目，也即维护自由，以免经济社会被任何单一的中心所控制。另外要防止过大的同步性（诸如羊群效应）发生。只要这些做到了，政府领导人也就基本上可以高枕无忧了。

2.1.9 算法理论的整体性

当我们说“种种算法的元素”的时候，似乎是在把算法理论当作一种拼凑物，好像是在把从各个角落搜集来的东西强行捏合在一起似的。然而，这是一种误解。在跨学科、跨流派的大量文献的夹缝中，我们所发现的乃是一个具有高度的内在一致性的东西。我们所发现的实际上可以视为人类思维的真相：思维活动的进行方式，它的状态与性质，以及它的社会后果等。简言之，这里所试图建立的是一种“思维经济学”。马赫提出了这个名词。算法理论可以视为思维经济学的升级版，或者它的现代版。

经济思维是反思性的，也即先在不考虑经济性的前提下构思出某些行动方案，再根据这些方案的经济特性评估其价值。思维不仅在应对外物，而且也在间歇性地回望自身，思忖着它要不要继续进行下去——当然，这种“思忖”也会在一定程度上改变思维本身。为了刻画这种情况，思维活动必须在时间中进行，必须允许它有一个生长的、展开的过程。时间一存在，空间自然也就存在。因为时间过程是用来进行运动的，而运动就是位置的移动。这些特征都表明思维就是实体，是真实的存在和真实的过程。时空特征则是实体所具有的诸多具体特征中的两个具体方面。同时，对时空特征的分离和强调要求这些特征必须相对独立于常规的数量化（本质上是货币化）的成本—收益分析，必须承认变量与数据类型的多元化（否则我们就是空忙一场，新古典框架将依然如故）——幸运的是，关于思维过程的理论本身就与多元性天然相容。

“运动”是具有有限体积或边界的对象在空间中的移动，所以，为了说明思想的运动，就要首先说明它具体是怎样“有限”的。也就是说，思想的实体化要求我们用类似于物理或化学的方法来对待思想，要么说明思想如何像物体那样运动，要么说明思想如何由基本的“粒子”合成为物质那样长大——当然最好两者能够兼而有之。现在我们知道，实现这个目标的方法，就是算法框架理论：思考＝计算＝（指令＋信息）× 计算速度 × 计算时间。指令（藏于人脑之中）与信息分别在空间中运动和相遇，嗣后发生“化学反应”（计算），反应后的生成物或者继续“反应”下去，或者转而运动，等等。

然而，对于人文社科类读者来说，指令等概念是陌生的，甚至是晦涩的。有人难免要问，指令可不可以不要呢？没有“指令”这样的概念，又将会如何呢？

首先，没有指令，就没有信息的对应物，我们就无法说明，信息为什么要经过大脑。信息在大脑中转了一圈儿，难道又原封不动地转出去了吗？抑或，信息只是像柏拉图主义所暗示的那样，唤醒了人脑中沉睡的知识而已？柏拉图哲学的要旨是，知识（而不是指令）是先天的，所以，一旦被唤醒，它就是永恒不变的。这样的观点显然是否定信息的作用的——信息既然只是唤醒了知识，它却显然没有能够把自己的内容注入其中，从而实质性地影响到知识。其次，这样的观点也是否定破坏型创新的，因为知识既然是永恒不变的，就不可能遭到破坏，不可能被更新。倘若这些后果是不可接受的，那么就有必要转向康德的超验论：先验的只是思维工具，知识则是这种工具与信息相结合的产物；所以，思维工具虽然是有限的，知识却是无限的和不断发展的。超验论是柏拉图主义的令人信服的升级版，它在解释效率上的优点是压倒性的。

要是没有指令，我们还要面临一种困境，这就是：我们将无法说明知识体系的扩张。知识开发活动就像煤矿里的“作业面”，采矿工人的身后是开采出来的煤炭，而前方是未知的矿床，“作业面”则徐徐向前移动。没有指令，就没有信息加工活动，“生料”与“熟料”就无法区分，已知世界与未知世界之间就没有界限。未来要么由过去完全推知，要么就宣称它位于理性的“边界”之外。显然，这是否定增量型创新的，从而是否定“信息”这个概念的意义的。相对于传统哲学，“信息”其实是一个革命性的概念，这个概念显然是康德哲学的一个后果。拉普拉斯决定论则是为了应对这种困境而发展出来的主意：有多少信息，就对应着多少知识；信息没有了，知识也就不再有了。这样的观点虽然在表面上承认知识是信息加工出来的，但知识仍然是绝对的，所以它是柏拉图主义的一个变体。而且，经济学要是重视算法改良型创新，也就无法接受拉普拉斯决定论。

没有指令，就没有存量知识本身，就无法适用迂回生产方法，知识的产生就会成为一个不可说明的神秘的过程。这将进一步意味着没有制度，没有组织——从而没有政府。算法原理的一个重大应用就是既说明了这些重要的对象是如何产生的，又特别指出了其中的必要元素——矛盾或冲突。这个说明是突破性的，它让我们一下子理解了为什么制度理论长期游离于主流经济学之外。矛盾与冲突实际上是“有限知识”的一个变体。知识要存量化，就必须是有限的。这种有限性是展开各种社会互动的一个必要条件。知识在互动中发展，否则互动（以及运动）就是空洞的、无意义的。而互动也就是“磕磕碰碰”，矛盾与冲突也就是难免的。知识的有限性与“个人”的有限性是一致的，后者又构成了博弈论的基础。后文将会说明，知识的有限性（或曰“有限理性”）也将构成货币得以内生的基础。有限知识的另一个变体是“外部性”，它用来说明意识与身外之物间的冲突，而微观与宏观之间的冲突则是这种冲突的一个特例。没有指令，就无法说明知识的有限性，从而就不会有这一切——更不用说演化、发展与“知识大爆炸”了！

算法理论可以作为一个现代的实例，说明为什么可以“窥一斑而知全豹”；只要有效地抓住了整体的一个部分，也就抓住了整体。它就好像城市里的地铁网，从一个点上出发，总是可以到达另一点。这个性质可以说明它的高度整体性和内在一致性。

最后再强调一点，“指令”把我们带入了计算机的语境之中；没有指令，也就无法借用计算机科学的成果。指令至少可以使那些熟悉计算机原理的人文社科读者（这样的读者在年轻人中间必定为数不少）利用现成的知识，迅速进入算法理论。要是把“指令”换成其他的什么名称，也许在直觉上能够吸引人，但往下深入，需要进行说明和补充的篇幅反而会大大增加。最终读者将会明白，这就是事倍功半、得不偿失的。

就我们的目标而言，还有比“指令”更简单的概念吗？难道这不正是上天的恩赐吗？假如真的还有其他选项的话，那又是什么呢？况且，指令属于意识中的内容，甚至也是自然语言中的内容。实际上，不仅研究者熟悉它，而且可以说当事人也是熟悉它的。我们不可忘记笛卡尔的教诲：我思故我在。一个人要是连他刚刚想了什么都不知道的话，还怎么谈得到认识世界呢？行为主义者说，我看见并且信赖世界，唯独不知道我是怎么想的。行为主义者自有他的高明之处（这种高明之处甚至并不那么容易认识到）。现在我们要做的则是这两者的折中与综合：使之有限，使之互动，两者并重。

2.2 弗洛伊德正好弄反了

2.2.1 对“非理性”的消解

通过对通常所称的“理性思维活动”建立一种全新的认识，算法理论可以进而引导我们认识通常所称的“非理性”的本质。其结果是，“非理性”这个概念基本上被消解了，它被驱逐出了社会科学，因为我们不再需要它。剩下的只有“理性”。这里将首先阐述一般的论点，然后以弗洛伊德的学说为例，再讲一些重要的算法式的道理。

“非理性”这个词语经常用来指这样一种现象：在旁观者看来，某些决策明显是不合理的，而当事人却执意要做出；其中的核心情形是，**对于某些与当前情境之间具有显著鸿沟的知识，当事人非要强行地加以利用（例如借助情绪或者简单的规则，包括简单地模仿他人）**。核心的算法式论点是，鉴于有限计算速度的存在，理性思维活动本身会发生弯曲，它必然会内生地造成种种与通常所谓的“非理性”相类似的现象，因此，“非理性现象”也就不能简单地视作“非理性的”，毋宁把它们视作理性系统的组成部分或其延伸。科学分析的任务，就是把人类精神生活中的种种理性因素**充分地**发掘和展示出来。至于此后的“剩余”，则很可能是空洞的、单调的、苍白的，甚至是无意义的；至少，这应当是社会科学在眼下可以暂且不必过于关心的。

先从新古典经济学讲起。新古典经济学把为求取最大化而进行的逻辑推理作为其主要的分析对象，而把人的目的、价值、偏好、技术、制度、伦理、习惯等均作为科学分析的前提或外生变量。因为在它看来，只有这样的逻辑推理才是理性的，其他一切（技术度除外）都或多或少是“非理性的”（或者是所谓的“文化”），因而也就不是理性分析的用武之地。可是，在算法框架下，“目的”这个概念首先就可以作为一个具有内生性的变量来予以看待。“目的”这个概念意指人是有所追求的，因此它就是动态理论的一个组成部分。可是，在有限的身心能力之下，人不能四面出击，他必须在特定的行为中对于所追求的对象有所选择和取舍，这就好像射箭者需要一个靶标一样。“箭只能射向单一方向”这个限制条件，导致了靶标的产生。所射出的箭到达了这个靶标，连续的行为过程也就可以暂时停歇了，行为也就得到了评价。从后一种意义上讲，“目的”同价值观有些相似，它简化了对行为的评价，从而使当事人的精力节约出来，可以把力量集中在对手段的构思、选择和实施上。可以说，大部分通常所谓的“目的”，都是在这种实用的意义上而言的；离开了这层意义，绝对化的目的反而会显得相当空洞。例如，人需要食物和衣物，否则就会导致饥饿或者寒冷；这是由物质性、生物性的规律所决定的。贫穷迫使人们去追求物质福利，而当物质需求得到充分满足的时候，人生的目的反而会变得有些虚妄。有人说贪财是人的天性，他们却忽视了在其他目的缺乏的情况下，鉴于积累财富对于自己与后代或多或少总是有些益处的（尽管要忍受边际效用的递减），敛财就是一种相当理智的行为，而不是什么“天性”。而在另一些情况下，基于类似的理智的计算，当事人也可以表现得对金钱毫不在意。

我们可以接受“人生的目的在于追求幸福”这个笼统的说法，可是，问题在于，究竟怎样才算幸福，或者采用什么样的手段才能达到幸福？却是见仁见智、莫衷一是的。就好比人们需要思想一样，人们也需要“价值观”。价值观就好像一个简易的“看板系统”[①]，它告诉人们什么值得追求，什么不该追求；什么是“好”，什么是“坏”。当计算进行到相关的步骤时，当事人就把它直接加以引用，于是计算就变得比较简洁和迅速。只有理性有限的算法人才需要这种引导，新古典人显然是不需要的。所以，价值观其实就是一种“算法”，或者是某种算法的一个组成部分。算法是多元的，价值观的多元化也就毫不奇怪了。新古典主义者把思想看作一个一元的系统，他们同时又乐于接受价值观的多元性，结果他们误以为，这是两种性质迥异的事物。

这意味着偏好的内生性。各人先天的身心条件固然有差异，可是，后天的经历所造成的差异也许更大。个人往往是在他的具体经验中发现自己的喜好的。某些活动反复地进行，不断地引起身心愉悦，当事人就会对这种活动产生感情。如果有一个熟悉的、舒适的、应付自如的环境，当事人就乐于呆在其中。我们暂时无法厘清导致这种现象的每一种因素，但是，把其中能够解释或理解的元素尽可能地离析出来，这应当成为社会科学的正当任务。由于无法解释偏好的内生性，新古典经济学希望他的受众把人的偏好看作类似他的身高或肤色那样的物质性、绝对性的东西，希望人们如此来理解价值观。与此相反，算法的方法不仅主张把价值系统与思想系统合而为一，而且主张以此为基础来解释先天的遗传：既然各人的思想和体格在后天生活中会产生广泛的个性和差异，那么，这些差异影响到遗传基因便是可能的。所以，前辈的有意识的、后天的生活才应视作个体先天差异的根本源泉。纵观人类代代相传的历史，个体出生后的生活应当居于主导地位，生殖遗传则应作为一个中间性、过渡性和技术性的因素予以看待。

这也是我们看待情感系统的方法。如今，情感系统已经被越来越多的认知科学家们视作人脑中的某些程式或算法，不同情感代表着认知主体对于对象的不同态度，它们导致不同的决策或行为模式。在生物界漫长的演化史中，可以设想，由于动物的思想活动比较简单，“情绪化”便是它们的决策方式。这种决策方式遗传给了人类，并在我们的精神活动中占有一席之地。情感就像一种**固化的软件**，与生俱来。“情绪化决策

① 在商品生产过程中，为了保证物料的及时供应和流转，一般会在适当的地方挂一块板子，上面标上简单的符号和指示，从事各个工种的工人只要看着这块板子上的信号进行相应操作就可以了。这种将复杂情况转化为简单的“信号”的方法也体现在生理构造之中。例如，当身体需要食物时，头脑中就会得到“饥饿”这一信号，它提醒我们要去吃饭，而我们一般并不知道复杂的生理过程最终是如何产生并在特定时间发出这个信号的。要是没有这样的信号，我们要想弄清楚什么时候该吃饭，就会变得很困难。在这一点上，思想的运作过程与生理过程是何其相似啊！

方式”的特点是简单、直接、迅速而又“鲁直”，它不时与人的复杂思想发生矛盾。可是，鉴于思想系统的内部冲突也是十分常见的，所以这种矛盾也就见怪不怪了。另一方面，人的任何思想（纯软件）都可能被修改或遗忘，与之相比，固化的情感系统则具有一种相对的顽固性和持久性，这构成了二者之间的一种“技术性的”差别。

除了把主观性或“非理性”类比为生理性的东西，新古典主义的另一个手法是，承认在思想系统之外存在着某种“独立的”“高贵的”和“神圣的”精神生活，于是，政治的、伦理的和美学的议题就可以“合乎情理”地排除在理性分析之外。这种论调非常合乎一般大众的心理，合乎民主国家的意识形态，因而很容易被接受。反之，假如谁说这一切都不过是普通思想活动的表现，则难免使人失望和感到沉闷。可是，有了算法的视角，我们现在却不得不这样来看。伦理、道德和宗教（用新制度经济学的术语来说）是一些“非正式的”制度；与正式制度不同的是，它不是通过国家机器来强制实施的。当事人遵守道德，需要付出代价，却常常不能及时地得到回报；违反道德，自己可以得益，社会受损，却不能惩罚他。怎么办呢？大家经过商量，相互约定：我们就说遵守道德的人“高尚”，不遵守的人“卑鄙”；我们通过这种方式来“标记”每一个人的品格，然后对不同的品格加以区别对待。于是，一种似乎超脱于利害计算的“价值”建立了，而在“价值”的后面，实则主要是种种利益纠葛、交换和奖惩关系。这种安排的特点是它比较简单易行，而付出的代价则是，执行效果要低于正式的制度。

文学艺术作品的价值常常不可以用金钱来衡量，所以社会给予文学家和艺术家以特殊的声誉，以便补偿他们在金钱报酬上的不足。这就是这些领域的“崇高性”的来源之一。文艺作品的价值与社会生活以及人的精神世界的复杂性和不规则性紧密相关，它们专注于人的理性认识之外的“剩余”。人的精神享受要比物质感官的享受复杂得多，所以精神产品的生产也要比一般经济活动复杂得多。例如，一种逗乐儿的技巧，观众一旦对它熟悉了，也就会逐渐厌倦了。所以，文艺作品一般具有高度的独特性和唯一性。这又成为它的“崇高性”的另一个来源。

如果社会科学理论本身就包含着复杂性和不确定性，那么它与文艺作品之间就不存在根本性的区别，其区别将仅仅是程度上的，是技术性的；二者之间因此还将具有互补的效应。人文领域的另一个特点是它的想象力。文艺作品需要进行“天才般”的构思，但这一点其实与工程学家进行发明时需要进行“构思”的道理是相似的。作为一种社会工程学，语言的特点就在于它的规定性，即不分对与错，符合规定的就是正确的。这绝不是不讲理，而是因为在社会中建立语言体系需要付出巨大的代价，而“规定性”则可以降低通信协议的订立成本。所以，语言也就不能置于理性分析的范围之外。[①]

① 近些年来，人工智能工程在传统所认为的一些最具有“人的特点”的领域取得了引人瞩目的突破，一时广受热议。这些领域有：翻译，围棋，书法，作曲，性爱，等等。这些突破让那些一贯坚决主张人类思维独特性的学者们失语了，因为他们心中所保留的最后一块“圣地”面临着行将失守的危险。现在我们要让这类观点“雪上加霜”的是，这块“圣地”在很大程度上乃是因为尚未发现人类思维的“算法式的机理”才得以产生的。

2.2.2 弗洛伊德的南辕北辙

在非理性主义思潮兴起于20世纪的过程中，西格蒙德·弗洛伊德扮演了一个重要的推动者的角色。由于他所倡导的潜意识理论，人类在很大程度上改变了对自身的看法。这个理论也在一定程度上引领了现代人文与社会科学的走向。在《算法》中，笔者曾经赞同精神分析学说对于人类精神活动所采用的理性分析的方法论原则，这种赞同现在看来仍然可以是有效的。然而，要进一步说明的是，由于算法理论的缺失，弗洛伊德对于“理性”、或思想系统本身的认识仍然是传统的，这导致他对他所观察到的重要心理事实采取了一种与算法理论完全相反的解释方式，以致他的理论体系整个地走向了错误的方向。他不是把这些心理现象视为思想活动的相似物或其延伸，而是把它们几乎完全视作思想活动的对立物。在算法的视角下，这个错误十分明显，而且非常严重。纠正这个错误，是把人文与社会科学重新拉回理性分析轨道的必要步骤。

弗洛伊德首先洞察到了个人精神世界中种种冲突的存在。通过举出精神活动在一些极端状态（过失、梦境、神经病等）下的众多表现，弗洛伊德试图说明一个重要的道理，即精神领域中广泛地存在着内在冲突。就好像一个领导人总有几个意见不合的下属一样，精神领域中不同部分所具有的不同倾向之间不断地进行交战。应当说，这是一个重要的洞察，是对唯理论和决定论的一个重大反击。可是，当对这些现象进行解释时，弗洛伊德却采取了这样的进路：1. 强调这些冲突不是思想系统内部的，而是思想系统与“潜意识”之间的。潜意识在思想活动之外暗地里悄悄地发挥着作用，影响着当事人的行为。2. 潜意识的种种倾向（例如性冲动）是固有的，而不是派生的；就好比植物要生长一样，这是不以当事人的意志为转移的。

这第二个方面赋予潜意识理论以强烈的生物学气味和决定论的味道；以这种语调所描述的人，更像一个一般的动物，而不是思想者。前文已论及，对于诸如食欲、性欲之类的基本欲望，我们也没有什么特别要说的；这就像人体的构造问题一样，已经不属于社会科学的研究范围。然而，精神分析学说所关注的对象的范围，已经大大超出了这些基本的欲望和心理机制（弗洛伊德后来称之为“本我”），它所关注的实为思想现象本身。例如，在《精神分析引论》的开篇，弗洛伊德即大篇幅地讨论了“舌误”（即语言过失）的问题，并且指出，舌误源自两种不同意向（这是思想）之间的相互干涉。潜意识理论就在类似的讨论之中提出来了：其中的一种意向潜藏于意识之外；它不是意识（或思想）的相似物，而是位于另一端的（生物性的）“本能”的相似物；它就像本能那样自主地发展和表现自己，结果在途中遭遇了思想。显然，弗洛伊德究竟把思想看作什么样的东西，已经呼之欲出了。由于所观察到的现象（舌误）不符合他心目中思想活动的“应有特征”，所以他就必须在思想和意识系统之外再给这些活动另外找一个位置。

假如“潜意识”的确是潜藏的，我们何以知道它的存在？潜意识理论回答不了这个问题。更有甚者，他的“自我分析疗法”的基本做法是，医生帮助和引导病人回忆他的过去；通过在“潜意识”中搜寻过去的记忆而找到致病根源，精神病人于是也就康复了。可是，对过去的回忆是意识活动；意识活动如何能够对“潜意识”做这么多？这样的话，“潜意识”还能成其为“潜意识”吗？弗洛伊德并非对这些逻辑困难全无觉解，例如，他曾写道：“我们从事研究的唯一的向导是意识和潜意识的区分标志，最后我们却发现这个区分标志本身就意义不明确。现在我们的一切知识都总是和意识相连的，即使潜意识的知识也只有使它成为意识的才能获得。”①为了解决这个问题，弗洛伊德引入了“前意识”这个概念。“前意识”和“潜意识”的区别是什么？他的说明并不是很清楚，因为它们都可以进入意识之中。后来他勉强地写道：“前意识的东西转化为意识，可以没有我们的任何参与，而潜意识的东西要经过我们的努力才能变为意识。”②与此相反，在此过程中他还发现意识活动具有与潜意识相类似的性质：“自我的一部分……也可以是潜意识的，毫无疑问是潜意识的。……当我们发现自己面临着必须假定有一个不被压抑的第三种潜意识时，我们必须承认，成为潜意识的这种性质对我们来说已开始失去意义了。它成了可以具有多种含义的性质了。”③

不得不说，潜意识理论这时遭遇了很大的困境。总的来说，弗洛伊德把潜意识与意识同等地予以看待，为了强调潜意识，他严重地忽视（甚至贬低）意识。他认为潜意识是与意识相类似的东西，二者共同组成了人的精神活动。而精神分析工作，就是照亮精神生活中这些被遮蔽的流程或环节：“精神分析不能接受意识是心理生活的本质的看法，但很乐意把意识看做是心理生活的一种属性，意识可以和其他属性并存，也可以不存在。”④“通常认为，这些意识过程并没有形成完全属于自身的完整序列。从而，就只能假定存在着生理的或肉体的过程，它们伴随着精神过程。我们必定会把它们看做比精神序列更为完全，因为它们其中有一些有意识过程与之相对应，其他的则没有意识过程相对应。如果是这样，那就有可能在心理学中强调这些肉体过程，把它们视为精神的真正实质。……我们通过做出尽可能的推论并把它表现为意识材料，来填补漏掉的部分。……认为精神本身是无意识的观点，则使心理学能够取得像其他自然科学一样的地位。”⑤

此外，与前述的强调存在某些高贵的精神生活的传统相一致，弗洛伊德提出了“超我”理论，这可以视作对他的潜意识理论“过于生物化”的缺陷的一个补充。“超我”系指个人在童年成长过程中得自父母的教育而形成的那些社会化的、道德化的、美学的品格，所以，实际上它是后天获得的知识。然而，弗洛伊德却强调它起源于

① ［奥］弗洛伊德：《弗洛伊德文集 6 自我和本我》，车文博编，长春：长春出版社，2004 年，第 122 页。

② ［奥］弗洛伊德：《弗洛伊德文集 5 精神分析新论》，车文博编，长春：长春出版社，2004 年，第 215 页。

③ ［奥］弗洛伊德：《弗洛伊德文集 6 自我和本我》，车文博编，长春：长春出版社，2004 年，第 120–121 页。省略号为笔者所加，改动了一处明显的文字错误。

④ 同上，第 117 页。

⑤ ［奥］弗洛伊德：《弗洛伊德文集 5 精神分析新论》，车文博编，长春：长春出版社，2004 年，第 213–214 页。省略号为笔者所加，段落之间的次序有所调整。

人的原始欲望，它是这些欲望的“升华”，它与理性的“自我”不同，也可以是潜意识的。“鉴于自我主要是外部世界的代表，而超我则和它形成对照，是内部世界的代表，是本我的代表。自我和理想之间的冲突，正如现在我们准备发现的那样，将最终反映现实的东西和心理的东西之间、外部世界与内部世界之间的这种对立。”①“在我们的分析中，我们发现在有些人身上自我批评和良心的官能——这是一些心理活动，即排位级别特别高的活动——是潜意识的，并且潜意识地产生着最重要的结果。”②

就这样，“本我”和“超我”从上下两个层次上来夹击“自我”。“超我”与“自我”的分裂表明弗洛伊德与其他众多学者一样，尚未洞察到理性思维活动的另一个面相，即它所时时刻刻必然会发生的“弯曲”。我们把康德视作算法理论的一个先驱，可是，事实上康德也是这样；他把道德看得那样崇高，那样绝对，这表明他尚未认识到，道德作为人与人相遇时所发生的思想弯曲，与人和其他任何对象打交道时所发生的思想弯曲，在本质上并无二致。道德、以及整个的“超我”主要应当视为集体性的理性思维活动（以及实践）的一个成果，因而是思想系统的一个当然的组成部分。

2.2.3 知识常常在不甚了了的情况下被使用

潜意识并非不重要，但是，弗洛伊德提出这一理论的方式，表明他对意识（或者思想）的特征及其运作方式缺乏适当的理解。弗洛伊德的方法是，凡是观察到精神生活中的矛盾，就一定要把其中的一方定义为“显的”，另一方定义为“潜的”。这里暗含着这样一个假设，即当事人一旦认识到同时存在着两种相互冲突的思想，则一定会把这种冲突予以消除；思想系统不能容忍、也不会存在矛盾。用算法的语言来说，弗洛伊德暗含地认为，这些矛盾是可以一下子就消除的，计算是不需要时间的（或者计算时间可以忽略）。我们以前的所有论述，都是在直接或间接地对这一新古典主义观念进行批判。“半内在化”这个概念，尤其可以直接用于说明其错误何在。但是，算法式的观点强调，任何推理和结论，除非你去有意地实施从而得到它，否则它的获得将是没有任何保障的，甚至很可能根本就不能完成。人的认识的进步、从而知识的发展主要是意识活动的结果。本着这一考虑，我们仍然有必要详细说明算法理论所揭示的意识活动的真实情景。

思考活动的目的固然在于追求逻辑一致性，消灭矛盾，可是，其即时的能力和具体进度都是有限的，所以它就不得不面对现实。由于各种决定需要及时地、不断地做出，思考者不可能充分地思考每一个对象、每一个问题、每一个因素或每一个方面，他只会或多或少地关注其中的某些部分，他甚至都不会意识到此外的其他任何存在物。思考者有时候无忧无虑，他根本没有注意到它的思想中充斥着矛盾与不和谐，就好像某单位的一个领导对于下属之间的勾心斗角全无察觉一样。“模式”的存在意

---

① ［奥］弗洛伊德：《弗洛伊德文集 6 自我和本我》，车文博编，长春：长春出版社，2004 年，第 134–135 页。

② 同上，第 127 页。

味着一大串的思想被整个儿地、不分青红皂白地投入了决策的产生过程，并在其中稀里糊涂地发挥着作用。当有多个模式共同服务于某个决策的形成时，其中潜在的冲突便是司空见惯的。冲突的关系如此，和谐的关系也是如此。一个人在空中作业，沉迷于其中，他可能会完全忘记，他是站在梯子上的；他还可能尚未注意到，梯子的旁边还有几个好心人在扶着梯子，防止它倒下。算法人的注意力就好比手电筒发出的一束光，他永远只能照在有限的、特定的狭小范围内，除此之外的领域对他来说都是“隐藏的”。例如，有个物体从空中向他袭来，他发现了，就随便抓起什么东西抵挡了一下，脱离了危险；可是，事后他可能根本想不起来他所抓起的那个东西是什么，是用哪种材料做的，以及在碰撞中有没有被损坏，等等。这个东西此时对于他的意义，只是可以用来抵挡攻击的某种固体，仅此而已。这个东西在其他时空环境中很可能还有其他的意义或用途。例如，它可能是一只小凳子，可以供人坐。所以，对于大多数人而言，它是一个坐具。这导致人们忽视了这个凳子还可以用来防身，而且，用它来防身的人可以不必了解它作为凳子的“一般身份”，就让它成功地发挥了防身的功能。

行文至此，我们即可意识到，潜意识理论暗含着这样的意思：对象有个终极的、标准的“真相”，人们要么认识不到这个真相；而一旦有所认识，则所认识到的只能是这个真相，并且是其全部。具体到上述例子，凳子只有被识别为凳子才能算数；假如它被视作别的什么东西，做了别的用途，那么，这就是“真相”“潜藏”起来了，其他对凳子的方式和态度都是不能“算数”的。可见，这是一种本质主义观点，它与决定论或绝对真理观是相一致的。这种哲学观念忽略了知识发展的历史性，它偏袒某一个特定时期形成的特定知识，把它当作标准，以到达这个“标准知识”为满足。任何尚未达到这个“标准知识”的状态都会引起它的不满。相应地，面对各个人的不同思想，它偏袒其中的一种思想。它没有认识到，人际思想差异乃是一种正常和不可避免的现象，意见的冲突是一种“相互主观性”（主体间性），因而它在每个场合都要判断哪个错、哪个对，然后一定要来“选边儿站队”。

尽管弗洛伊德的后期思想有所转变，他更加倾向于强调意识与潜意识之间的平等，但是，前期思想的祸根已经种下了。无论他是否情愿，潜意识理论都逐渐演变成这样一种神秘主义和**本质主义**的论调：在你的体内有另一个“自己”，他在暗地里控制你，让你不由自主。更极端一点儿的说法是：潜意识才是真正的你；了解潜意识，才能了解真正的你自己。“伪装”这个术语即是一例：力比多遭遇到了社会规范，于是就采取了某种比较得体的表达方式，但这种方式却被称作“伪装”。这就是说，力比多是“实情”，而社会规范则不是。这就好比氢气与氧气相互反应，产生了水；而水却被视作氢气的表达，而不是氧气的表达；氢气才是水的“本质”。这是一种无论让当事人还是观察者都感到无所适从的可怕论调。弗洛伊德反复强调潜意识很强大（它的许多观察实际上都可以解释为知识存量在计算中所发挥的主导作用），给人的印象是意识快要被湮没了。这种片面理论所导致的后果是，理性被无端地限制和否定，非理性无端地泛滥，人的意识（通过与行为主义联手）几乎要被排除在科学分析之外，整个思想界则陷入了一片混乱。回忆一下20世纪人文与社会科学领域的状况，难道不正是这样吗？

2.2.4“舌误”的算法式解释

算法方法的要害，就在于用“科学的方法”来抑制或替代上述的哲学化倾向。弗洛伊德曾经举了一些例子，现在我们就来看看如何用算法方法理解和解释它们。在“过失心理学”中，有一个演员在排练节目时被反复告诫千万不可以把台词A说成B，结果在公演时他反而恰巧犯了这个错误。某国有一名议长，在宣布议会会议开始的时候竟然直接宣布“散会”，因为他曾私下认为本次会议难以取得好结果。有个人在某俱乐部的委员会议上发言，他在称呼“委员们”（members of the committee）时，竟然随口叫成了“放债者”（lenders of the committee），因为两者读音比较接近，而背后的原因是该人那时正想借钱，而他可能正打算在这些委员中间筹集资金。

如何来解释这些“舌误”呢？显然，当事人事先的确曾进行过某些思想活动（避免念错台词，考虑会议的必要性，考虑借债的可能性等），这些活动完全是有意识地进行的，其结果储存在了记忆里，并且与相关的事项（演出，宣布开会，在会议上发言等）关联着。当该等事件发生时，这些记忆就被激活了，并在未经严格审查的情况下进入到了执行序列，于是就发生了公开的错误。潜意识理论的意义就在于它指出了“知识可以未经严格检查就付诸使用”这样一个算法式的道理，以及所使用的不同知识之间潜在冲突的普遍性，但是，绝不可以认为，只有那些在事前的意识活动中所形成的（潜在的）意图才是当事人的真实意图，在事中所执行的公开的意图反而是虚假的。所有这些意图都是真实的，它们只是发生了遭遇战。由此形成的矛盾也绝非不可调和；只要当事人稍加注意，一般都是可以避免的。问题只是在于，当事人的时间紧迫，他要追求便利性。正如在前一小节的例子中，面对飞来的攻击，他随手抓起了“某个物体”进行抵挡，而不管这“某个物体”究竟是什么。最近产生过并且存储在记忆中的念头自然在优先抓取之列。这就好像那个凳子一样，因为它放置得比较靠近一些。那么，思想内部、以及思想与外部世界或实际事务之间的矛盾是不是“注定”要发生呢？是不是“归根结底”不可以避免（或者一定可以避免）呢？我们暂时回避这个问题，无须回答它；我们只是强调，只要有时间和有限计算速度存在，那么，这一切的发生**在原则上**就是不可避免的，因而也就是合情合理的。这样的方法，比之生硬地建立其他形而上学的命题，将会较少地引起争议。

人们永远也不可能完全认识到在它的视野之外“暗地里”影响或控制他的那些因素的全部，但是，通过算法理论所揭示的认识发展机制，个人会不断地把潜藏在意识之外的事物（无论物质的或精神的）纳入意识之内。个人既可以（按照自己的方式）认识它们，也可以设法控制或改造之。例如，在弗洛伊德之前，男人们大都不知道自己的身上存在着“恋母”和“仇父”的情结；精神分析学说让男人们了解了这一点，于是他们的自我认识水平就提高了，他们对于家庭关系的认识也就提高了；他们将会设法引导或控制自己的情绪，从而使得家庭更为和睦。这是知识的一个发展过程。难能可贵的是，弗洛伊德的著作中大量地描述和分析了这些心理机制，使之与读者们的常识相对接，从而触动了人们的灵魂。就这些细致的科学工作本身而言，不能不说它是出色的。

2.2.5 关于意识与潜意识的统一理论

由唯理论到潜意识论再到算法理论，我们可以认为，这是一个迂回的、否定之否定的知识发展过程。现在，我们则可以在总结已有观点的基础上提出一整套比较全面的关于人类精神生活的理论。我们先在此提出这个理论，然后再在5.2节对之进行进一步的分述和说明。

首先，意识或思想系统是一致性与矛盾的混合体。**相对于有限计算速度，我们可以认为，任何内在或外在的对象在原则上都有着取之不尽的意义，而在任何特定计算中该对象被认识、被赋予或者被采用的意义都是有限的。**一个对象在某特定情境中被赋予此种意义，而在另一个情境中则可能被赋予另一种意义。不同个人也会赋予特定对象以不同的意义。就好比一个领导不断地调解和协调下级之间的关系一样，思想系统的内在一致化是一个没有尽头的任务。

其次，潜意识的存在原则上是可以接受的。潜意识首先意味着给智力系统施加了追求身心愉悦的冲动。此外，潜意识意味着某些得自先天的、固化的程式，它们在意识系统之外采用相对固定的方式**自动地**进行信息加工，并将有关结果送入意识系统。

最后，意识在人的精神生活中具有统领性和主导性的地位。潜意识是思想系统的一个相对次要的扩展，它在性质上类似于思想系统。与思想系统相类似，潜意识系统的规模与运算能力也是有限的（甚至要更加有限）。意识可以主动地干预一切，可以利用、修改、拒绝和压制潜意识（就好像对待脑中的另一部分思想一样）。还有，思想系统是快速发展的，而潜意识系统则是相对静止不变的。例如，人们固然有时在梦中会解决一些问题，但人在清醒的时候所解决的问题要比在梦中多得多。这种效应不仅导致了两者之间的鸿沟比较显著，而且也会越来越大。

与新古典主义相比，算法理论不是拒斥潜意识的理论，而是把潜意识引入社会科学的适当方法。因为，正是意识活动的有限能力为潜意识预留了位置，使之能够有机会发挥作用。算法世界也正是“非理性主义者们”试图去描绘和表达的世界。另外，我们还可以发现，个人精神世界的内部协调，与2.1.6小节所讨论的人际协调问题，以及人与世界的协调问题，有颇多相似之处。哈耶克曾经提出一个疑问，即知识是如何分散在不同个体之间的，或者不同个人是如何相互利用对方的知识的。[①] 以上的论述不仅可以用于全面地回答这个问题，还可以用于讨论这个问题本身的适当性。这种

① ［英］弗里德里希·冯·哈耶克：《个人主义与经济秩序》，邓正来译，北京：生活·读书·新知三联书店，2003年，第74页。

思想方法将会贯穿全书，广泛地用于揭示经济与社会系统的奥秘。

2.3 认知科学的迷惘

2.3.1 认知科学被它的对手“招安”了

为了进一步说明算法理论的意涵及其独特性，我们可以把算法理论与现有的认知科学进行比较。

自从“认知革命”肇始于20世纪中叶以来，逐渐形成了“认知科学”这门新兴的边缘学科和交叉学科。如同算法理论一样，认知科学与计算机之间具有密切的联系；事实上，它们是在相互促进中共同发展的。认知科学曾经被寄予厚望，尤其是被一些心理学家、社会科学家、哲学家、经济学家和人文学者所看重。各领域的学者们曾经希望它能够带来新的理论原理，一改目前人文社科领域停滞不前的局面。然而，迄今为止，可以说结果显然是令人失望的，大家期待的“大事件”并没有发生。笔者并非否认认知科学所带来的大量具体成果，而是说，这些成果还尚未达到应有的高度，还不能满足大家的期待。乐观的情绪现在已经显著地下降了，红红火火的景况如今也已经逐渐地消退了。

现有的认知科学是一门相当零散的学问，令人失望的地方在于，它缺少理论骨架（除了人工智能的隐喻），缺少统领性的、可以给人深刻印象的理论问题。它看上去像是在某些局部理论（例如乔姆斯基的转换—生成语法）和计算机科学的激发下所形成的某些具体学术成果的堆积。这些成果分散在各个角落和具体领域中，并且充斥着争议。对于想要就人类认知的某些基本问题迫切得到答案的人，在阅读了相关文献后，他只会越发困惑和迷惘。一些学者的眼界是那样地狭隘，所讨论的问题是那样地琐碎和乏味，都不由得使人想到，对于科学的发展来说，“职业化”具有一定的消极影响。这种影响之一就是，为了发表论文，学者们过于屈从和逢迎他的同行和同事们的意见，独立探索的精神反而因此而萎缩了。

当前的认知科学大体上仍然遵循着心理学的传统。心理学这门学科自从产生以来，取得了大量丰富而具体的研究成果，这是毋庸置疑的。但是，在整体上，笔者认为，心理学具有一个不良的特点，那就是不知所云。一个读者可能会阅读很多关于心理学的书籍，但是，你永远不知道心理学想要干什么。就好像来了一群学者，他们被指派专门研究人的“心理”，于是，他们说：“好吧，我们总得干点儿什么吧。”他们把他们的所见、所想以及所做的事堆积在一起，于是，心理学就产生了。心理学相当神秘，外行人总想伸进脑袋去看个究竟，结果除了获得一些似是而非的琐碎“知识”，似乎什么也得不到。自从这门学科产生以来，局面大致一直如此。似乎很少有人戳穿这一点，我则忍不住要说出来。

心理学的内部派别林立，至今没有形成统一的“心理学原理”。所以，一个初学者，甫一开始，就必须进入某个派别之中，学习某种“心理学”。不同的心理学之间不仅缺乏联系，而且不断地相互否定。认知科学并未跳出这个困境。如同心理学一样，认知科学要么关注人的生理的、解剖的、生物的和物质的方面，要么就关注外显的“行为”。就前者而言，它像是一门自然科学，然而它却无时无刻不在力图得出精神性的结论。自然科学在揭示生命的奥秘方面尚未看到切实的希望，又遑论于精神方面？因此，这条进路必然是前途漫漫的。笔者要强调的是，对于从事精神科学研究的人士来说，重要的是**谨守心与物的界线，而不是随意地穿越它**，就好像石破天惊的发现随时就要发生一样。这不过反映了一种急躁心态。遗憾的是，这种根据生理表现随意得出心理结论的倾向，如今却以“科学”的名义呈现出愈益泛滥之势。与此相关的一个论题，是关于“具身心智”（embodied mind）与“离身心智”（disembodied mind）的争论。对此稍后再做评论。

认知科学关注外显行为的偏好，集中地表现在语言研究上。语言是可以说出来或写下来的，所以研究起来比较方便。这是一种行为主义观点，我们已经多有提及。这种倾向已经发展到快要湮没思维了。例如，杰瑞·福多的“思想的语言”理论，在笔者看来，就是多了“语言”二字。指令系统虽然有时叫做“机器语言”，但我们主要是把它作为一些实体的集合来理解的。一旦进入“语言”这个语境，也就进入了“实体—实体的表达”这个模式。当“思想的语言”仅仅作为一种表达工具时，其后的诸多推论也就错过了。比如，杰瑞·福多同时也是“心理模块性”理论的提出者，但他竟然没有意识到他的上述先验论就是解析模块化的一个绝佳的途径。显然，正是对“语言”这个议题的过度沉迷遮蔽了他的视野。

认知科学对于外显行为的过度关注，还体现在它对于人工智能工程的沉迷。由无机物制成的计算机器，与人的血肉之躯是有所区别的，两者绝不可能完全一个样子。这一点的重要性被忽视了。首先，我们只是在某些特定的方面将两者作类比的。其次，计算机是人进行思考的辅助工具，两者之间存在着串行的、上下游的协作关系，而人是计算机的使用者。计算机的任务是人定义和布置给它的，计算结果也是由人来解读的。这些工作原本是人自己的工作，之所以转交计算机完成，是为了利用它在计算速度上的快捷性、记忆的确切性等性质。计算机里面只是高低电位（以及磁信号）的频繁变换，因此，“它”当然不知道“自己”在做什么。这里的“它”或“自己”也是不存在的。研究者宣称有某个主体存在，只是一种假设和尝试，其目的在于通过对比来认识人自身的思维。然而，这个初衷逐渐被忘记了。人工智能究竟在多大程度上是可行的？这个问题被看作对“计算主义纲领”的“判决性试验”。假如人工智能陷入了困境，则就可以放弃计算主义了。二者之间划起了等号。由此又引出了一场混乱的关于“具身心智”与“离身心智”的争论：人工智能被贴上了“离身心智”的标签；反对人工智能进路的人，于是就要回到“具身心智”。而回到“具身心智”并不是要回到被人工智能所简化了的、因而需要还原回去的那个原来的（人的）“心智”，而是要回到人的整个肢体上。把大脑当作思维的唯一器官的传统观点可能是欠妥的；从这个意义上说，把整个身体看作智力的完整载体这个看法可能更为确切。可是，“具身心智论”主要不是这个意思，该理论实际上主要是作为一种反对意识和思维的新理论而提出的。① 对人工智能的批判，既转化成了对计算主义的批判，又转化成了对理性本身的批判。这种方向与传统的反理性的思路是相互一致的，尽管它体现了对某种新理论的追求和期待。

绕过来又绕过去，以算法的视角来看，就是不能击中“靶心”。认知科学起源于先验论，可是，认知科学家们所谈论的先验，要么是在“语言”层面上，要么则是某些含糊不清的东西。先天遗传的东西当然可以作为构造先验论的来源，可是，可靠的证据表明，遗传物是有人际差异的，这就引起了困难。似乎没有人注意到，可以通过把指令系统与预装的固化软件相区分的方式来解决这个难题。指令、程式、数据这些概念的区分是一个很大的理论成就；“计算＝指令＋数据”的原理在计算机原理教科书中显示得那样清楚，论者们却视而不见。我搜索了多部关于认知科学的大辞典，其中绝少提到“指令”这个词。**指令是人下达给计算机的，它是人的特定思维方式的反映**。当人工智能不尽如人意时，似乎没有人想到可以通过扩展指令清单（也即引入“人工指令”）的办法来解决问题。**我们要研究的是人的心智认识世界的方式，并不是那台机器认知世界的方式**。既然我们都快要承认机器在模拟某些思维活动方面无能为力了，这不恰好证明了“人工指令”存在的合理性吗？这不恰好表明我们已经鉴别和离析出了部分“人工指令”吗？把计算机的“形式”移植到人的身上，其效果是那样神奇而又全面，何必要舍近求远、以致轻率地走上否弃计算主义的路线呢？②

认知科学家们对于智力活动的看法仍旧是传统的，他们不假思索地认为，他们所观察到的那些主观的或“非理性的”思维现象（例如存量知识与临时计算之间的鸿沟）与“理性”是两回事。似乎鲜有学者认识到，这些现象其实就是“理性思维活动”本身。基于这样的习惯和思维定式，只要他们认识到这些现象的重要性，接下来就一定要反对理性。例如，对于“顿悟”这个现象，大家都把它看得很神秘，并且想要解析它。然而，对于计算速度有限、知识有限、不断创新、并且必定会发生彼此思想差异的人们来说，某些“发现”一定是会令“他们”惊异的。持续的思考增多了念头，也就增多了获得发现的可能性。而具体的“发现”过程不过是“瞎猫逮住死耗子”的活儿，所以它就会是“顿悟”。这个解释可以说明顿悟的一切特征：很少发生，突然发生，不可复制，没法儿总结出严格的规律，显著有效或有用（人们必定

① 参阅［美］Mark Rowlands，“The New Science of the Mind：From Extended Mind to Embodied Phenomenology”，The MIT Press，2010。

② 笔者曾经在《原理》第2.7节中抨击过那种极端的计算主义观点。读者可以发现，这种泛滥的计算主义是忽视指令的，因而也就忽视了指令与信息的相互依存关系，所以它在本质上是一种“唯信息论”，是一种假的计算主义。对这种极端观念的抨击与对计算主义的适度主张可以互不矛盾。

“顿悟”过很多糟糕的主意，只是由于这些主意在产生后被自己或他人评价为糟糕，所以就不把它界定为“顿悟”而已），等等。如果读者同意这个解释是有效的，那么我们反而要问：为什么还要寻求对之进行其他的解释呢？这难道不是多此一举吗？

在认知科学的文献中，可以发现大量决定论的观点。实行计算主义，就是搞决定论，这是一个潜台词。一些认知科学家原本是从事分析哲学或“心灵哲学”研究的，他们奉行“客观主义的意义观”。笔者认为，这些哲学流派与决定论或绝对真理观之间具有千丝万缕的联系。认知科学背负着这样的包袱而前行，就难怪它不知所之了。反过来，只要各论者仍然不能发现“算法原理”的存在，则无论哲学还是各门具体学科，都将一如既往地继续处于五里云雾之中。

2.3.2 算法理论可以视为认知科学的一个新版本

认知科学的基本思想与算法理论之间具有一致之处，并且，认知科学是在朝着算法理论的方向前进的。但是，由于这一步至今尚未完成，所以它仍然处于迷惘之中。对此我们还可以做出进一步的说明。

史蒂文·平克（Steven Pinker）在一部著作[①]中，曾经把“认知革命”运动总结为五个命题：

1. 通过借助信息、计算、反馈等概念，我们可以把思维世界嵌入物理世界。
2. 人的心灵不能是一张白纸，因为一张白纸不能做任何事情。
3. 有限的思想程式可以产生无限广泛的行为。
4. 在表面的文化差异之下隐藏着普遍一律的思维机制。
5. 心灵是由诸多相互作用的部分所构成的一个复杂系统。

我们可以注意到，上述五个命题其实集中强调了一件事情，这就是人脑中先天存有某种东西，这种“东西”与来自外界的信息相互作用，产生了思想世界的丰富多样性。这是认知科学产生之初的基本思想。“把思维世界嵌入物理世界”这种说法，尤其触及了我们所强调的“思想的客观实在性”问题。但是，这些观点仍然是零散的。脑中先天存在的“东西”是什么，众说纷纭。一幅整体的图画，各论者是从一个个局部来逐渐认识的。研究者们徘徊和争论于种种具体问题之中，但在基本思想上却长期裹足不前。

出于对经典认知科学的不满，自20世纪末期以来，一些学者开始尝试从整体上放弃计算主义，他们最终喊出了“新认知科学”“第二代认知科学”（甚至“第三代认知科学”）等口号。新一代的研究者对于原有方法都有哪些不满呢？这个“新认知科学”又想要达到什么目标呢？

李其维教授在一篇综述性的论文[②]中就这些问题的答案进行了归纳。除了把“人

---

① Steven Pinker, The Blank Slate: The Modern Denial of Human Nature, The Penguin Group, 2003。后面所列的五个命题出自该书第三章，原文系英文，由笔者翻译。

② 李其维：《认知革命与第二代认知科学刍议》，载《心理学报》2008，40（12）：第1318。

的智能”与“人工智能”相等同的“离身心智论”，经典认知科学被认为还存在以下不足：由于具有计算速度的限制，以及存在“组合爆炸”问题，因而难以在机器上模拟建立常识知识系统，这也表明计算主义是不可行的；人的决策较多地依靠直觉和类比，而不是形式化的推理；人与环境是互动的，认知是发展的，是自我学习、自我调适的，这是机器难以模拟的；人类视觉加工中的“拓扑优先”特征，表明计算主义是失败的；存在“不可计算问题”，等等。

针对这些不足，“新认知科学”应该怎么办呢？根据李教授的归纳，首先就是要放弃计算主义纲领，从研究机器回到研究具有肉身的人，至少要放弃强人工智能假设，放弃“一切都必须计算机程序化”的刚性要求。“第二代认知科学”可以归纳为具身的、情境的、发展的和动力学的。“‘认知是具有时间压力’（Cognition is time-pressured）的，即认知必须依据它在与环境实时相互作用的压力下如何活动来解释；‘认知是行动的’（Cognition is for action）”[①]。“第二代认知科学相对于第一代而言，其最具革命性的变化体现在‘动力系统’概念的引入上。‘认知是成动力系统的’被认为是‘自20世纪80年代起逐渐凸现和成熟的新的认知观点’之一。”[②]与此类似，另一位学者马克·罗兰兹（Mark Rowlands）则把“新认知科学”的特征概括为“4e”，即具身的（embodied）、情境的（embedded）、行动的（enacted）和扩展的（extended）。[③]

至此，认知科学的“内情”已经昭然若揭了。算法理论如何可以用于改造认知科学呢？基于已有的论述，读者甚至可以自己进行了。这里只泛泛地进行若干评论。

鉴于有限计算速度的存在以及“组合爆炸”现象，“常识性知识”是不可行的，所以计算主义就是不可行的；这种逻辑混乱得真够可以！这真应了一句话，即面对同样的材料，“仁者见仁，智者见智”。计算机需要知识积累才能工作，这似乎成了它的一个缺点，难道人进行思维就不需要知识吗？这样来看问题的人，是以如下的观察为基础的，即婴儿不需要成人来对他进行特别的训练，就可以具备诸如行走、躲避等在物理世界中谋求生存的基本技能（也即所谓“常识性知识”）；而计算机需要使用者来装入必要的程序和数据（例如“专家系统”），所以计算机就不如人。此类论者既忽视了婴儿自我学习和成长的艰辛过程，忽视了成人的教导和示范作用，也忽视了生物界和人类社会亿万年来漫长演化史的意义。他们既把“常识性知识”视作一种低于当前正在开发中的新知识的知识，又把它视作某种标准化的、普遍的、完善的和内部无差别的知识。他们以为，这种知识是可以根据无论从任何地方都可以采集到的普通信息轻易地推导出来的（多么“新古典的”观点啊！）。他们没有认识到信息问题与算法问题之间的相对独立性。

---

① 李其维：《认知革命与第二代认知科学刍议》，载《心理学报》2008，40（12）：第1318。

② 同上，第1319页。

③ 参见［美］Mark Rowlands，“The New Science of the Mind：From Extended Mind to Embodied Phenomenology”，The MIT Press，2010。

正如《原理》第4.2.5节所详细论述的，在存在有限计算速度的条件下，对于任何实际问题，其与问题解决方案之间的演绎之路都近似于无限遥远。所以，**任何知识系统的结构在原则上都是混合的而不是单纯的，是一个个离散的信息与知识拼凑起来的**。这个洞见不是让我们疏远计算主义的借口；恰恰相反，它是凸现计算的重要性、进入算法理论、进而解开认知之谜的钥匙。正因为纯演绎的梦想不可能充分实现，诸如归纳、直觉、类比、学习等种种“另类算法”才能登场。这些另类算法并不神秘，只要对其逐个稍加分析，就会发现它们都是由一些十分简单而常见的思维形式结合而成的。当事人运用它们来简化和概括问题，以便勉强地、将就地寻找答案。例如，面对一系列的物理现象，不同的观察者注意到其中相同或不同的特征，于是对之进行了相同或不同的归纳，得出了相同或不同的结论，这都是十分正常的，也是合乎实际的。然而，假如某个从事人工智能的学者，一定要设法使每个机器人得出相同的归纳性结论，或者每次计算都得出一样的结论，否则他就宣称试验失败，宣称计算机不适合进行归纳，这岂不是画地为牢、自寻烦恼？又如，关于“拓扑优先”问题，相关的观点简直混乱而又可笑！由于人的观察与思维能力都是有限的，当他观察有形物体时，他必须尽快捕获他所认为的重要特征，而忽略次要特征；同时他也只能去抓住那些相对比较明显的特征。物体的轮廓和几何形状是明显的，当然也就处在优先关注之列。[①] 这种技巧和习惯是不断学习和积累的结果，它也并不总是有效的。笔者就曾经仔细观察过幼儿的活动，发现他们来到一个新环境后，常常不知道该关注哪里，常常会忽视位于眼前的很明显的物体，以致有时竟然会撞伤自己。只有回到熟悉的环境之中，他才能应付自如。实际的认知过程是，当事人一边计算，一边不时地揣摩和评估这计算该不该继续下去，以及如何投机取巧，等等。鉴于即时计算能力（从而注意力）的局限性，面对任何原始信息，当事人虽然只能处理其中的某些局部，但这绝不等于他只会（像这些研究者所设想的那样）机械地、傻乎乎地、一个数据紧挨着一个数据地“计算”下去。他们会主动地对数据分层，运用多种技巧来遴选和区分信息的重要性，然后跳跃性地忽略次要信息，抓住主要信息。实际上，这种技巧如今已经广泛地应用于计算机编程了。老式的编程的确不做价值评估，如今的电脑程序则已经广泛地进行价值评估活动了。

实验是重要的，但是，看不见的、甚至也不能验证的“理论”则更为重要。没有理论指导的实验，就是盲人摸象，乱撞一气。认知科学的目标不是认识计算机的认知能力，而是认识人的认知能力。旧的认知科学在这方面差一点转不过弯儿来。但是，回到真实的人并不必然要抛弃计算主义纲领，要偏离意识进路。计算主义的潜力仍然十分巨大。把指令清单稍微扩展一下，一切的一切不就全都讲通了吗？算法进路的认

---

① 我们可以同意那种对事物的认识是从局部到整体的观点，而问题在于，对于什么是“局部”的划分方式不应是唯一的和机械的，解剖对象可以有多种方式，这就好比我们切一只西瓜，实际上我们可以有许多种切法。在这个意义上，“拓扑特征”就是一种局部，这类似于宏观特征只不过是一个经济体的部分特征之一。“宏观”是另一种“局部”，“宏观”不能等同于“整体”；认为“拓扑优先”可以证明计算主义失败的人正是犯了这样的错误。

知科学，必然是具身的、情境的、行动的、动态的、发展的和包容“非理性”的。这是对经典认知科学的最小修改。算法理论虽然不能完全证实，但它符合“以最少的假设解释尽可能多的事实”这一条方法论原则。它的可取性是显而易见的。

我们还可以发现，认知科学的迷惘与经济学当前所面临的困境是何其相似！现在我们就可以理解为什么那些试图在认知科学领域寻找灵感的经济学家们（例如道格拉斯·诺斯）时至如今所获甚少。一种道理的缺失，竟然在如此之广的范围内造成如此长久的困扰，这是令人痛惜的！这绝不会让我得意洋洋；我宁愿自己没有发现这个理论，宁愿这个理论早已经被发现了。

另一方面，算法理论仍然应当被视作“认知的”，它采用的是认知科学的基本思想和方法。简单地说，我们只需要把算法理论看作认知科学领域内的一个新理论。鉴于此，本书的副标题仍然拟定为“经济学的‘认知革命’及其大综合”，以便读者在读到它时，能够立即了解本书所采取的基本路线。①

随着“算法原理”的引入，心理学、认知科学与社会科学将不再是彼此独立的，它们的内容将是相互渗透和共享的，只是各自的侧重点会有所区分而已。

2.4 社会科学方法论

2.4.1 社会科学方法论依赖于它的本体论

有了关于人、尤其是关于人的思维的适当的本体论，就可以产生适当的社会科学方法论。这是我们关于方法论问题需要表述的一个首要观点。

这个观点似乎有点离奇，但只需稍加解释，就会变得简单明白。首先，视野与智力均有限的当事人（作为算法人）需要观察和研究世界，而人以及人的思想就处于其中。算法理论已经多角度地证明，人们的思想和行动都会呈现出广泛的差异，于是，一个当事人也就需要观察、了解和研究另一个（或一些）人及其思想，因而也就需要开发出相应的方法。正如经济学把当事人的决策过程作为其核心内容一样，描述

① 在本书初稿完成之后，我又读到了关于认知科学与经济学相结合的若干中外文献（例如，Salvatore Rizzello Ed.，“Cognitive Developments in Economics”，Routledge，London & New York，2003；Richard Topol & Bernard Walliser Ed.，“Cognitive Economics：New Trends”，Elsevier B.V.，2007；Bernard Walliser，“Cognitive Economics”，Springer-Verlag，Berlin，2008；Shenji Reraji，“Evolving Norms：Cognitive Perspectives in Economics”，Palgrave Macmillan，New York，2016；［美］唐·罗斯：《经济学理论与认知科学：微观解释》，贾拥民译，北京：中国人民大学出版社，2011 年；［法］保罗·布尔吉纳、［法］让—皮埃尔·纳达尔编著：《认知经济学：跨学科观点》，贺京同等译，北京：中国人民大学出版社，2014 年）。这些文献大致上是在我写作包括本书在内的各部算法类书籍的同时产生的。这个领域现在已经汇聚在“认知经济学”（Cognitive Economics）的名义之下，但仍然采取了与其他非主流经济学相类似的姿态，即在各个具体领域与议题上逐步渗透，而不是谋求进行根本性的变革。构成算法理论的各个主要元素，几乎都还没有涉及。因为本人如此失望，所以写成的原稿也就无需进行任何改动了。

和研究当事人认识他人直至展开行动来“对付”他人的过程便成了社会科学本体论的主要内容之一。而社会科学方法论是做什么的呢？它正是指导**社会科学学者**如何来研究处于社会中的那些**当事人**的，而社会科学学者自己不是别的，他正是人，他与他的研究对象属于同类；他既没有特权，也没有优于当事人的天生的特异功能。所以，社会科学方法论也不过是一些人研究另一些人的方法，它与描述一些当事人研究另一些当事人的方法的本体论不可能具有本质的区别。也就是说，在我们陈述了本体论部分之后，在方法论的部分，我们不可能撇开本体论另搞一套。谁要是硬这样搞了，硬说方法论有什么玄妙之处，硬说存在什么建立永恒社会科学的方法，那一定是难以理解的；这样的论述无论在形式上多么华丽，一定包含着严重的错误。

有人可能会问：这话听起来不错，可是，它够得上一个新的观点吗？它对于现有的社会科学究竟意义何在呢？

现有的社会科学其实远未澄清这个问题。[①] 新古典主义假定计算不需要时间，因此它就不得不寻找或“制造”绝对真理，并且不得不假定每个人都业已到达了这个真理。于是，各人的思想差异消失了，个人计算的独立性消失了；最后，思想本身也终于消失了。**主流经济学所描绘的是人们如何集体性地面向物理世界的情景**。个人之间的差异，主要被类比为物质之间的差异，其次则是通过借用其他理由（政治的、伦理的、美学的，等等）而被绝对化了。所以，**主流经济学其实并不研究人，更不研究人的思想**，其中实际上并不存在“一个当事人研究另一个当事人”的景象。这就是它的本体论的真实情况。如此建立起来的本体论，在“社会科学”这个谱系中造成了混乱。反对和批评的声音当然存在，然而，在混乱的真正原因得以澄清以前，争吵和僵持的局面也就只能继续维持着。

主流经济学不得不面对这样一些合乎逻辑的尖锐问题：人际思想差异的消除意味着社会过程的结束；既然社会过程已经不存在了，人都被假想为像物质那样去运动了，社会科学家们研究什么呢？为什么还要进行研究呢？由此制造出来的“社会科学”是什么性质的东西呢？它又有什么用处呢？

所以，当经济学采用新古典主义进路的时候，它就什么问题也说不清楚了。经济学家们并非对此尴尬处境毫无觉解，而是不知道怎么办；在教科书中，他们只能寻找各种似是而非的借口来进行搪塞。

反过来，一旦我们进入算法框架，则上述问题就都同时得到了答案。“标准的思想”这时候不存在了，人们具有各不相同的思想，展开各不相同的行动；**思想、行动、后果与环境之间都不是完全相互包含的**，所以当事人既需要研究物理世界，也需要研究其他当事人；既需要研究外在的行动，也需要研究其思想，等等。同理，社会

---

① 关于这一点，笔者可以举一个有趣的例子。众所周知，“德先生”（即“民主”）与“赛先生”（也即“科学”）是20世纪初期所发生的中国新文化运动的两个著名口号，这两个口号在新文化运动的中心——北京大学也享有神圣的地位。在一场激烈的网络辩论中，笔者曾经就这两个口号之间的关系向一个多达500人的北大校友聊天群进行发问，结果是，至少在现场的参与者们中间，似乎无人有信心可以就此做出回答。

科学学者作为一类特殊的“当事人”，也需要研究其他当事人。为此，就需要探索研究方法，也需要连带地拷问社会科学本身的性质。

2.4.2 社会科学必须设法区别于常识

对于上述论点，人们难免还要进一步追问：社会科学研究固然不应与当事人之间的相互研究有什么本质的区别，然而，难道它们之间就应当完全相同吗？难道社会科学就应当等同于人们的常识性知识吗？这些问题也需要我们做出回答。

为了回答这些问题，首先需要推测科学（以及巫术、神话等）是怎么来的。当事人既然需要认识自然、人与社会，那么就要搜集信息，进行计算。可是，这是需要付出时间与其他代价的。于是，久而久之，如同物质产品生产活动中的专业化进程一样，这种研究活动也会变得专门化，会出现某些人专门代替他人从事研究工作，并将其研究成果提供给其他人使用。这就产生了科学和科学家。科学家是某一部分人，而不是全部人类；科学是这部分人拿来同其他人进行贸易的东西。我们必须这样来理解科学的性质与特点。

然而，当事人本身仍然在思考着，仍然具有他自己的思想。有鉴于此，科学不能与当事人的常识性思想完全相互重合，否则科学就不会受到欢迎，它就没有存在的必要。**科学家必须主动地寻求或建立科学与常识之间的差异**，就好像厂商要卖出产品，其产品必须具有不同于其他产品的特点。由于常识同其他所有知识一样，都只是一种有限的知识，因而建立与之有所不同的新知识就是有可能的。其次，这种不同于常识的知识必须证明其自身对于当事人是有用的，它要么能够解开当事人头脑中的某些疑惑，满足其求知欲和好奇心，要么则具有某些实际的用途——具有实际的用途并不是成为科学的必要条件，尤其是，算法地看，“满足好奇心”这个功能也是“实际的”。由于这样的知识从生产、“转运”到贸易、使用具有很长的时间和地域跨度，这就要求科学必须尽可能正确、可靠和持久。可是，科学家一般并不处于当事人的情境之中，现实情况又千差万别，逐个地研究它们要么在时间上来不及，要么则不够经济，怎么办呢？在此情况下，一种**策略**或方法就出笼了，即着重于建构或捕捉对象世界中的静态性、普遍性、持久性和确定性。科学家要谋求建立在形式上简练、在用途上宽广而在时间上经久耐用的知识。这样的知识一经建立，就可以反复地应用于广阔的领域之中，应用于数目众多的对象，从而在计算上带来巨大的经济性。科学知识不一定要绝对地具有这些特点，这些特点只需要相对于常识可以成立就行了。这是科学方法论中的一个重要内容。然而，另一方面，正是由于这个原因，相对于常识来说，科学是片面的、片段的，不足以给实际行动提供全面的指导——因为对象的个体差异性是丰富的。当事人一般不得不把科学知识与自身的实际经验结合起来，争取对具体问题的解决。这就是说，科学是一种有“性格”的局部知识，它与常识之间同时具有竞争性和协作性；二者对于人们应对现实世界都是不可或缺的，其中的一个不可能完全替代另一个。

作为一种“实际产品”，科学必须适合于被“储藏”“转运”、贸易和使用，这些经济性要求对于科学的型塑作用往往会遭到忽视，因而是算法进路的社会科学需要特别予以强调的。科学在性质上与常人所使用的知识是类似的；只要花费时间和代价，常人应当也可以制做出这样的知识。换言之，科学的有用性在原则上可以简单解释为节约了计算的代价。因此，诸如收集数据材料之类的工作，看似简单，却是科学工作必不可少的组成部分。另一方面，科学理论（作为科学知识的核心部分）则必须具有简单的形式；它的一个的**核心特征（或者其实质）**就是其在形式上的“简单性”。可以说，这个要求对于科学是致命的；不符合这个要求的“理论”很难被接受为理论。理论就是要化繁为简，其作用就在于化繁为简，否则，**理论与产生它的原材料又有什么区别呢？我们直接把这些原材料呈献给读者不就完事了吗？**这是怀疑这个论点重要性的人需要考虑的问题。只有简单的理论才便于被理解、评价、学习、掌握和运用。退一步讲，倘若实在不能做到足够简单，为了使“客户”能够理解和接受，那就必须具有另外的安排。例如，机器设备是承载、转运和交易复杂技术的一种方式；因为技术细节不易向客户讲清楚，于是厂家就把技术埋藏在机器中，把机器封装起来，然后作为一个整体的“黑箱”卖给用户，用户只需要根据相对简单的操作规程来使用机器，并根据其效果评估其价值。这是我们关于技术的一个算法式的观点。

自然科学在其发展过程中，形成了一定的方法。由于自然科学的成功，这些方法得到了普遍的接受，并且被直接用于社会科学的研究。但是，由于以往对于作为社会科学研究对象的人的思想的性质及其运作方式缺乏适当的认识，因而对于这些科学方法的使用是机械的、肤浅的和表面化的。算法理论引入以后，加上通行的科学方法论原则，则适当的社会科学方法论也就可以水到渠成了。这就是我们的主要论点。此即：**自然科学方法论＋算法理论＝社会科学方法论**。

社会科学的特点很多，除了后文将要展开的论述之外，在本小节我们暂且试举两例，来说明上述道理。

各论者一般都强调社会科学的“建构性”，即它会影响和建构它所研究的对象，这种效应给研究工作造成了困难。但是，需要认识到，建构的发生其实是以种种“算法元素”的存在为条件的：首先，个人计算的独立性造成了思想的人际差异；其次，通过人际通信，个人之间产生了**一定的（而不是无限的）**相互影响。这两个元素是缺一不可的。然而，人际相互影响的存在并不能阻止社会科学的可能性。个人在空间位置上独立存在，个人的思想具有一定的内容和状态，这种状态在时间上也可以延续；这些因素既使得社会科学成为必要，又使之成为可能。否则，一个人怎么观察和了解另一个人呢？他又观察和了解什么呢？其次，通信活动作为一种“实在的”活动，它的发生和展开是需要条件的，是要消耗能量与时间的；并不是说因为人们之间可以通信了，人际差异也就不存在了，或者人际相互影响就没有规律可循了。理论传播出去，可以影响人们的思想，进而造成新的事实；新的事实又需要进行研究、解释和应对，这就又呼唤新的理论，旧理论的寿命因而就面临终止的可能。社会与社会科学之间的这种“双向建构”过程就会这样持久地进行下去。时间因素的存在尤其保证了这一切都有意义，而不是在做无用功。**假如研究者与对象之间可以十分轻易地、无限度地相互作用下去，谁也没法儿拿另一个作为研究的“对象”**。那些企图一劳永逸的研究者势必会对这种局面感到失望，然而这也保证了社会科学不会是一种短命的职业。自然科学同样存在建构性的问题，只是由于物质不像思想那样易变，所以这种性质并不那样显著而已。

另一个例子是关于“规律”是否应当存在于社会科学之中。新古典主义者和一切唯理论者的回答都是肯定的；他们用看待物理世界的眼光来看待人以及人的思想，他们把科学工作的最高目标视为建立数学公式。与此相反，一些人文学者（例如释义论哲学家）认为，这是从根本上走错了路，他们连“社会科学”这个名词也不同意。他们强调的是感受、描述、理解和表达。引入算法理论以后，我们则可以多角度地回答这个问题。首先，人面临思想资源以及种种物理资源（包括时间）的约束，人只能使用同一个指令系统以及有限的知识（包括模式）来思考和解决问题。另一方面，正因为知识是有限的，所以才有创新的可能。而创新既然是创新，那就是说，它在未曾发生以前是不可把握的，不可预测的。人是这些因素的组合体。当他使用既定的知识和模式来做出决定时，他的行为当然就是有规律的。而当他陷于迷惘、投机并试图创新时，又怎么可能表现出规律性呢？其次，在人际思想差异的条件下，当一个观察者能够理解另一个人的行为时，也可以说他把握住了那人行为的规律；否则，这种规律即使在行为者自己看来确实存在，观察者却未必这样认为。这就是说，“规律”这个概念在一定程度上是“主体间性的”。鉴于人们的智力相互之间具有一定的对等性，人们可以相互观察、学习和“设计”对方，一个人既能在一定程度上理解别人，同时，要想完全“看透”或“把握住”另一个人却是不大可能的；所以，某些社会科学家想要把人的行为完全公式化的意图就是注定不可能实现的。最后，虽然那些直接的、具体的规律并不能建立起来，某些模糊的、高阶的规律（或命题）却可以很有把握地予以提出。例如，“人的知识是有限的”，“人的行为是规则性与不规则性的复合体”，“人具有一定的自由度，这一点无论在客观上还是主观感受上都存在”，等等。这些关于人类认识与行动的基本命题，虽然不够确切，却是极端重要的，它们应当统辖整个社会科学，应当居于各个具体理论之上。我们讲“社会科学原理”，主要就是为了提出这些东西，并力图科学地证明它们。

方法论既不可能从根本上区别于本体论，又要设法技术性地区分于它；这两个方面结合起来，就是：**社会科学方法论≈社会科学本体论**。

2.4.3 思想与意识是社会科学的主要研究对象

思想与人的意识是社会科学研究的核心对象，这是算法式的社会科学方法论的另一个基本论点。

可见的行为是思想的反映，所以，我们要么研究思想，要么研究外在行为，而不可以将两者并列。这是行为主义的观点。这种观点统治着目前的主流经济学界，导致了其与其他社会科学之间的冲突。现在，算法式的观点恰恰与之相对：行为固然是思想的反映，但是，时间因素的存在赋予了它们各自以独立性，因此我们必须将二者并列地予以研究，这就好比虽然我们在原则上可以同意经济体系的目的在于生产消费品，但我们仍然要研究资本品的生产。思想与行为并不是一一对应的，许多思想都不反映在行为上，外观相同的行为也会反映不同的思想内容。这些论点都支持思想作为一种相对独立的研究对象。

其次，进一步地，我们还要把被行为主义颠倒了的主次关系再次颠倒过来：思想应当作为社会科学的主要对象，外在的行为与之相比，反而应当居于相对次要的位置。这个论点很容易在以下思辨中得到理解：倾听演讲是在倾听一种声音呢，还是在领会声音中所表达的思想内容？法律可以书写在纸上，但纸上的墨水痕迹是否等同于法律本身？人们追求货币，而货币是一种印制的纸张，那么，人们是不是在追求纸张呢？国务院是一个组织机构，它有人员和住址，但是，是不是任何一座大楼只要其中坐满了人，然后在门口立一块“国务院”的牌子，就可以是真的国务院了？在这两种态度的区分中，我们可以理解自然科学与社会科学的不同。社会科学的核心对象以及大部分对象（财富、经济制度、政府、法律、文化等）其实都是思想性的；这一点长期以来是含糊不清的，因而亟需得到明确宣示。经济学虽然在传统上被理解为主要是研究物质财富的学科，实际上也不例外；或者说，经济学研究经济活动中的“社会性的”方面，研究其中的人际关系。

人际关系直接表现为思想与思想间的关系。过去，研究者们特别重视它的物质形式，例如外在行为、物件和话语，生怕脱离了这些凭据，就会失去这门学科的科学性。这是一个极为巨大的迷误。人是思想者。当我们在此写作和说话时，其实是思想在活动；外在行为是思想的奴仆。然而，奇怪的是，思想却不敢肯定它自己是存在的，它却同时肯定其他有形物体是存在的。它要跳出自己来建立一个关于“是否存在”的“客观的”衡量标准，然后再在这一标准之下判断自己是否存在。这是多么可笑和荒唐啊！它忘记了，外物的存在与否事实上正是首先由思想来判断的，并且仅仅是针对思想而言的。这就好比一个人通过亲戚的介绍结识了一个陌生的朋友，现在，这个人却要这个朋友告诉他介绍人究竟是不是自己的亲戚。或者，我看见了一条鱼，却怀疑自己有没有长眼睛；我要鱼来回答这个问题。这样想问题的人是完全忘记了自己的出身。

关于思想是否“有资格”作为存在物的问题荒谬绝伦。这个问题得以提出的理由是因为我们看不见思想——就好比我无法直接看见自己的眼睛。然而，“我”与“我的思想”之间是“硬连线”的，“我们”之间通的是“直线电话”，其他的一切不但未能与我单独通上“直线电话”，反而都要经过这个“直线电话”的“转接”才能与“我”建立联系。如果我相信我的思想存在，推己及人，我也就要相信他人的思想存在，相信所有人的思想都存在。因为我已经把他人称为了“人”，看作了自己的同类。

这意味着我们需要把研究的焦点对准人的意识活动，即对准实际上发生在当事人脑中的思想活动。主流经济学声称关注人的意识，但是，经过“忽略计算时间—不得不追求终极知识—陷入决定论—追求‘标准知识’—不存在思想的人际冲突—研究者与当事人的思想相同”这样一个逻辑过程，当事人的意识就变得无甚意义了，也就可以忽略了。我们说“意识进路”，就是说意识不仅是一个独立变量，而且是一个关键的变量；通过了解当事人的意识活动，来解释他的行为和社会现象。意识相对于潜意识是独立的和重要的，相对于物理世界是独立的和重要的；各个人的意识彼此之间也是独立的，每个人的意识都是重要的。

假如存在标准化的知识，人际思想差异就不具有重要性；假如存在终极的和最高的知识，那么当事人的思想也就不重要，因为它必将低于学者们所“发现”的这个“最高最后的知识”；学者们将是当事人的导师，学者们所认为的“最优答案”也将是当事人未来的归宿。反之，如果思想是弯曲的，不完全是经由演绎推理而得来的，而是具有一定的主观性，真理不那么肯定，各人分别占有一定的信息、知识和观点，则不同个人的思想之间就同时具有平等性、互补性和竞争性，我们就会对当事人的思想感到好奇，研究当事人的思想就会很有意义。这既是在了解社会事实，也是研究者在汲取营养，同时也意味着研究者有可能在某些方面真正给当事人带来帮助，造成实际的影响。

2.4.4 意识是首要的可控变量

意识在社会科学中的关键地位，在于意识的内容和意识活动是人类行为的真正原因，或者是主要原因。意识是行为的“内情”，而且当事人都知道这个“内情”。当牛顿写下万有引力公式 $F=GmM/r^2$ 时，或者当爱因斯坦写下质能方程 $E=MC^2$ 时，这只是他们对于物理世界之“内情”的猜测。他们并不直接知道这些关系，物体也没有亲口“告诉”过他们；他们只是根据（有限的）经验材料做出了这样的猜测。但是，在社会科学中，情形就不同了。当我认为可能发生战争时，我抛出了手中的股票，任何人都绝不可以说战争威胁不是我抛出股票的原因；假如有人那样说了，那一定是错的，是胡说。假设有个观察者在暗中研究我，充其量，这个观察者只能说我抛出股票还有另外一些原因（例如，他认为我个性比较谨慎），或者还有更深层次的原因；这些原因与那个直接的、边际的原因（战争威胁）之间在逻辑上具有一定的协作关系或上下游关系。例如，出现战争可能性的根源可能在于世界范围内的资源紧张和资源价格上涨。然而，即使在此等情况之下，也绝不可以否定战争威胁是我抛出股票的原因，因为全球资源紧张的后果是多方面的，而发生战争的诱因也可能是多方面的，在全球资源紧张和具体的战争威胁之间的因果关系是松散的，因而不能简单地把股票抛售归因于全球资源紧张就了事。

而主流经济学实际上就是这么做的。在一个纯粹演绎的、决定论的体系中，它把经济现象简单归因为经济学家们所设定的几个变量，而作为当事人的芸芸众生的思想却被忽视了。这种方法暗含着这样的意思：纵使你孙悟空有七十二变，也跳不出我如来佛的手心。所以，不客气地说，这种方法有鄙视当事人的意思。按照新古典的逻辑，这种鄙视有可理解之处，因为一般来说，当事人的数学计算能力大都不如专门研习过数学的经济学家。这种方法还得到了一个重要的辩护，这就是潜意识理论。后者提供了这样一种论调，即你的行为表面上在听你的意识的指挥，实则不然，因为背后还有潜意识在暗中指挥你；所以，你自己未必知道你的行为的"真正原因"；"你的行为的真实原因则是……"执教经济学的老师们在课堂上日复一日地用这种口吻来解说经济学。一个本来很好的理论就这样服务于这种以"科学"的名义来推广的很错误的学说。

这些手法一经揭露，我们暂且也就无须再多加辩驳了。下面转入关于意识进路的另外一个重要的理由。

意识的重要性不仅在于我们直接知道它的内容，而且在于意识是我们最便于直接控制的对象。

这里所说的"控制"并不是指控制他人，而是说自己可以控制自己的意识。其次，借助于通信系统，自己也可以有意识地影响、引导和说服他人，改变他人的意识。引起某种现象的原因成千上万，不可胜数。尽可能详尽地了解这些背景知识是必要的和有益的，但是，这并不意味着事无巨细地记流水账，也不意味着怨天尤人、推卸责任。当我们进行因果分析时，当我们把现象归结为某些特定的原因时，相关的论述都是具有特定含义的。其中的一种重要情形，就是要在现象与当事人可以干预和控制的变量之间建立起联系，也类似于通常所说的"凡事都要从我做起"，"要从自身找原因"。因为只有这样，当事人才会知道他的思想和行动都产生了哪些后果，进而才会调整和改进自己的思想与行动。把这些后果归因于自己所不能控制的因素是没有多少意义的（即使是符合实际的）。在新古典主义的决定论体系中，人的行为是被信息所"决定"的，或者迟早将被信息所决定，个人的意志和意图在这里没有地位，所以，经济现象的原因常常被归结为意志所不能控制的客观因素，而控制问题则不属于讨论之列，可控变量与不可控变量的区分被边缘化了。

把人的思想实体化，似乎意味着反对那种认为思想自由自在的观点，这似乎必然要求我们要像探寻物质运动的规律那样来探寻思想的规律。必须承认，这种意涵是存在的。但是，另一方面，当我们试图控制有关对象使之合乎我们的意图时，我们自己的意识将会处于优先可控的对象之列；通过控制自己的意识（从而行动），进而才能谋求控制其他对象。我可以自由地想我要想的事，我可以自由地改变我的思想、观点与意图。假如连这一点都做不到，还谈什么"改造世界"呢？思想活动的展开的确并非像新古典主义者所设想的那样轻而易举，但也绝非像一般的物质那样机械和死板。如果我们恰当理解了这种相对性，也就理解了探寻意识有多么重要。探寻意识意味着寻找社会现象的思想根源，意味着要把问题的答案最终归结为当事人想了什么和做了什么，或者可以怎么想以及怎么做。对于那些意识内涵不明确的变量（如某些数学变量或者社会学的“宏大叙事”中的某些概念），也要尽可能地探求或追溯其意识内涵。这将使社会科学变得有用。进一步的公允观点是，要在知识开发与知识的实施（从而物理化的行动）之间建立起一定的平衡。

2.4.5 社会现实是理论的“原型”和基准

一切算法式的论述都要求我们采取这样的一种方法论立场，即**直接**把现实世界当作“理论原型”（或者“基准”），而把真实当事人的真实思想意识当作“原型理论”。

在人文与社科类文献中，“原型”这个词很常用，也可以做多种解释。在这里我们把它借用过来，表达我们所要赋予它的特定意思。

主流经济学的所有内容是以一般均衡理论为中心来进行组织的，这时，我们说，“一般均衡模型”就是一种“理论原型”（或者“原型理论”），它是其他更为具体的理论的一个“底本”，其他理论以此为基础，然后再增加或者减少一些东西，从而获得较强的应用性；而一般均衡理论则居于中心位置，以便把这些众多的具体理论串接起来，并显示每个具体理论的“具体位置”，使读者易于看清楚各个理论之间的联系和差别。于是，“主流经济学”作为一个体系就这样形成了。这是一种从特殊到一般的方法。

可是，问题在于，这个原型理论本身是虚构的，它高度地脱离现实，由此导致整个主流经济学体系成为漂浮在半空中的东西，其与地面上的实际事物之间存在着巨大的差异。通过把这两层世界进行对比，经济学家们对真实世界进行选择性的解释，而读者也只能对真实世界获得片段的理解。

现在，算法理论引入以后，情况不同了。首先，一般均衡体系崩塌了，烟消云散了。我们伴随着它破碎后形成的各种碎片一起跌落到了地面上，活生生的真实世界一下子“还原”和呈现在我们面前，万事万物显得那样有意义，那样具有理论性！请注意，世界在我们面前的这种“还原”并不意味着我们一下子内生出了万事万物。首先是，因为我们掀去了笼罩着世界、掩盖事物差异的那层“帐幔”，于是，万事万物自然就按照其本来面目来呈现了。这种“本来面目”先于任何**理论性**思维。它不是理论性思维的结果，而是它展开的前提。其次，我们发展出了几条简单的方法和原则，例如最优化（在大部分场合中，这个词显然应该用来替代“最大化”，以便包容定性分析和主观性）、时间的存在、有限计算速度、主观性转向等——总之，算法理论及其推论；通过运用这些理论工具，我们证明人的思想与行为差异（异质性与异步性）**进一步产生了**。如此一来，我们就从根本上理解了世界在我们眼前所呈现的这种多样性，我们对于任何具体现象也就不再感到惊讶和困惑。当然，具体现象的解释还需要做更多的工作，理论原理不可能解释一切。甲的表现是A，乙的表现是B；我们不可能坐在屋子里仅凭几条原理就完全解释了它们；我们还要到具体的情境中去，考察研究种种具体的原因。也就是说，现在的方法变成了“从一般到特殊”。

现实世界之所以可以作为我们的理论原型，是因为我们的理论不仅容纳差异，而且**欢迎和期待差异**；不仅容纳某些（新古典式的、正面的）过程和方面，而且**在原则上**欢迎所有的（正面的与负面的）过程与方面。这种方法不要求我们在展开研究之前首先要做某种简化与抽象，否则研究就（像新古典的主流经济学那样）无法进行。打个比方说，画家会作画儿，照相机能够拍摄（黑白的或彩色的）照片，而我们手持的是彩色摄像机；无论这台摄像机的清晰度如何，它所拍摄的图像一开始就是彩色的和动态的，不需要做特别处理。或者，有的医生的医术可能非常高超，但他却是专科医生，只能看特定种类的疾病；而我们的路线是一开始就培养全科医生，在“全面”的基础上再发展专长。这并不是说我们在研究问题的时候不需要进行抽象和简化，不需要建立模型，而是说，任何模型都应当“隶属于”这个作为原型的现实世界，模型与模型之间的关系也需要经由现实世界来进行沟通。

现实世界作为理论原型，原因还在于现实世界是当事人进行思维活动后所产生的结果，是业已经过“优化”了的。当事人作为我们的同类，其思维成果相对于学者们的学说具有对等性、对抗性和竞争性。因此，我们做学问不需要从头开始，不需要假设知识存量（即使是理论性的）为零，然后再来一步步地推断知识的成长。我们既然身处斗室之中，不可能、也没有必要这样做。无数行得通的生活方式和计算模式早已经产生了，早就摆在当事人面前了。这是历史上无数先辈进行尝试和筛选的结果。指令与信息的组合可以在理论上生成无数的念头、知识、模式从而行为方式，可是，究竟哪些是可行的，哪些是不可行的，彼此之间是否相互关联、相互匹配，这都需要进行试验、反馈和再试验，排除坏的念头，保留好的主意。人们实际上所遵循的生活方式，一定只是他们可以想到的无数生活方式中的一个很小的部分。并且，毫无疑问的是，这种生活方式也是历史上大量学者们（作为一种类型的当事人）的思想传播和影响的后果。抽象知识已经以某些方式部分地渗透到了现实之中。倘若我们不拿这种现实的、并且已经被证明为可行的生活方式作为基准，难道反而去采用某个空想的体系吗？假如进行空想，这样的体系可以有无限多个，我们又应当采用哪一个呢？我们又如何保证所采用的这个体系对于实际生活具有足够的参考意义呢？这无疑过于冒险了。

现实是学者们进行工作的公共平台。有了对于现实世界的以上理解，很难设想，我们为什么还要脱离现实，另行建立一个平台。这是不必要的，在计算上是非常不经济的。我们观察现实，试图来理解它、预测它和改善它。我们从现实情况中发现问题，暂时离开现实来研究问题，然后又把研究结果与现实相对照，或者应用于现实。这就是全部的研究性工作。研究现实，就好比与当事人以及前人进行对话，展开智力竞赛。这种比赛势必会产生“小于”（或劣于）、“等于”或“大于”（或优于）三种结果。“小于”表示现实教育了我们，提高了我们的认识，“等于”表示我们成功进行了解释和预测，“大于”则表示我们可以帮助当事人改善他们的行为。学术工作的不同意义与作用也就在这种比较中体现出来了。这种比较还表明，理论的意义往往是多重性的，并且在瞬间就可以由一种性质转化为另一种性质，因此我们一般不必、也很难将它们完全区分清楚。

现实世界作为理论原型的原因还在于它的无限性和最为广泛的包容性，我们所关注的任何现象、对象和议题都存在于其中。具体理论一般总是针对有限的材料、问题、对象、范围、区域、时段、方面和程度的，而真实世界则无所不包，它总能超越我们的观察、理解、想象和设计，它总能激发神秘感，引起好奇心，使我们不停地探索，并不时地感叹“天外有天，人外有人”。这绝不是漂亮的口号，也不是哲学观念，而是算法理论的直接推论，是算法式社会科学的基本视野。通过在计算机中重建对象，并将之与真实对象进行比较——鉴于计算机中的对象是有限的和精确的——我们可以对真实世界（在我们眼中）的无限性获得一定的理解，可以对我们业已掌握的知识进行一定程度的衡量与评价。

2.4.6 理论推断与实地调查

以上提出了若干算法式的方法论原则，下面我们转入对具体研究方法的讨论。

根据上述原则，社会科学研究大体上可以分为三个部分：1. 对人的意识、思想状况与思想活动的研究；2. 对人的行动及其后果（也即传统上所谓的“社会现象”）的研究；3. 给当事人提出建议，也即社会工程学研究。社会工程学（例如政策研究）在概念上应当区别于社会科学，但在具体研究中往往不能将二者完全分离开来。

为了了解当事人的思想，我们可以设法进行推断，也可以进行实地调查。算法理论向我们清晰地说明了理论方法与经验方法之间的关系。理论是当事人借助先天的指令系统对有关经验材料之间的关系所进行的猜想与构思，是对经验材料的**算法**，因而并不完全出自经验材料，其间存在着逻辑上的（显著的）跳跃。经验研究则尽可能地“让事实自己说话”。可是，严格说来，事实自己并不会说话，任何对经验材料的归纳都是在或明或暗地借助某种理论或理论性概念的条件下进行的。经验材料检验着理论，理论则不时地修正或调整（当然，这种调整不一定总是在表面上对经验材料的靠近，而有可能反而是远离）着自己。它们就这样互动着——但恐怕永远也不会完全结为一体。对于习惯于相信科学知识可以完全从经验中进行归纳的人士来说，笔者可以建议他们做如下的理解：因为“完全的归纳”导致了计算上的组合爆炸，以致实际上是不可能的，“理论”则用来节约归纳工作；在具体的实证研究中，“理论”代表了对世界其他部分的归纳，而把这个特定的归纳留给这个特定的实证研究。

具体到对思想的理论推断。我们可以设身处地地为当事人“着想”，进而推测他为什么那样行为、他是怎样想的，以及他下一步又将会怎么想和怎么做。这种推测对于在时间和空间上距离较近的当事人将会比较准确，因为研究者这时具有与当事人相近的知识；而对于距离较远的当事人将不会那么准确，因为所掌握知识的相似度下降了。“人工的算法进路”总是具有一定的模糊性。鉴于思想活动具有主观性与随机性，完全准确的推测一般来说必定也不可能。于是，就需要实地调查——经验研究这时变成了理论研究的补充。

算法理论将大大激发我们了解当事人个性与实际思想状况的兴趣。首先，当事人的性格这时将具有重要的理论意义。我们可以认为，人的个性既具有先天遗传的成分，也具有后天经验的成分。即使一个人先天缺乏个性，算法式的生活也将会培养出他的个性。不同个人的个性之间也将会具有一定的相互依赖性，即：一个人之所以具有特定的性格，在一定程度上是因为与他相处的人具有与此相同或相异的性格。人的性格也必定是不断变化的。其次，面对千姿百态的个性，一个现成的、传统的和有效的处理方法是，将之进行分类和典型化，从而总结出各种类型的性格。心理学已经为此进行了大量的工作，现在则完全可以将之拿来为社会科学所用。最后，“性格”是相对于一定的精神与思想状态而言的，它被视作这种状态中相对比较固定和基本的部分；所以，不应将性格绝对化、理想化和教条化。从算法的眼光来看，每一个人的性格在一定程度上都是某些因素的组合，甚至仅仅是这些因素的“堆积”，而不应将之视作某种业已经过充分系统化和一致化了的东西。永恒存在的是不规则性，“典型”只是把握不规则性的一种方式。典型、规律、模式其实不一定真正地存在，但研究者们不能仅仅面对不规则性，他们不得不有所归纳——即使明知这种归纳总是或多或少地包含着扭曲。人的性格在一定程度上其实就是一盘散沙。

“性格”这个概念也是用来简化个人思想状况的一种工具，是给思想贴标签，将之脸谱化。这都不能代替对思想进行全面和直接的了解。为此，我们可以询问当事人，与之交谈，请他讲述或填写问卷，可以采用电子手段来探测，以及采用其他任何已有的或想得到的方法，只要这些方法符合伦理规范。相应地，我们对于当事人思想状况的了解也可以提高我们的推断能力。了解得越全面，越详尽，越及时，则推断就会越准确。

2.4.7 方法的多样性与统一性

由于研究者与当事人所占有的信息和知识毕竟有所不同，以及当事人会采用另类算法等原因，对当事人思想活动的推测将是有限度的；也就是说，演绎方法不一定总能奏效。在此情况下，如同当事人对另类算法的使用一样，研究者也必须使用归纳的、经验的、统计的、历史的、实验的以及其他种种非演绎的方法。通过综合运用所有已知的方法，一般来说，研究者们仍然只能对他们的研究对象获得某种程度的了解，而不可能是完美的了解。证明种种非演绎方法的必要性，也就是证明另类算法的必要性，可以分为两个步骤：1. 基于种种常见的思维形式（也即指令，或人工的指令清单），我们可以合理地陈述或组合出每种另类算法的进行过程（参阅《算法》第 4.3 节）；2. 给定有限计算速度，则得出演绎法不可能“独步天下”，那么这些另类算法将有机会与演绎法相结合，从而发挥特定的作用。

不同研究方法之间的综合就是这样实现的。一旦我们理解了对象世界的状况，则这里就没有什么奇特之处，我们也就无须再做重复的说明。至于科学方法论学者们所强调的诸多方法论准则，这时也就大多只具有技术性的意义，而不具有根本的重要性。例如，“价值中立”是一条普遍接受的准则，可是，有了算法的视角之后，我们就会知道价值与倾向性广泛地渗透在一切思维过程之中，要想把它完全“离析”出来，将是难以想象的；因此，“价值中立”也就是相对的，而不是绝对的，它只能在一定程度上实现。特定的“论证过程”的可接受性取决于受众对于相关前提和规则的接受程度。又如，理论要能够解释一些现象，也即所谓的“证实原则”，实际上这是当事人在日常辩论中也要遵守的原则（难道普通人就可以撇开证据胡说八道吗？）。但是，在我们引入了计算时间、从而使得经济与社会理论普遍具有了时间维度以后，生活在特定时空环境中的研究者，无论如何也无法**完全证实**一个命题的普遍性和有效性；任何关于对象世界的具体命题，其效力也就总是有疑问的。**“证伪原则”也是如此，它只不过反映了结构化世界中不同计算作业（包括对命题的“证明”）的边际效率是不同的，是起伏不定的**。不能轻易证实的，也许可以容易地证伪，证伪原则于是就会运用起来。反之亦然。命题的意义要尽可能明确，这样便于对其进行分析、比较和评估。同时，学术研究要注重横向的兼容性和历史的连续性（因而“同行的评议”在许多情况下都被作为标准程序加以采用），这样就可以把不同研究者的不同计算作业组织起来，形成一个连续的、递进的作业过程，而不是相互抵触，以致彼此难以利用对方的成果。这种“思维经济学”的解释实际上也就是方法论学者们对于科学发展的解释。然而，这绝不表明含义模糊的命题就没有意义，也绝不表明科学工作可以缺少概括性和想象力。所以，我们很难将科学的特性固定化；我们只能说，由于那么多人专职从事研究工作，花费了那么大的代价和精力，他们的工作成果一定会与普通人有所不同吧！

在这里还需要对定量分析与定性分析之间的关系略做说明。如同各种研究方法各有其独立性、同时又必须相互协作一样，定量分析与定性分析之间也是如此。理解这一点，关键在于跳出新古典主义的心理暗示，即所有不同的性质最终都可以转化为一种性质，因而所有定性关系最终都将为数量关系所概括，从而，定性关系只是一种从属的、中间性的和过程性的关系。只要我们认识到这种观念的偏狭，认识到它不过是决定论和绝对真理观的一种表现形式，那么问题就迎刃而解了。对此可以举例说明如下：一个物体，有颜色、形状、大小、硬度、温度、重量等各种性质，我们能否只用一个指标（比如重量）就概括所有其他的性质呢？是否我们只需要研究这个指标，而不需要对其他方面（比如颜色）进行研究了呢？诚然，硬度比较高的物体，尺寸比较大的物体，其重量往往也会比较重；但是，事情并不尽然。所以，即使硬度和尺寸也不能全部反映在重量上。只要去除了这种不必要的臆想，我们也就回到了一种“基本正确”的态度，各种研究方法和议题也就可以获得各自应有的地位。

2.4.8“综合”方法的地位需要提升

算法方法绝不排斥抽象的模型化研究方法的应有地位。面对复杂的社会世界，我们往往需要采用从复杂到简单、再从简单到复杂的研究顺序；这是有限计算速度所要求的。我们需要忽略众多其他因素的存在，或者假设它们不变，然后再看少数变量之间的因果联系。从这个意义上说，任何人的思维方式其实都是模型化的。我们对简单模型的研究结束之后，就要一步步地增加变量，再研究更广范围内的关系，直至逼近现实世界。基于上一步所取得的成果，下一步的研究就会更为容易。众多变量之间的互动就这样可以逐步搞清楚了。这是一种通用的科学研究程序。例如，为了研究物体的运动，我们首先研究静止物体，然后依次研究匀速直线运动、变速运动和曲线运动，等等。每一个研究步骤都意味着建立一个新的模型。

经济学家们的想法最初也是这样子的。他们打算先研究小范围短期决策中的情况，再逐步研究大范围长期变动的情形。可是，自从杰文斯、瓦尔拉等人使用了数学方法之后，一个戏剧性的变化发生了，这就是，经济学家们显然不知道如何回答这样的问题：当事人固然处于临时计算之中，难道他就只能短视地**只顾**摆在眼前的诸条件吗？难道他就不能在纵观全局和历史之后再决定眼前的事务吗？他的思考为什么要停下来呢？他的思考停留在哪个地方才合适呢？面对这些困难，经济学家们干脆建立了一个称为“一般均衡”的模型，其中抽掉了时间，不再区分短期与长期了。其结果是，模型不再能够回到现实中去了；模型本身**在逻辑上**不再产生回归现实的需要，而对于那些不得不探讨的现实问题（例如货币），就硬把它（此之谓“添加物”）塞到模型中，然后推演一番。不幸的是，由于每添加一个对象所引起的推演和变化都很复杂，这就限制了可以添加的“添加物”的数量，也限制了添加的频次。结果是，抽象的、分析的过程的确具备了，而其后的综合过程却聊胜于无。这就是所谓“现代经济学”的半成品性质。

算法方法揭示了这样的道理：临时计算其实便是人们实际进行的意识活动。这种活动业已受到时间与其他计算资源的压迫而变得“弯曲”了，因而一般只涉及有限的范围、期间和深度。所以，要想把临时计算局限于一定的范围，并且在有时间的环境中来展开分析，简易的、现成的和有效的办法就是接纳当事人真实的意识，以之作为“原型理论”。其次，分析过程完成之后，当需要进行综合时，也即通过增加“添加物”而向现实靠拢之时，算法理论可以告诉我们，这些添加物是怎么来的，它们为什么会在那里等候我们来添加。简言之，这些添加物实际上大都是时间（尤其是计算时间）的变体；计算时间迫使这些原本（在计算时间为零的新古典条件下）纵向排列、转瞬即逝的事物（也即思维存量）在空间上铺陈开来，并且相对独立了（因而“存在”了，或成为“客观实在”了）。这就是算法理论所提供的“社会科学原理”的作用之一。

受意识支配的当事人的行为与物理世界以及其他人的行为相互“邂逅”和“碰撞”，由此导致的后果将会如何？这是一个有趣的、然而经济学家们尚不很熟悉的问题。新古典的市场机制的确也展示了有关因素集合在一起所造成的后果，也即一种“综合”的方式，可是，这种综合法过于简单了。我们要研究真实的人（或高度真实的虚拟人）在高度真实的环境中的行为及其后果。在算法框架下，这个目标是可以并且应当提出的。当然，这里的困难不小，其程度甚至超过了对意识的研究。首先，一般我们不能进行大规模的社会实验，因为其成本太高了。其次，这里涉及的变量和因素非常多。用计算机语言来说，这显然是个“巨系统”。最后，在这个充斥着结构性的系统中，不要说结构性的变化，即使某些数量的不大的变动，都可能对整个系统产生临界性和方向性的影响（所谓的“蝴蝶效应”）。例如，股票市场同时迎来了诸多利好和利空的消息，市场在整体走势上如何反应，取决于这些正反消息之间的角力以及相互抵消的情况。某个方面的力量稍微增强一点，整个市场的方向可能也就决定了。

这个工作看似困难，可是，经济学者们必须设法来展开它。不进行这样的工作，还算什么科学工作者呢？然而，现实的情况是，经济学者们要么进行高度脱离现实的抽象研究，要么则对现实经济状况随意评头论足，而对于论述的严谨性则不管不顾了。科学分析与关怀现实之间是严重脱节的，这样的态度是自相矛盾的。我们可以推测，“综合”的工作一定是可以进行的。为什么呢？这是因为，在我们进行了抽象分析以及完成了对意识的推断工作之后，当事人的行动（被设想为）发生了；这样一来，我们也就进入了一个物理的、从而必然性的领域（尽管这个观点是可以挑战的）。那么多的因素叠加到一起，一定会产生某些特定的结果；这些结果一定是**可以预测的**。我们整天说科学工作的核心是解释，而我们需要认识到，这是对经济与社会现象进行解释的非常关键的、甚至是主要的环节。这就好比我们是汽车制造商，我们制造好了各个零部件，现在需要完成整车的组装工作。假如我们放弃这个工序，或者草率从事，岂不辜负了先前的辛勤工作？认识到了这个道理，就可以得出结论，现有的经济学研究方法其实是存在严重偏差的。如今，各种各样的“模型”令人眼花缭乱，有的的确也颇为接近现实，可是，经济学家群体在整体上仍然延续着“选择性地承接研究任务”的路子，对于重要的“综合”工作，因为其比较困难，所以就予以回避或淡化，而不是坦诚地面对它们。古典的经济学者们并不如此；他们广泛地面对、观察、描述和分析任何他们所注意到的经济现象，所得出的结论虽然往往比较模糊，然而却很重要。当今的经济学家们，当他们在公众面前发表演说时，他们所依赖的主要不是他们所完成的学术论文，而是经典著作中那些模糊的、或者经验性的论述。不曾读过经典著作的学者，则往往连这种议论也发表不了——事实不正是这样吗？

针对分析性结果在研究后期所进行的综合，是我们需要予以重点关注并大力展开的。为此，尤其在算法世界中，数学显然是不够的；也正是在这个意义上，**计算机模拟**可以成为一个非常重要的、甚至必不可少的研究方法。很难设想，如果没有计算机这个工具，我们将如何展开上述“综合”的工作！？经济研究工作其实是与诸如“天气预报”之类的工作有些相似的。据说，后者常常会涉及上百万个变量，因而非常适于在计算机上进行。类似的工作方式现在应该为经济学者们所采用了。然而，由于受到已有经济理论的羁绊，目前的计算机模拟研究还只是处于起步阶段，并且明显地不得要领。算法理论可以作为计算机模拟方法的理论基石，并为这条研究进路开辟广阔的前景。我们可以（主要基于经验研究）设定众多具有特定性格、知识和习惯的虚拟的当事人，给他们以标准的命名，使之进入计算机所设定的环境之中进行“游戏”，然后观察由此所导致的宏观后果。我们也可以先设立一个虚拟的电脑环境，然后邀请受试人或者社会公众上网进行游戏，展开规模巨大的经济学实验，等等。

人工的算法进路虽然不够精确，但真实性强。另一方面，因为电脑中虚拟的当事人毕竟不能等同于真实的人，所以计算机模拟方法在真实性方面必然会有所损失，不过，它却可以十分精确。计算机程式和数据都可以十分确切地进行检视和比较。将两者结合起来，我们就具有了一套不劣于现有方法体系的新体系，这个体系既具有思想性、人文性的一面，也能够满足当前所流行的精确性要求，并且具有明确的操作方法。我深信，这套方法将会在新世纪的经济研究中展现出良好的前景。

当然，新的方法是在现有方法的基础上发展出来的，而且即使用上所有的方法，也不一定完全奏效。完全的真相可能将永远是一个谜，我们所能做的只是竭尽所能地逼近它。在新的观念和理论原理的指导下，上述思路也一定能够不断地得到完善和发展；这是可以期待的。万事开头难，我们只能一步一个脚印地前行。

2.4.9 社会科学与人文学科

在经济学和社会科学的建设中，优先于所有具体理论构建的最为重要的工作，就是认识到以下这些道理并将之确立为统辖一切研究工作的基本原理：人的理性是有限的；社会是个混合体；处于具体时空环境中的我们，总是只能认识局部的世界，而世界的剩余部分仍然有待我们去认识，所以，对世界的理论性理解需要同对具体材料的观察、描述和感受结合起来；社会工程学是必不可少的，社会科学有助于改良世界，等等。从事理论研究工作，首先需要认识到这些，并在具体理论构建中自觉地接纳和吸收这些基本原理，并用它来改造和管辖具体理论。理论家应当主动说明其理论的性质、用途和限度。教科书应当在起始部分便明确地声明其所教授的知识在包括经验和常识在内的整个人类知识体系中的相对地位，以及这些知识应当如何来理解和使用，以免学生们错误地看待它们，滥用它们。对于所有的人文与社会科学的学习者来说，这些基本范畴和原理的传授都是最为优先和重要的。这是笔者的一个基本主张。

人的理性的有限性并不是指有些东西我们“的确”可以认识，而另一些东西则“绝对”不可以认识；这种观点是一种形而上学。笔者之所以提出以上主张，是因为我认为我们已经有效地突破了这种形而上学；通过计算时间以及算法理论的引入，我们不再把上述诸命题视为一些教条，不再需要教条式地向人们“灌输”这些观念（一些学者所进行的这种灌输显然并不那么成功），而是只需要明确地提出假设，再展示我们所进行的推理，进而轻松地到达这些结论。也就是说，我们已经把这些论述“科学化”了。科学工作，就是不断地、尽可能地驱除形而上学。虽然我们需要不时地建立一些形而上学命题，依赖形而上学，但是，扩大理性解释的范围始终是科学工作的核心使命。在本书中，我们也将不断地识别和剔除隐藏在当下经济学中的形而上学内容，从而大大地扩展科学的地盘。

当我们不能揭示社会世界的规律时，也即当我们不能以规则性的方式来解释部分社会现象时，我们还必须面对剩余的对象。我们可以实地观察它们，用统计数字或者文学语言来描述它们。单纯搜集和整理原始材料的工作也是科学工作必不可少的组成部分（无论理论元素是否已经有意无意地渗透进来了，以及无论渗透进来的是什么样的理论元素）。另一方面，基于大量观察、积累和个人经验，人们竟然会展开对社会状态及其发展变化进行大篇幅的描写和叙述的工作；此即所谓“人文的”、历史的和文学的工作。这些作品中展现了生动有趣的人物个性，叙述了具体事件的进行过程，描写了细致入微的心理活动，表达了人们的喜怒哀乐。这些作品令人喜爱，使人沉醉其中，流连忘返。假如以唯理主义的、或者新古典的眼光来看，这必定是令人惊讶的。百思不解之际，唯理主义者发明了一种说法，即科学与人文的分野；后者被认为不属于科学，那么也就不用解释它为什么存在了，二者之间的联系也就毋需去寻找了。这就好比由打我们出生时就有天与地，所以很少有人会对这种区分产生疑问，或者说点儿什么。

算法理论可以让我们清晰地看到社会科学与诸人文学科之间的联系和一致性，将它们嫁接起来的桥梁就是一个合意的有限理性概念。在我们理解了世界的某些规则性之后，对于剩余的、不能理论化的部分，我们总可以做点儿什么吧。各种对象（思维的与物理的）都在那里，它们存在于某个空间，处于某种状态，在时间上可以停留和延续，不会无故和无代价地改变，所以，我们总可以观察观察吧，总可以描述一下、叙述一番吧。这些描述和叙述让人觉得有些意思，但具体究竟意味着什么，也许不能用语言表达，甚至概括不出来，但是，却可以意会，可以感受（让我们再次注意语言与思维、心灵、精神等概念的区别）；或者，虽然其中未能表达出理论者们所期待的某些规则性，但却可以轻易地提炼出另一些在理论场合少见的规则性。其中所传递的东西是如此丰富而重要，以致人们经常花费大量业余时间来阅读和欣赏它们。我们可以说历史与艺术作品本身就是某种社会理论，也可以说经济与社会理论就是一种（比较枯燥的）人文作品；这已经变成了一个纯粹的名义问题。

社会科学与人文学科显然是相互补充的。仅仅了解一些社会理论，而不涉猎历史与文艺作品，很难想象我们会了解一个社会、一个时代；反之，具备了一定的理论素养，就会把生动的社会现实看得更为透彻，就会从中挖掘出比常人更多的东西。所以，社会科学学者不应当轻视人文学者，人文学者也不必敌视社会科学学者，不同的学科领域应当合作共事。知识界对此议题多有争论，兜了很大的圈子，而两者之间的关系不过如此简单而平实。

两者之间的统一性还因为“社会工程学”这个概念而得以加强。一些传统上归入人文类的学科，例如语言学和宗教学，实际上应当属于“社会工程学”这个门类。社会工程学教人们如何从事社会行为，重点在于表达其中的规定性。我国的儒学主要是一门社会工程学，它提出了一套行为规范，教导各种身份的人们如何安身立命。如果没有“社会工程学”这个大类，则儒学的学科范畴就无从谈起。主流经济学的思想基础是反对“社会工程学”这个分类的，但在教学实践上又不得不运用“工程学”这个名词（例如“金融工程学”），这就是它目前所处的尴尬处境。

我们对于算法方法的概括性介绍要到此为止了。这个介绍包含了少数的新内容，但主要是《算法》与《原理》两书部分内容的一个重述。对于尚不大理解的读者，这不要紧，我们还将在后续章节中通过具体应用来反复展示这种方法。本书的主要使命，其实只在于向读者介绍和阐述这种方法。

第二篇

新古典经济学的终结以及经济学的大综合

在《原理》中，笔者曾经做出承诺，我的目标之一就是对现有经济学的批判提出一个大纲。本篇旨在兑现这个承诺。包含在本篇中的主要思想，已经在《算法》第一章、《原理》第八章以及前文中提出；本篇的主要使命则是整理、综合、补充和细化有关论述，以便对此议题感兴趣的读者能够连贯地、通畅地、明白易懂地一读到底。当然，这绝不是前两本书的简单重复。前两本书都是先导性的，而本篇的目标，则是试图正式宣布一个时代的终结。

这个看似困难的任务，实则已经水到渠成。但是，鉴于业已熟知的算法人之固守传统的习惯，仅仅提出一些原则和原理是不够的。因为推理工作很难自动地完成。破坏性的工作假如不能直接延伸到经济学者们的笔下，不能触及学界内日常的概念、语言、习惯、做法、论题和文献，不能深入到学术工作的方方面面，则学者们就可以表现得不受震动，"你说你的，我做我的"这样一种尴尬的局面反而会继续维持下去。在过去一个多世纪中，主流经济学者们已经发明了太多的理由和说辞来无视挑战，拒斥批评。笔者相信，算法的武器将会具有空前强大的、摧毁性的火力。武器具备了，进攻的发起就是理所应当的。

本篇将按照学术派别来逐一进行论述，以便与下一篇的主题论述形成互补与递进的关系。

第三章　新古典经济学的终结

3.1 新古典经济学的特征

3.1.1 引言

按照通常的看法，“经济学”作为一门相对独立的学科，其存在仅有约两百年的时间。盛行于当今世界的所谓“主流经济学”，其核心是新古典经济学，或曰“微观经济学”。它肇始于19世纪70年代。在那几年中，英国人威廉·斯坦利·杰文斯、奥地利人卡尔·门格尔以及法国人莱昂·瓦尔拉分别出版了他们各自的著作。这些事件标志着新古典经济学的开始。“新古典”这个词的用意在于与此前主要在英国形成的相对散乱的“古典经济学”相区别。这个词现在用得越来越少了，因为它所指称的“经济学”已经在这门学科中处于中心位置太长时间了，以致人们认为强调其历史属性是不必要的。经过数代人的努力，这门学说被认为已经相当“完善”。然而，针对它的批评意见，由打其生成以来就没有停止过。试图运用新学说来取代它的努力，也一直未曾间断。可是，“任凭风浪打，稳坐钓鱼台”。尽管诸多批评意见和竞争性学说都在不同程度上先后获得了主流的认同与采纳，新古典经济学的基本风貌却没有改变，它的中心地位也一直未曾动摇过——而后起的学说却在一定程度上被视为已经得到了“吸收”。这其中存在着一些重大的误区与奥妙；一旦理解了这些，我们自然就会明白，新古典经济学其实是没有资格居于中心地位的。算法理论的引入，将无可避免地导致新古典经济学的崩塌；其中部分有用的“零件”，可以纳入统一的“算法经济学”之中。

下面让我们细细道来。

3.1.2 新古典经济学的基本特征

构成新古典经济学的诸多要件，大体上可以列举如下：主观效用论，经济人假说，交易范式，数学方法与边际分析，一般均衡模型，帕累托最优，等等。主观效用论是说，商品是由使用它的人依据其对自己的用处（使用价值或“效用”）来进行估价的。在此以前，古典经济学主要关注商品的生产及其成本，而忽视了消费者的主观评价。消费者的评价可以不基于任何客观的理由，而仅仅根据自己的喜好来进行。因而，这种评价也可以因人而异。这种理论至少部分地体现了对人及其个性的尊重，符合价值中立的政治哲学。它也为分析带来了方便，于是很快得到了经济学界的普遍接受。与之相连带的是，个人被视为是独立进行决策的，不同个人的效用之间不存在相关性，甲不必关心乙的处境。这就是“经济人”假说的含义。这个假说虽然表面上颇为冷酷无情，却符合财富竞技场的**主要**现实经验，所以，至少从直觉上来说是大体可以接受的。

新古典理论所关注的核心对象是商品交易，其主要目标则是解释价格现象。交易被分为供给与需求两个方面。企业对资本品的需求类似于消费者的需求，只是其中的主观性成分较少。在前述假定之下，消费者、厂商与工人都各自进行理性的计算，做出最优的决策。因为相关计算主要是数量性的，所以计算过程被称作“最大化”。当事人先被假定在一些局部的小市场中进行有关买卖的计算。当买卖力量达到平衡从而市场出清时，“局部均衡”得以建立。然而，生产体系内部的不同厂商之间存在复杂的投入—产出关系，因而各个市场是相互联系的，难免发生彼此影响；除非所有市场同时出清，否则任何一个市场都不可能单独出清。所以，局部均衡实际上仅仅被视作一种**假设的**计算过程。在新古典主义者看来，均衡必须是“一般均衡”。借助函数和方程式，瓦尔拉建立了全部商品市场之间的一般均衡模型，以此作为对价格体系的标准解释。

最初的一般均衡模型限于各个消费品市场。经典作家们并不以此为满足，于是，模型又被逐步扩大到生产服务、资产、货币、金融市场、期货期权等领域，而且不同学者开始尝试在此基础上建立各种各样的动态模型。可是，新古典的方法主要是静态的，建立动态理论的努力并不那么成功，那些高度技术化的模型被普遍认为实际意义并不很大。不过，引人瞩目的是，在一个较长的时期中，甚至时至如今，许多经济学家都认为不仅应当存在一个一般均衡模型，而且这个模型还可以“均衡地”“发展”，进而用于解释经济增长、发展以及其他动态现象。新古典经济学就是经济分析家们心目中理想的、科学的和一般的经济学。这是隐藏在新古典文献中的一种流行观念。

还有两个附件需要稍微论及。一是边际分析方法。在历史上，“边际”这个词曾经被视作新古典经济学区别于古典经济学的主要标志之一，它在所有文献中都居于突出地位。然而，新古典的理念和原则是所有因素共同决定；依此而论，这个词不应享有如此突出的地位。对于这种微妙的现象，我认为只有从算法的角度来进行解释。二是“帕累托最优”这个概念。通过论证一般均衡状态符合“在不损害其他人利益的前提下，没有人可以变得更好”这样一个标准，主流经济学家们想证明的是，在人类智力可以“正当地”发挥作用的范围之内，智力因素此时已经发挥了它的最大效果，因而，市场经济是一个值得追求的好制度。

笔者将要在下文中逐步说明的是，新古典经济学的上述每一个环节都存在着严重的缺陷。新古典经济学在整体上不能成立，把它用于对现实世界的解释导致了重大的误导。**在总体上和原则上**，世界的内情不是这个样子的。市场经济并不具备这样的有效性；它的有效性以及新古典经济学的合理性都需要另行做出说明。

3.1.3 忽略计算与通信活动是其核心特征

在展开批判性论述之前，需要集中关注一个问题，这就是主流经济学对于知识与思维过程的态度。

从个人偏好与资源约束出发，直至实现一般均衡，在此过程中，个人被想象为是通过人际通信与理性计算来做出有关决策的。然而，这个过程所需的时间与代价却被忽略了。从表面上看，这种忽略似乎与人们的日常经验有相符之处。尤其是在一个集中交易的市场上，人们彼此面对面进行交流，通信是容易进行的。所涉的事项往往又是那样简单，对其进行计算时所采用的算法又是那样固定，并且千百年来几乎一成不变。例如，卖家总是说自己的货好，希望卖个高价；而买家则总是挑商品的毛病。如果价格升高了，就少买一点。如果听说商品未来可能要涨价，则就多买。在此情况下，假如在决策过程中硬要把思考与人际交流活动的代价包括在考虑之中，好像显得过于琐碎了。

这类因素之所以遭到忽视，还有其他一些原因。成本—收益计算原本是针对各类物理性的收支项目进行的，假如计算活动的代价需要考虑，这就意味着成本—收益计算本身的代价也需要考虑，那么，成本—收益计算本身又将如何能够得以“完善地”进行呢？这就好比是说，一个企业要做账本，可是，老板却要考虑会计师的工资是否值得支付，那么，会计核算能否建立起来，就成了问题。或者说，医生在给患者看病时，他却在**同时**琢磨自己的病情，患者的病又怎么看得好呢？所以，个人无论研究什么问题，不能总是考虑研究活动本身的代价。好比两个商人接洽生意，不管生意最终是否谈得成，不能要求对方支付自己的谈判费用。况且，这些计算与谈判的代价是连续发生的，是不确定的，事先无法精确地知晓。在传统上，经济活动主要是一种耗费物资与体力的艰苦劳动；与此相比，动脑筋与“耍嘴皮子”的事，都属于少数人的美差，绝非主流，就更不值得予以特别关注了。

现在回到市场上。经济学家们用抽象的方法描述和分析典型市场交易场景中的有关主要因素，建立了关于价格形成的理论。实际上，经过上百年的补充和积累，有关的描述和分析是相当精细的。以此为中心，经济分析的范围开始不断扩张，模型中的当事人所从事活动的种类以及所考虑的因素都不断增长，直至建立起一般均衡。在《纯粹经济学要义》中，瓦尔拉对这个扩张过程进行了简明的刻画。然而，万变不离其宗，交易分析中的上述原则与习惯也同样延续了下来。这就是：经济学家们的眼睛只是盯着那些看得见的、物质的或者物理的对象，沉迷和忘情于其中，以致忘记了眼睛后面的存在物，即大脑和人的思想。这就形成了一种保持至今的传统，即经济学家们一般只把物理性对象（物质，商品，肢体动作，可视现象等）当作真实的、“够资格”的研究标的。在这门学科中，思想要么被当作无关宏旨的附带现象，要么则被置于与物质对象不同的逻辑层面。后一种观念显然来自柏拉图关于“理念世界”和“事物世界”的划分。这种观念把思想看作与非思想的存在物性质绝然不同的两类东西。思想是用来认识“物”的，思想怎么可能同时也是“物”呢？这就是它的基本想法。这种想法所导致的一个必然后果就是要求思想与物理性对象不能并列；要么谈论思想，要么谈论物，而不可以把思想搬到眼睛的前面来，不可以把思想以及任何思维性的对象（例如信息和通信活动）与物相并列、**相联结地**进行讨论。至于相反的方法，经济学家们显然没有认真考虑过。

然而，观念归观念，学科研究的具体需要却是无情的。小范围市场中的通信问题也许可以忽略，可是，当分析范围扩展为整个经济体系时，信息传递与通信的问题还可以忽略吗？商品买卖决策中的计算方法比较简单和固定，而其他经济活动中的计算问题也会那样简单而确定吗？单就通信问题来说，经济学家们似乎忘记了这样一个问题：假如当事人之间的信息交流真的那样容易，又何必设定“市场”这个交易场所呢？这不是多此一举吗？总之，由于缺乏这样的敏锐性，以及由于具体经济活动的直观性，以致经济学家们急于描述多个市场之间的相互联系。他们延续了在局部均衡分析中的简单做法，把它机械地、直接地扩大为一般均衡模型。后者是前者的线性的组合。换言之，社会是个人的简单叠加。这就是新古典主义的“社会科学”。由此所导致的后果是，一般均衡体系完全是一个机械论、决定论的体系，其中的人和事都按照既定的、确定的方式来运作，对信息或冲击做出固定的反应。通信与计算过程不被考虑在内。这也可以理解为通信与计算活动按照接近于**无穷大的速度**来进行，因而其时间过程可以忽略，于是，经济学家们不得不假定当事人在决策时已经拥有了最大限度的信息与知识，进行了最高水平的计算，计算结果以及相应决策的正确性**必须**无可置疑。在一些情形之下，对于这样的信息、知识与“算法”，经济学家们能够理解和设想其细节；而在另一些情形之下，有关的状态仅仅被假想为（按照某种标准来说）“理想的”或“完备的”，其细节几乎无法设想。通过这种方式，经济学家们自己给自己念起了“紧箍咒”，他们必须保证在任何情况下模型都不能存在任何（可被觉察的）内在的不一致。同时，由于它已经无法回答诸如“新信息从哪里来”这样的问题，所以这个模型其实不应该发生任何变动或运动。这就是新古典经济学的“决定论—绝对化—静态化”特征。这也可以称为一种“综合症”。在算法理论提出以前，似乎很少有人意识到，这些病症连同“忽视思想与通信”等特征一起，组成了一个症候群，而它们在本质上其实是**同一种病**。

对此，读者们难免要问：这是对经济世界的正确的、适当的解释吗？按照经济理论所指示的方法在真实世界中行事，真的有效吗？进一步地，如果我们认识到人际交流与思想活动乃是“社会”这个词语的主要含义之所在，那么作为一门社会科学的经济学，却把这类对象排除在外，这样的“社会科学”够格吗？

3.1.4 “理论解法”与“实际解法”“假打真合作”

由于预料到将会遭遇的质疑，新古典经济学的论述实际上分为两条线索，一是以数学方法为主的一般均衡模型本身，一是对这个模型的实际实现方式所做的设想与解释。这个传统由《纯粹经济学要义》所开辟。瓦尔拉明确地区分了问题的“理论解法”与“实际解法”。他反复强调，数学方法只是对于经济问题的“表示”“表达”和“说明”。关于“实际解法”，他设想了商品拍卖的场景，通过持续的摸索过程，逐渐到达一般均衡。这个过程显然被理解为并不那么困难，其时间耗费也是在通常可以忍受的范围之内。他强调这两种方法之间的等价性：前一种方法是“科学的”，而“实际解法的迅速和可靠是没有改进余地的”，“我们绝对无意于用一种解法来代替另一种解法”；“事实上，理论解法几乎在任一种情况下都是绝对不切实用的”。鉴于种种在常识上人人都能想到的原因，他甚至在口头上承认，市场“不断地走向平衡，但从来没有能实际到达平衡……市场就像是被风力激动着的一池春水，它不停地要趋向于水平，但这个愿望始终不能实现。”①

这一系列说法是非常有趣、非常微妙的。其具体含义将在后文中逐步探讨，这里只限于指出，它听上去像是自我解嘲，实际上则是“正话反说”。有了这样的说辞，针对新古典经济学的批评者大都暂时停下了脚步，愿意继续倾听和观察，因为“咱们的批评人家已经预先想到了”——尽管那些批评还不够全面和有力，其实大都从一开始就切中要害。同时，这也开创了一种传统，即主流经济学家们手底下做着一种活儿，而心里面想的却是另外一些事。经济学家们生活在一种高度的“无意识状态”中，他们尽情地把数学模型复杂化，而内心却不感到不安，反而自以为正在“科学地”“解释现实”。因为，任何复杂的理论模型，都被确信能够找到实际的对应物；或者，当事人的实际想法与做法永远无须变更，而不断变换和扩展的理论模型只需要被视作对其进行说明的不同方式。通过演示边际决策原理（即通过把买卖量或生产量推进到边际成本与边际收益相等的程度来求得最大化），瓦尔拉以及其他经济学家实际上探讨了模型中的当事人进行决策的一些看上去比较简单和“实际”的“算法”。这些“算法”被认为与解方程的方法在本质上相互一致。自此以后，经济学家们更不必关心“实际解法”问题了。

这样一来，新古典经济学具有了一个重要特征，即它对生活在真实世界里的人们的真实思想的忽视。模型中所假设的算法被视作对形形色色的真实思想的精炼和概括，而现实思想的多样性被视作一些特例或随机的“扰动”，不具有重大的、本质的意义。进而，由于这些除了“标准算法”之外的“剩余的”思想实际上被视为一些低于理论知识的知识，它当然也就被预设为最终将向模型中的当事人靠拢，于是，展示普通人的思想及其发展过程也就不重要了。这个道理很简单：假如我们知道一辆火车

① 以上直接引语均来自［法］莱昂·瓦尔拉斯：《纯粹经济学要义》，蔡受百译，北京：商务印书馆，1989年，第404页。“瓦尔拉斯”为“瓦尔拉”较早期的译法。

最终一定会到达某个地方，还会有多少人关心它是怎么到达的呢？这种展示岂不成了求全责备、吹毛求疵、啰里啰嗦？至少也是“把芝麻当西瓜”。

新古典经济学对于人们真实思想的忽视，意味着它对范围极为广泛并且极其重要的大量议题的忽视。这些议题包括：结构性与定性分析，主观性与人际冲突，变动与发展，不确定性，多样性（多元性），复杂性，偶然性，建构性，等等。我们可以把新古典经济学理解为试图把这些议题概括为新古典式的单一议题，也可以把它理解为只是抽取社会世界的片面特征（“正面特征”）而加以解释，而对于剩余的方面（“负面特征”）则置之不理。当然，也许新古典经济学家们并没有想得这么多。

思想就这样又消失了一次。这不是对新古典经济学的新说明，而是对前一小节的再说明。可以发现，新古典经济学的诸特征之间是多么地“协调一致”啊！

3.1.5 思想在主流经济学中的肤浅的“存在”

可能有人不同意这样的观点。他们会举出许多证据来证明主流经济学并没有把思想与通信排除在外。例如，除了上述边际决策方法和拍卖人模型之外，瓦尔拉明确谈到了“人力资本”，阿尔弗雷德·马歇尔则强调企业家的经营管理才能；他们都把这些因素当作“资本”这个概念的一部分。主流经济学文献中充斥着“脑力劳动”“劳务”等术语。既然工资应当毫无疑义地视作对劳动者体力与脑力耗费的综合报酬，那么，思维活动的成本似乎也就可以认为得到了补偿。企业的利润则被视为企业家进行正确决策所获得的报酬。不仅如此，后来的一些文献中甚至提到“信息处理费用”这样的术语。还有，诸如技术、观念与精神生活等内容常常被经济学家们所提及；精神生活不是被视作生产性的，就是被视作消费性的，怎么能说它没有被考虑到呢？

笔者要说的是，以上对思想与通信的包容都是肤浅的、表面化的。关于边际决策方法，我们将在第 3.3 节再做专门讨论。人际通信与交流具有十分复杂而广泛的形式，它会产生极为重大的社会后果，绝不能用“拍卖人模型”那样敷衍一下就可以了事。如前所述，思想被忽视的前提是思想活动能够取得客观的、无可置疑的“正确结果”；在这种情况下，思想与思想活动就可以烟消云散、“毁尸灭迹”了。**而在那些不能达到这一要求、也即思想发生了弯曲因而展现出多样性的地方，思想也就不得不“存在”了**。人力资本与企业家才能就属于这样的情形。因为很明显，有些企业家会进行错误的决策，错误的决策需要与正确的决策加以区分。不过，按照典型的新古典方式，与其他行为者类似，企业家其实被假设为不会犯错误。“错误”是偶然的、病理性的，不值得予以“正式的”考虑。这才是标准的新古典经济学。在这一点上以及其他许多方面，马歇尔实际上并不是“主流经济学家”。类似的例子还有“预期”这个概念。由于人们在预测时明显地会犯错误，所以经济学家们不得不让“预期”作为一种思想而独立存在于经济学文献之中。经济理论于是遭遇了麻烦。结果是，像罗伯特·卢卡斯这样的“理性预期经济学家”杀了出来，他们设想了许多方式，并预设了诸多条件。这些条件可以“保证”当事人在预测时不会（按照卢卡斯的定义）犯错误，于是，预期问题也就可以重新“消失”了。“理性预期”这个概念的实质是把时间想象为像空间那样在观察者的眼前“展开”，因而，其目的和功用就在于消除时间，取消未来，而不是为了真正地面对未来。殊不知，对于这种“把时间空间化”的错误做法，哲学家柏格森早在卢卡斯之前约一个世纪就已经做出了批驳。

然而，无论如何，思想的、思维的、心理的或精神的“存在物”总是难以消除的。对于这个困难，主流经济学广泛地采用了“类比”的方法来进行应对，即让读者把这类对象想象为同物理性对象差不多的、相平行的或相对应的东西。这样一来，原本只用于分析物理对象的整个理论框架和研究方法也就无须做出重大的改动了。例如，“需求”只是一种心理上的存在物，经济学家们却把它诠释为“商品供应”的“对应物”。“劳务”是无形的，甚至是思想性或心理性的，但却被视为“商品”这个概念的扩展。“脑力劳动”是“体力劳动”的扩展；“人力资本”是“物质资本”概念的扩展，晚近流行起来的“交易成本”概念则被视作传统的“转换成本”一词的延伸。相应地，偏好与价值观则被视作生理欲望的相似物，于是，其中的思想内容也就可以被忽视了。

另一种办法是设置“外生变量”。在新古典的框架下，观念、技术以及人的精神生活等内容虽然常被提及，但这些内容实际上是外在于经济分析的。主流经济学家们对此提供了很多理由，例如：观念是精神性或政治性的，而人的精神是高贵的，对它进行分析则是“不道德的”；技术是自然科学家与工程师们的事情，所以经济学家也就不必介入了，等等。这种把内生变量与外生变量清楚区分的做法本身无可指责，而问题在于，算法的视角使我们认识到，所谓“观念”以及通常称为“精神生活”的众多对象，其实都是思想性的；如果我们把当事人假设为是在通过理性思考进行决策，这些对象就绝不可以简单地作为外生变量加以处理。这是严重的逻辑不一致。技术不仅完全应当被视作理性思维活动的反应，算法的视角尤其可以使我们认识到，技术是在人的主观需要以及主观思维的共同作用下产生的，所以它也应当纳入作为一门人文学科或社会科学的经济学，而不应当游离在外。在新古典的逻辑之下，技术创新“必须”被视作零星发生的偶然事件，视作一种特殊现象或“特例”。幸运的是，在“二战”之前的那些年代里，技术创新相对缓慢；这种历史事实恰好给新古典经济学打了掩护。由于经济科学必须与人们的日常生活以及常识相连接，必须增强其理论的可接受性，经济学家们就把以上这些“手法”予以综合运用。它既提到思想，又以各种理由避免直接面对思想。它只分析那些可以使它感到得心应手的片段。经济学教科书于是就这样“拼凑”出来了。

新古典经济学的这一核心特征表现得如此鲜明、一贯、纯粹和突出，使我们不得不称之为“新古典主义”。而在算法理论业已提出的背景下，这一特征表现得更加一览无余了。因为，假如不是如此的话，假如思想与通信得到了适当考虑的话，依据算法理论，经济理论就绝不应该是这样一种样式。我们主张思想的客体化和实体化，主张把思维与物质相并列、相联结地进行研究，但这并不意味着把思想简单地等同于物，不意味着像主流经济学家所做的那样把思想简单地“放在那里”，或者机械地进行类比。我们每个人都具有思想，都对思想的特点了解颇多；对思想的研究需要有不同于物质研究的一定的方法。安装软件并不是把软件简单地拷贝到电脑存储器中加以“存放”。同理，对思想与通信的引入所引起的首先不是细节上或数量上的变化，而是质的变化，是决策本身发生了质变。这种质变的范围和程度，远非在新古典的逻辑之下可以想象。至于简单地引入“信息处理费用”的方式为什么是错误的，我们已经在1.3.3节做出了说明，还将在3.4节继续做出进一步的说明。

新古典经济学的各个主要缺点，基本上都是因为对思想与通信的忽视而引起的。认识到这一点，是我们理解新古典经济学进而“修复”整个经济学的关键。提出算法理论的目的，则主要在于弥补这一缺陷。算法理论旨在解决思想或知识在经济分析中的地位问题。笔者认为，只有按照我们所设想的“算法的方式”来解决这个问题，经济学才能具备最起码的学科基础，才能作为一门社会科学而存在。

3.2“效用函数”的误导性

3.2.1 使用价值与交换价值之间的冲突

从本节起，我们将逐个分析和评论新古典经济学的各个主要部件。我们先从它的最基础部分、即“效用”开始。

在古典经济学时期，经济学家们普遍迷惑于商品的“使用价值”与“交换价值”之间的冲突，以致亚当·斯密这样写道：“使用价值很大的东西，往往具有极小的交换价值，甚或没有；反之，交换价值很大的东西，往往具有极小的使用价值，甚或没有。”①而“效用”这个概念的提出则让经济学家们眼前一亮；加上“边际”一词，经济学家们现在得到了影响商品价格的另一个独立因素。通过“效用最大化”过程，一种关于价格、收入、生产成本、商品数量等变量之间的“完美关系”似乎建立起来了。然而，对于这种开创性工作的意义，我们需要重新来认识。

当一个消费者进行商品购买决策时，摆在他面前的是这样的状况：他需要该商品，因而对其有一定的心理估值，而该商品在市场上却是另外一个价格。这种局面具有十分丰富的含义，而传统的文献对它的讨论很不充分。含义之一就是，个人估价与市场估价之间存在着差别。可以认为，市场价格代表**他人（既非自己，也非任何非人的东西）**对于估价的（综合的）意见，包括商品生产者基于生产成本等因素所形成的

① ［英］亚当·斯密：《国民财富的性质和原因的研究》（在中国通常简称“《国富论》”），郭大力、王亚南译，北京：商务印书馆，1997年，上卷，第25页。

意见，以及其他众多消费者对于商品的估值。这种估值并不是指其他消费者在遥远的过去所曾经做出的估价，而是在刚刚过去的时刻所表达的意见。对于任何需要做决定的人来说，所谓“市场价格”其实只是指在最近的**历史交易**中所形成的实际价格，或者交易对手所发出的要约。

再看这个消费者的情况。他对于商品的估值是随着自己处境的改变而改变的，因而，商品消费的边际效用被假设为变动的。这种变动性最终导致了某些交易机会被发掘出来，以致“商品交易”作为一个**事件**发生了。不过，根据常识，我们知道，效用变动的原因并不全部来自所消费商品的数量，而且远非如此。个人不时地变换所处的环境，时间在推移，可以说，每时每刻的想法和要求都可能不同。一个人在快餐厅吃饭，他会对红酒不屑一顾；而当与情人共享浪漫的烛光晚餐时，他可能觉得红酒十分美妙。这与所消费商品的数量无关。每个人都熟知其中的具体情况。在很大程度上，这是因为个人只是自己所处的世界、社会与空间中的一个“**点**”，他在其中游移，他处于“**情境**”之中。“情境”这个词所表示的是某些空间、时间、事物、他人等元素的组合；这些组合是一些场景，是每个人所处的环境。它们在真实世界中实际存在着。个人总是处于某些“情境”之中，他只能这样存在。

由于关乎个人自身及其环境的种种难以尽述的原因（当然也包括商品数量在内），个人的需要、从而个人对商品的估值时时刻刻变化着。可以设想，商品的市场价格与特定消费者对它的估值之间必然会产生“大于”“等于”“小于”等多种关系；只有在后一种（或后两种）情况下，交易才会发生。否则，就看不到交易的进行，每个人仍旧做自己该做的其他事情。这样一来，我们也就理解了如下的基本的和真实的现象：交易机会是通过寻找和筛选而获得的；一个人只是在**有些时候**才做交易，而在其他时候**并不做交易**；在此时交易**此种**商品，而在彼时交易**彼种**商品；对于同一种商品，个人在不同情境中有不同的报价；在特定时刻，一般只有部分人和部分商品参与到商品交易活动中，等等。

显然，古典经济学所谓“使用价值与交换价值之间的冲突”含有错觉的成分，因为这种冲突并不总是存在，甚至可以说它在相当多的场合都不存在。如果商品交易活跃，则表明这种冲突相对比较剧烈；如果商品交易不活跃，则说明两种价值之间是比较相称的。而斯密命题的实质是什么呢？这就是人际意见分歧、人的目的（效用）与手段（生产）之间的矛盾，以及人的存在的“情境性”等元素（关于“斯密悖论”的进一步讨论，参见 6.8.13 节）。后者系指，**我们应当在时空因素“在场”的前提下来讨论经济问题**；只有这样，讨论才是有意义的。就其合理的方面而言，新古典的效用学说通过引入包括效用在内的各个独立变量说明了这样一个道理，即事物的独立性及其差异（包括意见分歧在内）是一切行为和一切理论研究活动的适当起点——尽管新古典经济学在无意之间最终又消灭了这种差异。**尤其是“边际”这个概念的引入，把当事人以及我们的研究活动都引导到了特定的“情境”之中，使之与人的意识和常识相连接，从而趋向于摆脱古典经济学的“去情境化”传统**。古典经济学总是研究抽象的、绝对的、超脱情境的“价值”问题或“自然价格”问题；为了打破这种形而上学倾向，新古典经济学总算迈出了第一步。另一方面，鉴于“所消费商品数量引起边际效用变动”只是引起估值变动的无数原因中的一个，这种“情境化”的进步又很有限。

商品的市场价格与消费者对其的估值之间的差异，导致个人成为一个“套利者”或“投资者”。我们需要从这个角度来看待**每个人的行为**以及**每一种活动**。[①]由于“一般均衡”概念的引入，这一点最终变得没有意义。本书将逐步说明，通过去除一般均衡概念以及恢复“情境性”，我们将发展出一种新的经济学以及大量新的经济观点。

3.2.2 函数的实质是试图揭示存量知识的存在

关于“针对每个人都存在一个效用函数”的假定意味着，至少在个人面对某个交易决策问题之时，他被视作类似某种物质的东西。网球撞击地面，根据其角度、速度、姿态、风力以及地面状况，存在某种固定的机制；这种机制“决定了”网球反弹之后的状态。科学工作的任务，则被界定为试图去发现这种“机制”。总之，这种机制的存在本身是不受怀疑的。这就是经济学家们在看待他们的研究对象时所持的基本态度与方法。这种态度被冠以“决定论”。

现在，在算法框架之下，我们来尝试重新理解这个问题。当事人被设想为在面对某个决策问题而进行思考，实际上这就把个人置于了一种具体的、包含时空维度的“情境”之中。个人在自己的效用函数存在的情况下进行思考，这表明个人在以“自己”作为思考的对象。那个被对象化的“自己”，就好像摆在他面前的任何物体一样，是“僵死的”，内在着固定的机制，这种“机制”不以**此时的自己的意志**为转移，因而是“此时的自己”（也即活的、活动着的、以效用最大化为目的的“计算者”）不得不设法加以“应付”或“应对”的。人的思维活动为什么会呈现出这种“自己对付自己”的似乎有点怪诞的局面呢？

首先，人是一种动物，所以某些倾向或嗜好的存在其实是迫不得已的，或者是“与生俱来”的。例如，不吃饭会饿，甜味带来愉快，喜欢某种颜色，等等。这些特征似乎没有什么好分析的，因此被简单地预设为分析的前提。然而，建立在这种认识基础上的“主观价值论”远远谈不上完善，因为其中的思想与知识的因素被忽视了。个人消费某些商品可以产生一定的快乐与满足，这个命题绝非不需要借助任何理性的知识就可以得出。个人需要识别商品，要知道其功用，甚至需要拥有曾经消费同类商品的经验，或者了解别人的类似体验。为此，个人甚至还需要了解相竞争的其他商

---

① 这里顺便稍微评论一下“企业家精神”这个概念。这个概念的用词显示了经济学家们获得相关认知的来源，也即，正是在对企业家活动的研究中，这种“精神”才被发现的。然而，这种用词毕竟是具有误导性的。可以说，无论从事任何工作，人们都不得不发挥“企业家精神”，因而这种“精神”绝不限于通常所谓的“企业家”。而且，这种“精神”的表现形式必定也是多样化的，而不限于进行通常所谓的“创业”。其次，还可以说，其实这也不宜称作一种“精神”。它只是人们有时候不得不具有的一种思维方式（或算法）而已。如果它专指“冒险”的话，冒险也不能脱离理性的计算。不应当把冒险看作一种“非理性的”东西。

品。按照新古典的理念，个人此时其实需要拥有市场上所有消费品的知识和体验，才可以全面地评价每一种商品，并为它们排序。这需要何等丰富的知识与阅历啊！作为消费者，我们每个人势必都曾经体验过在不同商品之间左挑右选的难处，因而必定能够同意这种看法。

所以，欲使这个假设具有一定的合理性，经济学家们必须把它进一步诠释为：当事人在“既有知识”的基础上进行决策，而“决策”是指算法意义上的“元计算”或者“临时计算”，也即计算速度有限的个人在拥有一定知识存量的基础上所进行的计算。知识为计算所需要，同时，作为过往计算的结果，它已经“事实化”了，沉淀了，成为约束我们的“物”了。这并不是说它不可以改变，而是在此刻来不及改变。因为，此刻的计算速度与计算能力都是有限的，为了集中精力来求取几个变量（诸如商品购买数量），只能把其他各类知识视作既定的。这就是思想与知识的“具体性”。它告诉我们，A 就是 A，B 就是 B；它只具有固定的性质，就好像物体具有固定的性质一样。因为，计算能力已经被调离到这边（临时计算）来了，它的背后已经没有活的力量存在了。相应地，此时的当事人实际上也已经被暗含地预设为理性有限的“算法人”。因为，具有无穷计算速度的、理性无限的个人是不需要“知识”的，或者说，知识可以被他们毫不费力地创造出来。

对于新古典经济学在无意之中所做的这种潜在假定，它自己其实已经说明得相当明确了。这尤其体现在“效用”概念向“偏好”概念的过渡上；后者用来包括任何主观的、政治的、伦理的和美学的“观念”，而这些都是指思想或者知识。在生产理论中，技术是给定的，这种做法也是与此相一致的。

然而，知识存量具有确定的性质，却不意味着计算在整体上具有确定的性质，因为临时计算是自由的、综合的、“活的”，任何局部的知识存量都决定不了它。这就是人与物的根本区别。**算法理论所强调的正是由机械的微观单位混合而成的系统是相对不确定的**。指令与信息各自的性质都是确定的，而它们组合而成的思想系统却是动态的和发展的。可以比较一下函数与计算机程式。固然，计算机程式中常常包含着许多函数，但函数的存在只是局部的、片段的，并且一般是多种多样的。计算机程式作为一个整体，它在运行表现上与函数的区别是显著的和多方面的。

这种对比还凸现出一个问题，就是多元、冲突与混合性。这些性质共同导致了知识存量本身在整体上并不能简单地表示为函数。

3.2.3 分析框架必须容纳矛盾与冲突

效用函数的实质既是预设了一定知识存量的存在，而且，它还意味着这些知识存量具有高度的内在一致性，也即，个人不会做出自相矛盾的决定，不会自己否定自己。反过来，倘若自相矛盾的情形发生了，主流经济学对此的解释则是：个人的偏好发生了改变。

偏好的确会改变，可是，首要的情形是，即使它不改变，其内部的各个组成部分之间也不是彼此一致的。这不是特殊情形，而是普遍情形；不是病理性的状况，而是正常状态。在一些精心设计的实验中，现代经济学家们对此做出了很有说服力的证明[①]，而著名的阿罗不可能性定理、森不可能性定理等只是揭露了冰山的一角。

为什么会出现这种状况？在算法框架下，其实这是很容易理解的：理性有限的个人处于计算过程之中，而计算就是化解逻辑矛盾，建立一致性，那么，在所有的计算完成之前，知识存量体系当然就是一致性与矛盾相并存的，这必定是一种常态。如果再加上思维活动所发生的“弯曲”，这就更容易理解了。保存于任何地方、或者以任何方式生成的知识体系，我们都不能幻想它不包含矛盾。这也是不必要的。我们不必幻想终极的知识体系——假如它存在的话——不包含矛盾，更不必幻想处于时空情境中的具体知识不包含矛盾。

有矛盾没关系，发起行为就可以了。所以，我们看到，人们整天忙碌着，要么在思考、反思或纠错，要么则在展开物理化的行动。这不就是解释现实社会的一条捷径吗？为什么要先假定不存在矛盾，然后再来冥思苦想地解释“社会行为”呢？这不是一条舍近求远的路吗？

这就是我们所说的主流经济学“作茧自缚、画地为牢”的实质。

写到这里，一些读者可能会问：你说的有一定道理，可是，若不如此的话，难道假定“不存在效用函数”就是合理的吗？每个人都有他的脾气和爱好，这难道不是事实吗？我们难道可以对此熟视无睹吗？对此你又有什么“高招儿”呢？

我们分为几个方面来回答：

第一，鉴于存量知识的具体性和客观实在性，知识本身就是为高度灵活的计算提供方向的。计算原本是茫然不知所之的，知识引导了它，所以，知识的有用性恰恰就在于其倾向性。“模式”这个概念则典型地刻画了这个意思。个人的确有某些偏好，而不是没有；的确有某些知识，而不是没有。效用函数表达了这个意思，这是其正确或有价值的方面。

第二，不是说新古典的立论方式完全错误，而是说它非常片面，它忽略了知识体系中矛盾的一面。思想存量化了，它是“死了”，但这绝不意味着它对于任何冲击或信息输入只能做出简单的、单一的反应。**一堆**内在着矛盾的思想摆在那里，往其中输入信息，得出来的结果前后矛盾，这是很自然的。思想体系的高度的丰富性、异质性和碎片化会加剧这种状况。这会让观察者们误以为当事人的偏好发生了改变，其实，在极端的情况下，那里也许什么都没有变。一颗弹球被射入一个结构复杂的“魔盘”，其行进的轨迹往往很奥妙；这种现象与此类似。机械性与矛盾和诡谲多变可以并存，而后二者并不适合用函数来刻画。对于像个人偏好这样的对象，我们可以刻意刻画其事实性、确定性甚至机械性，同时又要把矛盾作为一种客观存在也纳入其中；

---

① 参阅［英］约翰·伊特韦尔、［澳］默里·米尔盖特、［英］彼得·纽曼编：《新帕尔格雷夫经济学大辞典》，第三卷，北京：经济科学出版社，1996年，第1007–1008页“偏好颠倒”条目所做的综述。

从这个意义上说，函数**在总体上**显然不是合适的工具。

第三，如何将这两个方面结合起来呢？这个任务看似很困难，实则有容易的一面。这就是，我们研究者生活在真实世界中，我们可以比较方便地探察和了解真实当事人的意识活动和思想状况。正反两方面的分析性成分很多，它们结合起来会是什么样子呢？对此不要光是坐在屋子里去推断，因为现实**已经**回答了这个问题，**已经**把有关因素综合起来了，**已经**把丰富的范例摆在那里了，我们应当首先去看个究竟。这是一个原则性的思路与态度，至于具体的研究方法，我们将在第三篇中再做进一步演示。

第四，丰富的现实范例不仅摆在我们身边，而且，重要的是，我们研究者自己也是其中的一员。这就是说，我们自己的思想与爱好也是由一致性与矛盾组成的混合物，我们的理论是与现实世界相比照而存在的。只要理解了这一点，我们也就不必**急于**建立什么“纯粹”或“完美”的理论，理论只需要具有某些区别于当事人日常思想的特点（也即比较优势）就可以了。这就是算法理论所揭示的如下道理，即本体论与方法论既相互区别，又互不分离；在谈论方法论的时候可以引用本体论来提供支持，而在谈论本体论的时候也不要忘了方法论；否则本体论就不够完整，就有迷失方向的可能。

第五，鉴于效用理论与常识的冲突，主流经济学教科书不得不补充道，效用函数是可变的，同一个人在不同时刻的效用函数可以是不同的。至于函数为什么会变化，教科书中并不存在任何“理性的”解释。这种理论与承认“不存在效用函数”又有什么区别呢？如果个人的选择前后矛盾，经济学家们总可以回答说，效用函数变了；所以，这是不符合卡尔·波普所提出的“证伪原则”的。对此，算法理论则可以提供全面而合理的解释：知识存量规模庞大，它的改变是通过临时计算来进行的，所以，个人偏好既会改变，而它的改变又是缓慢的、边际性的；在任何通常所谓的“短期”之内，被改变的部分都是一个相对很小的比例。改变意味着可能消除个人头脑中原有的矛盾，同时，作为一个新出现的部分，它又有可能产生与其他原有部分之间的新矛盾。这一点又与“个人头脑中内在着矛盾”的看法相互一致。这再次印证了这个道理：**既然坚持一致性，就不要再探讨改变；变化只能在矛盾中产生**。这是主流学者们所未能参透的大格局。

第六，从分析技巧上说，新古典理论把人的思想切分为两面，只坚持个人偏好的内在一致性，虽然这为数学方法和演绎法的运用暂时带来了便利，但却顾此失彼，为后来的分析念起了“紧箍咒”，给它增添了无穷的麻烦，使理论推演变得异常复杂。为了使用数学方法，满足其需要，经济学家们又不得不进一步做出大量不切实际的假定，从而使得经济理论变成了一种类似数学游戏的东西。从主流经济理论的整体来看，函数方法对于达致经济学这门学科的主要目标收效甚微，所以，这种方法不仅从根本上是错误的，而且是**极为笨拙而低效的**。算法式的综合方法则要简单而高效得多，对此本书将从众多的角度做反复说明。

第七，反对者还可能会说：个人的选择有矛盾，而你说人的头脑中本来就有矛盾，这办法固然容易，可是，你的解释工作体现在哪里呢？这个问题是可以提出的，但却是一种误解。先从指令系统讲起。我们虽然假定人脑存在一个指令系统，却并不同时假定这个系统与它的认识对象、也即客观世界之间存在任何“相符”或“不相符”的关系，也不假定这个系统是内在一致的。这就是“形而上学中立”。那么，矛盾是如何产生的呢？我们只是坚持这样一个事实，即个人的即时计算能力是有限的，因而计算需要时间。如果这一点是可以接受的，则矛盾的存在就可以**推导出来**了。这就是说，矛盾的存在不是我们的预设，而是我们的结论。这与新古典体系是不同的。做出这类预设的正是新古典经济学，它暗示了有一个完全没有矛盾的终极知识体系在前方等待着我们。

3.2.4 需要全面刻画“变”与“不变”的混合状态

关于个人偏好的改变，还需要进行探讨。

新古典经济学假定个人在另一时刻具有一个不同的效用函数，实际上这等于含蓄地表达了这样的观点：个人的偏好不仅可以前后冲突，而且可以无章可循；换言之，这等于变相否定了效用函数的存在。这当然是一种自相矛盾。如果某种事物存在某些性质，这些性质一定不能被假定为可以转瞬即逝，一定不能假定这些性质在相邻的另一时刻可以**完全不同**。这是因为，既然称之为“性质”，它就不应当是那么易变的，它在某个相当长的时段内一定是比较稳定的，且这种稳定性一定是可以表现出来的。这是“性质”这个词语的应有之义。同样，这也是“函数”这个概念的应有之义。

人们的确各自具有一定的爱好、口味和脾气，这些个性又常常为了解他们的人所熟悉。人们的性格也会变化，这种变化也往往被熟人所觉察和惊叹。“惊叹”的原因之一就在于性格的变化通常很缓慢，变化是边际性的。然而，这种变化并不是完全无章可循的。例如，一个人原本很喜欢吃苹果，这种嗜好导致他有一次吃得很多，结果引起了呕吐和肠胃疾病，进而给自己造成了深刻的痛苦记忆。自此以后，他可能永远都不再喜欢吃苹果了。这种变化既是常见的，又是容易理解和解释的。再如，一个人未曾尝试过其他食物，他总是吃自己熟悉的那几样；然而，一旦品尝过其他食物之后，他对食物的兴趣可能也就转移了。有人喜欢吃烧烤，有一天，他从书中了解到烧烤食品可能含有某些毒素和致癌物，自此以后，他一看到烧烤食品，反而会产生抵触情绪。

我们很难用“发展”这个词来概括偏好的改变，但是，上述事例表明，人的口味具有某种倾向或变动规律；这种倾向或规律导致在某些刺激发生的时候，或者某些条件具备的情况下，它将会转移到它不得不前往的某种新的状态。“演化”这个词在这种情形下是尤其适用的，因为它比“发展”一词更为中性。可以设想的是，这种演化有时候遵循着当事人自己比较了解的某种规律，有时候这种规律当事人自己并不了解；这种规律可能被观察者所把握，也可能不被观察者所把握，以致被认为是一种随机变化。当然，也可以换一种说法：无论作为当事人还是观察者，我们既知道某些改变是有规律的，又不确知是否所有改变都在遵循着某种规律，亦不确知这些规律（即使存在）是否早晚一定能够为我们所把握。这就是算法式的论述以及算法式的态度。如果这一态度够得上恰当，那么，经济学就既应当刻画既定的偏好，也要刻画它的局部变化；既要描述变动中的规律，又要容纳变动的不确定性。而新古典的方法是：一旦探讨确定性，它就假设存在一个“函数”；一旦涉及变动，这个函数就具有无限的可变性。这两种极端的态度都是绝对化的。当然，既然它搭上了“无限计算速度”这样一辆超级快车，它也就不得不硬着头皮这么做了。

3.2.5 效用的异质性和结构性

在以上论述的基础上，再来讨论一下效用本身的性质以及其中的结构性问题。

不同商品消费所产生的效用被假定为同质的和独立的，因而，彼此之间可以进行比较、传递、加总和其他运算。这个假设既与直觉具有相符之处，也可以容易地进行反驳。对于其中的任何不真实之处，新古典经济学家们一般都不予以正面的否认，他们只是反复地强调：这是假设，这是假设，云云。一般来说，这就足以让反对者们闭嘴了。对于这样的争论，算法方法能够提供些什么新东西呢？

1. 不同商品所引起的感受和心理满足一般是不同性质的，而不是同质的。苹果有苹果的味道，梨子有梨子的味道，椅子有椅子的用处。如果说吃一只苹果的效果相当于吃 1.5 个梨子，或者相当于在椅子上坐 10 分钟，这是相当荒谬的。在现实生活中，没有人这样想问题。恰恰相反，人们消费不同品种的商品，往往正是因为它们分别带给人们不同性质的感受，而不仅仅是相同性质而不同数量的感受。果真如此的话，那么，人们只需要消费一种商品也就可以安然地生存下去了。

2. 那么，效用的同质性究竟从何而来呢？这是因为，处在时空环境中的当事人，他的消费能力是有限的，他所要展开的行为的规模与强度是有限的（例如，此时选择了吃饭，就必须放弃工作；吃了苹果，就不能同时吃梨子），时间是流逝的，因此，他需要做决定，他**不得不**在异质的商品所引起的异质的效用之间进行比较、选择和取舍。根据“他最终做出了一定的选择”这一现象，我们（作为观察者）可以**推测**，对他而言，1 只苹果的效用大于（或优于）1 只梨子。这就是说，客观物质世界中并不存在有关的问题或规律，是我们人类根据自己的需要**硬要**如此这般地在客观对象之间建立联系，比较它们和评价它们。这样做并非完全不妥。不这样做，又能怎样做呢？这就是所谓“显示偏好理论”的（有限度的）合理性所在。我们不首先假设当事人的选择具有内在的一致性，难道首先假设它们不一致吗？毕竟，在大家的印象中，一致性要比不一致性更为常见一些。

3. 但是，选择毕竟只是在一定范围之内做出的。如果矛盾的存在是普遍的，观察者的推测也就很难完全奏效，偏好也就不可能完全显示出来，所显示出来的也就很可能是虚假的“偏好”。真实的场景是，由于当事人总是处于一定的情境之中，它的需求相当具体，选择也只有很少的几个，于是，他往往很快就会做出抉择。具体的消费过程类似于生产过程：商品（或其部分性质）与具体的时空条件以及当事人具体的生理、心理状况相结合，就好比各类生产要素相互结合，最终生产出了一定的效用。时空条件有时候作为相对独立的因素（例如，年夜饭本身具有特殊的意义，快餐的好处就在于“快”），有时候则代表其后隐藏着的一定的主客观状态（例如，午餐在中午进行，“中午”代表着“饥饿”这一生理上的状态）；总之，它一般是不可缺少的。**消费活动的意义，就在于把商品与这些具体的情境因素或“存在物”相结合；否则，“需求”与“消费”就无从谈起**。个人在时空环境中进行游走和生活，生活过程就是个人在种种相对封闭的空间中不断地、次第地把自己与若干客观存在物相互结合的过程。为此，要对个人采取“分析”的态度，要甄别组成“个人”的种种生理与心理因素及其变动。其次，**生理上、心理上或思想上的“存在物”都要予以实体化和客体化**。有了这种基本的方法与态度，我们就可以发现，效用不仅来自商品的某些性质，而且来自这些主客观存在物；它们的不同组合，可以生产出不同的效用水平。在单次消费中，这些因素都是并存的，而且至少暂时可以视作相对独立的。这样一来，我们就可以解释，当事人之所以在不同情境中做出了不同的选择，可能并不总是因为对商品（或其特定性质）本身的评价发生了变化，而只是参与生产效用的这类“要素”发生了改变。如果这一点很重要，那么，效用生产过程即使可以表示为函数，传统的效用函数也是错误的或片面的，因为它把产生效用的其他重要因素都忽略了。

4. 上面的论述意味着，效用生产过程是一个结构性的过程；而且，正是因为各类不同质的要素之间存在着结构性的关系，它们的聚合可以产生类似“协同效应”这样的结果，这才导致效用生产过程具有值得探究的重要意义。这就好比规模经济、范围经济等效应的存在是导致商品生产的关键理由一样；如果把它们都忽略了，又如何解释商品生产的必要性呢?

5. 这种结构性视角意味着，不仅在其后的“效用最大化”的计算过程中，而且在消费过程和效用本身的衡量过程中，当事人也在进行着结构性的计算。当事人把定量分析与各种定性分析相结合，借助个人的消费经验和从各处得来的形形色色的知识，以及种种经验性的规则（例如“选择食品要优先营养价值而忽略口味”），来对商品的效用做出勉强的、综合的和大致的判断。这种视角可以用于解释为什么个人的意见与决策在表面上会不时地发生自相矛盾；结果是，我们所发现的一致性反而比过去更多了。

6. 从表面上看，以上论述似乎都在批驳主流新古典经济学，实际上，我们正在厘清新古典经济学的真实意义。如同 3.2.1 节所述，古典经济学忽略价格的变动，它要探讨变动的世界背后的长期的或终极的因素。它关注生产过程，忽略消费过程，原因显然在于，它认为人们的口味或偏好都是相似的，并且不是那么容易变化的。新古典经济学正是借助于对这一点的批驳而登上了历史舞台。它强调指出，个人的需求不仅因人而异，而且因为时间与地点的不同而不同；因此，需求的因素应当被纳入价格形成的框架。这样做的好处显然在于，它可以用来解释实际价格（而不是“自然价格”）的形成。同时，它显然也为解释价格的变动埋下了伏笔。也就是说，它的积极意义恰恰在于它**摆出了一副要引入时空因素的姿态**，它对于普通读者的吸引力也在于这种姿态可以与人们的直觉相连接，从而具有一定的“仿真”效果。固然，在正式的理论表述中，情境因素实际上并未被强调。读者们之所以在这种情况下就接受了新古典学说，原因显然在于，**他们把新古典理论当作一种描述在某种“典型情境”中的即时决策过程的理论，而不是当作一种超时空的理论**。其他情境中的情形被理解为与此类似。我认为，实情可能就是如此。

7. 按照经济学家们最初的本意，当事人只需要对具体情境中的数个商品进行排序和选择。可是，按照新古典的原则与风格，当效用理论需要进行严格表述时（例如在阿罗—德布勒一般均衡模型中），经济学家们不得不假设当事人可以对全部商品进行排序。我们说新古典方法的强化运用导致其在计算的范围和强度上最终几乎完全失控，这就是一个事例。主流经济学家们觉得这样做有些过分，却不知道如何纠正，因而不得不忍受批评。这种局面是尴尬的。

8. 实际情形是，当事人不可能同时面对全部商品，因此他不需要做全序排列。时空因素给了他灵感，他在其中运用一定的算法来判断效用。偶尔，他也会关心“自我不一致”的问题，也会尽力去消除这些不一致，但他绝不可能完全做到这一点。生活就是这样。我们暂且不必急于“决定性地驳倒”新古典理论。让我们来一次“反客为主”，不妨向新古典学者们提出这样的问题：为什么要把以上真实的情形简化或抽象为新古典的样式呢？有什么必要这样做呢？又将如何对“新古典的一致性”进行定义呢？

按照这样的思路前进，最终将会发现，“新古典的一致性”不仅很难去定义，而且是完全没有必要的。归根到底，就好比经历了一个晴天就幻想每天都是晴天一样，这是研究者们的一种臆想。为了偷懒，为了尽快告诉世人他们的发现，为了使他们的作品显得完美无瑕，从而在与计划经济的交战中取得压倒性的胜利，新古典学者们做了很多不必要的想象，并把这些想象生生地强加给经济学。整个经济学最终被这些形而上学式的空想绑架了。本书的任务之一，就是要不断地识别和揭露这种形而上学。

3.2.6“经济人”概念之得失

当经济学家们写下 $U = f(q_1, \ldots\ldots, q_n)$ 这样的式子时，意味着新古典经济学正式接纳了“经济人”这样一个基本概念。经济人只从对商品的消费中感受到幸福；任何其他人的存在以及任何其他经济与社会因素，倘若最终不能影响到商品向消费者的供应，则不会具有任何独立的价值。即使以今天的眼光来看，这种观念也具有民主的、人道的甚至革命性的意味。这表明改善人民生活应当成为经济与社会系统的根本目标，人民应当对于统治者的说教、对于一切游离于这一目标之外的其他价值标准抱持高度怀疑的态度。

然而，由此也发生了另一方面的问题，即经济人同时被视作贪婪、自私、短视、冷酷、缺乏爱与同情心的“坏人”，经济学也因此被视为一门宣扬自私与邪恶的坏学问。批评者们认为，主流经济学所描述的个人行为是不够真实的，大部分个人都不是完全像经济人那样来行动的。对于这种批评，经济学家们辩解说，“经济人”只不过是一种理论假定，其核心目的在于为分析提供方便。于是，这就发生问题了：经济学要不要设法来弥补这一缺陷呢？难道经济学只能把刻画片面化的人性视为自己的宿命吗？有没有可能在一种统一的逻辑之下一次性建立起一个综合的、真实的、兼具自私与利他品性的“个人”概念呢？

对于这些问题，算法式的回答都是积极的：经济人概念的缺陷可以在算法式逻辑的观照之下显露得尤其清晰，而这些缺陷也可以通过引入算法理论而得到**一次性的全面修复**。要点如下。

1. 经济人的缺陷与“只能把物理性而不是精神性的对象当作社会科学的适当研究对象”有关。在柏拉图的心物二分法之下，经济学家们自然而然地想象着当事人是从物质性对象之中获取效用的，而思想只是其实现目的的工具。如前所述，某些精神性的对象（例如文学和戏剧）有时由于其“非理性”的性质也被置于对象（从而“效用提供者”）之列，这导致新古典经济学的这一实质被掩盖了。现在，思想从经济学家的脑后被甩到了眼前，可以作为直接的对象了。无论现实世界中的思想已经在多大程度上成为商品，这都不妨碍当事人从中获得效用。举例来说，一个人喜欢思想和发明创造，热爱正义和美德，希望获得好名声，追求名垂青史，或者逃遁山林，潜心修行，这都是在从思想性活动中**直接地**获得满足。物质是存在，思想也是存在，它们都摆在当事人的面前；既然个人是自由的，又据说，爱好是一种“冲动”，一种“盲目性”，一种“不需要理由和解释的东西”，他也就可以自由地确定价值，自由地在任何一种存在物中发掘价值。在这种情况下，怎么能够保证他一定**只**重视物质享受呢？怎么能够保证思想一定不被拿来“享受”呢？实际上，在情感系统作为一种程式或算法来进行理解的情况下，我们应当推测到，当事人将会频繁地“爱上”任何对象，也会频繁地取消对任何对象的喜爱，把它转化为憎恨或厌恶。例如，思想的客体化同时导致了人际思想差异、人的个性的存在以及个性的客体化，既有血有肉、又有思想与个性的“他人”这时就会出现在当事人的视野当中，个人也就会喜欢或厌恶他人，自己的好恶也就会建立在对象的好恶的基础之上；这都是自然而然的。我们**不必**一定要把这种现象解释为个人自利性算计的结果。一个人可以从自然美景的和谐中感受到愉悦，也可以从社会和谐中体验到快乐，从智力发现中实现人生价值。经济理论要到达这一步，**首先**可以做的，**只是**采用这样一个简单的技巧。

2. 以上讲的是“价值理性”。从“工具理性”的角度来看，按照算法的逻辑，这种修正将更为容易。由于计算存在速度限制，为了节约计算时间，个人将会建立模式，社会将会制订制度（包括法律与道德）。这些规则都将为临时计算提供现成的参数，使之更为简便易行。在这种环境中，遵守道德、乐于助人等塑造良好个人形象的举动都是有利可图的。这会让潜在的合作对象树立信心，从而为自己赢得合作与获利的机会。但是，在这个“有摩擦”的环境中，一切事务都不可能精确地展开。一个人的善行使甲获利，却可能在乙那里得到回报；早年行善，晚年得报；付出得多，回报得少，或者颗粒无收，甚至献出了生命，这些情形都是可能发生的。这是因为，鉴于通信与计算上的困难，当事人无法完全机会主义地行事，无法针对每个对象、每个事件单独地制订详尽的策略，也无法确保自己的机会主义行为不被发现，导致自己的形象受损。于是，相关当事人只是简单地按照一定的行为准则行事。例如，他只是认为要褒奖好人，而不管这个好人是否曾经帮助过自己，等等。一个人行为的模式化也会引起另一个人的行为相应地模式化。**由于诸如此类的原因，道德化的行为往往表现出一定的单向性，而不像普通商品交易那样具有严格的、即时的、对等的互惠性质，但其实两者之间具有逻辑上的一致性**。

以上见解很难说是新颖的，这里要强调的只是其中的算法元素；缺少了诸多算法的元素，这些论述就不能成立。这是因为，我们发现，新古典的论述其实具有很高的内在一致性：正是因为忽略了通信与计算的时间，法律与道德也就可以忽略了。新古典学者们必定（如道格拉斯·诺斯那样）察觉了实际存在的法律、道德这些东西与其所设想的理想计算方式之间存在着冲突，因而暗地里把它们视作个人自利性道路上的一些限制和障碍。模型中不存在道德，也就不存在个人对道德的偏好。反之，一个自私自利的人，如果同时需要计算时间，那么，为了更好地自利，他就有必要培养一定的道德品质与利他倾向。简言之，新古典主义与自私是孪生的，而道德是种种算法元素的衍生物。这个道理是“经济人”的批评者们一般所未曾洞察的。经济理论要引入美德与人品，其实是要经历大范围的迂回行军的。这一点将在本书各处从多个角度不时地、反复地进行论述。

3. 行文至此，我们的论述还不够完整，因为，“自利”毕竟是非常重要的，尊重个人利益、个人自决权和个人的意愿仍然是现实社会的主要运行规则，道德与利他显然是从属的，是相对次要的。这是主流经济学盛行于世的一个重要原因。我们需要对此做出解释，并提出算法式的态度。

解释其实也很简单：由于人际通信面临着各种各样的障碍，所以，每个人对自己的了解一般胜过他人。这不仅是指自我了解的确切性，而且是指及时性。在此情况下，为了追求效率，一条基本的社会规则就是：“各人首先自己管自己，遗留下来的问题再交给社会。”假如不这样的话，难道“你管我的事，我管你的事”才合理吗？一个人的脑神经连接着自己的器官，自己的痛苦与快乐只有自己最了解；要让别人知道这一点，非得自己讲述与表达才行。从这个对比中，我们就可以粗略地推测到，**利己与利他的比重必定是非常悬殊的**。利己为主，利他为辅。其次，不仅信息是分散的，算法也是不确定的，每个人只掌握着部分知识，而且他们的意见时常相互抵触。个人思想并不是社会思想的一个简单的组成部分。正是由于个人思想相对于他人（从而社会）的这种特殊的性质，才有了对个人自决权和个人意愿的“尊重”。“尊重”是一种迷信，它不看对象的内容——正确不需要“尊重”错误，而是应当纠正它。新古典主义假设存在着一个完美的真理体系，它要么认为个人具有彼此雷同的思想，要么仅仅把每个人的思想看作总体知识的一个组成部分，把意见冲突与错误视为病理性和偶然性的，所以，其实它把个体与社会看作是完全一致的，其中没有任何事物是真正独立的。也就是说，它是**抹杀个人独立性**、**抹杀个体的意义**的。只有算法的方法，才能为我们铺就解答这些问题的正确道路。

4. 还是这个问题：一个理论体系，既要包括个人，又要包括社会；既要刻画利己心，又要容纳利他心；前者要多一点，后者要少一点；这个理论模型该怎么做呢？答案仍然是：意识进路。不管问题多么困难，真实社会都曾经不得不面对它们，而它已经为此探究了不下百万年了。在日常生活中，人们根据各种考虑来构造或型塑他们的思想与行为，从而使经济与社会生活在每个历史阶段呈现出特定的形态。因此，我们还是看看实际生活中的当事人具体是怎么样来处理这些问题的，然后再进一步思考理论建设问题。当我们到达这一步的时候，我们也就会对现实社会和真实的当事人多一份尊重与敬畏，也就自然会收起新古典主义的天真和简单化，收起那居高临下的傲慢态度。

3.2.7 函数关系与其他关系的混合

我们已经从人际差异、情境性、知识存量、内在一致性、变动性、结构性、自私与利他等多个角度论述了效用函数的不适当，这些论述都将在后文中继续推进。

与效用、偏好有关的议题本质上是建立价值观的问题。从生理欲望到商品效用，当事人还要进行大量的思维活动，还要经历很长的“心路历程”。在此过程中，当事人需要用心地、小心地建立一些价值准则，其思想过程与工具性的计算在本质上并无不同，因此应当纳入一个整体的、统一的分析框架。一个计算过程的结果应用于另一个计算过程，就好比一个电脑程式关闭，而另一个电脑程式开启；前者总是支持后者的，使之变得简单易行、快捷高效。其作用方式类似于一贯被视作“约束条件”的制度。总之，正常的思维过程一般总是主客观流程交错进行的，其交错的紧密程度几乎可以说是时时处处，无所不在——例如不断地在搜索、演绎、归纳、联想、抽签、假设、模仿等指令或者算法之间进行变换。这既是算法理论的推论，也是对社会现实的观察结果。这种状态应当被视作当事人为实现“最优化”而努力的结果。新古典框架是一锅夹生饭，它要么致力于展示一系列纯粹客观的演绎性计算，要么则把主观性全部打包，然后供奉起来，以种种理由不让理性分析涉入其中；人的精神生活就这样被严重地撕裂了。

可能有人会反驳道：在经济活动中，人的某些欲望与需求表现得那么明显，那么直接，那么重要，甚至具有一定的普遍性和规律性，就此提出一种函数，后果真的这么严重吗？对于这个问题，还可以做出两个补充性的回答。

1. 科学工作奉行的是理性原则，这既表现在要优先地使用理性分析的方法上，也应当表现在把人的理性思维活动作为优先的分析对象上。对于社会科学学者来说，最为重要的应当是首先认识到工具性的理性计算本身会产生主观性。诸如“欲望”等生理性的事物则可以在与思想主观性的比照中来进行理解。在这个意义上，如同2.2节所述，生理欲望与价值观是类似的。传统的论述顺序是颠倒的：先说有一个欲望，再探讨如何满足这个欲望。现在，我们把这个顺序再颠倒过来。我们说：先来看看理性的、工具性的计算如何进行，它将会产生什么，再用这种思路来看待欲望本身的性质。“欲望”是对复杂的生理活动及其信息传递过程的一种概括、浓缩和简化，甚至是一种“扭曲”。生物学可以用这种眼光来看待欲望。这也许是算法式的社会科学可以对生物学做出的一个贡献。①

2. 没有必要完全否定效用函数在某些局部和具体情况下仍然可能是有用的。数学方法只不过展示了一些演绎推理的技巧，以及一些数量型计算。作为一个种类的计算形式，它们当然有重要的用处。新古典的不当做法在于，使之处于压倒一切的地位，奉之为标准和一般的情形，几乎完全排除了其他种类计算的重要性，排除了不确定性，以及知识的变动与发展。作为其背景和母体的思想世界的丰富多样性被掩盖了，本与末、一般与特殊的关系就这样被颠倒了。实际情形的一个突出特点是，各类可以用函数来描述的规律或性质都处于局部的地位，它们与那些不适于用函数来描述的对象相互混杂起来，诸事物都处于碎片化的状态。就目前来说，最为迫切的是走出狭隘的新古典框架，回到这种正常的**一般情形**，回到现实世界，然后再重新出发，重构经济学原理。在引入结构性、知识存量和主观性等算法元素的前提下，在严格限制和明确定义的基础上，在局部范围之内或特定意义之下，可以容许数学方法继续发挥其有益而无害的作用。不过，相对于经济学原理的重构，这一点是处于次要地位的。

虽然本节所讨论的只是效用函数，但是，对于生产函数或者经济理论中的其他函数，这些讨论在原则上都可以适用。只是，由于它们实际上要更为简单，除了在文中穿插论述之外，暂且也就不再开辟专门的章节了。

3.3 边际决策方法的实质及其局限性

3.3.1“实际解法”或“意识进路”的必要性

自从新古典经济学问世以来，围绕它的边际分析方法，在经济学家们中间曾经发生过多次激烈的争论。然而，诸多批评意见固然各有一定的道理，最终却难撼大局。

① 不过，要避免由此得出另一个极端的结论，即认为算法式的规律在指导着一切，或者欲望要服从于算法；若果如此，我们就陷入了另一种形式的一元论。我们只是强调欲望与价值观之间的相似性及其在分析中的主次关系。

鉴于算法的论述是如此不同，且具有系统性，因此，这里仍然要遵循我们的一贯做法，即主要专注于自己的论述，而把已有的争论置于次要地位，尽管文中有时会提到它们。

新古典经济学拥有一个别名，即“边际主义经济学”，由此可见边际分析在新古典经济学中所享有的重要地位。然而，通常遭到忽视的是，名称上的这种区别其实反映了“新古典的家族”内部各主要作者在理论取向上所存在的差异。例如，瓦尔拉尤其强调方程组，他把边际分析置于次要地位；与此相反，门格尔则未曾使用过数学公式，而他所开创的奥地利学派则十分强调边际分析方法，并最终成为新古典经济学主要的批判者和竞争者之一。奥地利学者特别关注经济活动中的时间进程，他们显然把边际分析方法理解为与此有关的一个分析工具。

懂得一点儿数学知识的人都知道这样的道理：解方程就是解方程，它不一定非得使用微分学的方法。然而，现代经济学却把这两个方面统一起来了：描述市场中各种力量相互联系与相互作用的方程组得到解答（从而市场达到一般均衡）的关键条件是边际成本与边际收益相等（或者，作为一种变体，在消费者理论中，使得两种商品之间的替代率与其价格比率相等）。所以，均衡与边际条件之间具有等价性。可是，无论两者之间是否等价，或者边际分析对于解方程是否必要，似乎都没有必要刻意强调这一点，因为，毕竟这只是一个数学概念，是函数所具有的一种数学特征。对于经济学而言，我们只需要论证这个方程组的解的“存在性”“唯一性”“稳定性”等性质就可以了。至于均衡实现时这个体系具有什么样的数学特征，又何必管它呢？甚至可以说，在极端的情况下，即使经济学家们真的要动手来解这个方程，似乎也没有必要一定要去注意它。

为了回答这个问题，有必要再仔细地讨论一下瓦尔拉的方程组。瓦尔拉认为，市场出清的过程就好比解方程：买方与卖方的行为都被各自的函数所左右；市场要出清，意味着买卖数量要相等，于是就产生了方程；方程组的解就是均衡价格。把人们解决问题的过程理解为与求解方程组类似，这种想法虽然不够全面，但却是相当真实而合理的。实际上，可以说这是个人在作决定时（无论是否面对他人）所采用的主要方式之一：我们总是要考虑几个方面的因素或条件，然后把它们汇总和结合起来，才能产生决定。换言之，一个实际的决定总是会照顾到多方面（尽管不可能是全部）的因素。因此，当所涉及的事务延伸到诸如市场交易这样的社会领域时，经济学家们自然就会想到，可以把相关因素以及各个人的具体情况“汇总”在一起，然后来“综合筹划”一番。

如果要寻找“求解方程组”在实际生活中的对应物，我们想到的是什么呢？显然，是开会，或曰“政治解决方式”：大家聚在一处，把问题都摆上桌面，然后展开分析和商议。“函数”所涉及的是个人内心的真实的盘算，所以，这更意味着每个人在会场上“开诚布公”“推心置腹”。可是，这样一来，真正的考验发生了，这就是：1. 在“尔虞我诈”的商业活动中，“推心置腹”式的商讨显得太不真实了，所以，仅仅建立在“求解方程组”基础上的理论，会严重损害它的可接受性。2. 在资本主义经济中，人们一般并不召开如此大型的会议；开这样的会是社会主义的方式，是国家计划委员会的工作方法。严格地说，只有计委的会议才可以理解为在“求解方程组”。假如这种方法是可行的，恰好证明社会主义而不是资本主义是可行的。亚当·斯密式的问题是这样的：为什么一个个分散的、独立的、自利的、盲目的、看似忙碌而“无序”的个人行为，却实现了庞大经济体系的分工与协作？所以，假如按照开会的思路前进，无异于缘木求鱼。3. 如前所述，拍卖的方法可以用来理解方程组的实际求解过程，可是，无论这种方法具有多少现实性，不管当事人在拍卖场所还是其他任何地方接收报价，针对该等报价，当事人都要有一个内心盘算的过程，以便使其选择最优化。

上述诸多理由表明，“一般均衡理论”需要配备“当事人的算法”这样一种“附件”，该附件用来“令人信服”地说明当事人只有在微观层面通过进行怎样的思想活动才可以实现宏观上的均衡，而这种“算法”必须区别于直接求解方程时所要展开的那些复杂计算，它要尽可能地简单而易于操作，要与人们的日常思想接近——不言而喻的是，它要与直接解方程具有相同的效果。实际上这就是 3.1.4 节所讨论的“理论解法”与“实际解法”问题。简言之，新古典经济学从一开始就面临着要实行“意识进路”的客观要求。毋庸讳言，这种要求显然来自亚当·斯密的“看不见的手”所提出的任务。

现在，我们终于明白了真相之所在：这是来自不同源头的思想之间的一次联姻或者结盟的过程。求解方程组的瓦尔拉实际上在用上帝或者先知的眼光来看待尘世。但是，他不能把凡人也假设为先知，因此他要求凡人们用“边际收益等于边际成本”（或者商品替代率与价格比率相等）的**简单规则**来进行决策，进而展开相应的行动；而他自己则去解方程组。并且，他宣称，不管地球上的“孙猴子们”如何蹦达，都跳不出他如来佛的手心——千百万人的行动结果最终将与解方程相同。

瓦尔拉所未曾意识到的是，对于社会科学来说，这种立论方式包含着很严重的问题，因而势必要遭到强烈的、多方面的质疑。对此我们暂且按下不表。不过，联姻总是有条件的，因为双方并非总是心心相印。条件就是函数的连续性、凸性等要求。只要满足这些要求，二者之间就是等价的，否则就不等价。这些条件注定了它们之间若即若离的命运。

3.3.2 函数关系不是普遍的：以生产函数为例

较早期所展开的对于边际分析的批判，主要是指责这种方法不可能普遍适用。[①] 我们今天已经知道，这种方法的使用是有条件的；换言之，新古典经济学家们实际上承认这种方法是有局限性的，它只能应用于特定的情形。当然，这种“承认”又是含

① 参阅晏智杰：《经济学中的边际主义》，北京：北京大学出版社，1987 年，第二十二至二十五章。

糊的，因为有些研究者居然声称诸如函数的凸性等要求在大多数情况下都可以得到满足。这是一种数学上的游戏，笔者无意正面介入。只要我们变换一下角度，转到算法的轨道上来，这个问题就会变得十分容易理解和澄清。

问题首先不在于函数的形状如何，而在于函数本身。例如，就生产函数而言，我们可以把它的形状理解为对于特定的资本结构的描摹。一定的机器、场地与人力的比例与组合状况，导致产出数量与投入数量之间具有一定的比例和变动规律。结构确定了，这种关系（或者走势）也就确定了。就此而论，对函数的使用是有一定道理的。可是，问题是，这种数量性关系只能局限于较小的范围，也只能短暂地存在。结构性的关系是复杂的、多维度的，往往既不是连续的，也不是单调的；这些关系绝不可能全部反映在函数式中。例如，对机器较为密集的使用容易使企业在技术创新的冲击面前变得脆弱，妨碍未来可能不得不进行的设备更新工作；这种利害关系如何反映在函数式中呢？鉴于所有的结构性因素最终都会影响产量，因而都必须在决策中予以考虑，按照新古典的逻辑，函数关系也就必须把它们都包括在内，而这一点是不大可能做到的。函数也许比较适合于刻画既定结构下的数量关系，但它不是刻画“结构性的关系”（或曰“定性关系”）本身的合适工具。设想一下，假如某个老板要求他的经理提供一份关于其工厂生产能力状况的报告，这位经理是写一个函数式呢，还是提交一份书面文字报告？笔者的实际观察是，所有的报告都以书面文字为主，只是偶尔夹杂一些数字和图表；笔者从未见过把它写成一个函数。——请注意，我们正在谈论“数据类型”这个概念。

“结构性”的含义之一是，面对现实世界中的任何对象，原则上讲，我们不能奢望可以用任何简单的、单一的数据类型、关系类型或者计算类型来进行表达和处理；用任何单一的标准去衡量，总会发现一些冲突与矛盾，总是不能完全适应。具体到一个工厂，我们可以从直觉和常识上多角度地来理解其中的“不一致性”。众多机器设备都是一些人造物，它们一般都来自不同的供应商，它们是这些供应商在不同的年份和不同的地点建造的，它们反映了众多设计师不同的理念与设计风格，而这些设计师之间无论在设计之前还是之后一般都没有进行过密切的沟通，社会上也不存在哪种现成的机制来保证使他们的思路协调一致。这就是说，各种机器设备的兼容性一般都不是十分理想的，可以说都是勉强使用的，甚至不排除某些功能之间会存在冲突。而就这些机器设备所服务的生产目标而言，某些配置是奢侈的，某些是简陋的；某些是超前的，某些是落后的。重要的是，这些机器设备都是定型的，而不是可以随意拆装和更改的。机器的特定功能只能按照特定的方式去使用，而不能把相关的部件任意地拆卸下来，使用于其他场合（这样的再配置只有在不考虑相关成本与“麻烦”的情况下才具有可行性）。这就导致了生产中的资源有时候是不足的，而另一些机器设备同时却是闲置的。另一种情况是，市场上出现了某种技术上更为先进的机器，但为了利用现有的旧设备，只好放弃技术更新，或者只好容忍新旧设备之间存在一定的不协调。凡此种种无奈之处，有过实际经验的人一般都深有体会。这种冲突与思想世界的内在冲突是类似的，或者说是思想冲突的一个“反映”。这种用“不一致”的眼光来看待外在行动与物理对象之间的关系、或者物理性存量的内部关系的方法，是算法方法的一个特色，我们将持续反复地使用。

引入函数的原因在于经济学家们“相信”诸客观对象之间存在着某种彼此一致的、理想的关系，并且这种关系终究可以为研究者所认识；可是，这种“相信”本身是武断的，或者，即使这种理想的关系事实上的确存在，各个当事人也未必能够充分地认识到它的存在，研究者可能也难以把握它。相反的假设与这种假设又有什么不同呢？

以上论述也许不能从正面直接驳倒生产函数的存在性。因为，过往的经验表明，无论如何进行反驳，新古典主义者都会发明出新的说法——尽管迄今为止没有任何人能够令人满意地提供一个真正真实而全面的生产函数。不过，上述情况却足以打破任何一个**既定的**函数。也即，只要某个人声称存在某个形状既定的函数，我们很快就可以证明那个函数已经不适用了。实际上，如同对待效用函数的方式一样，新古典经济学家们也是这样来对待生产函数的，即只要发生技术变动，那么，就立即生成一个新的生产函数。这种方式可以近似地理解为新古典经济学家们含蓄地否认生产函数的普遍性。因为，按照生产函数的这种定义方式，技术变动将是十分广泛、多样而常见的，几乎时时刻刻都在发生。有关企业生产的任何“定性的变化”，其实都属于“技术变动”之列。至少，函数的表达是笨拙的、低效率的。数学方法的使用者们总是辩护道：数学方法的使用大大提高了理论表述的效率。然而，只要经济学家们看清了自己所要表述的对象的性质，全面理解了表述工作的真正任务，真不知道还会不会有人继续这样来辩护。

一个似是而非的命题是不大容易被彻底驳倒的，因为它包含着局部的真理，因而总会表现出一定的说服力。关键性的批驳在于，经济学家们“闻一知十”，他们做了过分的想象。既然同时面对着肯定性与否定性的证据，为什么只看见其中的一面而忽略另一面呢？难道是上帝偷偷地把“终极真理”泄露给了主流学者们吗？真相显然在于，为了偷懒，为了构建形式上的完美性，或者，出于某种哲学观念的影响，经济学家们被“一般均衡”这个概念强烈地吸引住了，以致他们“一叶障目，不见森林”。人们被自己所制造出来的问题给困扰住了。这就好比古希腊“阿基里斯追龟”的故事：在一定的问题或思维方式之下，阿基里斯将会无所适从。这种通过求诸认识论而消解问题的方法，我们不得不再次加以采用。因为，问题本身是由主客观两个方面的因素“相遇”而产生的。

最后的批驳则有赖于新的方法论的建立。只有通过与新的体系进行相互对照，人们才会下定与旧方法告别的决心。

3.3.3 边际方法实际上是“贪心算法”

本小节要提出的问题是：倘若去掉了函数，边际分析还有没有价值？边际分析究竟意义何在？

首先需要注意到，历史上的“边际主义者”实际上是强烈倾向于广泛使用边际分析方法的；这些人中有些同时采用数学方法来构建经济理论，有些则不采用数学。边际方法的局限性在使用数学的学者们那里显示得比较清楚，而在不使用数学的学者们中间反而比较模糊。有些人把它任意扩大到价值论和分配论领域。边际分析最初是用来确定商品的消费数量或者生产数量的，而有人则反其道而行之，认为企业的产品定价和收入分配都应该遵循边际原理；更有一些人奉之为“神的喻示”，以为在经济领域发现了类似于万有引力定律那样神秘而确定的规律。

在经典作家们对边际决策原理的运用中，它被赋予的最基本含义是：在一个连续的行为进程中，倘若只有某种变量的数量（所生产或所消费的商品量）在变化，那么，为了求取最大利益，可以把行为进程延长、也即把相关数量持续扩大到不再产生新的利益的一点为止。“边际”是指时间上的“最后一剂”商品。既然是“最后一剂”，也就可以理解为“现在”或“当前”。所涉及的变量只是众多变量数目中有限的两个或数个，表明这是一种**局部分析**。所以，这就一下子把当事人安置到了**时空框架**中：面对偌大的世界和时间长河，当事人只是其中的“一个点”，他的能力有限，只能在局部领域行事；他只能控制有限的变量，所以只能把眼前的事情做好。强调一下，“边际”语言实际上使得若干元素同时出现在分析框架之中：时间，空间，存量，流量，有限行为能力，可控变量与不可控变量，总量与个量，等等。

此外，它还意味着，当事人拥有可以对流量进行分析的信息、知识或能力，他知道是哪种变量做怎样的变化可以引起另外的变量如何变化。例如，他追加生产了一批商品，售出后获得了利润。商品出售的当日阳光灿烂，但他绝不会把这笔利润的获得归结为天气因素，因为，他拥有关于“商品生产”与“商品销售”之间因果关系的知识。这种知识可能是比较详尽的，它包括原因如何引起后果的具体机理和细节；这种知识也可能比较粗略，例如，在房地产价格泡沫化的进程中，一些投资者只知道盲目地抢购房屋，因为，他只是简单地相信，只要抢购到房子，就能赚钱。

小结一下。边际分析实际上意味着**情境化的**经济分析，意味着把当事人置于时间进程与真实世界之中，然后来推测当事人的思想过程与行为；而“边际决策原理”则意味着试图通过眼前的、短期的和局部的最优化来实现整体最优化的一种计算**策略**。扩而大之，我们可以不管“边际性的行为”究竟是数量性的还是结构性的，只需要把它理解为一般的“行为”。在算法框架下，以及在真实世界中，**“行为”本身就是边际性的**；当事人的身心能力都是有限的，**任何行为都不可能涉及全部事项或全部存量**；不管个人独立的行为，还是集体联合的行为，都不可能一下子把世界完全变个样儿。只要我们从这个意义上来看待边际分析，那么，它的价值与局限性也就都显示得格外清晰了。

首先，即使某种状况在整体上不能表达为函数，或者，即便可以表达，而当事人并不知道函数的具体形状，他仍然可以运用和操作边际方法来进行决策。他可以利用已有的局部知识，或者仅仅观察自变量与因变量之间的演变情况，观察其边际量的变动趋势，进而做出相对有效的决策。尤其需要注意到，历史在逝去，遥远的地方鞭长莫及，我们不可能操作囊括一切的那个“整体”；任何被谈论的“整体”，都是相对于较小的局部而言的；相对于更大的范围，它也只是一种局部。从这个意义上讲，**人类不可能摆脱边际分析**，甚至可以说，**任何分析都是边际性的**——只是这个“边际”本身的规模或尺度各有差异而已。也就是说，可以把“边际”理解为一个极微小的增量，也可以理解为一个比较宏观和重大的事件。

既然我们不可能摆脱边际分析，也就无须强求有一个“凸的”函数存在。当这个条件不被满足时，意味着边际决策原理不一定能够导致当事人的利益在整体上实现最优化，那么，边际分析的意义又何在呢？显然，此时的边际性计算变成了一种**探索和尝试**的活动；当事人通过在一个个局部中的最优化计算，**试图**来优化整体；通过把眼前的事情办好，试图来谋取长远。这种策略的运用是极为广泛的。它有时候会取得成功，有时候则不会。在计算机科学中，这种算法称为“**贪心算法**”[①]。“经济人”其实就是一个尤其重视使用“贪心算法”的虚构人物。在现实生活中，由于人们根本不可能知道所谓“函数的形状”，所以，边际主义者的论述可以做如是的理解，即他们在向当事人推荐使用“贪心算法”，或者他们把真实当事人的行为理解为在使用“贪心算法”。

有了以上的解读，我们也就可以进一步理解，为什么边际分析不可能总是有效。边际分析实际上依赖于事件的因果关系的**及时显现**。如果特定行动的后果不能及时显现，不容易观察和识别，或者显现得不够完全和充分，那么边际分析也就不能有效地进行。而此类情形显然都是很常见的，在这些情形之下随意使用边际分析，也就很容易得出简单化的甚至错误的结论。边际分析倾向于把时间上前后相连的两个事件作因果解释（本质上这是一种黑箱方法），这就容易导致对因果关系的错误理解。例如，新出现的某种结果即使与新采取的措施之间具有因果关系，也并不意味着就应当把这种结果**完全**归功于新采取的措施（譬如，把新增利润全部分配给新增的要素投入），这是因为原来就有的存量因素实际上也发挥了作用。其次，边际决策原理意味着暂且置全局于不顾，而把眼前资源的潜力进行最大限度的挖掘；这种做法有可能对全局有利，也有可能妨碍其他事项在日后的进行。这个道理其实是我们每个人都比较熟悉的。过度扩张的边际活动可能会侵占本来将用于未来活动的资源或空间，而这

---

① 关于这个算法的一个常用例题是所谓的“背包问题”：给定 n 种物品和一个背包。物品 i 的重量是 w_i，其价值为 v_i，背包可以承受的总重量为常数 C。n 种物品的总重量大于 C。每种物品都不可以进行切割和细分。问：应如何选择装入背包的物品，使得装入背包中的物品的总价值最大？（参阅王旭东编著：《算法设计与分析》，清华大学出版社，2003 年，第 112 页）由于组合爆炸的原因，随着物品品种的增加，可供考虑的遴选方案的数目急剧增长，这个问题很快就会变得十分复杂，以致需要运用某种解题策略来求解。通常可以设想三种策略：1. 优先选取价值最大的物品；2. 优先选择重量最小的物品；3. 优先选择单位重量价值最大的物品。然而，这三种策略各有优缺点，并且都容易得出错误的答案。计算时间受限的当事人，不得不运用这些简易的策略（或其组合）尝试着进行计算，也不得不忍受由此导致的各个计算结果的不完善性。反之，即使最佳答案最终可以找到，其用时可能也漫长得难以忍受。

种侵占一般很难明确地（或者货币化地）予以衡量，从而使之进入边际成本—收益分析。故此，人们常说，要节制，要顾全大局、深谋远虑，而不能一味地只顾眼前，得过且过。例如，在土地上进行播种，一般总会带来比种子多得多的收获，那么，农民是不是就应该对土地进行高强度的利用，直到“边际收获”与所播撒种子的价值相等呢？答案显然是否定的。实际上，土地通常都要进行休耕和轮作。因为过于密集的种植会过度地消耗土地的肥力，导致未来的收获下降。而类似“土地肥力下降”这样的因素，因为不易显现和衡量，常常就会在边际分析中遭到忽视。“边际分析”这种方法的精神实质就是强烈地倾向于忽略这类因素。要是所有或远或近的因素都要考虑在内，这种方法也就无法进行下去了。又如，苹果公司“iphone”品牌手机目前具有很高的毛利率，那么，苹果公司是否应当大幅度地增加产量，降低售价，直至“边际收益等于边际成本”呢？显然不会，因为它要维持较高的毛利，以便有资金继续开发新产品。这里存在着众多难以尽述的结构性因素，都无法有效地包含在边际性的计算之中。而在企业的产量决定问题中，由于部分存量资产（例如固定资产）在产量扩张的特定阶段并不需要随同产量的增长而增长，这就让使用者误以为对这部分资产的使用是免费的，边际成本因而就会小于平均成本。然而，当产量扩张到某个点之后，这部分资产的容量就会到达极限，以致要增加产量，就必须整个地添置一套新设备；这将导致边际效应发生逆转，边际成本暴增。在结构性的世界中，边际效应在递增与递减之间的这种逆转和交替是非常普通而常见的。在这种情况下，试图仅仅通过对局部的优化而优化整体，或者试图通过对眼前的暂时性事务进行优化而优化长远，一般是不可能做到的。至于要把产量决策问题、定价问题与分配问题三者合而为一，也就更加难以实现了。

然而，另一方面，不管怎样，生活的真实面目是，我们只能在不完美、不如意中进行选择。我们既不可能在整体上完全把握世界，也不可能了解世界的每一个角落；我们一般不拥有处理问题的完美策略。在这样的局面中，边际分析方法（或者“贪心算法”）就具有一定的相对价值。而且，惟其如此，边际方法的价值才能真正地凸现出来。它告诉我们，当不知所措之时，鉴于我们对于自己周围的、近距离事物的了解一般胜于对遥远的、抽象的“全局”的了解，所以可以**优先**考虑把眼前的、比较明显的、比较容易的、自己比较熟悉的、预期收益较高的以及易于控制的事情办好。当然，这既可能是明智之举，也有可能是短视的，会招致危险，因此，我们还需要保持警惕性，保持与其他算法相权衡的审慎态度。应当同时把目光投向广阔的思想世界中纷繁多样的其他算法。边际决策方法的重要性还与流量活动在经济体中的特殊重要性有关，对此将在第七章中再展开论述。

“边际主义”实际上是一个序幕，是主流经济理论引入有限理性和时空因素进而实现情境化的一个开端。新古典经济学提出了解释价格（而不是古典的“价值”）的任务；这个任务看似平常，实则相当艰巨。这个任务要直到“算法的时代”才能够完成。

3.4 交易范式与“价格至上论”的陷阱

3.4.1“价格至上论”的含义

《纯粹经济学要义》一开篇，瓦尔拉就写下了这样的话：“纯粹经济学本质上是，在完全自由竞争制度假设下确定价格的理论。”①这样的论述连同其他众多学者的类似论述一起，把经济学的注意力逐渐地、全面地转移到商品交易和价格问题上来了。如前所述，这种倾向原本可以看作经济学摆脱绝对化、形而上学化的古典价值理论而走向对具体历史事件的解释、也即情境化的一个标志，然而，不幸的是，由于一系列重要的哲学问题以及“社会科学基本原理”的缺失，在价格理论的构建过程中，经济学逐渐陷入了另一种绝对化与形而上学，这就是它对价格的作用与重要性的夸大处理。如今，价格——商品交换的比率，或者以货币或其他商品数量表示的某物的价值——已经居于整个经济理论的中心位置了。它是压倒一切的。它不仅在其他各种经济议题之间起连接和桥梁的作用，而且**涵盖**了所有其他的议题。它高居于一切议题**之上**。未曾涉猎过经济学说史的初学者们所不知道的是，其实这是这门学科中的一个阶段性现象。例如，3.2.1 节提及的斯密的“价值悖论”所表达的就是对价格作为衡量商品价值适当性的深深的怀疑。对价格机制的作用的夸大与崇拜是“边际革命”以来所独有的——尽管经济学家们至今仍然沉迷于其中而难以自拔。

笔者将新古典经济学的这种倾向称作“价格至上论”(一个老词儿叫做“价格中心主义”②)，其含义是：价格是囊括所有其他信息的一种“特殊信息”；经济系统中的所有其他信息最终都会**反映**到价格上，因此，对交易与价格的研究也就是对经济体系的综合而全面的研究；价格理论不是与其他理论相并列的一种理论，而是高于其他理论，它与其他理论之间的关系是上下游关系；其他理论是价格理论的一个准备，而价格理论则是经济学的“产成品”或“最终产品”，这就好比各个零部件的生产只是汽车生产的一个准备，而“汽车”已经包含了所有有关的零部件，因而，在谈论汽车的时候不可以并行地讨论它的零部件。我认为，主流经济学具有十分强烈的“价格至上论”的倾向。以此为中心，新古典学者们逐步构造出了一整套论述和说辞，从而形成了一种逻辑上的“圈套”。识别和揭露“价格至上论”的错误则是走出“新古典的圈套”的关键。“价格至上论”是隐含在新古典的论述之中的，它至今并未得到明确的、权威的宣布。经济学家们之所以不明确主张这个命题，也许是因为他们在直觉上认为它并不妥当，并不占理；可是——在算法理论提出以前——由于没有人知道如何

---

① ［法］莱昂·瓦尔拉斯：《纯粹经济学要义》，蔡受百译，北京：商务印书馆，1989 年，第 16–17 页。

② “价格中心主义”这个词其实并不足以完全概括新古典的柏拉图式的理念，故而本人在此未予采用。新古典的观念导致了对于除了交易与价格以外的其他一切的消灭，而不是仅仅让价格处于经济体系的中心位置，发挥相对重要的作用。

走出“价格至上论”，所以大家只好在事实上屈从于它，或者只能把反对意见搁在一边。①

让我们首先从常识上来尝试理解这个问题。人们经常说，“金钱不是万能的”，“有些东西金钱买不到”，某物的价值“是金钱所不能衡量的”，是“无价之宝”，等等。这表明，那种认为通过交易可以解决所有问题的观点并不为常识所认同。在制度安排上，有些法律或习俗明确地反对引入利益交换原则，例如，禁止卖淫，禁止买卖选票，等等。这表明社会反对滥用利益交换的方法，并且对于这种方法的负面效应具有相当明确的认识。与世俗观念和其他学者们的看法不同，经济学家们总是倾向于肯定市场机制。借助大量的文字以及涉及角角落落领域的“科学分析”过程，经济学家们建立了这样一种观念和话语系统，即我们所看到的现实世界中的种种负面现象，主要是由于市场不够“完善”而引起的；市场处于不断的完善过程之中；随着市场的进步，这些负面现象终将消失；现代经济学主要描述了经济系统未来的理想状态，而如今的发达经济体则可视为这种状态的一个近似，等等。

这就引起了这样一些问题：市场体系是否将会无限扩大，以致最终将会吞没整个社会？或者，市场不能触及的领域是否将会不断缩小，以致最终灭失？究竟市场与“非市场”的混合是一种常态，还是纯之又纯的市场体系才是一种常态？“市场”究竟意义何在？

下面的论述将为厘清或回答这些问题提供一些基础。

3.4.2 关于商品交易的算法式观点

我们首先从常识的以及算法的意义上来讨论“商品交易”究竟是一种什么样的活动，然后再回过头来看主流经济学是如何陷入“价格至上论”的。

发生商品交易的原因首先在于所有权的存在。所有权是一种权利，为此就首先有必要思考“权利”是什么。不管是针对物还是针对人，权利都是一个单向的概念，而这个概念是人为规定或“制造”出来的。按照经济学的主流观念，双向的、互动的关系一般要优于单向的关系，那么为什么又要人为地“制造”这种关系呢？答案就在于有限理性。有限理性导致了人们一个时刻只能做一件事情，所以，只好先用权利制造一种不平衡，再用相反的关系（例如“责任”）来抵消这种不平衡。

所有权既是人针对物的，也是人针对人的。这两个要件缺一不可。个人对于物的所有权，同时意味着否定其他人对于该物的权利，所以所有权是专享的、独占的和排他的。也就是说，正是“不同个人的共存”这个事实，导致了所有权的产生。因此，适当的所有权概念，需要建立在适当的“个人”概念的基础上。对于个人的独立性、自由及其行为方式的理解，使得社会认为创造这个概念是有必要的。对于所有权的这

① 作为奥地利学派近数十年来的一部重要著作，The Economics of Time and Ignorance 一书（Gerald P.O’Driscoll，Jr. and Mario J.Rizzo，Taylor & Francis e-library，2002）明确地表示了对“价格至上论”的反对（参阅该书第 105-107 页）；两位作者认为，人们并非只从价格信息中来获取知识，其他非价格信息也具有重要意义。

种“制度经济学”的理解导致对于商品交易的如下不同看法：一种（主流的）看法是把商品交易主要视作商品位置及其组合方式的改变，另一种看法则是除了上述内容之外，还把商品交易视作商品所有者的变换——即使商品的空间位置不发生改变。在存在人际思想差异的情况下，这种变换本身是有重要意义的。

这种必要性也需要在与组织的对比中进行理解。一群人结成了一个组织，这个组织也可以作为一个单一的“主体”来行使对相关财产的所有权，这就表明在这种情况下，当事人认为所有权的这种“集体性的”行使方式要比当事人分别单独行使更好。极端的情形是，假如全体人民结为一个组织，像共产主义经济体制那样来运作，则就不存在商品交易，进而也就不需要所有权了。所有权的不同形态或行使方式，主要应当从通信、协商、计算等算法的角度来进行具体解释。所有权的存在反映了这样一个道理，即个人之间的协商与合作是有难度的；即使在一些情况下，个人可以结成较小的组织（例如企业），而全社会却难以结为一个单一的超大型组织，于是，只好任由个人分散地、独立地、“自顾自”地行事。如果我们不理解“个人”的独立性，不理解人际思想差异以及个性的重要性，而把人们的思想看作“千人一面”、和谐一致的，看不到矛盾与冲突的常规性，也就不能理解诸如组织、权力、决策权这些东西，从而也就不能理解所有权。

上面讲的是“所有者”的一端。在“商品”一端，交易活动的存在同样意味着，客观的、物理化的世界可以被划分为众多**相对独立的**部分（也即“商品”）。所谓“相对独立”意指当事人可以**单独**考虑其中单个或若干物品的处置问题，而对其他物品和世界的其余部分**暂不顾及**。这并不是说他们的行为客观上不会产生社会影响，而是指在法律关系上他们既没有义务去考虑这些影响（如果这些影响是消极的），也没有权利去获得这些影响所带来的利益（如果这些影响是积极的）。在常规情况下，商品交易一般都是终局的，没有后悔和追索的机会；即使有风险，当事人也只能“愿赌服输”。在这个意义上，这种制度是一种“人为的（建构的）独立性和离散性”。对于社会来说，建立这种独立性和离散性显然是有风险的，但社会显然认为，由此带来的好处通常要大于坏处，所以才将这种制度付诸实施了。**社会要用这种人为约定的方式来抗衡客观对象之间的普遍联系。**

3.4.3 关于商品交易的算法式观点（续）

所有权构成了商品交易的基础。个人生活在世界上，他有各种需要，因而要做事，要从事各种各样的活动；但做事需要资源，而有些资源他并不拥有，所以，他就要向他处寻找；如果这些资源处于别人的拥有和控制之下，他也就只好寻求交易，以图获得它。算法地看，这些尽人皆知的事实可以告诉我们如下很多道理。

第一，对于买家来说，商品交易的基本目的在于获得实物商品本身，以便利用它的某些功能，服务于他要从事的事务。所以，商品买卖是服务于“做事”的，而不是反过来，让实际事务本身隶属于商品交易。要从“事务”的大局来看待“交易”这个局部的“环节”。

第二，金钱所购买的是商品及其功用，而不是金钱本身。5 元人民币购买 1 杯牛奶，绝不意味着 5 元＝ 1 杯牛奶。个人付出 5 元，绝不是为了换回另一个 5 元；恰恰相反，个人付出 5 元，购买牛奶，正是因为 5 元不是牛奶，牛奶也不是 5 元钱。正是因为它们是不同性质的事物，这才互相交易。也就是说，**世界的异质的或结构的性质优先于关于商品价值的讨论**；并且，前者是后者的基础，而不可以舍本逐末。商品交易的这种性质很独特，但是，只要我们不误入歧途，不陷入错误的想象之中，也就容易理解它。

第三，在以上“异质性”的论述之后，这才牵涉到数量上的讨论。商品买卖，作为一种行为，在当事人的眼中，它的发生比不发生要好。当事人赚取了净利益，于是才有了“消费者剩余”一说。这种思路与主流的“等价交换”说是不同的。当事人只要成功地（按照其自身所订定的标准）进行了某种行为，他就都赚取了净利益，商品交易只是这些行为中的一种；反之，当事人之所以不进行某个行为，不交易，不见得是对对方的报价不认可，而是对交易的预期收益不满意——因为净收益是二者之间的差额。在个人的身心能力均有限的情况下，总是处于特定情境中的个人，在任何时点上，他都必须在有限的选项中选取预期收益最高的那项活动来进行，而舍弃其他选择。交易活动就是抓住有利时机生产某种利益（金钱的或非金钱的）的活动。我们把个人时时刻刻看作这样的一个**生产者**和**经营者**。这种方法的解释能力要高于“等价交换”的方法。后一种方法的弊病之一是它无法解释交易为什么不可逆。正如批评者们所一贯指出的，倘若商品交易在当事人的眼中是等价的，则当事人应当对反向的交易或者交易方案的取消持无所谓的态度，而实际情况一般并不是这样。

第四，把个人时时刻刻当作一个生产者和经营者，这必然要求把种种心理的、思想的、软性的对象客体化和实体化，并把它们纳入成本—收益分析的框架。无论物理的或心理的，万事万物都有利益和代价，都存在利弊权衡问题。例如，探听某个消息（必然要付出代价）的“利益”是“满足了好奇心”，后者意味着某种心理享受过程的存在或者心理上的某种变化。在常识上，这是很容易理解的。这样一来，我们就到达了“交易成本”这个概念。交易成本的存在意味着，商品交易活动本身是有代价的。交易者要前往市场，要寻找交易对象，要商谈，要讨价还价，要执行交易，要监督对方履约，必要时甚至要追究对方的责任。这些活动包括了肢体方面的活动，但主要不是肢体动作，而是心理、思想、语言与文字方面的活动；所以，**离开了上述算法的原则，“交易成本”这个概念就是空洞的，就不能成立**。因此，可以把这个概念看作从主流经济学到算法框架的道路上的一个站点，尽管提出和使用这个概念的人至今不仅未能直接破题，反而用行为主义的口吻来诠释它。

心理上的收支项目的存在，再结合物理性的项目以及情境因素，导致**交易机会是时隐时现的**，某些情形适合做交易，某些情形则不适合，当事人此时则应当转而从事生产、消费、休闲、思索等其他“非交易的”活动。处于个人支配之下的物品（或服务，下同）也是如此：某些适合作为商品，某些则不适合；或者，某些物品在某种情境下才能交易，而在另一些情境下则不能；某些物品经过分解与重新组装可以用于交易，某些物品只有与其他物品打包后才能交易。一个人不可能总是在做交易。在现代社会中，一个人也很难永远不做交易。这些都应该作为基本的理论性结论而存在。从常理上讲，这些道理都很简单；没有学过经济学的人，可能会以为我是在说废话。可是，下面我们将很快说明，这些道理统统被新古典经济学混淆以至取消了。

第五，商品估价上的主观性（或者分歧）导致了交易的发生，这是奥地利学者尤其强调的观点。这种观点无疑是有道理的，但过于粗糙，因而需要深化。如同 3.2.5 节第 3 点之所述，情境化的经济学首先要揭示这样一个道理：种种心理的或思想的实体的存在，加上时空环境的存在，导致面对面的两个人的内心世界差异很大；他们处于不同的行为进程中，所关注的是标的商品的不同方面，因而对商品的估价也就不同。例如，水可以供引用，可以用来灭火，也可以供观赏；在不同的用途上，用户对它的估价自然互不相同，消费者没有必要把供引用的那杯水一定要评估为与灭火的那盆水或者供观赏的那池水具有相同的单价（假设水的质量不变）。但是，这一切不是**同时**发生的，因而，当相关的讨价还价过程进入观察者视野的时候，观察者会发现同一个消费者对同一种商品的报价在不断地变化，于是，观察者可能会断言，该消费者的偏好改变了；其实，这里也许什么都没有变。假如把这种现象简单归结为主观性，主观性显然被夸大了。造成这种夸大的原因，在于观察者无法“观察到”购买者的心理活动，因而不知道“所购买商品已被规划为指定的用途”这样一种心理的或思想的事实。其次，一般研究者的习惯是，总是把同质的商品混同于“一个商品”，进而囿于“一物一价法”的困扰。被用于不同用途的水不是同一“个”水，而是不同的商品。这就是“情境化的经济学”的特点。这种情况下要问的是：**为什么要求不同情境中的商品具有同一个价格呢？**显而易见的是，如果把在不同情境中所产生的关于同一种商品的价格做比较，就会发现价格是经常变动的，而引起价格变动的理由几乎是难以尽述的。

第六，面对上述情境因素以及高度差异化的心理实体的存在，当事人要运用知识来计算和评估交易机会。这时，它的头脑中的知识存量是确定的。对于临时计算而言，这些知识存量也是“客观的”、不易改变的，因而也是不得不加以利用的。固然不能讲“一定的知识存量完全决定了一定的计算结果”，但是，欲使一定的计算结果完全摆脱知识存量的影响，也属枉然。如果想象着所有有关当事人的心理与思想状况都呈现在我们眼前的话，那么，接下来的事态演变中的“主观性”也就相当微小了，尽管“我们”（作为观察者）可能并不确知接下来将会发生什么，就好比我们虽然确信大水漫过草坪以后就会发生一些“必定要发生的事情”，但我们却并不知道每一棵花草受水流冲刷之后的具体形状。除去以上种种客观性之后，对于剩下来的部分，也许才能称为“主观性”。所以，“主观性”本身需要进行详细的定义（参阅《原理》第 4.2 节）；简单地谈论“主观性”，其实是相当空洞的。

第七，理想的计算形式体现在数学之中，而在现实社会中，考虑到种种算法的因素，计算都是勉强为之的，因此，无论商品的划分、商品的估价、合同的订立还是“商品交易”这种行为方式本身的采用，都需要从这种“不完美”的意义上来看待。迫于时间压力与实际需要，当事人必须在不同质的对象（金钱与商品，或者商品与商品）之间强行建立可比性或者等价关系，从而使他的事情能够办得通。至于这种联系是否足够精确，足够妥当，都是次要的、第二位的。当然，这并不是说可以草率从事，怎么样都行，或者好坏一个样。只要当事人认为他能够改进自己的行为一分，他一定会去改进一分。现实之所以是我们所看到的样子，只是因为**在当事人的眼中**已经不能够再好了。这就是“最优化”的含义。

3.4.4“价格至上论”的产生

公允地说，通常很少有经济学家公开地、明确地主张我们在这里所说的“价格至上论”；相关的问题实际上并没有得到认真的讨论，而经济学家们是在不知不觉之间陷入其中的。让我们来看看这个过程是怎样发生的。

先来讨论一下“交易范式”是一种怎样的“范式”，以及它是如何遭到滥用的。瓦尔拉开创了把市场交易作为经济分析的中心环节的传统，一切经济议题都围绕商品交易这个环节来进行组织。生产商品是为了把它销售出去，消费商品则是购买商品的目的；总之，种种“非交易的”活动要么是为交易做准备，要么则是为了执行交易。交易在聚光灯下进行，其他活动都在暗处。这就好比“交易”就是舞台上的演出，其他活动则在后台进行。交易完成了，经济活动也就成功了，也就“万事大吉”了。

“交易”是如此地令人满意，所以，接下来的任务就是把它发扬光大。标准的经济理论是这样假定的：商品可以无限细分，所以，当事人想怎么样把商品分割然后拿出去交易都行；对于任何商品，都有无限多的买者与卖者，所以，交易可以随时随地针对任何对象发生。经济学家们认识到，存在于商品中的结构性因素是一个障碍，于是，通过“无限细分”的假定就把这个障碍拿掉了。他们忘记了，人们为了进行交易，为什么要跑到市场上去；处于偏远地区的人们为了进行交易，要历经怎样的坎坷。在常识上，“市场”这个词语的含义就是指“买卖人聚集的地方”，它不是任何地方都有的；只有来到这里，才能容易地进行交易。而“完全竞争市场”的假定已经把“市场”这个概念彻底毁灭了，它意味着人们随时随地都能找到无数的交易对象，还何必跑到“市场”上去呢？所以，这个术语本身就是矛盾的。或者，换言之，它意味着对于人际通信活动的取消，意味着人们之间的交流不费吹灰之力；当事人不仅可以无限度地接收信息，也可以无限度地处理信息，然后再把有关信息无限度地发送给他人。这些都超出了瓦尔拉的设想，但瓦尔拉对此负有重大的责任。它的那个框架一摆出来，客观上就会引起无限度地滑向这个结局的趋势；分析者的心中就会自然地涌起一种冲动，这种冲动驱使他去“扫除”任何障碍，不顾一切地追求远方的那个“梦想”。而对于经济学的一般受众来说，他们注意到商品交易事实上的确正在变得越来越方便，人们的通信手段的确正在得到改善，又想到垄断毕竟是一种不常见的情形，也就觉得这样的经济学大致是可以接受的。

现在我们再来看看价格。滥用交易范式的后果之一就是对价格的崇拜。“合约”其实是后来的非主流学者们所提出的一个概念，它强调了交易条件中的“非价格部分”，也即“结构性的条款”。可是，新古典学者们是顾不得这些的，数量分析的冲动驱使他们忽略这些因素，把注意力全部集中在价格上。价格被视作反映供求两方面所有有关信息的一个综合性的数据。由于交易时时处处可以进行，所以，经济活动中任何环节的信息，要么经由下游环节的活动最终进入价格体系，要么则通过该环节的交易而直接体现在价格上。鉴于所有的人类事务都可能直接或间接地影响经济利益，所以，在一些比较面向实际的研究中，如果发生标准场景之外的某些情况，研究者们便要看看有什么样的机制可以保证该等情事能够与价格体系相连通；只要可以连通，那么就“好了”，分析工作也就可以结束了。如此一来，照理说，无论经济领域内的议题，或者非经济的社会议题，以至任何议题，都可以纳入价格体系，从而得到“最终的解决”；不仅“有关信息”，任何信息，只要对人有价值，也就都可以视为必将或已经反映在价格上。因为把对人没有价值的信息包含在价格体系内也不会损害什么，而且这种信息必定是在通过某种分析之后才被判定为“没有价值”的，所以，扩而大之，**这种逻辑意味着价格体系是人类所拥有的全部信息、知识和思想的“最终的”反映或综合**。这种视角不仅湮没了“非交易性的”活动，而且湮没了学科的分野，使我们完全看不到其他社会领域以及其他学科的研究有什么独立的意义。一些“经济学帝国主义者”显然就是这么来看问题的，而另一些主流学者则避免做出如此明显有点儿荒诞的解释，他们会采用某些方法来悄悄地把经济分析的扩张步伐放慢一些。例如，不直接说“万事万物都可以用来交易”，而是强调“商品”这个概念，只有商品才能交易；这样一来，给人的印象是，可交易对象的范围已经显著缩小了。尽管无形的商品也可以比照有形商品来交易，尽管商品被假定为具有无限可分性，然而，因为这些假设在经验上具有一些（当然不是全部）实际的对应物，仅凭它们，经济学的受众们一般不会联想到这样的问题：究竟万事万物是否可以时时处处进行交易呢？

但是，这不能阻止交易范式的失控。因为，按照上述逻辑，以下的问题依然存在着：就价格所反映的那些“有关信息”而言，价格是否已经把这些信息“完全地”反映了？除去反映在价格中的那部分，这些信息还有没有“剩余的”价值，或者还有没有独立的意义？如果已经完全地反映了，那么，价格显然也就不可以再变动了；也就是说，交易只能是一次性的，此后也就不能再有交易发生——这就是阿罗–德布勒模型所描述的。反之，假如没有完全反映，又当如何呢？

从逻辑上讲，答案可以有两个方向：1. 这些信息还有某些剩余的价值，但它们不会再反映在价格中，所以，价格仍然是终极性的。2. 这些信息还有某些剩余的价值，它们虽然未能反映在特定的价格中，但将会源源不断地传导到以后的价格中，所以，价格是变动的，没有终极价格。不管怎么回答，这都是新古典框架所面临的核心的、因而必须予以思考和回答的问题。

3.4.5 价格难以“汇总”所有的信息（一）

本小节的任务是深入讨论上述问题。

一个明显的道理是：假如商品不能无限细分，交易不能时时处处得以进行，则价格体系对于信息的包含与反映就是不完全的。例如，某人发明了一项新技术，他不打算出售这项技术，而是把它应用到某种商品的生产中，那么，在使用该技术的商品出厂面市以前，新技术不可能对市场价格产生任何影响。这种情形其实是极为普遍的。无论商品生产还是其他任何“非交易的”活动，当这些活动进行之时，以及作为这些活动后果之一的相关商品的供求信息抵达市场之前，这些活动都可视作被隔离在市场之外。除非市场已经对此有所预见，或者除非这些活动都是常规性的活动，否则包含在这些活动中的信息是不可能反映到价格体系之中的。

论述至此，有人可能会马上想到：信息不一定要通过交易和价格体系来反映啊。譬如，新技术的发明人可以写一篇论文，把它发表在杂志上，这一信息不就传递出去了吗？甚至，这篇论文可以直接引起相关产品价格的调整。这个想法无疑有合理之处。关键在于经济学家对于信息传递的态度。如果一般信息的传递与处理就像市场交易中所假设的那样无须费时费力，那么，人类的交流以及经济活动的组织就都可以撇开价格体系来进行，价格体系的“神奇效力”也就不存在，经济学家们也就没有必要挖空心思来论证它；反之，假如信息要先注入产品之中，然后再通过产品出售传递出去，如此大费周折，经济学也就不能同样假定市场交易中的协商与谈判会进行得那样顺利。这就涉及对“信息”的本质以及信息传递与处理问题的基本看法，我们究竟应当持哪一种立场呢？或者，还可考虑另一种选择，即：**不同种类信息的传递与处理的代价不同，市场中的信息传递起来比较快，数量型的价格信息处理起来也比较容易，而其他非数量型的信息则相反；价格体系正是在这种竞争中获得一定的比较优势的。**这就是算法的态度。我们暂不展开这一话题。

新古典的方法把上述问题都绕开了。借助随时随地的交易，经济活动中的任何有用的信息都对价格体系产生了影响。我们暂不考虑造成这种影响的过程，现在来探讨上一小节末尾提出的问题：当信息处理过程结束以后，在最终的、均衡的状态下，还有没有有价值的信息遗漏在价格体系之外呢？

按照新古典的逻辑，这似乎是不可以的，因为，假若还有什么“剩余的”信息对当事人是有价值、有意义的，那么当事人必然可以通过付诸行动来利用它。由于商品的无限可分性，当事人必然也就可以策动某些交易的发生，或者，通过直接售卖该等信息，从而把它反映在价格上。“外部性”问题就可以适用这一逻辑：在新古典的假定下，任何特定交易的外部性都可以通过新的交易而将之内在化，所以，外部性是不存在的。

由此看来，新古典框架意味着，通过交易和价格体系，客观世界对于人类的价值或意义已经被“彻底地”“提取”完毕了；剩下的世界，剩下的信息，就好像被榨干的水果残渣或者垃圾，可以被废弃了。任何非交易的活动，只能在交易的框架中寻找一个位置，否则也就没有意义了。

然而，这是不真实的。有意义的信息不可能完全反映在价格上。我们可以通过多种方式或例子很容易地得到这个结论。设想一种情形：新发生一个会导致特定商品价格上涨的积极事件，同时又发生一个会导致价格下跌的消极事件，这两个事件的效应恰好相互抵消，以致价格未发生变动；那么，能不能从“价格未变”的现象，便认定这两个事件**没有发生**呢？再举一例：设有两个篮球运动员，他们的年薪都是2000万美元，那么，是否可以据此认为，这两个运动员是**一模一样**的呢？仅仅从他们的薪水上，我们如何能够看到他们球风的不同，看到他们在球场上分别司职几号位置，哪个喜好远距离投篮，哪个喜好运球突破呢？教练又如何据此来进行排兵布阵呢？这是根本不可能的！仅凭这一点，我们连他们分别叫什么名字都不可能知道！而这些我们从其薪水金额上看不到的信息，绝非对我们没有价值。正因为这个缘故，所以，篮球联赛要不断地评选诸如“最佳阵容”“最佳防守球员”“年度最佳”“月度最佳”等奖项，而且要在每场比赛中建立详细的技术统计数据。运动员的年薪数据是重要的，但是，这对于了解一个球员远远不够。球迷们通常会搜集所有上述信息，并把它们结合起来，才能形成对一个球员的认识。但是，这就足够了吗？仍然不够！为了全面评价一个球员，我们几乎不知道怎样做才足够。这个例子是笔者信手拈来的，实际上对于对象、任何商品，这个道理原则上都成立。简言之，我们不可能单单从商品（此例中的“商品”为球员所提供的服务）的价格来认识一个商品。许多商品都有相同的价格，如果单从价格来判断，我们甚至不可能知道那是什么种类的商品，更不要说它的具体特征了。我们看到关于一场赛事的海报，海报上面有门票的价格，也有关于比赛时间和场地的信息。这个显明的事实意味着，价格绝对反映不了商品的所有有用信息，这个道理非常明确地摆在那里！正是由于这个原因，比赛的时间和场地才需要另行说明。实际上，**人们一般只是将商品的既有价格作为参考资料之一来进行看待；除价格外，当事人通常还要了解特定商品的其他特征**。了解了这些其他的特征，当事人还可以反过来重新审视价格确定得够不够合理。因为，任何业已形成的价格的可靠性都是可疑的，都有必要予以重新鉴定。

让我们再举例说明这个道理。设有一间屋子，里面放置着多个物体。侧面的墙壁上有一盏灯，灯光的照射导致每件物体在对面的墙壁上投射出一个影子来；这些影子就好比价格体系。有了灯，就有物体的影子，这个没有错；甚至，我们还可以说，灯光照射的角度、距离以及物体的形状等因素共同“决定了”影子的形状，使之不可能任意改变（这意味着均衡）。但是，你绝不能因此就说这些影子已经代表了物体的所有特征，以致我们可以从影子中看到物体的一切。物体的颜色、气味、重量等信息，我们不可能从影子中看得到。同理，我们不可能从价格中看到商品的一切有价值的特征。

我认为，从新古典经济学对于价格体系的处理方式来看，主流经济学家们显然持有这样的观念；否则，经济学绝不会把价格议题置于如此具有统领性的位置上，而使一切结构性议题都附属于它，并最终几乎完全消灭了结构。我要请作为本书读者的经济学者们反思一下，实情究竟是不是这样呢？——难道不是这样吗？这个错误隐藏得很深！新古典经济学盛行于世一个多世纪了，而这一点却鲜有人予以指出，这个事实本身就表明，它很难被发现；甚至，我们可以说它是一个“逻辑陷阱”；一旦掉进了这个陷阱，就很难从中爬出来。这是一个连主流经济学家们自己都未能认识到的错误。从此后几十年间新古典经济学的发展历史来看，我们对于这个错误的存在几乎可以完全断定。经济学在这种错误潜意识的指导下持续向前，最终来到了阿罗–德布勒一般均衡模型。这个模型荒谬得让人无话可说，连辞书的作者都承认它“极其不寻常”[①]。其实，这一切都不过是包含在经典著作中的错误内核的一个自然发展而已。对此我们将在后面几节中继续说明。

这个错误只能隐含地存在。因为，任何一个有点儿常识的人，只要明确地领会到这个命题，就一定会拒绝它；甚至，只要按照以上的方式对他进行诘问，他也就会意识到很多东西，也就不会再接受它了。现在，我们把这个命题明确地提炼和表达出来，它的错误性质也就立刻暴露了。笔者期待着沉迷于新古典逻辑的读者因此会“恍然大悟”。这是我们走出新古典框架的一个重要步骤。

3.4.6 价格难以“汇总”所有的信息（二）

造成这个错误的原因之一，在于把某物与它的后果相混淆，把某物在某种特定情况下的表现与它的全部表现相混淆，以及把某种行为的最佳表现与它的全部表现混为一谈。在本小节，我们来进一步说明相关的道理。

一定的商品具有一定的性质与功用。它在某种情况下被其主人拿去与别人做了交易，交易产生了一个价格，而这个价格被搜集起来，作为其他人评估这个商品时的参考依据。新古典的主张是，这个价格神奇得很，需要予以特殊的尊重。这就好比来了一个陌生人，他在我们所居住的环境中逛来逛去，在这儿留个脚印，在那儿跟人讲话。我们想要了解他，而一个主流经济学家告诉我们，有一种非常可靠的方法，既简单，又全面，那就是请你去看看“××数据”，**一切**就都清楚了。这种断言当然是不可信的。

走不出这个陷阱的人，常常会迷惑于这样的想法：可以相信，某物**总会**有个价格，即使它并不时常被交易，甚至它从来也没有被交易过。价格就是某个正数，它介于 0～∞之间。一物要么比另一物贵，要么则比另一物便宜。在理论上，或者在未来

① ［英］约翰·伊特韦尔、［澳］默里·米尔盖特、［英］彼得·纽曼编：《新帕尔格雷夫经济学大辞典》，第一卷，北京：经济科学出版社，1996 年，第 128 页。

的某个时刻，或者按照某种假设的方法，总会产生或测度出它的“真实价值”。这就好比每个物体总有一个高度，这个高度一定位于刻度表上的**某个**位置，即使我们眼下暂且不知道它的具体数值，即使我们的测量或推断存在误差，这个数值怎么可能会不存在呢？只要沿着这个思路想下去，商品的价值也就很容易完全变成一个数量问题了。

这里的原因，就在于一物的价值或意义往往需要从多个方面去衡量。用数学语言来说，就是需要设置多个变量，采集**多种类型的**数据。而对于这些不同变量或数据我们一般不可能完全**通约**它们，也即，我们不可能把其中的任意一种数据圆满地**转化**为另一种数据，以致该原始数据此后即可被弃之不顾。某种物品（据信）将会有个价格，并不表明它只能具有价格特征，而不具有其他特征；某种事件（据信）将会“不可避免地”导致价格变动的后果，并不意味着它不能同时引致其他后果。所以，对于任何时空环境中所形成的具体价格而言，我们绝不能相信，所有其他的特征都已经反映在“价格”这个变量和维度上。新古典经济学的本质之一，就是它暗示或相信所有变量都可**最终**为“价格”这一个变量所“代表”；不同类型的信息最终都可化约为“价格”这个单一的**数量型**信息。这是武断的，并且是不必要的。

上述道理的表现之一，就是当某物在特定方面的表现维持不变时，它在其余方面的表现却可能变化。这就好比一部机器，机身上有多个螺丝。一种情况是：只有把全部的螺丝都拧紧，每个螺丝才能拧紧；而另一种情况同样可能存在，即其中的某些螺丝已经拧紧，而其他螺丝却是松动的，这是因为，它们彼此之间的联系并没有那么密切。这里存在着一种“离散性”或“不相关性”。

理解了这个道理，我们也就可以理解为什么商品价格在反映商品的性质与功用上只具有有限的作用。这是因为，价格只是一种实数，虽然其数值可以非常密集、非常丰富，甚至非常精确，但是，它终究只是一种数字，而不是别的。例如，它不是图形，也不是声音，它表达不了图形和声音所表达的那些东西。基于各种正反因素的相互作用，经过某个市场过程之后，价格最终被确定在某个位置，这不是因为它把商品的种种特性已经反映完全了；恰恰相反，这是因为它反映不了更多的东西了，“价格”这种工具的作用已经发挥到最大限度了，它只能是这个样子了。就好像一个水缸一样，它已经被水给注满了。

“价格代表商品全部价值”这样一个想法，也许还基于以下理由：交易意味着对特定商品的放弃，所有者得到了“价格”作为补偿，所以，价格可以视作“商品全部价值”的替代物。然而，持有这种想法的人仍然把价格神秘化了。如前所述，一种物品有什么功用，它的功用又会进一步产生哪些其他的功用，谁也不可能完全知道，所以，无论在交易中怎么估价，价格都来自有限的知识。价格只是一个很普通的数字，而估价活动，用俗话来说，“也不过是那么回事儿”，在大多数情况下，“简单给个数字就完了”。它的严肃性、以及它能达到的精确性都不会比其他活动超出太多。各人的知识与智力水平参差不齐，而且会犯错误，讨价还价只是人生要参加的无数种智力竞赛中的一种，因此，参与市场交易，有胜也有负，有成功有失败，不过如此。

从上述意义上讲，价格信息如同其他一切信息，既在“反映”客体，也在“扭曲”客体。这就好比有一台秤，我们要用它来衡量一个人的肥胖程度。一般来说，比较肥胖的人体重数值也会高一些，然而，二者之间的对应关系实际上并不是那么令人满意的，因为比较高的人也会比较重。新古典经济学意在描述诸如此类的一致性，而我们还需要看到另一面。

为了理解价格体系的局限性，还可以进行“换位思考”：鉴于价格只是反映商品价值的指标之一，如果一定要构筑“一般均衡体系”的话，那么我们也可以考虑不围绕价格信息，而是围绕其他种类的信息来进行。例如，商品的交易数量就是一个选择。某些经济条件的变化将会引起商品交易量的波动；可以认为，这一点是“不可避免的”，是可信的，而这种效应与它引起价格变化的情况是类似的。商品交易量有时变动剧烈，有时则相对稳定；据此我们可以尝试提出“均衡”的新定义：前者意味着不均衡，而后者则意味着均衡。这种定义方式是否一定比以价格为中心的方式差呢？一些观察表明，在市场的运行中，价格变动与交易量变动有时候是一致的，而有时候则是背离的，我们如何来理解它们所发出的不同“信号”呢？我们一定要采取某种厚此薄彼的态度吗？——实际上，老练的交易者都掌握一个基本的诀窍，那就是在研判市场行情时，除了价格信息之外，至少还要再看看交易量。这件事本身就表明，交易量信息可能具有价格信息所不具备的独到作用。

再举一例：要检测一架飞机的飞行性能，工程师们通常会设置非常丰富的指标，这些指标分散地、密密麻麻地显示在仪表盘的不同位置上。这相当于采取不同的途径来判定是否“均衡”。每一个指标都不能完全被另一个指标所取代。假如存在某个可以囊括一切的单一指标，仪表盘也就无须设计得如此复杂了。进一步地，假如所有的指标都合格，是否就意味着飞机一定不存在任何隐患呢？实际上，没有工程师可以对此给出完全肯定的答复。

还举一例：要衡量台风的危害性，气象局的科学家们也要进行繁复的科学检测，然后把众多指标综合起来，分别赋予每种指标不同的权重，然而编制成指数；再根据指数数值的大小，发出蓝色、黄色、橙色和红色警报。对于公众来说，一般只需要察看警报的颜色，就足以制订自己当天的生活计划。如果还要了解得更详细一些，可以在气象局网站上查看具体的指数数值，甚至查看其他有关的具体指标和数据。这至少可以说明两个道理：1. 我们运用某种指标来判断某个对象，要考虑到我们自己的需要。对于台风的判断，一般只需要设定 4 个数值就足够了。也可以考虑用这种“涂颜色”的方法来判断商品的价值，只不过，我们一般希望对商品价值的判断比较精确一些，而**数量型的“价格”指标具有远比几种颜色更为丰富的价位和表现力**，所以它“**更加**”符合我们的要求。2. 对相当大范围内的多组数据，只以单一颜色来表示，这是一种粗略的做法。就商品价格而言，类似情形也不能完全避免，即多种情形都只能以一种价位来表示，因此，价格相对于颜色的优势只是相对的，是五十步与一百步的区别。前面关于篮球运动员的工资等事例表明，价格型数据无法做到在特定的价位与特定的信息之间建立一一对应的关系，所以，它的表现力也是有局限的。3. 要想提高对台风了解的精确程度，就要看在警报颜色背后的数据；同理，要想提高对商品了解的全面程度，也要看在价格之外的其他信息。精确性、确切性、全面性在原则上是没有限度的。

“换位思考”的目的在于说明，对于所要认识的对象来说，一般而言，我们在任何时空位置上所拥有的具体知识，都不会那么尽如人意，我们一般不能够百分百地认识任何一个对象。这就好比一个穷人睡觉，他的被子不足够大，盖住了肩膀，则脚会露在外边；盖住了脚，则肩膀就会受凉。在这种窘迫的情况下，一些人常常就会陷入幻想，就会做夸张的推断，而这种推断常常是受到潜意识的驱使，是符合他们的利益的。在经济学界，这种利益尤其明显，这就是：鉴于数量型计算是如此简便易行，如此客观而有说服力，强调和夸张价格体系的作用于是就会凸现经济学的“科学性”（因为，据说，使用数学是一门科学成熟的“标志”），增强其吸引力；经济学家们也就可以在“发现”的愉快中让自己辛劳的大脑休息了。学者们一般总是急于建立某种严整的知识体系。在大众面前，说“我知道”总比说“我不知道”要好一些。尤其是，面对共产主义思潮的挑战，西方经济学必须以强有力的方式来论证自由市场的有效性。情急之下，经济学家们就开始强词夺理了。结果却是适得其反。

鉴于此，还有必要进一步追问：同一个本体的不同侧面的特征、从而不同类型和种类的信息之间究竟具有什么样的“最终关系”呢？对此，我们只能回答说：不知道。不同的信息之间可能是彼此独立、互不关联的，也可能是相互补充的，或者是相互印证的，因而具有**重复性**。人们在任何时点上所拥有的信息（在任何意义上）也都不大可能是“完整”的，因而，建立它们之间完美关系的愿望一般也就不可能实现。客观世界就是这样的纷乱和不规则。面对这种局面，我们可以有两种态度或方法：1. 承认和面对这种局面，而不是抹杀它。避免因为急于抓住所谓的“规律”，而不幸地掉进片面性的错误之中；这只会妨碍而不会有利于我们认识真相。2. 需要认识到，把这种混合而不规则的局面视为一种常态，是一种审慎的做法。因为，假如世界最终被发现具有类似于新古典主义者所说的那种可理解性与规则性，它**必定**会在我们对于这种混合性的研究中显示出蛛丝马迹，从而避免被我们错过。也就是说，算法的方法是**包含**新古典主义的，而新古典主义作为一种假想出来的极端的和特殊的情形，它不能容纳算法世界的一般情况。

3.4.7 价格难以“汇总”所有的信息（三）

形而上的思辨，不如实体化、情境化的描述和分析来得明白透彻。因此，在本小节中，让我们全面转入算法的轨道，再来看一看价格的性质。

所谓“实体化”，是指思想以及信息存在于空间中的某个地方（包括人脑），它们要么被加工，要么被传递，要么被存储。所谓“情境化”，则是指在思想实体化的基础上，当事人被设想为只能存在于特定的时空环境中，并且只能以有限的能力和速度来处理信息、进行行为，等等，因而，他在任何特定的时刻或时期内都只能与有限的对象（思想的或物理的）打交道。

在具体的情境中，当事人只能消费有限种类与数量的商品，并且，在任何特定的时刻，通常他都只能把特定商品用于一种用途，而不可能同时用于多种用途。商品生产者方面的情况当然也是类似的。信息在消费者、市场、生产者等主体或区域之间进行传播，而传播的速度仍然是有限的。信息流甚至会发生衰减以至中断。而在时间维度上，当事人是通过记忆与预测来把不同的时期联系在一起的。由于过往记录必定是不那么周全的，而当事人对这些记录的搜索能力也是有限的，加之注意力和计算能力的局限性，当事人也就不可能把过去的价格与现在的价格紧密地联系起来，同样也不可能把现在的价格与将来的价格紧密地联系起来。这种联系绝不可能像新古典学者们所设想的那么紧密。其结果是跨地区、跨时期的套利机制遭到了削弱。在一些情况下，这种削弱必定是严重的。

现在我们来看看这种算法世界（从而真实世界）中价格的性质与状况。在每一个具体的情境中，各个具体的消费者根据特定商品在此时此地对他们的具体“效用”，来对其进行估值。所以，关于商品在该具体情境中的使用价值的信息，首先进入了价格之中。然而，消费者各自通常没有必要考虑商品在其他情境中的用途如何。商品在其他情境中的使用价值之所以对该情境中的价格有影响，首先是因为存在跨情境的套利机制。可是，在“事事耗时间、处处有成本”的条件下，套利机制通常不可能以理想的方式进行运作，它不可能完全消除各个成交地点的价格差异。类似的情形也发生在商品供应端以及其他更为广泛的社会进程之中。那些可能影响价格的无限多样的因素，要么正在发生之中，要么正在前往市场的途中，要么可能被什么其他因素所阻滞。及至最终“赶到”成交地点时，交易也许已经结束了。各个消费地点的价格信息更是来不及**同时**进行相互沟通。至于对信息的加工方式（从而算法），也可能存在着广泛的人际差异。例如，面对市价上升的趋势，有的人可能减少购买商品，而另有一些人却因为预期价格将继续上升，反而会增加购买商品。

当事人不会**总是**限于考虑眼前那些有限的因素，他们也会考虑其他地方正在发生什么事，以及价格走势的演变。这种新古典式的看法是有道理的，但是，需要打多个“折扣”才行：1. 不可能所有的人都去思考范围广大而久远的事，而且也肯定不会有人去思考**所有的**事情。人们思考问题的周全性只存在程度上的差异。有的人经验丰富、老练而精明，有的人则相形见绌。市场则是由这些不同的人混合而成的。2. 人们关注远处的事情需要借助于信息传递渠道，思考过去的事情需要借助于记忆，预测未来则需要具有关于事物之间相互联系的知识。这些限制条件导致了：人们对于远方事态的把握，通常不如近处；对于过去事态的了解，通常不如现在；对于未来事态的预测，通常不如对事实的掌握。

以上种种因素和理由，可以帮助我们在原则上来到如下一些一般性的结论：包含在任何**实际**价格信息中的信息，不仅是有限的，而且很可能是相当有限的；各个交易地点的成交价一般都会有所差异，距离越远，差异越大；交易事件并非随时随地都会发生，而是有所间断的；价格通常是有所变动的，等等。

关于交易范式与价格信息的局限性，让我们再来重复思考一下下面的问题：对于从事经济与社会活动的当事人来说，是不是只要把商品交易问题处理好了，把定价问题解决好了，也就可以“万事大吉”了？其他的事务也就无需当事人**另外**进行努力了？在对其他事务的打理中，当事人是否**只**需要运用他们在商品交易中所运用的知识，而不需另外发展和运用与前者有所不同的、相对独立的、**只**与该特定事务有关的知识？如果对这些问题的答案是否定的，那么，交易活动与其他活动之间、从而价格信息与其他信息之间，也就都具有了**一定的**平等性和并行性了——尽管一定程度的“包含与被包含”“反映与被反映”“代表与被代表”的关系仍然存在着。这就好比要制造一列火车，仅仅把某两个车厢连接在一起是不够的，而是还要把众多的其他车厢都连接好才行。只有把各个不同环节的事情都办好了，这列火车的构造才算完成，它才能顺利地启动、上路。

我们既不能仅仅从价格信息中来了解商品和经济体系，也不能仅仅通过进行商品交易就打理好全部的经济事务。这两个特征是相辅相成的，它们既引导我们进入经济世界的丰富多样性（或者多元性），也引导我们进入分析方法的多样性（或者多元性，包括定性分析与定量分析的并列）。

3.4.8 价格至上论陷阱：鲁滨逊、米塞斯、哈耶克

关于经济学如何迷失和困惑于交易范式和“价格至上论”，可以举出很多例子。这些例子不仅涉及主流学者，而且涉及以批评或补充主流经济学为目标的非主流学者。

第一个例子是“交易学”（catallactics）。“交易学”即“交换的科学”。理查德·惠特利大主教提出这个术语，意在用它取代“政治经济学”这个名词。“交易学”的发展，无疑在推动古典经济学向新古典经济学的转变方面发挥了重要的作用。但是，新古典时代的交易学却逐渐变得极端化了。这突出表现在这样一个观点当中：商品交易无处不在，即使在自给自足的鲁滨逊经济中，它也照样适用。鲁滨逊的工作产生了“改变商品方位”这样一个效果，所以，可以认为他是在跟自己做交易。在持有这一看法的人当中，熊彼特也赫然在列。这种看法虽然极端，却反映了典型的“新古典的”观点。这就是：只要有需要，交易随时就能发生；通过交易，均衡即可实现。在这个用法上，**“交易”实际上已经等同于任何一般性的工作或事务（或者等同于我们常说的“调整”一词）**。因为，任何工作实际上都是移动某种东西（按照算法理论，思维活动也是如此）：把某个东西分隔开，把一种东西移过去与另一种结合，等等。我不确认主流学者是否认识到了这一点。进而，交易活动被假定为可以轻而易举地进行，其代价可以忽略，这就意味着任何活动的代价其实都可以忽略，经济学因

此也就不必研究什么了。——还有比这更荒谬的吗？需要注意到，这种对交易的滥用是受到惠特利的明确反对的。[①]

这种交易观典型地反映了新古典主义的观念，这就是：存在一个内部完全一致的真理体系，个人完全服从于这个体系，每个人都是这个体系中的一个环节或角色，因此，个人之间不存在冲突，而商品交易则是出于这个体系的分工生产及其正常运转的需要。这里不存在人为的因素，不存在超出物品流转之外的其他“社会性的”因素。交易是对商品控制权的一种转移，把它从一个人手中转移到另一个人手中；这种转移的意义被完全忽略掉了。反过来，只要新古典经济学暗含地假定计算与通信的代价为零，并且，沿着这个思路，进而再忽略掉交通成本，那么，它也就只能持有这样的交易观了。这不是对其基本逻辑的违背，恰恰是一种十足的忠诚。

第二个例子涉及奥地利学派。米塞斯在许多重要方面都被视作新古典经济学的批评者和竞争者，然而，他却坚定地持有这样一种观点：对于任何一种财货，其现在的价值总是高于未来的价值。这个观点在《人的行为》中被作为一种通行的原理来使用，从而得到了反复强调。一般读者所未曾觉察的是，这个看似雄辩的观点却包含着一种“价格至上论”的因素，因为它暗示了这样一种经济学的教条：现在就是对“未来”进行贴现的结果。这种论点的错误并不在于相反的观点正确，即“财货的未来价值高于现在”；而是在于，它暗示了一切未来的因素都可以被数量化和货币化，因而完全可以如同人们计算利息时所做的那样来纳入一般成本核算的行列中。所以，“现在就是对‘未来’进行贴现的结果”是“价格至上论”的一个变体，是其在时间议题上的一个运用。“时间的价值可以货币化地予以衡量”，这就是该观点的本质。这个本质显然是米塞斯宣布他要建立超出“交易学”的“人类行为通论”（praxeology）时所未曾意识到的。典型地持有同样论调的人还包括加里·贝克尔。在他关于消费经济学的几篇论文中[②]，贝克尔采用了这样的方法，即把时间作为一种相对独立的资源、变量和“成本项目”，引入新古典式的函数计算。这种引入时间的肤浅方法实际上只是宣扬了一个观念，即时间是有价的，它与（函数中此前就已经存在的）其他因素在本质上并无二致，这并不妨碍新古典原则的普遍适用。翻开经济学文献，我们可以发现，这样的理念或观点几乎无处不在，例子不胜枚举。“万物皆有价值，而这个价值一定可以设法表示为货币或其他商品的数量”，这是整个经济学界的一般观念。大家都把数据类型看作一个可以忽略的、技术性的小问题。即使有人对此持怀疑态度，可能由于不知其究竟错在何处，因而也采取了默不做声的态度。

下一个是哈耶克。哈耶克无疑是批判主流新古典经济学的箭头人物。在他的著名论文《知识在社会中的运用》中，哈耶克提出了人们如何相互间接利用对方的知识

① ［英］约翰·伊特韦尔、［澳］默里·米尔盖特、［英］彼得·纽曼编：《新帕尔格雷夫经济学大辞典》，北京：经济科学出版社，1996年。本自然段据第一卷，第409–411页，“交易学”辞条。

② 参阅［美］加里·贝克尔：《人类行为的经济分析》，王业宇、陈琪译，上海：上海三联书店，上海人民出版社，1995年，第四篇，共包括三篇论文。

以及价格体系的相对重要性等问题。哈耶克的作品曾给笔者以巨大的启发。现在，在一个统一的逻辑系统之下，我们可以简单地说，他的论点是非常“算法的”。然而，其中仍然包含着瑕疵，这种看似微小的瑕疵，客观上导致了严重的后果。这就是，他认为这种通过观察简单的价格信息就可以间接地利用他人的丰富知识的方式很神奇，“涉入这个体系之中的个人只需要知道很少的信息便能够采取正确的行动”①，因而，他称之为“奇迹”（marvel）。出于反驳制度设计的观点，他急切地把这个“奇迹”与斯密—门格尔式的“行动的意外后果”联系起来，这就给价格体系披上了一层神秘的色彩。然后，他又强调指出，类似的现象是社会科学的中心问题。对新古典经济学的批判理应包括对价格体系的批判，而哈耶克在这里的态度与口吻却来了一个大转弯，转而对价格体系抱欣赏与玩味的态度。这种态度显然是与米塞斯在论述社会主义经济计算问题时的立场相一致的。这样一来，对新古典经济学的批判就遭到了严重的削弱。“奇迹”说影响很大。结果是，新古典学者们抓住这一点，进一步强化了他们的“价格至上论”，然后宣称，哈耶克所创立的这个“信息经济学”已经被主流经济学“吸收”了。

有了算法理论，我们现在已经知道，知识的传播、继承和发展其实是一件非常简单明了的事情。可以说，其中并无神秘之处。由于通信与计算能力的局限，如果不做刻意的努力去了解，接受知识的人当然就不会知道特定知识的来源和背景。为了节约用于计算的资源，他也会尽量避免去了解详情。简化计算的动力是非常强大的。简化计算是迫不得已，不能据此认为当事人很“高明”。而且，价格信号也未必总是正确。从上下文来看，后一个观点其实是哈耶克完全可以同意的。这些特征不仅针对价格信息，而且针对一切类型的信息和知识。从这个意义上讲，**任何信息与知识既都可以在一定的情况下视为某种综合了其他大量知识与信息的“信号”**，同时，这些信号都未必完全准确而有效。另一方面，一个人的行为产生了对于他自己来说“很意外”的后果（例如关于商品交易的“安排”及其所产生的价格信息），绝不意味着别人没有注意到这个后果，也不意味着别人不可以有意识地利用它。包括价格体系在内的超越于个人的种种社会现象或“社会存在”，无不是这样造成的。一旦我们认识到这种“半内在化”的现象，一切就都变得稀松平常了；进而，我们自然也就会产生这样一种看法，即把（哈耶克所说的）知识分工作为社会科学的“中心议题”，已经不再有显著的必要性了。我们还需要寻找新的有挑战性的议题，包括以新的方式来重新构建经济学。

3.4.9 价格至上论陷阱：西蒙、李嘉图

“价格至上论”的下一个例子由赫伯特·西蒙提供。西蒙以主张“有限理性论”

---

① ［英］弗里德里希·冯·哈耶克：《个人主义与经济秩序》，邓正来译，北京：生活·读书·新知三联书店，2003年，第129页。

而著名，他的观点在许多方面都是比较“算法的”。不过，这里要讨论的却是他的思想中的“新古典残余”，尤其是他关于“信息处理费用”的观点。这里之所以选择这位被笔者视作算法理论“先驱”之一的人物，正是为了说明价格至上论的影响有多么广泛而深刻。

针对新古典经济学所假定的信息自由流动，西蒙强调，信息的供应一般是受到限制的。针对新古典经济学所要求的对信息的“彻底处理”，西蒙说，人们一般只追求对信息的比较满意的处理，为此，当事人会设定一些具体的目标或标准，决策只要符合这些标准就可以了。这是他对“最大化”所做出的修正。针对新古典的“实质合理性”，他提出“过程合理性”作为补充。最后，针对新古典所假定的计算成本为零，他提出，应当把信息处理费用也考虑在内，也即在成本—收益核算时，需要增加“信息处理费用”这样一个科目。

西蒙的以上各部分论述都是相对独立的，他远未觉察到各个部分之间的相互关系及其高度的整体一致性。信息处理或计算是有代价的，这种代价岂是仅仅增加“信息处理费用”这样一个科目便可以予以衡量的？！“信息处理费用”的引入意味着我们对于思想活动采取了一种完全不同于新古典方式的新态度，由此所发生的一切变化都可以叫做（或者涉及）“信息处理费用”。只是，其中的大部分内容并不表现为货币形式，它们可以叫做“结构性的科目”，需要对之展开“结构性的计算”。当考虑计算的代价时，尤其需要优先地考虑这些“结构性的科目”；只要这一点做到了，至于是否需要单独设立一个货币性的“信息处理费用”科目，笔者以为，这倒是次要的。例如，计算所耗费的时间是进行计算活动所付出的一种代价，但是，我们不能认为，只要设立了“信息处理费用”这个科目，使其中的货币金额足够大，就可以不再考虑计算的时间花费了。正是基于这一认识，在算法类的文献中，我们常常把“计算时间”与“计算成本”两个词并列地运用，以免让读者误以为其中的一个可以“概括”另一个。我们特别强调计算时间的引入所造成的广泛的结构性后果；在此前提下，常常反而不考虑某个货币化的“计算成本”。西蒙对于新古典框架的修改表明他其实正在考虑引入“有限理性”概念所造成的结构性后果，只是，他对此并不自知，因而，他才提议要单独考虑“信息处理费用”。倘若他意识到了相关一系列问题的整体性，他一定是不会这样来论述的。他也一定不会只是在新古典的框架上做一些小修小补，而不去从整体上放弃这个框架。

关于以上“结构性计算”的道理，再通过引入一个例子来稍做说明。例如，某人午餐选择吃方便面，有关成本—收益项目可以简述如下：

成本：一定的（较低的）货币价格，方便面不新鲜，含防腐剂，营养成分不足

收益：满足食欲，食用方便，节约时间

新古典的观点是，“方便面不新鲜，含防腐剂，营养成分不足”等缺点以及“满足食欲，食用方便，节约时间”等优点均已经反映在了价格之中，它们都是对特定价位的说明或注释，所以，消费者只需要考虑这一价格（以及自己特殊的“偏好”等因

素)，就可以做出适当的决策。如果并行地考虑价格“背后”的那些因素，就意味着重复计算。而实际情况是，消费者通常的确在以上各个积极与消极因素之间进行广泛的权衡，而不是仅仅考虑价格因素。其他各种因素会影响价格，这是可信的；但是，这绝不表明它们就不再值得在价格之外继续予以考虑了。这是两码事儿。其次，如何在收益与成本之间进行比较和运算呢？其方法不能限于减法，即用收益减去成本；而是要采取灵活多样的手段，包括运用诸如“含防腐剂的商品一概不吃”或者“午餐越快越好”等规则，来做出决策。理论家假想和生造简单的计算模型，而当事人却不能这样做，他不能不面对各种结构性的问题。所谓的“结构性计算”，实际上是指人们平常所进行的、除去数量计算之外的一切思维方式和思维活动。也就是说，人们平常是怎么想的，也就相当于是在怎么“算”。

新古典时代对于价格所日渐形成的崇拜，在古典时代其实并不显著。但是，这并不意味着古典经济学就很合理。每个时代的人各有自己的天真、武断和固执。李嘉图便是这样一个例子。面对物价的变动不居，当时的经济学家们感到烦恼和困惑，于是，李嘉图提出，他要寻找“不变的价值尺度”，寻找那个决定各种商品价值的背后的东西。在《政治经济学与赋税原理》中，李嘉图论证道，决定商品价值的便是生产商品所必需的直接与间接劳动的时间耗费，这个单一的变量所提供的解释基本上足以达到上述目标。把这样的“劳动价值论”与“价格至上论”相比较是很有趣的。其共同特点是，为了评价一个对象，都求诸单一的因素，幻想着单一的因素便足敷使用。不同的是，所诉诸的因素具有差异。这就好像在 3.4.5 节的例子中，为了研究屋子中间摆放的物体，甲要把灯光往东墙上投射，而乙则要往南墙上投射。两面墙壁上的影子虽然有所不同，但投射的方式却是相同的。算法经济学也可以如法炮制：既然新古典经济学把商品价值全部折算为价格，算法经济学则可以设法把商品价值(以及其他一切)全部折算为其他的什么东西(比如“计算时间”而不是李嘉图的劳动时间)。不过，若果如此，算法经济学也就没有取得什么进步，也就可以取消了。

3.4.10 价格至上论陷阱：科斯

主流经济学的基本思想和方法，就是集中关注物质存在以及物理性的活动；当涉及思想与社会议题时，它就假定这类活动可以“无摩擦地”、无限度地进行，直至到达某种(理论家们所设想的)极限状态。这种方法的表现之一，就是重点研究商品生产中的成本—收益关系，同时假设商品流通的成本为零。这种做法与其对交易活动的关注之间潜在着矛盾。我们可以发现，主流经济学对这两类对象的总态度以及对待其中每一类对象的态度都处在一种十分微妙的“失衡状态”：要么是过分的关注，要么则是不承认它的存在的“真实性”；或者，要么顾此失彼，要么则是自我否定。

为了“弥补”这种缺陷，“交易费用”这个概念被提了出来。产权与交易费用经济学的兴盛，表明经济学家们对于进入新的领域有多么饥渴。在主流范式之下无法讨论的大量议题，现在都可以通过在其肌体上开启“交易费用”这个“小豁口”而登堂入室了。论述是丰富的、具有启发性的，甚至是精彩而又实用的；然而，在逻辑上却是混乱的。在笔者看来，通过澄清这些混乱，最能够说明算法理论的使用价值。

先说交易费用的性质。“万事万物皆为实在，万事万物皆有代价”，这是算法的立场。采用这样的眼光来看待世界，成本—收益分析就可以普遍适用；于是，商品交易有代价，这一点也就毫不奇怪。“交易费用”作为一个较新的、离经叛道的术语的出现本身是发人深省的，它折射出了主流经济学的“重物轻人”的实质。这对我们以上关于主流经济学的根本性质的判断实际上也是一种间接的肯定。科斯说：“购买者和出售者将彼此寻找：购买者想知道供应商所能提供的，而供应商想知道购买者想购买的；双方都想知道另一方做生意的价格，对此要进行谈判，签订契约，确定他们观察到的条款是否无误，等等。市场将会建立起来，专业的代销商和经纪人将出现以助于交易过程。所有这些活动的成本就是我叫做交易成本的东西。”[①]从这段话可以看出，交易费用建立在对信息的搜集、处理、发送、传播以及人际通信的基础之上；简言之，建立在计算成本的基础上。科斯在另一个地方还谈到了“思想市场”与商品市场要同等对待，不可厚此薄彼。[②]这表明，科斯对于认可思维活动的客观实在性，在原则上是没有问题的，只是，由于他同新古典学者们一样受到行为主义方法的严重影响，以致过于强调“寻找”“谈判”“契约”“经纪”等可视的、物理化的现象或行动。被这些现象与行动所包裹着的正是思想。科斯未能提炼出这样的观点，即新古典的本质在于对思想的忽视；正是由于对思想的忽视，导致它不得不忽视交易过程以及交易费用。交易费用的内容固然并不完全都是直接的计算费用（例如仓储和运输费用），但是，离开了计算的代价，交易即可完美地发生，这意味着“交易费用”这个概念已经丧失了它的灵魂，只剩下诸如“仓储和运输费用”这些与生产成本毫无二致的科目了。

由于对“交易费用”的实质和内涵认识不清，这导致科斯与张五常之间围绕着“科斯定理”展开了一场争论。“科斯定理”说，如果产权界定足够明晰，而交易费用为零，那么，市场就会实现最佳的资源配置。张五常反驳道，产权，作为一种法律制度，其存在本身表明，交易费用是正的而不是零，所以，在此情况下再假定交易费用为零就是一种自相矛盾。据此，张五常断言科斯定理是错误的。[③]这是一个睿智的洞察。这表明，张五常已经模糊地意识到，计算成本的引入将会内生制度。对此批评意见，科斯却不认可。科斯反对把交易费用定义得太宽泛（张五常把它定义为一切在鲁滨逊经济中不会发生的费用），他认为“制度成本”与交易费用不同，应该分别讨论。[④]这样一来，在科斯的眼中，交易费用就接近于可以货币化了，它成了在一定

---

① ［美］科斯等：《契约经济学》，李风圣等译，北京：经济科学出版社，1999 年，第 92 页。

② ［美］科斯等：《财产权利与制度变迁——产权学派与新制度学派译文集》，上海：上海三联书店，上海人民出版社，1994 年，第 333–344 页。

③ 参阅 http：//www.nsd.edu.cn/cn/article.asp?articleid=7674，以及张五常：《经济解释——张五常经济论文选》，易宪容、张卫东译，北京：商务印书馆，2001 年，第 526–528 页。

④ 参阅［美］科斯等：《契约经济学》，李风圣等译，北京：经济科学出版社，1999 年，第 92–94 页。

的“制度性基础设施”之上的短期的成本项目了。这种想法与西蒙对于“信息处理费用”的态度显然是很相似的，他们都陷入了同样的误区。

那么，如何协调他们两人的观点呢？算法的方法很简单：首先，既然讨论交易费用以及制度问题，计算成本就必须予以认可，否则就不存在讨论的基础。计算成本的引入导致制度出现，直至产权制度的建立。这是计算成本的结构性表现。在此前提之下，在一个具体的决策情境中，由于制度已经存在了，建立它的成本已经支付了、沉淀了，这就相当于计算成本的主要部分已经考虑在内了；那么，在接下来的预想的决策过程和社会交流过程中，我们也就可以近似地假定交易成本为零。依据常识，对于一项重要的交易，相关的寻找、谈判的成本往往的确算不上什么大事，因而也就可以忽略。主流经济学对于交易费用的忽视，以及读者们对于这种做法的接受，显然也有这个常识上的原因。

重申一遍，在有计算费用的世界中，首先要考虑的是计算费用的存在所导致的结构性的后果，也即“结构性的计算费用”；只要做到了这一点，货币性的费用反而是次要的，甚至有时是可有可无的（两者之间的关系相当于马歇尔式的短期成本与长期成本）。这种混乱的发生反映了“成本”“收益”“费用”这些术语所固有的误导性。为此，在经济学与社会科学中，有必要做出明确的澄清，即应当把这些术语的含义分为广义和狭义两种。广义的用法包括结构性的内容，而狭义的用法则**仅指**货币性的内容。在新古典框架下，这种区分没有意义，而在算法框架下，这种区分是非常重要的。当采用狭义时，意味着在对结构性问题的分析中，我们已经抛弃了诸如“成本”“收益”等经济学的传统语言，展开了定性分析。不同分析方法和不同术语的并存，就如同对于商品评价方法的多元性一样。理解这种局面之合理性的关键，就在于认识到“单一方法可以包打天下”乃是我们出于懒惰而产生的一种主观上的臆想，是唯理论、决定论、绝对真理观以及所谓的“完美知识”的表现形式。

3.4.11 价格至上论陷阱：张五常

科斯和张五常在讨论“科斯定理”时所持的对立立场，在讨论企业的性质时却颠倒了过来。在《算法》中，笔者曾经这样来介绍他们的不同观点：在企业理论中，有一个重要的争论，发生在罗纳德·科斯和张五常之间。张五常认为，企业是要素市场对产品市场的替代，是一个“合约之网”，“因此，硬要问企业是什么或不是什么，是毫无益处的”；[①] 科斯不同意，他赞同 D·H·罗伯逊所说的企业是“在不自觉的统筹协调的大海中的自觉力量的小岛”的说法，“指挥是‘雇主与雇员’这种法律关系的实质”；[②] 企业里“存在一种控制权，……它是在一个通常完全不同于独立的签约者的

---

① 张五常：《经济解释——张五常经济论文选》，易宪容、张卫东译，北京：商务印书馆，2001 年，第 351 ~ 379 页；直接引语见第 374 页。

② ［美］科斯等：《财产权利与制度变迁——产权学派与新制度学派译文集》，上海：上海三联书店，上海人民出版社，1994 年，第 3、18 页。

方式上使用的。企业的界限是由管理的结构规定的”①；“企业问题的重要性在于，在一定范围内，雇主有权控制雇员的行动。”②现在我们来详细解释一下算法理论如何用于平息这个争论。

张五常在批评科斯定理时所持的“结构性观点”，在企业的性质问题上却转移到了与新古典相接近的立场，这就是对交易范式的任意使用，或者，“相信”交易范式是可以普遍使用的。当然，张五常与价格至上论保持了距离；在他的眼中，交易的条件主要体现为交易合同，合同有没有价格，并不要紧。他在介绍他的《佃农理论》这篇论文时曾经这样写道：“佃农分成的合约内完全没有价格，有的是一个百分比。因此，佃农合约必须有其他条款，使合约成为有结构性的文件。但想深一层，所有租用或雇用合约都是结构性的，是否白纸黑字写下来是另外一回事，而又因为合约中若有价格的存在，经济学者就什么也不顾了——此乃大错。”③这就是所谓“契约经济学”的基本想法：把交易条件由单一的数量型数据（也即价格）扩展到非数量型的数据，从而使之成为多种类型的变量或数据的组合，但是，交易仍然是交易，交易范式本身并未受到质疑。我们可以称此为一种“弱的新古典立场”。

科斯的反驳则是针对交易范式本身，他明确要求经济学家们必须直接面对“权力”这个问题，必须设法定义人与人之间的控制与被控制的关系，说明其为什么会存在，而这种关系显然是以“人与人之间平等互利”为核心的、主流的交易范式所无法解释的。有了算法理论，现在我们知道，权力缘起于人际意见分歧作为一种常规现象的存在；因此，在一些情况下，强行建立一致性会得到额外的利益，于是，有人就会拿这种利益来“收买”他人，使其放弃自主权而听命于他。这种关系在整体上固然是一种交易关系，而科斯意见的价值在于：即便如此，解释仍然是不够的。

张五常的观点反映了经济学的受众们长期为这种逻辑所迷惑：商品交易固然事实上并非时时处处可以进行，但是，鉴于某些部件结合为一个整体商品后是可交易的，我们便可以“**近似地**”理解为这些部件本身也是可以交易的。同理，长官命令一个人去执行他的指示，这是一种单向的、非交易的、不平衡的关系（就好像“权利”这个概念一样），可是，被命令之人会定期或不定期地得到报酬与奖励，所以，最终还是交易关系“获胜”了。我们现在要强调的是：这是一种不符合科学准则的、无意义的、具有迷惑性的武断之论。原因在于，与之相反的命题也具有同等的效力，即：根据以上现象，我们也可以说，交易范式没有任何用处。鉴于许多对象都只是不时地、偶尔地进入交易，我们可以把这一点理解为它们“最终”被抛到了交易体系之外。这两种说法有什么不同吗？哪一个命题更有说服力呢？这就好比交通信号灯在红灯与绿灯之间不停地变换，甲说：“所有的红灯最终都变成了绿灯，所以绿灯是主要的、普

① ［美］科斯等：《契约经济学》，李风圣等译，北京：经济科学出版社，1999 年，第 95 页。

② ［美］科斯等：《财产权利与制度变迁——产权学派与新制度学派译文集》，上海：上海三联书店，上海人民出版社，1994 年，第 94 页。

③ 张五常：《佃农理论：应用于亚洲的农业和台湾的土地改革》，易宪容译，商务印书馆，2000 年，第 31 页。

遍的、最终的和有代表性的信号灯”；而乙说：“所有的绿灯最终都变成了红灯，所以红灯才是主要的、普遍的、最终的和有代表性的信号灯”。这两种说法难以决出雌雄，但有一点是共同的，即它们都是武断的，并且是没有意义的。

经济学者们被这种强词夺理的逻辑绕了进去，受其影响很深，以致大家长期地信奉交易范式。笔者甚至认为，契约经济学的出现固然是一种进步，然而，研究契约经济学的学者们扩展地理解交易条件的后果之一，就是把交易合同本身类比为一种“**扩展的价格**”，其结果反而是**加强**了交易范式。这就好比把服务类比为商品，把脑力劳动类比为体力劳动，把交易费用类比为生产费用。这种类比的结果是强化了“新古典的信念”，而不是削弱了它。

那么，如何从理论上来定位人际控制关系或“权力”本身呢？算法的方法是采用否定法，即只要我们认识到交易范式与价格至上论的武断性，揭去了这层面纱，走出了这个误区，那么，世界的本来面目及其丰富多样性也就**自然地**显示出来了。这就好比地球上为什么有山、有水、有人，我们解释不了；或者，作为社会科学学者，我们认为对之进行解释并非我们的使命。当我们着手研究工作时，地球上的这些状况已经在那里了，我们的任务是以之为**前提**，**做下一步的**推演。而现在有人说，地球上的一切都来自某种单一的粒子，那么，不是我们，而是这个人本人必须做出自己的论证；假如他不能做出适当的论证，以致其论点被判定为不可信，我们当然就仍然坚持**原来的**前提和工作方式，不必理会他。具体到人际控制关系，我们暂时也不可能解释导致这种现象的全部原因以及每一个因果环节。最为重要的就是认识到交易范式不是普遍适用的，价格至上论乃是一种幻想。丢掉了这个幻想，则不仅人际控制现象，其他一切异质性的、结构性的活动或现象的意义与地位也就都显示出来了。我们固然可以通过诸如上述“在人际分歧中构建一致性”的思路来不断地扩展交易范式的解释范围，然而，即使没有这样的解释，人际控制关系仍然在那里，在我们的视野中，其中的诸多环节（诸如个人可以“扮演”他人或一个假想的主体，等等）即使凭借常识也是可以理解并视为当然的。正是对交易范式的滥用以及新古典主义的想象才导致我们对权力的存在产生困惑的。

价格只是一种片面的信息，商品交易只是一种片面性的活动。这种片面性不仅针对整个世界，而且也针对商品本身。这就是我们在本节中力图表述的观点。不仅商品只是不时地用于交易，而且，很多对象都从来不进入市场之中。在经济史上，市场的范围的确是不断扩大的，不过，由于知识体系总的来说处于持续扩张之中，很多其他领域也随之不断扩张，所以，市场的扩张并不是一种独有的现象。市场的扩张未必意味着其他领域的缩小（例如，国家的地理范围也扩大了）。需要注意到，鉴于可以理解的原因，许多领域不仅现在未能进入市场，以后可能永远也不会进入市场。人们进入交易的目的其实是为了走出交易；对于社会来说，市场的意义恰恰在市场之外。“市场的扩张意味着其他领域的缩小”，“商品交易终将湮没一切”，诸如此类的简单化的想象正是新古典主义的产物。

在新古典经济学所犯下的各种错误中，对交易与价格工具的滥用最不容易得到澄清，因此，本节用了较大的篇幅来说明这一点。这只是一个基础。价格至上论的产生还与关涉整个市场而不是单一市场的一般均衡理论有关，因此，还需要放在一般均衡的背景下来进行批驳。对此将在后文中（尤其 3.8.1 ~ 3.8.2 节）再继续展开。

3.5 竞争与垄断：矫饰的注脚

3.5.1“竞争”概念与新古典的原则不相容

供给与需求在市场上达到了平衡，于是发生了交易，生成了“均衡价格”。在新古典的充分信息与完美理性的假定之下，这些结果都可以直接发生。例如，在一个非常有经验的买家面前，卖家是不会胡乱报价的，因为他知道漫天要价不会发生效力（还可能损害他在该买家眼中的形象）。于是，谈判过程可能会很简单。可以推想的是，即使在一对一的情况下，双方也可能直接以理论上的“均衡价格”成交，以免横生枝节，徒耗精力。这是一种合乎逻辑的推论。在新古典框架下，这个道理可以体现为，当事人根据自己所掌握的充分信息与完美知识，在自己的脑中来求解方程，从而得出最佳决策。既然信息是充分的，知识是完美的，计算是迅速的，我们就可以假定每个人都知道对方的需求或供给函数，于是，每个人的决策必定都是相互一致的；这样一来，就轻而易举地实现了“一般均衡”。

可是，新古典经济学家们不愿意这样做。他们不愿意假定当事人已经彼此了解对方的**内心**，他们假定当事人只是根据外显的“现象”、也即拍卖人的喊价来做出自己的决定。这实际上潜在地承认信息的获取具有难易之分，或者说信息是需要节约的，因此，这也就潜在地承认信息具有“实体”的性质，而当事人对它的处理也需要有所花费。当然，他们对此是无意识的。在这一理论的初创阶段，新古典学者们并没有认清自己学说的本质，他们为生活经验所吸引，只是试图描摹他们所注意到的生活现实，有意识地陈述他们所认为的经济过程。成交价格为什么就是（或者最终趋向于）理论上的均衡价格呢？依据常识，他们所提供的答案是：竞争。你想卖个超高价，另有人却愿意以较低的价格售出商品；你想以超低价购买商品，却另有人愿意加价购买。众多的买者与卖者这么一“竞争”，结果是商品交易只能以某种“公道的”价格成交。由此，主流经济学发展起了以竞争、完全竞争、垄断、垄断竞争等概念与理论为内容的一个分支，这个分支为一般均衡理论提供了一种注脚，一种辅助性的说明，以及一种扩展和应用。由于其与日常经验相连，这个分支显然提高了主流经济学对于普通读者的可接受性；同时，不可避免的是，它也掩盖了主流经济学的本质和缺陷，使得那些试图改良经济学的人们，往往做出无效的努力。

与新古典经济学关系最为密切的是“完全竞争”这个概念。在权威的辞书中，完全竞争具有如下特征：“大的数目；自由进入和存在；充分信息和可忽略的搜寻成本；产品的同质性和可分割性；没有合谋；以及没有外在性和报酬不随着规模递增。”①对于普通读者来说，这个概念仅仅给人一种理想化的印象。然而，实情绝非如此，这个概念是经济学家们精心构筑的，而且，其诸特征也绝不是理所当然地凭借常理可以推知的。这是一个拼凑物，它企图帮助主流经济理论避开种种明显的困难。然而，这个目的终究是不能达到的。

让我们来历数其中蕴含的诸多问题。两人或多人间进行竞争的原因，当然首先在于每个人都是不同的主体。在甲的眼中，效用与利益归于甲；与其归于乙，当然是有分别的。因此，就要展开一番争夺。可是，这种争夺是否同时也起因于个人知识、思想与能力的不同呢？如果每个人争取其利益的手段都是完全相同的或者完全互补的，还有竞争的必要吗？竞争意味着不同对象之间的一种比较，完全相同的手段之间显然就不需要竞争。完全互补的对象之间也不需要竞争，它们所需要的仅仅是合作与联合。因此，竞争显然不仅是针对有差异的、不相同的对象而言的，而且在当事人看来，这种差异意味着一种**矛盾与冲突**；有他没我，有我没他，两者不可以并存。经由竞争，有关当事人可以做出一种选择，一种取舍；优者获胜，劣者淘汰。简言之，**竞争是相互冲突的人们之间所发生的一种现象**。一旦达到了这个洞见，竞争与新古典框架也就分道扬镳了。

以上论述同时说明，**竞争是与有限信息、有限知识、有限理性以及主观性紧密相连的**。用奥地利学者的语言来说，竞争是一个“发现过程”。由于有关当事人尚不知如何选择（例如，买家不知道如何购买），竞争的过程以人员与信息的汇聚开始（例如，竞标者汇聚到拍卖大厅）。然后，以特定的程序或方式来**展示**各自的特点与长处，从而使强者得以**凸现**出来，强与弱的划分由不清晰而变得明晰。竞争的结果即使在某些人的眼中是可以预见的，竞争本身也可以用来证实这种预见，从而强化其说服力与可信性。既然新古典框架奉行充分信息与完善知识的标准，又何来“竞争”一说呢？毋庸过多强调的是，竞争必定是针对多种多样的信息类型的（例如在产品质量上的竞争）。新古典理论把竞争局限于价格方面，不过是“价格至上论”的一个表现而已。竞争是一种实际发生的行为，其中包含着时间过程；而新古典式的竞争却是潜在的，它无法合乎逻辑地体现为一个**过程**，所以，实际存在于新古典框架之中的，也就只能仅仅是作为竞争结果的某种“状态”。最后，竞争也不仅仅是被动的、老老实实的信息显现过程，其中也包含着当事人以主动干预为目的的策略运用（例如说服、欺诈甚至强迫），所以，它也是一个建构或者生产的过程。

“完全竞争”这个概念中的矛盾有过之而无不及。为什么众多竞争者的存在就可

① [英]约翰·伊特韦尔、[澳]默里·米尔盖特、[英]彼得·纽曼编：《新帕尔格雷夫经济学大辞典》，第三卷，北京：经济科学出版社，1996年，第897页。

以保证竞争是“完全的”？竞争者因此为什么就会诚实地报价和交易？经济学家们对此的回答是，大数目可以防止竞争者之间进行合谋，他们因此还会相互拆台，避免虚报价格，从而使得实际报价只能按照各自的边际利益来进行。这个道理在很大程度上也是实情，然而，它却与新古典的前提不一致。这是因为，大数目可以阻止合谋的原因显然在于大数目会大大增加沟通联络和谈判的代价，而新古典的假定却是计算与通信的成本为零。在后一种情况下，谈判对手是1个人或60亿人又有什么区别呢？反过来说，“完全竞争”的引入实际上承认了通信与商谈成本的存在，并且**这个概念尤其强调了通信问题的重要性**。这与其所明确宣布的“充分信息和可忽略的搜寻成本”以及新古典主义的基本思想方法之间形成了直接的对立。换言之，它只能作为一个算法式的概念来予以探讨。

其与“完美理性”之间的冲突尤甚。新古典人被设想为足够“聪明”，以致他不去尝试控制价格，只愿意做一个“价格接受者”。可是，这样一来，他们就被对手“各个击破”了，反而不能得到比其他“不完全竞争状态”之下更多的利益。厂商的利润只能是零，这就是“利润最大化”的结果。这难道不是一种讽刺吗？正如博弈论所指出的，实际上这是一种“囚犯困境”，绝不能简单地视为聪明与智慧的表现。理智的竞争者应该谋求一定的合作（甚至包括合谋），而不总是相互拆台。新古典人独来独往，对于合作的事业采取“事不关己，高高挂起”的态度，这不仅是自私的，而且是不完全明智的。在新古典的假定下，个人的力量无论多么微小，其实都不应允许（也不必要）对之加以忽视，而新古典经济学家们的论调却恰恰如此，类似的论调充斥于主流的文献（例如关于完全竞争的所谓“非剩余条件”）之中；似乎不如此，就不足以表明当事人是“理性的”。当然，假如确实存在具有“完美理性”的人，那么，他究竟应当去拆别人的台呢，还是应当与别人联合起来？这个问题是复杂的。不过，通过对这个问题的思考，我们可以再次认识到在3.3.3节表达过的观点，即新古典人实际上只不过是一种奉行“贪心算法”的算法人而已。

施蒂格勒曾经说：“将竞争概念与市场合在一起是不幸的。”① 这反映了严谨的学者对于这一概念的警觉，以及对于主流理论框架本身的反思。新古典学者们一直在探索合乎常识的“均衡价格”的形成过程，看来，竞争并不能帮助他们实现这个目标。这个目标迄今还未能很好地实现，这是公认的，但这绝不是偶然的。

3.5.2 垄断学说事与愿违

早期的新古典经济学家们把自己视为自由竞争的论证者和捍卫者，同时也自视为垄断的批评者和反对者。垄断常常被拿来作为完全竞争的反面，用以说明它如何减少了经济福利。如此一来，经济学便被视为在整体上正在朝着斯密指出的方向前进。

---

① ［英］约翰·伊特韦尔、［澳］默里·米尔盖特、［英］彼得·纽曼编：《新帕尔格雷夫经济学大辞典》，第一卷，北京：经济科学出版社，1996年，第579页。

这种认识至今仍然是主流的。如前所述，这样的进路面临着诸如“竞争着的厂商们为什么不联合起来谋求垄断”之类的困难。不过，后来，正是在对竞争的讨论中，发生了一种转向，即按照主流经济学的理性主义的核心逻辑，一些经济学家们愈来愈无法拒绝认可大企业的好处。有少数厂商（或者一个主要厂商）加若干小厂商所组成的市场结构，被认为有利于产业的有序发展。或者，换言之，经济学家们无法说清楚，这样的市场结构，假如是“自由竞争的自然结果”的话，它有什么不好。包括施蒂格勒在内的芝加哥学派经济学家们大都持有这样的观点，他们以强调竞争的“潜在性”而闻名。这样一来，主流经济学就表现出两种强烈对立的倾向，一种认为竞争性均衡的达成与企业的数目有关，而另一种认为无关。张五常曾经是美国反垄断方面的专家之一，他这样说：“我赞成竞争，所以从来不反对以竞争的方法去争取垄断。”与此相反，反垄断的法律却在世界范围内普遍得到政治上的支持，政治家们普遍地对巨型企业抱持戒备心理，拒不听从那些持“潜在竞争”观点的经济学家们的劝告。这是一个值得深入思考的重要课题。

反对反垄断法律的学者们一般认为，与小企业相比，大型企业可以实现更大范围内资源的合理配置，可以充分利用规模经济效应，可以有足够的资金和长远的计划致力于技术革新。只要政府维护好公平竞争的市场秩序，大企业便时时刻刻都会面临来自各方面的、明里暗里的威胁，因此，它就一刻也不能放松努力，只能谨守善道，服务于客户与社会。这些观点在表面上都相当具有说服力，可是，它却具有严重的缺陷。

让我们运用一下归谬法。企业的运作听命于某个中心的指挥，也就是说，是由“看得见的手”来进行有意识地掌控的。其中的职员按照一定的规则进行相互交流，讨论问题，协调意见，从而制订明确的行动计划，然后再付诸实施。可以说，组织“有意识地”进行运作的特点与个人有意识地行动是相似的；可是，如果我们把这一点想象得很完美的话，那么，势必引起这样的问题：整个社会是不是也可以这样来进行组织呢？如果每个人都具有完美的理性，信息可以无代价地传播，人们可以以无穷大的计算速度进行交流，则我们就可以通过协商做出全部的、完美的社会安排。甚至，即使不协商，人们之间的合作也可以心领神会、心照不宣地达成。每个人都会知道自己该做什么，该怎么做以及在社会中扮演何种角色。人们之间绝不会有矛盾和冲突，因为统一的、内在一致的真理已经被发现并被每个人掌握了。因此，社会就不会有斗争，有内耗，有浪费，也就不需要任何关于发现知识和显示信息的安排。简言之，我们要么“长驱直入”（熊彼特语）计划经济和共产主义社会，要么则什么都不用想，什么都不用做，因为一切都会自动地以最佳方式来运转。也就是说，组织与制度的问题在解决之前就已经不存在了。

这里还存在另一种推理的思路：在由“完全竞争”向垄断过渡的过程中，企业数目减少了，共谋的可能性增加了，垄断的种种危害即将浮现；人们认识到了这一点，认识到垄断可能给全社会造成巨大损害，最终将把我们引向深渊，于是，人们“自觉地”建立了反垄断的立法，自觉地置自身于“囚徒困境”之中；因为，具有完美理性的当事人知道，如果大家都身处囚徒困境，其结果反而是社会福利的最大化，最终反而也就不存在“囚徒困境”了。换句话说，任何经济学家所认识到的东西，当事人都已经认识到了（如前所述，这正是“理性预期论者”的基本思想）。可是，即便在这种情况下，下述问题仍然存在：既然当事人有这样高的见解、觉悟与自我牺牲精神，他们又何必装模作样地相互竞争呢？这种想法也是与新古典经济学的基本原则相抵触的。

上述两条推理路线都表明，以完美理性和零信息成本为前提来构造理论，只能是一条死胡同。社会科学理论根本不能这样来建构。社会科学的任何研究对象，不管是人、人的思想或人造物，只要它与人的智力活动有关，就必须认识到，它必定是有限理性的产物；它在我们观察和研究之前就具备了一定的、确定的形态或状况，不会因为我们的观察或研究而发生改变，也不会无限度地演变或膨胀到我们研究者思维所及的任何地方，以致与我们的思想完全重合；我们研究者的研究活动因此才能独立于它而展开，我们才有可能说清楚它是什么，它为什么那样；进而，我们研究者所说的话当事人才有兴趣去听，我们的建议当事人才有必要去考虑和选择。总之，我们才有机会去解释社会，也有机会去改造社会。

3.5.3 简要的算法式解释

无论竞争还是垄断，严格地说，这都不是新古典式的议题；这些议题都是算法的。也就是说，只有通过运用算法框架理论，它们才能得到有效的讨论与分析，相关的谜题才能得到解答。

当我们在说某些对象“正在相互竞争”的时候，这种说法本身就是思想性的。在这样的语境下，这些对象被当做不同的、彼此有所冲突的思想（或“方案”）的化身、载体或体现者，而有关的当事人对它们孰优孰劣则难以判断，于是求诸某种实践、实验、比较或分析过程，以图通过相应的事实结果或演算结果来得出结论。这个观点尤其可以通过进化论来予以说明。我们并不确知生物物种是否都具有思想，也不确知“造物主”是否存在及其是否具有意识，而当达尔文说“物竞天择”时，他其实做了一个比喻，他把造物主与各个物种都比喻为人，具有思想，而各个物种都是某种具体思想（包括某种具体的“设计”）的载体。通过按照一定的规则进行竞赛，造物主（或者作为其化身的“大自然”）宣布某些物种“获胜”，进而取得继续生存的资格。达尔文把自然过程想象为一个演算过程，无论最终证明这种方法是否适当，这显然反映了这样的事实，即他自己是一个思想者，他对自己思想的运转方式很熟悉，因此他才做了这样的想象。达尔文的想象未必是适当的，但人世间的思想过程和思想竞争却是真实的。

让我们进入思想的内部。人们会产生很多念头，但却无法判定其优劣，这在思想系统内部是很平常的。这是因为人们关于如何判定优劣的知识还不够丰富——尽管每一项知识都可以近似地视为在做某种关于优劣的判断。反过来，正是由于这方面的知识还不够丰富，所以才需要不断地发展新的念头、主意和思想，进行各种尝试。所以，在一个人的大脑内部，必定包含着多种思想，它们不时地进行相互比较和竞争；这就是个人的“自我斗争”。连“个人”的内部都是这样的话，那么人际竞争、组织间的竞争、国家间的竞争也就一点儿也不稀奇了。不同个人的思想之间可能是冲突的，也可能是和谐的，它们都是由不同成分所组成的混合物。

只有在上述算法的框架与视角之下，我们才能够理解和回答有关竞争与垄断的一些基本问题。个人对于自己在社会中的地位及其前途通常抱有高度的信心，而这种自我评价又常常得不到他人的认可；同时，个人对于他人的评价也往往低于他人的自我评价，这种意见上的冲突导致了他们不会轻易听从安分守己的劝告，决定彼此较量一番。另一方面，共谋往往是相当困难的，这与相关条款的结构性、复杂性、操作不够便捷以及监督困难等因素有关。信任的缺乏也会把当事人推向自由竞争。当然，商业竞争是严肃而残酷的，对于优胜者来说，必然认为参与竞争是值得的。而对于失败者而言，尤其在那种赢者通吃的竞争中，其结局可能反而不如不参与竞争。这就是不确定性所起的作用。但是，由于每个赛局并不完全雷同，加之运气因素的存在，要想说服人们放弃竞争，是非常困难的。人心不死，争斗不止，这是社会的面相之一。这种局面当然也具有众多积极的含义。它意味着人们不会轻易放弃和认命，意味着下层人民可以振作精神，怀抱希望。而相反的情形却可能是消极的。例如，在赛局进行之前，要想说服人们进行不平均的分配，生活经验表明，这往往是非常困难的，会遭到激烈抵制。与其在会议上争吵不休，不如求诸某种客观的利益分配途径；这是一种重要的生活经验。这种经验表明了“口舌之争”的消极后果常常甚于外在的行动。

这种竞争实际上并不完全是一种“囚犯困境”。首先，其中优胜者的获利往往要比平均分配制度下的获利为高。其次，商业上的许多竞争对于全社会的福利而言都是良性的。例如，商品交易中的价格争夺往往是在比较哪一个卖家的生产成本最低，或者哪一个买家能够把商品用在最为有利可图的地方。这种竞争虽然对当事人构成了压力，但由于它最终有利于社会的进步，所以，可以推想的是，它必定得到社会某些明里暗里的支持；这种支持必定浸透在社会的习俗、法律与文化之中；其中的某些为人们所明确认识到，而另一些则尚未认识到；或者，它们为某些人所发觉并有意识地支持着，而另一些人并不了解这些内情。这是“半内在化”的情形之一。这种情况导致在具体的商品交易的情境中，从表面上看，当事人似乎是被迫地、强制性地遵守着某些规则（例如“禁止价格联盟”）。然而，这些曾经被强制遵守规则的当事人，如果有机会参与立法表决，他们是否就会主张取消这些规则呢？常识告诉我们：未必。这是因为，个人在社会中的角色是不断变换的；今天的买家，可能就是明天的卖家；今天约束自己的规则，明天可能就是保护自己的规则。由于人的计算速度是有限的，也即思想具有实体性，所以谁也不可能做到随时随地地改变法律。恰恰相反，法律与制度正是在这些前提之下并且为了应对这些前提而产生的。这些认识都可以用于说明“竞争着的厂商们为什么不联合起来谋求垄断”之类的问题。

我们再转向探讨垄断。垄断首先是一个组织的行为，所以，它必须以组织理论为基础。主流经济学却绕开了这个问题，它只是说，假设现在存在着一个垄断企业，那么它将如何定价，云云；由于高垄断价格引起了福利损失，那么，你看，垄断是不好的。当芝加哥派的学者们争辩道“由于潜在竞争的存在，垄断者不会过高定价”的时候，上述主张者就陷入了困境。

上述正反两方面的见解都是不正确的，因为他们都从根本上走错了路。垄断不是凭空产生的，而是因为一个个独立的个人联合起来，形成了“企业”这样一种组织；众多的企业不断地合并，最终导致了对整个市场的垄断。而要说明企业的产生，就要说明当事人为什么要放弃分散的竞争而走向“共谋”。首先，从物理因素上讲，在某些情况下，大规模生产会带来超出小规模生产的额外利益，这就产生了联合的必要。这是传统的解释，也是物理化的解释，但它不是社会科学的解释。从社会科学上讲，人际联合的利益应当在于它减少了人际冲突，或者说提高了行为的人际一致性（包括及时性）。因此，组织理论的起点是人际差异与冲突。新古典框架只研究人际一致性，这就是为什么它在组织理论上始终一筹莫展的原因。人际冲突产生了浪费；或者，依照常识而论，即使两个人的思想被认为是彼此一致的或者相同的，他们的行为也经常是不同步的或者不协调的，因而，为了成功地进行合作，一定的协调机制仍然是必需的。但是，“协调”并不意味着没完没了地开会协商。协商建立在自愿的基础上。如果经由协商就可以轻而易举地消除意见分歧，人际差异就不是严重的问题，算法理论也就没有必要提出来。协商不成，或者协商的代价过大，就要考虑其他的办法。其中之一，就是建立强制机制，由此可以引出国家理论。另一种办法则是购买决策权，即：请你暂且保留自己的意见，按照我的意见行事；我发指示，你执行；作为对价，我向你支付报酬，而决策的责任则由我自己承担，剩余的利润也归我享有。企业与雇佣关系就是这样产生的。工资不仅是劳动的报酬，也是放弃自己的主见而任由别人指使的酬劳。在受雇佣工作的过程中，雇员当然仍旧要发挥自己的聪明才智，甚至需要创造性地完成任务，但是，他的部分智力（除“保留的意见”之外）处于被雇主使用、为雇主服务的工具性地位，他在雇主所发出指示的范围内享有有限的自主权。各个雇员的才能（思想的或身体的）被雇主按照自己所构建的相对比较一致和连贯的思路拼装起来，从而用于完成某种比较宏大的工作，追求某些比较重大的利益。这种利益是分散的、自由竞争的个人所组成的网络所追求不到的。

典型的组织是科层制的，此外还有一些其他形式的组织。不过，无论如何，组织内部成员之间的协调一致性一般都会高于组织外部的独立个人。组织一般是就特定的事务或功能而言的，所以一个人可能同时分属于不同的组织（例如家庭、企业、国家、宗教组织等），具有多重身份。组织关系也可能是相互嵌套或相互包含的，例如，个人可能既是某个企业的员工，又是某国的国民，而该企业同时也是在该国注册的法人。组织限制或剥夺了个人某一方面的自由，而个人则拥有剩余的、或者说“在制度框架内的”自由。不同的组织为其中的成员提供了不同的“制度性基础设施”。单人业主相对于公司雇员来说是自由的，多个单人业主之间的关系也是市场化的，可是，作为某国的公民，他们都受到该国法律的管辖。这些道理既是一种常识，也都可以作为算法式的推论。

有了以上认识，我们再来探讨垄断与竞争之间的关系。企业内部的运作固然要比市场上更为和谐，可是，这个大型的肌体却是用来执行少数人的意志的。企业的领导固然可以通过收集与综合他人的意见以及设立专门的研发机构等途径来提高决策水平，但这是有限度的。一个企业是否有能力凭借自己的雄厚财力购买到所有的智慧、从而使得该企业的决策能力决定性地超越市场上所有分散的个人竞争者呢？这是算法框架下可以提出的一个重要问题。对此，我们可以多角度地进行探讨：1. 关于如何指导企业在竞争中获胜的管理性知识是高度碎片化和主观化的，因而不便于**经济地**进行生产、传播、买卖和使用。2. 即使目前市场上现存的知识可以全部被购买，未来的、尚未产生的知识也无法购买，而这些潜在的知识却不断地变为现实的知识。3. 鉴于现有的知识是不完备的，其内部是分裂的，因此，为了有效地利用它们，还必须开发鉴别这些知识（或者具备相关技能的人才）并使之一致化的知识。4. 对所购买知识的利用程度，在很大程度上取决于企业首脑们对其的掌握程度，而企业的首脑也只是一些算法人，他们在这方面的知识和能力必定是有限的。5. 竞争对手也可以这样做，这就导致了不同个人或组织所掌握的知识在本质上具有一定的对抗性；这主要是因为，时间是共有的资源，每个人都在同步地进行计算，同步地成长，因此可以相信，单一主体所取得的优势一般不会过大（内生的不可能性），并且往往是暂时的。

上述诸多理由导致竞争在大多数情况下都接近于均势，并且导致垄断是比较罕见的。从实际情况来观察，一个企业，无论其规模多大，往往都只是执行“某种风格的”战略，其与竞争对手之间往往具有明显的区别。只有很少的企业，由于洞悉到单一企业在知识开发方面难免具有局限性，因此其首脑习惯于放眼整个行业，随时观察竞争对手的动向，利用其优势地位不断学习和吸收（包括通过企业兼并）竞争对手们新开发的知识，从而打造出百年老店。

另一个需要考虑的因素是沟通协调的便利性。企业越大，其内部的管理、传达、沟通和协调的任务就越发艰巨。管理者难以预见到所有情况，难以制定出适合于各种具体情境的规章，难以随时随地对员工进行有效的监督和激励。这些不利因素都会约束企业的规模，使之不致过大（也就更加不会大到与国家匹敌的程度）。因此，我们可以发现，知识密集的服务型企业，一般规模较小；而资本密集的制造型企业，其规模往往比较大，因为其中的决策与沟通协调的任务都相对简单。

所有这些因素共同作用的结果是：无论竞争还是垄断，通常都只能达到一定的程度；至于这种程度与状态具体为何，则要到具体的环境与条件中去进行具体的分析说明。然而，无论如何，种种具体情形都是我们可以在现实经济中**直接**观察到的，其背后的原因与过程在原则上也都是我们可以通过运用算法的逻辑而**直接**予以说明的，我们没有必要通过假设那些极端的情形来间接地理解或推断它们；至少，我们没有必要把这些极端的情形作为理论的**主体部分**。

3.5.4 对企业真实行为的推断：以定价为例

在以上论述的基础上，现在再回到新古典经济学所重点关注的议题，即市场中的价格决定问题。通过运用算法的方法，我们来推断一下企业实际上将会使用的定价方式及其在市场中的实际表现。

在竞争状态下，根据自有的信息、知识与自行选择的策略，一个个分散的企业（包括个体业者）各自对其产品进行定价。这些企业之间存在竞争关系的原因是它们的产品具有较高的相似度，或者对用户可以起到相似的功能与作用。“相似”一词是值得强调的，因为很少有产品完全相同。而在产品可以带来一定效用的意义上，也很少有产品完全不可比。如前所述，假如我们充分地、透彻地了解了商品之间的全部关系，则无所谓“竞争”可言。然而，在常规用法上，“竞争”总是限于某些“明显地相似”的对象之间，主流经济学实际上也在遵守着这个习惯。当事人对于“明显地相似”的对象所做的比较和反应，要比相似度不明显的对象更为敏锐和及时。这里所运用的方法是，我们首先假设当事人各自在规模较小、互不连通的局部市场上进行定价，然后，我们再把这些小市场连通起来，看看竞争加剧之后所起的变化，以及相互一致化所能达到的程度。这样一来，我们就可以推知实际情况大体上将是什么样子了。

企业首先将用不同的策略或算法来确定产品售价。例如，有的企业追求较高的毛利，有的追求较高的销售量，有的追求产品差异以及快速的更新换代，有的则意图进行超低价倾销，等等。现在，竞争开始加剧。较高的相似度引起了客户比较敏锐的反应，这一点限制了它们的售价以及销售与服务条款彼此差距过大，而且限制了各个企业完全地、极端地、彻底地和长久地执行各自所打算去执行的策略，结果使得各个企业的表现（包括实际定价）趋向于某种平均状态。但是，由于时空因素的阻隔以及通信不完全方便，市场是很难达到均一化的。某些交易可能采用签订捆绑性合同或者长期合同的方式，把价格条件与种种结构性条件结合起来，这也阻止了价格的完全的均一化。

在这些不同的定价策略中，有没有某些共同因素在起制约作用呢？可以认为，现金流便是一个较强的制约。既然理想的、确切的成本—收益核算是不可能实现的，既然某种“弯曲”总要发生，既然实际的现金流动是那么显眼、直观和“客观”，那么，现金流就有可能得到额外的重视。事实上，企业通常很关心自己为某种产品的研发与生产实际花费了多少资金，其基本目标是要首先把这些现金支出都赚回来。**现行的会计制度实际上主要是基于现金支出状况来进行成本核算的**（虽然其名义上称作“权责制”），这与主流经济学的机会成本原则是非常不同的。主流经济学确定机会成本的方法实际上基于“市场是无摩擦的”这样一个前提，也即基于计算与通信的成本为零。如果我们引入了正的计算与通信成本，则个体在不同情况下的选择都将被时空因素所阻隔，新古典式的机会成本这时也就不再成为机会成本，机会成本与会计成本在很大程度上就会接近或重合，而**现金流分析将取得主导地位**。

这里所提出的是“算法经济学”的一个重要方法论原则，即着重于现金流分析。对此我们将在第三篇中再详细演示和说明。

包括采用现金流分析法在内，一些抽象的理论分析模型也许可以划出某个产品售价的大致范围，但是，可以确信的是，任何（有限的）理论分析都绝不可能精确预测产品的实际售价。不同厂家的售价互有差异，并且不时变动。从宏观上看，这简直有些混乱无序。但是，需要强调的是，这绝不是说产品的定价是随意的或随机的，而是说我们对于导致企业特定决策的那些纷繁复杂的因素，无法一一去了解，更不可能及时去了解，以致实际价格现象在我们的眼中显得有些凌乱。对于理论研究来说，这种确切的了解有时甚至是徒劳无益的，是不必要的；与之相比，更为重要的是建立“关于价格差异、波动、主观性和复杂性的理论”本身。**经济学首先就是这种理论本身，而不是作具体的价格测算**。新古典经济学实际上只是演示了确定价格的一种具体“算法”，忽略了其他算法，这就难免给人一种印象，即它在试图测算具体的商品价格（或者给出测算具体商品价格的方法）。它就这样掉入了决定论。

新古典式的完全竞争还具有这样一个含义，即均衡的定价将导致企业利润为零。其逻辑推导过程为：假如在零利润水平之上定价，鉴于其他厂商可以自由地进入该市场，于是这将吸引其他厂商加入竞争，从而持续地削减利润，所以，企业的利润只能是零（或者，按照马歇尔的说法，企业只能获得“正常利润”）。从这个论述中我们可以特别清晰地看到新古典方法实际上假定“计算与通信成本为零”的特征，这个特征导致一切认为必要的调整都会立即进行，因而任何所谓的“调整”都不是**实际发生的**过程，而只存在于经济学家们的大脑中。然而，上述推导过程还暗示了，新加入的厂商似乎可以立即具备生产条件，立即生产出成品，并且可以立即使成品上市，形成真实的市场供给。如若不然，产品售价何以下降呢？所以，“自由进出”假定的实际含义是，产品生产不需要事先建设存量资本，不需要生产时间，企业随时采购，随时销售。只有商业企业的情况才与之比较接近。在商业企业的经营中，由于产品相似度如此之高，顾客对于产品又是如此熟悉，各个企业的经营场所又是如此集中，以致企业获利有时候的确十分困难。价格竞争有时候过于激烈，顾客们过于沉溺于价格比较，以致忽视了商品交易的其他结构性方面；这反而造成了另一种“弯曲”。这些情形同与之相反的情形一样，都是局部性的。反过来，由于“自由进出”这一条件显然在绝大多数情况下并不能得到满足，我们也可以对“完全竞争”概念做如下的理解，即它在从反面证明，企业可以具有正的或负的利润，并且各个企业与行业的利润率实际上都可以彼此有所不同。

下面探讨垄断企业的定价与行为。根据前一小节所述，垄断企业的市场策略一般可以近似地视为竞争性企业所采取的众多策略中的一种，或者与之相接近。这一策略必然具有某些优点和缺点，而用户在享受其产品优势的同时，也不得不忍受相应的缺陷。垄断企业可以非常小心地、持续地完善自身，以便应对各种潜在的竞争，但是，它不可能没有缺点。一般不存在优于所有策略的策略。另一方面，持续的成功和市场优势地位可能会让管理层高估自己，变得骄傲起来，并怀疑自己做出了多余的、不必要的努力，以致逐渐放松了警惕。他们可能会热衷于享受权力、地位所带来的乐趣。这是算法人应该会产生的倾向，因为算法人总是在寻求价值观，又不忘节约，也不太清楚什么样的行为方为“适当”。他原本是以竞争者为参照并从竞争对手那里汲取营养和动力的，而竞争者现在却消失了。这种种原因都会导致垄断企业犯错误。垄断企业犯错误的概率不会比小企业低多少。

例如，垄断企业可能提高价格，以至把价格提高到在主流经济学家看来“不合理”的地步。当需求的价格弹性较低时，消费者将被迫支付较高的支出。与竞争的局面相比，这时候情况不同了。高价格对潜在的竞争对手形成了引诱，于是，这些潜在竞争者就会投资办厂，从而显现于市场上，并逐渐成长。然而，这都是需要时间的。在竞争对手成长到足够的规模之前，市场将处于无效率状态中。垄断企业的规模越大，该无效率状态维持的时间就越长。从垄断企业在竞争中形成，到它的维持、犯错、变弱，以至倒台，经济体系将会经历大起大落，甚至变得“血雨腥风”。消费者固然可以从后期由于产量暴增而导致的超低价格中得到补偿，但他们却不得不与企业员工以及广大民众一起，忍受**“不稳定”本身所带来的痛苦**。如果继续采用新古典的分析方法，仅仅计算整个期间的产出，则可能得出“国民福利不变”的结论；然而，**这种不稳定的序列本身就是一种福利损失**，这是新古典的方法所无法计量的。

与之相比，我们则可以发现由众多企业所组成的竞争性市场的优点。企业都会犯错误；无论大企业与小企业，可以说，这一点并无重大的区别。但我们可以发现犯错误之后所发生的事情有所不同：在竞争的条件下，一个企业的错误可以比较迅速地被另一个竞争对手所利用；其让出的市场，其所未能满足的需求，可以比较迅速地被具有相应优势的企业所填补，所满足。如此一来，尽管两种情形下个体上的表现大体相似，而宏观经济的表现却大为不同，**竞争性经济的宏观表现将要相对平稳得多**。由此可以引出反垄断的理由。

如果人们不对垄断现象保持警惕性，企业就有可能不择手段地运用各种合法或非法的、道德或不道德的手段来追求垄断。当垄断地位建立之后，垄断企业还有可能有组织地、系统地动用舆论的、政治的手段来巩固自己的地位，甚至试图操纵政府。因为，这时候种种非经济活动的利益都可归其一家独享，竞争状态下的集体行动中的“免费搭车”问题这时候消失了。为了避免垄断企业倒闭所造成的经济动荡，利益相关方、公众以及政府还可能对之采取补贴、纵容和怀柔的措施。这样一来，大家就都被垄断企业敲诈了。

由此观之，市场经济的奥妙和利益还远未得到揭示。新古典经济学并不是揭示市场经济特点的合适工具，这一工作非得采用算法的进路不可；而在算法的方法建立以前，我们可以发现，主流经济学家们对于新古典框架的内部冲突逐渐有所觉解，于是，在一些现代的文献中，“竞争”这个概念的地位逐渐降低了，其内涵也不时地被修改。

此外，在对垄断与竞争的分析中，我们还可以注意到，**传统的经济学只是着重于揭示种种（包括垄断利润在内的）“租值”的耗散过程，即市场的平均化过程；而市场过程当然还包括创造种种不易耗散的“租值”（例如技术、特种才能等）的过程。只有把这两者结合起来，我们才能建立比较完整的经济分析**。用中国古话来说：“气可散，也可聚。”对此，我们将在后文中逐步展开有关论述。

放眼现实世界，当今的欧美各国，都在致力于解决金融机构“大而不能倒”的问题；这表明，经济实践事实上走在理论分析的前面。这就好比在凯恩斯的《就业、利息和货币通论》出版之前，已经先有了罗斯福的“新政”。当然，本节的论述绝不意味着笔者完全支持当今各国的“反垄断法”以及各种反垄断的实践。具体的政策问题，需要在具体的利弊分析之后再进行权衡。

3.6“一般均衡”无意义（一）

3.6.1“一般均衡”的由来

经过前几节的准备，现在我们终于可以从整体上来审视新古典经济学了。本节要说明的是，鉴于其固有的基本思想倾向与方法，新古典经济学“自然地”走向了一个不该去的地方，这就是“一般均衡”。“一般均衡”这个概念其实是十分荒谬的。对于这一点，笔者的看法也许要比其他的批评者更为激烈。“一般均衡”是一个极为严重而又隐藏得很深的错误。一代代的学者们围绕这件“皇帝的新衣”而工作，极大地浪费了智力资源。通过对这一严重错误的揭示，最能够说明社会科学可以如何走出“科学主义”这一“近代的愚昧”，进而建立起自己适当的方法论。

首先需要从“均衡”这个概念开始。众所周知，经济学所广泛使用的这一概念，实际上来自物理学，其含义为两种力量之间的平衡；也就是说，在其原始的意义上，它仅表达“平衡”之意，别无其他。这里需要说一下中文翻译上的错误。笔者认为，对 Equilibrium 这个词，应当按照蔡受百先生在诸如《纯粹经济学要义》等多部著作中的译法，直白地译为“平衡”即可；它指两种力量在“某一点上”强度相等，方向相反，就好像两列火车的车头抵在了一起，谁也不能胜出。这个平衡发生在“车头”**这一点**上，它被预设为一种可观察的“现象”。即使车头后面的部分发生了变化，只要相关变化的影响未能到达车头，车头上的平衡仍然可以成立。恕笔者未曾详细考证“均衡”这一译法的由来。然而，增加了“均”字以后，这个词的味道不同了，因为它含有“平均”“均匀”之意，它把读者的注意力扩大到了车头以外的整个画面，让人以为每一个地方同时都是平衡的；除车头以外的其他地方要是不平衡，车头部分就不可能维持平衡；这就赋予了这个词多余的意思。它的文绉绉的味道也激发了一种神秘感，让外行的读者们不敢贸然去质疑它。得出这一看法的证据之一就是“局部均衡”与“一般均衡”的区分：假如平衡中已经含有“均”的意思，又何来“局部均衡”与“一般均衡”的区别？“一般均衡”这个说法不就是一种同义反复和多余吗？反过来，既然经济学家们区分了这两者，这就表明当他们单独使用“均衡”一词时，并不指涉均衡点之外的其他的结构性因素。

我们详细讨论这个问题，并不只是为了澄清它带给中文读者的困扰，也不是为了在均衡一词已经约定俗成的情况下单方面主张改换新词；而是为了说明，经典作家们对这个词的使用原本是比较单纯而合乎常理的。同时，包括瓦尔拉及其此后的大批学者们在内，都没有意识到这个词语中所蕴含的危险因素；恐怕他们也都没有想到，由于相关的问题没有及时得到讨论和澄清，以致经济理论不可遏止地、稳步地走向了凌空蹈虚。

如同上节的做法一样，我们先来陈说一下事实真相以及我们所认为的正确的道理。人们生活在纷繁复杂的世界上。无论物理世界还是社会世界，都是由运动与静止的事物或现象相互混合而成的。“均衡”的主要含义无疑是指相对静止。当人们使用这个词时，意指在多样化的、变动不居的世界中的**局部地方**出现了一种平衡和均势。这种事态之所以值得强调，正是为了区别其他运动的、变化的、不平衡和不稳定的状况。否则，假如万事万物都处于静止状态因而都可以视为“均衡”的话，这个词还有什么意义呢？换言之，均衡理论一定是以“不均衡”现象的存在以及“混合性”为前提的；当它被提出来的时候，需要有相应的基础理论来匹配，以便说明这种多样性与混合性为什么存在于先。遗憾的是，在经典著作中，一切论述都处于含混之中。

具体到商品交易市场上。经典的新古典经济学家们首先所设想的无非是这样一种真实的场景：人们带着现成的产品或货币，到实际的、设于特定地点的市场中去做买卖。来到市场上以后，由于商品的品种和数量都是固定的，产品的质量此时也已无法更改，买者所携带的货币、从而“购买预算”也是一定的，于是，余下的主要就是相互选择和匹配的问题了。经过一番交流和协商，只要包括价格在内的各种交易条件都是自愿制订的，并具有充分的灵活性，那么，可以相信的是，供求力量将会在不长的时间之内实现平衡，也即达到“均衡”。均衡意味着当事人**相关努力过程**的终结，当事人现在可以执行交易、休息或转入其他的事务了。

这是就开市当天的情况而言的。然而，这样的有形市场难免要扩大。这里存在多方面的理由。这些理由看上去都是相当合理的。例如，卖家所出售的商品固然首先是其带入市场中的成品，可是，卖家还可预先出售其正在生产之中的或计划将要生产的商品，也即进行期货交易。卖家可以先与买家签订销售合同，然后再依照合同组织生产。这样一来，在特定日期的市场中所交易的商品，也就不再限于市场中的现货了。

买家也不一定只是根据其手头持有的现金来进行购买，他可以根据对自己今后将会收到的现金流量的预估来确定一系列的采购量。由于成交价格等信息往往传播得很迅速，以致临近的各个市场会逐渐地连接起来，于是，不同市场之间的界线慢慢地变模糊了。交通与通信事业的发展尤其促进了市场的扩展和融合。各地的物价开始趋向于一致，货物有时会从生产地运输到非常遥远的地方（包括国外），以供消费。一地的产业结构开始变得单一，这里的人们只需要生产和销售为数不多的某些商品，然后再用获得的收入购买绝大部分其他生活用品。全国的每一个角落都以某种方式被纳入了这个分工与交易的体系中。这是人类历史上实际经历过、并且仍在继续进行的经济发展过程。如此一来，经济学家们很容易产生一种认识，即全部人口以及全部资源都已经处于“同一个”经济体系之中，这个体系有一个“统一的”市场，所有的人都为之而生产，并从中取得生产和生活资料。当这个无所不包的统一大市场在整体上出清的时候，整个经济也就实现了总的平衡。前一段所描述的叫做“局部均衡”；相应地，这个“总的平衡”则被称作“一般均衡”。

由于提出了一般均衡理论，瓦尔拉被视为近现代最伟大的经济学家之一。经过持续的修改和“完善”，一般均衡理论被视作现代经济学的一个重大成就，主流经济学家们总是很自豪地夸耀这一“宏伟工程”。然而，其实这只是一个麻烦，一个深刻的错误。它不是经济学成功的证明，而是它的失败的标记。

以下对一般均衡论的批判将要占据三节的篇幅。本节进行一些主要的、关键的批判。3.7 节先在引入时空因素的条件下重新诠释一般均衡，然后再从这种比较现实的意义上来进一步反驳一般均衡理论。3.8 节评论一般均衡论的另外几种含义，最后对这个漫长的批判做出总结。

3.6.2 对现实的解释变成了试图证明现实状态是“静止”的

一般均衡理论自从产生以来，随着它的不断“完善”，其缺陷也日益暴露。目前，它已经处于四面楚歌的境地，静待遭受最后的一击。我们一边说明它处于什么样的困境之中，一边展开“创造性毁灭”的工作。

一般均衡理论的发展过程，伴随着其分析范围的不断扩大及其分析深度的不断加深。这样做的结果是，理论模型逐渐失去并最终完全丧失了动态性。在被斯蒂格利茨称为“十足的新古典模型”的“阿罗—德布勒”模型中，全部商品交易被设想为在一瞬间发生，此后便不再有任何交易。因为，按照新古典的逻辑，假如还有获利机会，因而需要进行交易的话，该机会必定已经事先被预见到，必定已经在先前的交易中得到了考虑，因而必定已经被消灭了；假如该机会存在于空间中的某个地方，它一定会（借助无摩擦的通信系统）被纳入商品交易的谈判，并最终被消灭。这样一来，“一般均衡”成了覆盖当前世界的每一个地方、并延伸到未来无限远处的一张超级的、静止的大网，它兜住了所有看得见或看不见的东西。无论一些经济学家们如何为之辩护，或者如何设法使之重获“动态性”，一般均衡的实质其实就是静态性。对此，大部分经济学者都是同意的。一般均衡不仅是一种静态理论，而且是一种典型的和极端的静态理论。假如它的静态性仍然不被承认，那就不存在可以承认的静态理论了。

这就引起了一个严重的问题：经济世界实际上是动荡不安的，这样的静态理论对其而言，究竟意味着什么？如果这是（如同自然科学理论那样）对现实的一种"解释"，那么，这等于"解释"了一种并不存在的现象。经济学不应该具有这样的"任务"。这就好比一个人问今天为什么会刮风，得到的答复是风平浪静；这完全是驴唇不对马嘴！物理学家们要解释物理世界，他们说物理世界是"一般均衡的"，然后就结束，这样行吗？！经济学为什么要这样来构造自己的核心理论呢？这真是莫名其妙！一代代经济学家们前仆后继地痴迷于对它的"完善"，并且宣称这就是"现代的""科学的"经济学，这就更加令人匪夷所思了。批评者们对主流经济学的批评一般都集中于某些高端的、深奥的议题；可是，笔者认为，对主流经济学的批评其实可以是非常简单的。动态的世界不可以解释为静态，"动静结合"的世界也不能片面解释为静态。谁要是这样来解释了，谁就是在犯错误。道理就是这么简单。

用我国的成语来说，这是在"缘木求鱼"。经济学为什么会走上这条路？笔者可以在此先提出一个解释。为了解释某种现象，一般的科学方法是，先要找出有关的因素，然后再根据这些因素相互作用的状况再来解释该现象。例如，一个物体在桌子上，物理学家要来解释它，其办法之一是，分析它的受力状况。如果它是静止的，物理学家会力图证明，桌子给它的支持力等于地球对它的引力（即重力），力的平衡造成了静止现象。如果它由静止转向运动，物理学家会解释道，它所受到的推力大于静摩擦力以及空气阻力之和，等等。这就是说，构造"平衡"（或均衡）的方法，只有在解释静态现象时才能使用；解释动态现象，不能使用这种方法；而且，动态现象的解释，尤其还要借助于"不平衡"（或"失衡"）的方法。

不幸的是，在这个简单的问题上，经济学对于物理学的模仿却犯了微妙的错误。经济学家们以为，要解释一个现象，例如价格，一定要用"平衡"的方法。价格是通过商品供给与需求的"平衡"而产生的；不如此，就不足以解释价格。不同的价格，意味着不同供求数量在不同价位的"平衡"。总之，处处都是"平衡"，永远都是"平衡"。经济状况的变动则是从一个平衡向另一个平衡的过渡。对于一般均衡，经济学家们不仅设法去证明它的"存在性"，而且要证明它的"唯一性"和"稳定性"。不这样做，似乎就会在科学性上有所欠缺。可是，经济学家们显然没有认真思考过这样一个动力学问题：对于一个运动的物体而言，它究竟有没有在某一个点上停留过呢？如果它停留过，那么，运动本身不就是对"它曾经位于某个点"这种现象的一个解释吗？在这个解释中，没有使用构造"平衡"的方法，而且，对于变速运动的物体来说，在那个点上，物体的受力的确不是平衡的。对此，物理学教科书的说法是，在某个特定的时刻，物体"既在该点又不在该点"。

把这种动力学思想应用于经济学，正好可以说明真实的经济状况。价格在某些时候和某些地方是稳定的，而在另一些时候和另一些地方却是变动的，并且，这两种状态还是可以并存的，犹如运动的物体与静止的物体可以并存于这个世界之中。价格的形成可以不必借用平衡的概念。在不平衡的情况下，价格会变动，甚至会连续地变动，从而产生一系列的价位。无论就局部或全局，情况都是如此。只要我们全面地、正确地借用力学理论，就可以在一个统一的框架内把价格的产生及其变动**一次性地**统统予以证明。反之，在产生某个价格之后，如同一般均衡理论所做的那样，如果我们还要挖空心思地强行证明该价格的“唯一性”和“稳定性”，效果则适得其反。一种既是“唯一的”又是“稳定的”东西怎么会动呢？“唯一性”“稳定性”这些概念所要证明的就是均衡位置不会轻易挪动。然而，经济系统在整体上每时每刻都处于变动之中，即使一般均衡实际上会存在，它也可能既不是唯一的，也不是稳定的。如果它是唯一的，经济系统就不会变；如果它是稳定的，就不会发生失衡和危机。逻辑关系不正应当如此吗？如果一定要在二者之间做选择，从实际情形来看，正面证据与负面证据至少是旗鼓相当的；因此，不管做出哪种选择，其说服力都难分伯仲。在此情况下，我们不仅要问，一般均衡理论究竟是在“解释”现实还是在否定或批判现实呢？好不容易，模型稳定下来了，不变了，然后，经济学家们又再次颇费周章地赋予其“动态性”，试图去描述诸如“均衡增长”之类的东西，这难道还不是“天下本无事，庸人自扰之”吗？

要解释某种状态为什么会是那个样子，与证明那种状态是否稳定完全是两回事。我们可以认为，正因为我们通常所观察到的实际经济状态一般都不稳定，而且，经济学家们所假设的任何理想状态其实也都不稳定，为了强行证明这种稳定性的存在，经济学家们才不得不脱离实际状况去假造前提条件。反过来，因为实际经济状况不能全面满足一般均衡模型所规定的均衡条件，所以，主流经济理论的含义还可做如是的理解，即它在从**反面**证明，实际经济状况是不均衡的，不能用“均衡”的眼光来看待现实世界。

经济学家为什么会犯下这个错误呢？我冒昧地揣测，这不仅与有关的学者没有正确地理解动力学有关，而且也许与对牛顿第三定律的误解有关。牛顿第三定律说：两个物体之间的作用力和反作用力在同一条直线上，大小相等，方向相反。这条定律适用于一切静止、运动以及变速运动的物体。同时，需要注意的是，**两个物体之间的作用力和反作用力并不针对同一个对象，它与同一个对象所承受的不同力量之间的平衡与失衡不是一回事**；即使同一个对象所承受的不同力量之间不平衡，牛顿第三定律也照样适用。我认为，**经济学家们很有可能混淆了这种区分，以致坚持要通过证明供求力量相平衡的办法来解释价格的产生**。供求力量不平衡也是可以发生交易并产生价格的，原因就在于情境因素与经济流量的要求。买方要持续消费，卖方要持续生产，资金需要周转。诸如此类的因素导致了，即使当事人明知物价将要变动，他也会进行一定数量的交易（注意，不能认为这样的单个交易是在各期之间充分一致的基础上形成的）。预期因素会导致**一定程度的**囤积或延迟消费，但通常绝不至于使交易不发生。大多数当事人是无法忍受不发生交易的。诚然，**在任何情况下，买方购买的数量总是**

等于卖方出售的数量，时时处处都是这样；二者之间绝对不会不相等。与牛顿第三定律相类似的正是这个道理。不过，这不能阻止供求失衡与物价变动。证明一个对象状态的稳定性与解释一个对象的状态为什么是其所表现出来的样子是两件不同的事情。我绝不认为这里的论述一点儿道理都没有。

这里所表述的可能是一个新的观点。我惊讶于相关的道理竟然如此长久地未被觉察到。如果这个观点获得了广大经济学者的同意，这绝不会使我高兴和得意。它只是表明，人们的思维常常会有漏洞，即使专业学者也不能幸免。它还表明，一些人对主流经济学的批评通常都会稍带批评其对物理学的模仿，这种做法本身未必是妥当的。不必埋怨物理学、化学等自然科学。科学方法的普遍采用与社会科学家们所要达到的目标之间可以互不矛盾。

新古典学者们迷恋于“均衡”这个概念，可能还与物理学中所表达的种种守恒定律有关，即凡事总有一个对应或对价。例如，如同“静止”是物体受力平衡的“对价”一样，“加速度”则是物体受力不平衡的“对价”。在这个意义上，“加速度”与“物体受力不平衡”之间构成了一种特殊的“平衡”关系。基于这种思想，均衡概念的含义于是就扩展了，就有了“动态均衡”之类的概念。任何对象，或者对象的任何状态，在一定的定义之下都可以被视作“均衡的”。这种广义的用法目前已经十分流行了。对此笔者要说的是：1. 不管对均衡作何定义，它都是指某些真实的或可能的状态中的一个局部；也就是说，理论家至少要容许“不均衡”存在的可能性，否则均衡就没有意义。按照这种思路，我们提出了“算法均衡”这个概念。2. 在大多数情况之下，当我们说“均衡”时，只不过是在说，我们从对象身上所抽取的图像在我们脑中运转的结果，与所观察到的对象的状态相符，也就是说，我们成功地认识或解释了对象；仅此而已。

3.6.3 绝对化的“最优性”

一般均衡理论给人的印象是：从分析的范围来看，它是囊括一切的理论；从分析的深度来看，它是关注终极真理的理论，它猜度、描摹和论证世界的最终状态——尽管经济学家们从来没有这样明确地宣称过。

新古典经济学原本是从真实的市场交易出发的，可是，如前所述，由于交易范式的滥用和价格至上论的盛行，一切经济问题都逐渐变成了交易问题。至于在那个空前绝后的大交易完成之后，人们还将会做什么，以及对于此后生活的意义和世界的状态应当作何理解，经济学家们从来不去问这个问题，更不回答这个问题。在《纯粹经济学要义》中，瓦尔拉把经济学的研究范围相当明确地界定在一个比较狭窄的区域之内，使之成为“纯粹的”经济学。可是，随着一般均衡理论自身日渐变得“纯粹”起来，该理论却显示不出它与外部“非经济的”世界之间具有什么样的联系，外部世界逐渐消失了。莱昂内尔·罗宾斯的《经济科学的性质和意义》之所以曾经受到广泛的追捧，显然是因为，罗宾斯提供了一系列构思颇为“巧妙”的说法，从而使得所有

"不纯粹的""杂质"都隐去了。例如，他把政治的、伦理的、美学的、技术的和心理的议题统统置于与效用相类似的地位上，这样一来，经济学家们就可以"放心地"专注于自己的领域了。迫于对制度与组织议题无计可施的状况，经济学家们如今都习惯于宣称，经济学在制度与组织的"框架内"行事。

可是，经济学处理"框架内"问题的手法，却让经济学变成了一个不食人间烟火的"世外桃源"。新古典主义所理解的"最优化"（或"最优性""最大化"等），就是要求当事人的思想和决策具有（观察者所认为的）毫无疑义的正确性，并且达到（观察者所认为的）最高的智力水平。由于决策必须按照这样的要求来做出，所以各个当事人的思想必然就是千篇一律的，至少也是相互一致的，不存在冲突与矛盾。即使存在差异，这种差异要么被类比为效用上的区别，要么则被看作与"分工"相似——**虽然不同，但却彼此和谐**。一切的不确定性和"非理性"都被排除在外了。主流经济学家们所未曾察觉的是，这一切都是因为新古典框架从一开始就隐含地假设思考与通信都不需要时间。正是这个假设迫使他们采用上述手法的。他们一面日复一日、年复一年地坚持着这个假设，一面不时地、生硬地引入新的议题（作为"添加物"），以图使其模型向现实靠拢。

以上两个方面结合起来，使得一般均衡理论成为一种"末世论"。即使不是一整个儿的末世论，至少也是半个。其实，"一个"或"半个"都没有什么要紧。这就好比一块蛋糕，切掉一半，仍然是蛋糕，其本质一点儿也没变。现在笔者要说的是，按照这种方式来理解的一般均衡理论，要么近于毫无意义，要么则是一个严重的错误。

让我们再重复一遍一般均衡论的说法：在某些假设之下，当事人做出了最大的努力，达到了某种稳定状态；在该状态，情况不能再改善了。以这种方式来建立理论，其荒谬性是显而易见的。除了听到其他领域学者以及异端经济学者们的批评之外，笔者纳闷的是，主流经济学者们为什么不对此做出自我批评，反而奉这样的理论为"科学"呢？"最大化""最优化""最大限度的努力"这些说法是什么意思？如果这是指当事人所做出的决策对于他自己来说是最优的，这就近于废话（由于这种废话的存在，我们现在反而必须不时地声明最优化的这个性质了）。如果当事人不认为某个主意是最优的，他当然就不会选择那个主意。假如他选择了某个主意，又不认为它最优，这就是精神分裂症。也就是说，我们必须认为，当事人的决策对于他自己来说永远都是最优的，这一点是不需要任何证明的。

因此，当事人决策的最优性，只能相对于他人（包括观察者）而言。新古典学者们似乎认为，当事人能够达到新古典学者们自己所设想的那种最优性。同时，他们也认为，这种最优性是一种"客观存在"，这与谁认可或不认可它没有关系。可是，这种想法更让一般均衡论的意义坠入了五里云雾。如果说我们要以这种最优性的眼光来看待社会现实，把它当作对现实的一种解释，这无疑是片面的。的确，对于处于时空环境中的当事人而言，现实社会的某些方面难以变得更好，因而富有教益，这是一种经验的总结；而经验的另一面是，社会的另一些方面也是可以改善的，而且人们每天都在不断地改善它。如果社会世界在整体上是均衡的，那么个人还有什么行动的机会和必要性呢？因此，把现实社会看作一种均衡状态，这是非常具有误导性的。

对此，某些经济学家们还有另一种说法：你自以为你在改良世界，其实，你的行为都已经处在预料之中，实际上，你只是在按照你自己所未察觉的某些规律行事。换言之，当事人在聆听一般均衡论的演说之后所要展开的活动，已经预先包含在一般均衡论之中。这种听上去霸气、实则令人恐怖的论调绝非笔者的编排。这里所论及的所有观念，实际上都充斥于主流经济学的文献。例如，提出理性预期理论的经济学家们就是这么想的。这种论调有一个明显的漏洞：个人是有自由意志的，所以，我可能进行某个行为，也可能不进行某个行为。假如世界在我行动之前就是均衡的，我的新增的行动势必使之不均衡；反之，假如世界是因为我的行动而变得均衡的，那么，在我行动之前，世界必然就是不均衡的。如果“我”是一个较大型的组织的首脑或者某个大型集体行动的领导者，这个问题也就更加显著了。

这个质疑绝非我的首创。笔者相信，这是任何接触一般均衡论的人都会想到的问题。这个难题说明，社会科学理论根本就不能采用类似于一般均衡论这样的方式来构造。社会现实总是由合理的事情与不合理的事情混合而成的，是由已经完成的事情、进行中的事情和有待于去做的事情所组成的，也是由已经认识到、因而已经提上日程的任务和尚未认识到、但仍然保持着的可能性所共同参与的。如此一来，就不能说社会在整体上是“一般均衡的”。**不管“均衡”的含义有多么丰富，只要它是可证伪的，那么，种种“不均衡”就都可能作为一些实际情形存在于现实世界之中**。另外，**社会科学既是描述和解释人的行为的，同时，它又是讲给人听的。由于人本身是当事者，是有关事实的有意识的制造者，所以，讲给人听的东西就不能完全使用决定论的样式；否则，客观上就有可能对人造成误导、麻痹、恐吓、欺瞒等负面后果**。对于受众而言，这样的理论近于没有意义，几乎毫无用处。把它奉为经典，不客气地说，就是在歌颂和崇拜“皇帝的新衣”。

在这个困境面前，一般均衡理论又生发出一种新的意义，即前一小节已经论及的：一般均衡论对社会现实具有某种批判和指导的意味。一般均衡论描述了聪明人的聪明思想，或者说它勾画了一种比现实社会更为理想的状态。它暗示，人们应当如此这般地行事；或者说，它预测，社会早晚将进入这个状态中。通过把真实现象与这种理想状态做对比，经济学家们把某些真实思想与行为斥责为“非理性的”。在这个意义上来理解的一般均衡论，比前一种要稍微有道理一些。不过，由于这种理论所针对的是高度抽象和失真的问题，它对真实当事人是否的确具有指导意义，仍然是大为可疑的。例如，如前所述，边际决策方法在一般均衡模型中随时都能够奏效，而在现实世界中则远非如此。经济学家们要想帮助实践者，途经可以是极为丰富的。采用这样的方法，投入过大，而收获太小，是不值得的。例如，博弈论者创立了许多小模型，反而给人以很大的启迪和助益，因此，博弈论很受欢迎，其传播速度也很快。

作为一种关于“末世图景”的预言，一般均衡论把世界在整体上推想为一种确定的静止状态，这是一个严重的错误。对此，我们在下一小节再继续。

3.6.4 荒谬的“末世论”

“一般均衡状态”是一个安静、和谐而圆满的状态。从表面上看，它所展示的仅仅是市场过程的结束，但是，由于它所奉行的特定的理念与方法，实际上可以理解为，它展示了全部世界的一个终极状态。它确定存在这样一种静止状态，它暗示现有的不圆满的世界将会向这种状态迸发，并最终到达那里。在这里，世界的一切秘密都得以最终揭开，一切值得去做的事情都完成了（或者得到了妥善安排），每个人都得到了自己应该得到的东西，不多也不少。总之，这种状态类似于基督教中的世界末日，也即进行“大审判”的日期。主流经济学者们未必都承认他们的学说具有这种性质，这是因为他们其实并不十分了解自己学说的含义。

一些主流学者相信，一般均衡理论所描述的是在特定的假设与信息供应之下经济系统趋于均衡的过程；他们对于该学说的前提声明得很清楚，因此，他们认为自己的论断是“科学的”。这种理论可以被理解为描述了某种“机制”，具体事物和具体信息在这种“机制”之下按照一定的方式相互作用，得出一定的结果。这就好比道家所说的“车轮围着车轴旋转，而车轴不动”。因此，这种理论被认为并不排斥动态性，它甚至可以理解为动态理论的一个准备。在一般均衡论的基础上，下一步就是合乎逻辑地发展“动态经济学”。

可惜，这完全是一个迷梦。原因就在于，一般均衡理论采用了决定论的方式，即针对一定的前提和材料，它相信一定会得出毫无疑义的确切结果。即使那些被研究的问题明明处于模糊状态中，它也一定要增添假设，以便计算结果能够使人“确信不疑”。这就表明，他所奉行的就是决定论的**理念**，它要宣扬这种理念。为此，它忽略了计算与通信的“过程”，而专注于描述那个“最终状态”。由于这种最终状态的样子人们并不确切地知道，于是，它便进一步采用以下的“手法”，即以种种理由，并借助于假设，从而把一切经济问题都化约为数量化的计算。通过展示鲜有疑义的数学计算及其结果，“最终状态”就得到了。决定论的方法可以近似等价地被诠释为对计算和通信时间的忽略。

倘若在分析框架之内采用了这样的方法，这种方法也就应当外推到框架之外，外推到一切的新问题和新领域之中；这是逻辑一致性的要求。例如，你不能说只有经济问题才有确定的答案，而其他社会问题则没有；也不能说只有数学计算不消耗时间，其他类型的计算却消耗时间。按照新古典的原则，罗宾斯所说的政治的、伦理的、美学的、技术的以及心理的前提是否还会存在，或者将会被这一原则“改造”成什么样子，这都是严重的问题。例如，既然经济计算可以得出“一般均衡”这个最终结果，那么，人们为了开发技术所做的计算的最终结果是什么呢？如果我们接受一般均衡理论，是否意味着，我们也应该接受存在某种“最终技术”的假设？或者，是否意味着，人类在历史的第一天就应该创立相对论与量子学说，并且拥有电脑和太空探测器？到了一般均衡实现的那一天，政治与法律制度存在吗？它又是什么样子呢？鉴于此，我们有理由认为，在新古典经济学家的眼中，他们认为社会问题并不存在，或者，所有非经济的、非市场的问题都已经被吸收和消解在了一般均衡模型之中，因而已经不具有独立的意义。换言之，不仅可以把一般均衡模型作为经济世界的模型，也可以作为社会世界或者整个世界的模型——当然，至少在该理论的初创和前期发展阶段，走向这种境地的危险并未被新古典经济学家们意识到，他们显然尚未思考相关的问题。

主流经济学家们之所以相信他们正在从事一项“正确的事业”，还与“新信息”这一说法的鼓舞有关：信息的供应是有限的，当事人先基于已有信息计算出了某个均衡价格，然后，新信息的冲击导致了新的计算活动，从而使得均衡价格的位置发生了改变。这样一来，一般均衡状态似乎是可以沿着时间序列不断变化的。“新信息”的论调在经济学界是十分流行的，因为，主流经济学所处理的那些问题通常是经过精心选择的，从中看不出对信息的处理方式（也即算法）是一个与信息供应同样严重的问题。在一遍又一遍的“训练”之下，“经济学人”们逐渐相信数学模型可以用于代表一般的认识和计算问题。对于这种论调，这里再重复一遍我们的反驳：既然计算被假定为不需要时间，当事人的智力就应该是“完善的”；鉴于智力的作用就是把旧信息加工成新信息，所以，一种完善的智力，就应该能够根据已有的信息准确预测到未来的信息以及周遭的任何潜藏的信息，因此，对于新古典人而言，不应该存在什么“新信息”。进一步地，没有了新信息，也就没有了任何新的“冲击”，一般均衡状态就是一个绝对静止的、终极的世界状态，它就不具有任何动态的特征。

新古典经济学实际上潜在地假设当事人拥有完全的、圆满的知识；关于这一点，如今已经成为一种共识。当然，“完全知识”在各种分析模型中的表现不同。通过识别“完全知识”的种种具体形式，可以深入理解主流经济学的形而上学倾向。函数论、极端的交易论和“价格至上论”都是这些不同的表现形式。其另一表现是，凡是分析者认为“合理”的算法，当事人则一定会拥有；当事人原先不拥有的技能，也马上就能够学会。所以，“完全知识”的假定实际上也在暗示计算时间为零。完全知识、末世论和计算时间为零是等价的。特伦斯·W·哈奇森对此有相当明确的认识。在《经济学的革命与发展》这部著作中，他开辟了专门的章节来论述李嘉图所开创的演绎方法的这一实质，他并写道：“在批评所说的‘新古典经济学’的过程中，就有许多模糊的措辞谈到，需要把‘历史时间’重新导入经济理论建设或模型构造中去。……通过这种重新引入很可能爆发一次反李嘉图方法的革命。”①

论者们所未曾认识到的是，这个“革命”的爆发其实是相当简单的。一般均衡理论暗示了一个向某种静止状态进行持续收敛的世界，就好比有物理学家预言宇宙终将收缩在一个点（奇点）上。这是一种可怕的理论，它不符合我们所观察到的事实。

---

①［英］特伦斯·W·哈奇森：《经济学的革命与发展》，李小弥等译，北京大学出版社，1992年，第272页。

现在，有了算法理论，通过指令与信息的排列组合所引起的“组合爆炸”，我们就可以很容易地证明，知识是发展的，在整体上是单向扩张的，所以，社会世界的运动与宇宙大爆炸相类似，也是扩张性的。这个证明是如此地直观，以致它不需要提供什么“严格的”论证步骤。只要我们了解一点儿关于“排列组合”以及“组合爆炸”的数学知识，就可以对此坚信不疑。在这个图景之下，一个绝对静止的最终状态是难以设想的；它出现的可能性，基本上是可以予以排除的。至少，不能认定这个状态一定会出现，并**优先地**把这种信念作为经济学的基础与核心。在这个意义上，我们可以自信地断言，虽然对均衡的讨论是有意义的，但是，只要加上“一般”两个字，它就是一个错误，一个严重的错误；这是主流新古典经济学所犯下的最为严重的过失。经济学建立在这个基础上，等同于把一幢高楼建立在沙丘上。至于均衡论的真实意义，我们在下一节再做进一步讨论。

3.6.5“可知”与“不可知”界线的绝对化

本小节的任务是对前一小节做出补充论述。

完全知识、计算时间为零等潜在假设所导致的一个必然结果是，必须建立某种绝对的知识，必须寻找某种最终的状态，否则经济分析就要一直持续下去，经济学家们就没法儿结束他们的论文与著述；模型也就不能合乎逻辑地产生可见的现象，经济理论从而也就丧失了解释功能。反过来，如果一个人相信存在终极世界，他也将会把主要精力放在对终极世界的寻找或推测上，也就会忽视历史过程。总之，一般均衡状态与这两个假定之间是相互需要、相互支持的。这种立论方式无法兼顾对特定世界状态的分析与对特定社会过程的分析，无法兼顾存量与流量，不能在它们之间建立起适当的平衡。

同样地，现在我们就可以理解，主流经济学为什么既要虚构分析的环境，又要选择性地对待经济问题。它要寻找或“制造”确定性，以便终结分析过程，并把这个结果展示给人看。但是，确定性并不总能够找到，不确定性难免要面对。在此情况下，我们可以清楚地发现，为了能够自圆其说，主流经济学进一步采取了一种策略，即在可认识的对象与不可认识的对象之间试图建立一种绝对的标准，或者在信息问题与算法问题之间试图做出明确的区分。对于某些问题，经济学家们明确地要求提供特定的信息，否则便宣布“这个问题不可解决”。“充分信息”这个概念就是这样发展起来的。一些人热衷于区分“绝对的无知”与“尚属合理的无知”。[①]“有限理性”这个概念被有些人翻译为“有界理性”，意指理性存在着边界，边界之外的领域是不可知（而不是“未知”）的。围绕“概率与不确定性”问题所做的争论尤其凸显了这一意图。

---

① 参阅桑福德·池田：《市场过程》，载［奥］卡尔·门格尔：《经济学方法论探究》，姚中秋译，北京：新星出版社，2007年，第274页。

人的认识能力有限，因而难免会对某些事情不够确信（不确定性）。所以，不确定性原本是有限理性的一个自然结果，它不过是“无知”或“知识有限”的另一种说法而已。可是，颇值得玩味的是，“不确定性”是跟在“概率”的后面悄悄地潜入经济学的，并且，不确定性也被解释为“那些不能正确估算概率的情形”。这是又一个类比，其手法与把劳务和商品做类比、或者把脑力劳动和体力劳动相类比毫无二致。通过类比，不确定性就被置于了一种“恰当的”位置上，以确保它不会“干扰”均衡理论的完善性。

先从概率说起。掷硬币的结果是正反面朝上的概率各为50%，这是大多数人的看法。然而，可以提出这样的争议：如果观察者能够准确地观测硬币在空中飞行的姿态，并且根据空气动力学知识飞快地做出计算，那么，在它落地之前，该观察者也许可以准确地判断哪个面会朝上。这个认识可以用来否定“掷硬币是纯粹随机的”这样一个观点。这就引出了一个问题：通常所说的“真正的随机性”究竟是指什么？这样的实例究竟是否可以找到？对于概率问题，向来充斥着争论。这里至少可以存在两种意见：1. 概率是一种终极的知识，它反映着客观世界的真相，所以，正确地计算概率，就是在确切地认识世界。2. 概率是人们对于事物认识不足的一种反映；随着认识的加深，概率值会发生改变。第1种意见显然是新古典主义的，第2种意见是算法的。可是，反过来，算法的意见不一定必须是第2种，它可以以特定的方式把第1种也包容在内。指令性能的恒定性可以在原则上允许出现这种情况，即在某个点上，我们的认识不能够再前进一步，甚至自有史以来的数千年都维持特定的意见，以致多数人会产生“这是终极真理”的信念。然而，最为重要的是，不管这是不是终极真理，算法进路的经济学与社会科学并不依赖于这个问题有没有答案；有或者没有、肯定或者否定都无关大局，因为相对静止与相对运动的状态在算法世界中是很常见的，其种类是多样的，哪一个都不令人吃惊。而这个问题对于新古典经济学就不同了。假如概率是认识不足的体现，分析过程就不能停下来，经济学家们就有义务进一步说明，相关的问题还需要怎样来展开计算，直至结果没有异议。反过来，如果经济学家们认为后续计算无法有效地进行，或者他们对此不感兴趣，那么，要么放弃新古典的整个框架，要么就只能坚持持有第1种意见，并且一口咬定“真相就是如此”。对概率的处理尚且只能这样，至于对于不能估计概率的“不确定性”，主流学者们也就更加只能保持沉默、束之高阁了。

3.6.6 “可知”与“不可知”界线的绝对化（续）

这种处理方法在理性预期理论中得到了淋漓尽致的表现。为了说明“理性预期”这个概念，需要先从“预期”说起。如前所述，按照新古典的原则，当事人必须对计算所涉及的、而自己尚不了解的事项最大限度地做出估算。无论所涉事项涉及未来，还是涉及在其他地方业已发生而当事人所不了解的情形，当事人都必须如此。所以，“预期”这个词的使用是非常广泛的。传统的预期方法是先根据一定的规则做出预期，然后根据实际观测到的数据修正预期，如此循环往复。这叫做“适应性预期”。可是，一些理论家不满足于这个方法（他们显然认识到了新古典逻辑的一致性要求），他们认为，未来的事态是由两种原因造成的，一种原因是现状的延伸，另一种原因是纯随机事件的扰动。前一种是合理的，是可以理解、可以计算的，因此，当事人应当能够根据对现状的了解和掌握准确地计算和预测出来，进而，当事人又必须根据对未来的预测反过来调整当前的行为。依据这种思想，这些理论家选择性地开发了一些高深的数学模型，以便展示和“证明”当事人对于未来做出了最大限度的预测，这个预测不可能更好了；同时，包含在现状中的信息已经得到了完全的利用。如此一来，在今天与未来之间已经不存在套利机会。反过来，真实状况与“理性预期”所得出的数值之间的差距只能被视作无法解释的、没有意义的“随机扰动”。在这些手法之下，模型呈现出一些有趣的现象，即它真的动了起来，而对于这种运动，无论当事人还是观察者，都可以熟视无睹，处之泰然，因为这种运动已经变成了一种人力所不及的“随机游走”，只能听之任之。——“幸运”的是，对于包含在这些数学模型的推导，读者们真的难以表示异议（绝大多数读者的数学水平显然都不如经济学家那么好），所以看来似乎只有接受的份儿了。

这可真是新古典主义的榜样！罗伯特·卢卡斯是理性预期学派的代表人物之一，他当然深入地掌握着这种思想的精髓。让我们来看看他是如何“巧妙地”运用这种思想的。2007～2008年，美国发生了波及全球的“次贷危机”。对于这个悲剧，英国女王伊丽莎白二世向经济学家们发出了抱怨：你们为什么不提前发出预警，促使政府采取行动，从而避免它？经过研究，罗伯特·卢卡斯于次年回答说：此类事件是不可预测的，因为，假如它可预测的话，人们就会据此提前采取行动，从而改变这种预测。① 这种荒唐的答案约等于以下逻辑：现实世界是圆满的；假如它不圆满的话，人们就会让它变得圆满；所以，它是圆满的。这种论述过后，发生了这样一些问题：既然如此，经济学又是做什么的？我们为什么要研究经济学？为什么要来这里进行谈话？世界在产生经济学之前是圆满的呢，还是因为经济学的产生而变得圆满的？

卢卡斯抓住了新古典主义的一个要害，即不存在人际的意见差异，因此，他排除“一些人预测到了危机，而另一些人没有预测到甚至在制造危机”的可能性，不认为这是一种值得予以认可的“正常情况”。所有当事人在智识水平上必须与经济学家们共进退，这可以保证没有人可以质疑经济分析。笔者的这一判断还可以用于解释一个现象，即这种纯粹的新古典主义理论为什么会在宏观经济学研究中得以流行。这是因为，卢卡斯坚持一点，即对于部分人可以想到的事情，必须同时假定其他人也可以想得到。宏观经济的管理者是人，是一种类型的当事人，所以，他们能够制订的政策，被调控的当事人应当是可以预见到的。尤其是，在发达国家，宏观经济数据会及时地

① 参阅“FT中文网”文章《有效市场假设与经济预测》，网址为http://www.ftchinese.com/story/001040794，作者［英］约翰·凯，2011年9月21日。

得到公开，而官员们也是按照某种“理性的”经济理论来制订政策的。卢卡斯等人选择这个领域来使用他们的理论，的确非常合适，尽管他们总是避免直接地、不加选择地面对其他各种纷繁复杂的、因而也更为“一般的”情况。

不过，百密一疏，新古典经济学家也有考虑不周的时候，其中的一个漏洞似乎不幸被笔者给抓住了。上大学的时候，笔者学习过“新古典的金融理论”。顺便提一下，按照算法的逻辑，“新古典的金融理论”这一说法纯属自相矛盾。一个新古典的学说，不仅引进了货币与金融议题，而且引进了“人的性格”；这种做法本身就表明，该理论的提出者并不了解“新古典”一词的真实含义。当然，给新古典框架随意引进“添加物”，这是主流经济学家们的传统。在该理论之下，当事人被划分为“风险喜好者”“风险中性者”和“风险厌恶者”等类型。对人的性格所做的这种划分完全是行为主义的；不过，“偏好”这个概念为行为主义经济学与新古典经济学的联姻提供了一个接口，所以，这种做法似乎勉强过得去。该理论的一个推论是：市场会奖赏风险喜好者，使之获利较多。这个结论颇有“资本主义”的味道，显而易见，它在迎合某种意识形态。笔者当年的思想是颇为“新古典的”，对于这个结论，我向老师提出了如下的问题：若果如此，那么，当事人将会知道这一点，于是，大家都会去争做“风险喜好者”，最终，“风险喜好者”的收益也就会下降到平均水平，而人们对于风险的态度也将会趋于一致；这个看法对吗？老师没有正面回答我的问题。二十多年过去了，至今我仍然未能从任何人那里得到答案。

绕来绕去，主流经济学家们就是不肯在有限理性与知识发展的基础上来构造经济理论；看来，其中的困难也许是不小的。我们可以尝试推测一下，这种绝对化为什么会发生。实际上，存在这样一种有趣的状况，它似乎可以对唯理主义与决定论的流行提供一个解释，这就是：一种理论，总是在一个特定的时点上来宣讲的，而当这种理论被讲授的时候，一般而言，它已经按照当时人们所拥有的最高知识做了调整，以致听众很难从中再挑出毛病来。对于类似“一般均衡理论”这样的“显学”来说，情况更是如此，它是被众多有才华的学者们反复锤炼和补充过的；对于其中的诸多弱点和疏漏，讲授者们已经预先准备好了答案；经过多年的训练，实际上已经烂熟于胸。于是，课堂上就会出现这样一种常见的场面，即有关问题的“标准解法”，听众一般都会同意，而对于现有理论解答不了、以致被讲授者定性为“特殊情形”或者“随机因素”的那些问题，听众同样也拿不出其他有效的解决办法来。在这种情况之下，在“可解决的问题”与“不可解决的问题之间”做出绝对划分的论调就很容易被接受，也很容易流行起来。如前所述，一般均衡理论实际上是不断发展的（例如理性预期学派所作的补充），“一般均衡体系”的覆盖范围以及分析的深度和精确度也是不断提高的；但是，不同水平的一般均衡理论却是在不同历史时期被讲授的，面对的也是不同年代的学生。虽然理论史有时也在讲授之列，可是，理论的任何历史进步都被视作个别的、微小的事件，视作一种反常状况，它不足以动摇这种学说的根本。不仅如此，历史发展的事实有时候还会帮助人们得出截然相反的结论。例如，在领略了知识发展的某些事例后，有人反而会说，既然“某某理论”已经得到了如此之多的补充，那么，它显然已经很完善了，再被补充和修正的机会已经不存在了。

正如奥地利经济学者以及诸多哲学家们所强调指出的，人们对于知识的了解往往比较容易，因为知识是“有”，把它展示出来就行了；而人们对于无知的觉察却往往很难，因为“无知”不容易被直观地展示，而是需要通过大量观察（尤其是长时段的历史考察）和理性思考才能体会到。我们预言知识将会继续发展，这只能是一种推测。这种推测可以建立在对历史经验进行归纳的基础上，也可以建立在某种理性分析（例如算法理论）的基础上。然而，无论如何，我们无法把未来的东西拿给当今的人们看，从而证明今天的知识只是暂时的。正是由于这个原因，所以，老子才说，无知是一种更高水平的知识。

算法理论一旦建立，我们就会觉得它是相当简单的；对于一般均衡论的错误，我们也看得颇为清楚，而对于此前的思想迷茫，却逐渐淡忘了。然而，新旧对比，可以唤醒记忆，它让笔者再次感受到，我们所迈出的，也许是重要的一大步。

3.7“一般均衡”无意义（二）

3.7.1 从比较现实的角度来理解一般均衡

一般均衡论之所以备受青睐，具有诸多微妙的原因。它与多个比较重要的经济议题建立了联姻关系。在笔者看来，这些议题都可以采用“非新古典的”方式来加以探讨，但却被稀里糊涂地纳入了“一般均衡”的框架之中。

一般均衡理论常常被这样来理解，即相对于比较贴近真实世界的、因而人们更为熟悉的“局部均衡”（以及“暂时均衡”等）而言，它强调了有一个更为宏观的经济系统的存在，个体的微观经济活动受到其他单位以及处于遥远地方的其他行为者的影响，经济系统内部存在着密切的、复杂的相互联系，有关的经济变量（例如价格）是共同决定的，等等；因此，不研究全局的情况，就不足以解释微观经济现象。

这是一种合理的观点。可以说，在很大程度上，正是由于类似观点的存在，才产生了作为独立学科门类的经济学。通过阅读相关的著作，普通读者们感到开阔了眼界，因为他们获得了常识之外、并且高于常识的一些具有说服力的知识。然而，需要说明的是，这种观点是有缺陷的，它至少是不全面的。个人或者微观经济单位之间的相互联系并不能消灭他（它）们各自的独立性，个体的独立性及其相互联系是并存的，因而，经济变量只是**在一定程度上**共同决定的，各个经济变量也各有一定的独立性。简言之，对整体性的强调不能走向极端。

相互联系的观点最终导致这样一些经济问题的产生：在规模如此巨大的分工与合

作的体系中，各部分是如何相互衔接和顺利运转的（换言之，经济活动的“秩序”是如何实现的）？货物是否以及如何可以全部销售出去？就业是否可以达到“充分”的程度，以及充分就业如何实现？在较少的情况下，经济能否以及如何实现平稳而持续的增长？等等。这些问题深深地吸引了经济学者们，它们被当作经济学的核心问题。

这些问题被归纳为“一般均衡的”问题。当一般均衡论在上述意义上进行讨论的时候，论者们一般并不严格遵循微观经济学的传统；或者说，经典的一般均衡模型所设定的那些条件并未得到充分的注意，因而，它们实际上把一般均衡模型当作真实世界的一个合理的近似。在宏观经济学中，情况尤其如此。从本小节开始，我们在这种比较广泛的意义上来讨论一般均衡。还是先从微观分析开始。

考虑自给自足的鲁滨逊经济。在鲁滨逊经济中，存在一般均衡问题吗？鲁滨逊自己生产物品，自己使用物品。对于自己不需要的东西，显然也就无须生产它。所以，如前所述，如果我们把“一般均衡”这个概念限于分工与交换经济，那么，鲁滨逊经济中就不存在“一般均衡”的问题。但是，显而易见的是，没有了对产品销路的忧虑，并不意味着鲁滨逊是幸福的，因为他仍然很贫困，还会遭受失败。例如，由于某些意外情况（新信息）的发生，或者因为自己改变了主意（算法），他发现处于生产之中或者已经制作完工的产品自己不再需要了。也就是说，浪费并非完全可以避免。这种情况提醒我们，不能把“一般均衡”或交易问题视为全部的经济问题；在无分工或不交易的经济中，它甚至不是一个经济问题。“一般均衡”只是我们应当提出和面对的众多经济问题中的一个。

现在我们把人数扩大到数人，例如，在一个家庭之内，或者在几个朋友之间，要制订生产、交易与消费计划。常识告诉我们，要保证所有的产品都顺畅地生产、交换和消费，也不是难事，因为大家可以开会，进行面对面的商议；并且，由于商议随时可以进行，已有的方案也可以不断地进行调整，以确保不造成严重的浪费。当然，开会的方式终归不如鲁滨逊的“自我交流”那样便利。当代社会科学越来越揭示出，人际协商也有困难的一面。算法理论也可以用于揭示这一点。其中的一个主要困难，就是人们常常难以取得一致的意见，互相指责对方倔强固执；尤其是在涉及共用产品的生产与消费计划时，可能会相持不下。更有一些意图以“不合作”来敲诈他人的无赖，无论怎样对其进行规劝，都无济于事。这种人往往是少数，但可能会严重破坏合作的气氛，甚至还会导致争斗和流血冲突。这样的事情在实际生活中不乏其例。

再把分析范围扩大到整个社会。现在，我们再也不能设想，一个为数数百万、数千万、数亿甚至数十亿的人口如何可以集合起来开会，如何可以“面对面”地协商问题。会议开不起来，既有优点，也有缺点。优点是，大家不必争吵了，也不必强求一致了。商品的种类和交易者的数目都很丰富。甲需要的东西，不能从乙那里买到，但可以从丙处购得。同样，甲生产的东西，乙、丙都不需要，但丁可能需要。于是，各人在制订生产计划之时，不一定要完全落实销售渠道，他不必对货物的销路过分担心。购买东西的人，也不一定非得去预订，他可以随兴所至，任意下单，也不必过分担心买不到所需的东西。这样一来，口舌之争反而减少了，人们的行动计划无需彼此相互捆绑起来，只需各自埋头做事。

由此也产生了一些缺点，主要是，正如我们通常所看到的情形，人们只能根据自己的经验和估计来制订行动计划。他们可以与周围比较熟悉的人进行交流，可以通过媒体了解情况，也可以搜集统计数据，阅读研究报告；然而，这些工作远远谈不上是充分的。人们主要根据一定的（比较粗糙的）决策规则和行为模式来做决定。根据对现实世界的观察，我们可以发现，实际情况大致就是如此。这种决策方式在很大程度上是盲目的。"全体会议"开不成，人们又只是如此这般"自顾自"地进行决策和行为；正是在这种情况下，"一般均衡"似乎成为了一个显著的问题。当它得以实现时，观察者发出斯密式的惊叹：一个个分散的个人，在未经协商和统一指挥的情况下，居然完成了如此巨大规模的合作，市场真是伟大！而当陷入危机时，观察者们又感到迷茫：既然均衡已经实现，怎么又会失去了呢？回顾一下经济史以及经济学说史，实际情况不正是这样吗？

正是在上述意义上我们可以意识到，标准微观经济理论对这些问题的回答，是一个由错误与合理成分混合而成的、十分微妙的混合体。首先，它把当事人的行为模式设想为由一些函数所左右，它假设这些函数符合一定的条件。其次，它说，人们都按照最高智力水平行事。它同时论证这种"最高智力水平"就是遵从边际决策原理。这一下子就把计算的难度降低了，显得有些真实性了。这实际上是在试图展示新古典框架所用的"算法"是具有实际可操作性的，因而是切合现实的。最后，它说，人们并不是不去"开会"；在人口众多的情况下，这种会议有一个开法儿，就是举行拍卖；各个当事人根据会议主持人（拍卖人）的喊价被动地调整自己的行为，从而实现一般均衡。这样一来，它既考虑了算法问题，又考虑了通信问题，还避免了漫无边际的、政治化的面对面商谈可能造成的僵局。一些新古典学者们之所以如此抗拒批评，就在于他们认为，他们为一般均衡的达成提供了上述似乎颇为"可行"的道路。

我们已经对这条"道路"进行了多方面的批驳。实际情况显然不能完全满足其中各个环节所规定的条件。现在要问的是：如果不能满足这些条件，经济是否就无法实现一般均衡呢？是否还存在其他的方法来促成一般均衡的实现呢？现实经济究竟应当视为均衡的还是不均衡的呢？均衡的实际意义究竟是什么？

本节将致力于解答这些问题。分析过程将建立在常识、常理和算法的基础上。

3.7.2 通过延续传统和边际调整大致上实现均衡

考虑上一小节所述的数人之间的分工与合作。可以把这种情况视作原始社会的部落经济。一个部落的活动范围局限于某个狭小的地域之内。由于交通与通信非常困难，部落之间很少发生交往与商品交换。部落内部依靠协商方式和管理手段来进行分工与协作。分工逐渐导致了专门技能的产生，而专门技能又加强了分工。于是，分工的格局逐渐趋向于固定下来，并代代相传。一个人既会参与某些通行的、一般性的工作，又会专注于与某些特定的工种、产品、地域、事务等有关的工作。由于人的精力是有限的，对某些工作比较熟悉的同时，对其他的工作就会变得陌生起来。但是，大家都知道，只要**沿袭传统**，各司其职，经济社会就能够正常运转下去。

然后发生了改变。改变可能来自技术创新、产品过剩、自然条件变化、部落活动范围扩展以及对外交往增加等任何方面。新的冲击将引起分工协作格局的调整。起初，这些调整都可以通过开会和组织化的方式得以完成，或者借助内部规则与惯例而实现。后来，部落之间的联系日益频繁，各部落之间的距离逐步缩小，以致其界限变得模糊不清。组织化的活动是需要付出代价的，成员们逐渐对此感到不便，领导人也不胜烦扰，最终导致了部落的解体，人们以家庭为单位来重新组织生产，并借助货币相互交换产品。然而，在部落生活中所学习到的技能与分工的格局却在很大程度上保留下来了，这**大体上**可以保证生产计划不会出错，保证产品有销路。

我们要表达的第一个观点是，**传统在经济社会秩序的构造中发挥了一个基本的和核心的作用。传统是人类千万年思索与实践的结晶，是被现实生活证明为可行的算法的集合**。它在一定程度上是被先辈们强制装入我们脑中的，在一定程度上也是我们自行选择并自愿接受的。它既不可回避，又必不可少。旧的传统帮助我们型构了今天的社会；今天的状况又作为型构明日社会的新的传统；如此代代相传。传统的重要性可以通过思考以下这个问题而得到：假如现在活着的人们都是刚刚一下子降临到地球上的，就算身心都很健全，又如何能够一下子商量出一个可行的分工与合作方案呢？如何确保可以立即拥有如今的生活质量呢？这必定是无法设想的。

传统的存在以及我们对它的掌握允许我们可以从容地致力于发展，并对传统进行**边际性的**调整。这些增量性的活动正好**足以**为我们的身心能力所承担。根据我们对现实经济社会的观察，这才是真实世界中实现“一般均衡”的真实方式。这里的论述表面上似乎与演化经济学的方法很相似，但是，因为我们业已阐明了传统、习惯、惯例、技巧等演化经济学所强调的诸多概念是如何“理性地”形成的，所以我们实际上已经比演化经济学深入了一步。它现在应当称为“算法的”。

可以推测，这种边际性的调整必然会导致以下多种后果。

第一，均衡大致上会实现，但一定不会很精确，很及时。传统作为**现成的**“一般均衡的”模式，有助于降低计算的难度，因此，临时计算只需要在边际上进行。小型的冲击，一般只需要做出小范围的有意识的调整。即使进一步的深度调整势在必行，也可暂时予以忽略，事情就这样“应付”过去了，而总的局面仍然可以大致上视为均衡。另一个有利因素是，人们之间存在着广泛的异质性，其行为也常常是异步的，人口的数目又很大，因而，一些破坏平衡的因素往往会被另一些反向的破坏平衡的因素所**对冲**，其结果反而维持了平衡。这就更加降低了失衡的机率。另一方面，因为各个当事人都未能进行充分的商议与约定，都是自行揣摩行事的，而且会频繁地采用递归的（串行的或“序贯的”）方式进行调整，这就导致各种正反因素的对冲在性质上绝不会全都恰好相反，在数量与程度上绝不会恰好相等，在实施与发挥作用的时间上也绝不会十分及时和准确。这样一来，社会经济就难免处于波动之中，不是向上，就是向下；不是扩展，就是收缩。波动成了一种常态。可以把波动过程视为由无数“准静止的”状态所组成。在这些状态中，必定存在一幅画面，它可能碰巧比较符合或接近于“完美的”“一般均衡状态”。但是，我们可以意识到，真实世界在这个画面上究竟停留了多久，这已经不是一个非常重要的问题，因为这个画面是“可遇而不可求”的，它甚至是意外地、在未充分察觉的情况下实现的。在这种情况下，“一般均衡”实际上是指宏观经济大体上比较稳定，或者在较小的、可以接受的幅度之内波动。

第二，均衡在时序上具有“路径依赖”的特点，而在其内部则是鱼目混珠的。由于“传统不可轻废”，临时的调整只能小修小补。对传统的修补要考虑到传统的特点及其业已存在的事实，因此选择的范围就会比较小，就不能随意选择。此之谓“路径依赖”。这就好比一个企业置办新设备时要考虑到旧设备的特点，这种情况下的选择就与新建一个全新的工厂有所不同。制度的发展也具有路径依赖的特点。**在一切有资产存量的地方，都存在路径依赖效应**。**算法理论可以用于揭示范围最为广泛的路径依赖效应**。然而，另一方面，时下的调整又要考虑到新情况，又不能大动干戈，这就导致眼下的最终选择又与传统有所冲突，而由此形成的整体则是一种拼凑出来的混合物。这就好比在衣服上打补丁，不可能总是找得到原来的材料，其结果是，补丁都是花花绿绿的，整体的视觉效果便不够协调一致。

第三，持续的边际性调整也可能导致突变或失衡，包括大发展、危机或大崩溃。在理性有限的情况下，当事人只是把调整限于一定的尺度和范围之内；超出了这个尺度和范围，他便不再顾及。这将导致意外后果的累积。如果对冲不够平衡，有可能发生系统性的偏离。随着意外后果的扩大，当事人（包括政府）也许会觉察到它的存在；如果当事人认为有必要，就可以将其**重新纳入**有意识治理的范围。不过，无论如何，遗漏与疏忽都难免发生。于是，就会发生突变和大调整。对一些人来说，大调整也是有意促成的，是一种主动的“纠偏”过程。他们把注意力投向平时不大注意的领域，进行某种破坏和否定的工作，引起一种结构性的变动，从中渔利。在其他情况下，由群众盲目推动的某种数量的累积性变动一旦超过了某个临界点，就会引发连锁反应，也可能引起重大的结构变动。结构变动导致那些循规蹈矩做事情的人们失去了他们行动的依据，而陷入不知所措之中。**一旦我们理解了均衡是如何在一种有意无意的、“半内在化”的状态中实现的，也就会理解均衡实际上很脆弱，很难对抗大型的冲击**。倘若一个人停止了常规性的工作，与之合作的人也就无法继续工作，而新的合作关系在短时内又很难再建立。潜在的合作者相互寻找不到对方，恐慌情绪就会漫延，直至某种反向的力量介入并逐渐稳住局势。毫不奇怪的是，一场危机从发生到结束通常需要一个客观的历史进程。另一方面，大调整导致经济社会内部的一致性得以提高，导致传统与现代更好地融合，为未来重新开辟方向。例如，革命常常会导致经济增长的暂时停滞（甚至下降），但是，由于它促使社会的其他方面得以发展，因而，在史学家的笔下，它常常会得到赞扬而不是贬损。

笔者认为，关于“一般均衡”如何实现、能实现到什么程度以及为什么又会不时失去的基本道理可能大致上就是如此。当然这绝非都是笔者的创见①，笔者的工作是对已有众多学者的成果进行算法式的综合与批判。这里所展示的图景与新古典的设想是非常不同的。在重新回到新古典框架之前，我们再对这个叙述做出进一步的说明和强调。

3.7.3“均衡”的真实状况

以上述方式所实现的均衡，是一个大杂烩，它几乎是在以世界的原样来描摹世界。在这里，我们无须对个人的情况做出任何假定或限定，也不必以某个统一的函数来描摹个人的内在状况。个人可以自由地使用任何算法，不一定要采用边际决策方法，也不一定要接受定价的指导。实际上，个人只需要成为普通的人和真实的人，他只需要按照常理、常识和常规行事，就像他们实际上所做的那样。面对面的、组织化的、政治化的人际交流方式（有形的手）与间接的、静默的、市场化的方式（无形的手）相互结合，“半内在化”这个概念则在其间起沟通和连接的作用。政府也是半内在化的参与者之一，它观察和调控那些尚未被意识到（或充分意识到）自己被观察和调控的人。个人的内在思想不必相互一致，个人的行为不必前后一致，人们的思想与行为也不必相互一致。例如，一个人饥肠辘辘，要购买食品，另一辆运送食品的货车恰巧从他家门口经过。按照新古典主义的理念，这辆食品车应该径直开往他家。可是，在算法框架下，事情不必如此。假如这辆车原本就不是来给此人送货的，就最好不要拦下它。因为算法的原因，他应当去附近的餐馆或食品店解决吃饭问题。这就是算法的秩序，或者“算法的均衡”。又如，有人饥饿，而又有人却把多余的食品抛弃掉。在算法世界中，或者在现实世界中，这种情况是难以完全避免的。这是因为存在着通信与商谈方面的障碍。在这种“浪费”的规模比较微小的情况下，我们不必视之为“失衡”。实际上，在日常生活中，人们也的确是这样来看待这种现象的。只有当浪费扩大到了一定的程度，人们才认为这是个问题。再比如，某个冲击造成了局部的影响。在新古典框架下，这个影响务必要扩大到全局；可是，在算法框架下，这个“冲击波”可能会遭到来自其他方向的冲击波的抵消或阻断，以致各种冲击波之间达成了某种平衡（只有较大的冲击波才会打破平衡，扩散到全局）。收敛的过程与发散的过程相互交织。所以，算法的均衡包含着相反力量斗争的均势，以及微观经济活动的激烈动荡。最终，是时间与传统的存在以及人口的大数目致使均衡得以大致实现的。那些相互作用的力量不断变幻，而均衡在宏观上以及在大部分时间里却得以

① 例如，经济学说史专家马克·布劳格就曾在他的名著《经济理论的回顾》中评价一般均衡理论时这样写道：“在一个多世纪对一般均衡理论核心的不断精炼之后，一场操练已吸引了20世纪经济学领域中一些最聪明的人，这个理论不只是在真实世界分散的市场经济中，而且甚至在现代一般均衡理论家所钟爱的黑板经济中，也没有阐明市场均衡是如何实际上达到的。现实经济中的这套均衡几乎肯定是路径依赖的，它可能得了‘滞后’病，均衡不仅依赖于这个体系的当前状态，还取决于它的过去历史。”（[英]马克·布劳格：《经济理论的回顾》，姚开建译，北京：中国人民大学出版社，2009年，第457页）

维持。

这意味着什么呢？它的含义十分丰富，往后的每一个章节都将从不同的侧面来描述它。这里只是就这个议题开个头。譬如，它意味着“一物一价法”不再那么重要。在传统的理论中，“一物一价法”不可撼动，因为它通过假定通信与计算时间为零，实际上假定了存在着充分灵活的市场调整机制，或者存在着无成本的套利活动，于是，“一物二价”也就不可能令人信服地发生。**正的计算与通信时间的引入，已经从根本上否定了充分灵活的市场调整机制的存在**，也否定了无成本套利活动的存在。严格地说，当事人要想观察到同时发生的两笔交易，基本上是不可能的；因此，套利活动所涉的这两笔交易必定只能在不同的时间进行。市场充斥着抱持不同思想观点以及处于不同行为进程中的人们。在不同时间或不同地域所成交的价格，也就很难做到恰好相等。当然，根据这样的思路，也许有人又会进一步设想，多个价格并存的现实局面是引入通信与计算时间之后所产生的新的“均衡状态”，可是，需要深刻认识到的是，此时的“均衡”并不意味着套利机会在客观上已经完全消失，因为此时的所谓“套利”实际上已经涉及风险判断，并且涉及信息传递和当事人注意力的占用；如果当事人有更重要的事（从而可以获取更高的利益），他也可能会漠视这个机会。在一定范围内的当事人的数目是有限的，所以特定套利机会被忽视的可能性将会存在。如果说生活就是不断地获利，人们也将只谋取自己所认为的最大的利益。“均衡”如果什么都保证不了，那么要这个概念又有什么用呢？

本节的目标之一在于最终说明，“均衡”这个概念要在严格的、明确限定的意义上来使用，方才妥当。而“一般均衡”这个概念，则无甚大的意义，可以予以取消。我们将通过递进的论述来谋求这个目标的实现。

“一物一价法”的效力被限定，这意味着我们对于所观察到的各个经济变量的广泛的不一致想象，可以不必惊讶；进而，这意味着对于现实世界的多角度的解释。例如，各企业的利润率不必是一致的，即使同行业内部的利润率也可以不一致。经济学者们不必总是盯着那些促使利润平均化的力量，而且也要关注导致利润率拉开的原因；只有把这两个方面结合起来，才能形成对经济现象的比较全面的解释。倘若只有前者，而缺少后者，我们甚至不能说，这是一种“解释”。又如，根据新古典的消费者行为理论，效用最大化的条件是“商品的替代率与价格比率相等”。基于众多的算法的理由，我们就可以推知，即使在行为学实验中，我们也不可能观察到这种现象，社会的大多数横断面都不可能恰好是这样的。希望读者们能够认识到，算法的方法意味着思想与研究方法的大转变，我们要逐步地、最终要比较彻底地摆脱均衡论的范式。

3.7.4 收入—支出的恒等关系不能与均衡问题相混淆

一般均衡的上述实现方式，可以通过对“萨伊定律”的讨论来做出说明。这个讨论将从本小节开始，延续五个小节。

萨伊定律着重于从流量的角度来说明经济体循环流转的稳定性。它认为，供给会创造它自己的需求，或者“产品是由产品来购买的”。可以说，这是主流经济学维持至今的基本思想，主流经济学就是以这样的或诸如此类的思想为基础来构建的。这种思想认为，生产过程会创造各类收入，而人们赚取收入的最终目的则是为了消费，从而再把收入花出去。例如，工人领取的工资即使并不全部用来购买本企业的产品，也会购买其他企业的产品，而其他企业的工人则同样会购买本企业的产品，因此，在原则上和总量水平上，所有的产品“最终”都会卖出去，或者具有“能够全部卖出去”的趋势。

首先要澄清一个错误，这就是把萨伊定律与经济活动中的某种恒等关系相混淆。**这种混淆与 3.6.2 节所述的把对特定状态的解释与对静止状态的解释相混淆、以致把动力学与牛顿第三定律相混淆是类似的**。企业在生产过程中不时地提供收入，其途经诸如支付工资、利息以及对外采购等。每一次这样的支付，都意味着（对于供应商来说）某些产品和服务的售出。但是，企业的产成品能否售出，却是一个问题；企业主承担着这样的风险。当然，由于价格一般是灵活可变的，无论如何，只要愿意，产成品最终一般都会卖出去。适销对路的产品，售价就会较高，成交就会比较迅速，企业就会获利，从而形成作为收入形态之一的利润；反之，产品若不适销对路，售价就会较低，成交就会较慢，企业甚至会亏损（产生负的利润）。在极端的情况下，产品完全不能售出，甚至被废弃，这时，会形成较大的亏损，它造成企业资产的缩减。产成品的价值在企业账簿上是如何进行记录的，该值就是全部亏损额。以上推理表明，如同牛顿第三定律一样，收入流与支出流以及产品供给的流量在个量上两两相等，在总量上当然也就是相等的。见下式：

工资收入≡购买劳动的支出≡劳动的实际供给

利息收入≡购买贷款的支出≡贷款服务的实际供给

中间产品出售收入≡购买中间产品的支出≡中间产品的实际供给

最终产品出售收入≡购买最终产品的支出≡最终产品的实际供给

利润收入≡最终产品出售收入−购买中间产品的支出≡购买最终产品的支出−中间产品出售收入≡最终产品的实际供给−中间产品的实际供给（未考虑税项）

无论以上各项如何定义，以及是否相互包含，也无论对它们进行加总或其他运算，恒等号各边总是相等的。如同一物对另一物的作用力恒等于另一物对该物的反作用力一样，**这种恒等关系只是基于这样一个基本道理，即在单个交易中，买进额恒等于卖出额**。总量上的平衡关系并不是因为总量本身具有这种关系，或者其他神秘的原因，而仅仅是因为，个量上具有恒等关系；有关总量是因此而相等的。这种恒等关系反映在微观与宏观的会计学中。

一些人总是把萨伊定律拿来作为思考经济危机的工具，以图证明产品总是具有“可以销售出去的倾向”。可是，从以上论述可以看出，这种恒等关系的存在，并不能保证企业的产品可以顺利地销售出去。首先，它不能保证单个企业的产品销售出去。

产品需要收入来购买，而收入又需要通过销售来产生；假如基于上述恒等关系来证明产品可以销售出去，这等于是在说企业主自己购买自己的产品，因而实际上是一种同义反复。**产品不是因为有相应的收入产生在先而得以销售出去的，恰恰相反，是因为产品销售出去了才产生相应的收入的**；倘若产品未能销售出去，也就没有相应的收入产生；从宏观的和社会的范围来看，就不存在"收支是否平衡"的问题。这个问题以及相应的责任（例如产品因滞销而被毁弃）让企业主自己承担了，等于企业主"自己跟自己做买卖"了。利润（或亏损）是诸多收入项目中一个关键的变量。即使事前某些收入已经通过工资、利息以及对外采购的形式向社会进行了发放，此时也已经以"企业主独自承担亏损"的方式扣减回来了。简言之，无论产品是否能够售出，恒等关系都成立；恒等关系成立与否跟产品是否售出无关。这就好像无论物体静止还是运动，加速还是减速，其中的作用力与反作用力都是相等的。

单个企业如此，多个企业与整个社会也是如此。单个时刻是这样，每时每刻以及社会的每个横切面也都是这样。众多企业的产品都可能无法顺利地销售出去，因而相应的利润收入也都无法形成；即使已经形成的其他收入，也都可能通过亏损额而得到抵扣。宏观经济的动荡将与上述恒等关系并行不悖。

3.7.5 供求常常是跨时空进行相互匹配的

那么，既然如此，萨伊定律所要说的又是什么呢？或者，在那些援引萨伊定律所进行的讨论中，究竟是在讨论什么呢？这就需要来到动态的、真实的从而算法的语境之中。

首先，当人们发出"产品能否销售出去"的疑惑时，显然是在说，产品能否按照**其在生产时**所预期（注意，"意识"现在作为独立变量进来了）的售价以及所预期的"速度"销售出去？——售价高于预期，或者速度快于预期，对于企业来说，当然更好。其次，本企业销售产成品**将会**产生的利润当然不能用于购买本企业待售的产成品，因为产成品在销售出去之前利润尚未形成（除非产成品是自产自用的）；购买产成品的那部分收入只能来自其他主体（注意，人际异质性和异步性进来了），包括来自本企业先前的垫付所形成的供应商的收入，或者来自任何其他人在该产成品上市之前**业已获得**的收入。由于后者包括了很长的一个历史时期，换言之，这等于是在说，可以来自任何人的货币财产。显然，这里所提出的不仅是"经济行为者当期的不同行为之间是否相互匹配"的问题（这是传统的理解），而且是一个动态问题；它涉及不同时期的经济活动及其后果是否相互匹配一致。

人们从前期经济活动中挣得的所有收入以及形成的所有资产，只要是货币性的，都可以用于当期的消费与投资支出；另一方面，最近新生产出来的所有产品，加上所有物质性的以及任何非货币的财富，都可以拿来作为市场交易的供给方面。从这个意义上说，无论供给与需求，都是一种**意向**，它们都是当事人脑子里的某种相对独立的**存在物**，我们所讨论的乃是这些"摆在我们面前的"不同"存在物"之间的关系。并且，它们都是具有**时间维度**的，也即，当一个人谈论供给或需求的时候，他总是指在某个时刻或某个时期的供给或需求；即使这个时刻或时期不够明确，也不会没有这个维度。它们都属于与行为有关的**流量**范畴，并且是在**存量林立**的背景下生成的。

需求与供给在市场上相遇，二者究竟能否完全匹配，这时难免成为一个问题。分析仍然从当期产品开始。在某一特定的短时期内所生产的所有产品以及所形成的全部收入之间是否恰好存在着某种完美的匹配关系呢？也就是说，在该期内所有赚取收入的人是否能够恰好按照各自所愿相互购买对方的产品呢？就好像一台机器被拆分成了众多的零件，每人分到了一块，现在这些零件则重新聚拢起来，能否恢复这台机器的原貌呢？这首先是一个通信与商谈的问题。由于当事人事先并未经过全面的、充分的商议，所以，依照常理来说，这是不可能完全实现的目标。

前文已指出，在一个静态的、循环运转的社会中，人们只要依照惯例行事，则大致上可以实现这一点。然而，世界与人的意向都是变动的。变动的原因在于新事物、新信息以及新知识的涌现。从另一方面来说，则在于人的知识与预见性的缺乏。这两种说法是等价的。我们通常喜欢谈论“新信息”，而算法原理实则是“新信息”这种说法的真正的庇护者；只有在算法框架之下，才可以有根据地、顺理成章地谈论新信息。总之，任何新事态的出现，都可能导致对原有计划或期待的违背，发生不匹配和不协调的情况。例如，某个全局性的重大的消极事件，导致人们一下子变得谨慎，已经赚取在手的收入，当然就会慢点儿花出去；而那些已经完工的产品却已经投放市场了。这就造成了供给的过剩。在经济发展的过程中，在经历了某种高速的增长之后，人们的富裕程度达到了一定的水平，普遍感到满足，既不热衷于消费，也不热衷于投资，需求的增长就会减慢，但商家并不能精确地判断具体需求发生转折的那个时点，也就有可能发生过剩（这正是中国企业目前所面临的困境）。另一方面，过剩并不意味着那些持币者打算放弃他们对货物的要求权了，而是要把这种权利保留下来，延后行使。有需求增长的减慢，也就会有需求增长的加快；有对货物要求权的储蓄，也就会有要求权的兑现。于是，到了某个时刻，需求的暴涨和经济的过热就可能发生。所以，无论“商品过剩”还是“商品短缺”，都是与时间有关的概念，它们一定要在动态的条件下来讨论；离开了时间因素，这些说法就是费解的。

我们来看看经济体是怎样克服由此引发的问题的。考虑一种消费计划的变动。在本月，出于某种不必尽述的原因，甲突然改变了惯常的消费计划；他不再讲求美食，而转向了旅游。由于出乎预料，这将导致食品市场轻微的过剩，以及旅游服务轻微的紧俏。但是，一般来说，这不会是个案。根据我们的生活经验，人们经常改变主意，这种情况极为普遍。很可能存在消费者乙，他也改变了消费计划，他不再进行旅游，却增加了食物开支；或者，还存在消费者丙，他增加了食物开支，缩减了衣物上的支出；同时又有消费者丁，缩减了旅游支出，而购置了交通工具，等等。由于人口众多，可以想见的是，大部分消费计划的改变都相互对冲掉了。

对冲也许不是完全的，于是发生了过剩。**由于过剩是对冲后的余额，可以推测，**

相对于市场上的总量而言，它在数量上一般是很小的，也许要低一个数量级。假设这是某个区域性市场中的状况。对于供货商而言，他至少面临着两个选择。由于过剩只不过意味着货物未能“按期”销售出去，第一种选择是，延长叫卖时间，在本地市场中继续坐等买主。第二种选择则是把货物转往外地销售。通常，货物早晚总是会销售出去的。虽然我们不能肯定哪种方法最佳，但却存在着这种可能性：由于地理上的阻隔，该货物不必非得转往外地，去跟其他地区的市场做对冲；也就是说，当期的供给不一定要与当期的需求匹配，它可以与后期的需求相匹配（只要我们放弃新古典式的“货物必须按期销售”的严格要求）。例如，如果三亚市水产品市场上的海鲜过剩了，它一般会就地谋求降价处理，而不会再转往哈尔滨销售。假如该市的家具商生产了过剩的家具，多半也是就地处理。当期过剩的货物面临着降价的压力，但最终的售价未必一定会降低，因为，下一期的市场可能会发生短缺。在微观层面上，可以近似地认为，轻微的短缺与过剩都是频繁发生的，具有一定的随机性，甚至非人力可以完全控制。同理，当期的某些供给与需求，很可能也是在匹配前期结余下来的供求。我们可以把前期、本期和后期的市场想象成一张统一的大网，在其中，供给与需求任意地、交叉地、既横向又纵向地进行相互匹配。如果“一般均衡”是这样来实现的，那么，可以肯定的是，当期全部的供给与需求一定不完全是在其内部、在彼此之间相互匹配的；更为重要的是，这一点并不是必需的——而这一点正是新古典经济学所追求的。

看似盲目的相互对冲，实际上是当事人基于自己的能力与知识有意识地进行最大限度努力的结果。因为在大部分情况下都取得了成功，相应的行为模式便进入了当事人的记忆，成为其知识存量的一部分。知识因此便发展了，当事人今后将遵照发展了的新知识行事。然而，另一方面，由于注意力的局限性，他可能并不了解他取得成功的宏观的和社会的原因，不了解“社会性”所给予他的帮助。例如，一个老板建了一家较大的工厂，生产了较多的产品。这些产品之所以都如期销售了出去，可能是因为另一地区生产相同产品的工厂的规模当初设计得偏小了；那个工厂的规模如果设计得较大，他便不会有这样的机会。一国出现了几个精明强干的人，为该国建立了发达的有线电话系统，这个系统的存在会妨碍移动电话的普及；而在另一个国家，由于固定电话公司管理层的能力比较平庸，因而固定电话系统在该国不够发达，这就为移动电话在该国的流行制造了条件，最终导致后者的人均手机拥有量超过了前者。在这样的事例中，两国的其他资源禀赋与经济条件都可以大体相似。这就是说，产业的格局、从而一般均衡的样式绝不是唯一的；宏观地看，它带有很多偶然性。特别是，作为一种社会科学理论，当我们把这个理论讲给要在这个经济体系中行动的人们去听的时候，我们不能说均衡的格局是唯一的，因为任何听者都可以随时改变他们的想法和意志。而当他们观察现实的时候，他们不得不先把自己的意志（至少部分地）放在一边。这就好比一张纸，要把它剪成两半儿，实际上可以有无数种方案来分割它；在每种方案之下所剪成的两个一半儿，都可能会重新拼成一张纸。

这些道理都是相当简单的。对于其中的某些部分，在前辈的著作中也可以找到类似的论述；但是，只有在算法框架下，我们才能把它讲得最为透彻。由于算法的论述只是把算法理论注入真实世界的产物，论述不需要在高度抽象的环境中进行，我们只是推测真实当事人在具体情境中依照常理可能会有的想法与行为，所以，它也就很容易理解。

3.7.6 货币与资产的存在使均衡变得更加容易

在以上述方式实现经济稳定（或曰“一般均衡”）的过程中，有一个因素绝不可以不提到，这就是货币。

在萨伊的论述中，以及主流经济学的大部分论述中，货币的作用都被贬低了。各论者总是反复强调，货币只是在买卖之间充当一下临时的中介，因此，它是可有可无的。萨伊尤其认为，经济分析应当首先从实物商品和物物交换着手，然后再把货币添加上去。萨伊是这种“二重分析法”的主要倡导者之一。主流经济学家们遵循了这个传统，直到凯恩斯提出宏观经济学的方法。可是，老实说，笔者认为，货币在经济分析中的地位问题，迄今并未得到正确的解决。笔者将说明，只有运用算法的方法，才能正确地理解和处理货币问题。

随着有限计算速度的引入，思想本身不可避免地需要作为实体来予以看待；在此情况下，思想的附属物或衍生物作为实体的资格也就不应有任何疑问了，因为它们毕竟要比纯粹的思想含有更多的物理因素。货币便是这样的一种实体和“真实因素”。它具有物质的形态，可它记录的是思想符号，是人们之间的约定。在计算有成本的情况下，货币出现的问题非常容易解答，这就是：在价格换算的过程中，货币将大大地节约换算的次数，因此，所交易的商品数目只要不是寥寥数种，人们就绝不会像主流经济学家所设想的那样直接进行实物比例的换算；人们一定会设定某个统一的参照物，然后以与该参照物进行对比的方式来标明价格。假如法律禁止以某物作为参照物，人们也一定会尝试设定新的参照物。这种“参照物”就是货币。

以上讲的是“计算货币”。可是，说某物的价值是几个贝壳，不仅是说说而已，卖主需要把这几个贝壳拿到手。这是为什么呢？设想一下，假如有一个完善的计算机系统，它可以即时地、确切地记录每个人的财富状况及其变动；当进行商品交易时，只要能够随时随地方便地打开计算机进行转账（就好像一些网站为其会员颁授分数或某种虚拟货币那样），那么，实物货币也就可以不再需要了。然而，即使当今的计算机与通信技术，也尚未发展到如此便利而又可靠的地步，古代时期就更不用说了。更为重要的是，这里存在一个可信度的问题：计算机系统由谁来管理？由谁来操作数据的记录与修改？等等。这两方面的原因都是算法性质的（可信性是典型的算法问题），它们都要求货币不能停留在作为价值计量单位的层次上，**货币必须是一种实物，要让人们把它切切实实地拿在手上，这样才能放心**。其物质型态既要便于携带、储藏和分割，又要不易被复制或仿冒，其数量还要能够随着商品交易量的增长而增长。这样一来，可选择的实物货币的范围也就很狭窄了。黄金与白银曾经作为世界范围内的理想货币来使用，但是，随着纸张制造与印刷技术的发展，纸币目前已经成为主流货币。算法的观点是，纸币绝不应仅仅视作什么“符号”，它首先是一种“实物”；它穿着物质的外衣，内部却承载着社会契约与人们对政府的信心。随着电子化的发展，货币创设已经变得极为便利，但货币的上述本质并没有发生什么变化。

货币如今已经得到了广泛的使用，而关于货币的政策思路却并不完全正确。对于这个议题，我们将在第七章再做详细论述。然而，关于货币的性质、起源以及相关的问题，严格地说，主流经济学甚至都无从谈起。鉴于主流经济学对于信息、计算、思想、通信等议题的哲学态度与潜在假说，主流经济学根本不能理解这一切；它只是把货币生硬地作为一种“添加物”来处理。经济学家们只是从常识与经验上理解货币的重要性，却不能“理论性地”理解货币，这就是迄今为止的学术现实。

货币对于一般均衡的达成具有极为重要的作用；没有货币的“一般均衡”，实际上是无法设想的，也是无法达成的。货币必须从一开始就位于经济分析的核心位置，而不是在货币缺席的情况下完成“一般均衡分析”之后，再把货币装模作样地“添加”上去。这是主流经济学所犯下的一个严重错误，它非常鲜明地体现了新古典主义的本质及其弊端。

现在我们就来看看，货币是如何在一般均衡的实现过程中发挥核心作用的。

如果没有货币，雇员在领取收入的时候领取的就是实物工资，为此，企业必须预先准备好某些实物商品，以便支出。雇员收到实物工资之后，如果该实物并非其生活所需，他就要进行实物交换；在商品互换之后，如果他又改变了主意，就需要再次进行交换。新古典主义的假定是，交易对象的寻找、交换和为交货而进行的运输都不需要任何花费，也不需要耗费时间。且不说如果把这一假定外推将会导致生产的意义受到质疑，以至整个经济问题的消失。在新古典的假定下，没有货币似乎无损大局；然而，还有这样的问题存在：商品交换，究竟仅仅是权属的交换呢，还是需要具体进行实物交割？实物交割之后，每个参与交换的人是否需要留置商品呢？对于暂且不予支出的收入，当事人将以何种方式保留呢？进而，个人的存量财产又将以何种方式持有呢？

一个明显的和严重的问题是，如果以实物形式保留个人财富，这些实物将处于闲置状态，将不能为需要它的人所利用，储蓄就不能转化为投资，资产就不能聚集起来。这将严重地损害经济效率。新古典学者也许会回答说：个人可以把消费之外的剩余财产借给他人使用啊。既然可以任意地交换商品，当然可以任意地借贷，这似乎合乎情理。可是，一旦债权债务产生，也就意味着货币产生，因为货币就是一种债权。一个人签署了借据，借据可以转让；在广义的货币存量的统计中，这种借据（或者票据）向来是要包括在内的。

所以，没有货币的经济，也就没有债的关系。这种经济将如何运转，实在不堪设想。沿着这个方向的推演，我们暂且打住。现在让我们重回现实世界。在现实世界中，事事有代价，处处有成本。这时，人们寻找交易对象、洽谈与实施交易都需要付出显著的时间与其他代价。在此情况下，货币将给人们带来极大的便利。企业采用货币形式发放工资，支付各种采购，支付利息、税收和红利等；得到货币收入的人则可以自由地、任意地支配它，也可以随意地改变支出计划，可以借贷资金，可以把现金储蓄起来或用于投资，等等。例如，假如企业采用发肥皂的方式来支付工资，工人们在扣除自用的肥皂后，就只能用剩余的肥皂去交换其他的生活用品。由于肥皂不便于携带，以及具有其他很多缺点，大多数人可能不愿意储存过多，于是，这就需要找到真正需要肥皂进行消费的人，买卖才能做成。在领取工资时只能得到毛巾的人，也面临着同样的窘境。以货币为媒介，则很容易实现买方与卖方的撮合。当消费计划改变时，情况也是如此。放弃美食而选择旅游的人，不必非得要找到一个放弃旅游而选择美食的人，才能如愿以偿；他只需要在心中想一想，一旦决定改变主意，便怀揣现金立即直奔旅行社即可，其他一切一概无须顾虑。也就是说，借助于货币机制，各人行为计划的改变是自动相互对冲的。甲所放弃的美食，不知最终被何人享用；他所获得的旅游团席位，也不知系由何人让出。计算与通信代价的存在，虽然带来了困难，但是，借助货币和市场机制，人们可以简单地、容易地安排自己的生活，不必像经济学家们那样，凡事都要上升到全局与宏观的“高度”。

正是由于这个原因，在算法的论述中，我们一般只说“交易”或“商品交易”，而不说“交换”或“商品交换”。

同样的道理，也体现在资产（或财产、财富等）的存在上。新古典经济学集中关注一个单一期限经济的流量，它既不重视时间连续性所引起的动态问题，也不重视资产存量。**它把动态问题看作静态均衡之后才发生的问题；同时，它把资产存量看作构造静态均衡的一个障碍和麻烦**。在新古典的框架内，这两个问题至今都未能得到令人满意的处理。现在，我们知道，这两个问题其实是一致的，是同一个问题的不同侧面；对此算法理论做出了根本性的证明。这里要说的是，对于达致经济系统的稳定、也即促成一般均衡而言，如同货币一样，资产存量的存在不仅不是麻烦，而且是十分重要和必不可少的。

前文已指出，为了实现经济的平衡，当事人实际上频繁地穿越时空（尽管穿越的范围和深度是有限的）。一个工人上的是本月的班，增加的是本月的市场供应，而他所花费的是上月的工资。一个人的财产是他历史上收入的总和减去已经花销的部分。现期收入增加了财产，但是，通常只是一个相对小幅度的增加。由于财产的存在，一个人的现期消费与投资，不一定要与现期收入相对应。现期支出既可以小于现期收入，也可以大于它。现期支出甚至可以大于总财产。只要进行借款，这一点即可实现。个人可以把借款用于消费或投资，任何组织（包括国家）也都可以这样做。借款最终将来自其他主体（或他国）的剩余财产。另一方面，无论进行消费或投资，由此产生的需求都是心理性的，它以收入和财产为基础，但具有相对的独立性。这意味着，只要当事人的意见发生改变，需求可能就会改变。需求可能大于或小于当期收入，也可能大于或小于前期收入。

就供给方面而言，情况也是类似的。由于资产存量（包括存货）的存在，本期的市场供给不一定以本期的产量为限。由于信息的和心理的（从而算法的）原因，企业可以有意地控制供应量。企业可以使本期的市场供应小于本期产量，从而进行囤积；企业也可以使本期的市场供应大于本期产量，办法是用存货来补足差额。企业也可以改变产品的结构，改变消费品生产与投资品生产的比例。当然，这种结构性的改变一般比较缓慢。

经济学的习惯是，当供给与需求在市场上相遇的时候，总是把分析限于流量范围，假装资产存量不存在。这就要求本期的需求只能以本期的（或前期的）收入来支撑，本期的供给也只能以本期的产量来支撑。这就如同前面所论述的要求本期生产分工体系必须在内部严格相互匹配一样，它增加了均衡实现的难度。**有了存量基础，加上货币机制，再加上时间的连续性以及其他现实的或算法的元素，显而易见，均衡的实现不是更加复杂和困难了，而是相对要容易得多；本期的收入、前期的收入、本期的产量等流量不一定要相互匹配；借助存量的调节，均衡就可以实现。**

这就是本小节和前一小节要表述的总的观点。读者可以意识到，这种简单的分析方法与以“真实因素”为基础的主流方法区别很大。我们几乎在用大白话来描述日常经济生活，但是对均衡实现方法的阐述反而很清晰。这种方法实际上比传统方法更着重于现金流的分析，因为它真正揭示了“流量”的意义。没有存量的流量分析并不能真正解释流量的意义。

不仅上述流量的精确匹配是不必要的，需求与供给也不必完全匹配。对此转入下一小节论述。

3.7.7 失衡与变动

促成均衡的原因之中，隐藏着失衡的种子。只有我们正确地理解了均衡是如何实现的，才能理解甚至预见到失衡的发生，才能解释经济的演变、危机与增长。失衡与均衡应当放在一起一并加以研究，因为它们都是可以实际存在的状态，并且都在一个逻辑统一的框架之内。

还是先从“对冲”讲起。在传统和习惯的底子上，经济发生了一些新的变化。前文已指出，我们可以认为，大部分的微观变动都会相互对冲掉，以致整体经济大体上仍然可以保持平衡。其中的原因在于，人的个性与行为模式的变化是缓慢发生的，一个人不可能一下子变得完全陌生，以致他的朋友完全不认识他了。可是，出于同样的原因，我们又怎么能够期待各种正反面的因素恰好可以完全地、精确地、毫无保留地彼此对冲掉、以致宏观经济表现得纹丝不动呢？行为既然是循规蹈矩的、比较盲目的，没有经过全体人员进行充分的商议，没有人在其中指挥；行为人既然已被接受为真实的、活生生的人，这个道理就是很容易理解的。各种因素对冲之后，我们必须假定，一般会产生一个余额。这个结论的可信度与对冲本身发生的可信度应当是一样的。谁要是坚持说这不可信，他就有义务提出相应的理由。

失衡了，不要紧，随机应变就是了。传统理论之所以无法容忍失衡，是因为在“完美理性”的预设之下，它不能接受失败和浪费。在算法世界中，失败与成功如影随形，“浪费”是不可避免的。人们经常面临的选择是，接受这种浪费，还是另一种。均衡与一定程度的失衡都是常态，它们分别或者共同存在于不同的时间和地域之中。过度地追求即期的平衡可能会带来额外的成本。在此情况下，不如放任经济变动。只要不超出一定的范围或程度，变动应当都是可以接受的。“危机”这个概念，实际上是在范围和程度上进行定义的，其与“正常状态”之间并无绝对的区分。所谓的“系统性的”一词，实际上也应当这样来理解。需要提醒读者一下，“均衡”这时只是意味着经济的稳定，“失衡”则意味着失去稳定，展开变动的过程；因此，关于均衡与失衡的讨论，只是意味着对稳定状态与变动过程进行对比研究，这并不代表一定存在着价值判断，或者在暗示哪一个必定“更好”。

鉴于新古典经济学尤其重视价格，我们就以价格为例，来说明经济变动的发生。

人们通常按照自己的习惯和频率进行商品买卖。由于生活一般总是在不同种类的活动之间进行变换，所以就个人的层面来说，对商品的需求、从而商品交易是间歇性的，“交易”只是生活中一个相对独立的事件。由于单次购买消费品的金额一般很小，所以消费者通常总是遵从于自己的习惯做出决定，而不会煞费苦心。“习惯”代表着比较可靠的、行得通的知识，甚至是一种有意的“安排”。只有在单次购买的金额较大时，当事人才会仔细地进行研究（当然，这种研究也是有限度的）。然后，发生了某种经济变动，有关情况传导到了交易的现场。通常，各种微小的变动本身都在“习惯”的预期之中（尽管可能未必预见到这种变动的具体种类与形式），所以买卖双方都可能只是被动地适应这种变动，调整价格，然后继续如常交易。这就导致了，价格虽然起起伏伏，但交易的节奏、规模与各种场景却大致不变。因为市场内的人口数目众多，又存在着异步性；货物不停地进出，买主你来我往，川流不息；所以就交易统计数据来说，价格变动会呈现出更为平滑的连续性。市场的观察者们看着市场的起起伏伏，似乎仅仅看到了价格的变动，并且有时候会惊讶和困惑于这种（甚至是循环的）变动。

动态理论要回答的一个核心问题是，价格的变动为什么常常是持续的、多步走的过程，而不是“一步到位”式的一次性事件？这是区分真正的“动态”与“比较静态”的关键。这个问题之所以关键，是因为按照新古典的原则，“眼观六路，耳听八方”的交易者要么在前次交易中就预见和考虑了所有的变动，要么在下一次的交易中就会充分吸收相应的经济变动，从而使得静态性继续得以维持。例如，某个涨价过程既然开始了，为什么不按那个“一次到位”的价格进行成交呢？卖家为什么还要在这个过程的最低价与最高价之间分多次进行交易呢？为什么要忍受这样的损失呢？或者说，投机者们为什么不行动呢？为什么不进行囤积尔后再一次性地进行抛售呢？

如同 3.6.2 所提及的，造成上述状况的一个基础性的原因就是时间的或情境的因素：消费与生产每天都要进行，而不能仅仅集中在某一个时刻进行，否则，就会发生额外的代价。大自然按照一定的速度循环流转，人的身心状况与生活节奏按照一定的速度循环流转，这就造成了商品交易活动也必须相应地按照一定的速度循环流转。个人不能把一个星期的用餐全部集中在一顿完成，而其他时候绝食；企业也难以把连续的生产集中在某一个时刻进行，而其他时候歇业。这就是说，经济活动的最终目的是沿着时间序列大致均匀地分布的，需要当事人也沿着时间序列分别予以满足。同样地，用来满足目的的资源也是沿着时间序列大致均匀地、连续地提供的。要想把它们都集中在某一个单一的情境中，则消费者要么挨饿，要么“吃撑”；而企业则往往无法做到这一点，因为生产能力是有限的——即使勉强做到了，也要付出各种可以想见的额外代价。

但这并不意味着投机者没有活动的空间。投机者可以进行囤积或者延迟购买，从而从中渔利。不过，投机的困难首先在于，对前景的预测常常是不确定的。价格的上涨并不意味着将会继续上涨，还可能预示着下跌。“市场价格”其实是一个较大范围内的统计数据，所以，这样的“事实”通常需要一段时间、甚至在事后才能得到确认。投机者每天都面临着做多或者做空的挑战。更为重要的是，投机活动不能人人都去进行，否则就会发生“自我证实”或者“自我证伪”的问题，市场走势就会显著不同于先前的预测。这个关键的因素导致了，投机者通常只是一小部分人，而他们也受到自身资源有限性（包括情境因素）的制约，只能在一定的规模与频率上进行投机活动。他们的收益通常不如前一部分人那样稳定（有时难免要承受较大的亏损）。他们既会形成不同于前者的企业结构与营业模式，其中的当事人还会形成不同于大多数人的性格。而大多数“我行我素”的普通人，并非不知道投机者的存在，而是任由他们存在。普通人从前辈那里所受到的教育是：本分人自有本分人的福气。——这里显然存在着基于相互依赖性而产生的某种均衡。

一个必然的结论是，由上述两部分人混合而成的市场，既会连续地运转和波动，也会在较少的情况下发生行情的爆发或者崩溃。后两种情形即指通常所谓的“失衡”。行情的爆发一般由囤积活动的加剧与相互加强而引起。它通常起始于当事人共识的形成与市场前景的“明朗化”——实则含有误会、欺骗与夸张的成分。鉴于这些原因，由此引起的繁荣通常不可能一直持续下去，而是要求一个与之相反的过程进行对应。后者即是崩溃和危机。这样的“折腾”干扰了“本分人”的生活，于是风险厌恶情绪升起，追求稳定的努力出现。投机者并不总是消极因素，他们有时候是先知先觉的。然而，无论他们的观点对与错，在大多数时候他们都必须屈从于由大众控制的市场，而只能（随着大众关于危机记忆的衰退）在较少的时候掀起风浪。

当然，算法理论同时可以告诉我们，周期中虽然含有循环的成分，但绝不会是简单的重复。导致失衡的冲击往往只有在局部的模型中才是“冲击”，而从更广的经济社会层面来看，大都是某些进程发展的必然结果。例如，创新就是一种不可遏止的持续的过程。积累与创新的机制导致“均衡–失衡”的话语只能应用于局部领域；倘若应用于全局，就犯下了根本性的错误。经济社会持续地向着无穷的、又有些无知的未来进行单向的扩张，秩序只需要在一定程度上得到保证就可以了。秩序只需要达到保证经济流量在总体上（或大多数情况下）呈现为正循环的地步，风险、危机与倒退从根本上是难以完全消除的。

3.7.8 小结

对于主流新古典经济学的批驳，这里仍然采用前几节所用的方法，即通过与算法进路的经济学进行对比，使它的错误清晰地显示出来。通过前几小节的论述，我们可以认识到，一般均衡，或曰“经济秩序”，主要不是以新古典理论所描述的方式来达到的。人的思想、偏好、知识、习惯、信念等的某些方面，也许可以暂时地表示为函数，但是，即使不能表示为函数，即使个人是内在冲突的，这也不要紧，它不妨碍一般均衡的实现。边际决策方法有一定的用处，但这只是人们进行日常决策所用的无数其他算法中的一种；不依赖它，同样不影响一般均衡的达成。至于价格体系，就更不用说了；价格只是人们做决策时要参考的众多变量和数据中的一种。计算与通信的时间及其代价的引入妨碍经济秩序的建立吗？它显然制造了障碍，可是，因为这是铁一般的事实，所以，建立在这些前提之上的经济秩序反而是现实的和稳妥的，相关的解释也就构成了对于经济现实的真正的解释。时间、货币与存量资产是一般均衡的绊脚石吗？不是！时间的存在大大扩充了当事人行为对冲中的选择范围，货币是不同行为与不同人们之间相互衔接与合作的红娘，而资产存量则是流量活动的缓冲器，它们的存在对于真实当事人（或者“算法人”）的行为大有裨益，它们的引入是真实当事人运用现实的算法来达成一般均衡所必不可少的。所以，在抽掉这些因素的情况下来探讨一般均衡，也就是非常荒谬的。主流经济学家们在此所陷入的迷误，无论怎么批评都不过分。

即使新古典理论所指示的方法可以实现某种所谓的“一般均衡”，这种均衡也不是现实中存在的一般均衡。真实的一般均衡、或者真实的经济秩序绝不是那个样子的，也不是依照那样的途经来建立的。新古典的方式拒绝失衡，新古典框架下不会发生经济危机。因此，失衡与危机的真实存在表明，经济秩序必定不是按照新古典的方式来达成的。算法的方式可以达成秩序，也可以失去秩序，所以，显而易见，算法的解释全面地优于新古典的解释。

通过这种对比，我们可以认识到，新古典的方法在全面地提升经济分析的难度和复杂性，这种提升不仅是不必要的，而且是有害的。害处之一就是它“解释”了并不存在的东西，或者说，它硬要把局部的现象解释为全局的，把特殊的东西解释为普遍的。所以，它费而不惠；费的油多，而灯不亮。通过抽象和虚构来进行分析的方法原本是无可厚非的，但是，在这种方法之下，虚构之后的“综合”和“回归现实”的环节应当是不可或缺的，而按照新古典的完美性标准，这些后续的环节已经（部分地因为组合爆炸的原因）变得无比复杂，真不知道猴年马月才能到达现实世界？！科学家们有时候把现实世界想象得过于复杂，以为只有提高了复杂性和精密度，科学性才能得到保证，结果常常走了弯路。至于从“数学的运用通常是学科成熟的标志”得出“只要多运用数学，学科就会变得成熟”，则更是犯下了逻辑上的错误。

一种理论被驳斥到这种程度，笔者认为，让它终结的时候应该到了。不过，在我们进行最后的论述之前，讨论还需要尽可能地充分。在经济变动的情况下，在经济研究的实际中，“一般均衡”又生发出另外一些意义；对于这些意义，也有必要再讨论一下。

3.8“一般均衡”无意义（三）

3.8.1“一般均衡”作为一种“平均状态”或“正常状态”

在经济变动的情况下，“均衡”（或者一般均衡）这个概念获得了这样一种意义，即它被理解为变动经济中的一种常态，或者经济波动所围绕的“轴”。这种看法常见于古典经济学，其典型的命题是：商品的价格围绕其价值进行波动。持这种看法的人深信经济的合理状态是静态的，而经济的动态要么是一种简单的循环，要么则由随机因素的干扰所引起。这种观点承认经济是变动的，甚至具有一定的发展性，但它仍然相信，主流经济学所分析和描述的静态情形是一种典型的、正常的和有代表性的状态。即使对于发展，这种观点也有其特定的理解与处理方式，以致使之看上去不会影响已有的静态学说。

现在到了我们来详细剖析这类观点的时候。

承接 3.4 节对价格机制的讨论。一般均衡论者的观点是，由于存在竞争机制，价格不仅反映信息，而且综合信息。例如，木材可以用于生火取暖。做这种用途的人必然只会根据取暖这一用途来给木材定价。但是，木材又可以用于制造家具，于是，制造家具的人就会加入对木材的争夺，并最终把其他消费者在家具上所得到的效用传递到木材市场中来。木材的其他使用者也是如此。于是，真实的木材价格类似于一种平均值，它体现了木材的各种用途的综合与折中。我们甚至可以用算法的方法来加强一下这种观点：一旦这种折中的价格形成，它就成为了一种“知识”，存储在各个当事人的脑中。在以后的交易中，这种知识就具有了参考和指导的意义。它威慑着当事人，使其不敢贸然报出过于“离谱的”价格。新古典学者们虽然并未明确地引入“记忆”这个概念，但是，这样的常识性认识一定在暗地里支持着受众们去接受主流经济学。

在空间和时间上的表现也是如此。地理因素一定会构成商品流通的障碍。以工厂为圆心，交货地点距离这个圆心越远，价格一定会越高。但是，对于许多商品来说，生产地点本身是分散的，这就削弱了“交货地点”这个因素，因而各地的价格反而会趋于一致。在此情况下，新古典学者们就有理由把地理或空间因素排除出经济分析。而在时间方面，在一定程度上，经济周期现象也的确导致了商品价格的周期性波动，尤其是在土地、房屋和初级产品领域，由于这些商品的生产受技术变动的影响较小，其价格年复一年地表现出循环性的波动。前工业社会的相对静止和循环的生活方式培养和支持了这种观念。

然而，笔者要对这种观念做出的反驳首先是，无论商品价格怎样按其不同用途、不同交货地或不同成交时间进行综合与平抑，这都只能在**一定的范围和程度**上进行，这是因为各有关当事人的数目、他们之间的联系及其行动的迅速程度都只能维持在一定的水平上。这不足以阻止价格的变动和差异化，以致价格完全是固定的和统一的。其次，即使在某些情况下某些商品的价格实现了比较长久的稳定，也不应被理解为该价格（从而“均衡状态”）因此便“充分地”“反映了”其他所有有关方面的信息，并且因此便具有了凌驾于其他所有类型信息的特殊地位。这是两件不同的事情，对此我们已经在第3.4节反复说明过了。而且，在上述诸种情形之下，当价格变动之时，理应发生的是一种收敛过程，而不是简单的循环往复。反过来，要是价格真的在进行简单的循环，这反而表明，可能还存在着某些未曾注意到的因素。

为了说明这一点，我们先举出正反两方面的理由。首先，由于人脑记忆能力的存在，行情的重复将会**强烈地**唤起记忆，当事人将会改进自己在上一个周期中的表现，扬长避短。所以，简单的循环势必会产生衰减的趋势。当然，在包含着大数目行为者的社会性活动中，这样的“社会性记忆”并不容易保持下去。这是因为，一个完整的商业周期一般要耗时多年，于是就会发生记忆的衰退。那些平时使用率较低的记忆，很容易被淘汰和遗忘。还有，不拥有相关经历的青年人不断地加入职业队伍，而拥有相关记忆的老年人却持续地退休；这种人口现象也会导致“社会性记忆”的衰减。同时，特定记忆由退休者传递给年轻人的渠道是不畅通的，其中的部分原因在于年轻人只会**根据已有的知识**选择性地接受他们认为重要的知识遗产。

由此可以想象经济周期的衰减将会多么缓慢。不过，另一方面，无论个人的知识还是社会的知识，毕竟都在进步之中。人际交流尽管不够便捷，但是终究会起作用。所以，同样的错误不会严格地、永无休止地重复下去。就特定的问题，在特定的、有限的范围内而言，相信收敛现象一般都会发生。因而，随着时间的延续，循环的幅度将会减小，频次也将会减少，而周期将会延长。对于一个封闭系统来说，可以相信，无论需要多久，其最终将会收敛于某种静止或稳定的状态——即使这个结论不是绝对的。

然而，时至如今，价格的涨落、经济的动荡都未有明显衰减的迹象。算法理论对此可以提供的一个解释就是“发散”：随着收敛的发生，当事人的注意力被节约出来了，他们就会投入新的领域、新的事务、新的议题和新的目标。于是，在表面上大致相近的统计数据之下，经济体实际上已经被悄悄地注入了新的东西。如同人们当初介入那些如今业已收敛的议题时所发生过的一样，新事物的注入加剧了经济体的动荡，波动与循环现象又会再次活跃起来。

如果创新的重要性得到了认同，则以均衡论来解释经济动态的做法就是站不住脚的。实际上经济动态的类型是多样化的，周期只是其中之一。只要我们分别了解、分析和推断其中的详情，则就更不能同意均衡论了。

3.8.2“一般均衡”作为一种“平均状态”或“正常状态”（续）

创新的发生导致相关的经济活动脱离原来的轨道，进入新的方向。这不是当事人对于均衡的偏离，而是均衡的标准发生了改变。原来不认为正确和中肯的东西，现在则认为是正确和中肯的。但是，创新也只是局部的甚至个别的突破，通常并不能提供相关问题的全部答案，所以当事人在新的基础上还需要继续进行探索。

人类探索知识的模式本身就带有循环性。这是因为，当沿着某个方向持续进行的活动产生错误或者危害的时候，当事人就会自然地想到往相反的方向进行转移。这并不表明相反的方向就一定正确，而是当事人要更换一种尝试的方法（本质上是一种“同中求异”的方法）。这种大幅度的摇摆就构成了一种微观上的周期。微观活动的效应经过相互对冲之后，其“余额”将会反映在宏观层面上，进入统计数据之中。然后，借助“数据回归”之类的方法，从事经验研究的学者们就能找到一条中轴，进而把实际数据解释为围绕这条中轴所进行的“循环”。

我们可以从正反两个方面来分析和评价这种做法。假如把回归分析等方法的研究结论作为均衡论的证据，那么这种推理就具有明显的不可证伪性。因为，只要经济在运动，不管其内情是否符合均衡论的含义，不管其走势如何不规则，都能够产生中轴线。在这种情况下，与其说中轴线“决定”了经济运动的走向，不如说实际的经济活动决定了中轴线。反对者们也无法指出一种实际的或假想的状态，来说明经济社会不是作周期性循环的。所以，这样的同义反复其实是没有意义的。然而，另一方面，回归分析是流行的，人们总觉得这样的中轴线是有某种参考意义的。那么，它究竟意义何在呢？算法式的答案就是：**它反映了传统（也即记忆）对于现实的重大影响力。中轴线一般要比实际状况变化缓慢，这反映了“人们不可能一下子改变社会的全部”这样一个算法式的道理**。改变都是边际性的；相对于存量和总量而言，流量活动都是相对较小的（往往要低一个数量级）个量。所以，均衡论试图去解释的那些东西，转换到算法的轨道上方才合理。现实并不是“均衡的”，而是“变化缓慢的”。

“正常状态”这样的词语还透露出一种观点，这就是把均衡视为真实经济的一种有代表性的“典型状态”——尽管可以同时承认这只是一种简化的模型。这种观点与上述的“平均状态”略有不同，但它们都是与经济学诞生以来的主要趋势和方向相一致的，这就是面对纷繁复杂的真实世界，设法对之予以简化和条理化。这也是那个时代整个学术界和科学界的总基调。马克思·韦伯的“理想类型”就是一例。经济学家们有时候喜欢把一般均衡模型归类为马克斯·韦伯所说的“理想类型”。在本小节的余下部分，我们就这个观点再做一些讨论。

诚然，用一组数的平均数来“代表”这组数的做法是有道理的。例如，一组正数与一组负数的平均数为零，于是，零就成了这些数共同的代表。然而，我们要强调的是，平均数应当是加权平均数，而不应当是算术平均数。换言之，要考虑到经济体处于繁荣、危机、复苏等不同状态的时间长短，并以此作为权重来求取平均数。遗憾的是，对于这个简单的统计学道理，均衡论者其实已经忘记了。他们的“均衡”显然只是逻辑上的不同可能性之间的简单平均，而不是加权的平均。把加权的道理用来提炼经济体系的一个典型画面，这个画面将会是什么样的呢？其实这是一个值得认真思考的问题。我们无须在此详细地刻画它，但有一点可以肯定，危机与繁荣绝不是完全对称的，因而这个画面必定带有一定程度的“失衡”性质，而绝不会是均衡的。算法地说，历史过程是从元计算向无穷的未来所进行的“跌落”；我们所截取的典型画面，应当反映着或者预示着这种动态性，读者应当可以从画面的各种细微之处观察到它的运动特征。

当然，韦伯所说的“理想类型”并不完全等同于“典型”。“理想类型”的特点是便于进行研究，因而，它只是对于研究者来说比较“理想”而已，还不能完全视为现实社会的“常态”——除非“常态”对于研究工作来说是“理想”的。那些把一般均衡状态视为“理想类型”的论者们显然是以此为论据的。不过，即便要采用“理想类型”的进路，合乎逻辑的推论是，针对现实社会所设定的“理想类型”通常应当有数个，而不是一个。例如，“一般均衡状态”显然是一种作为“极端状态”（而不是一种典型状态）的“理想类型”；如果上述论者们果真如此认为的话，那么，同时就应当有某种演示“极端不均衡情形”的“一般不均衡状态”之类；然后，再把现实社会解释为这几种极端情形的**复合**。然而，主流经济学并没有这样做。主流经济学既缺乏与均衡状态相反的“理想类型”，也缺乏其后的复合过程。它不是把一般均衡状态作为向现实社会进行靠拢的漫长过程中的初级步骤，反而是把现实社会作为提取“添加物”的原料库，而把均衡状态下的推演作为“复合过程”。由于“添加物”缺乏理论上的来源，这种“复合”也就只能是片面的和生硬的。如此一来，整个研究工作就不是朝着“解释现实”的方向了，而是反其道而行之了。

“理想类型”是针对当时德国学界过分注重历史材料和个案研究的倾向而提出的。那个时代的特点和风气正是从复杂性中寻找规则性，从特殊性中寻找普遍性。这被当作科学工作的主要使命。现在我们所要开启的，则是相反的过程，要从过分的单纯性重新回到复杂性，重新寻找和建构学科的基础。这个进程其实早就悄悄地开始了，现在要做的则是在严格的逻辑一致性的基础上发起明确的、决定性的逆转。

还要进行补充和强调的是，均衡理论、或任何关于“正常状态”的学说的实质是，它们**优待**某些社会状态，而**歧视**另一些社会状态。研究者要平等地对待各种真实的社会状态，非歧视地看待每一天的生活以及任何地方的社会，要把每种具体的社会状态（无论常见的或罕见的）看作某些普遍规律和既定存在（无论已知的或未知的）在每个具体情境中组合与运转的产物，而不是把现象简单地划分为“正常”与“反常”两种类型。常态之所以是常态，只是因为它的出现频率比较高；反常之所以反常，也只是因为它的出现频率比较低，而不能因为它们在性质上所具有的差异。一种够格的基本理论，至少在原则上要对社会现象作**全面的**解释，或者指出解释具体现象的大致路径。一种适当的应用性理论，可以承认它解释不了什么，但不能歧视它所不能解释的对象，厚此薄彼。这就是算法理论所强调的方法论原则。我们可以把它命名为“**情境平等原则**”。它既包括处于不同空间位置的对象之间的平等（可称作“地域平等”），也包括处于不同时点的对象之间的平等（可称作“时际平等”），以及由时间与空间所共同组成的不同“情境”之间的平等。

3.8.3“一般均衡”作为“充分就业状态”

与以上所探讨的各种意义既有联系又有区别的是，“一般均衡”常常被拿来与“充分就业”划等号。这意味着一般均衡被理解或定义为对**存量资源**的充分利用；这是定义一般均衡的另一种方式。由于对自然资源（诸如矿产）的“充分利用”这种说法显然是荒谬的，所以，按照这种方式所做的定义，则主要着眼于对“劳动力”这种资源的充分利用上。于是，“充分就业”便成了一般均衡的一个重要含义。

经济现实并不给力。这就是，社会似乎长期处于失业的烦恼之中，没有这种烦恼的日子少之又少。经济学家们对于“充分就业”这个前景信心十足，可是现实生活总是打击他们。他们屡战屡败，屡败屡战。无奈之下，对失业现象的各种解释性理论与概念出笼了，例如结构性失业、摩擦性失业、自然失业率、工资刚性，等等。本小节的目标在于说明算法理论如何可以为就业问题的探索和解答提供一个适当的基础，以及如何对现有的就业理论进行批判性综合。当然，这里提出的只是一些初步的思路。

先从“结构性失业”讲起。人与人之间有差异，这种差异既是生理性的，又是心理性与思想性的；这些因素构成人的综合的“技能”。另一方面，企业的职务要求各有差异。雇佣过程就是职务要求与人员技能相互对接的过程；这需要搜寻、选择和谈判，是既耗时又费力的。在古典时代，劳动者出卖的主要是力气，因而选择性不强；这种情况也许是导致就业分析特别着重于数量而不是质量的一个原因。这种传统完全符合主流经济学的习惯，并使“结构性失业”这个概念显得有些另类。当然，正如我们所不断强调的，只要我们认识到建立完备的数量分析不过是我们受到“便利性”这一主观需要的驱使所产生的一种幻想，结构性就不会让我们烦恼了。

经济体系不仅在空间中横向地铺开，而且在时间中纵向地延伸。至于为什么会这样，这个问题可能过于哲学化，可以暂且不予考虑。首先要做的是在这个局面下来谋求建立经济分析。而时间一引入，诸如摩擦性失业、自然失业率等概念也就可以应运而生了。作为一些理性有限的当事人，员工找寻工作与企业经理物色员工都需要时间和代价，摩擦性失业于是就会发生。无论何时何地，一般来说，总有一批人处于找工作的过程与状态中。容易忽视的是，基于同样的道理，也必定有一些企业处于找寻员工的过程与状态之中。所以，这边有了摩擦性失业，那边也就会有“摩擦性的劳力短缺”；它们是对等的。在算法框架下，这个道理很简单，很普通。不仅劳动力市场如此，任何市场都是如此。不仅资本品如此，消费品也是如此。例如，在工厂的生产中，为了保证物料的及时供应，就必须建立一定的库存。库存其实并不限于原材料、半成品、产成品等方面，所有的资本品都可以称为“库存”。机器设备就是为了使原材料**及时**得到恰当的“服务”而建立的“库存”，它是时间的产物。空调机是为了**及时**调节空气温度而建立的“库存”，尽管它并不总是需要运转。冰箱是为了**及时**储存食品而建立的“库存”，尽管其中一般都有空余的储存空间。书籍是为了**及时**阅读而建立的“库存”，尽管它经常只是放在书架上。库存本身并不是浪费，只有多余的库存才是浪费。一味地压缩库存，有可能导致流量活动的中断，或者运行不畅。无中不能生有。世界的运转与人类的活动都只是把物质、能量、信息、思想等“存量”搬来搬去，对之进行分化组合，而这些运动并不仅仅存在出发点与目的地的问题，还存在过程、速度与时间的问题。对世界的全面的刻画，需要把这两个方面结合起来。主流经济学所关注的问题正是前者，如果我们做到了两者兼顾，出发点与目的地的问题反而就不像从前那样重要了。我们将研究诸如某个对象在什么位置呆多久、它（他）的运转速度及其变化等问题。无论整个世界，还是经济体系，其全部的问题都与“其中的各个部分的运转速度是否彼此和谐”有关；这是“秩序”这个概念的本质含义。我们不能要求某个对象整天以无穷大的速度无限度地运转下去；它必须在时间中存在。只要在时间中存在，就会产生种种存量和余额。假如可以假定企业与员工在劳动力市场上总是能够及时地相互找到对方，这就等于在原则上假定所有“该完成的运动”都会立即完成；进而，这就消灭了任何运动，从而消灭了任何存在，消灭了整个世界。这就是主流经济学极度失察的地方。一旦它假定思考与通信都不需要时间，它就把世界极度地扭曲了。

因此，“摩擦性失业”这个词是歧视性的，并且是多余的。正如论者们多有指出的，其实没有失业不是摩擦性的。鉴于人的技能是可以塑造的，“结构性失业”其实也是“摩擦性的”，只是这种“摩擦”所持续的时间通常要更长一些。假如不限定等待的时间，也就可以假定所有人“最终”都可以找到合适的工作，因此也就可以说，所有的失业都是“摩擦性的”。

失业人员是一种社会性的“劳动力库存”，它的存在保证了劳动力市场的正常运转，保证了企业补充人员的过程不至于过分漫长。反之，假如失业者消失了，或失业率处于极低的水平，那么很可能表明，企业的用工荒已经到了非常严重的地步。这个道理也与其他商品的库存是一样的。企业的开工率一般都不会是百分之百；否则，说明工厂建设可能严重滞后于市场的拓展。在职员工一般也不是完全满负荷工作的；否则，企业可能就需要增加人手了。同理，家里的冰箱也不能总是满的；否则，很可能需要添置新的冰箱了。明白了这个道理，就可以发现，新古典的“一般均衡”概念离题有多么遥远！

还需要从供给方面来进一步说明失业者为什么要接受某个自然失业率。按照新古典的观点，如果存在失业，那么失业者可以通过降低工资要求的方法来激发新的用工需求，从而使自己重新就业。假如工资是生活资料的唯一来源，失业者可能不得不如此。有关的分析通常会引入“最低生活标准”这个概念，来寻找失业者可以接受的最低工资水平。技术性地说，这个概念是有意义的。然而，纵观历史，我们可以说，事实上并不存在什么绝对化的“最低生活标准”。与现代社会的生活标准相比，下层人民的生活可以无限地悲惨。有许多曾经实际存在的方法（例如奴隶制），都可以用于节约生活支出，维持生命。以现代的眼光来看，这些方法可能是不体面、不文明、不道德的，然而，它们都实际存在过，其中的某些方法至今仍然在发挥着作用。新古典的“一般均衡”怎样才能够成立呢？显然，**只有在这些手段都可以不加限制地使用的情况下，劳动报酬才会足够低廉，充分就业、从而一般均衡才可能实现**。否则，充分就业与一般均衡就不可能达到。这是一般均衡论中所潜藏的不道德的因素。而在现实世界中，存在着一些行之有效的经济、社会与政治机制，在一定程度上防止了这种局面的出现。

首要的是家庭制度。成年人赚取工资，赡养老人，哺育小孩，支付教育费用，直至子女到达就业年龄。他们还要积攒储蓄，打理财产，以备失业、疾病、意外事件、衰老或其他用途。所以，**家庭是一种重要的经济机制**；通过它的救济，失业者可以获得生活来源，从而避免陷入必须接受任何低工资水平的不利境地。在知识作为一种资本终于可以进入经济学的情况下，我们当然也就很容易理解，失业者还可以在就业与再培训之间进行选择。这些道理都是常识，而笔者要强调的只是，只有在算法框架下，我们才能够**理论性地**理解它们，年龄、家庭、教育等议题才能合乎逻辑地成为不可或缺的**经济议题，成为理论体系的一个必要的组成部分**。老人、小孩与失业者都不是社会的负担。幸亏人口年龄大体上是均匀分布的，幸亏有“就业与失业”这种**异步性**的存在，社会才得以顺利运转，文明才得以薪火相传。此外，还可以得出的结论是，从整个经济体的范围来看，如果教育与适度的失业率都是必要的，那么，相关的支出必然已经预先隐含在工资（或其他收入）之中，因此，就业者的工资也就不至于过低。这个道理可以进一步解释失业者与就业者境况的差别为什么有时在直觉上让人感到比较悬殊。

其他的社会救济机制，例如慈善与社会保障制度等，此处暂且不予详论。这里要提到的是，我们需要思考这样的问题：这些社会救济机制难道是与经济体系无关的“天外来客”吗？随着经济社会的发展，政治制度将会发生怎样的“不可避免的”发展？随着收入的提高和消费欲望的减退，人的慈善心、权利意识与政治参与意识是否会增长？难道这些变化都是“非理性的”吗？解答这些问题，就需要比经济学更为广阔的社会科学。没有这种社会科学的建立，就无法单独建立经济学。

以上讲的是匀速运动，现在我们再转向变速运动。照理说，当“自然失业率”这个概念提出来的时候，经济学家们应当已经明白，就像一般均衡论不适于解答其他经济问题一样，它也不适于解答失业问题。然而，“自然失业率”帮了倒忙，因为它被诠释为一种自然的、正常的和“均衡的”失业率；这样一来，它又被假想为均衡理论的一个部分了。这里要说的是，这种思维与前述的“价格围绕价值波动”的逻辑错误如出一辙。在一个扩张的和动荡不止的经济体中，类似的思维方式都是弊大于利。它往往起到掩盖真相、误导读者的作用。

产生正的失业率并使之得以维持的原因在于经济要变动，企业需要不时地调整人员的数量与结构，雇员也需要不时地变换工作或者调整自己。由于经济体总是脱胎于过去，采用既有的思路，我们可以说，既然一个经济体已经生产出了一定数量的成年劳动力，那么，它大体上也就可以养活他们。即使失业率忽高忽低，一般也不至于太离谱。但是，经济的变动现在是一种新的“常规性”，在此情况下，经济学还是少关注自然失业率为妙；经济学应当重点关注失业率在每种“冲击”之下所发生的变化，甚至应当允许失业率做大幅度的波动。经济学对于大波动应有理论上的预见，经济政策的基本思想应当做好灵活地适应各种大变化的准备，政策设计应当不拘泥于任何现有的条条框框。下面试举几种情形，来说明这种长期性的大变动。

第一种情形是人类生殖活动与人均寿命的长期变动。例如，避孕技术把性的享乐与人口生育分离开来，这导致了生育率的下降。虽然人均寿命的延长在一定程度上对冲了生育率的降低，但从发达国家的情况来看，这最终将导致人口下降。尽管这种趋势目前被全球化等因素所掩盖，但从以百年计的长期历史趋势来看，这类因素对于就业形势的影响是至为根本的。

第二种情形是全球化。全球化导致广大不发达国家或地区的迅猛发展，由此导致了这些国家人口素质的提高与人均寿命的延长（以及至少阶段性的人口暴涨）。但是，这同时导致发达国家的失业率剧增。如果西方世界认识到这种痛苦的根源在于各国在历史上各自分割的局面，并且，如果西方世界相信他们所策动的新技术革命不大可能像以往那样继续下去，那么，他们可能就需要实行非常不同于过去的税收与失业救济政策，而不能把目前的困难只看作暂时性的，仍然简单地指望国内经济恢复“平衡”。

第三种情形是技术创新。鉴于创新与经济变动的不可避免，算法式的观点是，如果一定要讨论经济平衡的话，那么，平衡则取决于各个经济变量变动的相对速度。我们不能排除劳动节约型的生产技术单方面突然取得巨大进步的情况。假如这种情形发生了，有可能立即把广大工人大批量地推入失业的境地。这时候，经济政策又当作何抉择呢？我们还可以研究其他极端情形下的政策选择问题。

以上例证旨在说明，对于失业的研究而言，简单的静态均衡模型实际上处于何等初步和原始的境地！充其量它只能作为预备性研究工作中的一部分。经济秩序总是在变动中交替地实现而又被打破，人们总是在想方设法地应付一个又一个失衡，经济体就是以这样的方式蹒跚前行的。

重力具有使岩石跌落的趋势，可是，由于众所周知的原因，地球上遍布大大小小的山脉、高原和丘陵。

3.8.4“一般均衡”作为“平稳增长状态”

在经济变动的背景下，一般均衡被理解为经济的相对稳定。如果用增长率来衡量，这种“稳定”一般并不是指零增长。实际上，零增长一般被视为是难以接受的。经济学家们心目中的正常状态和稳定状态，系指某个不高的增长率或增长率区间。也就是说，经济学家们有时候实际上是把某种平稳增长的经济视作一种“一般均衡状态”的。这被称作“均衡增长”——尽管这种用法相对不那么常见。为了使我们的讨论尽可能地详尽和圆满，不妨把这种情况也包括在内。

经济学家们显然已经认识到，经济的持续增长具有某种“不可避免性”，因而它是一种“常态”而不是意外事件。可是，遗憾的是，许多人并没有顺着这个问题想下去，却仍然把静态的一般均衡模型奉为标准理论。在传统上，持续增长用资本积累来进行解释，知识作为一种资本被含含糊糊地、若有若无地包含在某些论述中。而在严格的模型中，知识一般并不被考虑，或者，只是被片断地、肤浅地做某些处理。算法理论是真正使知识成为核心分析要素的理论。在算法框架下，我们可以很好地理解增长与发展问题。

资本积累理论的含义是，一代人贡献给世界的东西比他们所消耗的东西多，所以，他们遗留给后代的东西的价值是正的，而不是零或负值。后代的生产活动所依凭的资本越来越多，其产量也就越来越大，可享受的福利也就越来越高。然而，作为前辈遗产的资本究竟是物质的还是精神的呢？如果是物质的，一个比较自然的推测是，我们身边的有形资本的数量就会越来越多。这种现象在一定程度上的确是事实，不过它表现得并不很明显。有形物体大都只具有有限的寿命，经过一段使用期之后，其中的大部分都会被废弃。少数留存下来的，则成为“文物”而被保护起来。假如有形财富的积累是导致发展的关键因素，我们一定会感到我们的生活环境越来越拥挤。可是事实却不是这样。反之，如果把增长与发展的原因更多地归结到精神因素上，则相关的解释要容易得多。

知识不会因为使用而减少（这是“新增长学派”所强调的），也不会因为积累而显著地占用空间。前辈发现和使用了某种知识之后，再把它流传下来，既有利于后代，又不减少前辈们自身的福利。所以，与物质资本相比，知识的传承对于发展极为有利。我们可以沿着这个思路来解释发展，可以研究知识记录与传播的情况，研究相关技术手段的改进。近代以来，知识发展似乎具有加速的趋势；果真如此的话，那么，我们也许可以把其中的原因归结为**知识记录技术**的进步。此外，算法理论可以清楚地显示，创新是如何成为一种常规现象的。无论信息推动型创新，还是算法改良型创新，都会自然地、不停歇地发生。人们对于既有技术的使用总是越来越熟练，人们也总是有意识地推动各种有利于知识发展的积极因素。这些都与持续增长现象高度吻合。

另一方面，如果我们认识到，无论经济秩序的达成还是发展，在很大程度上都是因为人们在遵守传统、模仿他人以及简单地、盲目地接受某些知识，那么也就可以理解经济系统的脆弱性所在，进而预见到，各种意外的“冲击”也就都有可能导致灾难。以农业生产为例。各种生产条件主要是为常规天气所准备的，所以，在某些年头，不管发生雨水过多或过少，雨季过早或过迟，都会发生灾难。农民为极端天气所做的准备总是不如常规天气那样充分，那样运转顺利。经济增长的道理也是这样。某些外部冲击即使从长期来看是有利的，短期内也可能会引起灾难。

导致增长率不稳定的原因还在于结构性方面。人类是比大多数存在物更为活跃的力量，因此，我们可以认识到，如果把世界作为一个整体来看，把经济增长主要理解为世界的局部地方（也即人类所在的地方以及人类所工作的对象）发生了简单的数量膨胀，这就好比人身上的某个器官越长越大。依照常理来推测，这种局部变化早晚将会引起结构崩坏和结构调整。要想完全避免这一点，除非每时每刻复制一个结构完全相同的迷你世界——然而这是不可能的。这样一来，我们就把经济学带到了一个早已被哲学和其他学科所承认的基本道理之中，即**变化通常意指结构与数量的交互改变**。结构的崩塌与重建都需要消耗资源，这就会引起单纯用于普通商品生产的资源不足，进而导致以商品数量来衡量的经济增长速度的降低。算法理论可以帮助我们建立这样一条基本原理，即一般说来，经济增长绝不会一直是匀速的，它将会包含暴涨暴跌的过程；在经济增长速度的跌落中，可能会伴随着结构性重建，而后者一般难以用货币来衡量。“发展”这个概念应当同时包括量与质两个方面，包括货币性的量度与非货币性的量度。这个原理与对“价格至上论”的破除是相互一致的。

中国与俄罗斯经济社会的转轨过程可以用来恰切地说明这个原理。在 20 世纪 90 年代，俄罗斯的经济崩塌伴随着激烈的政治与社会变动，这是商品数量上的下降，也是结构性的重建；如果不注意到后一个过程，也就无法说明本世纪以来俄罗斯的经济增长。与之相反，中国的发展战略是，在经济增长中试图进行小型的结构重建，以便维持宏观表现的**持续稳定**。这两种发展的轨迹具有明显的“殊途同归”的特征。无论中国的方式最终是否成功，结构与数量之间的替代关系、以及增长速度的可变性在这里都表现得十分鲜明。

增长速度的可变性还可以从冲突与斗争中得到说明。我们不能只是用“和谐一致”的眼光来看待任何一个表面上比较稳定的社会。社会总是包含着内部冲突。在稳定的社会中，冲突都是小型的，并且及时地被相反的力量对冲掉了；这是其宏观上得以维持稳定的原因。但是，矛盾的处理也可以采用另一种方式，即人们相互串联，结成大型组织，这些大型组织之间进行“大决战”。大决战无法及时被相反的力量所对冲，就会导致商品产量急剧下降，物质财富遭到破坏。大决战大幅度地、批量性地缓解了社会矛盾，这又会导致战后的强劲复苏。第二次世界大战显然就是这样的例子。无须再重复说明，战争毁灭的是少数人口与物质财富；由于知识以网络化的方式存在于社会之中，一般不会被战争严重毁坏，因此战后的重建才会进行得比较迅速。

主流学者认为人们可以预见未来，因此可以把演进的路线安排妥当。可是，由于注意力的局限性，任何人所看到的“远处”，都不会太远。人们通常连眼前的事情都不会安排得十分妥帖，何况于未来？加上人际的意见分歧，所谓的“长治久安”或一劳永逸，也就只能是一个梦想。

3.8.5“一般均衡”作为“平稳增长状态”（续）

“稳定的增长率”只是对新古典增长理论的一种“接地气”的诠释。新古典增长理论的本意是把新古典理论所认为的内含于经济体系中的“机制”延伸到时间维度上。在完备理性的预设之下，由于已经没有其他什么重要的议题值得讨论了，所以也就只能集中于数量性的“增长”方面。标准的说法是要寻找经济增长的“最优路径”（例如大道理论）。借助于包括“价格至上论”在内的各种“准备”，一切结构问题最后都化约、集中和收敛于单一的经济增长率。经过这样的“处理”之后，增长问题不仅不再成为均衡论的障碍，反而成为了它的支持力量。虽然经过这条渠道所提供的直接支持是有限的（例如由此发现的“人力资本”弄巧成拙地成为新古典理论的反面证据），但是，暗示的意味极其浓厚，诸如“最优增长路径”之类的东西给经济学的受众们留下了深刻印象，长期地支撑着已经在他们内心扎根的新古典主义观念。

不仅如此。随着对新古典主义批判的深入，又隐隐约约地发展出了另一种辩护的论调。鉴于函数关系最初被设想为比较简单和固定的形式，新的辩护方式是把某些原来被视为固定的东西重新认定为可变的，也即把常量重新设为变量（例如“新增长理论”，将在 3.9.3 节展开评论）。用数学语言来说，就是把低阶的函数进一步“高阶化”。先研究比较直接的关系，再研究暂时不变的部分的变动。由于高阶函数通过换算可以再次转化为低阶的函数，于是，任何不变部分的变动归根到底也就不再成为问题。换言之，相关的挑战又一次被“化解”了。

可是，把上述看似平淡无奇的数学道理转化为关于解释经济现实的日常语言，其含义是惊人的！这种惊人的含义通常不被警觉到。这就是：创新对于新古典框架不再具有摧毁性了。研究增长的学者们现在可以允许技术不断地进步了，办法不是以往的那种视技术进步为外来冲击的做法，而是假设一部分收入投入到了技术研发方面，于是创新就是内生的，就会有规律地出现新技术（这个道理是有说服力的）；然后，再假设一个诸如“技术进步函数”之类的东西，附加到原有的模型上。由此引起的后果似乎是计算只是更加复杂了一些，基本的观念、方法与框架似乎可以仍然维持不变。增长率也是如此。增长率现在也是可变的，只要在特定的假设之下符合“不后悔”“无套利”之类的原则就行了。

扩而大之，这种方法似乎可以用来对付任何针对新古典的责难。按照这种逻辑，算法理论也可以被狙击，成为又一个“失败的挑战者”。因为，创新在算法框架下的确是内生的，那么，也可以设定关于创新的“函数”。同理，算法框架下有冲突，似乎也就可以设定关于冲突的“函数”，等等。总之，算法理论将再次被“吸收”，新古典理论看上去将继续“长生不老”。

这是一种极端的、根深蒂固的唯理论与决定论观念。这种观念就是坚持相信，世界的变动趋势具有超越于人类认识的确定性，这是因为变动是某一股已经存在在先的力量所支配的结果。即使对于人类社会，道理也是如此。倘若过去所认识的规律比较肤浅和简单的话，那么现在只需要加以深化和复杂化——但不能否认规律的“客观存在性”。这种观念显然也可以在函数问题上让步：假如规律不能表示为一般的、理想的函数，那也可以表示为特殊的函数；即使再不能表示为特殊的函数，那也可以运用其他方法（例如文字）来进行表述。按照这样的观念，“指令＋信息”可能也不过只是表述“规律”的某种方式而已。显然，因为这种观念似乎总能“说得通”，所以主流学者们时至如今仍然心无旁骛地固守着数学的阵地。

既然“高阶”的规律被认为可以化为“一阶”（这个观点的普遍适用性应该是有疑问的）的，那么，对于这种辩护词的反驳也就可以在原则上继续维持不变。下面再略微补充说明几点。

1. 即使附加高阶函数的方法是可以接受的，其后的计算（由于组合爆炸的存在）也是复杂无比的，因此我们可以注意到，即使擅长数学的增长经济学家们也需要继续收窄相关的假设（初期的例子如“资本家不消费，工人不储蓄”等），只能演绎出某些特殊的结论。对于普通当事人来说，当然更是望尘莫及的。所以，新古典框架的一个严重问题不是别的，正是它的（作为理论主体部分的）演绎过程本身。

2. 假如脱离了函数，退守到仅仅相信多样化的“规律”的存在——包括承认有限理性、有限计算速度等算法因素的话——就等于承认模型运行的结果可能将会（除非指出我们的论证错误）大大脱离新古典经济学家们所设想的情形，包括承认主观性、无知、冲突、多元性、危机、倒退等一切算法式的结论。例如，对于主观性的发生，新古典学者可以说“这里必然地发生‘不能确定结果’这样一种‘规律’”——也即我们所说的“高阶的规律”。那么，按照实证的原则，新古典的方法将与算法的方法没有什么区别。我们的（可能的）论辩对手是否需要这样来立论呢？这是他们自己需要考虑的。

3. 鉴于增长问题属于宏观的领域，诸多变量和概念都建立在统计学的基础上，那么，相关的整个理论体系都是需要寻找意识基础的。否则，所有的结论就都是不可靠的。那种脱离意识分析的、以“孙悟空跳不出如来佛的手心”的架势所建立的理论，倘若是社会性的，在原则上都不是理想的理论。这是因为当事人具有思想自由，他在主观意图上可以故意地违背任何预测——难道对于“规律”的故意违背也是一种规律吗？如前所述，社会科学的根本目的就在于干预或重塑思想、观念、意图等；倘若把这些东西看成机械的、冷冰冰的、与我无关的对象，则社会科学自身也就不必存在了。用俗话来说，社会科学不可以总是对当事人说“你将会如何如何”，这样的话语当事人归根到底是拒斥的和反感的，也是没有意义的。

4. 我们再来算法式地解释一下均衡论为什么常常显示出某些优势。首先，如同3.8.2 节对于回归分析所做的算法式解读一样，主要由知识存量所支配的当事人，经常会自然地产生一种错觉，就是把任何边际性的改变与偏离（例如创新）都视为“异类”，而把存量知识所指引的方向视为“常态”。这不过是知识存量与迂回生产方法“作祟”的结果。用俗话来说，就是“要从自身找原因”。其次，均衡并不是一下子达到的，实际上它是某些真实的知识发展过程与收敛过程的结果（之一）。所以，对于任何处于时空环境中的受众而言，支撑新古典均衡的知识大都是他们截至当时所拥有的最高知识，“均衡”则是他们按照这些知识进行推测之后能够同意的理想结果。所以，“均衡”总是如影随形地站在与受众相同的（或者略微靠前一点的）位置。这是一个很有利的位置。因为受众们已经支付了获得这些知识的代价，他们已经对之淡忘了，而他们使用这些知识的代价当然就更容易遭到忽视了。于是，他们不仅相信自己的看法是“最优的”，而且相信别人也都很容易具有同样的看法。这就导致了“均衡”与“忽略计算时间”之间的相互证明与相互加强。然而，知识的无限发展性不是通过证明“当前的某个具体知识不是最优”的方式进行的，这种证明是很难具有说服力的。这种证明要么是理论性的（例如算法理论），要么则需要对于长期历史的观察与总结。人们一边认同着他所处的那个时代的最高知识，一边需要同时对于这些知识消亡的前景有所认同。这就是一种二元化的“算法的态度”。——顺便再提醒一下，新古典学者们其实经常是通过演示“逻辑的确定性”（而不是经验的确定性）来偷梁换柱般地强化受众的信念的。

3.8.6 让我们宣布一般均衡论的终结吧！

从本小节起，我们进入对本章截至目前所有内容的总结性和补充性述评，然后再转入延伸的论述。我们既要全面说明一般均衡理论为什么不能成立，应予取消，还要说明，实际的主流经济学是如何形成的，它的真实意义究竟何在，及其可以如何为算法框架所吸收。

在前三节中，我们分别讨论了“一般均衡”的下述含义：作为一种静止状态，作为一种稳定的动态以及作为一种对存量资源充分利用的状态。我们分别说明，在静止状态下，“一般均衡”导向一种无可救药的末世论后果，从而使得任何动态理论都成为不可能；而在真实的动态世界中，经济的稳定并不是通过采用一般均衡论所描述的方式来达到的。一般均衡论所推荐的途径几乎毫无现实性可言。“充分就业”只是一种幻想；即使它偶尔能够达到，也是无法持续的。这是因为，在众多的方面，新古典的和主流的学说对于经济秩序如何实现存在着极为错误和混乱的认识。

算法的理论、观点与方法就好比一面镜子，它把主流经济学的所得与所失都映照得十分清晰。它让我们明白，主流分析框架究竟都缺少了哪些东西。对计算时间从而思想过程的忽略是一个关键；一旦我们引入这个元素（当然，只有采用“指令+信息”的框架，才能做到正确的“引入”），基本上可以说，大功告成，万事皆休。初涉这一理论的人可能会对这个看似简单而平淡的因素感到困惑，但是，只要理解了由此所发生的“思维的弯曲”这种现象，那么很快就可以触类旁通了。新古典的面纱因此而被揭去，其下的真实世界将完全地、无保留地得以显露，我们对经济社会的真实状态将从根本上一次性地获得一种全面的认识和理解。也许有人会说，你的理论似乎想要解释一切，这是不可证伪的，是不科学的。非也。算法理论经受着人工智能工程学持续的检验；任何不利于人工智能假说的证据，都可能直接或间接地危及算法理论。算法理论断言社会世界将同时表现出动态性、人际差异与冲突、发展等现象；倘若这些现象长久而持续地不存在，也就可以质疑算法理论。反过来，一种简单的理论，可以对经济社会现象做出如此全面而高效的解释，这有什么不好吗？理论工作的首要使命不就是解释现实吗？理论界不是正在为相关理论的冲突而苦恼吗？这不但不是坏事，按照有关的方法论标准（例如“以较少的假设解释较多的事实”的准则），这样的理论恰恰应当属于最为理想和最有可取性的理论之列。

在算法框架下，我们已经提供了多种向新古典框架发起致命冲击的方法，现在还可以再追加提供一种。由于新古典经济学意味着当事人的思想一下子从起点到达理论家所设想的最高认识与决策，所以，在主流经济学家的眼中，思想并不“存在”于模型之中，模型中存在的都是物理性对象。现在，我们给予思想活动以时间维度，思想也就变成了真实的存在，不同个人的思想或者同一个人在不同时刻的思想可能都会互有差异与冲突；把这些不同的思想作为与物理化存在相并列的“存在物”注入原有的新古典框架，这个框架中的实体增多了。新增的实体以特定的方式或机制发挥作用，理论模型必定会发生重大的变化。我们已经熟知这种变化将是什么，现在要强调的是，这种效应与天体物理学中所说的“黑洞”颇为类似。假如没有黑洞，物理学家们将无法合理地说明某些天体的相对位置为什么是所观测到的样子；反之，加入了“黑洞”这个假说之后，现象也就得到了解释。为了说明经济社会的现实，我们现在必须假定有“思想”这个“黑洞”存在于社会之中（参阅图表 11）。而比宇宙中的黑洞更为可信的是，我们大家都熟知思想是什么样子的。除了与指令有关的假设之外，算法框架中的其他元素（诸如思考需要信息，思考消耗体能，有限计算速度等）都与我们的感觉和经验高度相符，因而，也都可以视作可靠的事实。

算法理论的引入，可以引起一般均衡体系致命性的崩溃。至此，我觉得这个结论可以稳妥地做出了。这不是常见的对主流经济学的批评或抱怨，而是一种系统性的破坏，是用一个新体系来代替一个旧体系。新古典经济学构思精细，但却是一种有意无意的逻辑陷阱；说得不客气一点，其客观效果简直类似于一种骗术。它专门用来掩盖问题和泯灭智慧，使诚实好学的人陷于逻辑的迷宫而难以走出。若非信息技术的启示，笔者也将继续是它的信奉者和宣扬者。谢天谢地，我认为我们现在终于走出了这个迷宫。尽管这样做破坏了大量已有工作的结果，但却为经济学提供了新的、正确的方向和前景。这正应了我们所竭力去证明的道理，即在任何人类活动中，想要不发生一点儿浪费就径直地取得进步，在原则上是不可能的。

中国有句古话，叫做“不破不立”；在这里，却应当反过来说，叫做“不立不破”。

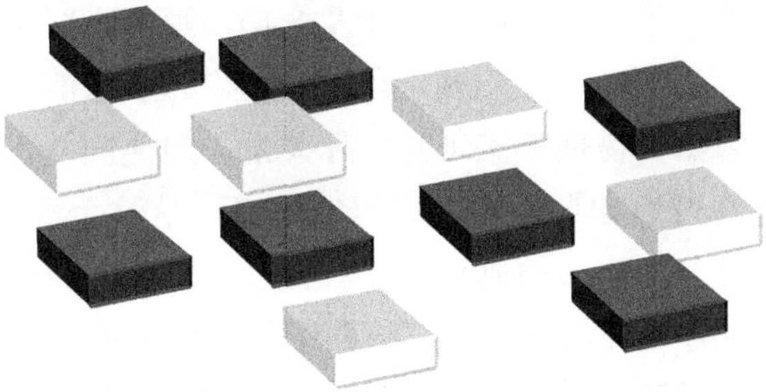

图表 11：思想好比黑洞

没有“黑洞”的假设，星系之间的位置和受力关系就不平衡；同样，假如不把思想作为实体加以识别，加以凸显，使之与物理对象共同“跻身”于理论框架之中，社会现象也就不能得到合理的说明。

3.8.7 对新古典学说的批判性吸收

“一般均衡”这个概念没有意义，为达此目标所勾画的理论也是意义甚微的；这就是本节首先要强调的观点和结论。

首先，经济学不能违背事实来建立理论。抽象方法应当被理解为，在众多因素并存的情况下，鉴于计算能力与计算速度的有限性，部分因素因此被抽取出来单独地加以研究。这是进行综合研究的一个准备，而不是对综合方法的否定，更不意味着研究者企图否定事实。何况，以算法的观点来看，新古典经济学所忽略的东西恰恰是最为关键的和决定性的事实。不把思想与通信作为对象（或客观实在）来加以研究，经济学与社会科学也就无事可做了。这就好比研究生物学，却不承认植物与动物是存在的，那么，研究者还有什么可研究的呢?

新古典学者们设想了一套复杂的条件与方法去“实现”一般均衡。借用一句常用的戏谑语，这可以叫做“没有困难，创造困难也要上”。这些凌空蹈虚的条件与方法是对客观现实的片面反映，是进行选择性抽象的结果，因此，它们远不足以作为经济学这门学科的一般基础，更不能说这样的理论已经得到了“实证检验”。由于缺少适当的理论指导，相关的检验方法是片面的和选择性的，严格说来是错误的。另一方面，即使所设想的这些条件与方法是现实的和可行的，照它去做，可以达到所谓的“一般均衡”，而更为尴尬和荒唐的是，经济的现实表现并不是“一般均衡的”。如果“一般均衡”是这个样子的，而且它又是这样来实现的，那么，经济就绝不会发生动荡、失败和危机，就不存在需要经济学家们来研究和解决的问题了。所以，经济学家们解释了并不存在的东西。

“一般均衡”无意义。因为，**有了“一般”，就不会有“均衡”；有了“均衡”，则它绝不可能是“一般的”**。这两个词语绝不可以联合使用。在算法式的持续知识扩张的图景之下，这一点显示得尤为清晰。从这个意义上讲，**“一般均衡”是个错误的概念，而不仅仅是“片面”或“不精确”的问题**。至于这个词语的其他意义，笔者以为，可以分别采用其他的词语、或者在其他各自的语境中来进行表述。譬如，经济系统内部存在着相互联系，单个商品的定价涉及全局，那么，联系就联系吧，全局就全局吧，没有必要“上升”到“一般均衡”的“高度”。不能把“一般均衡”当作研究某些关系的必需品。例如，物理学家研究星际关系，但他们并不建立宇宙的“一般均衡”模型。生产的货物可以如期销售出去吗？未必。从这个意义上讲，“一般均衡”恰好不存在，它更不能保证个人的成功，它对行动着的个人没有多少意义（甚至还有误导性）。就“一般均衡”所表达的“经济秩序”的含义而言，我们就使用“秩序”这个词[①]，难道有什么不好吗？倘若我们洞察到经济秩序实际上是历史地、序贯地、演进地或“串行地”达成的，那么，我们就可以相信，经济秩序既不可能十分圆满地达成，实际上也很难完全失去；恐怕谁也没有能力完全破坏它。我们所处的地球环境不大可能一下子变得面目全非，全世界的人们也不可能在一瞬间同时丧失记忆，所以不必对之过分担心。经济的稳定、繁荣、失序或危机都是局部性、片面性或程度上的，因此，任何理论的意义其实都是**“技术性的”**；也即，相对于那个无所不包的“全局”而言，理论一般都只是探讨了片面的、局部的或阶段性的问题；当它传播到社会上以后，最终只是给当事人的知识宝库增添了一点儿内容，或者稍微改良了一下世界。此外，构建与维护经济秩序只是目标之一，人类的目的还在于发展，而发展意味着打破现有的秩序。经济学难道要在这些目标之间厚此薄彼吗？当然不能。

取消一般均衡理论的最后一项工作，还在于吸收新古典框架中的一些积极的和有益的元素。现在我们就转入这一方面的论述。

首先是最大化原则。新古典学者们错误地理解了“合理性”原则，误以为，要想科学地解释社会现实，就要把模型中的当事人设想为能够对信息进行某种绝对化的优化处理。处理信息要凭借知识；假如当事人所掌握的知识与观察者不同，他怎能以观察者所期待的方式来处理信息并得出决策呢？当事人只能以**他自己所认为的**最优的方式来处理信息。这必然导致，每个人眼中的最优化（包括最大化）可能会有所不同。在这一点上，释义学哲学的观点凸显了一定的合理性。这种哲学认为，对于人类的思想，我们能够做的主要的工作，就是去理解之。然而，这种哲学有时又会走入另一个极端，即它具有排斥辩论和拒绝比较优劣的倾向；似乎人们之间除了尝试着去理解彼此就无事可做了。对此，新古典主义者有理由提出自己的反驳。

在上述两种倾向之间，我们应当做何取舍呢？或者说，新古典主张的合理成分究竟何在呢？对此，笔者认为，现在正是我们来澄清和重构科学的合理性原则的时候；这就是，在社会科学中，所谓的“合理性原则”，实际上首先意指研究者可以理解当事人的境况及其思想的可能性。研究者可以根据当事人的处境及其知识状况来推测他的思想活动、决策与行为，能够与之进行交流，能够理解当事人的思维过程中的种种道理。其次，“合理性原则”还意味着，研究者可以学习、比较、质疑、挑战并试图

---

① 德国经济学家瓦尔特·欧肯就使用了这个词。参阅［德］瓦尔特·欧肯：《国民经济学基础》，北京：商务印书馆，2010年。

改变当事人的观点。做出这个论断的依据是，尽管人们的观点常常互有差异，但是，一个人有时却可以被另一个人所说服。研究者有时会被当事人所说服，认识到当事人更高明。当事人有时也可以被研究者所说服，从而自愿地放弃原来的算法与观点，采纳研究者所推荐的算法与观点。之所以发生这种现象，用算法的语言来说，原因就在于人们的大脑具有相同的基础结构，从而具有相同的指令系统。人们所接收的信息与知识以及通过计算所产生的思想可以不同，甚至也可以从前辈那里经由生物遗传继承某些不同的“先天知识”（性格、偏好等），但是，指令系统的同一性保证了人们既可以相互交流，还可以相互比较和相互影响。人们的观点之所以不同，是因为他们各自选择用不同的指令来加工相同的信息，或者用相同的指令来加工不同的信息（或者二者兼而有之）；而当他们选择用相同的指令来加工相同信息的时候，意见分歧也就消失了，于是他们就达成了一致。这就是科学工作的基础，它同时意味着科学研究的必要性与可能性。否则，也就没有必要探讨什么“最大化”或“最优化”；就好像物体之间的万有引力定律那样，是那样便是那样，不是便不是，没有什么道理好讲。

所以，新古典学者们探讨最优性是必要的，是有道理的；如果不这样做，就不存在社会科学。另一方面，新古典学者们所没有意识到的是，当事人所面临的信息、知识与计算时间等约束与书斋中的学者不同；如果研究者也考虑了这些因素，新古典的理论模型还能够成立吗？显然是不能的。不仅其理论不能成立，而且直到这时新古典学者们才会进一步发现当事人实际算法的种种**优越性**，因此，他们就需要一个试图理解当事人、并向其学习的过程。只有这个过程进行得比较充分了，对经济学的重构和重建才能重新提上议事日程。用俗话来说，这叫做“先当学生，后当先生”。

对此还要补充的是，对于熟悉新古典逻辑的经济学者们来说，需要放弃那种动不动就要建立“完美理论”的想法和冲动，需要认识到社会科学只能在迷茫中摸索前进，在与当事人的互动中体现其相对价值。这将是一种常态，学者们需要习惯这种局面。这些观点在其他社会学科中可能是相当常见的，现在它需要贯彻到经济学的研究之中。为了到达这种态度，算法理论提供了帮助，它让我们看到一种大格局和大视野，让我们面对迷茫而不急躁，身处问题之中而心态豁达。根据笔者的观察，可能由于主流经济学的不良影响，不少经济学者都缺乏这种治学的态度。

3.8.8 主流经济学的算法意义

由于未能适当地理解合理化与最优化原则，主流经济学家们陷入了一种想象；他们误以为（或者错误地相信）存在终极的真理，人们的思想与行为方式或迟或早将会到达这种真理，依照它来行事。于是，经济研究工作就被理解为去寻找和发掘这种真理，并忽略到达真理的过程以及世界的其余部分。

在这样的认识之下，新古典经济学家们就开始去发现“绝对真理”了。例如，价格上升，则需求下降；这是“真理”的一个例子。面对批评者对新古典框架的全面质疑，新古典学者们总是这样答非所问地搪塞：难道价格上升以后，需求不会下降吗？

他们以发现这样的“规律”而自豪。至于价格上升之后，就像房地产市场经常表现出来的那样，买房者因为受到胁迫，反而急于入市，以致需求扩大，这样的“反常”情形他们也就熟视无睹了；他们一般认为这并不足以否定上述命题。在这样的认识之下，价格与交易数量之间多种多样的互动关系一般不被视为一种常态，因而不被平等地对待和全面地研究。消费者被迫入市的情况在主流的分析中不占有正式的位置。又如，在短期决策中，人们一般会把在短期内能够控制和调整的因素予以充分的利用。在经济学术语的传统中，这被称作“套利”。由于套利活动接近于无成本，并可以迅速操作，因此市场上的套利机会较少。然而，这种情况却被扩大化了，它被作为边际决策原理可以普遍适用的一个证据。经济学家们因此对于局部变动所产生的结构性的、广泛的和长期的影响视而不见，时间过程因而被排除在经济分析之外。经济学家们没有注意到，说市场具有“无套利”的特征这一点在原则上是不正确的，因为这会直接导向错误的理论建构方向。再如，在人们决策时所要考虑的多样化的信息之中，价格往往是最为简明的，它最引人瞩目，最容易处理；于是，经济学家们就想象着，价格体系概括了一切，因此，围绕它就可以建立完美的理论。相对的重要性因此变成了绝对的重要性。均衡的价格实际上只是经过了某些（有限的）平均过程而产生的价格，平均的价格还需要继续平均。另外，终极的均衡价格与稳定的价格也不是一回事。经过某些市场过程，某个价格再也不能调整一分钱了，这并不表明它已经“囊括一切”了，只是表明它比较稳定了而已。

在很多情形之下，主流经济学所展示的只是这个混合的世界中的一些“确定性”；意即，它只是说明当事人在特定的情况下一定会（或者说“不得不”）怎样去做或者怎样去想。这与“绝对真理”无关，它并不能确保当事人一定会取得成功。这种确定性有时直接引起外在的行动，有时则还需要与其他的不确定性结合起来，才能产生决策。确定性的存在表明相关领域的知识发展到达了一种停滞状态，人们的意见也趋于一致了。我们有时候深信这种确定性将会永久不变（例如一个人不会同时出现在两个地方，或者某些数学运算规则），有时候则仅仅认为，那种情况下就应该那样想或那样做，暂且不必考虑其他选择——明知其他选择可能会存在（例如，明天的太阳将从东方升起，或者石油价格上涨后，有必要加强新能源开发）。为了构建经济学原理，这里要强调的是，我们首先要做的，不是去猜想确定性的存在可能预示着某些神秘的真理的存在，然后到处去寻找并企图扩大这些“真理”，而是**把确定性的局部存在及其与不确定性的混合确立为一般原理和一种（新的）“常态”**。按照算法的逻辑，总会局部性地发生某些确定性，不管它们具体是如何引起的，及其具体性质为何。**其他细化的工作要在这些原理确立以后才能有效地进行**。

在许多情形之下，主流经济学只是整合了某些比较强烈的经验，例如对价格的重视，以及关于拍卖场景的建立和强调。我们也可以从积极的方面来理解新古典框架中的这些经验内容，以免误解主流经济学家。在计算有成本的情况下，作为一种数量化的信息，价格是鲜明的、响亮的和便于处理的，因而人们对价格信息的反应通常尤其敏锐，尤其迅速，所以，对价格的重视就意味着新古典学者们在抓重点，在捕捉和解释相对比较重要的事实。拍卖场景的建立是在构想通信过程。二者结合起来，就可以达到节约信息的效果。我们可以认为，新古典学者们一直在寻找某种处理信息的**简易**方法，以及某种**最为省事的**组织经济活动的方法。哈耶克关于价格体系的观点就是依照这样的基本理念来阐述的，主流经济学对之也是按照同样的基调来进行吸收的。主流经济学对于当事人思维过程的描绘，实际上是在构建某些相对有效而又便利的计算模式，以便当事人可以选用。经济学家们把当事人的计算能力设想得很强大，是因为他们认为，这种复杂计算具有一定的可操作性，因而，对于条件具备的当事人，他们就有可能这样来计算；条件不具备的当事人，早晚也会向这样的高级计算靠拢；于是，阐述这种算法比之阐述其他的“低级算法”，显然要更为划算。当事人获得新信息之后，一般都要经历一些摸索与试错的过程，最后，随着记忆的积累和经验的增加，才会找到应对该等信息的正确方法，然后才会对之长期坚持运用。这个过程包括了由于人际意见差异所造成的种种“麻烦”的逐步消除。例如，策略性欺骗早晚会被识破，人们会对它加以防范，于是，博弈论所描述的多种多样的人际博弈活动也就会逐步消退，甚至灭失。这是一种收敛过程。它发生的前提是，人际活动在既定的范围内展开，并且反复地进行。人们拥有记忆，身心器官的作业将会因此变得越来越娴熟和在行，所以生活不会完全原样地重复，思维活动以及社会生活也会因此发生不可遏止的变化，去往某些该去的（或不得不去的）地方。也许正是基于对这些特定现象的观察，新古典学者们才在他们的大多数文献中排除了人际互动过程。就好比中国的儒家或理学家一样，他们认为自己在坚持关注社会变动的“本质的”和“长期的”过程。我认为，这可能就是新古典经济学之所以排斥社会过程的真相。虽然他们的做法实际上取消了自己的研究对象，但这并非他们的本意。他们的确未曾明确坚持计算与通信活动的成本及时间耗费为零，只是不知道，一旦这些代价是正的，会发生多么重大的影响。他们在心目中想象着把他们的模型随时嵌入社会现实之中，使之发挥解释作用；这表明，他们实际上也在一定程度上以现实生活作为理论原型。他们也没有全面地拒绝古典学者以及其他学者们有价值的论述。他们总是认为，这些有价值的论述是对新古典理论的补充和注释（或者反过来，后者是对前者的补充和注释），它们在本质上是连为一体的。所以，当异端学者们从各个方面来攻击他们的时候，他们显得很激愤，很强硬，有时候甚至很不屑。在笔者看来，一些异端学者的攻击的确是肤浅的，他们并未在充分理解主流学者们的原意和某些正确论述的基础上来展开合乎逻辑的、有效的批评。批评者总是从外面来看问题，而不是深入对象的内部。双方似乎都不打算真正去理解对方论点中的合理成分。

连权威辞典的作者也不得不承认：“一般均衡理论是……（关于）经济事态局部（的）理论。”[①]为了批判性地吸收主流经济学所揭示的这种局部的合理性，在本书

① ［英］约翰·伊特韦尔、［澳］默里·米尔盖特、［英］彼得·纽曼编：《新帕尔格雷夫经济学大辞典》，第二卷，北京：经济科学出版社，1996 年，第 546 页。省略号以及括号中的内容为笔者所加。

中，我们提出了“算法均衡”这个概念。“算法均衡”意指当事人（算法人）在经过一个相对独立的思考、行动与互动过程之后所达到的某种稳定状态。在这种状态下，当事人对于相关事项只是按照某种固定的模式做出反应，而不再投入研发力量；当事人把研发力量投入此范围之外的其他事务上。“算法均衡”只是局部性的，在这一点上它类似于局部均衡；然而，“算法均衡”是当事人在对全局状况经过一定的思考之后所做出的决断，因而，它又可以视为一般均衡在引入计算时间之后所发生的变体。算法均衡难免需要建立在“思维的弯曲”的基础上，因而也难免不时被打破和重建。所以，它是一个相对性的概念，它只是相对于活跃的、激烈变动的思想进程而言的。鉴于前述的众多原因，“算法均衡”显然也可以细分为多种具体的情形。

如果一定要用简单的语言来进行表述，笔者认为，我们可以把新古典主流经济学大致理解为它试图描述和解释经济生活的“正面的”或“积极的”方面，同时忽略“负面的”或“消极的”方面，而后者可以为算法式的论证所补足。用中国的古语来说，新古典主流经济学意在揭示社会“阳”的一面，而算法的方法则可以揭示社会的“阴”。阴阳相济，这体现了中国式概念的简洁性和高度的概括力。或者说，只有以上两个方面相互结合起来，才能形成一个比较全面和系统化的经济学。为了与其他已有的经济学相区别，我们暂且称之为“算法经济学”。

无论对于自由市场，还是对于政府干预；无论对于经济体系，还是对于法律、政治、社会与文化体系，科学的理解和解释工作才都刚刚开始。我们首先要发现和纠正错误，然后才能重新开始。

3.9 无效的延伸

3.9.1 希克斯的“一瘸一拐”

如前所述，当经典作家们初创新古典经济学的时候，他们几乎全然没有意识到这种理论构建方法将会导致的可怕后果；他们既未意识到数学方法与意识进路之间的冲突，也未意识到一般均衡理论与经济动态、资本、增长以及货币等传统的基本经济议题之间是不相容的。所以，他们只是按照经济学所习惯的顺序，在建立了核心理论之后，又很“自然地”发展了“新古典的”动态理论、资本理论、货币与金融理论，等等。对此我们在前文中已经提出了算法的论点，即从根本上讲，这些延伸的工作都是无效的。本节的使命，是对这类工作再做出比较详细的、补充性的评论。

先从对动态经济学的评论开始。交换的均衡向上述各个领域进行全面扩展的倾向，在瓦尔拉的《纯粹经济学要义》中就显示得很清楚。例如，瓦尔拉曾明确地讨论“发展经济中的一般价格变动定律”。不过，就主流的动态经济学而言，约翰·理查德·希克斯被认为做出了“奠基性的”贡献。在他的《价值与资本》中，希克斯提出了一种后来为人所熟知的把均衡与动态相结合的方法。简言之，这种方法就是：市场间歇地、定期地开放。当市场关闭时，当事人按计划为市场交易进行各种准备（包括生产）；而当市场开放时，当事人根据市场价格调整预期，并制定新的计划。这样一来，“我们能够把一种改变过程当作包含有一系列的暂时均衡来处理；这使我们在动态的领域内仍然能够使用均衡分析”。①

照直说，只要我们回忆一下物理学所讨论的运动与静止，即可马上明白，这是一种试图把均衡与动态相结合的一种矫揉造作；与动力学相比，它不仅不巧妙，简直称得上笨拙和滑稽。对于“运动着的物体在某个特定时刻究竟是否位于某一点”的问题，动态物理学回答道：既在该点又不在该点。而经济学连这一点都做不到，于是回答说：这时刻在该点，下一时刻做运动，再下一时刻又在另一点……以此类推。这就好比一个腿脚不好的人上台阶，他无力连续攀登，于是，上一个台阶，休息一下；再上一个台阶，再休息一下。他要么处于某种状态中，要么就突然跃升到新的状态。难道这就是经济学所描述的运动与静止的“结合”吗？坦率地说，这根本不能算作“结合”，而是两者的“分离”。

可是，这样的学说为什么就会得到广泛的接受呢？笔者认为，原因可能在于，它与生活经验之间具有一定的相符之处。在个人生活中，商品交易一般的确是间歇地进行的，这是因为，交易只是生活事务的一个特定的环节，它服务于其他的环节。商品交易需要时间来准备，而人们完成了交易之后，如期得到了所需的商品或金钱，当然就去忙别的事情（例如消费或再生产）了。所以，一定的商品交易，服务于一定范围的事务，并且服务于生活的一定时段。某人购买了一盒牛奶，在喝光它之前，也就不需要再去购买了。即使对于频繁地买进卖出的投机商，他也要在下一个交易进行之前做出尽可能周全的考虑，以免交易过于频繁，徒增交易成本。现在我们知道，为了揭示这种“结构化的”生活场景中的合理性，我们需要借助算法理论来绕一个大弯子。然而，在当时，经济学家们并不了解这一点，他们还无力阐述这种“混合性”。他们只是想象着，当事人按照一定的模式来进行决策，然后整个理论模型自然也就“动起来了”。他们没有发现“预期”是他们构造一般均衡理论的一个关键障碍，这足以说明，无论他们如何声明均衡是“一般的”，事实上他们都在参照当事人的实际行为方式来实行意识的或“算法的”进路。

可是，个人的亦步亦趋的行为，不能等同于整个社会也是亦步亦趋的；个人定期地前往市场，并不等于市场也是间歇地开放的。经济的这种运作方式固然有些类似于传统的集市贸易，可是，集市贸易毕竟只存在于传统的农村社会中，在城市经济和现代经济中它已经比较罕见了。尤其是，由于异步性的广泛存在，贸易与非贸易活动是广泛交织的，静止与变动也交错分布于空间和时间之中。**这种交错不仅不是次要的**

① ［英］希克斯：《价值与资本》，薛蕃康译，北京：商务印书馆，1982年，第115页。

现象，而且是市场运作的一个关键机制。宏观地看，这种分布是相当均匀的，各种变动也是相对连续的，以致我们很难发现一个相对独立并且规模较大的静止状态，可以近似地命名为“一般均衡状态”。在这种情况下，经济学家们为什么还要追捧这种方法呢?

这就涉及自杰文斯—门格尔—瓦尔拉以来在经济学家们中间所普遍建立起来的一种信念，即（鉴于静力学是动力学的准备）一般均衡理论与动态理论以及其他经济学分支在本质上应当是相容的。因此，在一般均衡理论建立之后，接下来的工作当然就是把它动态化，以及与其他议题相结合。从积极的方面来说，这种倾向表明，发展静态理论并不是新古典经济学家们的“本意”，新古典的静态本质是一种意外的后果，一种无奈。而从消极的方面来说，由于这个信念是如此地坚定（或者，由于经济学家们无法设想它们之间为什么是相排斥的），以致经济学家们轻易地忽略了其中的逻辑冲突，而把这种添加物直接附加上去，从而匆忙地跳跃到了对现实进行“解释”的阶段。任何在一般均衡模型与现实社会之间进行这种“搭桥”的“技巧”，都被视作重要的“理论成就”，视作对一般均衡理论的“贡献”。这个局面一直延续到今天。

3.9.2“预期”最终使经济学重回静态

以新古典方法为基础发展出来的“动态经济学”，实际上很不成功。可以说，这个看法在经济学家们中间基本上是一个共识。这是因为，新古典框架无法用来说明经济系统为什么会发生变化。如果有变化发生，那么它只能是外生的；这样一来，经济分析就只能在“新信息—新反应”的框架内打转。新古典框架不允许产生内在的动态性，因为，在完美理性的假设下，任何一个原本需要思索与互动的过程，经济学家们都不得不假设当事人已经提前预见到了。在经济分析一开始，当事人就必须站在这个过程的终点，因而，相关文献除了“演示”（经济学家们所以为的）当事人内心的推导过程、以便说明他为什么处于这个位置之外，也就无事可做了；没有什么需要描述的“动态过程”。

另一条途径与希克斯的方法相类似，就是收紧模型的前提假设（例如当事人只需要考虑一个星期内的计划。这种做法表明经济学家们承认自身的计算能力也是有限的），然后，鉴于当事人明显地考虑不周，缺乏足够的远见，他自然就要改主意，再加上外生的和物理性的变动，这就“凑成”了动态过程。由于对作为核心的一般均衡理论的改动是局部的或个别的，这样的动态理论，也就被勉强地形容为“新古典的”。

因为必须遵守严格的内在一致性原则，这一分支的发展，也就不得不严重依赖于数学方法，以致相关的文献几乎变成了纯数学的文献。这类似数学专业毕业生向人文社科学者们炫耀数学符号。笔者绝不是反对科学分析的严谨性。如果我们理解了算法的逻辑，就知道这类数学推导基本上与经济问题不搭界。计算必须在结构、速度以及通信手段的约束下进行；倘若脱离了这些约束，尽管去胡扯吧！这种做法终究会被现实社会所耻笑。经济学家们曾经从炫耀数学公式中所享受的满足，最终也要原样地归还回去。

“预期”这个概念发展的历史（例如从“外推法预期”“适应性预期”到“理性预期”），反映了经济学家们是如何逐步变得更为“理性”的（这充分表明经济学家们与常人一样，也是不断地发展自己的知识的）。预期必须按照某种能够设想的最佳的、最为“科学”的方式进行；这种思想逐渐被视作新古典原则的一个延伸，因而被认为必须贯彻到经济分析中去。于是，“理性预期”产生了。在复杂的数学方法的拱卫之下，“理性预期”宣扬了一种近乎邪恶的观念，即关于现实世界，人脑能够认识到的必定就会认识到，从而——由于计算时间的忽略——现在已经认识到了；因此，社会世界的变动就是一种“不能被认识的”“随机游走”。假如当事人因为这种决策方式而产生了损失，吃了苦头，那也无怨无悔。因为当下一次出现类似的情形时，他仍然只能那样想、那样做。如下的实际情形被它忽视了：关于实际事务，人们的确经常所知不多，以致没有把握；于是，人们经常处于试探和推测的过程中。人们经常会去模仿成功者，而这种模仿也的确不时地奏效。人们的确常常无法按照理论术语来说明自己成功的原因，但这绝不表明他们对于成功的原因毫无觉知，或者毫无总结。在此情况下，常常不能厘清的反而是“随机性”本身。在实际事务中，有谁能够说清楚什么因素就是“纯随机的”、因而无须加以理会呢？

“理性预期”实际上使经济学重新回到了静态。种种碰壁的结果是，经济学家们逐渐清楚地认识到，新古典的本质就是静态性，它与动态是不相容的。如今，这已经成为一种标准的见解。还有少数学者不死心，仍然在那里继续构造着“模型”；因为，“闲着也是闲着”，无事可做并没有什么好处。但此类工作已经不再受到重视。除此之外，领导性的经济学家们大都把兴趣转向了动态学的一个分支，即经济增长。这是因为，增长是一种明显的现象，也是一个重大的问题，它是不容回避的。经济学家们要看看，把新古典理论与增长现象拼凑在一起，会发生些什么。回避一般的动态问题而专注于增长，这本身就是一种微妙的现象。深入理解了这种“微妙性”，将之“巧妙地”加以“处理”，就可以发表论文，其论文就可以得到广泛的引用和赞誉。也许这就是在今天成为“一流经济学家”的奥秘吧。

主流经济学从静态向动态、从简单到复杂的努力，具有一种常识上的合理性。我们可以认为，在这一点上，新古典经济学创始者们的基本想法与算法的思想是相当一致的。只是，由于他们没有找准那个导致“大爆炸”的“奇点”，才致使这一过程最终夭折了。

除了已经和即将做出的评论之外，恕笔者直言，我实在没有兴趣再对主流的动态经济学做出更进一步的详细评论，因为这种评论只会多占用一些篇幅，而不会让读者得到更多的收获。

3.9.3 华而不实的“新增长理论”

鉴于增长问题的不容回避（原因之一显然在于它是《国富论》的主题之一），作为一门在当时来说比较新颖的经济学，当然也就要有它的“增长理论”。新古典的方法曾经表现得那么神奇，经济学家们于是难免会产生好奇心，忍不住要来看一看，当相关的理论与方法应用于增长问题时，将会结出怎样的“果实”。由于在上一节已经评论了增长理论后来的发展，现在再补充评论一下流行于世纪之交的“新增长理论”。

如前所述，增长理论主要是一种智力游戏，对于经济学的真正目标来说，它乏善可陈。重要的成果产生于实证研究领域。通过对美国20世纪五六十年代统计资料的分析，一些经济学家（T·W·舒尔茨等）得出结论说，至少3/4的经济增长不能归因于物质资本的简单积累，而要归因于对投入品利用效率的提高。这些经济学家们提出了“人力资本”这个概念来解释它。也就是说，经济学家们以一种十分吸引人的方式指出了知识进步在经济增长中的核心作用。这个成果虽然令新古典学者们感到尴尬，但是，它也表明，科学方法具有一定的普遍性；只要遵循一定的程序，学者们往往能够殊途同归。自我否定是科学发展的一种方式。

技术进步作为增长模型中的一个独立变量的方法自此确立。经济学家们逐渐习惯了这种“炮制混合物”的方法，这就是：在模型中随意引入任何想要引入的东西，同时声称模型以一般均衡论为基础。这种方法再与宏观经济学（以及其他经济学）相结合，于是，大量令人眼花缭乱的“模型”得以问世，而其中似是而非的模糊地带再也无人去认真追究。“模型”继续“乘胜追击”，如今已经泛滥于所有的领域。只有算法式的方法论才能梳理、调整并重新说明这种现象。

这种路线同样为“新增长理论”所矢志不渝地遵循着。自罗默于1990年发表他的开创性论文[①]以来，一大批经济学家们已经汇聚在“新增长理论”的旗帜之下。它们的研究也被广泛赞誉为“包含着深刻的见解”“发人深省”等等。但是，这里首先要强调的是，无论在主观上还是客观上，“新增长理论”并没有从正面和根本上来直接否定当今主流经济学的意思。这类研究一般都以主流框架为基础，并且采用当今所通用的方法——尽管它在局部领域和个别观点上挑战了传统学说，并且“解释了”某些传统理论所不能解释的实际现象。这一点在罗默论文的开头就已经显示得很清楚了。

为了进行后续的演绎，罗默一开始就明确提出了三个前提：1. 技术变迁居于经济增长的核心地位。2. 技术变迁主要是当事人在市场激励之下通过有意识的行动而取得的。3. 新技术一经开发出来，即可无代价地反复使用。这些前提显示出，如同不断地向一般均衡理论输送各种各样的“天外来客”的前辈们一样，“新增长学者们”同样不打算认真思考这些“天外来客”究竟是怎么来的；也就是说，他们仍然决意选择性地对待理论问题。知识要成为一种“资本”（“人力资本”或“社会资本”），开发知识的活动（其主要部分显然是思维活动）就必须是一种实在的、产生具体耗费的活动，

---

① Roamer, Paul M. Endogenous Technological Change. The Journal of Political Economy, 1990, Volume 98, Issue 5, Part 2, S71–S102.

而新古典框架恰恰忽视了这一点；所以，只要弥补了这个缺陷，人力资本理论也就可以与新古典框架相容了。提出“人力资本”概念的年龄较长的学者们未能发现这个基本道理，只是在那里为此而苦恼。不幸的是，直接承继这条研究路线的“新增长学者们”，竟然在此犯下同样的错误。技术进步系由有意识的研发投资而促成，这个事实的同义语就是思考需要成本和时间，而他们却对此视而不见——难道这些经济学家们因为一年到头地忙于发表论文，以致没有时间来思考这样的基本问题吗？这令人困惑。认为技术可以无成本复制和传播（从而发生很大的“溢出”或外部性）的观点虽然明显地受到信息技术的启发，但却是肤浅的，它与“思考需要成本和时间”的事实直接对立。“复制”也是一种类型的计算，它同样需要付出代价，所以，第三条假定在原则上是不正确的，尽管它在直觉上很吸引人，并且为达到说明经济增长的目标提供了“捷径”。这条途径过于便捷了。我们的算法理论已经明确地显示出，对于“说明技术发展的不可避免性”这个目标而言，这是不必要的，我们一般无须假定哪些类型的计算需要耗费资源，而另一些却不需要。“溢出”或外部性也无须特别强调；在算法世界中，这些现象是无处不在的，外部性、内在性与“半内在化”是并存的，在原则上没有必要厚此薄彼。即使要确定一个“重点”，也总不能把外部性置于内在性的前面吧。需要认识到，对技术溢出效应的强调是与下述荒谬的观点相一致的：打靶要打得准，不瞄准会比认真瞄准取得更好的成绩。知识有时可以无偿地提供，但这绝不是说，假如知识可以完美地进行有偿提供的话，对于经济效率的提升反而是一件坏事。这与这些学者们所遵循的经济学科的基本信条严重地相互抵触。而且，即使知识的提供是免费的，也绝不意味着对它的识别、选择和掌握不需要付出代价；否则，教育事业就没有存在的必要。可以说，这是一种无比肤浅的观点，这种观点正好反映了“数量至上论”（或“价格至上论”）统治下的主流经济学是如何遮蔽人们的观察能力的。电脑如今几乎摆在每个人的面前，使用互联网的边际成本近于零，可是，互联网上的知识我们每个人又了解和掌握了多少呢？显然，这种思维方式也再一次凸显出“只有生产过程创造价值”的传统观念。即使所分析的对象是知识，知识也被完全当作物质商品那样来处理；也就是说，知识的流通被视作与知识的生产完全不同的、无摩擦的过程。

通过对上述问题的思考，我们可以再次认识到，主流的理念与分析方法具有重大的缺陷；修补这些缺陷，才是经济学的当务之急。而在这种严重的形势面前，“新增长学者们”却仍旧以志得意满的口吻这样来为大众讲故事：你问我一辆车子为什么会往前走？哦，好吧，我来告诉你，在这辆车子动起来以后，接下去会发生的事情是……在新古典原则的指导下，经济学家们习惯于回避关键问题，过度地迷恋于“对冲击做出反应”的分析模式。显而易见的是，正是由于传统观点已经变成了老生常谈，令人生厌，因此，对于这种传统的触动，即使未能切中要害，也使“新增长理论”轻易地得到了“新奇”与“深刻”的评价。

最后，我们再稍微评论一下被视作“新增长理论”一个分支的杨小凯等人关于专业化的理论。这类理论用数学方法来重新解析分工问题，并通过引入“协调成本”等概念，进入包括经济增长、组织等在内的广泛的经济议题。其中所运用的分析技术以及所涉的议题都是相当“现代的”。从积极的方面来说，算法方法并不完全排斥制作这样的“鸡尾酒”。算法的思路是，通过阐明其中各个成分之间的联系与一致性，“鸡尾酒”将不再是“鸡尾酒”，尽管相关模型在表面上仍将由不同的成分组成。可以相信的是，算法方法最终可能将为这种模型化的研究方法大开方便之门。算法框架下的模型将与现有的模型具有根本的不同，同时，我们也不可能做到时时处处皆不相同；必然是既有批判，也有吸收，因而也就是一种“批判性的综合”。

而从消极的方面来说，正如我们业已论及的，对于基于人际差异来展开经济分析的路线而言，仅仅论述分工是远远不够的。人们之间有相同点（比如指令系统），也有不同点（比如知识或体能）；不同的特征之间既可能是互补（从而引起分工）的，也可能是冲突的，此外还存在大量我们可能无法明确判定为“互补”或“冲突”的、不规则的“中间状态”。因此，仅仅专注于分工，也就只涉及了问题的一半。道理就是这么简单明了。这就要求我们必须在一个全面的、一般的、不排斥任何类型人际差异的环境中来建立理论；也就是说，要把真实世界直接作为理论原型，而不是一开始就先进入“不是相同，就是互补”的二元论状态中。由于缺少这个根本的突破，这一分支也就难免像“新增长理论”的其他分支一样，显得华而不实，急功近利。

让我们借用F·H·哈恩对新古典增长理论的评论来结束这一小节：“新古典增长理论不是一种历史理论。在某种意义上，它甚至不是一种增长理论。”① 依据上述理由，我们同样也难以将“新增长理论”排除在这一评价之外。

3.9.4 走投无路的资本理论

充其量，新古典经济学只是一种关于某个时点的经济状态的理论；这个时点可以勉强地理解为世界末日，也可以近似地视作某个普通日期中的一瞬间。然而，新古典经济学家们却误以为，这是一种“一般理论”，它既是关于流量的，又是关于存量的。在这种误解之下，所谓“新古典的资本理论”也就是必需的。这一工作在瓦尔拉那里已经开始，维克塞尔的《国民经济学讲义》② 则掀起了一个高潮。维克塞尔是试图对一般均衡论进行全方位延伸的著名学者，他的作品同时涉及动态、资本以及金融议题。然而，鉴于已知的原因，笔者对他的看法正好与经济理论史家们的评价相反；无论他的工作在诸多具体方面多么有意义，由于基本范畴与原理的错误，他的理论框架总体说来是无效的。不仅如此，在资本理论领域内，迄今为止，各种争论充斥于其中，众说纷纭，莫衷一是；“两个剑桥之争”更是被普遍视为宣告了“新古典资本理论”的失败。“资本”究竟是怎么一回事？它为什么如此令经济学家们烦恼呢？

---

① ［英］约翰·伊特韦尔、［澳］默里·米尔盖特、［英］彼得·纽曼编：《新帕尔格雷夫经济学大辞典》，第三卷，北京：经济科学出版社，1996年，第671页。

② ［瑞典］维克塞尔：《国民经济学讲义》，刘絜敖译，上海：上海译文出版社，1983年。

在本小节和下一小节，我们将对资本问题提出若干基本的算法式见解。由于“新古典资本理论”本身已经被视作失败的了，这里也就不再详细地评论它。我们的目的只在于说明，新古典框架与资本、利润、利息等议题在本质上是风马牛不相及的。

主流经济学关于生产的学说可能是主流经济学最有实用价值的部分之一。可是，偏偏就是这一部分内容，却与一般均衡论龃龉不断。这是因为，一般均衡论本质上其实只是一种关于商品交易的理论（这并不是说它是适当的或“够格的”交易理论），而经济学家们却硬要把它向生产领域进行延伸；如此以来，就引起了无穷无尽的问题。

生产一般被视作现存的许多事物（也即“要素”）的结合与转换，所以，生产首先是关于存量的。引入生产，就意味着引入存量。我们在谈论生产（以及其他一切“活动”）时，其实是在谈论现存的、在我们眼前的这些有限事物之间的相互作用问题。“无中不能生有”。一切的可能性，无论它有多么广阔和无限，都必须从这个现实性出发。所谓的“运动”“活动”“行为”和“流量”，都是指这些现存事物的某些动作而已，而不是指任何脱离这些事物的虚无缥缈的东西。[①] 新古典经济学先有交易均衡，再由此出发，“发现”存量和资本，这个次序是不对的。处于这个境地的商品生产，必然会被视作一种妨害一般均衡的“麻烦”；其中的种种性质与特征，也就难免会不断地遭到忽视或削减。算法的方法正是从（包括有限计算能力与有限知识在内的）存量出发来进行推演，所以，它的出发点和方向正好与新古典方法相反。

有存量，有主体，生产是这些存量和主体的“行为”；那么，就要把生产的结果、也即收入和利润归于它们。在传统上，生产要素被区分为劳动、土地、资本等几部分。广义的“资本”概念包括所有生产要素在内，因为它们都是企业为了生产产品所需要进行的预先支出，既包括流动资本，也包括固定资本；而狭义的“资本”则仅指机器、设备等“人造的”资本，它是“迂回生产方法”的结果。现在，算法方法的含义是，我们“正式地”要求把“知识”（包括信息、思想、记忆、制度、文化等）作为一种相对独立的生产要素来予以看待。不过，这一点并不是现在要强调的。现在要讨论的是一个传统的问题：企业的收入如何在不同要素之间进行分配？

新古典理论认为，要素对于产品的边际贡献决定了其在收入分配中应占的份额，这种贡献反过来又决定了要素的价格。总之，在均衡位置上，它们是相等并相互决定的。这种方法体现了一种可贵的追求，即试图把分配问题客观化，使之不依赖于当事人所持有的主观观念和意识形态观点。如前所述，边际分析所模拟的其实是短期套利活动。在这里，它的意思是说，收入不能不那样分配；假如不那样分配，套利活动将立即地、无限度地展开，直至迫使分配比例变成那个样子。这种论点并非全无道理，不过，它是以偏概全的产物，它把极少数情况幻想为一般情形。我们可以随便列举

---

① 可以参阅马歇尔对生产问题所做的一些思考（[英] A·马歇尔:《经济学原理》上卷，第 82–86 页，北京：商务印书馆，1997 年）。这些思考反映了持有比较正确的基本理念的经济学家对于生产问题的困惑和谨慎。

出诸多理由，来说明这种方法是不可行的：1. 难以全面观察和判断某种边际投入的后果，因为这种后果往往是多方面的，有的是隐性的，有的是滞后的或长期性的。2. 边际分析所依赖的是事件出现的时间顺序的先后，这就可能导致建立错误的因果关系。例如，天空打了一声雷，地上一个小孩出生了；在边际分析方法之下，这两者之间就会被错误地建立起因果关系。3. 投入次序的不同，就会导致不同的分析结果。例如，劳动与土地相结合，生产出了粮食。对于拥有土地的人来说，劳动是边际投入；而对于无地的农民来说，土地则是边际投入。4. 在特定时刻，每个人与每个企业往往都在从事不相同的工作，处于不同的行为进程中，那么，同一类生产要素投入这些不同的活动中所造成的边际贡献必然互不相同，市场又如何来套利呢？该要素的价格又如何确定呢？ 5. 在存在广泛异质性与结构性的情况下，一些要素不能无限细分，其最小单位可能相当巨大，或者不适用于数量分析（例如对于某种技术，企业只需要购买一个拷贝就行）；它们的边际收益也许既是不连续的，又是极为不规则的。例如，前一个单位投入的边际收益可能是正的，后一个单位则直接变为零，再后一个单位又大幅度跃升，等等。6. 并不存在严格意义上的"无成本套利"活动，"套利"实际上需要耗费资源，还要占用时间，因此它并不总是十分迅速。例如，某种机器设备能够对生产做出重大贡献，然而，它的订购、建造和交货却需要一年或数年时间。

以上论述可以使我们得出这样的结论，即无论确定收入分配比例，还是确定要素价格，完全客观化的方法都是不现实的，而主观的观念、关于具体因果关系的知识以及习俗、习惯和制度都是有用处的，它们都会在市场运行中发挥一定的作用——虽然这种作用不可能是完美的。这些变量一般都是相对独立地确定的，我们最好视之为尚未"充分地"相互作用，并且，它们对于即将到来的事件，对于某些当事人将会怎样来"利用"它们，都不具有充分的弹性或敏感度。例如，我们可以认为，正是由于要素的边际收益无法精确地、无异议地确定，这才产生了相对独立的要素市场。进一步地，由于在产成品价格与生产该产品的（按照某种特定模式所决定的）要素价格之间存在一定的"落差"，而这种落差又被某企业家发现（并且该企业家预计它在短期内不会消失），于是，他才购入要素，开办企业，以图获利。**"落差"（而不是均衡）的广泛存在是产生利润的根源。利润也应当这样来看待，它与价格落差之间是相互依存并相互印证的。**假如要素价格与产品价格之间总是能够充分地相互影响，也就不存在利润了。

我们还必须认为，即使采用了"资本化"的方法；也即，即使采用了增加设置"知识"这样的无形资产项目的方法，也不能够把企业的利润分配完毕；在支付完所有的要素报酬之后，"剩余"即使并不总是存在，它也会在某些地方存在。零利润并不是一种正常状态。我们可以把产生利润的原因归结为企业会计核算能力的不足，要素或者产品市场定价机制的不完善或者"资本化"方法的局限性（例如像"灵感"这样的因素不能够像物质商品那样令人满意地实体化，因而无法直接进行交易），等等。无论怎样，利润的存在是一个事实。只要我们理解了市场不完善的普遍性，也就不需要把利润的存在与某种特定的因素联系在一起了。

绕了这么一个大弯子，我们现在只是论证了“利润是正常的”这样一个命题；这就是新古典经济学“引起问题，而不是解答问题”的特征之所在。现在我们再来回到常识的和算法的进路，进一步论述利润产生的过程。

由于商品价格是在某些相对独立（而不是充分地相互联系）的社会进程中生成的，它们之间不时地产生“落差”，于是，这才产生了企业家；他们试图利用这种落差来获取利润。企业拥有资本，它购买土地、厂房、机器、原材料、能源以及工人的劳动等要素，使之组合成为生产过程。对各种要素的购买在时间上先于产品的出售，这种购买合同一般是不可撤销的。也就是说，它与任何其他商品交易是类似的。所以，**这就不会存在“要素的出卖者要求对使用要素所获得的收入进行分成”的情形，**也不会存在“把企业的收入向各要素所有者进行分配”这样一个**实际的**环节。企业的收入当然归企业（从而企业主）所有，因为这时已经不存在其他当事人了。**这就是实际生活中所具体使用的“串行方法”**。试想一下，假如企业的生产不需要时间过程，各要素提供者事先未曾就各自的报酬进行过约定，当产品销售收入抵达企业账户时，是不是就要有一个实际的“分配过程”或者“分配方法”呢？后者正是新古典经济学家们所思考的问题。现实生活已经早就提出了自己的解决方法，从而使得这一问题不再存在了。这种方法是我们所熟悉的，它的特点是通过交易来**结清**责任。我们需要从这个角度来看待商品交易本身。

新古典式的误解还源于对于组织的不当看法。如前所述，对组织的认识要从对人际控制关系的认识开始。企业支付给员工报酬，要购买的就是“在一定的范围内、按照一定的条件来听从我的指挥”的权利，所以，在缔结雇佣合约之后，雇员与雇主之间便不再是平等的；在企业运作的过程中，雇员只是雇主的工具，而不是享受平等责权利的对等主体。如果不是出于计算上的原因，就没有必要建立这种关系。反之，在这种关系建立以后，企业的所有权和利益关系也就变得单纯了，或者进一步得到了巩固。如此一来，企业的事务也就只能是“我的事情我做主”，没有其他人有权利或义务来进行决策；同时，企业主拥有“剩余索取权”也就仅仅是责权利相对等原则的具体运用。这个原则不应当在资本理论中得到特别的讨论，而是应当在资本理论之前、在普通商品交易中就已经被注意到、进而取得共识、得到阐明和确立的原则。如果这个原则可以受到挑战的话，那就等同于“我消费商品所获得的效用不可以为我所享受”，任何个人也就不需要对自己的行为负责，商品交易以及市场经济的全部基础也就崩溃了。

只有回到常识和“意识进路”，我们才能达到对社会现实基本正确的认识，才能避免错误。至于专门的“资本理论”究竟需不需要，应当提出什么问题，以及如何解答它，都是下一步的事。只有回归现实，才能重新出发。

3.9.5 走投无路的资本理论（续）

在本小节，我们转向从时间的角度再来讨论资本。

对于庞巴维克、维克塞尔等人来说，“人造资本”的出现是一种奥妙无穷的现象，它值得予以特别的关注。庞巴维克甚至正确地提出了“迂回生产方法”这个概念。只可惜，他未能参透这个概念中的全部重要元素。他未能认识到，人的有限的身心结构以及在单位时间内的有限的作业能力是导致“迂回生产方法”的一个关键因素。这导致他（以及他的追随者们）的思绪沿着多条无效的线路推进。他过于关注“平均生产周期”或“生产的迂回程度”等概念。表面上看来这是在重视时间因素，然而这种“重视”却未能取得重要成果。他反复推测这样的命题：看来，生产的迂回程度越高，资本的生产力就越大。他并将之归结为一种经验规律，而不认真地尝试去解释它。[①]这显示出他急于迎合新古典式的机械的、片面的、简单化的数量分析的倾向。他尤其明确地拒绝把资本的概念扩大到人与人的思想。例如，在评论亚当·斯密时，他这样写道：“他把资本的国家概念，引伸到私人的各式各样的财产、才能、技艺等等上面去……它们就像魔鬼轻率地施展邪术一样，使资本理论在相当长的时期内不得安宁。”[②]我们知道，这一时期的奥地利经济学与主流新古典经济学之间具有密切的联系。奥地利经济学后来才越来越走向了独立。

一个人无论做事情，还是制造产品，一般总要经历许多步骤，并花费一定的时间。这原本是一件再平常不过的事情。但是，在庞巴维克看来，在这个过程中，假如有什么东西未能消耗完毕，以致遗留了下来，可以供未来继续使用，这就成为了一个问题。其实，令人费解的并不是这种现象本身，而是为什么会对这种现象感到费解。这种困惑显然与对下述事实的忽视有关：在许多事务的进行过程中，都会产生大量的中间产品，而部分中间产品在整个工序结束之后未能保存下来，故而未被注意到。例如，能源便是如此。企业在生产中需要多少燃料，便可以去购买（或自行制造）多少。只要不打算建立储备，可以在产成品完工时不再保留任何燃料。半成品也是如此；当产成品完工时，它已经完全转换为产成品了，因此也可以做到什么都不留下。资本品为什么会成为一个问题呢？这显然是因为：1. 资本品在性质上不同于产成品，因此未能受到与半成品类似的待遇，而是被界定为与生产的“副产品”相类似的某种东西。它只能用于未来的生产，而不能作为产成品销售出去，变为收入。2. 资本品是比较耐久的、不能分割的中间产品，因而它不能够像燃料那样想用多少便购买（或制造）多少；企业要么避免使用它，要么便需要一次性具备较大规模以及较多种类的资本品；二者只能选其一。然而，庞巴维克等人所忽视的是，资本品一般都是有寿命的，因而总会逐渐地消耗殆尽。另一方面，任何“非资本品”也都能够在时间上连续地存在，并非像新古典学者们所想象的“转瞬即逝”（或者持续时间为零）。所以，资本品与“非资本品”的差别只是程度上的，后者寿命较短，前者寿命较长，仅此而已。“非资本品”实际上也是一种资本（流动资本），虽然它在生产的开始与结尾处

① ［奥］庞巴维克：《资本实证论》，陈端译，北京：商务印书馆，1983 年，第 55–56 页。
② 同上，第 64 页。

消失了，但只要我们连续展开生产的时间过程，它就会重新出现。如果把后者的“存在”想象为不占用时间，那么，二者难免就会对立起来，它们之间就会出现一道鸿沟。“关于资本的问题”显然就是这样没头没脑地产生的。只要我们具备了同时包括存量与时间因素的分析框架，这自然就不构成什么根本性的差别了。

另外，“迂回”这个词强调了企业自行建造各种装备的情形，但在市场经济中，资本品主要是通过对外采购而获得的；这时，对于采购者来说，并不存在迂回过程，尽管从全社会的范围来看，由于设备供应商为了生产这些设备而消耗了时间，因此发生了“迂回”。对于本企业的下游厂商来说，情况也是如此。所以，“迂回”是相对的，而宏观地看，这个词的意义并不显著。在此情况下，笔者认为，我们无须过多地强调“迂回”现象，而应当转而同时强调即时生产能力的局限性、资本的存在以及经济过程的永续性等特征。也就是说，需要转入算法的轨道。

由于缺少对资本的上述“算法性质”的洞察，新古典学者们提出了“关于资本的问题”；而所谓的“资本理论”，就是把资本与一般均衡框架糅合起来的“窍门”；这就好比要把冰与火掺和起来一样。**他们要在商品无限可分性以及函数的连续性、凸性等假定之下再来思考如何与“资本”这个“不可分性”协调一致**；也就是说，**要在一个“反资本”的前提下来引入和分析资本**。显著的“成果”由维克塞尔与费雪等人提供。只要我们理解了资本的上述性质，维克塞尔与费雪理论的“奥妙”也就可以立即显现出来了。维克塞尔的方法是缩短资本的寿命，把它限于一年之内；这样一来，他就可以构筑一年之内的“一般均衡理论”，工作量也就减少很多了。由此发展出来的模型也就距离最初的、那个作为核心和“标准”的一般均衡模型不会太远。希克斯所继承的实际上就是这种方法。而费雪方法的核心是，把资本与其在未来将要产生的一系列收入对应起来，前者是后者的贴现值之和。这些方法都构成了后来的形形色色资本理论的基础。然而，它们具有一个共同特点，就是**把资本（作为一种存量）问题重新转化为流量问题，把“不可分性”重新变为“可分性”**。这是资本理论的一个巨大的和致命的逻辑矛盾。这不是在解答问题，而是在偷换前提和取消问题。因为，如果资本是可分的，是可以用这些方法来替代的，也就不存在“资本”和“资本问题”，就没有什么要回答或者“解决”的了。我们无须再强调，即使可以把资本问题伪装成流量问题，一般均衡论也根本就不是针对流量的合格理论。

如果我们认识到现有的“资本问题”是荒谬的，那么，这就需要思考，资本理论究竟需要回答什么问题？在富有挑战性的问题得以提出之前，笔者认为，一个适当的动态理论、从而资本理论至少需要采取如下的样式。

人们从有限的、既定的身心能力出发，来面对世界。一切存在物都是资本；或者，除了活动着的身心系统之外，剩余的存在物（包括人脑中的记忆）都是可以为之所用的“资本”。资本帮助人提高了即时的计算与行动能力。发展意味着各类资本数量的扩张和质量的提高。在运动与静止相混合的世界中，当事人不断地发展自己的知识，从而不时地发现一些投资机会。通过规避错误的方案，构思、筛选和抓住有利的机会，当事人可以获得利润。用俗语来说，**“利润”是一种“白捡的便宜”**。在模式化的成本核算机制之下，我们必须承认，**经济体中存在着无穷无尽的“捡便宜”的机会；这是经济学需要建立的一个新原理**。假如不存在创新，这种“捡便宜”的机会将会持续减少。然而，由于知识发展具有无限的可能性，在现实世界与这些可能性之间存在持续的落差，因此，获利机会几乎是绵延不绝的——尽管它时断时续，时大时小。鉴于价格的动荡不安，以及其他不必尽述的原因，新古典学者们想要在资产收益、利息率、资产价格、资产重置成本以及其他众多变量之间构建某种完美一致性的努力，不仅不必要，而且注定不能成功；这种意图在原则上是不正确的。

最后，我们再稍微讨论一下资本与货币的问题。企业需要售出产品，取得货币；货币资本又需要再次投资出去；这个循环至少在直觉上显示了货币在真实的、动态经济中的不可或缺。庞巴维克唐突地提出了利息问题，而维克塞尔则明确区分了货币资本与实物资本。这些做法都进一步加剧了资本理论的混乱，并使之远离现实世界。利息问题在常识上和算法上都是容易理解的：由于货币资本可以用于购置任何东西，又由于市场上的每一笔货币资本本身并不存在任何个性，因此，贷款所要求的报酬，必然就需要以各类实物资本所预期的某种相对平均的收益率为基础来确定；又由于借款人自行承担投资风险，贷款人所能要求的利息，也就必然要低于这个收益率。理论家一般不大理解而普通当事人反而比较理解的另一个因素是，由于管理工作并不能够完全地、彻底地外包（这是有限理性的、“不完全市场”的或算法的效应），股本投资者本人必须承担部分管理性工作，这一点也阻止了放债者自行去进行股本投资。投资风险问题完全是一个有限理性的或算法的问题；假如不理解这一点，就难免会对利息现象胡乱地进行解释。利息与利润的区别主要在于风险分配方面，对此现代经济学已经比较正确地、广泛地认识到了；现在要做的是，要给风险（和/或不确定性）问题提供一个真正的基础。这当然是与新古典框架不相容的。

货币的本质是反新古典的；这是一个重要的道理。所以，一个不包括货币的理论体系，突然引入了货币，那么就有必要再来专门谈谈货币。对此我们在下一小节展开。

3.9.6 装模作样的“货币均衡”

货币是主要的经济议题之一。同时，它是一个标志性的现象，说明把思维性的对象纳入分析框架对于经济学是多么地必不可少。如同 3.7.5 节所述，货币是与新古典框架无关的，新古典框架无法内生货币。它反而可以用来说明，货币是不必要的。依据这种看法，我们完全可以拒绝讨论所谓“新古典的货币理论”以及“新古典的金融理论”。不过，对于新古典主义的比较宽泛的理解可以勉强为我们提供一个支持性的理由。按照这种理解，我们几乎可以在每个应用性的议题上来确定“新古典的”立场和方法是什么，以及“算法的”立场和方法是什么，然后在对比中达到比较中肯而全面的认识。

这里所触发的题目都非常巨大，限于篇幅，我们只能蜻蜓点水般地稍作论述。

可以说，关于货币的经济学，是从对于“货币是否中性”这一问题的争论起步的。而这一问题的提出，显然与潜藏在古典经济学中的“重物质轻思想”的倾向有关。新古典经济学只不过是古典经济学思想中这一分支的一个发展而已。只要把货币理解为我们所说的一种“实体”，这个问题一下子就可以从根本上得到透彻的理解与回答。这就是：它当然不是中性的！货币进入经济系统，类似于一个物体进入了各种力相互作用的物理世界，它当然会对其他实体产生应有的“引力”，进而给整个系统带来一定的变动。反之，如果认为货币是一种思想符号，而思想不可以与物质并行讨论，那么，就会产生“货币是中性的”这样一种幻想，这种幻想与反映论的哲学观念是相互一致的。所以，关于“货币是否中性”的讨论，实质上反映了人们对于货币本体论地位的认识含糊不清。

手持货币会促使当事人谋求支出，包括开发一些新事业，这种情况与不持有货币只持有实物资产时的情形是不一样的。货币帮助人们建立了数量化的经济核算方法，并使之盛行于世。它也培养了拜金主义的价值观。这些都绝非“无货币的经济”所可以设想的。发现和确立某种实物货币不容易，而要建立和维持一种纸质货币也绝非易事。这就如同我们不可以把某种商品设想为可有可无的一样。一旦我们认清这一点，则假想一种“无货币的经济”、再把货币添加上去、然后再将二者相对照的做法就是没有意义的。“无货币的经济”是无法运转的，我们不必设想它，更不必详细地研究它。我们不必厘清货币对于经济的“净影响”是什么。

货币对于经济具有实际影响力，这意味着所谓的“货币幻象”无处不在。然而，这个词实际上是不正确的，甚至是歧视性的。货币既然是一种具有实际威力的存在物，那么当事人对它做出反应就是正常的和应该的。假如当事人没有对它做出反应，则只能是因为诸如“他没有注意到特定的货币存在物或者货币事件”之类的原因，或者因为他故意（或不得不）采取忽视的态度。鉴于宏观统计数据的滞后性和模糊性、经济的异质性和结构性以及经济计算的便利性要求等因素，把那些与经济学家们所预期的结果不一致的行为定性为“幻象”的做法，其实只是反映了经济学对于现实的不理解。这样的“幻象”是无处无时不在的。我们恰恰不能十分确定的是“什么不是幻象”。对经济数据仅仅进行通货膨胀调整并不是追求真相的正确方法。

认为“货币的注入最终只是引起一般物价水平上涨”的观点貌似合理，然而它至少具有这样两个缺点：1. 它过分强调了货币注入过程的“最终”结果，把人们的注意力过多地引导到对这种结果的关注上，以致忽视了“过程”的常态性。2. 这种论调表达了分析者简化问题的企图，以及想要把货币排除出“真实因素”之涵盖范围的企图。一般而言，我们很难说某种因素只会具有什么样的后果；后果有显性的，也有隐性的；有暂时的，也有长期的；有连续的，也有间断的；有数量上的，也有结构性的。后果虽然在程度上一般是有限的，但在种类及持续时间上往往又是无限的，一轮又一轮的，因而很难穷尽。例如，一次机会主义的货币注入固然暂时避免了经济危机，却在以后若干年中不时被批评者们提起，它甚至有可能最终导致立法的改变。在此情况下，我们为什么一定要这样来立论呢？

如前所述，我们应当把不均衡视为一种常态，而把均衡视为一种很少见到的、转瞬即逝的情况。然而，新古典的做法正好与此相反。在引入货币之前，实体经济被设想为处于一般均衡之中；引入货币之后，则处于“货币均衡”之中。利息被定性为与一般物价相类似的“货币价格”。“利息”本身是一个动态性的概念，这一点被忽视了。如同思想的发生和传播不耗费任何时间与资源一样，货币的注入也被设想为像天上下雨一样，一时间滋润了每一片土地。这样一来，除了引起一般物价的上涨之外，它也就没有其他作用了。马克·布劳格把维克塞尔的“货币均衡”概念概括为以下三层意思：“如果借贷利息率意味着：（1）‘或多或少与新创造的资本的预期收入相等的比率’；（2）‘在这个比率上，借贷资本的需求和储蓄的供给准确一致’；（3）‘在这个比率上，商品价格的一般水平没有向上或向下变动的倾向’，那么，借贷利息率处于均衡。这三个标准一起构成‘中性货币’的必要条件，货币制度如此组织可使价格水平沿经济增长途径保持稳定。”① 简言之，“货币均衡”实际上表达了“经济在不发生浪费、不犯错误的前提下稳定运行和持续增长”的意思。这佐证了我们对于“广义的新古典主义”的理解是适当的。一旦新古典经济学的这一含义得到了澄清，我们也就无须对之做出重复的批驳了。

正如经济学说史专家们所指出的，在货币理论领域内，新古典方法的意义就是复兴历史上已有的货币数量论。然而，货币如果是思想的一种载体，按照新古典的原则，它被拷贝多少份就是一个不重要的、甚至没有意义的问题；因此，货币数量论其实是与新古典的原则直接相冲突的。这一点我们暂且按下不表。货币数量论尤其为现代的米尔顿·弗里德曼所继承。我们可以注意到，弗里德曼的著名观点包含着一种有趣的相互矛盾：1. 货币数量至关重要；2. 只要货币供应量适当，经济即可自动实现平衡。可是，实际上谁也不能确定什么样的货币供应量才是适当的，也不存在决定货币供应量的简单的办法或公式，因为，货币的流通速度是变幻不定的。这就否定了“货币数量具有唯一重要性”的观点。鉴于货币数量在现代是由政府机关来决定的，假如市场可以自动平衡，只有不依赖于货币数量才是合乎逻辑的。所以，合乎逻辑一致性原则的“新古典的货币理论”，应当否定货币数量的重要性，而不应当主张货币数量论，更不能在认为“货币数量至关重要”的前提下仍然坚称市场可以自动平衡。甚至，即使经济学家们业已关注的所有条件都具备，也不能够说市场就可以“平衡”了，因为，我们根本连什么是“平衡”都说不清楚。例如，经济要持续地、稳定地增长，我们就必须确定，这个“均衡的增长率”是百分之几，而我们怎么可能确定这个数字呢？反过来，假如这个数字不能确定，“均衡”也就无法定义。

这种理想主义的研究方法必须予以放弃。货币理论家们通常所忽视的一个基本

① ［英］马克·布劳格：《经济理论的回顾》，姚开建译，北京：中国人民大学出版社，2009 年，第 498 页。

道理是，**货币其实并不比包括普通商品在内的其他任何存在物特殊多少**，货币理论因此总是被新古典主义的理想状态（或"最终状态"）所挟持。例如，任何商品都存在一个最优数量的问题；一旦达到这个数量，它也就可以视作"中性的"，也就可以被（暂时地）"剔除"掉了。任何其他因素也都是这样。假如把这些"真实因素"拿来作为刺激经济增长的手段，可以相信，每种因素都会在到达某一点之后，便不再具有显著的效果；因此，绝不能凭借这一点，就把货币置于特殊的位置上。

由于新古典主义在货币理论中的应用被认为具有一定的意义，这种应用也就自然地延伸到了金融领域。"新古典的金融理论"曾经名噪一时，并被认为具有一定的实用价值。至少，它与"行为主义的金融理论"之间形成了对立，从而在这个应用领域占有了一席之地。我们在 3.6.5 节曾经举了一个例子，说明它如何不能自圆其说。现在，我们再稍微对之做一些讨论。

"新古典的金融理论"主要强调了金融市场具有"无套利"的特征，也即市场是"有效的"，交易者无法通过任何"合理的"交易策略获取收益；原因在于，有关证券价格的信息会迅速地进行传播，进而引致证券价格及时地进行调整，消灭套利机会。这样一来，证券价格的常规变动只能被视作一种"随机游走"。

这里还要再次讨论一下"套利"这个概念。"套利"具有"捡便宜"的意思。经济学的传统观念是，利润是投资和生产的结果，因此，它是"正当的"。可是，市场上有时会存在几乎不需要做任何实质贡献就可以获利的机会；利用这种机会的活动，便称作"套利"。因此，"套利"其实是被看作与"正当经济活动"在性质上不相同的活动，这显然忽视了套利活动中潜在的代价与风险，而这种代价主要包括信息、计算、时间、通信等所谓的"非生产性的活动"。任何活动都不能完全设想为一定能够顺利地进行，而任何套利活动都不可能完全同时地进行买与卖，所以，风险其实是存在的。由此看来，把"套利活动"视作与常规经济活动不同的活动，赋予其专用的名称，实际上只是体现了对种种"算法因素"的忽视和歧视，它反映了典型的"新古典观念"。"无套利"理论的意思是"什么都可以有，唯独'套利'不可以有"，更是把这种观念推向了极致。这种理论显然是零利润的完全竞争学说的一个变体，所以，我们对于完全竞争与零利润的批驳，也就完全适用于它。声明一下，在本书中，我们是把套利活动与其他经济活动同等看待的，因此，有关的术语也是混用的。我们既可以把"正当经济活动"看作是在"捡便宜"，也可以把套利活动视为在"生产"，这并无本质的区别。

值得注意的是，这一理论的提出者之一斯蒂芬·A·罗斯却做出了这样的自我解嘲：

课堂上流传着一个关于有效性的笑话：金融系的教授和学生经过大堂时，发现前面的地上有一张 20 美元的钞票。当学生正要弯腰捡起它，教授摇了摇头说："不要费心了。如果真的是一张钞票的话，早就有人把它捡走了！"①

这个笑话表明，该理论的提出者对于新古典经济学的特点与局限性都有一定的

① ［美］斯蒂芬·A·罗斯：《新古典金融学》，北京：中国人民大学出版社，2009 年，第 61 页。

认知。那么，这个理论为什么还是能够被提出并得以存在呢？原因显然在于，新古典的方法虽然具有这样那样的缺点，虽然它明显地不能解释全部的经济过程，但是，它的确可以比较令人满意地解释**部分现象**，即使面对行为金融学强有力的挑战时也是如此。例如，在证券市场中，发现套利机会的确是不容易的；在大多数情况下，这种机会都不存在；对于大多数普通交易者来说，股票投机常常都是失败的生意。由于大家都处于相似的环境中，要想表现得比别人高明，一般是非常困难的。行为主义经济学强调了与新古典经济学相对的另一个面相，即人的“非理性”的一面，对此我们将在4.7节再做论述。如今新古典经济学家并不否认行为主义的积极意义，罗斯甚至承认：“行为金融学家认为，多数人多数时间的行为实际上都是非理性的，这无疑是正确的。”然而，他又争辩道，行为金融学所揭示的“反常现象”，通常都具有“规模小”“一经发现即会倾向于消失”“不容易作为制定交易策略的基础”等特征。① 罗斯的观察不够深刻。反常现象即使不常见，也可能预示着重大的原理尚未被发现。科学正是通过重视反常现象进而谋求对之重新进行解释而取得进步的，这是科学进步的一般方式。罗斯的争辩反映了新古典学者们如今的普遍态度，即在各种声势浩大的责难面前，他们已经后退了，他们只谋求退守一隅，不再把新古典框架视为可以全面解释经济现象的**普遍范式**，而是一种**流派化、风格化的方法**。这种态度与早期的新古典学者们是迥然不同的。循着这条道路，新古典方法的说服力反而增强了，新古典经济学的特点和优势也更加清晰地显示出来了，这就是：新古典方法着重于刻画某种经济社会过程充分展开之后所形成的稳定状态，着重于筛选和面对那些比较容易形成确定答案的问题，着重于揭示不同个人之间的一致化的思想与行为，而忽略时间过程和主观性。正如我们已经提到的，在引入算法理论之后，在新古典框架从整体上崩塌的同时，它的真实意义反而就会浮现出来。

新古典经济学家试图在经济理论领域扮演某种特定“角色”的意向凸显了对经济理论进行“大综合”的迫切性。通过补足新古典所忽视的东西，以及重新阐述新古典经济学的意义，我们就可以拼成一幅比较完整的图画。我们宣告新古典经济学的“终结”，既是指对它的错误所进行的本质性揭露，也是指对其有价值成分的挖掘、继承和吸收。

3.10 量身定制的福利经济学

3.10.1“妒忌”与“不妒忌”是相对的

维弗雷多·帕累托是新古典框架的最后一位奠基性的建筑师。假如缺少了他所提

① ［美］斯蒂芬·A·罗斯：《新古典金融学》，北京：中国人民大学出版社，2009年，本自然段引文均见第65页。

供的学说，不仅新古典的数学分析难以成立，而且它的应用范围也将大受限制。正是帕累托给新古典经济学穿上了一件格外合身而漂亮的衣裳，才使得新古典经济学家们公开宣称自己所从事的是“价值中立”的“科学事业”，因此而心安理得。然而，这是不真实的，这是一种遁世之辞。阅读至此，其间的基本道理想必读者已经明白，所以，在这里我们只做泛泛的补充论述。

无论提供“用替代率分析来替代边际分析”这样一种技巧，还是建立诸如“帕累托改进”“帕累托最优”“帕累托效率”这样的概念，帕累托的“贡献”都具有极为微妙的含义，即把计算的主观方面与客观方面完全分离，进而把价值判断驱逐出经济学，以便使帕累托之前的经济分析大体上能够维持现状，并被视为有效。这种说法可能会有人不完全同意，因为经济学家们的确就价值和规范问题进行过大量的讨论；然而，这种“主流的”方法和态度却是不适当的，其不当之处已经达到了这样的程度，即它完全不足以证明福利经济学的基本命题——“看不见的手”的原理。

“帕累托改进”之类的概念把当事人置于特定的时间进程之中，因而**这类概念实际上是“情境依赖的”**。人们为什么常常会倾向于认可和接受既成事实与现状？这显然是因为，现状——作为悠久历史所遗留的总和体——不容易一下子就改变，对现状任意的或彻底的改变是当下有限的行为能力所难以承担的。**这是一种内生的不可能性**。其次，人们又为什么会对他人的新变化漠不关心，而采取“不管他人如何，只要不损害我”的态度呢？这显然是因为，由于通信与计算上的困难，人们只能较多地关注自己的事情，而对于他人的变化则只能较少注意。**对象离自己越远，对它（他）的关注度就会越发衰减**。在通信与计算的时间约束之下，社会系统不是一个刚性的体系，而是一个弹性的体系。不是由一篮子钻石组成的，其中任何一点的受力可以立即传导到其他各处，并即时反馈到自身。这是新古典式的假想。算法的世界是由坚果、棉花、纸片、树枝等杂物以及众多空隙所组成的混合体。在其中，某个个体向其他个体施加了一种冲击，在经过一个调整过程之后，通常都不会以同样的强度返回，返回的强度大都是衰减的。所以，**此类衰减的效应，是典型的算法式的效应，新古典的世界是不衰减的**。如此以来，为了改善自己的处境，个人会把自己能够直接控制的事务置于优先位置，而把社会事务置于相对次要的位置。因为，通过致力于一般社会事务而能够施加于具体对象的影响，大都在社会过程中耗散掉了，其结果最终未必能够帮助到自己。即使最终能够有所帮助，在时间上也会严重地滞后，在程度上也会严重地衰减。这个道理导致一种后果，即人们通常看上去大都不那么妒忌别人，人们对自己利益的直接关心胜过对他人和社会的关心。新古典经济学利用了这一点来达到自己的目的。其结果是，读者们基于常识性的认识来接受经济学，而经济学本身却是反常识的。读者们完全可以提出这样的问题：既然新古典人那么聪明而机敏，那么他为什么要接受那种仅仅“不直接损害”（却可能间接地、严重地损害）自己利益的分配方式？假如换一种分配方式，他也许可以得到更多。

“不妒忌”与冷漠只是真相的一面；一旦越过了某个临界点，妒忌就会表现出来，个人就会从独来独往转向积极参与社会活动。有时候，妒忌表现得如此厉害，个人甚至连自己的“直接利益”也不管不顾了。社会学中有个概念，叫做“过度社会化”，指的就是这种情况。我们可以发现，在传统社会中，妒忌是一种比较突出的现象。对于这两种比较极端的、看似相互矛盾的情形，实则可以用一个统一的框架来进行解释，这就是“思维的弯曲”：理性有限的个人往往并不确知自己的利益之所在，因而，不是表现得过于冷漠，“铁石心肠”，就是沉溺于人际关系，忽略自身的其他利益。当个人不拥有判别自身福利状况的某些抽象方法（这不意味着这些方法就是“正确的”）时，就会诉诸某些直接的、可见的途径。感官享乐、物质利益是直接途径中的一种，而另一种则是与**身边的**其他人进行比较。妒忌首先建立在人际比较的基础上，而且发生在熟人、亲友、同学、同乡、同行等关系比较固定的人们之间。这是因为这些人之间的相互比较更加具有便利性、持续性和有效性。这种比较会进而产生喜爱与憎恨的情绪：喜爱别人弱于自己，憎恨别人强于自己。这既是因为追求人在社会中的相对位置可以（算法地）作为人生的一种终极目的，也是因为当事人“误以为”，对别人的打击可以提高自身的地位——实际上，因为自己打击别人的能力有限，这种方法长期来看对于达到自己的人生目标是收获甚微的。当然，另一方面，妒忌心强的人通常也热衷于人际交往，为人热心，因而对于弱者也会表现出较多的关心。冷漠的人与妒忌心强的人通常是两种人，而不是同一个人性格中的不同侧面。

在一定程度上说，算法人是脆弱的，他总是在主客观相混合的各种算法之间煎熬着，也在价值问题上纠结着。可以认为，其具体情形恰如真实世界中的样子。主流经济学把价值判断问题像神一样供起来，只关注特定价值准则将会造成的后果，对之评头论足，却不关注价值观是如何形成的，这并不是完全负责任的态度。价值观不是与生俱来的，而是后天形成的，它本身就是一种思想，一种知识。它是社会长期进行理性计算所产生的成果，并被个人选择性地接受，以便服务于日常计算，使之简便及时地进行；所以，它是计算的一种部件。**我们需要认识到，“计算”既要同时包括主观方面与客观方面，而且也不可能把这两个方面完全分离**。基于自身的经验与理性思考，个人既会选择现成的价值标准，也会修改或者发展新的价值观，就好像个人选择和发展其他知识一样。同理，作为一种特殊的当事人，经济学与社会科学的研究者既要描述和解释价值观的形成、传播、继承、取舍过程及其对其他社会进程所造成的影响，又有责任提出维护、修改和发展新价值观的建议；这才是比较全面的科学态度。因此，新古典经济学对于主观领域的“尊重”只是表面上的，实际上这是一种逃避责任，是对不利证据的一个掩盖。当然，我们也可以不必把这个错误看得太重；我们只需要认为，这是由于主流经济学家们过分地受到决定论哲学、数学以及自然科学的吸引。因为急于实行他们心目中的那种科学方法，以致不顾一切地要把任何阻碍都排除在外。这时候，帕累托及时地送上了他们所需要的东西。

3.10.2 主观与客观不可分离

试图把主观性与客观性完全分割、并使这种区别绝对化是新古典经济学的一个突出特征。这一点在瓦尔拉那里就显示得很清楚。在对科学、技术、伦理学和“应用经济学”等范畴做出区分之后，瓦尔拉把经济分析限于一个狭窄的、他称之为“纯粹经济学”的范围之内。“纯粹经济学理论是一门科学，在一切方面都和物理数学相似。”①“纯粹经济学本质上是，在完全自由竞争假设下确定价格的理论。”②“交换价值论就实在是数学的一个分科。”③瓦尔拉的论述确立了此后主流经济学发展的基本模式。弗里德曼准确地把握了新古典方法的实质，并把它发展到一种极端。他说：“原则上，经济学中并不存在价值判断。”④

这种试图通过纯粹的演绎方法来达到学科基本目标的想法是一个迷梦。即使在经济学家们所虚构的环境中，这个目标也是不能实现的。一旦我们认识到有限计算速度的存在，那么，如何对基础数据进行取舍，如何建立假设，沿着什么路径、朝着什么方向进行计算就都成了问题，我们也就不得不做出主观的选择。科学理论只能用来解答世界中的局部问题，它常常不能把我们直接引导到关于实际问题的完善的答案上，于是，“怎么办”就成了一种与科学理论有所不同的工程学问题。在数据的海洋中，学者们就必须帮助当事人寻找路线，以便他们能够从自己所在的地方顺利地到达要去的地方。诸如此类的视角都很清晰，胜似其他作者们所做出的大量费而不惠的论证。它可以使我们全面地、透彻地看到学者们所应承担的社会责任，并由此推知为了履行这些责任所应采取的研究方法。例如，成本—收益分析本身就建立在习俗与模式的基础之上，这是主流学者们一般所未曾察觉到的。一个拟议的行动会造成哪些影响？这些影响又会进一步产生怎样的积极与消极影响？想想看，假如采用新古典的确切性标准，这怎么能够完全列举清楚呢？而如果不列举清楚，又怎么能够决定一项行动是否应当进行呢？实际上，正是一些传统和惯例规定了人们如何进行成本—收益核算，哪些项目需要计入，哪些不必计入，以及哪些应当如何遵从私人交易之外的其他安排来进行特殊的“计入”，等等。而只有这些核算方法模式化之后，“外部性”这个概念才能合理地产生。

在算法框架之下，当我们理解到完备的分析在原则上是不可能的之后，我们也就可以重新看待和重新梳理福利经济学。社会科学原理是统辖整个经济研究的一般原理。中立性是在主观性与价值判断林立的世界中相对地发挥作用的。在该视角之下，主流经济学所提供的演绎性的数学分析（这种分析方法同样也被应用于现有的福利经济学）可以作为一些关涉局部分析的“模型”来看待，它们在特定假设的范围之内来

① ［法］莱昂·瓦尔拉斯：《纯粹经济学要义》，蔡受百译，北京：商务印书馆，1989 年，第 55 页。

② 同上，第 17 页。

③ 同上，第 55 页。

④ ［美］米尔顿·弗里德曼：《弗里德曼文萃》，胡雪峰、武玉宁译，北京：首都经济贸易大学出版社，2001 年，第 4 页。

运转。它们可以视作一些短期分析，或者“技术性地”忽略计算成本的一些分析。只要不陷于“非此即彼”的思维模式，那么，无论基数效用还是序数效用，显然各有各的用处。对国民福利的测度并不是因为我们确信存在某种完美的测量方法，而是因为现实社会具有这样的需求，做总比不做要好一些。各种规范性标准之间的冲突也不值得大惊小怪，因为矛盾与缺憾是无处不在的。同理，圆满的财富分配方法实际上是难以设想的，因而，资本主义的分配方式不能视作绝对地公正。正如我国经济学家们在改革之初就已经认识到的，资本主义方式的优点在于它是兼顾公平与效率的**可行的**方式，**尽管它明显地不是完美的方式**。与之相比，传统的计划经济模式则具有显著的缺点，它极大地破坏了经济效率。市场经济的一大优势在于知识发展方面；因而，一个不包含知识发展的分析框架，怎么可能对市场经济体制进行有效的诠释呢？它又怎么能够激发人们持续不懈地探索新的更美好的社会制度呢？

福利经济学提供了一个接口，它把主流的数量型的经济分析与其他广泛的经济与社会议题连接起来。然而，这个接口过于狭窄和勉强了。我们将要运用的是相反的方法，即首先建立一个无所不包的体系与平台，再把各类具体理论作为其中的子系统、特例或应用来看待，而它们之间的相互联系则由这个平台予以保证。

第四章　经济学的大综合

4.1 总论

读到这里，对于经济学的“大综合”，读者们想必已经相当地成竹在胸了。因此，本章将会进行得比较快，我们将手持望远镜浏览这门学科有史以来的卷帙浩繁的文献，简要地评论一下各门各派，并给它们分别提供在“算法经济学”这个总框架中的位置。需要预先说明的是，这些论述必然只能是提纲性的，只强调其与算法理论的关系，只着重于澄清基本原理与方法，而不可能面面俱到。假如我有能力包揽所有的工作，则就违背了关于智力活动的内生比较优势原理，算法理论也就失效了。

我们先对经济学说史做一点回顾。古典经济学是从基本的生活常识、真实素材和现实需要出发的，因此，它的论述一般是综合性的，不那么抽象（除了若干例外），并且往往具有明显的实用价值。另一方面，由于同样的原因，其中难免包含着多种倾向；这些不同的倾向不仅反映在不同学者的身上，而且反映在同一学者的作品之中。大体说来，这是一个孕育思想的时期。

新古典经济学的出现导致了公开的、严重的分裂。前面我们已经说过，最初的新古典经济学怀有诸如情境化之类的良好意图，但是，随着数学方法的加入以及对它的误用，它很快就偏离了正确的方向。这支误入歧途的队伍声势浩大，可悲的是，至今它仍然在沙漠旅行中自信地展示着它的力量。

这就催生了大量的反对派。对这些反对派我们没有必要（严格地说，也不大可能）一一做出论述，而只需要选择一些主要的、有代表性的学派，就足以说明“大综合”可以怎样来发生了。历史学派是早期的比较重要的反对派。进入现代以来，第一个举足轻重的反对派就是经由约翰·梅纳德·凯恩斯而确立的宏观经济学。其次则是早期与新古典经济学合作、尔后又日益分道扬镳的奥地利学派。制度经济学、行为经济学与演化经济学都逐渐地成长起来；如今，在一些地方，它们结成了比较松散的联盟，试图在经济学讲台上与“主流”分庭抗礼。马克思主义经济学的形成年代虽然较早，可是，一有危机，人们就仍然会想起它。另有一些经济理论，例如博弈论、有限理性论以及关于信息、风险与不确定性的理论等，都可以在各不相同的程度上视作主流经济学的挑战者。不同学派的理论、以及关于不同议题的理论相互之间既有所交叉重叠，又都是有所抵触的，这就是现时代的混乱局面。

这个混乱的局面可以通过引入算法框架理论而得以结束。算法式的大综合包括对以上所有学说的综合。当然，综合是经由批判而实现的，因而是“批判性的综合”。我们先勾画了一个整体的框架；这项工作由本书第一篇承担。在前一章，我们对新古典经济学进行了拆解、剖析和取舍。本章的任务是对余下的其他学派和分支进行拆解分析，阐明哪些部件可以保留，哪些则应予以废弃；然后把要保留的部件一个个地迁移到算法框架之内，使之与已有的概念和原理体系相连接。这种“迁移”和“连接”的工作是否就会自动生成一个整体性的“算法经济学”呢？当然不会，事情不可能这么凑巧，也不会这么容易。老部件无疑覆盖了经济生活的大部分议题，但还不足以组装成一架运转正常的机器，或者拼接成一部画面流畅的影片。加入新的东西、并使之与已有的部件融为一体将是第三篇的工作。

我们应当给予古典历史学派以更高的地位。虽然不能说这一学派已经明确地洞悉了经济理论框架整体性的全部（它显然没有），但是，我们不能不认为，这种觉解至少模模糊糊地存在着。对此笔者已经在《算法》第 5.4.2 节略微提及了。古典经济学的视野只是历史学派视野中的一部分，尽管它要比新古典经济学宽广得多。不过这些都只是旧事重提。简单说来，经济学的大综合只需要概括为新古典经济学与其他反对派之间的综合。在算法理论的帮助下，一旦我们建立起微观思维活动的最小单位以及思维活动因此将如何进行的理论，那么，经济理论的主要难题也就立刻迎刃而解了。这就是：可以把新古典经济学视为主要运用演绎法的结果。然而，演绎法固然重要，它仍然只是一支箭，它的射程有限。算法方法为我们度量这个射程提供了精确的工具；在这一工具之下，我们只需要理解到，人脑每秒钟所进行的思维活动相当于亿万次的“计算”，而这些计算可以分割为包括演绎在内的众多类型。计算是人脑中的“指令”加工外来信息的活动。这样一来，“信息”得到了定义，我们就需要研究信息的类型、数量、可获得性、存储、转换、发送、废弃等诸多问题，“信息经济学”因而就是必要的。按照这种方式来改造的信息经济学，也就会比目前先天性概念缺席状态下的片面的信息经济学合理得多。无须再强调，“思考＝计算＝（指令＋信息）× 计算速度 × 计算时间”就是最为贴切的有限理性论。计算是动态的，这就是演化经济学的基本意思。

再重点重复一下“思维的弯曲”这个概念。演绎只是思维活动的部分环节，它需要数据和命题作为基础；在有限通信能力和有限计算速度之下，任何可获得的数据和命题都是有限的和局部的，它们要么是其他演绎推理的结果，要么则是通过运用诸如归纳、想象等“另类算法”而草率准备出来的，这就导致思维的链条发生了“弯曲”，偏离了新古典主义者通常所想象的“正确轨道”，主观性与客观性、理性与非理性于是就这样相互区别又相互结合起来了。为了尽可能地周全行事，当事人不得不在有限的时间之内炮制思想，应对问题；因而，每一个决策既是局部性的，又以各自独特的方式应对着它们永远也不可能最终获得的全局；于是，人们的思想与行为之间所存在的冲突，也就见怪不怪了。

回到主题。计算活动的迂回生产方式导致了知识存量的产生。知识既是以往的或他人的计算活动的结果，又可以为眼下和未来的计算活动所选用和依靠。临时计算的能力是微小的，一般都必须借用知识，才能得出有质量的决策。这一点进一步限制了新古典经济学的意义，因为新古典经济学强调的是临时计算，它想在原始信息与决策之间建立直接的、完美的联系，从而跳过知识。不能仅仅采用一种线性的思维来看待知识，尤其需要从“思维的弯曲”的角度来看待知识。知识是产生它的那些计算活动发生弯曲而取得的结果，它又将进一步引起利用它的那些计算活动发生弯曲。在这些认识之下，可以将知识进行分类。信息、对信息的计算结果、科学、常识、经验、技巧、观念、信念、习惯、习俗、模式、制度、文化、宗教等都是广义的“知识”，计算所形成或者所凭借的一切精神性的存量或记忆也都是知识。如此看来，如下一些不同种类的经济学只不过强调了不同种类的知识。

行为经济学研究“人性”，而不同的知识堆积在不同的人脑中，当然就会形成人的不同的性格。我们主要把性格视为后天形成的，但也可以同时假定有一些知识是通过生物遗传的方式获得的，它装备在人的身心结构中，就像固化的软件一样，终生不变。可以用诸如此类的方法来解释人们的行为为什么有时候会以相同的方式偏离新古典的轨道。演化经济学强调了技巧与惯例，实际上也只是强调了知识的部分类型；它经常描述特定社会状态如何经由个人反复的、串行的和模式化的行为来造成，也就只是描述了社会过程的一些片段。它忽略了人的行为模式主要是内生的，并且是可变的。至于制度，只不过是涉及他人的模式而已；个人具有众多用于自律的模式，用于人际间相互制约的模式的产生便是十分合乎逻辑的。于是，我们就来到了“制度经济学”。由于制度类似于一种公共的基础设施，它的生成和改变都需要较长期的显著的社会过程，因此，人们通常便在“制度的框架内”活动，就好比工厂只是利用其现有的固定资产来进行生产一样。但是，制度绝不是完美的，更不是不可改变的。

按照算法的方法，我们有很多理由来证明人际差异、冲突与矛盾的发生是不可避免的，于是，博弈论就得到了它的位置。博弈论的另一个含义是人们之间不借助货币化交易而进行的互动，也就是说，它所研究的是结构性的现象。这些议题既与商品交易活动之间不时地发生联系，又具有相对独立性。把结构性融入经济学的关键在于认识到价格至上论在经济学中的存在及其错误，也即，价格是不能完全概括结构的。这是一切关于“非交易活动”的分析与交易学相结合的要点所在。

有限理性的个人只拥有有限的知识，因此，他对于前途不可能总是很确信，不确定性的出现也就是必然的。至于风险（尤其是客观概率），有人视之为对世界真相的正确刻画，有人则视之为有限理性的一种表现，无论如何，做出概率判断的人对于有关对象的了解程度，还达不到新古典的确定性；因此，把“风险与不确定性经济学”归入有限理性的框架（从而算法框架）与把它附加在新古典框架上相比，也就要恰当得多。还要强调的是，在充斥着矛盾与不确定性的环境中，“多元性”也就会发生。“多元性”意味着相互冲突的思想势均力敌，因而人们不知道如何选择。势均力敌的思想不一定永远维持着均势，它们有可能在未来被一致化。反过来，因为当事人在当时缺乏一定的知识，所以他才认为它们是势均力敌的。对于科学工作者来说，在这个过程与行为的意义上、而不是形而上学的意义上来理解多元化也就足够了。这可以让我们认识到，有限理性、不确定性、矛盾、冲突、多元性以及创新、发展等概念之间具有一定的等价性；只要其中的一个出现于理论模型之中，其他的也就会相应地出现。

算法框架所采用的“指令＋信息”的二元结构可以很理想地用于对创新和发展的分析，因此关于创新、增长和发展的经济学也就可以合乎逻辑地得以引入。这在一定程度上与奥地利学派有关。与主流经济学分道扬镳的奥地利学派，强调了资本、商业周期、主观性、时间、信息、有限理性、学习等众多元素，这些元素无一不是“算法的”。然而，奥地利学派的经济学家们只是反复地强调他们的诸多论点是有统一性的，却始终未能有效地阐明这种统一性何在。后者正是算法理论所做的工作。

现在转向宏观经济学。宏观经济学首先采用了这样一种方法，即宏观经济现象相对地独立于普通经济行为者。后者只是在微观层面上按照一定的方式来进行决策和行动，而不管宏观经济后果为何。这就意味着，宏观现象首先是一种外部性。鉴于算法框架可以很好地用来说明外部性，于是，宏观经济学就可以这样来进入算法框架了。宏观经济学家通常假设当事人按照一定的模式行事，并且有些“非理性”；因此，市场不是完善的，需要政府干预，等等。这就是说，宏观经济学实际上是以有限理性为基础的（尽管这种倾向仍然很薄弱）。它同时要求一个关于政府（作为一个组织）的经济理论。另外，只要放弃了新古典的完备性的迷梦，与宏观经济学渊源深厚、联系紧密的统计数字、统计学以及经验研究的重要性也就凸显出来了。

算法理论同样可以用于对马克思主义经济学的综合。

避免价格至上论和对交易范式的滥用也是经济学进入社会和人文领域的基础。无须再重复说明，这也是把政策学或社会工程学整合到这个大一统框架的前提。希望读者们能够认识到，对所有这些学科、范畴或议题的论述都不是脱离了“经济学”这个中心议题的题外话。

“大综合”所采用的途径是十分丰富的，不过，对之做出一定的总结和列举还是有好处的。以下的概念、范畴与方法之间的联系，都是实现“大综合”的途径：物理与思维，流量与存量，静态与动态，数量与结构，客观与主观，理性与“非理性”，演绎法与“非演绎法”，确定性与不确定性，有限与无限，微观与宏观，收敛与发散，绝对性与相对性，秩序与自由，先验与经验，意识与潜意识，定性分析与定量分析，连续性与离散性，多元性与统一性，一致性与冲突，混合性与“高阶的一致性”，认识、行动与后果，个人与社会，实体与语言，科学、工程学与人文，本体论与方法论，等等。对于它们之间的联系，我们已经在不同的章节中分别阐述过了。

4.2 略论古典经济学

4.2.1 为什么需要论及古典经济学?

“大综合”将从对经济学说史的回顾开始，这种做法需要稍微解释一下。按理说，大综合应当直接针对现存的诸学派而言。这些学派是历史的继承者，把它们都综合了，大综合不就完成了吗？可是，在经济学领域内，这种想法其实是不切实际的。在古典经济学时代，以及在新古典经济学出现以前的那些时期，学者们对于经济事务的描述和分析一般都是综合的。也就是说，他们所拍摄或制作的一般都是以现实为底本（或“理论原型”）的、连贯的动态视频。或者说，大部分学者其实都不认为他们生活在脱离现实的“模型”之中。即使进行抽象的和假想的演绎，其规模也没有那么庞大，一般都是片段性的。新古典的抽象法严重地割裂了这些视频本身的连续性，使之在整体上破碎了，崩解为许多碎片和分支。它们分别发展成为现代的各个流派。然而，由于这些工作都具有高度的专门性和片面性，因此这些碎片并不能重新拼接成完整的图画或视频；这些碎片之间的联系仍然依靠直觉、常识以及古典的论述来保证。这一点是容易被人忽视的重要情况。只要我们稍加留意，就会发现它无处不在。例如，在专业经济学家们中间，假如没有阅读过古典的原著，其实是不能视作真正入门的。古典时代的经济学实际上一直活着，它至少可以作为与目前流行的各个学派相对独立的分支而存在。这就是我们回顾经济学说史的原因。——当然，这绝不是说算法地看，它在全面性以及贴近现实的程度上已经比较圆满了。

不了解算法理论的读者，可能还会提出下面的问题：经济学的流派如此众多，文献如此浩繁，你怎么能够在短短的一章之内，就完成如此浩大的工程呢？对此，笔者的回答很简单：各个学派虽然各自论说颇巨，但其特点却很明显；而以算法的视角来看，这些特点之间的关系也是十分清晰的。不能把大综合理解为一项囊括一切的工作，而应视之为另一种特殊的**局部性工作**。这就好比建一座大厦，“大综合”意味着搭建主体结构，它着重的是骨架或干线。主体结构搭成了，各个局部如何构造，其中的装饰和家具怎样布局，都还是需要另外花费心思的。这些工作也都有相当大的活动空间。如果我们可以暂且免于承担这些工作，则主体结构的搭建也就变得相对简单而不至于那么难以承受了。

4.2.2 对重商主义与重农主义的综合

在古典经济学之前，究竟是否存在经济学？答案当然是肯定的。有经济活动，就有对它的认识和学说。外国有，中国也有。在《经济分析史》中，熊彼特就曾经花费了大量的篇幅来考察这一时期的经济学说。不过，在这里，我们仍然遵循一般经济学说史著作的（实际上也是亚当·斯密所开启的）传统，即仅限于考察重商主义与重农主义。这样做是为了便于与专业经济文献相衔接。

马克·布劳格这样来介绍重商主义：

> 重商主义见解的主要特点是人们所熟知的：金银和各种财宝就是财富；调节对外贸易以促进金银的流入；通过奖励廉价原料进口以推进产业发展；对进口的制造业产品征收保护性关税；鼓励出口，特别是制造业产品的出口；重视人口的增长，保持低工资。①

由此可见，早期的经济学说主要体现为一种政策，或者，把经济观点与政策主张密切地结合了起来。社会科学的独特性质在这里已经得到了明显的体现。社会科学很难与政策（或者社会工程学）相分离。社会科学正是因应公共政策或者其他实际需要而产生的。一种理论或学说，或早或迟，都将导向政策学的或者给当事人提供其他行为建议的结局。适当的社会科学原理与方法论，必须允许甚至论证这个道理。而后来的新古典经济学，却把政策与社会工程学抹杀了。

其次，重商主义既重视货币的重要意义，又肯定政府干预的必要性。这两样东西，在古典和新古典经济学中都被排斥或贬低了。然而，正如马克·布劳格所指出的，后世的历史学派和凯恩斯学派，却与重商主义一脉相承。因此，重商主义可以视作这种**特定类型的**观点、主张和传统的发端。

与之相对的是重农主义。重农主义的著名信条是：农业是唯一生产价值的部门，其他部门则只是转移价值；货币只是商品交换的媒介，商品交换实际上可以简化为物物交换，等等。重农主义者还强调公平价格、自然秩序等概念。这就开启了经济学中的另一种传统，即“重物轻人”，或者“重行动轻思想”。这一点也可以从重农主义的英文单词 physiocrat 的构造上看出来，因为它与物理学的英文单词 physics 共享一个词根。重视物质和生产活动的另一面就是轻视思想、通信、流通以及社会过程，包括对商业、金融和货币的轻视。重农主义者强调合理价格与静态循环的观念，这与“均衡”的思想是相一致的。“自然秩序”的观念必然导向对政府干预的反对。重农主义的代表人物魁奈深受孔子思想和儒家文化的影响，从这里我们的确可以窥见两者的相似之处。鉴于古典经济学对重农主义的继承多于重商主义，因此，对于东西方思想文化之间的一致性，我们也就获得了一条脉络。

现在转向对两者的综合。

重商主义与重农主义之间的分歧，首先意味着对于生产与流通、以及（从而）体力劳动与脑力劳动（以及通信活动）各自重要性的不同看法。这个争论是后来的“生

---

① ［英］马克·布劳格：《经济理论的回顾》，姚开建译，北京：中国人民大学出版社，2009 年，第 2 页。

产性活动”与“非生产性活动”相区分的开端。这个区分在经济学说史上既是泾渭分明的，也是意味深长的。可以说，心与物、身体与脑的分裂——或者可以称作“反算法的分裂”——在经济学说史的初期，就已经引人瞩目地发生了。正所谓“丁是丁，卯是卯”。重视物理与“真实因素”的重农主义，逐渐演化为古典经济学的主要部分，直至新古典经济学；而重视商业与金融的重商主义，则沿着“历史学派—凯恩斯宏观经济学”的脉络发展。然而，对于这个“老大难”问题，现在我们所提出的解决方法却很简单。一个简单而明确的观点是，在人类活动中，两者都是重要的，是必不可少的；因此，出于某些特定的、具体的和历史的原因，重视其中之一，并不意味着对另一个的取消或反对。物理与肢体动作是具体的，信息、思想与社会机制也都是具体的。物质是实体，精神也是实体。当分析生产时，假定与之相联系的流通过程已经最优化（均衡），这只不过是分析方法的一种简化；反之，当分析流通时，把生产活动推到背景的位置上，也是一种简化；因此，它们都不过是一些局部分析而已。显然，**对于它们之间的分歧，可以理解为“是否应当把思想视为一种真实因素”这样一个问题，也即“心与物是否可以并列地予以比较、结合、权衡与互动”的问题**。重农主义的回答是否定的，而重商主义的回答则是肯定的。也可以理解为有限理性与完美理性之间的冲突。这两种理解之间具有等价性。“完美理性”是一种肯定性的学说，它积极地建立命题，但是夸下了海口：“凡是你能够想到的，我也都能够想到！”而以往的有限理性论，基本上还只是一种否定性、批判性的学说，它的主要含义是：“理性不是你说的那个样子。”现在，算法的方法是，我们既不承认理性无所不能，也不是仅仅批判别人的观点，而是刻画出理性的**具体形态**：“你瞧，理性就是这个样子的。至于它是有限的还是完备的，你自己判断吧。”这就一下子把夸海口的人和他的反对者的观点整合成为一种单一的观点了。

一旦我们把物质产品生产活动与商业、金融和政府活动视为性质相似（都是客观实在）的、具体的、种类不同的、可比较的和相互联系的行为，大综合的实现就具备了根本的基础。当然，这只是对“大综合”的一个原则性理解，至于具体现象的发生——例如货币或政府如何产生——则还需要到具体的语境中去进行说明。然而，优先的工作正是提出诸如此类的命题：货币是一种计算工具，它因应有限计算速度而产生；“政府”是存在于人们头脑中的一种思想（而不仅是办公大楼），一种人际关系，一种“算法”的体现，它产生于有限理性所导致的市场的不完善并与市场相竞争；每一个价格都有其产生的具体道理，“公平价格”只是其中之一，它绝不是唯一存在的价格，它的具体含义还需要在这一前提之下再来寻找，等等。

4.2.3 对古典经济学的总论

“古典经济学”是一门主要产生于英国的经济学。这个传统延续至今，它构成了当今经济学教科书的主要部分。一般认为，古典经济学开始于亚当·斯密于 1776 年出版的《国富论》。这部著作以其自由放任的经济政策主张而闻名于世。其中的论述相对全面、折中而富有包容性。虽然在后世学者们看来，其中颇多含混不清之处，然而，作者以丰富的实例和文学式的笔调，令人信服地展示了经济发展与市场扩张的画卷，从而使得读过该书的人无不感受到一种激动。它被评为有史以来最为成功的学术著作之一。

在斯密之后，出现了多位以阐释斯密体系为己任的学者。他们在阐释斯密体系的同时，也把自己的观点加入了论述之中，从而形成了各不相同的理论风格。由于这些著作之间的差异如此之大，以致在主流经济学家们看来，“古典经济学”甚至不能成为一个流派，它只能算作一个名词。其结果是，斯密仍然高居于一切著作者之上，他的著作中相当多的内容至今仍然未能得到很好的论证，“看不见的手”的原理至今仍然是一个问题。后世的论证是糟糕的，甚至是南辕北辙的。如前所述，以算法的观点来看，可以说，**对斯密命题的含义及其合理性与局限性的发掘都还尚未真正开始**。对斯密及其追随者的学说的诠释、改造和重述，将会贯穿本书；因而，这里只是提供一个概要。

古典经济学的贡献之一，在于它提出了诸多基本的概念、范畴与原理。它们沿用至今，构成了经济学的学科基础。从本体论方面来说，它划分、定义或建构了实体，这样一来，经济学家们就可以探讨实体与实体之间的关系，并以此方式来解释经济与社会现象。这就好比《圣经》的开头，上帝把混沌一片的世界划分为日与夜、天与地、陆地与海洋、动物与植物、男人与女人，从而才有了**故事**的发生，才有了后来的叙述。这个道理是非常重要的（当然，如前所述，这种划分已经被新古典主义者在很大程度上取消了）。例如，经由价值、劳动、资本、利润、储蓄、消费等概念，一幅若干实体之间相互作用的图景便呈现了出来。这些实体不仅是客观的存在，而且是人脑的构造，是一些经过抽象而形成的类别。它们是主客观两方面相结合的产物。例如，“资本”并不仅仅是指机器，它还指许多别的东西；所以，它就具有了高度的概括性。建立在这些概念基础上的理论，就可以用于**批量性地**描述和解释一系列的、大量的现象，而不仅仅是个别现象。这是建立理论的一个基本技巧。对这个技巧的意义的说明必须以算法理论为基础。假如研究者们具有无穷大的计算速度，就可以针对一个个客体分别建立独立的、精确的理论，就没有必要这样做。

然而，在此期间，由概念及其关系所组成的理论框架仍然是非常薄弱的；并且，概念之间的丰富关系只是在较小的范围内（甚至只是在特殊的情况下）被发现了。这就导致了两种结果。第一种结果是理论的碎片化。古典学者们在各自的视野之内分别建立了各自的理论，而这些理论之间要么相互冲突，要么，即使不存在明显的冲突，它们之间的一致性仍然有待于继续做出说明。第二种结果是，面对不同理论之间以及理论与实际之间所存在的大量空隙，需要经济学家们拿出常识、经验和直觉来进行填补，以便完成他们的论述。

具体来看，在斯密之后，作为在欧洲大陆传播斯密体系的第一人，萨伊首先抛弃了斯密的劳动价值论，而代之以效用价值学说。他的论述具有一些宏观经济学的风格，然而，由于错误地理解了货币在实现经济秩序（或者均衡）中的中心作用（萨伊尤其强调在核心经济分析过程中应当把货币排除在外），以及经济体系的动态性质，萨伊定律导向了错误的方向，变得绝对化，以致留给后人无休止的争论。李嘉图发展了经济学的科学分析方法，但却把它发展到了形而上学的极端。他对假设和演绎方法的滥用大大加强了古典经济学的静态化倾向，并为后世所沿用。李嘉图是我们要加以批评的主要目标，对此将在 4.2.6 ~ 4.2.8 节进行展开。约翰·S·穆勒虽然自称为李嘉图的阐释者，但是，同时作为一位政治学者、多面手和博学之人，他具有广阔的视野，他显然是把经济学作为社会科学的一个组成部分来予以看待的。美中不足的是，他的体系的动态性不像《国富论》那样显著和宏伟，这是李嘉图的悲观的静态系统所造成的一个必然后果。马尔萨斯的悲观主义却来自一种完全不同的视角。他的人口理论意味着，我们不能总是以天真的“天然和谐”的眼光来看待社会现实，经济系统内在着深刻的矛盾，这种矛盾不仅体现在人口增长与产量增长之间的不一致，而且还体现在其他许多不同的方面。如果习惯了其他作者们四平八稳的论述，马尔萨斯的著作则使人有“别开生面”之感；它以流畅的、优美的动态化叙述展示了诸多“算法式的”观点。相对而言，他的论述是反主流的，却与包括凯恩斯在内的另一种理论风格遥相呼应。

以上说的是各个古典学者们之间的差异。从一致性方面来讲，各个古典学者的论述都涉及了静态、动态、生产、消费、分配、贸易、货币与政策等问题。他们普遍认为，静态分析与动态分析需要相互结合。在对实物经济进行分析的基础上，货币必须被包含在经济理论的体系之内，然而需要作为一种例外加以处理。各位学者都致力于论证市场经济体制的有效性。同时，无论他们的具体政策主张有什么分歧，他们显然都认为，经济理论具有强烈的政策含义；研究经济学的目的之一，就在于为经济社会制度的建立与政策的制订提供帮助。无论马尔萨斯的论述和主张从表面看来多么冷酷无情，我们都可以把它视作与其他学者们一样，表达了对现实社会和普通大众的无尽关怀。

对于后世的主流学者们来说，古典经济学无疑是一个母体，一种权威。它大体上划定了主流经济学的研究范围，提供了基本的方法、语言和叙述风格，甚至提供了基本的、主要的观点和结论，因此，古典经济学对于现代经济学的影响是极为巨大的，这种影响远非后来的新古典经济学可以匹敌。古典经济学固然不是铁板一块，后世的各个领域的学者们却采取了这样的态度，即无论什么样的论文或作品，只要直接或间接地与某个古典学者的论述联系了起来，即被视为具备了一定的“正统性”，其相互之间的关系似乎也就因此而得以“阐明”了。也就是说，古典经济学就是一个相框，供大家来把各自的作品粘贴于其中。与古典经济学相比，新古典经济学只是突出了一个“新”字；在把某些方面精细化的同时，新古典经济学却把古典经济学所拥有的许多宝贵的元素（例如动态性）丢弃了。

然而，古典经济学所拥有的这种（并不那么严格的）综合性，只是相对于如今的主流经济学而言的。从更广泛的视野来看，古典经济学实际上是相当狭隘而僵硬的。例如，在历史学派面前，它就是如此；在其他社会科学面前，它也是如此。因此，经济学的大综合，不得不在更为广阔的范围内来构造。

4.2.4 斯密是颇为“算法的”

在以上总论的基础上，本节余下的部分用来重点评论一下斯密和李嘉图。

斯密的著作含有丰富的算法元素，例如有限理性、人力资本、结构性、动态性、发展等。他的学说植根于对于经济历史的大量观察和详细记录，而又不失理论性。他兼顾了静态与动态、实体与金融、国内与国际、解释与政策等方面，因而具有广泛的包容性、综合性和平衡性。但这并没有妨碍他的著作具有鲜明而突出的主题。在前文中，我们已经初步讨论了“看不见的手”，这里的论述则从分工开始。

《国富论》一开头，斯密立即提出了他关于分工的著名的命题：“劳动生产力上最大的增进，以及运用劳动时所表现的更大的熟练、技巧和判断力，似乎都是分工的结果。”① 然后，他把其中的原因归结为三个方面；他尤其提到：**“人类把注意力集中在单一事物上，比把注意力分散在许多种事物上，更能发现达到目标的更简易更便利的方法。分工的结果，各个人的全部注意力自然会倾注在一种简单事物上。”**②这是十分“算法”的观点。而分工又是怎么发生的呢？“分工起因于交换能力，分工的程度，因此总要受交换能力大小的限制，换言之，要受市场广狭的限制。”③ 随着市场的扩张，分工的程度进一步提高，从而经济效率得以提升；这又进一步提高了市场拓展的能力。如此循环往复，经济体得以持续地发展和增长下去。

斯密的分工学说具有较少被论及的多方面的意义。首先，笔者认为，斯密的论述开创了这样一种传统，就是认为经济活动与经济体系的组织方式对于经济效率具有显著的影响，而这种组织方式又是内生的和可控的，因而需要予以高度关注，并通过人为的干预不断使之创新和进步。这种“组织方式”的部分含义当然是指正式的制度，但是，还有大量不属于“正式制度”这一范畴的安排或做法，甚至超越了“非正式制度”的范畴，而属于一般的、类型多样的、不规则的社会性知识或“安排”。这些知识由私人经济行为者予以开发和使用，并处于频繁的变动之中。斯密认为这样的知识是重要的，它们既是发展成果的体现，又构成了进一步发展的原因。换言之，**斯密实际上把这些知识视为与生产技术或其他资源相并列的、相平等的元素——用算法语言来说，相当于“客观实在”或者“实体”**。当斯密把这些知识讲授给社会大众来听的时候，这就引起了大家的共鸣和重视。人们一下子知道了，导致我们自身贫穷或富裕的一个重要原因，在于我们如何来组织自己的生产生活方式。没有绝对最优、一成不

---

① ［英］亚当・斯密：《国民财富的性质和原因的研究》，郭大力、王亚南译，北京：商务印书馆，1997年，上卷，第5页。

② 同上，上卷，第10页。

③ 同上，上卷，第16页。

变的生产生活方式，各种生产生活方式之间的差异很大，而当事人自己则对之拥有很大的设计权、判断权和决定权。从经济学后来的发展脉络来看，这些道理可能主要是以“默示”的方式来影响经济学家和社会大众的，但它显然与英美社会长期存在的以下传统有关：人们总是用怀疑的眼光看待现行的各种制度与做法的合理性，并且不停地衡量、分析和探讨对之进行改进的可能性。在经济学界内部，这些论述也在一定程度上起到了阻止经济理论走向单纯化、机械化和绝对化的效果。

斯密的分工理论具有一个简单而清晰的架构，这个架构就是“分工＋交易＋市场规模”。先说“分工＋交易”。“分工”的原意是指企业内部不同劳动者之间的关系，然而，它也可以用来指称制造不同产品的企业之间的关系、服务于不同企业的劳动者之间的关系、任何两个扮演不同社会角色的个人之间的关系，甚至不同的地区与国家之间的关系，等等。总之，只要人们所从事的不同工作之间具有不同的性质，也就有可能存在分工关系。分工意味着个人所从事的工作需要保持一定的单纯性，而从事这种工作所需要的材料却是多样化的，个人所要消费的商品也是多样化的，于是，就需要进行交易。这么一来，分工与交易也就相互支持和相互需要，从而使得生产与交易成为两类相互区别又相互联系的经济活动。这种论点的潜在含义当然就是承认交易不是（像后世的新古典学者们假设的那样）时时处处可以随便发生的；不仅如此，经济学者还应该具体探讨交易发生的条件与后果。这些道理似乎是天经地义的。斯密在它们之间建立了一种平衡的而不是偏颇的关系。

进一步地，鉴于市场规模是可变的，以及生产中规模经济效应的存在，在分工、交易与市场规模之间，又发生了一种动态的、持续性的相互作用。市场规模越大，则商品交易的规模越大，生产中可以采取的分工水平就可以越高，经济效率也就越高，国民也就更加富裕。随着全球化的发展，这种无限扩张的动态图景引起了读者的激动和向往。使用这种理论来指导经济行为，人们自然就会倾向于寻找和建立各自的比较优势（当然这是李嘉图后来的用语）；使用它来制订公共政策，自然也就会得出一种虽有瑕疵但却仍然大致正确而有益的政策，即打破国内国际的贸易壁垒，实行自由放任的经济政策。

4.2.5 斯密框架的缺陷

然而，这个理论框架是有缺陷的，而它的缺陷现在已经到了非说不可的时候了。

首先是，“分工越细生产效率就越高”的命题严格说来是不正确的。这是因为，过细的分工将会导致商品交易频次的增长，从而提高交易的成本与难度。从原文来看，斯密是理解并重视这个道理的，他也指出导致分工的另一个原因在于人的身心能力的局限性。那么，既然如此，由这些原因所导致的后果，也就绝对不止于分工。这些原因不仅要求工作要具有一定的单纯性，也同样要求工作要保持一定的综合性、多样性或者异质性。工作的性质过于复杂时，当然就会要求增加单纯性（也即分工）；然而，当工作的性质过于单纯时，增加多样性也是有益的。这是因为人的身心能力本来就是多方面的，而不完全是单纯的；“分工”话语所提出的，实质上是这些能力与工作任务之间的匹配性问题。这种“匹配性”要求单纯便单纯，要求复杂便复杂；把它概括为单纯性，就是一种片面，严格说来是一种不正确的概括。即使按照某些统计指标来衡量，分工程度与经济发展程度之间具有正相关性，这种概括也不够恰当，因为在微观层面上当事人无法仅仅通过提高工作的单纯性就可以增进工作效率。这样一来，充其量它只是一个颇为微弱的统计规律而已。

“分工”话语的另一个弊病在于，它赋予了人们之间的差异以一种“预先安排好的完美性”，从而遮蔽了人际差异的广泛性以及人际冲突的不可避免性。工厂生产中的角色分工固然是按照某种生产技术人为设计和安排的结果，但这种安排绝不是完美的。人际差异是多样化的，人的能力绝不可能恰好被某种生产技术加以完全的利用，一点不多，一点不少。劳动者的某些潜力往往得不到充分的挖掘，而岗位要求他却又不能完全予以满足。“技术”本身就是在这种夹缝中勉强设计出来的，并且是不断地有所变动的。从更广阔的视野来看，处于经济体系中的当事人之间所存在的差异是本来就有的，在人们从事任何思考与设计过程之前，它就存在着。这种“一般的人际差异”并不是为了配合生产中的某种角色分工而存在的。为了提高就业能力，人们当然也会有意识地发展自己的素质和技能，以便迎合分工的要求，但这种自我改造永远也不可能达到完全消灭原有差异的地步，冲突与不圆满是无处不在的。简言之，比分工更为优先的是人际差异，经济学需要直接面对人际差异，需要发展关于人际差异的一般理论。

不幸的是，经济学没有这样做。经济学反而把“分工”当作一种关于人际差异的隐喻，以及人际差异的一种普遍情形，而置多元性与冲突于不顾。经济学忽略了知识发展的无限性，想当然地认为对应着每种自然与社会条件，存在着关于分工的最优安排。反过来，某种经济状态对应着一定的分工模式和自然与社会条件，于是，**“分工”这个议题就逐渐被消解了，被融化在各种各样的“价值理论”之中了，不再具有相对独立性了**。最终，在新古典经济学中，结构性和异质性几乎完全不存在了。无论对于抱怨新古典经济学的“价格中心主义”的学者，还是抱怨“分工理论长期游离于主流经济学之外”的学者，其共同的答案的“秘密”就在于此。这个责任当然主要不应该由斯密来承担，但斯密的过于简单的框架是要分担一定的责任的。

斯密框架的引人入胜之处，在于来自“分工＋交易＋市场规模”架构中的持续动态性。就当时（18 世纪）全球的地理与交通条件来说，这种动态性、扩张性和发展性看上去几乎是无限的，因而是令人神往的。然而，实际上它却是有限的，它是基于既定知识水平下由主客观往复作用而产生的一种累积性的增长。照理说，当全世界都被纳入一个统一的市场体系之后，这种动态性也就接近于终结了。这种并不乐观的“终局”是被众多读者们所广泛认识到的。当然，我们难以断言斯密是一个决定论者，实际上斯密在知识发展问题上持有相当中肯的观点，他也完全承认技术是不断进步的。所以，尽管他本人可能没有明确地意识到，他的框架实际上可以扩展地理解为进行了如下一个问答：经济体系**持续发展**的动力何在呢？显然就在于经济体系的各个部分具有**不同的元素**和**不同的性质**。不同质的元素按照不同的方式进行分化组合，而分化组合之后又会产生新的元素，新旧元素之间于是就可以继续进行分化组合；如此一来，人们就总是有新的事情可想可做，经济系统于是就会持续地发展和扩张下去，以至无穷。所以，显然，**这种“异质性”和“结构性”的视角是特别有利于说明动态过程的持续性问题的；并且，异质性和结构性乃是产生知识、经济性从而财富的源泉。**正如分工是异质性的特例一样，“分工＋交易＋市场规模”的架构可以视作这种“宇宙大爆炸”式的发展过程的特例。突破发展的极限、从而使发展的持续性得以保持的关键在于提炼出“知识”这种相对独立的元素，并以之作为观察和分析的中心对象。为此，任何异质性都不能简单地视为思考着的人们进行刻意安排的结果；恰恰相反，它们应当首先视作存在于思维过程之前，并且在思维过程之后仍然部分地处于意识的控制之外。任何有意的结构安排都是后来发生的，并且是局部的。其次就是“组合爆炸”的概念。当时显然不存在这个概念，以致各著作者总是轻率地认为任何变动过程早晚都会终结。当然，不能苛求于前辈先贤们。对于“永续发展”“持续扩张”之类的议题，如今可以由算法经济学来承担。这些议题我们将在第七章重新拾起。

最后，笔者认为，“分工”的话语多多少少还应当对交易范式的失控承担一些责任。在分工的视角下，交易总是迫切需要的，实在看不出过于频繁的交易有什么不好的地方，于是商品交易难免被视为越多越好，一切妨碍交易的东西也都越来越被视为负面的。著作者们显然没有明确地认识到，阻碍交易的原因就是导致分工的原因。最终，一切有关流通、通信与商谈的东西干脆不被认为创造价值，而经济理论干脆直接假定交易费用为零，思想则被逐出了经济学。这是一个具有一定的逻辑连贯性的演变过程。后一些特征虽然主要是属于新古典经济学的，但是，古典经济学中的确存在着它的诱因。

4.2.6 略论李嘉图的方法

在斯密的追随者和阐释者们中间，李嘉图获得了卓著的声誉。李嘉图被认为提炼和发展了经济学的科学分析方法。后世的大部分主流学者都深受李嘉图方法和传统的熏陶。从当时经济学所处的状况以及李嘉图所要达到的目标来说，他的方法是可以理解的，甚至是“自然而然”的。然而，鉴于他是种种“反算法的”不良倾向的主要开端，我们不得不把他作为重点的批判对象之一。新古典主义的诸多重大弊病，主要起源于李嘉图。

李嘉图持有一种柏拉图主义的、或者说来自牛顿物理学的观念，即认为世界上的现象受简单的规律所支配，纷繁的外表背后存在着相对单一的真相或实体；运动是暂时的，其后存在着静态化的结局，等等。无论他寻求“不变的价值尺度”（另一种译法为“价值的不变标准”），还是他的模型化分析方法，都反映着这样一种单一的观念。“不变的价值尺度”是服从于他要建立完美理论模型的需要的，否则分析中需要进行的经济核算就无法有效地建立。这样的价值尺度，在李嘉图时代是不存在的；今天的信用货币也许与之比较接近，可是，由于纸币的币值依然是浮动的，这就宣告了这种“理想”是不可能严格地予以实现的。它所发出的是一声长长的悲鸣，这声悲鸣响彻了其后的整个经济学说史，可惜听者们并未理解它的含义所在。

再来讨论一下李嘉图的“假设—演绎”方法。在李嘉图之前，经济学家们的论述主要是以现实世界为“底本”（或者“理论原型”）的。他们从经验事实或公认的常理出发来进行推理，得出结论；结论也要对现实世界有意义。然而，李嘉图却把现实世界理解为这样一种具有理论性的东西：摆在他面前的是一组变量，这些变量各自具有自己的“脾性”与运动规律（例如劳动工资总是取决于谷物价格）；它们按照一定的方式组合在一起，进行相互作用，而经济现象则是这种相互作用的过程与结果。稍微了解一点数学的人都知道，在多个变量并存的条件下，要研究它们之间的相互作用，最为基本和普遍的方法就是：假定其他条件不变，然后单独研究某两个变量之间的关系，然后再逐步加入更多的元素。这是人脑计算能力有限的情况下所不得不采取的方法。可以说，“假设—演绎”的方法就是这样产生的。

可是，李嘉图的目标是要演示和证明英国当年的《谷物法》对于经济的不良影响。要让他的观点具有说服力，最佳的方法之一就是演示一下某种冲击（例如《谷物法》的制订）对于经济体系将会造成的“最终后果”；把这种“最终后果”与没有这种冲击时的状况进行对比，读者就可以在整体上对冲击做出全面的评价。所以，李嘉图具有一种明显的动机，就是要让模型发生收敛，最终到达某种稳定的静止状态。笔者认为，这种动机有意无意地、然而却强烈地支配着李嘉图，迫使他把分析过程强行终结。无奈之下，李嘉图要么通过对议题、变量、因素、场景等进行选择来达到这一点，要么则使用假设的方法来生造条件（熊彼特所谓的“李嘉图恶习”[①]。这些条件实际上不可能一一经受验证）。总之，避开不利的情形，选择或者虚构有利的情形（作者不得不面对和处理这些思维环节的事实恰恰明确地展示了“思维活动最小单位”的存在以及这些不同质的“最小单位”之间需要进行某种“拼接”的道理），而论述的重点则放在了假设之下的推导过程上。李嘉图就像一个莽撞汉，一头扎入了信息与计算的海洋，却误以为自己只是在自家的游泳池中嬉戏。他不时地抬起头，伸长脖子，幻想着一眼就能看清对岸的风景，以致忙不停地要把身边的每一个障碍物推开，拼命地向前游去。而对于习惯于整日坐在书斋中的学者们来说，这种方法却是一个福音，因为这可以最大限度地发挥他们的比较优势——进行抽象作业的本领，同时规避现实世界的杂乱与不规则。

于是，李嘉图的体系就开始慢慢地变异了。起初，对变量所做的假设的变化往往也是实际的变化过程，逻辑与历史之间具有一定的一致性。但是，由于某个确定的静止状态等候在前方，“历史过程”也就越来越不重要了，越来越为纯粹的逻辑过程所代

---

① ［美］约瑟夫·熊彼特：《经济分析史》第二卷，朱泱等译，第 147 页，北京：商务印书馆，1992 年。

替了。最终，在新古典学者们那里，变成了纯粹的数学推导。各个因素与变量的特性或规律（例如规模经济效应等）原本是一种很重要的知识，这种知识正是由经济学家们通过长期的经验观察和大量思索而总结出来的。我们甚至可以说，这种知识一般是经济学的受众通过阅读经典著作所获得的最为重要和真正有用的知识之一。然而，现在，重心却在悄然之间转移了，焦点变成了推导方法。似乎只要推导方法正确了，经济学著作就应该被接受了。学者们沉溺于书堆中，渐渐地遗忘了现实世界，不再追求理论应当具有的实用价值。而读者们则被置于一种类似于“逻辑的圈套”的状态中，以致忽视了反面的情况。经济学越发学院化，这种倾向就会越发得到支持和鼓励。

怎样走出这种困境呢？答案就是全面的算法式的改造和重述。核心就是引入有限理性，要放弃那种企图全面地、清晰地、“一尘不染”地解析经济体系的想法。经济学者们不能指望以压倒性的、无可辩驳的姿态击倒论辩的对手。优先的任务是铺陈和阐述“前确定性的”（也即在我们着手去发现确定性之前的）状态和原理，把确定性置于这种原理之下，使之成为一种局部的存在。经济变量的特性与规律归根到底来自思想的客观实在性，该性质使得个人行为在很大程度上可以无视他人、观察者和后来者而“我行我素”；特性与规律正是如此这般才得以形成的。这既是知识存量与临时计算之间的关系，也是模式与“临机权衡”之间的关系。它反映着逻辑与历史的统一性。其次，就是把分析和展示的重心放在过程而不是结果上，甚至要消解和忘记最终的结果。一个模型、一种理论只能用来讲述片段的历史故事，预言有限的和局部的未来。“一口咬定存在最终的结局”与“只在局部性和阶段性上承认某种结局的存在”是李嘉图的方法与“非李嘉图的”、从而算法的方法的关键区别。

穆勒说：“如果生产技术不进一步改良的话，如果资本停止从最富裕和最繁荣的国家流向尚未开垦或未得到很好开垦的地区，那么最富裕和最繁荣的国家很快就会到达静止状态。”①主流学者们走不出这个静止状态，迫于无奈，约翰·穆勒反而对之大加赞扬，颇有“苦中作乐”的味道。现在，我们再也无须这样苦中作乐了，因为我们在引入大量负面元素的同时，已经为市场体系找到了一个无穷广阔的、更加引人入胜的前景。

4.2.7 比较优势与发展问题

李嘉图的另一项重要遗产，就是建立在“比较优势”基础之上的国际贸易理论。这是斯密的分工学说在国家之间的一种运用，也是在发展问题上的一种运用。因此，在本小节和下一小节，我们将 4.2.5 节的话题重新拾起，加以继续。论述将仍然主要是批评性的，我们将依次指出这一理论的五个缺陷。

比较优势理论的第一个缺陷就是它对资源与“优势”的定义过于狭窄。可以用于经济活动的资源和要素是种类繁多的，不仅有自然的和物理的，尤其应当包括人的、

① ［英］约翰·穆勒：《政治经济学原理》，赵荣潜等译，北京：商务印书馆，1991 年，下卷，第 317 页。

思想的、技术的、知识的、制度的、习俗的、心理的、文化的，等等。后一类则是那个年代所注意不够的。而且，基于所拥有的资源而产生的优势也并不仅限于任何现成的东西；在动态条件下，还应当考虑未来可能会拥有的优势。换言之，当下所不具备的优势，可以通过持续的投资和生产而加以培养，也有可能通过自然的行为而自动地、甚至意外地产生。思想性的优势尤其可以脱离自然的禀赋而予以内生。在此基础上，人造的物理商品（包括资本）也就可以予以内生。因此，无论一个经济组织还是一个国家，既可以把关注点放在贸易、也即发挥和利用已有的比较优势方面，也可以把时下的重点放在闭门培养和开发比较优势方面。这个观点与前文已经表述过的“分工与贸易都要适度”的主张联系着，也与适度的贸易保护政策联系着，却与斯密–李嘉图式的片面的自由贸易政策相区别。

比较优势理论的第二个缺陷是对经济体的“体系性质”和动态性质认识不够，因而陷入了另一种片面性之中。古典经济学虽然植根于现实世界，但是，在李嘉图的语境中，时间和过程的因素逐渐被淡化和遗忘了，一种不良的习惯逐渐被培养起来，这就是：凡是理论上可以推断出来的，现实中就会发生，并且就会迅速地、及时地、无需显著等待过程地发生。这种习惯的一个直接后果，就是忘记了任何社会性的“机制”发挥作用都是需要一定的历史过程的。设有两个原本在地理上完全封闭的国家，现在，因为市场扩展到了它们之间，突然打开国门，进行自由贸易，那么，会发生什么样的后果呢？这些后果是不是都是积极和良性的呢？大量的观察研究表明，事实并非如此。经济力量强大的一方将会很快占据优势地位，而发展水平低的一方则有可能陷入贫穷、困顿甚至混乱之中。其中的奥妙何在呢？较为详细的分析和说明将在第 7.6 节再行展开，这里只列举几个要点：1. 主流经济学所竭力揭示的市场机制的正面作用和良好前景，并非在原则上不正确，而是需要经过时间过程才能逐步显现，并且通常都与负面的、破坏性的过程相伴随。市场机制的效应是这两类效应的总和，因而不能进行片面的理解和阐述。2. **经济体系的一个主要目标，是要建立比较稳定的流量**，而不是单纯追求什么特定的发展水平。因为，流量的枯竭即使是暂时的，也可能危及当事人的生存。无论个人或者组织，要是因为流量枯竭而难以存活到市场的正面作用终于出现的那一天，那么，这样的市场开放就是不可接受的。这个问题在国内经济中存在着，而在国际经济中也就更加突出了。因为，资金和各种生产要素在国际间的流动在法律上通常不如国内那样自由，而在交通与通信条件上也不如国内那样便利。而市场保护政策的含义是，通过牺牲一定的**贸易利益**来防止欠发达国家内部**收入流量**的枯竭。这个道理就好比生物体的生长：**适度的刺激有利于生物体变得强壮，过度的刺激则是一种摧残，甚至将使之死亡**。3. 由此引起的更为广泛的议题是，我们要在全面的、结构性的、动态的、历史的、主观的、个性化的基础上来**正确地**阐述市场机制以及一切具体经济体的特点，而不是在静态、比较静态以及某种“一般”的意义上。例如，由于地理位置的隔绝，我们必须认识到，“发达”经济体与“欠发达”经济体各自都是在其历史过程中沿着**特定的路径**成长起来的，都是有个性和风格的，因而两个相对独立的经济体之间绝不是可以简单地定义为“发达”与“欠发达”的，发展水平不是简单地从低到高进行排列的。对于任何大型的、当前的、全球的以及未来的经济体而言，也都需要以这样的眼光来看。没有什么纯粹“一般的”经济体。

比较优势理论的第三个缺陷，是在“自由贸易增进利益”这个命题中蕴含着不健全的、严格说来错误的逻辑。对于两个素不往来的经济体而言，一旦撤除贸易壁垒，势必发生一些贸易活动，双方各自获得一定的利益。然而，这样的利益绝不能简单地视为完全是由自由贸易政策所带来的。按照李嘉图的这一传统，主流学者们总是试图挖空心思地论证，什么什么样的状态，只要允许自由贸易，总是能够找到某些贸易的途径，来增进双方的利益。似乎要是找不出进行贸易的途径，市场机制就要失效了。这是在错误地解释市场经济，在把经济分析引导到狭隘的歧途上去。如前所述，对于普通经济行为者来说，这样的命题根本就是不正确的。一个企业要是陷入了困境，是否通过不断地进行贸易，就可以摆脱困境呢？恰恰相反，不是贸易可以增进利益，而是只有找到了能够获利的机会，它才能够进行贸易；否则，贸易也就不会发生——而没有人能够保证企业一定能够找到获利的机会。当然，要是把分析的时段拉得足够长，或者假设一切过程都会迅速地发生，那么，企业可以进行各种后续的调整与运作（例如转产或纠正其他错误）；只要这些运作不再像以前那样出错，也许能够生产出适销对路的产品，并“最终”发现贸易机会，进而获利。可是，在这种情况下，盈利也不能简单地归功于贸易。这就好比在企业里，要是老板只把奖金发放给采购或者销售部门，其他部门一定会抱怨的。而且，这样的事实并不能证明“自由贸易增进利益”这个命题；按照这种方式所做的“证明”，反而暴露了这是一个不可证伪的命题，也即，它的反命题具有与之相同的效力。

这就引起了一些需要经济学家们进行深思的问题：在经济学中，诸如此类的命题的真正含义究竟是什么？有关的作者究竟想要说什么？进一步地，经济理论研究究竟应该怎样来做？相关的命题究竟应该怎样来提出？

这些问题都需要在算法的基础上来解答。首先，上述命题其实具有一个比较明显的含义，这就是：对于两个素不往来的经济体来说，一旦撤除贸易壁垒，那么，发现相互贸易机会以及获得暴利的可能性要显著高于单个经济体内部。这里的原因很简单：这两个经济体相互之间尚未经过整合，而单个经济体内部则已经经过了比较充分的整合；整合比较充分的经济体内部所蕴含的获利机会要少于整合不够充分的经济体之间的获利机会。这就好比在工业生产中，只有“生料”（即尚未经过加工的原材料）才需要工人进行加工；工人面对的若是“熟料”（也即加工之后的材料），也就无事可做了。形成这种视角的前提就是要把任何“调整”“配置”“相互作用”“往来”等都看作一种需要时间的**过程**。同时，也要把相关的信息传递、通信与计算看作尚未进行（或者尚未充分进行）因而现在需要进行的活动，而不能预先假设在门户开放之前当事人已经通盘了解了对方经济体的所有情况，以致已经据此对自己国内的价值评估体系进行了充分的调整。要是这样的话，在门户开放之后，当事人仍然是不能获利的。

其次，李嘉图命题的含义显然也在于“自由”这两个字，也即，在撤除贸易壁垒之后，只要允许当事人自由地联络、洽谈，并自愿自主地进行交易（或者不交易），那么，结果就是好的和有利的。这种含义固然比较正确，然而，它却有些类似于“废话”。因为，假如交易无利可图的话，当事人自然就不会去做；既然当事人做了，可见，至少在他们自己看来，相关的交易就是好的和有利的。所以，这等于什么也没有说，而且，它也无法保证交易一定发生，一定很活跃。进一步地，如上所述，这样的见解其实并不完全正确。假如按照“自由贸易增进利益”的思路一直推演下去，就会得出“让当事人自由地做一切事都是有利的”这个结论，进而得出“政府管理完全不必要”的结论。这也就更加不正确了。

经济学显然并不是无用的，所以，经济学家们总要说点儿什么吧。适当的经济学究竟应当怎样建立？这是笔者要通过本书全书来回答的问题。在这里，我们只是简明扼要地表达（或者重申）以下观点：经典的文献只是一个引子，它把我们引导到对一系列广泛问题的讨论之中；包括上述命题在内的众多古典的命题，大体上表达了著作者对于经济现实和政府管理的经验性看法，即在**较多的**情况下，当事人的自愿选择是有利的，是政府管理者难以挑战的；所以，比较健全的社会，要以自由市场为主，而以政府管理为辅（为什么？这是经济学真正需要解释的）。政府的管制是一个“度”的问题，这个“度”决定了正面效果与负面效果之间的对比关系，决定了经济社会的状态是进入**正循环**还是进入**负循环**。经济理论得以适当建立的前提是，理论要**首先**说明自身的性质与特点，以及自己在现实社会中的地位、角色和作用。具体理论只能在此基础上来予以提出。

顺便再强调一下，对于任何以“这是有条件的、假设的讨论”为理由来为李嘉图所进行的辩护，笔者要在此预先予以拒绝。当一种关于某个整体的理论却只涉及局部而不再讨论其余部分的时候，这就意味着，著作者在把这种局部当作关于整体的模型，因而，李嘉图的“假设”绝不仅仅是一种方法，而是在一定程度上反映着李嘉图的世界观——但这是关于“半个世界”的世界观，不是关于整个世界的。

4.2.8 比较优势与发展问题（续）

比较优势理论的第四个缺陷，在于它所显示的市场的平均化趋势是片面的。实际上，这个缺陷属于与比较优势理论相一致的整个主流经济学。在主流的静态思维之下，读者们只是看到了市场中原本存在的各种“落差”的跌落与弥合的过程，于是，经济体系的长期趋势，就被暗示为平均的、同质的和无差别的了。分工与比较优势的话语，原本提出了“异质性”、排列组合以及长期动态演变等一系列问题，然而，因为没有认识到“组合爆炸”这个关键的效应，经济体系被假想为在长期内和总体上趋于收敛，这就又把这一系列问题给消灭了。以算法的视角观之，由于组合爆炸的原因，经济体系会持续不断地生成新的结构和异质性。因为新生事物具有一定的独立性，它与原有事物之间又发生了新的调整问题，这就有可能打乱甚至克服收敛效应。

让我们从这个角度来看一下发达经济体与发展中经济体之间的实际博弈过程。现实的国际经济既不是完全自由的，也不是完全管制的，而是介于两者之间。在原则上，这种混合现象似乎可以解释为主导国际贸易秩序的发达国家在尽可能长久地维护自身利益的结果，它们必须设法在维护自身的比较优势和利用这种优势获取贸易利益之间取得平衡。可以设想的是，它们势必利用各种政治经济变量的特性与变化速率的差异，对某些领域进行开放，而对另一些领域进行管制。这中间必然涉及大量的细节、程度与技术性问题。其结果是，比较优势生成的速度至少可以在一定程度上抵消因为贸易与投资而导致比较优势丧失的速度，从而使得国家间的收入差距长期得以保持下去——用一句流行歌词来打个比喻，这就好比“月亮走，我也走”。要不是这样的话，我们何以能够观察到国家间收入差距得以长久保持的事实呢？那些抱怨国际经济不平等的呼声（当然也包括大量相关的经济学文献）何以能够引起共鸣呢？

即使全球经济终将走向一体化，是不是这个统一的经济体就会变得日益平均化和同质化呢？同样的逻辑让我们相信，事情将不会如此简单。因为知识将会持续发展，众多新生事物的涌现又将持续地开启差异化进程，以致博弈过程将会无休止地进行下去。例如，最近数十年的信息技术革命就导致了新的巨富阶层的产生和大型垄断性企业的出现，西方国家的收入差距反而加大了。当我们把经济与政治作为一个整体系统来看待的时候，假如没有适当的管理与调节措施跟上去，则平均化和同质化的前景是没有任何保证的。这就进一步提示我们，主流经济学所预言的世界长期前景是极为可疑的。为了正确地研究和解答这个问题，首先必须建立比较全面的分析框架，必须把世界的另一种面相扩大进来。只有这样，经济学才能具备它的**基本基础**。

比较优势理论的第五个缺陷，是忽视了比较优势的情境性。这个观点是对上一小节第一个观点的补充。在对资源与优势的认定中，时间、空间都应当作为合乎资格的成员来看待。这在算法框架之下尤其重要。当事人的特定优势通常都是带有时间与空间特征的，时空条件变了，优势就会发生变化。一些时空条件引起一些交易，另一些时空条件则引起另一些交易。从宏观上来看，商品交易的原因在于个人行为之间所存在的广泛的异步性。而动态地看，鉴于个人身心能力的局限性，个人必须在不同的角色之间不断地变换，这种变换则引起商品交易来来回回不停地进行。一个歌唱家，固然可以随时随地“携带”着自己的好嗓子，走到哪里便唱到哪里，但是，由于唱歌是一种需要现场进行的生产活动，当她正在休息的时候，也就是说，当她的身心资源正在被“休息”这件“事务”所占用、并且正在“生产效用”的时候，她也就丧失了自己的“比较优势”。这时候，她可能选择去欣赏音乐唱片或者他人的演出，无论该等演出的水准是否超过了她自己。同理，一个手艺高超的厨师，无论他如何勤快，在女儿婚礼的这一天，他也会完全丧失他的“比较优势”，不得不延请他人来掌勺，或者在酒店中订定酒席。这是从需求的方面来讲。而从供给的角度看，因为诸如规模经济方面的原因，企业的生产经常会超过企业内部人员当前的需求，以致不得不把产品拿到市场上去销售。我们需要从这个角度来理解供给的形成。“连续生产”是与规模经济相类似的另一种效应，它要求企业要么不开办，要么就必须在时间上连续地营业，而**营业的连续性**则构成了企业相对于消费者的另一种优势。例如，在上例中，餐馆相对于厨师的优势就在于，餐馆是随时开门营业的，这种“随时可以供应餐食”的特点导致了，即使其所供应的餐食质量要比消费者家中厨房里所制做出来的更差，消费者有时也难免前去餐馆消费一番。**人们相互地、交错地享受对方所提供的产品与服务，循环地获得或失去各自的比较优势，这就构成了整体的经济体系**。这种观点可以用来解释国内经济中的循环流转，也可以用来解释，为什么在经济结构与发展水平大体上相似的两个国家之间，贸易活动仍然很活跃。

4.3 略论德国历史学派

4.3.1 历史学派统领着异端经济学

对于习惯于阅读英美传统的“主流经济学”文献的读者来说，历史学派的著作是夏日里的清泉。阅读这些作品，就好比找到了知音；在学习主流经济学文献时所产生的种种疑惑和不满，都在这里获得了共鸣。对于当代读者来说，这种阅读意味着一种新的重大发现。一种源远流长的伟大传统，长期遭到不公正的遮蔽。在偶尔提及历史学派的时候，主流学者们的轻慢口吻，简直就是一种诋毁。现在，借助算法的方法，我们应当为这一学派进行全面的平反，我们要把被颠倒的真相再次颠倒过来。

按照惯例，历史学派分为德国学派和英国学派两种，而其主体则是德国学派。它的历史起源于 1841 年弗里德里希·李斯特的《政治经济学的国民体系》，一直延续到二战为止。然而，这种看法很可能并不全面。历史学派只是范围更为广泛的“德国经济学”的一个组成部分，而有人认为，德国的经济学传统起始远远早于斯密的 17 世纪中叶，距今已经延续了三百年。[①]“二战”之后，英美系的“主流经济学”也在德国流行开来。但是，这不能理解为德国经济学在那里已经被废弃了。从德国经济政策的一贯性来看，德国经济学始终独立地存在着，并且，**它是后世的多个异端经济学的母体**。例如，在奥地利学派的初创时期，它似乎表现为与历史学派相对立；然而，其后的发展表明，在一些主要方面，它与历史学派是一脉相承的。社会学与制度经济学也都可以视作历史学派的衍生物。在 19 世纪，历史学派曾经那样繁盛，它对于经济学

① 参阅贾根良:《历史学派再认识与中国经济学的自主创新》，载《南开学报》2006（4），第 95 页。

在美国的发展影响如此之大[①]，这必定会使今天的读者们吃惊。从经济学发展的主要脉络来看，我们可以说，德国历史学派不仅是各个主要的“异端经济学”的鼻祖，而且可以说，它统领着几乎所有的异端经济学。它以强调时间因素（从而历史性）来批判英美系主流经济学的方法，可以说切中要害，纲举目张。因此，笔者认为，它是主流经济学的反对派的领袖。后世的一些异端学说，虽然在分析方法上更加精细化了，但它们的视野反而不如历史学派那样广阔。这种关系颇类似于新古典经济学与古典经济学的关系。历史学派具有系统的、整体的理论观点。我们既不能认为其观点的整体性“并不存在”，也不能简单地认为这种整体性“完全没有得到阐明”。这种整体性一定是在各个学者的心中，并且多多少少已经被他们所理解了，否则，各个学者之间不可能具有那样高度的一致性。这种整体性在算法框架下可以观照得尤为清晰和透彻。我们说算法理论可以用于“阐明”这种整体性，只是相对而言的，是按照比较现代的标准来衡量的。实际上，任何一种道理都不存在被绝对地“阐明了”或者“尚未阐明”的问题。

关于历史学派诸论点之间的整体性，笔者还可以举一个间接的证据来说明：实际上，我本人是在提出算法理论及其若干推论之后才开始接触历史学派的著作的；这时，我惊讶地发现，历史学派的诸多论述与诸多算法的推论之间是高度一致的。

4.3.2 卓越的李斯特经济学

我们以历史学派创始人李斯特的《政治经济学的国民体系》为基本线索，来看看历史学派的方法、观点与主张。

历史学派显然是在古典经济学的刺激之下而产生的，这是德国的思想传统对于主要发端于英国的古典经济学所做出的反应。李斯特并不全面否认古典经济学，而是以它的批评者和补充者的角色而自居。他在一开篇即写道：“流行理论（即古典经济学）原来是完全正确的，但是……我所发觉的是流行学派并没有考虑到国家，它所顾到的，一方面是全人类，另一方面只是单独的个人。”[②]他认为：“流行学派的理论体系存在着三个主要缺点。第一是无边无际的世界主义，它不承认国家原则，也不考虑如何满足国家利益。第二是死板的唯物主义，它处处只是顾到事物的单纯交换价值，没有考虑到国家的精神和政治利益，眼前和长远的利益以及国家的生产力。第三是支离破碎的狭隘的本位主义和个人主义，对于社会劳动的本质和特征以及力量联合在更大关系中的作用一概不顾。”[③]李斯特反对古典的和谐观念，他显然认识到了古典经济

---

① 参阅［英］杰弗里·M·霍奇逊：《经济学是如何忘记历史的：社会科学中的历史特性问题》，高伟等译，北京：中国人民大学出版社，2008年，第157–160页，以及贾根良、黄阳华：《施穆勒纲领与演化经济学的起源》，载《南开学报》2007（4），第102页。

② ［德］弗里德里希·李斯特：《政治经济学的国民体系》，陈万煦译，北京：商务印书馆，1983年，第4页。原文有部分着重号，省略号与括号内注释为笔者所加。

③ ［德］弗里德里希·李斯特：《政治经济学的国民体系》，陈万煦译，北京：商务印书馆，1983年，第152页。原文有部分着重号，省略号与注释为笔者所加。

学抹杀差异与矛盾的弊病，他写道："有些国家在经济发展上达到了较高的程度，有些国家还处于较低阶段，这个学派却不承认有这样的区别。"①"有些在私人经济中也许是愚蠢的事，但在国家经济中却变成了聪明的事。"②

这样一来，李斯特就明确地提出了"国家"在经济理论中的地位与角色问题。李斯特同时从两个方面来理解国家，一是相对于他国和全世界的国家，由此引出了国际差异、国际贸易、发展与贸易保护等问题；另一个是相对于个人的国家。在对欧美各国的历史做了长篇论述之后，李斯特总结道："个人的勤奋与俭约、创造与进取，如果没有内政上的自由、适当的公共制度与法律、国家行政与对外政策，尤其是国家的团结和权力这些方面的支持，就决不会有任何重大的成就。……历史到处向我们指出的就是社会与个人力量及条件之间起着交互作用的这种动人过程。……历史还教导我们，个人的生产力大部分是从他所处的社会制度和环境中得来的。"③这就是说，国家，作为一种（道格拉斯·诺斯所说的）"正式的制度"，只是社会存量知识的一部分，李斯特是把它当做与其他知识存量相类似又相区别的东西来看待的。李斯特更是扩大论述了作为存量的社会知识："谈到社会状况，这就是说，科学与艺术是否发达；公共制度与法律对于宗教品质、道德和才智、人身和财产安全、自由和公道这些方面是否能有所促进；国内的物质发展、农工商业这些因素是否受到一视同仁的、相称的培养；国家是否有足够强大的力量，可以保障它的国民在财富和教育方面世世代代发展下去……"④"基督教，一夫一妻制，奴隶制与封建领地的取消，王位的继承，印刷、报纸、邮政、货币、计量、历法、钟表、警察等等事物，制度的发明，自由保有不动产原则的实行，交通工具的采用——这些都是生产力增长的丰富源泉。"⑤

这就是说，李斯特所理解的国家并非仅仅如古典学派的理解那样，主要承担着维护自由交易的职能，而是需要承担众多的职能。经济发展的条件涉及一国内部多方面的情况，绝非仅仅依靠简单的自由放任政策即可实现。这些观点都与他关于"生产力理论"与"价值理论"的区分有关。他提倡超越于价值理论之上的"生产力理论"："流行经济学派没有能认识到生产力与单纯交换价值之间的区别，对于前者没有能在脱离后者的情况下单独地加以考察，只是作为交换价值理论下的一个附属因素。"⑥他又说："财富的原因与财富完全不同。一个人可以据有财富，那就是交换价值；但是他如果没有那份生产力，可以产生大于他所消费的价值，他将越过越穷。一个人也许很穷；但是他如果据有那份生产力，可以产生大于他所消费的有价值产品，他就会富裕起来。"这种文字，在主流学者们看来似乎无甚意义，然而，经过了前文的算法式

---

① ［德］弗里德里希·李斯特：《政治经济学的国民体系》，陈万煦译，北京：商务印书馆，1983年，第152页，原文有部分着重号。

② 同上，第145页。

③ 同上，第98页。省略号为笔者所加。

④ 同上，第121页，省略号为笔者所加。

⑤ 同上，第123页。

⑥ 同上，第131页。

的论述，我们则可以发现，李斯特实际上认识到了主流理论中所潜藏的对交易范式的滥用以及“价格至上论”的倾向。如果假定所有的东西（及其组成部分）随时都可以交易，经济学将会失去意义；反之，认识到这种谬论的存在并且拒绝它，才是构造真正够格的经济学的开始。

引人瞩目的是，李斯特敏锐地认识到了古典经济学的物理主义的实质，并对之予以强烈批驳：“流行学派把物质财富或交换价值作为研究的唯一对象，把单纯的体力劳动认为是唯一的生产力……按照这个学派的说法，一个养猪的是社会中具有生产能力的成员，一个教育家却反而不是生产者。供出售的风笛或口琴的制造者是生产者，而大作曲家或音乐名家，却由于他表演的东西不能具体地摆在市场，就属于非生产性质……我们对于萨伊‘非物质产品’的说法，决不可信为是足以补救亚当·斯密学说中这一缺点的；他只是对于由此所产生的荒谬结论做了一些掩饰，并没有使这种结论从真正的错误中解脱出来。”①“一国之中最重要的工作划分是精神工作与物质工作之间的划分。”②李斯特不仅高度重视一般知识和技能，他也重视那些主观的态度和观念；他在文中反复强调“精神”一词，并处处将之与知识相提并论。这是何等“算法的”观点啊！这些有价值的观点以及广阔的视野都被后世的学者们在很大程度上忽视了。

作为以上论述的结论之一，在经济政策方面，李斯特主张，面对英国的世界主义政策的冲击，产业基础比较薄弱的德国要对其国内产业实行一定程度的关税保护；这种保护要持续到德国的生产力水平成长到与英国相等的程度才能停止。需要注意的是，李斯特论证这种政策时所采用的方法主要是有关“进程”这个问题的。例如，他在批驳萨伊关于倾销是“赠给我们国家（法国——笔者注）的礼物”的观点时，这样写道：“法国的消费者固然在几年之内可以较低的代价取得他们所需要的工业品，在这一点上占到了便宜，但法国的工业却一败涂地了，几百万人民将沦于乞讨生活，或不得不迁流国外，或改业务农。”③而在论述落后国家加速发展的可能性时，他写道：“经验告诉我们，风力会把种子从这个地方带到那个地方，因此荒芜原野会变成稠密森林；但是要培植森林因此就静等着风力作用，让它在若干世纪的过程中来完成这样的转变，世上岂有这样愚蠢的办法？”④

李斯特反对关于国家作用的教条主义观念，主张在与市场职能相竞争的前提下积极发现和发展国家的职能，主张制度创新。这种思想构成了德国经济学的一个突出特色。后来的历史学派经济学家们继续发展了这种思想，进而提出了诸如“社会保障体系”之类的建议，并成功地得到了立法者的采纳。

需要强调的是，这并不意味着国家可以随意行事，甚至可以践踏自由。“我们看

---

① ［德］弗里德里希·李斯特：《政治经济学的国民体系》，陈万煦译，北京：商务印书馆，1983 年，第 126 页，省略号为笔者所加。

② 同上，第 140 页，原文有着重号。

③ 同上，第 129 页。

④ 同上，第 100–101 页。

到了威尼斯、西班牙和葡萄牙的衰落，看到了法国在南特敕令废除以后的退化，也看到了英国的经历。在这个国家，自由总是同工商业与国家财富的进展齐头并进的。这些历史事实使我们认识到，要使商业的限制政策永远有效，只有在文化进展和自由制度的支持下才能实现。”①“思想与意识的自由对国家生产力影响很大，要在这方面获得适当估计，只须看一看英国的然后再看一看西班牙的历史。司法公开、陪审制度、国会、立法、公众监督行政、地方自治、言论自由、有益目的的结社自由——这些都足以使立宪国民以及官员获得一定程度的精神力量，这种效果是难以用别的方法取得的。”②

4.3.3 历史学派的一般特征

一般认为，德国历史学派可以分为旧历史学派与新历史学派两个阶段。在新历史学派鼎盛的19世纪末期，英国历史学派与之遥相呼应，一时蔚为壮观。论者们一般认为，历史学派的观点需要读者从他们的著作中进行归纳，因而不易予以清晰的说明。这里的原因很简单：如果我们认为采用“算法理论”的样式来构建理论框架的整体性是必不可少的，那么，在当时的历史条件下，这种表达只能是含糊的。同时，含糊之中透露着惊人的一致。可以说，历史学派众多学者们所表达的几乎每一个观点，无不是算法的。尽管他们不可能论及每一个算法的元素，但是，他们甚至从来没有超出过算法框架来讨论问题。因此，当我们来论述他们诸多观点之间的相互联系时，只要把它们与有关算法的概念与原理相对接，论证也就算完成了。一旦这种一致性得到了理解，至于他们之间曾经被认为所具有的那些分歧，也就马上退居次要地位了。

1. 历史学派的论述一般从对古典学派演绎法的批判起步，进而强调归纳法的运用。一些著作还强调个人行为的“非理性”的一面。这就是说，他们强调“另类算法”的重要性。由于这些学者往往声明他们并不反对演绎法本身的使用，只是反对对它的滥用，所以，他们的真实观点可以理解为，他们在主张各种指令与算法在计算中应当进行恰当的组合。

2. 历史学派的另一个重要论题是特殊性与一般性之间的关系。他们指责李嘉图等人错误地把古典理论当做一般理论，而忽略了各个国家的具体经济状况的特殊性。在算法框架之下，特殊性与一般性之间的关系可以作如下理解：原则上讲，每一个对象都是特殊的，因此，差异与个性广泛存在；然而，并非不同事物的每个方面都不相同，总会有一些方面是相同的，研究者可以把不同个体中这些相同的方面（或特征）抽取出来，优先地予以研究；这样做的好处是，研究者可以批量地解答问题，这与只是单个地研究一个对象、并且为每个对象单独建立一个“理论”的方法相比，效率要高。采用这种视角的含义是，理论所揭示的一般性通常只是各有关对象的局部性特

① ［德］弗里德里希·李斯特：《政治经济学的国民体系》，陈万煦译，北京：商务印书馆，1983年，第103页。

② 同上，第123页。

征，每个对象中都还包含着理论所未能解释的剩余。这是另一种类型的“整体—局部”关系。刻画这种关系的基础必然是一种关于有限理性或有限计算速度的理论；也就是说，它同上述对“演绎—归纳”关系的刻画建立在同样的基础上。

3. 以上论述的进一步推论，就是关于“案例法”的认识。历史学派十分强调案例方法。据说，哈佛商学院如今蜚声世界的案例教学法，实际上起始于历史学派。对一个真实案例的研究，当然是一种局部性的研究。可是，“麻雀虽小，五脏俱全”。由于真实个体既包含着一般的元素，也包含着特殊的元素；既包含着已知的元素，又包含着未知的元素，因此，它就是一种特定形式的“综合”，“案例法”从而也就是一种特定形式的综合方法。这种综合与类似于一般均衡理论所做的那种形式的综合是不同的，却又是可以相互并列的。显然，这种方法既可以用来发现真实对象中所包含的未知的、却又很重要的新元素，也可以用来研究一般因素与特殊因素的结合方式，再从这种结合方式之中发现新的“一般性”。它可以用来研究在理论知识有限的情况下对待真实对象、解决实际问题的方法，进而建立模糊（然而有用）的科学原理和工程学原理。

4. 历史学派尤其强调社会系统的整体性，强调经济体系与伦理、政治、法律、文化、习惯之间的相互联系与相互作用（因而也就强调了跨学科的研究方法）。这是另一种形式的“整体—局部”关系。大致说来，上述第 2、3 条所述的“整体—局部”关系是对每个真实对象进行切分而形成的；本条的“整体—局部”关系则是对整个社会进行一次性的切分而形成的。理解后一种关系的关键，在于理解各个社会领域的相对独立性，否定它们之间的相互包含。如前所述，在“价格至上论”之下，主流的一般均衡理论只是片面地突出了经济系统的重要性；就好像中间产品与最终产品之间的关系一样，经济系统被理解为社会的“最终产品”，被理解为社会的单一的、全面的“镜像”；其他的社会系统则被理解为从属和服务于经济系统，或者被包含于经济系统，从而被置于“后台”和“背景”的位置上。只要我们认识到主流经济学具有这一性质，那么，它的错误也就不攻自破，经济体系也就会自然地回到其作为社会系统的一个局部领域的位置上，它将与其他社会领域平等地“并列”和“互动”起来。

5. 在众多的经济学派别中，历史学派对于主流学派的批判发生得最早，要点也最为全面；以算法的视角观之，内容也最具有系统性。为什么会这样？笔者认为，这就是因为它是“历史”学派，它是关于时间的。时间本身曾经是经济学的难题，然而，实际上，它是把所有问题串联起来以便一并加以解决的总纲。于是，经验的、描述的和统计的方法就成为主要的研究方法之一。罗雪尔曾这样写道：“我们的目的在于记述各个国民在经济方面想了些什么，要求了些什么，发现了些什么，他们做了些什么努力，有了些什么成就；以及他们为什么要努力，又为什么会获得成功。……然而所谓国民并非今天生活着的一个一个人的单纯集合。因此打算研究国民经济的人，就不能仅仅满足于对现代经济关系的观察。况且对过去各文化阶段的研究，任何一种情况，都是现代一切未发达国民的最好老师。”①这段话表明，历史学派把当事人的思想意识作为一种客观实在来加以研究，他们认识到当事人有成功也有失败，认识到思想和知识处在人际差异、冲突和发展之中，并且“确认”这在经济研究中是很重要的。应当说，这些观点都是很“算法”的。

6. 在 19 世纪末至 20 世纪初的几十年间，爆发了古斯塔夫·施穆勒与门格尔之间的著名的“方法论之争”。门格尔为主流的方法辩护，而施穆勒则领衔当时的历史学派。这被视为经济学历史上最为重要的关于方法论的辩论。应当说，算法理论就是为了平息这样的辩论而准备的。鉴于演绎的、理论性的方法在任何特定的时间内都只能涉及对象世界的部分和片段，而经济学者们渴望从整体上了解和把握世界，于是，他们就同当事人一样，也采用了种种“另类算法”，同时不得不在一定程度上牺牲演绎法的精确性和确定性。由于这个道理已经在前文各处反复进行了阐述，在这个“最终的”环节上，笔者反倒觉得无话可说了，没有什么要补充的了。在历史学派的坚持之下，实证方法终于“正式地”进入了主流研究之中。如今，在大多数专业论文中，讲一段理论，再做一番“实证”，已经成为了一种标准格式。然而，这种格式在很大程度上仍然是机械的和形式主义的，其中的内在联系有待于“算法式地”进行阐明；经济学的整个方法体系，相应地也有待于展开“算法式的”重构与重述。

7. 历史学派的论述在很大程度上还涉及“历史相对主义”这样一个问题。这是不理解历史学派整体性的人所扣的帽子。不过，由于这种整体性毕竟未能明确地阐明，历史学派在实际材料面前的论述难免是低效的。为了节约篇幅，对于绝对性、相对性以及发展等范畴之间的关系，以及其他一些问题，我们不再赘述。

历史学派在战后显著地衰落了。这种衰落不应当被理解为其观点与主张的过时，而应解释为他们“提不出一套与历史相关的政治经济学以取代李嘉图学说”②。与之相反，由于李嘉图所开创的体系原本只涉及经济生活的一些局部的片段，所以，它具有很好的延展性，不同的读者都可以借助某些“假定”而把自己的推理衔接到已有的体系之上，于是，它看上去总是“欣欣向荣”的。主流经济学“发展”一分，理论所未能解释的剩余似乎就会减少一分，历史学派似乎也就会“退缩”一分；因而，主流经济学家总是信心满满，豪情万丈，就像殖民者们那样四处扩张，而历史学派却日益受到轻视。物极必反。所幸的是，在 20 世纪末期，风向终于发生了逆转，历史学派大有卷土重来之势；它与其他异端经济学一起，如今正在重新呼唤经济学的革命。

4.3.4 兼论弗莱堡学派与德国经济政策体系

理论不能独立于政策，这是历史学派的一个基本观点；这个观点也是算法的。该观点可以导致两种后果。第一，它意味着政府组织应当内生于经济理论。政府的性

---

① ［德］威廉·罗雪尔：《历史方法的国民经济学讲义大纲》，朱绍文译，1997 年，第 7–8 页。

② ［英］约翰·伊特韦尔、［澳］默里·米尔盖特、［英］彼得·纽曼编：《新帕尔格雷夫经济学大辞典》，第二卷，北京：经济科学出版社，1996 年，第 158 页。

质是什么？如何来内生政府？主流经济学对这些问题进行了泛泛的说明，但是，由于它实质上奉行着完美理性的路线，相关的“说明”必然是表面化的、似是而非的，并且在根本上是自相矛盾的。显然，只有有限理性才是内生政府的根本基础。有限理性导致市场不完善或者“市场失灵”，这是引入“政府”的一个合理的“接口”。实际上，历史学派大体上也是沿着这条路线来论述的。这个议题在后文中将逐步地、递进地、多角度地展开。第二，它必然要求经济学者在一定的理论分析过程结束之后，需要转入政策论述。严格地说，这种“工程学”的视角也可以同时要求转入管理学的、商学的论述；这一点容易遭到忽视。不过，在这里，我们仍然遵循传统，只论述公共政策。

与其理论建树相比，一般认为，历史学派在经济政策和实践领域所取得的成就更为显著。**李斯特主张贸易保护，这可以视作“发展经济学”的一个开端**。自此以后，落后国家的发展总是与政府的积极作用紧密地联系在一起，这成为“发展经济学”的特色。主流学者们对此常常不以为然，这显然是因为他们没有洞悉“发展”的本质是什么。在先进国家已经提供先进的知识和成功范例的情况下，“发展”的本质就在于模仿，在于普及和应用**已有的**知识。**自由市场的优势是发展新知识，而政府的优势则在于有序地推行已有的知识**。这显然就是政府可以在发展过程中扮演积极角色的“奥秘”所在。所以，一种关于知识的经济理论，才是解答发展问题的根本出路。

在新旧历史学派的持续推动下，德国的经济政策形成了自己的体系和特点。“二战”以后，“弗莱堡学派”接过了接力棒。“弗莱堡学派”在当时被认为顺应了战后的自由化浪潮，是一个亲英美的自由主义学派；可是，以如今的眼光来看，它其实是非常“德国化”的，它继承和发扬了德国经济学的传统，并且实际上形成了与凯恩斯主义的区分与抗衡。由此取得的一个直接成果是“社会市场经济体制”这一概念的提出，以及“德国经济奇迹”的发生。经过了20世纪90年代的“两德统一”进程，德国不仅没有倒下，反而在本次欧洲债务危机中一枝独秀。这可以证明“德国经济学”以及德国经济政策体系是具有某些优点的。这很值得当今深受英美式传统影响的广大经济学者们思考。

笔者并不认为德国学者们的所有论述都很有价值，也不认为以“第三条道路”标榜的“社会市场经济体制”的所有方面都是积极的和值得赞扬的。就德国经济成功的原因而言，我们当然更不能肯定德国理论家们所明确宣示的政策体系中的每一个条款事实上都是积极的、重要的或者必不可少的。不过，笔者还是认为，“德国模式”这个概念应当存在，它足以与凯恩斯主义相匹敌，足以供包括中国在内的各个发展中国家和发达国家进行借鉴。对于我们按照算法的逻辑来探索未来的经济政策这一任务来说，它的借鉴意义也非常重大。在本小节和下一小节，笔者先就这一题目写下一些要点，以便为后文关于经济政策的讨论开个头。

先从理论问题开始。作为弗莱堡学派的中心人物之一，瓦尔特·欧肯提出了著名的“经济秩序”这一概念。我认为，这个概念值得重视，应设法予以解读。鉴于欧肯的论述带有浓重的德国式的晦涩，这就需要把他的意思改用我们熟悉的语言和方式来进行重述。按照辞书的定义，经济秩序类似于游戏规则[①]，或者相当于“制度”一词。然而，按照作者的有关论述，这个词显然具有更为广泛的、与这一“正式定义”有所不同的意义。规则、制度等词语是常用词，是早就存在的，欧肯显然对之不够满意，因此才选择了“秩序”这个词。欧肯把“经济秩序”与“经济过程”相区别，这表明他把秩序理解为一种存量。这种存量当然主要是思想性的，也就是“知识存量”。一般来说，知识存量既包括通常所称的“规则”或“制度”，也包括狭义的“知识”，即指导个人或组织如何在有关规则与制度之下来进行“行为”的那些东西。因此，笔者认为，欧肯的论述具有这样的含义，即**社会不仅要关注游戏规则，也要关注个体的知识的形成**。有了规则，人们并不会马上就懂得如何在这些规则之下来展开活动。我们可以注意到，在英美式的制度之下，社会不时地陷入失序与混乱之中。尤其是当一个落后国家刚刚引入自由政体的时候，这种混乱表现得相当明显。而在成熟的自由政体内部，有时也会失去经济秩序。德国学者们洞察了英美体制的这一缺陷，因此，在坚持“自由”这一最高价值的前提下，他们显然还想要追求某些新的、更为完善的东西。

这就牵涉到混乱究竟是怎样发生的。对此我们已经在第三章的多个地方做了论述。由理性有限而自由度很大的个人所组成的集合体，当面对某种重大冲击的时候，由于各人只顾自己，各自为战，结果反而陷入了集体性的无序状态中；这是一种“囚徒困境”。处于这种无序状态中的经济体，其生产力可能比管制型、命令型的经济体还要糟糕——尽管这种无序状态早晚会结束，新的秩序早晚又会建立，生产最终还会上升。为了避免这一点，社会是否可以多为个人提供某些积极的引导而不限于仅仅维护消极性的“规则”呢？或者，某些社会体制是否不要具有那么大的灵活性呢？（例如，限制雇主随意解雇员工）德国具有不同于英美的历史传统，这里产生过马克思主义和社会主义，发动过两次世界大战，产生过纳粹势力；相应的历史体验使德国人比英美人士更容易看到社会的另一个面相，即相信那些集权型的体制可能多多少少是具有某种竞争力和合理性的。民主体制提供创新，而集权体制则提供秩序。“秩序”正是历史上一切维护集权体制的人所作的论述中的核心词语。“秩序”不仅通过某些规则提供，它还通过种类与形式广泛的其他管制、命令、示范、服务与引导措施来实现（这些含义显然是“规则”一词所不能完全包容的）。我们可以注意到，处于大变革之中的中国社会，之所以对原有体制颇多留恋，就是因为许多人仍然担心社会秩序的丧失。经过几千年专制文化熏陶的中国人，对于这样的潜在危险可以做出敏锐的理解，并且显然对之十分关注。目前，西方文明在全球范围内处于攻势，但是，集权型的体制并未如西方人士所期待的那样迅速地崩溃，这至少表明，现行的西方体制还具有一些缺陷，因此它的吸引力还**不够大**，其优势并不具有全面的**压倒性**。

---

① ［德］罗尔夫·H·哈塞等编：《德国社会市场经济辞典》，第151–152页。

这个话题是十分严肃的。科学工作者的诚实要求我们必须勇敢地面对它，而对这一问题有所解答也是社会科学“大综合”的应有之义（此议题将在第 5.6 节继续）。当然，我们不能认为，弗莱堡学派是在变相地主张专制主义；而应理解为，他们是在表达一种更高的追求。德国的学术和实践都还不足以对上述问题做出令人满意的回答，所以，他们的宣示应当被理解为新问题的提出。他们在叩问世界，这种叩问中可能孕育着世界的未来。德国经济学家们的论述明确地宣示了这样的理念，即制度是可以设计的，而这种设计是具有主观性的，是有“风格”的。这种论述显然要比美国的制度学派更为独到。考虑到这些，德国思想的统一性也就更为显著了。

4.3.5 兼论弗莱堡学派与德国经济政策体系（续）

根据笔者的归纳，德国式的经济政策具有这样一些重要特征：稳定货币与财政，慎用刺激政策；构建社会保障体系；反对资产炒作，严格管理金融业；反对垄断，讲求竞争性，等等。这些政策大致上可以概括为“宏观上讲求稳定，微观上放开搞活”。采用算法的方法，我们很容易发现这些政策的内在一致性及其合理性。下面分别予以简要论述。

1. 在历史上，德国经济曾经多次遭受严重的通货膨胀，这最终促使德国建立了高度独立的中央银行，其货币政策以确保币值稳定为首要目标。国家财政也建立了严格的规章和纪律，凯恩斯主义的刺激与扩张政策长期被德国政府拒之门外。后来虽然有了一定程度的接纳，但是，德国政府仍然坚持实行“目标通货膨胀率公布制”，以遏阻政策制订者随意行事。这里面有重要的理论上的道理可讲。

一种着眼于动态议题的经济学，必然会高度关注经济系统的稳定性问题。自生自发的市场竞争（经过“相互对冲”的机制）固然会消除一些不稳定因素，但是，由于存在模仿和相互依赖，它也会诱发新的不稳定性，即集体性的乐观与悲观，进而导致经济周期现象。货币脱离金本位之后，在经济学家们中间产生了一种难以抑制的念头，即用货币来调控经济，从而“熨平”或减弱经济周期。这种想法貌似合理，然而，按照一些学者的观点[①]，它引起的问题比它所解决的更多。“大萧条”主要是由于货币供应宽严失度而造成的，美国次贷危机显然也与此有关。实践上的失败并没有促使经济学家们偃旗息鼓。在凯恩斯经济学的支撑下，他们决心调整策略，整军再战；这就导致凯恩斯主义仍然是当前世界上占据主流地位的政策路线。经济学家们整天在媒体上要求这里“松一松”，那里“紧一紧”，搞得热闹非凡，不亦乐乎，而整体经济则被宏观调控政策闹得动荡不安。与之相反，德国模式体现了这样一种思想：如果政策的目标是把经济稳定下来的话，那么，是否可以先把货币和财政稳定下来，以免给经济施加新的不稳定性？在此前提之下，再来设法治理实体经济原先就有的不稳

---

① 参阅《美国大萧条》（[美]默里·罗思巴德著，谢华育译，上海：上海世纪出版集团，上海人民出版社，2003 年）以及《美国货币史》（[美]米尔顿·弗里德曼、安娜·施瓦茨著，巴曙松等译，北京：北京大学出版社，2009 年）等。

定性。

在一个盛行凯恩斯主义的世界中，要想实行这样的政策，是需要下很大决心和付出很大代价的。代价之一就是，实行这种政策的国家，其失业率可能会高于实行凯恩斯主义政策的国家。对此，德国所采取的对策是，建立比较完善的社会保障和救济制度。社会保障制度是“讲坛社会主义者”们的发明，而它现在正好可以与保守的货币与财政政策相配套，互为支持和补充。如果我们认识到失业现象在动态经济中的不可避免性，那么也就会认识到，永久性地设置这样的制度是必要的。假如我们能够（借用算法的视角）进一步认识到知识创新是一种无法遏止的永久性现象，也就会对这样的政策组合抱有信心。因为我们现在知道了经济增长的步伐不会因此而停滞不前。这样的思路还与以下常理相符合：失业是一个局部性的问题，不要为了解决这个局部性的问题而搅扰得整体经济不得安宁；这终将得不偿失。国家为社会保障所负担的支出也不像一般所想象的那样大。尤其考虑到公共财政所负担的只是投保人负担之外的一个余额，这就更不值得过分忧心了。起码，我们可以把这笔支出与扩张性宏观政策所导致以及可能导致的后果（这种潜在的后果常常是结构性的、绵延不绝的和难以尽知的）相比较，相权衡。

笔者的意思并不是直接在德国式政策与凯恩斯主义之间做出抉择。对于本书的议题来说，重要的首先并不是权衡与抉择本身，而是说，德国的历史学派传统可以具有何其重大的影响力！古典经济学、新古典经济学以及凯恩斯式的宏观经济学实质上都是静态的，都没有包含多少动态性，而真正动态的德国经济学可以为经济理论和实践带来何等不同的思路！要害在于建立关于动态性的适当的基本分析框架，在于发现和提出适当的问题，以及在于获得分析和解答这些问题的基本思路。这正是经济学的当务之急。

2. 仅仅剔除货币与财政政策的消极影响，还不足以确保经济的稳定。因为，实体经济本身就是不稳定的。为了进一步谋求稳定，笔者注意到，德国人采取了一种非常特别而又耐人寻味的政策，这就是反对资产炒作，严格管理金融业。这项政策尤其体现在国家对于房地产市场的管理方面。这与英美传统是迥然不同的。然而，在算法框架下，我们却可以相当清晰地解析其中的意义。

3.9.5 节论及，资本的存在意味着一种不可分性。资本一次性形成，一次性购置，却要在较长的时间里分次使用，逐渐损耗。这种特征当然也适用于包括房屋在内的各种实物资产。主流经济学的方法主要是用来分析各种在短期内存在并消耗掉的流量的，所以，在这一框架下去寻求资本理论，自然也就是缘木求鱼。这个观点可以进一步引申一下：鉴于以上原因，主流经济学也不能用于指导制订关于资产市场的政策。主流学者认为主流经济学可以“令人满意地”分析短期经济活动，所以，它也就可以“近似地”适用于资产市场，以为这两者没有什么重大区别，这不过是一种错觉。这种错觉从亚当·斯密时就已经存在了。

一些显明的迹象早已经出现，只是，很少有经济学者们去认真地思考它。例如，价格上升，需求下跌，这是所谓的“需求定律”。可是，实际上，价格上升却常常引起需求的增加；也就是说，将会引起“炒作”，这是为什么呢？经过仔细辨别，我们可以发现，被炒作的物品大都具有“耐用性”这样一个特征，也即，它是“一次购置，长期使用”的。这样一来，它就与未来的价格相关联了。因此，今日的购买决定必须考虑到对未来价格的预期。价格一涨，当事人预测价格未来还将继续上涨，这就导致了“提前购买”的决定。餐馆与理发店的服务都是一次性的，无法存储起来供未来使用，所以，这些地方涨了价，需求也就缩减，而不会增加。肚子饿了才能吃饭，因此，即使你预测食品要涨价，这一顿即便多吃一点，也是无济于事的。“炒作”的发生还与供应不能及时增加有关联。房子不能在短时间内盖好，所以，房价就会不时地大幅度上涨。矿产品产量一旦触及现有生产能力的上限，也就只能眼睁睁地看着价格飙升了。由于同样的原因，季节性产品也在炒作之列，它引起价格的季节性波动。通常我们很少见到对工业成品的炒作，是因为工业品的供应通常很容易增加，而它的质量也改进得很快；这会引起囤积者遭受损失。房子、矿产品、农产品的质量都改进得非常缓慢，甚至长期不发生任何质量进步，产品的同质性很强，这就为囤积带来了便利。

由于很多产品都可以在时间上延续，都具有一定的耐用性，以及具有其他一些适宜于炒作的特征，所以，严格说来，主流经济学所设想的模型在现实中的适用性是十分薄弱的。也就是说，市场机制能够完美地（也即按照主流经济学所理解的方式）发挥作用的地方是很少的。诸如产品被消费的速度、供应增加的速度、供给与需求变动的时间序列等时间因素在很大程度上制约着市场机制的效力（市场的效力需要在这些前提之下来重新进行论证，不过，这是后话）。而在由此所造成的动荡中，人们发现，某些波动不仅其规模很大，而且完全是周期性和重复性的。房屋市场便是一个这样的例子。如前所述，涨价预期促使当事人提前购房，这反过来加剧了房价的上涨；而被高房价所动员起来的供应的增长却比较迟缓，于是，房价就有可能在高位持续比较长的时间，还有可能继续攀升。然而，供应的增长也会加速，终将大步赶上需求；这时，预期逆转，存货回吐市场，再加上难免发生的推迟购买（这与前期的提前购买相对应），房价就会跌落。应当说，这种循环过程实际上几乎会发生在任何商品身上，因而，任何分市场事实上都处在起起伏伏当中。因为这些波动的规模一般不会很大，它们之间又会彼此对冲，所以也就不会显著影响整体经济的稳定性，人们也就对之习以为常，并不认为这需要进行特别的治理。

然而，房地产市场有所不同。房屋本身既是一种必需品，而其单位商品的货值又很高，所以，按照金额计算，房屋市场的规模非常巨大。房屋的使用期一般很长，长到了交易者一般对其寿命不甚重视的程度，因为交易者几乎无法预测房屋寿命何时终结，更无法预测房屋寿命终结时的经济状况。房屋的长寿命特征导致在任何时点上都存在着数量极为巨大的旧房子，这些旧房子的价值随着新房价格的涨落而持续地遭受重估，并进入交易系统。然而，由于前述的预期与囤积的原因，这些存货往往难以扑灭投机热情，以致在每一波次的市场动荡中，我们通常看到的只是价格的猛烈变动，交易只是在边际上发生，尽管交易量忽大忽小。许多房主既体验了财富价值猛增时的乐观情绪，又感受了财富价值跌回原值时的失落感。在这种循环中，除了种种煎熬与纷扰，他们实际上没有得到多少东西。可是，这只大象却把整体经济带动起来了；与房屋没有直接联系的其他大量经济活动最终被卷入了这一漩涡之中，与之共沉浮。也就是说，“系统性的波动”这时候发生了。

不存在完善的治理。德国人显然认为，既然国家不可能管理每一个市场的波动，那么，可以选取主要的市场，而房地产市场就是这种“主要的市场”。于是，他们采取了严格的立法手段，从税收、金融、估价、租赁、补贴、刑事等多个方面建立了诸多结构性的措施，来打击针对房屋的投机活动。体现在这些措施中的一个核心思想是，国家反对以投资升值为目的来持有房产，而只让房产发挥其居住功能（这颇有些重农主义的或古典经济学的味道）。因为立法者相信，一旦像房屋这样主要的资产市场稳定下来了，整体经济在很大程度上也就得到了稳定。

这意味着国家潜在地**把资产价格的周期性波动视为市场失灵的一种情形**。需要强调的是，这是一种不同于主流经济学观点的新见解。同样的见解也体现在德国政府对其金融业的管理之中。对此我们不再赘述。但是，道理是相同的：国家既要防止金融市场的剧烈波动，也要防止其具有**过度的灵活性**，否则，金融市场就有可能成为系统性风险的策源地。这种观点与那种把投资波动视为经济周期主要来源的观点在本质上是相互一致的。这种观点归根到底也要求把金融部门视为“实体经济”的一个组成部分[①]，把金融活动与普通经济活动之间的关系视作两种“实在的”活动之间的关系。简言之，欲使这种观点在经济理论的园地中真正落地生根，就需要做出算法式的重构和重述。

3. 德国政策的另外一个特点就是“反垄断，讲求竞争性”。在上述各项比较严厉的政策管制之下，经济的活力从哪里来？对此，德国人的回答是，全面采纳私有经济制度，反对垄断，鼓励和促进私人企业之间的公平与良性的竞争。所以，这种看似与英美体制相似的制度，在德国模式之中便具有非比寻常的重要意义。离开了它，这个“模式”在整体上便不能成立了。在英美式的政策组合中，德国人拒绝了其中的多项具体政策，却单单选取这一项，这是值得我们深思的。

实行严格的货币与财政政策，反对资产炒作，严格管理金融业，反垄断和促进竞争，以上逐项政策有一个共同的特征，就是对大规模的、集体性的和同步性的行动（以及大型组织本身）保持警惕态度。德国人显然认为，这种大规模行动往往并不包含多少智力含量，反而会引起浪费，徒添烦扰；与其这样来回折腾，还不如让经济活动从一开始就分散化，不让大规模行动发生。亚当·斯密把市场经济的原则概括为“自由放任”，而德国人则认为，市场经济的核心优点在于竞争和创新。国家并不是要

① 这个观点表明“实体经济”这个术语是不准确的，但是，由于缺乏其他的选择，为了便于表达，本书仍然沿用它。

尽可能少地管理经济，关键在于国家怎么样来管理经济。他们把“政府”与“市场”两种手段放在相互比较和权衡的位置上，而不是简单地应用“除外原则”。这种态度显然要全面和中肯得多。

正如3.5节已经指出的，主流经济学的原则是，无论任何计算，所包括的范围越大则越好，而反垄断法却要求企业之间不要协商，从而生产计划不要（过分地）统筹；关于保护隐私的法律强制要求隐藏信息；国家机构之间的分权与制衡也要求各个单位独立行事，不得勾串；如果不是从追求多元性与知识发展的角度（从而算法的角度）来进行解释，我们又如何能够阐述其中的合理性呢?

目前，德国模式正在欧洲债务危机中大放异彩，德国人正在把他们的经济模式推广到全欧洲。这就是说，德国模式与英美模式之间的竞争正在加剧之中。随着美国经济逐渐走出危机，相信美国人也会深入反思他们所奉行的政策模式。对于中国经济来说，现在正是我们对这些不同的先例兼收并蓄、从中吸取营养并设计我们自己的未来的时候。但愿我们能够抓住并获取某些“后发利益”。对此，让我们在第四篇中再进行讨论。

4.4 略论奥地利学派

4.4.1 引言

在当前活跃着的诸多异端学派中，奥地利经济学派无疑是最为重要的。这是因为，它提出了大量深刻的、影响深远的和颠覆性的论述。在其悠长的历史中，这一学派英才辈出，不同学者的出色著作以这样那样的方式推动着经济学的发展。他们的论点覆盖了算法框架的大部分区域；算法理论对于经济学的综合，在很大程度上正是对于这些论点的综合。

奥地利学派的历史是富有戏剧性的。学派创始人门格尔的开山之作《国民经济学原理》出版时，作者把它恭敬地题献给罗雪尔，结果是，“大水冲了龙王庙，自家人不认自家人”，门格尔在德国遭到了冷遇。而当他出版了《社会科学方法论探究》一书后，“方法论大论战”爆发了。这个引人瞩目的事件给社会公众造成了一种印象，即奥地利学派与古典和新古典经济学具有密切的亲缘关系，而与它原本应当十分亲近的德国学派却水火不容。在此后的许多年间，一些出身奥地利派的学者们也的确为主流经济学的发展做出了重要贡献。然而，愈到晚近，人们就愈加认识到，奥地利学派不仅具有显著的独立性，而且对于主流经济学具有强烈的批判性。奥地利学派在当今的中国如此流行，这是一个十分令人感叹的现象。笔者认为，这个曲折的历史过程尤其表明，对于主流经济学的（新古典主义的）实质，人们是经过很长的时间才逐步有所认识的（或者说，随着主流经济学的历史发展，它的实质日益暴露了出来），于是，奥地利学派的“异端”性质，也才逐步地被认识到。如此看来，直至今日，我们才找到了“大综合”的途径，也就见怪不怪了。

按照权威辞书的总结，奥地利学派具有如下 8 个特征：1. 方法论个人主义；2. 方法论主观主义；3. 边际主义；4. 强调效用；5. 强调机会成本；6. 强调时间；7. 强调学习与发现；8. 强调环境的不确定性。[①] 由于这些要点大体上都已经在算法框架下得以内生，我们对于奥地利学派的综合也就变得十分容易了。以下的论述将首先涉及一般所认为的奥地利派的观点（4.4.2 ~ 4.4.4 节），然后再重点评论一下笔者所认为的一些比较独特的要点（4.4.5 ~ 4.4.8 节）。我们既要论及该学派的优点，也要提出众多的批评意见。假如奥地利学派早就克服了这些缺点中的某些部分，大综合也许早就到来了。

4.4.2 奥地利学派诸观点之间的统一性（一）

从本小节起的三个小节的任务是围绕以上 8 个特征来进行评论。

关于“个人”的含义及其相对性，算法理论可以解析得十分透彻，对此前文已经多有论述。“个人”为什么值得作为一个分析单位来予以特别关注呢？为什么一般不把 1.5 个人、2 个人、10 个人或其他人群作为一个单位来进行分析呢？这是因为，“个人”在自我一致性、决策及时性、连续性等性质上往往处于比群体更高的程度。其在视觉上也便于观察。而只有一个包含冲突和离散性的理论框架，才具有说明这些道理的基本条件。但是，这些性质都是相对的，而不是绝对的。也就是说，个人与群体并无过于本质性的差别，个人的内部并不是完全一致的，群体也不是完全分散的，它们所分别带来的分析效率是可以相互比较的，因而，在某些情况下，方法论的个人主义并不总是优于整体主义。这是奥地利学派的误区之一。把个人绝对化了，群体与宏观现象也就不能存在了，也就没有容身之处了。因此，我们看到，奥地利学派总是激烈地批评凯恩斯宏观经济学，而不是积极地寻求与之进行调和。看不到对手优点的批评，往往是不能切中要害的。

奥地利学派的个人主义还包含着这样的意思，即我们要关注当事人的意识活动，根据他的思想意识来解释他的行为，再根据个人行为来解释社会现象。显然，这就是我们所说的“意识进路”。方法论个人主义的这层含义似乎较少得到提炼和强调。这里包含着把意识对象化的意思，对此稍后再论。这种意识进路，与奥地利派对于数学方法的反对实际上是相互一致的，因而与“结构化”是相通的。人的大脑不光是在感受“效用”，也不光是在计算函数，而是具有意图和目的的；这一点尤其为米塞斯所强调。米塞斯认为，人在进行包括定量与定性分析在内的**各种各样的**理性分析和选择。后来发展起来的“理性选择”的分支，显然正是这样沿袭下来的。理性选择强调了非数量型的计算。但是，在重视“针对不同选项进行选择”这一问题的同时，这一

---

① 据［英］约翰·伊特韦尔、［澳］默里·米尔盖特、［英］彼得·纽曼编：《新帕尔格雷夫经济学大辞典》，第一卷，北京：经济科学出版社，1996 年，第 160 页。

分支却忽视了各个选项是如何产生的，似乎认为这些选项就是摆在那里供人选择的；这个看法也就片面化了。人进行思考时要承担包括选项构思在内的众多不同类型、不同步骤的思维活动（这是我们一贯强调的一个简明而重要的观点），而不仅仅是进行“选择”。经济学家们不能只是如此“选择性地”面对问题。我们还可以就此提出如下反问：如果选项的获得那么轻而易举的话，选择本身怎会如此困难、以致需要专家们专门进行研究呢？由此可见理性选择学说与新古典方法之间的相同之处。

我们继续转回意识进路。对意识的强调同时可以导致对“无意识”的发现，对此前文已经说明过了。于是，我们可以注意到，奥地利学派对于行为的“无意识后果”（另一个说法就是“默示的知识”）的强调同时发生了。在这一点上，奥地利学派接过了斯密的接力棒，并在经济学界独树一帜。只不过，迄今为止，似乎鲜有学者把意识与无意识放在一个统一的、相对的框架内来进行提炼和分析，这就导致对这两个方面的强调不仅是分别进行的，而且在表面上给人一种矛盾的印象。现在来看，解决的方法很简单，答案就是“有限理性”“半内在化”这些东西。

各人的“有限理性的”思想不可能一模一样，于是，奥地利经济学家们便“发现”了主观性。从门格尔的主观价值、哈耶克的主观知识到路德维希·拉赫曼的主观预期，主观主义经历了一个很长的发展历史。可是，至关重要的问题是，主观性如何与客观性统一起来？人们为什么会相同，又为什么不同？人们在哪些方面或什么情况下相同，在哪些方面或什么情况下不同？不同能不能变为相同？这是引入主观性的一些最为基本的问题。遗憾的是，奥地利学者们却在这些关键问题上失语了。门格尔和米塞斯都强调了先验性，米塞斯曾经非常接近于我们的“正确答案”，但他却止步了。这也是晚期的哈耶克所重点研究的问题之一。假如这一点在奥地利学者们手中获得了突破的话，他们也就会认识到：在以上的多种主观性之中，“主观知识”应当处于关键位置，主观效用首先可以从主观知识的角度来进行理解；拉赫曼也完全不必缠斗于“主观预期”之中，因为信念、预期等不过是知识的一种类型而已。我们也就会来到一些非常简单而明晰的观点，即个人差异的形式是十分多样化的，可以是信息上的差异，也可以是算法上的差异；虽然它必定是千姿百态的和高度不规则的，我们却不必对之感到神秘。只要差异是思想性的，那就在原则上都是可以沟通的；分歧之所以有时候看上去那么具有对抗性，简单说来，主要是因为我们处于认知的过程之中，所以我们暂时不知道怎么解决它。

与新古典经济学相比，奥地利学派持有比较适当的“边际”概念。这个概念不基于函数的性质，而只是强调，在一个离散的、异质的和动态的环境中，与每个商品相关的成本收益的变动是非线性的，因而会不时地表现出一些临界特征。这的确是一种数量分析，可是它建立在清晰的结构性意义的基础上，因而是对定性与定量分析的一种比较恰当的结合。这样的数量分析，也就可以用来比较令人满意地回答斯密的水与钻石的价值悖论。[①] 可是，这里也或多或少地存在着一些思维的混乱，以致临界值不仅被过分解读和强调，而且被用于建立均衡；这种均衡关系又被视为一种超乎异常的重要发现（或者所谓的“规律”），因而披上了神秘色彩，以至于被认为“决定”[②] 着商品的价值。这就为奥地利的边际概念与新古典边际概念的等同化提供了接口。笔者认为，边际概念的主要意义只在于它强调了经济变量的“非线性变动”这一性质。在混合性的世界中，数量关系只是局部存在的，并且是多种多样的。“非线性”也是如此，临界现象更是如此。不能因为局部的临界现象的发现，就非得要把它扩大化，企图使之时时处处适用，其结果反而造成经济分析陷于其中，不能解脱。说到底，这种迷误的造成，还是根源于奥地利学者所看到的只是一个整体框架的局部，而未能将整个局面参透。

4.4.3 奥地利学派诸观点之间的统一性（二）

现在再来评论一下弗里德里克·冯·维塞尔所发明的“机会成本”这个概念。这是一个貌似有理实则极为含混的概念，但它却很少得到详细评论。首先，一个处于特定时空环境之中的、能力有限的行为者，他必须发起规模有限的行动，必须在多个相互排斥的方案中进行取舍，因此才有所谓“选择”的问题。选择了甲方案，就只能放弃乙方案，因此，对乙方案（及其所带来的利益）的放弃，也就是选择甲方案的一种成本。这就是所谓的“机会成本”。由此可见，“机会成本”首先是与“有限的能力”联系在一起的。如果行为人在特定时刻可以做所有的事（包括可以思考所有的事），那么，他也就什么都不用放弃了。无论就作业的性质、种类还是数量而言都很有限的个人行动能力，导致了适宜于他去从事的事务被划分为离散的、一个个的。其次，“机会”一词的使用表明，当事人显然被预设为处于某种时空环境之中，而存在于该环境中的可供选择的事务在数量和种类上都是有限的。我们说人在时空中“游走”，也就相当于在说这些“事务”（相对于人）本身在“游走”，它们对于知识有限的当事人而言，多少有一些琢磨不透、难以把握的性质，所以，维塞尔也就使用了“机会”一词来称呼它们。正是在以上诸多意义上，当事人才面临着“选择”的问题，而这个概念最先由奥地利学者提出，也就颇为合乎情理了。

以下我们较为详细地解释一下上述论点。

在任何使用“机会成本”一词的场合，当事人所面临的“机会”的数目都必须是有限的，而不能是无穷无尽的，否则这个词就会失去意义。换言之，当说“我所放弃的东西”的时候，**只能在有限的范围和特定的意义上来说**，而不能在超越于个人活动

① ［奥］卡尔·门格尔：《国民经济学原理》，刘絜放译，上海：上海世纪出版集团，上海人民出版社，2001 年，第 94–95 页。

② 庞巴维克的用语，参见［奥］庞巴维克：《资本实证论》，陈端译，北京：商务印书馆，1983 年，第 167 页。门格尔的用语则是“依存”，参见［奥］卡尔·门格尔：《国民经济学原理》，刘絜放译，上海：上海世纪出版集团，上海人民出版社，2001 年，第 87 页。

范围的“全局”的意义上来说。例如，我今年选择了一份工作，赚取了10万元收入，那么，获取这笔收入的机会成本是什么呢？这个问题是非常难于回答的。这是因为，由于涉及的时间较长，在这段时间之内，许多变量都具有相当充分的可变性，所以我可以做出的选择就是非常非常多的。基于排列组合的知识，相关选项的数目几乎接近于无穷大。在通常情况下，这10万元的收入还是比较令人满意的；可是，要是我选择了其他职业，或者独立创业，做得好并且运气不错的话，一年的时间也许足以使我成为百万、千万甚至亿万富翁。在这种情况下，按照机会成本的概念，这10万元的机会成本岂不是非常巨大？由于机会成本所指的是所放弃的最佳机会，如果跨越了整个时空来看的话，那么，这笔收入的机会成本的正确答案又该是多少呢？

这就是说，**不能在新古典的环境中来谈论机会成本，机会成本实际上是一个算法式的概念**，它必须被严格地限定在那些具有高度可比性的少数选项之间来进行使用，方才有意义。在新古典的无穷计算速度以及零通信成本的假设下，当事人实际上可以获得一切“机会”，同时每个机会又都面临着无数竞争者，因而，也就无所谓“机会”了。这个概念显然根植于日常生活的经验，而这一点显然也是它最终得到广泛接受的重要原因。在算法环境下，或者在真实世界中，具有高度可比性的情形实际上是相当稀少的，时空因素会把不同的选项隔开，致使当事人不能自由地、随意地在其中来回穿越。某些选项也具有暗含的、当事人一般注意不到的条件（例如需要某些特定的知识）。如果忽视了这些，就会导致把实际上不可获得的“机会”误认为真正的机会，从而导致对机会成本的滥用。例如，某企业明知今年要发生亏损，还必须坚持继续经营。按照流行的观点，继续经营的机会成本至少是把企业股权变卖后的收入所能够产生的储蓄存款利息。可是，企业的控制权实际上可能并不容易卖出，因此相应的利息可能也并不容易得到。在这种情况下，把上述利息简单地视为一种机会成本的观点也就是大有疑问的。事实上，在经济学文献中，由于上述前提没有得到仔细的澄清，机会成本经常被滥用或者被含混地使用。假如某种机会的确是可以获得的，那么，按照最优化的法则，当事人在决策时一定会将其考虑在内；反之，假如当事人事实上没有选择该机会，则表明它在当事人的眼中要么不是最优的，要么则是不可获得的；因此，除非研究者在试图重新评价当事人的决策，或者给他提建议，否则绝不会存在这样的问题，即在某个行为已经发生的情况下，另行探讨其机会成本的大小。就解释性工作而言，这就构成了一种逻辑矛盾。

通过上述讨论，我们可以深入地认识到“情境化的经济学”应该是个什么样子。我们可以通过讨论现金核算方法来说明其中的奥秘。在实际经济事务中，一个重要的事实是，企业对于盈亏的计算事实上主要是建立在现金流量方法的基础之上的，而不是建立在机会成本的概念上。此即，企业主要通过把实际发生的收入流量与支出流量相减来确定利润或亏损的金额。这是最为古老的会计核算方法。机会成本概念的确推动了会计学领域的“权责制”的引入，它导致了应收账款被记为收入，以及众多其他的“应收”或“应计”科目的产生。但是，我们可以注意到，**权责制会计对于核算范**

围的扩大是十分有限的，是受到会计准则的严格制约的，因此，它对于会计核算方法的影响程度其实是相当小的，它并不能改变现金流量核算居于主导地位的事实。“权责制”的运用，只是对那些**过分拘泥于现金收付原则**的个别做法所进行的修正，它并不表明人们发现了一整套可以用来完美地确定诸经济活动之终极因果关系或权利义务关系的方法。这个例子非常生动和贴切，它向我们形象地展示了机会成本这个概念究竟应该怎样运用，以及“会计核算”的实质究竟是怎么一回事。大部分人都把盈亏核算看作自然而然、不言而喻的事情，实则不然。“外部性”的概念把经济核算扩张到了更广的范围，不过，道理还是一样的。

理论化的经济分析与会计核算有没有实质的不同呢？笔者的回答是：否。**理论分析实际上严重地依赖于会计核算**，尽管二者之间有所不同。先有会计核算，后有理论分析，虽然后者有时候也会（在相当小的程度上）影响和改造前者。如果采用新古典的原则，则我们也就无法建立会计核算，因而也就无法建立理论分析。简言之，什么都做不了。算法经济学就是要首先来揭示和恢复这个真相；在此基础上，我们再来考虑如何进行适当的理论分析。

4.4.4 奥地利学派诸观点之间的统一性（三）

奥地利学派对于时间的重视，显然因袭了历史学派的传统。沿着这一线索，又进入了“迂回生产方法”这个概念，这就更是一个重要的突破了。可是，此后，庞巴维克却迷失了。他承继了门格尔的“高级财货”的视角，从“生产周期延长”和“迂回度提高”的角度来看待资本品的内生，导致了大量效果甚微的论述。为什么要使用迂回生产方法？庞巴维克回答道：“迂回的方式比直接的方式能得到更大的成果，这是整个生产理论中最重要和最基本的命题之一。必须强调说明，这一命题的唯一依据是实际生活的经验。经济学理论不说明，也不能演绎地说明它必然是这样的。”[①] 这表明，庞巴维克实际上回答不了这个问题，他也放弃了对于这个问题的探索。这样的态度和方法与斯密对于分工、李嘉图对于国际贸易的态度和方法是相一致的。它们都是含混的，并或多或少地具有一些误导性。无论对于思考或者行动，“迂回”在原则上都是必需的，它并不是一个轻描淡写的“提高效率”的问题。“不迂回”的生产方法基本上不存在，人们通常所考虑的只是“如何来迂回”或者“迂回到什么程度”这样的问题。“高级财货”这样的术语也起了转移视线的作用。经济活动是流转的、循环往复的。由于当事人的即时行为能力有限，他借助资本品来生产消费品，而对消费品的消费又支持了资本品的生产。重要的在于认识到当事人行为的这种“序贯性”（或串行性，即一个时间只能做一件事），而不在于识别哪个比哪个更“高级”。

由于这些缺陷的存在，奥地利派的时间概念在很多情形之下都是流于形式的，是孤立的，未能与其他重要的论点融为一体。奥地利派的学者们总是提到时间，却

---

① ［奥］庞巴维克：《资本实证论》，陈端译，北京：商务印书馆，1983 年，第 55-56 页。

不使人感到这种提及有什么特别之处。尤其是，当他们大量地论及知识与认知问题的时候，却似乎忘记了，认知是需要时间的，因而也就与这个最为关键的论点擦肩而过，即认知过程（或者思维活动）与物质产品的生产过程一样，都是迂回地进行的。

学习与发现都是一种动态现象，并且都是关于思想或认知活动的。也就是说，它意味着正的计算时间的存在。学习与发现有多么重要，计算时间也就有多么重要。而后者事实上被忽视了。论者们宁愿提到“学习”“发现”这些词儿，也不肯直接提及思考或计算的时间。这显然是因为，后者给人一种简单而肤浅的印象，“理性的”“计算过程”在直觉上只被理解为类似于求解某个方程式那样的直线的、确定的过程。似乎没有人注意到，一旦计算时间（从而计算速度）是正的和有限的，思维活动也就会立即发生主观性转向，诸如主观性、有限知识、不确定性、错误、矛盾、冲突、学习、发现、创新等也就会立刻发生。学习与发现不过是这些众多后果中的一个部分而已。所以，最为重要的并不是分别强调它们，而是要优先强调计算时间。计算时间一旦引入，也就会纲举目张，应有尽有。奥地利学者们做成了一个个珍珠，却没能用丝线把它们串成一条项链；算法理论则正是这样的丝线。

现在我们就再来把这些珍珠串连一下。思维活动一旦需要时间，也就不能指望它在我们可以忍受的时间之内到达“真理的彼岸”，于是，它就会跌落在中途，而呈现为一种残缺不全的东西。于是，各人的思想认识也就有了差异。这些差异当事人不可能立即就把它们都看透，因为要“看透”，就必然需要更多的时间，该时间的长度我们甚至不能设想和预计。这就是说，在当事人的眼中，思想与思想之间就会产生矛盾、冲突与差异，而他们（在当时）又不知道如何解决。这就是“主观性”。我们不必过于挑剔地探讨其他意义上的主观性是否存在，主观性首先就是指这样的“科学的”主观性。这是我们用无可置疑的、科学的逻辑首先可以到达的地方。这些主观的思想中的某些部分必然会被某些人定义为“错误”或“缺陷”，因而必然可以被否定、被发展。旧思想于是就会转化为新思想。人与人之间具有这样的关系，人与自己的过去之间同样也会具有这样的关系。所以，“学习”既包括一个人向他人学习，也包括一个人向“过去的自己”（也即自己的记忆与知识）学习。“发现”既是指获得了新增的、与已有知识无关的知识，也包括对旧知识的简单否定。

另一方面，思想时间的引入弥补了过去只是片面地认可外在行动之时间耗费的缺陷，使得时间维度被全面地赋予了所有的人类行为。时间的概念变得完整了，空间的概念也就会突出出来，以往的“要么突出时间，要么突出空间”的残缺框架也就得到了完善。这样做的结果是，经济学将从抽象的、绝对的体系中挣脱出来，降临真正的“人间”，我们现在可以真正地建立“情境化的”经济学了。于是，如前所述，个人、意识、无意识、边际、机会成本等也就会相应地显现了。我们可以换个说法：个人、集体、情境、意识、无意识、人际差异（或主观性）、结构性、非线性等几乎所有的奥地利派的议题，都可以从"有限理性"这个概念演绎而来；或者说，它们都是"有限知识"的"变体"或者"表现"。

至于"环境的不确定性"这个议题，当然也是如此。不过，为了避免重复，这个问题我们留待下一小节与其他议题一并讨论。

4.4.5 卓越的门格尔

以上三个小节是一个泛泛的论述，现在转向重点评述。以下的四个小节将特别地评述一下上面8个论点之外的"奥地利式的观点"。以算法的眼光来看，这些观点要么不大受到一般经济学者的重视，要么则通常对其解读不够充分，但它们却都是十分重要的。

奥地利学派主要的论点，以及它的论述方式和风格，实际上在其第一部著作《国民经济学原理》中就都已经显示出来了。例如，门格尔一开篇就指出，当事人对于商品能够满足特定欲望的认识是商品成其为商品的一个必要前提。[①] 他不仅讲到了知识的缺乏，生产需要时间，不确定性，而且尤其强调了"人类欲望实现的时间界限"[②]。这与我们的"主观性转向"之间只隔一层窗户纸了。由于这层窗户纸最终未能捅破，门格尔采取了把主观性与客观性完全分离的叙述方式。[③] 这种基调的奠定对于奥地利学派的意义颇类似于李斯特之于历史学派。

在门格尔的下一部著作中，他对于社会科学方法论进行了相当全面而中肯的论述，并就各种研究方法的综合问题提出了出色的思路。以算法的眼光来看，其中的许多论点都是尤为恰当的（即使它们不为后人所重视）。在这些论点面前，笔者只能说，算法理论的意义不过是将之予以贯通、延伸和精细化、以便使之更为透彻而已。在全书的第一自然段，门格尔就表达出这样的意思，即关于世界的知识是社会科学的研究对象（尽管它没有展开论述）。[④] 他把经济学相当恰当地划分为经验研究、理论研究和政策学三个领域。[⑤] 对于理论研究与经验研究之间的关系，他没有抱持任何形而上学的立场，而是采用一种非常简明的说法："一种精确理论，就其性质而言，总是只能向我们提供有关现象的一个个别方面的理解。"[⑥]"没有一门精确科学能够对于现实世界的哪怕是最微小的一部分给出全面的理论性理解。如上所说，它只能教给我们这种规律性的某一个个别方面。"[⑦] 鉴于"理论性研究之精确取向和实在主义取向都是正当的"，因此不能以其中的一个否认另一个。[⑧]"在经济领域中，我们会同时碰

① ［奥］卡尔·门格尔：《国民经济学原理》，刘絜敖译，上海：上海世纪出版集团，上海人民出版社，2001年，第2页。

② 同上，第40页。

③ 同上，参阅第77–95页。

④ ［奥］卡尔·门格尔：《经济学方法论探究》，姚中秋译，北京：新星出版社，2007年，第15页。该书的中文译者把原名"社会科学方法论探究"改译为"经济学方法论探究"，应属一种不妥。

⑤ 同上，第18–19页。

⑥ 同上，第35页。

⑦ 同上，第60页。

⑧ 同上，第46页。

到个别的和一般性方面的科学。前者属于经济史学和统计学，后者则属于理论经济学。”[①] 这就是说，对于理论研究与经验研究之间的关系，或者一般与特殊之间的关系，或者抽象与具体之间的关系，我们必须将之视为平等的、平行的、混合性的和互补的，而不是层级的或其他的神秘关系。同样地，我们也应当以类似的方式来理解个人与社会、个体与整体之间的关系。对于德国学者所强调的社会的整体性以及社会现象的“有机性”，门格尔在对此予以肯定的同时，这样写道：“社会现象与自然有机体间的类似性，只涉及到前者的一部分，也即只是表明了那些属于历史发展的非意图产物的部分。其余的部分则是人为设计计算的结果，因而也就与有机体没有类似之处，而类似于机械装置。……这同样只是一种局部的相似性——而且，这种相似性不是出自于对自然有机体与社会构造物的性质之清晰认识，而出自一种含糊的甚至有点肤浅的感觉而已。”[②] 这是一段值得高度评价的论述。它表明，门格尔对于理性与“非理性”之间的关系的认识，持有一种相当清醒而平衡的观点；它清楚地表明，门格尔既不否定或崇拜理性，也不否定或崇拜非理性。这段话值得所有的人记取，尤其值得那些因为反对数学方法转而崇拜“人文性”的学者们所记取。

综上所述，奥地利学派所努力的方向，绝不是走向某种偏执的道路。一些人在早期把它混同于主流新古典经济学，另一些人在晚期又把它诠释为反理性的，这都是不对的。我们可以进一步说，奥地利学派的基本目标，就是要搞“大综合”，要把理论方法与经验方法统一起来，要把英国经济学与德国经济学统一起来（门格尔把他的论题定为“社会科学方法论”而不是“经济学方法论”便显示了这一点）。方法论大论战显然促进了这种结合。只是，由于几个关键的环节最终没有能够打通，它才呈现为如今的松散状态。

4.4.6 算法化的米塞斯

在门格尔之后，米塞斯是又一个思想宝库。米塞斯是那种不畏世俗而特立独行的尤为令人尊敬的人士。即使到了 21 世纪，人们对他的评价似乎仍然在上升。

我们首先要对他的《货币与信用原理》做一点与众不同的评论。我们说思想是一种“客观实在的物”，那么，货币是不是呢？货币可以具有物理的形态，又是记载思想的符号，因此，它没有理由不是“客观实在的物”。既然也是一种“物”，它就有它的特定用处，因此，我们也就可以谈论它带给人们的“效用”，就好像谈论其他物品或商品的效用一样。货币于是也就获得了它自己的经济价值。所以，米塞斯把效用与边际效用的概念运用到货币的身上，具有承认思想以及思想符号的“实体性”或

① ［奥］卡尔·门格尔：《经济学方法论探究》，姚中秋译，北京：新星出版社，2007 年，第 17 页。
② ［奥］卡尔·门格尔：《经济学方法论探究》，姚中秋译，北京：新星出版社，2007年，第118页。省略号为笔者所加。

“客观实在性”的意味（否则这种运用就是不合逻辑的）[①]，[②]，尽管他本人对此尚未明确地认识到。指出这一点是重要的。这是因为，货币在历史上原本的确是金、银等实物，后来则以纸币为主，如今又向“电子货币”转变。在这种情况下，货币变得越来越“虚”了，以致经济学者们越来越把货币特殊化了，越来越认为针对货币的操作是一件轻而易举而又“无关宏旨”的事情。实际上，货币的客观实在性与它具有什么样的物质形态无关，而只与它的思想属性有关；即使货币是电子的（或借助于其他任何便利的形式），它也是客观实在的。

货币是非中性的，这是一个共识，可是，米塞斯对货币的非中性具有独特的认识，这种认识本质上是算法的：（由于是一种客观实在物）货币的分配与流转类似于物品的分配与流转，不可能毫无“摩擦”地实现；因此，当货币供应增加之时，所增加的货币不可能均匀地、同步地、无差别地分配给每个行为主体；于是，货币政策的变化将带来广泛的结构性效应。这个论点是对凯恩斯主义货币政策的一个有力批判。迄今为止对于货币政策的经济效果的分析，给人一种“要么有益，要么无害”的印象。只顾眼前、不顾长远的凯恩斯主义货币政策，一定具有重要的负面后果，对此，我们将在后文中（尤其是 7.2.9 节）继续讨论。

米塞斯的上述观点与我们所要展开的“情境化的经济学”之间具有密切的联系。默里·N·罗斯巴德对此进行了引申。罗斯巴德强调指出，米塞斯对于单一价格水平、价格指数等概念的反对，可以做这样的理解：“（商品）各自的地点是商品自身的主要部分。在任何时刻，一种同质的商品必须用其对于消费者来说的有用性来定义，而不能用其技术性质来定义。”[③]用算法的语言来说，时间、空间与环境因素都参与了商品价值的形成，因此，严格说来，超脱具体情境来谈论和比较商品价格，是一种逻辑错误（或者，假如认为这样来讨论价格具有一些益处，那么就要对这种方法进行正确的说明）。磕磕绊绊之间，奥地利学者们基本上表达出了这样的意思，即具体的个人、环境及行为应当作为经济分析的出发点，而其他一切的抽象和概括都应置于其后。**行为人决策时所面临的事态的各个组成要素即使不是新奇的，由它们所组成的整个事态本身（作为一种排列组合）一般也都是独一无二的**（对于不同情境之间的差异，奥地利派的学者们称之为“环境的不确定性”）。这种认识可以导向对一系列理论问题的消解。例如，问：价格为什么变动？答：每个交易有每个交易的价格，两个情境中的价格只是“不同”而已，因此可以认为，并不存在价格的“变动”。又如，

① 米塞斯说：“一定货币数量之效用，直接决定于货币之交换价值。”（［奥］米塞斯：《货币与信用原理》，杨承厚译，台北：中华书局，1966 年，第 85 页）“我们在讨论货币之价值时，实不能采取整个社会之观点”（同上，第 86 页），因为“在此种情况下，一般交易媒介将无效用之可言，因而亦无价值之可言。”（同上，第 86 页）我们可以把这种意见解读为：货币的存在本身是反新古典主义的。

② 同时需要注意到，货币不是直接用来满足感官欲望的东西，因而它与一般的消费品有所区别。普通当事人关于是否持有货币以及持有多少等问题的决策，可以更多地予以客观化的决定。“效用”这个词用在这里，反映了作者试图把货币简单地塞入主流分析框架的倾向。

③ ［美］穆雷·罗斯巴德：《奥地利学派的货币理论》，载［美］埃德温·多兰主编：《现代奥地利学派经济学的基础》，王文玉译，杭州：浙江大学出版社，2008 年，第 147 页。括号内注释为笔者所加。

许多理论分析都会不自觉地假设个人行为是前后一致的，这个假定其实并不总是必要的。理论家们从不同的情境中抽象出相同的因素，将之一般化和模型化，但是，他们往往因此而忽略被抽象的原型事物尚有大量的残留存在，以致错误地把理论置于真实世界之上，进而贬低真实世界。理论的目的是解释真实世界的真实场景；解释得越精确，说明理论的质量越高。如今，这一点已经被大部分经济理论家抛诸脑后了。

在本小节的后半段，我们再来评论一下奥地利学派所强调的先验性。一种关于有限理性的理论，必然也就是关于认知过程的理论，因而也就与认识论哲学之间具有密切的联系。这就是先验论见诸奥地利学派文献之中的逻辑原因。门格尔认为，通过理性分析，人们能够发现内在于经济现象之中的规律，而这些规律一经发现，也就是自明的和绝对的，无须经由客观材料的检验。这显然是他为了批判历史学派的经验主义而提出的论点。这个论点具有本质主义的倾向，对于实现“大综合”的目标来说，这是一块潜藏的暗礁。[①]这个缺点得到了米塞斯的纠正。在笔者看来，米塞斯就“先验”问题做出了中肯而透彻的论述，从而为经济学指明了前进的方向。这些切中要害、一针见血的论述值得我们在此进行回顾。

在《经济学的最后基础》中，米塞斯一开篇就写道：“赫拉克利特说，万事万物都在一个不停的流变中，绝没有什么永恒的存在……（可是）就人的心灵来讲，如果没有一个基本概念在其变化中仍有其不变者在，那么，人的心灵可不可能涉想到“变”？……就认识论来讲，也即就人的知识论来讲，却是有点东西不能不认为是永恒的。这就是人心中逻辑的与行为学的结构以及人的感官能力。”[②]米塞斯接着对于认识论哲学做了简短的概括，并站在了康德的折中的立场上：“依照洛克的说法，人心是一张白纸，外在世界在这上面写上它自己的经历。理性主义新认识论的兴起，目的在于反驳这种全然的经验主义。莱布尼兹接受理性主义，更进而认为，凡经由感官而存在的，都已蕴涵于心灵之中，只有心灵本身是例外。由于受了休谟的经验主义怀疑论的启发，康德把理性主义的教义置之于一个新的基础之上，他说，经验只提供原料，心把原料做成所谓的知识。一切知识的形成，都决定于元范（或范畴，category），而元范在时间上和逻辑上都是先于经验材料而存在的。元范是先验的，是个人的精神装备，使他能够思想——我们得再加上——能够行为。由于一切推理都以先有先验的元范为条件，因此想要证明或反证它们，都是徒劳的。”[③]那么，这些先验的元范对于人们认识世界为什么会有效果呢？答案在于自然选择与演化：“演化

① 门格尔的论述遗留了一系列问题：“精确理论”是世界的本来面目还是人脑先天的“规定性”的体现？关于客观对象的完全的理论是否“最终”能够建立起来？是否存在人所最终不能认识的“物自体”（剩余）？等等。对于这些问题，门格尔的回答明显地偏向于肯定（或夸大）人的认识能力。不过，他所强调的重点仍然是“对象的复杂性导致了认识需要时间过程”这样的中立与科学的因素，因此，他的论点的缺陷是轻微的，主要是不够全面和透彻。

② ［奥］米塞斯：《经济学的最后基础》，夏道平译，台北：台湾远流出版事业公司，1991 年，第 25 页。省略号与括号内注释为笔者所加。米塞斯对赫拉克利特的理解不够准确。赫拉克利特还说，变中亦有不变；这个“不变”就是逻各斯。赫氏的这一说法是非常“算法的”。

③ 同上，第 36 页。括号内注释为笔者所加。

的过程，消灭了那些身体结构不适于生活环境的个体，同样地，那些发展出不适于环境的心灵结构之群体，也统统被消灭。……所以我们可以知道，这些元范对于宇宙的真实性提供了一些情报。这些元范绝不是些任意的假设而没有任何情报价值的，也不全然是些惯例而可以其他的惯例来替代的。它们是必要的精神工具。”[①] 接下来的问题是，它们是否是圆满和完美的呢？“所有的人都有相同的人心的逻辑结构。在我们强调这个事实的时候，我们并不是要断言，我们所知道的这样的人心是我们能够想出的唯一的或最好的工具……在这个无限的宇宙中，也许在某些地方已有一种生物，而他们的心灵超越我们的心灵，其程度正如同我们的心灵超越昆虫的心灵。”[②]“先验的诸元范……的真实性或有效性，不同于经验命题的真实性与有效性，既不能证明也不能反驳，因为他们本身正是我们得以辨别真实与否或有效与否的工具。……我们看到真实，并不是真实的本体（真实的本身也许只有完全的神才可看出），而只是我们的心和我们的感官的性质使我们能够看到的……我们绝不要忘记，我们对于宇宙真实的了解，受限于我们的心的结构，正如同受限于我们感官的结构一样。有些真实是我们的心灵所不能察及的。我们必须力求自觉我们的心的特征与限制，以免陷于全知的幻想。”[③] 米塞斯更是写下了如此令人震惊的话：“杰出的哲学家们，曾经试图为先验的元范——经验与思想的必要条件——列出一个完全的表。这些表不会是完全的。可是你不要小看这些企图在分析和系统化的功用。你应知道任何的表列法总会不免有一个宽阔的空隙有待于个别的思想家去自由裁决的。”[④]

这些论述已经无需我们去逐个说明。今天，我们的工作只是，把“先验的元范”定义为指令；相应地，“先验的元范”的“列表”，也就变成了“指令清单”；大体说来，仅此而已。

4.4.7 哈耶克论思想的对象化

米塞斯的特点是论点相对平衡，善于构造理论体系，而哈耶克的特点则是观点犀利而透彻。门格尔强调了理论的作用，而哈耶克则把理论解释之后的“剩余”（包括习惯、传统、“非理性”等）的存在及其重大意义阐述得入木三分，令人难忘（尽管还不够全面和正确）。不过，由于前文中对于哈耶克已经涉及较多，这里仅限于评述一下他的晚期作品《科学的反革命》中所表达的一个特别的观点。

这个观点就是，哈耶克似乎提出了我们的基本的算法式论点，即思想是一种“客观实在”，它是社会科学的主要研究对象——尽管这种“提出”不够全面和彻底，甚至给人一种“懵懵懂懂”的印象。他写道：

---

① ［奥］米塞斯：《经济学的最后基础》，夏道平译，台北：台湾远流出版事业公司，1991 年，第 39–40 页，省略号为笔者所加。

② 同上，第 40–41 页。省略号为笔者所加。

③ 同上，第 42 页。省略号为笔者所加。

④ 同上，第 44 页。

在讨论唯科学主义对社会研究的影响之前，我们不妨先大概介绍一下社会研究的特殊对象和方法。它研究的不是物与物的关系，而是人与物或人与人的关系。它研究人的行为，它的目的是解释许多人的行为所带来的无意的或未经设计的结果。①

大多数社会行为或人类行为，都不是**科学**所说的那种与“意见”相对立的狭义的“客观事实”，根本不能从自然角度去定义它们。在涉及到人类的行为时，物只能是行动的人所认为的物。②

从我们据以区分事实和意见的另一种角度说，社会科学的事实仅仅是意见，是我们研究其行为的那些人所持的意见。它们不同于自然科学的事实，因为它们是不同的人所持的信念和意见，它们本身不管是对是错，都是我们的素材。……从我们把社会科学的主观主义方法和自然科学的客观主义方法加以对比的意义上说，这不过是道出了一个普通常识，即前者首先研究的是个人的思维现象或精神现象，而不是直接研究物质现象。……我们在研究这些（包含在主观认识之中的物的）性质时，我们所研究的不是物质世界，而是人类的思维。③

我们在经济学中看到的一切“生产的自然规律”，都不是自然科学意义上的自然规律，而是人们有关自己能够做些什么的信念。人与物的关系如此，人与人的关系更是如此。社会研究不能用自然科学的客观方法，而是只能根据人们的信念，对这种关系进行定义。……不管是“商品”或“经济物品”，还是“食品”或“货币”，都不能从自然角度，而只能根据人们对事物的观点进行定义。客观主义或唯物主义的观点试图把货币定义为一小块圆形金属，对此经济理论无话可说。……任何具体商品的历史都表明，随着人类知识的变化，同样的物质可以代表非常不同的经济范畴。我们也无法从自然科学的角度，区分出两个人是在进行实物交换或交易，还是在玩游戏或举行宗教仪式。除非我们能够理解人类的行为有什么意图……④

只有人们的知识或信念，能够成为其自觉的行为之动机。⑤

像“政府”“贸易”“军队”“知识”这些字眼，并不是指可观察的单一物品，而是指各种关系结构，只有利用图式再现（schematic representation），或利用有关不断变化的不同因素之持续的关系体系的“理论”，才能描述它们。易言之，离开我们用来建构它们的理论，离开我们重建观察到的诸因素的关系，以及寻找这种特定组合之意义的精神机制，这些“整体”并不存在。⑥

---

① ［奥］F.A. 哈耶克：《科学的反革命》，冯克利译，南京：译林出版社，2003 年，第 17 页。

② ［奥］F.A. 哈耶克：《科学的反革命》，冯克利译，南京：译林出版社，2003 年，第 19 页。

③ 同上，第 21–22 页。省略号以及括号内注释为笔者所加。

④ 同上，第 24–25 页。省略号为笔者所加。

⑤ 同上，第 29 页。

⑥ 同上，第 71–72 页。

在另一个地方[①]，哈耶克还探讨了“如何划分‘一个’思考对象”这样的问题。

笔者认为，这些论述不仅从文字上、而且也从实质上在向“算法的立场”做显著的靠拢，其中的诸多精彩而透彻的说明，完全可以直接用来作为算法理论的注解。

然而，如同门格尔在《社会科学方法论探究》一开篇没头没脑地写下“知识构成了我们的科学活动的研究对象”这句话一样，哈耶克的论述虽然在沿着这个方向继续深化，却也在还可以大步前进的地方戛然而止了。首先还是这样的缺陷，即用主观性来证明思想的“存在性”。尽管哈耶克已经扩展了“主观性”的含义（他对这个词语的解释含有这样的意思：“主观性”不仅包括人际的主观性，还包括人在自然面前的“主观性”），可是，仍然不能摆脱这样的指责：难道只是因为具有主观性，思想才能实际存在吗？难道“客观的思想”就不能实际存在吗？这样的认识实际上意味着，只有在有阴影的地方，光才存在；只有母亲病倒了，才能说明她劳作辛苦。现在我们要建立的“正确观念”是：所有的思想，无论主观的还是客观的，都是客观实在。在这一点上，我们可以从米塞斯对逻辑实证主义的批判中察觉到积极的迹象。米塞斯毫不客气地批判了逻辑实证主义者这样的观念：演绎推理不能产生新知识，知识只蕴含于推理的前提之中。[②]

如果思想（包括知识、信念等）是社会科学直接的研究对象，那么，接下来不但不应当就此止步，还应当立即转入以下的各个问题：思想可以与物理对象并列讨论吗？——哈耶克显然认为可以；它是否应当被定义为区别于物理对象的另一类“实在”？是否应当赋予其时空特征？如果思考需要时间，又将怎样？受速度限制的思维活动，如何及时地得出决策？思想如何发展变化？主观性与客观性可以相互沟通吗？假如沿着这些问题探索下去，也就必定能够发现，整个学术界传统上对于“存在物”的思想具有一种非常特别、奇怪且自相矛盾的态度；也就必定能够发现，主流新古典经济学的核心特征，其实就是取消思想的客观实在性；进而，奥地利学派的诸观点，实际上可以简单地统一于思想的客观实在性。遗憾的是，尽管彼此有所不同，甚至有所分歧，然而，如同德国经济学家们一样，奥地利经济学家们也一代又一代地重复着他们创始人的观点（由于这些观点实际上也可以演绎出其他的观点，许多新的“发展”的意义都被夸大了），似乎一点儿也不觉得这些观点之间潜在着诸多冲突[③]，因而需要再协调、综合和提炼一番。

---

① ［奥］F.A. 哈耶克：《科学的反革命》，冯克利译，南京：译林出版社，2003 年，第 68 页。

② ［奥］米塞斯：《经济学的最后基础》，夏道平译，台北：台湾远流出版事业公司，1991 年，第 28–29 页。

③ 例如，知识和信念可以作为行为的动机，那么潜意识是否也可以作为动机呢？反过来，“自觉的行为”是否也有不自觉的动机呢？又如何看待行为的意外后果呢？既然行为具有意外后果，那么人的目的与意识的重要性又怎么讲呢？

4.4.8 沙克尔与拉赫曼

在奥地利学派的思想宝库中，还有一颗珍珠有待于我们来拾取，这就是G·L·S·沙克尔和路德维希·M·拉赫曼的思想。他们两人是好友，但沙克尔并不自视为一个奥地利派的学者。沙克尔的著作颇为晦涩（同时又急于建立具体的模型），因此拉赫曼是沙克尔的热情的阐述者和发挥者。他们二人通常都被贴上"激进主观主义者""相对主义者"甚至"虚无主义者"的标签。这种划分固然有些道理，然而，笔者以为，真相绝非如此简单。他们看到了许多别人所未曾察觉的或者觉解不够的东西。

首先，时间因素是他们论述的基石。虽然他们没有直接提出计算时间与计算速度等概念，但是，他们正确地把时间与作为有限知识表现形式的主观性、不确定性、创新等联系了起来。在他们的笔下，这些主题不像在其他学者那里只是孤立地、绝对地、"就事论事"地予以讨论，而是提出了一种因果解释。也就是说，他们认识到了思维在时间压力之下所发生的"弯曲"，认识到了其中的因果关系。这种效应使得"一般均衡"彻底成为不可能，因此，人们必须换一种眼光来看待经济与社会。鉴于这里的核心思想是沙克尔早于20世纪三四十年代就提出来的，这尤为令人敬佩。我们必须将他们二人视为算法理论的先行者。

下面简短地浏览一下他们是怎样论述的。沙克尔首先强调了"时间"的意义对于自然与人类来说是不同的。"在经典的动态物理学中，时间只是一个单纯的数学变量"①，而"在个人的经历中，每一时刻在一定意义上都是独立的。每一个'当下'都承载着个人在当时的具体感觉、经验、思想、情感、决定与行动……这个'当下'只管沿着日历轴向前滚动，把我们强行带入一个个临时性的新观点中……借助记忆与想象，人脑的确可以超越'当下'，但'当下'仍然总是自我包含的（self-contained）和独立的……日历轴上的每两个点之间都可以借助记忆与想象建立起联系，可是，在另一种意义上，这种联系都已经内在于每个'当下'之中……其中之一的存在否定并驱逐另一个的存在。这里没有使它们可以面对面的共同基础。比较个人在T_0时的真实情感与T_2时的真实情感是不可能的，也是没有意义的。"②对此，拉赫曼解释道："比较不同时间所发生的不同行为是不可能的，因为两个时刻不能并列于我们的眼前……同时具有情感、偏好和意识的这'人'在以不可预知的方式变化着。"③

对于这样的论述，要给它简单地扣上"相对主义"与"虚无主义"的帽子是很容易的，不过，这样做对于了解作者的真实意图并没有什么好处。沙克尔在这里实际上指出了个人的自我矛盾，因而正在消解"自我"或"个人"等概念。这有利于纠正

---

① ［英］沙克尔：Time in Economics，第23页；转引自Ludwig Lachmann，"Capital，Expectations and Market Process"，Institute for Humane Studies，Inc.，1977，第82页。原文为英文，由笔者自行翻译。

② 以上各段分别见于［英］沙克尔：Time in Economics，第13、15、16、18、19页；同上，转引自第82–83页。原文为英文，由笔者自行翻译。

③ 同上，第83页。原文为英文，由笔者自行翻译。

一些奥地利学者把个人绝对化的缺点。由于他明确承认不同的自我可以在一定程度上相互通约，因此他并不是一个相对主义者或虚无主义者。对此拉赫曼也为他进行了辩护。[①] 拉赫曼尤其强调："只要我们允许时间流逝，我们则必须允许知识变化。"[②] 通过在上述发散性的基础上引入收敛性，拉赫曼试图设想一种更为全面和平衡的世界图景。对此，他沿用沙克尔的用词，称之为"万花筒般的社会"：

> 在"万花筒般的社会"中，趋于均衡的力量（尤其是在耐用资本设备和特种资本设备比较集中的地方）缓慢发生作用，并时常被未预见的变动所打断，以致不能达到应有的效果。阻止均衡实现的一个重要力量就是永不停歇的资产市场，它每天都在通过制造资本盈亏来重新分配财富。[③] 所以，经济体系在整体上是绝不可能达到均衡的。马歇尔式的个别产品市场也许在一定的时间可以实现均衡，而经济体系的均衡则绝不可能。从我们的思索中所浮现出来的是作为一种过程而存在的市场，这个过程无始无终，它被趋于均衡的力量与变动的力量之间的相互作用所驱策，而一般均衡理论只考察前一种力量内部的相互作用。……经由'发散的预期'所加强和扩展的主观主义，很有可能将为我们提供一个观察社会现象的优异的视角，这是一种不同以往的平和的视角。"[④]

沙克尔与拉赫曼的观点即使不是完全地、本质性地不同于其他奥地利派的学者们，他们所做的引申、补充与强调也具有独特的价值，这些论述都应当成为拟议中的"新经济学"的必要内容。

下面讨论一下他们的论述中的一些缺陷。可以说，这些缺陷非常需要通过引入算法理论来进行修正。

在认识到思维在时间压力下所发生的"弯曲"之后，笔者认为，我们应该得出的结论是社会科学与自然科学并没有什么本质性的区别；社会科学方法论的困惑，其实主要是由于缺少一个关于思维活动的本体论。匪夷所思的是，沙克尔却未能这样做，他反而像其他一些学者那样，转而跟"时间"概念"过不去"（例如区分"机械时间""期望时间"以及"自然时间""社会时间"等）。思维活动是人的大脑（也许还包括身体的其他一些部分）中发生的一种活动，它需要时间与过程；在这一点上，它与物理活动是相似的，它所需要的时间也就与物理活动所需要的时间是一回事，为什么要区别不同的时间概念呢？线性的时间概念在这里又有什么不够用的呢？笔者认为，这样的"深邃思想"纯属画蛇添足，多此一举，它只是起到了"把简单事情搞复

---

① ［英］沙克尔：Time in Economics，第 23 页；转引自 Ludwig Lachmann，"Capital，Expectations and Market Process"，Institute for Humane Studies，Inc.，1977，参阅第 84–85 页。

② 同上，第 92 页。原文为英文，由笔者自行翻译。

③ 这种观点与我们在 4.3.5 节第 2 点所表达的观点是相一致的。

④ Ludwig Lachmann，"Expectations and the Meaning of Institutions"，London & New York：Routledge，1994，第232–233页。

杂”的作用。相应地，在此基础上再强调社会科学的“特殊性质”也就没有什么显著的必要性了。“意识进路”的存在并不能使社会科学变得十分特别。意识固然是行为的真实原因，可是，由于理性的有限性以及潜意识的存在，它也只能构成部分原因；这就为社会科学采用自然科学的实证主义方法留下了余地。在具体问题的解答中，究竟哪种方法更为奏效，这是不一定的——因而，释义学的“理解”方法也就不是唯一的。

拉赫曼对于“主观预期”与“主观知识”之间的区别的强调并不能加强他的论点。他说：“知识是一个难以捉摸的概念……尽管它随时间变化，但它不是变量，不是自变量，也不是因变量……在有些情况下，人的行动的依据不能被称为真正的知识。这里，我们遇到了预期问题。”① 这些话反而表明，他的知识观仍然或多或少地囿于柏拉图的传统，即只有“正确的思想”才能算作知识。为了平息这些纷乱，我们必须有一个统一的、广义的“知识”（当然也可以考虑用“思想”等其他的词语）概念，用它来指称所有的思维成果。沙克尔与拉赫曼的方法论讨论显示出强烈的需要，即把思想（或知识）实体化，并使之与外在的事物和行动相并列地予以看待和分析。这些目标都需要借助算法理论来达到。

拉赫曼的论述已经显示出了良好的势头，但是，理论的轮廓仍然是模糊的。除了主观性与客观性之间的关系需要廓清之外，知识发展问题尚需进行详细的说明。以上的引文表明，拉赫曼认识到实物资本存量（在一定的条件下）将会引起收敛过程，导致某种局部性均衡的出现，但他未能将这个理论同等地应用于说明知识的发展。由于缺少“指令＋信息”的框架，沙克尔与拉赫曼虽然都在谈论记忆，却不能形象地、明晰地、准确无误地把记忆定性为一种无形资产，因而也就无法详细说明知识发展的原因、过程与后果。自我学习、知识的传播与发展导致局部性的知识趋同（均衡），这是说明客观性的途径之一。局部存在的均衡为什么可以与其余地方存在的发散现象并存？这是一种离散性和异质性，是需要做出深刻说明的。这种“混合性”实际上也是有限理性的一种表现形式。两者混合之后的总结果如何？沙克尔与拉赫曼都不能给出答案，这是因为他们缺少关于知识发展的“组合爆炸”的视角；有了该视角，我们就能够来到类似于“宇宙大爆炸”的单向发展观，就能够抓住经济社会在宏观上长期变动的某些线索。

笔者是在提出算法理论之后才读到沙克尔与拉赫曼的作品的。对于算法理论来说，这不是一种打击，而是一个令人鼓舞的好消息。它表明，在开辟经济理论新范式的道路上，我们绝不是在孤军深入；早在大半个世纪之前，就有人持有与我们颇为类似的想法。这种巧合可以间接地表明，正确答案很可能就位于我们所处之地。

① ［德］拉赫曼：《论奥地利学派经济学的核心概念：市场过程》，载［美］埃德温·多兰主编：《现代奥地利学派经济学的基础》，王文玉译，杭州：浙江大学出版社，2008年，第115–116页。

4.4.9 对政府干预的反对：是与非

前面我们已经说过，从经济学说的谱系上来说，奥地利学派严重地靠近德国经济学，它并致力于把英美系的主流经济学与德国经济学融合起来。然而，在政治与经济政策的主张上，它却处于极右翼。德国经济学是左翼的，而主流经济学则位于它们的中间。这的确是颇为耐人寻味的，值得我们认真思考一番。

一种关于有限理性的经济学说，当它面对制度与政策问题时，通常的逻辑是，既然市场有缺陷，那么就有必要引入政府干预。这正是德国经济学的逻辑。而奥地利派学者们却不这么认为，它们反而比任何人都更加强调自由放任，这是为什么呢？

答案显然在于知识的（从而算法的）方面。奥地利学派的经济学，主要可以视为一种关于知识的经济学；在很大程度上，这种经济学的价值就在于它对知识有意无意地采取了一种算法的（或“准算法的”）态度。它的论述不仅涉及通常意义上的“知识”的价值，而且涉及潜意识以及默示知识的作用；它不仅论及了个人的知识，而且论及知识的传播、协调与发展。总之，奥地利派学者们的目力所及，主要是针对思想与知识本身。正如论者们多有指出的，**市场经济的有效性主要与知识的产生、协调和发展等议题有关**。这些议题在亚当·斯密以及其他主流学者们那里，只是相对隐含地（或者片面地）进行讨论的，而在奥地利派学者们中间，则是公开地、直接地、深入地和比较全面地讨论的。从知识的角度来看，自由以及自生自发的计算非常宝贵，因为它最有利于发展知识，而一切的政府干预也就都可以打上问号，因为政府干预一般总是着眼于实行某种**已有的**知识；在高度异质性与异步性的市场活动面前，它总是显得专横和武断。奥地利派学者们对于社会主义体制和凯恩斯主义政策的批评都是切中要害的，我们可以把它们的论点的说服力进一步解读为，这是算法理论的威力在初露锋芒。

然而，在这一学派的现代发展中，他们的论点逐渐陷入了一种片面性和极端性之中。他们给人造成一种印象，即只要是政府做的事情，他们也就一概批评反对；只要是市场化的行为，他们也就一概肯定和支持。① 他们不再延续其早期学者们进行“大综合”的初衷，反而时时处处力图与主流经济学相区别。这种立场致使他们在学术争论中不得不处于不断的反对和退守的姿态。他们的论点的说服力减弱了，其论域也越来越狭窄了。尽管奥地利派的学者们反复声明要把他们的政治主张与学术观点区别开，但是，他们的政治主张实际上已经影响和限制了他们的学术的发展。3.4.7 节提到的哈耶克关于价格体系的观点便是一个这样的例子。

可以向奥地利派学者们提出的一些基本问题如下：既然市场有缺陷，这种缺陷为什么“一定”不可以由政府来弥补呢？市场具有竞争性、多元性、灵活性等优点，

① 在很大程度上，这与奥地利派的学者们把“个人”这个概念绝对化有关。例如，拉赫曼是这样来附和米塞斯的：“正如米塞斯说明的那样，受一个大脑控制的行动必然是一致的。同一个市场中许多头脑的行动则缺乏此类一致性，就像同时出现的看涨和看跌一样。”（[德]拉赫曼：《论奥地利学派经济学的核心概念：市场过程》，载［美］埃德温·多兰主编：《现代奥地利学派经济学的基础》，王文玉译，杭州：浙江大学出版社，2008 年，第 118 页）

这些优点为什么政府一定不会有呢？市场遵从习俗与默示知识来行事，并且“边干边学”，政府难道不也是这样吗？政府的性质与市场是完全不相同的吗？既然政府的作用如此负面，为什么又要主张由它来担当“守夜人”呢？政府的真正缺陷究竟是什么呢？社会主义与凯恩斯主义的教训究竟又是什么呢？

对于这些问题，我们可以在此先扼要地给出一些算法式的论点。政府的性质的确与市场不同，它可以实行一些特殊的社会性的“算法”（例如强制）。这些算法是私人所无力实施的。于是，在政府与市场之间就可以建立起互补与协作的关系。另一方面，政府与市场如何协作，这需要在具体环境中来进行具体探索。社会主义与凯恩斯主义具有一个共同的缺点，即政府行动的规模（包括持续时间）都过于庞大，以致其效果**在空间维度上**不能及时地、鲜明地、充分地显示出来，这就使得“边干边学”的效应远远不能充分地发挥出来。换言之，**这些社会工程在风险控制方面都具有极为严重的缺陷**。**在原则上**，人们并非不可以想象，不可以创新，不可以挑战传统，而是说，要把其中的风险控制好；要让尝试性行动的效果尽可能**及时**而**充分**地显示，以便当事人**及时**进行评价和修正，并把损失控制在最小的范围之内。这就是通常所谓的“良性互动”的含义。资本主义世界为什么会成功地吸收社会主义的经验呢？原因就在于，他们所进行的吸收和尝试都是局部的、有控制的和小规模的，从而以很小的代价发展了当事人的知识，最终使得社会运行在**稳定**而**持续进步**的轨道上。

从上述视角来看，政府及其行动的规模是一个关键的因素，因此，在现代社会中，可能有必要以立法的形式明确地限定政府的规模，或者限定其开支占国民生产总值的比重。没有算法的视角，我们就不可能合乎逻辑地来到这个结论。所以，在第四篇中，我们将明确地提出和支持“比例管理”这一理念（参阅 8.2.7 节）。

4.5 略论凯恩斯宏观经济学

4.5.1 总论

宏观经济学的产生显然与统计学以及相应的经验研究的发展有关。这是经济研究的另一个分支（历史学派是这一分支的一种极端样式）。这一分支与理论经济学的综合是“大综合”的应有之义。如同奥地利经济学一样，约翰·梅纳德·凯恩斯的宏观经济学首先也可以视为一个关于理论综合的努力。

随着经济社会的发展，统计资料变得日益丰富起来。这就产生了一种需要，即对这些资料进行整理、归类与解释。也就是说，需要建立某种理论框架。统计资料是信息，理论框架则是对于信息的算法。没有信息，算法就是“无米之炊”；没有算法，信息就是一盘散沙，至少研究者就需要绕道很远很远的地方，并且直到发现和建立了某种算法，信息才可能得到有效的处理。这两个方面的并重给宏观经济学注入了一种原始的基因，即与微观经济学者们相比，宏观经济的研究者们始终是面对现实经济的；换句话说，**宏观经济学是直接以现实经济作为其“理论原型”的**，这一点与微观经济学大不相同。微观经济学在假设的、虚构的前提下进行推理，它的虚构性质不仅在其读者的眼中是显而易见的，而且是其作者们所明确声明的。

不过，在凯恩斯所生活的时代，古典与新古典经济学的这一性质还表现得不够鲜明，数学方法还尚未像战后那样泛滥起来，学者们大都是以理论联系实际的态度来进行写作的。这就使得凯恩斯对于“新古典主义”的本质认识得不够清楚，不可能像我们今天这样来对它做出根本性的反驳与整体性的摧毁。凯恩斯一面认识到了正统经济学（也即他所谓的“经典学派”）的问题在于其前提，并且“把问题都假定掉了”[①]，另一方面，他也显然认为，正统经济学是对经济现实的一个虽然片面却也具有一定合理性的概括，因此，可以拿来作为展开进一步延伸与改造的基础。在这种认识之下，凯恩斯采取了这样一种轻巧的、并且也是急功近利式的方法：在设置了若干基础性的宏观经济学概念与变量之后，首先按照正统经济学的精神实质来复述它们之间的关系，然后，再从实际生活中找出一些理由，来证明这种理想的关系一般是不能实现的。所以，凯恩斯经济学是一种批判的、否定性的经济学；它不是指出经济活动是什么样子的，而是强调它不是什么样子的；它努力摆脱旧学说的羁绊，却远未描绘出新体系的全貌。因为后一个原因的存在，结果是，它反而不得不受制于旧学说，与之纠缠不清，以致熊彼特指责它的核心仍然是静态的。[②]

这并不十分公正。实际经济活动无时无刻不摆在我们每个人的面前，因此我们大都熟知它的性质。通过阅读原著，笔者认为，凯恩斯基本上不具有构建静态理论的意思。显然是出于治理当年的经济危机的紧迫需要，凯恩斯给经济临摹了一张速写画，然后指出了其中的若干具体问题，并且指明它可以怎样来治理。他的确假定诸多变量在短期中是不变的，不过，这只是出于暂时的局部分析的需要，他丝毫没有认定这些变量事实上是不变的；对此他声明得非常清楚。[③]他也并无这样的意思，即他在《就业、利息和货币通论》（以下简称“通论”）中所做的分析就是全部的经济分析了，其他诸如基础理论框架以及中长期分析等都是不必要的。[④]构建一个肯定性的体系（例如一般均衡论）需要涉及方方面面，而否定这个体系只需要打开几个缺口就可以了。这个因素也导致了《通论》在篇幅上是短小的。《通论》用语精练，要点明晰，行文活泼，某些段落机智有趣，全书技术性与思想性兼具。从算法的角度来看，它无疑是经济理论的一种进步。

---

① ［英］约翰·梅纳德·凯恩斯：《就业、利息与货币通论》，徐毓枬译，北京：商务印书馆，1996年，第32页。

② 参见［美］约瑟夫·熊彼特：《经济分析史》，朱泱等译，北京：商务印书馆，1996年，第三卷，第606–607页。

③ ［英］约翰·梅纳德·凯恩斯：《就业、利息与货币通论》，徐毓枬译，北京：商务印书馆，1996年，第208页。

④ 凯恩斯的名言“在长期内，我们都将死亡”这句话固然强调了短期分析与短期政策的重要性，但它显然不能被理解为对中长期分析的取消。

一种并不以“静态平衡观”为基本理念的理论，难免要导向公共政策。所以，政策药方必然就是凯恩斯学说体系的一个组成部分；进而，“理论框架—统计数据—政策建议”便组成了一种常规的“凯恩斯式的”工作模式，它足以提供众多就业岗位，让经济研究者们忙得不亦乐乎。这是凯恩斯的经济学取得“成功”的奥秘之一。然而，归根到底，这主要只是体现了对于一种强大传统中所包含的严重错误的察觉；在理论上，这个进步是微小的。由于它在没有能够完全走出这种错误的情况下就匆忙投入了政策实践，在取得若干实际成就的同时，也招致了严重的负面后果。

宏观现象与宏观议题的发生起源于微观当事人的视野与智能的局限性。普通的微观当事人各自关注着有限的问题，用有限的知识与手段来解决这些问题，以便实现自己特定的目的。由此可以推知外部性必定是广泛存在的，即使经过了“半内在化”过程之后也依然如此——因为“半内在化”不可能恰好完全消灭了外部性。然而，既然宏观现象作为一些外部性来呈现，那么这些外部性的状态究竟怎样，其中有没有什么规则性，我们在原理上也就不能完全推知，而需要用一种特殊的办法去“观察”。这种“特殊的办法”就是相对抽象的统计数据。统计数据好比望远镜，它可以让宏观研究者以与微观当事人相同的视野“看到”广袤范围内的纵横交错，潮起潮落，而这些现象是在常规视野之内所不能充分觉察的。这个道理就好比我们站在地上观察麦田，只是看到了麦秆的倒伏，而当坐在飞机上往下看时，则发现麦秆的倒伏区域具有某种规则的形状（所谓“麦田怪圈”）。这种规则性可能是由于微观行为中的某些规则性相叠加而引起的（因而需要进行剖析和解释），也可能只是一种偶然，或者一种暂时无须加以理会的现象。

另一方面，并不存在本质性地区别于微观当事人的“宏观当事人”。宏观经济学者可以看到一些微观当事人所看不到的东西，但是，由于他的视野与微观当事人相同，它反而因此而失去了微观的视角，他所看到的又是另一种片面。所以，**“宏观”并不是全部，而是另一种“局部”**。宏观学者和政府里的宏观调控者们也都是普通人；当他们展开政策行动时，也是像微观当事人那样来行为的。所以，微观当事人的理性有限以及市场失灵并不构成政府采取行动的**充分理由**，政府采取行动还要考虑到政策本身的合理性以及政府的执行力，要进行广泛的利弊权衡和审慎的考察。当然，在凯恩斯的时代，凯恩斯以及社会大众都还顾不上这么多，这些道理是后来通过付出重大的代价才认识到的。

凯恩斯曾说：“旧说已深入人心。所以困难不在新说本身，而在摆脱旧说。”①套用这句话，我们现在则可以说：关键在于新说本身；新说一经完备，旧说则一击即溃。

① ［英］约翰·梅纳德·凯恩斯：《就业、利息与货币通论》，徐毓枬译，北京：商务印书馆，1996年，第3页。

4.5.2 简评《通论》

本小节的任务是对《通论》的某些方面做出具体的评论。

《通论》起步于新古典学者们所熟悉的地方，也即函数和边际决策原理。函数相加仍然是函数，所以，凯恩斯把微观的方法如此简单地扩大到宏观层面，不仅在逻辑上是易于接受的，对于广大经济学者们来说，这种做法甚至是亲切的。我们已经说明，函数方法与边际决策原理都十分具有局限性，这个观点当然也适用于宏观经济学。

“有效需求”是一个有趣的概念，这个概念的微妙之处似乎很少得到明确的揭示。一般都把它解释为对收入的强调（即需求是收入的一个函数），这是凯恩斯经济学不同于新古典经济学之处。收入概念的产生实际上是引入货币的一个结果。对于货币的引入，凯恩斯说得很清楚[①]，他认为，货币必须从一开始就位列于基本理论框架之内。一个貌似简单、然而对于经济学者们来说却似乎很“深奥”的道理是，买东西必须有“钱”；没有钱，就会寸步难行。这体现了思想与计算的重要性，也体现了“现金流分析”在经济分析中的核心意义。因为买东西需要钱，所以，一个人只有等待获得货币收入**之后**才能去消费和投资。因为手持的货币提供了极大的便利，所以，一个人也可以选择储蓄而不投资，可以在任何支出方向上进行选择和再选择，可以随时改变主意，也可以为买而卖、为卖而买，等等。这就导致微观经济活动变得丰富多彩、贴近现实了，经济学也就可以真正地研究当事人所面临的真实的问题。不过，经济的动荡、冲突、不平衡、不稳定的问题在一定程度上也是由于货币而引起的，或者是因为货币而加剧的。于是这才产生了凯恩斯的经济学。

除货币之外，《通论》中还包含着其他大量的算法元素。在凯恩斯的眼中，模型中的当事人就是真实的（而不是新古典式的完美理性的）人。他们有血有肉，有情感，有心理。他们在真实世界中行事，面对真实的问题，以我们所熟悉的方式进行思考和决策。他尤其强调了通常所谓的“非理性因素”所扮演的角色。《通论》中充斥着“偏好”“心理”“信任”“情绪”“悲观”“乐观”“运气”“惯例”“习俗”“制度”“哲学”等词语。尤其是下面的两段文字，最值得在此予以引用：

> 我人之积极行为，有一大部分，与其说是决定于冷静计算（不论是在道德方面、苦乐方面或经济方面），不如说是决定于一种油然自发的乐观情绪。假使做一件事情之后果，须过许多日子之后方才明白，则要不要做这件事，大概不是先把可得利益之多寡，乘以得此利益之或然性，求出一加权平均数，然后再决定。大多数决定做此事者，大概只是受一时血气之冲动——一种油然自发的驱策，想动不想静。不管企业发起缘起做得如何坦白诚恳，假使说企业之发起，真是因为缘起上所举理由，则只是自欺欺人而已。企业之依赖精确较量未来利益之得失

① ［英］约翰·梅纳德·凯恩斯：《就业、利息与货币通论》，徐毓枬译，北京：商务印书馆，1996年，第21页。

者，仅较南极探险之依赖精确较量未来利益之得失者，略胜一筹。故设血气衰退，油然自然的乐观情绪动摇，一切依据盘算行事，企业即将萎顿而死；——虽然畏惧损失与希图利润，二者同样缺乏合理基础。

……

社会之所以周运不息，就是因为我们有一种内在的驱策想动。理智则在各种可能性之中，尽力设法挑选，在可以计算之处，也计算一下；但在需要原动力之处，理智不能不依赖想象、情绪或机缘。[①]

以上的论述至少表明了两点：1. 凯恩斯认识到在实际生活中，主流经济理论所展示的“正统算法”与“另类算法”是相互结合的。2. 然而，支持这种“结合”的背后的理念却是分裂的，也即理性与“非理性”是分别孤立地予以看待的；与其说这是一种结合，不如说是一种对立和相互否定。

凯恩斯对于这个核心问题的看法，虽属难能可贵，但并没有超脱其他的学者。对此我们可以再举两例来说明。第一个例子是对“偏好”这个概念的随意运用。任何具有现实精神的学者，都会认识到主观性的广泛存在。可是，主观性只是表明，思想具有人际差异；它却绝不表明，这种差异就好像人的相貌，是绝对的和与生俱来的；它也绝不表明，在**当事人本人**的眼中，意向是可以随意形成的。以“流动性偏好”为例。生活常识告诉我们，在每种情况下，个人究竟手持多少现金才合适，是我们本人需要进行认真思考和计算的事情。即使每个人最终表达出来的选择或意向各有千秋，以致看上去像是一种“偏好”，他本人也绝不会这样认为的。一个执意把自己的手持现金额视为“偏好”的人，不可能在个人理财方面是一个成功者。在《通论》中，类似的“偏好”或“倾向”很多。这并不是说“偏好”“倾向”这些词不可以运用，而是说，这些词本身**首先**必须被赋予算法的含义，用算法的方法来进行定义或说明。[②]

第二个例子是凯恩斯在第十一章第Ⅵ节对于“浪费性开支”的论述。凯恩斯说，诸如地震、战争、金字塔、黄金开采、挖个坑再填上等活动，本身并无多大意义，但在特定的情况下，仍然可能增加社会财富。[③]凯恩斯的本意是用这种极端的表述方式来讲述投资乘数理论，但它在学术界和社会上都引起了巨大的争议。在算法框架下，我们如何来看待这样的论述呢？笔者认为，这个论述不仅适于用算法理论来重新做出解析，而且可以解析得十分简单有效。这就是：这个论述典型地反映了传统哲学观念在对待“思维”这个对象上的歧视态度、内在矛盾和困难处境。没有任何事物或任何

---

① ［英］约翰·梅纳德·凯恩斯：《就业、利息与货币通论》，徐毓枬译，北京：商务印书馆，1996年，第138–139页。

② 顺便可以再回溯到米塞斯。在他的名著《人的行为》（［奥］路德维希·冯·米塞斯著，夏道平译，台北：台湾远流出版事业公司，1991年）中，米塞斯以时间偏好理论（即人们总是偏好或高估当前的财货，而低估将来的财货）贯穿全书的后半部，而这样的“偏好”，在有限计算速度的框架下，是完全可以理性地予以解释的。“偏好”是一种典型的思维弯曲现象。但是，当它被仅仅当作生理欲望的类似物时，相关的论述就充斥着武断和绝对化的气味。

③ 参阅［英］约翰·梅纳德·凯恩斯：《就业、利息与货币通论》，徐毓枬译，北京：商务印书馆，1996年，第110–112页。

人类活动是没有价值的。但是，当我们采取重物轻人的、物理主义的和二元论的态度时，类似的问题就来了。地震是外生的，无须多论。战争要解决它自己的问题。战争的原因在于人的思想方面。战争的代价恰巧说明思想、计算以及人际关系问题是多么重要，其花费是何等巨大。金字塔与黄金开采也是如此。一笔黄金的有与无，以及它是否存储于中央银行的金库之中，涉及国家的信用，所以是个大问题。金库中有这笔黄金，人们才可能正确地知道它的存在，于是对于国家的信心就会增加。如果没有这笔黄金，却假装或谎称它的存在，也许可以蒙蔽一时，但其后果终究是可想而知的。财政部掩埋钞票然后出售对钞票开采权的例子则不相同，因为这是一种欺骗，人们一旦获知实情，也就不再信任政府。这与黄金开采为什么不同？这是因为，如同经济学家们所崇拜的物理化的活动一样，人的思想与人际交流都不是乱来的，都是有一定之规的；只有认为思想与通信活动都不需要代价、因而可以任意妄为的人，才会在它们之间划等号。如果我们能够把思想活动想象为如同体力劳动那样来进行，我们就不会认为需要写下这“特别的”一节。所以，那些貌似风趣的玩笑话，实则反映了一个新的发现者所仍然具有的旧头脑。这样的玩笑话就好比中国人初次目睹大鼻子的洋人、或者地球人听说了 UFO 的故事以后，由于感受到了新奇和兴奋而变得兴高采烈，以致幽默感顿生。然而，把这样的夹生饭供应给社会大众，所引起的必然是消化不良。

4.5.3 简评《通论》(续)

凯恩斯的玩笑话并不全是玩笑话，它同时反映了现有的宏观经济学与微观经济学所共同具有的缺陷，这就是由于无法把流量分析与存量分析有效地融为一体，以致在着眼于流量分析的时候，有意无意地忽视了存量。地震与战争都可以使得经济活动活跃起来，以致收入增加；可是，它们都是摧毁存量财富的活动。判断一个事件的利弊，既要看它对收入的影响，也要看它对财富的影响；最终结论应当取决于这两种影响之和。这个道理经常被经济学所遗忘。这是存量理论（比如资本理论）与流量理论未能有效融合的消极后果。

还需要从统计学与会计学的角度来考察这个问题。存量财富的盈亏是否会计入当年的收入流量呢？依照企业会计准则，只有在少数情形之下，才可以这样做。在另一些情形之下，资产价值的盈亏只允许影响资产负债表，而不允许影响损益表。并且，报表的调整一般只限于特定的大额的、流动性好的资产，而不允许涉及其他的一般资产。鉴于商品价格总是波动的，照理说，任何资产以及资产发生的任何变动随时都应当进入会计重估的范围。然而，此种工作量之巨，其实是不可想象的，因而没有人会同意这样做。企业的盈亏计算如果建立在全面的、精确的价值重估的基础上，这又将反过来如何影响经济活动本身，是一个值得思考的有趣问题。此外，绝大部分财富盈亏都不能进入居民户的收入申报范围。例如，由于使用不当，某个人损失了一部手机，在填写收入申报表时，它可以扣除这一项吗？显然不可以。居民的房屋在地震中倒塌了，这个损失也无法冲抵当年的国民收入，而重建的开支反而作为国民收入予以统计了。这些事实可以再次使我们认识到，经济核算实际上严重地偏向和依赖于货币流量，因而，价格数据与统计数字只是反映了经济状况的一些侧面，而不是全貌。这不是精确不精确的问题，而是根本不可能做到，任何数量化的信息都不可能具有“反映经济全貌”这样一个功能或性质。

投资的“乘数效应”这个概念中当然还隐含着这样的一种认识，即对于基于个人决断的自生自发行为的不信任。自由市场即使从某些标准来衡量是令人满意的，从另一些标准来衡量也不是（而且，即使它可以满足所有现存的标准，人们还可以发明出新的标准）。这是任何一个持有“有限理性”观点的人都可以到达的结论。因此，如同市场给单个的普通经济行为者留有余地一样，市场也给政府留有余地。某种经过恰当设计的政府行为，可以增进国民福利，这是无法予以否认的。所以，关于政府干预必要性的争论，不应当立基于干预的机会是否存在，而是要转移到干预的方式、后果（包括中长期的）、代价等方面来。这是凯恩斯主义分析框架的大漏洞。只要我们认识到知识发展的永恒性，用“宇宙大爆炸”的单向发展观来看待经济系统，就会认识到政府活动总是有可能争取到**直接的**利益，那么，政府干预活动因此就应当无限地扩张和持续下去吗？答案当然是否定的。政府应当有所克制，有所为有所不为，包括对某些在表面上似乎颇为明显的利益，也要有勇气去放弃。宏观经济学只对这个问题在非常狭窄的范围之内做了论述。一种够格的社会科学原理，必须在广阔的范围内发展出分析这个问题的一般框架。

投资乘数的背后体现的是结构性。由于异质性的存在，经济体系不可能总是平滑地、顺畅地和匀速地运动。用俗话来说，它会不时地“卡壳儿”。这种“卡壳儿”现象有时候是隐蔽的，是一般经济行为者凭借常规观察能力所不能发现的，但却可以被专门研究者们所发现。与“卡壳儿”相对应的是突变，有“卡壳儿”就会有突变。这时候，政府就有可能通过一定的支出活动（即使这种支出本身意义不大），引起国民收入的数倍的增长。这种可能性固然会存在，不过，仅凭常理也可以推测出，这种类似于大白天捡钱的“美事”并不会很多。后世大量的实证研究也的确证明了这一点。

最后，还要稍微评论一下凯恩斯经济学的一般性。凯恩斯经济学是因应大萧条而构思的，是一种“急就章”的短期分析。但是，这显然不能被理解为凯恩斯的本意。有效需求不能被理解为总是不足的，而是说，它会随着当事人心理的变化而变化。有效需求有不足的时候，也有爆发和过剩的时候，它只不过是相对于供给或预期而言的。所以，经济活动时而高涨，时而衰退，它一般是不稳定的。资本的边际效率也会随着技术的变迁而涨落。可是，在技术不变的假定之下，它也就难免是悲观的。相应地，不变结构下的数量分析，也只能以均衡为目标。这并不表明任何经济分析只能终结于均衡。假如放开了这些假定，或者代之以其他的假定，我们也就很容易认识到，均衡的实现不仅不总是必要的，而且在许多情况下都是不可能的。

对于凯恩斯的经济学可以做多种理解[①]，而最为主要的是，它试图证明主流古典与新古典框架具有严重的缺陷。由于它发展出了一套比较系统的工作方法，因而在经济学界与经济政策界站住了脚跟。可是，这并不意味着它成功地否定了主流经济学。与此相反，由于主流的微观经济学仍然在那里，新旧方法之间并没有被完全打通，宏观经济学变成了一种混合物。这就是各种各样的“模型”在宏观经济学中大行其道的奥秘。“模型”日益变成了这样一种东西：你可以随意地提出假设，这些“假设”可以是真的，也可以是“假的”；然后，你可以在这些假设之下推演一番；推演不一定要求要像微观经济理论那样面面俱到，不容含糊，你可以在途中通过附加新的假设来控制推演的方向；只要结论具有一定的意义，则论文就可以发表。所谓“一定的意义”，是指它“解释”了某种现象，或者与已有的比较权威的文献相衔接，或者具有经验数据上的“支持”，仅此而已。提供证据时，你可以在理论与经验数据之间**任意**选择对自己的论点有利的东西，这就是所谓的“实证方法”。由于兼顾了理论与经验，它在表面上就是“全面的”。在这种方法之下，“假设”成了不顾基本原理的缺失、把“理论前提（从而诸模型之间）的一致性”这个问题置之度外、只顾自己“爽一把”的借口和工具。这种任意行事的情况表面上看似乎是一种学术民主，实际上它大大有利于著名经济学家建立霸权地位。因为，只有他们的“模型”，而不是其他普通学者的“模型”，才能成为一种标准，才能进入教科书之中。于是，附庸风雅、引经据典也就愈发成为一种学术风尚。在这种局面之下，学术的真正进步是很艰难的。

未来的算法式的研究也不可能完全摆脱这种方法。在引入主观性之后，学术研究也就有变成这个样子的危险。即使我们提供了适当的、统一的原理，也不能完全避免这个后果。这是一个教训。正是由于诸如此类的原因，所以我们强调，应当把包括经济行为者的真实思想状况在内的**现实世界**作为我们的理论原型。可能性有无数个，而真实世界只有一个。只有紧紧围绕这个唯一的平台与标准，各个学者们的工作才能有效地融合起来，算法式的研究也才能区别于现有的研究，而不会像它那样不尴不尬地漂浮在半空之中。

4.5.4 简评宏观经济政策

凯恩斯是宏观经济学的创立者。自此以后，在很大程度上是因为现实社会的紧迫需要，宏观经济学获得了巨大的发展。众多的从业者与政府机构相互合作，形成了浩大的声势。在这种声势之下，宏观经济学实际上是一种异端经济学的观念逐渐淡化了。宏观经济学努力地寻找其微观基础，而一些微观经济学者们则投桃报李，竟然发展出了所谓的“新古典宏观经济学”（这主要是指理性预期理论，我们已经在前文中做过评论）。于是，两种前提彼此对立的经济学就这样相互靠近，彼此取悦。这简直让人想起了历史上取得优势的革命者与既得利益集团相互勾结的故事。这样一“勾

① 参阅［英］马克·布劳格：《经济理论的回顾》，姚开建译，北京：中国人民大学出版社，2009年，535–541页。

结”，他们就共同盘踞并分享了统治者的地位。这个合纵连横的过程又生发出了众多的子学派（例如后凯恩斯主义学派）。他们彼此争论着，并各自努力地强调着自己的“特点”。他们往往把他们之间的微小区别视为大事，因而分化为不同的学术团体。我们常常可以发现，相似的问题在不同的团体中以不同的框架和术语讨论着，而各自都认为自己的观点“很重要”。加入某个圈子的人在圈内受到追捧，而试图跨学派讨论问题的人则常常不受重视。这种现象在很大程度上是负面的。这反映了经济学的颠三倒四和日暮途穷。这实在是一种不幸。

笔者不打算再详细评论宏观经济学的种种“现代的发展”。不能说其中不存在“发展”，只是，发展是微小的，在方法上是无关紧要的。鉴于宏观经济学主要是宏观经济政策的一种预备，下面我们就转入政策领域。

首先要涉及的一个议题是，如同当事人的话语具有多种或明或暗的含义一样，一种理论所表达的东西也是如此。《国富论》中不仅表述了众多的理论，它也奠定了主流学者们的思维模式、行文风格以至说话的“腔调”。凯恩斯经济学同样也是如此。短期分析导致了短期性的政策。“大变量”（也即宏观变量）导致了政府大规模的、简单化的行为模式。此外，凯恩斯的经济学具有一种不信任市场的基调（而不是像奥地利派学者们那样从有限理性中反而引出了推崇市场的结论），它认为普通经济行为者经常是盲目而低效的，而经济分析者（从而宏观经济管理者）则具有充分的理性；他们可以洞察一切，手眼通天，并随时展开适当的行动。于是，芸芸众生就这样不幸地处于“被调控”的位置上了。

窖藏钞票然后对其进行招标开采的故事实际上做出了一种暗示，即在普通大众不知内情的情况下，政府可以有意地采用比传统手段远为广泛的其他众多措施，来影响他们的行为——只要调控者出于维护公众利益的考虑即可。这种调控取得成功的一个必要条件是，调控者与被调控者之间的信息、知识与观点是不对称或不一致的。政府强行扩张开支的原因在于，公众并不知道他们陷于萧条的原因就是因为他们不敢花钱。假如人们根本没有意识到中央银行正在采取行动，这种情况下进行货币扩张的效果就会很显著。反之，如果人们能够弥补他们在信息与知识上的缺陷，则宏观调控政策可能就会归于无效（至少其效力会大大降低）。正是由于比较正确地揭示了这个道理，理性预期学派一时名声大噪。

所以，从正面来讲，宏观经济政策的实行过程实际上是传播信息、知识与观点的过程。如果这个定性是恰当的（即使不是全面的），则一个宏观经济政策的实行，会产生导致它自身消亡的趋势。而从负面来讲，这类似于一种欺骗。例如，轻微的通货膨胀政策产生了掠夺财富和再分配的效果，对此许多人并不知情。由于注意力的局限性，宏观经济政策的实行有利于那些关注政策走向的人，而不利于不知情者以及对此漠不关心的人。于是，这样的政策是否正当，便成了一个问题。经济学者们可以沿用惯例，继续对这样的问题保持中立，但是，我们需要指出这个问题的存在，并且尽可能用科学的方法去解答它。

深化一下上述讨论。宏观经济政策的频繁运用，逐渐引起了社会的广泛注意，越来越多的人加入了关注者的行列。人们对于政策以及政策意图变得越来越敏感。但是，这是不是一定会导致宏观经济政策丧失其必要性呢？这就好比关于禁止偷盗的法律导致小偷减少了（甚至在一些地方完全消失了），那么，这条法律是否就可以撤销了呢？答案显然是否定的。人们对于宏观经济政策的预期加强了，宏观管理者就可以多说少做。但是，假如长期依赖于政策声明，而不采取实际行动，则预期必然就会弱化；届时，反而要靠更大规模的行动才能取得与先前相同的效果。所以，实际情况必然是，调控者与被调控者之间将会长期地、永无休止地博弈下去；时而安定，时而活跃。这就是独特的算法式的效应。这是理性预期学派所不能达到的结论。

宏观经济政策是一种“大变量”。就是说，它是一种举足轻重的变量。无论在宏观层面还是微观层面，它都是如此。长期实行宏观经济政策将会造成这样一种结果，即越来越多的微观经济行为者将会聚拢在管理当局周围，唯其马首是瞻，并随之起舞（“收敛”不一定指当事人稳定地处于某种“好的”状态，这个状态也可以是“坏的”）。人际的同质性与行为的同步性都不断增强。由于人的注意力是有限的，他们因此也就会减少对于其他获利方式的关注，而日渐重视通过预测政策来获利。于是，良性的经济活动就可能会被“挤出”。有了算法的视角，这就是我们可以推断出来的结论。实际上，这也是现代民主国家所普遍面临的实际问题。社会包围着政府，游说活动猖獗，而政府的权力日增。由于当事人的相关知识不断增长、趋同或者对称化，各种政治僵局日渐形成。常识告诉我们，这不是一个好现象。这意味着一种体制的衰落。古代中华文明的衰落，也与这种僵局的形成有关。

那么，问题究竟出在什么地方呢？国家是不是不应该干预经济呢？笔者认为，并非如此。凯恩斯主义政策的缺陷首先在于，宏观经济政策既是一种“大变量”，它又过于灵活和不确定；由于其必要条件就是思想的冲突或不对称，因此，它诱发了无休止的战术欺骗和博弈活动。制订旨在提高预见性的明确的政策规则也是有难度的。这种难度不仅在于技术方面，而且在于它容易诱发对于这种规则的进一步的、反复的利用。在这一点上，它与禁止偷盗的法律不同。后者不会产生类似的效果（尽管它被强制性地施加于每一个社会成员）。宏观经济政策还可以与德国人发明的社会保障体制相互比较。社会保障体制是一种在衰退来临之时就会自动启动的机制，但是，它不会诱发对它的如此恶意的利用。人们只需要把民法、刑法以及社会保障体制装在心中就可以了。而宏观经济政策则不同，它是一种政治权力，需要公众几乎每时每刻去关注它。这就会搅扰得全社会蜚短流长，常年鸡犬不宁。社会的自由、多元与创造性必然就会遭到干扰和压制。

还是回到我们在 4.3.4 节提出的观点。尽管经济体系的绝对稳定是不可能和不必要的，**传统的市场经济还是有必要进一步稳定化**。笔者认为，在这方面，德国式的政策可能更胜一筹。如果能够给经济体从内部加装一些稳定器，则宏观经济政策的规模就可以大大缩减。一国的财政支出最好以该国基础设施与政府基本服务的需要为限，货币发行则以维护物价稳定为首要目标。有了内在的稳定器，宏观调控部门就可以停下来喘口气了；从宪法上限定政府开支的规模，也就是可能的和可行的。否则，种种限制政府权力的呼吁也就只能流于空谈。

现在几乎全世界都在长期性地执行轻度通货膨胀的政策。美国的次贷危机提醒我们，通货膨胀的危害可能并不限于传统所认为的那些方面。在这个充斥着结构性的世界中，通货膨胀的危害是难以穷尽的。这些危害日积月累，当它爆发时，就如同地震或火山喷发一样，具有摧毁性的破坏力。一般的宏观经济学者以及政府官员们都认为，通货膨胀要么产生正的净收入，要么不产生正的净收入，而只会造成一般物价水平的上升。总之，它基本上是有益无害的。这是一种高度可疑的观点。世界上哪有这样的便宜事儿呢？这就好比地壳内部的能量在聚集时，虽然地面上暂时未表现出什么征象，但我们却不能认为平安无事。这不过是宏观经济学以及主流经济学狭窄视野的又一种反映。在走出单纯数量分析的误区的基础上，算法经济学应当确立这样的目标，即力图揭示持续通货膨胀政策广泛的和长期的**结构性后果**。

4.6 略论芝加哥学派与制度经济学

4.6.1 总论

我们正在脱离比较古典的文献，而进入现代时期。凯恩斯宏观经济学已经先行了一步。部分地出于对宏观经济学的反对，部分地出于重述和发展主流微观经济学的“良好愿望”，芝加哥学派应运而生，并发展壮大。由于它的兴盛期比较晚近，因此一般经济学者都对之颇为熟悉。在《算法》《原理》以及前文中，我们对于其中的诸多人物及其著述也都多有论及。所以，本节所规划的篇幅比较简短。

芝加哥学派延续了大半个世纪，前后历经数代学者，给人一种“主题散乱”的印象。然而，大体说来，我们实际上可以以一种统一的评价来贯穿其始终。这个评价就是：**芝加哥派的学者们“相信”主流微观经济学的普适性，因此，他们只是致力于延伸这个分析框架，但却（几乎）全然不知，他们所做的工作与主流经济学之间在根本上是相冲突的，因而具有强烈的异端性质**。在经济学说史上，可以说，这是又一个戏剧性的情节。一旦我们洞察了这一点，简直叫人有点儿哭笑不得。这与其他非主流学派大都对自身的批判性具有明确自我意识的情况是不同的。由于芝加哥派的学者们在美国经济学界是相当主流的，所以，这也在很大程度上奠定了美国经济学的基调，型塑了许多美国经济学者的基本思维方式。

芝加哥派的学者们给新古典理论起了一个新名称，谓之“价格理论”。多位芝加哥派的领军人物都以此为书名，撰写了自己的专著。对价格理论的应用能力甚至成为芝加哥大学经济系是否颁授博士学位的一个明确标准。这一切都可以直观地说明芝加哥派的学者们对于主流微观经济学之普适性的“信念”（他们显然没有意识到新古典经济学的“价格至上论”倾向，因而以为它“只是”关于价格的）。然而，从其创始人之一的弗兰克·H·奈特开始，异端性的概念与学说便层出不穷。奈特提出了风险与不确定性问题，T·W·舒尔茨等人致力于人力资本的研究，乔治·斯蒂格勒关注信息及其搜寻，加里·贝克尔试图引入时间和实行“经济学帝国主义”，詹姆斯·布坎南把经济分析方法引入政治领域，科斯等人开创了“新制度经济学”，理查德·波斯纳等人则建立了“法律的经济分析”，等等。这些异端性的成果与芝加哥大学的早期学者托尔斯坦·凡勃伦等人的“老制度经济学”遥相呼应。后者则于近一二十年得到了复兴。

为了与凯恩斯经济学做斗争，芝加哥派的学者们不仅强调微观价格机制的作用，而且可以说，正是该经济学派把价格机制的作用推进到了一个极端，致使“价格至上论”达到了一个前所未有的新高度。这与奥地利学者在计划经济体制的迫使下对价格机制所做的夸大如出一辙。在这里我们不打算再详细论及“价格至上论”的谬误。只要引入了通信与计算的时间，任何具体的价格就都不可能囊括一切。某种事物或事件会影响价格与价格可以“概括”它不是一回事。这些道理都是显然的。芝加哥派的学者们所一门心思地、矢志不渝地扩展经济学的方式，只是反映了这样一种唯理主义的、或者中国式的观念，即万事万物都包含着自己的“道”与“理”，而这些“道”与“理”是可以彼此相一致的。这样的扩展最终导致所谓“经济学的方法”只能被诠释为“理性的方法”，而不再包含其他具体的内容。也就是说，经济学方法论因此而空洞化了。

笔者可以举一个生动的例子，来说明这种观念在美国是如何扎根的。不久以前，一名身处美国的匿名审稿人曾经就笔者关于算法经济学的一篇论文做出了这样的评论：“该文（指笔者的论文）把经济学目前的状态判定为‘相当分裂’，而我则认为，经济学是所有社会科学中最具有内在一致性的学科。例如，没有任何一门其他学科具有如此标准化和全球性的教科书。因而，经济学是一元论的典范，而不是分散的多元化的榜样。”我虽然无法知道该学者是否为芝加哥学派的直接传人，但他具有典型的“芝加哥式的”思维方式（甚至包括语气）。

4.6.2 以主流之名行异端之实

在本节，我们来具体地看看芝加哥学派是如何打着“主流”的旗帜而行异端之实的。

首先要提及的当然还是“风险与不确定性”问题。由于把新古典的分析“延伸”到了“不确定性”这一领域，这构成了芝加哥学派的一个重要“贡献”。如同 3.6.5 节业已论及的，当有限理性、有限知识或者“不确定性”穿着“不能准确估计概率的那一类可能性”的外衣登场时，这是非常微妙而值得玩味的。这种论调非常符合新古典经济学的口味。在这一论调的“安排”下，首先，那些“能够准确估计概率的”可能性就可以采用处理确定性的手法予以标准化的处理了。其次，对于余下的“不能准确估计概率的”这一类可能性，则可以使用“主观概率”来进行模拟。既然是“主观概率”，也就具有人际差异，所形成的也就是“意见”而不是“答案”。这种两分法不仅与柏拉图的“理念＋意见”的框架相符合，而且可以用来给个性与自由留下位置。换句话说，它在政治上也是正确的。于是，探索“风险与不确定性”的经济学者与新古典经济学者就这样握手言和了。

客观概率问题的确带给经济学以迷思。我们既可以说“世界原本就是存在概率的”，也可以说“这是我们头脑不够健全的反映”。前一种是本体论的进路，后一种则是认识论的进路。然而，更为重要的在于，无论对于观察者还是行动者而言，概率的存在总归不是那么如意的事情，它不如确定性那样令人满意。本体论进路与认识论进路的区别仅仅在于，想把这种不如意“归罪于”客观的方面还是主观的方面。但是，**无论责任在哪一方，其实在这里都没有区别**，所以，我们需要止息这个争论。这就是实用主义的主张。显然的道理是：一个巴掌拍不响；只有人的认识工具与外物相互遭遇，相互作用，才会产生概率的或者“不确定”的结论。这才是一种公允的、科学的观点。假如一定要把责任归结于哪一方，就是陷入了形而上学。

另一个辩驳在于，不管如何估计概率，人的思想是发展的，对于概率的估计因而也是有可能变化的。所以，即使客观概率问题可以纳入新古典框架，“不能准确估计概率的那一类可能性”也包含着极为丰富的、因而新古典框架所无法包容的内容。所以，不确定性问题的提出，也就必须导向有限理性、有限知识、矛盾、冲突与知识发展现象。令人遗憾的是，那些整天谈论“风险与不确定性”的主流学者们却未能这样做；他们对于这个道理视而不见。

除了“风险与不确定性”之外，芝加哥派的学者们还喜欢谈论时间与人力资本。贝克尔处理时间的方式简直让人无可奈何。传统的效用函数中是否潜在着时间因素呢？商品是不是在时间中存在的呢？如果是这样的话，那么，时间为什么又要再单独列出呢？时间的引入又将会引起经济分析框架的其他部分怎样变化呢？对于这些问题，贝克尔都加以回避，而只是强调，他所演示的分析可以用来“解释”那些现象，消费经济学如何因此而得到了“改进”，等等。

人力资本也是如此。这个概念的提出者似乎从未考虑过，它的引入对于整体分析框架意味着什么。这些学者们似乎认为这“没有什么大不了的，不就是增加了一个资本类型嘛！”所以，方法依然照旧，重点则放在探讨人力资本投资与收入之间的均衡关系上。人力资本这时似乎已经被当作我们所主张的“物”了。可是，分析者却忘记了这个“物”不是物质的“物”，它的思想属性被忽略了；至于这个“物”的存在应当如何与计算着的当事人所进行的计算相联系，则完全没有被考虑到。这个态度与他们所批判的马克思尽量地把劳动想象为物理（而不是精神）活动的做法也颇为相似。当然，鉴于资本理论向来也不如人意，“死猪”当然是不怕开水烫的！

可以说，芝加哥学派的经济学家们很少觉察到主流新古典经济学具有假想的“完美理性”的特征，更未发现新古典经济学这一特征的根源在于对通信与计算时间的忽略。在这种无意识的状态下，斯蒂格勒讨论起了信息搜寻的问题。一要搜寻信息，就需要引入空间，就会产生“搜寻范围”和“搜寻次数”这些概念。广告的重要意义也就被“论证”了。微观经济学也就被“改善”了。是啊，对于生活在冬天的人们来说，“寒冷”就是一种缺点，所以，对火的引进也就是一种“改善”；于是，不管是炉子里着了火，还是仅仅划着了火柴，人们也就只顾闭着眼睛喊道：这是一种改善！

在芝加哥学派的早期历史中，存在着理论思辨与经验研究之间的严重对立。可是，到了弗里德曼时代，这种对立却被神奇地“化解”了。弗里德曼等人的方法是，一边建构理论，一边用数据来“检验”理论。这就是所谓的“实证方法”。这原本是无可厚非的。可是，在弗里德曼等人的推动下，实证方法逐渐变成了这样一种东西，即它要么用来反复检验那些不证自明的简单道理（对这些道理的“揭示”被视为对经济学的科学性的证明），要么则仅仅因为某个命题与某些数据在表面上简单地符合，就贸然宣布这个命题可以成立——实际上它可能是明显荒谬的。自此以后，经济学被这种简单化的实证方法所深深地困扰着。现在我们知道，主流经济学所揭示的是世界的片面特征，而对于这种特征（如同它所未能揭示的世界的另一个面相一样），研究者们总是能够从数据海洋中找到若干支持它的证据，于是，经济理论也就总是能够得到“检验”。检验者可以忽略相反证据的存在。由于“任何理论的解释能力总是有限的”这句话总是被当做经文一样来予以教条式的理解的，所以，立论者也就可以堂皇冠冕地免于承担解释相反证据的责任。简言之，实证方法已经日益发展为掩盖理论框架缺陷的遮羞布。在波普的证伪原则得以盛行之后，这种“实证方法”与之相互结合，更加产生了一种表面上似乎颇为合理、实际上却荒谬绝伦的后果，即经济学家们一面指出他的某种理论如何来进行证伪，而在“证伪”发生之后，不但对之满不在乎，这种“证伪”反而成为他的研究方法具有科学性因而可以加以炫耀的借口了！

关于如何进行实证，奥地利派的观点是富有教益的。奥地利派的学者们说，某些道理是自明的，并不需要检验；而且，由于检验者与被检验者长着相同的大脑结构，你永远不可能检验超出人类理解力之外的东西。也就是说，并非每个命题都可以拿来检验一番的，要搞清楚我们只能检验什么，以及在每个具体检验中我们所要检验的究竟是什么。也就是说，要谨慎并恰当地使用经验检验方法。这个观点现在可以转用算法的语言来作更为清晰的表达：在应用性的研究中，指令的功能是无需检验的；对一个具体理论的检验，实际上是在检验立论者对指令与信息的配对是否恰当，以及加工信息的次序是否正确；仅此而已。而且，由于计算速度是有限的，对于某个抽象理论，任何检验也就都不可能是完全的——芝加哥派的论述恰恰给人一种相反的印象，即任何理论都可以随意地进行检验；得到“验证”了，我们也就可以对之心安理得地接受了。

芝加哥学派的一个重要特征就是到处混淆概念，胡乱延伸理论，把新古典框架的缺陷掩盖再掩盖。他们并不致力于直接补足一种方法的缺陷，而是把它的特点和优点发扬光大，以至极致。在法律、政治与社会领域的“帝国主义式的”扩张便是这种做法的一个结果。

如同一个理论总能找到一些正面证据一样，新古典方法在非经济领域当然也总是能够找到一些用武之地，这就为芝加哥派的学者们施展拳脚提供了广阔的天地；于是，就有大量的论文可以发表，大量的“著名经济学家”横空出世。他们相互引用对方的文献，彼此大肆吹捧。对此，笔者不打算再做详细论述，只想强调一下：1. 严格说来，这些文献中的大部分都缺乏理论价值，它们只不过反映了在研究方法上已经病入膏肓的经济学家们的轻微醒悟。换言之，他们的“理论”的神奇主要不是来自这些理论本身，而是来自旧理论的没落。2. 在很大程度上，芝加哥学派的声誉也来自政治气候在20世纪后半期的变化，这是社会主义与凯恩斯主义的衰落所共同导致的。3. 芝加哥学派的文献比较碎片化，它们是经济学家个人面对现实世界所产生的感想与理论分析的混合物。这些具体的成果当然不是没有益处的。当我们运用算法方法进行具体的应用型研究时，也许仍然会发现它们是有用的。算法方法一定能够很好地对之进行梳理和重整。也许这是学术进步不可避免的一种方式。我们当然也只是站在他们的肩膀上而已。不过，尽管如此，这些文献还是过于初级和粗陋了。它们的副作用也不可忽视。

4.6.3 略论制度经济学

最后的一个小节，专门献给制度经济学。前两小节对于芝加哥学派在整体上所做的评论，原则上都适用于制度经济学。鉴于前文对于这一议题已经多有涉及，这里的评论也只是概略性与补充性的。

据说，主要存在于美国的制度经济学与德国历史学派之间具有亲缘关系。对于老制度经济学而言，作为一种异端学说，情况也许如此；然而，到了“新制度经济学”时代，很大的变化发生了。当时，主流经济学正在美国如火如荼地发展，而制度经济学家们相信，他们的工作与主流经济学是相容的。例如，商品交易需要以产权的存在为前提，这个道理似乎是毫无疑义的。在诸如此类的看法之下，对制度的研究被视作对于生产、交易等常规性经济活动的“背景”的说明，经济行为者被视作在制度的“框架内”进行活动。这被认为是正统经济分析的一种自然的延伸。正如拉斯·沃因（Lars Werin）所注意到的：“阿罗－德布鲁模型是分析契约（“制度”的另一种说法）的自然基础吗？许多经济学家，大概大多数经济学家认为是这样。”[①]

在这种看法之下，制度要么被视为“一般均衡状态”的一种配套物或附属品（就好比产品的质量与价格之间的关系），要么，则如道格拉斯·诺思所反复提及的，制度被视为对当事人的临时决策所施加的一种“限制”。前一种意义显然是针对“好的”制度。在这种情形下，制度有时又被称作“规则”。这是个相当正面的称谓。在

① ［美］科斯等：《契约经济学》，李风圣等译，北京：经济科学出版社，1999年，第53页。括号内注释为笔者所加。

后一种意义之下，制度不是那么“好”的。诺思显然观察到了临时计算与制度之间的冲突；也就是说，他切实地感受到了思维的弯曲现象。他尽可能地从正面来理解这种弯曲的意义（这符合经济学者的思维习惯），因此，他说，制度的存在有利于防止（临时计算中的）机会主义行为。同时，他也认识到制度会因应经济社会条件的变化而变化。[①] 这种认识与前述的“规则”观之间潜在着矛盾。

再来说说“契约”这个概念。大宗商品交易需要签订合同，规定商品的价格、数量及其他诸多结构性的条件，于是，“契约”也就悄悄地溜进了经济学。契约是结构性的交易条件，它是“价格”这个数量条件在数据类型上的扩展；这实际上是学者们定位契约的一般方式。然而，相对来说受到忽视的是，契约也是当事人应对时间的一种方式，它意味着当事人对未来的承诺。在变动的世界中，当事人之间需要相互约定，未来我要怎样怎样，或者发生了什么事情之后我要怎样怎样。制度就是这样被约定出来的，它是时间所导致的一个直接后果，所以，它绝不是新古典的。

我们也需要这样来看待所有权和财产权。产权不仅是为了当前的财富分配，尤其是为了展开动态的经济过程，以免暴力的争斗。但是，这种约定既是基于知识，也是基于预期，因而都不可能是完备的。所以，科斯（或者被斯蒂格勒所归纳出来的“科斯定理”）才说，假如产权能够清晰界定的话，或者假如交易费用为零的话，将会如何如何。这种论述虽然不是在算法的意义上进行的，但它显示了产权的界定与交易费用的降低都是一个艰苦的历史过程。契约需要监督和强制执行，当事人还希望不时地修改它，这都带来了不小的麻烦。总之，它的用途是有限的，人们并非时时处处总要缔约，缔约的方式需要与其他非契约的行事方式相竞争，人际合作因而会不时地被打破。契约、制度、组织等都只是覆盖了现实生活的部分领域，它们本身既不完善，也远未到达所有（以新古典的眼光来看）应该到达的地方。

把制度理解为“规则”的人们，经常会迷惑于这样的问题，即制度与知识之间的关系。一个国家要有好的制度，好的制度还需要高素质的人来运作，否则，它就不能扎根，不能见效。这个道理在转轨经济学与发展经济学中表现得尤为突出。诺思对于“非正式制度”的探讨也包含着这样的意思。那么，究竟应当怎样来理解二者之间的关系呢？笔者认为，首先在于去除对制度的神秘化和绝对化倾向。这种倾向是唯理主义的一种表现形式。只要我们理解了算法理论，理解了人类思维的运作方式以及知识的性质，那么，某些可能会“亘古不变”的制度的存在也就没有什么奇特之处。这与我们对物理世界的某些认识（从而科学）可能也会“亘古不变”的道理是一样的。然而，无论这样的认识还是这样的制度，都只是局部性的，它们的存在并不能保证我们全面达到我们的目标。在大脑的基本功能（从而指令）具有确定性和稳定性的前提下，不可能一切事物永远都处在相同程度的变化之中。假如不发生一些确定性，反而

① 参阅［美］道格拉斯·C·诺思：《制度、制度变迁与经济绩效》，杭行译，上海：格致出版社，上海三联出版社，上海人民出版社，2008 年。

会令人称奇。其次，就是要拓展"知识"这个概念。结构化的人脑遭遇结构化的世界，必然产生各种不同质的知识。有些是个人的，有些是人际的；有的关乎认识，有的关乎行动；有的比较抽象，有的相对具体；有的仅仅是一种普通的"知识"，有的则会转化为指导当事人行动的信念。制度是一种知识，而它与其他知识之间具有一定的相互依赖性，也就不足为奇了。总之，只要不再被新古典主义所误导，则这些困惑在很大程度上也就都可以消解了。

笔者认为，制度经济学应当具有一种"天然的"使命，这就是要设法来内生政府，使之与市场相区别。我们可以注意到，制度经济学家们采用了多种进路，来试图实现这个目标。一是合同需要强制执行，这就需要借助政府的强力。二是降低交易费用，即市场化的谈判有时候很繁琐，很不确定；通过政府来制订规则（例如所有权），可以使之变得简单有效。三是提供公共服务中的竞争（例如曼瑟·奥尔森所说的"常驻的匪帮"[①]）。四是通过对度量、不完全合同等的论述引入了监督，并导致了"权力"的产生。五是通过引入"专用性资产"，来说明强制力具有防止敲诈的正面作用，因而，"治理结构"是必要的。[②]这是一个随意而远非完全的总结。笔者的目的是要说明，政府产生的理由隐藏在具体的现实世界的某些具体情形之中，因此，我们首先需要揭去新古典主义这层面纱，让活生生的现实世界呈现在我们的面前，然后，我们才能在其中去寻找。这些理由中的某些部分早已经被当事人所理解了，现在我们所要做的就是首先去整理它们；尔后，我们才可能做出超越常识的解释。这一切工作的基础都要由算法理论来提供。

主流经济学与新制度经济学文献中充斥着对老制度经济学的贬损，然而，现在看来，还是后者说得比较好。例如，凡勃伦就把制度看作与其他知识在本质上并无二致的东西；用算法的语言来说，他把制度视为一种带有个性与主观性的思想模式：

> 制度实质上就是个人或社会对有关的某些关系或某些作用的一般思想习惯；而生活方式所由构成的是，在某一时期或社会发展的某一阶段通行的制度的综合，因此从心理学的方面来说，可以概括地把它说成是一种流行的精神态度或一种流行的生活理论。如果就其一般特征来说，则这种精神态度或生活理论，说到底，可以归纳为性格上的一种流行的类型。
>
> 今天的形势是要构成明天的制度的……人们是生活在制度——也就是说，思想习惯——的指导下的，而这些制度是早期遗留下来的……同过去的环境相适应，因此同现在的要求决不会完全一致。……情形就是这样无止境地演变下去。[③]

康芒斯则明确强调制度与组织产生的原因在于（运用另类算法）强制协调人际

---

① 参阅曼瑟·奥尔森:《独裁、民主和发展》，载盛洪主编:《现代制度经济学》下卷，第360–377页。

② 参阅［美］奥利弗·E·威廉姆森:《资本主义经济制度》"绪论"部分。

③ ［美］凡勃伦:《有闲阶级论》，蔡受百译，北京：商务印书馆，1964年，第139–140页。省略号为笔者所加。

冲突：

> 合作并不是产生于一种**预先假定的**利益的协调，像以往经济学家相信的那样。它之所以产生，是由于有必要从所期待的合作者之间的利益冲突中造成一种新的利益协调——或者至少是秩序，如果不可能做到协调。这是那种说服、威胁或强迫的谈判的心理。在实际合作方面最了不起的美国杰作是控股公司，这种公司压制冲突，如果说服不能生效的话。……所以，协调不是经济学的一种假定的前提——它是集体行动的后果。①

公允地说，新制度经济学（以及其他芝加哥派学者）的文献中也不乏对于主流经济学的抱怨之词，不过，这显然不是主流。无论新的或老的制度经济学，算法地看，鉴于其主要的价值在于为我们提供一种启发性，因此，我们的评论也就暂且到此为止了。

4.7 略论行为经济学

4.7.1 总论

如同制度经济学一样，行为经济学也是一门土生土长的“美国的经济学”。它发端于20世纪初期，盛行于20世纪中叶。由于实验方法与“神经经济学”的崛起，它在近数十年中重归活跃，成果迭出。然而，与芝加哥学派相类似，行为经济学的实质虽然是异端的，但它具有典型的“美国经济学”的风格，并且始终如一。

要理解行为经济学，首先需要理解行为心理学与行为主义。20世纪初，鉴于心理学领域的混乱状况，约翰·B·华生等心理学家提出，由于心理现象是不可观察的，为了研究心理，有必要首先搁置心理，而专注于研究人的外在的行为。研究者可以把人的心理活动视为一个“黑箱”，通过研究刺激与反应（行为）之间的相互关系，来推测心理活动。在缺乏适当的思维理论的情况下，这个主张是有说服力的，也是符合一般的科学研究习惯的。这个方法中包含着以下几层意思，需要予以强调：1. 它把“行为”的外延限定在物理化的行动之上，把心理与行为相区别。这是该方法不得不付出的一个代价。2. 它的特点是先“假装”心理活动不存在，把人当做机械或动物来进行研究；当刺激与反应之间的关系不能令人满意地建立时，研究者便得出“重新发现了心理”的结论。3. 重新发现的心理活动被当做个体的一种“固有的”特征来理

① ［美］康芒斯：《制度经济学》，北京：商务印书馆，1997年，上册，第13页。省略号为笔者所加。

解，因此不对之做进一步解释——这显然是迫不得已的。所以，行为心理学并不像一些人所误解的那样，是取消心理活动的理论；恰恰相反，它是（通过运用归谬法）证明存在心理活动的理论。——否则它怎么会是一种“心理学”呢？

但是，出于可以理解的原因，这种“证明”并不总是成功的。因为，人的行为看上去有时候的确是机械的，甚至是“动物性的”。用算法的语言来说，人的行为有时候是“直的”，有时候才会“弯曲”。这样一来，结果是，在行为主义者的眼中，人的心理有时候仿佛反而不存在，“心理”只有在某些情况下才“存在”。“心理”因此被潜在地等同于“非理性”，它与“理性”相并列。于是，在行为主义者看来，人是二元的，是理性与非理性的混合物。这是一个古老而又乏味的论点，而行为主义者却热衷于年复一年地去证明它。这也是一个很符合主流经济学（以至整个知识界）思维习惯的论点。——当然，既然是一种“二元论”，这样的问题通常也就不会被提及，即究竟是后者影响和型构了前者，还是前者影响和型构了后者。

在传统上，行为经济学的功能被视作是为效用函数提供注脚和补充说明，因此，它被视为主流体系中的一个“分支”。这个基调是在赫伯特·西蒙时代所奠定的。西蒙从主流框架出发，按照主流经济学的逻辑，运用行为主义的方法，不断地检验着主流经济学的命题。于是，一个又一个“反常”（anomaly）被发现，并被报告出来。这种“反常”日积月累，在近数十年里愈演愈烈，以致对反常的揭露变成了行为经济学家们的主要工作。这种方法很像政治体系中的小型反对党，它不断地讲着执政党的坏话，却并不谋求执政，也不打算进行暴力革命，推翻整个体系。另一方面，主流经济学也没有闲着，它想方设法，努力地对行为经济学进行“招安”。如前所述，办法之一就是，设置“偏好”这个概念。凡是对标准理论的偏离，均以“偏好”来进行解释。例如，如果当事人的行为表明当事人对于他人的境况很关注，那么，行为经济学家便说，当事人具有对于平等的“偏好”。这就好比他有第六根脚趾，天生便是如此“畸形”；或者，他喜欢吃海鲜，这是他的口味。“偏好”是一种爱好，是一种类似“人性”的东西，并且人家都承认这是“偏”的了，还有什么好说的呢？[①]一旦到达这一步，分析工作也就只能结束了。通过把思想观念混同于生理欲望或者某种绝对化的精神实体，通过制造这样的暧昧性，主流经济学企图蒙混过关。

结合前节对于制度经济学的论述，我们还可以说，在主流经济学的种种“招安”手法之下，经济学家们逐渐地形成了一种把偏好与制度综合起来予以看待的“观念框架”，此即：“制度”是一种“设施”或“机制”，是一种“外在于人的”“中立的”“科学的”和“完善的”东西；而偏好、价值观等则属于“精神”或“心灵”管辖的领域，它们是“内在于人的”、主观的、自由的和任意的；多元性与人际差异仅仅体现在这里。也就是说，这几乎是主流经济学对于多元性的唯一的承认或包容。由这后一类事物所“装备起来”的彼此有所差异的人们，就像原材料投入机器中那样，

① 不得不承认，作为 preference 或者 bias 的中文翻译，“偏好”一词是很精当的。

投入了市场经济制度的网络中，在其中“运转”，于是便产生了我们所见的“经济行为”与“经济现象”。主流经济学家们便是这样“想通”而接受诸如制度、偏好等概念的，而经济学也因此被认为是一门业已“统一”起来的科学。在算法框架下仅仅作为知识的某些具体型态的制度与偏好，在经济学家们的眼中却似乎具有迥然不同的性质。它们被**分别**置于不同的语境与学科分支中进行研究，很少以**并列**和相互关联的方式进行讨论（只是近些年来才出现了试图把它们综合起来的一些努力）。偏好被视为内在于个人；与之相反，在流行的含混观念中，制度却被视为外在于个人。就好比由沥青与石块铺成的大马路，不依附于个人而存在——尽管当一些学者冷静下来时，他们也勉强承认制度只是一种思想或知识。

行为主义是算法理论的主要敌人之一。它的“假装思想不存在”的方法几乎弄假成真，差点儿导致思想（同时作为实体、主体与客体）被遗忘。我们已经说过，20世纪所盛行的语言研究，可以视作行为主义原则的一种延伸运用；在思想难以把握的情况下，如同转向对可视行为的研究一样，学者们也同时转向了对可读的、可听的、从而“可感”的语言文字的研究。对信息的片面重视也是如此。由于信息既与感觉器官相关，又与语言文字以及其他一切物理化的通信手段相关，因此它也就获得了某种“客观的”性质，于是就可以得到“优先照顾”。**一瓣瓣的洋葱片就这样被逐个地剥落了，现在就只剩下“思想”这个核心了**。躲无可躲，藏无可藏，思想现在只有站出来了。

这一切都可被视作缺乏能够把思想形式化的工具的后果。所以，这个工具一旦具备，一场反向的革命运动便可以迅速展开了。认知心理学已经使行为心理学一去不复返地、永久性地衰落了。可是，当认知革命再向行为心理学所波及的其他学科领域扩展时，进展并不顺利。反思其中的原因，我们发现，原来，认知科学本身未能抓住计算机原理的精髓，因而它本身的基础结构还非常不完善。只有我们回过头去重新构造了认知科学，认知革命才能继续进行下去。这样一来，我们就来到了算法理论。

4.7.2 例证：概率问题

如今的行为经济学文献大都集中于揭示实际行为如何不同于主流理论的推断。例如，《新帕尔格雷夫经济学大辞典》第二版所收录的三个关于行为经济学的条目，分别是这样来开头的。在“行为经济学与博弈论”条目中，作者写道：“本文的目标是对那些研究针对标准理论所发生的偏离现象的文献进行总结。”[①]在“行为金融学”条目中，作者写道：“行为金融学起始于尝试去理解为什么金融市场对于公共信息做出

① Faruk Gul. “behavioural economics and game theory”, The New Palgrave Dictionary of Economics. Second Edition. Eds. Steven N. Durlauf and Lawrence E. Blume. Palgrave Macmillan, 2008. The New Palgrave Dictionary of Economics Online. Palgrave Macmillan. 29 December 2008 <http://www.dictionaryofeconomics.com/article?id=pde2008_G000210> doi: 10.1057/9780230226203.0115

无效反应的努力。”[①] 而在“行为博弈论”条目中，作者写道：“行为博弈论借助实验性的规律以及心理学来对以下课题进行形式化建模，即策略思维中的各种限制因素、学习以及社会性偏好怎样进行相互作用。”[②] 用算法的语言来说，**行为经济学显然把揭示各种各样的“思维的弯曲”作为它如今的主要使命**。可是，既然是一种弯曲，也就都可以纳入算法框架作统一的、“理性的”解释，而不必把它与主流的理性主义的进路对立起来，进而求诸“非理性”了。

本小节与下一小节的任务，就是采用例证的方法，来具体阐明这个道理。

首先接续 3.6.6 节提出的当事人对于风险的偏好这个议题。按照行为经济学的定义，“当一个确定的收益与一个期望的收益相等，而当事人偏好于前者之时，该人则被称为‘风险厌恶’的”[③]。这是一个广为人知的定义，但它实际上是一个极为奇怪的术语。按照这个术语中所透露出来的逻辑，似乎只有当事人把确定的收益与期望的收益划上等号，他才够得上“理性”或“正常”；否则，就是一种“反常”，该人就需要被筛选出来，打入另册，贴上“标签”了。可是，**确定的收益与期望的收益之间怎么能够划等号呢？！**稍有一点儿理智的人都不会这样认为的。为了说明这一点，我们不妨来探讨一下概率统计学。按照标准的定义，某个事件发生的概率，是指在完全相同的情境之下，在事态的重复发生中，该种事件（作为一种结果）出现的次数相对于（作为结果的）事件发生总次数的比率。这就是说，当概率介于 0 与 1 之间时，在一次性事件中，任何特定的结果都不一定发生；而在多次事件中，事件的结果呈现为多种不同的形态。当事人既不确知这些特定形态的排列次序，也不能十分肯定每个结果出现的频率（由于事件重复的次数是有限的）。而且，当同样的重复过程再做一轮重复的时候，结果的排列形态很可能仍然与前一轮不同。这就是“概率”一词的含义。

这个局面带给当事人的困惑是显然的。首先，在具有时间的真实环境（而不是取消时间的虚拟的新古典世界）中，它给当事人制订计划带来了麻烦。一个将会确定发生的事件，既让事前为此事件所做的准备变得简单，也为事后基于该事件所展开的其他活动带来了便利。只要我们认识到“行为”是一连串具有有限含义的、特定的身心动作的前后衔接，确定性事件与不确定事件对于当事人的意义也就大为不同。**稳定的状态与不稳定的状态怎么可以混为一谈呢？！**考虑到“不稳定”这个不利的因素，当事人对风险的厌恶与规避也就是非常合理的行为，而把确定事件与风险事件相等同的看法，一般来说，则是不理智的。理智的个人当事人不仅要计算那个最可能发生的结果，尤其重要的是，他应当管理风险（或者“不稳定”）本身。他要建立行为或事件之间的顺畅的连接，要制造相对和谐的、可控的环境与秩序；为此，他要进行投入，

① 出处同上，作者为 Robert Bloomfield。

② 出处同上，作者为 Colin F. Camerer。

③ Jan Werner. “risk aversion”, The New Palgrave Dictionary of Economics. Second Edition. Eds. Steven N. Durlauf and Lawrence E. Blume. Palgrave Macmillan, 2008. The New Palgrave Dictionary of Economics Online. Palgrave Macmillan. 02 January 2009 <http://www.dictionaryofeconomics.com/risk aversion: The New Palgrave Dictionary of Economicsarticle?id=pde2008_R000155> doi: 10.1057/9780230226203.1443

付出代价。而且，这个代价常常是可以货币化的，这就是所谓的“保险费”。

这个讨论还可以深化。在新古典的“期望效用理论”中，主流经济学家们说，在存在概率的条件下，当事人的合理选择是选取各个选项的加权平均值，这个观点是有说服力的，然而，假如概率的确意味着、并且仅仅意味着上述含义，那么，这个观点便是不全面的。选项的分布情况本身需要考虑。尽管在数学上可以用方差（或者离差）来描述选项的分布的分散程度，可是，由于不同的分布可以得出同样的方差值，所以方差也不能完全概括选项的分布情况。进而，我们可以说，任何对于事态的结果所做的数学统计，都只是在试图简化这些结果本身，而不能完全取代这些结果。归根到底，真正有意义的是这些结果本身。对于当事人来说，他所要追求的是，在即将发生的这个（或这些）具体事件中，对自己最有利的那个（或那些）结果恰好能够出现；他要想方设法促成这一点——即使他认可观察者对于客观事件所做的概率估算。

基于以上认识，就可以合理地得出这样一个可供选择的策略：当事人可以不必坚守那个对概率进行加权平均后得出的唯一选项（期望值）；在动态的重复行为中，客观事件将呈现为一种分布状态，主观选择也可以呈现为一种多元化的分布序列；当事人可以在加权平均值（甚至方差）不变的情况下，主观地构造出多种选择的序列。这是因为人的心灵是自由的，它能够这样做。最佳的情况是，在每个子事件中，所发生的客观情况正好与其主观选择相符。当事人还可以根据已经发生的事件来猜测即将发生的事件（也即采用贝叶斯方法），从而提高命中率。即使从新古典主义的立场来看，这样的方法也不能被视作不合理，甚至不能认为这种方法劣于期望效用理论所展示的方法。例如，拿抽签来说，期望效用理论的含义是，你可以在一个固定的位置反复地抽下去。可是，实际上，我们也完全可以不断地变换位置来抽签，因而，绝不能认为，合理的抽签方法只有前一种。而且，可以相信的是，执行后一种方法所获得的具体结果，在每一个子事件中，大都将与前者不同——尽管依照数学观点来说，它们在整体上具有趋同的势头。这种区别正是运用自由意志的结果。不管我们如何理解和定义这种区别，它总归是一种“区别”。

同样的道理也适用于风险与不确定性所带来的积极意义。例如，买彩票有可能使一个平民百姓一夜暴富；即使这种可能性微乎其微，但它与单纯损失一笔微小的金钱或者什么也不做是不一样的。对于一个中彩者来说，彩票的选择、购买行动与中奖事件之间具有明确的因果关系（尽管他事先并不确知这种关系的细节）。如果不买彩票，什么也不会发生。假如上帝要眷顾一个人，那么，这个人需要给上帝机会，然后上帝才能眷顾他。许多人都明白这个道理，因此他们乐于适度地冒险。那种把相关的事态理解为概率、期望值、方差等数学指标的这一整套做法，其实都是企图用确定性来类比和概括不确定性，因此实际上是**企图抹杀风险与不确定性本身**。情况恰恰相反：概率这个东西是我们的头脑想象出来的，上帝没有告诉过我们这个“秘密”，客观事实也从来没有亲自向我们“透露”这一点；而且，就我们对于我们人类的理解力本身的理解而言，我们恐怕永远也无法确证这一点。个人生活在时间的连续体和世界的变动中，因此，并不存在完全独立的一次性决策，也不存在完全相同的情境，我们更不知道纯粹的随机性究竟存在于何处。从这些意义上说，概率是一种空想，一种伪装，是主观以其特定的（显然并不是唯一的）方式对客观的一种强加。我们一口咬定这是事物的本来面目，或者这是对于客观事态的唯一的理解和处理方式，这是武断的，至少也是不全面的。

所以，是概率论本身简化和扭曲了事物的原貌，而不是真实当事人的行为“非理性”。概率论本身就是一种“思维的弯曲”。这就是我们首先要强调的。主流经济学在这一点上犯错在先，而行为经济学则紧随其后。它批评主流经济学的方式实际上是对主流框架的一种变相的承认和加强。这完全是一种投降主义。在这个基本出发点上，行为经济学已经大错特错了。

4.7.3 其他例证

就好像在向人们讲述新鲜事儿一样，行为经济学家们一个个地、日复一日地报告着他们对于人的“非理性”特征的发现。这就是他们自始至终所做的工作。现在让我们具体来看一看。

“前景理论”（prospect theory）中说，人们在确定的收益与不确定然而期望值略大的收益之间，往往倾向于前者（确定性效应），而在确定的损失与不确定然而期望值略大的损失之间，往往倾向于后者（反射效应）。相关学者们显然认为，人们的行为是不一致的。他们还举例说，对于等额的收益与损失，人们一般更为看重避免损失，而不是获取收益（损失规避）。同时，他们又论证道，人们具有“迷恋小概率事件”（例如赌博）的偏好；人们在进行决策时，经常依赖于某种参照点或者“框架”，通过与之进行对比（而不是考虑绝对水平）进行决策（另一些人则称之为“锚定效应”）。这种对框架的依赖导致决策者有时候过于重视排列在第一位的因素，或者最近发生的因素，或者不相干的因素，而关键的因素则会被稀释掉。它还导致人们关心他人的境况，关注公平问题，从而产生“社会性偏好”。“心理账户理论”则说，人们会把不同的收支项目置于相对独立的“账户”之中，并在其中进行互不关联的计算和决策。人们有时候过度自信，有时候自信不足，相应地，这导致对于特定的刺激反应过度或者反应不足，并且敏感性是递减的。一些文献还论及模式识别、多重自我、记忆偏差、有限注意力、层级计算（cognitive heirarchy）、人际相互依赖等丰富而广泛的内容。这些“理论”被用于“解释”各种各样的经济现象。尤其是在金融领域的运用，获得了较大的反响。

行为经济学的确察觉并列举了人类行为中众多的思维弯曲现象；就此而言，它给那些长期被新古典主义所统治的头脑们造成了冲击，带来了新意，所以，它是有贡献的。然而，我们首先要说的是，这种列举绝不可能是完全的，因为思维弯曲现象本身是数不胜数的，它绝不是个别的和有限的。假如这种列举是用来展示思维弯曲这个原理本身的，那么这种列举就是有益的，甚至是必要的；然而，情况不是这样，行为经济学文献中充满着强烈的潜台词，即这些“非理性”的现象都是一些“例外”；它们似乎认为，这些例外的情形都是有限的，只要把它们逐个地识别和剔除完毕，当事人就仍然是“理性的”，世界也就重归“合理”和“美好”了。正因为这样，行为经济学家们才积极地、不遗余力地挖掘“非理性”的材料，不正是这样吗？所以，我们说，错误首先在于这种“列举法”本身。这种方法非常肤浅和软弱地把新古典的世界尊奉为一种常态。

其次，行为经济学所强调的所有现象、特征或者效应，行为经济学家们实际上都没有提供解释，而他们却自以为他们建立了“理论”，提供了“解释”。譬如，某种理论认为天空应该是无色的，而行为经济学家们却发现天空是蓝色的，于是，它们就断言，“天空是蓝色的”可以作为一种“理论”而存在。诚然，这样的“理论”如果可以成其为理论的话，那么它的确可以“解释”许多现象（行为经济学家们因而展示了许多“应用”）；可是，问题在于，这不应该算作“理论”。“大部分人在收益面前是风险厌恶型的”，这是一个经验性的命题，是一种现象；它有待于解释，而它本身并不是解释；自己是不能解释自己的。从光的折射规律与人眼的感光特点来说明天空是蓝色的，这才是一种解释，这里才包含着理论。显而易见的是，行为经济学家们在他们的素材面前也“反应过度”了。他们的工作，倘若视作对主流理论的一种证伪，进而视作一种问题的提出，方才比较恰当。

最后，可以说，行为经济学家们所强调的对于标准理论的所有偏离，我们都可以运用算法理论来做出一些基本的理解和解释。有了前期的准备，这种解释也就是相当容易的。还是先从风险讲起。如前所述，在知识有限和对前途不确定的情况下，当事人不能被简单地假想为只是按照学究的新古典的方式直愣愣地进行“计算”；他将会对“风险与不确定性的存在”这个局面本身进行思考，进而采取应对措施。为此，他实际上认为“风险与不确定性的存在”是一个难以改变的既成事实，活动着的思维活动（临时计算）不能拿它怎么样，只能设法来应对它。这就好比外国军队侵入我国，我们不能像命令本国军队那样来命令他们撤军，而是必须动员本国的武装力量去迎敌。我们所讲的思想的客观实在性（或者涂尔干所强调的社会事实的强迫性[①]）就是这个意思。为了达到这一步，就必须具备元计算、元计算的独立性以及思想的再对象化等一系列概念；这是一条一般所不曾察觉的漫长的路。

当事人一旦认识到风险与不确定性的存在，他就会变得小心翼翼；在某些特定的（正如行为经济学家们所指出的）情况之下，他也将乐于付出一些代价，买个平安稳妥，这不是十分合理吗？怎么会是对之置之不理的态度反而占据了“合理”这个评价呢？笔者认为，行为经济学家对于“反射效应”所指的情形存在误解：当事人在面临确定性损失时虽然抱有“搏一把”的心态，但这显然是因为在相关的实验中赌博所可能导致的最坏结果并不那么坏，这才导致受试人放手去搏。同样的道理也适用于“确

① 参阅《原理》第2.2节。

定性效应”的情形：在相关实验中，由于最坏的结局太坏（收益为零），这促使当事人毅然选择了确定性的收益。这个解释也适用于“迷恋小概率事件”的情形：在相关实验中，最坏的结局都不那么坏，于是当事人才放心地去赌。考虑到这一点，当事人诸行为的不一致性也就下降了。行为经济学家们没有理解，在有限理性与动态性并存的世界中，当事人需要建立比较稳定的流量，需要维持一定的结构与秩序，他尤其要防止巨大的负面冲击破坏结构。正面的意外收益不会妨碍什么，而巨大的负面冲击则会使人陷入万劫不复的境地，因此，收益与损失不可能是对等的，可能性与现实性也不可能是对等的。这种对等性正是新古典式的想象。理解了这一点，“损失规避”现象也就不再费解了。

然而，无论如何，当事人不可能做到始终一贯。我们也可以说，“始终一贯”是一种新古典式的空想和“胡拉乱扯”，它是把不同情境中的思想硬往一块儿凑，追求一种表面上的一致性。这两种看法之间具有等价性。理性有限的、无知的当事人当然需要参照系（包括以他人为参照系），才能做出一些判断；他又要不时地变换参照系，当然也就更不可能总是保持行为的前后一致了。我们甚至可以说，“心理账户”这个名词是非常精彩的，它形象地描述了人的思想系统是一锅“夹生饭”；可惜，相关论者未能后撤一步，看到后面的一般性的景象。“多重自我”是对这种现象的另一种称呼。至于敏感度递减、模式、遗忘、有限注意力、层级计算等术语，其算法色彩也就十分浓厚了，无须我们再来重复说明。

需要补充说明的是，如果上述“弯曲”的发生是必然的，并且他们在当事人的眼中是一种最优化的行为，那么，我们也就可以说，它们实际上是“直的”，而新古典的思维才是一种真正的“弯曲”。本书之所以把种种主观性转向（以及其他已经论及和尚未论及的效应）称之为“弯曲”，只是为了便于深受主流思想影响的学者们理解算法的逻辑。“直的”与“弯曲的”，是相对而存在的，怎么样来用词，只是一个形式上的问题；它们是人类思想须臾不可分离的两个共存的侧面，所以，实际上，既不应当对它们区分主次，也不应当区分常规与“反常”。

4.7.4 略论神经经济学

最后一个小节专门评论一下近年来兴起的“神经经济学”。神经经济学主要采用电子探测方法来了解行为人或者受试者的大脑活动，然后把有关结果与经济理论联系起来，用于得出或佐证有关结论。神经经济学的出现首先获益于信息技术的发展，以致神经学与心理学的研究者可以在微观层面更为精确地了解大脑。一些迹象显示，脑科学在不久的未来有可能获得重大的进步。作为一门交叉学科，神经经济学横跨自然科学与社会科学两个领域，显得颇为特别。按照保罗·格莱姆齐（Paul W. Glimcher）的观点，其中的部分原因在于，只有运用了经济学理论，才能比较令人满意地解释动物的神经活动。这种观点是值得予以关注的。

不过，我们还是首先来评论一下神经经济学的一般方法。不得不承认，对大脑某些区域的细致探察，或者在某种巧妙的观察角度（例如对于特定类型的精神病人的研究）之下，我们可以获得某些发人深省的结论，这些结论甚至可以使任何人都深信不疑。这是自然科学方法的威力所在。例如，出生后立即在不同家庭中分开抚养长大的一对双胞胎，其日常行为却表现出显著超越常人的相似度，这样的研究可以使我们深信，除了指令系统之外，个人一定还从前辈那里接受了某些个性化的遗传物。这是行为主义方法可以发挥的正当作用。神经经济学主要也是行为主义的。例如，在一些实验中，当个人遭受不公正的待遇时，电子信息显示，其大脑特定区域的活动十分强烈；这表明个人处于愤怒的情绪之中。由此研究者可以得出结论：个人具有“尤其关注公正问题”的特征。研究者甚至还可以把实验转移到出生不久的婴儿身上，通过证明婴儿也有类似的反应，进而得出“爱好公正是人的天性”的结论。

然而，这些研究都不能否定，我们需要一个关于后天知识发展的先验的理论。没有像算法理论这样一个虽然无法确证但却拥有超强解释能力的理论，不仅上述材料是一盘散沙，而且上述的这些分散的个别结论也将是无意义的。首先，行为主义式的研究所获得的结论，除了个别例外，大部分都是不可靠的。对实验结果的解释具有随意性，实际上可以存在许多种解释方式。像“大脑的特定区域是主管公平的”“公平观念可以遗传”等，即使是有根据的，也是可疑的（它们听上去甚至有点儿滑稽）。根据诸如此类的“结论”，研究者很难证明“该脑区并不主管其他事务”，也不能说明诸如“是否所有观念都可以遗传”或者“为什么有些观念未被遗传”这样的问题。即使爱好公正的确是人的天性，这是否表明人们就完全不能容忍不公正呢？或者人们就不再具有其他不同的天性呢？这一点是不是不可改变呢？后天因素是否就不重要呢？显然，这种命题的含义是令人困惑的。

有了算法理论，这一切就都不同了。一旦我们理解了后天知识发展的方式，也就立刻知道了，天性与知识遗传的问题原来是一个次要的问题。行为主义的研究固然导致我们在原则上不得不允许知识（而不仅仅是指令系统）的遗传，但是，究竟什么可以遗传，什么不能遗传，遗传以及大脑生理运作的细节如何，等等，这些问题对于社会科学而言，在现阶段都不必研究得那么详细。显而易见的是，大量后天获得的知识都是不能遗传的，所遗传的知识（假如知识的确可以遗传）很可能只是其中相对极小的一个部分，因而，新生儿必须通过重新进行长期的学习，才能获得一般成年人所业已具备的技能。更为重要的是，人们必须不断地开发新的知识（包括更新观念）。正确的理论可以防止我们舍本逐末，以便把精力投入到真正重要的议题上；可以使我们高效地设计实验和利用经验材料，从而避免大量低效甚至冗余的研究活动。

于是，针对神经经济学以及其他基于生物隐喻的研究方法的缺陷，笔者在《原理》3.2 节提出了“**心物分离原则**”，意即：社会科学应当把自己的研究范围限于思想与意识的层面（用计算机语言来说，这叫做“软件的问题要在软件的范围内来解决”），而把生理层面的研究留给其他学科。这是因为，物质与意识之间的幕墙不是那么容易被穿透的，因此不能草率地处理。其次，神经经济学的研究者们所未曾意识到的是，即使这层幕墙最终被成功地穿透，对于我们人类来说，思想与意识活动仍然具有根本的意义。——**难道我们因此就可以通过操纵物质粒子进行“思想”活动而不再“亲自”思想了吗？**难道我们思想的时候还要顾及自己大脑细胞的状态吗？答案显然是否定的。届时，当我们要思考的时候，我们仍然将会“亲自”地、直接地进行思考，而不必管什么物质粒子；因为我们天生就会思考。在“我们”不会思考的时候，“我们”还没有成为人。而在成为人之后，当我说“我”的时候，指的就是会思考的我，甚至指的就是“思想着的思想”本身，因而，思想对我具有本原的意义，它是我的一切其他活动的出发点。我要关注的是“我”生成之后的情况，以及我和我的思想如何来导致行为、塑造世界。我可以不了解世界，但我不能不了解我自己（尤其是我的意识活动）；假如我连我自己都不了解的话，又谈何认识世界并展开行动呢？所以，“我认知”必定是以我了解我的思想为前提的。即使这种了解不“充分”，我也只能如此。这比任何其他东西都更为基本。换句话说，如果科学的使命就是进行“还原”，那么，也只能向人的意识进行还原。意识位于认知活动的最上游；把意识向物质进行“还原”，就是从上游向下游进行“还原”，方向也就完全搞错了。

在我们理解到这一点之后，现在就可以评论一下格莱姆齐的观点。格莱姆齐说：“在许多情况下按照经济理论我们可以相当准确地解释和预测动物的行为。……经济理论为我们理解神经系统提供了重要的工具：它为可能发生的情况设置了一个清晰的界限，并使我们可以在这一启示之下研究神经系统的运行。……经济学为我们提供了一种描述计算结构的语言，在这一结构中，所有可能的解答都可以计算出来。……第一点，同在我之前的许多学者一样，我认为利用经济理论发展过程中所使用的工具来阐述认知机制是非常具有科学性的；第二，反射不具有科学性。……反射只是在过于简单的‘玩具世界’中运行良好，而在动物栖息的真实世界中是没有什么用处的原始模型。但是，一个有着坚实的数学基础的认知理论则没有这些局限性，它可以解决任何环境中的最复杂的问题。”①

格莱姆齐的观点比较不同于一般的行为主义的神经经济学家，他表露了神经经济学可以采取一种反行为主义的路线，也即“认知的”路线；或者说，首先不是经济学向认知科学借鉴原理，而是认知科学需要引进经济学。对人的认知也罢，对动物的认知也罢，我们需要把对象假想为在进行思考。经济学的“最优化”思想为什么会适用于理解生物体？这是因为“最优化”正是思想本身的运作方式，而不是其他无生命的什么东西的运作方式；只有生命与生命之间才可以这样来对话，这是生命体之间的语言。达尔文显然是这种方法的鼻祖。要不是他假想动物（甚至上帝）在进行思考，他是不可能提出“物竞天择，适者生存”这样的命题的。对于生物体的研究而言，既不能仅仅从物质方面着手来研究意识，更不能“从物质到物质”，干脆把意识的环节跳

---

① ［美］保罗·格莱姆齐：《决策、不确定性和大脑：神经经济学》，贺京同等译，北京：中国人民大学出版社，2010年，第2–4页。

过；而应当把思想本身作为一种原发性的因素，去解释其他可视的现象。格莱姆齐尤其指出，这种方法可以应用在动物身上，生物体可能具有思想上的相通性。我们可以把这种观点视为对算法理论的一个深入的诠释。

格莱姆齐本人并不是经济学家出身，所以，他所理解的经济学，显然不是新古典主义的[①]；这正好说明，突破新古典主义限制的最优化方法，具有十分广泛的适用性。这是一种“准算法的”方法。笔者冒昧地把他的乐观态度看作算法经济学的吉祥预言。

4.8 略论博弈论与信息经济学

4.8.1 总论

博弈论主要起源于数学。最初，它是作为数学在经济问题上的“应用”而进入经济学家的视野的。然而，由于它的不可抗拒的魅力，它在经济学界流行起来。经济学家们起初把它视作对于主流经济理论的另一种诠释方法，然而，随着它的自身逻辑的不断发展，逐渐产生了使主流学者们困惑的成果。现在，博弈论本身已经变成了经济学的一个问题。各个领域的学者们都试图把它与各自所在的领域整合起来，可是，结果都不那么尽如人意；这其中的奥妙何在呢？我们需要细细道来。

需要先从“合作博弈”说起。“合作博弈”其实就是指当事人之间的合作，只不过，它是从另一种角度来阐述合作的道理的。这个角度是特别的、非传统的，然而却很少被强调。那么，它究竟是什么呢？这就是，它从一开始就假定当事人不老实，是机会主义的；当事人想行骗，随时想钻空子。用俗话来说，当事人不是个“好人”。传统理论假定当事人是老老实实的，不隐瞒自己的状况，也不打算骗人。而“欺骗”又意味着什么呢？显然，它意味着当事人头脑中的信息（意图也可以作为一种信息）不能在当事人之间任意地传播。这首先表明通信是有代价的（这种代价尤其是结构性的，而不是数量性的）；即使物理对象会老老实实地把它自己的信息“告诉”给当事人，当事人也会把它控制起来。这样一来，信息传播的“无摩擦性”假设也就受到了挑战。如果一个人所知道的信息在很大程度上是从别人那里获得的，或者是经由别人的影响甚至干预才得到的，无摩擦性假设本身也就很难成立了。假如建构理论模型的人又硬要把这两类信息传递区分开来，那么又将如何去做呢？这显然是一个挠头的问题。这个问题也可以换一种方式来定性，这就是，它实际上引入了人的意识（或意

① 例如，格莱姆齐这样来理解经济学：“经济学正是试图描述在一个充满不确定性的世界中，任何目标应该以怎样的方式实现的数学方法。”（同前，[美]保罗·格莱姆齐：《决策、不确定性和大脑：神经经济学》，第262页）

志），它把每个人的意识视作整个分析框架中相对独立的因素。意识会“使坏”，会干预“客观的”信息传播过程（即使传播本身仍然是无摩擦的），不同个人的意识会相互作用。至少从表面上看，这种理解给主流框架带来的麻烦要少一些。

当然，如读者所知，现在，我们已经把博弈论所强调的当事人的这些思想倾向归于一个总的概念，叫做“另类算法”。博弈论尤其指其中的“社会性算法”。这些算法主要与决策问题、也即“问题导向的”研究有关，尤其与对行动方案的构思密切相关。博弈论的核心特征实际上就是研究决策过程中这些“社会性算法”的（当然首先是比较一般的）运用及其所引起的一系列后果。传统经济理论其实主要是从物理世界的一些特征（例如生产函数）出发来讲述人类合作的道理的；与其说它不认为当事人会骗人，不如说它来不及研究这个领域。所以，从另类算法的角度来研究合作，也就意味着研究范围的拓展。真金不怕火炼。一个好的理论，要经得起多方面的锤炼、拷打与检验。博弈论的研究者们就是要检验一下，骗子们是否会臣服于一般均衡理论。

其次，博弈论所研究的这些问题，主要不是关于价格与商品数量的决定的，而是在此范围之外，充其量只是与此有关。也就是说，它主要是**结构性的**。而尤其“令人满意”的是，这种结构性居然可以采用数学来进行表达。博弈论展示出，经济学家们可以像建立价格理论那样来在这些领域中继续有所作为。这就大大迎合了主流学者们的胃口。于是，博弈论的文献开始在经济学刊物上蓬勃而出，经济学家们兴致勃勃地从“博弈”的角度来阐述均衡理论，就好比一个热心的导游带领游客们换个场地来欣赏同一座山峰。博弈论中所达成的均衡，被视为达成交易均衡的一种条件，一种背景；或者说，这些不同的均衡被理解为是同时达成的，它们好比一块硬币的两个侧面。

这就是博弈论研究初期所发生的状况，也就是“合作博弈”的主要意涵所在。换句话说，经济学家们这时以为，“坏人”是没有前途的，博弈论完全可以被主流理论所吸收。

可是，数学家约翰·F·纳什所提出的怪异的均衡概念否定了这种观念。纳什并不否认合作博弈的合理性，可是，他同时指出，人际关系的状态也可以十分合理地区别于通常所理解的和谐的、合作的和理想的状态，而表现为一种不合作、不美满的情形。纳什以及其他学者们精心构筑了模型，其中的状况虽然相当负面，可是，哪个当事人也无法单独地改变这种状况。它是一种僵局。这种僵局一旦出现，整个局面也就无法合理地向交易均衡靠拢。而这些模型又都是从对**实际问题**的研究中发展起来的，因而它相当真实，很有说服力，以致读者们很难通过提出更好的策略来否定它。读者们既不能否定它的合理性，也不能否定它的现实性。

纳什均衡揭示了社会生活悲观的一面。对于经济学家们来说，一般不曾明言的是，它的吸引力可能首先在于“均衡”这个术语的运用。纳什把这种僵局定义为一种“均衡”，实际上扩展了均衡的概念，而这种均衡（至少在表面上）又与传统均衡的静态性特征相符合，因而这种扩展也就显得合情合理，容易为人所接受。鉴于经济学家们对于均衡的喜爱已经发展成为一种习惯，一些人显然也就懒得多加思考了；于是，围绕纳什均衡，大量的文献又再次被发展出来。经济学家们当然仍然不能忘记交易均衡，因此，论者们设想了多种途径，继续促使纳什均衡向交易均衡靠拢。合乎逻辑的是，这些途径不外乎两条：一是扩大或改良信息供应，二是重复博弈。重复博弈过程是一个学习过程，也就是增加知识（从而改良算法）的过程。通过综合运用这些手段，经济学家们部分地实现了自己的目的（或者至少自以为如此）。然而，截至目前，并非所有的纳什均衡都已经顺利地与交易均衡相协调了。更为不幸的是，在此过程中，经济学家们发现，还存在一些"根本的不确定性"，它们不会令人信服地收敛于某些确定的状态（更不要说这些状态合乎新古典的效率标准了）。经济学家们又不幸地失败了。目前，博弈论的巅峰期似乎已经过去，一些研究者陷入了沉默。真不知道有没有研究者愿意退后一步，脱离数学的迷宫，从根本上来思考一下经济学的研究方法。

4.8.2 略论非合作博弈和纳什均衡

本节的任务是略为详细地讨论一下非合作博弈和纳什均衡。

纳什均衡是一种静止状态，在这种状态之下，除非二人或多人同时改变策略，否则任何一个人都不能通过单方面改变策略来打破均衡状态。换句话说，有这么一些人，他们处于争斗之中，因此他们的行为是显著地相互依赖或相互影响的；而到了某一点上，他们谁也拿谁没有办法了，因此战火也就平息了，大家都消停了。显然，从常识上讲，这种情况是相当普遍的，是每个人都熟悉的。"纳什均衡"这个概念则"包装"了它，赋予它学究的、甚至有点儿神秘的色彩。

这就一下子把经济学家们吸引过去了。经济学家们以为，经济学的论域又获得了拓展，于是急忙地去撰写论文，予以迎合。可是，这个概念实际上却是颠覆性的，是强烈地反对新古典的观念的。新古典主义认为，世界最终适合于为人类所认识，因此，人类最终也会将世界与自己的生活安排妥帖，让人与物、人与人的关系都处于和谐与完善之中。可是，纳什均衡却暗示，人与人的关系即使走到了最后，可能也难以和谐。斗争的双方可以停止争斗，却并不意味着他们不再是敌人了。人与人之间的关系不和谐，人与物之间的关系势必也会受到负面的影响。这就非常强烈地暗示了一般均衡是不可能实现的。这也是对主流的分工观念的重大打击。人们之间是有差异的，并且在每个具体时刻大都处于不同的行为进程与状态之中，这是常识。主流学者们显然也不否认这一点，可是，他们却认为，这种异质性与异步性在本质上是和谐的，是相互配合的，就好比两个齿轮之间或者螺丝与螺母之间，总是相互支持并相互需要的。纳什的意见则是：否！即使不是这样，"均衡"也照样实现；或者，即使均衡实现了，（新古典的）效率也不能实现。追求这样的均衡又有什么意义呢？

就这样，纳什硬是在主流经济学的肌体上凿出了一块硬伤。继马克思主义经济学之后，分歧、矛盾、冲突与斗争就这样又重新进入了经济学。当然，上述讨论是形而上学的，它针对的是经济理论背后的潜台词。关于世界的最终状态，谁也不知道，谁也无法做出完善的论证。但是，它在心理上，在基本世界观上，甚至在潜意识方面，显然已经强烈地震撼了经济学家们。由于它采用的是主流经济学家们所习惯的术语、形式与逻辑，并未过多地进行哲学上的阐发，因此，主流学者们在文献上接受它的同时，观念上的改变主要是悄然的和潜移默化式的。

如前所述，任何均衡都只能在有限的范围内成立，纳什均衡当然也不例外。只不过，由于博弈论所研究的大都是活生生的实例，赛局与赛局之外的大千世界之间存在着**自然的**界线，读者们一般不会像阅读价格理论的著作时那样，由一种商品自然地联想到多种商品与整个市场。这是博弈论容易为人所接受并且博弈论者一般不会被要求必须发展像一般均衡论那样的整体理论体系的一个奥秘。博弈论者总是舒服地生活在一些局部性的模型之中——它预示着立足于现实世界的算法经济学也将会是令人舒适的。由此导致的另一个后果是，博弈论模型很容易实现动态化。随着单一赛局的结束，当事人学习了新的经验与教训，新的信息也可能传播开来，于是，赛局即可重开，还可以一轮轮地进行下去。博弈论的动态性构成了对于主流经济学的又一个冲击。可是，似乎很少有人思考这样的问题：既然新古典框架不具有动态性，那么为什么采用相似形式的博弈论，却具有比较显著的动态性呢？

显然，原因首先在于，在博弈论（尤其是非合作博弈）所涉及的问题中，当事人对于赛局的结果以及新信息的反应具有更为显著的不确定性。博弈论大都研究定性的、结构性的、比较碎片化的问题，不同问题、不同赛局或者不同模型之间因而不容易平滑地衔接起来。换言之，结构性生发了较多的不确定性。于是，特定当事人即使能够预见特定赛局的结果，他也无法确切地预见对方在下一局中将会如何行动，充其量他只能就此估算出一个概率。他可以在对方确定策略的前提下立即确定自己的策略，但他却常常不能预先确知对方的策略。纳什均衡同时致力于揭示这前后两段计算中的确定性与不确定性。所以，也可把纳什的理论视作串行计算的碎片化特征的一个范例。有了这样的特征，计算的动态化也就显得相当合理、因而较少质疑了。

围绕价格所进行的计算，其不确定性较少，因此，甲有确定的反应到达乙，乙因此再有确定的反应到达丙，丙因此再有确定的反应到达丁……如此下去，读者难免要问："最终的"结局是什么？通过把确定性作为分析的核心，主流经济学家就这样作茧自缚地把自己与静态理论（以及末世论）捆绑在了一起。然而，这一切都是似是而非的。如前所述，事实上，当事人对于价格的反应并不完全是确定的，资产市场尤其不是这样。同理，价格理论中的逻辑同样也可以应用于博弈论。既然一些学者们硬是把博弈论中的不确定性概括为概率问题，那么读者同样可以把以上的质问提交给他们，所以，基于概率论的博弈论，必将面临与价格理论相似的前途与命运。我们可以发现，事实上正是如此，一些学者不得不努力去探求动态博弈过程之后的"最终状况"。区别只是在于，接受价格理论下的一般均衡状态的读者较多，而接受博弈论下的"最终状况"（例如上千次重复博弈之后所实现的"均衡"）的读者较少，并且人们仍然不知道两者之间的关系。

可以说，非合作博弈的研究发生了与合作博弈相似的趋势。其研究范围愈来愈狭窄，大量的实际问题被认为不值得再研究。到了这一步，真不知道博弈论经济学家们是感到满足呢，还是感到困惑？

这个局面必须运用算法理论来进行拯救。必须使博弈论摆脱新古典主义的控制。首先，任何一个研究过程，都将会不可避免地导致收敛现象的发生。博弈论从动态过程向均衡状态的演变，便是一种收敛。这既是当事人的思想的收敛，也是理论家的理论的收敛。这是他们运用智力的结果。假如不发生任何收敛，不仅是令人讶异的，在很多情况之下，也是令人失望的。其次，“收敛于某一状态”只是意味着特定思维过程的停滞。考虑到任何特定思维过程（以及理论与模型）都只涉及有限的范围，我们最好在原则上把这种停滞视作暂时的，即使我们不能理解其中的某些停滞如何可以被打破。在原则上，我们也应当认为，思维活动可以停滞于任何地方，呈现出任何型态，因此，我们也就不必把探求这些不同型态之间的关系视为特定理论工作的必要环节。通过深入地理解异质性、结构性、多元性、混合性等概念，我们就可以接受这一点。由于新古典框架把一般均衡状态凌驾于一切对象之上，因此它就不得不进行这样的探索。最后，那种把追求均衡状态作为核心甚至唯一使命的研究方法应该结束了。原因如前所述：既然任何思维过程（从而具体理论）都只是在有限的范围内作业，既然我们的理论能够定义这一点，那么，也就必须承认任何对象以至整个世界对于我们的思维能力来说在原则上都是无限的，从而，我们也就可以关注任何问题，描述任何过程，解释任何状态，进行任何“博弈”；并且，只要你认为适当，可以**使特定的研究停止于任何一点**。所有不同理论之间的差别也就只是效率上的；换言之，也就只是技术性或程度性的。

4.8.3 略论信息经济学

“信息经济学”是一个模糊的概念。在有关信息的基本问题尚未得以恰当处理之前，这个概念不可能不是模糊的。信息经济学的形成方式与其他非主流经济学大体相似，即通过建立一些根植于现实的、同时符合主流学者思维习惯的模型、实例或论题，从而与主流经济学勉强地联接起来，以便获得一定程度的接受。信息供应问题早在哈耶克那里就已经以一种令人印象深刻的方式提出来了，然后在主流与非主流文献中被以不同的方式反复强调。信息供应起初被理解为单纯的通信问题，后来，尤其是在博弈论的影响之下，人们认识到信息可以被人为地、故意地隐藏、扭曲和编造。由于认识到了这一点，这更进一步引起了信息的可信性问题，当事人因此需要花费代价来建立自己的道德形象。另一方面，在此情况下，人们之间如何进行缔约、交易与合作，也就成为传统经济学所不曾涉及的新课题。在 4.6.3 节我们已经论及与此有关的契约经济学，本小节将再稍微评论一下机制设计理论。

当信息供应成为问题并且需要花费代价之时，信息已经成为与资本和劳动力性质相似的一种投入物。这种视角最能够说明信息（以及思想）需要作为一种客观实在来予以看待。前文已经多次说明，由于不能正面回答“新信息是否可以通过预测而得到”这样的问题，信息的出现已经使主流经济学深深地陷入了困境之中。信息噪音与欺诈的问题实际上又进一步引入了**算法问题**，这使得信息传递问题不再只被理解为物理的和技术的议题，而获得了清晰的社会意义。这就是斯蒂格利茨等人的“逆向选择模型”对于经济学家来说何以难以抗拒的原因。“逆向选择”现象的存在显示了一种新形式的市场失灵。经济学家们对此当然是不服气的，因此就要设法应对和进行治理。人们为了证明信息的真实性乐于付出代价。一个常用的例子是：大学所学的知识即使无用，大学文凭也可以用来证明一个人的能力。信息还需要进行甄别和筛选（“信息甄别模型”），这一点其实已经否定了主流经济学的“信息越多越好”的假设。这些都再次显示出，我们应当怎么样来看待信息，以及主流经济学所缺少的恰恰是什么。可惜的是，经济学家们对于这样的提示继续视而不见。

机制设计理论的基本问题更值得进行探讨。“设计”这个词含有主观的色彩，可它为什么不被拒绝呢？这显然是因为，该理论中所要求解的那些变量及其“数值”，主要都是结构性的；也就是说，研究者主要是要决定一份合同或一项制度的具体条款，而不是像价格理论那样来“必然地确定”价格与商品数量。其实，价格与商品数量也可以说是被“设计”出来的。只要我们对于现实生活有所了解，我们也就知道，价格与商品数量一般既不可能完全按照某个公式计算出来，也不可能完全采用试错的方法一一去尝试所有可能的实数数值。当事人在报价时必须有所“设计”或者估计。真正正确的报价往往是不能达到的，但是，有头脑的设计和估计可以提高报价的准确率，减少讨价还价的次数，并且为己方争得利益。这一点被“实数计算比较容易”的印象掩盖了。机制设计中的道理是与此类似的。由于相关的因素以及当事人可控的变量都比较多，因而由此组合起来的制度方案在理论上也将十分繁多，“组合爆炸”的道理很快就会使人们意识到，一一进行推算和尝试是不可能的。于是，机制也就需要进行“设计”了。

机制设计理论的产生也与博弈论有关。主流经济学的观念是，当事人在“最优的”制度之下行为，而制度的最优性本身是毋需置疑的。然而，在博弈论中，在那些活生生的赛局中，相关的规则显然是可变的，并且，规则对于当事人来说也并不完全是中性的。这就自然地产生了设计规则并把它与赛局结果联系起来进行研究的需要。规则的可设计性及其“非中性”的性质实际上揭示了“制度是一种模式，是思维发生弯曲的结果”这样一个算法的道理。主流经济学家把制度理解为类似于算术运算规则那样“正确无误”的东西，这种看法现在受到了挑战。当然，致力于机制设计的经济学家们显然并没有意识到这一点。

最初的机制设计理论所采用的是类似于价格理论的样式：在一些假定与约束之下，求解最优的机制。从模仿临时计算的意义上说，这种方法并不是完全不妥当的。事实上，某些机制也是可以这样来发现或构造出来的。然而，这并不是一般情况。常见的大部分机制都是勉强使用的，其副作用是难以避免的，并且不那么稳定。机制设计理论研究的扩展，不得不进入这种有限理性的世界，不得不研究围绕不完美的规则所展开的动态博弈。在动态进程中，个人与社会都有动机去修补不完美的规则，或者设法减小其副作用。研究者也会设想多种补救的手段，以便帮助当事人去实现均衡。结果是故态复萌；绕了一大圈儿，还是回到了新古典的样式。这是"机敏"的学者才会去干的事。假如只顾老老实实地遵照实际情形一味地去扩大研究，早晚就会发现，对于许多具体情形，根本不知道如何是好。这正是一些处于边缘的文献中所显示的情况。这些文献透露出无助与无奈的情绪，论文的作者们只能避重就轻，写下多少文字算多少文字。这就是当以均衡为中心的范式接近现实世界的时候所发生的普遍状况：研究者不是因此而变得兴奋，而是不得不闪烁其词，间之以几句哲学式的慨叹与辩解，背后则透露出因为失望而引起的虚无主义情绪。

算法经济学才是关于信息、博弈与机制设计的适当的经济学，这一点是十分清楚的。而且，算法经济学所能够提供的显然要比这些领域内已有的研究成果多得多。机制设计理论的另一个贡献是，它以"以子之矛攻子之盾"的方式，把主流学者们的逻辑引导到了社会工程学。现实世界不仅很不完美，而且很有发展与改良的空间。经济学者们一边需要对之进行研究和解释，另一边则需要为当事人进行设计与谋划。指导立法与政策制订的工作从此以后不再只是拍拍脑门，或者清谈一番。它可以建立在更为精密与科学的基础上，并且以巨大的规模和投入来进行——这就好比工程学研究在人数、投入与影响力上如今完全可以与自然科学分庭抗礼一样。机制设计理论在社会科学界率先吹起了这个号角；现在，我们可以把它纳入统一的算法框架，来好好地规划一下。

4.9 略论演化经济学

4.9.1 理想的演化经济学应当是算法经济学

在本书所关注的诸多经济学流派之中，演化经济学可能是最为晚近才发展起来的一个分支；而且，它的一些比较突出的进展正是在 21 世纪才取得的。至少从表面上看，演化经济学所采取的样式已经相当地接近于算法经济学。由于对于一些重要原理取得了某种领悟，演化经济学家们近年来也致力于对于其他已有流派的综合。例如，制度经济学、熊彼特经济学、奥地利经济学甚至斯密、马克思以及凯恩斯的经济学都正在作为一种"演化的经济学"来进行理解和界分。[①] 相关的论者们试图把动态性、有限理性、不确定性、主观性、新奇（novelty）与突现（emergence）、混沌、有机

① 参阅 G·M·霍奇逊：《演化经济学的诸多含义》，洪福海译，载《政治经济学评论》2004（2），138-157；以及贾根良：《演化经济学：现代流派与创造性综合》，载《学术月刊》2002（12），13-19。

观、系统论以及达尔文的进化论结合起来，创造一种新的经济理论范式。可以说，如果演化经济学家们能够充分地理解算法理论及其推论，他们必将发现，这正是他们所需要的，是他们满世界寻找而至今尚未获得的理想理论。由于这一理论的缺席，可以说他们至今仍然不得其门而入。霍奇逊教授曾于2007年冲动地宣称演化经济学已经成为一种“主流经济学”，然而响应者寥寥；原因就在于，在构建统一的经济学大厦所需的材料清单中，还有一些至为重要的东西至今尚未被演化经济学家们洞察到。这导致了类似的宣言显得底气不足。大综合的目标似乎就在眼睛的前方，触手可及，可就是抓不住它。

首先有必要从演化经济学的起源讲起。演化经济学强调了经济事件发生的时间序列，因此，它显然是那种试图使经济理论动态化的努力的一个产物。这就使我们想到了历史学派。的确，有学者认为演化经济学的起源应当追溯到历史学派[①]，这个观点与我们所主张的“历史学派统领着几乎所有的异端经济学”的观点也是相一致的。然而，这种认识是不够的。按照威特（Ulrich Witt）的考察，在经济学与社会哲学文献中，“演化”（或“进化”）这个概念具有悠久的历史。这些文献对达尔文造成了影响，导致他最终提出了生物进化论。[②]生物进化论是一个里程碑，自此以后，经济学者们反倒借助这个理论来重新阐释和理解进化问题了。像理查德·纳尔逊、悉尼·温特这样的演化经济学的直接创立者们，他们提出了技巧、惯例等等概念，这些概念就好比生物的种子，在相同个人或组织的不同行为之间、或者不同个人与组织的不同行为之间进行继承、传播或遗传，影响着相关行为的特征与性质；同时，这些“种子”自身也不时地发生变异。这个过程里面包含着多层意思：1. 有种子才有进化，“进化”是针对种子而言的。如果没有种子，也就无所谓进化，也就只有“变化”。进化与变化是不同的。2. 因此，进化（或“演化”）本身包含着“改进”的含义在内，也就是说，它需要价值判断，它是目的论的；“改进”是按照这个价值标准来衡量之后所做出的判断。3. 这种改进是种子在与其他“非种子的”、或者环境的因素相互作用之后发生的，所以种子的作用只是相对的。这就要求进化论本身是开放的，要容纳无穷的外生的因素才行。

遵循这条路线前进的演化经济学，陷入了无穷无尽的麻烦之中。首先，“种子”如果因为发生变异而可以改变的话，“种子”这个概念本身就是模糊不清的，种子与“非种子”之间的区别也就是含混的。如果一切皆可改变，这也就毁坏了“演化”这个概念。论者们当然可以说种子与“非种子”的区别在于变化的速率不同，可是，这只能进一步增加模糊性。“社会达尔文主义”坚持通过个人身体的毁灭与人口的再生来实现“进化”，这招致了道德上的谴责。经济学所讨论的进化，显然主要是思想性、文化性

① 参阅贾根良：《施穆勒纲领与演化经济学的起源》，载《南开学报》2007（4），102-109。

② Witt, Ulrich. “evolutionary economics”, The New Palgrave Dictionary of Economics. Second Edition. Eds. Steven N. Durlauf and Lawrence E. Blume. Palgrave Macmillan, 2008. The New Palgrave Dictionary of Economics Online. Palgrave Macmillan. 30 December 2008 <http://www.dictionaryofeconomics.com/article?id=pde2008_E000295> doi: 10.1057/9780230226203.0511

的，它要求进化必须在个人的生命周期内发生，甚至要连续地、经常地发生。这种速率与当事人所处环境的变化速率之间尽管可能有所差异，但其差异绝不是像生物进化那样显著的。换言之，经济学所要求的是文化进化理论，而这种理论与其说需要不断变化的种子，不如说需要稳定的种子。至少，从方法论的角度来说，稳定的种子（假如可以获得的话）要比不断变化的种子高效得多。只有稳定的种子才可以与环境之间进行明确的区分。其次，就“目的论”这一特征来说，针对经济事务来应用它的确是没有问题的，因为经济活动的目的与价值含义很清楚，可是，其他生物活动中的目的论含义却不明确。经济学模仿生物学，生物学中却缺少经济学所模仿的东西；那么，究竟是经济学在模仿生物学呢，还是反过来，生物学实际上在模仿经济学呢？

这就来到了我们的算法式的论点：1. 在所期待的文化进化理论中，“种子”就是人人皆有、且恒久不变的指令系统。指令加工信息之后，才产生知识。演化经济学家们错误地把诸如技巧、惯例之类的**知识**当成了种子；实际上，种子位于更为基本的逻辑层次之上，而真正进化的是**知识本身**。2. “信息”这个概念代表了环境的开放性，它既可以为指令所加工，又是多种多样、千变万化的。3. 指令加工信息，产生知识；知识再被加工、扩展、否定或改变，导致了知识的改进，也即进化或演化。4. 在异步性的、群体的生活方式之下，知识主要不是通过生物遗传来进行继承的，而是借助于个体后天向其他人学习、也即受教育的方式。**记忆（无论短时记忆或长时记忆、个人记忆或社会记忆）本身就是文化进化中的“遗传”方式。**[①] 5. 目的与价值都是一些既有的思想（或知识），这些既有的思想对于新发生的事态进行判断。6. “选择”是人类的一种思想活动。人脑中可以产生多种相互竞争的思想，当事人也可以根据这些思想来进行相互竞争的社会实验（或试验），然后择其优者而从之。“自然”（作为一个整体）不存在思想活动，也不存在试验过程，因而也就没有所谓的“选择”，所以，“自然选择”这个词语是研究者所进行的一种人为的、冗余的和过度想象活动的产物。这种“准思想的”活动是否在生物个体的层面上存在，目前还不清楚。即使它存在，也应当比照人类意识这个“原型”来进行看待和研究。

兜了这么一大圈儿，进化论就这样又返回了经济学。围绕进化论的争论已经持续了一个半世纪，我认为现在可以宣布这个争论的终结了。我们可以信心十足地来到这个论点：“演化”（或“进化”）是人类思维所产生的一种现象，或者是人类社会所产生的一种现象，它首先不是一种自然现象；真正够格的进化论，首先是关于人类社会的“文化进化理论”，也即算法理论。通过与文化进化理论进行对比，我们可以进一步得出结论：达尔文的生物进化论是不能严格地成立的（或者没有足够的证据表明它

① 如果把“进化”的含义严格限于种子的变异，甚至可以说，人类的思想不是以“进化”的方式来发展的，而是主要通过软件化的“记忆”和“复制”方式（包括社会性的传播）。由于使用了这种方式，在单个生命体的寿命之内，知识的更新和进步就表现得很显著。这是未采用这种方式的其他生命体所不能做到的。这一点再次表明了进化论的含混性。故此，在一般的论述中，笔者并不愿意十分强调算法理论是一种“文化进化论”。笔者更认为，“进化”（或“演化”）这个术语实际上只是强调了一种算法；该算法的特点是：不追求完美，而是先给出一个大致的尝试性的解，然后，在重复性实践中逐步改进。在《算法》中，我们把它归类为诸多“另类算法”中的一种。

成立），它只是在人类智识的进步史上暂时地发挥了一种桥梁的作用，以便把社会科学的古典时代与“算法时代”衔接起来。

这些结论听上去似乎有点儿惊人，然而，实际上它们都是很平实的。

4.9.2 进一步评论

初期的演化经济学，曾经表现出试图依附于主流经济学的倾向。这样的“演化”基本上只是主流的动态理论的一个分支。它的基本特征是：当事人显得头脑简单，只凭简易的规则或者模式进行计算与决策；经过多轮的或者长期的演变之后，当事人最终还是到达了某种均衡状态。这样的理论所描述的固然是一个收敛过程，但它同时也传达了这样的信念：主流经济学所展示的“科学理论”是富有远见的，实际当事人的智慧低于它，当事人充其量只是分别持有了这个真理体系的一个部分。这些收敛的例子都是精心挑选出来的，目前它仍然在诸如“演化博弈”这样的领域存在着。

我们无须正面批评这样的演化理论，因为它很快就遭到了激烈的批评。如今的演化经济学正是通过这样的批评而建立起来的。由于认识到经济的演变过程包含着矛盾、冲突、否定、破坏和多元性，熊彼特的创新理论、奥地利经济学、制度经济学以及马克思主义经济学都被逐渐地纳入了“演化”的框架。权威辞书把当今演化经济学的特征概括为三点：1. 偏好、技术与制度本身成为分析的对象，而不再视为外生的或给定的。2. 经济变动部分地作为一种内生现象，尤其通过当事人的学习与创新而促成。3. 经济过程内含着模式，因而不是孤立事件的简单排列；通过发现模式，我们可以展开理论解释工作。[①]

经济理论固然正在取得进步，然而，前进的步伐是缓慢的。在以上三个特征之中，这里只需再评论一下第一点。偏好、技术与制度都是一些思想或知识存量，它们不能（像在主流经济学中那样）作为分析的前提继续使用了。演化经济学者们认识到了这一点，并且表现出了试图去解释它们的意向，这当然是正确的态度。可是，问题是，“解释”何在呢？事实情况是，我们只是看到了这种**意向**，而没有看到什么像样的“解释”。这种解释的缺乏导致演化经济学停留在与行为经济学差不多的水平上，并且两者之间既相像又合拍。行为经济学整天说：啊，我们发现人有这个偏好、那个特点。演化经济学则说：是的，因为人是这样子的，所以，经济过程将是那样子的。人的特点没有被解释，有的其实只是“发现”和描述。这就好比诺思这样的制度经济学家，总是以激动人心的口吻把历史讲述一遍，然后宣称这就是社会科学。他说其中包含着理论，而除了产生更多的疑惑之外，我们并没有感受到有多少理论元素存在于其中。

不仅如此，演化经济学反而表现出一种反理论的倾向。在此我们以霍奇逊的观

---

① Witt, Ulrich. “evolutionary economics”, The New Palgrave Dictionary of Economics. Second Edition. Eds. Steven N. Durlauf and Lawrence E. Blume. Palgrave Macmillan, 2008. The New Palgrave Dictionary of Economics Online. Palgrave Macmillan. 30 December 2008 <http: //www.dictionaryofeconomics.com/article?id=pde2008_E000295> doi: 10.1057/9780230226203.0511

点为例来进行说明。霍奇逊试图把演化经济学界定为与主流经济学相并列的一种流派（这与他批评主流经济学的态度何其矛盾！），他提出了划分一种经济学是否为演化经济学的三项标准：1. 本体论标准：是否接纳新奇性；2. 方法论标准：接受还是反对还原论；3. 隐喻标准：是否广泛地使用生物学隐喻。[①] 在本小节的后半部分，我们将围绕以上论点展开评论。

霍奇逊正确地认识到了主流框架所未曾容纳的诸多元素的重要性，然而，为了容纳这些元素，他却刻意地走向主流经济学的反面。他未能认识到，要把所有这些主流与非主流的观点包容在一个框架之内，我们只需要一个简单的技巧，即引入米塞斯所主张的认识论，把当事人的认识过程予以内生化和对象化。换言之，我们只需要承认这样一个事实，即当事人是在有限计算速度之下来认识、思考和决策的。新奇与突现都是认识过程中所发生的现象，它们所表达的都是思考着的当事人的一些**感受**，并且这种感受是由于当事人只拥有有限的知识而产生的。假如一个人拥有完善的知识，他就不会感受到新奇。新奇还与异质性和结构性有关。假如世界缺乏异质性和结构性，就不会有突现，也就不会有新奇。

上述道理可以用两个例子来说明。第一个例子是旅游业。旅游业给人的第一印象是，它属于一次性消费。然而，持续的观察表明，实际上它是一种永续性极强的产业。原因就在于，对于个人的存在而言，地理环境是广袤的。因此，一个人要想游遍各种名胜古迹，需要经历很多年，而对于一个特定的景点来说，它所接待的客人虽然是变换的，但却是源源不断的，这是由于人口的数量极为庞大，而新的、尚未见过世面的人口不断地生成。只要“新奇”是一种主观感受，这个世界上是绝不会缺少它的。第二个例子就是近年来所流行的“复杂性理论”。这个学说指出，即使对于某些固定不变的元素来说，只要其数目足够大，或者连续运行的时间足够长，那么，由它们所组成的状态就会不断地使人感到新奇和变幻莫测。

与此相关的是还原论。我们无法把某种现象完全解释为某些因素进行组合之后所得出的结果，并不必然表明这种现象是不可分析的。我们常常会在分析的过程中遗漏某些元素。例如，如前所述，商品在特定的时空环境中进行交易，产生了特定的价格。为了解释这种现象，传统理论把价格“还原”为价值，却遗漏了时间、空间、环境等因素，这就导致了解释的不完全。对于任何对象，一般我们都不能认为已经完全了解了它，因为其中的结构因素既是无限丰富的，又是潜藏的；**这些因素往往正是在对象与其他对象的组合与相互作用中才发现的，是事后才了解到的。**这就好比万花筒。在光线的折射与反射作用之下，几块碎玻璃可以在人的眼睛面前呈现出无穷无尽的图案，这难道可以被解释为“产生这些图案”不是碎玻璃本身的一种特征或“固有功能”吗？显然，碎玻璃（以至任何玻璃）都具有这样的潜能，只是此前人们可能并

① G·M·霍奇逊（Hodgson）：《演化经济学的诸多含义》，洪福海译，载《政治经济学评论》2004(2)，第141～142页。

不知道而已。①

算法理论曾经被指称为一种还原论，本人对于这种随意贴标签的做法持反对态度。原因在于，仅就指令系统来说，这个标签似乎是有道理的；可是，指令之外还有信息。信息这个概念是一个伟大的发明，同时它又必须与指令配对。信息只是在**格式上**适于为指令所加工，而它的**内容**却是无限的，它是世界无限性的一个表征。所以，算法的体系是开放的；说它是还原的，并不正确。

"有限计算速度"这个概念简单得让人感觉有些肤浅，然而这是一种错觉。我们假定当事人的计算速度是有限的（也即有限理性的），事情不能仅仅到此为止了，观察者也必须如此。这个弯儿一转过来，也就马上妙趣横生了。当我们理解了某些对象之中的具体"机制"的时候，我们往往就会认为它是"机械的"。由于此外还有不理解、或者半知半解的"剩余"存在，我们就感到很奥妙，于是展开了想象，而想象有时候又难免是多余的。"有机观"以及"生物学隐喻"正是由此而产生的。门格尔的杰出观点已经对此一语道破，而霍奇逊自己则在考察桑塔菲学派时这样写道：

> 现代复杂和混沌理论表明，即使世界是确定性的，它也将以随机的、甚至非概率的、不可预测的外观来表现。这并没有为与不确定性进行着古老而持久的斗争的决定论带来胜利，反而表明，即使在决定论的假设下，自由意志的概念也是可取的。②

这就是说，即使世界的本质是决定论的，在我们引入"有限计算速度"的条件下，它也将表现出相反的、不确定的一面。霍奇逊所未曾反应过来的是，在"有机""不确定性""自由意志"等"现象"已经作为确定性所内生的一种后果而呈现的情况下，又何必再把它们增添为假设呢？又何必再因此而把它们置于与确定性相对立的境地并划清两者的界限呢？难道不应该用"奥卡姆的剃刀"来剃掉它们吗？

一如其他经济学者们一样，演化经济学者们也在背负着"纯粹的、真正的不确定性"的包袱而艰难地挣扎着。一旦我们继续被这些偏执的、武断的哲学观念（甚至情绪）所左右，经济学也就只能继续处于分裂之中。而在这种根本的分裂之下硬要搞综合，其结果也就只能是复杂、琐碎、晦涩、空洞、大而无当、华而不实，等等。这些正是如今的演化经济学的突出弊病。各个非主流经济学派的一个通病是，都不重视对于主流经济学的统合，不重视如何来包容全局性和演绎方法。它们要么向主流经济学献媚，要么则远离它、孤立它和敌视它。它们不是去认识认识过程本身，而是越过这个过程，企图去认识（康德的）"物自体"。以这种方式来理解的"最优化"，只能是绝对的最优化，没有进行改造的余地；用这样的方法建立起来的理论，最终也就只能

---

① 同样的混乱、迷惑和神秘化也发生在对"系统"这个概念的理解上。参阅《算法》第5.4.1以及《原理》第3.1、3.6节。

② G·M·霍奇逊（Hodgson）：《演化经济学的诸多含义》，洪福海译，载《政治经济学评论》2004（2），第152页。

陷入形而上学的泥潭。

4.10 其他

4.10.1 略论“注意力经济学”

对于已有的经济理论的考察已经接近尾声了。在过去的20年间，经济理论的发展呈现出异彩纷呈的局面，新世纪的新思想尤为活跃。新思想的出现与已有各个理论分支的不断分化组合同时发生，相关的文献蓬勃涌现，其中的情况笔者实在难以尽述。但是，在这一章结束之前，至少还有两项理论成果不能不提到。

第一个是被称作“注意力经济学”的领域。这个领域主要由一些从事心理学、广告与传媒、管理学以及信息经济等方面研究的学者组成。与新增长理论（以及我们的算法理论）相类似，注意力经济学的出现也受到了信息技术的启发和鼓舞。相关学者提出，应当把“注意力”引进经济学，并使之成为一个重要的（甚至核心的）概念。他们首先提到了西蒙。西蒙曾经说：“信息的丰富导致注意力的贫乏，因此需要在过量的可供消费的信息资源中有效分配注意力。”①最为著名的“注意力经济学家”是迈克尔·高德哈伯（Michael Goldhaber）。“高德哈伯声称他所说的注意力是一个包罗万象的系统，它全面构筑我们的生活。注意力经济把人们大量的愿望与行为转化为一个复杂的经济整体，这个系统主要围绕着注意力的付出、接受和寻找。……高德哈伯认为……在网络时代稀缺的并不是信息，而是注意力。因此当今应该是注意力经济时代而不是信息经济时代。……注意力经济时代是具有革命性的，它带来的变化超越了我们的想象。……根据高德哈伯的观点，注意力经济才是网络经济的本质。网络的自然经济就是注意力经济。注意力经济的规律在主宰着网络世界的演变。”②多位学者还论及思想的客观实在性问题。高德哈伯说，英语中的 pay attention to（“付出”注意力）这个短语好像是在把意识状态当做一种物质似的。③我国学者张雷教授这样来转述修辞学家理查德·莱汉姆（Richard A. Lanham）的观点：“根据理查德·莱汉姆的观点，在信息时代，处在中心地位的不是物质而是形式，因为形式在竞争注意力的过程的表现更为活跃。在这样一个世界，知识产权比不动产更为重要，而艺术与文学将发展成为比工程技术、自然科学和传统的经济更为重要的东西。这是因为艺术和文学是研究人类注意力如何分配以及文化资本如何创造和交易的学科。在注意力经济中，形式和

---

① 转引自张雷：《媒介革命》，北京：中国社会科学出版社，2009年，第22页。

② 同上，第52–55页。省略号为笔者所加。

③ 同上，第55页。

实质的位置发生了颠倒。”[①]

在专业经济学领域，“注意力”这个议题也获得了一定的注意。[②]然而，总的说来，“注意力经济学”在专业经济学领域引人瞩目的程度是十分有限的。不过，它提出了一个独有的、当前的经济学所缺乏但却十分重要的理论元素；用算法的术语来说，这个元素就是“有限计算速度”。由于这个原因，特别是，由于注意力经济学家们的一些论述是在20世纪90年代发表的，因此，它应该获得高度评价。

另一方面，这些观点仍然是初步的，是比较孤立的。如同新增长学者们一样，一些注意力经济学家显然受到了信息技术的过度吸引，以致发表了许多极端和肤浅的言论。由于这个原因，注意力经济也被社会大众误解为“眼球经济”和“美女经济”。有限计算速度导致在任何特定时间人脑所能够加工的信息是有限的，这等于是说，“意识的容量”是有限的，人的意识所针对的外部对象、从而注意力也是有限的。所以，有限计算速度等同于有限的注意力，并且是对有限注意力的一个更为精确的刻画；因此，算法式的经济学也就是适当的“注意力经济学”。由于我们已经理解到有限计算速度的影响力是多么广泛和深刻，因而，我们也就可以说，“注意力经济学”绝不仅仅是什么“信息时代的经济学”，而是一种贯穿人类历史的、普遍的、一般的经济学。信息时代的经济固然将会表现出自身的具体特点，但是，我们未曾看到（也设想不出）什么站得住脚的理由，可以使我们相信信息经济是一种在本质上不同于传统经济的所谓“新经济”。

4.10.2 思考成本与有限理性

第二个成果是在引入“思考成本”（deliberation cost）的前提下对“有限理性”所作的有关研究。用算法语言来说，这类研究的一个总结论是：思考成本会引起思维活动发生弯曲，而这种弯曲正是有限理性的一种表现。这个结论比西蒙对思考成本的后果所持的线性观点大大前进了一步。相关的研究分别是在不同的学派内部进行的，约翰·康里斯克（John Conlisk）则对此进行了搜集和整理。他发表于1996年的一篇长篇论文[③]虽然在时间上不够晚近，但所作的综述是出色的。以下将围绕这篇论文来体察一下众多学者的论点。

这篇论文的题目是一个问句：“为什么需要有限理性？”作者对此给出了四条理由：“第一，大量的经验证据表明它是重要的。第二，已有的有限理性模型令人印象深刻。第三，标准的完美理性假设缺乏说服力，其逻辑站不住脚。第四，经济决策所需的思考活动代价重大，好的经济学要求我们考虑所有的成本项目。”[④]全文则根据这

---

① 转引自张雷：《媒介革命》，北京：中国社会科学出版社，2009年，第138页。

② 例如，汪丁丁教授曾在《经济研究》2000年第10期发表论文《注意力的经济学描述》。

③ John Conlisk. “Why Bounded Rationality?” Journal of Economic Literature, Vol. XXXIV（June 1996）, pp. 669–700. 以下所有引文均由笔者自译。

④ 同上，第669页。

四个要点，分为四节。作者尤其强调："思考成本将是贯穿始终的主题。"①

我们关注的焦点是思维弯曲问题。作者写道："针对那些在经济理论中的个体当事人频繁遇到的、并且在客观上有正确答案的决策问题，进行了众多的（经验）研究。在这些测试中受试人表现得好吗？不，他们经常表现不佳。……最为重要的是，推理的错误系统性地发生。心理学家们认为这是因为受试人使用了'启发法'（heuristics）——基于经验的粗略估计——这才导致他们未能采用健全的逻辑分析方法。……对于理性有限的个人来说，启发法通常可以廉价地提供足敷使用的答案，而周全答案的代价则高到了不值当的地步。正如佩茨（Gordon F. Pitz）和萨克斯（Natalie J. Sachs）所说：'在认知的努力与判断的确切性之间存在着一种替代关系。'对于这种替代关系，心理学要比经济学理解得好。……研究有限理性不是对于经济推理的偏离，而是它的必要延伸。"②

在下文中，作者通过对大量文献的考察，表达了这样一种观点，即公司、组织、动态性、成本加成定价、适应性预期、局部调整、模仿、随机选择、偏好、社会规范、情感、忠诚、利他主义等都可以在很大程度上视为有限理性的产物，或者与之密切相关。他还写道："罗纳德·海纳提出了一个有刺激性的观点：经济行为之所以可以预测，在很大程度上是因为有限理性导致当事人采用了经验法则来进行决策，而经验法则可以展现出比最优化更大的规则性。因而，海纳认为标准理论面临着一个具有讽刺性的难题：'假如当事人事实上的确在实行最大化的话，那么，我们所观察到的、经济学于是必须以最优化的方式努力去解释的规则性就会消失。'"③作者的论述越来越转入了"准算法的"轨道："由于当事人的理性预期依赖于对于整个市场和整体经济的知识，而不仅限于作者所处的狭隘环境，关于理性预期的计算将会引致高昂的思考成本。……关于'准理性模型'（near rationality model）的研究表明，把有限理性升级为完美理性的益处很少。同时，计算复杂性模型则表明，这种升级所需的思考成本却很可观，其大小甚至是天文级的。例如，在许多整数规划问题中——如时序安排、资本预算、货物装载、行程表问题等——计算复杂性随着问题规模的上升呈指数级上升。……一个经典的例子是下棋，最优策略在概念上是简单的，就好比一字棋的下法那样，都只包含有限数目的玩法。然而，在国际象棋中，这个有限数目'却可以与宇宙中的原子数目相媲美'（西蒙语）。西蒙总结道：'如果只包含 64 个格子和 6 种棋子的国际象棋便超出了我们的精确计算能力的话，那么我们就可以猜想现实世界中的几乎任何问题都将如此。'"④"理性是稀缺的，好的决策是昂贵的，思考与其他活动之间存在着一种替代关系，对此，戴（Richard H. Day）称作'思维经济'。这种替代模型要求某种形式的'思考技术'，以便决策者通过使用这种技术，把稀缺的认知

① John Conlisk. "Why Bounded Rationality? " Journal of Economic Literature, Vol. XXXIV（June 1996），第 669 页。

② 同上，第 670 ~ 672 页。括号内的内容以及省略号为笔者所加。

③ 同上，第 677 页。

④ 同上，第 679 页。省略号为笔者所加。

资源及其他资源转化为更好的决策。”[①] 这种“思考技术”显然就是我们所说的“算法”。作者然后考察了一些有关“算法”的研究：“第一个关于思考成本的完整模型由拉德纳（Roy Radner）与罗斯柴尔德（Michael Rothschild）于1975年开发。在他们的模型中，决策者面临着多种行动规划任务，而他没有足够的时间去优化每个期间的每种行动，于是，参与每个行动的潜在成本就是减少参与其他行动。其他大部分关于思考成本的模型都是最近开发的……其中当事人根据思考成本的大小来构思思考技术。另一个比较简单的途径是假设当事人在多个不同的行为规则之间进行抉择，每项规则都反映着各自固定的思考成本。这个方法被用来考察低成本模仿相对于高成本最优化的适用性、有限理性对博弈均衡造成的影响以及技术变迁等。艾尔米尼（Luigi Ermini）把思考成本与层级计算联系了起来，而高登·温斯顿（Gordon Winston）对思考成本的考察则更为广泛。总的说来，在结合其他模型的输出之后，这些模型展示了标准元素（最优化、理性预期、市场均衡）如何可以通过思考技术与有限理性元素（满意化、学习、经验法则）相互结合，其中相对于完美理性的‘理性化程度’是被各种经济力量内生地决定的。”[②]

在该文的第四部分，作者继续把讨论引向深入。作者首先提出，在存在思考成本的情况下，发生了“**无穷回归**”的问题：“设想我们面临着一个基于传统最优化、完美理性和零思考成本假设的决策问题，然后，我们把思考成本修改为正数，于是我们就必须把它加入原来的问题之中。而困难在于，这个新形成的最优化问题本身也需要花费代价来解答，新增的思考成本却不能忽略。于是我们再构思第三个问题、第四个问题，以至无穷。我们很快发现我们处于一个无穷的、棘手的回归问题之中……这个问题似乎阻止我们把最优化作为所有行为模型的终极逻辑基础……看来，我们必须接受诸如学习、适应性等行为主义假设而不是最优化，才能逃离回归问题。用乔汉森（Leif Johansen）的话来说：‘在某种情况下决策必须建立在直觉的基础上。’”[③] 接下来，作者明确提出了信息问题必须与算法问题相配对：“扩展一下思考技术的概念，我们就会自然地把决策看作是用有代价的‘信息搜集’和‘思考’两种投入、并借助某种有关决策的‘技术’而‘生产’出来的。……‘信息搜集’和‘思考’作为两种相似的投入，在标准理论中的待遇却很不相同；一个得到了考虑，而另一个则被回避，这一点实在令人好奇。……为了获得一个概略的认识，我们可以设想一下，假如经济理论史碰巧采用了一条不同的路线：现代决策理论不是从完美理性与不完美信息开始，而是相反……思考成本以及有限理性，就好比房间里的大象，有时的确太大，因而绝不能忽略掉。”[④] 尽管如此，作者还是认为，主流经济学家们实际上被迫地、隐含地考虑了思考成本和有限理性的因素，途径就是借助“人力资本”以及“技术变

① John Conlisk. “Why Bounded Rationality? ” Journal of Economic Literature, Vol. XXXIV（June 1996）, 第682页。

② 同上，第682-683页。

③ 同上，第687页。省略号为笔者所加。

④ 同上，第687页。省略号为笔者所加。

迁”的名义。

作者最后总结道：“就理论原理而言，我们也许可以猜想存在一个单一的、包容性的理论，它可以把各种各样的有限理性与完美理性都作为它的特例来看待。”①

这篇综述共涉及约272篇专业文献，以及约296位包括众多领导性人物在内的专业经济学者。

4.10.3 经济文献正在无限地靠近算法理论

显而易见，沿着这样的线索，我们一定能够发掘出大量有价值的现代文献。自该文以来，相关领域中探索的步伐必定在某些角落中不曾停止。例如，杨小凯教授就曾在2002年的一次讲座中这样总结道：

> 最近发展起来的五花八门包含决策和计算成本的经济模型也证明，如果计算和收集信息的费用很高的话，最优决策和全部均衡中都会出现直观决策，模仿（所谓羊群行为），按固定规则决策等看似不是完全最优化的决策过程，但这类决策不是像西蒙所言的非最优化而只求满意的决策，而是考虑计算成本的约束条件下的最优化决策。最优决策的本质并未变，只是当约束条件复杂时，最优决策的形式也多样化了。②

这表明，传统经济理论领域的若干关键错误正在被认识到，一些环节正在被打通，新的理论原理的各个部件正在形成之中。这也表明，算法理论是紧扣经济理论的核心主题的，我们与其他众多经济学者们大体上都在思考相同或相近的问题，正在得出某些相同或相近的见解，并且正在趋向相同或相近的方向。

然而，另一方面，相关的文献或观点都是零散的和片段的，似乎并不如我们所期待的那样丰富；是康里斯克、杨小凯等对此问题感兴趣的学者把它们归拢到一起的。可以说这类研究是前沿的。可是，前沿性的研究领域目前是很多的；“有限理性”这个议题，显然并未受到经济学界的普遍重视。不关心这个议题的人要比关心它的多得多。而在关心这个议题的学者们中间，仍然是众说纷纭，莫衷一是。尚未打通的关节同样也很多。下面的例子俯拾皆是。例如，把理论模型划分为“完美理性模型”与“有限理性模型”然后加以比较，这种做法本身就是成问题的。既然认识到“当事人的理性预期依赖于对于整个市场和整体经济的知识，而不仅限于作者所处的狭隘环境”，那么怎么会有规模有限的“完美理性模型”单独存在呢？一个方程在数学上具有标准的解法，这与方程组本身是否可以称作“完美理性模型”这个问题是不同的，这是因为“方程组是否是对实际问题的完美概括”本身就是大有

① John Conlisk. “Why Bounded Rationality? ” Journal of Economic Literature, Vol. XXXIV (June 1996), 第692页。

② 杨小凯：《杨小凯谈经济》，北京：中国社会科学出版社，2004年，第116页。

疑问的。[①] 再比如，在上文中，康里斯克对于无穷回归问题进行了大量的讨论，而正的思考成本的存在所引起的绝不仅仅是这个困难。在计算速度有限的情况下，面对时空地图，从 A 点一路算到 B 点，然后当计算者再从 B 点返回 A 点做总结性计算的时候，A 点的情况已经变化了，这才是更为关键的问题。人们通常都有一个错误的印象，以为时空地图上两个点之间的路程不很遥远，所以不以为意。可是，实际上，如果用演绎的方法来走这条路的话，则这个距离可以是非常遥远的，需要花费很长的历史时期才可能跨越，所以，这个困难是非常重大的。鉴于这个困难的存在，思考活动从什么地方开始，本身就会成为一个严峻的问题。在思考成本的讨论中，康里斯克也没有明确地把思考时间与思考成本的其他内涵相区分，没有认识到“时间不可以随意化约为货币金额”这样一个结构性命题，这就距离问题的最终解决相当遥远了。最后要举的一个例子是，关于“信息搜集”和“思考”的替代性讨论，由于未涉及“完美理性必然要求预见到新信息”这样一个难题，这一讨论也就无法深入地进行下去，而只能像主流学者们那样，当面对类似的议题时在无奈中叹一叹气。

笔者不打算在这里再继续审视已有的文献了。虽然已有的文献的确已经表现出向算法理论无限靠近的趋势，但是，没有迹象显示出算法理论（或者它的类似物）已经被提出，以致使得本书的内容成为多余。[②] 众多的证据反而表明，算法理论是独一无二的，我们已经在现有文献的基础上迈出了大大的一步。[③] 对现有文献的尊重是必

---

① 新古典的完美理性模型可以作为一个有用的、理想的甚至必要的参照系，不能把这种观点混同为，它就是“经济理论”本身，或者是与其他经济理论相共存、相竞争的经济理论“之一”。恰恰相反，正是通过与这类模型的对比与区分，我们才知道“经济理论”应该是什么样子的，什么不是经济理论，以及经济学究竟应该如何起步。至于实际经济社会状况中与这类模型比较符合的部分，我们是通过“收敛”以及“算法均衡”等概念来进行解释的；严格说来，这同样不能视作新古典理论可以作为一种经济理论而存在的证据。这是又一种区分。遗憾的是，在迄今为止讨论理论综合的几乎所有已知的文献中，似乎都还不存在这种区分。

② 例如，浏览一下美国经济学会下属的几个核心期刊近期（2016 年）的动态，就可以发现，风向正处于缓慢的转变之中。“信念”“注意力”“算法”“宗教”“媒体”等词语正在“登堂入室”，尤其是行为经济学正在进入主流的“圈子”，诸如“过度自信”“自我控制”等行为主义术语大量地出现于文献之中。刚刚卸任的美国经济学会主席 Richard Thaler 甚至乐观地预测行为经济学将会因为被主流所吸收而“消失”（Richard H. Thaler，2016. “Behavioral Economics：Past，Present，and Future”，American Economic Review，106（7）：1577–1600，第 1577 页）。而在《经济展望杂志》（Journal of Economic Perspectives）最新一期（2016 年夏季号）中，登载了一组关于“信念激发”（motivated belief）的文章。其中，2014 年度“诺贝尔经济学奖”得主让・梯若尔（Jean Tirole）等人以“意念经济学”（Mindful Economics）为题对相关领域近年的研究做出了总结（Roland B é nabou and Jean Tirole. 2016. “Mindful Economics：The Production，Consumption，and Value of Beliefs”，Journal of Economic Perspectives，30（3）：141–164）。他们倾向于认为，人们持有的信念是内生的，是重要的资产，是当事人在有限理性与有限注意力条件下谋求最优化的结果，而不能（像行为经济学传统上所做的那样）视为对标准理论的偏离（其中有一处［第 147 页］甚至一笔带过地提到了思想的“迂回生产”）——当然，他的用词是比较委婉的，他显然并不想直接把“内生”“最优化”这些词语运用到思想性的对象上。显然这也是为什么用 motivated 一词而不用 endogenized 的微妙的原因。

③ 计算经济学（Computational Economics）目前正在急速地上升之中，其中最为突出的似乎是围绕 agent 这个创意所进行的研究（Agent-based Computational Economics，简称 ACE）。然而，对这个领域进行纵览（参阅“Handbook of Computational Economics Volume I ~ III”）的结果却仍然是令人失望的，虽然众多细微的进展业已发生。这些进展相对于旧式的经济学来说是可贵的，但远远不够。因此笔者继续维持对它的已有判断，即 ACE 需要从根本上转入算法的轨道，成为“算法式的计算经济学”，才能实现真正的突破。

要的，但过于详尽的考察只会导致事倍功半；就现阶段而言，这并不是主要的。主要的工作仍然是抓紧向前赶路。截至目前，算法理论尚未被经济学界所接受，因此目前的主要工作仍然是说服经济学者们接受它。只有在这个目标实现以后，如何考证相关理论的历史，如何重新评价过往的学说，以及如何确定有关的知识产权等问题，才会变得重要起来。而就这个任务而言，本章的内容绝不是很充分，而是仅仅开了一个头而已。

笔者的确并不十分确信当今世界不存在算法理论的类似物，而我们的考察就此打住的另一个原因是，即使这样的相似物已经存在，它也绝不会是充分的。这就好比 19 世纪 70 年代的边际主义经济学，虽然经由三位学者分别独立地提出，但并无经济学家认为这样的“重复”是多余的和不必要的。恰恰相反，三位学者的著作可以相互借鉴和补充。而且，这种重复本身显然加强了经济学者们的信心，导致新的学说快速地传播。对于如此重大而新颖的议题来说，多出一两本书，想必绝不会有造成浪费之虞。

理论的发展虽说不能视作预先注定之事，却不能否认自有某些内在的逻辑存于其中。从这个意义上说，个人的作用往往并非如事后所夸口的那样重大。我认为，算法理论应当属于这种情况。对于已有经济文献的考察使我相信，笔者只是促成了一桩势必要发生的事件。这就好比《水浒》中梁中书要献给蔡京太师的生辰纲，晁盖、吴用他们如若不取，或早或晚，亦必有他人取之。

4.11 经济学的大综合

4.11.1 马歇尔的特别观点

本节是这一章的小结。经过前面两篇共四章的论述，关于经济学的大综合，读者们应当已经了解得颇为详尽了。本节将先提供一个简短的回顾，然而再补充说明若干要点。不过，在此之前，笔者还要就经济理论史再说几句。

马歇尔向来被视为一个综合者，他试图把古典经济学和新古典经济学综合为一个整体。现在看来，他的《经济学原理》具有相对全面而合理的结构，几乎每个流派都可以从中找到一些自己喜欢的东西。然而，在一些关键节点上，马歇尔并没有取得突破；这种遗憾即使从全书充斥着困惑语气的叙述中也是可以看得出来的。这样的例子有：他对时间因素的迷惑，对于“社会生物学”的向往，等等。可是，马歇尔的论述中包含着非常珍贵的成分，这些成分如果以传统的眼光来看，也许聊胜于无，但是，实际上它们是非常算法的，它们简直就是算法理论的先声：

人类不能创造物质的东西。诚然，在精神和道德的领域内人可以产生新的思想……他的努力和牺牲结果只是改变了物质的形态或排列，使它能较好地适合于欲望的满足。……有时据说商人是不生产的：制造家具的木工生产了家具，而家具商人只是出售已经生产出来的东西而已。但是，这种区别是没有科学根据的。……一切参加工作的人都是生产的，虽然他们也许生产得很少。①

尤其要强调的是，这段话中包含了“排列组合”的想法：工作、活动或行为，就是搞排列组合。马歇尔当然还不知道，思考其实也是搞排列组合。

马歇尔的另一段话可以说更为惊人：

经济学上分析和演绎的作用，并不在于锻造几条推理的长链锁，而在于恰当地锻造许多短链锁和基本环节。……很显然，经济学上是没有进行一长串演绎推理的余地的。②

我们可以把这几句话解读为，马歇尔实际上把思维活动看作是由不同的片段所组成的；恰当的思维活动，就是对这些不同片段进行恰当的组合。因此，无论有意还是无意，做出这种论述的人都是在期待一个关于“最小单位思维活动”的理论；而且，他也认识到了，种种非演绎的“算法”（也即另类算法）是不可或缺的，演绎法只能间隔地、部分地使用。这些论述中散发着强烈的“离散性”的气息。这说明搞综合的人都或多或少地具有一些大体相似的想法。

笔者并不想在这里复述经济学说史中关于理论综合的部分。若以今人的眼光来看，可以说，像样的综合还没有发生。例如，在过去的大半个世纪中，宏观经济学与微观经济学一直在相互寻找与对方的结合点，这项工作至今却并无大的进展。另一方面，理论综合的需要已经相当迫切了，而其趋势也日益表现出来。例如，各个异端经济学之间如今出现了明显的综合趋势。制度、博弈、行为、演化等分支之间就好比开派对一样，不断地发生两两结合，进而产生了“制度博弈”“博弈演化”“行为博弈”“行为演化”等成果。经济学的门派之见逐渐淡漠了，跨领域、跨学科研究则流行起来了。

马克·布劳格所著的《经济理论的回顾》一书的绪论是以一个疑问句为标题的：“经济学理论有进步吗？”这的确是一个问题。由于新古典经济学及其数学方法的横行霸道，经济学在某些方面是退步的。如今接受主流经济学教育的学生已经缺乏分析现实经济问题并提出行动建议的能力。要想重新加强这样的能力中最为基本的部分，这些学生首先必须去阅读经典的经济学专著。当然，基本的科学精神是不允许经济学

① ［英］A·马歇尔：《经济学原理》上卷，北京：商务印书馆，1997年，第82–83页。省略号为笔者所加。

② ［英］A·马歇尔：《经济学原理》下卷，北京：商务印书馆，1997年，第417、424页。省略号为笔者所加。

完全陷入凌空蹈虚的境地的。近数十年来，经济学家们的头脑已经受到诸如尼采、胡塞尔、海德格尔、德里达等现代哲学家们的显著影响，学术风气已经发生了很大的变化。唯理论正在消退，而“非理性”与不确定性流行的结果是，虚无主义有所抬头。整个经济学与社会科学都正在步入一个相对平静、缺乏激情而无所作为的时期。

理论的进步是缓慢的，它经历了太多的痛苦。现在，笔者要说的是，僵局的打破在于微观世界，在于对人类思维活动的解析之中。常规经济活动与思维活动的关系，就好比电气与电子的关系。物理化的电气设备无论多么宏伟，其现象无论多么壮观，奥秘却在于看不见的、并且其单位能量很低的电子。微电子学具有巨大的威力，这一点已经被信息产业的发展所证实了。同样地，亿万人民每天都身处其中的经济体系，其奥秘则在人的头脑深处。从这里发展出来的理论原理，将可以解决关乎日常吃穿住行的大问题。

用俗话来说，经济学现在需要的是“在螺丝壳里做道场”。

4.11.2 对“大综合”的综述

经济理论的综合，首先是演绎法与其他计算方法的综合。在各种计算方法之中，演绎法一般被认为是最为可靠的。由于新古典理论潜在地假定当事人进行计算不需要时间，因此他就只能连续地、一刻不停地、无节制地使用演绎法，以便尽快获得那些“最佳的”结果，新古典理论因而也就成为一个规模庞大的演绎体系。为了使这个体系的扩张能够有始有终（以便经济文献能够从某个地方起步，又在另一个地方划上句号），学者们也就必须“假装”存在终极真理，他们也就必须绝对化地对待经济理论的前提（把它们硬说成是公理、人性或者外生性）。由此生发了大量无谓的、低效的争论。

经济理论的综合不在于把各门各派的具体结论与观点进行生搬硬套，当然也不在于仅仅以多元主义的态度来看待经济理论的多样性。正如科学进步所一贯采用的方式，我们要尤其重视那些最为简易又最为可靠的方法，并把它拿来优先地予以使用。这个方法就是：把人类思维的链条打碎，使之变成一个个微观单位，然后，在微观层面上来寻求综合。演绎法很可靠，可是，用微观分析的显微镜来看，它的长度或步幅却是非常微小的；一个演绎步骤完成以后，要再寻找进行另一个演绎的机会是不容易的，而要把两个演绎运算紧密地衔接起来就更难了。这是因为我们面临的是信息与数据的海洋，而每一步计算都需要时间，都要消耗资源。由于新古典主义假定计算不需要时间，所以，计算一定会直线地进行。而当计算速度有限的时候，计算的链条必然是弯弯曲曲的，它必然会由演绎法以及其他多种多样的、“另类的”计算方法构成；演绎只是迂回地、间接地进行。这种思想集中地体现在 1.5.2 节的图表 5 当中，它是我们要描述和论证的主要目标。这就是演绎与“非演绎”、理性与“非理性”的综合。这是经济理论大综合的核心。计算机科学为这个想法提供了一整套现成的、成熟的、几乎无须修改就可直接加以运用的形式化工具。这个工具于 60 年前就已经成形了，现在，则由笔者予以发现和指出。

由此可以衍生出大量的推论。有限计算速度的引入意味着思考时间的引入，由此，经济理论中的某些因素（也即物理的因素）可以运动而另一些因素（也即思维的因素）难以运动的分裂局面结束了，全面的动态理论可以提上研究的日程了，而现有的各种动态理论因此也就可以得到综合。指令的性能维持永久不变，这是静态的、绝对的因素，由此我们就可以容许收敛现象的存在。我们把“收敛”理解为主流经济理论的真实意义。收敛过程所到达的均衡是当事人在有限计算次数之内强行综合全局性与局部性的结果。这样的均衡叫做“算法均衡”。现实世界中的每个均衡都可以归于算法均衡的某个具体种类。有限计算速度意味着有限理性，这将立即导致各种外部性的合理化，也导致了博弈论中的“坏人”以及马克思所强调的矛盾、冲突与“不平等”的出现。宏观现象是一种外部性，它又可以通过再对象化过程而纳入当事人的考虑之中，这就是宏观与微观的结合方式。“半内在化”则把分析范围再次予以拓展。

有限计算速度引起知识存量的内生，而制度、人性、偏好、习惯等都可以作为知识存量的一些具体种类，于是，制度经济学、行为经济学、演化经济学等强调特定知识存量作用的学说就都可以综合进来。知识存量可以用来提高临时计算的效率，但它是过去在其他场合形成的，当事人把它拿来不加检视地予以使用，势必会造成冲突；这就解释了这些异端经济学过去为什么不能与新古典经济学相融合——因为新古典经济学其实是排斥知识存量的，它潜在地假定所有知识都是临时制作完成的。知识体系（无论个人的与社会的）的内部充斥着矛盾、冲突与不完善，因而，知识就会不可避免地进行创新，旧知识就会不断地取代新知识。

计算就是在多种多样的指令与信息之间反复地建立排列组合的活动。数量只是多种信息种类中的一种。新古典经济学把价格置于经济体系的中心位置，实际上是潜在地认为价格（作为一种数量化的信息）可以概括所有其他信息；这是绝对真理的一种表现形式。只要引入有限计算速度，其中的错误就是显而易见的。只要我们揭去这层面纱，多样性、异质性与结构性的意义也就立刻显现出来了：当事人需要采用多种算法，处理多种信息，进行多种计算，展开多种行动（而不仅仅进行交易）；这些活动都是相对独立的，它们之间虽然具有一定的联系，同时也具有并行性。这是我们理解经济理论多样性的一种方式。不同的理论强调了当事人不同的算法，展示了经济活动不同的侧面。理解了这种多样性，也就在一定程度上理解了它们之间的统一性。

经济与社会活动的整个画卷大致上由此形成了：在当事人思考与行动之前，多样性的世界就存在了，“思想”与“行为”就是指当事人所拥有的身心资源与环境进行交互作用；由于组合爆炸的存在，这个过程必定是没有尽头的，所以，经济学与社会科学只能研究特定的社会状态与历史过程。收敛、发散与相对静止都是这个过程中的局部现象。

社会科学研究的对象是有限的，而研究者的理性也是有限的，所以，当事人种种算法之间的综合也意味着研究者的各种研究方法之间的综合，社会科学与当事人的思想之间因此存在着既彼此相似、彼此竞争又彼此互补的关系。研究者既研究现实，又通过自己的研究成果来影响现实（社会工程学），新的现实又再次成为研究的对象；如此循环往复。这就是所谓的“建构性”。只要有一个关于思想范围有限性（从而有限计算速度）的理论，建构性也就立即可以综合进来。

在此基础上我们再来探讨一下政府与市场的关系。自由放任政策与政府干预之间的脱节，是经济学分裂的另一个方面。有限理性是弥合这种裂痕的基础，因为，只有有限理性才会导致市场失灵，而市场失灵则是政府干预的基础。当然，政府的理性也是有限的，经过干预的市场因此也不可能变得十分完善，因而，市场的成长、政策的进步以及制度的创新都将同时存在，并彼此竞争；这同样是一条没有尽头的路。

社会科学重点探讨确定性，此外还有大量的剩余（包括不确定性）的存在，后者便是各个人文学科的生存空间。人文学科探索各种基本的思想，描述各种现象与过程，表达人的感受，抚慰人的心灵；这便是科学与人文之间的统一性之所在。

图表 12 简要地概括了各个经济学派的要点，而这些要点都已经包含在了算法的体系之中。这意味着经济学的大综合已经基本得到了实现。鉴于这只是一个大纲，其他交叉的、过渡的和影响较小的学派与分支暂不包括在内。社会科学的大综合、以及社会科学与人文学科之间的综合也暂时未能包含在本表之中。

图表 12：经济学的大综合

学派	特点	政策
重商主义	货币，国际贸易	政府干预
重农主义	生产，反货币，静态循环	自由放任
古典经济学	生产，分工，长期，弱动态性，反货币，以现实为原型所导致的弱综合性，模糊性	自由放任
德国历史学派	动态性，经验，综合与整体，思想，制度，非理性	政府干预
新古典经济学	交易与价格至上论，弱情境化（效用+边际方法），机械论（数学），反货币，静态性，精确性	自由放任
奥地利学派	动态性，主观性，个人，以及大量“准算法”的观点，观点分散	自由放任
凯恩斯宏观经济学	市场失灵，非理性，货币，短期，宏观与统计	政府干预
芝加哥学派	把不确定性、制度、交易成本、时间、人力资本等非主流元素不自觉地硬塞进主流框架	自由放任
制度经济学	制度，动态性，交易成本	部分偏左，部分偏右
行为经济学	非理性，有限理性，实验方法，神经探测方法	偏左

续表

博弈论与信息经济学	结构性，人际互动，冲突，不确定性，市场失灵，机制设计，精确性	偏左
演化经济学	动态性，创新，发展，准综合	偏左
算法经济学	演绎＋另类算法，静态性＋动态性，确定性＋不确定性，局部＋全局，一致性＋冲突，创新与发展，一切都是客观实在，生产＋交易＋金融＋非经济活动，人文性＋精确性，方法论的综合，社会科学与人文学科的综合，社会工程学，建构性	政府与市场相权衡，制度创新

4.11.3 再论“高阶的一致性”

在大综合的实现过程中，除了那些比较明显的道理，尚有两个要点需要做出强调说明。

第一个要点是关于独立性与混合性的问题。这是一个与我们的论述时时处处紧密相关的问题。新古典主义的基本原则是追求事物之间的普遍联系和完全的一致化，这实际上否定了任何单个对象的独立性。世界就好比铁板一块，每个人、每件事都只是其中的一个零件，每一个局部的说明都严格地依赖于其他局部和整体，呈现在研究者面前的现象世界被视作某些基本因素经过充分的相互反应之后的最终产物。而算法的方法是与此不同的。由于时间因素普遍地存在于主客观世界的每一个角落和每一个方面，这样一来，就会广泛地发生“反应不够充分”以及主观性所导致的“错上加错”，于是，我们也就不得不在原则上认为，每一个客观对象都包含着其他对象无法代表的独立内容，主客观之间、以及主观世界内部都是如此。笔者称此为“科学的多元主义”。它导致世界在我们的眼中呈现为一种混合物，它允许我们不必凡事都要问个究竟，各种不同的理论之间只要具备某种根本性的相互一致，也就可以彼此共存。这是实现大综合的方式之一。这样的多元论貌似很肤浅，容易遭到轻视，然而，其实它可以概括其他所有的多元主义。例如，本体的、形而上学的多元主义，我们是不可能最终去证明它的，这是我们通过认识的过程性而推知的，因此，实际上它是一个推论，而不是一个预设。它是认识过程本身的需要，而不是认识过程之外的什么不相干的东西。而有了算法理论这样一个关于认识范围有限性的理论，如前所述，方法与方法论的多元主义自然也就是题中之义了。因此，正如我们在《原理》中已经提及的，社会科学家务必需要认识到，时间、行为或过程必须作为**“第一重要的科学要素”**予以看待①，而不是像现在的经济学那样，至今连时间都还未能成功地进入分析的框架之中。同样地，关于思想的客观实在性的哲学命题实际上也只是有限计算速度的一个推论而已。

上述道理我们可以通过物理学来说明。物体的颜色与重量之间是什么关系？磁与

① 《原理》第7.6节。

引力之间是什么关系？波与粒子之间是什么关系？对于这些问题，物理学至今并未提供理想的答案。虽然其中的有些问题可以被合理地理解为无须提供说明，而另一些问题则被合理地推断为“应当存在某个正确答案”，可是，无论如何，答案至今的确还没有出现。然而，这并不妨碍物理学本身成为一门相对统一的学科。其中的原因，当然首先在于当前物理学的各个主要部分并不是**直接**相互否定的——尽管各部分的独立性仍然在一定程度上存在，它们仍然在“各说各话”。其次，这种共存和统一性是由客观物理世界本身所提供的，物理世界担当了用来沟通不同理论的“母体”。譬如，关于颜色的理论与关于重量的理论各自独立存在，因为人们没有发现物体的颜色与重量之间存在系统的联系或冲突，以致产生了需要进行沟通的必要性。这不被认为是一种不一致。最后，这并不表明物理学中不存在争论。争论只是局限于一定的范围和程度之内，尚未危及学科的共同基础。换句话说，严格地讲，学科的统一是一个程度的问题；一旦越过了某种临界点，“统一”这种说法也就可以成立了。这种观点的另一面是，多元论必须以适当的方式与统一的逻辑相结合；完全排除多元论的统一，可以认为是不可实现的。事实上它也是不存在的。

现在再来看看经济学。在多个主要的方面，经济理论都是相互冲突和相互否定的。新古典主义在本质上反对多样性，因而，以理论模型的边界作为分野，模型内部的状况与外部的状况是相互否定的。一种否定多样性的理论，是无法与不同于它的其他理论相衔接的，是无法与之和平共处的。为什么可以说算法理论完成了这种统一呢？这当然首先是因为算法理论为这些相互冲突的理论提供了一种根本的一致性，以致我们可以认为已经越过了那个“临界点”。其次，算法理论**本身**是包容多样性的，计算展开之前的世界与计算之后的世界都是多样的。算法理论甚至允许它们相互冲突，而以更高一级的逻辑来统一它们。这就是我们要说的第二个要点。

第二个要点是指“高阶的一致性”。由于思想的实体化，算法理论自然就把时空概念引入了思想世界，从而可以使得不同的思想和平共处于这个世界之中。这就好比烈火之所以没有引爆炸药，原因在于它们分别处于不同的时空环境，**时空环境使它们“和平共处”了**。这是“大综合”的一种颇为“特别”的方式。其次，在我们研究者面前的现象或思想可能（被我们认为）是相互冲突的，然而，由于“冲突”本身就是算法理论的一个结论，所以，它也就不令人感到奇怪了。而且，由于思想活动正在并将继续进行下去，这种冲突也就有可能在未来的某个时刻被解决，以致转化为相互一致。**在我们眼前的思想是冲突的，而论证这种冲突的合理性的理论与逻辑本身却是演绎的、连贯的和前后一致的**。当事人对许多事情都是不确定的，而“不确定性的存在”这一点本身却是确定的，它合理地呈现于我们的理论框架之中。因为这种一致性是针对冲突本身的，我们称之为“高阶的一致性”。它既可以保证各种具体的经济学都可以相对独立地存在（即使经过算法式的改造之后），又可以保证算法式的统一逻辑与之并存，还可以保证以上二者以“适当的方式”（当然，究竟是否够得上适当，还需要读者独立地做出评判）相互结合。**需要认识到的是，一种要把冲突本身纳入分**

析框架的理论，必须采取这样的方式来建立理论自身的一致性。就眼下的状况以及笔者自身的理解力而言，似乎舍此别无他法。各种反新古典的理论，之所以在与新古典的较量中屡屡败北，原因就在于这个道理未被阐明。一个要容纳矛盾的理论，自身却试图不包含矛盾，这就有引起自相矛盾的危险。由于新古典经济学摆脱了这个负担，所以，在各个具体的争论中，它当然总是有办法来展示自己的“旗开得胜”。算法方法所强调的是，只有通过注入时空因素把矛盾的两面既相互隔离开来，又将之相互连接起来，才能获得一致性。算法理论说明了这种矛盾是怎么来的，它通过思想的加工之后为什么还存在，未来大致上又将会如何演变，从而也就在这些矛盾之间建立起了一种特殊的一致性。

社会科学是“关于思想的思想”，社会工程学是“关于如何调节思想的思想”。这样的思想类型有很多种类，而社会科学与社会工程学就是其中的组成部分。思想单独或者与物理元素相结合，构成了社会现象，而思想则居于其核心。这就是我们在本书中所要努力去说明的观点。

最后还要强调说明的是，为了进行这种综合，在笔者看来，我们所提供的是最低限度的理论假设；我认为，算法理论已经无法再予以简化了，各个算法的元素是缺一不可、高度统一的，否则大综合将难以完成。

大综合之后的经济学将会是什么样子？从各个门派之中提取出来的合理元素是进行简单地相加呢，还是需要我们继续开辟和发展新的研究领域，才能将它们融为一体？这是本书第三篇将要展开探讨的内容。在经过前两篇的长篇论述之后，笔者本人对于下一篇的展开已经有些迫不及待了，但愿读者们的心情也是如此。

第三篇

算法经济理论概论

如果算法的前提、假设和推论都是可靠的、可信的和具有重大意义的，那么，接下来的问题就是，一个基于算法理论的经济理论体系将如何来构建？当计算速度是有限的时候，经济学将会是什么样子？或者，当我们把思想当作实物那样来进行分析的时候，当“真正的动态理论”得以建立的时候，当主观的、冲突的、创新的以至“大一统”的经济学得以建立的时候，经济学究竟将是什么样子？这是本篇力图回答的问题。

旧的经济学已经被我们拆解了，其中错误的、或者不明智的部分需要予以抛弃，而有价值的部分则应予以保留；然后，我们需要把这些部分予以重新拼装，再加上算法式的新内容，从而组成一门新的统一的经济学。为了与已有的经济学相区别，我们把这门经济学称为“算法经济学”。从逻辑关系上讲，它应当成为现有一切经济学的集大成者，成为今后的一切具体经济研究的一个共同基础。本篇的任务，就是为这样一门经济学勾画一个大致的轮廓。其中的基本内容，已经分别见于《算法》《原理》以及前文之中。在本篇里，我们要对这些内容进行比较系统的归纳、整理、补充、扩展和重述，尽可能形成一个比较全面的体系。第二篇主要是以学派为顺序来展开论述的，本篇则按论域、议题及其逻辑顺序来布局。第二篇以新学说为工具来分析和批判旧学说，一边批判一边建构；本篇则着重于建构，对现有文献的考察将退居次要地位。但是，旧学说在一些地方仍要予以提及，目的在于造成一种衬托和对比，使读者明白要点究竟在哪里。尤其是新古典经济学以及新古典主义的理论建构方法，由于它是这样地纯粹和典型，我们仍将不时地提到它。新古典主义有多么纯粹，算法方法也就有多么全面。

我们的论述将从“社会”这个大议题开始。特别需要强调的是，对人类社会所作的一般论述，不应当被理解为算法经济学的一个“预备”，它就是算法经济学本身。

这是因为，在算法的逻辑之下，经济学与社会科学已经合为一体了；在各个主要的方面，经济学的独立性已经不存在了。这就好比在黑暗的房间中，我们在手电筒的照射下来观看一幅画，我们给被照亮的部分单独起了一个新名字，然而，这幅画本身还有另外一个名字；谈到前者，也就不能不提到后者。从这个意义上讲，《算法》《原理》以及本书都在从不同的角度、以不同的题目和侧重点来论述同一个东西，只不过篇幅越来越长了。

这是开疆拓土的写作，笔者将徐徐地、小心翼翼地向前行进。为了避免重复，我将把重点放在叙述现有文献所忽视了的新内容上。我将力争使用新的术语和风格来进行写作，我将偕同各位愿意与我同行的读者们慢慢走出旧思想的牢笼，逐步培养起新的理念、习惯和视野。笔者还将提出一些问题和研究设想，而不去正面地回答它。这是因为，我们已经并将继续展开的画卷，绝非任何个人在短短的几年中就可以单独完成的。要把算法理论与既有的知识体系以及我们脑中既有的观念相互结合，去伪存真，融会贯通，需要漫长的历史进程。这主要是因为旧思想旧观念维持得过于持久，其影响范围过于广泛。而在前路的拓展方面，可以说，几乎每天都会有新思路产生，每天都会有新任务可以提出。这方面目前根本谈不到如何进行“完善”的问题。眼下所要着重克服的，其实只是社会科学研究中所遭遇的一个瓶颈；仅此而已。

与此相连带的是，论述和说明的焦点仍然是原理与方法，为此将不惜使具体的应用性议题所得到的篇幅有所不足。只要读者们理解和掌握了这种方法，我宁愿自己所做的所有应用性工作都被悉数推翻，从头再来。

第五章　社　会

5.1 引言

在第一章的开头部分，我们已经强调指出了这样一个事实，即“社会科学”这个名词的提出，系出于对自然科学的模仿。近代以来，自然科学取得了巨大的成功。人们发现了自然界的众多秘密，然后把它用于改造自然的实践，从而显著地改善了日常生活。这种成功激发了从事社会研究的学者们。于是，他们也想如法炮制。

可是，这项工作历经磕磕绊绊，至今仍进展得很不顺利。虽然各门具体学科都分别产生了大量有价值的成果，统一的社会科学却一直未能产生。换言之，社会科学还缺乏统一的原理与方法。在算法理论提出之后，我们对于学科历史与现状的这一看法，也就更加确信不疑了。算法理论把建立社会科学的统一原理与方法作为自己的使命。因此，在前文的批判性论述的基础上，现在要从头再来，要把思路重新梳理一遍。也就是说，我们要从约两百年前重新起步，从社会科学的一些最为基本的议题开始，来重构这个学科群的基础。本章以下将要展开的论述既是对《算法》和《原理》的扩展，也是对它们的精炼。

社会科学都有哪些基本的议题呢？一类学者强调了“社会”的独立性或整体性。这方面最为著名的学者之一就是经济学巨匠亚当·斯密。斯密说，社会中的个人被一只“看不见的手”引导着；个人主观上是自私的，客观上却在促进社会的福利；他只从事了某种工作，却同其他人一道分享着各种各样的社会产品。斯密的论述提出了个人与社会之间的关系问题，而他则在这个问题上持一种相对平衡的、甚至颇为微妙的观点，他的论点要比一般的整体论者更为折中一些。然而，如前所述，这种关系其实至今还尚未得到正确而又精密的阐述。我们将在下文中逐步揭开它的面纱。

奥古斯特·孔德开辟了社会科学的另一类议题。孔德认为，社会现象是呈现在我们面前的事实，因而，我们应当运用类似于自然科学的方法，对它进行观察、比较、分析和预测，甚至可以进行实验。孔德认为科学研究的目标之一就是抓住社会运动的规律，而这些规律可以为经验材料所验证。①孔德的观点与方法被称作“实证主义”。初听起来，实证主义似乎是相当合理的。可是，人类的任何思维，漏洞都是很大的，实证主义也是如此，它暗含着许多弱点和陷阱。例如，什么叫做现象？谁来“实证”谁？一旦采用了实证主义的方法，往往就会倾向于对实质与现象做出狭隘的、绝对的划分，思想可以同时作为主体与客体的二重性也就被忽视了。实证主义的另一个误导性在于，它预设了“社会世界存在着机械化的规律”这样一个前提。一个忙于寻找这种类似于数学公式的规则性的人，他不是错误地认定一种规则性，就是错误地认定另一种规则性。可是，人类社会究竟是否存在着**这种类型的**规则性，这是没有保证的，这本身是需要讨论的。实证主义还容易使人忽视建立先验假说、态度与观念的必要性，以致把科学研究仅仅看作一件有关数据处理的工作。由于研究者所处时空环境的局限性，用来检验理论的材料，也就必然是有限的和局部的；基于这种材料的急匆匆的“实证”，往往不过是偷懒和武断的代名词而已。

我在本章的开篇就讲实证方法的坏话，首先是因为，这种方法在社会科学的主流领域目前十分流行；它的信徒们十分自信，自以为社会科学的基本原理与方法早都已经不是问题了。一个人要是抱着这样的看法，是不会有兴趣往下阅读本书的。按照这种简单僵硬的方法来搞社会科学，永远也不会有真正的社会科学。

社会科学的基本原理与方法大有问题。要想正确地解答社会科学的基本问题，首先需要从思考科学本身的性质开始——也就是说，需要从思考思想本身的性质开始。不仅如此，社会科学究竟能否算是一门“科学”，本身就处于激烈的争论之中，数量可观的学者们对此都持否定的态度。科学与人文的争论由来已久，而笔者的基本观点是，关键在于把二者沟通起来；只要它们之间具备了一种实质的一致性，剩下来的不过是名词之争而已。

这一切都有赖于一种关于人类思想的新态度和新理论的建立。这种“新态度”，就是把思想当做一种客观实在予以看待。这个态度其实并不是十分新的，我们只是把一种自古就有的哲学精细化和明确化了。这个“新理论”，便是“算法框架理论”（“算法理论”），它是一个用计算机语言来表达的、有点儿晦涩味道因而容易使人望而却步的术语。对于新读者来说，这是需要花点儿功夫才能迈过的一道坎。然而，一旦读者理解了它，也就会同意，有关的术语非得这样来运用不可，其中看不出有什么可以做出显著改动的余地。实际上，这是一个非常简单的理论，并且，它首先是思想性的，甚至人文性的，它并不进行“计算”。更为准确的说法是，这种理论提供了思想性、人文性、科学性与精密性的**高度的结合**。“新理论”与“新态度”也是高度统一的，它们分别强调的是一个事物的两个侧面。

对上述新态度与新理论的重述，是下一节的主题。造好了工具之后，接着就是运用它。我们将演示，基于这个理论所做的推理，将会得出什么样的结论；个人的行为

① 参阅［法］奥古斯特·孔德：《论实证精神》，黄建华译，南京：译林出版社，2011 年。

因此将会是什么样子，社会将会表现出什么样的一般特征。算法框架之下的个人（算法人）必然是不断成长的，因此，个人的成长与教育问题就会成为算法式社会科学的当然议题。这是正规的社会科学（尤其是经济学）通常所忽视的领域。这是第 5.4 节的内容。接下来的合乎逻辑的议题是社会的形成。首先要专门讨论一下通信、媒体与传播，接着是政府的产生。在宏观的社会科学领域，需要再次进行专门论述的议题并不多，因此，我们将以对伦理道德、宗教和心理议题的泛泛讨论来结束本章。

下一章的算法经济学，将直接从这种社会科学中脱胎而出。

5.2 人的思想

5.2.1 两种社会科学传统的融合

孔德的方法为涂尔干所继承和发挥。我们可以把他们的方法暂且称作“孔德–涂尔干方法”。“孔德–涂尔干方法”潜在着一个优点，即把思想当作一种客观实在、进而当作社会科学的一种对象来看待。然而，即刻要声明的是，他们的本意究竟是不是这样，这是不明确的。一个严重的问题是：社会科学的对象究竟是什么？什么是“社会行为”？什么是“社会现象”？什么是“社会状态”？“社会行为”是指人的肢体的纯粹物理化的动作吗？说“一群人在开会”是说“他们聚在一起并发出了一些声波”吗？一个人付钱买东西，他所付出的“钱”是指那张作为钞票的纸吗？这些问题历来都较少得到讨论。不过，人们似乎都倾向于对上述问题给出否定的答案。“社会行为”通常固然包含着物质的或物理的元素，但这种行为具有社会内容，而该“内容”则是思想性的。说“一群人在开会”是说他们交谈的内容所具有的思想上的含义，而这种含义本身又是社会性的，因而这种交谈才被称作“开会”。具有特定质地与印刷图案的纸张不仅是一张纸，它还代表着人们之间的一种约定；根据这种约定，该纸张不允许被私下随意地伪造，它被法律专门指定为商品交易的媒介和财富的记号。这些事例说明，社会科学的研究对象中包含着人的特定的思想内容。这与自然科学是不一样的。自然科学研究的是诸如石头、树木等对象，而这些对象可以不包含人的思想内容；不管人们是否与之发生联系，它们都在那里，它们早于人类历史之前就存在了。

那么，有没有人刻意地声明过，社会科学的对象中包含着思想呢？或者，思想就是社会科学的对象之一呢？进一步地，有没有人刻意地声明过，思想可以**单独**作为社会科学的对象而存在呢？思想甚至就是社会科学主要的和核心的对象呢？我们不能完全排除存在这样的学者的可能性。在人文与社科领域，想要说出一句别人完全没有说过的话，是比较困难的。然而，即使这样的学者存在，他们在社会科学领域内显然也不占主流，他们显然也未能挫败主流的方法与观点。因此，让我们暂且搁置考证工作，继续往下进行。当社会科学家们谈论“社会行为”“社会现象”这些概念时，他们一般都是指外观上可见的、可感的对象；这些对象一般都具有物理化的形式。一条潜在的、并未明确表达出来的规则似乎是，只有具有了物理性的外观，某种对象才能成其为“对象”。这个传统在科学史与人类智识史上由来已久。思想的内容**附着**在物理的形式上，这就好比“狐假虎威”的手法一样。尽管没有人认为思想可以缺席，但它似乎并不是关键；对象之所以成为对象的关键的、决定性的条件是**特定物理形式**的存在。社会科学家们大谈着各种“社会现象”，而思想则是作为“二等公民”以附带和“潜行”的方式偷偷溜进社会科学之中的。社会科学家们很少严肃地、认真地思考这个问题。

这个问题被理性主义方法的滥用、尤其是被新古典经济学所加剧了。这一分支的社会科学试图追求和展示完美的知识。它认为，当事人完全可以认识客观物理世界的奥秘，关于人与自然打交道的各项活动，最终都有正确的、唯一的和完美的答案，而社会科学的使命则在于推测和描述这种最终的理想状态，在个别或次要的情况下才涉及到达这一状态的过程；或者，作为一种替代方法，社会科学的使命仅在于论证某种理想状态是可以到达的。这种方法所导致的后果是，认识与决策的过程被忽视了，个人被假设为拥有完美的知识（或思想）。由于这种知识是“完美的”，所以它也就是静态的和绝对的，不再有任何发展。每个人所掌握的知识因而也就是相同的，或者是完全相互匹配的。

在这一系列看法之下，思想究竟是否可以作为社会科学研究对象的问题不仅更加模糊不清了，而且陷入了极端严峻的局面之中。这就是：理论模型中的当事人只是被假想为与自然界打交道，人们相互之间似乎不需要打交道了；或者，人际互动的过程被假想为只在一瞬间就完成了，而在其他时间，“存在”的只有物质和物理化的行动，社会行为的思想内涵反而消失了。这个道理就好比假如我们总是生活在光明之中，我们也就不知道那是光明，更不知道黑暗的存在；假如我们看到的都是美女，也就无所谓美与丑。鉴于上述新古典立场的另一个推论是研究者的思想必然只能被预设为与当事人相同，于是，思想从客体上消失了以后，它只能跑到研究者的眼睛后面去了，它不再存在于研究者的眼睛前方了。我们可以回忆一下，这不正是西方智识传统中自古皆然的观念吗？思想是思想，物质归物质。思想固然是“存在”的，但它属于另一个世界，这个世界位于与物质世界不同的“层次”之上，泾渭分明。实际上这就是柏拉图主义。

由于柏拉图主义的影响和破坏，社会科学愈发摇摆不定了。这种极端化招致了对它的反对。“非理性”和主观性的传统乘机崛起，早期的含混和平衡被打破了[①]，社会科学分裂了。这一分支的社会科学，甚至不主张使用“科学”这个词来称呼自己。它们强调人的行为的“非理性”性质，强调社会现象是不可把握的，人与人之间存在差

① 虽然被尊奉为实证主义的创始人，孔德本人的立场其实是相当综合而平衡的。例如，他大谈神学和宗教，并且自创了“人道教”。

异、分歧和斗争，理论对于现实具有建构能力，人与社会都是演变的，等等。

没有比较就没有鉴别。正是从上述争论之中，我们感受到了思想的存在。个人经常发生的错误与失败使我们感受到个人的思想是存在的；人与人之间的差异、分歧与冲突使我们感受到思想是存在的；人与社会的演变、发展也使我们感受到思想是存在的。思想不仅是确定无误的存在，而且是一种相对独立的存在（尽管它要依赖于某种物质基础或者物理形式）；正是因为这个原因，它才与各种物理元素相互作用，或者相互结合。思想并非不可以与物理元素并存，它完全能够与物理元素并列存在，同时地、单独或共同地作为我们的研究对象。思想不是对象世界中的“二等公民”，也不是特权成员，而是与其他对象彼此平等的对象。

来自新古典主义的教训就是要让思想重新现身于社会科学的对象之中，这是把上述两种传统糅合起来的根本途径。简言之，我们要找到一种方法，它能够允许和支持我们以下述方式与态度来对待思想：思想是一种存在物，因而，“具有某种思想”与“不具有某种思想”是不一样的；思想既然存在，就应具有空间与时间特征，也即，它会占有特定的空间，在时间上既可以延续，也可以灭失，因而我们（作为研究者）可以谈论它存在于某个地方，不存在于另一个地方，它在此时存在，在彼时不存在，等等；全部的思想不是一个整块儿，而是可分的，可以分为“一个个”的思想，而每一个思想则是可鉴别的，我们可以单独地谈论甲思想，也可以单独地谈论乙思想，等等；思想的性质是比较稳定的，不会因为我们的观察、研究和谈论而跑掉，或者发生过于灵敏的改变，以致不具有任何可以“抓住”并予以分析的特征；思想可以运动，可以从甲地到乙地；思想可以相互作用，可以重新分化与组合，就好像物体、能量、波或其他物理对象通常所表现出来的那样；思想的某些特征是固定不变的，而其他特征是可以变化的，我们需要同时说明这两种性质是如何集于一身的（就好像化学中的原子性质不变而原子结合所形成分子的性质可以变化那样）。

我们的经验观察以及自我体验的结论是，思想的确（至少大体上）是具有上述性质的，而问题在于如何构造理论模型，创设概念和术语，使我们能够清楚地说明它。“便于操作和运用”是理论的一个要件，也是理论的实质含义之一。

在我们获得了这样一个理论之后，我们终将认识到，思想不仅应当作为社会科学的对象之一，而且它是社会科学的主要的和核心的对象。社会科学以及一切人文学科，其主要使命就是研究人的思想，研究思想的存在及其发展变化——或者为思想着的人们提供某些新的思想。因此，使这种研究成为必要与可能的理论，也就是社会科学的真正基础；这种理论的建立，就是一门统一的社会科学的真正开端。

相应地，也只有在这种条件下，“孔德－涂尔干方法”才具有基本的合理性；实证的方法也必须在这个前提下，才能得到运用——当然，仍旧是比较有限的运用。

5.2.2 算法理论使思想获得了相对的独立性

“思考＝计算＝（指令＋信息）× 计算速度 × 计算时间”，这就是算法框架理论，就是对上述所有问题的一个统一而全面的答案。

这个理论虽然运用了计算机术语来进行表述，但它实际上并不神秘，即使对于不甚了解计算机原理的人来说，也是可以理解和运用的。指令与信息都是思想的“元器件”，或者是思想的一些种类。我们想象着一个个叫做“信息”的实体经由感觉器官鱼贯地进入脑中，在那里被预先“安放”在脑中的另一种实体“指令”所交互加工和再加工，就好像一个配备着各种各样工具的工人运用他的工具轮换地加工原材料并制造产品一样。加工后的“产品”（数据）则存放在周围，越积越多。由于脑中的空间狭小，部分“产品”经过编码后重又输出，变成书籍或电子数据，存放在身体之外的物理载体中，以供再调取。感觉器官也有歇息的时候，这时，大脑就会集中精力对数据进行深加工（“深思”）。其中的部分结果指示，要采取物理化的行动，于是，它们就开始支配四肢及其他器官，这些肢体再与物理工具或设备相连接，协同地展开动作，作用于外部环境或特定的对象（人、事、物、符号等）；这就是“行动”。这个词一般侧重于指称可视的、物理化的行为，而“行为”的含义在传统上要稍微广泛一些。在算法框架下，它们其实都没有什么本质的区别，都既可以指称物理化的动作，也可以指称思想上的动作（思考）。我们也可以根据具体的需要来赋予其特定的含义。

从以上陈述可以看出，思维活动与肢体动作是两种不同种类的活动、行动或行为，它们的逻辑地位是平等的，既可以相互并列、相互独立，也可以相互串接起来，形成上下游关系。大脑指挥肢体做动作的时候，思想位于上游，行动位于下游。这种关系也可以反过来，行动可以在先。行动产生了信息，信息通过感觉器官再进入大脑，供其加工和使用。这时，行动就是上游，思想就是下游。这一格局的经济学含义我们现在就要立刻指出来：思想与行动各有各的成本，各有各的时间耗费，因此也各有各的收益和贡献，我们必须把它们同时放在相互协作、竞争和权衡的位置上。

我们以这样的态度与方法来看待思想，并不是凭空想象，无中生有。思想是存在的，因为我们每个人都在思想着。考虑这个问题的过程本身就是在思想。感觉器官“告诉”我们外物的存在是真实的，而这个结论本身也是由思想器官——大脑做出来的。但是，并非每种实体的存在都要依靠眼睛的判断，都要以视觉为标准。花散发香气，这是鼻子“告诉”我们的，眼睛并没有参与，但这并没有让我们怀疑香气存在的真实性。同理，思想的存在首先是大脑自己“感觉”到的，是大脑直接做出的判断，这一次大脑也单打独斗了。其次，这一判断也借助了感觉器官：通过观察分析种种社会现象，我们断定他人也具备与我们既相类似又相区别的思想。因此，当我看待社会现象时，我所“看见”的并不只是物理现象，我几乎“看见”思想也附着在物理载体上，“呈现”在我的面前，并随之运动。在大部分情况下，这种看事物的方法都是相当可靠的，我对其中的思想也都能够做出比较正确的解读，因为别人的反应以及其他各种征象都可以证明这一点。假如我不这样看，我反而就会被别人笑话为白痴。这是我在社会中生存的基本经验，也是我的一种能力。

可以说，眼睛虽然看不见而我们相信其存在的事物是非常多的，对此这里就不再举例了。原因很简单，不相信那些实体存在，我们就解释不了特定的现象；而“相信它的存在”，是处在特定知识水平上的我们能够想出来的最好的“算法”。

5.2.3 算法理论使思想的存在变得形象直观

“把思想看作客观实在和主要对象”的方法即使以前被提出过，现在，我们也要在算法框架之下、以算法的语言来重新予以提出。这一方法事关社会科学的生死存亡。算法框架理论使这一哲学观念变得具体、直观而易于操作。这一切都有非常重大而微妙的用处。为此，现在我们需要尽可能地把思想作为一种实体或客观实在的道理讲得透彻一些。

我们现在生活在所谓的“信息社会”之中，琳琅满目的信息产品以及“信息化”的生活最能够直观地向我们展示思想作为一种“东西”的存在。信息可以用“比特”的数目来衡量，指令、程式、计算结果也都可以这样来表示它们的性质、种类与数量，这就好比把土豆放在秤上称一样。在电子元器件中，0 或 1 都以单个元器件的特定物理状态来表示。由于元器件的数目是有限的，所以任何存储器对数据的存储量也都是有限的；这与人脑有限的记忆力是相仿的。这就直观地显示出，思想与其他任何物理对象相类似，都是要占用空间的，都以占用特定空间的方式而存在。思想要么居于脑中，要么以物理符号的形式存在于外部。它可以以文字或图形的方式存在于显示器上，可以以声音存在于麦克风里。除了书籍和印刷品，我们经常看见马路上的交通标线、指示牌、信号灯以及漂亮的户外广告，看见银行柜台的跑马灯和证券交易营业厅里的大屏幕；它们都是思想的记录，或者是思想的存在方式。[①]

思想不仅存在于空间中，也存在于时间之中。这个意思是说，它既具有特定的状况或形态，而且这些形态也可以延续，并不那么容易失去或改变。我有一只钢笔，它的存在绝不会只有一瞬间；假如它一眨眼就消失，就很难说它是“存在”的，我宣称“我有一只钢笔”也就没有多少意义。我宣称“我有一只钢笔”，一定是说在常规的时间和尺度之内，它都可以作为一支钢笔来使用；它既不会退化为生产它的原材料，也不会迅速地降解为某种废料。所以，“某物在时空中存在”的道理听上去很简单，实际上这句话让一系列相互关联、不可分割的特征都同时显现了，都得到了强调。我们要把这个道理套用在作为对象的思想上面。说“思想存在”，这句话立即意味着，这个存在着的思想，具有特定的、有限的内容，其内容会在时间上延续；它会保持自身的特性与独立性，会抗拒把它混同于其他对象的企图；除了因为计算而改变之外，它不会轻易地改变。它可以因为其物理载体的变化、衰败、降解而变化或灭失，也可以在人为的安排之下借助某种物理机制进行自动的计算（例如计算机内部的计算），从而改变自己，但这些现象恰恰表明了它在时空中的存在方式与物理对象没有本质

① 胡塞尔非常笨拙地说，这是一种“意向性”。这个术语含有某种错误的本质，对此笔者已经做出了批驳，可参阅《原理》第 7.1 节。还是让我们放弃他的术语吧。

区别。也就是说，说“思想存在”，等于是在说，思想是有限的，其中所包含的“理性”也是有限的。所以，**关于思想客观实在性的命题，也就是关于有限理性的命题**。思想具有了这个性质，思想之间才会彼此区别开来，我们才可以谈论“这个思想”与“那个思想”，不同的思想之间才可以彼此进行互动，它们才可以以对方作为对象，彼此之间进行研究（“反思”“自我对象化”或“相互对象化”）；它们才可以组成一个群体、体系和社会，而它们的运动与互动过程才形成了历史。

思想自身对于改变与混淆的抗拒，体现为通信与计算的代价。还是先从物理学讲起。物体在甲地就不在乙地，物体也不会随随便便地、不付任何代价地从甲地移动到乙地。要让物体从甲地移动到乙地，必须给它施加某种力量。要让静止的物体动起来，或者要让运动的物体停下来，都必须施加某种力量。同理，一种信息，一种知识，要从这里传递到那里，要从张三传递给李四，都要消耗时间与资源。信息传递与通信活动需要付出代价，思考与计算也是如此。信息传递是对信息简单地进行复制和搬运；计算首先也是一种“搬运”，只不过它是把信息搬运过去与人脑中的指令进行结合。如果指令与信息之间的距离是正数，那么就仅仅是信息传递；如果这个距离是零，那么就是计算；这就是计算与信息传递之间的区别与联系，或者它们在数量上的一致性。从这个意义上说，思想活动，或者我们研究的主要对象，就是信息与指令在空间中的运动、结合以及由此而来的信息的转化；这几乎就是全部。

然而，这是非常不简单的活动。新古典经济学把这个过程设想为可以在一瞬间轻而易举地完成，这是一个大错误。如今有些人总是念叨，信息技术使得信息传递与处理问题变得如何容易，那么我们就再来看看信息技术吧。信息技术产品一般都具有昂贵的价格（只是在近些年才变得比较便宜了），众多的信息技术公司也因为生产和出售这些产品而成为巨富。这种现象本身表明，人们为了减轻在信息传递与处理事务上的负担，愿意支付的代价颇高；进而，这也表明，一般来说，信息传递与处理问题是一个相当沉重的负担，而不是如同“探囊取物”那样容易。人们都说互联网有多么便利，的确，我们只需要敲击几下键盘，就可以得到地球另一面的某些信息；可是，这种便利性其实是由人类社会自古以来大量而持续的投资、再加上当事人个人的投资最终才带来的。信息传递比较容易了，这是否意味着信息的处理也就很容易了呢？互联网把我们带向几乎无穷无尽的信息，我们是否因此已经变得很渊博而无所不知了呢？互联网的确在某些方面改善了我们的生活，可是，它也带给我们大量的信息垃圾，从而干扰了我们的思维，以致更为重要的信息常常被漏掉。有时候，虽然近在咫尺、唾手可得的信息，即使极为有用，我们却失之交臂，而原因仅仅在于，我们不知道它的存在。我们需要一定的引导才能获得信息，但我们永远也无法确切地辨识什么样的引导才是适当的。要获得完美的知识，最好是把全部信息（网上的以及网下的）统统计算一遍，而这是我们无法做到的，即使借助功能最为强大的计算机也不可能。所以，信息技术并没有改变我们生活的本质，并没有取消我们所面对的问题。这些问题包括：信息传递的速度要与计算的速度相匹配，信息供应的方式要与人脑处理信息的特定方式相匹配，等等。

不管信息运动的加速与减速，信息还是信息，运动也还是运动，我们研究思想的方法照样有效。假如我们承认这里发生了什么本质性的变化，或者思想的客观实在性可以忽略了，也就等于承认，研究人类社会的学者们可以永久性地放假休息了。所以，这也就等于我们把自己给否定了。假如对思想的客观实在性的否定或忽略是必需的，那么，在所有不得不这样做的人们中间，社会科学家也只能是其中的最后一个群体。

5.2.4 抵近看思维

刚才我们只是讨论思想的基本性质，现在我们上前一步，凑到近处，再来看一看思想的具体状况。

每个人的脑中都配备着一套完全相同的指令系统，作为他的思维工具。由于个人体质、年龄等方面的差异，各人的指令系统运转的速度有所不同，存储区的大小以及数据的存取速度一般也是有所差异的，但是，指令本身却不存在人际差异，指令的种类和数目是固定的。尽管我们不能准确无误地列举其详情，但我们随口就可以说出很多常用的指令，这些指令作为人脑所能进行的元计算的种类，一般不会有什么异议。例如，数据传送，复制，搜索，删除，加，减，乘，除，比较，归纳，演绎，想象，抽签，停止，等等。总之，人的思考活动中的任何动作，只要我们认为它是基本的思维动作，或者我们认为不需要再细分它，就都可以把它叫做“指令”。

数学运算通常可以分为一系列步骤，这些步骤从前提或假设开始，直到结论，都可以明确地写出来。这个过程展示了人的思维活动是怎样由一个个基本的动作所构成的。而这种“基本的动作”可以由“指令＋信息”的结构来予以表达。一系列按照时间顺序前后相连的“指令＋信息”（也即完整格式的指令，或称为“语句”）构成“程式”。大部分数学计算如今都可以轻而易举地表示为程式，然后在计算机上运行和完成。普通的程序员都可以承担这项工作。对于社会科学学者们来说，这是一个专门性很强的领域，但是，我们仍然有必要对之有所了解。以下为一道简单算术题的算法实现过程，用汇编语言来进行表达。

例：计算 1～10 的累加和。[①]

具体的程式如下：

内存地址	操作码	操作数（或其地址）	文字说明
A2060			从内存的第 2060 单元开始建立程式
	MVRD	R1，0000	指定寄存器 R1 为被加数与和的地址，设其初值为 0
	MVRD	R2，000A	指定寄存器 R2 的值为 10（000A 为 16 进制的下 10 的表示法）

① 引自王诚、宋佳兴编著：《计算机组成与体系结构》，第 149 页，北京：清华大学出版社，2004 年。为了便于普通读者理解，文字说明由笔者撰写。原文中注释“（2064）”疑误，修改为“（2065）”。

续表

内存地址	操作码	操作数（或其地址）	文字说明
	SUB	R3，R3	指定寄存器 R3 为加数的地址，利用自身相减的方法设其初值为 0
（2065）	INC	R3	使 R3 加 1
	ADD	R1，R3	R1 与 R3 相加
	CMP	R3，R2	比较 R3 与 R2（10）的大小
	JRNZ	2065	如果 R3 不等于 R2，跳转到 2065 地址重新开始
	RET		程序结束，返回

上述程序共包括 7 种指令，4 个寄存器，9 条语句，1 个子程序。借助子程序的循环执行，完成了 1 ~ 10 的累加计算。对于即使只了解简单算术知识的人来说，整个过程也是可以理解的。每种指令都有固定的格式与功能，所谓“计算机编程”就是选择和运用特定的指令，形成一种正确而恰当的结构，用来解答特定的问题。这种“结构”如果可以设计出来，程式如果可以编写出来，则意味着特定的问题在计算机上是可以处理的；否则，该问题便不能被计算机处理。程式的编写可能是正确的，也可能会发生错误；错误的程式只能得出错误的结果。程式的编写可以是简洁的、巧妙的和高明的，也可以是冗长、繁琐和笨拙的，后者意味着计算达不到应有的效率，浪费了资源与时间。当然，这些评价都是相对而言的，尤其需要根据计算机的特点来进行。程式的某些步骤有时给人一种繁琐的印象，这既可能因为程式写得不够好，也可能由于我们自身对于计算机的特点不够了解。结构简单的程式不容易出错，虽然其篇幅往往比较冗长，但人工编写的工作常常只需要进行一次即可，尔后则可以在程序员之间相互拷贝和引用，从而节约人工费用，而计算机则可以反复地执行它。由于计算机的执行速度是极为快捷的，所以一般也就无损大局。专门编写的计算机程式通常都是比较抽象的，可以用于解答一系列相似的问题。例如，在上例中，通过改变 R1 或 R2 的赋值，这个程式就可以非常方便地用来计算任何自然数序列的累加问题，无论相关的数值有多么庞大，也无论相加的项数何其众多。因此，花费人力编写这样的程序也就是值得的。这是计算机算法中的经济学。计算机算法的经济分析如今已经是计算机科学的一个重要分支。

上述“繁琐”印象的另一个原因是，我们通常对于人类思维的微观性质和细节注意不够。对于大部分社会科学学者来说，都是这样。笔者曾经在《算法》中举过一个 $7+5=12$ 的例子。我说，这道题可以分为 $7+3=10$、$10+2=12$ 两个步骤来完成。编辑对此表示激烈的反对。当然，并非每个人都会这样算，有的人可能是用类似于背诵乘法口诀的方法来死记硬背这个结论的；到了实际运用的时候，只需要用类似于查字典的方法把 12 这个结果检索出来即可。然而，即使个位自然数的两项加法，其可能的数目也是非常多的——根据排列组合的知识，可以算出来，它共有 81 种。通过运用交换律，再减去重复的部分，余下的也达 45 种。对于这些加法的结果，难道每个人都是通过运用死记硬背的方法而得出来的吗？显然是不可能的，也是不必要的。其中必有许多人，都是临时才进行计算的；为了提高临时计算的速度，也就必然要运用一些技巧。各种技巧经过反复的提炼筛选，必定会有一些固定下来，形成记忆和习惯。只要仔细观察，我们就可以发现，即使对于相同的题目，各人所运用的技巧可能也会有所不同。有的人平时显得很笨拙，却可以轻巧地答出一些较难的题目；有的人平时显得很聪明，面对简单的题目，却会思考半天。有的人，一遇到特定的问题，口中就会念念有词，因为他正在通过背诵特定记忆段落的方法来检索特定的数据。诸如此类的现象，想必我们都见到过。这是因为，每个人所运用的“算法”常常都是经验和习惯的产物，因而彼此难免有所不同。再具体到 $7+5$ 的问题上。这个题目的结果显然大于 10，可是，它应当是十几呢？对于不喜欢死记硬背的人来说，难道不需要思考这个问题吗？而只要这样来思考，则必然就要把其中的一个加数拆开，去补足另一个加数，先凑足 10，再看余下的数字是几，答案就是十几。由于 7 大于 5，所以应当拆开 5，而不是拆开 7。于是，也就来到 $7+3=10$、$10+2=12$ 了。实际上，这个题目，笔者本人总是这样来得出答案的。可以说，采用这种算法的计算者，上述各个思考的步骤都是不可缺少的，实际的过程甚至要远比 $7+3=10$、$10+2=12$ 两个步骤复杂得多。

人们通常会强烈地否认自己的思维活动具有如此细微的过程，这是因为人们一般都疏于“监视”自己。人们大都忙于计算外部的世界，而不是观察自己的计算。观察和研究自己的计算的思维活动，也是一种计算。由于每时每刻大脑的“中央处理区”只能有一个计算进行，所以，这种“观察和研究自己计算”的计算活动只能在作为对象的计算活动发生之后进行，或者与对象化的计算穿插地、交错地进行。从最严格的意义上说，**任何思维活动，要么针对外物，要么针对自己，它不可能同时既针对外物，又针对自己**。这是我们理解思维对象有限性的另一种方式。[①] 观察和研究自己，首先需要把自身的计算活动记录下来。于是，计算活动一边进行，其进行情况一边被“观察”、记录和分析，这就好比一个研究者正在观察和研究某项物理实验的进行情况一样。由于该进程也需要耗费能量和时间，所以，除非有需要，大脑一般是不会启动它的。经过分析之后，思维活动的大量细节都被实时地忽略和删除掉了。大脑只会抓住某些关键的计算过程或者结果，留存它的数据。哪些数据保留，哪些数据废弃，当事人一般也都发展出了一些技巧和习惯，并在日常思维活动中轻车熟路地运用它。这是资源有限的当事人必须做出的一种安排（当然，这种安排也是可以改变的）。要是没有这样的安排，要么重要的数据就会被遗忘，要么就会发生数据存量的“爆炸”。

---

① 思想实体化（尤其是以算法的方式所进行的实体化）的一个必然后果，就是轻松地解决了逻辑学中所谓的“自我包含”这个悖论：“我说谎”这个命题所指称的对象是否是它自己呢？如果是，则命题与自身就相互矛盾了。解决这个悖论的传统方法（或者“逻辑实证主义的”方法）就是命题要把自己排除在外，而在规模十分微小的“元计算”基础上，串行计算方式必然是把自身排除在外的，元计算只能以“过去的自己”（也即关于过去计算活动的记忆）为对象，而不可能以“现在的自己”（也即正在进行元计算的“自己”）为对象。

大家可以注意一下电脑。虽然电脑储存信息很方便，可是，实际上，电脑运作中的大量数据都没有保留下来。假如所有情况都要巨细靡遗地予以记录和存储，而这种记录和存储作业本身也要进行记录和存储，那么，电脑的储存空间很快也就不敷使用了。

这里还要顺带再解释一种现象，这就是，大脑有时候似乎会在“无意之中”记住一些东西。有人可能会发问：我并没有刻意地去记住某个细节，而该细节却在我进行回忆的时候清晰地呈现出来，这是为什么呢？对于这个问题，在上述“思维经济学”的范围内，是完全可以做出回答的。根据数据的重要性，大脑要不断地决定数据的保存与废弃。这样的决定，往往并不是独立的；可以推测的是，它会与相关程式的运行整合在一起，作为那个程式运行过程的一个组成部分来予以安排。在该程式运行时，相关的模块就会不时地自动启动，对数据的选择和存储就会“自动地”进行（就好像大多数电脑程式都不经询问用户就自动地存储某些数据那样）。这个“自动地”之所以加引号，是因为在程式运行的当时，虽然有关选择与存储的子程式的运行未曾**单独**得到过授权与确认，但是，整个程式（或者它的更上一层程式）的运行本身是得到过当事人有意识的授权与确认的；并且，在程式最早的构建过程中，选择性存储的环节也是有意设置的。有鉴于此，当相关程式作为一个整体运行的时候，当事人已经对其颇为放心了，也就不再监察其细节了。数据存储这时的确是自动发生的，当事人对于这个具体的思维动作可能没有予以特别关注，因而完全没有记录在案。因为数据的确已经记录在大脑的某个部位，在按照某种方式和路径进行检索的时候，也就可以发现它的存在。

根据以上分析，我们可以进一步推知，经济因素会导致以下情况成为一种常态，这就是：大脑不仅常常“不知道”它记住了什么东西，甚至常常不知道它都做过哪些思考活动；这包括它并不完全知道某时某刻都有哪些程式正在脑中运行着。这并不意味着它没有能力去获知这些内容，而是它**事实上**没有注意过它们，没有去刻意地实施“注意它”这个动作。正如 2.2 节所述，弗洛伊德把这种现象解释为“潜意识”，实际上是没有必要的。我们可以在原则上接受潜意识的存在，并且，只有算法理论（作为一个关于有限理性的理论）才能在科学分析上合乎逻辑地给潜意识一个地位，然而，实际上，诸如此类的现象并不需要潜意识理论来进行解释。进而，我们还可以做出推论，由于大脑的习惯性力量过于顽固（也就是说，有关的程式中自我观察的设置太少，对于数据废弃的安排太多，而这样的程式在数量上也太多，它们又执行得很频繁），因此，当我们现在想要了解自身的思维活动时，上述安排就变成了一种障碍（因为它们会自动运行），以致我们对自身的了解变得相当困难。我们不得不仔细地、逐个地纠正平时形成的习惯。也就是说，我们不得不逐个地修改那些业已存在和运行了很久的程式，使之不妨碍我们，我们才能看清自身。这个过程是缓慢的和艰难的。在此期间，那些未得到修改的程式还要继续使用，而且，为了这个目的，我们又不得不建立新的程式和模式。鉴于这项工作的复杂性，学者们现在把它发展成了专门的学问（例如心理学和认知科学）。假如思维的反躬自身是不可能的，或者是非常容易的，这样的学问也就都不会存在。

另一个推论是，据此我们可以知道，**大脑中数据的存储结构必定是非常不规则的**，数据既会按照重要性进行排序，也会在不同的程式、进程或计算环境中非常个性化地进行存储。人脑的记忆方式既与常见的计算机数据库有所不同，又与之有某些相似之处。甚至，我们可以说，它在整体上是相当凌乱的。当我们搜索数据和进行回忆的时候，我们首先会把新近形成的、联系密切的、相对重要的数据优先地予以检索。大脑固然可以“逐门逐户”地进行线性的搜索，但一般并不会这样做；它一般会按照某种策略在相对较小的范围内进行检索，然后即告结束。这就可以解释，为什么有些事情一时想不起来，而在另一个时刻却突然想起。回忆过去的思维作业几乎是没有尽头的。例如，如果要回答“在我认识的人中，哪个是戴帽子的”这个问题，回忆的过程必定是漫长的，但绝不会是没有成果的。电脑中的情形也有相似之处。例如，要搜索“我们”这个词，电脑的搜索也不会是完全的，因为“我们”这个词在不同的程式中以不同的格式存在着；在有的地方表现为字符形式，而在另一个地方可能表现为图像形式。

这里所讲的道理可以用于解决诸多困难的理论问题（例如对“自我”这个概念适当地进行消解）。经济的逻辑在这里发挥着关键的作用。把认知科学所提供的知识与经济学结合起来，是建立这种分析的基础，而只有在算法的领域内，这一点才能比较令人满意地做到。

5.2.5 新奇性、连续性、系统性和整体性

如上所述的分析把我们的注意力严重地导向对于“思维现象”的微观研究，这就可以使一大簇相关的学科和议题进入社会科学理论家的视野之中，它们至少包括心理学、认知科学、逻辑学、语言学等。这些议题与学科原本就与社会科学之间具有比较紧密的联系，但是，现在，当我们以算法的眼光来重新看待和理解它们的时候，其联系就不仅仅是“紧密”一词可以概括的了。“紧密”一词所描述的是两件不同的东西之间的关系，现在这两件不同的东西需要结合为一体。这并不是说社会科学要完全吞并心理学、认知科学等学科中原本属于自然科学范畴的内容，而是说，其中原本就是社会性的内容，现在则需要纳入社会科学以及社会科学理论的**核心**。在这个意义上，这些学科主要应当作为社会科学的一个组成部分予以看待，它们要**直接地**进入社会科学的微观基础的构造过程之中。目前的社会科学，其微观视野和宏观视野都还很不足够，经济学在这方面的缺陷则尤为突出。

关于如何在吸收相邻学科已有成果的基础上来构建社会科学的微观基础，本书仍然只能泛泛地开一个头。我们的重点仍然在于展示方法和基本理论。这里要再来说明的第一个问题是，不同的指令（从而“元计算”）是如何串接起来的？是什么把它们组织成为一个整体，从而得出了有用的、有意义的计算结果？莫非在这些指令的后面、或者在整个指令系统的后面还存在着某个指挥者，由他（它）来进行暗中协调和

调度？对此，“计算主义纲领”的回答是否定的。计算主义认为，以上所描述的就是全部，就是人的思想的真实内情。元计算本身就是连接数据、在数据之间建立关系、由此数据跳转到彼数据、把一种数据转化为另一种数据、不断地在数据之间进行分化组合的活动。计算活动不像无机物那样是僵死的和不变的，没有一点儿“灵性”；元计算虽然似乎很简单，很微小，但它是有灵性的。$7+5=12$，这样的结果，在计算之前当事人是不知道的，所以才要计算；12 这个结果，是计算之后才知道的。从这个意义上说，计算就是创造“新奇”的活动。演化经济学家们所谓的“新奇”，其实并不神秘，也不复杂。元计算的这一特点，就好比生物体，就像一粒种子，一个细胞，或者一个细菌；只要放在那里，周围有养料，就会生长、发育。元计算能够迈出第一步，就能迈出第二步和很多步；不同的元计算串接起来，连续的、生动的过程就发生了。当这种生长发育发生在微观的基本单位层面的时候，因为它很简单，往往就会被人轻视；但是，生长的过程连续发生以后，不同种类的指令与数据串接起来，**拐几个弯儿，就变得很有趣、很神奇了**。不能排除这种新奇感是当事人本人的，然而，更为普遍的情况是，它主要是观察者的感受。譬如一名神探去侦破案件，观众感到十分惊险刺激，可是，案件被侦破之后，案情本身则往往是相当简单而合理的。这就是说，**新奇感是与人际相互对象化有关的认识现象，是一种“主体间性”**。演化论者用一种本体论的风格来论述它，是不得要领的。还要强调一下，这尤其与人际差异有关系：某些社会现象在一个人的眼中显得新奇，那是因为，这个人的想法与当事人不同；要是想法一样，何来新奇？一个木匠天天做家具，看到别的木匠也在做家具，他会感到新奇吗？实际上，围观某种活动的人，大都是对这种活动不大了解和擅长的人。

再回到计算活动的连续性上。作为观察对象的某项计算活动，之所以具有连续性，从其主观方面来说，当然是程式发挥作用的结果（“存储程式原理”），而各种各样的程式则是通过积累和学习而得到的，它们是人类漫长历史实践的结晶。这种连续性、系统性和整体性的建立也有临时计算的功劳。与庞大的知识存量相比，临时计算的贡献虽然可能十分微小，但却在原则上不可以忽略，因为，历史上的知识发现正是无数个人所进行过的无数个临时计算的结果累积起来的。从客观方面来讲，这种连续性的发现，实际上是观察者对于被观察者的一种评价，意味着观察者理解了当事人的思想，甚至对之表示赞同。这就来到了另一种意义，即这种赞同并不表明连续性真的存在，因为双方可能都错了。假如更换了观察者，比如由上帝或者某种动物来“观察”，连续性、系统性和整体性可能都不存在。上帝可能会认为人的思维很不严谨，很有跳跃性，而动物则对之不能理解，它们可能“以为”这种活动什么也不是。这个认识可以告诉我们，“指挥者”的观念可以怎样产生，从而在一定程度上消解我们对于人类思维的神秘感。相关的疑问与困惑通常都是初学者要过的关卡。

科学方法的要点之一就是由易到难，由确定到不确定。故此，这样的解释我们就有必要优先地、并且充分地、尽可能地予以采用。思维之谜虽然尚未充分地揭开，但这种“计算主义的”方法很可能就是通往真相的重要一步。此外，这种消解问题而不完全正面地回答问题的方法，以及在本体论与认识论之间来回穿插的方法，都将会在算法的论述中不断地、反复地进行使用。

根据以上论述，还可以进一步得出结论，即无论在本体论还是认识论的意义上，人的思维活动都不是充分地、完全地连贯的，它将在一定程度上表现出相反的一面，即不连贯、“不理性”、散乱、跳跃、随机、无目的、迷惘等特征。连续性和秩序既然是被发现的，那么它的另一面必定是同时存在的；在有序性与无序性所组成的思想海洋里，有序性只是其中的一个局部。

这里所指的首先是单个人的思维活动。我们再走上前去看一看。

在预存程式的导引下，临时计算对信息进行有序的加工。程式本身是预先制作或从他人那里引进的，它有可能包含着错误以及种种不完善之处，对此我们姑且不论。无论如何，一个程式的长度总是有限的，其功能与用途也是有限的；而临时计算所要解答的问题则有可能是新的，是制作或引进程式的时候所未能充分预见的。这就要求当事人必须在预存的程式之间进行选择和取舍。需要使用的程式可能不止一个，这就需要临时对程式进行组合。鉴于此，不同程式之间的匹配程度也许不是那么理想的，是勉强使用的。其间也许留下了一些空白，需要当事人临时设法进行填补。当事人可能会无序地、随机地尝试进行一些计算与搜索，从而导致相当多的元计算只是杂乱地排列在一起。这些元计算从时间上讲固然是首尾相连的，实际上则不能严格地叫做“程式”；除非从中有所发现，否则当事人也不会在事后回忆、整理和收藏它们。这样一来，即使单个程式的运行是比较连贯和顺畅的，整个计算活动从整体上来看，却未必如此。计算的进行可能是磕磕绊绊的，至于能否顺利地进行下去，当事人往往也没有把握。计算能否产生期待的结果，也许是有疑问的。实际操作中最终所获得的结果，即使有，可能也并不正确。计算活动还可能被外部的冲击（也即新信息的输入）所打断。有的冲击很强烈，当事人不得不注意它。冲击有时候很多，当事人就会根据已有知识的指示选择性地予以关注。有时候，即使没有外来冲击，当事人也会中断计算，转而指示各类工作器官展开有关的动作，其目的则是主动寻求新的、特定的信息。在另一些情况下，当事人甚至会关闭特定的进程，转入休息和等待，要么则转向其他事务，而把未完成的计算暂时地、甚至永久性地搁置起来。

计算是指令与信息之间的相互作用，而思想则是信息以及对信息的处理结果的“堆积”。谈论单个指令与元计算的“系统性”与“整体性”是没有意义的，因为单个指令与单个计算的性质与功能总是那样子的，是恒定的。所谓的“系统性”和“整体性”只是存在于不同的计算之间，而这样的性质必定是有限的和相对的。这就是我们在这一问题上所持的“算法式的”观点与态度。从对大量实际现象的观察来看，这种态度应该是适当的，至少，它要比目前占据经济学主流的新古典主义的观点恰当得多。

5.2.6 论“非理性”：欲望

对于一般读者来说，在接触算法框架理论之后，立即产生的一个印象是，这只是关于人的精神世界中的一个“子系统”（也即思想系统、思维系统或者“理性系统”）的理论，它是局部性的；在这个系统之外，还有广阔的“精神世界”，包括欲望、情感、情绪、心理、冲动、本能、直觉、“人性”等，它们是“非理性的”。人的精神世界至少由理性与“非理性”两个系统所组成。

计算主义纲领的基本主张是，这种传统的见解是错误的，上述两个系统其实是一个系统，它们都可以统合进思想的框架。这种认识目前已经越来越流行了。研究者们从各个不同的进路试图来证明这一点，而笔者认为，只有算法的进路才能给出比较完善的证明。我们将在下一节概述这种证明的一些要点，在这里，先说明一下基本的算法式观点。

总的说来，可以认为，所谓“非理性系统”，主要是一些以硬件化的方式预存于人体之内的、并且可以遗传的程式。结合生物学以及其他相邻学科的一些研究结论可知，这类程式是在人类漫长的演化过程中、甚至是在动物演化阶段逐渐形成的。它们不是指令系统，而是在历史上用指令系统逐渐做出来的。它们可以在指令系统的平台上运行，用于应对各种基本的然而却频繁发生的生存问题，或者，为这些问题的解决提供某些基础——从这个意义上来说，它有点儿类似于电脑的操作系统。这些程式在本质上与思想程式并无区别，它们也可以与思想程式联合作业；事实上，两者也是频繁地相互引用和相互作用的。然而，由于这些“硬件化的软件”（或称“硬软件”）固定在细胞组织之中，因而不能像普通的思想程式那样，直接地予以删除或修改。作为一种“天然的设计”，这种“安排”提高了程式运行的可靠性，但是，它也给思想系统带来了麻烦。它的高度固定化的计算方式占用了较多的系统资源，加剧了其与思想系统之间的冲突。思想系统要么放任它的运行，要么则只能修改它输入输出的数值。思想系统的内部固然也广泛地存在着冲突，然而，由于这个原因，一般说来，**这个“硬软件”系统与思想的“纯软件”系统之间的冲突，要比“纯软件”系统内部的冲突更大**。由于“硬软件”本身并不更新（或者只能利用人的出生进行生物学的、一次性的更新），而“纯软件”却快速地进步着，这就会导致当“纯软件”“观察”“硬软件”的时候，会觉得后者相当落伍和不合理；这就可以解释人们为什么（显然是在直觉上）会误以为这两者之间在本质上是不相同的，并且认为后者是显著地“非理性的”。

以下对这个“硬软件”系统做一点分述。

在大多数人的心目中，“欲望”可能是最靠近物质的精神性存在了。这个看法也许是不错的。这种精神实体所表达的，主要是一些生理上的需求，例如食欲、性欲、对舒适的要求等。生理系统把它的要求转化为一种信号，向人的精神系统进行表达，精神与物质之间于是得以沟通起来。对这个过程进行详细分析，当然不是社会科学的专长。所以，经济学家们很明智地从欲望起步，而不再做进一步追问。这反映了潜藏于经济学家内心的一种观念，即社会科学其实就是研究思想的；凡是“非思想的”对象，只能作为前提（或者所谓“基据”，datum）而存在。我们要把缠绕在所有对象上的思想全部不剩地剥离下来，这种剥离要达到最大限度；然后，把思想留下来进行研究，把物质归还自然界。

从欲望起步的做法大体说来是没有问题的，不过，我们要做两点补充。第一，原初的、从生理系统直接转化而来的那种感觉，是欲望的最初表现，也是它的真正表现。从这里出发，到当事人想要某种东西，其间存在着一个思想的旅程，它需要信息、知识与计算活动才能完成，而这些活动必须纳入社会科学的研究范围。欲望本身也许是比较确定、比较机械的，非思想可以直接控制，但是，对具体物品以及其他精神性事物的需求，却在很大程度上取决于人的思想与实践活动。肚子饿是一种感觉，而“我想吃猕猴桃”的“欲望”却源于我有关于猕猴桃的知识和体验。欲望的表达有时候很复杂，也很精细。例如，猕猴桃吃得过于频繁了，也就不想再吃了，就会转向寻求其他的食物。然而，过一段时间，吃猕猴桃的欲望重新回归，并且很强烈。据此，我们可以推测，欲望的产生、消失和重生，反映了生理系统对于猕猴桃所提供的营养的需要程度以及需要的时间；只不过，这种实际的需要转化为肌体的欢愉与痛苦而“表达”出来了。这就好比老师用不断地提供各种奖励与惩罚的办法来驱使学生学习一样。用俗话来说，什么事情都需要一些“润滑剂”，一些“佐料”，一些噱头，方才轻快易行。这个道理是很“算法”的。懂得这个道理的人，就会认识到欲望的积极价值，也就会有意识地利用这一点，把享乐与实用结合起来，而不会总是刻意地压制自己的欲望。例如，我们通常说“有营养的东西不一定好吃”，而另一层的道理是：好吃的东西才有营养。这后一层的道理是不可忽视的。我们通常说“体育锻炼要刻苦”，而另一层的道理是：体育运动要适可而止，以舒适为宜。这后一层的道理也是不可忽视的。这些道理都是重要的，它们可以视作思维弯曲原理的一些具体应用。价值观、高尚感、伦理、道德、声誉等社会性的精神价值，都与这样的道理有关，对此在 5.7 节我们将继续论及。

与第一点相关的另一个补充是，即使上述表达方式具有某些精细之处，它仍然不是完全精确的，它包含着错误、纰漏、模糊和简略的成分，甚至具有误导性。例如，生活常识告诉我们，放纵欲望是有害的，大吃大喝会损害健康。疼痛感固然可以视作肌体的一种保护性反应，但这个信号却是不完全的。有时，微小的伤害会引起严重的疼痛，而严重的伤害却缺乏痛感。医学手术引起疼痛，但它可以治疗疾病，因而一般来说却是对健康有利的。治病要以“治本”为主，但是，有时候也要“治标”，后者意指单纯以减轻精神痛苦为目的而采取的措施。就好比汽车的变速器只能分为几个档位一样，人的欲望和感觉系统好像也只有有限的“档位”，总是只做一些简化、粗糙甚至扭曲的“表达”。假如人真是由造物主设计和“制造”出来的，那么这个造物主的设计和制造能力显然是有限的。由于认识到了这样的不足，启蒙思想家们赞美理性的伟大和光明。可是，启蒙思想家们没有认识到的是，“理性”同样是会发生简化和扭曲的，“理性”与这样的“非理性”之间，虽有技术性、程度性的差异，却并无本质的不同。“理性”与造物主具有相似的性格。这就好比猕猴桃与面条，它们都是食物，既是相互竞争的，又是相互补充的；哪一种都有益处，但都不能食用过多。

从以上论述当中，我们究竟可以得出什么结论呢？这就是，不能把欲望绝对化，欲望是复杂、相对而不完美的，这就好比思想是复杂、相对而不完美的。新古典主流经济学试图在欲望和理性分析之间做出泾渭分明的划分，实际上并不十分妥当，它具有“偷懒”的成分，它所要迎合的是建立完美理论分析的臆想。而对于人自身的建设与发展而言，既要重视满足欲望，又不能被动地成为欲望的奴仆，只顾迎合它。**思想可以越过欲望（以及感觉）这个环节，来确定个人的需要和目的**。在这一点上，**欲望是与理智相竞争的**。为了达到理智的目的，个人甚至甘愿忍受身体的痛苦。据此又可以进一步阐发的观点是：鉴于思想过于活跃，有时候甚至是邪恶的、荒谬的和危险的，因此，对欲望的尊重可以带来安全可靠性，它应当成为个人与社会发展的基本的和主要的向导。

5.2.7 论“非理性”：情感与本能

接续上一小节，我们再来讨论一下情感。

与欲望和感觉相类似，情感的“档位”也是有限的。它要么喜欢这个，要么不喜欢这个；要么憎恶那个，要么不憎恶那个；要么悲伤，要么忧郁，要么愤怒，要么害怕，等等。一个人从前喜欢某个对象，后来不喜欢了，这很可能是因为，他对那个对象增加了认识，觉得它（他、或她）很平庸，喜悦之情也就随之消失了。这种现象表明，思维系统可以通过控制对情感系统的“输入”，进而对情感系统的输出有所控制。某人遭受到攻击，但他却没有表现出愤怒，这不可以解释为，他不再对攻击感到愤怒了；而应解释为，愤怒的情感已经在内心深处发生，但却出于某种“理智上的”原因，这个“输出”被思维系统做了进一步修改，所以才没有表现出来。思维系统与情感系统就是这样相互联系和互动着。

一些观察表明，情感系统与欲望系统之间存在着密切的相互联系。俗话说：“见利欢喜见害愁”。情感的发生最初往往产生于利益或者欲望的满足。鲜花的图案和香气引起了感官的舒适，于是人们就喜欢鲜花。异性的容貌、姿态同样令感官舒适，而他（她）的气质、爱好和习惯与对方合拍，思想和成就令对方折服，这都是心生爱慕的基础。性活动使男女双方同时产生感官上的愉悦，最终也会导致爱情的产生。这个机理与思想系统是相似的。某种可以帮助当事人成功地达到目的的手段——作为思维弯曲的一种表现——当事人就会倾向于强化它；某种给当事人带来灾祸的东西，当事人就会规避它。这种“算法”（其实就是贪心算法）虽然显得有点儿盲目或机械，但是，在完美的行动方案高度稀缺的现实环境中，它就一定是有用的。这是生物体强化自己生存机会的重要手段。

另一方面，情感一旦产生，便具有了相对独立性；其与其他系统之间的关系，也就不再是单向的决定与被决定的关系，而是双向的互动关系，而互动过程又会发生时滞。在把精神性对象实体化以后，这种效应也就不再令人疑惑了。这就好比父母生了小孩，孩子却不见得总会听父母的话，孩子必须作为一个独立的第三人来予以对待。情感也是这样。在情感与其他系统的实时互动中，此时的情感，一般并不是此时的利害关系所促成的，而是在历史上形成的，于是，它不仅与当前的利害关系进行相互作用，有时候甚至与之相对立。在情感的作用下，当事人有时候就会放弃眼前的利益，甚至会损害自己。在相反的情况下，情感也会驱动个人为自己或他人的利益做出超常的努力。**情感与欲望和利益之间进行着相互的调制**，这种关系既有人为的一面，也有迫不得已的地方。而思想也是如此。作为某些思维活动结果的思想，一旦产生，也就相对地独立于产生它的思维过程了，它就开始作为一种既成事实在计算中发挥自己独立的作用，造成一定的影响。思想固然可以被修改，被抹掉，但是，问题在于，当事人不借助于这种思想，便要借助于另一种思想。当思想和计算作为客观实在而出现的时候，当事人的这一命运是逃脱不掉的——这是下一节还要再来回顾的内容。当然，重申一遍，任何思想模式，也都不如情感系统这样机械、死板和“顽固不化”，因为情感是与生俱来的。思想进化得很快，而在有记载的人类历史中，情感似乎全然保持不变，这就让它们之间的鸿沟越拉越大了。

下面我们再稍微讨论一下本能。本能，顾名思义，就是个人的“本来就有的能力”，也就是先天的、遗传的能力。根据这个定义，人的思维能力、从而指令系统的功能就是一种本能。存在于人体之中的其他一切来自先天的精神性与物质性的能力，也都是本能。它们都是人在出生后展开后天行为的基础。由此看来，这个概念主要是与后天获得的知识和能力相对的，并且正是因应这种区分的需要而产生的。所以，一个合乎逻辑的推论就是，在本能这个概念提出的同时，必须存在一套关于后天的知识与能力发展方式的理论。后天的发展是以先天的条件为基础的，是这些条件在后天环境中的延伸和扩展。只有这样，在本能与后天获得的能力之间才能建立起适当的区分与联系，本能这个概念才是有意义的。然而，综览心理学发展的总体状况，情况却不是这样。首先，本能的界定是含糊的；其次，知识与能力的发展方式也是含糊的。这种情况并不令人奇怪。说不清本能，当然也就说不清发展；反之，说不清发展，当然也就说不清本能。结果是，个人的什么能力都可能被冠之“本能”的名称，本能的具体种类甚至可以多达上千种。在具体的研究过程中，心理学家们表现出了一种不应有的倾向，这就是：试图把当事人在生活中具体使用和展现出来的某些能力，直接界定为“本能”；本能不再是一种“本来的”、基础的能力，而成为一种高端的、最终的、应用性的能力，就好像工厂可以直接出产消费品，而不需要使用生产资料一样。这就发生了概念上的混淆。本能必须是一种前端的、基础性的能力，必须与应用性的能力区别开，因为，在这个转化的过程中，后天的、环境的因素加入进来了，重要的转向发生了。不同个人的先天素质是相同或相近的，而其后天的能力却是颇有不同的；倘若这两者之间可以划等号，也就无所谓本能不本能了。从上述意义上说，算法理论的贡献是重大的，因为它同时满足了以上两个要求，把这些谜团都给轻松地解开了。

思想系统在人的能力发展中居于核心地位。这是因为，物质是供人支配的，思想发展了，个人就可以通过支配居于身体内外的种种物质材料，使得自己的体质取得发展，使得自己从事物理行动的各方面条件取得发展。那么，除了指令系统之外，个人其他方面本能的状况又是如何呢?

作为另一种本能，先天的生理条件一定是具有人际差异的，这是我们稍做观察即可得出的结论。从情感作为一种程式或算法的意义上，情感也是一种本能。每个人所具有的情感的种类似乎是相同的，但其强烈程度似乎又有差异。例如，有的人天生易怒，有的人生来就很好脾气。沿着这个方向行进下去，我们也就有陷入前辈所曾经处于的困境的危险。如何走出这个困境呢? 有了算法的工具，解决办法就是水到渠成的，此即：**优先地使用指令系统，对于其他所有的本能都使用“奥卡姆剃刀”法则**。思想系统必须作为一种积极扩张的优先的因素予以看待。凡是能够合理地解释为后天发展的结果的，则不必认定为本能。除指令系统、生理系统、性本能等以外的其他本能，原则上都可以作为一种保守的、被动的、工具性的和补充性的概念予以看待。这种认识与发展心理学研究的一些比较晚近的结论是相符的。这些研究显示，由环境所参与的心理发展活动，甚至在胚胎形成或孕育阶段就已经开始了。婴儿出生以后，虽然还不会说话，但却进入了高速发展时期。与生俱来的本能必然会参与这个发展过程。因此，当婴儿开口讲话的时候，他的性格的主要部分可能已经形成了，这就使得他们的父母们误以为，孩子的性格是先天的。我们虽然不能判定其比例，但是，可以确信的是，个人性格中相当大的比重都来自后天的经历。对此将在第 5.4 节再做专门论述。

本小节的最后再讨论一下性本能。性本能是弗洛伊德所发起的议题。弗洛伊德认为，性的本能或冲动是一种蛮横的、直愣愣的和“不讲理的”力量，给理性的思想系统造成压力，进而导致人的精神世界发生了内部冲突。2.2 节已经提出，弗洛伊德完全搞错了方向。他所未曾认识到的是，思想系统本身也是这样的，至少是与此相似的。某种思想一旦形成，作为当事人花费了力气所取得的成果，它也就不会无缘无故地、不产生任何代价地消失；当事人也就会珍惜它，在计算中也就会设法运用它。**它就类似于一种有棱角的、有形有状的、具体的存在物，它就要展示自己，抗拒对它的改变**。而对于当事人来说，它的意义与作用，正是源于它的“有形有状”，它是具体的、有结构的，是一种“成品”。假如它无形无状，那就什么也不是，它也就没有价值了。然而，另一方面，任何有形有状的、有棱角的东西，就好比一件器物一样，难免与他物发生磕磕碰碰，而造成这种冲突的原因，恰恰就在于它是一种**被型构的成品**。假如它没有特定的结构与状态，又怎会与他物相碰撞? ！一个人要是个性鲜明，“有棱有角”，就容易与别人闹矛盾；圆滑的人才不容易与别人闹矛盾，也是这个道理。这个道理可以帮助我们清楚地说明，思想的客观实在性是什么意思，以及这个问题在社会科学中是多么关键。人的思想系统就好像各种器物的一个集合，各种有特点的思想在其中相互联接，或者相互碰撞，或者兼而有之。现在，性本能也作为一种有特点、有倾向的精神实体加入了进来，局面更热闹了，但是并无本质的变化。性冲动也是一种欲望，也可以说是思想系统进行劳作的目的之一，可是，思想系统本身也会内生地、不断地、每日每时地建立（或者撤销）大量工具性的“目的”。鉴于生活是连续的，在这种情况下，倘若坚持要区分哪种目的更为“根本”，也就只具有技术性的意义了。

我们没有必要走得更远，没有必要就目的与手段的区别问题得出什么形而上的、绝对的结论。算法方法正在对这个问题产生一定的消解作用。性本能有利于生物体的繁殖和延续，这是毫无疑问的，但是，这种“安排”并不见得是完善的，否则现代的人工受孕和繁殖技术也就没有用武之地了。它不过是大自然的一种“安排”，仅此而已。由于它起源于生理需要，根植于肉体之中，所以，当其他“直愣愣地”发挥过作用的思想一个个地被取消或更新之际，它却依然如故。诸如此类的因素同时导致了人类精神世界中各个部分之间的相似性与差异性，导致了恒常与变动的并存。

5.2.8 论“非理性”：直觉

最后再来讨论一下直觉。

“直觉”这个词所强调的是，有关的看法或念头不是有意识地进行计算的结果；对于思想系统来说，它是不速之客，它是“跳进来”的，思想系统是被动地接收它的。这就与我们关于“非理性系统”可以视作一些“硬软件”的观点相联系了。首先，“非理性系统”能够产生与思想系统相类似或相匹配的东西；这种东西不是别的，其实也只是一些思想，因而可以为后者所用。其次，这种思想并不是在思想系统的控制之下产生的，或者并不完全受其控制。思想系统可能控制了它的前端，也即它的“输入”。思想系统可能放任某些已经进入大脑内部的信息直达它的输入口，或者，思想系统的某些输出正好触发了有关的“硬软件”，于是它就开始进入**自动的计算过程**，然后把计算结果奉献出来。这里的关键在于，“直觉”这个词的使用者强调，从输入到输出的中间过程，也即信息加工过程，是不受意识控制的，当事人不知道它的细节，无从探知其究竟。然而，这就来到了我们在 5.2.4 节所表述的推论：非不能也，乃不为也。在有限注意力或有限计算速度的条件下，思想系统连自己内部的状况都无暇全面顾及，遑论“硬软件”？！进一步地，既然“硬软件”是思想系统所难以修改的，那么，假如存在一个大脑的设计者，则比较合理的设计就是，干脆就不要让思想系统关注“硬软件”内部的运作过程，不要提供内部的连线，不要向思想系统通报这里的情况，**这样才能产生经济性**，从而避免徒劳的、无谓的工作。这样看来，直觉系统的“潜意识”特性也就很合理了。“硬软件”的自动性也是如此。既然连大部分思想性的、“纯软件”的程式都是被授权或被默许自动运行的，何况“硬软件”乎？

由此可以推知的一个附带结论就是：无论“软的”或“硬的”，既然程式的一个特性就是其不受监察地自动运行，一般说来，当事人当然也就不能确知某种看法或念头究竟是来自“硬软件”还是“纯软件”，观察者同样也就不能确知这一点。不过，大部分“从脑子里冒出来的”看法或念头，可能主要都是“纯软件”运行的结果，思想系统在其中发挥着重要的作用；这几乎是可以肯定的。退一步讲，即便不是这样，直觉也仅仅是一种计算结果而已，我们既不必忽视它，也不必崇拜它，更不必因此而不知所以，无所适从。

对于“非理性系统”、或者“硬软件”系统的分述到此为止，下面转入综述。

除了以上论述之外，从前辈那里遗传下来的精神性的存量，也许还包括其他东西。除了“硬软件”之外，也许还包括单纯作为信息与数据而存在的东西。我们也还可以在其他的题目（例如“潜意识”）下对其进行讨论——正如心理学长期以来所做的那样。这些讨论之间或多或少也都互有一些重复之处。可以认为，这各种各样的精神性存在物，共同构成了人的先天的性格。在一些基本的和主要的方面，不同个人的先天性格都是相同的；同时，我们也可以认为，在细节和程度上，个人之间是有所不同的。这些假设不应被视作完全独立于算法原理，因为，思想系统本身大致上也是这样的。我们可以把这些观点或假设视作算法原理的一些**相对次要的**补充。这里使用了很多模糊语，原因在于，要想把这个领域弄得十分清楚，显然是非常困难的。心理学家们已经为此努力了一两百年，所获依然甚少。重要的是理论。理论可以起到“四两拨千斤”的作用。有了算法的理论与原理，我们暂且也就**没有必要**把这个领域搞得十分清楚。这里显然并不存在特别不同于思想系统的东西。

遗传生物学家们强调，个人以生物遗传的方式从先辈那里继承下来的各种资源和基本能力，其数量是非常巨大的。它们是生物界亿万年进化历程的结晶，因此绝对不可小视。这当然是一种有价值的观点，不过，以算法的眼光来看，其缺陷也是非常显著的。仅凭遗传的本能来生活，对于人类来说是极为不够的。在狼群中长大的“狼孩”的缺陷可以证明这一点。如果说遗传密码的数量庞大，那么，也就可以说，在人类社会中正常生存所需数据的数量更为庞大；因此，个人后天所获得的知识，其数量也就绝对不会是一个小数目。更为重要的是，无论生物遗传物的数量多么庞大，其地位多么重要，它们都不是意识可以直接控制的对象，因而对其重要性的强调并不能直接影响我们的行为（尽管遗传工程学已经起步），给我们带来多少好处。而思想系统则是受我们的意识直接控制的，意识可以直接建构思想，它是主动的和活跃的，它具有统揽一切的能力。我们只能让意识和思想系统在计算中、实践中、生活中、研究中——总之，在一切方面都处于统领性的地位。假如我们不这样做，也就只能坐等“硬软件”自行工作，而“我们”则什么也不做；这显然是十分荒谬的。而且，“硬软件”也必须借助意识系统才能有效地工作；没有了意识系统，就好比电脑没有了中央处理器，那就什么也做不了，什么也不是了，“硬软件”也就会被浪费。正是在这个意义上，我们才把“非理性系统”定性为一种“程式”而不是“中央处理区”，同时也不是简单的、以线性方式存储的信息，更不是指令系统本身。

“非理性系统”与思想系统在具体计算中的协作方式，必定类似于纯软件的运作方式；我们甚至不必假定它们之间存在着什么重要的区别。人脑一旦运转起来，可以说是“遍地开花”的，各个区域、各个模块都会同时开动、运行；然后，根据软硬程式各自的需要，各模块之间展开数据交流，要么向对方请求数据，要么向对方输送数据。可以认为，这个运作过程与计算机内部也是相似的。强调一下，这种有秩序的结构与过程，仍然是串行计算方式的一种运用，而不能视作对串行方式的否定；串行计算正是通过这种方式而得以实现的。如果计算的方式在本质上不是串行的，计算的速度和时间概念也就在很大程度上被否定了，算法理论也就失效了。科学家们研制出了“并行计算机”，可是，程序员们却难以为并行计算机编写合身可用的程序，这种现象本身就表明，人类的思维方式在本质上是串行的。在原则上，并行计算（即同时有多个计算活动在进行）只能以多个串行计算交替使用中央处理区的方式进行；只有当某些“计算”不需要中央处理区介入的时候，其本身的活动才可以与中央处理区中的活动**并列地**展开。也就是说，多个并行计算其实是被某种统一的逻辑和机制所控制的，并行计算只是在一定的范围内经过授权而得以进行的。这是目前计算机中通行的安排。例如，在中央处理器（CPU）之外，计算机中分别配置有声卡、网卡和显示卡，这些卡上也都配备了独立的、其性能低于 CPU 的芯片。平时，这些芯片相对独立地完成特定的、专门的功能，只是在必要时才与 CPU 进行数据交换。在人体中，情况是类似的。例如，心脏与其他大部分器官一般都是自动地、相对独立地运作的，它们的工作处在特定脑区的直接指挥和控制下，无须思想系统参与。即使遭受外来冲击，局部器官也往往是独立地做出反应的。它会一边进行自主的反应，一边向大脑中枢做出报告。某些器官并不处于大脑中枢的直接指挥之下，因而只能进行单向的交流。例如，心脏只能向大脑报告某种感觉，而大脑却不能控制它的跳动，但另一些器官却既能打报告，也能接受“指示”。是否打报告，以及是否接受指示，这里面都有许多科学的（以及经济的）道理。如上所述，脑区的情况也是这样。

然而，也许出于对大脑与人体各个部分“各自为政”这一情况的迷惑，一些科学家提出了“联结主义”这一研究纲领。“联结主义”从根本上否定串行计算。笔者认为，在很大程度上这是因为，联结主义者未能理解到，串行计算并不排斥不同的计算之间互有矛盾，也不妨碍多个进程与任务的同时展开，不妨碍计算的模块化——它只是允许各个模块享有一定的“自主权”。尤其需要注意到，凡是模块化的部分，其功能的专门化程度都是很高的，因而运行的自动化程度也是很高的；换言之，都是比较机械的。这与那些不受大脑控制的器官的专门化程度很高的道理是相似的。生物体所需要的就是心脏不停地跳动，而不是让它接受大脑的权衡与应变。**思想系统显然处于智能的最高层，它要处理的重点是那些不确定的、特别需要随机应变的问题**——这就好比一个社会组织中临时的、意外的和困难的问题都要交给组织的最高层来处理一样。**这是一种“部分变量适用模式＋其余变量临机权衡”的分级作业方式**。模块化并没有改变思想系统“统揽全局”的角色，因此，没有必要因为模块化的存在，就走向联结主义和平行论。这个道理还可以换一种方式来表达：如果你认为大脑内部存在着多个平行的“中心”，那么，可以推测的是，假如我们把这几个“中心”完全分隔开来，思想系统则会再次发展出一系列的程式、模块和“次中心”，再度建立起自己的层级结构。其他的“中心”则不可能这样做，它们绝不会像思想系统这样快速地、生气勃勃地发育起来。

在传统的观念中，“非理性”是什么样子，“理性”是什么样子，以及在算法的框架下，我们如何比较轻松地实现这一整合，在这里都已经显示得很清楚了。我们还可以通过考察现有的心理学与认知科学文献，从而把这个部分写得很长。例如，关于“情感计算”这个问题，我们可以再做出专门的研究和论述。算法的论述与已有的认知进路的论述，在有些方面比较接近，但也存在重要的不同。不过，鉴于我们的论点与论证是如此地简明有力，已经足够支持我们往下展开其他的议题了，所以，我们暂且也就可以在这里打住了。过于细节化的论述也是本书的主题和篇幅所不允许的。在算法的论述中，在原则上，我们都把“非理性系统”与思想系统看作一个整体的系统，都在思想系统的统领下进行工作。

这一切都还只是开了个头。也可以说，这整本书都是关于心理和认知的；这整本书的全部，也只是在这个议题上的一种研究进路的开端。

5.2.9 补论

对于计算主义纲领的确立来说，消解“非理性系统”是一个关键的步骤。这个过程包括了对于通常所讲的“精神”“心”“意志”等概念中的一切神秘主义因素的消解。根据这一认识，我们可以不再认为，在思想系统之外，还存在着什么特别重要的、并且显著区别于思想系统的东西。尽管这一论点不能处理得过于绝对，但它为我们把注意力集中于思想系统铺平了道路。因此，我们现在应当重新转回思想本身。

关于思考或计算具体如何进行，我们已经讲得比较多了；在本小节，我们再做一些泛泛之论。当然，对于新进入这一领域的读者来说，把本书所做的全部介绍加起来，仍然是非常简约的。由于笔者不能把本书写成一本关于计算机原理与人工智能的介绍性著作，对于更精细的研究来说，只有仰赖读者们在本书之外另行参阅有关的文献了。

思考，或者计算，就是在指令与信息之间进行配对、并使之相互“反应”的一种过程。这有点儿类似于化学合成。可以提出这样一个问题：为什么指令要交替加工信息？回答是，各个指令的功能是互不相同的，它们在计算中的作用也是互不相同的，当然就要不停地变换指令了。这就是说，指令系统的内部存在着一种“结构”。另一方面，信息与数据也是有结构的。这两种结构相互遭遇，计算于是就成为“一种结构消解另一种结构”的活动。我们要强调的是，**计算主要是针对结构的，结构既是计算所面临的主要问题之所在，也是解决问题的主要手段之所在，同时它也是计算的智能性和趣味性的主要来源**。数学的普及给人造成一种错误的印象，以为只有数量型的计算才是一种典型的计算，或者数量型的计算在人类的“理性思维活动”中占有很大的比例；这都是一些错觉。数量型的计算，其实主要是采用结构性的方法来进行的。前面举了加法的例子，现在再来看看乘法。乘法的实质是多项加法，可是，它却不采用连续相加的方式进行，这是因为，人们大都懂得乘法口诀；只要通过背诵乘法口诀，再结合一定的运算技巧和规则，计算时间就会大大缩短。而这些乘法口诀以及运算技巧之所以能够派上用场，则是因为人们拥有记忆力。这是对结构性（包括数据存储能力）的一种利用。**数学教我们如何计算，主要就是教我们去认识存在于问题与资源之中的结构，以及如何利用现有结构来设计和构造计算方法的结构**。数学绝不是教我们简单地数数的。可以说，所有的数学计算技巧，其主要目标就是为了避免简单地数数，它们都是关于结构的。离开了结构，也就没有数学。当事人所发现的结构性因素越多，他的头脑就越灵活，他就越聪明，他的思想也就越有深度和技巧性。这与计算机编程的道理相类似。编程员对于程式语言掌握得越全面、越精确，他所编写的程式也就越精炼，他解决问题的水平也就越高。反之，不熟悉程式语言的人，他能够熟练运用的指令（或命令）的种类就比较少，他编写的程式就会相对单调而冗长。这不仅关乎计算效率，也关乎问题是否能够正确地得以解答。

以上讲的是指令与信息的多样性。这种多样性导致了程式与计算作业的多样性。程式是一种相对固定、抽象而长久发挥作用的东西，它可以适用于一系列性质相似的计算，而每一个临时计算则构成一个单独的计算作业、计算任务或计算进程。前文已论及，这种计算进程虽然在客观上也构成了一种“程式”，但除非当事人认为必要，否则事后并不特意地加以保存，也不上升为“程式”。这样一来，程式与进程也就区分开了。即使在串行计算方式之下，一个人也可以同时处于多个计算进程之中；这就是通常所说的“一心多用”；办法是各个进程轮流占用中央处理区。一个人不可能总是处于单一进程之中，单一进程难免要被打断，个人不得不同时应付多种事务。另一方面，多个进程轮流进行，彼此之间需要进行协调；数据反复地调入调出，程式反复地关闭和开启，增加了资源的消耗。由此我们可以得出结论：计算活动如同其他物理性的活动一样，既要具有多样性，又要维持一定的密集度或专注度。这是一种经济学。

不过，大脑也有空闲的时候。大脑的空闲系指它处于一种低能耗状态，这种状态就好比电脑在开机状态下的“空闲”一样，固然也可以视为是在反复地、循环地执行某些简单的指令，但是，其所动员的部件与模块的范围与数量处在很低的水平上，相关器官组织的活跃程度也处在很低的水平上。我们假定人脑每秒钟可以进行一定次数的计算，并不是说人脑必须这样做；这是它能够承担的常规的或者最大的工作量。根据计算的预期利益和代价的比较，当事人可以选择让大脑休息，使之处于相对的空闲状态。“空闲”可以是某种有意的、有计划的安排，也可以出于迫不得已；可以是偷懒行为，也可以是一种迷茫；可以是忧愁和畏难情绪的反映，也可以是某种志得意满、悠悠自在的表现。这些心理状态实际上都是我们所熟悉的，而现在它们都可以作为算法式的推论而存在。“自由”这个词在很大程度上是与此有关的。**假如心灵无时无刻不受到各类程式的严密控制，则很难说人是“自由”的**。所以，自由与有限理性或者“无知”有关，甚至就是有限理性与“无知”的后果。这是我们理解自由的一种方式。新古典主义决定论建立在完美理性的基础上，其实也就剥夺了当事人的自由。

人的思维活动就是多种多样的元计算像九节鞭那样（主动地或被动地，有意地或无意地）串接起来而构成的（可再参阅图表5）。对于一般大众而言，这个计算主义的理论多少有些令人惊讶。然而，这个理论在科技界已经取得了巨大的成功，所以我们现在要借用它来说明人的行为与社会生活。人的行为与计算机的“行为”是有所不同的。人类社会具有不同于自然界的丰富多样性，因此，要想说明纷繁复杂的思维现象源自上述简单的原理，仍然是一个重大的挑战。由于人工智能工程还不能完全实现这个目标，我们也就难以坐享其成，也就必须在计算机模拟方法之外，采用“人工的算法进路”。笔者认为，我们必须培养一种对日常思维活动（以及自然语言）进行微观分析的习惯，以便从中窥探所使用的指令（计算种类）、知识与信息状况，以及所采用的算法和具体的计算步骤，等等。这项工作虽然一时难以进行得很精确，但可以日积月累，渐有所成。

在本节的最后，我们以《红楼梦》中一段著名的心理描写为例，来看看日常思维活动具体是怎样进行的：

> 这林黛玉常听得母亲说过，他外祖母家与别家不同。他近日所见的这几个三等仆妇，吃穿用度已是不凡了，何况今至其家。因此步步留心，时时在意，不肯轻易多说一句话，多行一步路，惟恐被人耻笑了他去。①

这段话首先叙述了主人公所进行的联想活动，也即从记忆中搜索相关的资料并将之读取出来（“这林黛玉常听得母亲说过，他外祖母家与别家不同”），接着又引入了所观察到的实际情况（“他近日所见的这几个三等仆妇，吃穿用度已是不凡了”），进行了推理（体现在由“已是”“何况”“因此”“惟恐”等词语所串接起来的语句结构中），得出了认识性的结论（潜在地确认“他外祖母家与别家不同”），并进而得出了关于如何行动的决策（“步步留心，时时在意，不肯轻易多说一句话，多行一步路”），并付诸实施。

5.3 决策与行为

5.3.1 知识发展的过程与方式

上一节在“人的思想”这个题目下再次探讨了思维活动的微观结构与过程，重点

① 曹雪芹、高鹗：《红楼梦》，北京：文化艺术出版社，1995年，第18页。

仍然是介绍算法框架理论。有读者可能会说，这个理论依旧是相当含糊的，它能有什么用处呢？笔者的回答是：一个理论，即使在细节上有些含糊不清，它的用处也可以很大。这是因为，据之进行的后续推演，并不涉及这些细节；就好像数学演算中的工具变量那样，这些细节（主要是指令清单）在我们的推理中被约掉了。请记住，就眼下来说，**算法理论其实并不进行通常所谓的“计算”！**

一个具有上述头脑的当事人，现在将在这个世界中接收信息、进行思考并展开行动——这就是本节的主题。由于个人首先是一个肉体上的存在，他只能处于广袤空间中的某个地点，他也就只能接收那个地点及其周围有限范围内的信息；又由于个人的感觉器官的功能有限，这个范围也就是相当狭小的。现代通信技术固然可以帮助个人接收来自遥远地方的信息，但是，距离与通信成本的制约因素仍然是相当显著的，其显著程度可能超过了一般人的印象。强调一下，通信技术的进步并不改变人脑的计算速度。

信息的获得可以是被动的，也可以是主动的。接收到信息之后，个人就要开始对之进行处理与计算。假如个人的头脑中事先储备了相应的知识，计算就会比较容易；可是，反过来，倘若知识存量为零，当事人将如何是好呢？这是算法进路的社会科学所要面对的一个基本问题。对此，《算法》第 4.2 节已经提供了答案，这就是，我们可以简单地认为，计算首先是以随机的方式展开的。指令与信息毫无规则地进行结合，甚至连“抽签”这个人工指令也是随机地（而不是刻意地）进行运用的。我们称此为**“纯粹简单计算”**。这是一个重要的概念。通过与之进行对比，就可以更好地理解知识存量指导下的计算的性质。这是一场事先没有约定的“遭遇战”。在这种“遭遇”发生之前，当事人对于指令的性能以及所要加工的信息的性质毫无所知，所以计算的展开不可能是适当的，甚至连指令格式的使用都不可能正确。可以设想一下，在人类历史的初期，必定由此产生了大量的计算结果，在这些结果中，必定有相当高比例的结果是“错误”。这些错误结果形成了记忆，给当事人做出了提示，叫他下一次不要再这样来计算；另有一些结果并不是错误，当事人将会继续加工它们。为了便利起见，任何计算结果，我们都可以称作“知识”。“知识”有广义和狭义之分，我们可以把传统的知识概念作为狭义的概念来看待。

“纯粹简单计算”是一种理论上的想象。借助这个假想的情况，我们可以理解通常所谓的“知识”（也即狭义的“知识”）是怎样在人脑中逐渐形成的，也就是知识将如何在人出生后“内生地”形成。如上所述，我们同意“人脑中先天地预存了某些程式”的看法，然而，先天预存的程式是不敷使用的，它远远不能够独立引导当事人做出成功的决策，只要我们对于任何实际问题稍作分析，就都可以得出这个结论。所以，我们必须单独考察思想系统的发育过程。最初，各个元计算都是完全独立而盲目地进行的，由于每个时刻只能进行一个计算，所以这些元计算之间只能按照时间顺序逐个地排列，这就形成了一个纵向的序列。这个序列能否称作一种程式呢？当然这是没有多大意义的。因为大脑具有记忆力，所以一些结果得到了保存，它们与原始信息混合在一起，又再次进入了随机过程，于是，这些结果就**有可能**得到进一步的深加工。可以设想，较早期的深加工所产生的结果，大部分仍然没有多少价值；然而，在较低的概率水平上，一些有意义的计算结果会被发现，并得到记录和重视。用来评价计算结果是否有意义的技术和标准（例如实用性、一致性等）也是作为一种知识而逐渐发展起来的。**演变与发展的形式多种多样。凡是我们能够推测到的，很可能就是实际发生的**。所以，在我们的方法之下，对于“知识发展”的理解和解释都是相对容易的。关键在于我们建立了“最小单位思维活动”（元计算）的概念。解释发展，就是解释为什么时间上较晚的计算结果一般会优于时间上较早的结果。这个解释就是，因为较晚的计算所加工的是较早计算的结果，是在较早计算的基础上进行的，元计算的计算能力没有改变，但它所加工的数据的内容变化了，质量改进了。这就好比爬梯子，每向上攀登一步，所登上去的仍然只是一个格子，但格子的位置改变了。用牛顿的话来说，我们之所以站得高，是因为我们站在前人的肩膀上。这是知识发展的一个最为基本的道理——后人站得高与前人站得低是同一回事。**只要我们理解了最初的计算是如何地初级、简陋和无助，也就自然地理解了发展。**

程式是知识的核心形态，因此这里要穿插说明一下它是如何形成的。初学者很容易迷惑于为什么元计算会在不同的指令之间自动地跳转，自动地运行，以为这里有什么神秘的机制存在；其实，这个说明可以是十分简单的。个人的身心结构可以在时间上延续，因此，有了元计算的概念之后，个人就要在不同时刻进行不同的计算，这是很自然的事情。时间就是这种自然形成的“程式”的自动编辑器。对程式的解释的核心是要解释为什么两个元计算之间具有必然的联系。如上所述，元计算最初只是**在客观上被动地**排列成一个序列而已，内部并无必然的联系。随机发生的再计算产生了有意义的“结果”，这种“结果”的内涵可以是多种多样的；它可以是某种信息，某个决策，也可能随机地包括关于指令如何进行排列的知识；这是容易理解的。这种知识本身可以告诉当事人，在什么样的情况下，先计算什么，再计算什么；总之，它是关于计算的时间安排的。**当事人的记忆力是可以记忆任何数据的，当然也可以记忆这种关于时间安排的知识**。当这种数据被调用和读取时，它就“告诉”了当事人如何来做。这就好比打开了诸葛亮盛装妙计的锦囊，当事人照做就是了。这样的步骤不断重复，链条不断延长，程式于是就一步步建立和发展起来了。**除了记忆力，这里不需要任何神秘的“机制”存在**；即使大脑里有某个神秘的机制，我们也不需要它。程式发展得越来越多，加上先天的“硬软件”的协同作用，计算将变得越来越有秩序性和方向感，个人的生存和发展也就越来越有保障。

程式的发展意味着数据之间联系的加强，而程式抽象程度的提高则意味着数据可以被以相同的方式批量化地进行处理，这就节约了需要存储的程式及其相关中间数据的数量，使得知识的形态变得简洁而高效——而计算结果的品质同时也可能取得了进步。这就给我们提出了一个课题，即知识的数量（或者数据量）与质量之间的关系问题。首先，知识的发展可以采取非常简单和“傻瓜”的线性方式，即主要进行数据的存储和积累。比较典型的例子是语言文字的发展，发明一个字就记住一个字，学一句话就记住一句话。某个字不认识，打开字典查询一下就可以了。字典里怎么规定就怎么来，没有多少联想和发挥的余地。许多知识都可以这样来发展，即人们仅仅积累一个个具体的经验（也即在各个具体情况下具体的算法、计算结果和决策），然后再在类似的情况下照猫画虎般地运用这些经验。这种方法会导致数据存量近乎直线地增长。另一方面，由于人具有抽象和推理的能力，他会在经验中寻找联系，进行抽象，以图实现计算的批量化。实际上，在上述方法的运用中，归纳与抽象也是难以完全避免的，否则就无法回答诸如“什么叫做类似”这样的问题。这个过程是我们所熟知的，但现在可以把它转入算法的分析轨道。这里尤其要强调一下，抽象化和批量化的过程既可以理解为对记忆空间的节约，也可以理解为对运用该等知识所进行的临时计算中的计算量的节约。要是没有这些经济性，抽象（以及为此所进行的深思）就是不必要的，人们就可以任由数据量无限度地进行线性的扩张，知识就会泛滥到让使用者无法有效地进行存储、搜索和学习的地步。这种视角让我们看到数据量的极端重要性：理论的意义之一就在于减少数据量，在数量上无法被记录、交流和传承的知识难以成其为“知识”。

但是，抽象化是有限度的。这就好比我们压缩一包行李，行李的“收缩率”会呈现出边际性的递减趋势。我们固然不能说“收缩率”存在某个极限，但是，这种递减趋势一定会存在。这是异质性的算法世界中必然会发生的现象。由于经济条件的制约，提炼知识的人不一定要寻求某种最大的“收缩率”，而是只把数据提炼到可接受的程度之内。他将在数据的扩张与提炼之间寻求一定的平衡。如此一来，**隶属于任何个人或组织的知识库都将会呈现出这样一种状态，即数据与程式是相混合的，其规模既不像没有任何提炼的情形那样大，也不会简单到只剩一句话或者一个公式，而是介于两者之间**。它是线性与结构的混合。于是，对于这种知识的学习者来说，他既要对特定的数据进行死记硬背，又要理解和掌握另外的一些关系，以便进行推理。

这是一个重大的原理。假如知识只是原始数据，那么它根本就无法再利用；假如只是一个公式，它也就没有多少重要性可言了——因为对它的复制与学习就会变得很容易。鉴于唯理论者通常都把数学公式推崇为他们心目中的知识的理想模型，我们不妨再以此为例，多说几句。承接 5.2.9 节，代数的发展其实主要只是基于自然数的简单规则，但是，它通过引入众多的实际问题而具有了更为丰富的经验内容，于是，许多新的数学问题就在这种混合性的基础上重新提出来了。“计算规则”（例如除法规则）是什么呢？其实只是关于如何节约计算时间和提高计算效率的技巧，因而相对于相关基本计算的定义来说，它近似于同义反复。它虽然没有引入新的前提，但却需要学习者进行死记硬背。因为，假如不死记硬背，学习者不可能在具体计算时临时把这些规则都推导出来（即使我们可以承认，只要给予足够的时间，学习者总是能够自行推导出这些规则来）。特定的题型及其特定的解法也是需要进行记忆和积累的，这是数学研习者们往往重视不够的。研习者们先建立记忆存量，到了具体解题的时候，就像查字典一样，在记忆库中搜索类似的题型，回忆它的解答方法；再将之与所要解答的问题相比较，辅之以适当的推导，从而得出答案。一个人对题型的积累越多，他的解题能力就越强。反之，凡是不重视记忆和积累的，由于过度自信而以为他的聪明头脑总是能够临时想出解题方法的学生，他的数学成绩往往并不怎么好。

某些具体或极端问题的解答，常常能够给数学家带来灵感，从而使他们开辟出一个新的领域。例如，“极限”概念的建立，最终导致了微积分。这就好比通过一扇小门，进入了一个大房间之中。这种情况说明，以演绎推理作为主要手段的数学，其推理进行得多么艰难。演绎推理也是具有主观性的，这种主观性就是指把已有的命题与其他什么样的命题相结合；结合的命题不同，知识发展的方向就不同。数学越发展到高深的层次，其论域也就越狭小，这是数学研习者们的一个共同感受。实际问题构造了一个环境，它作为唐突的闯入者，为数学发展提供了前提。这些前提往往并不是推理者们十分明确地意识到的，也不是他们可以予以全面而清晰地表述的。这些经验因素与所谓的“公理”一起，作为数学发展不证自明的基础。这些情况都表明，数学与常识思维并没有本质的差异，而只有技术的、细节的和程度上的区别。数学的基础并不是完全牢靠的，其内容也不是完全准确无误的，其发展则是持续性的。它经历了一个发展的历史，也将延续发展的未来。

5.3.2 知识发展的前景

我们可以通过借助“纯粹简单计算”的发展，再来说明上述道理。数据提炼与抽象化的发展，是否会使思想与程式系统在总体上（就像新古典主义者设想的那样）实现“完全的秩序”，以致纯粹简单计算就可以不再使用了呢？此后的计算是否就会完全处于知识存量的指导和控制之下而不再具有灵活性了呢？答案显然是否定的。首先，世界非常广阔，近于无限，其所传递的信息几乎是无穷无尽的。世界又是发展变化的，这就更加提高了信息的无限性。其次，指令与信息的组合，以及指令与信息处理结果的再组合，由此可以形成的元计算的数量将更加地近于无穷无尽（组合爆炸）。这种分析方法以非常清晰、简单而有力的方式使我们来到这个结论，即知识发展的潜力近于无限，我们不可能知道知识体系在整体上的最终形态。因此，在任何历史阶段或任何特定的时点上，人们所拥有的知识存量必定是残缺不全的，它不可能指导当事人完美地进行思考与决策，计算中总会或多或少地发生无所适从的情况。所以，“纯粹简单计算”也就总是具有用武之地，它不可能被完全排除出计算活动。

“指令＋信息”的两分法也很容易使我们得出这个结论，即一般说来，不同个人所具有的思想之间总会具有一些不同之处，个人的思想处于普遍的差别化状态中。这种差异与人际的一致性共存并混合在一起。所以，**算法的世界既是个性化的舞台，也是共通性和普遍性的演艺场**。这也意味着主观性的发生，意味着思维活动发生了“弯曲”。“人际差异”的具体情形可以十分广泛，它可以指我们平时在任何意义上所说的差异。作为人际差异的情形之一，思想的矛盾与冲突必将发生。差异、矛盾与冲突不仅将发生于人与人之间，也将发生于个人的内部。因为，“个人”只不过意味着众多元计算发生于一个大脑的内部，其结果“堆积”在一个大脑的内部。矛盾与冲突发生之后，它们必将交战；一方获胜了，另一方失败了，这种现象便是“创新”，它意味着社会的动态演变。

以上复述了若干主要的算法式推论（“算法原理”）的得出过程。只要读者理解和掌握了算法框架理论，这些结论的得出就是很容易甚至很简单的。这个推理过程在形式上似乎很不严格，可是，为了追求简洁性，我们首先需要得出的就是这些模糊的、原则性的观点；就此而论，似乎没有必要采取很严格的形式；足够严格的论证似乎也是不可能的。借用某些具有反理性倾向的人士的说法，在一定的前提和视野之下，这些结论都是“涌现”出来的，是大部分读者无须多加思考就可以予以同意的。

不过，我们不妨再尽可能严谨地推敲一下。第 2.1 节对此提供了若干论证，除此之外，还可以从反面来进行思考。指令与信息（及其加工结果）之间的排列组合，以数学的眼光来看，其个数固然是无穷的，但是，人脑具有纠错的能力，它不会机械地、不加鉴别地进行计算；某些计算的进路，它会在某个节点上终止，不会在确知无效的情况下还继续进行下去。这就好像西蒙所举的棋谱的例子（参见 4.10.2 节）。依据数学理论可以得出的棋谱的数目也许可以与宇宙中的原子数量相比，但是，在实战中，很多下法其实根本不会进入当事人的考虑之内，于是，实际上需要认真进行的计算也就大为减少了。这就是我们所说的计算的“收敛”现象。这是一种可以成立的反对意见，对此，需要进一步追问的是：在既定的信息范围内发生了收敛现象，这是否足以导致计算在全局上也会收敛呢？

新古典主义者、或者极端的唯理主义者的回答是肯定的。他们认为，人们经过思考，可以抓住世界的真实的、确定的和最终的本质与规律。他们的实质主张是，这种本质或规律在形式上是简单的，因而是可以在某个阶段或时点上完全捕获的。这就好比抓住了一根绳子，通过顺藤摸瓜，就把整个世界以及世界的整个未来都给抓住了。这个学说的要害是主张思想者们到了某一天就可以休息了，因为有意义的计算都全部结束了，真理都全部发现了；在余下的时间里，人们只需要反复地使用这些现成的知识就可以了。

算法理论并不全面地否定这种决定论。我们主张指令和信息都具有特定的功能或性质，这里面的确包含着强烈的决定论因素。每个指令与每个信息都可能存在最为恰当的结合方式。这就好比铺设地板，每一块面板都需要恰当地摆放，才能彼此咬合起来，形成一个整体。这个最终的“最为美丽的图案”有可能是存在的。但是，要强调的是，地板的铺设需要一个过程，而在这个过程之中，因为当事人并不确知有一个“最为美丽的图案”存在，也不知道其具体的形状，更不确知实现它的方法，这就会额外地发生许多事情。每一块地板在被恰当地安置之前，也就难免与周围的其他存在物发生磕磕碰碰——这就是矛盾与冲突。鉴于有限计算速度将会引起如此之多的效应，对于最终的历史状态也就不必过分关注了；而且，究竟这种状态是否存在，以及其具体情状究竟为何，在这些问题（以及其他诸多相关的问题）上我们也就有必要保持中立。经济学与社会科学的重心，现在就应从对这种最终状态的关注转向研究历史过程。算法的主张就是如此简单，它要以这种高度可靠的简单主张来应对（甚至平息和消解）各种各样的复杂性。

转入历史过程之后，我们还将发现，各种各样的“弯曲”将会导致计算量的扩大。首先，任何已有的知识都需要由下一代人重新学习，并且，由于存在可信度的问题，这些知识还需要不断地得到重新检验与审核。也就是说，计算需要重复地进行，一代又一代人进行大量的重复计算，这至少在一定程度上抵消了收敛所带来的节约。重复是个严重的问题，这个问题向来被传统理论所忽视。诸如假设、试验、欺诈等“另类算法”引起了大量“低效的”计算。这些计算往往不得不进行，但在事后又被界定为错误或浪费，因而被废弃。在剔除掉这些过程性的知识之后，真正流传下来的万年不变的知识是很少的。几乎可以说，没有什么东西不可以被质疑、事实上又不被质疑的。另一个重要的因素是我们的内心。如果思想空闲下来，它就会自己找事情做，就会“反刍”已有的思想以及自我的处境。任何在时间上最后出现的计算结果，都还可以继续为指令所加工。还是那句话：任何计算，只要是新的，在未进行之前，你怎么会知道它要得出什么样的结果呢？“我们的内心”还包括了我们的愿望。如果全部现有的愿望都已经满足了，我们人类是否还会产生新的愿望？人心难道会就此“死去”吗？这是我们要问自己的问题。对愿望的满足程度是检验知识圆满性的标准之一；假如还有愿望未被满足，便不能说知识已经是“完全”的了，计算就还要继续实质性地进行下去。如果愿望是无限的，计算将更是无限的。

这些论证只是开了一个头，有兴趣的读者还可以寻找其他进路，自行展开论证。

5.3.3 问题导向、最优化与时空地图

人类思维的弯曲（或者主观性转向）是本节的主题。前两小节主要是从信息的角度来进行论证，讲的是信息推动型的计算；从本小节开始，我们转入问题导向的轨道，相关的论证将延续五个小节。

“信息推动”与“问题导向”是两种截然不同的、然而却都被广泛采用的研究进路。为什么会有这种区分？算法理论首先可以用来回答这个问题：这是因为，人们的计算速度是有限的，在可接受的时限之内，我们无法做到从所获得的原始信息一路推理下去，直达我们所要解决的问题，恰好给出所需的正确可靠的答案；在可接受的时限之内，我们也无法做到从所面对的问题出发，采用回溯的方法，恰好来到我们所拥有的信息、知识及其他资源。这就好比寻找矿藏，勘探者并不确知最有价值的矿藏究竟位于何处，于是，他东挖挖，西挖挖，采用各种不同的进路来进行试探。在不同阶段上，这些不同进路的边际成本与边际收益都处于变动之中，因此对研究进路不时进行变换是必要的。不同的研究进路之间必然也会具有相互参考和校准的作用（参阅图表 9）。这既不表明矿藏一定存在或不存在，也不表明勘探者最终是否会成功，更不

妨碍勘探者不断取得进步。算法方法所强调的是，勘探需要时间，这是我们首先应当离析出来并加以关注的因素。

科学方法论要求我们继续坚持“最优化”的原则。这就是说，我们必须认为，当事人会按照他自己所判定的最优方案来展开行动，他会尽可能地付出相对较低的成本，并争取尽可能高的利益。在坚持这一原则方面，算法方法与传统方法是一样的。但是，我们需要对这个问题做一些补充说明，而现在正是就此进行归纳和总结的时候。第一，算法理论使我们认识到，当事人常常会举棋不定，并且会改变主意，而当他做出决定时，他所认为的“最优”只是他自己的，它很可能与其他人和观察者所认为的“最优”不完全一致，所以，在别人的眼中，那个“最优”也许并不是最优。这与最优化方法不矛盾。第二，这种对立有可能是深刻的，也有可能是可以调和的。我们可以运用微观的“指令＋信息”的框架来分析它们，尝试去厘清产生分歧的来龙去脉。这就是说，当事人之间、当事人与研究者之间以及研究者内部的一致与分歧首先都应当视为是相对的，是可以相互转化的。从这里可以得出科学是一种局部的、有分工的、有特色的知识的观点，并衍生出知识分子难免并有必要改造社会的结论。第三，无论任何人之间的意见交流，本身都是一些通信与计算活动，需要进行资源的投入。如果不能占用当事人的注意力资源，从而对相关意见有所改变，分歧当然就会持续存在。旧的分歧消除，新的还会产生，这是没有尽头的、无限的过程。第四，最优化可以是在任何问题上针对任何变量而言的，它可以针对物理化的行动，也可以针对计算行为本身，即用来指谓关于某项计算是否进行或者如何进行的决策。最优化的“解”可以是一个数量，也可以是其他任何类型的数据。第五，主流经济学展示了运用成本—收益分析方法来求取最优化的过程，其中主要涉及的是数量型计算（这时最优化变成了“最大化”）。鉴于计算的类型是多样的，最优化也就不一定非得要用这种方法来求得。成本—收益分析方法有赖于相关变量可以明确地划分为成本项目与收益项目，并且两者之间可以进行算术运算；倘若这些条件中的任何一个不能得到满足，成本—收益分析就不能顺利地进行。反过来，在后一种情况下，当一个人做出某项决定时，我们固然可以断言这意味着他对相关的成本与收益状况做出了判定，可是，假如有关变量不是数量性的，而是结构性的，不能顺利地进行算术运算，那么这种断言就是空洞的。尤其是在个人的思想充斥着矛盾的情况下，对于个人的特定决策任意地进行扩大解释也就需要十分慎重才行。第六，“最优化”的概念尤其适用于个人具有明确目标（或价值取向）的情形，可是，在算法世界中，个人有时并无明确的目标，有时具有多种目标，有时目标之间相互冲突；这种种情形都应当纳入分析框架之内，这就要求我们在这些场合中应当将最优化这个概念适当地予以淡化。这不应理解为对最优化的否定。

这里要做的第三个准备，是关于“时空地图”这个概念。这个概念最早起源于笔者试图把信息标示在地图上，然后来研究计算如何进行。在引入时间之后，我们认识到这张地图必须是多维的，计算必须不断地在过去、现在与未来之间进行穿越，也就是要进行回忆、回溯与预测。再加上人们的计算结果，这些结果可能是错误的、虚假的、想象的东西，于是，**时空地图实际上就可以变为所有信息及其计算结果的一个总的集合**，其中包括了所有的思想与知识。这也就是所有数据的集合（其中的元素数目必然接近于无限）。我们可以想象一个空间，所有的数据都充斥于其中，而这个空间是开口的，在时空方向上都作无限的延伸。在原则上，其中的数据都带有时间与空间的标识；对于那些时空特征不明显的数据，也可以赋予它们模糊的或者通用的标识。或者，我们可以把同一时间的数据排列在一个平面上，然后这个平面沿着时间方向作无限的延伸。抽象到数据层面以后，这张“地图”也就相当单调了，图表 13 是一个简单的图示。我们进行计算，就是在这个数据空间中进行“游走”：从一些数据联想到另一些数据；通过对这些数据进行加工，从而“到达”其他的数据，或者生成新的数据；抑或，为了简化，我们也可以根据需要，假设不生成新数据，“计算”也就只是意味着在这些既有的、不同的数据之间进行转移。这是因为，按照算法理论，计算实际上是纯粹客观的，我们只需要想象着所有的指令交替加工所有的信息，从而生成了时空地图。不同个人的大脑只是包容了其中不同区域的数据而已。数据就像某种实体一样悬浮于“时空地图”这个空间之中。从一个数据到达另一个数据需要一定的“路程”，走完这个路程是需要辛苦一番的，于是，这也就比较形象地表达了计算成本（包括计算时间）这个概念。这些想象可以使我们接下来的分析变得比较容易。不过，也许并非每个人都会从中感受到便利，因此，是否借助“时空地图”，读者还是应当凭自己的判断进行抉择。

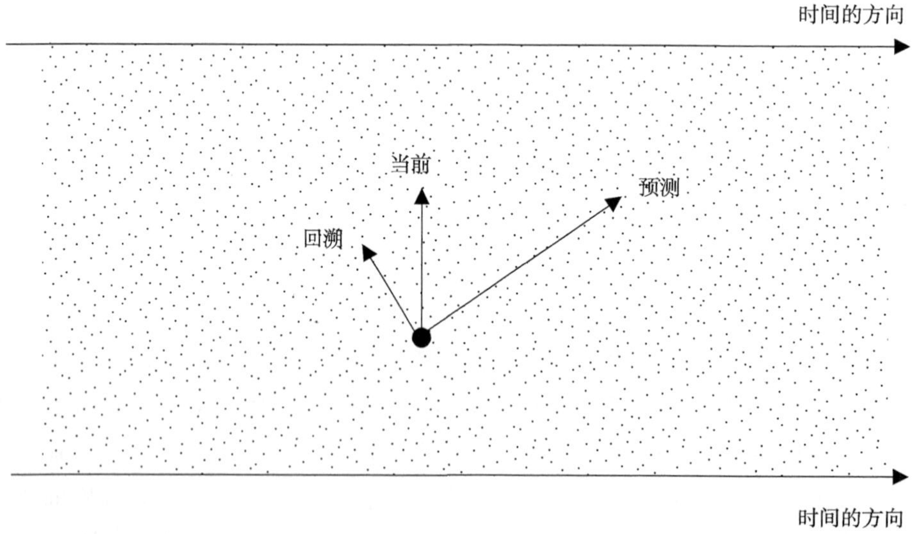

图表 13：时空地图

时空地图是所有数据的集合，包括原始数据、当事人制造的数据以及可能产生的所有数据。当事人在其中的各个数据之间来回奔波，建立联系。

5.3.4 再论“算法”

第四个要做的准备，是关于另类算法。为此，首先要从算法讲起。算法是与指令相对的、并且建立在指令基础上的概念。指令清单确定之后，“算法”就是指指令的排列方式。把信息填入指令表达式的适当位置上，就得到了一条完整的指令（这种指令有时也称为“语句”）。算法就是指这种（包含着信息的）指令如何来进行选取、以及所选取的指令以什么样的次序进行排列。这句话的同义语是，它也可以是指信息如何来进行选取、以及所选取的信息以什么样的次序进行排列，以便进入运算之中。“算法”可以是比较确定的，也可以是相当模糊和不确定的，仅指指令排列的某些原则或技巧。从这个意义上说，算法是智慧的核心体现，是我们给“智慧”所起的另一个名称。传统的智力、智慧、思想、知识、智识这些词语，其各自的侧重点有所差异，因而在算法框架中的具体对应物有所区别，而算法的术语则可以使之变得精确起来。

遵照科学界和经济学界的传统，演绎法是受到特别的重视的，这是因为，运用演绎法得出的结论，一般被视作充分可靠的。这种观念我们无须挑战，因为，按照康德式的立场，“充分可靠”并不意味着演绎法对于达到我们人类的目的来说是完美的和充分的，而只是意味着我们人类只能这样来思考，这是我们人类在自己的能力范围内能够采取的最为有力的计算手段了。我们把演绎法称作“主流算法”，而把其他一切算法都统称为“另类算法”。需要声明一下，这只是出于对传统的尊重，以便大家理解和运用，而不是为了搞优待或歧视。这种传统的确需要改变，各种指令与算法都要平等看待，一视同仁。所以，我们暂且这样来用词的目的，其实是为了最终消解这个传统，而不是巩固这个传统。

根据“算法”的定义可知，算法的种类在理论上必定是无穷无尽的；每一次成功的计算，也许都可以归纳为某种算法。然而，另一方面，算法又有优劣之分，常用与不常用之分，典型与非典型之分，公认与个性化之分，等等。如同计算机中的情形一样，关于算法的汇总、整理和归类，是一项经验性的工作；所总结出来的种种算法，也许不足以用来支持特定程式的构造与特定问题的解决，但可以提供启发和帮助。在《算法》第 4.3 节，我们比较详细地列举和分析了诸如归纳、实验、试验、假说、冒险、演化、简化、近似、模糊、随机、联想、顿悟、直觉、模仿、学习、知识积累、约定、欺诈、说服、强制、斗争等“另类算法”；我们还提出了“积极算法”“社会性算法”这些概念。这些算法既可以单独使用，也可以彼此结合运用；既可以用于为演绎法制作前提，又可以用于加工演绎的结果。

对于具体算法的微观分析，可以帮助我们理解思维的微观过程。计算机科学揭示了一条有用的原理，即微观的思维单位可以是非常微小的，鼠标在屏幕上动一下，可能就会引起上千次计算。人工的算法进路也许很难达到如此精细的程度，但是，我们可以认为，任何可表达、可分析的计算过程，组成它的微观单位都要更为微小，至少不会比它更宏观。例如，一个归纳过程，可能是相当复杂的，这是因为对象中常常包含着很多因素；每个人所觉察到或者所重视的因素不同，归纳的结论也就不一样，而在通常的逻辑思维训练中，对象具有多因素的特点却被忽略掉了。又如，抽签似乎是简单的，可是，所抽的签怎么样来设定，往往是很不确定的。签的内容与个数的设定不同，结果也就迥异。

为什么会有某种算法供我们选择？我们为什么会有多种多样的研究方法？例如，在演绎法之外，为什么还可以进行归纳？在理论分析之外，为什么还可以求诸经验？为什么常用的算法（或研究方法）往往就是那么几种，不易变更？为什么它们之间难以相互替代？它们之间的确切关系是什么？关于算法，我们可以提出诸如此类的问题。对算法的微观分析可以帮助我们理解每一种算法是怎么得来的。要解释算法的产生，就要解释使得特定算法得以能行的各种基础元素、它们之间的组合方式以及实现过程。除了诉诸指令系统之外，还要诉诸包括五官、四肢在内的各器官的功能。例如，归纳法和经验方法的采用，就源于人有观察能力；所以，要解释归纳法，就要解释人为什么会有观察能力。然而，需要强调的是，这是我们无力做到的；这就好比我们虽然假定个人具有普遍的指令系统，我们却不谋求去解释个人为什么会具有这个系统。从这个意义上说，我们仅仅是在进行一种“理解”，而不是在进行严格的“解释”。我们无法严格地证明，人所具有的这些基本能力，为什么一定能够在不迟于我们观察的时刻产生了这些算法。算法本身是历史的；当一些算法产生或者被明确地提炼出来的时候，这些基本能力早就在那里了。这些基本能力可能也会在未来造就新的算法。对于特定的算法，有些人熟练地掌握了，有些人则未必。故此，对于“为什么会有某种算法”的问题，还需要这样来回答：因为我“看见”它存在于人们的思维活动中，这是一种事实。另一方面，人的基本能力的有限性也导致了人们所运用的算法的普遍性和同质性。算法的创新和差异化都是不那么容易实现的。这是我们对算法的另一面所做出的理解。

以上不仅是对算法多样性应有的态度，也是对于一切人类思想成果应有的态度。我们的解释总是有限的，即使最为“科学”的解释也是如此。以算法的眼光来看，任何推理与论证的过程都不可能是完全严格的。这是因为，推理，作为一种行为，虽然可以把命题之间的逻辑关系编织得很严密，但却不可能完美地回答这样的问题，即你为什么要把“这两个”命题相连而不是把另外两个命题相连？为什么要把计算资源分配在这方面？——尤其是在你明知思想体系充斥着矛盾与不完善的情况下。

算法的产生只是一个预备。算法逻辑的核心则是解释这些算法为什么要被采用，也即思维如何会由演绎法弯曲到另类算法。

5.3.5 再论“算法人的问题”

当事人面临着具体的问题，这些问题包括欲望、愿望、冲动、目的、需要、价值、目标等。在这些问题当中，有些是我们通常所谓的“现实的”问题，例如维持生命的物质条件需要具备，生理欲望需要得到满足，等等。有些则是心理的、思想的或社会的，例如追求某种价值，满足某种好奇心，等等。我们固然可以说，前者是“基本的”，后者是“衍生的”，然而，鉴于我们都处于历史过程之中，这种区分也就不是绝对的。思想作为客观实在的特征，要求我们平等地看待它们。

思想作为一种工具，就是用来解决这些问题的。“问题”的一个重要特征是，它们大都具有时间上的维度，大都要求在一定的时间之内得到解决。这一特征向来是遭到忽视的。如果没有了时间上的要求，许多问题都将不再成为“问题”。例如，肚子的饥饿是在特定时点上的饥饿，它要求食物应当在该时点上得到供应。这个时点有时是明确的，有时是含糊的；有时弹性很小，有时弹性较大。然而，无论如何，时间性要求是存在的。假如缺少了这个要求，说“我饥饿”这句话就近似于没有意义。又如，某人对某事具有好奇心，这个好奇心看似不包含明确的时间，实际上它暗含着，越快得到满足越好，否则此人就要经受心理上的折磨。再如，某个深奥的哲学问题，经过世代相传，也许人们已经就此思考了数千年，这是否表明这个问题并不急于得到答案呢？非也。由于这个问题的答案可能间接地关联着人们对于很多现实问题的回答与解决，所以它很可能是相当紧迫的。对这个问题的思考要消耗能量，经受辛苦，所以当事人往往会倾向于早一点解决它，而各种各样的答案正是在这种急迫心情的促使下做出的。即使对于那些生活悠闲、从容不迫的隐者们来说，他们也有不耐烦的时候，他们受到时间的约束，时间因素已经深入他们的内心与行为之中，只是他们常常对此并不自知。

各个问题的时间紧迫性要求不同，这是我们的一般观点。“机不可失，时不再来”，这句俗语更是揭示了将要进行的决策具有一定的“终局”性质。当然，我们可以同时承认，也存在着许多时间要求不那么紧迫的问题，它允许当事人可以在处理紧急事务之后穿插地、断断续续地进行思考和研究，以便达到可能的最高程度的审慎性。这是一种程度上的差别。

面对具有时间要求的问题，当事人如何来解决它呢？

在新古典经济学的论述中，暗含着这样一种基调，即时间是一种经济资源，它与其他具有经济价值的商品一样，都是具有价格、因而可以自由买卖的。这就是说，如果我缺少时间，我就可以花钱去买时间；买到了时间，我的时间也就不再短缺了。这种观点貌似有理。例如，做饭占用时间，我叫了外卖，也就不再占用时间了。外卖的价格较高，因为其中包含着时间的价值。这种认为时间可以作为一种**普通因素**与其他因素截然分开并加以平行处理的观点，认为万事万物皆可互换并随时随地可以找到足够多的对手来进行交易的观点，以及交易价格是公平和完美的观点，都是完美理性或绝对真理观的一些表现形式。在这种论调之下，通过自由地、随意地交易和互换，一种问题就可以完全转化为另一种问题，一个人的问题就可以完全转化为另一个人的问题，从而，**所有的问题也就都失去了个性，变得不再成为什么“问题”了**。部分地同意和部分地拒绝这种观点，成为算法理论的一个特征。这两者之间存在着微妙而重大的差别。

举例来说：我肚子饿了，可以叫外卖，也可以暂且忍耐，继续从事未完成的重要工作；但是，“我叫外卖”是否意味着我就可以去网购衣服而不是食品呢？“暂且忍耐”是否意味着只要所做的工作足够重要，我就可以永远不吃饭呢？实际情况是，这都是不可以的，“食物”这个问题的重要性是相对独立的；到了一定的程度，当事人必须放下手头的工作，排除任何其他交易方案，专心来吃饭。他必须**专门地**应对这个**专门的**问题。把这个道理用在“时间”这个问题上，结论是一样的；也就是说，在计算速度有限的实际条件下，当事人虽然可以通过一定强度的交易手段来缓解时间紧迫性的问题，他却无法**完全**消除这个问题，他最终仍然必须（在较弱的约束之下）**亲自**面对和处理这个问题，并且不以解决其他问题的那些手段、而是以解决时间问题的**专用手段**来解决时间问题。

这就是说，当事人必须面对一般问题所具有的时间紧迫性要求，必须在有限的时间内给出问题的答案。尤其是，在某项行动进行之前，他必须做出关于这个行动的“决策”。“决策”意味着要构造或设定某些变量，或者要给某些变量取值，等等；总之，它既可以是数量的，也可以是结构的。一种典型的情况是：欲使某个（不直接控制的）变量取得特定的值（数量的或结构的，下同），当事人需要通过自己怎样的行动去控制另外一些可控变量，以及应当使这些可控变量取得怎样的数值。这里我们借用数学语言来进行表达，是因为把数学语言用在这里的确是恰当的和高效的。算法方法绝不反对数学方法本身，社会科学与人文学科也绝不应当反对数学本身。经济理论界目前所争论的方法问题在本质上跟用不用数学是没有关系的。

可是，他的计算速度是有限的，这就导致了有关回答问题与做出决策的计算能否按时完成，成为一个疑问了。这首先涉及需要进行什么样的计算。我们通常进行决策的过程都是相当简单而迅速的，所以这似乎不是什么大问题。实则不然。“计算的简单性”这个现象恰恰是需要进行详细说明的。因为，世界上的事物是普遍联系的，我们怎么能够知道，只需要把计算限于一定的范围而不必管世界的剩余部分，是一种正确的做法呢？对于逻辑的与数学的问题，我们往往可以这样做：例如，$a>b$，$b>c$，则 $a>c$。对于这个推理，我们可以毫不迟疑地做出肯定的结论。然而，当牵涉外物时，涉及思想之外的世界时，我们是不可以这样自信的。对于世界的剩余部分，在我们对之进行充分了解和计算之前，我们怎么能够知道它与当前的问题之间没有联系、因而可以弃之不顾呢？在这一点上，新古典主义的论点是有道理的。按照一种纯粹的新古典主义观点，为了解决任何一个“实际问题”，当事人都必须把世界上全部的信息计算一遍，这样方才够得上合理。在无穷大的计算速度和零计算时间的假定下，当事人也被认为能够这样做。但是，现在，计算速度是有限的了，当事人又将如何呢？

这个问题我们称作“算法人的问题”。借助时空地图，可以对它做出进一步说明。设想一张巨型的时空地图摆在我们面前，其中充斥着大量的数据，我们要对某个数据赋值（进行决策），为此需要进行“倒推”，向我们自己所处的地方（可控变量）行进。必定存在着众多的、其数目近乎无穷大的路线可供选择。为了防止迷失在这些曲曲折折的路线之间，我们还可以从我们所处的地方出发去“迎接”（信息驱动型计算）前一个进程，只要两个方向的行进成功地汇合，问题就可以解决了。

然而，数据网络内部的联系是纷乱的。假如只用演绎方法，我们就有渐行渐远的危险。这就好比一个游客来到了“千岛湖”，他要从一个岛屿转移到另一个岛屿，但他却非得寻找桥梁，以步行的方式“安全地”到达。某些岛屿之间也许的确存在着桥梁，但这并不能保证所有这些桥梁都能够完美地一一相连，以使他成功地穿越。他若执意这样做，则目的地的到达也许就将是遥遥无期的了。这个困难还因为两个因素而加强。第一个因素是时空地图在空间上是无限延伸的；第二个因素是，就任何目力所及的具体数据而言，我们必须认为，其中的数据处于变动之中，或者新的数据在不断地生成。这两个因素结合起来，导致这样一个更大的困难：由于计算只能针对少数数据逐批地进行，也就是在时空地图中的各个局部空间之间往复地转移，在对某地的数据计算完毕（假如可以“完毕”的话）之后，当在另一个时间再转回这个区域，需要调用其中的计算结果时，该区域的情况已经发生了变化，先前计算的结果可能已经不再有效了，于是又要对该区域重新进行计算；而当该区域重新计算完毕、再转往别处时，那里说不定也已经发生了变化，那里的数据也需要重新进行计算了……显而易见，在串行计算方式之下，如果我们坚持新古典主义的严格性标准，计算将是无法进行的。由于计算的展开意味着时间与其他资源的分配，因此计算甚至将难以理据充分地起步，当事人将完全受困，四面楚歌——然而这样一来，他又会在犹豫之间白白地浪费时间。至于对于具体的实际问题，也就更无法得出完善、精确和正确的结论了。

需要强调一下，以上的任何计算过程，既有可能是短暂的，也有可能是非常长期的。为了有一个具体的印象，我们可以设想这个过程甚至长达数千年；因为，的确有众多横跨数千年也未能解决的问题。即使那些已经早在数百数千年前就已经得到了“答案”的问题，如今可能也都还在不断地产生新的“答案”；因而，也就可以认为，这些问题其实至今都还没有得到完善的答案。故此，绝不可以认为，我们是在吹毛求疵，是在讨论一些无关紧要的话题。人们已经被许多似是而非的、“半显半潜”的观念折磨得太久了。

5.3.6 再论思想的“弯曲”与主观性转向

经过前面三个小节的漫长准备，我们现在终于可以从“问题导向”的角度再对思维弯曲做出正面的论证了。面对需要限时解决的问题，进行完美的计算和决策一般是不可能的，也就是说，仅仅应用演绎法是不够的。好在还有另类算法可供选择。基于人类普遍的指令系统，人人都可以选择性地使用各种另类算法。我们每个人都不得不这样做，我们也应当庆幸我们有能力这样做。我们固然不能断定在每一个具体的计算中所使用另类算法的种类和比重，但是，另类算法在原则上必须予以使用，这一点是确定无疑的。根据对大量实例所进行的观察分析，另类算法的使用实际上是极为频繁的。至于在什么样情况下应当具体使用什么算法，以及怎样对多种算法进行组合，则应当在具体的环境中进行讨论。

另类算法的使用加快了计算速度，使得有关的决策能够及时做出。其所付出的代价是，计算偏离了新古典的完美的、理想的轨道，不再直奔某个假想的、最终的“结局”了，而是发生了“弯曲”。多种多样另类算法的反复的、连续的使用，致使计算一再地发生多种多样的弯曲。我们必须放弃那个最终的结局，转而关心我们所预设的起点以及此后的过程。“弯曲”系指对于新古典状态的偏离。在一个特定的情况下，我们一般能够确定新古典的立场和观念是什么，据此，我们也就能够定义“弯曲”具体是指什么。当然，这是相对的。假如我们把弯曲看作一种最优的和正常的状态，那么，也就可以把新古典的状态称作一种“弯曲”。“弯曲”这个词语短促、形象，概括力又很强，因此笔者偏爱使用它。弯曲的另一个说法是“主观性转向”。可是，“主观性”这个词语主要根植于人际关系之中；离开了人际比较，当一个人单独面对自然界时，“主观性”所指为何呢？这是不清楚的。例如，客观概率的存在表明，我们人类在自然面前达成了一致，所以，这个概率估计就是“客观的”。然而，这难道不可以理解为人对自然的“扭曲”吗？说它是一种“弯曲”，难道一点儿道理都没有吗？这种细微的差别与争议在大部分情况下都不必强调太多，但是，我们却不可以不知道它的存在。

关于另类算法导致弯曲发生的原因、过程以及“弯曲”的具体情况，通过对各个另类算法的分析，就可以看得很明白。例如，对于所要解答的问题，归纳法主要针对同类型的其他案例展开，这些案例则由记忆提供，因而它必定不精确，不全面。这些案例与当前问题之间的相似性也是有限的。但是，为了节约时间，这些缺陷也就无暇顾及了，有关的结论只是在进行有限度归纳的基础上就直接做出了，其中的“真正的道理”也就不去管它了。又如，人们经常采用“假设—求证”的方法。提出假设的原因在于，所假设的命题不容易（顺序地）作为其他推演的目的地而出现，反过来，在假设做出之后，以假设为出发地来（逆序地）推演其他命题，前往其他目的地，却要相对容易得多。“提出假设—推演—检验假设的可靠性”是这种算法通常采取的三个步骤，倘若检验的结果不是否定性的，假设也就可以“权且”接受。不过，检验的范围通常是有限的，不可能穷尽所有的情形，所以这是一种偷懒的办法，它相当于司法上的“无罪推定”。由此得出的结论，怎么可能与能够穷尽所有计算和所有检验的新古典情形下的结论恰好完全一致呢？再拿“积极算法”来说，假设某个投资者囤积了大量的A公司股票，但却处于账面亏损状态，于是，他开始积极地“制造”和传播利好信息，企图解套。在一个不健全的市场中，这种招数可能是奏效的，但这是谨守善道的新古典主义者们所不齿的。

思维弯曲的含义还需要做出多方面的说明。当事人通过使思维弯曲，而得到了临时计算所需的决策，这表明，在当事人的眼中，这个决策是最优的，其他的选择不会优于它。例如，两个人约会，时间确定在上午10点整。可是，假如某个观察者对这个问题感兴趣，因而对于这两个人的日程表及其有关事项作了周密的调查、研究和分析，最后得出结论：如果约会安排在十点十七分，两个人都将会更为舒适，那么，这个“解”是否要优于前者呢？对此，我们应当做出否定的回答。原因在于，一般来说，当事人并非不知道约会时间的安排可以更为精确；并非不知道，这种精确性可以通过详细的计算来达到。而且，当事人也并非不知道，他是有能力这样做的。当事人没有这样做，是因为计算需要代价，会“添麻烦”，而这种代价或麻烦与其所得到的利益相比，是不值当的。这就是说，精确性并不是越高越好；多余的精确性是一种浪费，在智力上则是一种错误。这就回到了上文的观点，即演绎法与另类算法的优越性是相对而言的。如果读者愿意，也可以把“十点整”称作“均衡解”。用经济学家们的常用语来讲，在引入计算成本以后，“均衡点的位置改变了”。

通过使思维发生弯曲的方法发展出来的知识才是真正有用的知识。在假设计算无代价的理想环境中发展出来的知识，充其量只是一种中间产品或半成品，而不是可以直接拿来运用的知识。如前所述，由此形成的决策可以称作“算法均衡”，它意指在引入计算时间与成本条件下当事人在具体时空环境中所达到的最优化。它既是当事人在特定条件下利用已有资源进行最大化努力的结果，也是当事人有意地、迫不得已地或者无意识地忽略世界的其余部分的结果。我们可以把算法均衡视为当事人在考虑全局之后所得出的带有全局性质的最优化，甚至可以说，在每一个真实的决策中，当事人都将全局问题重新考虑了一遍，但是不能忘记，这种“带有全局性质的最优化”是在算法人所执行的特定算法之下得出的。按照这种算法，计算所进行的次数并不是非常多，但却效果显著。这种计算不同于新古典式的、机械的局部性计算，而是用相当于后者的计算量，来达到显著不同于后者的、甚至可以与新古典一般均衡相竞争的结果。它包括了以下种种意涵：当事人明知世界的复杂性而不得不简化和“扭曲”它，当事人认为这种简化和扭曲是无害的，或者是可以接受的；当事人认为某些局部性的计算（及其所采用的算法）必须置于其他因素之先，而得到优先考虑，剩余的因素应当在此基础上再进行考虑；当事人基于庞大的知识积累和知识存量的帮助，只进行了少量计算就得出了自认为可靠的决策；当事人认为决策不可靠，但是无能为力，因而听之任之；当事人认为决策不可靠，但是暂且接受和实施，同时已经制订了后续的改进计划；当事人并不了解世界的复杂性，也不了解自身的无知，因而很自信地做出了客观地看来水平很低的决策，等等。这些都不妨碍我们称之为“最优化”或者“算法均衡”。

具体决策中对时间因素所进行的“怀柔”和让步，可能在事后予以撤销，相关的具体结果和“知识”，可能将予以废弃而不再留存。事实上也是如此。然而，也有可信的理由表明，这些机会主义的“知识”是值得保留的。这个“可信的理由”就是，未来的决策仍然可能要面临类似的窘迫处境，因而，一经形成和使用过的算法，就有可能留存并予以模式化，以供未来继续使用。这就来到了存量与流量的迂回式关系上。过去形成的知识之所以具有价值，就是因为它是“现成的”，是一种“成品”；

只要条件相同或相近，它就可以重复投入使用，而无须重新制作。由于它的“现成性”的吸引力，当事人甚至可以允许它的适用性更差，只要不至于完全不能派上用场。

“现成性”的另一面是，存量知识主要应当被视为一种定型的和僵死的东西。数据一旦离开中央处理区而进入存储区，它就脱离了与指令的接触；它就凝固了，静态化了，变得更像普通的“物”了。我们当然不能忘记“硬软件”可能会对它进行自动的加工，不过，这是一种似是而非的观点，是暂且可以予以忽略的。留存的记忆主要还是原来的样子，这是每个人都有的经验。尤其是，当存量知识离开大脑，转而以书籍、电子化数据等形式保存时，它就更加静态化了。计算机可以对数据进行自动的加工，不过，这是在当事人的安排之下进行的，计算机所运用的程式也是由人事先编写的，所以，这并不能从本质上改变存量数据的静态性，“静态性”仍然应当作为存量知识的一种主要特征来予以看待。

存量数据的静态性导致它是当事人的可靠伙伴和助手，故此，在当事人重新调用它时，一般都相信它的性能是稳定的，并没有悄悄地变成当事人所意想不到的另外一种东西。可是，它也是“愚直”的，当事人一般只能对它原样采用，这就有可能造成与当前的新情况之间的冲突。或多或少，当事人都必须接受这种冲突，否则也就不必调用它。当事人只能在这两难之中进行选择。倘若当事人既想使用现成的知识，又希望这种知识中不适用的部分自动地、**完全地**变化为适用，这怎么可能呢？这就是算法人所处的微妙处境，也是真实当事人的微妙处境。从这里我们可以理解现实生活中的实际问题和实际知识的性质。

把这些道理放在时空地图中，这就意味着，在出发点与目的地之间，当事人不是简单地寻找现成的桥梁，而是动用自有的工具，自行制造新的数据，然后借助这些数据所搭成的捷径，迅速地向目的地靠拢。他将不再过多考虑各个区域数据的变动情况，尽可能地轻装前行。这就好比在两个岛屿之间的交通，桥梁并不是必需的，实际上可以运用许多正式或非正式的交通手段，这都是读者们所熟知的。

5.3.7 个性、行为与社会：全面地接纳真实状态

思维的弯曲与主观性转向是本节的核心内容，至此我们已经复述完毕。弯曲与主观性转向是算法理论的一个主要推论，是我们所要奉献的一条主要的社会科学原理。人们的思想状态为什么是我们感受和体察到的状况？社会世界为什么是我们所看到的样子？这就是一个根本的、基础性的解释。具体的、更为精细的解释当然要到具体的环境中去进行，不过，有了这样的推论和原理，我们也就建立了（或者行将建立）经济社会的大范畴，我们对于一般社会现象就获得了一种普遍的、全面的和概观性的认识，众多长期萦绕在我们脑中的困惑也就倾向于消失，社会科学因此也将历史性地摆脱它在痛苦中的煎熬。笔者相信，随着原理与方法问题的大解决，社会科学最终将会进入一个平稳、安定发展的新时期。

通常所设想的所谓“理性思维”，也即新古典主义的思维，在附加上算法理论之后，将会变成什么样子呢？答案就是：将会变身成为摆在我们面前的**真实的日常思维**。这是一个基本的算法式观点，或者是算法原理的一种表述方式。人类基本的思维能力在遭遇到现实问题之后，发生了弯曲和主观性转向，之后究竟变成了什么样子呢？答案就是：将会变身成为摆在我们面前的**真实的日常思维**。这是算法原理的另一种表述方式，也是我们看待真实思想现象和社会现象的新方法、新态度。普通人的真实思想（作为“社会现象”的组成部分）由此获得了清晰的理论地位和理论意义。在这些真实思想分别的指导下，为数众多的当事人不时地或连续地做出各个决策，展开了他们各自的“行为”，进而造成了通常所谓的各类“经济社会现象”。算法理论和算法原理都有非常强大的可扩展性，这一点是显而易见的。我们也将继续通过各种扩展的实例，来证明这个看法。

“每个人的大脑都是时空地图中的部分数据堆积而成的”，这是一个十分自然但却又不怎么讨人喜欢的观点。算法理论的效应之一就是它让那些过度乐观的理性主义者们不得不看到世界与自身的阴暗面。当然，这些数据不是随意地、胡乱地堆积在人脑中的，不可能把一些数据随便地“输入”人脑，就让一个人成为一个正常的人。人脑中还有一套指令系统和其他众多“装备”，而且人人都有。这一点非常重要。由此导致的后果，势必**既不同于人脑中没有指令系统的情形，也不同于有两套或多套指令系统的情形**。单套指令系统的存在与感觉器官输入输出能力的有限性是相匹配的，与人体在世界中的特定位置和有限空间内的物理化存在也是相一致的。每个人脑中的指令系统把每个人脑中的数据**就地加工**成为一些比较系统化的知识，从而形成每个人所独具的个性。就像世界上很难有两片完全相同的叶子那样，世界上也很难有两个个性完全相同的人，这可以作为一个算法式的推论。

另一方面，传统的观念倾向于把人的性格类型化、极端化、纯粹化和理想化，而以算法的视角观之，这种倾向实际上是新古典主义的绝对化的体现。人的性格通常必定大都是相当不规则的。假如我们把人的性格近似地看作众多思想进程的结果的简单堆积，是不是完全错误的呢？显然未必。这些结果共同存放在脑中，相互作用，相互冲突，由此固然可以再生出一些新数据来（这些新数据可以看作进一步的协调性的象征），但是，这些结果内部所达成的新的协调性也是有限度的，所以，“个性是一种堆积物”的观点也就不可能被驳倒。这就好比人的面容，它是千差万别的，然而，在肖像专家们看来，它们却都是一些简单的线条以简单的方式拼凑而成的，一点儿也不神秘。我们把它想象得很神秘，这不过是我们画地为牢、自寻烦恼而已。

可观察的行为是由不可观察的思想所支配的，而任何不可观察的思想，其内容都是有限的；它不仅反映着有限的信息，也反映着有限的计算方式和计算结果，而这些结果在时间和空间上又都是可以不断扩展的。总而言之，行为的内容是有限的，这是一个重大的原理；行为与行为之间可以是不同的、冲突的；彼此之间可以未经协调过，或者协调得不够充分。换言之，行为之间可以是“**相互陌生的**”。这是极为重要的原理，我们应当在这条原理的指导下来观察社会和世界。这是社会互动的基础，也是对社会的研究活动赖以产生和存在的基础。我们必须对社会现象多一些理解和说明，而少一些决定论式的解释和预测。

思维的弯曲导致世界变得丰富多彩，也变得纷乱而令人迷惑。一个个看似简单的计算首尾相连地进行，很快就可以变得不知所之了。混沌理论讲了这个道理；不过，由于它过于注重规则性，它不是解析“混沌”现象的够格的理论，算法理论才是。由于算法机制的存在，即使我们把计算都看作纯随机的，也是能够对以下现象有所解释的：巨大的人际差异（无论在个人能力上还是个人的处境上）；种种光怪陆离的社会现象的发生，等等。社会现象将会充满不确定性和趣味性，这些性质绝不会因为我们使用了“计算”“算法”这些词语而减少。电子游戏的爱好者们是很容易赞同这个观点的。

这个理论框架中蕴含着产生自由的丰富元素。它们至少包括：1. 人的目的倘若在很大程度上是智慧活动的产物的话，则人就是很容易丧失目的的。如果人不总是受到既定的目的、欲望与需求的强烈驱使，而是可以随意地确定有没有目的，以及目的为何，这就是一种很大的自由。2. 个人并不总是根据客观条件来决定行动方案，而且也以自有的资源、观念、习惯、爱好、意志和行为模式来压制以至对抗客观条件。算法理论使我们认识到这种思维方式的合理性，这也就论证了个人的自由。3. 智慧使人发现获得成功的空间，因而给予人积极的自由。然而，这种新古典主义的论点往往也会使人陷入忧心忡忡和忙忙碌碌之中，所以它也具有剥夺人的自由的一面。我们需要认识到，另一方面，**我们不得不认为**，事物的联系是局部的、有限的、松散的，甚至是偶然的，事物之间的相互作用也是需要时间进程的，是缓慢的，其中存在着大量可以供人无视这种联系以便自由发挥的空间。例如，相互对立的进程之间的抵消关系可以允许我们不必处心积虑地去防止它们冲击我们的生活。这些理论视野都有助于我们培养一种高远、大度、乐观与平和的处世态度，这种态度与“消极自由”之间是紧密相连的。所以，科学地论证自由，不仅是可能的，而且应当把它确立为算法式社会科学的目标之一。

混沌中夹带着规则性。鉴于业已反复重申的观点，对于这个命题，笔者也就可以不再承担说明诸如“混沌如何与规则性进行有机结合”的责任。“有机结合”也许是有的，但一定是不够的，因而不一定处处都要登场。规则性是与算法均衡、收敛等概念紧密相关的，它常常用来指谓事物运动的模式是一成不变的；也就是说，它特指动态活动中的静态性。我们把事物之间性质上的不同称为“异质性”。这些不同事物及其不同性质各自相对独立而存在。由于彼此之间具有空间与时间上的距离，或者由于任何其他原因，未能发生相互的“化学反应”，因而未能消除彼此之间的差异。它们相互之间表现得麻木、迟钝、“和而不同”。我们称这种性质为“离散性”。鉴于异质性和离散性的存在，规则性、算法均衡、收敛与不规则性、不均衡、发散等就可以彼此共存。**我们首先要认识到这种“总的局面”的合理性**，而不是急于去对这些现象进行分门别类。这是构建原理需要认识到的首要之点。不能否认，在这些不同部分之间可能存在着某些套利机会，无论在当事人的“主观”上还是在观察者的“客观”上，可能都是如此；因而，某些事件可能在今后如期发生，或者意外地发生。观察者也可以主动地参与促进某些事件的发生。在社会科学原理的层面上，只需要在原则上预见这一点，而不必对这些具体问题持有特定的态度。

5.4 个人的成长与教育

5.4.1 引言

一旦制造出了砖块，建筑物的产生也就是不可避免的了。如上节所述，算法逻辑的自然延伸，必然会引起我们对于知识发展问题的好奇心。个人出生以后，知识是如何在他的头脑中逐步地生长的？又是如何引进外来的知识的？人类的知识体系又是如何传承和发展的？在算法框架下，这些问题也就**自然地**成为了社会科学家的关注对象；因此，教育学也就**自然地**成为了社会科学与社会工程学的组成部分，庞大的教育体系也就成为了社会科学家们必不可少的研究对象。社会科学因此也就必须专门开辟出一个重要的分支，以便把这些领域的已有成果容纳进来，并对之进行算法式的梳理和改造。

先来作一个题解。本节的题目叫做“个人的成长”，可是，这个说法是有缺陷的，因为它或多或少地包含着对于未成年人和青年人的歧视，似乎个人一旦长到了特定的年龄，知识与技能达到了一定的水平，就好比工厂完成了最后一道工序一样，一个“产成品”也就生产出来了，于是，社会理论模型中的“合格的当事人”也就形成了，“成熟”这个词就是用来指称这种情况的。所以，假如这些词语的含义不能得到适当的澄清，它们就会在暗地里附和新古典主义和绝对真理观，成为其帮凶，社会世界的另一个面相就会被掩盖起来。不过，这项工作并不是三言两语就可以完成的，还是让我们徐徐地展开吧。直至本节的末尾，我们才会就此作一个总结。

知识的发展与个人的成长都是持续不停的和没有止境的，这是一个基本的算法式观点。在一定程度上，某些知识也是为了应对这种发展性与无限性而准备的。社会的舞台不仅上演着同龄人之间的竞赛，而且也上演着具有不同年龄、不同知识背景与不同发展水平的人们之间的“游戏”。这会产生许多不同于传统的新议题、新观点和新结论。

某种“机制”经过运转，产生了一系列的后果；我们可以通过对这些后果进行分析，来发现这个“机制”。然而，在这个机制发现之前，我们也就只能在黑暗中进行摸索，也就难免看到一就说一，看到二就说二。如前所述，行为主义经济学所犯的就是这个错误，它试图**仅仅**根据对事实的观察和归纳来得出结论，进而指出人具有什么“本性”，或者人的选择与行为具有什么“规律”。这种工作费而不惠，它是不可能成功的。同理，关于个人的发展与成长，心理学家们也在重复着同样的错误。他们试图通过简单的临床观察来发现儿童成长的规律，总结儿童成长的阶段。让·皮亚杰就是这样。公允地说，皮亚杰表现出强烈的愿望，并做出了切实的努力，试图摆脱这种简单化的实证主义；然而，由于缺乏合身可用的先天论学说，最终他是无法挣脱的。皮亚杰曾经非常卓越地说：“认识的获得必须用一个将结构主义（structurism）和建构主义（constructivism）紧密地连接起来的理论来说明，也就是说，每一个结构都是心理发生的结果，而心理发生就是从一个较初级的结构转化为一个不那么初级的（或较复杂的）结构。”[①] 这样的见解无疑可以作为算法理论的先声。可是，由于时代的局限性，他的理论仍然给人一种“发展就是发展”的同义反复的印象。

当我们看到海浪在翻腾时，我们不必根据对于某一片海浪的观察，就去总结和宣布海浪翻滚的规律。我们应当去建立力学理论。力学理论为我们解释地球上任何一片海域的运动情况打下了坚实的基础。同理，对于发展问题的回答应当求诸算法理论，而这个回答可以从婴儿的成长与知识发展问题开始。

5.4.2 引言（续）

算法理论本身已经相当清楚地说明了知识发展的机制与过程，从而已经可以在很大程度上满足我们关于这个问题的好奇心。正如 5.3.1 节已经指出的，在算法框架之下，发展是个简单而容易理解的问题。梯子为什么可以帮助人登高？其中包含着两个关键因素：1. 人的步幅和梯子的格子都是有限的；2. 后一步工作可以建立在前一步的基础上，从而形成累积效应。如果还要再增加一些理论性，那么可以引入“思维的弯曲”，以便说明每个具体知识都是怎样临时做成以致使得发展成为不可避免的。这是相对于新古典主义的理论范式而言的，它在无形之中赋予全局性和演绎法以优先性。然而，在实际生活中，对于普通当事人来说，这种优先性并不存在，这是我们知识分子“庸人自扰”的产物。根据对自己所处的局部环境的分析，真实的当事人该怎样计算就怎样计算了，他不会走“先绕道全局—不能成功—再弯曲到局部”的路子。由于每个人每时每刻都在计算和决策，计算的过程与发展的过程也就直白得多。

对于知识发展的论证，存在着一个陷阱，在此务必需要强调一下，这就是：发展不是一个严格的、单调的过程，因此，要想严格地证明时间上较晚的计算结果优于时间上较早的计算结果，这是不可能完成的任务。有时候，较多的计算反而会带来害处，让人绕了一大圈，结果回到了原来的地方，甚至比原先还要不如；这种情况也是屡有发生的。发展的趋势是概率上的，是一种不那么严格的趋势。这一点无论对于单个人的头脑还是团体和社会来说，都是如此。时间流逝所造成的是多种进程与趋势的

---

① ［瑞士］皮亚杰：《发生认识论原理》，王宪钿等译，北京：商务印书馆，1985 年，第 15 页。

混合，包括恒常性、变动、发展、倒退、重建等。我们只能在这个总前提之下来说明发展。

一边是关于发展的理论，另一边则是在这个理论的指导之下，具体来看发展是如何发生的。后者则是本节的主题。也正是在这后一种意义上，诸如皮亚杰等人的学说才能恢复活力。然而，本节并不是详细评论皮亚杰学说的地方，皮亚杰的学说仅仅在个别地方拿来作为一个参照。我们仍将专注于自己的论述。不过，即使就此而言，这里也只能泛泛地提出一些基本的思路和零敲碎打的观点。

5.4.3 婴儿的成长

研究婴儿和儿童的成长过程是研究知识产生与发展问题的极好的视角。当然，前提是我们相信婴儿的指令系统从一生下来就是完全的，是可以正常工作的，这是我们应用算法理论的一个条件。婴儿的知识成长伴随着其大脑的生理性的生长。不过，综览有关的文献，似乎没有迹象显示这种生理性的生长过程，已经达到了要迫使我们来假设指令系统也存在生长过程的程度。

为什么婴儿是极好的研究对象？这是因为，如 5.2.8 节所述，人类的知识主要是以后天的教育与学习的方式来进行传承的，先天遗传的主要是包括指令系统在内的、普遍而基本的能力。我们对“硬软件”继续予以忽略，对于胎教的贡献（这一点正在得到越来越多的重视）也予以忽略。这样一来，我们就可以近似地认为，一个新出生的婴儿，他的知识存量为零，他回到了我们所假想的人类肇始之初的状况。在一定的意义上，新出生的婴儿是对人类早期历史的一种重现。这就是婴儿在算法框架中的重要性所在。

婴儿一旦降生到这个世界上，不仅他的身体、而且他的头脑就都将立即进入一个极为活跃的状态之中。这一点已经为越来越多的研究所证实，因而现在几乎是一种常识了。这种认识如今在婴幼儿教育方面占据了支配地位。在较早的传统观念中，婴儿是不受重视的，人们对于婴儿的状况以及婴儿的成长只是持有一些相当简单的、机械的、似是而非的认识。然而，大量临床观察的结论否认了这一点，研究者们发现婴儿的精神世界是一个复杂的、非常多姿多彩的世界，其复杂程度并不比成人低多少，这个成就在很大程度上正是皮亚杰之类的发展心理学家们进行努力的结果。

按照算法的逻辑来进行推断，情况应当是这样的。婴儿出生以后，大量的信息与问题袭来，大脑即开始工作。这是一种与纯粹简单计算高度相似的情况。随机的信息加工是低效的，知识存量是贫乏的，这就可以解释为什么婴儿在成人的眼中总是傻乎乎的。让我们再次回到“狼孩”。狼孩的低智力状况可以视为婴儿在缺少成人引导和教育的情况下**自然发展**其智力的一个结果。这就好比一台没有安装操作系统和应用程式的“裸机”，它的用途是很小的。这并不是说这台电脑的基本计算能力和计算速度不够强大。我们甚至可以假定这台电脑能够自己开发程式，但是，它的自主开发能力和程式扩张速度都不可能达到不再需要操作系统和应用程式的地步，不仅在数量和速度上达不到，在质量上也不可能达到。自己开发的程式不可能恰好是用户打算安装并予以使用的程式。同理，婴儿所进行的纯粹简单计算也不可能在可以忍受的期限之内开发出足以支持他在这个社会中正常生活的知识，或者恰好开发出成人打算教给他的知识。这与婴儿大脑的功能是否健全无关。这是一种经济上的道理，是一种**内生的不可能性**。只要我们处于算法的预设之下，我们就会得出这个结论。假如有人不承认这个结论，这就意味着他拒绝了算法式的前提。

婴儿的每一步成长都是微小的和艰难的，这是算法式的推论，也是重要的事实。例如，婴儿看到危险的物品袭来，往往不知道躲开；躲避硬物的本领是后来才具备的。这就表明，什么是危险的，什么不危险？什么物品硬，什么物品软？哪些碰撞会引起疼痛，哪些不会？这都是需要发展的知识，而不是与生俱来的知识。这些知识本来不具备，经过学习和实践之后，才慢慢具备了。这些知识是重要的，绝不是可以省略的，这个发展阶段也绝不是可以跳过的。由于丧失了童年的相关记忆，成人往往会忽视这个学习过程的复杂性，忘记了它是多么地艰辛和“繁琐”。①

在被成年人有意识地进行教育之前，婴儿的思想状态是比较原始的；越是较早期，也就越原始。个人可以通过受教育取得进步的加速，可是，**受教育的能力本身必须首先具备才行**。这是人类必须承受的一种不经济。皮亚杰说，所有的儿童都经历大体相似的发展过程，有着大体相似的表现。这首先应当被解释为婴儿们自身高度的相似性及其所处环境的稳定性，以致他们都面临着大体相似的问题；而且，他们还没有受到个性化知识的过度引导，还未曾向某个专门的领域作定向的发展。指令与信息随机地组合，这个因素所占的比重是比较大的。这就好比厨师炒菜，只要所用的原料相同，炒出来的菜肴的味道总是八九不离十的。后期发展的时间拖长了，人际差异才会**逐渐**加大。同时，出于同样的理由，婴儿的精神世界也绝不会是完全相同的。因为婴儿不善于交流和表达，成人们必定对此所知甚少。婴儿究竟想了什么，做了什么，跟什么人打过交道，受过哪些影响，谁会清楚地知道呢？即使跟他最亲近的人，恐怕也是所知有限的。据此也就可以推知，婴儿间的实际差异一定会比我们通常想象中的更为显著。

上述道理可以婴儿的记忆力为例来说明。有一种说法，认为三岁之前的儿童不具有进行长时记忆或永久记忆的能力。从生理条件方面来说，固然不能排除某些神经组织尚未发育完全的可能性，可是，即使忽略这一点，单单从算法的角度来进行推演，也是可以得出类似结论的。算法的结论反而会更加全面和切合实际。婴儿从“一穷二白”的境地出发，展开随机的计算。除非受到强烈的刺激，或者满足了特殊的需要，任何计算结果对于婴儿来说都将近似于无所谓。这是因为，**对于计算结果的估价本身就是一种知识**；不知道黄金值钱的人，也就会“怀抱金盆讨饭吃”。如前所述，记忆不仅是一种能力，而且也是一种需要有所耗费的工作；除非有需要，当事人才会这样

① 如同许多研究者都把自己的孩子作为观察研究对象一样，我儿子的成长过程也为我提供了大量宝贵的第一手资料。有一次，孩子的头不小心碰撞在家具上，孩子哭了，经过大人的安抚，孩子逐渐恢复了平静。等大人离开之后，我惊讶地发现，他竟然独自走回原来发生碰撞的地点，然后再用脑袋轻轻地重复刚才发生的碰撞过程，一副认真研究的态度。

做。对于很多计算结果，**既然婴儿都鉴别不出其意义与价值，当然也就会放任它们自生自灭，而不会巨细靡遗地记流水账**。特别地，婴儿尚未认识到有必要在常规计算之外另行设置自我监察的作业，自我监察的技巧是在经验的刺激和诱导之下逐渐发展起来的。这些因素都会导致婴幼儿看上去似乎“缺乏”记忆力。

研究者们还发现，婴儿虽然拥有长时记忆，婴儿的长时记忆仍然一般要比成人的更为短暂。为了解释这一点，我们首先需要解释一下记忆为什么需要重复。由于记忆占用存储空间，耗费体能，所以，我们可以认为，为了达到更好的经济性，**大脑总是在不停地审查和再审查各种记忆的必要性和重要性，并不断地对之进行排序和调整**。据此，我们可以假定，如同计算机中的情形一样，人脑中也存在专司“碎片整理”和“垃圾清理”的程式，一有机会它们就要运转一下。虽然这个假设听上去有点儿复杂和离奇，实际上则是相当合理的。这样一来，我们也就可以解释，记忆需要在不断地重复和强化当中才能保持下去，否则就会面临被“自动清理”的危险。婴幼儿的长时记忆之所以不那么长，根据笔者的观察，原因首先应当在于婴幼儿的兴趣转移得很快。与成人相比，婴幼儿更多地凭借感觉与喜好行事，而不大注重利害（因为利害是相对抽象的）。婴幼儿对于缺乏趣味的活动高度排斥，而兴趣本身却是不易持久的。记忆既然服务于兴趣，它也就没有一直保持下去的必要。例如，哺乳期过后，关于哺乳的记忆很快就会淡忘，但这不能否定在哺乳期间婴儿关于哺乳的记忆曾经是多么强烈的事实。反过来，出于利害上的需要，**成人会对某些记忆刻意地和反复地进行强化，以致这些记忆“看上去”似乎是永久性的**。成人只是炫耀自己对某些事情记得很牢固，却忽视了自己许多年来为此付出了多少代价。怎能仅仅根据表面化的印象来做出绝对的结论呢？若果如此的话，三岁以前永久性记忆的确存在的事实以及关于儿童长时记忆的众多神奇现象反而就会成为不可解释的了。[①②]

---

① 我要再次提供一个实际发生的事例。约在两、三岁时，通过阅读图片和实际观察，我儿子记住了数十种汽车的商标图案，可以轻松敏捷地辨认大街上行驶的几乎所有汽车的品牌。更令我惊讶的是，我在偶然中发现，他同时记住了各个不同品牌汽车的轮毂造型，因此，他可以在未看到品牌标志的情况下仅凭轮毂的形状就迅速辨认出这是什么牌子的汽车。对于成人来说，这种记忆策略是笨拙的，是不必要的，可是，儿童实际上却采用了。这是他在受到较少引导的情况下自然自主地发展出来的。他为自己的这一本领得意了很长时间。后来，他感到厌倦了，不再玩这个游戏了，过了一段时间，这些记忆也就退化了。设想一下，假如儿童同我们成人一样，认为保持这些记忆关乎自己的饭碗，以致在实际工作中不断地重复和强化它，它怎么会被遗忘呢？难道到了三岁末的时候，这些记忆即使经过重复也难以保持下去吗？这是不可想象的，也是不符合事实的。

② 皮亚杰说，小学儿童常常不能完成诸如“A 比 B 高，A 比 C 矮，三人中谁最高”这样比较抽象的问题（参见［瑞士］皮亚杰：《发生认识论原理》，王宪钿等译，北京：商务印书馆，1985 年，第 37 页）。笔者的观察表明，这个结论是很难成立的。我儿子早在三四岁时就能够说出复杂的、带有双重甚至多重否定的句子。七岁时所做的某些思维训练题目，其难度对于成人也颇为挠头，抽象性也就更不在话下了。这并不是个案，他的同龄小伙伴们的表现也大抵如此。这些现象都强烈地倾向于支持我们把指令系统看作与生俱来的东西，而不是后天分阶段地、次第发展的产物。在此基础上，最为重要的在于阐明知识发展的一般机制和基本道理，而不在于具体指出发展“将会”如何展开。发展不在这一方面发生，就在那一方面发生；今天不懂的，明天可能就会懂；不同个人发展的节奏既有相似之处，也有相异之处。由于理论框架的缺乏，我们经常可以看到一些学者们试图对经验材料作过度的发挥；一看到对象之间的某些相同之处，就要把它上升为具有约束力的“规律”；其实大可不必如此。笔者认为，心理学家们在这方面的已有工作的意义，主要在于对经验材料的保存和整理。

最后，我们再回到“硬软件”。在以上论述中，我们采取了这样的方法，即尽可能地不考虑“硬软件”这个因素。婴儿一生下来就会吃奶，这样的事实震慑着我们，使我们不敢贸然采取完全无视“硬软件”的态度。可是，这不能阻止我们挖掘其中的算法元素——也就是说，不能阻止我们把这些行为的成功进行尽可能地归功于后天形成的知识。在剔除知识的贡献之后，我们至少可以说，真正可称为“本能”的东西要比通常所认为的少得多。婴儿需要食物，嗷嗷待哺，这并不能表明他是在呼唤母亲的乳房。实际上，婴儿的嘴唇碰上什么就吸什么。母亲的乳房是母亲自己迎送上去的，哺乳过程是此后才“自然地”开始的。在这里，成年人的知识扮演了不可缺少的角色。对于所吮吸的对象，婴儿刚开始显然不能分辨（否则他就不会咬乳头了），只能被动地接受，不过，在不久之后婴儿就会表现出选择性和倾向性。这个变化恰恰说明，正确接受哺乳的能力离不开后天的发展，仅有本能是不够的。婴儿在对待固体食物方面的表现也与此类似。我们固然不能否认婴儿天生就会吃的事实，可是，丰富的实际材料表明，围绕这些活动的知识必定在迅速地、大量地产生着，并及时地投入使用当中。就算硬软件同时也做出了贡献，我们也可以推测，硬软件主要是以自动加工信息并**产生知识**的方式来发挥作用的。鉴于生存所需的知识是非常具体的，我们不能设想这些知识已经完全在硬软件的内部准备妥当了。硬软件不应视为存放问题现成答案的仓库，而应视为一些比较抽象的、片断化的程式。这些程式只有结合具体信息进行运转和工作，才能产生所需的答案。即使其中包含着现成的答案，那也一定是少数的和罕见的情形。

同理，婴幼儿在所处环境中的其他初级活动能力（例如走路、玩耍）也离不开知识的产生。例如，学习直立走路就需要很长的时间，要经历无数次失败。未曾具有捕猎经历的老虎是不会捕猎的，何况人乎？只不过，这种学习过程在很大程度上是婴幼儿自己进行的，需要借助的成人帮助较少；而当成人帮助他的时候，由于粗心，成人通常并不感到自己在使用多么了不起的知识，因为成人已经忘记了自己习得这些知识与技能的过程。这就让成人们误以为，这些能力是婴幼儿天生就有的，并且是标准的和无差别的——即使有差别，也误以为这些差别都是先天的。实际上，只要我们仔细观察婴幼儿的活动，就会发现，婴幼儿几乎每一天都在取得（可以觉察的）进步，都在给大人们带来惊喜和乐趣。这种惊喜与乐趣正是长辈们萌生幸福感的来源之一。

5.4.4 略论教育

上一小节的论述专注于婴幼儿自然自主的知识发展，暂未涉及成人对他的帮助与教育。然而，婴儿一出生，就生活在人际关系之中，与他人发生相互作用也就是难以避免的。一些论者对于婴儿的社会性行为感到惊讶，觉得需要特别地建立理论来解释它①，对此，笔者首先要指出的是，这是一种典型的新古典主义的态度；这种态度的存

① 例如，有些人试图提出，婴儿天生就具有妒忌心。而中国的儒家认为，仁慈与孝心是天生的。

在表明，把思想看作不可与物理现象并列的特殊对象，绝不是经济学家们所独有的观念，而是知识界中相当普遍的思维习惯。婴儿是不管这些观念的。物、人、思想、话语都是他的对象，他一视同仁地与这些对象打交道，分别地、平行地发展与各个不同对象打交道的知识。于是，如同与物体打交道的技巧得到了发展一样，社会性的知识与能力得到了发展与表现，在原则上也就不值得大惊小怪了。

学习与教育就是一种社会性的行为。这种活动的发生，首先基于这样一个前提，即人类不像有些动物那样，幼仔一旦出生，父母立即死去或者离开它。这样的物种即使具有很高的天分，它也很难取得发展，因为下一代不能继承前辈的经验。不同年龄的人可以共同生活，彼此交流，这就建立了良好的异质与异步的环境，知识则在其中代代相传。个体可以逐个地、陆续地死亡（不可以同时死亡），而知识不但不会灭失，还能够不断发展壮大。

由于知识（或者其中的绝大部分）不能以生物遗传的方式进行传承，这是导致存在学习与教育活动的又一个原因。另一方面，能够以软件化的方式进行学习与教育，这个能力（据目前所知）主要为人类所具有，这也是人类的一种幸运。可以做到“数代同堂”的物种是数不胜数的，可惜的是，因为缺乏与人类相似的思维能力、交流能力和知识传承能力，这些物种未能在地球上取得统治地位。

大人教给小孩的知识，是从亿万年生物进化和社会发展活动中提炼并积累下来的。由于知识存储和传播的手段有限，资源紧缺，长辈们必定会对自有的知识进行筛选；要判断哪些适于传承，哪些则不得不舍弃。例如，如何与某个老年亲属打交道的知识通常是不必保留的，因为那个人早晚会死去；而待人接物的一般技巧和信条则会在家族中代代相传。一代人从前辈那里继承了一定的知识，加上自有的新知识，减去那些已经过时的旧知识，并根据需要修正某些尚可保留的知识，再把由此形成的知识库传授给下一代。所传授的知识必须足够精炼，易于掌握，以便后代能够在可以接受的时限内学习完毕。为了适于传播和学习，知识本身的型态必定发生了一定的改变，以便来适应这一需要。

再来看看受教者的情况。一般认为儿童具有喜好模仿的“天性”，可是，倘若一个成年人也像儿童那样缺乏知识的话，我们完全可以合理地推断，他也将会是喜好模仿的，这种“爱好”完全可以从与其他知识渊博者的比较中培养起来。由此可见，“天性”的说法是站不住脚的。要想让儿童的头脑快快地成长，就需要大人把知识“灌输”到他的头脑中。教育首先就是一种“灌输”。这个词准确地强调了知识是一种“外来物”，一个“不速之客”，是那种有些唐突和生硬的东西。不能指望这种东西会在受教者的头脑中自然地长成。受教者的头脑即使可以生长它，也绝不会长得足够快；长出来的东西也不会跟它一模一样。知识就是这样的一种“东西”，它是在较早时期的、不同于受教者的另一些环境中形成的。由于前后两种环境之间总是具有一些相似度（这一点已经在制作知识的时候预先有所考虑），所以知识常常是有用的和有效的；在大多数情况下，也是受教者所欢迎的。

学习既是被动的过程，也是主动的过程。由于引进的知识是与受教者相似的人脑制做出来的，所以受教者的大脑也可以识别、判断和接受它。学习首先是复制数据，把它们换一个地方保存；所以，**教育的成果，在很大程度上表现为知识被复制的次数和份数的多少**。这个数量概念反映着教育所达到的水平。其次，这些数据会与学习者脑中的数据相互结合，发生“化学反应”，进而整合为系统性更高的知识。最后，学习者要检验和“复核”知识，进而修正和发展知识。即使对于婴幼儿，我们也不能认为这个检验过程不存在。这个过程将导致婴幼儿与成人的头脑更加个性化。这个过程的另一面是，受教者难免受到现成知识的误导。误导不仅源于现成知识的内部组织方式可能存在着不当，而且源于议题与论域上可能存在着偏颇，以致学习者的注意力被长期地吸引在不那么重要的问题上，而对重要的、原本可以直接抓住的问题视而不见。知识权威们有时候会陷于相互勾结和彼此吹捧之中，这种志得意满的情绪削弱了对于现成知识的怀疑，而对年轻人、边缘阶层以及创新活动则造成了压制。

若以新古典主义的眼光来看，规模如此之大、持续时间如此之久的教育活动的存在，将是令人震惊的。的确，唯理论者无法说清楚教育事业的角色，无法解释教育为什么如此困难而又重要。由于唯理论者在这个世界上（至少曾经）占据着优势，其结果是，教育本身受到了伤害，教育的地位是边缘性的；社会科学所关注的是“已经被教育好了的”人们的行为，而较少关注教育本身。如此关乎每一个人的庞大体系，竟然也不被当做一个“生产性的”经济部门来看待！教育体系中的重大问题，一般很少被社会科学界的头面人物所重视。

我们可以泛泛地看一看学校教育中存在的问题。学生与教师之间长期地、普遍地存在着矛盾与斗争；以算法的眼光来看，这是不可避免的。相对来说，教师通常更为强调死记硬背，而学生却喜欢在兴趣的引导下猎奇。也许出于塑造自身权威性的需要，教师通常夸大所教授知识的重要性，极力为之辩解，而对现有知识的缺陷和片面性则作低调的处理。现行的教育体系要么培养无视现实、只会坐而论道的书呆子，要么则培养循规蹈矩的“好好先生”，其中的氛围总的来说是比较保守的。

一种知识，常常暗含着教授这种知识的方法，因而，**有什么样的知识体系，就会有什么样的教学方法**。例如，在理性主义哲学主导下所建立的知识体系，就会倾向于强化专制主义的教学方法。因而，在学校教育中，首先阐明书本知识的局限性及其与社会实践活动之间的关系是一件非常重要的事情；可以说，这是开展学校教育的一个前提。我们可以注意到，在西方国家中，理性主义知识体系自近代以来的泛滥并未从根本上摧垮教育体系中的民主和自由，民主与自由事实上反而得到了很大的发展。这要归功于政治哲学、人文精神、意识形态以及社会制度的制约作用。现在，算法理论可以用来从理论上“科学地”阐明科学的性质与局限性，并且可以用来改造科学本身；笔者相信，这样的理论是使民主自由扎根于学校教育并使教学方法不断改良的一个根本基础。

5.4.5 成年人的“成长”

现在，我们再把镜头从教育体系移开。先看看教育体系与社会之间的关系，再略微探讨一下社会实践中的知识发展与终身教育问题。

关于教育体系，存在着一个悖论：儿童思维活跃，屡屡语出惊人，而教育系统则把他们变得千人一面，循规蹈矩；而当学生毕业后走上社会时，社会则抱怨他们思维呆板，不谙世事，缺乏灵活性与创造性。在一定程度上来说，这个悖论是不可避免的。社会不得不传承已有的知识，又不得不打破已有的知识；社会不得不片面地传承某些知识，然后又设法弥补这种片面性。事情不可能安排得十分完美、和谐、平衡而又同步。我们需要从理论上理解这种不完美和不可能性，这是有限理性的一种表现形式。反过来，一旦我们理智地觉察到这一点，觉察到发生这种情况的原因，则就有可能设法来改进它。

笔者的经验表明，新进入社会的毕业生们的内心充斥着强烈的冲突。一方面，教育使得他在**某些特定方面**的知识得到了重大的发展；另一方面，他关于社会实践的知识则处于相当低的水平上。这种落差凸显了书本知识的片面性，凸显了学校中所教授的东西只是比较适合于学校教育而已，而绝不意味着这些知识可以**单独**帮助当事人在实际事务上取得成功。所以，毕业生们大都笨手笨脚，呆头呆脑，且眼高手低。越是学习成绩好的毕业生，往往越是如此。家庭与社会的期待较高，而个人必须从最基本的点滴小事做起；体验社会尚且来不及，却被要求取得成功，这就造成了巨大的冲突和压力。实际上，个人要真正在社会上达到得心应手、如鱼得水的地步，一般都要经历许多年。而在此期间，学校中学到的知识已经逐渐变得陈旧，进修、深造和再教育的任务又提上了日程表。

缩短教育年限、使学生尽早与社会接触、同时实行终身教育的呼声由来已久。社会必须不断地找到一些方法，做出一些安排，以便减少这种“进程性的”冲突和浪费。学科与专业的划分显然就是为了适应这种需要而做出的，但这种划分导致了学生视野狭窄，联想与创新的能力差。学问家们需要不断地提炼各自领域的知识，并大搞学科之间的沟通与综合。另外，一旦我们深入地认识到现有教学内容的片面性，我们就可以再开发针对“剩余内容”的知识，教授学生应对复杂性与不确定性的技巧。经过多年的历练，“傻乎乎的”书生们早晚会变得精明起来。然而，由于缺乏系统性的整理和总结，这些发展起来的有用知识却又在很大程度上被浪费了；到了下一代长成的时候，又要从头再来。这种浪费和重建的循环自古以来一直在延续。通过搜集和整理现实的素材，算法式的社会科学无疑可以致力于补充这方面的知识，使之系统化。事实上，关于这项工作，博弈论已经走在了前面。笔者认为，博弈论就具有“使知识分子开窍”的作用。这并不是指要教人学坏，而是教人如何理解社会，并明智地行事。用俗话来说，就是要“食人间烟火”。如果“书呆子”现象的发生在相当大的程度上是因为缺乏关于人际关系的系统知识，那么，我们也就可以断言，社会科学真正的确立、发展和传播，必将大大地有助于改善知识分子的这种负面形象。

接续本节开头的话题。个人身心各方面的成长达到了一定的程度，别人就会评价说，这个人“成熟”了。如前所述，“成熟”这个词具有新古典主义的倾向。人的身体状态可以达到某种巅峰，然后开始慢慢地衰老，然而，人的思想却不会。知识系统是持续发展的，尽管因为受到生理基础的影响，中老年人大脑的计算效率会有所下降。不过，“成熟”这个词也是有意义的；正如我们可以在算法框架下挖掘新古典经济学的真实意义一样，我们也可以算法式地解读这个词的意义。这就是指，一个人出生以后，经过密集的学习过程，其知识和技能达到了成年人的平均程度，从而完成了由于前辈的衰老或死亡而需要进行的“知识重置”。这意味着少年变成了“成人”。此后，他被视为具有了**相对**健全的心智，因而具有了**相对**独立地进行决策、并承担决策后果的能力，因此，其他的成年人也就必须平等地对待他，而不能继续沿用针对一般青少年的训导性态度了。

可以推想的是，“知识重置”得以完成的前提条件，是社会上新知识的增长速度（在总体上）要慢于个人学习旧知识的速度，否则重置是不可能完成的。从常理上来判断，这个条件是容易满足的，因为学习——尽管包含着对已有知识的重组、检验和修正活动——主要仍然是对知识的一种复制活动，它远远快于对知识的开发。这就会导致年轻人的知识水平早晚会追上或者迫近中老年人。“知识重置”过程大体上完成之后，个人便进入了一个相对缓慢的知识增长阶段，甚至大致稳定在某个水平上。

我们需要进一步解释一下成年人的知识增长速度为什么会减慢。知识是一种工具，是供人达到某种目的的。由于知识的学习与开发都需要显著地消耗时间以及其他资源，个人就要追求成本与收益之间的平衡。当现有知识产生的收益比较令人满意的时候，或者，当获取新知识的边际收益显著下降的时候，个人的学习态度就会转向消极。个人的一生不能花费过多的时间在学习上。受教育的年限、专业分工情况、知识的详细程度以及知识本身的形态正是在这样的压力之下被决定出来的。没有这种经济上的压力，我们也就无法说明中老年人为什么会止步不前，而转向享受生活。由于思维的弯曲，一些知识（例如某些信念）专门用来助长这种情况，它告诉当事人哪个方向已经不必前进了，什么什么“必定”怎样怎样。如果这种知识是错误的，而它又被当事人接受了，当事人就会拒绝这方面的新知识，而变得又保守又顽固。

俗话说：“三岁看大，七岁看老。”这句话是说，个人的性格很早就会形成，并且终其一生保持不变。这当然是一种粗陋的说法，人的性格绝不会严格地保持不变。但是，计算的经济因素会导致人们优先地、反复地利用现成的知识，而**现成的知识又会对日后新知识的产生和选择具有制约和引导的作用**。也就是说，**早期的知识比晚期的知识更有优势，早期的知识甚至可以扼杀晚期的知识**。上述格言正好揭示了这个道理。围绕某个已有的模式或策略，个人会在使用中不断地丰富和完善它，从而使得“路径依赖”现象得以延续下去。这是一种典型的串行计算效应，这种效应与把所有可能的知识摆在面前以供当事人选择的情况是不同的；后者则是新古典主义的幻想。

另一方面，当然，出于不必复述的理由，这种路径依赖效应也必定是有限的。这既不表明遗传因素可以完全“决定”儿童的性格，也不表明个人早年所形成的知识可以完全统治他的一生。我们所强调的只是在生命延续的各个阶段上知识存量变化的速率与方式会有所不同而已。

不同年龄的人们共处于社会之中，他们之间的互动是一种重要而有趣的现象。由于新知识不断产生，年轻人会“抄近路”，优先地学习新知识，这就达到了“后队变前队”的效果。由于累积效应的存在，中老年人会在大多数领域中掌握权力，用老旧的知识领导当前的社会。革命性的力量受到压制，原因在于判断“何者正确”的权力不在革新派的手上。然而，每个人的“成熟度”都是有限的，在这方面比较成熟的人，在那方面可能就很不成熟。例如，一个广受尊敬的中老年人，却会因为一场不那么严重的疾病的打击而消沉下去，这反映了他在年轻时代所经受的挫折和磨练显然并不足够。因此，中老年人虽然有时候喜欢批判时尚和潮流，但有时候也不得不向年轻人学习。而另一些比较顽固的中老年人，则会忘记他在年轻时候的某些遭遇，而对当今的年轻人采取限制、批判和打击的态度。在这种情况下，代际的民主就是很重要的，就有必要对中老年人的霸权保持警惕。当掌权者脑子里的知识很难再得到更新的时候，换知识就不如换人；社会就应当让装备了新知识的年轻人接管权力，而让旧知识随同老年人的下台而退出。

5.5 人际通信

5.5.1“通信”是核心的社会科学概念

两人及两人以上形成社会。社会科学之所以是“社会科学”，首先就是因为，这个“社会”是很重要的。这种重要性是相对于个人而言的。也就是说，当分析范围从一个人扩大到一人以上时，发生了一些与一人情形有所区别的新情况。这种新情况是什么？以下将要徐徐道来。不过，笔者要预先说明的是，这种“新情况”是不宜过分强调的。每种对象都各有自己的特点，所以，当事人与每种对象打交道的方式方法也就不一样，我们分析每种对象、每种行为与每个现象的方式方法也就有所不同，这是十分正常的。只有把人的思想看得十分特殊的新古典主义者们，才会对此大惊小怪。社会科学与自然科学相比照而并肩存在的情况本身就表明，人、思想以及社会现象与自然现象之间是平等的，至少人们在常理上是这样认为的。

当我们所注意的焦点由个人转向社会时，发生了什么样的不同呢？一般的回答是，产生了人际互动和人际关系[①]。这个说法当然是不错的，但要进一步追问：为什么会产生人际互动和人际关系？答案就在于：人们之间是不相同的。不但生理条件不同，而且思想状况也不同，故此，才产生了人际交流与互动的必要。如果我们认为在这两种不同中，思想的不同更为重要，那么，我们也就可以说，科学地刻画和论证了人际思想差别的算法理论，才是社会科学的真正基础。这个逻辑应当是无懈可击的。

人际差异实际上可以是非常广泛的。例如，两个双胞胎，即使长得一模一样，思想也一模一样，但他们只能处于不同的空间位置上，这就有可能接收到不同的信息，并与不同的物件打交道；这就构成了一种人际差异，因而，他们就有必要进行互动。更有甚者，个人具有相对独立的计算系统，他们的思想在一定程度上是自由的，因而，即使他们在前一秒钟完全相同，在后一秒钟也可能不同。弟弟有心事，就有可能向哥哥倾诉，并与他商议，因为弟弟知道，哥哥可能会产生与他不同的见解和反应。

人际差异的一种变体，就是“社会”作为一个整体或群体相对于个人而存在，或者某些社会性的现象独立于人身而存在。例如，某种公共话题或时尚近来流行着，我们可以从媒体或陌生人的口中得知这一点。我们也可以参加媒体的讨论，以及与陌生人进行交谈。我们关心的是这个话题本身。尽管我们确知不少人在参与此事，但我们却不很关心究竟谁在参与，以及这个话题究竟改变了那些人身上的哪些方面。这就是说，我们关注的焦点不再是人，而是话题与事务本身。我们有时候用“社会”这个词来指代一群数量与身份很不确定的人，以及他们身上所具有的思想意识——同时我们并不关心“他们”具体是谁，以及这些思想意识具体存在于哪个人的身上。

另一种情况是，社会现象脱离了人身而存在了。比如，我在读报，在上网，在起诉某家企业，在清点选票，在打理现钞，在设计服饰的样式。表面上看，我是在与纯粹的“物”打交道，实际上，其中的人际关系是十分丰富的，甚至，某些这样的“物”（例如现钞）的全部意义就在于承载思想与人际关系，此外就没有其他用途了。我与这样的“物”打交道时，虽然我并不确知我在与哪个具体的个人打交道，但我知道我一定是在与人打交道的。这种不特定的个人可以存在于很远的地方，也可能已经去世，或者尚未出生，甚至他还可以是我所期待或假设的。这些情况的存在既表明“社会”不是凌驾于个人之上的怪物，也表明我们不必固守“个人”这个概念，不必事事都要从“个人”出发；因为，个人与他的产物之间已经有所分离了。

接下来的一个问题是：自然物之间也可以相互作用，人际相互作用与之有什么区别呢？

这种区别就在于，自然物之间并不进行对话。我们一般认为，各种自然物只是

---

① 在传统上，“关系”不被理解为实体，而是指谓两个或两个以上的实体“之间”。然而，在人与人的多种多样的“关系”中，其中的某些部分是当事人有意建立起来的。例如，两个人互为朋友，是以双方各自对对方特征的记忆和身份的识别为基础的，尤其是以“我知道他知道我认识他且以他为朋友，反之亦然”这样的共识为条件的，这就需要各自分别在自己的大脑中建立特定的数据和程式，否则这种“朋友关系”就不会成立。所以，显然，这样的“社会关系”就是一种知识或者“人力资本”，它是实体化的。这种社会关系有时也称为“社会资本”，因此，社会资本并不是一种独立于其他资本型态的什么“新的”或“特殊的”资本，而只是知识资本的一种具体型态而已。

按照它们的本性盲目地、死板地相互作用。或者，自然物（例如动物）之间即使可以进行对话，其对话方式与人际对话的方式也是不同的，并且其中的大部分内容至今都是人所不能理解的。我们观察和研究自然，其实是人的思想与不同于思想的外物进行相互作用。而当我们研究社会时，由于研究对象是我们的同类，这就使得研究活动变成了**思想与其同类之间的相互作用**。**思想之间可以达到远高于思想与物之前的理解和沟通程度**。据此，我们知道，作为对象的人是有思想的，思想就是这些人行动的真正“指挥者”——尽管思想的能力有限，它并不能控制有关行动的每一个方面，不能阻止行动产生意外的或其他的后果，也不能阻止旁观者对行动的意义产生不同的认识。思想之间可以借助通信手段（包括对话）来进行直接的沟通，而不必总是通过观察对方的外在行动来猜测其想法。在此基础上，人际互动可以采取比物体互动更为丰富的方式方法；而我们作为观察者和研究者，也可以采取类似的方式与作为我们研究对象的人们进行沟通和互动。

所以，一个认知的或算法的结论就是，**通信在社会科学中应当占有优先的和核心的位置**。这应当成为反行为主义的“认知革命”的一个应有结果。社会科学的其他许多被认为“很独特”的特征，都与通信密切相关。因此，下面我们就转入对通信的论述。

5.5.2 通信及其手段

先来讨论一下术语。在汉语的社科类文献中，英语 communication 一词有时译为“传播”，而较少译为“通信”。可是，“传播”这个词着重强调的是公共的和单向的信息发送，它显然不如“通信”这个词的含义全面和中性。信息有发送，有接收；信息的传递有主动，有被动；有单向，有双向和多向；有少数人之间，也有许多人之间，更有社会大众之间；有实时和同步的，也有异步的，等等。再考虑到“交往”“交流”等词的含义过于宽泛，因此，笔者主张，国内的文献应当沿袭信息科学的传统，直接引进“通信”这个术语，作为一个正式的、核心的社会科学术语。其他诸如交流、交往、对话、传播、信息传递等词语，要么从属于这个概念，要么则作为它的衍生术语，并视具体场合进行灵活运用。

“通信”这个词给人的印象是，这是一项技术性的事务，是与自然科学和工程学有关的事情。的确如此，通信首先需要依赖工程技术的手段，社会科学也需要考察通信的技术方面。通信技术与装备的变化，强烈地影响着通信的社会方面，这就如同我们已经讲过的知识记录、存储与传承技术（如造纸和印刷术）的发展，显著地影响社会进步的速度一样。知识记录、保存与传承技术，当然也可以视作“通信技术”的一个组成部分。

然而，“通信”还有社会的一面，这才是我们关注的重点。通信技术所解决的只是如何建立通信的管道，可是，这个管道里面输送什么内容，却是由人来做主的。这是人与人之间的事，与物质因素无关。例如，电话可以把声音从甲的嘴巴传至乙的耳朵，可是，甲所发出的声音，乙是否理解，却是另外一回事。为此，两个人就需要事先商量好，什么什么声音，代表什么什么意思。由于思想非常庞杂而细微，因此需要表达的意思也就非常之多，这套编码系统就是非常复杂的。当事人需要**事先**掌握它，耳熟能详，运用自如；然后，两个人才能在电话机的两端实时地进行自由交谈。这是一件多么不容易的事情啊！语言的发展不容易，文字以及其他符号更不容易。

"符号"的特点和实质在于，它是一种**物理实体**，但被用来**表达**思想。思想也是一种实体，可是它看不见、摸不着，因此，当思想要来表达自己时，就需要借助能够被感知的物理手段。例如，**我们谈论的指令是一种实体，而写出来的指令则是一种语言，这两者之间在原则上是有区别的，但我们却不得不借助指令表达式来讨论指令的细节**，因为我们无法直接讨论它。大部分作为符号的物理手段都被指定专门用来表达思想。当然，它们还可以兼有其他更为"实际的"用途。另一方面，由于这种物理手段是有限的，对它的运用是耗时费力的，因此符号与思想之间也难以实现完美的一一对应。思想有时候会被错误地表达，有时候甚至难以得到有效的表达。甲说的是这个意思，乙却理解为另一个意思，这种情况并不罕见。

不过，在大部分情况下，通信手段的具备，可以使得不同个人的思想之间达成直接的交流，使思想之间可以直接地相互作用，并试图改变对方。这是人类的一个伟大成就。例如，我们想要了解某种动物的习性，就必须长期地观察它，再根据所记录的数据来进行归纳，而归纳则会有错有对，不一定真实。而当我们面对人的时候，则可以省去这个观察过程，而**直接地**询问他："请问你有什么爱好和习惯？"他则可以做出**直接的**回答，只要我们相信他说的是真话，我们也就在数秒钟之间对这个人获得了一些了解。同理，如果我们要影响或改变某种动物的行为，通常需要根据对它的习性的了解，从外部来设置它所处的环境条件，以图给它造成某种压力，从而达到目的；然而，对于人而言，我们也许只需要向他传达某种信息，或者做出一些**游说**，只要他肯接受，他就会主动地改变自己的行为。

以上论点意味着，通信手段的发明大大地加强了人际交流的方式。当然，人们之间仍然可以像人对物的态度那样，只是静默地相互观察，并根据内心的推测来进行互动；但是，直接的通信提供了一个重要的选项，使得各种信息传递方式之间可以相互比较和竞争。当一个人被观察而他自己并未觉察时，固然很难谈得上"通信"。这是观察者的有意识的行为，被观察者是无意识的。这就是我们所说的"半内在化"。被观察者的无意识可能因为他完全没有注意到自己被观察，不过，也有可能是他的一种"有意的"安排，是他有意识执行某种更为一般的行为准则的结果。由于人的注意力有限，他只能关注最为重要的事情，而忽略其他次要的事情，于是，个人发展出来了一种行为准则，这就是：除了某些特殊情形之外，我只管做自己的事，让别人随意地去观察、评论和反应吧。**他要是执行了这条准则，他对观察者的忽视就含有有意的成分，这就是一种"有意的无意识"**。个人还可能进一步认识到其他人也会执行类似的规则，这就进一步使他变得放心和坦然。换言之，这条规则逐渐变成了一条关于公共交流的制度。这就好比你去参加一场派对，到场的人都是为了进行人际交流而来的；虽然你并不确知你的表现都引起了哪些人的注意，以及他们因此将会做出怎样的反应，但你对此毫不介意，而且你对自己的这种“无知”也是有所知晓的。这种特别的“交流”方式可以达到特别的效果。例如，你在派对上兜一圈，要是没有人特别地注意到你，这至少表明了，你的装扮虽然不够出众，但至少也是符合潮流和习惯的。可以相信的是，你的装扮要是不符合潮流和习惯的话，一定会有人注意到你，会有人把异样的（惊讶的、鄙视的或欣赏的）目光投射给你；他们要么与你进行交谈，要么则窃窃私语，总之，总会发生一些可见的反应。大数目人群就是以这样的方式进行着相互的“交流”，在其中表达着彼此之间的肯定或否定的评价。这些交流方式都建立在“通信”概念得到定义的基础上。

另一方面，通信也会带来新的问题。问题之一就是为欺骗之类的负面活动打开了闸门。当你与别人面对面交流时，这等于授予别人一个机会，一种武器，叫他肆意地为自己进行掩盖和辩护，向你提供虚假的信息和扭曲的说辞，甚至进行谩骂、威胁和敲诈。问题之二就是，说服人有时候是不容易的，思维的弯曲使人们陷入了旷日持久的分歧与冲突之中。即使选择缔约，也有可能引起一系列后续的麻烦。这些麻烦可能抵消通信带来的好处，使人们退回静默交流或者“半内在化”的状态。有人可能会选择隐身和匿名，而另一些人则故作姿态，选择某些“非言语的”方式主动地向外界传递信息。总之，各种通信与交流的手段是相互替代的，信息传递与行动之间也具有一定的相互替代性。只要我们把计算与通信看作实际发生的行为，这些效应就都会存在，而它们对于社会科学和经济学都是很重要的。

5.5.3 私人的与公共的通信

现在我们转向讨论通信的范围。由于各种显而易见的算法式的原因，人们通常主要跟比较熟悉的人打交道。因为人是不易了解的，对人的了解需要花费时间与成本，而跟熟人打交道则可以省去这些成本，提高效率。这也可以称作一种“路径依赖”。另一方面，熟人的人数是有限的，分布的范围不够广泛，因而与陌生人的联系便又是难以避免的，这就导致了熟人与朋友圈的变动。新的朋友逐个地加入，而老朋友则日益淡忘。我们当然不能断言一个人所能够交往的朋友数目是确定不变的，有一个绝对的上限，但是，常识告诉我们，除了工作上的需要之外，一个人真正的私人朋友的数目都是相当有限的。这绝不是一种偶然现象。从经济性的角度来看，熟人之间的交流与往来可以相当地安全有效。熟人之间可以相互帮助，不必在乎一时一地的得失，因此，无论吃亏或者占便宜，彼此都是有机会再作补偿的。而从通信的角度来看，一个人只要认识了若干朋友，他就可以及时地了解社会上私底下流传的很多信息（公开信息就更不必说了）。这是因为，各人的朋友圈之间都或多或少地存在相互重合的部分，因而他们总是直接或间接地彼此联系在一起，尽管他们可能互不认识。这种网状结构是相当奇妙的。在经济学文献中，这种关于具名或匿名、熟悉或陌生的讨论是比较晚近的，尽管所表达的看上去都是一些常理，然而，在理论上，我们从新古典主义出发，迈过了许多道坎儿，才能到达这里。

当多人之间需要同时进行交流时，办法之一就是开会。开会是一种通信模式，其特点是：一个人讲，其他人听；如果发言者有许多个，则必须分先后轮流地进行。这种通信模式适合于处理与会者之间的公共事务，否则，它就不很经济了。与会者必须集合于同一地点，或者，在电子通信技术的支持下，与会者必须集合于一套电讯系统之中；而且，为了便于双向交流，与会者必须同时在场。这种同步性的要求是非常严苛的，因为人们的行为大都是异步的；**要在异步性之中刻意地建立同步性，就会对当事人造成强烈的干预**。因此，在自由社会中，开会并不会经常地进行；即使进行，范围也比较小，持续时间也比较短。开会主要是组织内部的一种现象；组织中的首脑运用行政权力，或者组织成员间通过相互约定，才能进行集会。

这里要穿插地讨论一下缔约活动。缔约是双边或多边进行深度通信的产物之一。经济学文献中经常涉及契约问题，却并不怎么深入探究它的基础。契约既然是有意识通信的结果，这就必然要求我们直接面对人的意识与通信活动，并且要把计算与通信看作与周遭事物相区别的相对独立的活动；也就是说，要采取“有限理性”的进路。在有限理性的世界中，个人是有自由度的，无论在客观上和主观上都是如此，无论在本体论还是认识论上也都是如此。无限理性的世界是决定论的世界。当一个人的行为被视为预先注定的时候，还何必缔结什么契约呢？而在有限理性的世界中，个人既可以这样做，也可以那样做；由于追究责任不容易，社会是宽容的。然而，在某些情况下，由于利害关系过于显著，一个人需要确保他人在未来的某一刻从事某种行为，他要对方清楚地知道这种要求，并做出有约束力的保证，这才产生了缔约的必要性。毋庸置疑的是，缔约者之间首先要相互认识对方，能够彼此识别身份，各自对对方的状况和品性都有所了解。然后，当事人之间相互交换利益，进行威逼利诱，从而产生了契约。不过，由于契约的谈判、缔结、执行、监督、纠纷处理和对违规行为的惩罚都需要很大的耗费，最终缔约与否，还是需要进行权衡的。缔约的必要性只是局部地存在，成功的缔约活动也只是局部地存在。人们之间要么缔约，要么回归自由；要么独处，要么进行争斗，其相互关系是多样的，并且是不断竞争和彼此转化的。

我们可以把契约关系与个人的自我冲突进行对比。在个人内部，临时计算既可以借助特定的知识存量，也可以无视特定的知识存量；这意味着，相对于知识存量而言，临时计算拥有一定的自由度。个人不断地规划未来，这种行为可以理解为，个人试图减少未来的临时计算的自由度，使之按照既定的轨道行事，从而使得“当前的个人”与“未来的个人”之间进行“合作”。这种“合作”不一定总是成功，因为个人会改主意；只不过，“违约”的代价由自己承担了而已，而不会交由社会来进行惩罚。我们平时所观察到的，只是个人有时表现出懊悔、自责甚至自暴自弃的情绪。然而，“当前的个人”会不会对“未来的个人”抱持不负责的态度呢？经验告诉我们，这种情况也是存在的——个人会受到诱惑，会把持不住自己，有时也会不顾后果。所以，人际缔约活动与个人的这种“自我缔约”相比，其区别只是程度上的，是技术性的。

现在再扩大到公共通信活动。所谓“公共通信”，是指大数目个人之间的通信活动，其特点是：其中的许多成员之间距离遥远，因而不适于运用面对面的对话方式；并且，成员的数目众多，因而也不适于少数个人之间交流时所采用的那些办法。人们在公共通信中往往是不具名的，这是因为，注意力有限的个人，记不住那么多名字，无暇认识那么多的人。由此进一步产生了一种微妙的效应，这就是，一些人因此反而享受这种公共生活，他们不必特别注意对方的身份与特点，不必针对不同的交往对象采取不同的互动策略，大家只是随意地进行相互交流而已。假如是在熟人们之间，当事人可能反而不会表现得这样轻松和坦率（化妆舞会是一个典型的例子）。这就是说，公共生活中有一些独特的东西，有一种私下场合中所没有的气氛，有一种微妙的精神气质。例如，公共场合的发言大都具有与私下场合很不相同的语气、姿态和内容，而听众也大都穿戴入时，态度庄重。又如，一个生活于封闭小圈子中的人，必须不时地出门去“散散心”，尽管这种“散心”并没有伴随着明确的目的。不少网民也很乐意在互联网上无报酬地大发宏论，而不管听众或读者是谁。我们并不急于详细地解释这种现象（它显然并非不可以进行算法式的解释，我甚至倾向于认为这是一种典型的、特别有启发性的算法效应），但它至少表明，陌生人之间并不是不相干的；恰恰相反，由于个人直接打交道的范围有限，公共议题才具有新鲜的意义，才是相对独立的。

5.6 政府的产生

5.6.1 引言

社会中的一个极端重要的现象就是政府的存在。政府的性质是什么？政府是如何产生的？在本节，我们将尝试对此做出一个初步的算法式的回答。

不过，在此之前，还要再强调说明一下算法的方法。所谓“算法的方法”，就是把采用算法理论所假设和描述的思维方式的“算法人”“投入”真实世界之中、在此基础上再进行理论推演的方法。或者，换言之，算法理论假设，作为理论家研究对象的当事人，都是“算法人”。除此之外，在原则上，在构造基本原理的这个阶段和层面上，我们一般不再作其他假设，不再对当事人所面对的客观世界做出任何限定。这就是说，算法人开始计算之前就存在的事物，将会在理论模型中依旧存在，我们无意解释它们为什么会在那里。我们以此方式来赋予理论模型以最大限度的真实性。我们没有理由抽象、简化或者修改这个真实的环境，因为，除非确有需要，这样的修改一般都是画蛇添足、多此一举的，这只会使理论解释工作绕行到更远的地方。这是我们从新古典方法中所吸取的教训。在此基础上，凡是因为算法人的投入而产生的事物与现象，也就都属于我们的解释范围。我们把算法理论与其他（相兼容的）理论整合在一起，在算法世界之中运行，然后再把运行结果与真实状况进行对比，这样一来，就可以明白，我们究竟能够在多大程度上解释现实社会了。

当然，这些推演绝不可能是充分严谨的，充分严谨的推演也是不存在的。但是，算法理论将迫使我们深入到人类行为与社会生活的细节中去。相对于传统的社会科学，分析的精细度和严谨性将会大为提高，我们将会认识到众多被传统理论所忽视的东西。传统理论的特点之一就是十分地粗线条，强求一致，胡乱想象，结果制造了很多自说自话的东西，而现实社会的诸多重要特征却被忽视了。这种忽视是导致我们陷入理论困惑的原因之一，而对它们的补充则是打通理论原理的关键。

另一方面，这种“人工的算法进路”所提供的仍然是一些片段性的工作，并且仅仅是基本的思路。可以设想一下，假如我们所谈论的这些对象、活动与现象能够在计算机上模拟出来的话，一定会带来巨大的便利。计算机模拟至少可以用于检验文字叙述的严谨程度，帮助我们弄明白各个“片段”内部以及“片段”之间是否是松散的，有没有讹误，以及还缺少什么样的环节，等等。这个作用与数学方法和经济理论之间的关系是类似的。数理经济学本身也可以尝试用计算机模拟的方法来进行改造和表达。当然，由于读者业已了解的原因，眼下，这些设想只能说说而已。

本节的基本论点是，算法理论可以作为内生政府、政治与政治学的基础。我们主要论述一下政府如何可以算法地产生。实际上，算法方法可以用于解析政治学的所有议题。政府的存在为一般经济与社会活动提供了制度基础，因此这应当成为经济学与社会学必不可少的内容。当然，再次说明一下，论述的重点只是算法理论与现有的理论或论题如何进行衔接，以及如何对之进行改造，而不是重复已有的学说。

5.6.2 产生政府的几个基本要件的“产生”

当我们采取“算法的态度”的时候，“公共事务”自然就会出现。为此还是先来观察一下人的肢体动作。一个人针对某些物体展开某些行动。人的四肢的长度和肌肉的力度都是一定的，或者是有限的，而对象物体的尺寸却是多种多样的，这就导致了，行动者通常只能直接地操作一定尺度范围之内的对象，而不能直接操作尺寸过于庞大或过于微小的对象；并且，所操作的对象要具有一定的独立性，其与周遭其他物体的分界要比较清晰。当一个对象物体在当事人的操作之下发生运动或变化时，不会全面地、密切地、即时地、敏感地、高强度地引起其他周遭物体的变动，或者，这些物体各自变动的程度、速率或姿态是不同的，并不要求当事人把它们“捆绑”起来，当作一个单一的对象来看待；否则，对象就要重新进行划分了，“单个对象”也就要重新进行定义了。然而，另一方面，有些对象的体积过于庞大，难以进行有效的分割，难以使之缩小到单个人可以独立进行操作的程度，那么，怎么办呢？办法之一就是两人或多人联合进行操作。这就是说，行动者的一端与对象的一端两方面都是可以进行调整的，**对象物的划分与作业的模式实际上是同时建立起来的**，这就至少造成了四种作业的模式：单个人操作单个对象，单个人操作多个对象，多个人联合操作单个对象，多个人联合操作多个对象（参阅图表 14）。

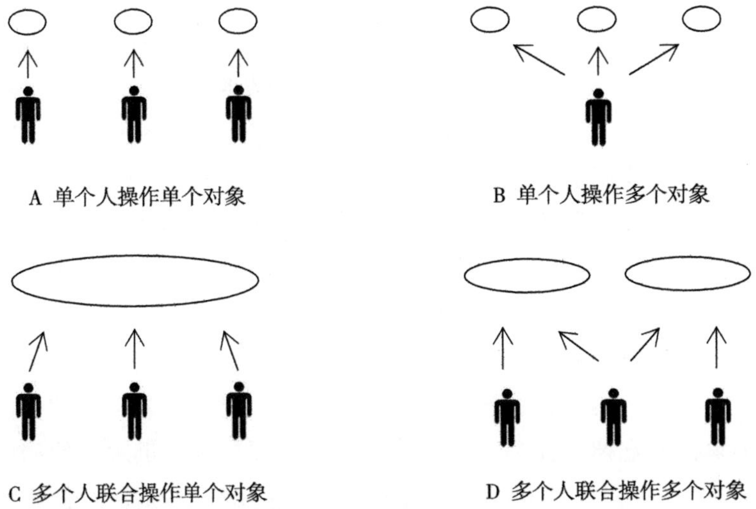

图表 14：公共品的产生

只要定义了个人身心能力的有限性，加上对象物（包括思想）的尺寸与规模的参差不齐，公共品的产生就很容易理解了。

类似的道理需要进行反复的说明。在上述这些模式的建立中，“个人的有限作业能力”无疑是一个关键的因素，正是这个因素导致个人必须选择和划分对象物，必须定义什么叫做“单个对象”，以及在对象物难以进行有效划分的情况下，联合他人进行共同作业。“公共事务”或“公共品”正是从这个道理中产生的。现在我们只需要加入思维和计算的因素即可：“个人的有限能力”包括了做物理动作的能力和进行计算的能力，而“对象”则可以从物理对象扩大到思想，以及这两类实体的某些结合体。大型的物体需要多人联合操作是容易理解的，大型的公共事务需要联合操作的道理其实是相似的。这种事务被当作一个整体来看待，被认为不适于做进一步的细分。其中的思想对象与物理对象都已经沉淀和凝固为“物”，行为者只是把它们当做一个整体来操作，而不再单独激活其中的思想内容。完成这个扩展之后，后两类模式（上图 C 与 D）中的对象物，便是“公共事务”或“公共品”。既然人的身心能力都是有限的，我们也就不能指望所有行为对象的尺度恰好符合个人独立操作的要求，于是，“多个人联合操作单个对象”以及“多个人联合操作多个对象”的情形在原则上也就必然会出现在某些地方；这是合乎逻辑的。当然，前两种情形同样也会出现，这也是我们可以做出的基本推测。所以，社会世界中将呈现出以上四种模式的混合状态。而事实情况不正是如此吗？当然，这个推理无法使我们确定每个具体地点的状态究竟为何。具体的问题需要到具体的环境中去分析。这里所能提供的，就是这个一般性的、同时有些模糊的“原理”。

在内生了“公共品”之后，我们再转而探讨一下“自愿”与“强制”这一对概念。

在新古典主义的决定论之下，个人根据各方面的条件“决定”行动方案，所以，既不存在个人的自由，也不存在自愿与强制的问题。新古典的最优解既可以说是“自愿”做出的，也可以说是被各种条件所“强制”的结果；其实这些说法都是没有意义的。“自愿”与“强制”问题是有关政府内生和政府性质的重要议题，因而它们是重要的社会科学概念。我们的问题是，如何理论性地理解这一对概念？

首先在于，我们需要**科学地、理论性地理解自由**。如前所述，关于有限理性的算法理论为此提供了一个基础，它使得“自由”这个概念无论对于当事人还是观察者来说都是有意义的。常识上的自由据此就可以获得理论地位。自由首先是指思想上的自由。个人可以自由地思考和选择，人们之间也相互知道对方拥有思想的自由，并且在大多数情况下认可和赞同对方的思想自由——这是探讨“强制”与“自愿”的前提条件。其次，苹果被人吃掉，我们不认为苹果是“自愿”的；洪水迫使居民迁徙，这也不是一种“强制”。从这些事例中可以认识到，这些概念不是针对自然物而言的，它们都是**人与人之间的态度**。也就是说，它们系指意识的具体内容。**离开了意识和意图的在场，就无法达成相应的定义**。例如，甲做了某事，他的行为意外地影响到了乙，致使其不得不进行某种行为，这并不构成对乙的“强制”。“强制”成立的一个要件是甲方必须具有“对乙方进行强制”这个意图。这是法学上的定义方法，而这个例子最能说明“意识作为理论模型中一个相对独立的变量”的道理了。不过，无论如何，乙方在此情况下所做出的行为，仍然多多少少具有一些“被迫”的性质，这又是为什么呢？这就涉及第三点，即程度性或技术性的原因：乙受到影响后是否还具有其他的选择，其他的选择是否足够明显而易于实施，甲的行为是否“正当”等等，这些都是需要考虑的因素。“正当性”“权利”等术语都是关于利益分配的一些技术性标准，它们也需要参与到定义的过程之中。一个人进行选择的空间倘若很小的话，就不能认为他做出某种行为是“自愿”的。

“强制”主要是指使用物理手段有意地对他人施加违背其意愿的影响力。由于“思想现象”不容易被观察或探测到，所以进行强制的目的主要意在迫使他人做出某种外显的、物理化的行为。对思想的强制比较困难，而对言论与行动的强制比较容易；不过，这并不是绝对的，对思想的强制在原则上也是有可能的（例如使用药物手段）。现代国家则着重于管理外显的行动，而对言论和思想都持宽容的态度。思想、言论与物理活动的平等并列为这种比较分析提供了基础。

进一步地，在自由的状态下，甲要做某项决定，其他人则听凭他做出决定，准备**被动地**接受甲所做出的决定的后果，而不**主动地**施加某种影响力去引导他；这时，甲的决定就是“自愿地”做出的。反之，甲要做（或者不做）某项决定，乙却有意地、主动地施加某种影响力，以图引导他做出某种乙所期待的决定。在这种情况下，当乙主动地向甲提供某些信息或算法时，叫做“劝说”；当乙向甲故意提供虚假信息或错误算法时，叫做“欺骗”；乙还可以预先声明甲怎么做时他将怎么做，以图阻止甲这样做，这叫做“威胁”。这些概念现在都具有了算法的和科学的意义。

上面提到了“主动”与“被动”，“作为”与“不作为”等概念，这些概念也都可以予以算法式的解释。“主动”这个词是指在一个相对静态和自由的地方发起一项行为，从而引起这个地方发生了某种**局部性的**改变（也即产生了“相对运动”），并且，这项行为**不被视为**早先发生的或业已存在的其他因素、现象或变动的**直接后果**；这时，我们说这项行为是“主动的”。“被动”是指甲的行为在乙的行为之后发生，并且**被认为**是乙的行为所引起的，是乙的行为的直接后果。含义类似的概念对是“积极”与“消极”。相应地，“作为”是指相对运动，“不作为”是指相对静止。定义这些概念的元素包括我们要容许动态与静态**以离散的方式进行相互混合**，因而不必说明为什么某个行为发生时周边的其他事物依然如故地保持静止，而只是引起了另一些特定的改变；还要容许不确定性与确定性作为一种混合状态而存在，以便在把某两个特定的行为紧密联系起来的同时，不必非得如法炮制，也要在其余的行为之间作紧密的因果联系。所以，“社会性对象（例如行为与状态）之间的关系在人们（当事人或者观察者）的眼中具有亲疏之别”这一点是产生这些概念的基础。自由意志、闲散状态与忙碌状态的并存等也都是在理论上需要预先予以论证和刻画的要件。如果我们意识到了这些基础性元素的必要性，也就可以理解为什么这些概念对于经济学者们来说那么陌生和突兀了。

当然，还可以再重申一下：种种算法的元素是高度一体化的，我们只是在不同的段落中强调其不同的侧面而已。当我们强调一种元素时，绝不意味着另一种元素在这里被抛弃了。原因就在于：话必须一句一句地说，我们没法儿一下子说出所有想说的话。另外，这里对有关术语所做出的理论性的解释并不意味着严格的“定义”，严格的定义固然在计算机模拟的环境中是必需的，可是在日常语言中，我们恐怕是难以做到的；我们的定义和论述只能以大家所共享的常识与直觉为基础。

5.6.3 政府的产生（一）

国家、或者政府是历史与现实社会中的一种重要的存在物，它是当事人所发明的解决他们所面临的实际问题的一种方式（算法）。我们可以说政府的产生是“必然的”，或者它必须被视为一种“最优安排”，这意思是说，假如让我们研究者处于当事人的位置上，面对着当事人要解决的问题，我们也无法避免去建立政府，可能也设想不出可以替代它的更好的办法。不过，这绝不意味着政府在客观上是**绝对**不可以替代的，不意味着未来**绝对**不会出现其他的制度安排，也不意味着政府现存的组织与运转方式的具体细节不能更改。

我们可以从多个角度来理解政府产生的这种“必然性”。

公共事务（或者公共品）的规模有大有小。较小规模的公共事务对应着较少的人员。他们结成组织，作为一个整体在自由社会中行动。由于他们所操作的对象具有整体性和不可分性，因而不可能简单地采用交易方法和边际分析方法来确定每个人的贡献，这是组织内部建立治理结构与分配规则的一个原因。这些规则大都是强制执行的，它们以组织所拥有的强制性权力为后盾。家庭、企业、协会等都是重要的组织，在组织与组织之间也存在着大量相对独立的个人。这些个人与组织一起，也可以结为规模更大的组织，每个个体也都可以分属不同的组织，因为，不同的组织具有不同的功能，个人可以在**不同的时间**分别服务于它们。不同的组织所拥有的强制力是不同的。例如，有的组织可以对其成员进行罚款，有的可以进行申斥，家长可以适当限制儿童的行动自由，而有的则只能以取消其成员资格为限。

"国家"则是上述各类组织中的一种。国家的产生首先与地理条件有关。由于人们必须共同生活在某个地理环境之中，那么，一定的地域就存在着一定的公共事务。例如，在原始社会中，人们聚居于一个村寨之中，为了确保居住的安全，这个村寨就必须在整体上构筑防御工程。村寨的大门每天早晨几点打开，每天晚上几点关闭，诸如此类的公共事务就会产生。这类公共事务还会衍生出更多的公共事务。例如，某些公共事务可能涉及与其他村寨的关系，这就产生了外交活动。公共事务的特点就是它的不可分性。公共品与公共服务一旦提供，这个地域的居民就会普遍地享用它，管理机关一般很难做到只许特定的人享用，而同时却阻止另一些人。村寨大门开启和关闭的时间安排，只能存在一种方案，而不可能针对每个居民都有一个单独的方案，也不可能因应各人要求的变动而随意调整。同时，要是对于进出大门的人进行收费。关于收费的安排将会产生一笔显著的支出，这是不划算的，这些都是算法式的效应。因此，居民们就可能同意，在全体居民中间普遍地进行筹资来兴办这些公共事业，然后将之以免费的（或者低收费的）方式对全体居民进行开放。于是，税收与公共财政就产生了。另一方面，由于各种各样的异质性的存在，不同居民对于公共品的享用程度是不同的，管理机关无法做到使各人的纳税额与其所享受的公共服务严格地对等起来；无论按照什么原则与方法来征税，既不可能制订出完美的税收方案，也不可能完美地实施它。以上种种原因都导致了一种后果，即税收会产生财富再分配的效应。进而，国家既然不能完全避免这种效应，也就有可能有意识地使用财政工具，来积极地影响财富分配过程。

对财富的再分配将会引起受损者与反对派的反抗，这将使国家不得不陷入使用强制力的境地，否则，就只能取消公共服务。这是就普通基础设施与公共品的情形而言的。"制度性基础设施"的道理与此类似：在私人组织或个人彼此之间的互动过程中，需要建立某些公共的规则（例如产权保护、契约责任等），并且这些规则需要得到强制执行，这是制度理论告诉我们的道理。当事人相信，这些规则作为一些知识存量，它的强制执行可以促使临时计算变得简单，并取得比较良性的结果。这是就重大的、可预见的情形而言的。国家权力的设置还与以下情形有关：某些事务是琐碎的或紧迫的，没有必要或者**来不及**经由全体人民的充分讨论，因而允许政府官员在一定的范围内相机地予以管辖和处理（“自由裁量权”）。其次，不是首先着眼于“事务”的维度，而是着眼于机构与人员。鉴于以上诸多事务导致了政府机构与官吏是**常设**的，因而允许他们**主动地**寻找和发展新的政府职能，并按照程序批准后予以实施。因为政府的许多行为都是单向性的，不具有**严格的**相互性与对等性，导致了强制力的使用经常是必需的。所以，国家与政府绝不仅仅意味着“服务”，而且含有“管理”“统治”等多重含义在内。

迄今为止，在各类合法组织中，国家所使用的强制力是最为激烈的。由于国家不能像某些较小型的社会组织那样主动解除其成员的资格，故而只有采用最为激烈的暴力手段来维持统治。国家的暴力手段还来自这样的考虑，即国家要垄断暴力的使用，不允许其成员相互之间擅自使用暴力。这样一来，**社会冲突的级别也就降低了**。一个公民，或者一个社会组织，无论其多么富有，多么强大，都不得向其他人施加暴力，都必须运用和平的手段来谋求与对方的合作，为此，**也就不得不出具利益来引诱合作者**。一般认为，这将导致一种共赢的结果。国家把暴力垄断在自己的手中，按照一定的规则来进行使用，将之施加于外部或特定的社会成员，这构成国家的一个突出特征。

5.6.4 政府的产生（二）

这个问题是值得继续进行详细论述的。首先还要再来说明一下，在算法环境中，作为一种另类算法，普通当事人都具有使用强制力和暴力的倾向。人与自然界打交道，既有顺应自然的一面，也强制自然的一面。例如，通过控制植物的种植密度，可以使植物生长得更为茂盛；这可以视为对自然规律的“顺应”。而把木材予以砍伐，充作其他用途，则可以视作对自然的强制。我们可以争议这些词语的含义及其用法是否妥当，但是，这两种意思的并存却不应当有什么争议。同样的道理也可以用在社会议题上，即人可以强制和欺骗他人，这些负面的手段与劝说等正面的手段是并存的。新古典主义的方法是忽略负面的手段，因为它认为，社会市场经过充分的竞争之后，负面手段将被淘汰，所以它不是主流，而是一种短暂的病理性现象。计算的时间引入之后，那种“充分竞争的”机制已经不存在了，竞争已经大大弱化。远在异地和未来的那些制约因素，现在已经无法充分地渗透到眼前的决策中，已经无法对负面手段形成完全的制约了。例如，一个人行凶杀人，被追杀者不能坐等“滔滔天理”发挥作用，而必须积极行动起来，要么逃避，要么求助，要么战斗；否则，该人就会死去，那些负面手段就会造成实际的、真实的和**难以挽回的**损失。相对于无限的可能性来说，任何具体的人、人群、社会或国家其实都只是处于局部之中，他们只能接受来自“全局”的有限的影响。总之，任何行动者都必须在具体情境中建立正面手段与负面手段的组合，以便尽可能地维持其**在时间上的持续生存和平稳发展**。这就来到了诸如“霍布斯丛林”[①]之类的论争。用俗话来说，就是要综合运用“软的”和“硬的”两

① 参阅［英］霍布斯:《利维坦》，黎思复、黎廷弼译，北京：商务印书馆，1985 年。

手。用中国的古语来说，这就是“王道”与“霸道”、儒家与法家之间的平衡问题。这也是我们对“算法均衡”这个概念的继续讲述。

在强制力普遍得到使用的情况下，国家尤其垄断了对暴力的使用。这一般被解释为一种“正和博弈”，即这个安排促进了全体国民的福利水平。为什么呢？我们至少可以举出两个理由。第一，暴力的使用及其所造成的伤害是明显的，从而是**容易**鉴别并施以**比较准确的**惩罚的。负面的手段大都会对财产和福利造成直接的损害，所以，制止了负面手段的使用，也就避免了这种损害，从而增加了利益。“暴力”系指把可见的物理手段直接运用于人体与财产，因而，在各种负面的和强制的手段中，它是最容易被观察、感知和识别的。国家没有能力禁止所有负面手段的使用。例如，国家无力禁止所有的欺骗行为，可以说，大部分欺骗行为都不会遭受正式的惩罚，因为它们不易被观察、记录和客观地判别。但是，国家却可以相当有效地禁止公民之间相互随意使用暴力，可以相当有效地对违反这项禁令者施以惩罚。显而易见，各类信息的采集和处理的难易程度不同，是进行这种推导的前提，算法框架则提供了这个前提。第二，由于理性的局限性，暴力活动经常会陷入“冤冤相报”的恶性循环之中，冲突的程度甚至会不断扩大和升级，而对暴力活动的禁止则可以防止这种恶性循环的发生。武力斗争可以服务于多种目的，例如用来抢劫财物。然而，在关系固定的当事人之间的重复博弈中，武力常常用于显示“实力”和“决心”等信息，从而威慑对方，使对方长期地顺从自己。由于这种态度可以给威慑者带来持久的利益，因此各方押上的赌注可能会很高，以致这种争斗本身在短期内反而给各方都带来了重大的损失。信息不足、判断力低下、“因果报应”不够及时等原因是根本性的。传统社会中信息不足所引起的争斗很多，当今世界的和平在很大程度上要归功于信息交流愈益充分。与现代人相比，古代人的性格比较执拗和耿直，这种性格如今仍然在某些相对不发达的地区保持着。这种执拗的性格是一种比较简易的“算法”，它把人分为绝对的“好人”与“坏人”，把道德准则看作绝对的，因此，当这些“标准”被违反时，就会激起巨大的仇恨。这种仇恨会使当事人不顾眼前的直接的利害关系，非要决出胜负高低不可——当然，在上帝的眼中，任何人其实都是如此，只是程度有所不同而已。活着的人都不大了解死亡，因此有时候也就不畏惧死亡，甚至拿鸡蛋去碰石头。另一种情形是，对手原先比较弱小，但却在战斗中成长起来了，尤其是在战斗的方法与策略方面，有时可以取得神速的进步，这是很难在发起战斗之前做出预测的。这些都会导致武力斗争胡乱地发起并不断扩大，而难以**在短期内收敛**。核战争的爆发更是如此。在正义得到伸张之前，人类可能已经毁灭了。国家禁止公民相互使用武力，也就避免了这些损失和危险的发生。客观地看，这种效果相当于把某种类似于古典经济学的“长期理性”强制施加于一时一地的具体社会，使得其中的人们较少地使用负面手段，较多地使用正面手段。我们可以把这种结局勉强地看作一种“均衡”，不过，需要注意到，这种均衡是在政府的参与下实现的。在可以接受的时限与代价之内，自由放任的社会自身是无力实现这种均衡的。

5.6.5 政府的产生（三）

以上我们提供了多种元素和逻辑过程，以便来理解和解释政府的产生。这个解释主要是说给深受理性主义与新古典主义影响的主流学者们来听的。现在做一点总结。

关于政府产生与存在的理由是多方面的（严格说来，几乎是数不胜数的）。古往今来，大量的文献都对此做出了各种各样的论述。笔者暂且无意在此详细地罗列这些论述，也无意逐一评论或整合它们。我们现在还不能进展到这个阶段。诸如外部性等关于政府起源的经济学说，我们已经在前文论及，因此这里也就不再重复。这里的重点仍然在于（例证性地）演示算法的方法，说明它如何与现有的概念和理论相衔接。现有的大多数理论诚然都可以用来说明政府的产生，只是，这些理论的**基础本身**还需要做出再说明。同样地，人们的诸多常识性认识也可以用来达到这个目的，只是，常识也需要与理论衔接起来。

在知识、规则与主观性林立的算法世界中，政府是不稀奇的。只要把算法理论与常识和现有的理论衔接起来，就可以在很大程度上解释政府的产生。现实社会中直接或间接参与政府设立的人们的想法也是这种“理论”的一部分，已有的政治理论也同样参与了政府的建构。另一方面，“政府”是当事人所发明出来的一种最优的制度安排；哪个人要是不同意这一点，那么他就要提出自己的设计，来说明如何可以在解决相关实际问题的同时，避免设立政府。这就把论证的责任推给了新古典主义者。算法式的论证其实是比较简单和单纯的。我们从非常简单和逼真的基点出发，根据我们所掌握的实际知识，再加上一定的理论推理，来解释社会现实。假如我们能够自始至终地进行确定的、密不透风的论证，我们很可能就会发现某种具有绝对意义的终极真理，从而**超越**当下的现实；这就违背了“解释现实”的目标。另一方面，假如人的行为完全不能容纳旁观者的推断，理论推断总是与实际行为相左，这也是不大可能的。理论推断的效力总是介于这两种极端之间，我们既不可能以决定论的方式来论证当事人思想与行为中的所有环节，但也不会抓不到任何进行这种论证的机会，因而，完美的理论是不可能的，而理论家也不必只做描述和理解的工作。描述性、解释性和规范性的工作必然是相互交织的，有时甚至是难以分割的。

政府只是众多组织中的一种，关于政府的理论其实只是从属于制度与组织理论。自从产生制度与组织的逻辑启动的那一刻，产生政府的逻辑也就存在于其中了。我们可以发现，类似于政府的职能与运作方式，在企业等社会组织中普遍地存在。政府与这些组织的差异只是程度上的，是技术性的。政府与国家同样只是各种级别的组织中的一种。在国际组织十分活跃的今天，“国家”也只是处于组织层级的中间位置，而“世界政府”的远景已经依稀可见了。

组织与通信密切联系的特征是值得强调的。笔者以为，经济学者们对于制度与组织的困惑，在很大程度上来自“通信”这个概念未能适当地建立起来。“有限理性”是导致通信具有独立理论地位的根本原因。**政治活动与经济活动在经济学者眼中的区**

别，实际上是有意识的通信活动与无意识交流、半内在化等交流方式之间的区别。在完美理性的假设下，这个课题是很棘手的；而有了适当的有限理性概念，我们也就可以顺藤摸瓜，到达彼岸。例如，有了建立在通信基础上的缔约活动，也就很容易理解立法与司法机构为什么会存在了。

关于政府的另一个传统难题在于其与交易范式之间的关系。交易论是如此地流行，以至它最终扩展到了政治学和社会学之中。然而，连经济学者们自己还没有搞明白交易是怎么一回事，“社会交换理论”又怎么能够令人满意呢？“自愿交换”只能保证交换在当事人的眼中产生一时一地的利益。由于不可分性的存在，“交换”经常不能够发生。交换所依赖的制度与环境条件有时候并不是当事人自愿选择的，而是社会强加的，这就导致各个当事方从交换中所获得的利益可能差别悬殊，交换是否公平就会成为一个问题。社会交换如同经济交易一样，在很多情况下都不能成功地发生，因此，人们的关系并不总是相互的，有时候则是单向的，会有单向的支配、控制、剥夺和奉献。围绕政府所进行的“交换活动”更是如此。

与其他社会行为相比，政治活动深深地根植于人际冲突与主观性之中，因此，以刻画人际一致性为主要使命的主流经济学，怎么能够吞没政治科学呢？从这个意义上说，政治学、或者政治科学天然地属于那种可以包容冲突与主观性的社会科学。这种社会科学尤其需要与强调一致性和客观性的传统的“科学方法”相协调。从这个意义上讲，算法理论对于政治科学（或者政治学）是必不可少的。以下的例证式论述将试图说明，严格说来，**离开了算法框架，将不可能对政治对象有效地建立哪怕最为基本的理论分析**。

5.7 略论若干社会议题

5.7.1 对社会的概论

经过前面若干节的准备，我们现在可以在整体上对社会做一些论述。

算法理论在诸多重要的、相对具体的议题上所展开的令人满意的运用，已经使我们对于社会的好奇心得到了很大的满足。如此一来，产生了一个副作用，这就是，当要进行通常所谓的“总论”的时候，此时此刻，笔者竟然不知道还要说些什么，或者还有什么需要特别予以强调的。例如，只要翻开任何一本社会学教科书，就会发现那里的议题都已经被我们综合进了一个框架之中，而对这种综合我们已经做出了反复论述。算法方法解答了许多问题，也消解了许多问题，它从根本上和总体上解释了社会为什么是我们所看到的这个样子。眼前的这个社会是当事人进行最优化努力的结果，但它不完美。我们——搞理论研究的人，不能按照**我们**能够设想的最完美状态来解释它；我们可以挑战它，提出我们的咨询意见，但同时要知道的是，依照常理来说，这种挑战在大部分地方都是不大可能成功的，成功只会发生在少数地方。那么，这些“少数地方”又是什么地方呢？这就是理论者所面临的困境。算法方法的意义之一，就是要让理论者（尤其是经济学者）来体验这种困境。说出来的话并不完全正确（或有益），而又不能不说，因此，我们还是说点儿什么吧。

人类的知识库有一种从小到大、从劣到优的单向爆炸和发展的特征，这可能是我们在这里尤其值得一提的。尽管得出这个结论的过程眼下还不是十分严密而详尽的，但在算法式的前提之下，这个结论应当是高度可信的。但愿这个论点能够说服经济学家们下决心放弃静态平衡的理论范式，从而使经济学和社会科学发生一个根本的转向。经济学要走向社会科学的人文性，社会科学则要走向经济学的严谨性；两者的算法式的结合，将使我们获得一个虽不完美但却可以满意的原理与方法体系。

知识的发展并不否认我们获得某些带有绝对性质的真理的可能性。问题首先在于，在当我们说“带有绝对性质”的时候，它的比较确切的意思只是“有效期很长”而已。这是动态框架下的命题的特点，是习惯于静态化思维方式的经济学家们需要适应的新思维。其次，算法理论所强调的是，任何“真理”所涉的范围都是有限的；这句话的含义是，它不能帮助我们解决所有的问题，因此，我们需要在该“真理”之外另行想办法。这就是说，知识就好比一堆土豆一样，它是“一个个地”生长的。单一的土豆可以变大，也可以变得更为优质；而除此之外，还需要**在该土豆之外**生长新的土豆。于是，人类的知识库不仅会提高质量，其在数据的数量上也会增大。在后一种情形下，新知识与旧知识是并存的。它们可能长期并存，新知识也有可能逐渐动摇和摧垮旧知识的基础，迫使“海洋里的浮萍”解体、消失，或者重新组合为新的体系。这些方式都是平常而又平常的。

知识体系是这样，社会也就是这样。当事人根据他们所掌握的确定性程度或高或低的知识，发起规模、力度与影响力均有限的行动。他们彼此联合，结成组织的、合约的或习俗的关系，从而扩张行动的规模、对象物的范围以及影响力的广度和深度。然而，姑且不论行动者的思想和行动本身都不是铁板一块，个人与个人、行动与行动、组织与组织、习俗与习俗之间的冲突仍然存在，在它（他）们之间还存在着大量的灰色地带；因此，当我们从整体上来鸟瞰社会时，社会是杂乱的，其有序性并不是那么强的。既有的知识为我们提供了秩序的基础，使我们在眼下有章可循，也使我们可以理解自己身处其中的秩序。没有这些知识，仅凭微弱的临时计算，我们必定会失去方向，我们也许就跟一般动物差不多。另一方面，知识的缺陷为不确定性、矛盾、冲突和创新提供了空间；就后一类意义来说，社会并不是有序的。这种无序性并不仅仅是指我们观察者难以理解和把握它，而是**它本身**就没有秩序，它的制造者——人本来就没有按照有秩序的思路来构造它。当事人甚至不理会它，不关心它；当事人只关心自己想要关注的事情，而对行动以外的其他后果则听之任之。如此一来，社会怎么可能会呈现出完备的秩序呢？这种推演方法并不否定某些观察者在当事人的意识之外

发现某些规律的可能性。这种规律（或规则性）有的纯属巧合，有的也很可靠。不过，以算法的逻辑来揣度，此类规律是否一定会出现，却是没有保障的；假如有人声称由此造成的规则性已经强大到足以吞没全部的无序性，则完全不足信——或者，我们倒要来看看，他将会如何论证这一点。

一些社会学家说，社会具有某种既定的“结构”。我们也谈论结构，所以，算法论者似乎不应反对这种“结构论”。不过，我们先要来搞搞清楚，“社会结构”究竟指的是什么。它所指的是人们脑中知识的某种**既定的**形态。这种知识作为一个整体，其各个部分分别储存于不同个人的大脑中，从而使得分布在这些不同个人大脑中的不同知识之间呈现为一种分工与合作的、相互比较协调的状态。这种知识主要是一些关于社会组织与社会制度的约定。有关的当事人首先知道“存在这种知识”的事实；其次，他可能或多或少地认同这种约定，并乐于遵守；再其次，即使他不认同，他也知道为数众多的其他人可能是认同的；最后，他知道这种知识作为一种约定是很不容易达成的，它广泛地、稳固地存在于数目庞大的社会成员的头脑中，因而，这种知识是很难被推翻的。当大家都知道这一点时，这种知识的社会地位也就愈发稳固了，于是，人们通常也就只是机械地、重复地执行它。这就给了观察者一种感受，**似乎这种知识就好像物理化的机器或建筑物那样，矗立在社会之中**。加之某些正式的制度与组织大都借用了高大的建筑物、旗帜、服饰、图形等庄严的物理符号，这种感觉也就愈发强烈了，以致“社会结构”不过是一种知识或思想的性质被忽视了。

就好比一个生物体一般具有摄入食物、排泄粪便的功能，一个称为“家”的地方也具有卧室、厨房、客厅、卫生间等“结构”一样，“社会结构”往往容易被理解为一种普遍的、确定不变的东西。这当然是不正确的。人们需求的确定性以及解决问题的方式的确定性都是相对的，因此，社会的结构必定是差异的和变化的，只不过，相对于个人的高度灵活的临时计算来说，它相对地具有固定性罢了。这属于存量与流量、历史与现实之间的关系范畴。思想或知识之所以可以与物相并列地予以分析，原因就在于它的变化比较缓慢。但是，如同物可以通过行动予以改变一样，存量思想也可以被流量思想所激活并改变。人们通常对于某些消极的社会现象愤愤不平，就是因为这些现象主要是人造成的，因而，只要人的思想改变了，这些现象也就会消失。所以，抱怨和批评的声音实际上是在给有关的当事人施加压力，促使他们通过改变思想，进而改变自己的行为。

当我们观察社会时，就好比戴上夜视镜一样，需要看到人们通常所看不到的这些巨大的存在物——思想。我们要“看到”思想夹杂在种种肉眼可见的现象之间，它存在于这里，存在于那里；它呈现出这种形态，呈现出那种形态；它这样跳动，那样运动；它附着在这个人身上，又附着在那个人身上；它分化、组合、改变、扩张、消失，又重生；它不仅（在某些情况下）作为可见现象的本质，而且，**它时而冲到台前，直接作为我们的“现象”**。我们不再时时刻刻清楚地区分思想对象与物理对象，而是研究它们的某些结合体；我们不再认为这种区分具有非常本质的意义。这就是算法方法的要诀。社会科学不得不这样做；只有这样做，社会科学才有出路。

最后，再来谈谈时间。静态论者把世界想象为一个平面或者空间，都处于我们的视野之下，而世界实际上是在时间上进行延展的。我们所要解决的问题以及解决问题所用的材料都是在时间上连续地、逐渐地给出的，因此，我们的目力在任何特定时间所及的范围，对于整个历史来说，都是一个局部。局部不仅是指空间上的，而且也是时间上的，尽管我们并不时时刻刻强调这一点。从这个意义上说，我们的眼睛是绝对看不到全体的。我们不仅看不到当前的所有实体，更看不到属于未来的实体。静态理论的合理性在于，要探索未来，就要从现在起步，因此，静态只是动态的基础。静态理论所及的范围绝不能过大，否则，就会生成“吞没动态”的畸形的野心——而动态绝不是它可以吞没的。

有关社会结构的理论往往具有一种倾向，即认为这种结构具有某种既定的航向，它甚至负有某种神圣使命，要驶往一个既定的彼岸。对此，我们要说的是，认识到存量的某些性质，我们往往就会进而认识到某种倾向性，就会产生做预测的冲动，这并无不当之处。问题在于，需要注意到，还有大量我们尚未关注的因素和领域。对于任何具体的对象我们尚且不能达到面面俱到的认识，何况整个社会？其次，基于某些我们所认识到的性质所作的推理，也只是向前推了一点点，何谈“决定”？许多因素与趋势聚合在一起，这个因素强一点点，那个因素弱一点点，由于临界性的存在，结局往往就会大不一样。这并不是说我们完全无力在宏观上预测未来，而是说，我们首先需要认识到“预测”这个任务的诸多复杂性究竟都存在于哪些地方。况且，在当事人还未决定未来行动的情况下，我们就怎么能够已经把它预测出来了呢？这是我们需要问自己的。进一步地，当未来难以预测时，我们也就愈加不可能把它打包塞进当前的、局部的模型中，来构造一般均衡了。

结果是，现在似乎只剩下以下这些我们已经重复过多次的话：静态与动态相混合，收敛与发散相混合，发展与倒退相混合，等等。这些话似乎有点儿干瘪，但它又不得不说。这是付出重大的学术代价而取得的。尤其是在眼下，说它比不说它要好得多。它可以用于澄清大量的错误与空想。我们需要忍住构建宏大理论与漂亮模型的冲动。现实都是不规则的，并且多少有点儿令人沮丧，这是一个不该被掩盖起来的秘密。另一方面，就目前来说，越是保持谨慎和克制，未来将要进行的体系性建构也就越容易成功。知识发展是累积性的，需要的是脚踏实地、循序渐进，每一代人都应当安于做每一代人自己的事情。

5.7.2 略论孔子的“解决之道”（一）

由于我们的多次强调，对于社会的宏观论述现在已经几乎变成了老生常谈，其内容逐渐空洞化了，因此，从本小节开始，我们再次转入局部性的论述。以下论述将泛泛地涉及伦理道德、宗教、性别、心理等若干方面。这些论述将用于为下一章的算法经济学提供一些背景和框架。

知识作为一种实体，一旦它被“安装”在人的大脑中，就会自动地发挥作用，影响和驱使当事人的行为朝向某些特定的方向。这并不是说它不可以从大脑中移除，或者被修改或限制，而是说，这些限制、修改或移除的动作需要花费代价，将会遭遇存量知识的抵抗，所以不是那么容易完成的。这是一切意图控制思想和建立邪恶统治的暴君所打的算盘；同样，这也是试图引导人类建立良好秩序的圣贤先师很早就发现的重要道理。①

孔子就是这方面的一个先驱和大师。孔子认为，存在一整套可行的社会秩序；只要每个具有特定身份与地位的人按照这个整体秩序所要求的特定的准则行事，社会就可以持续地、和谐地运转起来。但是，由于个人的理性有限，以及人们在自发建立这种共识方面是有困难的，所以又需要宣传②和教育；不仅要使人们都知道存在这样一套方案，而且要通过说理（甚至煽情），使大家都认识到它的合理、正义和高尚，从而愿意**自觉地**遵守。这是一种社会工程学的工作。这个方案的各个部分实际上是互为条件的，例如，明君与贤臣互为条件，父慈与子孝互为条件。这就是说，它必须作为一个**整体**来进行实施，有关的各类当事人必须**同时**扮演方案中所规定的各自的角色，它才能够成立。用博弈论的术语来说，在局部博弈中，当事人单方面地采用这个方案，不是一个占优策略。鉴于这个方案具有整体性，它要么全盘采用，要么只能弃之不用。它与其他治理方案（例如法家或道家的主张）之间是冲突的，要么采用它，要么只能采用别的——尽管在较低的程度上彼此可以相互借鉴。这就是“罢黜百家，独尊儒术”政策的来源。这项政策首先不能被理解为思想与言论领域的专制主义，而是官方意识形态与国家治理体系建设中的一个技术性要求。一个政权只能奉行某种特定的方案体系，而不可能奉行所有的方案体系。这是因为，各个特定的选项在被提交给当事人进行选择之前，它们之间已经由思想家们竭尽所能地予以一致化了，结果是，彼此之间的分歧最终暴露出来了——况且，任何具体的治理方案都是当时数目有限的思想家们所设想出来的数目有限的东西。如果我们不能认识到知识体系内在矛盾的普遍性和顽固性，我们就不能正面面对和承担这样的论题。

国家把儒学作为主流意识形态和治理方法予以推广，这就提供了巨大的能量。国家在政府体系中把儒学作为一种标准来引入，在学校教育中把儒学典籍作为教科书持之以恒地予以采用，这就使得儒学得到了广泛的传播和普及。如同5.4节所述，教科书具有倾向性的原因在于，青少年需要知识的引导，而知识本身就是具有倾向性的。由于教育需要花费巨大的成本，儒学典籍的直接讲授和讨论实际上被限于知识分子和社会精英的范围之内。至于广大底层民众，要么是要求他们在学生时代进行死记硬

---

① 输入大脑的思想除非被当事人明确拒绝，否则它就将优先考虑被接受。即使不被明确地接受，也将潜移默化地产生影响力。在心理学上这被称作“首因效应”。因为对于既有思想的拒绝需要通过进一步的（高阶的）计算才能决定，这就需要额外地消耗心力。由于这个原因，一般地说，对思想的加工深度具有持续衰减的倾向。

② 按照儒家的传统，诸如“宣传”这样的词语并不是像在西方社会中那样，是贬义的。这不仅是语文学的问题，而是因为，思想教育在儒家传统中具有突出的地位，是其必不可少的一个要件。

背，要么则是在社会上进行符号化的简易教育。孔子把人分为君子和小人，不断地举例说什么样的言行算君子，什么样的言行算小人，这就是一种简化和符号化。通过体会这些具体的案例，普通当事人在执行中可以自行体悟，触类旁通。

与现代西方的范畴相比，儒学是高度综合的。它不仅是一种官方意识形态和治理体系，而且是伦理道德和宗教，是普通人的行为准则。可以推测的是，**在相对静态的农业社会中，这种静态而综合的体系可以导致较大的节约；这一点可以用来解释中国古代社会的相对成功**。儒学的推广虽然带有一定的强制性，可是，它本身却并不主张强制，不主张过多的刑罚，而是强调个人的自觉以及道德教化的力量。这就提供了一定的选择性、灵活性与自由度。这与它的启发式方法是相一致的。任何社会秩序实际上都建立在外部强制与个人自觉相结合的基础之上。现代西方的宪政体制也建立在长期的意识形态教育和公民认同的基础上，只不过，在儒家的体系中，柔性的因素可以这样多，而强制的成分则可以这样少，这一点一定是让西方人很吃惊的。

一种治理体系，旨在建立一定的合作、分享与交换关系。不管这个体系最初是如何“植入”社会的，它必须接受流量活动的检验。儒学被当事人普遍掌握和接受之后，一个当事人将知道，当他采取单方面的行动时，另一些人是否会响应，以及将会如何响应。单方面的行动是一种需要有所付出的冒险行为，需要先行展开。对方可以响应，也可以不响应；可以做出预期的响应，也可以做出其他反应。只有当对方的响应不低于该人所预期的水平时，这个体系才算取得了成功。只有无数微观循环的成功发生，才可以巩固这个体系。反过来，当事人对于这个体系具有了信心之后，他一般就会甘心于承担义务，耐心地、百折不挠地等待获得回报；当大多数人都这样做的时候，这个体系也就真的成功了。

这是有关社会秩序建立的一个极为重要的道理。用传统的经济学语言来说，在存量上的投资必须不时地获得流量的回报，这种回报对于资产价格具有肯定或否定（而不是简单的“贴现”）的作用。这是一个虽然熟悉实则“陌生”的算法式的论点，我们将在后文中再进行论述。

从儒学兴盛两千年的历史事实来推测，它必定促成了巨量的合作与交换关系，建立了无数正向的（当然同时是局部的）反馈与循环。然而，这个体系的风险是相当显著的。由于相关的义务不是强制性的，臣子的忠诚、贤能，并不总能换来君主的仁德；父母的哺育也并不总能换来子女的孝顺。相关的交易构想得过于**庞大**和**久远**，对于违约行为的惩罚不够**及时有力**。可以说，儒家社会中总是弥漫着担心发生“违约”的气氛，因而也总是充斥着大量的说教和劝告，但这都不足以使这个体系充分地稳固下来。这是过度依赖知识存量与自愿性的结果。“镶嵌”在脑中的知识，虽然是一种客观实在，但它不完全是死的，不是与流量活动无关的东西；流动的思维活动会检验、修改甚至舍弃它——事实上这种“舍弃”主要体现为阳奉阴违，或者，要求别人行仁义，而自己暗地里做“小人”。存量知识之所以成为客观实在的核心原因，在于时间和速度；正是时间的存在以及速度上的不得已，才使它可以作为一种“实物”来看待。这就是知识的两重不同的性质。不过，需要强调一下，这种二重性与物理财富并不是不同的，而是相同的。物理化的行动也需要包括物质存量在内的各种存量的支持，而物理化的行动同样也可以改变各类物理存量。所以，这个二重性并不会使思想的客观实在性打任何折扣；恰恰相反，存量与流量之间的这种沟通应当视为思想对象进行“存在”的一种正常的（甚至必要的）方式。

社会秩序的缓慢的崩坏导致各种国家强制力不得不在暗地里予以使用，尽管统治者总是满口仁义道德。广大底层人民的顺从与付出和社会上层的虚伪与贪婪相互并存，财富的分配并不平等。结果是，在一定程度上，儒学变成了一种幌子和遮羞布，它退化为实行压迫与剥削的工具。社会秩序的持续崩坏最终导致政权解体。新的政权由实行仁政的更高的决心与责任感来重新支撑。然而，由于另行实行其他的治理体系需要重新进行大量而长期的投资，而且事实上的儒学在细节上日益吸收其他各门各派的有益成果，加之当时的中国人尚不了解西方民主政体，中国的古代社会在王朝更替循环中缓慢地前进着。

5.7.3 略论孔子的“解决之道”（二）

伦理道德主要建立在自愿、舆论褒贬以及精神价值的基础之上。在本小节，我们继续探索一下其中的若干算法式的道理。

通过指出法家主张的缺点①，孔子表达了一个道理，即比较优越的治理，要较少地依赖于对人的外部强制，较多地求诸对人的内心激发，使之自愿地为善。这表达了一种经济上的合理性，即效率的原则。显而易见，我们只有在经济分析中赋予思想和知识以适当的地位，才能建立起这样的分析和辩论。在这个前提下，德治与法治之间是可以进行比较和权衡的，并可以籍此建立起一种统一性。德治着重于动员、奖励和吸引当事人，而法治则着重于强制和惩罚。这就是传统的关于“大禹治水”故事中“堵截”与“疏导”之间的效率之辨。效率上的优劣之分在这里是显然的。不过，伦理道德的有效性也需要凭借舆论监督的力量。舆论褒扬德行，贬斥对道德的违反。“名誉”或“人品”是一种算法式的“中间变量”，它作为一种简便易行的符号，用来记录和反映个人过往的行为状况。其他人通过观察这个类似“记分牌”的东西，就可以大体知道如何跟这个人打交道。就此而论，法治与德治的差别是程度上的。无论褒扬与贬斥，舆论的力量都是相对轻微的，不像正式制度下所做出的奖惩那样激烈。显然，**德治只能用在小事情上，而不能用于重大事务**。在这些小事情上，进行行政与司法调查的成本过于高昂，因而是不值得的。伦理道德系统只是勉强地、不精确地进行运转。假如实在迫不得已，一个人偶尔违背道德行事，也是可以为社会所容忍和原谅的。

---

① 参阅《论语》第2.3节。子曰：“道之以政，齐之以刑，民免而无耻；道之以德，齐之以礼，有耻且格。”（太原：山西古籍出版社，1999）这里采用了阿拉伯小数来标注《论语》的章节顺序，本人主张并公开建议把这种方法作为通用的标准方法来引用《论语》。本书后文中都将使用这种方法。

这种比较建立了一种**数量论**，即良好的治理既不在于追求完全的自愿与自由，也不在于大搞严刑峻法，而是法治与自由的适当的结合；尤其是，法治要比较少，自由要比较多；自由要居于主要地位，法治要处于辅助和次要的地位。这样一来，我们也就来到了西方自由主义的论述。在上述意义上，儒学与亚当·斯密的学说颇为相似，其核心并不是纯粹的自由，而是关于谁主谁次、谁多谁少的数量论与混合论。而其区别在于，典型的儒家社会中对法家思想的吸收往往过少，政府管理失之于宽，而人文精神则达到了近乎泛滥的地步。

儒家提倡多种多样的精神价值。例如，德行的高贵，人际和谐与仁爱，礼仪的重要性，知识与文化活动的高尚性，等等。客观地看，这都可以视作一些类似于“诱饵”的东西，其目的在于引导视野与理性有限的当事人，致力于促进全社会的整体与长远利益的活动。德行的积极意义自不待言。仁爱可以用于缓和纷争。“君子和而不同”①，多元的观点可以和平相处，以便通过知识发展来鉴别得失，而不是直接诉诸武力的争斗。十分有趣的是，孔子反复强调礼仪的重要性，他认为外在的、物理化的符号与活动可以塑造人的内心，这就在心与物之间建立起了一种沟通、比较与权衡的关系。这种论点尤其强调了，为了思想观念上的建设，是值得在经济上有所花费的。这是一种很“算法”的观点。精神产品对于社会的意义往往是不易观察和衡量的；由于它很容易通过复制而外溢，因此知识分子很难通过市场交易来获得劳动报酬。孔子显然对此是有所体察的，于是，通过明确地宣称知识文化活动是高尚的活动，可以达到使知识分子安贫乐道的效果，知识分子们也因此获得了全社会的尊敬。孔子还喜欢撩拨人的感情，把它用于社会目的。他特别强调情绪与态度具有实际意义。用现代社会科学术语来说，它们必须被视作一些“真实因素”。例如，他特别强调“态度恭敬”具有独立的重要性。他说：“今之孝者，是谓能养。至于犬马，皆能有养；不敬，何以别乎？”②子张请教他关于行路的要领，他答道：“言忠信，行笃敬，虽蛮貊之邦，行矣。言不忠信，行不笃敬，虽州里，行乎哉？立，则见其参于前也；在舆，则见其倚于衡也；夫然后行。”③应当说，类似的论述在表达思想与精神事物的客观实在性方面是相当独到的。

在伦理道德方面，经济学实际上持有非常奇怪的两种态度；对这两种态度的分别说明，特别能够使读者们理解社会科学为什么至今还不能统一起来。按照新古典主义的立场，伦理道德是没有用处的，因此它就不必存在。从这个立场出发，行为经济学家们发现，有时候当事人宁愿付出代价，也要惩罚那些不守规矩的人，即使为此得不到具体的好处；然后，这些学者们不解地追问：“为什么会这样？”经过一番“研究”，他们最终把原因归结为人的天性使然。现在，我们则可以在算法框架下来回答这样的问题了。

---

① 《论语》第13.23节。

② 《论语》第2.7节。

③ 《论语》第15.6节。

首先，即使在“一对一”的私人交往中，在动态的、重复博弈的条件下，个人具有明显的利益动机去惩罚不守规矩的行为，主要考虑在于防止对方的再次违约。各类规则发挥作用大都是**离散的**和**间歇性的**（结构性效应），即当规则不被触犯时，规则是“休眠”的，似乎不存在一样；而当它被触犯时，反应则是**激烈**的。这种激烈反应的突然爆发有时会给观察者造成错觉，误以为当事人“头脑不冷静”。激烈的反应实际上不只是针对眼前的事态，而且是对未来长期互动的一个“**总投资**”。用俗话来说，是一种“警告”。

其次，在算法框架下，发生了多方面的衍生效应，这导致“利益”及其实现方式已经高度地多样化了。**人的“名声”“尊严”都是不同形式的利益，“骂人”是一种惩罚方式，而“被骂”或“被谴责”（或者“被赞扬”）则是一种损失（或利益）**。这是因为，在动态条件下，“名声”至少意味着过往操行的一个记录，它可以用来赢得合作的机会。如果一个人爱好名声，喜欢打抱不平，那也就更加是一种直接的利益了。这个论点可以用来解释，舆论对于当事人来说，可以作为利益交换的手段，可以实质性地影响其行为——尽管它只能在较低的量级上发挥作用。

因为利益的形式是广泛的，对它的鉴别反而是不容易的。当事人可以关注直接的、个人性的、感官上的、具体的利益，也可以关注抽象的、社会性的、精神性的、模糊的利益；可以关注商品交易中的利益，也可以关注非商品交易的利益。由于大部分利益都不会立即带来欲望的满足，因而大都需要借助于个人的知识与理智进行判断。新古典主义假设利益总是来自商品交易，当事人对它的判断总是清楚明白，毫无疑义，这都是不切实际的。简言之，**当事人可以越过商品交易的环节，凭借自己头脑中多样化、结构化的知识来判断利益之所在。**①

如前所述，伦理学中包含着关于社会事务之因果关系的知识，它告诉人们什么是有利的，什么是有害的。尽管这种利害往往是以集体性的方式实现的，但个人的利害的确包含于其中。同时，伦理道德作为一种契约，规定了有关的权责利关系，即：大家都有义务自觉地、单方面地遵守伦理道德所规定的义务，而不要求现场的、即时的、具体的和精确的报酬。由于这种义务同时规定了从他人的德行中得到好处的人要尽可能地回报社会，于是，相关的付出与回报**在总体上**就会大致地、自动地对应起来，尽管付出某种具体代价的人可能并未得到受益人直接的回报，受益人的回报对象可能也并不是**他自己**的恩人，而单个的付出与回报之间可能在质量与数量上也都不相等。这种规则同时规定，大家平时要做好相互监督，惩罚违规者，褒奖守约者，人人都要留心他人的行止记录。

新古典主义认为人人都想免费搭车，这是有道理的，但它忽略了社会监督机制的存在。人们的目光不仅会盯着商品市场，而且可以越过市场，直接相互观察对方的言

---

① 一个具体的例子是，年轻的学生们往往心怀天下，无私地参与社会活动，积极推动社会进步，而随着人到中年，家庭负担日益沉重，也就变得自私和“势利”了，由此可见，诸如自私自利、经济利益之类的东西其实是一种后天习得的类型化的知识，而并不具有逻辑上的优先性。

行，看他们是不是“道义放两旁，利字摆中间”。理性的有限性导致了，个人不可能仅仅只让别人看到自己“光鲜”的一面，而把其他方面统统隐藏起来。无论国家、社会的规模有多么巨大，人们所具体生活的环境都是有限的（甚至是狭小的），因此，人们往往既不会认为别人的言行是一个极小量，（像新古典主义者设想的那样）无助于公益，也不会认为自己的言行是一个极小量，不足以通过促进公益的方式来使自己获益。诸如此类的因素都会导致，一个人违反了伦理道德，可能就会遭到其他人的谴责与攻击，即使谴责与攻击者与自己并无直接的利害关系。“打抱不平”变成了塑造个人形象和扬名立万的机会。既然这是一种投资活动，自然就会吸引到投资者。——当然，鉴于类似的和难以尽述的原因，“打抱不平”的现象并不占有突出的比例。

5.7.4 略论孔子的“解决之道”（三）

以上解释适用于有关行动的信息传递得比较良好的情况。通常，当所涉事项不够重大时，人们可能不会精心地进行盘算，也不会仔细评估他的行为究竟是否有人注意，而只是按照多年生活所形成的行之有效的习惯行事。但是，我们还必须承认一种情况，这就是，善事并不只是“做给别人看的”，“做给别人看的”想法太急功近利了；善事也是为自己而做的。社会科学不必排斥这种情况，算法框架则可以包容这种情况。

首先需要立即对上一小节的论述做出的一个补充是，“打抱不平是一种天性”的观点并不是完全没有道理的。对方的不良行为引起了憎恨的情绪，进而引发了惩罚这种行为的冲动，而根据 5.7.4 节的论述，这种情绪可以视为“硬软件”自动计算的结果。从这个意义上说，它具有“天性”的成分，不是当事人故意为之的。它是一种“客观的”和“不以当事人的意志为转移”的机制。当事人固然可以压制这种情绪，但它的“客观性”表现在，这种压制需要消耗心理上的资源。因此，除非确有必要，当事人宁愿放任这种情绪的发泄。只要“硬软件”是天然的和难以修改的，任何人都会具有追求这种“心理利益”的倾向。这个道理可以用来解释，为什么人们即使在私下的、不必证明自身品德的场合也会惩恶扬善。行为主义解释的弊病在于，关于“人类天然具有惩恶扬善倾向”的命题实在难以令人信服；人（作为一种生物体）具有趋利避害的倾向，而关于利害的判断则应视为后天的和思想性的。思想认为利害是什么，“硬软件”才会相应地避趋之，理论框架只有如此建立，方才具有相对的合理性。

人有不得不去设法予以满足的欲望和需要，也有可以自由选择和追求的目标。我们可以发现，后者大多是心理性、精神性的。尤其是在人的各项基本生理需要得到满足之后，几乎可以说，大多数的娱乐和享受都是如此。即使表面上呈现为体力活动的，往往也是如此。例如，作为业余爱好的各种球类活动，都带来很高的精神享受；假如只是为了锻炼身体，大可不必搞得如此复杂。旅游、赏景、听音乐、看影视剧等就更不必说了。大脑为什么会产生愉悦感，如同 5.2 节所述，我们的确可以对此做出某些理解，但我们可以不必把它作为正式的或核心的理论；正式的理论可以从这个地方开始，向后延伸。这就是，为了满足精神上的愉悦感（或其他美好感觉）而产生的各种爱好与追求主要是后天形成的，因而是有理由的，在原则上是有可解释之处的，而在理论框架中则应当视作内生的。一个人愿意花费巨资冒险去进行太空旅游，他要达到的目标是什么？一个人爱好钓鱼，他要达到的目标又是什么？前者可能与他的好奇心有关，后者则与他的历史经验有关。这些原因可能是高度个性化的，甚至是私密的。这方面的考察是很值得进行的。但是，由于单独地解释每一个个案，可能颇费周折，因此我们也可以暂且简单地采取一个一般性的态度，即：**无论个人具有怎样的爱好与追求，我们都不感到惊奇；在理论分析中，我们都认为它们是正常的，并不总是需要进行特别的解释的**。

这个态度可以扩展到社会性的议题上，此即：理论分析应当允许当事人把任何社会性的对象发展为一种爱好，一种目标，甚至作为他的终生追求。个人可以被动地、迫不得已地、理智地遵守伦理道德，也可以**爱好它**。这是“自由”一词应有的含义之一。个人可以对他人的悲惨处境感到伤心，也可以从利他行为中获得**愉悦**。个人可以爱好人际的和谐、他人的欢笑、社会的有序以及文明礼让，为什么不可以这样呢？有人可以沉溺酒色，有人也可以迷恋诗词文章，为什么要厚此薄彼呢？认为“利他主义需要进行特别的解释”的看法，实际上就是“厚此薄彼”。在经济学家们的眼中，任何物质享受都是天经地义的，而文明的、道德的、高尚的精神追求反而令人不安了。这就再次涉及我们的基本观点，即新古典主义实际上把精神活动置于一种十分特殊的位置上；新古典主义的本质，就是不愿意平等地对待精神与物质。反过来，只要我们平等地对待精神与物质、自然与社会，上述问题就不会成为问题。**既然精神与物质都是客观实在，当事人也就可以如同喜欢物质那样来喜欢精神，就可以如同爱好美食那样来爱好美德**。这个意思是很微妙的，它在现有的社会科学文献中也是绝少提及的。这正是算法理论可以产生的一个核心效应。

可以说，孔子对于上述种种算法式的道理都洞若观火，所以，他要把情与理沟通起来。德行不仅是一种实用和算计，也可以成为一种爱好。由于心理性的爱好具有内生性，故而，**社会才可以利用这一点，把实用的考虑夹带进去**，通过实施社会过程，使实用性转化爱好。为了构建稳固的社会秩序，仅凭功利上的算计是不够的，加上舆论监督也是不够的，还要使美德成为个人内心的精神价值，成为关起门来自我欣赏和自我享受的东西。[①②]在这一过程完成之后，美德就跟吃饭穿衣一样，即使离开了来自社会的压力，个人也会自觉地追求它。

当然，个人服从于伦理道德体系的动机，必定是多方面的，必定包含着以上各

---

① 《论语》6.20 节讲述了这个道理。子曰：“知之者不如好之者，好之者不如乐之者。”

② 沿着这个方向进行发展的儒学，最终陷入了绝对化之中。美德变成了一种“终极价值”，或者一种如同吃饭穿衣一样的东西。与此相连带的是对情感的迷恋。“感化”的方法经常会煽动人的情绪，久而久之，中国人的性格就会变得颇为脆弱，而大家则很享受这种脆弱性（无论是笑还是哭）。这一点与现代人对爱情或者性的迷恋是类似的，在这些方面所获得的满足被认为非常“值得”“不枉此生”。由此可见，人要追求并依赖于某种单纯而绝对的东西的愿望具有多种表现形式。把世界假想为由一个公式进行支配的做法也是与此类似的。

种因素。现在再回到交易论以及关于社会监督的讨论。在社会监督缺位的情况下，个人有时仍旧就像社会监督依然在场的时候那样，恪守伦理道德，还有一个原因，这就是：假如个人单独就社会监督缺位的情况另行开发一套行为模式的话，个人就必须不停地在这两套模式之间进行转换，这就带来了额外的麻烦，也增加了操作错误的风险。一旦操作错误，个人就会被认为是“伪君子”，经过长期努力建立的道德形象也就毁灭了。实情只有一个，实话最容易讲，老实人最容易做；假话讲多了，心眼儿太多了，也就会“聪明反被聪明误”。这是一种算法式的道理。这个道理可以作为关于行善的“习惯”的补充说明。

基于这种道理，还可以进一步认为，如同监督别人一样，个人也会**监督自己**，也会对自己进行评价。串行作业方式下的反思机制保证了这种自我评价是可以进行的。个人在独处时作了善事，这叫做“对得起自己的良心”。当个人再转向面对社会时，他的自信心增强了，他可以坦然地、理直气壮地以“好人”自居，这会影响到他与别人打交道时的态度。假如个人在背地里做了坏事，他自己也不会认为自己是好人；再当他转而面对社会时，他也就没有什么底气，甚至不得不临时作假，强装好人。这将不是那么容易操作的。

这里还要顺便强调一下，通信在社会中的意义是丰富的，远非传递信息那么简单。上一小节讲到了人们之间的相互观察和监督。此外，就像甲可以通过**主动询问**了解乙的内心一样，乙也可以通过主动询问来了解甲的内心；这时，甲将处于无可回避的境地。如果进行撒谎，就将面临受到别人谴责和惩罚的风险。别人还可以主动要求甲做出有约束力的承诺，然后再来监督承诺的实施。这就是缔约。这种方法能够避免了解他人内心的困难性。对通信手段的这种用法表明，心与心之间并不是完全自由的，它们可以彼此捆绑在一起；行动的实质并不完全是由个体自由地创造的，它可以预先被其他个体所限定。总之，**人与人、心与心可以直接地、实质性地进行相互作用**。

5.7.5 略论经济与社会的关系

作为本章的最后一个小节，我们再来探讨一下经济与社会（按照一种习惯用法，这是指社会中除经济以外其他领域）之间的关系。

马克斯·韦伯的成名作《新教伦理与资本主义精神》中说，新教的某些教义有利于资本主义精神的发展，这是西方国家在世界上取得超前地位的一个原因。这样的论点给社会学家们带来了安慰，因为它反抗了马克思主义的“经济决定论”。与之相反，西方主流经济学的各个流派曾经一齐围攻马克思主义经济学，但却大都对其经济决定论感到满意。例如，保罗·A·萨缪尔森在其著名的教科书《经济学》第十版中就曾经这样写道：“属于上层建筑的信仰、法律和意识形态是**生活的物质条件和阶级**

的物质利益的反映"[①]，这种"马克思和恩格斯对于历史的经济解释也许可以列入人类最伟大的成就之一"[②]。这是社会科学分裂的一种表现。

人们的思想（包括宗教）对于客观现实具有影响力，**这一点竟然需要进行论证**，这本身就是不正常的，这表明社会科学已经陷入了一种误区。思想不应该对社会现实具有影响力吗？若果如此，那么，在各种"非思想的"事物相互作用的链条中，思想岂不就可以隐身或略去了？思想的意义又是什么呢？这是我们要对社会学家提出的问题。至于经济学家们所推崇的经济决定论，这个命题的含义首先就是不清楚的。事物甲为什么要被事物乙所"决定"？既然被"决定"了，那么甲还有什么独立性呢？还有什么存在的必要呢？其次，诸如"经济基础决定上层建筑，上层建筑对于经济基础具有反作用"这样的命题，则是一种自相矛盾；因为，"反作用"的存在恰恰表明，经济基础决定不了上层建筑。

世界曾经处于这样一个时代，在当时，人们普遍相信研究对象可以简化为简短的公式或命题——无论该对象是自然的还是社会的，因此，种种豪言壮语和"一刀切"的理论层出不穷。现在看来，这不过反映了知识分子们一种典型的自欺心理：因为简化对象对我有利，可以使我省心，因此，我就确信对象一定可以简化。即使在发现简化的方法行不通的情况下，仍然难以从决定论的话语中解脱出来。算法的中立立场则可以解救我们。心与物是独立的、平等的、各有其特点的存在者，它们是相互影响、相互作用的，我们为什么一定要问哪个会决定哪个呢？或者，即使在历史终结时（这个时刻我们无法看到）发现的确存在着某种决定与被决定的关系，它们在**历史过程**中仍然会表现为双向的相互作用。所以，我们的办法首先就是取消这个问题。

其次，在取消这个问题的前提下，可以来探索一下人们在提出这个问题时所要表达的真实意思。当人们在问"社会与经济之间的关系"这个问题时，显然是在问物质财货与意识形态和政治法律制度（按照马克思主义的传统，统称为"上层建筑"）之间的关系问题。经济活动一贯被认为是在"制度框架"之内进行的活动。如前所述，"制度框架"其实只是人脑中的一种思想，它必须被定性为知识的一种特定的类型。只要我们明确了这个大的范畴，就可以立即得出结论，上述问题所涉及的不过是心与物之间的关系问题。这时，我们就会发现，"社会"这个词中包含的精神因素多一些，而"经济"这个词语中包含的物理因素多一些。这又是人们通常的另一种理解，而这两者之间的关系则可以通过把思想（或精神）与物质并列地视为不同的实体或客观实在的方式来加以解决。

"制度框架"的说法所包含的另一层意思是，"经济"被视为快速流转的活动，而"社会"则作为一种存量来对流量起支撑作用，所以，它又涉及了流量与存量、静态与动态之间的关系问题。可以说，算法理论从根本上解答了这个问题，并且，它强调

---

① ［美］保罗·A·萨缪尔森：《经济学（第十版）》下册，北京：商务印书馆，1982 年，第 314 页。黑体字部分原文为着重号。

② 同上。

了流量与存量都可以是思维性的，并且都可以是思维因素与物理因素的某些结合。社会中的任何事物在原则上都是可以变化的，只是，它们各自的变化速率有所不同，甚至在直觉上差异悬殊。这种差异则导致了其中的一种以另一种为背景，或者另一种成为它的“框架”。

“经济”被理解为一种交易关系，并且往往与货币相结合，社会则被理解为“非交易性的”。交易关系在本质上是对事物的数量关系的一种刻画（无论是否使用货币）。如前所述，经济学暗含着“价格至上论”的命题，因此它错误地主张了“数量可以吞没结构”。一旦这个地雷被排除，那么这个意义上的“经济—社会”之辨也就得到了答案，即：事物的性质与数量是独立的、平等的和相互转化的，定性分析与定量分析是相互结合、不可分离的；人们同时运用数量型数据与非数量型数据进行计算，既展开结构化行动，也展开单纯操作数量的行动；经济活动中包含着广泛的结构因素，而社会活动中也包含着大量的数量因素。商品交易在很大程度上与商品本身的独立性有关，而这种关于独立性的问题（以及相关的关于可分性与不可分性的问题）是与同质性和异质性紧密相连的，这类问题与定性和定量的问题大体上是等价的。

“经济”还被理解为一种包含着较多客观性的活动，而“社会”则包含着较多的主观性，因而，经济学被认为比较靠近科学，而其他社会科学则被认为比较靠近人文。这种观点不无道理，但是，同时需要强调指出，这只是一个程度问题；假如认为经济是纯粹客观的，社会是纯粹主观的，它们之间存在着某种绝对的界线，这就不正确了。把客观性与主观性进行分离的做法是算法理论所要竭力反对的，理性与非理性、主观性与客观性需要彼此掺和在一起，实际上它们共存于任何类型的计算以及任何人类行为之中，因而是不可分割的。

这么看来，经济与社会之间的区别也就相当模糊了，这种区别在很大程度上也就是技术性的，而包括经济系统在内的社会的各个分领域，也就都只能技术性地予以定义。不过，除了我们将在下一章开头探讨一下经济学的定义，我们暂不详细定义社会系统的各个分领域，因为，这样做的必要性现在看来还不够显著。鉴于本书的主题，对社会领域的泛泛考察，我们暂且就此打住。其中的部分议题将会在后文的其他题目下有所复活。

在经济与社会之间建立起的种种一致性，可以支持我们相当自由地进行写作；我们可以在经济议题与其他社会议题之间自由地来回穿梭，几无禁地，也不必担心违反了什么“原理”或“准则”。实际上，这种学术风气已经流行了许多年了；现在，算法理论的目标是，要让这种方法具有正式的理论地位。下一章的算法经济学，也将要正式地实践这种方法。

第六章　经济（上）

6.1 经济与社会

6.1.1 经济学的定义

什么是“经济活动”？什么是“经济学”？这些问题典型地属于“你不说我倒还明白，你越说我越糊涂了”。对这些问题做出肯定性的回答，比做出否定性的回答要困难一些。现有的定义各有其缺陷，下面，我们来分别看一看。

最为著名的要数“经济学是研究稀缺性的”这样的说法了，与之类似的命题是“经济学是研究节省的”。这些定义曾经让人觉得无懈可击，因而得到了广泛的采用。可是，现在我们可以发现，它们的缺陷都很突出，即只是强调了数量性，而没有强调结构性。它们给人的印象是，似乎经济学就是比较数量大小的，或者做“加、减、乘、除”等数学运算的。显然，这是在新古典主义的影响之下，用数量来吞没结构的结果。以“结构化计算”为使命的博弈论学者们，必然会反对这样的定义。这就好比一个人拎着一袋子东西走路，他的朋友问他：“你拎的是什么？”而他的回答是：“是一斤。”这个回答是不正确的，至少是不完全的。

主要在博弈论的影响之下，一些学者逐渐转向把经济学重新定义为“研究人的理性行为”①。这个定义貌似有理，然而，在算法框架之下，它却发生了很大的问题。这个定义显然首先把人的行为分为“理性的”和“非理性的”两部分。这是传统观念的一个体现。而现在，倘若“一切行为在原则上都可以视为理性的”这一原则是合理的，那么，“研究人的理性行为”岂不变成了“研究人的一切行为”？如此一来，“经济学”岂不具有了与“社会科学”相同的特征，甚至要超过社会科学的范围了？再者，对于传统所谓“非理性的”行为，经济学难道就真的不研究了吗？事实情况并不是这样的。

另外一个相关的说法是：经济学是研究“选择”（或者“理性选择”）的。如前所

---

① 参阅张维迎：《博弈论与信息经济学》，上海：上海三联书店，上海人民出版社，1996 年，第 2 页。

述，由于“选择”这个词语是指在“既有的”若干选项之间进行选择，因此这个说法就掩盖了选项的获得过程，使人误以为这个过程无足轻重，误以为只有选择过程本身才值得去关注。这当然是误导性的。譬如选美比赛，首先要征集参赛的美女。比赛的组织者们都知道，这个征集过程是很不容易的；与之相比，比赛和“选择”的过程本身倒并不那么困难。所以，这个定义反映了经济学家们一如既往的态度，即不能全面地看待人类思维的整个过程，而是只截取其中他们认为“最拿手”的片段，把它拿给读者们进行展示。这样的定义当然是片面的。

还可以再举一个例子。有学者这样来定义经济学：“经济学研究人的行为，它特别强调决策过程。”[①] 这个定义的特点是，它突出了经济学对于意识活动的重视，然而，同样可以反驳的是，难道其他社会科学就不（或者不应当）重视意识活动吗？再者，难道经济学（以及社会科学）就不应当重视意识活动的客观结果吗？对“决策过程”的强调同时暗示了，经济学不研究认识过程，不研究思想本身，而只定点地关注产生物理化行动之前的那个特定的思想阶段。然而，如前所述，正是现有的经济学、而不是别的什么学问才对“决策”一词严重误解的，算法经济学则正是从对“决策”的重新认识中起步的。还有，经济学既要重视流量，也要重视存量；从这个意义上说，单单强调“人的行为”也就是一种片面性。况且，既然经济学尚未成功地实现动态化，那么，说它在研究作为一个动态概念的“行为”，也就是严重夸大的。

这类例子我们不再举下去了。这些定义之所以让人感到言之无物、似是而非，显然反映了基本原理与方法上的混乱。教科书的作者们不知道该说些什么，而又不得不说，于是就发生了这样的情况。

那么，在算法框架下，经济以及经济学又当如何来进行定义呢？

假如我们必须把定义表达为某种比较简短的陈述的话，则可以说，“经济”就是“关于钱财的事”，经济活动就是跟钱财打交道的活动，而**经济学则是研究与钱财（或者货币）有关的事务的学问**。[②] 这个定义既是符合常识的，笔者也将立刻说明，实际上它在理论含义上也是比较准确的。在汉语中，“钱财”这个词的含义比“货币”要宽泛一些，它还包括了货币以外的实物财富；不过，实物财富通常都可以用货币来衡量其价值，并能够比较容易地兑换为货币；与钱财有关的，通常也都与货币有关。在这个意义上，这两个词可以近似地通用。“事务”这个词则力图概括流量与存量两个方面。“学问”这个词则用来淡化经济学的所谓“科学性”，同时兼顾科学与人文两个方面。

前述的其他定义有一个共同的缺陷，就是它们倾向于不区分经济学与社会科学，

---

① James D. Gwartney, Richard L. Stroup, Russell S. Sobel, and David A. MacPherson. 2006. “Microeconomics: Private and Public Choice”. 11th edition. Mason, OH: Thomson, page 5. 转引自 Roger E. Backhouse and Steven G. Medema. “Retrospectives on the Definition of Economics”, Journal of Economic Perspectives, Volume 23, Number 1, Winter 2009, Pages 221 - 233.

② 如果抛开汉语语词的特殊性，则经济学也可以简单地定义为“研究与货币相关连的事务的学问”。

甚至实行“经济学帝国主义”，试图以经济学简单地替代社会科学。我们强调社会科学具有统一性，社会科学的原理与方法是共通的，是各个子学科可以共同使用的，不过，这不应该掩盖社会科学与作为一门子学科的经济学之间的区别，也不应该掩盖经济学与社会科学的其他子学科之间的区别。试图简单地以经济学替代社会科学，本质上是一种新古典主义。新古典主义要么试图在经济学与其他社会科学之间划定绝对的界线，要么则试图以一种替代另一种。

上述定义的特点首先是，它强调的是议题，是研究对象的划分，而不是方法。社会科学具有统一的方法体系，只不过在应用这些方法时每一个具体学科的侧重点有所不同而已；因此，凭借方法是不足以给经济学下定义的。在算法的视角下，经济学与其他社会科学的分界，主要在于各自研究的对象有所区别。各门具体的社会科学联合起来，把社会科学的诸研究对象给“瓜分”了，各自负责一个“片区”，同时彼此之间又进行密切的沟通。

研究对象上的这种划分，具有一个深刻的道理，即承认各个研究对象各自都具有一定的独立性，它们在原则上不可以**完全**相互化约，不可以**完全**浓缩为某种单一的、简单的东西。各个研究领域里都有各自具体的、特殊的情况，都可以归纳出各自独特的学术成果。否则，这种分工就是不必要的。我们虽然强调社会科学可以具有统一的原理，可是，需要注意到，这种“原理”不仅是针对一致性的，也是针对多样性、多元性和特殊性而言的。也就是说，这种“统一原理”的一部分是，“社会科学不可以完全统一起来”。这就是一种“高阶的”原理，是不同于传统原理的原理。

这个原理的具体例子之一，就是并非万物的价值都可以用货币来衡量。既然并非所有的东西都可以用来进行商品交易，并非所有东西的价值都可以表示为某种数量，它们也就更加不可能都表示为货币了。这种“不可能”不是指某种绝对的、形而上的“不可能”，而是鉴于有限计算速度的存在，我们在具体操作中、在任何具体的时空环境中都不可能完全做到。

既然并非万物的价值都可以用货币来衡量，那么，也就存在未能货币化的对象，于是，其他社会科学也就具有了自己独有的研究对象，而经济学的研究范围也就得到了限定。这是各门社会科学既分工又合作、长期和平共处的基础。

货币是经济的核心标志。这个标志即使不是完全精确的，但在各种可供选择的标志中间，它也是最为突出的，因而是最为可取的。货币绝非如新古典主义者们所理解的那样，是可有可无的。有货币的地方就有经济，反过来，有经济的地方，基本上也就有货币。现有的主流经济学还尚未理解货币，因而它也就不能够以货币作为首要的特征，来给经济和经济学下定义。现在，反过来，**一旦我们理解到货币的存在乃是经济体系最为基本和核心的特征之一，以货币作为标准来下定义，也就是顺理成章、水到渠成的事了**。

当然，同时，鉴于我们对价格至上论和极端交易论的反对，我们也就不能忘记，货币在经济体系中的用途也是有限的。不能将货币的运用视为经济事务必须**严格**遵守的一个绝对标准，不能严格地要求经济对象必须**时时处处**都具备这个特征，不能把对经济的研究简化为对货币的研究，只能把货币的使用作为经济现象的一个“**标志**”来进行定位。货币与这些对象或现象之间的关系，只是比之与其他对象或现象之间的关系**更加密切**（这种说法可以作为下一小节将要论及的“柔性数量分析”的例子）而已。我们之所以只能这样勉强为之，而又不得不去下这个定义，并不是因为客观世界“告诉”我们存在着这个定义，只待我们去取，而是因为我们大脑的思维方式需要“××学”这个概念，进而需要一个在形式上相对**简短**的定义。这都是计算的经济性所引起的主观需要而已。

6.1.2 经济事务的相对特征

对于普通大众来说，说到“经济”，首先想到的就是诸如金钱、商品、欲望这些东西。人们为什么不首先想到选票、道德、戏剧等等方面去呢？这就表明，经济事务具有不同于其他事务的一些特征。我们不能把这种区分视为一种偶然现象。这种区分即使不是十分重要，它也肯定是存在的。它存在于人们的心中，只是一时难以清楚地表达出来。这是理性有限的个人身上所表现出来的一种常见现象。从无意识到有意识，从含混不清到明确表达，是思想演进的一种方式。因此，现在我们就来继续尝试分辨这种区别。

一般的社会事务大都是精神性的，而经济事务虽然也需要借助当事人的思想（这是我们所强调的），却与物质或物理对象之间具有**相对密切**的联系；这可以视为经济事务的特点之一。在诸人文与社会科学学科中，经济学最靠近物质和自然界，这应当是没有疑问的。它是“最不人文的”人文学科、“最不社会的”社会科学。其他人文与社会科学大都撇开物理元素来进行，物理元素只是处于背景和基础之中，而不是在舞台的中央。想想看，政治、法律、习俗、道德、语言、文化、宗教、哲学等，可不都是精神性的吗？算法经济学要说明的是，经济学也是精神性、社会性的，同时，社会科学的潜规则是，与物质联系密切的、或者物理因素在其中占有重要地位的社会性对象，被指派给经济学来进行研究。

为此，经济学就要关注物质、自然界、商品、物理化的人类活动（行动）、体力劳动、生产技术等。经济学家们也的确从这种关注中获得了丰富的成果。经济学则是这种成果与对思想的研究成果之间的结合。这是对两种平等的实体及其互动关系的研究的结合。

与人的思想相比，物理因素具有一个特点，即它比较机械，不那么易变。就好比一个耿直的、死心眼儿的人，总是比较容易了解和把握的。所以，以研究物理因素为对象的自然科学，比较容易获得明确的成果，它所发现的东西甚至可以表达为高度简洁的公式。自然界总是执行它自己的公式，而不管它的“公式”如何被人类利用，不管人类顺从它还是对抗它，从它的身上获了益还是受了害。与之相反，人类的性格则十分易变。个人既善于审视他人他物，也善于审视自己，所以，人类行为的规律不易把握；即使一个人可以勉强地“把握”另一个人，那个人的行为规律也不容易以客观的、确定的形式来进行表达。这就好比即使甲可以成功地尾随乙的行踪，甲也不容易把乙的行踪路线勾画出来，更难以远在乙出发之前的**较早期**未卜先知般地把它画出来。用算法的语言来说，社会科学的异质性与结构性远比自然科学强烈，因此，社会科学文献只能以文字陈述为主，很少使用数学化的公式。理解了这两种极端情形以后，我们也就很容易理解或推知，经济学的性格为什么介于自然科学与社会科学之间。经济学必定比自然科学更灵活，但它要比其他社会科学呆板或机械一些。

经济学的这个特点，以及经济活动本身的这个特点，形象地体现在商品上。典型的商品是一种基于物质材料的人造物，制造者把他们的思想、技术、劳力和趣味“灌注”在商品之中，把商品做成了某种既定的、不易改变的、脱离了人而独立存在的东西。这个事实的含义是丰富的。自然的物质材料一般都具有既定的、特定的形态和性质，在空间中占据了特定的位置，在时间上可以持续存在；这就提供了一种形象的和便捷的手段，使人们（如同马克思所说的）围绕商品来发生相互联系，而不必彼此**直接**联络。商品与人之间、商品与商品之间都具有天然的界线，不**容易**相互混淆。人们把商品放在一边，即使置之不理，商品中所蕴含的思想和技术也不会跑掉，也不容易改变。

反过来，在除经济事务之外的一般社会事务中，人们相对较少地凭借物质中介，社会事务往往直接体现为一些思想。人们把思想置于大脑中进行运算，然后借助通信手段进行直接的交流，然后就结束了。物质因素在这里并不扮演突出的地位。这种对比导致我们进一步认识到，经济事务中较多地包含着商品交易行为，而一般社会事务则不这样，商品交易并不是社会事务的突出特点。在主观上，从事一般社会事务的人们往往并不**自认为**他们是在进行交易；在客观上，这些事务本身也很难令人满意地概括为交易——尽管一些新古典主义者和经济学帝国主义者是坚持这样认为的。

把思维性的对象像商品那样打成一个“包裹”来进行估价和交易，在历史上是比较晚近才出现的。典型的例子是诸如专利之类的知识产权。这种制度显然是受到了普通商品交易的启发，试图把思想直接当做普通商品那样来对待。站在算法的立场上来看，这种做法当然是自然而然的。这种做法如今流行于世的事实可以用来证明算法立场的确当性。这个制度创新扩大了经济活动的范围，它表明在经济事务与非经济事务之间并没有绝对不可逾越的鸿沟。另一方面，它也表明，一旦任何对象被以货币来进行标价和交易的话，即被视为一种“经济活动”。这反映了经济活动在人们的心目中所具有的特性。

商品交换是一种数量上的交换，因此，人们也就不得不在“质量互变”的相对性框架中，**较多地**重视数量问题。由于计算速度的有限性，交换数量的换算有必要借助共同的参照物来进行，货币也就这样产生了。因为金银的生产难以满足商品交易所需要的货币数量，货币逐渐由物质材料转变为思想材料，即纸币和电子货币。这个历史事实大家都是相当了解的，但是，其中的科学道理还有待于我们在后文中详细地进行阐述。

顺便需要插入说明的一个观点是，生活中常见的数量概念，实际上是多维度、多变量、多指标的。例如，除了常数、比例等形式外，还会较多地使用诸如“程度”之类的概念。任意地抓住任何一种现象，大都可以研究它的“程度”问题。新古典经济学不大能够容忍这一点。新古典式的概念大都是刚性的，要么具有清晰的数量特征，要么则完全不具有数量特征。随着本书的展开，笔者愈益清晰地认识到，算法经济学可以用来弥补这一不足，并且现实生活的这一特征具有重要的理论意义。这种意义就是，结构性、多样性与异质性其实是极为广泛存在的，以致当我们想要在**性质完全不变**的条件下来**单纯**研究数量的变动，几乎是做不到的（或者极为繁琐）。数量与质量变化常常是相互伴随的。质量的变化起初很微小，后来逐渐就变得不可忽视了。我们可以称此现象为“**小型质量互变**”。然后，可以用“程度”之类的模糊术语来描述这种混合性、交互性的变化，以便同时容纳定量分析与定性分析。这可以叫做“**柔性数量分析**”。事实上，真实当事人通常就是这么做的，这也是真实世界的实情，现在我们只是予以“追认”罢了。

随着市场的扩张，许多原来不属于经济范围的事务，现在都逐渐地作为一种经济事务来看待了，这就必然地引起了一种猜想，即“经济”这个词语早晚将会概括一切的人类行为。这是个正确的命题吗？我们需要对此进行思考和回答。笔者认为，这主要是一种新古典主义的想象。由于新古典主义者总是一门心思地关注各种各样的收敛过程，因此他们总是看到对象积极、整齐、有序因而容易进行表述和概括的一面。在经济学家的圈子之外，人们对于市场的扩张以及市场的破坏性具有高度的警惕性。例如，并非任何对象都可以拿来进行买卖：选票不得买卖，人口不得买卖，政府服务在大多数情况下都不得收费，金钱的运用在这些领域中都是法律所禁止的。爱情是买不到的；若要执意去买，结果只会让自己大失所望。揭去新古典主义的面纱是理解现实社会的第一步。在此基础上，我们才能够有动机去研究蕴藏于实际生活中的每一个具体的、不那么规则的道理。这个问题的确切答案显然不是我们在这里仅仅使用三言两语就可以完全说清楚的。

与一般社会事务相比，经济事务还具有哪些特征呢？

我们发现，经济事务总是**较多地**与人的种种生理欲望相关联，以致经济学就是从“欲望的满足”起步的。一般社会事务则**较多地**与人的精神需求相关联。这中间有什么差别吗？笔者认为，差别就在于，生理欲望与物质的特性之间有些类似，其特点是普遍的、简单的、直接的、机械的和循环性的，相对较少地具有人际差异。生理欲望与商品之间具有相对密切的对应关系。简言之，商品一般主要用于满足生理欲望。商品相对较多地含有物质元素，并且往往适于大规模的、标准化的生产。与之相反，人的精神需求是高度复杂和易变的，用来满足这种需求的人或物既是高度精神性的，又是高度个性化的。例如，母亲给我的关爱是独特的，不是任何其他人可以提供的；其他人很难假扮我的母亲，几乎无法使我相信她是我的母亲。在这种情况下，精神上的满足也就很难采用通常的“社会化大生产”的方式来达到。用来满足这类需求的社会活动，其经济上的特点也就不显著。

经济事务较多地与“自由”和“自愿”连接在一起，而社会活动则较多地与“义务”“贡献”“强制”等相连。经济组织中也存在着强制因素，不过，这种强制因素不如政治法律系统中的强制因素那样强烈。而当经济组织中包含着显著的强制因素（例如奴隶制）时，我们则往往把这种因素单独提取出来，作为一种“超经济的”现象来看待。这种做法本身表明，我们通常是如何来看待“经济”的含义的。

这些区分都是技术性和程度性的，而不是根本性的。在前面的章节中，我们一直强调经济与社会之间的一致性，现在则把这个论题反转了过来，试图区分它们。这不过是在用不同的方式表达同一种观点。一致与差异是相互依赖的，“一致”是指有差别的事物之间的一致，而“差异”则是指有相似度的事物之间的差异。这就好比有一对双胞胎，我们既要指出他们是同一个母亲同时生产的孩子，又要说明他们俩之间有些什么不同；否则，我们对于这对双胞胎的认识就不具有基本的完整性。

这些论述只是一个引子，这是我们重新解读人类经济事务的一个开端。一个基于有限理性或有限计算速度的经济学是什么样子？“认知的”经济学是什么样子？打破了静态均衡范式的“真正动态的”经济学是什么样子？一门无所不包的统一的经济学是什么样子？市场经济的优点和缺点分别都是什么？新世纪的经济政策可以具有怎样的新思路？对于诸如此类的重大问题，现在就要开启我们的“算法经济学”的帷幕。

6.2 一般经济行为

6.2.1“行为”的产生

世界上有各种各样不同性质的事物，这些事物散布于不同的位置上，其中的某些事物可以供人直接支配（因此称作“资源”）。当事人支配这些事物，作用于另一些事物，以便满足自己的需要，或者实现自己的目的。当事人的身心条件与行为能力是有限的，因此，他必须运用技巧建立起一定的行为方式或结构，必须制备工具与知识，而且，还要花费时间。经济学应当在这些前提之下来构造理论，发展自身。

这些前提导致了当事人的行为只能在有限的、特定的时间与空间之内进行，它具有有限的、特定的规模、结构与性质；组成行为的元素（物理的与思维的）是有限的，这些元素因为性质相似、相关或者紧密相连而聚合在一起；在行为所涉及的范围之外，还存在行为未能触及的大量（对于当事人来说）未知的、自由的元素，行为就好比一个点，而世界则是广阔无边的空间；行为的进行，就是这个细小的“点”在这广阔的空间内“游走”。

行为之所以是这个样子，根源于人的有限而特定的身心结构。因此，当事人要想做更多的事，就不能够单纯地扩大单个行为的规模，而必须在一个行为之外发起另一个行为。例如，当我阅读的时候，我必须置身于相对安静的地方，除了书籍等少数物品，其他的一概排除在外，然后把注意力集中投射在书上。这时，“我读书”这个行为相对于外界来说，就是封闭的；除非遭受具有一定强度的刺激或打扰，否则是不会轻易对外开放的。而当我要打球的时候，我必须放下书籍，换上运动服，来到球场。我的大脑的有限的注意力不允许我一边打球，一边看书。我的有限的视力也不允许我同时看球和看书。两种行为需要进行的规模、强度和持续时间也都有一定的要求，这种要求也阻止我在“打球”与“看书”之间频繁地进行切换。当我看书的时候，我的四肢虽然只在较低的强度上予以使用，但它们必须“**陪伴**”我，而不能**自行**分身到球场上去；而当我打球的时候，我的大脑虽然只在较低的强度上予以使用，但它也必须“**陪伴**”我，而不能**自行**分身到书房里去。这是行为的重要特征。

行为与行为之间的区别，主要在于它们的性质不同；既有不同的物理外观，也有不同的思想内涵。因为性质上的差异一般都很显著，所以不同的行为之间一般很容易进行区分。这就好比不同物品之间的区分，它们的界线几乎是**天然的**。我们当然还可以对行为进行进一步的细分（例如把“打球”这个行为细分为不同的动作或阶段），或者进行较为宏观的概括、综合和抽象；不过，由于异质性的存在，分割或者合并之后的“行为”通常不大可能具有与原来的行为完全相同的性质，而只体现为数量上的差异。这是新古典主义的梦想。这种梦想只能停留在脑海中，而不可能变为现实。假如它能够轻易地变为现实的话，事物与事物、行为与行为之间的自然的、常识性的界线也就不存在了，或者不再那么“不言而喻”了，我们也就不必认真地谈论什么“一个行为”了。

在一个特定的时间观察世界，不同个人所从事的不同行为必定散布于不同的**地方**；而在一个期间之内来观察，行为则是一个接一个地进行的。行为之间有的彼此孤立，有的则相互联系、相互作用；有的彼此和谐，有的则有所冲突。行为并不总是影响到世界的状态。有的行为虽然在进行过程中暂时地改变了某些事物，但在其最终完成之后，却什么也没有给世界留下，行为连同当事人的目的一起消散了。然而，在更多的情况下，行为会造成世界状态长期的甚至永久性的改变。改变世界状态未必是行为的目的，但却是行为通常会产生的后果。

6.2.2 不同经济行为各自的独立性

因为行为是多种多样的，所以我们可以对行为进行分类。例如，可以把行为分为政治行为、法律行为、经济行为、文化行为等。这些行为之间并没有本质的区别，但是，它们的具体特征各有侧重，因此，不同的行为也就按照各自主要的特征来进行定性、分类和命名。这并不表明一种类型的行为所具有的特征，其他类型的行为就不具有。例如，政治与法律行为中也会不时地涉及钱财问题，而经济活动也可能具有一定的文化含义。

哪些行为属于经济行为呢？典型的经济行为包括：商品生产、商品交易、消费、投资，等等。这些活动都是我们所熟悉的。我们流连于这些活动之中，从一种转换到另一种，形成一个行为与事件的链条；如此循环往复，延续生命。这种景象原本是自然而然的，但是，有一种理论扭曲了它，使它变得怪诞起来。这个理论把它的焦点对准了商品交易活动，认为这是整个经济体系中最为“精华”的部分。它暗示或者明示，商品交易活动几乎可以“代表”一切活动，一切其他经济活动中的“价值”，都会汇聚在这里；而且，一切其他经济活动，都可以“看作”交易活动，或者为交易活动所“替代”。这样一来，经济活动的多样性逐渐在经济理论中消失了，除商品交易活动之外的其他活动，都变成了商品交易的背景；对于这些其他活动的研究，最终也都必须与交易理论协调一致。这就好比一出戏剧中有主角和配角，有序幕、高潮和结尾，其间存在着主与从、服务与被服务、衬托与被衬托的关系。这样的“剧本”就是新古典经济学。

这种主从关系在新古典时代以前是不存在的（充其量只是一种潜在因素）。正是新古典经济学在20世纪的登峰造极的发展，逐渐促成了这种扭曲。扭曲从哪里开始，我们现在就需要重新回到哪里去。从有限理性和有限计算速度出发的“算法经济学”，首先可以用来矫正这种扭曲。

这种矫正的办法就是，我们需要认识到，新古典理论所暗示的“交易随时随地可以发生”、完全竞争以及价格最终可以囊括一切信息的“极端交易论”和“价格至上论”，只有在无限计算速度之下才有可能是合理的；“交易中心主义”和价格至上论是新古典主义的绝对真理观的一种表现形式。现在，既然计算速度已经被假定（或者认定）为有限的，那么交易中心主义和价格至上论也就自然不能成立了。绕了一大圈儿，我们现在又回到了原点。我们现在要谈的理论，只是一种关于对象“不是什么”的“理论”。学术活动与当事人的思维活动一样，都是在巨大的付出和“浪费”之后才取得一点儿进步的。

生产、交易、消费、投资，相互都不是对方，各自都有独立的内容、意义和价值。当事人在其中接收和加工彼此有所不同的信息，做出**未必能够相互包含的**决定。无论“一致”这个词如何来进行定义，它们之间都可能是不“一致”的。交易只是多种经济行为中的一种，当事人不可能时时处处做交易。用俗话来说，当事人“该干什么就得干什么”。只有到了恰当的时间、地点与事务进程的特定阶段上，商品交易才能进行；否则，当事人必将遭受损失、受到责难或者引发不协调。既然进行交易，就必然要有个价格。这个“价格”也代表不了太多的东西。由于当事人的信息与知识都有局限，而且迫于情势，他必然就会在定价问题上如同在其他任何决策问题上那样，采取现实的、妥协的甚至机会主义的立场。用俗话来说，“只要过得去就行了”。商品价格的高低及其变动固然可以传递经济活动的某些“信号”，但这也是有限的和相对的，我们不可能从价格上看到太多的东西。当事人还需要**同时**观察和研究**其他许多种**

类的信息（无论“台前”的还是“幕后”的），而这些信息也都是有局限性的。这些信息同样不能完全代表价格信息，它们之间通常也不能够完全相互代表，正如同价格不能完全代表它们一样。

在商品交易与其他经济活动相互比照、衔接、竞争和冲突等意义之下，以及在价格信息与其他信息相互比照、衔接、竞争和冲突等意义之下，我们再来看待交易活动的重要性，看待市场的重要性，才能比较恰当地理解经济活动，才能接近经济学的真谛。这就是：市场作为**汇集**买卖信息的地方，由于主要是人群的**聚集**，因而其中才蕴含着丰富的**社会元素**，于是也就**特别**值得我们予以研究。与之相对照，生产中的物理元素相对很多，这就不大有利于人文与社科学者在其中发挥作用。相应地，由于价格信息不仅是一种数量化的信息，而且主要是一种货币化的信息，它十分便于进行计算和深加工；同时，它又紧密地与财富相连，于是，**在各种信息之中**，就有必要予以**相对较多的**关注。市场经济（这个术语中的“市场”显然是作为一种标签或者“特征值”来加以使用的，而不是指把市场当作这个经济体的一切）为什么有优点，计划经济为什么不值得选择，都要基于类似的**相对性**来进行论述。

这个相对性的框架打碎了我们构建简单化理论的梦想。我们现在必须研究每一种经济活动，不能再指望通过对经济活动的任何单一环节或者单一面相的研究就来把握住整体。**我们必须到各个角角落落中去，去观察那里的具体状况。**同样，在具体研究的层面上，我们也不能求诸任何单一的信息或算法，就试图**完成**相关的研究。由于当事人是我们的同类物种，其思想对我们来说具有竞争性和对抗性，我们就需要认识到，社会对象是不可能被我们轻易地予以“化约”的。只有在我们的理解力达到这一步之后，我们才能重新起步，重新尝试如何来超越现实。这两种工作都是不可缺少的。

6.2.3 化繁为简：“功能”与“任务”

多种多样的事物，多种多样的信息，多种多样的指令，多种多样的资源，多种多样的需求，多种多样的行为；它们共同构成了异质的、结构的、混合的和多样性的经济世界。在本小节，我们要泛泛地指出这种多样性所导致的若干后果。

对于人的有限的观察、思考和行动能力而言，世界不仅在规模或数量上是巨大的，而且在性质、构造和组成上是丰富的。小的东西要容纳大的，大的东西要装在小容器里面，这就不得不采取一些特殊的办法。对于观察者和分析者来说，这种“特殊的”办法，其实就是分类和抽象，也就是抓住主要特征，忽略次要特征。观察者把诸多对象身上的某些共同特征提取出来，然后制作成虚拟的对象。这样一来，所谓“普遍性”与“特殊性”也就分别产生了。只要去掉了这些用语中可能包含着的歧视性意味，它们就是可以接受的。某种性质被称为“普遍的”，是因为其他众多事物都具有这种性质，于是，人类研究这种性质，也就相当于**批量地**研究了**众多的事物**。这是**计算上的一种经济性**，这种经济性经常导致普遍性被置于特殊性之前而得到**优先的、**

集中的研究，而特殊性则受到忽视。这是在计算代价的压力之下所发生的一种思维弯曲，它并不表明那些被称为“特殊性”的性质真的是“特殊的”和“另类的”。譬如，对面走来一个陌生人，你只会提醒自己那是一个“人”，他具有人的一般特征。抽象法只会告诉你这么多，不能告诉你更多的东西。但这并不表明那个人的具体特征真的不值得去了解。他要是你的一个朋友，或者你所熟悉的任何人，这次邂逅就是一个机遇，很可能会对你造成重要的影响。我是说，有抽象法固然比没有它（例如植物就没有抽象的能力）要好，但是，人类在认知对象面前对此没有什么好自豪的；抽象正好表明人的思维能力并不那么强大，因此才不得不去对对象进行抽象。

我们可以运用不同的尺度、沿着许多方向来抽象事物。这就好比一只西瓜摆在面前，我们既可以横切，也可以竖切，还可以采用其他许多不同的切法。我们既可以单独提取许多对象上所存在的共同特征，并以这种特征的有无来划分对象，也可以按照对象在世界中的存在方式、在我们眼前的呈现方式或者按照其所处的地域与时间来划分对象。**各种划分方法的存在本身就是有限理性的一种表现**。由此，我们可以区分出“**功能的**”“**方面的**”“**任务的**”“**区域的**”等说法的不同含义。当我们把众多事物所共同具有的**逻辑特征**抽象出来予以研究的时候，我们就说，这是“功能的”“功能性的”或“方面的”。单独的某种“功能”或“方面”不能构成一个“事物”或者一种“存在”，只有各种功能或方面拼合在一起，才能构成一个“事物”或者一种“存在”。“事物”或者“存在”主要是从视觉的意义上来进行定义的。我们看到一个商品，它与其所处的环境在视觉上具有清晰的分界，它的内部很致密，它的各个部件之间紧密相连，构成它的物质材料从一侧到另一侧连续地存在，它与其他存在物之间具有明确的空隙，于是，我们就说它是**一个**商品。出于类似的道理，一种行为需要在时间上连续地完成，组成这个行为的各个部分在逻辑上紧密地关联，它们高度地共享一定的物质材料；这种关联性和共享性达到了**一定的程度**，我们就说，这是**一个**行为或者**一个**“任务”。可以说，“任务的”“区域的”等说法主要是从对象的自然存在形态上讲的，也就是从对象的时空属性上来说的。

这个区分只要用例子来说明，就会非常明白。一个公司里一般都有若干职能部门，例如行政部、财务部、人事部、生产车间、销售部、公共关系部、研发部等。员工一般需要分别与这些不同的部门打交道，因为它们分别掌管着员工活动的某一个**方面**。一个产品的经营与运作也是如此，它要涉及众多的部门。而当产品品种较多时，就要设置“产品经理”这个职位，他负责某个特定产品的运作。当企业经营范围涉及许多地区时，还要设置区域性的办公室以及“地区经理”这个职位。简言之，职能部门的经理掌管所有人与事的特定职能，产品经理掌管特定产品，地区经理则掌管特定地区。这就是把庞大而复杂的经济事务划分得比较小、以便能力有限的个人能够承担和胜任的一种解决之道。

有些读者可能误以为笔者只是在重复一些尽人皆知的常识。笔者也曾经迷惑于如何来定义这些相关的概念，后来，笔者认识到，这些概念其实是相互依存的；正是由于世界以及事物的全部在人的感觉器官和大脑中不能一次性地“装入”，因此，人们才把它们划分得比较细小。换言之，这些概念其实都是“算法式的”。由于同样的原因，比较细小的对象不仅仅是对全部对象进行微缩的产物。微缩的对象有它自己的用处。例如，我们不能一眼看到地球的全貌，于是就去看地图或者地球的照片。这种微缩的模型保留了原物的大部分性质，只是在规模、大小或数量上进行了缩小。这是我们简化世界的一种方式，但它可能不是主要的。更为一般的情形是，简化的过程中遗漏了原物的许多性质，因而造成各种各样片面性的模型。按照对象的视觉特征来划分对象，就是这样一种片面的方式。它是便利的、原始的。由于人的视觉器官的构造和功能大体相同，这种划分法更具有客观性。对众多事物的局部特性进行抽象则是另一种方式。例如，所有可见的物体都具有颜色，因此我们就可以系统性地研究颜色，而对物体的其他特征暂且不闻不问。这种忽视为其他人进行另外的片面研究提供了机会。

所有这些局部性的观察和研究合成了我们对于世界的整体认知（请别忘记还有所有人都未曾留意的“剩余”存在着）。这些片面的、局部的工作是相对而存在的；离开了与其他工作的对照，孤立地定义其中的一种工作，都会遇到不小的难度；而在这些对比中，各个工作的定义和意义也就都比较清晰地显示出来了。

另一种情形是突破视觉限制来定义对象。典型的例子是“系统”。系统既不是在视觉上具有独立性的对象，也不是独立对象的某种特定性质，而是一系列元素或对象的集合体，当事人是按照这些对象在当事人认知系统中的逻辑位置与逻辑特征来定义或划分它们的。当事人把这个集合体**想象为**一个单一的对象。这可以视作上述“视觉原则”的一个类比与扩展。

6.2.4 规模经济与范围经济

在多样性与结构性的世界中，任何人对这个世界的认识，都只能从其中的某个微小的“点”或者局部出发。人们不可能一下子就认识世界的全部，也不可能获得包含着全部的世界元素的一个镜像或微缩物。人们不可能同步地展开对于所有对象的认识，而只能先认识某些对象，再认识另一些对象，如此交替地、往复地、递进地展开认识过程。当我们把认识活动聚焦在某个“点”上的时候，这意味着我们暂时放弃了对于其他具有**不同性质**的对象的认识，我们的这种认识活动的**局部性**不仅是数量和程度上的，而且是性质与结构上的。因此，当后续的认知活动进行扩张的时候，其扩张也就不仅是数量性的，而且也是结构性的。认识活动是这样，决策与行动也是这样。人的行为与研究人的行为的社会科学都是这样来展开的，也是这样来扩张的。

物理世界的内部充斥着相对运动，正是相对运动的存在才使观察者体验到了“运动”本身。同理，人的思想与行动也是如此。**行为（思想或行动）本身是一种相对运动**。当行为发生的时候，它的背景与环境是静止不变的，或者不与行为本身**同步、等速、同比例**地改变，因此，我们才在这种相对运动中鉴别出了行为本身。假如我们把社会世界看作一个整体，行为的发生就将意味着，这个整体的个别、局部的地方发生了单方面的膨胀、收缩或改变，其余地方则并没有这样来变动。这就好比一个人的身体发胖，他的腹部隆起了，而其他部位并未如此这般地隆起，于是，不仅他的身体的体积变大了，而且身体的形状也与以前不一样了。这将导致什么后果呢？熟悉经济文献的读者都知道，这就是“非线性的”变化，它将导致边际量的不稳定变动。自变量的增加所引起的因变量的增加，有时会加速，有时会减速，有时则会因为发生“**临界效应**”而逆转，有时则会频繁地逆转再逆转，如此等等。换句话说，规模经济效应将会频繁地发生，它将无所不在。相应地，“范围经济”也将会频繁地发生，无所不在。在事物的连续运动变化中，这些效应将不总是单调的和连续的，而是间断的和交替的。在一个大系统中是这样，在一个局部的小系统中也将是这样。在现实世界中，任何一个看似细小的经济问题，所包含的因素可能都是相当复杂的；要想如同现有的数理模型中所演示那样，仅仅把研究的焦点放在连续稳定变化的个别变量及其相互关系上，都将是不适当的。

这个问题需要提高到很高的高度来进行认识。**规模经济与范围经济问题必须作为一类核心的因素，从一开始就位列于经济理论之中**。现在的核心经济理论把规模经济与范围经济排除在外，把它们都作为如同货币一样的“添加物”来进行对待，这就从根本上脱离了实际。从方法论上讲，假如不包含规模经济与范围经济的理论就这样复杂的话，那么，再把这些添加物一个个地添加进去，最终的理论又将会复杂到何等程度呢？所以，即使单单从分析的技巧上讲，这也是**很不经济的**。算法方法的要旨在于既要容纳复杂性，又要化繁为简。**我们从一开始就要接纳所有的真实因素，从而接纳整个真实世界**。时间与空间是真实的，所以我们就接纳它们。规模经济与范围经济是真实的，我们也就接纳它们。除非有什么特别的理由能够把它们化约掉，否则我们就承认这些元素都相对独立地存在着。这么做的一个好处是，因此我们也就能够理解真实当事人的思想为什么就是那样子的，因而也就能够同时接纳日常生活中真实当事人的意识活动，使之**同时位列于模型之中**。接下来的问题，只是我们研究者把自己在类似情境中可能会有的思想与当事人的思想进行比较，或者与之互动（通过提出建议等途径）。科学研究工作的定位与方法由此就可以变得清楚明白。假如我们把诸多真实的因素抽掉，我们又将如何面对真实当事人的意识活动呢？我们如何证明这种意识活动与我们已经抽掉的因素无关呢？所以，虚构的世界必定不能容纳真实的思想，而关于虚构世界的理论必然也就无法与真实的思想进行比较和互动。这也就是我们要反复说明的道理：主流经济学把个别因素抽象出来，以此为底本来搭建理论模型，从简单到复杂，这是一条非常艰难而“笨拙”的道路。反过来，我们从一开始就以真实世界为底本，采用综合的、意识进路的方法，反而可以做到事半功倍，甚至“一本万利”。

还要强调说明的是，那种排斥规模经济与范围经济的经济学，必定要求在经济世界的变动中，所有的因素都要同步地、同比例地、匀速地变动。在某些局部环境中，这种要求也许是可以得到满足的，但更为一般的情形是，我们根本不可能厘清“全部的”因素，因而也就根本无法保证这个要求得到满足。这个要求的实质是针对每种变动，每时每刻都要生成一个与原有世界大小不等而结构完全相同的“迷你世界”。这显然是荒谬的。

所以，从“元计算”这个微小单位出发来展开的经济学，一下子就把规模经济与范围经济突出出来了，因而可以说，它天然就与这些真实因素相互兼容。范围经济尤其重要。人们进行行为的原因，尤其在于这样一个事实，即主体与客体存在着性质上的差异。指令加工信息，原因在于指令不是信息；我进行行为，作用于物质对象，原因在于我不是物质对象，我缺少它，而我又需要它。这就要求我对周围的对象进行取舍，把它们恰当地组合为某种型态。行为，就是异质性的事物跨越时空障碍所进行的一种交流活动。

6.3 商品与所有权

6.3.1 商品与自然

本章的主要任务是对经济系统进行分领域的论述。为了使熟悉现有经济学的读者们感到习惯，并造成对比，议题将大致按照与现有教科书比较类似的顺序来进行排列，间或再插入专门的算法式的章节。

人作为自然的产物，依赖与自然界的物质与能量交换而得以生存，所以，当我们观察人类社会的时候，绝不可以忘记了自然界，而误以为社会问题只需要在人际范围内来探讨就足够了。我们要不断地回到自然，审视包括人与自然在内的整个世界的大背景。

社会不是个完善的系统，而自然界也不是。所以，**基于有限理性的经济理论，可以容纳二者相对独立地并存**。当我们把目光投向自然界的时候，首先就会发现，有些自然物可以满足人的需要，是有益的；有些自然物可以伤害人，而余下的则无论好坏，它们仅仅只是存在于某处而已。有益或有害的自然物，通常只是在某些**方面**有益或有害，而在另一些方面则未必如此，甚至可以做出相反的评价。人的活动就是趋利避害，而自然物的益处与害处常常并不那么容易清楚地进行区别与分割，因此，人们在利用它的益处时，往往难免**同时**也遭受它的侵害。尽管人们可以尽量地防止和降低这种侵害，但从根本上来说，这种局面是难以避免的。

一个人在一个时间只能做一件事情，因此，他对自然物的利用，在一个时间和空间中往往只能利用其某个（或某些）方面，而当时移势易之后，他又转向利用其他的方面，从而暂时放弃了其先前的利用方式。同样地，在一个情境中有益的物品，在另一个情境中不仅完全无益，而且可能有害。自然物对人的贡献，从而人对自然物的评价，既随着情境而变化，也随着时间流逝所引起的认识深化而改变。个人会否定先前的意见，也会基于他人的评价对自然物产生新的评价（例如以投资获利为目的追逐自己并不需要的商品）。

自然物是以既独立又联合的混合性的方式呈现在人们面前的。人们置身于自然界中，最初，可以设想的是，人们可能只是把自然界作为一个近乎整体性的对象来进行享受的，并不明确地区分究竟是其中的哪一部分提供了这种享受，哪一部分没有。由于自然界由为数极多的物质组成，它们之间的相互关系十分复杂，人们也没有能力对此做出区分。

然而，这种整体观点是有缺陷的。这是因为，组成自然界的许多成分之间在视觉和其他感觉上具有相当明确的界线。尤其是通常被称为“物体”的那些东西，不仅在视觉和触觉上与其所处的周遭环境界线分明，它们还可以被人搬动。物体的运动与此后所发生的现象在时间上前后相继。人为地制造物体的运动，相应的后果总会发生。通过诸如此类的方式，自然界的整体性破碎了，人们开始把**特定的**后果与**特定的**对象相联系，而不是笼统地将之与整个自然界相联系。人们把该对象称为该后果的“原因”。当人们需要这个后果时，不再简单地坐等那个“原因”的出现，而是积极地驱使该对象，故意地制造那个“原因”。

这就来到了经济学与社会科学的核心部分。当事人并不只是在认识世界。正如马克思所说的，他要解决的核心问题是，如何通过影响世界来达到自己的目的。而由于理性与知识是有限的，这两个方面就脱节了；这就要求我们必须从另一端入手，采取相向而行的方式，再来研究思维活动。研究各种类型的思维过程，始终是经济学与社会科学研究的中心环节。

从这一端出发的思维过程，当事人首先要问自己的是：且不说客观世界需要我做什么，先来看一看，我能够做些什么？这时，映入他眼帘的，首先是一个个活生生的具体事物。刚才我们采取了从整体到局部的论述次序，这是一个假设的过程；实际上，在大部分情况下，各个处于局部位置的具体事物很可能才处于优先的地位（它们至少也是当事人经常打交道的对象）。人们优先地注意到具体事物，优先地认识它们，优先地处理它们。对整体与全局的觉察只是这种认识过程逐渐累积的一个结果。

这就再次来到了这样的观点，即对象物与人的身心工作方式的匹配性问题。人的特定的感觉、思维与身体结构，加上可以支配的工具和物理资源，造成了人的特定的行为能力与行为方式。所以，“资源”这个概念现在就要登场了，它是对人有益的事物（或其元素）的集合。身心器官的具体性和有限性导致了其与资源的分离，进而导致了“资源”概念的产生。资源也是有限的。资源的有限性，导致人必须物色特定的对象进行工作，而不能胡乱地、任意地选择，更不能选择“整个世界”作为行为的对象。当事人不仅要切分世界，而且要在所切分的各个局部的、具体的事物中再做出遴选。当事人当然会优先选择那些他认为最适于自己来处理的对象。

这样的对象具有一些特点。第一，它是相对独立的。也就是说，在当事人对它展开操作（认识它或加工它）时，它与周遭事物的联系比较微弱，以至于至少可以暂时忽略这种联系。一个球体在地面上滚动，我们只需要注意这个球体，而忽略地面；或者，至少可以把球体与地面区分开来，分别给予命名和关注。我们不必总是把球体和地面联结在一起，不必**总是**给它们起一个总的名称——比如“球地”；别人也不会提醒我们，说“球地”必须作为一个整体来讨论，把它分割开没有多少意义。同样地，一般来说，一个球体本身也不必分割开予以讨论或称谓。甲可以对乙说：“请你把那个球给我。”而不必说：“请你把那个球上的 A 分子给我，B 分子给我，C 分子给我……”等等。第二，它的尺度与性质都处于当事人能够处理的范围之内。

我们通常所说的“物品”“产品”或“商品”就是这样的对象。这样的对象有很多，甚至可以说，任何我们称为“对象”的东西，都具有这样的特点。作为经济学研究对象的“产品”或“商品”，也同样具有这些特点。

世界上的物体或物品很多，有的有用，有的无用；有的直接有用，有的则间接有用。产品与商品则是可以**直接**用来满足人的需要的东西。这就好比春天去郊外踏青，在广袤的山野之间，美丽的鲜花总是首先吸引我们的眼球。面对自然界的多样性，人们首先可以采取一种简单的态度，就是把那些有用的、有益的、喜欢的和感兴趣的东西直接拿来，为我所用。我们对自然了解较少的时候可以采取这种态度，了解较多的时候仍然可以采取这种态度。我们要排除自然的复杂性，去粗取精，抓住重点，直接摘取自然的果实。

以上说的是目的性。就工具性的意义来说，自然界是比较宽容的，它允许我们在一定程度上恣意妄为，随心所欲。产品与商品是人与自然之间的“接口”。人不能直接作用于整个的自然界，产品与商品适合于人的操作，于是人就直接作用于它们；通过作用于它们，人们对自然展开操作。这就好比牵牛要牵牛的鼻子，这是一种提纲挈领的、比较容易的、相对高效的方法。这种方法必然会导致一定的“扭曲”（弯曲）。可是，有限的身心能力意味着，人只能牵牛的某个部位，不是牵这里，就是牵那里；在这种情况下，牵牛鼻子就是相对聪明的主意。

牛鼻子被牵上以后，牛的整个身体仍然存在。产品与商品被识别出来之后，自然界也仍然存在；无论当事人是否注意到，无论当事人究竟对此有多少认识，自然界都在那里默默地运转着，发挥着作用，影响着产品、商品与人的行为。累积的效应固然存在，以致当事人的关注范围从消费品逐渐扩大到了资本品以及其他对象，但是那个剩余的、“沉默的”、无限的自然界依然存在。这样一来，我们就有必要区分**“前台”**与**“后台”**。“前台”是指当事人所注意的对象，“后台”是指当事人未曾注意的对象。当事人可以对后台的存在及其内情有所了解，也可能对此一无所知。无论前台或后台，当事人的相关知识都是有限度的。

在有限注意力与有限理性的路线之下，这种区分是必需的，**这是流量与存量同时出现于经济理论的一个基础**。正因为人不能同时针对自然界的各个部分进行操作，而只能针对它的局部和片面，流量性的“行为”与存量性的“事物”才得以区分。从后台的、存量的角度来看，前台的、流量的“行为”就是“边际性的”。行为可以不发生，而存量的世界却不会消失。假如我们把流量活动想象得很完美，很强大，以为全部的存量都能够在一时之间纳入流量之中，以致存量可以忽略，那就错了，本与末因此也就倒置了。反过来，实际情况恰恰是这样的：行为以及与行为相关的产品或商品，是人们精心挑选出来的“牛鼻子”，它们用来作为中介，使人们行为的影响力可以直达那些未见或未知的后台（在这个意义上，“污染”与“垃圾”之类的概念从一开始就必须作为必不可少的经济理论元素而存在）。正因为处于后台的无穷无尽的事物在那里没日没夜地发挥着作用，前台操作的后果才会变化多端，奥妙无穷。从表面上看，人们是在跟有限的事物打交道；而实际上，人们却在跟无限的事物打交道。这种特定安排是人们应对无知和无限性的一种方式。智者们认识到真相在于有意与无意之间，而对于鲁莽、粗心和自大的人来说，却喜欢把他们行为的全部成就归于他们自己。

6.3.2 所有权

人们谋求生存的最为简易的方法，就是摘取自然的果实。自然的果实有时候很丰富，有时候却相对贫乏。这就是传统教科书所强调的稀缺性。按照主流的观点，稀缺性导致了经济活动。我们首先要来扩展地说明一下这个概念。

稀缺性并不仅仅指有用物品的绝对数量的多少。我们首先要认识到个人的需求、人口的数量到“总需求”的有限性。社会世界与经济活动的总规模都是有限的，这是算法经济学需要加以强调的。这种有限的总规模与自然界的总规模之间形成了一种**对比**。不难理解的是，可以为人所用的自然物，只要在数量上显著地超过人类的需求，就可能被近似地理解为具有充足的、甚至无限的供应，例如空气就是这样。地球上的空气数量实际上并不是无限的。反之，自然物的数量只要被认识到可能有所不足，那么就会发起对它的争夺。

上述数量是指被当事人主观地判定的数量，而不是纯粹客观的、实际的数量。当事人对于数量的判断可能正确，也可能不正确；可能是确切的，也可能是模糊的。并且，在存在时空因素的环境中，“稀缺性”尤其是指有用物品的供应未能**到达**需要它的**空间位置**，或者到达得不够**及时**。“远水不解近渴。”处于远方因而无法得到及时利用的物品，对于当前来说，就是无用的。

“稀缺性”是大多数有用物品的一种不那么令人满意的性质。许多自然物还具有其他不能令人满意的性质，数量上的不足只是一个方面。由于主流经济学特别强调数量因素，这些其他的性质就被隐藏起来了。这是主流经济学暗地里取消结构因素的表现之一。总之，自然的果实在诸多方面都不那么令人满意，这才是人们发起经济活动的原因之一。这尤其是指发起生产活动，对此我们稍后论述。

“稀缺性”尤其引起了人们对于自然果实的争夺。借助关于生产的知识，人们逐渐知道了其他许多不可以直接用来消费的物品，实际上也是有用的，其用途就在于它们可以用来生产消费品；于是，争夺的范围扩大了。

这种争夺导致了所有制的产生和所有权的划分。各种稀缺的资源与有用物品，根据其历史渊源以及某些规则，被分别划分和定义为某些人的“财产”。这种划分和定义是通过法律制度来进行的，它同时具有自愿约定与强制的双重性质。市场经济建立在财产所有权的基础之上；有了所有权，才有了商品交易。商品交易，就是商品所有权的改变。

在新古典主义者的眼中，制度一般不被看作思维弯曲的产物，而是完美理性的一种体现。这种观念实际上是相当怪诞的。新古典主义者可以举出的一个“完美制度”的例子，就是所有权制度。所有权对于市场经济的运转显得那么必要和迫切，几乎到了毋庸置疑的地步。然而，这种认识不过是一种幻觉。这是爱因斯坦所说的“理论框架决定了我们能够观察到的东西”的典型例子。用中国的俗话来说，这就叫做“灯下黑”。

让我们来概略地审视一下与此有关的各种浅显的事实，并品味一下其中的道理。

首先，所有权作为一种“与财产有关的权利”（产权），它的内涵并不总是很清楚的。正如新制度经济学家们所强调的，产权内涵的界定是历史的，是在实践中不断变动和发展的。一个人虽然可以在名义上拥有某项财产，可是，他可以拿这些财产来做什么，来行使什么样的具体的权利，又要相应地承担什么样的责任，都在不断地被具体的法律所明确、所规定、所改变。这是因为人们对于具体的财产、商品、它们可以给所有人以及其他人带来的利益、损害和影响都只拥有有限的知识；这些知识有的彼此矛盾，有时则会发生变动。鉴于法律的制订需要付出代价，社会一般不会就这些问题做出多余的规定，总是碰到什么问题，才会去考虑和解决它。根据不同财产与商品的具体性质，相应的权利规定往往也会有所不同。

在自然与人造物品的海洋中，财产与商品的范围是有限的，因此已经界定了所有权的对象也是有限的。对于许多事物与对象，社会都不曾设置所有权。例如，对河水、海洋、垃圾与无人区的所有权大都不存在，或者界定得非常模糊。最为重要的是，人们的行为具有广泛的相互影响，这种相互影响的范围远超我们通常用“外部性”这个概念所概括的范围。这种相互影响中相当比例的部分都用产权、人权等权利条款予以覆盖了，然而，还有大量重要的部分都处于法律未曾明确关注的状态；即使依赖于习俗，也是不可能完全解决的。笔者要在这里提出的一个重要论点是：经济活动不仅发端于人对物理世界的知识，从中发现了套取利益的机会，而且**起源于权利规定的不完善**。权利规定的不完善意味着可以“占便宜”，可以不付代价（或者少付代价）地享用某些资源，利用某些机制或者性质，等等。**诸如所有权之类的权利规定成为经济活动的基础，而权利规定尚未到达的地方则提供了经济活动的方向**。我们可以把经济活动理解为“钻空子”。企业家们都是尤其善于“钻空子”的人，他们对于制度的不完善性大都具有深入的、超常的观察和理解，并且特别善于利用这些发现。

举例来说，企业通过购买各种要素、生产和销售产品而获得了利润，而利润正是企业内部的种种操作与外部条件相互作用所取得的结果。假如能够对与各种要素、人员、操作以及条件相连带的责权利给予完善的定义或界定的话，那么利润应当被它们瓜分完毕才对。这正是主流经济学的一个基本思想。然而，各种责权利关系的界定是不完善的，无论法律的规定、习俗的约定还是当事人的意愿，都体现出对相关要素的功用估计不足，都只对相关要素的报酬提出了相对固定的、模式化的要求，这就产生了一笔**不与任何要素报酬相对应的、“白白得来的”收入**，即利润。这就是我们在本书中要反复论述的算法式的利润观。比较全面一些的说法是：模式化的要素定价机制会消灭某些创业机会，但又会催生另一些创业机会。

信息与知识的外溢尤其显著，以至于对它们进行完全的产权界定根本就是不能设想的。例如，一个人无论兜售他的产品、情报或者发明，他都要让别人**在一定程度上**了解它们。销售合同签订之前的这种兜售活动，对于其受众来说，大部分都是免费的、不设条件的。这就可能造成商业秘密的泄漏，引发竞争者的模仿。这绝不是枝节问题。有效的、有益的市场竞争必须建立在一定的信息免费制度（也即言论自由）的基础之上，不可能对任何利益都在事先就规定好分配方式。这是市场经济体制的另一个要害。

这个道理还可以从负面的意义上进行阐述。例如，由于司法能力的局限性，欺骗通常并不容易受到调查、认定与处罚；不那么明显和严重的欺骗情节，司法机关通常根本就不受理。不少生意人发现了这种不对称性，于是就把它用于获取经济利益。他们经常进行夸张的宣传，轻率地做出各种廉价的、本质上近于无效的承诺。所以，生意场上的骗子要比其他地方更多，这是一种生活常识。当然，生意人既可以把这种“钻空子”的本事用于消极的方面，也可以用于积极的方面。开发新技术也可以理解为一种（在不同物理对象的不同属性之间）“钻空子”的行为，这是一切生意、企业以及一切人类活动的一个本质。

算法理论同时为说明权利规定和权利规定的不完善提供基础。基于以上论述，我们可以得出如下一些推论：产权制度对于经济效率既是一种促进，也是一种束缚；人类对于产权制度以及经济效率的追求在原则上是没有止境的；有什么样的产权制度，就会产生什么样的经济效率，这就好比牧羊人的鞭子往东指，羊群就往东走；往西指，羊群就往西走。产权规定也并不是越清晰越好；在产权的清晰度[①]与界定产权的成本之间存在着一种替代关系。典型的例子是自助餐。自助餐中不限饭量的规定似乎鼓励了对食物的浪费，可是，这种制度保证了客人以较小的价格享用了相对丰富的食物品种；其所采用的大批量烹制方法也降低了生产成本。诸如此类的原因导致了它在特定的场合中仍然是相当受欢迎的。

---

① 在继承新制度经济学有关思想的基础上，似乎是杨小凯教授最先明确地提出了“界定和行使产权时的模糊程度”这样一个关于“柔性数量分析”的概念（参阅杨小凯、黄有光：《专业化与经济组织》，张玉纲译，北京：经济科学出版社，1999 年，第 230 页）。

6.3.3 所有权（续）

有限理性是把万事万物的多样性引入经济理论的合适渠道；这个命题在商品的个性上当然也适用。对各种各样商品的性质、人们对它的处理方式及其由此造成的影响的研究属于算法经济学的当然内容。反映在所有权上，商品性质的差异将会导致不同的所有制形式，这一点已经在 5.6.2 节提到了——当然，这不能理解为所有制形式多样化的唯一原因。

所有权的设定是为了把除所有者之外的其他人排除在外。但是，这并不表明在所有者内部，相关的权利一定会被明确地分配给个人。由此产生了个人所有、共有、公共所有等不同的所有制形式。在后两种所有制形式之下，如同计算上的原因导致许多物品被暂时或永久地排除在“商品”的范围之外一样，计算上的原因同样也导致相关的权利没有被明确地分配到个人头上。产权的清晰度不仅是指权利人与“非权利人”之间的权利划分，而且也指权利人内部的权利划分；后者也应当被理解为影响产权清晰程度的一个因素。

夫妻之间通常为什么要对其财产采取“共有”的形式？这是一个值得思考的重要问题。从常识上讲，我们可以设想出如下的原因：夫妻之间具有爱情，因此会替对方着想，不会图谋损害对方的利益；夫妻关系具有永久性，因此缺少进行机会主义行为的动机；夫妻之间交往频繁，假如实行个人所有制，反而会显著地提升关于利弊得失的计算量，因而是不值得的；把财产量化到个人容易引起纷争，伤害感情，等等。

我们可以发现，在以上这些理由中，没有一条不是算法的，没有一条不是可以算法式地予以解读。下面，我们就结合这些观点，再来探索一下所有权的意义。

人们在消费品上设定所有权似乎是容易理解的，尤其是当商品马上就要进行消费的时候，所有权就意味着使用权，它决定了每人可以立即消费的商品的数量。可是，在那些一时消费不了的剩余产品上，在各种耐用的产品上，在财产与资本品上，又为什么要设定所有权呢？答案当然是：所有权保证了这些商品**在未来**可以排他性地供所有者享用，而且，基于这些商品所产生的新增的利益也可以归所有者享用。这就是说，**时间的存在使得所有权的设定成为一种必要**，时间的永续延展使得关于所有权的规定要尽可能地严谨和完备，为此甚至不惜花费可观的代价来创设庞大的执法和司法体系。在认识到这一点之后，与之相对比，我们发现关于即时消费品的所有权安排倒不是那么重要的。假如全部经济活动是在一瞬间就开始并结束的，假如我们只是就眼前的现成的产品来讨论分配问题，还何必为此而大费周章地设定这个条款那个条款呢？即使仅仅采取武力抢夺的方法，也不至于造成过于严重的问题。因此，我们也就认识到，**社会组织的核心问题并不是静态的，而是动态的**；其关键在于如何使社会沿着时间的轴线顺利地、有序地和良性地运转。这就来到了算法理论的核心推论，即时间是制度的关键原因；制度主要是为一系列按照历史顺序所进行的重复博弈而准备的，而不是为孤立的单次博弈而准备的。

进而，所有权也不仅仅是为了分配已有的产品而准备的，而是为了通过事前的约定，**试图以前一个事件来影响后一个事件**，从而影响产品的增加以及新增产品的分配；也就是说，这是出于**激励**的需要。经济学对于激励的探讨是比较常见的，然而，实际上，这是一个算法式的议题。**新古典框架下不存在激励问题**，因为，新古典人明察秋毫，高瞻远瞩，一切尽在他的洞察、预见和掌握之中，财富分配也是以客观的方式决定的，因此，他应该把资源与精力耗费在哪些方面，应该使用多大强度的力量来做每一件事情，他都心中有数，任何人为的、故意的、扭曲的诱惑或鞭策也都对他无可奈何，形同虚设。他是“金刚不坏之身”。因而，**以新古典的完美理性的标准来衡量，所有权的必要性是大有疑问的**。可是，算法人就不同了。算法人的视野与计算能力都是有限的，他常常无所适从，因而需要依赖他所发现的蛛丝马迹来推断他的努力方向，以及在各个事务上究竟应当分别使用几分力量。这时，**所有权的设定就给他提供了一个指引，诱使他把主要的精力放在增加自己所拥有的经济财富方面**；即使明知这种主要以货币衡量的财富指标是有缺点的，算法人仍然把它视为一个衡量自己的能力、成就、社会地位以及未来可以享受的福利大小的重要指标。

在所有权保护下的经济财富的一个重要优点，在于它可以以基数化的货币数量来进行衡量，它的**响亮性**和**明晰性（这个科斯式的概念完全是算法的，并且是一种柔性数量分析）**非常容易吸引人们的注意力。这种财富可以非常便利地用于储蓄和增值，因此人们就会放心地积累它，一有空余时间就去追求它。这是取得经济繁荣的一个重要动力。另一方面，这也可能导致用力过猛。由于人们的精力与资源都是有限的，在一个方向上的投入较多，在另一个方向上的投入就会较少；在光鲜的地方投入较多，在晦暗的地方就会投入较少；对自己的财富盘算得过多，对于人际关系和社会事务的注意力就会较少，也就容易忽视那些经由帮助别人而使自己获利的间接性的机会。同时，这还会加剧人们之间的相互欺骗、争斗、倾轧与掠夺。这是制度所引起的一种“弯曲”。可以说，这是货币的引诱所引起的一个严重问题。生活于现代商品社会的人们，大都忙于追逐经济财富，但个人却常常感到缺乏幸福，这是因为，所有权的诱惑过于显著，以致不少人都忽视了那些花费不多、但却可能给他们带来重大幸福感的活动。假如可以对一切引起幸福感的（尤其是思想文化性的）对象都恰当地设置所有权，当事人又能够完美地进行有关利弊权衡的计算，可能就不会存在这种弯曲了（笔者惊讶地发现，我们来到了科斯定理的语境！）

市场经济体制所竭力推崇的私有产权制度，意味着把社会财富分成众多的份数，人手一份（或者每个家庭一份），各负其责，然后展开博弈。我们需要在此略微探讨一下这个制度中的“社会理性”究竟若何。这个制度有利于以平行的方式同时利用散布在各个个人之间的信息与知识。一项财产的运作方式反映着支配财产的人的思想和性格，而整体经济体系的运行方式也就在很大程度上反映着全部人口的平均的或者主流的思想和性格。**这就好比民主制度一样。**民主制度意味着把各项基本权利分配到每个具体的个人头上，以便利用这些不同个人所掌握的知识（包括需求、价值观、立场等）。然而，由不同个人所分别支配的投票的总结果却反映着一种平均值，它排除了极端主义，也排除了天才，得到的是折中、平庸和稳定。集权主义者的论述是要追求完美、杰出、高效和完全的秩序，一点儿也不浪费，而最终得到的却常常是灾难和剧烈的动荡。我不想简单化地说前者绝对地优于后者；在此笔者仅限于指出，这是两种不同风格的设计。制度的设计不能不具有一种风格，一种倾向性；得与失是相伴随的。

私有制是简单易行的、有益的制度，但也付出了代价。譬如，对于一些游手好闲者来说，确定性的分配格局可能并不能刺激他们，反而鼓励了奢侈浪费。如果社会处于公有制之下，这种浪费就可能得以避免，因为其他社会成员会谴责、反对甚至禁止这种行为。某些财产遭到了明显不那么胜任的所有者的滥用或不当管理，而某些收入的获得也不是所有者主观努力的必然结果，这都可以视作实行私有制的一些成本。由此可见，**新古典式的“整体理性”观点可以用来再次质疑私有制的合理性**。然而，算法地看，更为重要的并不是实行已经认识到的正义，而是发展新的知识。我们特别要强调一点：在**既定**知识下可以实行的社会组织方式，与认识到知识有限因而需要发展知识的情况下所应实行的社会组织方式，可能具有重大的差异。在这里要特别提出的是，私有制具有这样一种优点：由于社会商品分属于人数众多的所有者，因而需要进行的单个商品交易的规模缩小了，而商品交易的频次却极大地增长了；数目极为巨大的交易散布于广阔国土的角角落落，这既有利于知识的传播，也有利于不同知识的比较与相互作用，从而有利于新知识的开发。这个貌似老生常谈的议题在静态理论之下实际上根本不可能被提出来，它天然地属于动态理论框架。其次，市场经济的一个显著特点是它兼收并蓄，良莠不齐，而泥沙俱下。它激发了许多好事情，也容纳了许多坏事情。因此，我们应当避免简单化地为之进行辩护，而应当建立分析的、一分为二的视角。这个视角与传统的视角是很不相同的。

新古典主义者有一种自相矛盾的论调，即他们一面强调最优化会自动实现，一面大肆地劝诱非西方国家进行制度改革。假如市场可以自动地实现最优的结果，为什么社会不能自动地达到“最优的制度”呢？笔者相信，这个问题是他们回答不了的。这里不想把导致这种无能的原因追溯得很远，而仅限于指出，一般说来，主流学者们的制度观是错误的；他们把制度视为类似于他们所描述的价格那样的无限度最优化的产物，这就从根本上偏离了正确的方向。制度的存在本身就是与有限理性相辅相成的。作为一种思想，制度就像任何具体物品那样有棱有角，就像植物成长那样生生不已，永无止境。算法经济学，首先不在于直接地判定究竟哪个制度更好，而在于为分析制度建立一种框架，以便整合种种理论性的和常识性的观点，并唤起调整研究目标、探索研究方法的新的努力。对制度的迷信不可能成为改良制度的先导，反之，以现实的、相对的和分析性的眼光来看待制度，这是开启制度设计与制度创新之潮流的真正起点。

本着这些考虑，本书将在第四篇多处延续有关的论述。

6.3.4 商品

在论述了商品的产生及其所有权之后，我们再来看看商品本身。

一个可以容纳商品个性的理论框架，可以合乎情理地给商品分类，因此，**那些关于商品种类以及商品具体性质的经验性内容，现在就可以与经济理论本身融为一体了**。

历史地看，商品概念的范围的确是不断扩张的。最为基本的当然是有形商品，其次是劳务或服务。可以推断的是，金融票据与股票的出现时间必定较为晚近，因为它们都有赖于经济核算与司法体系的发育。技术与专利权作为商品的做法在中世纪的欧洲就已经出现，可是，它显然直到近代才取得了重大的发展。信息与知识作为商品的历史是古老的，但相对而言，这尤其是现代经济中的典型现象。而诸如“碳排放权”之类的交易，则体现了人们对于市场经济体制的理解和运用取得了新的进步。

然而，以算法的眼光来看，商品的本质以及各种各样商品的性质都还尚未以适当的方式得到讨论。这种讨论需要首先从4.11.1节所提及的马歇尔的下述观点开始：“人类不能创造物质的东西。……他的努力和牺牲结果只是改变了物质的形态或排列，使它能较好地适合于欲望的满足。”算法理论加强了这一观点，使之也适用于思想与精神的领域。思想活动就是指令与信息在某个空间（大脑）中的“相遇”；这种“相遇”产生了思想、技术、精神等元素。思想驱动身体的各个工作器官，使之以特定的方式针对对象展开工作，使得产品或服务表现出特定的形态，此即生产。因此，生产既是对有关的物理元素重新进行排列组合的过程，也是把智力元素加入其中的过程；**生产就是物理元素与精神元素的重构过程**。有人甚至说：生产既不给自然界增加什么，也不减少什么。假如撇开精神元素，这样的命题就是不正确的，至少也是不完全的；而在加入精神元素之后，我们可以认为，我们对于实体的鉴别就已经是**相对完全的**了，因而，这个命题也许就变成正确的了。

笔者不想把这个结论下得过于肯定，我们可以继续来探索。可以认为，生产活动以及任何人类行为，都是在进行某些类似于“寻找”“搬运”“排列”“组合”“分解”之类的作业。工人制造产品，就是用工具把原材料加工成特定的形状。在这个过程中，原材料被分解为有用的部分与无用的部分，后者作为废料予以处理。原材料形状的改变消耗了能源与工人的体力，而产品的状态则体现了技术与智力的投入。这是就制造业来说。对于交通业而言，产品的运输过程虽然没有给产品本身增加什么东西，但是，它改变了产品的位置，因此，运输就是产品本身与其地理位置之间的重构过程；如果我们不把产品看作抽象的，而看作具体时空环境中的存在物，看作一种必须具备一定的**时空属性**的东西，那么也可以说，运输改变了产品的特定的（也即位置的）属性。自古以来，种植业就被认为具有很高的“生产性”，常被用来作为“生产”的典型实例，可是，种植业其实只是把种子、土壤、空气、阳光、雨水、肥料、人工、科技等元素**结合起来**而已。一颗种子变成许多颗果实，果实似乎是平白无故地“生产”出来的，这是一种古典的误解。果实是生化反应过程的产物，其特点是把**无形的**、**不可见的**元素（空气、阳光等）合成**可见的**产品。合成产品的诸元素的性质早在产品合成之前就一直存在着，显然正是从“不可见”到“可见”的特点导致经典作家产生了这种误解。至于人的体力和智力，则需要以人的生命为基础，因此，它们都不是凭空而来的。思想的“创造力”是普遍得到认可的，可是算法理论显示，任何信息与指令在任何大脑中“相遇”，都能够产生同样的思想；产生“天才般的创造”的指令与信息，在任何大脑中也都能产生“天才般的创造”。这种创造是必然还是偶然的问题，客观上并不存在，这个问题只是因为“我们观察者与当事人属于同一个物种，并且都可以自觉地控制自己的思想”这一原因才发生的。

笔者并不是要重新建立类似于物理学的某种守恒论；这种守恒论在经济学中究竟是否具有什么意义，尚难以断定。笔者的意图只是在于说明，时空因素不仅是形成商品价值的重要因素，而且，尤其在“排列组合”的视角下，**时空因素几乎就是产生商品价值的决定性的因素，甚至就是唯一的原因**。这就把**化学的视角**注入了经济学。这是非常有益而经济学眼下所缺乏的视角。

作为自然界的一部分，既然人的活动不给自然界增加什么，也不减少什么，那么，它的意义何在呢？有一家饮水公司，它的广告词是：“我们不生产水，我们只是大自然的搬运工。”这句话可以做出形象的回答。人们所进行的那些有意义、有价值的活动，其意义和价值就在于，在众多的、近于无数的事物（包括头脑内与头脑外的）及其所包含的元素当中，发现和遴选适当的元素，把它们聚拢在一起（或分散开），使之在特定的时空环境中呈现出**特定的形态与性状**。在特定的情境中，比如在吃饭时间的餐桌上，食物对于消费者是有用的，这并不意味着生产食物的那些要素**随时随地**都是有用的，而是它们以特定的方式进行结合和转换、并且经历了必要的时间过程之后，**正好**在需要用餐的时间和地点呈现出作为“食物”的适当形态；它的有用性（从而经济价值）就在于这种“形态”本身。食物被吃下和消化之后，继续转化成为多种多样的物质和能源形式，此时它就不再有用了，至少不再具有作为食物的特定价值了。这就是说，在物质、能量、信息、知识等“实体”的分化组合与循环流转中，只有在特定的阶段与场合之中，它们才对人有用，而经济行为者（无论消费者还是生产者）所要捕捉的就是这些特定的“**阶段**”与“**场合**”，抓住机会把它们利用一番——然后就放手。

这么看来，把时空因素排除在外（或者作为一些次要因素）来构建经济理论的做法也就是非常离谱的（同时经济系统与非经济系统也是绝对不可分离的）。可以说，时空因素不存在了，经济学也就没有存在的必要了。

这种观点还可以换个角度来进行强化。构成商品的诸元素的组合方式，从而商品的形态，体现着制造者所掌握的作为一种思想的“技术”，因而，商品也就是技术的载体，技术被“嵌入了”物质之中。这种“嵌入”至少造成了两个后果：第一，技术被固定化和稳定化了。人的思想是易变的和不稳定的；相对于技术或思想本身，商品的物质形态是可视、可控和易于分辨的，因此，在思想本身不便于识别、交易和交付的情况下，商品便是一种替代。“产品”或“商品”这种形式，借助了物质性状的相对稳定性，把技术保存下来，再经由大批量的制造和复制，传播开去。这就使得技术本身脱离了它的发明者，可以在社会上相对独立地发挥作用。只要构成商品的物质形态保持着，技术也就持续地保持着，不会被损坏；即使技术的发明者和商品的生产者已经不存在了，这种技术仍然会发挥作用。这就好比有一条看门狗，只要主人教导它什么情况下该叫，什么情况下该闭嘴，它就会忠实地照做，而无须主人继续介入。倘若主人不理会它，它就待在那里，始终处于等待的状态。由技术所型构起来的商品就是这样的“看门狗”。第二，技术“隐藏”在商品之中，借助商品各种相对固定的性质，只对它的使用者提供关于如何使用的“接口”，这就大大便利了对技术的利用，用户可以在不知晓和不掌握技术细节的情况下，成功地利用技术。这也节约了学习成本，便于具有不同知识背景的人们相互之间进行合作。例如，消费者下餐馆，他无须学会怎样做菜，只需会点菜，会吃菜。厨师烹饪时要加入调味品，而各种调味品**已经**盛装在容器内，备置于旁边，只供他选用。他只需要了解它们的味道，而无须知道它们是如何生产出来的。由此带来的便利性是经济价值的重要源泉。

小结一下。倘若假以足够的时日，可以说，任何人都可以生产任何东西，做任何事情；原本不掌握的知识与技巧，也都能够通过学习而掌握它。可是，在现实社会中，时空因素是不允许这样做的；时空因素要求，在特定的环境中，某种有用性必须**立即**具备。这时，“商品”的价值就体现出来了，“商品”就可以登场了。“商品”的存在意味着有关的元素现在已经结合完毕了，已经是“现成的”了。在特定时空环境中的这种“现成性”正是商品的一个本质属性，于是，消费者也就不得不购买它。

6.3.5 商品（续）

商品作为有关物理与思维元素结合起来的、现成的物品，一旦成形，就要尽可能地予以使用，哪怕这种使用是勉强的。除非迫不得已，否则就不会轻易地废弃或拆解它。原因很简单，商品是花费了代价之后才得到的，它给使用者提供了一种包括及时性在内的种种利益；没有诸元素聚合起来的这种“形式”，也就没有这些利益。

采用同样的方式，我们也可以来理解或定义“利益”（收入，或收益）的反面，即成本。从物质与能量守恒的观点来看，在商品的消费、代价的付出与成本的发生过程中，有用物品或商品转化成了其他的物质与能量形式，而物质或能源的总量却保持不变；鉴于此，是不是可以说，有用物品或商品的价值没有发生变化呢？当然不是。我们消费纸张，纸张变成垃圾，在污水与泥土中降解，此后很难再变回纸张。物质与能量在大自然中循环；即使在未来的某个时点，它们又重新变为对人有用的某些东西，通常也要经历极为漫长的历史过程，绝不是一时三刻即可实现的。我们使用汽油来驱动汽车，汽油燃烧之后，驱使车辆运动，产生各类气体或固体排放物，但是，我们又如何能够把“车辆运动＋各类排放物”重新变为汽油呢？这两者可以相等同吗？

当然不可能。这就是说，付出代价或发生成本的过程，正是商品形成过程的反过程，它把对人有用的东西变为对人无用的东西，把适于人来操作的东西变为不适于人来操作的东西，把及时性变成了“非及时性”——尽管相关的物质与能量都没有灭失。商品与废品的这种对比尤其能够说明商品以及经济活动的本质。

从这种循环流转的观点来看，无论生产活动还是消费活动，其性质都是类似的，都是在客观实体的品种、状态与运动阶段之间进行选择，进行迂回，若即若离。当事人要在适当的时机与场合中靠近这些实体，又要在其他场合中能够离开它们，与之保持距离，任由它们自行其是。不能靠近，就不能获益；不能离开，就不能免于受害。人类的行为就是在时间与空间中进行“套利”，在其夹缝中求生存。再次强调一下，没有那个无穷的、宽容的大自然（当然包括空间与时间）作为背景而存在，这种自由就是不能实现的。这也是我们换个角度来理解迂回生产方法。

这种视角所产生的另一个后果，就是人们通常所进行的成本—收益核算，必定只能在其注意力所集中的范围之内、在物质—能量大循环的特定区域或阶段之内、以及在人们自身所划定或赋予的特定含义之上来进行。假如要充分考虑废品循环之后的再利用，也就要考虑商品使用之后所造成的负面后果，再加上所有成本与利益的贴现因素，“完整的”核算将会是怎样的呢？这个问题势必是非常难以回答的，因为相关的因素将会是无穷无尽的，计算也将是难以结束的。事实上，温厚的大自然的背景吸收了这种无限性，它允许人们忽略许多因素，允许把特定范围之外的潜在的利害因素都计为零。正是在这些前提之下，经济核算才得以能行。这是对于前文关于会计学观点的再强调。

勉强的商品形成过程，意味着勉强的商品使用过程。单个商品往往会具有多种用途，也会具有人们意想不到的使用价值。在针对商品的特定操作中，单个使用者一般只使用商品的个别功能，而听任其他功能处于闲置状态。这些其他功能往往与使用中的功能是不可分割的，如果被除去了，使用中的功能也就不存在了。而在另一些情形中，即使它们是可分割的，由于经济上的原因，人们一般也不会因此而拆解商品。资本品的形成与诸如此类的性质之间具有密切的联系。由于不可分性的存在，为了方便起见，人们经常把一些现成的商品组合起来予以使用，这就是商品之间的“互补性”；而在另一些情形中，人们又用一种商品勉强地替代另一种商品予以使用，这就是商品之间的“替代性”。由于需要照顾到商品的现成性，商品之间的互补与替代一般都不可能是十分完善和理想的，都是在利与弊之间进行折中的。假如商品可以随时随地无代价地形成，人们就可以自由地把其中可以直接用于形成特定功能的元素抽取出来，而把剩余的元素放弃，以制作**仅仅**针对该特定用途的完善的商品，从而避免那些“浪费”了。

上一小节从正面论述了物质载体在商品形成中所发挥的作用。当然，这种作用也可以是负面的。例如，物质载体的采用使得商品变得庞大而笨重，因而给商品运输和储存增添了负担。人们所要利用的只是物质载体某些方面的性质，而物质载体却因此要跟随整个商品本身浪迹天涯。因此，现代生产发展的思路之一，就是为商品“瘦身”；在保障商品功能的前提下，尽可能少地使用物质材料。某些物质材料的寿命是有限的，会发生磨损和退化，因此也就要在使用中不断地进行保养和维护。物质载体固化了技术，这是好事，也是坏事；坏处之一就是它不利于技术的升级换代。鉴于此，现代生产的另一个发展，就是把产品的硬件部分与软件部分分开，以便可以对软件部分不时地进行升级；这就提高了产品整体的“可扩展性”。这种分离是借助于信息技术来实现的。信息技术把思想具体化了，它提供了一整套的概念、术语以及物理化的表达手段，以便人们来定义思想、区分不同的思想，并使思想与其背景和环境相分离。也就是说，信息技术把思想“有形化”了，这使思想比较容易成为商品。当然，思想的复制与传播变容易以后，思想要成为商品，又需要国家的法律体系及时地精进。

在信息技术所催生的这些发展中，商品的性质有没有发生实质性的改变呢？笔者认为，答案是否定的。商品的上述种种性质都鲜明地体现在纯软件的产品上。用户购买和使用一种软件，所要利用的就是它的现成性。若非如此，他们也就自己编写软件了。现成性的存在，使用户一般必须在整体上拒绝或接受一种软件，尽管我们往往只对它的部分功能感兴趣。用户选择上的这种限制，进一步导致用户使用中的种种浪费与牺牲。软件产品的升级的确比硬件产品更为便利，但是，如果升级的幅度过大，或者用户享受售后服务的时间过长，可能就需要另行支付费用了；这就相当于需要购买新的产品。如此等等，不一而足。鉴于我们已经论及的十分微妙的原因，现今的主流学者们总是倾向于强调信息经济的特异之处，就是不肯用传统的、对待物质经济的那种平常态度来看待它。其实，只要把思想与物质一视同仁，也就一通百通，经济世界就会在我们的眼中变得井然有序了。

6.4 投资与生产

6.4.1 概述

据说，古典经济学的中心内容是生产，而新古典经济学则是交易。从常识来看，这种区分是令人困惑的，因为无论生产与交易，它们都是经济系统必不可少的组成部分。而从逻辑关系上讲，生产是交换的基础；没有商品的生产，则交换无从谈起；而生产的产品，却可以为生产者自己所用，不一定非要用于交换不可。因此，历史地看，生产必定是先于交换的。我们应当恢复生产活动在理论论述中优先于交换活动的地位。

在商品交换发生之前，首先是生产活动与消费活动的分化。如前所述，个人必须在不同的时间从事各种不同性质的活动，必须不断地在各种活动之间进行转换。生产与消费的转换便是这些转换中的一类情形。从时间进程来看，消费是间歇地进行的。例如，人吃过饭之后，暂时也就不再需要吃饭了，于是就可以去工作了。人穿上衣服之后，也就暂且不需要再穿衣服了，等等。同理，工作也是间歇地进行的。连续工作一段时间之后，劳动者也就需要休息。这种特点是与个人有限的身心能力相关联的。假如个人具有超级的能力，可以一边工作，一边休息，一边消费，则他就不需要在这些不同的行为之间换来换去。

生产与消费的分化也与地理因素相关联。生产与消费都是个人与外界交流信息、物质与能量的活动，而这些信息、物质与能量却分别位于不同的地方，处于不同形态的运动之中；因此，个人必须在不同的时间分别赶赴这些不同的地点，或者把这些不同的元素召唤到身边，以便与之展开相互作用。这些不同对象对空间的占有一般都具有排他性，因此，个人对于其中某些对象的亲近，也就意味着对于其他对象的疏远，个人所处的环境因而也就会不断地发生变化。我们建立社会经济理论，就是要先从对这些基本常识的描述和论证开始。

这种分化首先发生在自给自足的经济中。当消费所需的材料处于他人控制之下时，或者产品过多以致需要让渡于他人之时，商品交换就发生了。起初，交换只是限于少数急需或剩余的物品。后来，因为更多的人加入了交换体系，人们发现，许多产品都很容易卖出去，于是，他们就会放弃生产一切消费品的习惯，而专注于生产那些最适合于各自生产的商品。这可能导致每人生产的商品都超过了他自己的需要，而自己需要的大部分物品自己却未必亲手生产，于是，他们就必须把自己的产品拿到**市场**上去相互交换。最初的市场是一个位于一定区域中心的广场或建筑物，它距离所有当事人的远近都差不多。有交换意愿的人们定期或不定期地聚集在那里，相互展示商品，交流信息，洽谈交易，并进行结算和交割，然后再把各自交换所得的物品带回去使用。这些过程与景象都是我们每个人非常熟悉的。随着交易频次的增加，货币也出现了，并且开始了它自己的演化进程。

有了市场之后，人们之间的联系加强了；人们从为自己生产变成了主要为市场而生产。社会分工加强了。个人从事的工种开始逐渐有所不同，而不像过去那样每个人都必须会做每一件事情。产品在完成生产之后，不再直接流向既定的消费者，而是涌到市场上去，最后为**不知名的**人所占有。随后出现了一些专门从事商品买卖的商人，他们通过赚取买卖差价来谋利。这可能增加商品被转卖的次数。社会变成了一个巨大的网络。土地也逐渐被划分为生产的区域、交易的区域、运输的区域和消费的区域。人们之间的相互依赖性加强了，**行为同步性或异步性的要求都提高了**，于是，也就不得不统一规定生产的时间、交易的时间、消费以及休息的时间，等等。

关于生产的理论，主要系指在这样的大背景下如何来看待生产。也就是说，在市场经济的条件下，企业采购材料和资本品，再对其进行加工（生产），然后将成品出售给市场。我们主要研究以这种方式来进行的生产。所以，生产的前提是进行投资，甚至可以说，**投资是先于生产的**。人类的体力与脑力是前辈进行投资的结果，截至任何生产开始之时，业已具备。而在物质资本方面，人们起初把纯粹的自然物拿来进行“投资”，后来则更多地转向了对人造物的投资。**投资向来被视为复杂和“高级”的经济活动，但是，现在我们却要把它作为经济学前端的内容**。生产过程最初是由企业主自己进行的，只有很少的帮手。后来，生产的规模变大了，企业主要通过雇员来进行生产、管理、销售等各项作业，股东则退居幕后，只做相对很少的管理工作，而且股东的人数也日益分散化了。因此，企业理论或组织理论，应当归属到“生产”这个大题目之下。企业主要为了利润而进行生产，但它面对着诸如投入品与产出品的价格波动等动态条件，这就需要研究企业如何在这种环境中获得生存。我们还将泛泛地讨论企业管理的一些基本问题。企业既然成立了，除了被动地适应市场，它还必须主动地进行创造，积极地引导消费者，因此就要开展研发活动。这些议题都将包括在本节与下节的论述范围之内。

6.4.2 企业是利用套利机会的手段

当人们主要不是为自己、而是为他人进行生产时，其目的主要在于获得金钱上的利益。他们首先发现了某些获利机会，然后对之加以利用。为此，我们首先要考察什么是获利机会，以及它为什么会出现。

相对独立的万事万物各自都处于相对静止或运动变化之中，这就造成了各种各样的“落差”。“落差”系指某个或某些事物存在着两种状态；用一定的尺度来衡量，这两种状态之间存在着差距，而它们又可以相互转化。落差既可以是自然的（譬如瀑布），也可以是人为的；鉴于我们的统一方法，也就无须时时处处对之详加区分。落差给人们提供了行动的机会；通过行动，人们把一种状态转化为另一种状态。例如，我肚子饥饿，而某处放置着食物，这就形成了一种落差；我去吃这些事物，也就是“填平”这种落差。我吃饱了，这种落差也就消除了（无论是否还有食物继续存在）。这就好比水闸打开之后，经过水的流动，闸门内外的水位最终持平。不过，这时，又有新的需求出现，于是我又要去寻找满足这种新需求的对象，再填平它们之间的落差。落差不断出现，吸引着当事人不断地行动。**创新也可以视为一种追逐落差的行为**，它把资源从一种用途抽调到另一种更好的用途，因此，根据算法理论，我们也就知道**落差是永不枯竭的**。各种各样的落差吸引着人们永不停息地追逐下去。这是我们看待社会世界以及人类行为的一种方法。在传统上，这种活动又称套利。我们不必严格地拘泥于这些术语的差异。

俗话说：无利不起早。人展开行为，就是为了获利。主流经济学暗示，社会世界是严谨的、精确的和公平合理的，**没有什么空子可钻**——这是不对的。“套利”这个词虽然被主流学者严格地限定在极为罕见的“无风险交易”的情形，而实际上，一切行动都可以看作是在“套利”。这就是说，在当事人的眼中，通过行动，他得到的要比失去的多（即使在把“风险”作为一个独立的成本因素加以考虑以后），因而**白占**

了便宜。当然，他的观点有可能是错误的，或者，即使他的观点不能算作一种错误，由于主客观诸方面的原因，其目的最终却未能实现。然而，这并不能否认他在事前持有那种特定认识的事实。

“白捡的便宜”不可能太多，因此，就需要去寻找，去发现。这可以分为两步。人们可能首先发现客观世界存在着许多“落差”，然后再评估利用这种落差的成本与可行性。有些落差位于遥远的地方，当事人无法抓住它，所以最终发现那并不是真正的机会。而有的机会当事人虽然可以抓住，但在进一步考虑到利用它所要付出的代价之后，却发现得不偿失。在排除掉这些虚假的“机会”之后，只有能够获得“净收益”的机会，才会进入最终的选择行列。最后，最优化原理告诉我们，在只能选择一个机会的情况下，当事人将会选择那个获益最大的机会。

以上方法适用于所有的人类行为。具体到企业经营活动，这是指在各种利益当中，以追求金钱利益为主要目的的活动。这就首先涉及价格。当事人观察到了商品价格中所存在的落差。最为简单的一种落差是，同样的一种商品，个人甲以价格 P_1 叫卖，而个人乙却以价格 P_2 叫买，且 $P_2>P_1$。当事人丙发现了这一点，而且，因为 P_1 与 P_2 都是纯粹的数字，所以丙很容易知道 $P_2>P_1$。然而，不幸的是，甲与乙处于不同的空间位置，他们并不了解彼此的信息，这就为丙提供了行动的机会。于是，丙以价格 P_1 向甲购入一定数量的商品，然后以价格 P_2 销售给乙，获得的差价收益＝（P_2-P_1）× 商品数量。

这里之所以详细讲述这个貌似简单的例子，实是因为这样的例子其实并不简单。要害并不在于丙是否有能力比较不同报价的大小（主流学者们往往把核心议题引导到这方面来），而在于他的确发现了这样的机会；这常常是不容易做到的。其次，任何类似的套利活动都存在着风险；严格地说，现实世界中不存在完全没有风险的套利活动。原因之一是当事人不可能完全确保套利过程不会受到不可预见的客观事件的打扰。而在主观方面，当事人的意向随时都会变化。要是先向甲购买了商品，乙可能撤销购买意向；要是预先与乙签约，甲却有可能撤销出售意向，这种情况在现实生活中都是常见的。有人可能会说，当前流行的电子交易可以最大限度地避免这种风险，然而，电子交易的风险是显然的，并且其中的一些风险是其他交易方式所不曾有的。要进行电子化交易，当事人需要具备一系列的资质、能力与条件，而且要事先具备才行。再其次，这个机会从发现到利用，丙需要支付一系列的直接成本，例如搜寻的费用，谈判、签约与结算的费用，甚至商品运输成本等。最后，对这个机会的把握和利用，占用了丙的时间和精力，妨碍了他致力于其他事务。其代价尽管不易衡量，但也未必是可以忽略不计的。

读者可能已经发现，这里讲述企业经营的方法，与主流教科书是不相同的。其特点是，我们把当事人置于真实而非假设的环境中，在算法原理的支撑下，来看他们如何行为。这会引起许多基本的细节与主流的传统有所差异，最终将会形成一幅完全不同的画卷。下面我们将把生产活动添加进来。

上述套利过程其实也是一个生产过程。在任何“存在”都被实体化的条件下，**任何活动也就都可以视为生产活动**；这是没有问题的。套利过程（或者商业活动）可以视作把“位于某处或处于某人控制下的商品”转变为“位于另一处或处于另一人控制之下的商品”的过程。如前所述，它们可以视作“两个不同的商品”。

然而，典型的、或者传统上所指的生产活动，却是这样一类情形：某产品是有销路的；制造该产品的各种要素的总价格，低于该产品所叫买的价格，但是，该产品却需要制造出来，而制造（也即生产）需要**显著地**耗费时间。耗费时间是生产的突出特征。经济学家们在习惯上经常（不正确地）忽略其他活动的时间耗费，但却没有人试图忽略生产活动的时间耗费。生产还引出了其他大量的重要议题，对此我们要次第地展开讨论。

6.4.3 构思与评估投资机会

当事人对于要素价格与成品价格之间的落差的发觉，通常发生在现货市场上。由于生产显著地需要时间，这就必然首先引起一个问题，即当生产完成、从而成品产生的时候，这个价差是否依然存在？这是一个相当困难的问题，当事人会尽可能地寻找各种线索来探索它的答案，可是，老实说，即使现代型的企业，往往也难以准确地把握商品价格的走势。关于价格的波动性，我们将在第 6.8 节详论。

这是价格因素的不利的一面。而其有利的一面是：商品交易机制主要是一个“责任出清”的机制。这是指，企业的供应商通常只是索要确定金额的价格；至于企业把所购买的货物拿去做什么用，**他们并不关心**，也不会再就这些货物所产生的利益进一步提出分配上的要求。客户也是这样。顾客通常只是支付金钱购买产品。除了买卖合同中所规定的以及依法应当承担的少数权利义务之外，企业与客户之间不再存在其他的权利义务关系。客户既无权就使用产品所引起的其他损失向企业求偿，也无须就使用产品所带来的利益与企业分享。这就是说，**实际生活中的商品交易关系本身其实是违背新古典的原则的**。新古典的原则要求所有地方、所有时段的人与事都相互关联，统筹安排，而市场经济其实不是这样。市场经济要求各人在自己的范围内各负其责，互不干涉。客观世界是相互关联和相互影响的，想要阻止这种客观的联系，绝非人力可以企及；但是，人们之间却可以把责权利分配清楚，把客观过程所引起的各种可知或不可知的、可预见或不可预见的后果于事先尽可能地划分清楚，**落实到人**。用俗话来说就是：铁路警察，各管一段。这么一来，**每个个体的决策就变得相对容易了**，决策者也就不需要考虑太多的因素了。具体到企业的投资决策上，虽然对于价格的预测具有一定的难度，但是，除此之外，企业只需考虑生产的可行性以及需要自己负担的成本等因素，无须再顾忌其他。只要这些方面的分析过了关，也就可以**放心地**进行投资了。

人们主要不是从全局出发来考虑问题的。情况恰恰相反，鉴于视野与计算能力的局限性，人们主要都是在自己所在的局部环境中进行筹划、运作和行动，并且**任何时**

候大抵都是如此。在这一点上我们与新古典经济学不同。这种局部性也反映在投资项目的成本估算上。

经济行为者所考虑的成本，一般都具有主观性与客观性两个方面的特征。当事人都处于一定的情境之中。要创设一家企业或者一个投资项目，都意味着**在眼前的现状之外**另行主动地进行某些行为；这些行为对于眼前的现状来说，是增量的和边际性的；这就引起了直接成本的发生。其中最为主要的，当然就是进行对外采购，由此就要发生货币性的支出。这些支出首先是费用型和流量型的，它们可以在当期损益中摊销掉。然而，最为主要的是，由于固定资产的不可分性，企业需要在固定资产上所做的现期投资，其金额通常都是重大的。固定资产投资虽然可以在以后的年份里分期进行摊销，但对它的投资却必须在生产开始之前全部完成。这是“投资”一词的核心含义。因此可以说，没有基于作为商品的资本品的这一“不可分割”的**具体性质**，就不会存在投资问题。既然新古典理论把商品看作“标准的”和“无限可分的”，它也就隔绝于资本与投资的议题了。

其次，企业与投资项目的设立，还会引起种种非货币的代价与条件。货币支出的金额是客观的，是相对容易衡量的，而这一部分的衡量却不那么容易。这些代价与条件通常不大可能从各类报价中完全显示出来，因而既需要对它们独立地进行分析，也需要把这些因素综合起来，审慎地展开功能性的分析。例如，场地与环境的匹配状况，机器设备稳定运行所需的保障，原材料与能源供应的可靠性，等等。对于将要做出投资决定的企业主来说，投资同时意味着在今后相当长的时期内，自己身心资源中的一部分，将要被打理该投资项目的工作所占用。投资项目还将直接或间接地影响到个人的生活与其他事业。投资项目将对所在的地区造成包括环境污染在内的多方面影响，这种影响反过来又会对企业造成法律性或社会性的压力。

机会成本的概念当然应当继续有效。可是，如同 4.4.3 节所论，机会成本（例如资金成本）必须严格地根据当事人自己**在其所处的有限范围内**所能够**实际获得**的机会来进行计算，而不是根据什么抽象的“理论标准”。由于每个人所处的境地不同，因而他们能够实际获得的机会都是有所差异的，这就必然导致机会成本的大小各异。扩而大之，算法人所面临的各项成本大都具有个性化的特征；他们所进行的成本收益核算，也都是为了说服自己的，而不是为了给其他人展示的。例如，某个老板要投资某种产业，他就必须对这个产业有所了解；假如老板本人不是业内人士，他就需要支付相应的学习成本，而对于业内人士来说，这个代价也就可以免除了。所以，抽象地、一般化地讨论一个项目究竟是否可行的做法是不妥当的，项目的可行性往往因时因地因人而有所不同。

接下来要讨论的是人工成本。人工成本之所以单独予以讨论，是因为它具有一些特殊性，而这些特殊性只有在算法的环境中才会变得容易理解。首先，劳动者们的劳动能力是有差异的，其努力程度也有所差别。另一方面，对于安排劳动者们具体从事什么工作，以及他们在工作中将会表现如何，其工作所带来的效果如何，雇主在事先都只能有一些大致的考虑和预测，而不可能精确地知道。这就导致一个突出的现象，即工资水平虽然一般都是事先议定的，但其个性化和差别化的程度却并不像商品的价格那样显著。这反映出我们在 6.3.4 节所提出的议题，即有形化的商品是忠实的“看门狗”，而无形的服务却不是。人是活的，他之所以被雇佣，而不是由企业通过采购资本品取而代之，乃是因为他的灵活性。有形商品（除非某些机器人）尚不具备这种灵活性。然而，对于企业来说，这种灵活性又带来一个负面效应，就是他有可能在已经签署雇佣合同的情况下降低努力程度，与管理者进行博弈，斗智斗勇。所以，对人员的雇佣必然带来管理、监督、约束与激励等问题。

这个问题对于包括管理者们在内的脑力劳动者来说尤其显著。比之体力劳动，思想活动的状况以及思想的用处都更加不容易了解、衡量和监督，而在企业生产与经营的许多方面，脑力劳动却是不可或缺的。工程师掌管着技术，管理人员掌管着决策，而销售人员则掌管着与客户的联系，这都是脑力劳动（及其相连带的通信与社会活动）比较集中的领域。由于上述原因，在这些领域中实行简单的固定工资制度一般是不大合适的。比较通行的做法是把员工报酬与业绩相挂钩；要么与本部门的业绩挂钩，要么则与整个企业的业绩挂钩。这就提供了一定的约束与激励，使雇员们即使在缺少监督的情况下，也愿意自觉地、积极主动地进行工作。这种分享制度实际上给员工赋予了一种变相的、非正式的股权；而在一些企业中，股权激励制度则是正式的。

算法的视角使我们清楚地认识到各种工资制度的多样性及其各自的合理性，看到它们如何从一种演变为另一种。然而，无论如何，工资必须是在事先确定的，要么确定金额，要么确定计算的方法，否则就可能引发争议。**工资的确定及其变动具有自己相对独立的模式**。有时候老板会给员工秘密地、临时性地发放红包，但在这种情形中，是否发放以及发放多少，决定权显然完全在老板一边，员工无法公开提出要求和争议。如上所述，正是责权利关系上的这种相对确定性（确定性只是程度上的，不可能是完全的）生发了创办企业的机会。它使得创业者有可能控制整个局面，通过缔约的方式来把利润锁定（或者增加其中的确定性）。这是一种**串行控制方式，是动态世界中才有的现象**。企业的产生过程首先必须这样来理解。试想一下，假如员工工资的确定方式事先未曾谈妥，所采购资本品的价格事先也未曾谈妥，各方面都同意等到产品销售收入实现之后再来进行分配，结果将会如何呢？常识告诉我们，结局一定是不那么美妙的。供应商与员工既可能因为不信任企业而从一开始就拒绝参与进来，也可能在对销售收入的分配中吵得不可开交，甚至极尽敲诈勒索之能事；企业也就不可能安定有序地经营——从而也就不会出现。

这种论述方式似乎是“风险”话语的翻版。这种看法也许是有道理的，但是，需要强调的是，“风险”这个术语的内容需要大大地加以丰富；它的涵义其实极为庞杂，因而，绝不是简单地、脸谱化地用一个词就可以加以概括的，更不能硬把它塞进静态的框架中。我们头脑中的经验和常识都是在动态世界中形成的，是非常丰富和顽固的。这些常识在时时刻刻自动地、悄悄地帮助我们把理论性著作中的概念加以合理化。所以，当读者们读到教科书中的“企业”这个概念时，就会不自觉地给它赋予真实世界的背景，然后在其中对理论性陈述努力地做出各种合理化的“解读”。新古典的静态框架就是这样“蒙混过关”的。其实，纯粹静态世界中的“企业”是什么样子，以及它究竟是否存在，这是我们所完全不能设想的，对这个问题的研究也是没有意义的。

6.4.4 构思与评估投资机会（续）

企业的成本项目不仅具有个性化的特点，而且，它在一定程度上也是非市场化的。这是指，企业一般不大可能在市场上方便地购买到所有它所需要的东西，以致把对投资机会的评估完全变成货币化的计算。这不是枝节问题，它关乎我们对于市场机制本身的基本认识。例如，企业主本人的努力及其经营管理能力便是不能仅仅通过对外采购即可具备的要素之一。

有一种理想化的企业理论，假设企业主可以通过雇佣各种具有特定技能的专业人员，从而使自己的企业所需的管理能力全部置备妥当。企业主自己不会做账，便聘请会计师；自己不会打官司，便聘请律师；自己不会搞管理，便聘请职业经理，等等。这种理论假定市场上总有数量充足的各种人员，以供企业随时进行选择。显然，这是附和新古典主义的企业理论。

实际的市场是不完善的，不可能总有那么多合用的人员等候着招聘；即使这些人员能够找到，也可能颇费周折，或者在时间上不够及时。当发生这些情形时，约等于此类市场不存在。在这一点上，其实所有投入品都处境相同。而最为关键的是，存在着这样一些现实的问题：无论雇员的阵容有多么庞大，这能不能导致企业主可以卸下所有责任而坐享其成呢？如果员工队伍需要监督，固然可以聘请专人进行监督，可是，监督者本人要不要被监督呢？对于企业主在决策中可能面临的知识与技能缺陷，固然可以通过聘请顾问来加以弥补，可是，遴选顾问的技能是不是需要企业主自行具备呢？相关的工作是不是也需要企业主来参与呢？对于这些问题，答案显然都是肯定的。企业主本人必须具备一定的经营管理能力，他必须亲身参与对于高级管理人员的遴选、聘请和监督，而且必须就企业的一些重大问题亲自做出决定。可以说，这几乎是一种商业常识。而且，这个因素对于企业来说绝不是无关紧要的，它常常是关乎企业生死成败的核心要素之一。[①] 正是由于存在着这种认识，所以人们才趋之若鹜地去倾听成功企业家们的演讲，去研究他们的个性和身世，试图从中找到成功的奥秘，不正是这样吗？当然，有人可能会说企业家的能力是可以通过书本与实践两方面的教育而加以培养的，因而其“价格”也是可以间接地予以“测量”的。对于这种观点，笔者不打算作详细的反驳，而只限于指出：无论书本上的还是实践中的教育，都不大可

---

① 企业主承担着诸多难以有效委托出去的职能，这是朱镕基总理主张国家必须在督导国有企业方面发挥积极作用的著名立场的一个认识基础。这个论点不仅可以用来解析职业化以及“所有权与经营权相分离”的议题，也可以广泛地用来解析诸如“专家治国论”“选民与文官体系”之类的议题。算法理论则是这一切工作的总基础。

能完全造就这种能力，因为具有相似经历的人是很多的，而成功的企业家在人数上却很少。

企业主的亲身投入是企业得以建立的一个必不可少的要素，因而，企业的利润也就应当被视为包含了给予企业主的劳动报酬。企业主通常只是付给自己较低的货币工资，而剩余部分则包含在利润之中。这样一来，企业就成为企业主实现自我雇佣的方式，他把自己所具有的（普遍的与特殊的）才能出卖了，换得了收入。这种才能中的某些特殊部分通常不容易出售，不容易获得别人的识别与肯定；借助于创办企业，这种才能终于被社会所间接地承认了。这个道理也可以适用于为企业成功做出贡献的各种其他并非来自对外采购的要素。例如，企业主可能同时拥有一块位于偏僻地段的土地；如果标价出售，可能卖不出好价钱，或者需要等待很长的时间才能找到买主。现在，企业主决定把自己的工厂开办在这里，这就使得这块土地间接地进入了商品交换的网络。任何土地在商品生产中的作用都是一样的，因此这块土地也将会对商品生产做出同样的贡献。假如不会由此引起其他的不利后果，那么，也就可以认为，经由创办企业这个渠道，企业主使自己的土地（或其使用权）成功地上市了，并且也卖了一个不错的价格。有读者可能会立即反驳道，这样做并不会增加这块土地的价值；这块土地在开办工厂之前值多少，在开办工厂后仍然应当值这么多。这种观点是新古典式的。首先，上文的介绍表明，这块土地在开办工厂之前的价值是不容易确定的。其次，土地的价值不能视为既定的；恰恰相反，正是诸如开办工厂这样的活动赋予了土地以流动性。**企业在不易卖出的东西与容易卖出的东西之间架起了一座桥梁**，使得我们可以**相对容易地**通过对于产成品的价值估计，来反推资本品的价值。我们可以以这类“自用资本品”未入账或者原值较低为由来解释企业的高利润，也可以把相关资本品的价值高估一些，从而调减企业的真实利润。要素的交易正是这样从不可交易到可交易、从流动性弱到流动性强而逐渐发展起来的，“要素市场”的出现则是这种进程的一个结果。

然而，在完成以上各个分解过程（以及任何利润理论中所展示的分解过程，例如把利润分解为风险或运气）之后，笔者要说的是，还必须假定存在一种剩余，这种剩余不与任何要素的报酬相对应，它是正数，并且是要被企业主白白占有的。这不是马克思所谓的“利润为工人所创造而被资本家白白占有”的意思，而是说，它不被视为任何要素的报酬。利润是与商品价格的**既定性**同时产生的，彼此之间是相互依赖的，是一种一体两面式的关系。在企业主的眼中，如果**他认为**要素的价值总和大于产成品的预期售价（加上创办企业的其他利益），则他一定不会去创办企业；反之，假如他做出了创办企业的决定，则表明他一定认为他所投入的要素并不值那么多。长期以来，主流学者们挖空心思地寻找利润的对应物，以便说明利润的“合理性”；无论这种做法本身取得了多少成功，实际上它都包含了“为资本家辩护”的政治动机。这种辩护是不必要的，因为这是人类行为的一般特征。可以认为，无论任何人做任何事，其目的都在赚取某些类似于利润的东西，否则他就不会去干。“风险”这个词语迎合了辩护的需要，似乎它就是利润所对应的“要素”；可是，“风险”并不是一种实物，它过于抽象了，它的“市场”也是极不完善的。这是对利润进行分解的思维的延续。需要认识到，“风险”话语与剩余理论之间是有冲突的。把利润视为一种“剩余”，这种观点具有悠久的传统；现在，我们的任务就是要让它重新复活，澄清它和重述它。一个基本的思路是，剩余的产生是对要素识别不完全的结果，或者对要素定价不准确的结果；既可以认为这三者之间具有一定的等价性，也可以认为具有一定的互补性；同时，它们都是有限理性的结果，是有限理性世界里的现象。

6.4.5 支出流与收入流的时间匹配

一种从个性、多样性和现实生活出发的经济学，对于商品个性的讨论只是其众多论述中的一个方面。商品的个性看上去似乎是一个不起眼的议题，但它可以立即引致对于单个商品规模的讨论。商品的尺寸大小这个问题听上去似乎也无足轻重，不过，它已经帮助我们引出了公共品的议题；现在，它也将把我们轻松地带到资本议题上。

公共品是为全社会所使用的商品，它超出了单个企业的范围，而**资本品则是企业内部的“公共品”**。与普通公共品一样，资本品的突出特点就是其规模大；如前所述，为了采购它所需的货币资本数额也较大。这种“大规模”的特点一般不容易得到刻画，而只有在动态条件下，才能表述得比较准确。这是指，企业为了利用眼前商品价格的落差，必须采购要素进行生产，而所要采购的要素商品，却不能在短期内利用完毕。换言之，由于要素商品本身的特点，以及生产过程本身的特点，企业要么不生产，要么就要进行**一系列的连续生产**，在较长的时段内连续地出产商品；只有这样，生产活动方才可行，或者才能维持较低的生产成本。例如，企业购进的机器设备，通常都经久耐用，绝非进行少批量的生产就可以报废了。所购买的土地和建造的厂房，使用年限通常更为久远，甚至是永久性的。人员的雇佣一般都要承诺一定长度的期限，否则就不容易招聘到高素质的员工。原材料、能源以及各类消耗品，虽然可以用多少就采购多少，但是，批量的、合同的、预订式的采购尤其受到供应商的欢迎，因而通常可以享受到较大的价格折扣。价格折扣反映着供应商在这种模式下进行供应时所发生的成本也比较低。

对于这种不可分性，有人也许可以提出解决办法，例如采用诸如租赁之类的方式，以便减少资本开支。这个方法在实践中也是常用的。可是，问题在于，租赁只是一种财务上的安排，它并不改变资本品实际使用的方式。供应商在短期内虽然可能只是收到了相当于资本品价格之一小部分的报酬，但是，**整个的**资本品却处于租赁者的占用之下，而不能**同时**为其他人所用；为此，出租者不得不占压一笔为数可观的资金。这正是资本品的核心特征。这个特征与一般的消耗品是不相同的。由于这个原因，资本品整体被占用所增加的代价，必然就会反映在租赁价格中，所以，这种安排只是改变了资本品所引起的各类成本在不同当事人之间的分担方式，而不能否认这些成本的发生。对于整个社会来说，想要通过“租赁”这种金融安排来消除资本品的不可分性，是难以实现的。——顺便说明一下，这种把总量与分配区分开来加以考察的方式，正是古典文献中所流行的分析方法，是一种有用然而其方法论意义尚未得到确切揭示的思维方式。这种思维方式的基础就是有限理性。

现在转向产成品的一端。产成品有时候是连续地产生的，有时候则是间歇的，或者一次性的。建筑业就属于后者。经过多年的连续建设，最终将建筑物一次性交付给用户。产成品出厂的不同时间模式，各有其优缺点。连续出品的企业，通常每批次的产量较小；只有经过较长时期的生产和销售，才能补偿其初始投资。产品售价的变动会带来风险。一次性出品的企业，则往往要经过长期的、连续的投资，在此期间缺乏现金回报。由于产品售价一般都在事先用合同固定下来了，风险则集中在投入品的价格变动上。

各类收入与支出流的大小、速度、频次与稳定性各有差异，而企业则必须在这样的环境中闪躲腾挪，谋求利益。比较理想、合拍的收入与支出流有没有呢？当然是有的。价格落差出现，企业上马生产；产品及时售出，价格落差消失，而企业所投资的各项实物资产正好用尽，现金尽数回笼。这就是一个完美的投资过程。然而，这种理想状况是比较罕见的。现实是不完美的，它不是为了迎合人们的意愿而存在的；恰恰相反，人们的意愿正是在现实条件的基础上产生的。人们的欲望、需要、目的、思想与现实条件共同作用，产生了源于现实而又不同于现实的“意愿”，然后人们要求现实向这个意愿进行靠拢。现实的不完美性，正是针对这种相对独立于它的意愿而言的，是被这种意愿所衡量的。在这一点上我们与主流新古典框架恰好相反。由于受到“一般均衡”这个“最优状态”的吸引，为了到达这个状态，主流学者们不得不大刀阔斧地裁剪现实，而把当事人所处的环境假想为某种理想状态，这引起了货币、商品个性、资本品、时间、生产等元素在理论模型中次第地消失。现在，我们必须让它们统统复活。

6.4.6 投资决策的做出

关于投资机会的评估，最后一个要强调的因素是企业或项目所带来的各种非货币的利益。经济学者们通常谈论消费者的偏好，而企业家实际上也是有偏好的，他们的偏好与个性都会体现在企业经营之中。例如，一个人放弃了高薪的职位，转而进行创业，原因不仅在于创业可能带来的货币化收入，而且也在于作为企业主所享有的个人自由、自决权以及相应的乐趣和成就感。企业的目标固然主要在于赚钱，但赚钱的方法在一定程度上也是一门“艺术”；这意味着管理学的主观性。

将各项预期的收入与成本项目相加减，就可以知道投资机会的可行性如何。这是传统的理论。的确，假如收入与成本都只是以货币来表示的数值，这个计算也就会很容易，答案也就容易得出（对此，经济学教科书中已经反复演示过了）。可是，天不遂人愿，事实情况一般不是这样的。我们可以把一个投资项目的所得与所失、好处与坏处、优点与缺点罗列在一张纸上，其中除了金钱数字之外，必定还有众多的文字叙述；金额可以相加减，而文字又该怎么办呢？这就是“结构性”的含义。

对此，笔者不能给出标准的答案，因为这个“答案”我也不知道。而据笔者所知，实践家们也没有“放之四海而皆准”的解法。如果实践家们有这个解法的话，不至于如此保密，以致经济学者们至今仍然不知道。

那么，行文至此，经济学者们又该怎么做呢？经济学的著作还要不要写下去呢？经济理论还有没有必要存在呢？这就是典型的方法论问题了。这正是算法理论发挥作用的时候。

第一，我们已经整理和重述了一些重要的事实，并对当事人的处境及其所面临的问题有所理解。我们与当事人共同到达了一个困难的问题：这些做法本身就是理论性工作的一种预备，或者是其一部分。新古典方法不面对事实，不从事实出发，而从空想的某种状态出发来进行反推，这是严重违反科学工作的常规程序的。不能理解当事人的处境和问题，怎么能够谈得到“解释现实”呢？

第二，理解了当事人的真实处境和实际困难，也就会有兴趣观察他们此后的决策与行为，于是，现实经济活动才会像电影那样值得我们去“欣赏”“把玩”和感悟。投资活动一贯被视作充斥着主观性的领域，现在我们可以好好来看看这些主观性究竟是怎样表现的。这时，现实生活不再显得纷乱了，也不再是令人烦恼的例外、偶然和特殊状态了，反而对我们具有了吸引力，变得富有趣味和奥妙无穷了。各种各样的实际投资活动及其实际所采用的算法都值得我们去搜集、整理和研究，它们都可以在我们的视野和框架中具有一定的位置。而且，越是特殊和极端的行为，往往不但无须视作例外，反而具有了尤其鲜明的理论意义。理论上不能回答的问题，可以由现实生活直接提供答案。一句话，经验材料（数据、情况、算法和故事）具有了清晰的理论意义。

第三，以上论述还意味着，实际投资活动的多样性本身已经被我们给“解释”了。正因为投资决策是困难的，当事人才去模仿、随大流、讲迷信、碰运气，等等。真实当事人的困惑、计算与行为都必须作为一些“现象”来进行定位。理论工作的首要目标不是去替当事人解决问题，而是去说明他们为什么会处于困惑之中，为什么他们的行为五花八门，莫衷一是。从这个意义上讲，我们的投资决策理论在这里打住，可能是恰到好处的。假如我们提出了某种统一的、标准的决策方法（如同主流理论所演示的那样），而忽略当事人实际所采用算法的多样性，这反而不是在**解释**现实，而是在**批判**现实。可是，如果经济学者们连“解释现实”这个基本的目标都不能达到的话，遑论“批判”？

第四，我们当然可以在此基础上继续前进。例如，可以分析某个具体的、真实的决策问题，或者假想某种具体的情形。我们也可以具体来寻找特定情况下的最佳算法（例如对某些博弈问题的求解）。这种算法当事人未必已经发现和掌握，经济学者们则可以将之予以发掘和阐明，然后推荐给当事人。经济学者们也可以在分类检视各种常见算法的基础上，来界定哪些是“主流的”或“基本的”，哪些是“次要的”或“衍生的”。可以说，主流经济学者们以往正是主要在这个层面和意义上来进行工作的。但是，一类具体问题解决了，并不意味着所有其他问题也都可以解决，因为现实生活的多样性是无限的。看到一类问题，不能由此忘记了全局。重要的是记住“投资决策方法的主观性和多样性”本身。这既是重要的事实，也是重要的道理。这就是所谓的“原理”。经济学所缺少的就是这样的原理。在缺乏一般原理的情况下，经济学过快地陷入了具体性之中，并且借用具体性来遮蔽了“原理”。现在就是要补足“原理”。

6.4.7 再论真实的投资决策过程

投资是一种行为，一种流量，一种改变现状的**活动**。当企业主进行投资决策的时候，他所面对的这个世界不是虚空无物的，而是充斥着各种各样的事物。这些事物就是存量。存量原本就在那里，“投资”只是意味着改变存量的结构，也即挑选其中的某些事物，使其脱离原来的位置而聚合在一起，形成企业。这些事物相互靠近了，也就距离其他事物更远了；所以，这可能又意味着需要发起其他的活动。没有脱离存量的流量，流量就是针对存量的；这是我们须臾不可忘记的道理。

然而，与一般的消费活动或其他活动相比，我们通常所说的“投资”是一种比较大型的活动，意即：可以称作“单个投资活动”的那种活动，其规模通常远远大于单个的消费活动；它所涉及的资金、场地、货物与人员的数量都比较大。再次指出这一点还有什么意义呢？这里至少可以论及两点。

第一，在整个经济系统的循环流动中，每个或每批次的消费与生产活动的规模都是较小的，因而它们都是比较连续地发生的。单一投资活动的规模较大，导致投资活动的发生是间断的。“投资”意味着一次性的、大型的购买行为；采购完毕之后，则进入对所采购商品的比较长期的使用（生产），而不会再继续购买了。从特定当事人的行为历程来看，投资活动的频次应该是相当低的；而从全社会的范围来看，在特定的期间内，投资活动的总次数一定显著地少于消费行为的总次数。人的消费需求在时间进程中通常表现得相当均匀。例如，到了饭点，人总是要吃饭，而一天三餐的饭量也都变化不大。而投资需求则不同了：发现了获利机会就投资；没有发现，则不必强求。没有人像要去吃饭那样紧赶着去投资。换言之，**事件之间的连接有时候是紧密的，有时候则是松散的；总之，紧密程度（柔性数量分析）是不同的，这是一种算法式的效应**。这种效应意味着一个（业已被凯恩斯所重点指出的）重要的后果，**即投资活动在时间进程中表现得相当不稳定，它是忽冷忽热、忽高忽低的**。加之投资者之间的相互感染和相互强化，投资活动有可能大起大落。这被视为引起经济周期的一个主要原因。对此我们将在后文详论，但是现在就必须予以提及。

与以上情况相对应的是，在人数上，企业主与企业家的数量通常都显著地小于劳动者与消费者的数量，因而是总人口中的极少数。创办企业需要拿出大量的资本，这是普通人所不能具备的条件。社会为什么会形成贫富不均的分配格局，这是我们需要关注并做出解释的。而在政治上，这种人口结构既有可能导致富人侵害穷人的结果

（因为富人容易联合起来展开集体行动），也有可能产生民粹主义的倾向（因为选票按人头进行平均分配）。

当然，在算法框架下，“投资”概念的外延要比传统上更为广阔，这是我们需要做出的补充。每个人都拥有思想能力，拥有记忆、知识和经验；从这个意义上讲，每个人都可以做“资本家”。个人既可以投资金钱，也可以投资实物；既可以把体力活动“投资出去”，也可以把脑力活动投资出去，等等。“投资”概念的关键在于以当前的主动行为，试图获取未来的回报，因而它是冒风险的。在动态环境中，有的行为意在响应已经发生或正在发生的其他行为，而有的行为则意在引起别的行为，试图获得响应。既然是“响应”，也就只能发生在该行为之后。由于（按照算法的原则）任何行为（思想或行动）都要消耗资源，所以，任何具有这后一类特征的行为，也就都是“投资”。借助各种各样的渠道和方式，每个普通人都在进行“投资”；只不过，每个这样的投资与企业主所进行的投资相比，其规模较小，因而不足以**单独**用于创办企业。

第二，意在创办企业的这类投资活动，由于其规模较大，也就值得调集智力资源予以支持。因此，无论寻找、构思还是评估投资机会，企业主不仅通常自己投入很大的精力，而且也会花费资金，聘请顾问，尽可能地做出详细的研究。在本小节的以下部分，我们再就这个问题作一点讨论。

主流经济学通常都要展示一下“科学方法”在投资活动中如何进行运用。这类“科学方法”通常集中在项目评估方面，主要是对一些数量型数据的处理与预测技术。的确，假如运用这些技术的条件具备，它们应该尽可能地得到使用，以便获得某些比较确定的结论。但是，不幸的是，在算法世界中，数据必定是残缺不全的；努力地去采集个别特定的数据也许是可行的，而全面地搜集所有那些在逻辑上必要的数据，一般是不可能做到的。统计数据更涉及整个行业、整个市场、整个国家，甚至整个世界。官方统计机构所提供的数据通常过于宏观和简略，不能满足具体的需要，而要想得到精确对应相关行业的统计资料，除非有官方行政制度上的支撑，单个企业又如何能够做到呢？对于未来的预测数据往往更加不靠谱。首先，这些预测当然是主观的，看似表格做了一大堆，其实基本上是依靠“拍脑门”的方法。其次，预测的一大困难是由“组合爆炸”所引起的：对各种条件进行不同的假设，会造成不同的预测结果，而影响项目运作结果的条件是极为繁多、不可胜数的，那么，预测的结果也就更加不可胜数了。最后，许多人都在那里“预测”对方的行为，此后才能决定自己的行为；大家都这样做的话，等于大家都决定不了眼下的行为；而一个尚未决定的行为，又怎么能够谈得到“预测”呢？这就是“预测”这个概念的荒谬之处。人们是一边走着上一步一边来决定下一步的，一般不可能对未来规划得过于长远和细密。这就好比在树林里散步，行走者通常不可能（也没有必要）事先规划好他的行进路线。他走一步看一步，行进的路线虽然弯弯曲曲，很不规则，但总不至于撞到树上。散步通常是能够成功完成的，但这既不表明散步的人事先知道并能够说出他的规划，更不表明旁观者能够做出预测。这是人类行为与人类社会的一个突出特点。长远的计划和成功的预测都会存在，但它们的意义、可行性与必然性也只能在这些前提之下来进行探讨；要在具体的分析环境中，通过说明不确定性如何相互抵消，最终转化成了某种罕见的确定性。

认识到以上因素之后，我们基本上也就可以断言，大企业所进行的投资决策，其质量未必会比小型企业和普通个人强多少。算法理论对于普通当事人的行为所做出的推断与刻画，原则上是不可能在这里失灵的。大企业的愚蠢行为比比皆是，不胜枚举。例如，我们经常看到许多大企业都在经济高涨阶段大举投资，新建项目或者受让资产，结果，不出几年，一个个纷纷陷于财务困难甚至破产的境地。只要跟大企业内部的高管们多多交流一下，或者亲身体验一下其内部的运作流程，也就会自然地得出结论，即大部分企业的行为都是平凡的和平淡无奇的。

但这并不表明对生意的判断力与成功企业家的素质无迹可寻。有人把这种判断力笼统地说成“直觉”，把这种素质说成“天性”，这不仅不准确，而且具有误导性。判断力主要应当视作在个人的经历中不断磨炼出来的高度个性化的东西，它们大都是在具体商业环境中所总结出来的零散的“小技巧”，往往很难予以系统的、书面化的表述。要是一个成功的老板能够诚实地讲出他当初做出某个决定的原因（一般都很简短，而不是很冗长、很复杂），则听上去往往都很普通；只有具有相似经历的、从而对于他的处境具有深入了解的人，一般才会感同身受，深表赞叹。其他人则往往不知所云，甚至认为他在泛泛地讲“大道理”。这就是知识的具体化、碎片化、差异化与情境化的特征，是知识不够完美、不够理想的一种表现。商业机会常常也是与特定的个性相关联的。特定的个人通常对于特定的机会比较敏感。只要这些机会一出现，他就能够立即把握住，可以行云流水般地把有关的策略和资源组合起来，驾轻就熟地加以实施，从而取得成功。这都与他的个人经验和习惯有关联。但这并不表明这个项目便适合于任何人去从事，也不表明这个人无论做什么生意，都能够取得同样的成功。

商业活动与任何活动一样，都是在特定的历史进程中进行的，其合作与竞争的对象都是当事人的同时代人——除了年龄具有差异之外。这就是说，他们大都继承了来自前辈的特定的、既相似又有所差异的知识，又都不知道今后将会开发出来的新知识，同时又对当时所流行的知识比较熟悉。我们还需要从这个角度来理解投资决定的做出。生活于特定年代和特定国家因而对于当时当地情况比较了解的人，通常也对时人的心态和观点比较了解，因而，他们随时都在分享彼此的信息。一个生意人也许时常处于对投资项目进行掂量和判别的状态中，各种被他注意过的项目的实际表现以及他人的相关意见都不断地被他接收到，这些信息与他即将要做出判断的项目之间往往具有密切的联系，因此，当他要判断一个新近获得的投资项目时，他常常只需要再增加了解一点儿情况，也就可以下结论了。无论单个人还是整个人类，都是在这种群体性、异质性和异步性的环境中取得生存能力的。根据已经发生的历史事实，一个人可能很容易就历史上的某个投资计划究竟是否成功发表评论意见，但这几乎没有什么意义。一个人可能很难对一二十年之后才会提出的投资项目做出表态。不过，可能没有人会要求他**现在**做出这个表态。所以，他只需要根据**现在的**情况对于**现在的**项目做出表态。他所要遵守的只是他所处的那个社会中的具体规则，所要迎合的只是他业已相当了解其趣味的客户，所要战胜的只是他的同时代竞争者。一个人只需要比其他人强一点点，往往就可以得到巨大的回报。这是他面临的实际挑战，也是他所享有的机遇。人做生意的本事，本质上也就是这么回事。这就好比奥运会上的射击选手，只要按照既定的规则取得高分数，就可以赢得桂冠，从而受益终生；至于他究竟是否擅长捕猎，则是另外一个问题了。

6.5 企业及其运作

6.5.1 “企业”是一种算法

投资机会是被发现的，而投资方案则是根据所发现的机会人为地构思和设计出来的。这里需要再提醒一下读者，即投资方案的设计显著地包含着主观因素。不可能把所有在理论上可以成立的投资方案都摆出来，然后一一甄别。若干候选的方案通常是由有关的专家们构思出来的。不同的专家分别制作其中的部分内容，他们串行或并行地工作。单一方案内部诸元素之间的联系比较紧密，而不同方案之间则相对独立（柔性数量分析），因而，投资者通常只是在若干个比较有吸引力的方案之间进行遴选，择一而从。这意味着他必须权衡利弊，做出取舍，把相关的利益与风险都一肩扛起。例如，如果投资者选择建设一个年发电量15万千瓦的火力发电厂，那么相关的场地、机器设备和原材料就都要按照这个口径来进行配备，不可以再随意变更，否则，就会发生经济损失。他不可能建造可以灵活地适用于任何输出功率的发电厂。

投资决定做出以后，接下来就是成立企业并进行项目建设了。生产型企业通常都要建立工厂，安装机器，招聘和培训工人，进行设备调试和试运行，等等。这一般都要显著地花费时间。从采购原料到出产完全合格的产品，通常都要经历一个艰难的过程。这是因为，生产中的许多细节，都不可能事先完全弄清楚，或者事先细致地安排好。即使在最有经验的工程师的指导下，有时候也不能一下子就生产出合格的产品，而且还找不出其中的原因。这是因为，每个工厂都有自己的特殊性，不可能完全是另一个老工厂的复制品。生产过程中有数不清的难以完全掌控的因素，有许多尚未被工人完全掌握的、甚至有待于现场进行开发的技术诀窍。一个工厂从建立到进入良好运作的状态，这个过程通常是相当漫长的，是无论如何也难以省却的。每个过来人都对此深有体会。这里说的是生产型企业。对于服务型企业来说，道理同样如此。服务型企业一般都要进行员工培训和演练，否则就不能很好地进入服务顾客的状态。完全不需要生产准备期的企业是非常罕见的。

以上是从通常所谓“技术”的角度来论述企业的建立。主流经济学就是仅仅从技术角度来看待企业的。这是非常不完善的。现在，我们要说的是，企业不仅是人、财、物等各种要素的集合，它尤其是一种由许多人所联合起来的“组织”，它是多种特定人际关系的集合体。对于社会科学来说，主要应当从这个意义上来看待企业。

企业有时候拥有众多的股东，这些股东之间是一种平等的合作关系。他们联合起来，把小资本变为大资本。股东聘任经理，经理代表全体股东来管理企业，这种关系是委托与代理的关系。经理管理和指挥员工进行各种体力与脑力劳动，而这又是一种指挥与被指挥的层级关系。一般认为，这种关系与委托代理关系有所不同，因而才分别予以称谓。算法地看，在委托代理关系中，由于所托事项较为复杂，因而代理人享有的自主权要比普通员工大（当然又比外部的代理人小），代理人的地位也比普通员工高。层级关系则是完全的上下级关系，下级被近似地理解为上级的“工作器官”，只是依照其命令行事，其自由度和决策权是非常有限的。也就是说，这里具有程度性、技术性的区别，正是计算的复杂性以及由此所引起的种种算法的效应（包括自由度在内）定义了这种区别。

由各种不同的人际关系所结成的这个复杂的集合体，对外进行采购和销售，并进行其他签约与合作。在这些作业中，企业被假想为一个独立的“个人”来行事；这本身其实是一种非常有趣的现象。这首先表明，一个外部的签约者，当他面对某个“企业”时，与他分别面对企业中的各个个人的情况是不同的；企业不是这些个人的线性的加总，而是他们在结构上的（或者“有机的”）结合。可能有人会问：我与某个企业打交道，难道不是与其中的个人打交道吗？但是，常识告诉我们，与一个普通人打交道，和与一个代表某个组织的人打交道的情况是不同的。后者代表那个组织说话，至少相当于代表一大群人说话。不仅说话的内容不同，甚至连说话的腔调和姿势都是不一样的。那么，还可以进一步追问：既然他代表一个企业和一大群人，那么，我与他打交道，究竟相当于与企业中的哪个个人打交道呢？我们所接洽的事项，与企业中特定的个人或群体之间有什么关联呢？显然，这些问题却是不容易回答的。**组织的意义就是一群人相互捆绑在一起，以避免外部签约者对他们予以区分并分别对待**；从这个意义上来说，这些问题本身是不合适的。在这种情况下，笔者认为，我们可以采用一种模糊然而却有效的说法，这就是：“企业”或“组织”本身是一种**算法**（或者一种“建构”），相关人等按照这种算法来厘清和处理彼此之间的关系。外部签约人与企业内部人之间的关系不是直接的，要弄清他们之间的关系，必须通过“企业”这个中介，也即要采取“外部签约人—企业—企业内部人”这样一个间接的过程。外部签约人与企业之间的关系是清楚的，企业与其内部各类人物与角色之间的关系也是清楚的，但外部签约人与企业内部人之间却没有直接的关系。我们只能在这种框架下来看待、理解和推测外部签约人与企业内部人之间的（相对微弱的）关系。之所以要这样，是因为人际关系太复杂了；为了应对这种复杂性，当事人便**建构**了这样一种

“方案”。

6.5.2 人际控制关系的经济性

作为一种组织型态，企业具有一个突出的特征，就是其内部的人际控制关系。股东可以控制管理层，上级可以指挥下级。控制者与指挥者把被控制者与被指挥者视为他的“工具”（这里不含有人身侮辱的意思），叫他们做什么，他们就要做什么。雇主所要利用的是雇员身上的（部分的）工作器官及其工作能力，而要剥夺的则是他们的（部分的）自主权和自决权。雇员的头脑也是为雇主所用的。雇主叫他计算什么，他就要计算什么。即使雇员要享有一定的自由，也必须在雇主所限定的范围之内。无论我们怎么强调身份平等，雇主的社会地位通常也都比雇员要高，这是一种值得从算法的角度来加以理解的社会现实。作为对价和回报，雇员享有工资、奖金及其他福利待遇。这种条件是在双方自愿的基础上达成的，并且通常是标准的，是约定俗成的。也就是说，即使不针对特定的缔约对象，雇主通常也知道怎么做雇主，雇员也知道怎么做雇员，他们都对雇佣关系中所蕴含的权责利关系相当了解，因而在特定的工作场合中都知道怎样来扮演自己的角色。这种知识和能力是个人在其成长过程中从社会上学到的，是社会演进的一种成果。没有这种普遍的知识，仅凭单个企业的努力，“临时抱佛脚”，雇佣关系将是很难建立的。单个企业所签订的具体的雇佣合同，通常只是在这种普遍知识、习惯和“潜规则”的基础上做出若干具体的、增量性的规定与修改。

企业为什么要建立人际控制与指挥的关系，而不是市场上的平等的交易关系？这是一个好问题，这个问题是对主流经济学的“交易中心主义”的一个严重冲击。对此，一些学者提出了自己的解答，这些解答与算法理论之间未必是无关的。例如，可以回答说，答案在于交易费用；因为交易费用高，所以才转向了“非交易的”方式。这个回答未必是错误的，但它包含了一个不好的暗示，似乎说这话的人知道两种方式下的成本与收益的**金额**（然后才做出了比较）。这个金额当然不那么容易知道，因为成本与收益在这里都是结构化的。这就是“交易费用经济学”的不完善之处。现在，在算法框架下，我们如何作答呢？我们只需要说出以下的常识性答案：由于生产任务是紧迫的，其要求是严谨的，通过市场交易的方法来完成生产作业，达成人际合作，在时间上来不及，因而根本就不可行！“交易费用经济学”迎合了价格至上论。在理论术语的帮助下，它反而把这个简单的答案给掩盖起来了。

这个道理不妨讲得详细一些。设有一家汽车生产企业，工人们在流水线上作业，按照通常的方式进行生产。现在，有人突发奇想，主张每个生产工序都采用市场交易的方法，由各个独立的个人进行平等而自由的洽谈，然后合作完成。那么，可以想想看，为了制造一辆汽车，需要进行多少次寻找合作伙伴并与之洽谈的工作啊！其耗时之漫长，真不知这辆车何时才能造得出来！而每再造一辆车，又要重复洽谈一轮，工作量更是无法想象。这只是就工作量而言的。更为重要的是，在市场的自由协商中，每个人各有自己的想法和主意。有的要造船，有的要开饭馆；要想恰好把同意造车并擅长造车的千千万万人聚集在一起，何等困难？假如这些人只是了解并擅长完成各自的工序，并不熟悉整车的设计，如何达成统一的意见呢？又如何保证所拼凑出来的那个“产品”就是一辆汽车而不是别的什么怪物呢？这就是说，如果采用这样的方法，恐怕连产生“汽车”这个概念都是困难的。

诚然，如今不少企业都采用委托加工的方式进行生产，它们把大部分（甚至全部）零部件生产都进行外包，企业自身只负责对来自各个供应商的零部件进行组装、后期加工和贴牌。这种生产方式似乎与以上的设想很接近，实则不然。在委托加工方式之下，最为重要的是，产品是由企业自己进行设计和负责的，供应商只是**按照企业的要求**进行生产，然后获取货款或加工费。企业没有义务与供应商协商产品的选择和设计。所供应的零部件被企业采购后，究竟用于何等用途，供应商也未必完全了解。这个产品投放市场以后，结果是成功还是失败，也不关供应商的事。这就是说，这种作业方式解决了一个很大的问题，即人际意见冲突，相关各方因此也就不必陷于无休止的争论了。人人有手有脚又有头脑，人们一般都不自认为比别人差，很少有人甘愿做别人的仆从，这些能力相似的人们聚在一起，谁肯轻易听从他人的指挥呢？所以，企业（或者组织）就用来解决这样一个问题，就是一个人花钱，让其他人闭嘴；即使其他人（无论主观上还是客观上）比这个人高明，也要暂时听从这个人（企业主）的指挥。只有这样，才能办成一件事（生产产品）。究竟谁的意见正确，可以让事实来说话。这是在能力相似的人们中间建立起有效合作的一种方式——这种方式显然不是唯一的。我们可以注意到，人们经常用这种方式来解决争端。当大家争得不可开交时，有人就会说：“好吧，我们大家都来听你的，你来当领导，怎么样？”这样的言辞不一定表示服从，也许是一种挑战，它提出了一种通过实践来检验真理的方法。

再来说说产品的设计。一种产品在某个设计师的头脑中产生，它一定是一连串连续的智力活动的成果，一定是某种比较成型的东西。即使他在设计过程中借鉴了许多他人的成果（这通常是难以避免的），或者与他人进行了直接的合作，那也不能表明，产品设计的每个环节，每个元素，都可以去市场上进行采购，以致可以用对这些元素的采购活动，**完全替代**产品设计活动本身。我们通常所谈论的每个对象，每件事物，在我们谈论它**之时**，都已经把有关的元素聚合在了一起，因而具备了一定的形态、尺寸或规模。我们只是在这个前提下来谈论它。这个道理与产品设计是类似的。

继续说明产品的生产。我们看到某个铁匠铺在进行古老的打铁作业。工人甲把烧红的铁器从炉子里取出来，放在砧板上；工人乙抡起锤子，进行捶打。这两个人的动作必须前后连贯，不容有失。“交易中心主义”的含义相当于，只要甲把烧红的铁器放在砧板上，**总会**有陌生的自由人（通过交易）立即加入进来，不失时机地抡起锤子。这当然是荒谬的。假如没有组织化的控制、指挥和强制，这种协调性的实现是不可想象的。工人乙要进行谈判，只能在缔结雇佣合同或者在其他不影响生产作业的时候进行；要是进入生产，铁器被烧红了，那么，对不起，这种自由就失去了，抡锤子就是一种强制性的义务，否则就要承担责任。这种责任要比普通的违约责任严重得多。这种责任在另一些情况下表现得更为显著。例如，乘客在乘坐飞机的时候，一旦换好登机牌，进入候机室，也就进入了军事管制的范围，不得任意行事。选择、谈判和交易都只发生在此前和此后，而在**此时**，乘客的行为是比较不自由的。这种管制的目的就是为了保证航空作业严格按照既定的程序进行，以便确保安全性；在有关环节上，绝不允许出现任何灵活性。

在上述委托加工生产中，还有一个因素需要强调，这就是供货的数量与时期。假如单单为了某个或某批次产品的生产而去进行委托加工，也许是不经济的。经济性来源于与供应商所签订的长期固定合同，这种合同相当于与工人签订的长期雇佣合同（差别只是在于企业内部相应的人际控制关系不存在了）。这就涉及雇佣关系的另一个实质，即它总是一种**有一定期限长度的**关系，而不是一次性的关系。这种期限长度提供了一种类似于规模经济的效应；没有它，雇佣也就可能是不经济的。当然，另一方面，没有它，人际控制关系可能也就既没有必要建立，事实上也无法建立。因为，要进行人际控制，总要先签约，然后，在**履约的比较长的期间内**，发生了合同条款所未能穷尽的事宜，这才需要进行控制和指挥。

现在来小结一下。企业作为一种具有人际控制关系的组织，其存在在常识上是很容易理解的，其内部的各种人际关系也都是我们所熟悉的。可是，由于一种不当的理论已经确立在先，这就使得我们对它的解释变得相当费劲儿了。我们必须从各个方向上来回兜圈子，才能给“组织”这种“非交易的”关系以及“生产”这种“非交易的”活动留下位置。当事人现在只是偶尔考虑交易问题，而在其他时间，则根据事务本身的是非曲直以及其中各种“非交易的”逻辑关系（以及“非货币的利害关系”）来行事。绕了半天，我们似乎只是回到了这样的常识性认识之上，这好像有点儿令人沮丧。不过，面对经济学的现状，我们有理由把对常识的理论性理解奉为一个比较令人满意的目标。如果理论模型中的当事人能够像真实的人那样去行为，那么这应当视作理论研究的一个很大的成功。因为，这将意味着，在经历了扭曲事实的历史之后，经济学终于回到了事实。它既不再鄙视现实生活，也不再害怕现实生活，而是勇敢地面对它，甚至热烈地欢迎它。

6.5.3“生产函数”之不当

现在转入对生产以及企业运作的讨论。新古典经济学把企业表示为一个生产函数，本小节的任务是全面反驳这种做法。函数并非完全无用，但要澄清它的意义与功用，要把它放在适当的场合中；而在作为一门社会科学的经济学中，绝不能把它放在优先的和主要的位置上。

在层级管理结构的指挥下，企业内部展开比较协调的运作，这种运作的协调性通常要高于企业之外的自由市场和自由社会。这种协调性对于商品生产很有好处。通常，工人们只是记住自己的岗位任务与操作要领，按照上级的指示来完成特定种类的工作。任何工作都必定需要综合运用体力与脑力。当然，与物理对象直接打交道的只能是物质器官，大脑只能借助物质器官与外界间接地进行相互作用。商品生产，就是**物质器官**直接作用于**物质材料**的过程。也许，因为它们都是物质，这就给经济学家们提供了一种遐想，使他们误把商品生产过程视作与简单的物质运动差不多的过程；于是，就好比物理学家使用函数来描述物理规律那样，经济学家们也使用函数来描述商品的生产。

生产函数至少具有这样一些负面作用：1. 它把关注点集中在投入与产出的数量关系上，这就掩盖了生产中经济问题的广泛性与多样性。2. 它掩盖了人在生产中的自主性、灵活性、创造性以及人际关系的复杂性，宣扬了决定论，从而使经济学偏离了社会科学的轨道。

生产中的经济问题是很多的，是多种多样的，企业管理者所要决定的绝不仅仅是投入或产出的数量；数量问题往往并不是最重要的。层级管理结构绝不仅仅意味着只有企业的最高层在进行思考和决策。最高层通常只决定最为重大的事项，这是一种常识。企业的决策权实际上是在各个层级上进行分享的。每个层级都对下级做出规定或指示，即哪些事项必须按照所指示的固定方法来进行处理，而哪些事项则可以随机应变，甚至听任下属自由发挥。即使最为底层的工人，也总是享有一定的自由度。这种自由度首先不能视为一种负面的东西，它既是由于上级无法事先有所预见因而不能事先给出详细指示的后果，同时，往往也是一种有意的安排。除了执行能力之外，上级还要对下级加以利用的，正是下级作为人（而不是物）所具有的灵活性。人可以**相机地**处理问题，有所发挥，有所创造，从而使得生产中的具体问题得到比机器更为周到和妥帖的解决；否则，该员工所处的那个位置也许就该更换为机器（包括机器人）了。以这种眼光来看，组织也就不完全是一种垂直的结构，不完全是最高长官意志的简单的执行者，而是一种群策群力的结构。它既是体力的结合，也是脑力与智慧的结合。组织试图在压制人际意见分歧的同时，利用各个人分别拥有的智慧，把它们组合起来，从而发挥出完全自由的个人所不具备的力量。

当我们来到这种更为全面的观点时，反对生产函数的理由也就更多了。这种观点意味着，即使组织中的人的行为，也并非完全可以由其中的某个当事人所预测、所控制、所把握、所规定。那么，何以见得这众多的行为，恰好拼成了某种如此完美以致可以用数学公式来表达的“机制”？而且，这其中的规律恰好被经济学者非常高明地发现了？这种观点还意味着，组织的内部也会发生人际冲突，这种冲突只是在性质和程度上与自由社会中的冲突不同，而管理权威的存在并不能完全消灭它。冲突会导致变动与创新。因此，任何**既定的**投入—产出关系，都可能随时会被破坏掉。主流学者们通常把创新设想得很罕见，其实，任何结构性的变动都可能意味着创新，而结构性变动是频繁发生的。例如，企业更换了一名新的车间主任，而这名主任可能采用与前任有所不同的管理方法，其本人也具有独特的性格；这会对工厂内部的运作造成多方面的后果，其中一部分后果则是对产出数量造成影响。有些变动是积极的，有些则是消极的；但是，只要是结构性的变动（不管是不是够得上“创新”），就意味着对于某个生产函数的否定。**设想一个成形的生产函数，然后看看它在各种变动面前表现得何其脆弱，这是论证生产函数之不当的一种方法。**

可能有人会说，有的企业会采用十分严格的管理措施，以致员工的灵活性与创造性几乎被杜绝，那么，这样的企业是否适合用生产函数来表示呢？笔者的答案仍然是否定的，原因在于，这样的企业必然听命于最高层少数人的指挥，而这些人依然只能是我们所谓的“算法人”，他们头脑内部的知识不可能组织得非常完善，因而他们的决策不可能总是前后一致，没有错误；也就是说，他们自己在前一刻所创造的生产函数，很有可能在后一刻又会被他们自己所破坏。

假如基于物理规律的规则性，来把生产活动设想为一个函数，这种念头从根本上也是不正确的。这是因为，生产固然可以视作物（人体器官）与物（物质材料）的相互作用，可是，我们对于生产的描述，是按照这些物理现象对于人的意义来进行的，这与纯粹的物质运动不是一回事。例如，一个人的手掌作用于某个机器，则某种确定的结果一定会发生；即使我们（或者当事人）不知道那种结果具体是什么，我们也同样确信必定有某种结果发生了。这是物理学。然而，某个确定数量的原材料投入生产活动中，经由工人的操作，一定会产出特定数量的商品吗？在原则上，社会科学家们不能这样认为。这是因为，谁也不能确信工人们将会如何行动；即使最为严苛的管理措施，也无法完全保证工人们将会如何行动。工人们都有独立的大脑，任何身体动作都会经由大脑掂量一番，审查和反思一下。假如工人们改变了行为方式，或者他们故意怠工或破坏生产，产出怎么可能会维持不变呢？在这些情况下，难道有什么物理定律被违反了吗？退一步讲，即使这些情况通常较少发生，因而可以视作一种反常以致忽略不计，社会科学家们自己也不能忽略它；因为，这么一忽略，就把社会科学的核心对象忽略掉了，也就把社会科学的核心方法放弃了，社会科学就让位于自然科学了。尤其是不能把生产函数的存在作为一种**涵盖一切的**一般假设，作为标准理论或一般原理的一个要件；否则，就犯了根本性的错误。

6.5.4 恰当地认识和运用函数方法

只要理解到社会世界的种种算法性质，理解函数在刻画生产活动方面的局限性也就是相当容易的。可是，在李嘉图所开创的分析传统中，运用函数的念头是那样地油然而生，主流经济学者在这一点上是如此地坚定，这里面究竟有什么奥妙呢？这就来到了我们的一般观点，即只有算法理论（而不是主流经济学自己）才是阐释主流经济学的正面价值的适当工具；通过这种阐释，再加上算法方法所提供的增量性的概念、工具与原理，我们才能到达一个适当的、大一统的经济学。

当我们面对经济世界的时候，或者当一个当事人面对其他当事人的时候，对象并不是一无所是，不是虚无；它（他，下同）是具有某种名称和性质的实在。它也不是万事万物，并非“一切皆有可能”。它虽然有变化，有内在冲突，但并未达到“你说它是什么，它就变得不是什么”的程度。以上各点都是我们在理解社会世界时需要全面注意到的。也就是说，社会世界是动与静、权变性与模式化、一致与冲突的结合体。

实施某项征税，将会产生一定的经济后果，这种后果将与征收另外一种税有所不同，这是可以确信的。这就是说，现实的经济世界，无论在任何时点上，总是具有特定的“脾性”或“倾向性”，即使这种脾性我们难以用简单的方式来把握，即使它会发生改变。这种脾性的存在显然是由于存量知识的广泛存在（它的背后部分地包含着物理世界的机械性）而引起的。临时计算可以改变这种脾性，但通常改变得很少，因而难以将之完全予以“合理化”。于是，在诸如“推测征税的经济后果”等紧急情形下，也就难免要引入函数。函数带来了简洁和便利，尽管它是在近似的意义上存在的，但这种近似**此时**是可以忍受的——有函数总比没有要好。

函数在具体经济分析中的竞争力，还可以由以下的算法式道理来保证。首先是计算的独立性。一个人观察他人，在大部分情形之下，都不会引起他人业已形成的行为模式的改变。这是因为，生活在群体之中的个人，被他人观察的机会太多了，完全免于被观察是困难的，因而，如同 5.5.2 节所述，算法人通常会任人观察，而不去做出反应。企业只会对某些重要的观察者（例如制订产业政策的官员）做出反应，经济理论家们显然不在此列。其次，生产函数的假定暗含着企业中的个人按照某种可以设想的最优行为方式来行动的意思。在异步性的群体行为中，这种最优行为方式不断地被各种正反面的事例所强化。企图违反这种行为模式的人，不断地从这种违反中得到教训；而遵从这种行为模式的人，则不断地因此而获得好处。并不是不存在对于常态行为的违反，而是常态行为相对稳定地处于优势。异端行为（反常或创新）很难同时地、普遍地、大规模地发生。这些原因都导致工厂的作业在很多情况下看上去都类似于机械化的行动。

除了预测在某种冲击之下的反应，函数的优越性还可以体现在许多具体的或应用性的研究（包括对“一般均衡”的研究）之中。反正，只要我们认识到所研究的对象具有一定的性质或趋势，或者我们需要假定它们具有一定的性质或趋势，函数可能就用得着。即使不直接采用数学而采用计算机模拟的方法，函数也会是有用的。

但是，我们的讨论不应该止步于此。主流理论的弊病不在于使用了函数，而在于它把函数作为一种世界观，作为一般的本体论，它暗示世界**在总体上**可以这样来看待。它把由函数所构成的模型推升为经济学的一般原理和一般方法，推升到算法理论如今所谋求的这种位置上。在“函数”的话语之下，经济变量被预想为不是按照这个函数在运动，就是按照另一个函数在运动。这就给经济模型预设了一种哲学上的倾向性，使经济学不必要地、完全地站在了决定论的一边。

其实，即使按照决定论的思想，函数也并不总是需要的。例如，化学中包含着决定论，但化学理论并不表达为函数。算法理论也包含着决定论，但算法理论也不必表达为函数。通过运用算法框架理论，并且借助常理和常识，我们可以较为精确地推测当事人在具体情境中的决策与行为。通过观察和了解现实，以及与当事人进行直接的交流，我们也可以知道他们在企业运作中是如何进行决策的。不需要借助什么“生产函数”，企业的经理可以凭借自己对于企业资本设施和其他方面情况的精确了解，采用灵活而实用的方法，恰当地做出关于投入与产出数量的决策。“规律”即使存在，它们的表现形式也是多种多样的，不能生硬地以偏概全。而且，它们同时也与多元性和不确定性并存着。

要说解释现实，算法方法一下子内生出了世界的多样性，并且在原则上给予每种常见的算法与行为以理论上的合理性，这不就给现实提供了一种基本的、实质性的“解释”吗？我们看不到函数方法可以在这里扮演多么重要的角色。如果还要解释得精确一些，我们可以走进现实，仔细了解实际情况；可以首先倾听当事人自己的“解释”。我们必定会从这种“解释”中得到很多教益。在此基础上，我们才有可能发展出高于当事人之意识活动的“解释”。

要说指导或改造现实，真不知道宣称“当事人的行为在遵从某种函数”的方法如何可以有利于实现这个目的。这样的话尤其是当事人不愿意听的，因为这在否认当事人的自由、自主性与创造性。**人的本质特点之一就在于改变任何既定的东西**。马克思宣称资本主义的运动规律，如此这般的理论，只能被理解为关于发起某项社会运动的号召；这种“规律”只能存在于事前。当事人在获知这种“规律”之后，可以奋起而改变它，从而导致它消失。因此，这样的规律也就不能理解为已经预先把获知该规律之后的反应也包括在内了，以致成为超时空的、绝对的和“不以人的意志为转移”的。在引入这样的“自我证伪”（以及“自我证实”）效应方面，算法理论无疑提供了必要的基础。

所以，笔者的观点很简单：除非出于具体理论分析的具体需要，函数不应成为构造社会科学一般原理的工具。对函数的使用完全是一种临时的、纯技术性的举措。一旦那个具体的分析结束，其中所假设的函数也就应予撤销。

6.5.5 企业所追求的是实际发生的现金流

企业常常是因为一时兴起而建立，但是，建立以后，由于巨大的资本存量一时难以消化，企业需要连续地经营，以便持续生存下去。日后的经营环境是无法完全预测的。在动荡的经济社会环境中，企业就好比一条船，在其中颠簸飘荡。企业必须时刻保持警觉，灵活地闪躲腾挪。企业管理学的复杂性显示了企业经营问题的异质性、复杂性及其困难程度。在算法框架下，这是我们在企业理论中需要优先注意到的一个突出问题。经济学家必须面对这个重要的问题，从中体会当事人的处境，观察当事人的反应与行动，并与当事人一起研究解决的办法。

企业是一个命运共同体，各种各样的内外部冲击虽然首先作用于这个肌体的某个部分，但最终都由这个共同体作为单一主体和责任者来承担。为此，我们还要继续来考察这个“单一主体”的性质，尤其是考察它的经济核算方式，也即会计体系。

企业被假想为“一个”主体。请注意，这个“假想”并不是我们观察者的假想，而是真实当事人的“假想”。严格地说，这也不是假想，而是真实当事人之间的约定，是他们共同遵守的一种“算法”。基于这种算法，企业中各个部分的收入，都被视为这个**单一主体**的收入；各个部分的支出，也都被视为这个**单一主体**的支出。其他的权力义务关系，也都这样来进行理解与处理。所以，“一个企业”也就意味着如此多的个人都共享一套**单一的账本**——或者说，被这套账本所体现的统一算法所管辖。

这里还需要强调一下，进入会计核算体系的账目，是以**实际发生的**收付事件为基础的。企业的存在所导致的社会性成本与收益，都按照社会所**实际遵循的**规则来进行分担，通常大都不由企业来负责，也不计入企业的会计科目，除非这些外部性影响导致了**实际的**现金收付活动（例如环保罚款）的发生——而后者总是罕见的。这是人类社会制度的一种总体安排。这种安排保证了企业的自由和独立性，保证了企业与社会之间的关系不至于那么复杂，以致造成了某种不经济。其次，会计核算既然以实际发生的事件为基础，这就表明它所采用的主要是“历史成本法”，也即，它在原则上只记录实际发生的金额，而不再对资产进行重估；并且，它只记录动态性的、边际的、增量的活动。例如，企业购买了一栋房屋，支出了一笔金钱；这个事件就可以计入账本。但是，附近房屋的价格可能每星期都会有所变动。房价变动一次，是市场上所发生的事件，但不是企业内部的事件，因为企业内部并未因此而采取任何实际的、导致企业现状改变的“动作”，所以，也就不能说，企业内部每星期发生了一个“其资产市场价格发生变动”的“事件”。这就是在流量与存量共存的架构中我们所要强调的区分。我们不能说“企业本星期没有卖出房屋”是一个事件，只能说“企业本星期卖出了房屋”是一个事件，因为后者展示了一幅“在静态的大背景中有相对少数的事物在运动”的情景。在相对运动中，变化了的事物占整体事物数量的比例可以作为区分何者为“事件”以及何者不是的尺度之一。这种知识绝不是不重要，它是社会在其漫长历史中所发展出来的一种共识、一种约定、一种习惯。当然，它也绝非完全不可更改。

把会计核算限于动态事件和历史成本上，就大大减轻了会计核算的任务。实际上，**只有采用这样的方法，会计核算才是可行的**。否则，假如对每项资产时时刻刻都要重估其价值的话，会计核算的任务量就是一个天文数字，也就是不可能完成的；“会计”这项工作本身也就不可能存在。会计科目中虽然也存在着多个应收、应付和应计科目，但这些科目的核算其实都是严格地以现金收付制为基础的，只是现金收付制的一个极为有限的扩展，因而绝不能否定现金收付制的支配地位。

会计核算制度反映着人们对于经济活动本质的某些看法，这些看法并未经由传统的经济学而得以揭示。现在，我们需要对它做出深入的认识。这种认识的一个基本要点就是：资产流动性问题是关乎经济活动之本质的一个关键问题，而绝不能把它作为次要问题加以处理。例如，资产价值的重估通常只能限于流动性极强的资产项目（例如股票等金融性资产）上，而绝不能任意扩展其范围。这背后所反映出来的理论观点是，无论古典的“价格围绕价值波动”的决定论，还是新古典的完全竞争市场假说，都是非常不靠谱的经济学说。商品的价值既不是被某种神秘的力量事先决定了的，也不能简单地等同于目前的市价。需要认识到，假如我们把包括资产在内的所有商品的价值都等同于目前的市价，也就等于消灭了利润。利润本身是一种基于商品在获得时所支付的实际的、历史性的成本而产生的东西，它是各种**实际收付额**之间的差额。离开了这个定义，何谈利润？当前的市场价格也不能视作计量资产价值的**确切工具**，因为，假如每家企业都把它们的资产同时推向市场，该资产的市价就会发生改变；这是一个常识。人们之所以有时候把市价作为商务谈判的基准，**是因为实在没有其他更好的基准**。这就是说，在实际商业活动中，人们并没有假定“每种商品都有一个由无限多买家与卖家所组成的完善的市场”。工商业活动不是以完善市场的存在为前提来展开的；恰恰相反，每种商品与每种资产的流通性是各不相同的，如前所述，**这是生发工商业的原因**，是工商业所要努力来解决的一个问题。这个问题不能在没有解决之前就被假定为已经解决了。同样地，企业产品的销售也必须实际完成，真实的现金必须**在实际上**拿到手中。假如企业可以简单地以产成品市价来计算销售收入，那么产品也就无须在实际上交付到用户手中了；这显然是荒谬的。传统的方法显然是倾向于否定货币收入、从而否定货币的重要性的，对此我们将在后文再作论述。

消除这种混乱的方法并不复杂，就是同时取消上述两种形式的价值决定论，完全放弃经济学家们出于偷懒和急躁所进行的空想，则真相自然就会浮现。说“会计学是基于经济学而建立的”，这种看法显然并不完全正确。经济学推动了会计学，而会计学同时（也许更多地）也建立在人类直觉和常识的伟大基础之上。与其说会计学以经济学为根据，不如说经济学以会计学为根据。没有会计核算作基础，经济理论将寸步难行；而如果不能深入认识会计核算的实质，就会建立错误的经济理论。

6.5.6 企业是一种对冲和救济机制

基于以上论述，现在就可以对企业如何抵御风险的问题做出一个初步的回答。

企业是由多人所组成的组织，其中的每个人都是这个组织的一部分。企业以支付报酬为条件让这些个人来扮演“他”的“器官”，因此，除了雇佣谈判和领取报酬等事项外，当员工进入工作状态时，他是不独立的；无论进行具体作业，还是收取收入、支付支出，他都不是在替自己做事，而是在代表那个假想的主体做事。所有的收支项目都要汇总在一起，来统一进行核算。由于企业中的人数较多，所从事的工种广泛，与外界打交道的渠道比较丰富，这就产生了一个基本的机制，即当其中的某些部分发生变化的时候，其他部分可能同时存在相反的变化；这正反两方面的变化**相互抵消**之后，反而对企业的总体财务状况不造成影响，或者影响较低。这是任何组织都具有的一个基本优势。这就好比船舶在大海中航行，为了抵御风浪，办法之一就是把船造得大一些。大船不容易被风浪所掀翻。假如企业不采用上述核算办法，或者假如企业分解为由一个个单独的个人所构成的众多独立经营单位，则这种效应就不会存在。

我们可以发挥一下这个观点。鉴于企业所采取的会计核算方式，**“企业”这种组织形式就好比一种救济机制**；它的特点就在于拥有一笔**可观的**资本。生产部门生产商品（从而产生销售收入）是需要时间的，可是，在此期间，工人需要源源不断的生活费用，因此需要定期地、以固定不变的节奏发放工资。供应商也需要收取货款。于是，这笔资本就可以用于垫付这些开支。这种把资本视为“垫付”的观点由来已久，可是，因为新古典经济学的遮蔽，其真实意义至今不曾显露。这个真实意义就是强调了货币与动态性是经济学必不可少的基本问题和基本元素，绝不能撇开它们来研究所谓的“经济学”。

销售部门把销售所得的现金“无偿地”交予生产部门，生产部门把产品“无偿地”供给销售部门，这都分别类似于一种“救济”行为。现金尤其相当于企业（以及整体经济）的血液；按照管理人员的指示，它在不同部门之间来回地、无偿地进行划拨，以保证各个部分运转正常，不致因为缺少养料而死亡。这种划拨之所以是无偿的，是因为所划拨的现金（或其他资源）并不是赠予接收现金的人的，他不得把这些现金用于个人的目的，而只能用于企业本身的目的，并且只能当他扮演企业的“器官”时才能使用。至于他个人的报酬，则完全是另一回事。例如，企业的主管同意某个员工预支一大笔差旅费，这并不表明该人表现良好，应予加薪；这笔差旅费也不是对他的奖赏。这个意义和关系虽然复杂，但我们却很容易理解。这是因为我们就生活在当事人中间，我们自己也是当事人的同类。通过与当事人进行直接的通信，或者经由亲身体验，我们对此已经完全熟悉了。这就是“人的意识的独立性”的含义，也是“意识与思想作为经济学研究对象”的含义。假如我们忽略思想，不与当事人进行对话，而只观察他的肢体动作，我们是很难猜测到他的动作具有如此丰富的含义的，我们也就很难把他的动作作为现象来进行解释。

上述对冲不仅是当期的，而且也可以是跨期的。企业当前的收支与未来的收支是放在“同一口大锅”中进行核算的，因此，企业的身份是延续存在的。这就好比今天的张三与明天的张三都被视作同一个人，发生在张三身上的权利义务关系也被认为是延续存在的（尽管张三实际上已经有所变化了）。所以，今天的盈利（假如不进行分配的话）会被用来弥补明天的亏损，反之亦然。这就再次来到了资本的作用。**资本的功能，就是为了平抑经济活动的波动，平抑流量的不稳定和不均匀**。资本越多，可以进行流量平抑的范围也就越大，期限也就越长，企业也就越容易延续下去。资本的作用在商业周期中可以看得尤为清楚。提前为可能的危机囤积好现金的企业，就可以安全度过危机，其产品与资产就不至于在危机中被迫以低价售出；而缺乏资金的企业，危机通常会使之雪上加霜。如果其产品或资产在危机期间被迫售出，就会发生净损失，就不能享受危机结束后资产价格的回升。

有人可能会提出这样的问题：如果投资机会出现，我就创办企业，对之加以利用；如果投资机会消失，我就关闭企业，售出资产；我为什么一定要冒着风险持续经营下去呢？这不失为一个聪明的想法，而且，事实上，一定会有一些人已经成功地做到了这一点。然而，这个问题本身却是新古典式的，它受到了新古典主义的鼓励和误导。对于这个问题的回答可以写得很长，这里只是非正式地列举若干要点。1. 在有时间的环境中，事情绝不可能如此称心如意。所谓的“投资机会出现”，实是一个过去的事件。“现在”是一个极短期，一般是抓不住的。新古典的误导性就在于，它想象着有一个相当长的期间可以拿来近似地当做“现在”，其长度允许当事人完成一切占用时间不那么长的操作。这是空想。怀抱这种如意算盘的人，常常会落空。他将发现，当为利用一个“眼前的”机会而做好了准备的时候，这个机会却消失了；而当没有准备或者撤销已经做出的准备时，机会却又浮现。所以，在实际商务操作中，风险如影随形，绝不是可以摆脱的。至于在生产过程中所遭受的“意外的”冲击，往往看似“意外”，实则很普遍。抱有新古典主义思维方式的人常常不是积极地预判并应对这些冲击，而是抱怨“运气不好”。2. 企业的建立与解散绝非轻而易举，其花费和代价都是显著的，绝非可以忽略。代价之一就是，在企业清盘操作中，由于急于售出资产，报价通常只能打折扣。成交价、等待时间与搜索范围都是密切相关的。这是常识，也是一个容易得出的算法式结论。而在算法框架下，如前所述，我们可以提出的另一个较为新鲜的论证就是：企业在其建立和运转过程中形成了众多个性化的、不可转移的资产，企业的关闭将会造成这种资产直接被破坏。例如，在雇主与雇员之间以及雇员内部所存在的人际关系，都是经过长期磨合才达到比较和谐的状态的。他们首先要相互认识并了解对方的性格，然后才能知道彼此之间如何可以有针对性地进行合作。企业一解散，这些关系就都浪费了。及至新的企业再成立的时候，又要从头再来一遍。3. 另一个常识性观点是：假如发生某些商业机会的持久性丧失（例如电子相机的兴起摧毁了塑料胶卷制造业），则相应的专用性资产就会普遍跌价，因此，想通过售出资产的方法来转嫁危机，其可能性相当微小——除非运气好，或者具有先见之明。4. 抱有这种机会主义想法的人，通常都没有注意到企业永续经营的好处，同样也会忽视企业经营中实际所使用的战略；对此我们在下文中继续探讨。

6.5.7 主动创造商机：技术研发

截至目前，我们总是假定，企业在被动地利用市场上的机会。这种看法固然反映了部分事实，但它过于传统和保守。这种看法也是新古典主义的，因为它暗示了，人们总是可以根据对客观状况的分析来决定他们的行动方针。引入有限理性假设的一个直接后果，就是限制这种思维的适用范围，而加入主观的、主动的、积极的和互动的因素。行为主体不仅是在了解和分析客观世界，而且，鉴于这种了解和分析难以达到“完全”的地步，行为主体同时也在构思策略，大胆尝试，意图积极地影响和控制客体。这种思维反映在企业经营方面，就会引起以下策略的运用，即：通过构思和发明新产品来创造市场需求，通过研发投入来谋求管理革新与技术进步，通过运用竞争策略以及政治游说来影响外部环境，等等。对这些策略我们不可能在一个小节中做出全面的论述，本小节的任务只是就此开一个头，也即先从产品、技术与管理创新谈起。

频繁地开设和关闭企业并不是规避风险的好方法。明智的策略通常是，让企业永续经营，然后根据市场条件的变化不时地调整资产、产品结构以及经营策略。原有的商业机会可能会丧失，但企业可以通过指挥人力进行主动搜索，来捕捉新的商业机会。可以从其他地方引入本地市场上并不存在的新产品，也可以投入研究力量，自行开发市场上原本不存在的新产品。

消费者对于某种产品具有“需求”，这通常只是部分的事实。真实的情况是，消费者的需求通常是模糊的或隐含的，甚至连外观表现也没有。消费者指名道姓地叫买某种商品，是因为他拥有关于这个商品的知识和体验，而商品本身却是工程师或者商家发明出来的。如果世界上原本没有手机，消费者也就根本不可能叫买手机。从这个意义上讲，甚至很难说需求方面要比供给方面更为“基本”。经济学必须从一开始就进入互动关系的图式之中。

企业拥有资本，有其他部门在赚钱，这些条件都为在研发方面的长期投入提供了可能。面对创新不断发生的事实，新古典主义者只能把它解释为一种偶然和意外，也无力在创新与有意识的投资活动之间建立起因果联系。而算法的视角告诉我们，创新的机会无穷无尽，因此它是一种常规性的现象。另一个推论是：加大在研发方面的投入，一般而言，必然能够产生更多的新产品和新技术。

在一定程度上，创新的确具有某种“可遇而不可求”的特点，因此，在针对创新的投入与产出之间，并不存在严格的相关关系。用中国古诗来说，就是“踏破铁鞋无觅处，得来全不费功夫”。但是，这并不表明事情总是如此。加大人、财、物的投入，多进行尝试与探索，取得新发现的概率必然就会提高。尤其需要注意到，企业层面的创新，固然离不开灵感、直觉与天才般的构思，但是，在研究与开发部门所进行的大部分活动，其实都是一些常规性的活动。例如，特定信息、知识与技术的搜集。所搜集的对象往往都是现成的，都存在于社会上的某些地方；研发人员所要做的，只是去把它们聚集起来，加以整理，以便得到利用。比如与企业经营相关的各类商品的交易信息、竞争对手信息、行业经济信息以及政策信息，这些信息只要获得了，通常也就知道如何加以利用，并不需要对其进行过于复杂的分析。研发部门通常要做的另一类工作就是跟踪、遴选、采购或引进某些已有的技术与装备。这些技术大都存在于同业、相关行业或某些研究机构之中。研发人员所要做的，首先是尽可能早地获知这些情报。其次，对现成技术的分析、评价与遴选本身就是重要的工作。所引进的技术与设备不一定会完全满足企业的需要，有时候应当进行一些改造，但工作量通常不会很大。企业内很少有完全独立的自主研发活动。企业的研发首先建立在基础科学技术的基础之上，其思路常常是前人与他人思想的延续，是在庞大的公共知识基础上的微小的增量。企业在智力活动中的贡献尤其是在最后和最高端。例如，就拿手机的设计来说，主要的技术大都是公共的，而企业本身要决定的则是要把哪些功能包括在特定款式的产品之内，目标用户如何确定，外观与操作界面如何布局，等等。对这些问题往往并不能坐在屋子里通过冥思苦想而得到答案，而是必须走出去，进行大量的市场调查。而市场调查面临的困难则在于，如果没有现成的产品在手，则消费者所做出的回答的参考价值就不太大——但制造现成的样品却代价不菲，而且，不可能就每一种设计思路都制造出相应的样品。有时候，在设计人员看来差异微小的商品，其各自在市场上受欢迎的程度却存在着重大的差异，不到具体使用的时候，消费者自己也常常说不清楚他的倾向性究竟何在；这简直就是“不见兔子不撒鹰”。在这种情况下，谨慎小心并多做试验（而不是迷信天才与直觉）就是有益的。这些情况都有助于去除笼罩在研发部门头上的神秘光环，说明研发工作与其他工作一样，大都只是一些常规性的工作，所适用的也大都是在其他工作中通行的常理。

不仅如此，创新也会发生在其他部门中，发生在任何职位上，以及任何工作之中。如果不开办企业，也就享受不到这些创新的利益。

除了产品设计与生产技术的改进之外，创新可以指销售策略的更新，财务核算方法的改变，以及管理制度与管理模式的更改，等等。主流经济学以“技术是外生的”“技术是自然科学家研究的对象”等理由为借口，一面把技术研发活动排斥在主流经济分析之外，一面又随意地引入技术创新，同时又在经济分析中不考虑当事人智力活动的进步。现在，在算法框架下，任何人类活动都存在“技术”问题。我们可以在这样的广义上来使用“技术”一词，当然，也可以继续遵从传统的习惯，而把这个词语限于与物质产品生产活动密切相关的领域之内。本书仍然主要遵循传统的用法，因此，我们把管理方式的改进视为与技术进步在本质上相同而又在种类上有所区别的一个议题。

6.5.8 企业管理问题的内生化

企业是有限数目个人的集合体，而且它总是处在有限数目个人的指挥与管理之下，这就带来一个必然的结论，即企业的行为即使从总体上来看，可能也具有一定的“性格”，不同的企业往往具有不同的性格，这种性格对于长期与之接触的人来说通常是相当鲜明的。用传统的概念框架来说，企业管理不仅是一门科学，也是一门“艺术”。当然，现在我们只需把它们纳入一个统一的框架内来进行讨论。

企业的性格或行事风格首先是其老板的性格与行事风格的反映。老板在企业中具有至高无上的地位。因为人们的性格彼此之间总是有所冲突的，其他人员首先必须服从和顺应老板，其次才能谈得到对老板的决策有所补充和修正。否则，假如人人都是听凭自己的性格而自行其是的话，企业就会乱套。倘若我们看不到个性与人际冲突的必然性，也就不能洞察由此造成的种种效应。效应之一是，为了顺应老板，雇员必须约束和克制自己的个性；这造成了雇员工作的一种负效用。为此，一些雇员势必感到受到了压迫，觉得不自由、不开心、不合理，甚至不公平。不理解老板处境的雇员们，总是倾向于挑剔老板的决策。他们呼吁老板要把自己当作活生生的、具有能动性的“人”而不是机械的“物”来看待，希望看到自己的聪明才智得到发挥。这说中了许多老板的通病。为了简化问题，这些老板通常的确倾向于只把员工当作工具来用，希望他们在需要的时候立即填补上去，恰到好处地发挥作用；否则，就希望他们不要打扰自己。这就是企业内部专制与民主的斗争。

这个斗争值得多作一点讨论。每个人都具有独特的思想与知识，“个性”往往只是这些思想与知识的一种合称。对于企业来说，这当然都是资源；只要善加利用，就可能取得重要的经济效益。雇员被当作一种肩负着特定期待的“工具”来看待，这在缔结雇佣合同的时候是难以避免的。但是，人毕竟是具有能动性的，他在工作中以某些方式主动地展示自己的才华与意图，终归也是难以避免的。这种主动性有助于员工获得奖励、升迁以及良好的职业前途。鉴于雇佣合同、管理规范以及岗位准则都具有一定的模糊性，企业一般也不禁止赋予员工一定的自主权。尤其是在知识与智力的因素比较重要的地方，员工的自由度、自主性、待遇和地位通常也都较高。这就引领我们来到了一个与把员工当作企业的“器官”有所区别的新视角、即互动关系之中。企业也需要被视为展示人际互动的网络平台，尽管在这种互动关系中各方的地位绝不是完全平等的。这种视角是与把员工看作关于自有人力资本的“投资者”的观点相一致的。

这种态势导致企业管理学与政治学有些类似。企业可以通过发扬民主的方法来群策群力。老板可以向员工展示温情、宽厚与开明，以此来激发员工的创造性和献身精神。在信息技术的支持下，即使在巨型跨国企业中，老板也常常与普通员工进行直接交流，听取意见。更有扁平的网络型组织，其中的人际关系尤为平等。但是，在这类洋溢着民主气氛的企业里，组织纪律通常较为松弛，秩序有些混乱，其在决策的执行上通常也较为低效。另有一类独裁型的企业，其中的风格恰恰相反。员工们生活在严密而严厉的纪律控制之下，大小事务统统由高层进行决策，一级级下达执行。员工的声音很微弱，其想法与情感受到忽视，经济待遇也比较微薄。这就是管理学中的 X 理论，它与上述的 Y 理论形成对照。这也类似于中国古代的儒法之争。大部分企业的管理风格都介于两者之间。俗话说，人们同时需要胡萝卜与大棒。经济学的边际方法其实可以很好地用来分析二者之间的这种替代关系。

现在再来讨论一下“科学管理”这个议题。“科学管理”最早与美国管理学家 F·W·泰罗的名字相连，而在我国，这个词具有更为广泛的含义。它可以用来泛指把科学方法、科学态度或者科学研究的成果应用于企业管理活动之中。我们正是在这种广义上来使用该词的。“科学管理”与那种粗放的、凭经验的、拍脑门式的管理方法相对，它要求对管理事务进行理性分析、周密规划、合理分工和团队作业。它通常反对个人化、情绪化的行为。所以，大致上可以说，“科学管理”是把自然科学方法简单地应用于企业管理的产物（当然少不了也要用正确的常识来进行支撑）。这种应用取得了伟大的成就，并且它至今仍然在前进。然而，另一方面，它也使管理学处于尴尬之中：假如“管理科学”是管理学的一部分，那么管理学的剩余部分是什么呢？或者，假如“科学管理”只能以特定的方式应用于管理实践的话，这是否意味着对于剩余的部分“科学”就无能为力了呢？

算法理论无疑可以用于大大拓展科学分析在企业管理中的应用范围。我们首先可以用它来理解“科学管理”与“非科学管理”之间的关系。假如企业管理者能够发现管理事务中的某些确定性关系（例如，提高机器转速所带给企业的收益，显著高于因此而安抚工人所需的代价），他必定将乐于采用。不过，任何“科学化的”措施，其所带来的收益也都是有限的，因此，这并不能保证它一定会得到采用。它是否会被采用，取决于其与其他措施之间的竞争关系。科学管理措施通常在稳定的环境（例如大型工厂）中才会奏效，员工们也要事先经过系统化的培训，才能够掌握和实施它。可以从这个角度来理解种种“非科学的”管理措施的价值与必要性。后者其实是指管理者凭借常识、经验、灵活性、创造性或个人性情办事。它的特点是便于实施，因而使用范围广。例如，甲企业的管理层由高学历人士组成，其议事过程按部就班，四平八稳；而乙企业是独裁型的，它的老板学历不高，但经验丰富，做事果敢、有计谋而又不乏激情。我们经常可以看到，在实际竞争中，乙企业未必会输给甲企业，也即老板的个人能力所带给乙企业的利益足以弥补其缺乏民主所导致的损失。在这个意义上，“科学管理”其实可以视作一种**管理风格**，这与“科学本身只是一种‘类型化的’知识”的观点是相一致的。另一方面，我们也注意到，只要在适用的场合，科学管理方法一般还是受欢迎的。企业管理并不只是在一些一成不变的“风格”之间原地踏步，而是累积的和进步的。企业平时只有对科学管理常抓不懈，到了紧急时刻才能从中受益。

但是，无论建立在什么样的科学理论与科学方法上的管理学，都不可能巨细靡遗地覆盖企业管理的各个领域，因此，管理的艺术、思想和“天赋”都是必要的。在最为成功的现代企业中，我们总是能够看到企业家个性与人格魅力所发挥的作用。商人的头脑与管理者的品格都是稀缺资源，当它们出现在合适的人身上时，都会生产出重大的经济价值。管理者尤其需要宽阔的胸怀，要把他人的意见与自己的意见相区别，要把员工们不同的个性与观点协调起来，组装起来，同时又要对之具有领导能力。这是一种与其他专门能力地位相似的专门能力。这种能力的培养通常没有固定的模式，但它一般都不是简单地与生俱来的，而是通过长期的学习和磨炼而形成的。一个人要是掌握了算法理论，必定有助于他养成这种品格。在算法理论的基础上，“科学管理”这个术语势必能够获得新的含义，增添新的内容，甚至进入一个新的阶段。

6.5.9 对企业规模的讨论

前面我们讨论了企业从哪里开始，以及如何进行运作，下面再讨论一下企业在哪里结束。这个问题是与产品走向市场、迂回生产、企业规模等一系列问题相关联的，现在我们把这些议题综合起来予以讨论。

企业既然进入了生产过程，它也就面临着新的选择。它可以选择在原定的产成品生产出来的时候便终结生产，把产品推向市场，回笼资金，然后再投资他处，或者展开新的循环。由于这些产品可能会被其他企业所采购，再把它用于其他产品的生产，所以，该企业自己也可以改变初衷，延伸它的生产链条，不以该产品而以运用该产品所生产出来的产品为最终产品。又因为生产该产品一般总是需要进行一些迂回，它也可以把迂回的程度加大，向产品链的上游延伸，从而扩大企业自身的规模。由此导致的另一个后果是，企业可以把它的某些半成品或中间产品予以销售。当某种中间产品被全部售出时，意味着从此以下的生产被放弃，企业的重心向上转移；而当只售出部分中间产品时，意味着企业推向市场的产品品种增加，围绕企业的投入产出关系更加复杂了。机器设备就是这样的一种“中间产品”。在上一节探讨企业的设立时，我们没有提及机器设备的来源。用于生产其他产品的机器、设备以及其他资本品（或者“生产资料”），可以视为企业由于资本数量、生产时间等方面的约束以致无法坚持到生产链条的最后环节（也即消费品的产出）而造成的，企业不得不在生产的“中途”出卖半成品，由此逐渐形成了要素市场。

影响企业规模的因素很多。根据我们对于世界多样性的算法式的理解，可以推知，这些因素必定是我们所不能穷尽的。但是，另一方面，在比较具体的环境中，分析却是直观的和相对容易的。例如，企业的资产结构与管理的复杂程度显然影响着企业的规模。许多工业企业规模庞大，物质资产与员工的数量都很可观。但是，其中的大部分运作却是在遵循着工程师制订出来的颇为机械的流程。这类企业的管理任务其实并不那么艰巨。房地产企业动用庞大的资本，所以，按资本和销售额来衡量，它的规模通常很大。但是，建筑工程主要都是通过外包的方式完成的，所以，按人员数量而论，其规模则要比人们通常想象中的小得多，其内部的管理也比较简单。会计师事务所、律师事务所、投资银行与高科技企业的内部管理都是比较复杂的，尽管其中的某些企业按照销售收入来衡量是很小的，但它们都是卓越的组织。这类组织依赖于各类合约的订立和有效执行，因而其成长都与一国法治体系的发育程度有紧密的联系。倘若法治体系发育水平低，这类企业就不容易成长壮大。

内部通信的便利程度显然影响着企业的规模。要是没有视频会议、电子邮件、电话等通信手段，巨型跨国企业就难以存在。这类通信手段也有利于把最高层的意图直接传达给普通员工，以及使最高层了解普通员工的想法。这就防止了在企业规模扩张的时候中间管理层发生过度的膨胀，以致过度地扭曲了内部信息的交流。实际上，影响企业规模的因素是相当多样化的，我们首先要做的就是去进行实际观察，而避免过早地构造简单化的理论模型。例如，财富比较平均的社会，由于大老板比较少，因而可以推测，其中企业的规模可能就会比较小。在国民的忠诚度与纪律性较高的国家里，企业则容易做大；然后，这些忠诚的员工会从企业的大规模及其长期稳定发展中获益。所以，“忠诚”是具有经济价值的“算法”。另一个例子是，兄弟较多的家族，比较容易兴旺发达，古今中外莫不如此。教育不仅赋予人们普通的知识，也培养了（作为另一种知识型态的）遇事凭理性讲道理的品格，这必然有利于形成团队。团队还可以因为非常偶然的原因而形成或分解。例如，钢铁厂内部通常需要设立专门向高炉内供应氧气的车间，可是，氧气的低成本生产是一个具有较高技巧的作业。假如这个车间恰巧聘请了一位掌握此项技术的工程师，则该车间就可以顺利建立；否则，企业也就不得不转向外部寻求氧气供应了。

企业内部的力量与外部的力量进行相互作用。由于每种力量的影响力都是有限的，它们之间就会形成一种权衡、比较、抵消和补充的关系。企业的规模及其行为都应当通过分析在这种具体环境中各种力量的相互作用情况而得到说明。算法理论把思想与人际关系都实体化了，这就大大加剧了企业的个性化特征。过去，在主流框架下，分析者的眼中只有物理对象，以及若干约定俗成的概念框架，却非要用这点儿简陋的工具来解释像“组织的规模”等真实世界中的真实现象，也就必然导致困难重重。这就好比要解释岩石的性状、植物的形态，如果不去考察对象所赖以存在的环境，不去识别其中的种种具体情况，怎么能够做得到呢？“算法原理”就是告诉我们，坐在屋子里进行空想是不行的，真实现象绝不可能如此简单地得到解释。经济理论的框架必须首先搭建出时空结构，然后，携带着框架本身所赋予的基本工具，经济学者们必须走入这个时空结构，去观察和分析每一个真实的场景。

每个企业的独特性与每个场景的复杂性并不意味着现实生活是随机的和混乱的。我们必须认为，处于特定情境中的企业，究竟应当如何行为，企业规模应当多大，买什么产品，卖什么产品，什么时候关起门来进行生产，什么时候打开大门做生意，都是大有讲究的。如果不能正确处理其中的经济关系，就会遭受损失。经济理论就是用来阐释这些关系的。合格的经济理论，应当首先使当事人在实际生活中所面临的每一个问题、每一种因素以及当事人的每一种念头（及其元素）都取得**“合法的”理论地位**，尽管这并不意味着，借助于某种**具体理论或模型**中所识别出来的种种“实体”，以及分析者为之所设定的种种关系，就完全可以组合和模拟出真实的场景。具体经济理论通常无法“决定出”真实的现象，因为特定的现象通常尤其受到当事人意志的影响，而当事人的意志是难以完全预见到的。比如，通过计算，我们认为当事人应该拆解他的企业，使之规模变小，但作为当事人的老板有可能并不这样做，他甚至宁愿为此而承受经济损失。他的动机、他就此所打的各种算盘是理论家们所不可能穷尽的。然而，另一方面，这并不能表明经济学无用，不能就此断言我们正在采用自然主义的手法来对现实进行“白描”。假如当事人了解了理论者们对于企业规模所作的分析，也许他将受到启发，他的视野更加开阔了，他的观念与决策模式都将会发生改变，他将变得更加睿智。至少，他可能将会乐于受到这种影响。这就是经济学作为一门社会科学的微妙意义之所在。

6.5.10 小结与补充

经过 6.4、6.5 两节，我们对于企业的专门论述将要接近尾声了。这些论述都是下文将要进行的推演的基础。新古典经济学把企业看作生产函数，这当然不是实情。我们要做的——借用胡塞尔的一句名言——就是“回到事物本身”。企业首先是资本的集合体。即使仅就这一点而言，它就立即偏离了新古典框架。商品生产需要耗费时间，本质上这是新古典框架所无法处理的问题。更为重要的是，企业是一种人际的组织，其内部实行的主要是层级化的人际控制关系，而不是平等的市场交易关系。企业只在特定的时点或位置上才对市场开放，而在其他时点或位置上则对市场进行关闭，或者只做出比较微弱的反应。这既是生产本身的要求，也是市场不完备性的体现。这种对于“组织”的强调，早在马克思主义经济学中就已经盛行了。可能有人仍然迷惑于这个议题对于时下的经济学改革究竟具有什么意义，对此，笔者乐于继续强调指出：1. 它表明交易范式（从而价格信息）的局限性。2. 经济学的传统主题实际上是关于经济秩序的建立，而“组织”就是建立秩序的方式之一。对价格体系也必须作为另一种与此相联系又相竞争的方式来进行理解。无论怎样，经济学的核心议题就是关于思想、意见、通信、交流、合作、斗争这些东西，而不是别的。因此，我们的论述是紧扣主题的。

当然，这些论述绝不是充分的。目前的焦点在于除旧布新，在于为新的经济学打底子。这个底子必须打得坚强牢固。回归现实、还原现实、使现实具有理论意义是不容易做到的。假如读者能够同意我们正在做到这一点，这就表明我们已经取得了一个很大的成功。在这一步稳固地实现以后，算法式的论述将会逐渐来到这个境地，即做出如下的发问：下一步的经济学还应当（在“看不见的手”之类的“基本问题”之外）提出什么样的“基本问题”呢？在前人成就的基础上，经济学家们还应当向世界贡献怎样的发现或者“教义”呢？这是“算法经济学者”需要给自己提出的问题。正如本书开篇所预告的，笔者将在后文中奉上自己就此所取得的一些成果。但是，这些成果的提出绝不意味着相关问题的答案已经得到了；恰恰相反，所有这些工作都只能被视为一种开始，而这些问题则应当长久存在。

回忆主流经济学的生产理论，其中所展示的边际成本、平均成本与利润最大化之间的关系仍然给人以优美之感，并留下了深刻的印象；因此，这里再就边际分析方法说几句。由于人的身心能力是有限的，在任何作业（单独的或联合的，短期的或长期的）中，我们都必须认为，当事人只能针对我们眼前的部分对象或者对象的某些部分，而不可能针对全体。因此，**行为本身就是边际性的**，任何行为都是如此。在企业运作中，情况也是这样。企业的经理通常会发现，假如对某些地方进行调整，就会产生什么样的效果（包括如何来影响产量，等等）。他可以把这种效果尽可能分析得全面和透彻一些，可以把这种局部分析再应用于企业的其他地方，以及把多个局部分析的结果进行综合，等等。但是，这绝不意味着，他“发现”了关于整个企业的“生产函数”，更不意味着他的有关结论是经过对这个函数形状的分析而得来的。简言之，他的结论是建立在对于企业**局部状况**的了解之上的，而且这种结论正是在既不知道是否存在生产函数也不知道函数具体形状的情况下得出的。如同 3.3 节所指出的，这显然就是边际分析方法的真实意义。人们通过对局部因果关系的把握来探求整体。这种方法固然不能保证得出像新古典方法那样可靠的结论，但它是实用的。由于新古典方法实际上不可操作，这才是人们事实上所使用的边际分析。实际观察是，没有生产函数的预设，企业通常对于诸如产品产量之类的决策问题也把握得很好。这样的边际分析，我们不仅应当予以认可，而且，在算法框架下，还要扩大对它的使用。函数的预设是多余的，这是新古典框架不必要地倾向于“人最终能够全面认识世界”以及“世界的本质可以表示为简单的公式”等等形而上学的具体例子。

倘若函数在原则上应当予以反对，那么习惯于展示数学计算复杂性的学者们可能会感到失望，因为这样的一技之长将会面临荒废的危险。对于这些学者，笔者还要写下几句话，这就是：**一种复杂性的衰落，同时意味着另一种复杂性的兴起**。经济世界的复杂性，首先不在于推理的深度，不在于诸如“计算炮弹弹道”之类的问题，而在于其广度，在于多样性、结构性、异质性等方面。按照“把思想实体化”的方法，可以鉴别为“实体”的对象将是非常繁多的，而这些不同的思想或物理实体必定各有各的性质与演变规律。或者，我们甚至不知道它有没有“规律”。而我们所要回答的经济问题，却往往要求我们在**综合**这万千实体及其运动变化的基础上，才能给出答案。这就要求我们要详细地观察、记录、分类并储存关于现实生活的资料；这本身就是一种复杂的工作。在此基础上，我们将发展出关于社会各个局部领域的理论。这些理论在种类上将是繁杂的，在数量上将是众多的。对之进行分类、整理并尽可能加以系统化的工作也将是复杂的。最后，算法式的研究将需要“上机”进行。笔者冒昧地揣测，喜欢数学分析的人士，也将会喜欢钻研计算机、人工智能、认知科学等领域，而这些领域中大量新兴的知识既在等待着经济学者们去汲取，又在等待着我们对之进行算法式的改造。至于建立在真实数据基础上的经验研究，算法方法则只会有利于这种研究的进行，而丝毫不会贬损它的重要性。总之，**喜欢钻研复杂书本知识的学者们，在算法框架下也必定大有用武之地**，只是，这种劲头必须沿着正确的路线、朝着正确的方向发挥使用。

6.6 效用与需求

6.6.1 需求的情境性

在就供给端作了一些基本论述之后，现在我们要转入需求端。对供给与需求的分类仍然是在遵循经济学的传统，这一传统最终将导向对交易的分析，并产生价格。这是主流经济学的“心结”所在。我们将尽快地触碰这个心结，并在这个问题上亮明我们的主要观点。要尽快地给价格理论一个适当的位置，这将为其他广泛议题的展开扫清道路，腾出空间，从而避免如同主流经济学所做的那样，把一切都变为（或者想象为）价格的附庸，把价格理论簇拥在核心。

最为基本的需求当然是消费需求。消费需求首先来自人作为生物体的生理需要。

如前所述，在经济学中，生理需要实际上被作为一种物理性的东西来看待，它与思想相区别。这赋予了生理需要一种绝对性，也即，经济分析到达这一步之后，也就没有什么好说的了，也就可以结束了。算法理论要强调的是，消费需求本身就是一种思想，一种心理状态；因此，当经济学把需求作为一种独立因素引入分析框架的时候，实际上意味着经济学在把一种特定的思想（以及心理状态）作为相对独立的实体来进行看待。如同“预期”这个概念一样，这是算法原则在传统经济理论中的破茧出土，是它的顽强的自我呈现。从生理需求到消费需求，思想扮演着主要的角色。当事人要决定何时何地做什么事，何时何地需要商品，以及何时何地不需要商品。离开了包括商品知识在内的各种纷繁复杂的知识与计算，这些决定都不可能做出。不仅如此，生理需要也可以作为一种“算法”来看待，它是生物体实现有效运作的一种方式。当然，对于这个观点，笔者不想走到极端。计算本身需要借助于某种目的——也即某种绝对的东西，这个特征并没有改变；假如把目的完全消解在计算之中，计算的必要性反而会成为疑问。所以，真正适当的立场介于以上两者之间，这是算法式分析的边界和极限。

在这种视角之下，我们可以同时观察到消费需求的两方面特征。第一，它首先具有人际普遍性和永恒性。人的各类欲望与基本需要，不仅人人相同（或相近），即使经历成千上万年，也不会发生多少变化。当我们观察不同人种、不同国家、不同民族的生活方式时，首先看到的就是这种普遍性和相似性。在中国作为后发国家追赶发达国家的过程中，随着人均收入的提高，我们注意到发达国家历史上曾经出现的诸多消费现象（例如对于房屋所有权的崇拜）在中国也一一呈现；这进一步强化了我们的这种认识。经济系统的目的，首先就是为了年复一年、日复一日地满足这些需要。第二，消费需求具有微妙的和不易捉摸的特征。它具有人际差异，并且不时地发生变化。这种观点要求我们要特别重视消费者主权，商家要及时捕捉消费需求的微妙变化，否则就有失败和发生损失的危险。在经济学的历史上，需求因素曾经遭到过忽视，曾经被排除在重要的独立变量之外。正是类似的观点最终导致了这一偏差的纠正。

如何协调以上两种观点呢？我们当然可以首先求助于生物学，说人的生理结构的相似与差异同时造就了消费需求的相似与差异。这个论点的强调是有必要的。但是，在这个问题上，采取算法的方法仍然是极端重要的。不能否认有人的需求生来就非常独特和怪异，但最为重要的仍然是在有限身体、有限视野、有限计算能力、有限知识的基础上纳入时空元素。每个人的需求主要是在特定时间、空间或情境中的需求。这不是枝节问题，而是“需求”这个概念的根本含义；离开了这种含义，则无论需求或供给，都将是没有意义的。请看 A、B、C 三个当事人的以下需求：

A：D_{q1t1s1}，D_{q2t2s2}，D_{q3t3s3}，D_{q4t4s4}

B：D_{q2t1s2}，D_{q3t2s3}，D_{q4t3s4}，D_{q1t4s1}

C：D_{q1t1s3}，D_{q4t2s4}，D_{q3t3s1}，D_{q2t4s2}

其中，D_{q1t1s1} 是指在时间 t_1 和地点 s_1 对商品 q_1 的需求，以此类推。假如没有时间 t 与空间 s 的维度，则 A、B、C 三人的需求之和就都是 $q_1+q_2+q_3+q_4$，看不出什么区别。可是，他们的实际区别是显著的，D_{q2t2s2} 与 D_{q2t1s2} 是不同的，D_{q3t3s3} 与 D_{q3t3s1} 也是不同的。在午夜吃饭与在正午吃饭不是一回事，要求把某商品送到办公室与送到家里也是不一样的；假如搞错了，消费者是不会满意的，也是不会感到幸福的（同样地，换了时间或地点，商家的兴趣与报价也将有所不同）。原因何在呢？**原因就在于时间与空间因素参与了消费者效用的形成**。消费者只具有有限的身体，他的身心状况随着时空的变换而发生变化——或者说，他与时空因素相结合，产生了特定的身心状态。由于它的身心的“尺度”的有限性，他只能在世界中“游走”，经历一个个场景与环境，并“生产出”分别带有各自时空维度的“效用”。这就好比原子的种类总共只有一百余种，而由它们在特定时空环境中分别结合而形成的具体物质不仅在品种数目上变化万千，而且在形态和性质上瑰丽而奇异，经常超越人们的想象。这就导致传统的简单效用数量的概念是不正确的，导致效用总量的概念也是不正确的。传统的分析可以看作一种十分粗略和初级的分析，或者，可以看作在时空环境不变条件下所作的极为原子化的分析，也即单一情境中的分析。

我们经常看到人的基本需求的种类似乎就是那么多，人们的思维方式似乎也大同小异，可是，商品需求为什么常常会表现得那么奥妙呢？这首先是因为，随着自然与社会环境的演变，每个人与环境所形成的组合不断演变。例如，人的年龄增长了，收入增加了，爱好与需求都会变化（尽管他可能是在沿着与别人相似的模式进行演变）。因而，由多个人所组成的人群的时空格局也就既有相同之处，又有不同之处。个人的需求叠加起来，某个市场中的总需求也就会表现得既有稳定的一面，又有神秘莫测的一面。例如，每一个居民小区的周围，都需要开设一些店面。在特定的城市以及特定的年份中，我们可以看到不同小区周围店面的种类具有相似之处；然而，只要经过仔细的比对，也就可以发现，这些店面绝不是完全相同的。一个想开新店的人，他所要做出的决策仍然是很困难的。他不完全了解小区居民的年龄结构与背景差异，不知道这个小区内有关需求的确切的时空分布（他怎么可能确切地知道呢？！）提供某些服务可能是相对容易的，可是，要在恰当的时间和地点提供服务，并且要连续地、日复一日地做到这一点，可就难了。这里还需要考虑到生产的环境与条件在同时发生变化。因此，经济学的任务，绝不限于研究纯粹的数量问题；研究各种元素与各类变量在时空条件下如何匹配、布局和演变，这应当是经济学的一个中心议题。

这里没有特别强调思想或者计算作为“指令与信息在时空环境中的排列组合”的性质，这种含义当然也是包括在内的。

6.6.2 效用的异质性及其相互沟通

以上是对商品需求的一个概论，下面转入分论。首先来讨论一下效用。效用是在具体时空环境中生成的；对于这个观点，我们需要继续进行说明。

效用与地点或空间相连带的原因，首先在于人体本身是不断移动的，因此，人体移动到哪里，他所需要直接消费的商品就要跟到哪里。其次在于所需要的商品要与该地点上的其他事物相结合，才能生产出效用。例如，某人要喝一杯咖啡，并不是在哪里喝都会令他满意的；他要坐在优美而舒适的环境之中，再来享受这杯咖啡。台式电脑需要摆在写字台上，才能正常使用；在没有或不适合摆放写字台的地方，台式电脑也就是无用的。商品必须送到特定地点才能加以适当利用的后果之一是，**当事人对于商品的利用通常都是片面的**，也即在单次消费活动中，当事人只是利用商品众多功能中的某个（或部分）功能，同时不得不忽视其他功能。商品的其他功能要到不同的地点去实现。这是“不可分性”的一种表现。商品的众多性质与功能都集合在单个商品身上，生产者无法把它们一一分开，分别制作为不同的、只具有单一功能的商品；或者说，这样做是不经济的。于是，这些多样化的性质与功能只能随着整个商品移过来移过去。现实生活就是这样地不规则、不简单，不便于进行处理和分析。主流经济学家的眼中只有商品本身，他们拒绝考虑商品与具体情境的结合。他们认为，这种“结合”可以用“另一种商品”来进行定义。他们也拒绝考虑商品的多种用途，因为他们认为，具有多种用途的商品也可以简化地表示为多个不同的商品。这些“简化”都是有害无益的。

商品效用与时间的结合，原因在于事物是发展变化的，商品必须与环境、其他物品以及消费者自身运动的特定阶段或特定状态相结合，才能发挥应有的作用。时间因素之所以也必须同时加以考虑，是因为仅仅使用“空间”这个概念是不足够的。客观世界的状况是不理想的，不能允许我们仅仅使用一个概念就解决了我们的问题。我到了中午才吃午饭，是因为在中午时分，我的身体的生理状态与上午不同，同时，我又不能把“上午的自己”与“中午的自己”区别为两个不同的人。我宁愿把它理解为“一个人处于不同的时间进程与状态之中”。其实，主流经济学恰恰就是要这样做，它企图把时间转化为空间。这种企图与上一自然段所描述的企图是相似的。

时空因素参与了效用的形成之后，效用就会表现为一种序列。我们仍然可以认为，每次消费总产生一定的“效用”。按照表示信息的方法，我们可以把它表示为一定的“变量”“数值”等。可是，首先需要注意到，一次消费活动所产生的“总效用”，表示为单一的数值不一定是合适的。单次消费活动可能产生多方面的好处。在优美的环境中喝咖啡就是这样。它可以用来欣赏美景，产生愉悦感；可以解渴，带来美味，刺激神经，令人兴奋；也可以打发时间，享受闲适；还可以进行社交，结交朋友，等等。一次消费活动，是一种由人、多种商品与其他有关事物相结合的综合性的活动，它需要多种投入，也带来多种“产出”。认为一次消费只带来单一效用的观点同样是一种简化的、扭曲的观点，这种做法只是为了使研究者自己方便。单次消费所带来的效用，也不能认为一定是同质的。喝咖啡的种种好处，难道可以简单地进行加总并用一个数字来表示吗？这是不合常理的。依照常理，单次消费的效用也应当表示为一个序列，或者一个数据的集合，其中有多个数据或变量，不仅它们的值不相同，而且数据的类型往往也不相同。这意味着有些效用并不能表示为人们通常所说的“数”或“数量”，也许只能以文字来表达。为了使习惯于数学思维的读者们加深印象，我们可以把一次消费消费商品 q_1 与 q_2 的组合）所产生的效用表达为下式：

$$U_{q1q2}=\{5,\ u_2,\ \#,\ +,\ ¥,\ ☆,\ 虎\} \tag{1}$$

这只是一个游戏，用来直观地说明效用的含义是多么地五味杂陈。不过，以下的论述也将或多或少地包含着对于这个式子的诠释。

单次消费所产生的效用是这样，由多次消费所产生的效用也就更是如此了。它是一个序列，就好像商品需求一样：

消费者 A 的效用序列：$U_{q1q2t1s1}$，$U_{q3q4t2s2}$，$U_{q5q6t3s3}$……

现在再问一下这个问题：可以对上述全部效用进行加总并求取最大值吗？答案是：当然不可以。既然效用本身是结构性的，加上时空因素，也就更加结构化了，怎么可以像对待纯粹数字那样来对待效用呢？退一步说，即使效用的值可以表示为实数，这些实数的时空分布仍然是重要的。例如，2，3，2 这个序列与 0，0，7 这个序列不可以视为相同，它也不等于单纯的“7”这个数字。消费活动在时空中的分布本身具有重要的、不可被化约的意义。一个人一天吃三顿饭不能等同于“一天只吃一顿饭，一顿吃三顿的量”。忍受饥饿的时间过长，人就会饿死，于是就会失去消费能力。这是确定不移的常识。

然而，另一方面，质疑者会问道：难道时空的阻隔就这样牢不可破吗？难道每件事情都要确定一下时空维度吗？难道我们不可以在不同情境之间串来串去地进行调剂吗？

答案当然也不是这样。真实生活的情形是，需要明确申明时空维度的事务**只占一部分**，人们经常在不带有时空维度的情况下来表达愿望和论述问题。例如，“我需要一辆车”“我要追求人生幸福”，等等。由于个人是自己的主宰，他当然可以自由自主地安排自己的生活，从而既可以在不同的情境之间有所调剂，也可以在不同种类的效用（或者消费所带来的“好处”）之间有所沟通。倘若不能客观地、严谨地进行沟通，他就主观地、强行地这样做。在这个意义上，我们可以把“自我”“主体”这些概念视为沟通一个人所使用的不同用品、所从事的不同活动以及所处的不同情境的工具。

出于多种多样的理由，个人可以减少在某个场合预定的消费（从而减少由此所享受的效用），可以在一定的时期内含辛茹苦，卧薪尝胆，从而增加在另一个时期能够享受到的幸福。他之所以能够这么做，是因为许多商品都可以从一个空间转移或延续到另一个空间，可以在时间上连续地存在。于是，个人可以建立商品的存量或库存，从而建立商品流量与存量并存的结构。这就导致存量商品出现于我们的分析之中。这与主流经济学是不同的。特别是，在存在货币的条件下，个人可以储存货币与金融财产。这就脱离了商品有效期的束缚，可以在更大的范围和更长的时期（终生的甚至代际的）内来调节自己的消费活动。

“财产”这个概念正是基于情境分析而衍生出来的，这就是本小节的论述所要得到的结论。个人不仅在追求来自消费活动的满足，他也在追求属于自己的财产，同时也在追求两者之间的某种平衡。因此，个人层面的投资、投机、经营、奋斗从一开始就与消费活动纠缠在一起，彼此不可分离；研究消费行为，就要同时研究这些行为。

需要强调的是，“财产”概念的出现绝不意味着个人行为已经**完全**摆脱了时空的束缚，绝不意味着个人已经找到了可以把效用进行**充分**比较和加总的办法，以致我们可以回到主流经济学的静态理论了。**我们既要按照当事人自己的方法来描述和理解具体情境中的消费决策，也要按照当事人自己的方法来描述和理解跨期的、期间的和总量的问题**。存量的财产只是对流量活动的一种支持、补充和修正，个人所追求的财产也并非完全没有时空维度，它只是把时空维度模糊化（例如“我需要一辆车”的情形）了。真相介于绝对性与相对性之间。

6.6.3“函数”的结构性与内在冲突

不同的商品带给消费者不同的感受，这些感受在原则上是不同质的。可是，消费者却必须不时地比较它们，不得不对它们进行排序和取舍，原因何在呢？原因就在于资源的有限性。这种有限性既不允许他对任意商品购买任意的数量，也不允许他在任何时点上任意地进行任何消费活动——作为一种资源，消费的能力也是有限的。消费能力的局限性要求他排出消费的日程表，于是他**不得不**对不同时点消费的价值进行衡量。个人的日程表还要为工作、学习、休息等其他事务所挤占，这就使得权衡的范围进一步扩大了。

假设效用之间具有同质性和可比较性，以及假设所有这些选项之间可以按照某些方式进行比较与权衡，是新古典经济学的基本思想。这种思想具有一定的合理性，它绝不是完全不真实的。但是，它是片面的。局部的、暂时的、有条件的可比性并不等同于全面的、彻底的可比性。其次，可比性不是凭空而来的，这需要进行计算，而计算则需要借助于知识。在这方面，新古典经济学也并非未曾涉足；它的做法是，假设消费者的脑中存在着效用函数，效用函数与预算约束等其他条件相结合，最终生成对于商品的需求函数。

在主流经济学中，函数可以视作对知识的表征，或者视作知识存在的后果；只是，这种“知识”似乎是凭空而来的，或者它似乎天然就存在于人脑之中。这里既不存在知识的获得过程，也不存在知识的变化和发展过程。不同的情境中被假设为存在不同的效用函数，这意味着知识的变化没有缘由。另外，作为对知识的表征，函数传达了一种柏拉图式的知识观，那就是，可以成为“知识”的东西是绝对正确的，而且是彼此一致的，没有内在的冲突——否则，它何以能够用函数来进行表达呢？当然，如前所述，对于主流经济学的这种做法，我们还可以进行另外的解释，也即把效用函数视作是在表达一种生物性的关系（例如食物消除饥饿感），这样一来，也就可以避免让知识在其中扮演一个角色。

无论作何理解，算法经济学现在要修正这种做法。为了使读者便于理解，这种修正仍然以传统的效用函数为基础：

$$U = f(q_1, \cdots, q_n) \tag{2}$$

请注意，这里的效用 U 现在需要表达为类似于公式（1）的集合。这首先是因为不同商品所带来的效用具有异质性，不可以直接比较。其次，个人通常所进行的所谓“消费活动”并非都是纯粹享受型的，许多活动（例如学习、社交等）都是生产型的，意在为产生新的收入进行准备。付费参加研讨会、上 MBA（工商管理硕士）研修班都属于这种情形。再其次，个人也直接介入生意，进行投资。这就与前一节所分析的投资活动衔接在了一起。最后，商品购买行为还会产生其他意义，例如上一小节所讲的商品储存。个人花费金钱，购买和运用商品，无论赚了钱，还是赚了“效用”，这些活动都可以放在一起比较分析一番。尽管各种商品与各种活动的效用之间不具有令人满意的可比性，然而，事情的另一面是，当事人常常一定要来进行比较和权衡。**当事人的比较能力在某些方面达不到新古典的要求，而在另一些方面却可能超越新古典的要求**。总之，笔者要说的是，商品会给真实当事人带来什么样的愉悦、功用或好处，U 之中就应该包括什么，无一例外。这种综合方法看似把问题复杂化了，可是，我们将逐步说明，恰恰是这种综合让经济分析变简单了，而成效却会得到巨大的提升。

在商品 q 与 U 之间，现在要建立联系 f。这种联系首先可以是生物性的。不过，生物性的联系只是最为基础的。在这个基础之上，大量的联系都是通过当事人头脑中的知识建立起来的。知识“告诉”了当事人特定的商品是什么东西，具有怎样的性质和功用。有了这种知识，当事人即使不亲身体验，也可能做出购买的决定。知识也“告诉”了当事人他自己的收入与财产状况如何，商品的价格与交易条件如何，等等。知识还“告诉”当事人如何对商品使用所引起的不同效果进行评价、比较和排序。这种排序绝不会是完全的，而是断断续续、时有时无的。例如，“在高蛋白与高脂肪食品之间，优先选择前者”。知识还提供了应对不同情境和安排日程的技巧。例如，“在朋友面前消费时要大方一些”“反季节蔬菜质次价高，不要购买”，等等。总之，知识就是储存在当事人大脑中的关于消费与支出的习惯、准则、信息、经验、窍门，等等。

这样的知识如同任何其他知识一样，都是理性有限的个人不断习得的。个人降生以后，要是不经过学习，也许只会像动物那样追逐食品，以本能为生，而不可能像正常人那样行为。智力和知识可以帮助当事人克服本能的缺陷，从而增进福利水平。例如，口味虽然为人们提供了选择食物的向导，但在智力与知识的作用下，个人的选择就不会完全听命于口味；个人会选择即使口味不那么好、但却有利于健康的食品，从而减少疾病，延年益寿。个人所拥有的知识越多，知识的质量越高，个人进行选择的能力可能也就越高；反之，个人所拥有的知识越少，知识的质量越差，个人进行选择的能力可能也就越低。知识存量水平的不同导致了个人决策能力的主要差异，知识存量的发展也导致了个人决策能力的系统性的提高。试想一下，缺乏现代生理学知识的原始人，怎么可能会像现代人那样高水平地选择食物呢？他们的健康水平与平均寿命怎么可能达到现代人的高度呢？

但是，另一方面，无论知识如何发展和传播，在任一特定时刻，存储于特定个人大脑中的知识在质量与数量上一定都是有限的，并且存在着人际差异。而在个人的头脑内部，有可能存在着相互冲突、相互矛盾的知识。例如，张三虽然记住了医生的忠告，即他不能够吃含糖量高的食品，但是，他喜欢喝啤酒的爱好却始终保持着。李四为了修理家具和家用电器，花费不少，但在添置新的家居用品时，却仍然遵从旧习，要买档次低的便宜货。研究公共选择理论的学者们发现人的选择有时候自相矛盾。这个发现只是冰山之一角。只要思想处于过程之中，自相矛盾不仅是难免的，而且也就是相当合情合理的；它就是一种普通而普遍的现象。萨缪尔森曾经提出“显示偏好理论”，意即人的偏好可以根据他所做出的选择来进行推测。这种方法固然并非全无价值，但是，一旦认识到自相矛盾的普遍性与合理性，这种方法的用途就是有限的；因为，对偏好的推断必然要以人的各种选择相互一致为前提。

对这个问题的理解和处理，可以采用马歇尔式的思路，即无论对于个人的大脑还是全人类的知识库，我们都把它看成一种混合物，其中既有信息（数据），又有信息之间的关系，而这种关系（包括推理的链条）都是片段的，都是相当短促的，而不是彼此完全相连、贯通为一个整体的“体系”。这些碎片化的知识不仅可能性质迥异，而且也可能处于不同的发展阶段上，但是，它们却会共存于一个人的大脑之中。这些知识既可能是个人思索的结果，也可能来自外部，是从书籍、媒体或别人那里简单获得的。假如经过与本人大脑中的已有知识进行充分的比较、分析、取舍和协调，则新旧知识之间的一致性可望得到提高；可是，人的时间与精力是有限的，这项工作未必能够在日程表上获得位置；如果碰到了不那么勤于思考的人，这项工作也许永远不会获得位置——当然，这绝不是说，一旦获得了位置，则新旧知识之间就可以轻而易举地实现一致化了。

为了便于习惯一元化思维的人理解这种思想，这里可以尝试把效用函数改写为以下形式：

$$U=\{u_1,\ u_2,\ \#,\ +,\ ¥,\ \text{☆},\ A\}=\begin{cases} f_1(q_1, q_2, q_3)\text{，当 } q_1>5 \quad (3) \\ f_2(q_1, q_4)\text{，当 } q_1>13 \quad (4) \\ \text{好。当 } q_2=2 \\ \text{如果本月不发奖金，宁愿维持最低生活水准。}(5) \\ \text{不喜欢日本货。} \\ \text{有关足球的消费都优先安排。} \\ \text{不能比同事过得差。}(6) \\ \text{英语口语课支出只能增加，不能减少。}(7) \\ \text{盐要涨价，提前囤积。}(8) \end{cases}$$

这也是一个游戏，它描述了可能影响一个人对于支出活动进行评估与决定的一些因素，或者进行评估或决策的模式。从严格的数学观点看，它也许不能称作“函数”。其中，式子（3）与（4）、（5）与（6）之间都存在着比较显著的矛盾。收入［例如（5）］与投资［例如（7）］因素都在影响着他的决策，他同时也在进行价格投机［例如（8）］。我们需要认识到，大脑中诸如此类“小碎片”的数目绝不止于成百上千，它很可能是天文数字级的；至于究竟有多少，当事人自己也不可能完全知道，更不可能一一列举出来。但是，当他在世界中游走的时候，随着环境因素的激发与提醒，某些规则与条件却可能逐次地凸现在他的意识活动中。根据这些支持与限制，他评价着有关的商品与支出方案，做出一个个决定。怎么能够保证这些粗略的决定都是前后一致的呢？在一个个临时计算中，所引用过的知识也不时地得到重新审查，并被局部地修改着、添加着。这些情况都表明，为了阐述经济学的基本原理，使用文字反而要比使用函数更为**确切**。

6.6.4 小结与补充

本小节再来简约地论述一下有关效用与需求的几个专门问题。

在传统理论中，“效用”被定义为一种同质的“满足”，所以，这个概念的天然功能就是在商品的不同功用之间起沟通作用。现在，如果我们承认不同商品的不同功用是异质的，那么，只要我们不再强行地比较它们，也就不必恪守这个概念（以及诸如“偏好”等其他概念）。同样地，也就不必恪守“效用函数＋约束条件”的两分法。对商品的需求建立在某些生理机制以及人脑中的某些既有知识的基础上；在临时计算中，当事人只要对这些条件有所体察，有所分析，也就能够产生需求了。

思想介入效用与偏好的形成，加上思想本身在其运作过程中不断地设定诸如“目标”“价值观”等工具性概念，就在很大程度上把经济活动的所谓“终极目的”与“内生目的”混同了起来，而不再使它们之间完全呈现为决定与被决定的关系。例如，人生的目标往往是在自己的经历中树立起来的。人的道德信念有时候如此坚定，以致可以牺牲生命。又如，“人为财死，鸟为食亡”这样的事情也会发生。笔者相信，对于致力于研究“内生偏好”的学者们①来说，这是一个根本的出发点。其中的逻辑关系如此有力，因而我们不再需要就此进行详细的论述了。

由于思想是自由的，一个人在做出某项具体决定时，他可能会联想到许多因素（例如替代性商品的状况，自身收入状况及其演变，等等）。新古典的原则是，全世界所有事项同时共同决定。这当然把相互联系的观点夸张到了极致。对此我们至少要作两项修改：1. 当事人即使有此愿望，他也是无法做到的。这是因为有限计算速度的存在。有限计算速度就好比一个大小一定的篮子；纵使当事人想用它来盛装全世界的财富，他也要受到篮子的容积的限制。2. 新古典的当事人主要依据价格信息来做出决策，这既是不真实的，也是与“计算速度无穷大”的假设相矛盾的。这是一种故作姿态。实际情形与算法的逻辑都要求当事人同时考虑价格以外的其他因素和其他信息。也就是说，当事人的眼光会超越价格体系，看到价格背后以及价格旁边的多种多样的因素。不能排除其中的某些因素（在经过分析之后发现它们）是相互等价的因而是重复的可能性，但另外一些因素则往往是平行的，而不相互包含。简言之，“篮子”的容积虽然有限，但其中的“物品”却可能来自很远的地方，并且是多样化的。

这当然包括了对未来的某些预测。当事人不可能试图去预测未来生活的方方面面，但他可能把那些具有某种**显著趋势**的因素纳入当期的考虑之中。这将导致投机活动。投机活动是衍生性的，它是“基于行为的行为”，因而，建立在原子式的“行为”概念基础上的算法理论，就是内生投机活动的适当工具。由于通信与计算具有代价，投机活动的强度必然会具有衰减的趋势。预测的另一个方面是人际互动。基于类似的原因，当事人可能会对自己行为可能引起的来自他人的反应预先有所考虑，不过，这种考虑也会具有随着互动阶数的增加而衰减的倾向。当然，如果个人行为的影响力不很显著，或者出于其他难以尽述的原因，个人也可能根本不会预先考虑自己行为对外界的影响，而只是径直地展开该行为。

人际关系的另一个方面是关于利己与利他的问题，也即他人的状况进入自己的“效用函数”。我们讨论了异质性效用之间的沟通问题，讨论了不同情境下的效用的沟通问题；不同个人效用之间的沟通，与此并无实质性的差别。个人既然可以对于不同的物理对象（器官的感觉、物体的性状等）产生好恶之情，甚至由此可以树立起某种人生的目标，这种效应当然也可以发生在他人身上。个人可以同情他人的遭遇，可以在自利的行为中适当地考虑对他人的影响，可以主动地关心公共事务，追求社会的和谐与美好。这些因素都可能渗透到他的自利活动中。当然，渗透的方式通常绝不会是简单的和机械的，而是选择性的；也即，利他的因素可能在某些活动

① 参阅［美］赫伯特·金迪斯等：《人类的趋社会性及其研究：一个超越经济学的经济分析》，浙江大学跨学科社会科学研究中心译，上海：上海世纪出版集团，2006 年。

中考虑得多一些，而在另一些活动中考虑得较少。个人通常只是在遵照伦理道德准则的前提下行事，而不刻意安排慈善活动。因为“慈善”本身已经被整合在伦理道德准则之中了。

这里还要提及效用随着消费水平的提高而发生的变动。“边际效用递减”是普遍认可的规律，我们先来探讨一下这条“规律”为什么会得到普遍承认。先假设存在“边际效用递增”。可以推测一下，这必将引起迫切的、激烈的消费活动，消费活动将加速进行到发生递减的程度，然后才会缓和下来，相对地稳定下来。后一阶段的活动较前一阶段的活动更容易观察和捕捉到。这就好比我们观察街道上行驶的车辆，在大多数情况下都只能观察到正常有序的行驶，不易观察到疯狂或危险的驾驶，因为后者都在交通事故中迅速地“隐身”了。同理，慢悠悠的、其效用正在递减的消费活动容易被观察到，因为效用递增的消费阶段很快地“一闪而过”了。但这绝不表明不存在边际效用的递增，绝不表明效用总是递减的。由于结构性与异质性的广泛存在，无论对于单次消费活动还是对于消费活动的长期演变趋势，我们根本不可能论证效用水平的变化总是单调的。与此相一致的现象是，富人并不总是慈善的，财富的增长有可能把人的贪心强化到疯狂的程度。两次世界大战都源于这种贪婪。贫穷有时候使人变得大度，有时候则使人陷入禁欲和绝望的状态。这些效应也都是与效用递减律相反的。

总之，我们现在所做的工作，就是把被新古典经济学所简化和扭曲的世界尽可能地予以“还原”，恢复它的本来面目。新古典的简化和扭曲主要起因于“一般均衡”的幻想。现在，既然我们要放弃这种幻想，还有什么必要再来扭曲世界呢？还有什么必要再来去除它的多样性和“不规则性”呢？

这个还原的过程也是重新解释现实世界的过程。作为一种一般观点，算法理论认为人的思想的现实状态（从而现实生活）是理性有限的个人在计算时间的压迫下而形成的。我们的各个具体论述都是在比较具体的环境中来具体地解释这个观点。

这种综合方法带来了很大的复杂性。不过，现实生活与真实的当事人本来就是复杂的，所以，只有是复杂的，才是真实的。建立在种种复杂因素基础之上的学说，才便于进行“实证检验”。的确，我们的模型中的当事人下一刻究竟将会做什么，对此我们根本不能确知；可是，一个坐在屋子里的学者，他也不可能知道屋子外面的人们将要做什么，这一点都是相同的。所以，能够显示或承认这种“不知道”的理论，就是合乎现实的负责任的理论。至于当事人下一步究竟要做什么，以及对于其他各种具体的问题如何来回答，的确需要到具体的环境与条件下才能进行研究。在我们的框架下，研究者还可以继续假设效用函数的具体形状，设定具体的分析环境，并设置当事人的知识状况及其种种决策模式；在此基础上再来构造比较具体的、有进一步解释力的模型，或者对已有的形形色色的理论模型进行梳理与整合，等等，不过，这些工作都只处于局部的、“高端的”或“应用性的”位置上。这就是“原理与方法”要显示的，而这正是当前的经济学所缺少的。

6.7 商品交易

6.7.1 需求与供给的特点及其相互寻找

探讨商品交易，通常首先必须分别地、相对独立地探讨供给与需求方面。如前所述，这些相对独立的探讨绝不能仅仅视作交易分析的一种“预备”。当然，交易分析也是这些探讨的结果之一。供给与需求产生以后，也就可以进入商品交易的环节了。

如同其他任何活动一样，商品交易也是一种占用时间、消耗资源的行为、行动或活动，它不是容易发生的，也不是可以毫不费力地任意为之的。它需要当事人进行一定的投入，需要社会做出一定的安排。为此，我们首先通过对比再次考察一下商品供给与需求的性质和特点。

对商品的需求是一种心理状态，这种状态通常不如商品的供给表现得那么直观。商品的供给也可以表现为某种心理状态（例如在“先签约，再交货”的交易中，供给只是意向和承诺），但是，在大部分情况下，它具有可见的、鲜明的物理外观。要么待售的产品堆积在卖场中，要么待售的服务以标牌、服务人员、服务设施等方式予以明显的宣示。商品的需求也可以具有物理表现形式，例如买家可以叫买，可以悬挂进行采购的标志，也可以采用其他广告方式；不过，更为普遍的情形是，需求是含蓄的。对于普通消费者来说，他通常并不展示需求；当他需要商品时，会直接走进某个商店去进行选择和购买。我们可以看见商场里的人群熙熙攘攘，但我们却并不确知他们需要什么商品。在大多数情况下，供给方比需求方更为积极进取，商家在售卖场所主动展示商品的式样、样品或存货，并明码标价，听任消费者进行选择。

对商品的需求不是随意发生的，而是针对部分的、特定的物品（以及服务，下同）及其特定状态而产生的，并且通常都是在特定的时刻（而不是任意时刻）提出的。一种消费得到满足之后，消费者旋即转向另一种。许多种类的消费都是循环的和周期性的。对于消费者有意去从事的各类事务（消费、休息、学习、生产、投资等），消费者通常了解，并非其中所需的任何物品都能在市场上购得；或者，即使能够购得，进行选择性的采购仍然是必需的。这是因为，有的商品卖主较多，因而采购很容易；而有的商品卖主较少，采购则不那么便利。商品的质量与价格大都是参差不齐的。有的价格具有吸引力，有的则否；有的商品质量好于自制品，有的则否。商品交易还要占用时间，耗费精力与资源，这些因素也都要预先考虑在内。

商品的供应也具有自己的特点。首先，供应要取决于生产本身的特点及其难易程度，并不是消费者需要什么，企业就可以供应什么。诸如商品如何来进行供应、供应什么、何时供应等问题，都要考虑消费者需求之外的广泛的自然、经济与社会因素。消费具有周期性，而厂家的供应却可以是连续的、不停顿的。农业生产虽然也是周期性的，但它的周期与消费的周期（例如食物需要的周期）并不很相符。当然，如同消费者一样，企业也要事先考虑需求方的情况以及产品推销的难易程度。不过，无论买方对卖方的推测，还是卖方对买方的推测，在他们相互见面之前，都仅仅是一些推测而已。

马克思把商品交易称作“惊险的跳跃”，而在算法经济学之前，这种跳跃的惊险性质，都尚未得到适当的揭示。现在我们就来看一看，商品交易是如何发生的。

商品交易首先是搜索与通信的问题，也即买卖双方都要相互找到彼此，然后展开洽谈。无论古代或现代，其中的困难都是显著的。通信的难度不仅在于技术手段，而且在于当事人还要有进行表达的意愿与能力。鉴于这些原因，搜寻的范围总是有限的。由于找到的潜在交易对手一般不大可能一下子就谈判成功，所以，交易对手要尽可能地多，以便有选择的余地，并提高成交的几率。可以设想，搜寻最初必定首先是在邻居与熟人的范围内进行的，但是，由于范围较小，很不容易取得成功。交易对手稀少的原因，当然首先在于各人资源禀赋的不规则性。在特定的时间，各人所拥有资源的结构既不是完全相同，也不是恰好匹配（例如，你之所需恰是我之富余）。各人的行为往往是异步的，但异步性并不一定意味着相互匹配。例如，甲有意出售自己制作的一把新锄头，而在自己所居住的方圆几里之内，找不到**此时**需要锄头的人。这并不表明所有人永远都不需要锄头，而是在甲叫卖的这段时间内，的确没有人需要它。

“叫买”或“叫卖”最初就是指当事人大声呼喊。呼喊可以在特定的场所之内进行，也可以沿街串巷地展开。这种古老的搜索方式至今仍然有效。呼喊声可以在其所能够被听到的范围之内几无例外地强行灌入人的耳朵，引起注意，而不管听者是否愿意听到。但是，呼喊声的缺点是，它只在声波传播的短暂期间有效；传播结束之后，它也就失效了，一切都会回归平静。所以，要提高声音的效力，就要连续地呼喊，而这是相当费力的。弥补这一缺陷的办法就是张贴海报，把特定的文字、图案或标志印刷在纸张上，张贴在容易引起注意的地方。海报好比一个无声的“呼喊者”，它向注意它的人连续不停地“表达”意向，无论刮风还是下雨、黑夜还是白天。这种方法克服了声音手段的缺点，并且是相当省力的。但它的缺点是，它只能向从旁边经过并注意它的人传递信息；如果人们不从附近路过，或者根本不去注意它，它也就无能为力了。

这个区别类似于现代的电视与互联网的区别。电视机只要一打开，它就连续地播放节目，吸引人的注意力，而观众则是被动的。此时的观众虽然不能选择节目，但却可能接触到真正新鲜的、甚至完全无法设想的信息。由于节目是经过编辑的，它也往往是高质量的。互联网上的内容一般都不主动展示自己，而是等待着读者进行选择。读者可以选择他最为感兴趣的内容，而忽略不感兴趣的内容，这就提高了阅读的效率。可是，“选择”本身意味着，读者对于所阅读的东西是有所了解的；既然有所了解，为什么还要去阅读呢？这就是互联网所内含的矛盾，即它至少要求读者对于所要了解的信息的**概况**事先已经有所了解（包括知道某些关于该信息的线索）；否则，他只能在互联网上随意地“漫步”，对他至关重要的信息也许就在“附近”，而他却可能长期地错过。

上述区别说明了这样一个道理，即通信的手段各有利弊，而完美无缺的方式恐怕是难以设想的。这个道理也体现在其他搜寻方式之中。

6.7.2 撮合交易者的众多方式

在沿街叫卖（或叫买）的方式之下，交易地点是移动的。在张贴海报的方式之下，交易地点往往是偏僻的（或者是不确定的），需要顾客前往寻找。另一种传统的搜寻方式则是开设商店。商店一般位于人流密集的繁华地段，它具有漂亮的外观和引人瞩目的招牌，其中的商家则坐等顾客上门。

店面的开设是一种风险投资。开设店面具有不菲的成本，而一定面积的店面却只具有有限的服务能力，这种能力需要与顾客的密集程度相匹配。假如只服务于个别的顾客，是不值得开设店面的。店面应当开设于何处，多大的店面与多少人流量相匹配，以及辐射周边多大的地域，其中是大有讲究的。店面的开设也与行业的性质有关。工业企业只是用店面来展示产成品和招揽顾客，它可以在后台或远处配备储存商品的仓库，因此店面的大小与其服务能力的关系不甚密切。而对于餐饮业来说，延揽顾客、洽谈与履约通常都必须在店内进行，于是，店面的开设不仅是必不可少的，而且它的结构与设计是至关重要的。

店面一旦开设，就要连续营业，这就引起了“进程匹配”这个问题。对于商家来说，最好是让店面按照其最大接待能力连续地、稳定地营业；可是，这种想法通常是难以完全实现的。人流量总是时密时疏，有高峰有低谷。在低谷时会发生店面的闲置和浪费，而在高峰时却人满为患。这是商业企业所面临的一个大问题。哪个企业能够较好地解决这个问题，它就能够增收节支，提升效率。所幸的是，人们行为的异步性已经减轻了这个问题。**社会的自由度越大，人们行为的异步性似乎就会越高**。这是我们理解市场经济有效性的一个重要方面。例如，只要农业生产不是突然强制进行的，农民们也就不会一下子都来购买锄头。对锄头的需求就会比较均匀地分布于各年、各月和每个营业日当中（尽管必定仍旧会存在季节性的起伏）。只要各单位自行确定自己的作息时间表，甚至就连午餐的时间也不会那么整齐一律。在许多餐馆中，午餐都会前后持续数个小时。其中的部分原因在于，某些顾客预见到高峰的来临，因而主动地推迟（或提前）自己的午餐时间，以避免拥挤。这种内生的异步性如同上述那种“自然的”异步性一样，都有利于为商家节省服务设施。

商店原本是为追逐人流而设立的，而它的发展也导致了人口的追逐与聚集，直至城市的设立和繁荣。对此稍后将继续论述。现在我们来看看聚拢交易者的另一种方式——集市。

集市是一种古老的贸易方式，它一般由一定地域内的居民自发约定而成，并选择在特定的地点和日期举行。地点的选择必须考虑到周边居民到达的便利程度，一般应当确保交易者在一日之内能够往返；否则，客观上就会产生开设新集市的需要。开市的日期一般是间隔的。这是因为，该地域之内的贸易量既没有小到致使集市开不起来的程度，也没有大到像现代的市场那样可以天天营业。到了开市的这一天，四面八方的居民们携带着货币或者自己的产品，汇聚到集市中，自由地进行接洽和谈判。大部分交易都在现场即时完成。

集市尤其适合那些产品较少的农民和小业主们进行相互交易。这省却了平时搜寻交易对手的麻烦。集市的另一个优点是由于人数众多，因而其中的竞争性较强；这促进了交易条件的公平性。此外，集市还是一个汇集和传播有关信息的地方，在这里人们可以进行面对面的交流，可以主动地进行表达，可以从他人的言行中进行体察和感受。这都有利于指导生产或其他作业。

集市在现代社会中仍然具有它的继承者，这就是各种各样的展销会、博览会、物资交流会、订货会等。这些聚会大都间歇地、定期或不定期地举行。在商品交易如此发达的今天，人们为什么还热衷于举办这类活动呢？除了上述理由，我们还可以提供多方面的算法式的解释。现代社会的商品交易虽然比较便利，但是，具体到某个行业、某一类产品或某一些人群身上，交易者的数量仍然会发生不足。另一方面，法律体系的发展以及交易手段的现代化，导致合约的执行得到了保障；加之企业规模的扩大，反过来促进了交易的大型化、远距离化和远期化。为了有效地完成大型交易，“不远千里来相会”就是值得的。“每年签约一次，然后分期分批执行”更成为大中型企业之间通行的交易模式。这类聚会如今也承担了更多的信息交流与推广职能。需要交流的信息（例如新技术与新产品信息）的数量既不是很多，也不是很少，以致采用这种间歇的方式刚刚好。一个行业不可能每天都能够吸引公众的眼球，但是，它可以积蓄能量，然后定期地进行释放，以赢得公众的关注。

当集市发展为现代的常设性的市场之后，“集市”的影子仍然存在着。首先，在现代城市中，市场并非处处存在，而是只存在于特定的区域。**市场就是一个把交易者集中起来（不管以什么方式集中在哪里）的地方，这个性质仍然没有任何改变**。为了进行商品买卖，人们就好比“赶集”一样，仍然要乘坐交通工具，赶往那里。现代的市场与商店也都是分类的，不可能存在可以买卖任何商品的市场。这些细分市场开设于特定的地点，对它的了解是一种必不可少的生活知识与生存技能。有的业者故意把市场开设得很大，以便在聚集人流方面产生规模效应，从而进行集中的宣传推广。理想的市场是，它具有较大的规模，足以容纳各个有代表性的厂商于其中，以便具有特定意向的顾客来到这里以后，基本上可以不虚此行。顾客的流量应当比较稳定，既不是过少或过多，也不是大起大落。这就可以保证市场的稳定与繁荣，各方面的资源也都会利用得比较充分。这要求城市具有一定的人口数量与密度。当这一点做不到时，定期的市场就会成为一种替代方案，而它实际上的确也仍然存在于某些城市之中。

在现代的金融市场中，发展出了一种匿名的、集合竞价的交易方式。借助电子手段，这种交易如今已经发展到了非常庞大而又迅速的地步，数额巨大的交易量瞬间即告完成。交易者们均不知道他的交易对手是谁，交易的真实性及其风险则由具名的交易所会员与经纪商来保证。这似乎是一种理想的交易方式，但是，其实它也是有缺陷的。在这种交易进行之前，必须预先完成大量的基础性工作（例如建立交易所、托管中心、结算中心；上市公司需要披露信息，按照上市要求改组公司；期货交易所要制订标准合约，设立交割仓库；交易者则要去履行开户和预存保证金等手续），因此，它只能适用于少数交易量较大、并且交易次数比较频繁的商品品种，而不可能适用于任意商品的交易，否则就是**不经济的**。即使低廉的边际交易费用能够刺激交易量，情况依然如此。

目前流行的互联网电子交易，似乎已经使得对交易者的征集以及对交易的撮合变得相当便利了，市场的结构似乎也更加扁平化了。然而，通信的技术手段虽然改变了，但通信者本身依旧，因而，**支配网络交易的规律与物理世界依然是相似的**。例如，人的身体现在虽然不需要进行聚集，但人的大脑的注意力却仍然需要聚集于网络中的某个地方，否则就仍然找不到合适的交易者。这就为诸如“淘宝网”之类的网站带来了巨大的机遇。极为丰富而又个性化十足的商品、数量巨大的潜在交易对手、强大的搜寻与匹配功能、低廉的售价、不分昼夜全天候可以自由进行的一对一商谈、自动生成的完整的会谈记录、网站本身作为中间人所进行的担保、文字与图片资料的实时发送、过往客户就地给出的评价意见、从门到门的交货服务、细节化的物流信息等都形成了网络交易相对于物理化交易的巨大优势，商业的面貌由此正在发生持久而重大的变化。不过，这种优势仍然只是相对的。例如，电子化手段所传递的信息仍然是有限的，所以，网络上的样品一般都不如实物样品那样生动。对于某些特定的商品，或者某些大型交易，现场洽谈可能仍然是必要的。又如，人口越密集的地区，物流成本就越低廉，交货也就越及时，网络交易因此也就越发达。反之，在人口稀疏的地区，因为货物配送的困难，网络交易也就不便开展。互联网经济带给了我们一种机会，我们可以借此机会对思维经济与物理经济进行对比，研究它们各自在经济体系中的作用及其相互作用关系。**互联网经济无疑凸显了思维经济的极端重要性**，然而，思维经济与物理经济毕竟都是一种经济，它们既是竞争的，也是互补的。可以说，这个道理在这里显示得尤其清晰。

写到这里，我们也就不得不专门提及一下广告。广告是由某个交易者单方面发起的招徕交易对手的活动。叫买、叫卖与贴海报都是在做广告。在现代经济中，企业往往拨付巨额资金展开广告活动。广告业的巨额花费反映了对产品的推介以及对交易的撮合是一项多么艰巨的任务！这是思想与通信代价的一种表现。而对于广告的受众来说，广告发生效力的前提是万事万物的混合性与不可分性。户外广告牌美化了环境，而在人们欣赏它的同时，商品信息也就**顺带地**传递出去了。人们观看电视节目的目的并不是看广告，但是，只要你坐在电视机前，广告也就不容易**避开**。个人的注意力及其行为的尺度不是那样大，以致可以对万事万物一下子来一个“总解决”；也不是那样小，那样单纯，以致只能“目不斜视，心无旁骛”。换言之，只要它是一定的，那么这种**“捎带的”“搭便车”式的、附属的**效应就会发生。新古典主义就是要让一切对象都变得单纯而易于分析，于是它也就在有意无意之间取消了这种效应。

商品交易的寻找、酝酿、撮合和进行绝不是轻而易举的事情。它虽然不是经济活动的全部，但绝对应当占有重要的地位。尤其对于经济学者们来说，这是需要研究的主要对象之一。如果假设信息的传递与计算都是那么容易的，经济学还有什么好研究的呢？反过来，只有在算法式的预设之下，这些尽人皆知的材料才能具有重要的理论意义。只要我们对之稍加整理，就可以使之位于经济文献中的重要位置。我们还可以把类似的方法应用于其他生动的经验材料之中。主流经济学文献曾经重点描述和分析了拍卖过程，这可以视为一个起步，沿着这个方向，我们现在需要重新开始。

6.7.3 时空因素促成了商品交易活动

买卖双方相互搜寻到对方以后，下面就进入了交易的环节。为此，我们首先需要来看看，商品交易是一种什么性质的活动。

传统的经济学把商品交易首先视为"商品交换"，意即用一种商品来交换另一种商品。这种对于现实生活的概括是不够真实的，至少也是片面的。在现实生活中，实物交换的确大量存在，这一点不仅应予承认，而且我们还要予以强调。然而，典型的、最为普遍的交易方式，仍然是用货币购买商品，或者把商品卖出为货币。货币作为交易的主要手段，这一点在人类历史上很早就实现了。这是我们应当优先予以树立的"典型"，也是一个重大的原则问题。现实社会是"以物易物"与货币化交易的混合体。主流经济学未能认识到这个局面的重要意义。主流经济学要么就是纯粹的商品交换，而当它在商品交换的基础上再引入货币的时候，又把交易活动想象为全部借用货币来进行，货币随时都可以用来购买任何东西；这两种极端化都是不妥当的。

商品交易的另一个特点是，它是关于商品的权利与责任的整体转移；简言之，是商品所有权（以及所有者因为拥有商品所要担负的责任）的转移。通过交易，买方拥有了卖方转移过来的商品，而卖方则拥有了买方转移过来的货币。权属的转移不仅意味着资金的流动，同时往往也伴随着商品位置的移动。因为买方要把商品拿过来，用于自己已经为之安排的用途中去；卖方也要把资金转移到特定的用途中去。买方在特定的用途中使用完商品之后，如果商品（或其某些部分）仍然存在，不能把商品归还卖方，而只能自行留作他用。卖方也无须把资金归还买方。这是约定俗成的规矩，一般无须特别做出声明。在特定的情况下，买卖双方可能约定退货条件，买方也可以继续就商品的质量等问题追溯卖方的责任，但是，按照法律与惯例，这种追溯通常只能限于少数或个别的情形，因而它是一种例外，而不是对"权利与责任出清"这一普遍原则的否定。

现在要来探讨一下，商品交易为什么要奉行这一原则。无须长篇大论，只要询问一下任何一位交易者，就都可以得到诸如此类的答案：因为交易对手大都是陌生人，或者居住在远方，交易结束之后，再次寻获他们是不容易的；关于商品的使用与磨损情况，也不容易说清楚，因此，退货的谈判不容易进行；假如买主不再需要某个已经买进的商品，他可以将该商品再次转卖他人，为什么非得要退回原主呢？等等。这就是说，人们在**时空环境中的**分散化居住、信息传递的代价、发起交易的不易等算法式的原因正是商品交易采取这一原则的原因；或者说，这就是“交易”本身产生的部分原因。上述解释不仅是普通的、常规的解释，它也就是算法式的解释。

这个道理是重要的。我们还可以从反面来说明它。在传统的定居式村落中，我们可以发现，类似商品交易这样的经济关系发生得较少。无论对于生产用品还是生活用品，人们经常相互**借用**。人们也经常采用其他方式进行相互帮助。一个人帮助了别人，并不立即要求回报。受到帮助的人即使要回报帮助他的人，也不一定严格要求必须达到相等的数量，通常也更不会有时间上的限制。在特定的经济往来活动结束之后，人们拥有充分的时间来反复检视相互所得到的帮助以及所给与对方的帮助的价值。可能有人会说，这也是一种交易关系，这正是物物交易的特点。可是，这种关系与通常的商品交易是有所不同的；事实上，通常的商品交易是不采用这种方式的。商品交易不会不言明交易的条件，不会不尽可能精确地确定价格，不会任由对方随意进行回报，更不会不限制交割的时间。等价性原则固然是这种经济往来活动要遵循的一条准则，但显然这并不是唯一的准则。“时间”是一个关键的因素，假如无限地延长“交割”与“结算”的期间，要对十分漫长的期间内的经济往来“算总账”的话，“交易”与“结算”又将会是什么样子呢？这些活动还有必要进行吗？这都是一些需要进行思考的问题。至少，等价性原则将需要在更广泛的范围内发挥作用。例如，可以把主动帮助别人的行为看作一种投资活动，帮助者可以期待得到某种回报，但他不能明确要求得到报答，被帮助者也可以拒绝进行特定的报答。经济活动中的这种对应关系是多样化的，而商品交易关系只是其中的一种。商品交易的突出特点是，当事人要通过自己的意识活动明确地约定这种对等关系（也即交易的条件），相关的约定要在**交易的当时**全部完成。大部分交易都是现货性质的，期货只是少数；但是，即便是期货，期限通常也是明确的，而交易的条件则是**现在**就设定好的。

假如每个人大脑的计算能力、计算速度、存储能力以及通信速度可以获得巨大的提升，以致整个经济体内部的人际关系就好比一个村落中那样，那么，商品交易还会这样重要吗？经济体系的面貌又将会是怎样的呢？这样的提问，能够再次让我们体会商品交易的性质。反过来，这种认识也可以启发我们再次把目光投射在所有权上。所有权的存在产生了交易，而交易也是对所有权的强化。包括通信在内的算法因素是导致这一切的根源之一。由于通信与计算上的困难，买家不得不购买商品整体，对它的整个寿命周期进行负责。他不能仅仅在他需要的时候利用一下商品，而在他不需要的时候将商品退回。通常他也不能采取借入的方式来使用商品。眼前的交易对手就要消失在人群之中了，假如再不决定购买食品，消费者就要饿肚子了。在这些时空条件的压力之下，当事人被迫要做出“了断”，思维也被迫发生弯曲，这就是“所有权”的含义。一旦确定了所购买的是所有权，买家也就无须向卖家说明他将如何来使用商品。所有权要求买家必须用大包大揽的方式将商品承接下来，而卖家在出售商品之后，也就无须再为之操心了。与村民们相比，这都是一种简化，一种减少麻烦和止息争议的方式，一种允许个人（作为所有者）不受他人羁绊来任意使用财产的“制度”。所有权让个人成为他的财产的“独裁者”。

所以，对于当事人来说，商品交易往往显得“事关重大”，因而也就不得不集中精力来认真对待它。而对于其中的一部分人来说，他们认识到了这一制度是有空子可钻的，于是转而利用当事人判断力的参差不齐，专事各类投机性（甚至诱导性和欺骗性）的交易活动，以从中渔利。

6.7.4 对商品的估值

从本小节开始，我们讨论商品的估值以及关于交易条件的谈判。

买卖双方通常总是先就商品的概况进行交流。如果商品状况基本符合买家的期待，再进一步交流商品的详情。信息交换过程就这样以层级化的方式由浅入深。关于交易条件的意向表达与谈判通常是与了解商品的详情交错进行的。假如交易条件优越，买方就会有进一步了解商品详情的意愿，也就有可能降低对于商品质量的要求，不再进行挑剔。反之，如果交易条件苛刻，买方要么随时终止谈判，要么就会期待商品具有更高的质量。在实际生活中，这些考虑都是灵活的、弹性的，相互之间具有一定的替代关系。把商品质量假设为固定不变是主流经济学的简化，这种简化并不总是必要的。

交易条件就是关于交易如何进行的各种安排。买卖合同是它的最为正式的体现，通常规定如下事项：商品的名称、规格、数量、交易价格；交货与付款的时间、地点与方式；卖方对于商品质量的承诺以后售后服务与保证事项；退货的条件；违约罚则，争议解决方式，其他附加的、作为连带条件的条款，等等。所以，一般说来，交易条件总是**多样化**和**结构性**的，价格与数量只是其中的一个组成部分。主流经济学把交易条件解读为价格与数量，只是一种简化。这种简化部分地与以下事实和经验有关，即在日常简单的单个商品交易中，其他结构性的条件大都是约定俗成的，因而除非发生了纠纷，一般都无须提及，也不必为此签订书面的交易合同。

现在终于要谈到价格了。价格系指一个单位商品与另一个单位商品相互交换的比例，或者指一个单位商品出售所换取的货币数量；总之，它是一个纯粹的数字，因而比较便于进行记忆，也便于进行各种数学运算与处理。价格通常是诸项交易条件中最为**引人瞩目的**部分。笔者之所以这样说，而不说价格是“最重要的”交易条件，是因为其他交易条件既然都是不可分割的，那么它们就都应当很重要。既然价格只是一个简单的数字，容易进行记忆和传播，那么相关当事人就会对于这项信息做出比较充分的（柔性数量分析）反应。其他的交易条件要么是隐含的，要么则比较繁琐，不容易为人所记住，不够老练的当事人往往就忽视其对自身利益的含义，或者不能透彻了解这种含义。对于价格信息的崇拜和夸大就这样逐渐地建立起来了。[①]

---

① 对于老于世故的生意人来说，商业成功与盈亏的奥秘，往往在于那些不大受人注意的细节上。这是因为各种利益相关者对于“主流”与“枝节”部分的关注度有所不同。用俗话来说，“台面下”的事情有时候比“台面上”的更重要。

为了议定价格，在谈判开始之前，当事人通常都对商品的价值（或价格）具有一定的估计，也就是对商品进行“估值”。新古典人被假定为在一瞬间了解了所有信息与知识，因而可以做出完善的估值。然而，对于算法人来说，估值必须有现成的知识进行支持，否则，就不可能有效地进行。试想一下，假如我们的当事人在火星上长大，刚刚降落在地球上，他能不能有效地进行商品估值呢？一些缺乏相关商品价格知识的新手，固然可以选择去购买挂牌出售的商品，或者去公开的、竞争者人数较多的地方参与竞价，然而，这种方法只能避免主动出价的困难，他仍然要对对方或者竞争者的报价进行评估，才能做出下一步的决定；就此而论，估值的过程仍然是难以避免的。

可以设想一下，对商品的估值通常可能包括以下一些因素：商品对用户的用处，商品的生产成本，商品交易的历史价格，当事人所认为的“公平价格”，当前情境下的具体情况，等等。总之，当事人要遴选和决定的是对于当前的交易来说最为直接而重要的因素。既然不可能精确地顾及所有因素，那么这种遴选就是必要的，相关的评估技巧也就是重要的知识。对于买方来说，由于他要决定的是此时此地的报价，所以，他必然要特别关注此时要购买的这宗货物对于他的用处。这个用处一般是很具体的。在 6.4 节中，我们讨论了对于投资机会的评估，这种评估直接关联到企业对于所采购物品价值的评估，进而影响到生产资料市场的价格谈判。简言之，拟议中的采购，倘若企业赚不到钱，是不会具体实施的，而与消费者对于效用的判断相比，关于“能否赚到钱”的判断要具有更多的客观性。对于消费者来说，效用判断的主观因素要更多一些；效用（或其某些部分）不易被金钱所衡量，但此时必须进行衡量，关于衡量得是否确当的问题已经退居其次了。

可是，消费者与经济学者们一样，也是偏爱客观性的，他可能并不喜欢“拍脑门”做决定。主流理论单纯地假定买卖双方只是老老实实地根据各自内部的独立因素进行决策，而不关注对方的情况，这只是为了简化问题，它是不真实的。实际上，买方常常会考虑到卖方的情况，会了解或推测生产该商品的实际成本，会去估计该商品的“正常价格”或“公平价格”。对于历史价格的关注也与此有关。这里说的“历史价格”包括了在其他地点成交的价格，因为其他地点的成交价也总是在历史上发生的。历史价格具有多种意义。它可能意味着公平性，也可能意味着未来的价格将会继续如此，还可能意味着其与当前情境具有较强的可比较性。可比较性则与竞争性联系在一起；也就是说，假如交易对手不同意参照历史价格，那么，交易者可能跳出当前的情境，转而谋求在其他情境中进行交易。

“公平价格”是一个有趣的概念，其中显然反映着当事人所拥有的某些全局性的知识，在这个意义上，它与新古典的“均衡价格”具有一些联系。然而它们毕竟是不同的。“公平价格”只是当事人的估计，这种估计是基于当事人所拥有的关于全局的有限知识和信息而做出的，其中也渗透着当事人特定的、个性化的算法。而它的有趣之处在于：当事人有时虽然明知商品对于自己的用处，但却无法衡量这种用处的大小；这时候，“公平价格”反而起到了参照物的作用；当事人不是根据效用的大小直接去进行价格谈判，而是根据自己心目中的“公平价格”来衡量商品效用的大小，然后再以此为基础来进行谈判。例如，有些人激烈地反对商品价格进行一事一议；假如今天的午餐价格超过了平时，即使自己完全能够付得起，他也宁愿饿肚子，直到他了解到这种涨价将是普遍、永久或者“合理的”为止。另有一些人则是按照商品正常售价的高低来判断商品的重要性的。奢侈品价格高，他们就崇拜奢侈品；日用品价格低，他们就不爱护日用品，而随意地浪费和丢弃它们。

6.7.5“一对一”交易

对商品的估值既要考虑到当前情境以外的各种情况，也要考虑到当前情境本身的特点。按说，既然是关于**当前商品**的交易，考虑当前情境的状况应当是主要的；可是，当事人都具有一定的跨越情境的能力，他们都可以转移地点或变换时间进行交易，这就导致诸如“公平价格”、历史价格之类的东西能够在一定程度上牵制当前的交易。另一方面，“当前的交易”总是独特的，每一个“当前的交易”都是如此，它们都不能被其他情境下的交易**完全**取代。此时不购买食品，此时毕竟就会饿肚子；此时不出售商品，此时原本可以产生的收入就会损失掉；这都是无法**完全**予以弥补的。在这个意义上，**每一个交易都具有一定的垄断性**，买卖双方都可以在一定程度上劝说、批评、威胁甚至敲诈对方。这就导致每一场商业谈判都类似于一场小型的“战争”。我们需要在这个视角下来探讨价格谈判问题。

真实的商业谈判总是“一对一”展开的。由于身心能力的局限性，即使谈判对象具有多个，他们之间也无法**同时**进行谈判。严格地说，谈判既不可能“一对多”，更不可能“多对多”。假如有多方参与其中，谈判只能相互穿插地进行。这个困难对于商业活动造成的影响是不容小觑的。这意味着，当事人永远不可能**同时**详细地知道各个竞争者对于每项条款（包括报价）将会如何反应。这就导致当事人在谈判对象的选择与日程安排上必须进行一定的构思与赌博。假如处理不好，当事人可能会信誉尽失，一桩原本很好的生意可能就会泡汤——或者久拖不决。这些道理往往容易被简单的日常交易所掩盖，而具有实际商业谈判经验的人则深知其中的利害。因此，在商业活动较为成熟的地方，就会发生“要求独家谈判权”甚至“花钱购买独家谈判权”之类的现象。在“一对一”谈判中，当事人之间可以比较充分地进行交流，可以对交易条件做出尽可能详尽而合理的安排。

谈判过程当然首先还是信息披露的过程，当事人需要通过对于真实情况的一定的披露来建立可信度，通过对于交易意向的积极表达来吸引对方留在谈判桌上。同时，由于彼此之间一般不可能很熟悉，这也就为扭曲信息提供了条件。当事人一般总是突出或夸大有利于自己的信息，隐藏或淡化对自己不利的情况。估值只是谈判的基础，它是当事人内心的秘密，当事人可以根据谈判的需要来揭示或隐藏它。当事人可以先报出虚假的、试探性的、超出自己内心期望的价格与条件，然后等待对方的反应。

根据对方的反应，谈判者可以进一步推测对方的实际状况和真实意向。这种往复互动的过程在实际生活中是相当常见的。算法人的知识和意见既是有限的，又是可以变更的，所以，当事人就会尝试着去说服对方；通过摆事实、讲道理、诱惑、感化、谴责甚至逼迫等手段，试图影响对方的思想活动。这就在一定程度上把商业谈判变成了一种与政治辩论有些相似的活动。

当事人还会通过提出负面的条件来相互施压。这是指，当事人会进行暗示或明示，假如对方不同意他的报价与条件，他将有能力对对方施加一定的（甚至超出本次交易范围的）损害，或者退出谈判。这个过程既可能是双方真实力量的较量，也可能是策略性的，因为威胁可能是虚假的。成功进行威胁的关键是要让对方相信威胁的存在，而不管威胁是否真实地存在。不掌握这个窍门的人，可能会笨拙地使对方忽视自己的实力，从而造成误会。这种负面的谈判常常会进行到近乎破裂的地步，或者经历一个破裂与复合相交替的过程（或者陷于长期的僵局之中）。当误会确实存在时，谈判可能真的会破裂。而当其中的一方情势紧急、别无选择而必须进行这项交易时，倘若这一点又为对方所了解，则容易遭到敲诈。商场上的争斗有时候会损害道德，触犯法律，这些后果都会真实发生。不计后果的当事人还可能采取欺骗手段来进行交易，在得到对方的钱财之后拒绝履行己方的责任。新古典主义认为市场的自由竞争会自动消灭负面行为，这是不正确的；恰恰相反，负面的行为首先会发生，这种教训及其危险迫使社会建立道德和法律体系。然而，无论道德和法律体系如何发达，也无论市场竞争如何充分，负面行为将会继续存在。某些负面行为实际上也被视为竞争的正常手段。

新古典经济学假定，当事人各自根据拍卖人的喊价被动地做出自己的决定，这不仅回避了交易条件的结构性，唯独突出了价格条件，而且把交易谈判中的各种现实问题都一概回避了。现在我们要强调一下，认为当事人只会各自沿着效用、价格、商品数量、预算、成本等简单的线索来进行决策的观点是很不全面的。新古典经济学虽然建立在完美理性的基础上，但是，在这里，它只是展示了一种相当机械而初级的决策模式。我们可以把这种做法善意地解释为算法进路的起步。不过，无论如何，当事人的眼界在这里被假想得太小了。当事人可以注意到拍卖现场之外的很多信息，也可以看到拍卖信息背后的很远的地方。正如上述“用价格来测度效用”或者根据报价来调节商品质量的情形一样，当事人会把谈判中涉及的很多因素联系起来，在高度互动的计算环境中进行权衡。他所考虑的因素可能既不像新古典人那样详细，也不像新古典人那样狭隘；他所采用的信息既不像新古典人那样单纯，也不像新古典人那样繁多；他的计算虽不精确，但也不那么机械；他所考虑问题的方式虽然比较主观，但在性质和种类上却可能远比新古典人全面；他对未来的预测虽然不大可能“一击即中”，但所做出的相关安排却可能奏效。当事人的心智就好比一个具有一定尺寸的篮子，要装进去的东西是庞杂的和不规则的；为此，他进行自己所能进行的浓缩和简化，并按照自己所喜欢、所擅长、所习惯的个性化方式来处理它们。

那么，这究竟是一种什么样的思维活动呢？答案就是：这就是真实世界中人们每天都在进行的那些思维活动。倘若需要了解其具体的情形，我们只需走进真实世界，去进行观察、询问、记录、归纳和描述就可以了。当然，我们也可以搜寻我们脑中关于这些实际状况的记忆，并类似于上文一般，把它们整理成文字。当事人的思维活动是如此繁杂而个性化，以致我们不能坐在斗室之中、单纯地使用演绎推理来推断它们。算法方法的作用就在于它让我们在原则上和总体上一下子理解了当事人思维的丰富多样性，然后引导我们走入现实之中。

6.7.6 多人交易与竞争

“一对一”的谈判具有它的缺陷。缺陷之一就是，当买卖双方达不成一致意见的时候，可能争吵不休，久拖不决。在某些不常发生的大宗交易中，这也许是可以容忍的；但对于频繁的日常交易来说，这是相当烦琐的。“一对一”的交易固然可能造成买卖双方所拥有资源与条件的精确配置，但是，为了避免烦琐，当事人有时宁愿放弃这种利益，转而追求交易的简化和迅速。达到这个目的的途径之一，就是引入竞争者。人们可以冲破时空条件的束缚而相聚在一起。交易的一方可以同时面对两个或两个以上的交易对手，多个买方与多个卖方也可以同时相互面对；交易于是扩大到了多人之间。

这个局面是需要进行详细讨论的。传统的经济学把当事人主要放在由近乎无限多的个体所组成的“完全竞争”的环境中，这就造成了一种假象，即似乎只有在外在着比较充分竞争的情况下，公道的（均衡的）交易才能实现。这是不够正确的。如上所述，即使在“一对一”的交易中，也可能实现公道，原因之一就是当事人都拥有一定的知识（包括各种伦理道德观念）；他们明白，假如不讲理，一味地胡搅蛮缠，将会发生什么。他们会尽量在竞争者加入之前单独地完成交易，以免徒添烦恼。但是，在某些学者中间，这种“潜在竞争”的观点被发展到了另一个极端，以为竞争完全不需要外在化，当事人抬起眼来观察一下世界，然后静下心来想一想，就可以做出“高瞻远瞩”般的“最优决策”、从而实现“资源的最佳配置”了。这种观点体现在对“自然形成的垄断”所作的辩护性论述之中。这当然也是不正确的。为了避免这两种极端，E・H・张伯伦以及J・V・罗宾逊等人提出了折中的“垄断竞争理论”。可是，由于他们所用的方法依然是传统的，他们并没有掌握社会科学研究方法的要领，所以也就不可能取得根本的突破。

不理解“一对一”情况下可以进行交易的原因，也就不会理解竞争的意义；这两件事情是同时发生的。核心仍然在于有限理性：一个人所拥有的知识有限，而人际之间存在意见上的差异。无论一个交易者所提出的意见客观上是否正确，交易对手都可以怀疑它。向他人征询意见或者引入竞争者都是检验对手意见的一种方式。如果支持它的人比较多，则说明其可信度较高；反之，则可信度较低。例如，甲出售某商品，要价100元，乙却一定要求他降价，于是，甲在街面上以100元叫卖该商品；假如响应的人多，则表明甲的叫价是有道理的，而乙的要求则是无理的。这种效果类似于理论与实践之间的替代关系：由于理论分析的局限性，其结论需要实践来检验；但是，实践也是有代价的，因而要尽可能地少用；结果是，在理论与实践之间形成了一定的**比例关系**（柔性数量分析）。

引入竞争者更是补充对手意见的一种方式。由于每个人对于商品的使用方式可能有所不同，因而其对商品的评价也就有所不同。竞争是一种把许多人的意见综合在一起的机制。通过竞争而产生的价格和交易条件，相当于各个参与者的某种平均值。参与竞争的人数越多，对商品有用性的意见表达也就越全面，由此得出的价格与交易条件也就越“公道”。在很多情况下，“公道”这个词正是在这个意义上讲的。另一方面，对交易对手的搜寻范围越大——正如斯蒂格勒等人所论述的——也就越有可能找到能把它投入更好的用途、因而愿意出更高价钱的买家。同理，对于买家来说，其对卖家的搜寻范围越大，也就越有可能找到生产成本更低、因而要价也较低的卖家。这种搜寻以及随之而来的竞争的目的，当然不仅仅是为了检验某种意见。实际上，通过参与竞争，交易者只需要与所提出的条件最为有利的交易对手进行交易就可以了，而无须与某个特定的对手非得在私底下争出个是非曲直不可。也就是说，竞争具有“止争”的正面作用。这是一种非常“算法的”观点。

人际思想差异当然是导致竞争的一个主要原因，但还不能理解为全部的原因。需要认识到，竞争的发生，原因还在于个人的独立性本身。忽略知识上的差异，竞争者的在场本身就是对其同类的威胁。因为他的同类并不确知该人将会持有何种意见，因而难免保持戒心。该人具有不同的利益，他要追求的是他所“驻于其中”的那个身心体系的满足，而不是其同类的身心体系的满足。这将导致人际冲突的可能性。由于各人计算系统的独立性，即使他们的知识存量是完全相同的，紧接着的下一步将会输出的意见也可能不同。

个人作为具有一定尺度和强度的、独立的计算、决策和行动主体的存在，以及许多这样的个人的共同存在，导致了社会的状态是**特定的和特别的**，而不是经济学家们通常所提出的任何简单的（分散的或集体的）模型可以概括的。个人既可以各自独立行动，只是静默地彼此观察，也可以相互竞争，还可以相互联合（包括串谋）。社会状态的这种“特别性”正可以从人际关系的这种多面性来理解。社会状态在总体上则是多种情形的混合。

在新古典主义的原则下，竞争其实是根本不能得到解释的。对于信息可以无摩擦传递且又具有“完美理性”的个人来说，为什么要凑在一起去相互宣示和比较价格呢？这是没有理由的。把他人当做自己行为的标杆，这是算法人的特点。竞争既是沟通信息的方式，也是发展知识的方式。它也与人际冲突有关。尤其需要提到的是，由于所竞争的标的——商品（或某种机会）往往具有不可分性，因此就会发生“赢者通吃”的现象，也即某个（或某些）商品只能被某个买者而不是多个买者所购买，或者买家只能购买某个商家而不是多个商家的产品。“赢者通吃”并不是一种边缘性的现象，而是被传统的经济学典籍（也许无意识地）所反复描述、因而深藏于我们脑中的典型的竞争场景：通过竞争，获胜者得到了奖赏，而落败者则悻悻地空手而归。所以，存在竞争的世界也就是存在成功与失败的世界，因而也就是算法的世界。新古典世界中是不存在失败的。在参与竞争的人们中间，有不少人只是扮演了“陪太子读书”的角色。这就再次来到了这些论点，即实际的竞争活动（诸如拍卖）并不是那么容易组织起来的，因为会有不少人由于不抱多大希望，因而拒绝参与赛局；竞争将更多地以隐含的、不那么激烈的方式进行；显性竞争活动的实际参与者之间往往在实力上较为接近，并且数目较少；隐含竞争与显性竞争既是并存的，又是相互替代的。

6.7.7“串谋”作为一个算法式的问题

一旦我们理解了“个人”的含义以及个人的行为方式，就可以认识到由人际互动所形成的社会状态的“特别性”。现在我们要来继续发挥这个观点。

老实巴交的新古典经济学所遭到的质疑之一，是关于“串谋”的问题，即：多个竞争者之间为什么要相互拆台？他们为什么不联合起来，谋求他们整体利益的最大化（然后再进行分配）呢？

买方与卖方之间的关系既有合作的一面，也有斗争的一面。进行商品交易是一种合作，但是，关于价格和交易条件的谈判中则包含着斗争。价格涨多少，卖方的利益就增加多少，买方的利益则减少多少；反之，价格跌多少，买方的利益就增加多少，卖方的利益则减少多少。不过，买卖双方的利益并不总是冲突的，双方通常都会做出诸多安排，来共同确保交易的成功。他们也未必总是为价格和交易条件争吵不休。买卖合同虽然可能是争吵的结果，但它主要是关于双方商定的具体合作方式的记录。因此，人们常常把买卖双方称为“贸易伙伴”，而其中的具体参与者有时也会成为朋友。

连买卖双方都是如此，何况同类的竞争者呢？

当我们说“竞争”时，通常都是指在某种活动中扮演同一类角色的人们之间的关系，即他们为了达到同样的目标而展开的比赛。“串谋”的意思是，这些人发现，他们之间所进行的比赛会导致对他们在整体上不利的结果，因此，他们取消比赛，转而联合为一个整体的组织，来共同对付其他人；或者，他们假装正在进行竞争，实际上却在暗中进行合作。经济学者要解释现实经济活动，首先就要回答为什么这样的串谋并不总是发生，为什么竞争实际上的确存在。

串谋是困难的，而其中的困难只有在算法条件下才能得到适当的刻画。首先，在大部分行业中，竞争者都具有众多的数目；鉴于通信上的原因，全部找到和认识他们是非常困难的。鉴于行业的进出一般是自由的和分散进行的，更会给串谋带来危险。一个好不容易达成的联盟，可能会因为少数新竞争者的出现而归于失效。而当竞争者的数目的确很少的时候，竞争者之间固然可以产生串谋的念头，可是，需要强调的是，局中人无论竞争还是串谋，其最终目的都是为了最大化自己的利益；整体利益最大化只是个人利益最大化的手段。要是两种利益发生了冲突，局中人一般是不会做出自我牺牲的。**“整体利益”这个说法，忽略了个人的独立性。这是一切整体论者都容易犯的错误**；他们经常这样作茧自缚，结果自己把自己弄得很困惑。另一方面，个人的独立也不是绝对的，个人之间也不存在完全无法穿透的黑幕，以致个人都原子化了。如果有人来劝说他们，如何可以把蛋糕做大，然后每个人可以分得多一点，那么他们是有可能同意的。这就是个人之间可以进行沟通的一个证据。实际情形是介于整体论与原子论之间的，这是一个相对复杂的状态。可是，由于大脑计算能力的局限性，我们无法一下子就把这个状态分析清楚，于是，我们就首先把它抽象为几种极端的、相对简单而纯粹的状态，然后再进一步研究它们之间的折中与合成。在这样的“纵向分步计算方式”之下，可以得出“整体利益”以及个体可以分得的“份额”等概念。“整体”与“份额”就是一个概念对，它们都是这个算法的要件。整体利益的提高增加了个人可以得利的潜力，但是，至少对于部分成员而言，假如这种潜力最终不能落实，“整体利益”也就是空谈，他们就很有可能拒绝进行串谋。

这就是说，合作者们所追求的并不是简单加总起来的整体利益的最大化，而是在追求每个个人（按照各自观点来看的）利益的增进。基于这种认识来看待垄断与竞争的区别，其中厂商的行为及其福利后果各有不同，也就不令人惊讶了。在关于价格谈判的串谋中，如果局中人里有一个因为利益受损而退出串谋，串谋将难以成功。但是，在有时间的环境中，要确保每个人的利益时时处处比不进行串谋的时候更多，是有难度的。例如，各个卖家串通好了卖高价，但是，有的卖家库存较多，他希望以降价的方式来尽快降低库存，高价销售就违背了他的利益。当整体利益需要某些成员至少要做出暂时牺牲的时候，串谋的难度是很高的。其他获益较高的人可能需要承诺对牺牲者做出补偿，或者要说服他相信未来的收益会增长；或者，大家需要联合起来，建立一个具有强制力的组织，监督每个人的行动，并强行进行利益再分配。

为了达到这些目标，竞争者之间就需要进行联络、沟通和商谈。在通信与计算作为客观实在而存在的环境中，这些活动虽然是困难的，但却是容易理解的，因为真实世界中的联络、沟通和商谈的确是不容易的。首先，这种串谋不大可能由每个人同时起意，因而一般需要有人主动发起，并充当牵头人。基于生活常识，牵头人通常多少了解这种串谋的不易，所以他不会时时处处都寻求与人串谋；他会做出一定的判断，只在那些最有可能成功的情境中来进行尝试。而对于他的提议，其他人将会面临“是否信任他”这样一个问题。原本的竞争对手，突然提出来进行合作，这是可疑的，这可能是为了套取情报，也有可能是骗术。比如，提议者本人有可能误导大家去卖高价，自己则乘机以较低售价来夺取客户，扩大市场份额。由于意识到诸如此类的阴谋，有的人根本不会考虑去接受提议，有的人则会将信将疑。后者可能会抱着“试试看”的心理，一面答应下来，一面随时观察动向，准备退出。竞争者之间的谈判通常不会比买卖双方之间的谈判容易多少，这一点制约了竞争者们愿意为谈判付出的工作量。某些谈判可能会成功，另一些则会失败。成功达成串谋协议之后，协议的执行仍然需要进行监督。签约者们通常都希望别人守约，都乐于谴责和处罚别人的违约行为，同时却希望自己的违约行为不被发现。由此会引起诸多争吵、冲突和动荡。

6.7.8 市场体制具有“反串谋”这样一个本质特征

鉴于以上种种困难，在日常的小额交易中，尤其是在那些买卖双方临时聚集起来的市场中，串谋的行为是罕见的。买卖双方自由地洽谈着，买家与买家、卖家与卖家之间也自由地竞争着。如前所述，由于身心能力的局限性，个人需要以串行的方式从事各种不同的活动，需要在社会上扮演不同的角色，需要在这些不同活动和不同角色之间不断地进行变换；这进一步加剧了勾串的难度，使之缺乏必要性和经济性。这是关于市场经济的一个重要道理。例如，一个卖食品的小摊贩，当他收工以后，他和他的家人又成为了食品的消费者。由于他从食品业所获得的收入并不比他家的食品消费多多少，因此他就不大可能参与或支持食品业者之间的串谋行为，反而可能站在消费者的立场上谴责这种行为，甚至支持政府立法，对这种行为进行打击。要是他同时又是一个农民，他也就更不可能支持食品加工企业谋求垄断了。一个家庭可能拥有在多个行业中工作的众多成员，因而可以说，这个家庭在众多行业中都拥有利益；那么，假如这个家庭要采取某种统一的立场，它又该如何进行内部协调呢？这显然是难以做到的。这个道理对于大型企业也是可以成立的。例如，一家投资公司，可能既投资矿山，又投资冶炼，还投资机械制造；鉴于支持其中一个可能会损害另一个，那么，它究竟该支持其中的那个行业进行联合呢？

笔者认为，关于公平交易的观念以及相关的法律体系正是在这种角色变换中产生的。其中的逻辑是：由于当事人处于各种特定角色（买方或卖方）的时间是相当短暂的，因此他无意做出专门的筹划与努力，去对那个角色的利益做出特别的维护；他反而跳出了具体利益的纠葛，来考虑他所处的这个经济体系的整体规则与秩序。对于他来说，整体的秩序与规则的公正所带来的一般利益是首要的。串谋会损害对方，会遭到对方的反对，最终也可能祸及自身；既然如此，那么大家谁也不要搞串谋，都来维护公平公正的交易秩序。这可以止息纷争，简化生活，自由竞争的负的外部性就这样被正的外部性所抵消了。

这个逻辑与经验观察也是相符的。我们可以注意到，在那些交易活跃的场所中，人们对于交易制度的公平性（包括对串谋的反对）大都是非常重视的。私人贸易是催生公平性的温床。在历史上，相关的伦理道德和法治体系并不是政治家们凭空要建立的制度，而是商人们所盼望的，并且是商人们所积极推动的。主流经济学说认为人们会自私到不愿意对制度建设有所贡献，这种观点是与“完美理性”的假定相矛盾的。人如果有足够的理智，就会对公共事务有所关注与奉献，因为他知道自己的努力多多少少都是会有效果的。尤其是，在许多具体的交易中，公平性本身就是一种武器，可以用来批评和反抗对方的不当行为。当事人可能会有掩盖自己不当行为的动机，但他通常不会公开反对公平性本身。在日常生活中，交易的规则与伦理绝不是无人理会的东西；当我们徜徉于自由市场的时候，在人们热闹的讨价还价声中，我们常常可以亲耳听到对于公平性的强烈诉求。

对于自由贸易会内生商业伦理以及有关法律制度的观点，尚需要推想得更加仔细一些。一个人今天买东西，所以帮助买方摇旗呐喊；明天卖东西，于是又帮助卖方进行宣传和鼓噪。次数多了，别人就会谴责他的实用主义态度；他自己也会逐渐认识到，这种出尔反尔的做法在一定程度上是徒劳的，坚守交易规则的公平性才是“王道”。即使说辞仍然是需要的，也必须控制在一定的范围之内。当处于不同事务进程中的人们聚集在一起来商讨交易制度的时候，这种认识必定会更加受到推崇。于是，“若干交易规则＋临时商谈”的分级作业框架就建立起来了。到达这个框架的过程是一个认识提高的过程。从全社会范围来看，也是一个收敛过程。经验告诉我们，这个结构具有相对的稳定性；它世代相传，历久不衰。

这个收敛过程必定也与另一个试错过程相伴随。交易的一方订立同盟关系，也会引起另一方做出类似的反应，进而也结为同盟。于是，市场上的自由交易者越来越少。为了争取经济利益，各个集团不断地进行内部动员，各种经济与非经济资源都被次第地调动起来，投入争斗。这就好比进行世界大战一样。战斗虽然迟早都会平息，但经济社会要经历一个显著的动荡过程，许多资源都在这种接近“零和博弈”的过程中无谓地消耗掉了。我们必须承认，在一个充斥着矛盾与冲突的社会中，零和博弈随时都在某些地方发生着，这一点归根到底是无法避免的；但是，人们同样认识到，假如能够将串谋明确地禁止，则上述争斗扩大化的过程也就会停止，“零和博弈”就会被限制在较小的程度和范围之内。既不能放任串谋活动自由发展，也不可能把它完全消灭。关于反对垄断与不正当竞争的法律在理论上必须被理解为：立法者认为，实行这部法律的社会收益**显著地**高于它的成本，因此是值得的。这里不存在什么神秘的原则性问题，只存在程度上的问题；而边际收益的这种差别化现象，则是结构性世界中的常见现象。

这个讨论再次把我们带到了“囚犯困境”这个题目。表面上来看，禁止串谋与价格同盟的法律给那些意欲结盟的人们带来了害处，使之处于“囚犯困境”之中；但是，在这项法律的拥护者们看来，这种措施正是为了防止他们侵害别人，因而这是对潜在受害者以及公众利益的保护。这个道理如同立法禁止偷窃一样。偷窃既会引起效仿，也会引起反抗，但我们不能因此就说，可以放任偷窃，误以为经过“充分的”市场过程之后，偷窃者终究会自动地得到惩罚。恰恰相反，当事人实际上认为，要先禁止偷窃，然后才谈得到市场过程；或者，对于“偷窃”这种恶行，他们完全**确信**放任它将会造成的后果，因此，他们认为不能等待，也不必在等待中付出代价，立即地、直接地禁止偷窃才是最佳的办法。**某些确定性可以在不联系整体的情况下局部地、就地地产生**；对于这种算法式的效应，此为一例。理论家们也应当认为，假如政府不禁止偷窃，市场中的人们就会**自动地**另行组织一个政府，然后禁止偷窃（这就是“内生性”的含义）。“自由市场的自由竞争过程”本身所采取的方法其实不是别的什么方法，就是这种做法本身。换句话说，政府的禁令本身必须作为自由市场的延伸或者不

可分割的一部分来看待，官员们必须作为从商人中分化出来的一部分人来看待，或者作为商人的代理人来看待。由于个人身心能力的局限性，他们被指派出来专门从事“建立和运作政府”的工作。既不能不分青红皂白地一概实行自由放任，也不能不分青红皂白地一概实行政府管制。必须根据具体事务的需要以及行为者自身的比较优势分门别类地加以处理，从而形成一个混合性的方案体系。

6.7.9 串谋与竞争都被控制在一定的范围与程度之内

然而，以上论述都不能表明，串谋绝对不会发生。从对串谋所面临的种种困难的分析中，同样可以得出结论，即串谋的危险始终是存在的。既然只是“危险”，它在某些地方必定也就是事实。

由于存在着两两通信中的“组合爆炸”，在多人之间平行地进行商谈的成本是极为高昂的；那么，反过来，当市场中的竞争者数目很少时，商谈的成本就会迅速地降低。陌生人之间缺乏信任，反过来，熟人之间的信任度较高，也就容易达成协议。单次交易中的串谋往往不值得进行，但在多次的、重复的和长期的相处之中，串谋的必要性就上升了。经常变换角色、并且各个角色之重要性彼此相当的人们缺乏串谋的愿望，但在某个特定角色中拥有重大而长久利益的人则会产生串谋的动机。由于缺乏信用，普通竞争者所发起的串谋提议很难获得响应，但是，如果由某些重要组织或个人出面，串谋就要容易一些。既然串谋有时需要依赖强制力，则对竞争对手的兼并与收购也就是达成“串谋”，从而消灭竞争的一种方法；假如能够动用政府的力量，就更加容易成功了。

以上道理预示着或者解释着下列事实：在地理上相对封闭的市场中，在大企业相对较多的行业中，在主要由常住居民（例如村民）参与的市场上，在那些主要由少数人把持而其他人不易进入的行业里，在“强人”所统治的领域里，在行业协会比较活跃和强大的地方，串谋的现象就会不时地出现。当你走进一家菜市场，发现那里各个摊位的蔬菜价格出奇地一致，且比附近的市场要高；再一打听，原来这个市场中的菜贩子都来自同一个村子，那么，这就很能说明问题了。当可口可乐与百事可乐、麦当劳与肯德基来到中国市场上以后，它们分别去不同的城市进行发展，似乎在尽量地避免相互“面对面”竞争。这时，你也就不得不怀疑，这其中可能存在着某种私下的协议。协议即使不是纸面的，也可能是口头的或“默示的”。至少，其中也有可能存在某种心照不宣的“共识”。我国政府通常强力介入各类企业的经营之中，并且旗帜鲜明地实行着各类产业政策，甚至直接介入市场价格的管制，这就在客观上扮演了在企业之间进行“勾串”的角色。这时候，企业之间甚至不需要相互直接进行沟通，他们只要将自己的意见反映给政府官员，政府官员们很可能就会为他们“做主”，帮他们出谋划策。由于企业的数目较少，而消费者的数目极多，政府的政策就会系统性地偏向于企业，而不利于广大消费者。

对于各种各样的联盟，支持者们提出了诸多辩护意见。例如，企业之间的联合

（包括价格联盟）可以摆脱“恶性竞争”，使价格正确地反映成本，使企业各方面合理而有序地运行，并为企业积累资金，以便进行各种正当的研发活动。倾销者是一些不负责任的侵略者，他们先以低价格抢夺市场份额，使一些正常经营的企业无辜地破产，然后再抬高价格，把输出给消费者的利益再拿回来。有的倾销者提供质量低劣的产品，使得消费者难以分辨。企业联盟或者垄断性大企业的行为不一定是消极的，它们可以让市场更为稳定。所以，要把大企业与“不良的竞争行为”区别开；要反对的是不正当竞争本身，而不是企业的规模，等等。

笔者要说的是，关于串谋、垄断与竞争的争论，本质上同计划经济与市场经济的争论是相同的。理解这一争论的关键，就在于理解“企业是使员工们放弃个人意见以便强行贯彻首脑一人意见的安排”这个实质。也就是说，要采用算法的进路。大企业内部各种安排的合理性是以老板个人的眼光来评判的。当老板的意见全面而又正确的时候，大企业的确应当视为高效的。可是，单个人（或者管理层）的意见怎么能够保证是全面的呢？怎么可能是永远正确的呢？反观竞争性的市场。市场的凌乱和冲突的确带来了一定的资源浪费——市场的支持者们应当承认这一点。**新古典经济学企图通过论证市场没有浪费、市场“绝对地好”来击败计划经济的支持者；这个过分的论点是难以服众的，这个过高的目标也是难以实现的，它的武断性反而鼓舞了反市场人士**。应当把核心论点建立在市场对于知识发展的作用方面，也即：经过自由的竞争与比较，市场中无数个人的知识得到了一定的综合，这种“集体性的知识”将会系统地优于单个企业在孤立环境中发展出来的知识。垄断性企业经常会闭塞我们的知识，使社会大众无从判断它的效率究竟如何。包括倾销者在内，各种“鲁莽的闯入者”经常能够带来新的知识和观点，至少能够不断地叩问和检验现有的生产经营模式（例如，新进入者的质量较差产品的畅销，是否表明原有的企业提供了消费者不需要的、多余的产品质量呢？）。从这个意义上说，大企业不仅不应当反对竞争，而且应当欢迎竞争，因为，正是竞争者们在持续地提供资源（譬如，通过兼并行业中的后起之秀，就可以获得创新的成果）与动力，促使大企业不断取得进步的。市场的另一些好处是，它能够**相对迅速地**纠正自身的缺点（例如通过建立品牌来区别产品质量），能够在多元性、秩序与创新之间建立起**比较令人满意的**平衡，等等。

垄断与竞争将会引起宏观经济分别做出不同的表现，对此我们暂且无须多论。现在要说的是，由于（与垄断相一致的）合作与竞争是人际关系的两个不同面相，因此我们还有必要从“相互转化”的视角来考察它们。为了达到一定的目的，无论个人还是企业，都可以目光向内，挖掘潜力，壮大自己；也可以把目光投向外部。而当目光向外时，他至少面临着两种选择，一是寻求合作，来实现互利共赢；一是打击对手，通过压低别人的方式来谋求相对的成功。向内还是向外，合作还是竞争，都是一些选择；但是，由于身心能力的局限性，在一个特定的时间，或者在一个特定的行动中，当事人往往只能选择（或者偏重于）一种策略，因而他也就必须根据条件变化与利弊权衡，不时地在不同策略之间进行转换。此正所谓“化敌为友”或者“反目成仇”。

在朋友与对手之间并不存在不可逾越的鸿沟。假如当事人能够同时实行多种策略，他也就无须进行这种转换与抉择了（这当然是不能设想的）。这是两者之间一致性的一个方面。另一方面，这里还存在程度上的问题。合作与竞争并不是如同电源开关一样，要么是“开”，要么是“关”。两者之间的关系有些类似于音量调节旋钮，有时可以连续地进行变换。人际合作是有密有疏的，人际竞争也是有强有弱的。拿竞争来说，在比较平衡的市道中，大家往往只是遵从惯例行事，人际关系是比较和谐的；但是，一旦遭遇某个冲击，争斗往往也就表面化了。在供大于求的市场中，企业当然首先会去控制产量，削减成本。随着内部潜力趋向于挖掘殆尽，价格战就会日益激化。所以，**竞争存在程度上的差异**。严格地说，主流经济学并没有能够令人信服地论证这一点。“恶性竞争”这个词就是实践者在这种理念之下所发明的，它用来强调竞争**在短期内**有时会产生破坏性的影响力，包括当事人会相互使用消极的手段，或者“无论竞争的压力多大，当事人都没有其他选择，因而竞争并不能催生积极的后果”，以及“竞相杀跌导致企业倒闭并引发系统性风险”等情形。从上述诸种意义上讲，这个概念应当为理论经济学所接纳。

当然，承认“恶性竞争”并不立即意味着认可政府干预竞争的合理性。作为原理与方法论，算法框架的首要目标并不是为相关的争论直接提供带有倾向性的具体解答，而在于提供通用的基础、方法、规则与秩序。

6.7.10 具体交易活动的形成

理解了交易谈判中的种种困难与问题，我们就能够得出结论，即交易谈判是需要简化的。我们应当结合这个因素，来看待现实世界中的各种商品交易现象。

为了减少谈判的复杂性，一种简易的方法就是实行明码标价的“牌价”制度，即卖方在牌子上标明商品的售价，并且声明只以所标明的价格销售，所有的买家都一视同仁，没有商量的余地。这种制度以牺牲“一对一”谈判的精确性为代价，换来了“简单明快”这个优点。它尤其适合于“一对多”的交易，例如以商店和商场为主体的零售业。牌价制度并不表明商品的价格不会发生变化，而是说，价格调整只能由卖方主动进行，买方只能被动地选择接受与否。

简化谈判的另一种方法是订立框架合同。框架合同载明要进行的一系列交易所要共同遵守的条款与原则，而把规格、数量、价格等个别信息留待具体的子合同来决定。子合同往往临时签订，并且是分批次的，其篇幅则相对短小。日常生活中所进行的大量交易都可以理解为是具有这种母子结构的。母合同由习俗、法律或者“标准合约”来担当，具体条款（有时是口头的）则经由临时谈判而形成。这些常见的交易形式对某些经济学者产生了一种迷惑性，使他们忽视了交易条件中暗含的结构性。

把交易条件模糊化也是简化交易谈判的一种方式。前文中我们举了自助餐的例子，还举了雇佣的例子。在这些例子中，买卖双方都不十分严格地订定所交易商品的确切品种与数量，听任当事人在交货时保持一定的灵活性与自愿性。有关情节只要不太出格，双方都不会视为违约，更不会向对方索要补偿。“模糊交易”其实是十分普遍的，几乎每个交易都存在一定的模糊性。例如，许多城市地铁与公交车的票价都是定额的，无论乘坐多远，票价都一样；即使要分段计价，所分的区段也是相当粗糙的。对这种现象还可以进行另一种解释，即计算与商谈的代价要求交易具有一定的规模（例如批发与零售的区别，雇佣合同就是批发型合同），否则就缺乏经济性。如果大家都不追求过分精确，经过在广大人群中间以及在重复交易中进行相互对冲之后，最终谁也不会吃亏多少。

沿着以上的思路，我们还可以推测和观察其他用来简化谈判的方法。下面再略微论述一下交易合同的执行。

交易的结构性还体现在合同执行方面。行为的有限性与串行性致使当事人几乎不可能完全地做到“一手交钱，一手交货”。因此，合同的执行就是商品交易中不可或缺又相对独立的组成部分。要么一方先收钱，另一方后交货；要么一方先交货，另一方后付钱。行动在先的人总是冒着被违约的风险。一些材料显示，在缺少司法机关的原始社会中，合同的执行常常需要以武力作为后盾；如果某个部落违约，可能就会引起部落间的战争。即使在现代社会里，在一些小额的、非法的或者仅仅口头达成的交易中，武力威胁仍然是防止违约的有效手段。道德谴责也具有辅助性的作用。当然，司法力量的存在提供了决定性的保证。动用司法手段的成本（无论个人的还是社会的）虽然比较高，但是，商品经济的发展所引起的交易频次的急剧增长使得法治体系的建立具备了经济上的合理性。关于败诉方应当补偿原告诉讼费用的规定以及其他便利性安排都有助于降低受害人提起诉讼的成本。另外，案件的反复判决形成了一种稳定的预期和有效的威慑，可以防止当事人蓄意违约，这就极大地降低了违约率和司法机关的工作量。此外，在动态条件下，存在着一种可以用来防止违约的天然机制，这就是我们所谓的“串行控制”，即：当事人的蓄意违约会导致对方的惩罚性违约，更会妨碍新合同的签订；不良的履约记录一旦传播开来，会对违约者自己造成广泛而持久的损害——尽管违约方“占一时便宜”的可能性仍然是存在的。

本节的任务是论述商品交易活动本身。在这最后的部分，我们再来稍微论述一下其他类型的商品交易。

一是投机性的交易。商品首先进行交易，然后产生了交易条件的差异与波动，进而生发了以赚取差价为目的的交易活动。投资者不以实际使用商品为目的，而是先买进、再卖出，甚至进行空买空卖。投机活动是衍生性的，它附着在普通商品交易之上。可以回想一下 6.7.3 节提及的村庄内的经济往来，在这样的地方就很难发生投机活动，或者其中的投机活动将会很不活跃。进行这种对比可以让我们同时认识到商品交易与投机活动各自鲜明的性质。其次，商品交易是真实发生的活动，投机买卖也是真实发生的活动，而商品交易的规模通常要超过投机交易的规模，**商品交易对于投**

机的刺激性是衰减的和收敛的；即使不经过仔细论证，这也是我们可以确立的一般观点。在主流经济学中，这两个观点都是不能合理存在的。由于市场可以自动地达到均衡，因而，投机性买卖在主流框架中只是一种潜在的可能性，它不可能转化为实际发生的事件，不可能呈现为真实的现象，因此也就不可能与普通商品交易并存。投机力量的衰减和边缘化更是建立在通信与计算代价之上的一种效应，因而也就更加不可能存在于主流框架之中了。

与投机活动相关的是对于存量财产的交易。由于某些商品（或自然物）的生命周期比较长久，因而可以进行存储，进而则引起了对它的反复的交易活动。这种交易与新生产出来的流量商品交易以及投机性交易相互结合、相互关联、相互激发，使得单期交易与总交易的规模都扩大了。对于普通商品的囤积和抛售，对于生产资料的投资，对于土地、房屋、原材料等耐用品的买进卖出，对于金融产品的交易等，都属于这类情形。本书所要论证和强调的一个观点是，存量财产（或资产）交易是引起宏观经济不稳定的一个重大原因；就好比外部性一样，资产市场的波动甚至有必要作为自由市场的一种不完善性来看待，因此，政府有必要对这类市场实行特殊的监管措施。

第三类则是金融交易。票据、贷款、债券、股票、保险、期货、期权等都是商品吗？当然是。在算法框架下，没有任何理由不把它们视为商品。它们作为商品，也没有任何勉强或者“不够格”的地方。我们也从来没有表现出任何意向，准备把它们视为商品世界里的“二等公民”。货币金融学与“经济学”的分离，是主流经济学缺乏内在一致性的一个表现。本书所采取的论述策略是：**我们从一开始就认为真实世界以及整个真实的经济体系是按照算法的方式“一次性”内生出来的，因而我们从一开始就将自己完全置身于真实世界的真实场景之中，各个章节只是分别地、逐一地讨论这“整个实体”的各个面相；**因此，金融产业自始就没有被排除在本体论之外，它只是在论述顺序上比较靠后而已。我们关于普通经济活动所做的任何描述与分析，在原则上都不视为不适用于金融议题，而在论述金融系统的部分，我们只是论述金融业区别于其他行业的特殊之处。类似的特殊性在任何行业中都会存在；从这个意义上说，金融业也就没有什么特殊之处了。

第四类是关于生产资料（或者资本品）的交易，这主要是指对于土地、房屋、劳动、机器设备、能源、原材料等的交易。这类交易虽然与前述的财产性交易有所重合，但仍然具有自己的特点。如前所述，生产资料交易可以视作是由消费品交易所衍生、所激发的。由于产品的生产链条过于漫长，并且各种中间产品都有不同的用途或者去向，致使生产资料市场逐渐发展起来了。当然，实际上，可以推想的是，生产资料市场的发展绝不会比消费品市场晚多少，它们可以视作是同步发展的。

最后要强调的是，由于时空的阻隔，以上各种商品、各种市场、各种交易方式、各种行为以及各种现象都是共存的；后文还将继续论述为什么会这样。

6.8 价格及其变动

6.8.1 引言

必须有专门的一节献给“价格理论”。这其中的原因首先在于，主流微观经济学主要是关于价格的，现在要取而代之，读者们自然就需要知道算法经济学对于价格的态度，因此就有必要提出“算法式的价格理论”。另一个原因是，正如我们已经反复强调的，在诸多经济信息和经济变量之中，价格具有**相对的**重要性。虽然价格不是总括一切的唯一重要的东西，但也绝非毫无用处。它要比其他类型的信息与变量更加具有表现力，而且更加响亮、吸引人和易于处理，包括易于进行比较、加减、统计以及其他高级运算。这就使得价格不仅深受经济学家们的喜爱，也深受当事人的欢迎。最终，这导致了人们对于价格的“偏爱”甚至“溺爱”。这是一种“思维的弯曲”。人们对于不同类型信息进行反应的灵敏度不同，这本身是一种算法式的效应。而在经济学之中，这种弯曲已经达到了使整个经济理论框架归于谬误的地步，因此我们也就不得不花大力气来矫正它。最后一个原因是，价格理论是一个例证，它可以用来演示，在算法的世界中，某些特定的经济变量是如何在与其他变量的相互作用中产生并变动的。价格可以如此这般地产生并变动，其他变量也就同样（近似地）可以如此。尤其是，因为大家对于价格比较熟悉（这里还不能用“很熟悉”这个词），有关的道理说明起来不仅会比较容易，而且特别便于与旧理论形成对比，从而使我们能够从细节上逐个地解剖旧理论的错误。

所以，本节不仅是建设性的，而且尤其是批判性的。通过这种批判，我们要把价格放在一个它应该呆的恰当位置上。对于熟悉旧理论的读者来说，通过阅读第三章和本节，笔者希望达到一个目标，这就是他能够彻底地清理旧理论的遗毒，**在大框架上**完全放弃包括价格、局部均衡、一般均衡等在内的这一套东西；然后我们**再来**共同追问和重新思考经济学的基本问题，并在后续章节中探索这些问题的答案。

6.8.2 每个具体价格的相对独立性

人们从事着各种各样的活动。由于在这些活动中要用到某些自己所不拥有的物品，于是就去向他人进行购买，进而产生了价格信息。这下子可不得了了，一些经济学者们便开始围绕价格展开了“想象的翅膀”，整个微观经济理论也都以价格为核心来进行组织。主流学者们把对价格的解释作为经济学的核心使命。为了体现“科学性”，在考虑了各种因素、进行了有关的局部分析与互动分析之后，主流经济学把价格解释为由所有其他经济因素所共同“决定”。换言之，价格被视为隐藏着经济系统的所有秘密，它成为所有其他信息与知识的总概括。

算法式的价格理论首先就从这里起步。在有限理性与有限计算速度之下，价格是特定时空环境中的特定事件的产物，因此它首先并主要地反映着事件中的当事人所知道的信息、所掌握的知识以及所采用的算法与观点。其次，它当然也直接或间接地反映着特定情境中那些不为当事人所注意、然而客观看来却在发挥着作用的因素。然而，无论意识之内的还是意识之外的，所反映的这些因素都是有限的，相对于经济系统的全局来说也都只是局部的，因而，特定价格信息在经济系统全局中的地位，则需要通过其所反映的这些因素在全局中的地位来进行说明。

可是，当我们放眼全局的时候，我们却发现，在一定程度上，每个当事人、每个具体事件以及每种因素都被时间与空间所阻隔着，它们各自都具有一定的独立性。尽管这种独立性的程度各不相同，但绝对没有融合为一个完全的整体。因此，特定的交易事件所反映的外部世界（也即该情境之外的世界）的信息，取决于通信状况以及当事人对信息的接受能力。这种“反映”的效应必然会随着距离与时间的加长而趋于弱化，直至完全超出当事人的考虑范围。其次，当事人所掌握的用以处理这些信息的“知识”，在一定程度上既反映着外部世界的信息，又反映着历史上的人们处理这些信息的方式，因而它是综合的。可是，任何个人所具有的知识存量都是有限的，特定交易中的所有当事人的知识存量的总和也是有限的；所以，在算法框架下，一个显而易见且无可置疑的结论是，**特定交易事件中所形成的价格信息，只是其中的当事人以及周围特定范围内的信息、知识、思想与意见的反应，而绝不可能是全局中的所有经济变量相互作用和充分协调的结果**。

买方与卖方进行交易，就是买方与卖方的意见进行融合。买方对商品进行了估值，这种估值与卖方的估值进行协调。一个买方与一个卖方进行交易所形成的价格，就是该两个人的意见进行融合的结果。十个买方与十个卖方进行交易所形成的价格，就是这二十个人的意见进行融合的结果。这些局部性的过程绝不仅仅是假设的过程，而是真实发生的（思想的或物理的）过程；所形成的价格绝不是某个所谓的“均衡价格”的预备，而是真实的、“最后的”“真材实料的”“货真价实的”价格。如果一定要谈到“均衡”，这里并非不存在均衡，这里所发生的正是我们所说的“算法均衡”，也即：当事者们运用各自所拥有的、经过弯曲之后所形成的特定的知识、观点与办法，在具体情境所允许的时间之内，分别对全部世界做了一个简易的审视，最后做出了“了断”，产生了决定，动用了资源，致使事件**真正地**发生了。这种临时的拍板虽然不够准确，但却是必须的。对于任何一个未参与这一过程的人来说，其中形成的具体的价格也就相当于“他人的某种意见”；既不可忽视它，也无须迷信它。

以上就是在算法框架下我们要建立的价格理论的要旨。这里着重强调了具体交易中当事人所考虑的信息以及处理这些信息所采用的方式（算法）的有限性，及其因此而发生的种种“弯曲”。面对有限的信息接受能力与处理能力的约束，当事人一定既不是平均地、也不是随意地选择所要处理或采用的信息的。处于自己大脑中的信息会比来自外界的信息得到优先采用，近处的信息会比远处的信息得到优先采用，现成的信息会比经过计算后才能产生的信息得到优先采用。由于不确定性的存在，历史记录会比推测的结论得到优先采用。由于传播时间的限制，已有信息会比处于远方的、正在实时产生的信息得到优先采用，等等。至于“思维的弯曲”，存量知识（或者其中相当大的部分）本身就是在弯曲的基础上产生的，而在交易的过程中，势必还要发生进一步的弯曲。

有了个性化的信息与知识，当事人还要使用个性化的算法来加工它们。每个当事人所使用的算法可能都会或多或少地存在差异。宏观地看，各个不同情境中的交易者所采用的算法都将是相当不同的，同一个交易者在连续的或相似的交易中所采用的算法可能也会有所区别。只要交易成功了，价格无论如何都会产生（除了极少的例外）。然而，“价格”后面的背景却是相当复杂而差异化的，人们思想的异质性与行为的异步性导致了这种状况。对此我们应当说些什么呢？我们当然还可以说得更多，但这就是我们首先要说的，是眼下要说的，是我们作为“社会科学学者”首先要总结出来的“科学规律”。这里的“科学规律”不是别的，就是我们已经说出来的这些东西本身。

可能有人会问：你为什么至今不提诸如“需求定律”这样的东西呢？我的回答是，因为它是一个具体而非一般的规律，所以我们在“原理”的层面也就无须提及。例如，一物的价格上涨，对它的需求就会下跌，可是，有时候，某些商品的价格上涨以后，却引起了需求更加地上涨，原因在于人们预期价格还会继续上涨。另外，需求的下跌实际上建立在“该物的价格在收入不增加以及其他商品价格不上涨的情况下单独上涨”这一隐含假定的基础之上。也就是说，该物的价格在**相对独立地**运动着。这是异质性与离散性的一种表现，由此导致的边际效应将会促使需求下跌。所以，**“需求定律”只是引入异质性与离散性之后的一个推论而已**。假如在该物涨价的同时消费者的收入也增加了，或者虽然收入不增加，但所有其他商品的价格都同步上涨了，个人的总消费可能就会下降，但具体到每个商品，其需求量的变化也就不一定上升或下降了。这主要取决于具体商品本身的性质及其与其他商品的比较关系。**主流经济学其实只是展示了价格决定的一种模式而已，而实际生活中的定价模式却是多样化的**。我们的综合方法不把任何实际的情形排除在外，所以**在原则上**也就不能厚此薄彼。我们既然认为当事人的决策是自愿做出的，然后又为当事人规定好了千篇一律的算法，那么，这种“自愿性”即使是真实的，它也就没有多少意义了。经济学者是把当事人的思维活动当作研究对象的，因此，他**首先**应当对当事人的思维活动采取置身事外的中立态度，应当采取观察和描述的方法，而不是一上来就直接进行推断，甚至把自己假想为某种特定类型的当事人，然后直接代替当事人做决策。后一类工作当然并非没有价值，但它是属于另一个层次的，是应用性的。

还需强调的是，这并不表明价格的产生是随机的。价格的产生方式虽然是多样化的，但在具体的情境中，我们必须认为它是当事人进行仔细分析与精确计算的结果。它是很有讲究的。在当事人的眼中，某商品成交价为100元，这必须被理解为，成交在90元或110元都是不可以的。当事人既在某些计算环节上使用了演绎推理或者固定的模式（一旦我们识别了这些模式，也就掌握了一定的“规律”），又在其他环节上使用了众多的另类算法。另类算法的使用给计算结果带来了很多不确定性，但这并不表明，他总是在掷骰子，掷骰子只是众多另类算法中的一种。这也不表明任何其他人（包括经济学家们）可以轻易地预测、指导或劝服他改变算法（尽管这是有可能的）。另类算法的使用也表明当事人主观上存在着诸多困惑与无奈，但这也不表明，外来的预测、规劝和干预一定会成功。

经济学者们所面临问题的复杂性在于很难同时前往各个情境中去做实地观察。我们可以详细地分析一个情景，可以与其中的当事人进行交谈，可以了解他们的个性与成长过程，甚至可以采用电子手段来探测每个人头脑中的活动细节；然后，我们也许可以比较令人满意地说明当时该商品的价格为什么会成交在 100 元。可是，这样的交易事件每日每时都在发生，它的数目多如牛毛，我们根本来不及同时分析这些事件，也就更难以在这些分析的基础上再来解释宏观现象了。这就是为什么经济学家们可以长篇大论、但至今不能预测或解释某个具体交易价格的具体数值的原因。迄今为止的经济理论意味着对定价活动进行了某些一般化和抽象化，但是，通过运用归谬法就可以证明，这项工作前景不妙：假如定价方法最终可以归纳为若干简单的公式，则我们置当事人的智慧于何地呢？须知，认识的发展会引起对这种发展本身的对策。当事人如果采用某些简单的规则来定价，则会引起对这种定价模式的利用，终究会破坏这种定价模式。价格的高低显著地关联着当事人的利益，当事人一定会竭尽所能地避免这样做。

关键的错误就在于“公式化”这种想法本身。我们熟悉当事人的日常思维活动，并不意味着它一定可以公式化。这就好比我们熟悉日常语言，并不表明日常语言可以归纳为几个公式，以致我们不需要查字典就可以知道某个字怎么写了。这里存在着一条不同于以往的新的解决路径，它的答案相当于编制字典，也即：我们可以分类型地、逐个地搜集和积累当事人的决策模式、决策方法及其相关的数据信息，在计算机中建立起庞大的数据库，然后再模拟建立真实的事件场景。这项工作虽然在初期绝不可能一下子就完备起来，但是，经过众多研究者们的累积性努力（就像全球科学家们联合完成基因测序的工作一样），可望取得快速的进展。当这些工作都是手工完成的时候，它的意义不是很显著，因为现实世界成长的速度可能会显著地快于研究工作进行的速度，以致我们几乎总是不能**及时地**解释现实（故而传统的经济学家们总是强调一般化和抽象化）。但是，当研究工作以计算机为平台以后，它的进行速度可能会快于现实世界的运动速度，于是，它的实用价值就表现出来了。孤立地看，许多元素都是我们在直觉上很熟悉的，但是，按照时间顺序，它们在计算机上经过不断的分化组合以后，也许可以产生经济学者们历来感到困惑而又渴望进行解释的现象。

“大数据”这个词目前很流行，可是，假如不借助算法原理，我们就很难说明大数据对于经济理论和经济研究的意义，大数据也就很难进入主流经济学家们的视野。如果不在思想上和理论上厘清传统研究方法的错误，则经济学者们的主流群体就不会转向重视以计算机模拟为主要手段的研究进路。许多经济学家目前已经沿着这条进路大踏步地前进了。可是，反过来，倘若没有适当的理论作指导，则基于计算机模拟的研究也就很容易误入歧途。依笔者之见，目前这类研究已经误入歧途了。一种适当的基础理论，既要解决原理性的问题，又要为今后的具体研究指明方向，打开空间，提供方法——但又不能越俎代庖。这就是正在进行中的“算法经济学”所要达到的目标。

6.8.3 套利活动不足以完全消灭价格的独立性

当事人在各自所身处的具体环境中进行商品交易，产生了价格。我们现在要说的是，这些同时产生的价格很可能具有相当大的差别。这首先是指同一种商品在不同情境中的交易会产生不同的价格。“情境”的构成因素复杂而又多样。相对于临时计算而言，自己与他人的思想存量也可以视为“情境”的组成部分，因此同一地点的不同交易也可以被视作处于不同的情境。鉴于此，简言之，**不同的交易就会产生不同的价格。**[①] 即使不考虑其他结构性的交易条件，这种价格差异可能也会存在。其次，各地区市场内诸商品的价格（及其变动方式）可能都具有一些共同的、集体性的特点，而这些特点在不同市场之间甚至又具有显著的区别。例如，由于存在特殊的体制，中国股票市场的整体运动方式就与外国的很不相同。总之，不管单种商品的价格，还是众多商品的价格；不管静态的价格，还是价格的运动，都可能存在地区性差异。

我们不能轻视价格的地区差异。这首先是因为空间因素是商品价值形成中的一个核心因素。没有空间的存在，我们也就什么都说不清楚，就不能产生经济学的基本问题。我们再也不能把诸如信息、运输与流通费用看作次要的添加性因素了，它们必须与从前所认为的“核心因素”（例如商品的“转换成本”）共同位列于理论框架的核心，哪个也不再歧视另一个。其次，即使仅仅把流通费用看作考虑空间因素的主要方式（道理当然不应当如此），流通费用在数量上也具有举足轻重的重要性。我们可以随便地注意一下商品出厂价与零售价之间的差异，以及商品的网上售价与实体店售价之间的差异，就可以对此获得一个印象。市场之间的距离越远，其价格差异可能就会越大。例如，在古代与近代时期，商人们历经千辛万苦，冒着生命危险从事国际贸易，原因就在于这种贸易具有极为丰厚的毛利，商品的生产成本相对于它在海外的售价是微不足道的。中国与欧洲之间的“丝绸之路”就是一个例子。

主流理论认为，市场在原则上必须视为“一物一价”的。其中的逻辑建立在反证法的基础上：假如不同市场之间具有价差，那么就会存在套利行为，套利行为最终将会消灭价差，因此，价差就不会存在。这个推理建立在信息、计算与流通费用为零的假设之上，它其实含有循环论证的成分：由于信息、计算与流通费用为零，所以一物

---

① 对于这个观点，张五常教授在他的著名小品文《卖桔者言》（载张五常：《卖桔者言》，四川人民出版社，1988 年，第 3–9 页）中通过讲述亲身的卖桔子经历而做了十分生动有趣、且深入浅出的表达。

一价；反过来，一物一价现象的存在（实际上只是局部的存在）表明信息、计算与流通费用为零的假设是合理的，而把套利活动（近似地）视为无成本活动的做法也就是妥当的。不过，以子之矛，攻子之盾。现在，既然这些费用都是正的，那么，结论显然就是：价格会存在地区性的差异，而且套利活动也必须视为与生产活动具有同样的性质，即它是有花费的。

套利活动有代价，导致了商品的价差不是从一开始出现就会引发套利，而是要达到相当大的程度；并且，这种价差不是在偶然的小额交易中发生的，而是在连续的、众多的、大额的和持续了一定时间的行情中出现的。这种普遍性和持续性导致了价格信息广泛地进行传播，直至套利者不仅接获了信息，而且产生了预期，认为当他把套利所需的货物或钱款送达那里的时候，价差仍然可以维持在比较理想的水平上，以致套利活动可以取得成功。

以上的论述强调了 6.4.2 节已经表述过的一个观点，即严格地说，套利绝不是在同时发生的价格之间进行的，而是在既处于不同地点、也处于不同时间的价格之间进行的，因而是有风险的。严格同时出现的两个价格之间是无法进行套利的。这个道理既可以解释为什么会出现实际的价差，而且这种价差有时候还会突然飙升，似乎逃脱了市场的压力，失去了控制。套利活动通常只是在这种价差发生以后把它尽快地、尽可能地拉回来——也就是说，套利机会的出现与消失是串行的和“历时的”，而不是“共时”的。

我们当然必须承认价差绝非时时处处都存在。价差的大小必然与商品的具体性质有关。对于那些不适合进行囤积和贩运的商品（例如易腐品）而言，价差必然就大。适合进行囤积和贩运的商品，价差就会较小，甚至相当平均和稳定。所以，主流经济学所竭力去刻画的那种均匀状态即便是片面的，也具有真实性。但是，笔者要说的是，即便对于这种真实性的解释，也只有转移到算法的轨道上，方才能够说得通。不同价格之间的落差被套利活动所压制，而套利的时间却是交错的；也即，现在的价格压制的是未来的价格，而现在的价格却为过去的价格所压制。价格的均匀性不仅不是在没有时间的环境中实现的，而且正是为时间的存在及其持续的延伸所保证的。没有时间的存在，我们也就根本无法来论证价格的均匀性。套利同时在时间与空间两个维度上展开。另一方面，显而易见的是，价差往往不会被压缩到无，而是压缩到交易者们所认为的套利成本附近，也就鸣金收兵了，所以我们实际上会看到价差经常存在的现象。这两个方面结合起来，导致价格既有独立的一面，也有相互联系的一面；价差常常既不太大，也不等于零；套利活动既不会不存在，也不会泛滥到完全替代独立交易活动的地步；套利机制有时候很有效，有时候看上去则好像“失灵”了一样；套利者（通常是专职的商人）的个数通常只是工商业者总数中的一个比例，或大或小。这是一种混合的状态。

这种景象与计算机网络颇为相似。最初，计算机业流行的是独立的个人电脑，那些对于大型机和网络过于热衷的企业因此而吃了大亏，后者发生误判的原因在于其管理者对于地理和空间因素过于忽视。而当独立的个人机普及到一定程度的时候，网络的发展也就具备了经济性，于是互联网蓬勃兴起。网络可以视作在个人电脑间进行“套利”的工具。然而，网络的发展并不足以消灭个人电脑的独立性，每台上网的电脑都仍然需要装备各自的软件与数据。那些以为网络会消灭个人电脑的乐观观点是肤浅的。因为，假如网络通信很便利的话，本地化的通信势必将会更加便利。通信绝不会因为距离缩短反而变得不方便起来。这一点恰如个人与社会的区别。人们之间的社会联系无论如何紧密，在原则上都不会超过个人头脑内部的紧密程度；因此，个人与社会之间一定是有界限的。

6.8.4 价格落差的存在是广泛而常规的经济现象

有人可能会问，强调不同商品交易的价格相互之间是通过跨时空的套利方式来影响对方的，这有什么特别的意义吗？这种讲法与主流经济学有什么重大的区别吗？对此，笔者的回答是，主流经济学所讲的套利活动显然是基于对实际经济活动的观察而进行的简单模仿。普通交易者与套利者采用了不同的行为模式，这是一种角色的分工，产生这种分工的原因在于普通交易者的注意力有限，因而无力做到“高瞻远瞩”。所以，严格说来，这个论题以及相应的论述方式都是算法的。以算法的、实体化的、包含时空概念的方式来分析套利活动，具有重要的意义。

我们可以举出一种情形，来说明这种意义。既然套利在本质上绝不是实时的，而是基于预测的，套利者们也就有可能发生误判，他们甚至会身兼二职，同时成为投机者和操纵者。他们相互鼓励、相互诱惑、相互模仿、相互欺骗，再把普通交易者裹挟进来，**从而加剧市场的暴涨暴跌**。这种活动有时候会给他们带来意外之喜，有时候也会搬起石头砸了自己的脚。例如，在数年前石油价格的上升过程中，新能源产业得到了投资者们的恩宠，掀起了疯狂的扩张。这导致多晶硅（作为太阳能电池的原材料）的价格从每吨几十万元上升到数百万元，而它的生产成本仍然为几十万元。于是，众多国内企业开始疯狂地投资多晶硅生产。由于这些企业几乎同时展开投资，它们之间也就不可能进行相互协调，每个企业也就不能确切地掌握全行业其他企业的状况。与此相反，一个企业看到其他企业大举扩张，反而鼓舞了它的信心，相信这个产业一定前途无限，于是争先恐后地引进技术、开工上马。一窝蜂式的投资，加上宏观经济景气度的下滑，终于导致多晶硅市场的直线下滑，价格迅速跌至（可变）成本的下方，企业又不得不纷纷停产了。也许有读者会认为这个例子不恰当，因为它是关于生产商而不是贸易商的，可是，贸易是流通领域的“生产”，生产则是包含着商品形态转换活动的“套利”；这样的观点我们已经表述过了。

对于主流学者所观察到的价格比较均匀的现象，我们还有必要做出另一个算法式的解释，这就是：通过生产点的分散化，来平抑地区之间的价格差异。这是“套利”的一种形式。这个观点说出来十分简单，然而，实际上它是经济理论所尚未阐明的重要道理。随着商品从生产点输送到越来越远的地方，它的售价必然越来越高，相关的售后服务也就越来越不容易进行，而需求必然也就遭到了抑制。所以，生产点的布局具有一种天然的倾向，就是尽可能地靠近客户；而当客户（尤其是在大多数人口成为客户的情况下）比较分散时，生产也就必须相当分散才行（参见图表 15）。沿着这条线索，我们可以广泛地观察各类经济活动的地理布局，从而进入诸如“空间经济学”之类的研究领域，而这类研究也就顺理成章地成为了与核心经济理论紧密结合的经济学分支。

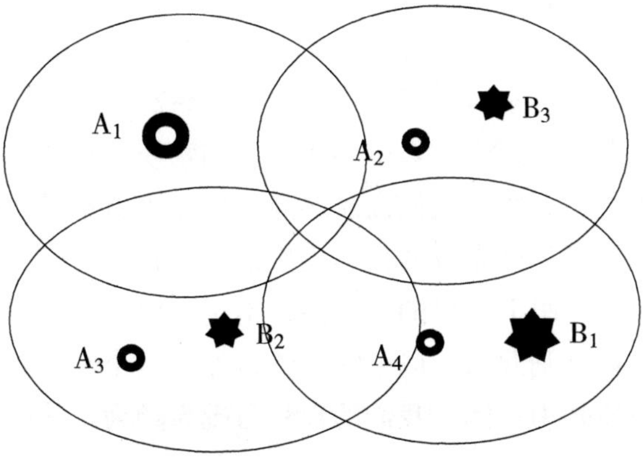

图表 15：市场与工厂的地理布局

由于存在信息与流通费用，商品 A 生产点 A_1、A_2、A_3、A_4 以及 B 的生产点 B_1、B_2、B_3 各自负责为其销售区域供货，其区域相互之间也有所重叠。生产点的分散性导致了商品售价的地区差距缩小，但也绝不会达到完全均匀的程度，并且不能完全阻止价格在局部地区的大涨大落。

主流经济学既不引入时间，也不引入空间，直接就来附和“一物一价法”，这种做法是没有道理的。主流学者认为空间可以作为非核心的、添加性的因素来处理，而下述观点也将表明，这种看法是不正确的。

人们通常认为，不同行业的市场、不同门类的（原材料的、工业品的、劳动力的、服务的，等等）市场、国内市场与国际市场、商品市场与金融市场、现货市场与期货市场，等等，总之，无论按照什么标准来进行细分，每个细分市场都各有自己的特点，其价格、交易量等市场信息也都各有特色，并且各有其运动变化的规律。换言之，单就市场的价格信息来说，它实际上处于广泛的个性化和差异化之中。我们要说的是，时空因素的存在是经济理论容纳任何形式的个性化与差异化的基础，当然它也是容纳任何价格差异（落差）的基础；否则，我们也就无法谈论任何形式的价格落差。

事物是普遍联系的，它们可以相互替代、相互补充、相互转化。例如，煤炭与石油可以相互替代，但是，它们的价格是不是严格同步变动的呢？当然不是。木材也可以当作燃料来用，但是，油价的变动对于木材价格的影响力也就更加微小了。需要使用水泥的地方往往也要使用钢铁，但钢铁与水泥的价格也并不完全同步。太阳能电池需要多晶硅作原材料，但在过去这些年中，前者的价格要比后者稳定得多。去餐馆吃饭很贵，而去超市买食品则往往非常便宜。从事大体相同的劳动，在不同的行业、地区以及不同的国家都会得到不同的报酬，有时差异还会非常巨大。近年来，在中国经济的高速发展过程中，土地与房屋的价格飞涨，而不少工业品（例如自行车）的价格却很少变化。

主流经济学总是把这些价格差异看作“均衡的”“正常的”，似乎不必对此进行特别的解释。例如，对于木材与煤炭，除了使用“替代率”这个概念之外，似乎也就无事可做了。木材就是木材，煤炭就是煤炭，它们的价格不同，有什么好奇怪的吗？可是，假以足够的时日（例如上亿年），木材是可以转化为煤炭的，如今的煤炭就是这么转化来的。从这个角度来看，经过“替代率”解释之后的那个剩余，就还需要进行解释。从化学的观点看，这个世界中的所有不同物质，目前都处于（或快或慢的）相互反应和相互转化之中，所以任何商品之间的价差也就都需要进行解释，并且也许能够进行解释。假如经过完全充分的化学反应，所有物质也许又会混合并演变为某种单一的物质。就此而论，眼下世界的异质性，不正是以时空的存在为前提的吗？不正是时空因素把各种事物分割开来、以便它们各自保持其个性和独立性的吗？假如没有时间与空间，火将与油融为一体，我们的胃将与砒霜融为一体，那么，无论世界是否还存在，人类必定已经灭亡了。

主流经济学既绝对化地看待差异，也绝对化地看待联系。例如，对于多晶硅与太阳能电池之间的价格差异，主流学者们一般认为，通过逐项分析它们各自的生产成本，以及采用“一般均衡的”方法，就都可以得到解释；至少，他们认为在价格的差异之间不存在套利机会。可是，我们有没有想过，这些价差中可能存在着某些举足轻重的因素，是我们采用任何已有的具体知识都无法来进行解释的呢？也就是说，我们必须把它定义为一种“不合理”，一种我们用“落差”这个词经常来表达的那种意思。而对于当事人来说，这种价差则足以引发他去行动，去套利，去“捡便宜”。芸芸众生们绝不是仅仅在按部就班地、机械地生活，他们生活在财富暴发、亏损、迷惑、刺激、幸运与悔恨相交织的精彩世界中。

有了这样的认识，我们也就可以理解这种现象，即对于上海出产的品牌与规格完全相同的产品，身处北京的网络卖家的售价可能要比上海的更便宜，这种现象是屡见不鲜的。尽管我们不可能不做调查就断言其中的内情，然而，根据常识我们知道，存在着多种可能性，都可以导致这种结果。

6.8.5 价格变动是必然的算法式推论

从本节开始，我们讨论商品价格的变动。商品价格的变动是我们要得出的重要的反主流结论。

商品价格时常变动着。从消费品到投资品，从物质产品到金融产品，从国内市场到国际市场，我们观察到商品价格频繁的、令人瞩目的甚至波澜壮阔的变动。价格总水平在变动，相对价格也在不断地变动。它们时而同步，时而异步，时而有快有慢，此起彼伏。价格变动既是媒体和社会大众所长期关注的焦点议题之一，也是企业家们要重点应对的问题。当事人既从价格变动中获利，也被它所困扰、所伤害。

价格变动是市场经济的本质特征之一，是经济学要重点关注并加以解释的现象之一。在计划经济条件下，曾经实行过严厉的固定价格制度，然而，结果是，当时的经济体系长期处于严重的供求失衡状态，人均收入增长缓慢。改革开放以后，逐步取消了大多数商品的价格管制，价格立即进入了剧烈的变动之中，国民收入也随之快速增长。这表明价格的自由浮动带来了很大的好处。这是需要进行解释的。可是，令人匪夷所思的是，主流经济学既不关注价格的变动，更不解释价格的变动，它只是描述价格的“决定过程”。现在，算法经济学就是要把对诸如此类的基本议题的解析置于优先的位置上。

价格为什么会变动？基于前文的论述，这个回答可以很简单：新古典经济学认为每一个价格都是在与所有其他价格（及其背后的所有因素）进行跨时空的、充分的相互作用之后产生的，那么，这个价格当然就失去了要变动的理由。可是，现在，价格是在有限的时空环境中产生的，时空的阻隔导致当事人只能优先地、重点地考虑眼前的因素，而把遥远的、未来的因素置于次要的地位，只能较少地、粗略地考虑它们。于是，随着时空条件的变换，新交易中所形成的新价格也就很有可能不等于原先的价格了。用算法的语言来说，特定的价格是由特定而有限的信息、知识、算法、目的等因素共同作用而产生的；促成不同交易的这些因素彼此有所不同，价格当然也就不相同了——于是价格也就“运动”起来了。

然而，这个道理也可以讲得相当复杂。这是因为，反对者们可以提出很多质疑，来证明上述解释不是“深刻的”，最终是“站不住脚的”，比如，虽然信息的传递是有代价的，但生活中的大部分交易都是重复进行的，因此，当事人已经变得相当老练，可以有选择地采集为数不多的若干关键信息，然后做出高质量的决策，这就大大减轻了信息搜集的任务，减轻了信息不足的约束。至于对这些信息的处理方式（算法），人们的手法大致是相似的，或者顶多往往也就那么几种；即使变来变去，仍然是相当单调的。例如，大部分人见到价格上涨就会少买一些，小部分人则考虑进行囤积和投机；这些行为模式几乎千年不变。价格就是这些固定的决策模式在每个具体情境中运用的结果。所以，变化的价格是假象，它反映着不变的规律和不变的真理。至于把“竞争”搬出来作为反对的理由，也就更加不可避免了。

概括起来，在价格变动这个议题上，主流经济学实际上存在着三种相互矛盾的倾向：（1）鉴于价格是高居于其他一切信息之上的总括性信息，因而它是不变的；（2）鉴于各期价格都是按照同一种模式决定出来的，因而它们是严格地相互一致的；（3）鉴于“新信息”的发生，各期的价格是完全相互独立的，彼此之间不存在联系，更不存在价格变动的连续性和可预见性。从算法看，这三种看法都是不正确的。我们首先作一些比较抽象的讨论。

诚然，重复的生活让我们变得老练，懂得了轻重缓急、稀稠贵贱，可是，这种能力的获得正是人的智力进行累积性发展的结果，因此这个话题本身必须纳入算法框架之中来进行说明。而且，人们通常总是跟同时代的同龄人相比较的，而同龄人之间的知识差距往往相对较小；再加上知识发展缓慢，这就容易掩盖人际差异和知识发展现象的广泛存在了。强调知识绝对性的人一般都忽视年龄因素的影响，因为他们认为年轻人早晚都会变得像他们一样“成熟”；可是，他们所忽视的是，在影响市场行情的能力方面，那些持有不同想法、观念和行为模式的年轻人同年长者是平等的。

在一些比较稳定的行为模式之下，决策所需的信息数量固然可能不是很多，但绝非没有变化。可行的决策模式本身可能也不是种类繁多、千变万化的——这是因为在具体的、固定的社会领域中基于长期重复博弈而发生了收敛与“算法均衡”。但是，这些看似微小的选择的不确定性却是不可忽视的，因为大部分的价格变动本身就是微小的，通常并不需要相关因素做出重大的变化。而在少数情况下，这些微小的变动也可以促成大变化，因而也可以用于解释价格的大变动以及其他显著的经济变动。这个道理已经由著名的“混沌理论”做出了演示。主流经济学的缺陷是，因为价格波动的幅度通常是比较小的，因此它就**在原则上**忽视了它们（或者把波动看成围绕均衡点的随机的或者循环的波动），甚至把它看作一种反常的或者病理性的现象。这是没有必要的。我们为什么要忽视价格的变动呢？是什么理由促使我们非得要把价格变动从核心理论中剔除出去呢？这里的“奥妙”在此就不再重复了。

算法理论面临着一个比较强劲的敌人，这就是包含在上述诸条意见中的这样一种观点：“真理”可以表达为某种极为简单的形式（例如数学公式），因而现实社会中的一切现象都是这个简单真理在具体环境中进行运用和表现的结果。这种真理就好像一根竹竿，你只要抓住了它的一端，就可以支配另一端。所以，这种真理也就容易抓住，并且可以随时抓住。按照这种观念，“不同情境中的价格不同”这个现象是不需要做出特别解释的。这种不同是一种和谐，就好比同一台机器，由于吃进了不同的原料，故而产生了不同的结果；所有不同的结果都是这同一台机器的固定性能的证明。

对于这种论点，笔者要说的是，首先，提出这个论点的人需要说明这同一根“竹竿”究竟是什么。如果他不能说出来，或者他所演示的（也即主流经济理论所演示的）并不能获得广泛一致的同意，那么这个论点也就很难成立。其次，把不同交易所产生的不同价格解释为完全相互一致，这种观点严格说来肯定是不正确的。人们之间有分歧，有冲突，同一个人不时也会后悔，会自我否定；这都会导致价格差异。何以肯定这些因素都没有发挥作用呢？所以，只要承认这些因素可以合理存在，那么以上述方式来建立统一的原理性理论就是武断的。

有一些重要的算法式的道理，支撑并深入影响着价格的变动。其一就是目的的情境性。人们通常只在一次交易中实现一个目的，满足一个愿望，表达一种需求。例如，我现在想要喝水，而不是吃东西。水在此时对于我的价值就高，而食物的价值就低；反之，当我想要吃东西时，我对于水和食物的价值评估就又颠倒过来了。这就意味着随着情境的变换，个人对于商品的评价是起起伏伏的。主流经济学似乎也是这么讲的，可是，它把效用函数的变化看作纯粹偶然的、因而不需要进行解释的东西。如果我们认识到当事人身心能力的局限性，也就可以认识到，不管出于感官享受或其他任何原因所产生的“效用函数”的变化，在原则上就是期待之中的，而不再是“意外事件”了。个人的欲望、目的、需要和追求都将分布为一个事件序列，并且具有可预测性。例如，水喝够了，也许就要吃饭或者做其他事情了，这是可以推测的，也是当事人需要考虑并主动做出安排的。

其二，基于上述原因以及其他难以尽述的原因，主流经济学把各期的交易主要视为完全独立的事件，由纯粹外生的变量来分别进行解释，这种做法就是不正确的。不同期的价格之间相互具有影响力，价格的变动具有内生性；当事人会**意识到“价格会发生变动”这个事实本身**，会思忖并应对这一点。这不一定意味着他将致力于抹平价格差异。他的反应可能是多种多样的。**他有可能故意安排并利用价格的变动性本身**。论证价格的稳定也罢，变动也罢，都需要在这个比新古典情形远为复杂的框架中进行。这种认识也将把我们引导到形式多样的价格内生变动的情形中去。

6.8.6 同时解释价格的稳定与变动

有很多具体而在常识上十分可信的道理，可以用来说明不同交易的价格为什么不同。需求的情境性看上去是很有说服力的。一个人可以在干渴的时候喝水，也可以闲来无事喝茶消遣；对他来说，这两个不同时刻的水的价值怎么能够一样呢？水可以用来洗衣，也可以用来浇花；这两种不同用途的水的价值为什么要相同呢？在供给者方面，企业按照某种固定的模式来进行成本核算，相邻企业以及整个社会的成本支出不会计入企业的账簿。假如该企业同时开采黄金，黄金的生产成本也不会计入水的生产成本，正如水的生产成本不会计入黄金的生产成本。然而，即使按照这种既定的、普遍同意的模式来进行成本核算，水的生产成本也会不时地发生变动。企业为什么要不考虑成本变动因素，而按照单一定价来销售水呢？如果一定要搞定价销售，价格又应该按照什么依据来进行确定呢？

这就来到了问题的反面。你要我解释价格为什么要变动，我则反问价格为什么要不变？——**既然不同的情境之间应当是平等的**。“不变的价格”是主流经济学的一个强烈的暗示。均衡的价格是“稳定的”，这意味着只要没有“外来的冲击”，价格不应当改变。如果我们能够否定价格不变的观点，也就证明了价格会发生变动。

价格不变的观点仍然是与竞争密切联系的，即对商品持有不同估值的用户会通过争夺商品来拉平价格。例如，因为干渴而急切需要喝水的甲与因为休闲而不那么急切需要喝水的乙处于相竞争的位置上。乙会报出低价，甲本来意欲报出高价，但他假如了解到乙的报价信息，则可能隐藏自己的真实估价，转而按照等于或略大于乙的报价水平来报价。假如甲先报价，则会引起相反的过程。这都是我们所熟悉的。由于所买卖的水都是同样的水，在同一个市场的同一次竞价过程中，只要信息沟通充分，所有的水都会倾向于按照同一个价格成交。即使卖家有意按照用户的不同用途来实行差别定价，通常也很难做到。最终的成交价主要取决于需求与供给的数量。

以上就是经典定价过程的一个概述。可是，现在我们要说的是，这个过程中隐藏着一个前提，一种论述，这就是：人们的行为处于广泛的异质性与异步性之中，人们不是同时陷入口渴的境地的，也不是同时把喝水当做消遣的；否则，第一场拍卖会上就只有口渴的买家在场，而第二场拍卖会上也就只有休闲的买家在场。可以预见，两场拍卖会的价格一定会大相径庭。同理，如果对用水洗衣的人与用水浇花的人分别举行一场独立的拍卖会，则成交价也会不同。然而，这个假设是荒谬的，是不符合事实的。在现实社会中，把水拿来作不同用途的人们往往都是混在一起出现的，因为人口数量通常极为庞大，人们的生产与生活方式是经过成千上万年（甚至上百万年）演变而形成的，通常是相当稳定的。不同性格、不同习惯、不同素质以及处于不同行为进程中的人们在某个地理位置上都混合得相当均匀。这就导致在每一次价格竞争中，各种参与者的比例都差不多。由于人们在每次行为中通常都只有一个目的（或者说，“目的”本身正是按照“一个时间做一件事”的要求而被当事人定制出来的），人们会不时地变换活动的种类，因而又会把商品投入不同的用途。然而，在大数目人口的条件下，人们对商品使用方式的变换同样也会相互对冲。例如，在第一天的交易完成后，第二天，那个口渴的人变成了休闲者，而休闲者却发生了口渴现象；或者，即使休闲者没有变化，另有其他人却口渴了。同理，洗衣的人第二天又要浇花了，而浇花的人却又要洗衣服去了。这种大数目对冲导致了，在第二天的拍卖会上，一部分人虽然互换了他们的报价意向，但总的需求仍然与第一天差不多，成交价也仍然与第一天差不多。

在对价格不变的解释中，显然必须包含着这个解释。这是一种道理很简单、但却很重要因而必不可少的一种解释。**这个道理之所以重要，就是因为它也可以同时解释价格的波动**。在第二天的交易中，我们虽然认为众多参与者的内部结构仍然不会与第一天差别过大，可是，是不是会严格一致呢？是不是会一致到需求数量完全相同的地步呢？根据生活常识，我们相信这个要求通常是很难实现的。即使人们要刻意地实现这一点，甚至借助某种强力，通常也是难以做到的。这其实可以作为一个算法式的推论来看待。只要我们沿着有限计算速度、有限注意力、有限行为能力、自由意志、时间与空间的存在等线索一步步地推演，应当可以来到这个结论。而这又会导致每一场拍卖会的人员结构与需求结构有所不同，以致发生了价格的变动。而进一步的结论则是：在社会环境相对稳定的条件下，价格通常都不会变化太大。价格变动如果太大，就会引起纵向的（即沿着时间跨度的）套利活动。

不同的价格是在不同的交易中针对虽然同质但却不同的商品而形成的，严格地说，这些价格之间并不具有充分的可比较性；我们不能忽略情境因素以及其他结构性的交易条件，单独把价格抽出来进行比较。这种做法至少是不严谨的。但是，另一方面，无论当事人还是经济学者自己，都没有其他的办法。价格是一种数字，非常容易进行相互比较，人们怎么能够对此视而不见呢？结构性的条件往往比较复杂，哪里会像价格数据这么简便易行呢？虽然这个价格所针对的是**这个**商品，那个价格所针对的是**那个**商品，但它们之间的差异如此之小，以致人们已经对此满不在乎了。

在以上认识之下，现在可以对价格数据作一些处理了。人们通常所作的一个基本处理，就是把价格数据堆放在一起，按照各种顺序来进行排列。其中的一种排列方式，就是按照时间顺序进行纵向的排列。这时候，通常可以发现，市场上传来的价格信息往往是缓慢地、逐步地、相对连续地进行变化的，猛烈的、悬殊的变化相对较少。这种现象在表面上是与主流经济学中所描述的竞价过程相一致的：供求数量与价格相互影响，导致价格发生连续的变化。笔者一直认为，这种直觉经验是主流经济学获得大众支持的一个重要因素，尽管主流经济理论中所讲的是假设的逻辑过程，而社会大众所看到的是实际发生的事件，两者并不是一回事。

这个现象的真正解释在算法框架下可以变得很简单。思路与上文类似。这主要是因为异质性、且大数量人口的存在而造成的。可以认为，在相对稳定的环境中，产生自各个地方各个市场的价格只是呈现出随机性的（当然也是幅度较小的）变化；而当市场产生某种向上或向下的运动趋势时，价格就会有规律地排列。但是，价格通常不是从 1 元一下子涨到 2 元的，而是 1.1、1.2、1.35、1.5、1.55、1.7、1.9、2 元这样逐步地上升的。在较少的情况下，这种涨价发生在两人或数人之间。但是，更为一般的情况是，它是一种**社会性的**现象。特定的个人（或组织）完成特定的交易之后，一般都会退出市场，因为他要去从事其他活动（要么消费，要么生产，等等）。待到其他活动重新产生交易的需要时，他方才重返市场。而当他重返市场时，价格可能已经向上或向下浮动了一个重要的台阶。所以，假如我们把目光紧盯在特定的当事人身上、并且跟随他来采集交易数据的时候，就会发现价格变动得很剧烈，并且其离散性也很强——也即要过好久才会生成一个价格数据。这些间隙都是由其他人来弥补的。甲退出市场了，乙却恰好进来了；乙走了，丙又来了……如此这般，正所谓“铁打的营盘流水的兵”。这就好比一个单位的签到簿，我们可以看到其中各人的到达时间总是呈现出近乎连续的变化。如果我们站在一个自由市场的门口观察人流，常常发现那里的人数总是不多也不少，运转得相当流畅。人流不均匀的时候也是有的，但这种情况是较少出现的——社会组织得就是这样“神奇”。

6.8.7 价格的变动作为有意的安排与策略

在上一节，我们把价格的变动主要看作一种被动发生的现象。当事人在各个情境中相对独立地决定着价格，然后，作为一种后果而不是有意制造出来的现象，当各个价格沿着时间轴纵向排列的时候，它们“看上去”是变动的。但是，价格的变动是一种引人瞩目的现象，当事人绝对不会注意不到它。实际上，听任、允许和保护普通当事人自由决定价格、自由改变价格的“浮动价格制度”正是自由社会有意实行的一项核心经济制度。具体到普通当事人，他们通常完全了解价格的变动性，他们有时候预测并采取措施应对价格的变动，有时候则有意识、有计划地改变价格，把价格变动本身作为实现最优化的手段。

为了与当年的计划经济主张者进行辩论，主流经济学家们曾经非常强调价格的变动性，强调价格是如何在一时一地的具体供求关系中产生的。但是，如前所述，由于经济学家们采取了决定论的、完美主义的方式来论证价格的产生，当事人被假定为对于全局和未来的情况进行了彻底的挖掘和充分的考虑，价格因此反而失去了变动的理由。价格既然不能因为算法的改变（算法既然是最优的，也就被认为不能改变）而改变，根据信息的改变而发生的变化也就同样是理据不充分的（因为信息是可以预测出来的），如此一来，市场经济体制的特点和优点又在什么地方呢?

显而易见，这一切都必须转到算法框架之下来重新进行说明。

在一个变动的世界中，各批次产品的生产成本可能是不同的。即使由同一个人在不同时间把同一商品用于同一种用途，其效用可能也是沿着时间序列进行变动的。“浮动价格制度”意味着当事人认为这样的安排是比较好的：在考虑到价格具有难以避免的变动趋势之后，让各期的价格与各期的供求状况尽可能精确地相互对应，而不是用固定价格来破坏这种对应关系，是一种最为合理而便利的安排。

例如，甲方向乙方长期供应煤炭，但这并不表明，他们之间的成交价总是固定的，价格可以随着季节进行浮动。冬季的煤炭需求旺盛，夏季的煤炭需求疲弱；因此，他们通常会采用框架合同的方法来订定各个季节各批次货物的结算价格，提高冬季的价格而降低夏季的价格。单个交易者如此，整个市场也是如此。煤炭价格就这样年复一年、周而复始地波动着。

导致这种定价方式的基本原因当然在于供求双方各自对于其成本—收益（或效用）核算所采用的那种特定的和固定的方式。其次，这种精确对应的方法具有一个好处，就是可以避免诱惑某一方故意违约。倘若采用固定价格方式，各个季节的交易都可能发生苦乐不均的情况，从而导致其中的一方受损。例如，冬季的时候甲方供货的积极性可能就会不足，就有可能找借口减少供应；而到了夏季，乙方也就有可能找借口减少订货。浮动价格允许双方随时根据自身需要（而不是为了占对方便宜）维持或中止贸易关系，这往往是双方都能够接受的安排。这个道理有点儿类似于“各人自扫门前雪，休管他人瓦上霜”的意思。就是说，**在某些情况下，整体最优化的方式就是干脆不要考虑整体，不要考虑相互的联系，各个局部环境中的决策只根据各个具体情况独立做出**；这种“独立做出”就是一种**整体的**安排，它反映了事物之间可以发生相互联系的一种限度。

这种“限度”可以再用投机活动在熨平价格方面的局限性来说明。持续的、有规则的价格波动当然会引发投机。然后，在某些年份，投机活动就会爆发，而爆发的投机活动就会破坏价格变动的规则性。例如，某个冬季发生了煤炭价格意外的滞涨，而某个夏季煤价却没有显著地下跌。这种意外的情况会使不少当事人陷入慌乱与困惑之中，而投机者也有可能损失惨重。意外的情况吓阻了来年投机活动的热情，结果导致规则性在此后若干年间又逐渐地恢复了。换言之，投机者会自我“证伪”。产生反向信息的代价不大，但却影响广泛。结果是，浮动定价方式在统计学上仍然表现为主要的（柔性数量分析）方式。

浮动定价制度中还包含着一种向来受到重视的含义，那就是：浮动价格意味着某种互动策略的运用。由于“策略”意味着思维的弯曲，所以，这种论述其实是算法的。在上例中，冬季提高煤炭售价不一定意味着冬季煤炭的开采成本高，其中的原因可能是甲方在短期内不能增加供应量的情况下有意抑制乙方的需求；而在夏季，甲方降价的原因也不是因为煤炭的开采成本降低了，而是为了刻意地鼓励煤炭的消费。

主流经济学家把这种含义归结为“价格信号”这个概念。但是，“价格信号”的含义是应当遭到拷问的：这个“信号”是一个当事人发给相关当事人的呢，还是发给无关的经济行为者的？是当事人有意发出的呢，还是无意发出而只在客观上看起来是个“信号”？这些问题表明，有必要区分不同情况来论述“价格信号”的概念。

在电视剧《大宅门》中，白家老号药铺计划在安国药市采购大量的黄连，为此，他们在一年一度的开市日公开地高价购进了少量黄连。在随后的几天中，消息传开，各地的黄连蜂拥而至，导致黄连价格大跌，结果使得白家老号最终低成本地完成了采购。在这个例子中，我们可以看到，价格本身作为一个手段和“信号”被有意识地加以利用。当事人利用了价格信息相对于其他类型信息（例如交易量）的**响亮性**，把它故意地传播开来，以此来引导商品供应。信息传递的这种不对称性是一切精明的商人惯常加以利用的，股市的操纵者们常常也是这么做的。他们故意在市场中掀起大风大浪，借机谋取利益。

因为价格信息具有影响力，也就有人会保守这种信息，防止它的传播；这应是“价格信号理论”的应有之义。可是，在现实社会中，价格信息常常是作为一种无偿的公开信息来对待的；除非存在民事协议的约束，价格信息的传播不被视为对当事人权利的侵犯。社会为什么要建立这样的规则呢？

这首先是因为，商品交易是每日每时大量发生的，价格信息（以及交易量等其他交易信息）的传播一般不会侵犯特定当事人的隐私，不会对他造成损害。又由于大部分交易者都不是“名人”，都不具备白家老号那样的影响力，因而也就无力发出“噪音”，来干扰别人的决策。在此情况下，价格信息所反映出来的就是比较真实的供求状况，所以，它对其他交易者的参考价值就是相当显著的，价格信息也就可以用于引导生产、消费及其他经济活动。这种正的外部性是被社会所认识到的，因此，无论在法律上还是习俗上，无论有意地、无意地或者“半心半意”地，价格信息（以及其他信息）的**公开性制度**也就逐渐确立起来了。

从算法的观点来看，“价格信号理论”至少必须采用这样的论述方式。

6.8.8 价格变动是逐步的

根据前两小节的论述可知，作为一种正的外部性，价格信息对于他人进行决策具有重要的参考价值。我利用你的价格信息，你利用他的价格信息，他又利用我的价格信息。人们相互这样进行交叉使用，这也就不完全是一种外部性了。这就是“半内在化”的一个例子。

在异步性的世界中，价格变动如同其他一切经济变动一样，大都是缓慢地、逐步地发生的。这并不是说价格变动不可以变得疯狂而无规则性，而是说，缓慢、逐步的变动是常见的和主要的（柔性数量分析）。这个命题可以具有丰富的含义，含义之一是，价格变化其实可以很敏感。对于某个业已确立为主流趋势的市场过程，倘若追根溯源，我们一般总会发现，**早在这个趋势确立之前**，一批先行人士就已经察觉了发生这个趋势的可能性，他们已经采取行动，来利用、顺应甚至推动这个过程。但是，这些先行者在当时大都是边缘性的，其力量弱小，被市场视为异类。主流虽然怀疑他们，不追随他们，但是，关于他们行为的信息却广泛传播，引人瞩目。当然，这并不表明所有的异类都是正确的。有的边缘人士明确地洞察了未来，有的却并非如此。许多人都是因为自己所处的特殊位置与特殊状态而在偶然之中察觉到某种市场趋势的。例如，当房地产市场开始上升时，大部分购房者仍然会囿于对历史价格的记忆而犹豫不决，但是，突然会有某些令人咋舌的高成交价出现。可以推想，这种零星的高价格必定起因于某些急需买房的人（例如马上就要结婚的人）；这类人因为等不起，因为急迫的需求迫使他们漠视价格的高低，于是抬高价格，抢先出手。零星的高成交价就好像水里冒起的一个个泡泡，把房屋供应紧张的形势传递给了大众。这种“从边缘到中心”的变化在股票市场上表现得更为生动。通常，在一波大行情掀起之前，市场会出现很多征兆。例如，个别股票会发生突然的、短暂的跳涨，或者发生连续的大幅度拉升。在指数连续上涨之前，少数股票或者板块往往都会上涨得很厉害。市场的上涨一般不是匀速的，板块之间存在着交替运动的关系。

有读者可能会说，你这样讲“缓慢”或者“逐步”似乎是一种概念的混淆，数量变化不应与结构变化混为一谈。这是一种相当典型的新古典主义观念。在算法世界中，单一变量的“单兵突进”以及所有变量的“同比例变动”其实都是很少发生的。这是两种极端的情形。数量、程度的变化往往很难不伴随结构的变化；而且，结构变化也往往不只是单一的结构因素，而是一连串结构的次第变化。这种情况在主流的理论分析中很少见；即使发生了，主流分析工具也很难处理。可是，这在现实社会中是常见的，真实的当事人也大都对此习以为常。这就是说，我们必须也要对随时随地发生的结构变迁习以为常，并且对伴随数量变迁而发生的、与数量变迁相交织的结构变迁习以为常。**我们甚至必须把众多“小结构”的次第的、连续的变迁视为一种特定形式的“数量变迁”，而不必把它与“质变”完全加以区分（也即“小型质量互变”）。我们需要认识到小型的“质变”的多样性、广泛性、常规性和不可避免性，因此应当对“量变”与“质变”的区分采取灵活的态度，而不必总是把二者完全分割开来**。否则，任何理论叙述都可能会变得很困难，或者变得无比地冗长、繁琐和乏味。在形式化分析方面，我们可以把这种“柔性的数量变迁”视为可以由计算机的复杂程式和大数据手段来支持完成的过程。

言归正传。“缓慢”或者“逐步”的第二种含义，就是特定的市场趋势（向上或者向下）往往会持续一段时间。在此期间，已经发生的事件还会重复发生，已经显现的趋势还会继续显现，历史价格因而具有很高的参考价值，它可以作为预测未来的主要依据之一。这就好比一个物体遭到某种力量的击打，它要沿着击打的方向运动一段距离，持续一段时间。新古典经济学的荒谬性就在于，它认为这个击打将会导致那个物体从一个位置一下子到达另一个位置，然后就不动了。这个“位移”的过程被忽视了。与此相反，**我们现在想象着“思想实体”与物质实体一样存在于空间之中，它受到“击打”之后将会发生一个（或者一系列）运动过程**。思想变化、传播、交流，不是呈现为这种状态就是呈现为那种状态。只要我们的目力与计算能力跟得上它的变化速度，思想的运动就是有可能进行预测的。因而，**至少在部分市况中，市场的运动趋势是可以进行预测的，是比较明朗的**。这个看似平淡无奇的观点，可以给真实当事人带来重大的鼓舞、启发和帮助，因而它必定具有很高的实用价值（参阅 8.4.2 节）。

主流经济学文献中存在着一个有代表性的、十分核心的论述，这就是：价格机制可以在资源配置过程中发挥关键的引导作用；价格上涨了，消费者就会缩减需求，厂商就会增加供应；价格下跌了，消费者就会增加需求，厂商就会缩减供应。这个老生常谈其实大有争议的余地。第一，不光价格信息具有这个协调作用，其他信息也会具有这个作用。第二，这里忽视了时间的流动。在动态条件下，结论绝不是这么简单的。价格既然已经上涨了，消费者和厂商为什么不认为接下来价格会下跌呢？价格既然已经下跌了，消费者和厂商为什么不认为接下来价格会上涨呢？可见，主流的论述中存在着一种预测，一种隐含的假设，就是价格的变化通常是具有连续性的。主流的“推理”的成立必须依赖于这种假设，否则推理就不能成立。因为，观察到价格（无论是成交价还是对方的报价）在前，而关于买卖与生产的决策在后；决策永远是（也只能是）关于未来的，它与历史并不直接相关。

进一步地，既然决策建立在预测的基础上，预测也就不一定要采用上述简单延续历史的方法。预测既可以采用其他方法，甚至也可以得出“趋势即将发生转折”的结论。把未来视为历史的简单重复的预测方法也就不一定是正确的。所以，我们的结论就是，价格机制在协调资源配置方面的作用就是有限的，它绝不可能是完美的。企业看到目前的原材料价格上涨，于是就做出安排，削减下个月的开工率和原材料采购量；结果，到了下个月，原材料价格却下降了。企业看到目前的产成品价格上涨，于是就做出安排，提高下个月的开工率和生产量；结果，到了下个月，产成品价格却下跌了。在广为人知的关于农产品价格与产量的“间歇调整”模型中，农民根据当年较高的农产品价格来决定当年较高的播种面积，结果是第二年的谷贱伤农。农民又根据第二年较低的农产品价格来决定第二年较低的播种面积，结果是第三年的价格飞涨，而农民的收入却不能增加多少。从事实际经济工作的人们大都知道，这种困难是普遍的，因为市场每天都有发生逆转的可能。而且，即使在大型的上升通道中，小型的逆转也在频繁地发生，当事人无法当场确定这些小逆转是不是会发展成大型的逆转。

“缓慢”或者“逐步”的第三种含义，是说大多数人的意见对于市场具有统治力，少数“先知先觉”者仅仅根据某些物理的、“非人化的”因素预测到某种趋势或者某个“终点”是不够的，还要预测到相应的过程何时会发生、如何发生以及持续多久等。当事人不应成为独行侠，商业成功的关键在于自己的超前预测最终能够获得他人的认可，从而能够顺利出货，获利了结。假如先行者的意见最终不能引起市场的追随，则不能视为商业上的成功，“先行者”也就不能成其为“先行者”。所以，“商业智慧”的要件之一是对（他人的）人性的把握，尤其是了解社会大众的思维方式以及公众意见的运动变化规律。“先行”并不总是有好处的。漠视多数人意见的人将会面临永远做孤独的少数派的危险。

6.8.9 价格变动是逐步的（续）

价格变动可以作为一个连续性的过程来展开。如果我们从更为广泛的物理因素以及信息传递的角度来看，这个过程似乎是很容易理解的。物理因素（作为主流分析框架中的“外生变量”）的变化导致价格的变动，这一变化的持续导致价格变动的持续，这一变化的强化和扩大导致价格变化的强化与扩大，这一变化的终结则导致价格变动的终结。这就好比一阵风刮过湖面，逐次地掀起涟漪或波浪，经过一系列的调整之后，最终归于消失。例如，电子文档与互联网的出现对于报纸构成了威胁，这一点在新技术革命的较早时期就已经被确定无疑地预测到了；可是，这并没有致使报业在一瞬间衰落。此后，报业仍然延续着既有的繁荣态势，它甚至随着整体经济的繁荣而一度变得更加繁荣。在此期间，互联网继续普及，移动网络与移动终端日益流行。如此日积月累，最终才导致报业一去不复返地衰落了。据笔者观察，如果从互联网的出现算起，这一过程至少持续了十年以上的时间。

一个确定不移的过程竟然需要如此漫长的时间才能化为现实，这难道不令人惊讶吗？主流学者通常宁愿把这个过程理解为物理性的（例如互联网的建设与移动终端的制造都需要时间）。我们现在知道了，这也是信息与思想的产生、发展、传播与互动的过程。只有把思维过程与物理过程结合起来，把信息、思想等都视为与物理性对象相类似的存在物，由此产生的解释才会是比较完善的。像“电子出版将会取代大部分纸质出版”之类的意见并不会有多少人直接去质疑，而问题在于，数亿数十亿的芸芸众生们要能够关注到这样一件事，并且逐渐相信其他人也会持有相同的意见。还要对相关的物理进程进行估计。由于涉及的事项庞杂繁多，达成一致意见的难度也就大大增加了。也就是说，在这个貌似简单的过程中，实际上存在着大量的算法问题需要解决，也有大量的意见分歧需要协调，同样也必定会有大量的失败（例如，可能有人曾经过早地看空纸质媒体，结果导致了损失）发生过。

基于对现实的观察和分析，经济学者们必定可以提出大量的、多种多样的、精致而又生动有趣的模型，来展示价格的连续性变化（但这显然还不能成为本书的主要任务）。鉴于人的个性与成长阶段的高度差异性，可以说，**凡是我们在脑子里能够想到**

的情形，或多或少也就都有可能是现实的，是正在或曾经发生过的。主流经济学者把这些现实的经济过程主要视作一些假想的逻辑过程，而不是实际发生的事件，这是不正确的。犯这个错误的原因主要是因为主流学者们未能把思想活动实体化。倘若把思想放在具有能力、速度、能量等方面约束的环境之中，那些貌似“不够理性”的真实的“思想现象”也就大都变得相当明智了。实际上，只要理论模型主要立足于真实世界来进行构造，经济学者们往往也就如同当事人一样，很容易就“最优解”达成比较一致的（尽管可能不是唯一的）意见。那些钻牛角尖的所谓“理论上存在的选项”往往也就很容易被排除掉，这就增加了我们对于现实的敬畏感。这意味着对于现实世界的认识的深化，这是科学工作者起码应当达到的境界。反之，一切在现实面前的倨傲态度都首先要过这样一关，这就是：假如你是当事人，你将如何来做？你一定会比当事人做得更好吗？具体到价格变动上，问题就是：假如你不同意价格将会逐步调整的观点，那么，设若你是当事人，你将如何来做，从而可以避免使价格逐步调整呢？设若你是旁观者，你又将如何来说服当事人，让他相信价格将不会逐步波动、并且按照你的说辞来行动呢？

我们说“主流学者所假设的逻辑过程往往意味着现实的社会过程”的例子之一，就是上述“农产品价格调整的动态均衡模型”（蛛网模型，参见图表16[①]）。这是常见于主流文献的例子。其中，当事人的产量决定虽然与当期价格是错位的，但是，由于存在学习效应，错位的幅度会逐渐减小，最终达到产量与价格的完全匹配（均衡）。

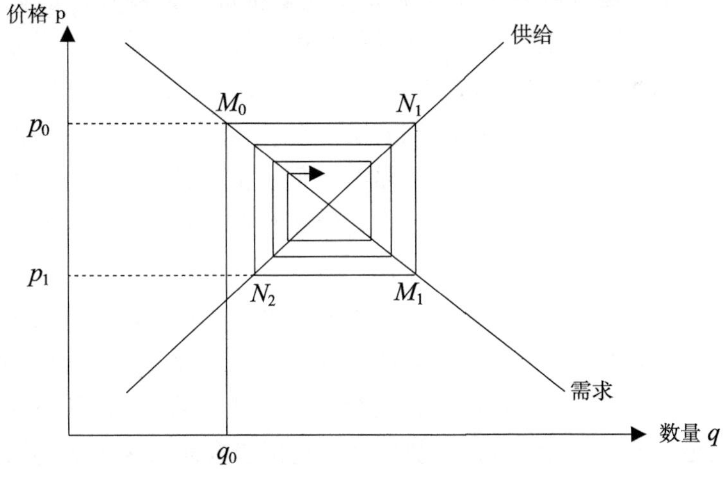

图表 16：蛛网模型

在第1期，农产品需求在 M_0，供给却在 q_0，结果价格成交在 p_0。第2期，供给扩张到与 p_0 相匹配的 N_1，致使价格跌到 p_1，需求才扩大到 M_1。第3期，供给只好缩小到与 p_1 相匹配的 N_2，……以此类推，逐步向均衡点靠拢。

蛛网模型中存在着丰富的算法元素。时间是在场的，生产决策必须根据对未来价

① 引自［美］詹姆斯·M·亨德森、［美］里查德·E·匡特：《中级微观经济理论：数学方法》，苏通译，北京：北京大学出版社，1988年，第208页。略有改动，文字注释为笔者所加。

格的预期（而不是当前价格）来做出。然而，人们在预期未来的价格时，又不得不以当前的（或者最近期的）价格作为**主要的**参考因素，这就导致了产量与价格的错位。这种错位实际上是非常普遍的。对于工业品而言，由于产出与交易在时间上都是连续进行的，这种错位的幅度必然较小，其后的学习与调整过程也就必然不甚显著。农产品的特点是它的产出具有显著的间歇性，这就把问题放大了，就容易让人误以为，这种效应是农产品市场所独有的。另一方面，这个明显脱胎于实际观察的模型，让习惯于把实际的收敛过程仅仅理解为大脑中的思维过程的新古典学者们也感到难以反驳，他们无法令人信服（同时也让自己信服）地说明这个收敛过程为什么不可以只发生在大脑中，为什么“最大化”对它束手无策。于是，也就承认这是可以实际发生的事件，并且只好（作为特例）听任它位列于主流文献之中了。各种各样的非主流学说大都是以这种方式而在经济文献中谋得一席之地的。

这是一个形象的例子，可以用来说明我们的如下观点：主流经济学的一个主要的积极意义，就是它着重于描述和分析正面的经济过程，尤其是那些倾向于收敛到某个稳定状态的过程。某个新信息刚开始只为少数人所知，后来发展到普遍知晓；人们之间刚开始未曾很好地交流，后来发展到充分的交流，甚至达成了意见一致（当意见处于稳定的不一致状态时，谓之“纳什均衡”）。正因为存在这个确定的终点，主流学者们于是忽视了到达这个终点的过程；进而，他们误以为所有的社会过程都是收敛性的；即使发散过程被观察到，他们也误以为这都是收敛过程的序幕。

在以上例子中，还存在着一个一经说出就堪称惊人的观点，这就是：在对市场行情的分析中，技术分析与基本分析同样都有用；甚至可以说，技术分析处于优先地位。“技术分析”系指**仅仅**根据商品交易所产生的数量型数据（价格、交易量等）来预测价格走势的分析家派别。这一派别向来不在“经济学的殿堂”中占有地位，因为经济学家们认为他们都是胡说八道。经济学家们所推崇的是“基本分析”，即不根据历史交易数据本身，而是根据交易数据背后的那些基本的力量或因素（诸如供给、需求等）的运动变化情况来预测价格的走势。

当我们说主流学者们实际上在支持技术分析派（或者不得不接受技术分析派）的时候，他们一定会断然否认，因为主流理论的一个基本含义就是：各期的价格都是独立决定的，而决定各期价格的那些初始因素都是“外生的”。在此情况下，价格变动如何会具有连续性呢？过去的价格走势中如何可以隐含对未来走势的预言呢？然而，虽然哈耶克先生已经仙逝，我们仍然可以叩问那些自以为吸收了哈耶克价格理论的主流学者们：假如价格信息（实则为历史价格信息）中不含有关于未来行情的预示，价格体系如何可以用来指导整个经济系统的运行呢？主流经济学的核心部分难道不就是废纸一张吗？当然，你可以说价格（或者对方的报价）主要只是在瓦尔拉的拍卖厅（而不是其他地方）中发挥着作用，不过，这种说法无异于承认，价格体系只能在特定的场合与条件下发挥作用，它绝不是经济活动的唯一向导。

当事人究竟是该盯着价格走势图进行决策，还是还要盯着价格体系以外的其他情况？这个问题显然也有必要提升到“核心经济问题”的层面上来进行考虑。

6.8.10 价格变动与其他变动的相互作用

我们先按照新古典的方式来考察这个问题的答案。每一期的价格都是由某些因素“独立地”决定的，而在决定各期价格的这些因素中，想必大家都会同意，大部分因素都是重合的；这就可以得出一个结论，即价格是具有一定的**持续性**的。“持续性”意指价格的变动不会过于猛烈（例如一下子从10元跌至1元，然后又调升至15元），所以它与价格变动的“连续性”密切联系着。后者是说价格的**变动趋势**具有持续性，或者价格的变动具有单调性。

在新古典框架下，破坏价格持续性的主要是某些外生变量，外生变量的变动造成了各期价格之间的差异。不过，如果我们把视野扩大，就会发现诸多外生变量（例如技术创新）的运动变化规律。“外生变量”之所以被视为外生的，是由于多种多样的原因（例如学科分工，或者暂时顾不上使之“内生”）而造成的，并不是说这些变量的变化一定无章可循。相信这是新古典学者们可以同意的观点。严格的新古典模型是不允许内生变量的变动来影响价格的。当然，这是没有道理的。在算法框架下，变量大都可以沿着时间序列连续地变动。无论外生变量还是内生变量，它们的连续变动必定会引起价格的连续变动。对此我们已经提出了多方面的证明，读者还可以继续证明这一点。当然，这绝不表明由此所引起的价格变动完全是线性的或单调的。各个实际因素的组合是复杂的，它们之间存在着冲突，总效果有可能会不时地发生改变和逆转。

另一方面，如前所述，价格是一种既响亮又便于处理的简单信息，而其他用来解释价格的信息却是相对复杂的。新古典的方法意味着用复杂信息来解释简单信息，因而，这多少显得有些滑稽和本末倒置。主流理论的另一个意涵是说，鉴于价格是综合其他复杂信息的简单信息，因而价格不仅需要解释，而且尤其值得观察。通过观察价格信息，再来猜度其他信息。这就把因果关系和论述的顺序倒转过来了。这种涵义意味着各种类型信息处理的成本及其难易程度不同，因而它暗含着算法式的前提。然而，价格既然是对其他信息的综合，这就又会让人难为情：在众多因素之中，价格运动究竟反映了其背后哪种（或哪些）因素的运动呢？它又在多大程度上反映了这种（或这些）因素的运动趋势呢？而且，既然这种“反映”是需要时间的，特定时刻的价格究竟有没有来得及进行反映呢？它反映得是否足够充分呢？反映过后，在下一期的价格中，它是否又会抛弃这个因素，不再反映它了呢？

这些都是需要提出的问题。尤其是，由于临时计算的容量有限，我们必须注意到，始终存在着一种算法式的效应，那就是：当事人随时需要简化临时计算，抛弃一些变量——或者以越来越简单的方式以及越来越低的权重来考虑这些变量。这种效应有点儿类似于猴子掰包谷，掰一个，丢一个，真正拿到手的没有多少。然而，这并不表明不存在累积性的效应。知识积累、学习与发展的效应都同时存在着，只是，由于

“掰包谷”效应的存在，它们被弱化了。实际的情形介于两个极端之间。

这是真实世界（以及算法世界）的又一种复杂性。究竟是该从其他信息来推断价格走势，还是该从价格走势来推断其他的信息，这显然是没有定论的。真正的关键可能在于区分信息的（动态条件下的）“已知”与“未知”，而不在于区分信息的类型。为了从“已知”得到“未知”，当事人只能在其中推断、猜测并下注，要随时保持灵活性与自我怀疑的精神。情急之下，当事人还可以从价格的历史走势本身来猜测价格，也就是进行“技术分析”。技术分析的基本信念就是：导致价格变动的那些因素已经在历史价格之中**有所**包含，它们的运动将会导致价格有规律地运动，因此，分析者只要把交易数据汇聚在一起，就能对于价格走势的秘密**有所**揭示。既然存在广泛的无知，经济学家们又怎么能够肯定这种方法必然无效呢？这就正如通常所说的一句俗语：有枣儿一竿子，没枣儿一棍子，管它呢！

还要再次强调一下边际分析方法。在摆脱了静态分析而进入动态世界之后，理论解释的重点将由价格的形成转向价格的变动，这就再次使得边际分析方法恢复了它的本来面目，可以大显身手了。在不完全知道价格决定的确切方式（假如的确存在这种方式）的情况下，我们可以仅凭关于**个别**因素与价格之间相互关系的知识，来推断价格的变动。由于每个具体时空环境中所发生的变动一般来说总是局部的或个别的，我们也就可以仅凭对这些个别变动的把握，来预测特定价格的走势。这是地球人的幸运，是实践家的机会，也是我们原本应当享有的权利。在不确知边际分析方法实质含义的情况下，主流学者们已经广泛地行使了这种权利；现在，对它进行扩大使用的时候到了。

无论经济学者还是真实经济行为者，从其他信息来推断价格走势，或者从价格走势来推断其他信息，如此来来回回，这中间会不会发生重复计算、循环论证或者其他逻辑错误呢？坦率地说，谁也不能完全保证不犯错误。真实世界就是在这种双向建构中形成的。不过，鉴于计算经济性的约束，即使存在某些错误，循环计算的强度也是逐渐下降的，这是真实世界复杂性的又一层含义。

最后一个问题是：经过各种相互的、自我的、递归的对象化过程之后，是不是就足以消灭经济系统运动的规律性从而使之成为完全的“随机游走”呢？实际观察告诉我们：非也。至少在局部地方或者局部时期中，规律性仍然存在着。那么，我们怎么来寻找和把握这种规律性呢？这就需要用到各种各样的研究方法：理论的，经验的，统计的，历史的，模拟的，等等。这里，我们尤其要再次提到计算机模拟的方法。

当大量数据、函数、方程等汇聚在一起的时候，作为理论研究的一个比较后端的环节，就是对这些元素进行综合，以便得出所要解释的“现象”。诸如气象学之类的研究给我们的启发是，这些元素的数目可能需要变得极为庞大（比如数百万个）。假如不借助计算机，这种计算量就是不可想象的。即使通过大投入的方式，由人工勉强来承担，结果的得出也绝不会是及时的。这种大规模联合计算进行一次或数次还可以考虑，要想变成常规作业，则绝无可能。所以，在我们认识到经济社会系统的种种复杂性之后，对“计算机模拟”这种研究方法地位的提升和倚重，几乎是难以避免的。

某些因素的权重大一点，某些数量稍微增加一点，其对整体的结果有何影响？按照传统的方法，我们几乎不可能知道。而在有了巨型的计算机系统以后，我们就可以仔细地、反复地、长期地、几乎不受约束地研究各种因素的边际性影响。因素多了，规律一定就会少吗？不一定。通过大量的、反复的模拟，我们也许反而可以发现一些新颖、简单、显著而又严格的规则性，然后我们再来研究和解释它产生的原因（在此之前我们必定已经通过模拟知道了一些线索）。这必将为经济社会政策的制订提供精确而又可靠的帮助。

6.8.11 交易量的相对独立性

本小节还要继续论述一下结构性，尤其要通过资产交易来展示结构性。在资产交易的视角下，价格信息的局限性将再次得到揭示。

理解价格信息只是一种相对重要而非绝对重要的信息，有许多种方式。当事人要从事商品交易以外的多种活动，这些活动不涉及商品交易，因而，这些活动的意义也就不会反映到价格上。只有当这些活动（最终，或者有时）与商品交易的条件相联系并且影响到交易条件时，它才可能影响价格。例如，我原本计划去餐馆吃饭，可是，我却临时改变了主意，在家做饭吃，那么，我对食物的需求就不会影响到餐馆的食物价格。当信息的传递需要时间（甚至某些信息永远也不会传递到价格上）的时候，当计算与决策具有主观性和人际差异性的时候，当不同变量变动的效应相互抵消的时候，当我们从特定价格信息中无法鉴别特定变动的时候，以及当交易条件体现为结构性条件而不仅是价格条件的时候，这都可以视为对价格信息有限性的证明。

价格信息的有限性还在于价格信息本身：是这个商品的价格还是那个商品的价格？是一组价格还是个别价格？是什么地方、什么时间所产生的价格？价格的空间分布与时间分布究竟各自是什么形态？价格变动的样式是怎样的？等等。当我们不仅从特定的价格数据、而且从价格的历史变动中体味到更多的东西时，价格信息本身的结构性也就凸显出来了。

价格的结构性还体现在商品交易在不同类型市场中的活跃程度是有差异的。商品交易活动首先集中在消费品市场上，其次集中在生产资料市场上，再其次则集中在资产市场上。期货交易通常不那么活跃，它只限于金融产品以及个别的实物商品。它的规模与现货市场相差甚远。这反映了人们在有限注意力的约束之下，把目光更多地投向（与当前情境同时并存的）空间而不是时间之中。人们更多地关注有形的、具体的、可视的、现存的对象，相对地忽视不可见的、抽象的、推测或想象出来的东西。这显然与视觉器官的功能在诸感觉器官中“一家独大”的特点有关。[①]——当然，更

① 这就好比电视剧与小说的差别。小说的叙事依赖于读者的抽象思维能力和想象能力，其场景只能在脑中虚拟地形成；而当把小说改编成电视剧然后呈现在观众面前的时候，观众就会变得轻松愉快，甚至愿意花费较高的代价来欣赏它。因此，我们可以注意到，信息技术所导致的视听作品制作、传播与欣赏的便利化，已经使得文字作品显著地衰落了。

为重要的并不是这个特点本身，而是当事人在有限计算能力的压力之下不得不进行比较、权衡与取舍的**态势**。

商品交易的活跃程度、或者商品的交易量是一种非常重要的信息，这种信息的重要性早就为一般市场分析家们所认识，如今在一定程度上也已经被社会大众（例如股民）所接受了。但是，在主流经济学中，交易量本身其实是没有独立地位的，这同样是一个“秘密”。这个“秘密”的存在是与主流经济学偏重于流量分析而不是存量分析、因而偏重于普通商品交易而不是资产交易的特点紧密联系的。

在主流经济学中，商品的需求和供给都是“真实的”，意即，当事人对商品的需求要么就是用于真实的消费，要么就是用于真实的生产，而不是为了囤积和投机。同理，卖方所出售的也都是自己生产的商品，而不是购自他人。静态的交易模型在一次性完成全部有必要完成的交易之后，没有显示出存在进一步交易的必要性。于是，价格也就不能够运动起来，当事人也就不会在交易过程中预先考虑价格的运动，也不会蓄谋在未来发起新的交易。在此情况下，真实的需求量与真实的供给量同时决定了价格与交易量，不存在使交易量脱离价格而单独变动的理由。这是我们理解商品交易量缺乏独立性的一种方式。另一种方式是，在计算与通信成本为零的假定下，交易费用亦为零，加上商品的无限可分性，因此商品交易可以随时随地不计次数地、无限度地进行，并且完全可逆（也即买进后即可卖出，卖出后也即可买进）。在这种情况下，交易量也就更加失去了意义。

与此相反，在算法世界中，价格不仅是变动的，而且当事人会发现，价格有时候会发生连续的变动，这种变动有可能被当事人所把握，并且用来获利。这就促使当事人产生了一种动机，即有意地建立商品库存，并根据市况的变化随时抛售和调整库存。这就引起了脱离真实需求与供给的交易活动。因为此时需要预测价格，当事人意见的主观性也就尤其显著，由于他并不确知市场的拐点究竟在何处，他只好反复尝试，甚至会不时地改变观点（后悔），不时地否定自己，从而频繁地买进卖出，这就会导致交易量在真实供求关系不发生变化的情况下显著地扩大。进一步地，有了交易量的显著扩大，也就会有交易量的显著缩小，交易量就会脱离价格相对独立地运动起来。因为交易成本是正的，当事人不能无缘无故地胡乱买卖，这时候，交易量的大小及其运动变化情况也就都会单独地传递出某些信息。

但是，并不是任何商品都适合用来进行这种炒作。如果投机者把西红柿囤积起来，等待价格的上涨，则势必要冒极高的风险，因为西红柿在几天之内可能就会腐烂，而它的价格一般不会上涨得这么快。因此，囤积一般只能针对耐用品进行，例如房产、股票、邮票、文物、酒、普洱茶，等等。这就意味着商品的具体性质变得重要了，并且不可分性发生了。具有一定规模、性质和功用的商品，可以在很长的期间内作为商品持续地有效（至少其效力不会显著下降；效力要是能够像酒和普洱茶那样随着时间而增进，则会更好）。主流经济学在其核心部分排除了不可分性，所以它也就无法与资产交易有效地衔接起来。

资产交易的特点是，相对于该项商品的流量而言，它的存量通常十分庞大。人们需要吃面包，可是，一个社会中的面包的囤积量，绝不会比它在数日之内的消费量高出太多；面包必须连续地生产，连续地消费。而房子就不同了，由于房屋非常结实耐用，人们就可能因为一时性起，而购买得很多。在一个时期中囤积的房屋太多了之后，一旦这一点被市场所发现，那么，接下来就会发生“去库存”的过程，部分房屋就会从囤积者手中转移到真实的消费者手中，房屋建设活动也就会严重萎缩。所以，相对于面包的市场而言，在房屋市场中，不仅价格波动幅度大，而且交易量的波动也很大。这不过是前文“不同商品市场具有不同特点”这个观点的一个例证而已。

一个算法式的效应是，一个时期里的市场不仅具有一定的热点，而且热点还会随着时间而不断变换。这是结构性的一种情形。例如，在过去十几年间，由于消费的热点转向了住房，而住房的供应增加得很慢，这一点被投机者们所利用，最终掀起了一轮不动产大牛市，房子被炒翻了天。牛市首先是从新房价格的上涨开始的，然后向土地、钢铁、水泥、建材等上游市场蔓延。价格暴涨之后，二手房的交易也变得活跃起来。这就好像打了一针兴奋剂，那些已经沉睡多年的存量资产被唤醒了，房屋的总交易量开始猛增，成倍地超过了新建房屋的交易量。在单边上涨的行情中，几乎所有人都获利了。除了那些意欲购房居住的“刚需族”，人人都喜气洋洋。但是，中间发生过数次或大或小的下跌，不排除有人会赔本出货。这就是一种财富再分配的效应。到了 2013 ~ 2014 年间，交易量则明显地萎缩了。起初价格并未显著下降，分析家们称此为“量价背离”，通常是市场要发生逆转的信号。而进入 2014 年夏季之后，显著的价格下跌过程也就开始了。

这表明“量价背离”是一个比较可靠的信号，可以用来预测价格的走势。目前的房地产市场似乎已经转入熊市，其特点之一就是成交清淡，新房不易卖出；要想卖出二手房，也就更为困难了。这表明市场的上升过程与下跌过程的特点并不对称。技术分析人士通常认为，上升的时间长度与下跌的时间长度也是不对称的。笔者并不是要简单地去肯定这些“规律”，而是建议经济学者们首先要注意到这里可能会存在某些规则性。其次，如果规则性确实存在，就有必要去发掘和揭示背后的深层原因。这些工作虽然在本书中不可能具体展开，但是，它们的重要性已经呼之欲出了。这就是本书起码要达到的目标之一。

6.8.12 研究价格的历史变动和长期变动特征

纵观中国经济近数十年来的发展历程，许多重要而有趣的价格变动现象都值得我们去注意。

例如，与房价的上述走势相反，大多数工业消费品的价格似乎总是趋于下降的。这些产品位于制造业的下游和价值链的后端，贴近老百姓的生活。一种新品刚开始上市，其价格一般总是较高，只有少数高收入阶层才能享用。然后，竞争者与模仿者开始进入，它的价格也就进入了漫长的下跌通道之中。其间产品的使用开始迅速普及。新潮货变成大路货，似乎只需要数年（甚至数月）的时间，这成为现时代的一个特征。厂家阻止产品跌价的方法之一，就是不断增加产品的功能，提升其质量和吸引力。典型的例子就是汽车业、家电和通信业。而另有一些行业，由于所生产的不是热门商品，其产品价格在几十年间只有小幅度的上升。

十几年前，下游制造业的发展，并没有导致上游能源与原材料价格的上涨，看上去就好像上下游之间没有什么关系似的。然而，大约在十年之前，这种关系逐渐表现出来了，初级产品价格开始进入一个长期的上升通道之中，一涨就是好多年。初级产品具有一个特点，就是它的产量一旦触及其短期生产能力的上限，价格就会飞跑起来，翻倍地上涨。于是，石油、煤炭、有色金属、原材料等行业迎来了一个“大时代”，经营这些产业的老板们同房地产商一样暴富了起来。同样受益的还有广大农民。由于食物消费的升级，饲料用粮增加了，各种农产品价格也都进入了长期的上升通道之中。人均收入增加之后，旅游支出大幅度增长，于是，地处偏远地区的居民们就可以在自家门口经营各种服务业，相关原始资源的拥有者们几乎可以坐享发展的成果。这种效应就好像“大河有水小河满”。同样的资源，现在估价不一样了。这个道理也体现在工资水平上。在过去这些年头，我们有幸目睹了劳动力数量由丰裕走向短缺的过程，目睹了劳动工资的日益上升，在经历了好多年工资水平的相对停滞之后，工资占国民收入的份额终于开始扩大了。

各种商品与服务的价格水平在长时期内的涨涨落落，是颇为有章可循的，它们都应当是经济学者们努力去揭示的经济规律的组成部分。如果认识到这一点，那么，我们必然就要把目光投射到经济史上，就有必要详细地搜集和研究各个年代、各种经济发展阶段的真实历史资料，从中寻找种种蛛丝马迹。这种经验的总结对于当前的中国经济改革与发展，对于各类经济行为者和政策制订者改良他们的决策都将大有裨益。其实，它对于任何国家的任何当事人也都是很有好处的。主流经济学通过各种渠道（微观的或宏观的）把人们的注意力吸引到过于短期和琐碎的议题当中去，从而忽略了中长期的发展趋势。另一方面，如果当事人的注意力过于集中在短期行为上，则短期的市场表现也就越不容易把握，而长期的市场趋势反而变得容易预测了。这是因为短期的竞争过于剧烈，而在注意力有限的情况下，长期的议题则变成了漏网之鱼。当尤金·法马、拉尔斯·皮特·汉森以及罗伯特·J·希勒于2013年被授予诺贝尔经济学奖的时候，他们三人得到了以下的获奖词：“无法预测今后数日或数周内股票与债券市场的价格，但是，预测较长时期（比如三到五年）内价格变动的大致过程却是颇为可能的；这就是今年各位获奖者们的令人惊讶而又有些相互矛盾的发现。”[①]这样的发现之所以“令人惊讶”，显然是因为那种把价格变动视为意外现象的经济理论，已经从根本上把这种可能性排除出了主流学者的视野范围。已有的各种关于经济发展与价格变动规律的学说（例如斯密立基于分工的增长理论，马尔萨斯的人口论，刘易

① 引自http://www.nobelprize.org/nobel_prizes/economic-sciences/laureates/2013/press.html，原文系英文，由笔者自译。

斯的“二元经济理论”[1]，等等）游离于主流体系之外的时间已经过于漫长了，现在这些学说应当可以与核心理论融为一体了。而笔者尤其想说的是，这个研究领域其实是与“经济稳定”这个议题密切相关的。借用主流的术语，价格的变动与可预测性实际上意味着动态经济是“不均衡的”。这种“不均衡”经由学者们研究、发现和传播之后，它将被当事人用来调整自己的行为，从而也就会使得真实经济变得日益“均衡”起来——经济的稳定性于是也就得以提高了。

算法框架是描述和分析信息与算法交替变动的好工具。经济系统常常处于大体比较稳定的状态下，然后，一种新信息、新事态、新发明或者新发现出现了，于是开始动荡起来。这就是我们所谓的“发散”现象。它打破了沉寂，动摇了现有的秩序。面对这种“冲击”，人们于是展开了新的调整、博弈、学习和互动。这个过程起初会比较活跃，导致价格相对剧烈地波动。然后，当人们之间达成比较广泛的共识，或者当事人（囿于知识的局限性）不再有能力采取新的措施时，局面就会逐渐地重归平静。主流经济学重点描述了人们之间达成共识的情况。在均衡点上，当事人确信经济事务得到了最佳安排，人们的行为相互匹配，社会呈现出和谐状态。这让读者们相信，除非再次经受外部的变化，否则这个状态将会稳定地保持下去。

假如每一个分析过程最终都以“收敛”的方式来结尾的话，经济学势必会给人一种印象，即它在暗示经济活动的活跃度是下降的。加之一般均衡论的建立，这种印象也就更为强烈了。这当然是不真实的。这是经济学需要突破的一个困境。我们采用了多条进路来突破这个困境。这里需要补充说明的是，把外观上比较平静的状态理解为某种在价值上“最优的”和“值得追求的”状态的做法是很不全面的。这种状态充其量只是导致平静状态的情形之一，有许多种原因都可以导致这种平静状态。比如，这种“平静状态”往往只是意味着人们在按照固定的模式反复地做事，并不意味着自己所处的世界一点儿变化都没有。矿工在按照既定的方式开采矿产，矿产就会逐渐减少。农民在按照既定的模式种植庄稼，庄稼就会长高，而土壤可能会逐年变得贫瘠。“固定模式”的含义只是说人的行为方式是固定的，它无法阻止前一个行为的后果又变为后一个行为的基础。由于基础变了，同样的行为也就会结出不同的果实，导致行为的环境发生变化。这种变化起初可能是微不足道的，然而，日积月累之后，最终就会迫使人的行为方式（算法）本身也发生变化，进而导致社会的结构与面貌也发生变化。

另一种情形是，对于某种平静状态，当事人可能并不满意。他失望、迷惘、困惑，并寻求突破。这就是心与物并存的世界与单纯物理世界的不同之处——外表平静，而内心激荡着波澜。然而，当事人是谨慎的，他不会轻易地把任何新念头都付诸行动。为了降低创新的风险，他必须追求成功率。在他发起创新性的行动之前，世界仍将维持平静。算法理论的意义在于，它让我们看到了创新是一个永无止境的、连续

---

① 参阅［美］W · A · 刘易斯：《二元经济论》，施炜等译，北京：北京经济学院出版社，1989 年。

的过程——尽管其在物理世界中的表现是间断的和不均匀的。一旦我们认识到了这一点，社会过程也就不再是单调收敛的了。收敛过程将会被创新与发散过程所打断和打碎，两种过程有时甚至会相当均匀地掺和在一起，以致难以完全分割开。反映在价格上，循环的、单向的以及其他各种形态的走势相互交织，其总体运动状况在表面上必然就会显得凌乱而缺乏规则性。**经济社会的变动具有一种永续的性质**。在知识上，人们是在向着那无限的可能性进行持续的扩张。在这个背景下，怎么能够指望商品价格会静止不动呢？

6.8.13 古典价值概念的算法意义

在本节临近结束之际，有必要再来回顾一下经济学说史上关于商品的使用价值、交换价值以及“价值”等概念的纷争。可以说，直到算法经济学提出以前，这些问题都未能得到很好的解答，现在则可以对此做出简单而清晰的说明。

商品总是在特定的情境中来使用的。特定商品在特定情境中对于特定个人的行为有所助益，这种利益或好处谓之商品的“使用价值”。商品可以被用于当事人想把它用于的任何方面，在那方面所产生的任何利益都是使用价值，因此，这种价值正是由使用者自己所判断的。正如 3.2.1 节所论，在斯密的“价值悖论”中，斯密认为钻石几乎没有使用价值，这当然是不对的；这是一个严重的错误。钻石可以用来装扮人的外表，可以用来显示财富与身份。斯密的观点暗含着，此类关于通信和社会性计算的“用途”是不正当的。这既是对于个人作为价值判断者的主体权利的剥夺，也是对于思想本身在分析框架中的地位的否认。

假如人人都是相对独立的价值判断者，他们对于商品价值的观点相互之间都具有某种对抗性，那么，接下来的问题就会相当简单。作为市场价格的同义语，以及本质上作为一种历史价格，交换价值既是买方意见与卖方意见（按照“交易”这种方式所进行）的一种平均，同时也是多个买方意见（以及多个卖方意见）的平均。这种平均值既是他人当前意见的平均值，也是这些人（以及本人）在历史环境中的意见的平均值，因而，本人在当前情境中的估值与之具有差异，也就没有任何可奇怪的地方。而且，正是这种差异的存在触发了商品交易的意向。当所估计的使用价值高于市价（或者他人的报价）时当事人会去购买商品，否则就不去购买商品（暂不讨论“二者恰好相等”这种琐碎的状况）。

这种情况似乎与新古典经济学所描述的情形类似，但是，其中具有重大的差别。差别就在于，当新古典经济学假设**所有人**都集中在一个市场中进行无摩擦的商谈与交易时，“市场价格”就被绝对化（甚至神圣化）了，它就没有适当的理由进行运动变化了。此时，由于边际效用与价格相等，使用价值与市场价值的差别也就消失了。新古典经济学找不出适当的理由、也没有适当的方法让二者重新恢复到有所差异的状态（因为差异一经出现，就无法设想它不会立刻被消灭）。主流经济学就这样长期挣扎在这个泥潭之中。

特别地，“价值”这个术语是与马克思主义经济学相联系的，马克思认为“价值”是在生产过程中由生产商品的“社会必要劳动时间”所决定的。“社会必要劳动时间”花去了多少，商品的“价值”也就是多少。这就好像给商品装上了一个固定的零件，无论商品被移动到哪里，无论它如何被使用，那个零件总是在商品的身上，保持不变。商品的市场价格总是围绕价值作运动，价值是它的中轴。这可能是最“反情境的”“反思想的”“反算法的”观点了。思想、通信与情境因素都被当作“果皮”而剥离了，只留下了它的“果肉”。可是，面对这样的论点，任何一个读者都可能会问：不同劳动者的劳动时间为什么会有差异（以致需要使用“社会必要劳动时间”这个概念）？价格为什么要围绕价值进行波动？果皮对于果肉难道没有意义吗？

这是古典和新古典经济学中对于终极静态世界的追求的一种延续。但是，这种思维方式并不是完全没有意义的。在算法框架下，我们可以发现其中的若干合理因素。这就是，在物价变动不居的情况下，无论当事人还是经济学者，都想要把握住价格的变动性。为了决定**当前**交易中的价格，当事人有必要知道**过去的**价格。当过去的价格变动不居的时候，求取平均数（或者其他有代表性的价格）就是了解历史价格的一种方法。我们甚至可以认为，当事人是了解并同意这样的观点的，即情境因素应当（并不可避免地）参与价格的确定，而为了做到这一点，**首先**需要了解和确定那些“非情境的”因素。例如，由于在商品交易时商品通常**已经**具备，这就需要首先计算或估计商品的平均生产成本。等到这些“非情境的因素”确定之后，再加上情境因素，就可以得出价格了。而这些“非情境的因素”则构成了商品的“价值”。在一个变动的环境中，人们这样来考虑问题是自然而然的。环境越动荡，人们这样来考虑问题的倾向也就越强烈。所以，我们的结论是，**“价值”这个概念的正确含义不仅不是反情境的，而且恰恰是在承认情境因素已经存在于先的情况下用来对付情境性、动态性以及多样性的一种方法与策略**。比如，当你听说有一种对自己很有用的新商品时，你必定会迫不及待地想知道它的价格，即使你明知商品的价格通常都是波动的。这里的“价格”，实指某种平均值或者有代表性的价格；简言之，就是“价值”。**这是算法人简化信息和计算的一种方式**。由于任何平均值都只能是有限地域、有限市场与有限期间数据的平均，所以，平均值本身就是差异化的，也是波动的。技术分析家们所用的“移动平均线”就是这样的一个例子。

6.8.14 市场体制的优点究竟何在

早期思想的一个严重错误，是把价格的形成看得特别重要，却把价格的变动视为枝节问题，甚至把它视为干扰分析者得出正确结论和抓住真理的消极因素。为了清理这个错误，现在有必要倒转过来，而把具体交易中任何单个价格的确定看作比较简单而随意的过程。我们可以认为，**价格的确定是在持续的动态调整中才变得比较完善的；最为重要的不在于任何单个价位的高低，而恰恰在于这个调整过程本身**。这就是动态经济学所要建立（或者吸收）的基本观点之一。

任何单个价格的确定都不能视为一件考虑得极为周密的事情，即使这对当事人十分重要，他对此处理得十分慎重，已经竭尽全力了。当事人的主观努力程度并不能作为充分的根据，用来否定“价格的决定客观上看来是相当随意的”观点。除了信息获得与计算能力上的原因，我们还可以举出诸多理由，来说明这个观点。

理由之一与我们在 6.5.5 节所论及的对于会计核算体系的看法有关。无论企业还是消费者，他们做出买卖决策的关键考虑并不是成交价格是否符合某种观念或标准，或者是否在理论上“正确”，而是“**过得去就行**”。这个决策足以支应他们所处的局面，实现其目的。如果我们进一步观察其中细节的话，也就可以发现，**现金流动的因素往往处于一个重要的地位上**。消费者一般不可能购买他们在现金上付不起的东西，而企业的收入至少也必须能够支付其现金支出。这就好比血液一样，没有它的流动，生物体也就无法存活。对于这一点，我们将在下一节展开详细论述。

由于交易意味着商品所有权的转移，所以经济学家们认为这件事事关重大，非要做出一个彻底的、像样的解释不可。可是，经济学家们忽视了一个至少同样重要的问题，这就是，市场是常年开放的，交易通常是连续进行的，所以，每个单个的交易并不意味着世界末日的到来，并不意味着我们要进行“大审判”“大清算”。由此导致了两个后果。其一，个人并不需要关起门来研究商品的终极价值，他将同时观察**别人**对于同类商品的估值。假如市场价格或者别人的报价是可以接受的，他就无须多研究诸如“商品的价值”这类有点形而上学色彩的问题了，他对商品进行估值的任务也就大为减轻了。这将允许并鼓励当事人在决策时更加大胆地、随意地甚至草率地行事。因为，假如（通过某种神秘的渠道得知）他的估值错误，他还可以期待以大体相近的价格再把它买回来，他所付出的真实成本不过是交易费用加上可能的（通常比较微小的）差价损失而已。这就是哈耶克所说的“人们知识的相互依赖性”这个话题。这个观点的含义一直未能得到正确的揭示（即使在奥地利学者们中间）。其二，与上述观点相连带的是，当事人将会有意地把商品交易尽可能分散在各个期间进行，以便让每笔交易的规模比较小，风险比较低。当事人不会贸然地替未来作决策。他将会对每个相对小额的交易决策抱持尝试的态度，又会在日后对每个前期的决策有所反省和总结，以图改进。总之，新古典学者们所设想的那种“毕其功于一役”式的一锤子买卖，将会被分散和串行的方式来代替。用俗话来说，这就是：不怕犯错误；犯了，改正了就是了。这是导致交易动态化的因素之一。

主流学者们也许仍然不会同意上述观点，他们可能仍然还会强调，价格机制有多么“神奇”，价格的内涵有多么丰富，不同商品的价格相互匹配得多么精密，以致可以达到“无套利机会”的程度，等等。对此，笔者只能再强调一下，当我们观察到这些积极的价格现象时，这只能被解释为**在我们目力所及的那个地方**，人类自古以来所累积的知识发挥了它的威力；在长期历史中，这些知识被反复检视和纠正，以致其中的差异、矛盾和不完善之处被减小到了一个很低的程度。而“我们”作为观察者也是被这个知识体系所装备起来的，我们也只是其中的一分子，而不是来自别处的掌握其他知识体系的人。因此，以“我们的”眼光来看，我们也就容易认同这种成果，而较少质疑它。主流学者们错误地理解和解释了价格机制所表现出来的这种效率，他们误以为，这是当事人现场进行临时计算的结果，这种效率是在一瞬间达到的，而不是累积的。我们持有这个解释是有大量证据的。例如，少数族群与不发达族群原本与现代社会差异较大，但在与现代社会相互交流之后，就会融入其中。少年儿童原本对于成人社会持有较多的质疑，但是，随着年龄的增长，大多数也都会融入其中。除了那些表现出效率的地方，价格机制也表现出大量非效率的现象。价格机制总是在人数较多的地方表现出效率，在人数较少、竞争性较弱的地方则否；价格的确定也总是在老产品上表现得较好，而在新产品上则否，等等。

价格总是通过在其丰富的数值之间不停地进行“变动”来表现出它的优点的。一个卖家要想通过调整其他交易条件（例如交货地点、付款期等）来吸引买方，固然是可行的，但一般说来，这些其他手段都不如调整价格那么便利和精确。价格可以一分一分地增加，也可以一元一角地减少，因此，这往往能够比其他尺度更为精确地反映买卖双方的对价关系。这就好比发动机中的活塞，虽然其他零件也都在运动，但哪个也没有活塞这样活泼好动。活塞的优点不在于它能够停留在某个位置，而在于它能够连续地运动。价格又好比黏合剂，它通常都是液体或半液体的。当用来黏合其他两个或数个固体时，它可以沿着这些固体之间的缝隙流动，任意地改变自身的形状，从而最大限度地**适应**各个固体物的边沿，以便固体物之间充分地接合起来。价格也好比地层中的岩浆，当岩石之间的压力足够大时，它会从某个缝隙中喷涌出来，从而避免地震的发生。假如没有这样的岩浆，则地震就会更加容易发生，破坏性也就更大。又假如人们看不到岩浆的运动，那么人们也就对自己所处的险境知之更少了。

如果我们把经济活动理解为一系列的调整过程，那么，办法之一就是，划定一个制度的大框架，然后，让当事人处于其中，自由行动，自主行事。这并不是因为当事人具有比任何一个观察者（或者假设中的可能的指挥者）更为高超的能力，可以做得更好，而是因为当事人最为**贴近**他所要处理的具体对象，他可以**更为精细而及时地**了解那里的信息，可以**及时地**与对象互动，**及时地**应对新情况并做出策略上的改变。假如由某个中心来控制这一切，时间上很可能是来不及的，其结果就可能很糟糕。笔者相信，大部分经济学家们实际上都会同意，价格机制的有效性正是从这个意义上来讲的。

也正是在这个意义上，我们才能合乎逻辑地诠释“自愿”与“自由”的含义。当事人自愿选择交易与不交易，自由洽谈与选择交易条件，必定会付出一定的社会代价。比如，当事人会因为能力不足而做出错误决策，当事人会把资源用于实现邪恶的目的，等等。但是，信息的分散性要求我们**一般**必须信赖当事人，必须信赖他**就地**所做出的临时决策。这是因为，大体说来，只有当事人才能**比较**恰当地遴选交易机会，并**比较**及时地完成交易。交易绝不能随时随地地进行，只有经过精心选择与构思的交易才会获利。主流经济学对于交易的诠释是错误的和误导性的。**利益并不是“交易”**

本身带来的，并非随时随地进行交易都会获利。恰恰相反，正是因为当事人排除了那些不能获利的潜在交易机会，抓住了能够获利的交易机会，交易才获利了。当经济学家们说“交易能够获利”时，这不过是在说当事人通常大都会取得成功（为什么？这是一个有待于解答的算法式问题，将在 7.5、7.6 节进行讨论），而观察者与当事人中的主流意见通常也都比较一致而已。当市场扩大以后，当事人面对的材料更加丰富了，选择更多了，他能够创造出新的交易与获利机会，这就好像他做其他事情也可能取得更好的效果一样。只要我们理解了知识发展本身，理解经济的这种发展现象也就水到渠成了。

在前文中，我们曾经说过，多种不同因素的组合都可能对应着同一个价位；经济状况变化万千，价格却可能仅作往复的运动，因此，价格的表现力是有限的。这也可能会被主流学者误解为反市场的论点。这是主流经济学家们的又一个迷误之处，因为，他们完全把赌注押在了价格机制上。市场机制的效力绝不仅仅在于价格机制本身，当事人要接收除价格信息以外的其他多种信息，要进行多种类型的结构化计算，要得出除了“定价”之外的其他多种决策，并展开除了交易之外的其他多种行动。应当说，市场经济体制的有效性不仅在于具有“价格”这样一种手段，而且在于具有除此之外的多种手段。这些手段并不能完全相互包含。当事人把这些手段结合起来，形成了他们应对世界的综合性的方法体系。**这个方法体系远比单纯的价格体系更加丰富而有弹性**。价格信息是相对简单的，要是计划者们连价格都处理不好的话（事实上也是如此），怎么能够指望他们会把其他信息和其他问题处理好呢？所以，要处理其他结构性的问题，也就要更加依赖这种自由的经济制度了。许多观察表明，正是在应对许多复杂的、结构性的、高难度的、高度不确定的问题（例如，如何评估一个人才的价值，如何判断一个候选人是否适任，等等）方面，自由市场（或者说“自由经济体制”而不仅仅是“市场体制”）才表现出了重大的（甚至压倒性的）优势。市场常常能够有效地解决诸多在智力上高度困难的问题。权威部门所进行的判断与决策，一般都要基于某种客观的、明确的理论，而市场则采用诸多主观的、含糊的、相对的、不规则的、易变的但却能够行得通的途径来解决这些问题。这都是我们在后文中要继续予以探讨的。

第七章　经济（下）

7.1 货币、金融与经济动态（上）

7.1.1 货币是思想实体化的产物

从本篇的论述开始以来，货币就一直存在于我们的“模型”之中，现在到了要把它单独剥离出来加以论述的时候了。

还是先从货币的性质开始。货币的性质一直未被经济学家们所理解。经济学家们先把思想视为存在于眼睛后面用来对付眼睛前面的那些“对象”的工具，因而也就同时假定了计算时间为零。他们在这一假定之下发展出了主流经济学的核心理论，然后，又在不改变这一假定的情况下，把货币生硬地添加到这个核心理论中，由此再衍生出所谓的“货币理论”。当事人原本被假定为不需要货币就可以进行商品交易，现在却要假装来**使用一下**货币。这就是主流经济学的主要做法。这个做法表明，主流学者们普遍地不理解货币的性质，但是，迫于经济研究的实际需要，又不得不面对货币，于是，一锅“夹生饭”就这样制做出来了。

货币的性质首先与那些把语言、文字、“话语”“文本”等事物作为**相对独立的对象或者存在物**来加以研究的做法有关。这种研究是20世纪人文与社会科学界的一个风潮，但它主要发生在经济学界以外。这种研究试图采取一种模糊的或者折衷的路线，即把语言、文字、符号等“存在物”视为与物理性的“实在物”相似**而又有所不同的**东西。这种谨小慎微是没有必要的。其实，人的精神与灵魂究竟是否基于物质的基础，对此科学界并无十足的把握（尽管在本书中我们仍然接受“思维是大脑的功能”这样的观点）。这就给了我们很好的理由，即：**在方法上**，可以把人的思想**直接**视为相对独立的实在、实体或存在，它作为一种研究对象的资格一点儿也不比物质差。只要采取这样的方法论立场，我们就可以摆脱上述的战战兢兢和似是而非，就可以前进一大步。

一枚标牌，一个证件，一种票据，都是思想的记录。确切地说，它们是意识活动的体现，是人们之间有意地进行约定的产物，它们承载着人们之间的权利义务关系。

这种关系非经人为干预和有关当事方的同意，不得改变——而不是像新古典主义所设想的那样，任何思想都随时准备变化，准备随其他思想而动。交通标志与身份证被当作人文与社会科学的对象来加以研究，原因不在于它们是某种金属、塑料或纸制品，而在于它们是思想的承载者和表达者。这个道理与语言不能仅仅视为声波、文字不能仅仅视为图形的道理是一样的，因为其中具有思想，就不能当作不具有思想来看。一个篮子中放着苹果，就不能当作空篮子来看。思想需要借助于物质载体来存在，不同的思想视其需要所借助的物质载体是不同的（这就好比不同物体之间常常要借助对方才能存在一样）。这是一层意思。另一层意思是，“此苹果”非“彼苹果”，只有把不同的苹果区别开，我们才能有效地谈论苹果。同理，作为一种思想的“约定”，要与其他的思想区别开，其所借助的物质载体是有特殊的要求的。这种特殊的要求就是，它要适于清晰地、长久地、便利地、并且低成本地记录和显示其所承载的作为约定的信息，而且要不易仿制和复制。惟其如此，它所记载的约定才具有真实性，具有可信度。这不是新古典式的要求，因为在新古典的假设下归根到底不存在信息的真实性问题，不存在约定的问题，更不存在需要记录和显示约定以便帮助当事人证明什么（例如其身份）的问题。像标牌、证件、票据之类的胡塞尔所谓具有“意向性”的物品就是按照这样的思路由人制做出来的。并不是这些物品本身具有什么“意向性”，它们只是另一种实体——思想的载体，是思想与物质材料的结合物，由人来制作，由人来识别和使用，仅此而已。离开了人和人的思想，它们不可能单独具有这样的意义。这个道理并不复杂，而使之变得复杂甚至难以理解的不是别的，正是不合理的哲学思想本身。至于它们的具体制作技术，则是尽人皆知的常识，无须我们在此详细提及。

货币则是具有上述双重属性的“物”。一方面，**它是思想，是一种有意识的约定**，人们规定它可以用来购买商品，偿还债务，作为财富而持有。为了确保这些功能的实现，它必须不能够随意私自制造，而只能由大家约定的机构（中央银行或其他有发钞权的银行）来制造和发行。另一方面，它具有物理的形式，**它是思想与物质材料或物理手段的复合物**。由于思想看不见、摸不着，不便于直接作为客观的证物和人际交流的媒介，所以人们必须寻找和借用某种物理形式。这就是货币。货币使用了物理的材料，具有可见的外观，可以被看见、触摸、占有、迁移和控制。这就好比瞎子看不见路，需要有人来指引；哑巴说不出话，因此需要写字或者打手势。这样的“物理形式”也是特定的，不易被仿制和冒充。例如，纸币是一种货币，可是，书籍并不是货币，废纸也不是。黄金是一种货币，但比黄金更为贵重的金刚石却不是货币。“约定”是一个关键，它使得这些物理外壳中所盛装的内容是“有”而不是“无”，是“一”而不是“多”。

由于货币具有上述两重性质，人们要想占有货币，就要占有它的物理躯壳。因此，甲仅仅**同意**向乙支付一定数量的货币是不够的，乙仅仅知道甲欠他多少钱也是不够的，**货币必须实际支付**。任何货币都存在于一定的空间位置之中。在一定空间中的货币从甲的支配之下转移到乙的支配之下，这叫做“支付”；这是一个**实际发生的动**

作或行为。典型的商品买卖，就是“一手交钱，一手交货”——货物与金钱都是实在的和实际的，金钱并不因为是货币便是“虚拟的”。交易结算完成之后，原来属于卖方的货物，已经归买方所有，卖方不再拥有这些货物了；同理，原来属于买方的货币，也已经归卖方所有了，买方不再拥有这些货币了。在如今的电子交易中，纸张或者金属不再作为货币的外壳了，但是，**文字的形式**以及**电子化的外壳**依然存在着，货币的实质和基本性质没有改变。在历史上，人类曾经使用了巨大的资源量，来制造货币的外壳，这种资源耗费如今正在下降。**物质外壳的简化更加突出了货币的本质**，即它是一种思想。但是，鉴于思想本身是有代价的，这就划定了一个极限，使我们可以轻易地来到这个结论，即我们绝不可能无代价地得到货币，因而绝不可能把货币从实体的队伍里排除出去。承认思想的客观实在性是我们研究货币的决定性条件，否则，又何来货币的发行、数量、流动、快慢与多寡之说呢？

7.1.2 商品交易如何产生货币

货币的出现是为了满足商品交易的实际需要。货币首先用于进行价格的换算与折算。其次，由于不同的交易可能是**跨时空的**，交易者就需要在商品卖出与买入之间的间歇期内**实际地持有**货币，就好像持有某种实物商品一样；这就引起了货币的发行、管理、可接受性、存储以及币值的浮动等一系列问题。这些问题我们在前文（3.7.5节）中已经有所论及，但是，它们都是值得再进行详细论述的。

“计算货币”是一个直观的例子，可以用来说明即使是十分简单的算术运算，某种技巧的运用也是至关重要的。如三种商品A、B、C之间的交换比率，当事人可以直接地进行确定，并记忆在脑中；但是，当商品数量扩大到十种、三十种、三百种、三千种的时候，还能够这样做吗？显然是不能的。人们一定会去寻找某种（或某几种）“标准商品”，通过确定每种商品与这种“标准商品”之间的交换比例，再来折算各种商品相互之间的交换比例。这个技巧看似简单，但绝不是可有可无的。可以设想，假使不这样做的话，人们就要对每两种商品之间的交换比率分别进行死记硬背，才能进行折算，所需的记忆空间将会是十分惊人的。这是笨拙的和荒唐的。所以，即使有某种奇怪的法律要求人们这样做，人们也会私下偷偷地违背它。这是计算经济性的强大力量。计算的经济性要求“标准商品”应当为人们所熟悉，甚至经常被使用，只有这样，人们才会知道如何来确定它与其他商品的交换比率。同样可以设想的是，由于经常使用的商品有所不同，起初，不同人群所采用的“标准商品”必定是有所差异的。后来，随着不同人群的融合，“标准商品”也就会渐渐地趋向统一，固定在某些少数选项上。因为，计算的经济性会强烈地要求减少“标准商品”的品种。即使有人对这种“标准商品”的价值不够熟悉，社会也会通过坚持对每种商品使用“标准商品”来标价的方法，使他们尽快地熟悉起来。当然，“标准商品”同时还要满足可储藏、可分割等要求。货币曾经长期固定在金、银等金属品种上，这是各种要求相互平衡之后的结果。虽然普通人可能大都对金、银的实际用途不够熟悉，但是，鉴于金、银的其他优点，这个缺点就被容忍了。通过后天的学习，金、银的价值终于成为普通大众普遍掌握并代代相传的公共知识了。

正如马克思所指出的，货币作为交易媒介的发展，使得买与卖相互分离了，作为相对独立的**两个行为**与**两种过程**而存在了。然而，在一个静态的理论体系中，这个观点不能显露出它的价值。这个观点是属于动态体系的。有了货币，一个人在卖出商品的同时不必立即买入商品，而代之以对货币的持有。这样一来，他就摆脱了商品的“纠缠”。在他持有货币的期间，节约下来的商品就可以用于满足其他人的需要。他只需要在要消费商品的**前夕**购买商品即可。否则，他也就只能把一种商品更换为另一种商品，因而就总是处于商品的“包围”之中，并且总要看管和维护这些商品。无论对于个人还是社会，这都是非常不经济的，甚至是荒唐的。

货币的出现一定是大大促进了商品交易的。这一点在新古典的环境中无关紧要，但是，在具有计算与通信代价的算法环境中，它就是至关重要的。如果没有货币，在物物交换的条件下，仅仅甲所让出的商品为乙所需要是不够的，乙所让出的商品还必须同时为甲所需要，甲乙之间的交易才能完成；这就大大缩小了交易对手的选择范围。即使甲勉强愿意接受自己所不需要的商品，并经过多次交换，直至得到自己真正需要的商品，也要花费一定的时间和代价。然而，在有了货币之后，情形就变得很简单了：甲、乙只要分别出售自己的商品，然后分别持有货币即可。他们可以把商品卖给任何人，不一定非得要相互交易。在售出商品之后，他们可以立即购入其他商品，也可以延迟购入商品，甚至永久性地持有货币，而不购入任何实物商品。他们可以拿不定主意，反复地研究、思索和犹豫，也可以选择性地购入商品。他们只需购入自己需要的商品，不必购入自己不需要的商品。每个人都只需关心钱与物之间往复进行的这种“单程的”转换，而不必关心收到自己货币的人又拿它去购买了什么，也不必告知他人自己将拿货币收入去购买什么，这就省却了许多麻烦。有了这样的制度保证，人们就可以减少顾虑，放手地进行买和卖，参与买卖的人也就多了起来。进而，交易对手也就比较容易找到，谈判的过程也就简化了，买卖也就更加容易成交了。

因为人们要在交易中支付货币，要手持货币等待下一次交易，要出借货币，要把它用于投资，等等，这就引起了货币的数量问题。某些货币用于甲与乙之间的交易，就不能同时用于丙与丁之间的交易；为了完成后一个交易，就要另外准备一笔货币。这种效应就是思想实体化的一个后果。这个后果意味着思想被复制的“份数”是重要的。新古典的世界中不存在思想的“份数”问题。

货币的获得是不易的，不是可以“呼之即来挥之即去”的，所以，为了随时进行任何可能的支付，每个人就都要保留一定数量的手持货币，每个家庭就都需要（以现金或存款形式）储备一定数量的货币。这种储备既不必过多，也不能过少。货币不能凭空而来，一个人有钱就有钱，没钱便没钱，有多少钱便有多少钱，他不能平白无故地生出货币来，因此，他可能会缺少货币。他要么通过出卖劳动、服务或商品赚取货币，要么则需要从拥有多余货币的人那里借入货币，甚至去偷，去抢，去诈骗。在此等意义上，货币的性质与一般货物是相同的。货币曾经就是一种货物，而在现代的纸币与电子货币条件下，这个性质依旧维持不变[①]；这一点最能凸现思想实体与物理实体作为实体的“同质性”及其平等的地位。例如，每个人吃饭时都要使用筷子，因此餐馆就必须为每个客人准备筷子。有多少人同时就餐，餐馆中就需要准备多少双筷子。尽管筷子可以重复使用，没有客人的座位也不必总是摆放筷子，但餐馆需要储备的筷子数量仍然是相当可观的。即使在不就餐的时间，这些筷子的存量仍然需要保持，因为下一个营业时间不久就要到来了。这些筷子更不能损毁，因为它是一种财富，对它的重新置备是需要进行花费的。这个道理适用于其他的餐具，同样也适用于生活中的任何物品。食物、衣服、桌椅、电脑、书籍、房屋、土地、机器、能源、原材料等，无不如此。凡是能够进行储备的，大都存在着储备的数量问题。即使不能（或者不容易）进行储备的服务，也同样存在数量上的问题。为了提供这种服务的数量，往往还需要事先准备一定数量的用来生产这些服务的物理装备。因此，经济学才研究供给与需求、从而商品的数量问题。

主流经济学主要地、或者优先地研究单次经济活动中的数量问题，这是片面的。因而，当货币数量作为一个难以回避的重大问题被引入核心经济理论时，读者们往往感到很突兀，因为这里的逻辑与此前被反复强化的逻辑是很不相同的；货币问题因此变成了一个另类的问题。货币的逻辑绝不是另类的和难以理解的，它是十分普通的，它所说的只是生活中的常理。是偏狭的经济学让这种常理变得生疏了。现在的关键在于把货币的逻辑应用到普通商品上，应用到经济体系的每一个方面，每一个角落。全部的经济学都需要在流量与存量相并存、并且在反复无限次行为交互作用的基础上来重新出发。这才是把货币理论与经济理论相融合（进而实现“大综合”）的正确方法。

7.1.3“记账货币”

货币的产生还与这样一种想法有关，即假设存在某个权威的“估值与记账中心”，它可以估计并记录每个人所从事的生产活动的价值，这就好比某些网站根据它的会员的表现（例如发帖数量）来授予其一定的分数一样。会员们拿到了分数，就可以用它来购买一定的服务或权利。我们需要把货币制度与这种“估值与记账中心”的

---

① 纸币的真实性、唯一性和稀缺性是通过特别的印刷技术而得以成就的。而在“电子货币”时代，电子货币得以成功创造的关键之一也在于借助特定的技术手段，以便达到真实性、唯一性、稀缺性等要求。简言之，当“一枚货币”（实则是某种电子数据）在这里的时候，它就不在那里；当它移动到别处（或转让给别人）以后，这里也就不再有了。这是电子数据对于物体性质的一种模仿性运用。这种情况下的电子数据，兼有信息与物的双重属性。在这一点上，比特币（以及其他基于区块链技术的电子货币）与银行电子户头上的货币，其性质是一样的（二者的区别主要在于，前者可以脱离银行系统进行流通）。这种性质可以从对下述问题的思考中得到理解：商业银行柜台的电脑操作员（或者任何操作电脑的人）为什么不能随意地在任何人的户头上凭空添加或者减小货币金额呢？或者说，这种危险如何加以防止呢？

想法[①]进行对比。

网站颁发的分数类似于一种货币，任何“估值与记账中心”所估计和记录的价值型态都可以视作货币。货币的一个核心特征在于，它是一个客观的价值尺度，当事人要把它的数值“记录下来”，存储在某个物理媒介上（纸张上或电脑中）。这种“记录”既可用于向别人进行展示，以便参与人际交往，也可用来协调自己在不同时点的活动。在这一点上，以上各个对象的特征都是相同的。因此，人们逐渐认识到，货币完全可以脱离金、银等商品本位，而由政府机构来进行发行。于是，信用货币逐渐取代了商品货币，而成为当今世界的通行制度。

上述各种货币可以统称为“记账货币”。这种“记账货币”有一个要求，即它需要各个当事人频繁地与“估值与记账中心”发生联系。当一个人需要向另一个人支付货币时，他需要去这个“中心”进行转账操作。这就发生了个人与“中心”之间的**交通或通信**问题。这个问题制约了“记账货币”的应用范围。某个中心发行的货币，只能在其所发行的特定范围内来进行使用。某个网站发行的“货币”，也只能限于网站成员之间使用。在某家银行的存款，如果要进行（人工的）转账，客户与银行网点之间也就需要距离较近才行。转账的不便，导致物理化的货币（“物理货币”，例如纸币）仍然必须存在。“物理货币”是这样一种制度，即货币由人们**拿在手上**，当需要进行支付时，人们不必与那个“中心”进行联系，只需要把手上的物理货币交付给对方即可，这就节约了进行转账所需要支付的各种代价。当然，这同时要求物理货币在制作上必须不易被伪造，而在法律上则禁止伪造。不同货币型态的相互替代与转化部分地是技术发展的后果。由于信息技术的发展，“记账货币”如今越来越流行了。这种转化就如同当年纸币（由于印刷技术的进步）替代金属货币的道理一样。

“记账货币”再次观照出了货币的本质。普通当事人与“估值与记账中心”之间联系的便利性是一个关键问题，而造成这个问题背后的原因则是空间因素的存在。由此可见，空间因素对于货币的产生多么具有决定性！这就要求货币在日常使用中必须置于普通当事人的占有和支配之下。技术手段的发展固然正在日益减弱空间因素的影响力，然而却仍然存在“信任”的问题：如何确保“估值与记账中心”诚实守信地履行职责呢？何以防止它不会涂改每个人的账户数据呢？纵观历史，这样的“中心”无论是政府机构还是商业机构，显然都经历了一个发育和发展的过程。此类机构的发育程度与手持货币的流行程度之间存在着反向运动的关系。不过，另一方面，还需要更进一步认识到的是：“信任”并不是完全独立的因素，**信任问题与空间因素密切地联系着**。人们彼此之间之所以不够信任对方，乃是因为他们通常都处于不同的空间位置上，以致难以**随时**进行相互监督。对于“估值与记账中心”的不信任感是一个严重的问题。从这个意义上说，“任意数量的货币可以分散地被普通当事人占有和支配”乃

① 这种想法是许多学者所共有的。例如，马克·布劳格写道：“通过一个完全计算机化的体系来同时处理所有的支出和收入，那么就会不需要持有货币，对现金余额的需求显然会下降为零。”（[英]马克·布劳格：《经济理论的回顾》，姚开建译，中国人民大学出版社，2009年，第495页）

是货币的一个关键特征。纸币并非电子货币的（如同有些人所说的）“补充”，而是相反，如今储存在银行户头上并用于日常支付的“电子货币”，实际上被人们理解为实物货币（纸币）的衍生物；人们接受并信任它，乃是因为人们**相信**这种货币随时可以变为现金并从银行中“提取”出来。

“记账货币”中还存在着一个重要的问题，这就是货币的发行方式与发行数量。网站**纯粹以发帖数量**作为“客观依据”，每发表一个帖子，就授予发帖人固定数量的分数，这种做法能否为货币发行所借鉴呢？这个问题看似有些离奇，实则不然。因为，这就是马克思主义经济学的核心含义，李嘉图也或多或少地具有这种想法。这种想法反映在古典经济学关于商品价值的学说之中，实际上是那个时代的一种流行观念。这种想法是说，劳动者做了多少工，就应该产生多少“价值”，这个价值是固定的，一旦生成，就会进入经济流转体系之中；既不改变，也不灭失。我们在前文（尤其是 3.7.4 节）中已经批驳了这种错误理论，现在再从货币发行的角度来探讨一下这种设想中的错误。

劳动者做了多少工，就创造多少“价值”，这意味着他应该得到一个固定金额的货币收入。这相当于要求中央银行颁发给他相同金额的货币，或者，在那个“估值与记账中心”中，给他的户头上增加一笔财富。全社会可以采用这种“按照固定公式来计算”的方式发行货币和确认收入吗？熟悉货币的读者们都知道，答案是否定的。首先，收入不可以这样来确认。确认收入的前提归根到底在于劳动者所生产的货物是有销路的，企业可以通过出售该货物，用所获得的货币收入来支付工资。或者，在工资提前议定的情况（这当然是绝大多数情况）下，即使所生产的货物卖不出去，企业也可以动用它的资本或贷款来偿付工资。这就是说，劳动者的工作价值不能寄望于某个**超脱于市场的**权威来认可，也不能根据某个**客观的**公式或算法来认可，而必须仰赖于市场中的其他**当事人**（客户、企业等）。**即使这些人的评价是主观的，也必须依靠他们。收入只有在他人同意的前提下从他人那里获得**。从这个意义上讲，**收入的确认方式必须是主观的，而不能是客观的**。企业与劳动者主要都不是为自己而生产的，不能脱离社会而孤立地确定自己的收入。对于普通当事人来说，他不能直接与货币发行当局打交道。货币是通过特定的渠道发行到社会上的。普通人要想获得一笔货币，必须面向社会，必须设法说服其他当事人放弃货币，然后从其他当事人的放弃中获得货币。俗话说“一个萝卜一个坑”；要想自己占有这个“坑”，就必须拔掉那上面的萝卜。所以，市场经济具有一个特点，就是防止个人陷于完全的孤立状态中，它迫使个人必须与社会进行交流，必须重视他人的意见与爱好，必须与他人进行合作。一个人所生产的产品可以自己不喜欢，但一定要社会中的其他人喜欢它。这个“其他人”也不是某种抽象的、“一般的”人，而是位于他周围的、他接触得到的那些人。那些人的意见可能是主观的和残缺的，但是，当事人只能去面对这种主观性和残缺性，此外别无他法。那些人也许会因为某些特殊的原因（比如亲情、友情、同情心等）而“腐败地”向某人“发放货币”，购买产品，但这种腐败行为的后果与损失只能由他们自行承担。经济思想史家们把这种思想称为“主观价值论”，其实它也可以称作“**别人的价值论**”。只有在存在个性与人际差异的框架中，我们才能理解到这一点。这种含义不能被解释为对个人意见的压制，它与对自我的认可和尊重是不矛盾的。经济价值意味着“别人的价值论”，这一点也可以理解为经济价值的局限性所在。个人完全可以脱离这种价值而自行评价包括商品在内的一切对象——即使不能达成货币化的交易。

不仅普通人不可以以上述“客观化”的方式来获得货币，货币当局也不可以这样来发行货币。假如这样来发行货币，当事人为了获取收入，就会不顾市场需要而无限度地扩大生产，于是，就会发生通货膨胀。退一步讲，即使可以这样来发行货币，鉴于货币可以高强度地重复使用，以这种方式发行的货币量必须是少数，其他大部分的货币需求也必须通过货币在二级市场上的流转和再使用来得到满足。货币发行的原理是，货币发行问题必须与收入确认问题分开来处理。现代社会已经发展出了巧妙的（即使不是完美的）方法来解决货币发行问题——例如通过中央银行向商业银行进行贷款。这就把货币的发行与对商品与服务的估价问题分离开来了。

货币不再因为商品与服务的增加而强制地“被发行”了，但在信用货币体系下，货币却可能因为中央银行滥用权力或者行为失误而被错误地发行。信用货币制度赋予货币发行当局以巨大的权力和高度的政治责任，使得整个经济体系在享受信用货币所带来的好处时，也面临着官僚主义的威胁。这种威胁在商品货币时代是不存在的。在新古典的体系中，我们也看不到这种威胁。种种丰富的算法元素，使得货币管理当局处于风雨飘摇之中，使得它必须寻找和依靠某种“货币理论”才能行事，才有可能适当地履行它的职责。所以，货币理论不仅是适当的经济理论必不可少的组成部分，它也是一种强烈的现实需要。这一点特别能够突出社会科学的实用价值及其“建构性”特征。

7.1.4 货币条件下的经济动态

在不专门考虑货币因素的时候，动态经济（我们也可以称之为“算法经济”）的诸多基本特征就都存在着；但是，在货币的观照下，这些特征就会变得愈益明显。因此，直到此时，我们才将这个议题重新拾起。反对者也可以说，这里所采用的“先实体、后货币”的顺序与主流的做法是类似的。对此可能的质疑，除了已有的论述，笔者还可以预先答复如下：1. 如前所述，从一开始，我们就一直在论述（算法意义上的假设的，从而实际的）“经济体系”这同一个对象的不同方面。话总要一句一句说。在串行方式下，总会有先后次序。只要次序是必要的，也就只能是“先实体、后货币”，而不可能反过来。2. 关键并不在于先后，而在于两种对象是否服从于相同的或一致的逻辑。在这一点上，新旧理论是大不相同的。

人作为一种生物体，是在静态与动态相互交织的局面中生存的。与主流静态框架相比，尤其需要强调的是，生物体是在运动中、在新陈代谢、吐故纳新中生存的。

它参与自然界的物质与能量循环。各种养料按照一定的数量、节奏和速度摄入，各种“产品”与废料按照一定的数量、节奏和速度排出。对于人来说，我们尤其要加上一条，这就是：人是一种相对独立的“实体”——思想的拥有者；思想系统也按照大体相似的方式运动着。

在经济系统中，情形也是类似的：每个人付出资本或劳动，得到收入，把收入用于消费或投资，再生产出劳动力和资本，再付出资本或劳动……如此往复循环，度过人生。我们已经指出，身心的尺度及其能力的有限性是人在这些不同事物、不同对象以及不同活动之间进行变换与“游走”的一个核心原因。“行为”是有限种物理与思维元素在特定时空环境中的结合。在当事人到达那里时，相关的、必要的元素也要“到达”那里，行为才能正常展开。由于恰如其分地同时到达是有很高难度的，相关的元素可以提前具备或提前“到达”，但不可以延迟到达；否则，当事人就只能等待。现场存在物的种类与数量不可以过少，也不可以过多；太多了，就必须进行清理和腾挪。各种事物都处于一定的空间位置之中，都在按照一定的方式与速度运动着，但是，它们并非完全不可以接受人的干预。人类事务的一个中心内容，就是运用自己的影响力，安排各种存在物的位置、运动姿态和运动速度，以便造成有利于人类自身的局面。这是一些简单的常理，但却长期地被社会科学所忽视。这个议题也是相对独立的，是其他议题以及其他理论所不能包容的。

在上述视角之下，我们再来看看货币经济中的动态性。前文已论及，货币把商品交换过程分割为买与卖两个相对独立的活动，它们可以由当事人在不同的时间、地点与不同的对手来进行；这就为身心有限的个人在世界中的“游走”提供了方便。由于货币便于携带，寿命近于无限，因此，人们旅行或迁移时通常非常乐意携带货币而不是实物商品，人们可以在甲地取得收入，而在乙地进行消费；可以从当事人丙那里获得报酬，却把它转而支付给当事人丁；可以因为出卖商品 A 获得收入，而把支出用于商品 B、C、D 等任意用途上。人们起初相互出借实物，后来则转而出借货币，任由对方用货币来购买任何商品，债务最终也主要以货币的形式来进行偿还，人们起初用实物来进行投资，后来则转而使用货币投资（“资本”这个词的主要含义就是一笔被指定用于购买生产资料的货币），而任由企业主或管理者（在任意的时间和地点）用货币来购买生产资料。货币被用来作为各种支付的主要手段。这个成果的达成，部分地建立在人际相互依赖性之上。一个人之所以接受货币，主要原因就在于其他人也接受货币；这使得该人相信，所接受的货币最终不至于在自己的手中失效，以致无法出手。而他对货币的接受也鼓舞了身边的其他人。货币的普及必定是一个漫长的过程，其中夹杂着一定的冒险和牺牲——事实上也是如此。

货币接受者所冒的风险是，他推迟了对商品的享受，这可能导致当他有一天要享受特定的商品时，那种商品已经不存在了，或者，它的价格已经今非昔比了。他携带货币来到一个陌生的地方，而那个地方并不存在自己所熟悉、所需要的商品。他通过出卖劳动而获得收入时，住房的价格较低；而当他有朝一日终于决定购买住房时，住房的价格却升高了。假如当初直接用劳动交换房屋，就不会发生这种损失。这种风险在“世界末日”的假设下可以显示得最为清楚：假如明天（或者数日后）就是世界末日，那么，拥有和储蓄货币又有什么意义呢？因此，也就没有人愿意再接受货币，货币必定即刻失效。占有着商品的人们尚可再最后享受一下其所占有的商品，而那些拥有亿万金融资产的“投资者”们则就变成了穷光蛋。想要出让多余商品的人必定同时要求以其他商品来进行换取，物物交换也就会重新兴起。

由此可见，主流的“商品交换模型”实际上就是一种末世论。这种理论不考虑社会世界是哲学家们所说的“永续的绵延”，而企图在这种简化之下来解释世界。**货币的存在则是“永续型经济”的一个典型特征**。现实的经济就是一种“永续型经济”，我们必须从一开始就注意到它是动态的，是连续运转和持续发展的；只有这样，才可能对它做出基本的理解。

货币的存在及其流行也是人们对于世界未来具有信心的表现。“未来的存在”这一点参与着日常生活方方面面的型构。具体来看，货币是如何参与经济秩序的构造的呢？

关键在于异步性。由于人口的数目很大，人们又都是相对自由而独立地行事的，不大可能同时都从事某种行为，因而，也就不可能同时需要某种商品，尔后又同时不需要某种商品了。比较一般的情形是，第一期：甲需要商品 A，乙需要商品 B，丙需要商品 C，丁需要商品 D；第二期：甲需要商品 B，乙需要商品 C，丙需要商品 D，而丁需要商品 A，等等；如此循环往复。这样一来，对于商品 A、B、C、D 的需求就都可以沿着时间序列连贯地延续下去；因而，制造这些商品的企业也就不必时而歇业，时而复工；这些企业也就可以连续地生产和经营下去。个人可以任意地、自由地决定购买或者不购买商品，但这并不会显著地影响企业的经营活动。个人的行为也可以很不规则，但是，其他人的行为同样也可能很不规则；这些“不规则性”相互对冲之后，整个市场的需求却是相当稳定而规则的。因此，一般说来，一个人放弃对某商品的持有而持有货币之后，他总是能够随时随地比较容易地在市场上重新获得那种商品。此时可获得的商品，彼时亦可获得；甲地可获得的商品，乙地亦可获得。不能重新获得（或者商品价格上涨）的情形当然会有，但这种情形总是较少的，是相对次要的。这是实现经济秩序的一种最为基本的机制。

异步性是导致这种局面的基本因素之一。此外，显而易见的是，人际的同质性也是必不可少的。还有，人们之间多多少少也必须存在一些差别，否则，异步性也就无法得到解释了。例如，大多数人都会结婚，但结婚的日期却往往互不相同，这首先是因为人们之间具有年龄上的差异。

7.1.5 交易导致节约

鉴于市场是常设的，商品是连续生产的和常备的，人们通常都不担心不能购买到商品，由此导致的结果是，人们也就不必私下里保存和储备商品。一种随处可得的东西，人们也就不必事先置备，更不必时时处处总是置备着。人们只是在需要它的时候才去购买它，不需要的时候则宁肯持有现金。同时，人们还会具有强烈的动机，把自己所占有而又暂时不需要的物品进行变卖、出借和出租。这样做的好处，一是可以因此从他人那里获得利益，尤其是获得资产收益；二是可以避免、减少或冲抵保管商品的成本以及商品的自然折旧。在没有货币的时候，这种好处不是很显著；在商品货币时代，这种好处是比较明显的；而在信用货币时代，这种好处变得尤其显著。这是因为，创造信用货币的代价是极为低廉的。

货币让人们在不需要占有商品的时候放弃对商品的占有，以便商品被用于需要它的地方，这就节约了需要制造出来的商品。例如，甲拥有某种耐用商品 A，而他此时并不需要使用它。在有货币的情况下，甲可以把 A 出售或出租给乙使用，乙也可以在不使用 A 的时候把它出售或再出租给丙使用；如此等等。只要甲、乙、丙等人使用 A 的期间恰好错开，社会就只需为他们制备一个 A 就足够了。社会不需要制备更多的 A，更不需要为每个人都制备一个 A。可能有人会质疑甲、乙、丙使用 A 的时间不可能那么凑巧而没有任何重合，可是，如上所述，人口的数目是庞大的，商品使用的空档期可以在更大的范围内来进行相互利用。当甲根据需要而试图回购 A 或者终止其出租合同时，也许 A 不凑巧正处于乙或丙的使用之下；不过，这并无大的妨碍。甲可以向其他人（比如丁）购入或租借一个同类商品 A′，以便满足自己的需要，而当 A 终于空闲出来的时候，还可以继续把它转让或租借给其他人（比如戊）使用。

这种效应类似于我们通常所说的“七个盖八个碗”的游戏。不过，质疑者可能会继续说，这种效应并不是货币经济所独有的；在没有货币的（假想的）交换经济中，这种效应同样会存在，例如，人们之间可以相互出借商品。这种看法是不错的。可是，关键在于，货币使得商品交易变得**更加**容易发生了。出借商品的人固然不必同时再换回另一个商品，然而，在单方面出借商品的情况下，出借者只敢把商品出借给与自己具有密切关系的、或者自己可以控制的人；他通常不可能把商品出借给陌生人，而接受陌生人的借据。货币就是陌生人的“借据”，是“出借者”可以放心接受而不必担心发生“坏账”的“借据”。

在商品货币的条件下，质疑者们可能会说，鉴于金银同样需要付出艰苦的劳动才能生产出来，出让商品的人同时占有了金银，这并不能导致节约。这种意见也是有道理的。不过，笔者要强调的是，金银在使用中的磨损率极低，因此它们是接近于永久性使用的，它们的折旧率远远低于普通商品，这就导致占有金银的成本（主要是折旧）通常也远远低于占有普通商品的成本。此外，除了作为货币，金银的实际用途是很少的，这就导致对金银的持有不会显著妨碍人们的日常生产和生活。假如人们把普通商品像金银那样来持有，这种妨害就会相当显著。

如前所述，信用货币的创设也是需要付出（尤其是隐性的）私人与社会代价的；不过，通常认为，单位信用货币的直接创设成本远远低于其所表示的价值量，所以，在信用货币条件下，这种“七个盖八个碗”的效应也就尤其显著了。

“七个盖八个碗”是我们对异步性的另一种描述。异步性可以是未经有意安排而自然发生的，同时，它也可以是一种有意的安排。这个道理是容易理解的。商品的数量是有限的，它（就如同思想一样）也只能存在于特定的空间与时间进程之中，因此，用户就难免对商品展开争夺。商品交易是对商品所有权的争夺。此外，还可以争夺商品的使用权。而当商品在物理性质上只能排他性地为单个（或单批次）用户所使用时，其他用户就需要进行排队，就要合理地、科学地安排消费活动（从而其他活动）的时间次序。即使这种安排不符合用户最初的本意，他们也可能乐于重新调整自己的时间表，以便服从这种安排。因为，这种有意识的安排可以提高对特定商品的使用效率，从而为相关各方都带来好处。

在现实生活中，这种有意识的进程安排是非常常见的，它是一种突出的经济现象，但其至今却未被经济学家们充分理解。一家剧院要举行演出，它既不能同时上演多个节目，也不能同时容纳所有观众，于是，演出就需要排期，观众也就要分期分批地入场观看。体育比赛也是这样。由于相关的进程安排导致了节约，通常，一个拥有数百万人口的城市只需要建设数家剧院和体育场就足够了。“公共汽车”的例子也颇为直观：公共汽车在马路上行驶，一站一站地停靠过去，有的人上车，有的人下车；由于上下车的人数常常会相互抵消，因此车厢内一般也就既不至于过分拥挤，也不至于过分空闲，而车辆的利用率则得到了保证。

有人可能会挑剔说以上都是公共品的例子。其实，在私人用品的范围内，情况也是大致相同的。譬如，有的超市拥挤，而有的餐馆闲适。超市和餐馆虽然不会像剧院那样明确而公开地分配场次，但是，对于周围的常住居民来说，他们通常对此都是颇为了解的。在这些知识的基础上，每个人都会根据需要和习惯建立自己的消费模式。这些消费模式起初不太固定，经过人际相互作用与调整之后，就会逐渐地固定下来，甚至会变得颇为整齐有序。例如，设立在僻静小巷中的餐馆，它的店头经理通常会对每个日期中的客人流量如数家珍；如果哪一天比往常少来了几桌客人，他可能就会感到诧异，以至就要寻找其中的原由了。为了避免排队，一个生活悠闲的人一般不会在周末去理发店；只要他稍有头脑，他就会知道在别人上班的时候去理发，是个不错的主意。如果你去跟理发师聊聊天，他也就会告诉你，什么时间一般会有什么样的客人前来光顾。

7.1.6 交易导致节约（续）

由于对货币的持有以及商品交易的便利化，对存量商品的节约必定是巨大的。在“七个盖八个碗”这句俗语中，只有一个盖子被节约了出来，而市场经济所导致的节约，绝非只有这么微小的幅度。

以住房为例。在农业经济条件下，人们分散居住在各自的土地上，相互距离遥远，不便进行商品交易，于是，几乎每家每户都会建造自己的房屋与院落。因为需要考虑到长期的居住需要，这些建筑一般都会进行适度的超前设计，都会配置富余的居住面积。这些面积只有在招待亲戚与来客的时候才会派上用场，平时则大都是空置的。即使想要进行出售或出租，在人口稀疏的农村地区，也很难找到交易对手。城市的发展则改变了这种局面。城市使人们之间的距离相互靠近，便于进行交易；商品交易的发展又促进了城市化（这个主题将在 7.3 节继续加以探讨）。在城市中，通常很少有人会长期使自己的房屋空置，因为人们很容易将多余的房屋售出，也很容易为空余的房间找到租客。城市中设立了旅馆，可以汇集短期旅行的客人，使他们集中住宿在那里。旅馆中的房间是重复使用的，可以前后相继地接待不同的客人。加之多层建筑的发展，我们完全可以说，城市生活方式是对土地与空间的巨大节约。假如房屋是可移动的，可以像手提电脑那样方便地随身携带，则旅馆也就可以不再需要了，住房将随着个人去"旅行"，城市中夜晚的空房屋也将会更加稀少。

再来看一看粮食。粮食不像房屋那样是一种耐用品，而是一种易耗品。可是，易耗品与耐用品之间的区别其实只是技术性的和程度上的，而不是绝对的，因此，适用于耐用品的道理，也同样适用于诸如粮食这样的易耗品。在农村生活中，由于不能随时买卖粮食，所以，每家每户都建立了粮仓，其中储存着足够一年或数年吃用的粮食。而在城市生活中，一般来说，这种大规模的储备是没有必要的。普通家庭通常只会储存足够数日至月余消费的粮食。从农田到居民的餐桌，社会建立了严密而稳定的供应渠道，在其中"流动"的粮食数量通常并不很多，它们就像取之不尽的涓涓细流。粮食储备当然是存在的，但它们是由某些专门机构来集中进行的。某些专门化的企业不仅进行粮食的保管与分销，而且进行粮食的种植。这样一来，不仅千家万户无须保存较多的余粮，而且也无须从事粮食生产，也就更加不必置备生产粮食的各类生产资料（土地、农具、化肥、种子，等等）了。这是又一种形式的节约，这种节约就是分工与专业化，它是第 7.3 节的主题。

粮食的道理也适用于任何其他商品。在商品经济的条件下，对于普通居民来说，通常不必过多储备任何一种商品，最为重要的就是拥有那个随时可以变换为任何商品的特殊商品——货币。要保持一定的货币存量，这是一种生活常识。许多商品只需要"随用随买"就可以，而对于另一些商品来说，也只需要保存较少的存量即可。一方面，这些存量不能完全为零，这一点在主流新古典框架下未能得到揭示；另一方面，在货币经济中，存量商品也远远不必像没有贸易的"鲁滨逊经济"中储备得那样多，而是介于以上两者之间。

"七个盖八个碗"的效应还因为货币的"高级化"以及各种金融工具的发展而进一步得到加强。即使不发生商品交易，人们之间也可以彼此借出借入货币，从而产生诸如"借据"、存款、存单、债券等金融凭证或金融票据，人们之间也可以彼此进行投资，从而产生股票。基于上述各类凭证或证券，在相互约定的基础上，还可以产生其他更为"高级"的、多种多样的金融衍生品。这个过程可以作为货币的"高级化"（或者"高阶化"）过程。商业银行的存款创造过程便可以视为一种高级化过程，所以，高级化过程在现代经济中是很常见的。这是一个与金融产品的实体性相关联的、算法式的效应。实体性质的另一个直接推论是，货币的高级化过程（由于计算能力的限制）将会逐轮地发生衰减；越高级的金融产品，其流动性也就越低，由此形成了对“货币”的定义与统计的不同口径。

近几十年来，金融资产的品种与数量在全球范围内迅猛扩张，这种现象无疑建立在对异步性进行登峰造极的利用的基础之上。[①] 这必定进一步优化了当今世界的资源配置状况。不过，为了得到这些交易的利益，社会是付出了代价的。这种代价就是，**人们的日程安排愈益精密化了，世界日益结合为一个紧密的整体**；一个人离开了别人，几乎也就难以生存了；一个地方发生了灾难，就会迅速地传遍全世界，由整个全球经济来承受。这种高度的相互依赖是自给自足的时代所不曾有的，它同时带给自己与别人以很大的压力。这一点虽然并不完全是一种缺点，但是，它确实是市场经济的**一种很独特的、很值得关注的特点**。这种特点及其后果并未被现有的经济学予以实质性地揭示。在下一小节，我们再来讨论一下这另一个侧面。

7.1.7 市场把大家绑在一辆战车上

个人对于货币及其衍生的各类金融资产的持有，是以时间的无穷绵延以及对未来经济状况的信心为条件的，也是以人们行动的异步性为基础的。**经济系统就好比一辆自行车，它是为了运动而设计出来的；只有在运动当中，经济系统才能正常地存在。**这个道理，我们还要反复地进行说明。

我之所以不急于购买电视机，是因为“我以为我可以随时随地购买到它”。由于每个人都会这样想，所以，全社会“以为它能够购买到的电视机”的数量总和必定是非常庞大的。然而，与这个数量相比，实际上每时每刻所供应的电视机数量是很少的（后者很可能只是前者的一个极为微小的比例）；假如每个人真的同时都来购买电视机，就会发现他们“所期待的”那种状况根本就不存在，他们就会大吃一惊，甚至会以为自己陷入了骗局之中。电视机的价格就会飙升，高得难以想象，存货就会奇缺。假如人们在购买其他商品时也这样做，就会发生类似的状况。

这就是说，商品的价格是以一定的经济结构、人们行为的一定的节奏以及稳定的异步性为条件的。鉴于人们的经济财富建立在一定的商品价格的基础之上，财富的数量（从而人们的富裕程度）也就是以此为条件的。在一定程度上可以说：我感到我很富有，那是因为我愿意持有货币（以及其他金融资产），而不持有实物。假如所有持币者同时改变主意，想要拥有货物，并且要“提出现货”，那么我的富裕程度就会因为物价暴涨而显著下降了，而商品市场也就乱套了。即使想要提出的现货分散在全部商品而不是单一商品上，现货究竟能否顺利提出，仍然是一个很大的问题。因为，

---

① 一个时髦的名词是“共享经济”。截至笔者结束本书初稿写作的 2015 年，这个名词似乎还不太流行，然而，到了第三稿写作的 2017 年，“共享经济”已经进入了狂热期，其标志是布满大街小巷的、品牌多样化的“共享单车”。由于电子技术帮助节约了交易费用，就连自行车这种价格低廉的商品也值得临时租用从而“共享”了。这种营业模式得到了资本市场的青睐，引发了投资热。由此必然导致存量商品使用强度的提高，从而带来经济性。

几乎所有的货物都是按照当事人此前的计划而连续地、分期分批地进行生产的，这种“突然的提货”会打乱生产的步骤。货物究竟能够顺利交付多少、物价将如何动荡等问题尚在其次，只是，经济系统恐怕就要崩溃了，大部分财富恐怕都要化为乌有。

其实，对这种假设的状况，我们根本无力做出详尽的研究，因为，我们所拥有的关于人类行为与人类社会的绝大部分知识，都是针对真实的、相对稳定的、永续绵延的现实世界的。我们无法推测所假设的状况将到导致人们的临时决策如何变化。新古典主义的错误就是以为这种意外的冲击所导致的后果是可以穷尽的，这种想法严重低估了预测的难度。异质性与组合爆炸相互作用，其情形将是无比复杂的，可以确知的是将会发生危机。所以，对危机的研究可以由此而引申出来。不过，危机的具体形态与过程将会怎样？一面进行推测，一面还需要去进行现实的观察，收集经验材料。关键仍然在于，首先要认识到**经济财富与经济系统的这种独特性质**：虽然当每个人索取电视机的时候所需的电视机可能是不存在的，但是，当我们在现实生活中按照正常行为模式和生活节奏索取电视机的时候，它的确会如期存在。并且，实际上我们无法做到“说服每个人都在同一时间来索取电视机”。异步性的存在是十分稳固（甚至顽固）的事实，它不以我们的意志为转移。同理，在现实世界中，一个人所拥有的经济财富是相当真实的；只要他愿意消费，他几乎总是能够如期得到想要的实物商品，“所有货币同时追逐商品”的情形几乎不会存在。上述分析只是要表明，经济的概念、变量和指标通常都是相对的、有条件的和相互联系的，而不能孤立地、绝对地、静态地看待它们。

上述动态的与相互依赖的特征给每个社会成员都带来了压力。在自给自足的条件下，人们不从别人那里得到什么，因此也就不对别人有所期待和要求。但是，**在市场经济条件下，个人虽然是自愿和自由地作决定的，却不得不对他人有所期待，有所依赖，有所要求**。他不与甲发生联系，就要与乙发生联系；不与乙发生联系，就要与丙发生联系。因为担心得不到别人的合作，而市场经济的规则又不允许随意对别人实行强制，个人就会产生焦虑心理。这种心理将会造成进一步的后果。

一方面，关于友爱、合作、公益等内容的文化和意识形态就会得到发展。我们注意到，在市场、城市等人群密集的地方，常常流动着一种友爱的气氛。可以把这种气氛理解为众多个人为了争取相互合作而各自分别进行形象塑造的努力所造成的宏观社会结果。个人将在既无力获得专门的利益又不会损害自己的情况（这种情况在算法世界中是普遍的）下尽可能地向他人展示自己友善、仁爱而又负责任的一面。个人也会积极地参与或支持有关的文化、思想与道德建设，反对趁人之危和敲诈勒索。另一方面，为了把每个人都纳入分工、交易与合作的体系之中，人们对他人的要求和期待就会提升，社会的公共管理就会强化，而国家间的干涉主义就会兴起。这是个人从自身利益出发关注公共事务的一种必然结果。政治性与法律性的活动将会趋于活跃，它们都是以国家的名义所进行的强制。可以认为，近代以来各个西方国家社会矛盾的激化以及由此所引起的社会动荡，正是市场经济发展所产生的后果的一部分。这种社会矛盾也扩大到国际层面，引起了两次世界大战。资本主义延伸到世界上广大未开化的和欠发达的国家或地区，冲击甚至摧毁了那里的传统生活方式。中国封闭的大门正是被侵略战争所打开的。

我们无意在此详论有关的社会议题，也无意重述这些尽人皆知的历史过程，而只是想要说明这些议题与市场经济之间所存在的显著的逻辑关系。这种关系如此明显，以致我们只要正确地阐述了市场经济，也就会自然而然地论述到它。这种自然的延伸可以凸现社会科学的统一性。社会科学的诸多零件早就已经造好，但却缺乏组装；这个组装工作迟至今日才得以有效地进行。

市场经济的上述特征还可以通过灾难救助来进行说明。在自给自足的经济（当然，严格说来，这种经济几乎从来没有存在过，所以这只是一种假设）中，假如一个地区遭到了自然灾害，因为缺少地区间的联系，这种灾难并不会波及其他地区，不会引起其他地区发生任何不幸。受灾地区将会单独承受灾难。由于缺少外部的救助，灾情可能会很严重，持续时间很长，恢复得很缓慢。在极端情况下，就好像人体被截肢了一样，受灾地区就会遭到完全的毁灭。然而，在市场经济条件下，局部性的灾难通常很快就会扩散到全局，引起整个经济体系的动荡。同时，救助也就会迅速展开。各种商品源源不断地运来，灾后的恢复和重建通常也就会迅速进行。由于发生灾难的地区一般都是少数的或个别的，以此观之，市场体系便是相当强大的，它不那么容易遭到毁灭性的打击。不过，笔者并不想把这一点完全视为一种优点，视为市场经济体制的一种绝对的优势。灾难并不仅仅引起数量与程度上的后果，它还可以是结构性的。例如，在高度分工的体系中，任何一个局部都可能会掌握全局的命运，因此，任何一个局部的损害，就都可能引起全局性的大灾难。这种可能性至少在理论上是存在的。经济体系作为一个内部结合得较为密切的“整体”来对抗任何来自局部的冲击，就此而论，风险的确是被分散化了。然而，大家都被绑在了一辆战车上，鸡蛋被放在了一个篮子里，在这一点上，风险实际上又被搜集和集中起来了，没有人可以完全逃得掉。我们不必因为此类问题而对市场经济体制做出绝对化的“好”或者“坏”的结论，而只限于指出，这的确是“市场”本身将会引起的问题，是“市场”本身的一种**风格**和**特点**。这种特点是我们务必需要体察到的，是我们在论述市场的时候不可略而不论的。

7.1.8 货币是经济的血液

市场经济的上述特点，使得经济体内部充斥着各种各样的流量。我们可以从个人行为（或“组织的行为”）的角度来观察、分类和定义这些流量，也可以从商品或者其他任何角度来观察、分类和定义这些流量。也就是说，只要我们用眼睛盯着某些特定的对象，或者在某个地点、沿着某个方向或者剖面来观察世界，就会发现不同的流量现象。我们可以自由地定义、描述和分析这些现象，只要我们认为这种做法会带来分析上的便利。

经典著作建立了货币流（资金流）、商品流等基本的概念。货币被想象为沿着与商品相反的方向进行流动，两种流量被认为在数量上相等。货币与商品如影随形，商品要交易了，就必然有相应的货币来完成交易；货币要运动了，也就必然是去购买商品的。在“商品交换＋货币”的架构下，金融过程消失了。本小节的论述就从对这种分析模式的批判开始。

商品要卖出了，绝不会有货币**自动地**前来购买商品，拥有货币的人需要去寻找，即使找到了，也要与之进行交流，要劝说和诱导他。他所拥有的货币未必总是持有在手，可能需要去进行调取。如其数额不足，就要变卖资产，套取现金，进行借贷，或者采用其他手段进行融通。同理，货币要购买商品，也要首先去寻找商品，要付出购买商品所需的一切辛劳，才可能完成。这里的要害就在于，要把货币视为实体，视为与商品在地位和本质上相同、而又在具体性质上有所不同的“东西”。只要采用了这种眼光，货币与商品就不会总是如影随形般地“黏在一起”了，它们也就各自独立了，各自有了自己的位置、状态、运动轨道、运动方式、运动速度以及其他特点了。

商品的运动并不总是需要货币。商品因为自身的物理特性、因为人对它的生产、运输等原因都会发生运动。商品只是在需要被交易的时候才需要货币。即便此时，货币也只是在大部分情况下得到了使用，在某些情况下货币仍然是不需要的[①]。国家推广货币的能力有限，老百姓对货币的认同程度有限，对货币的打理也自有其麻烦与代价，因此，货币也总是在局部的、有限的（尽管如今是非常广泛的）范围内使用着。另一方面，脱离了商品，货币完全可以作独立的运动。一个人变现手头的资产，携带货币去旅行，就是让货币脱离商品而作独立的运动；这正是货币发挥其基本的、正当的作用的方式之一。在实物商品不介入的情况下，人们之间可以对货币进行借贷、投资、入股、赌博、征税、捐赠和继承，从而转移货币。根据常识，我们知道，这类货币的运动是很重要的，无论对于个人还是社会，它都具有重大的意义。可是，主流学者是忽视这类流量的；或者，他们只是重视这类流量对于商品运动的意义，而不重视它们本身的意义。在迫不得已的情况下，主流学者借用“金融服务”这个概念，把这类活动简单概括为商品生产活动的“延伸”。例如，借贷活动就是生产“利息”这种收入的活动，就好比劳动是生产工资的活动一样，“所借贷的是资金”这一点看不见了，“资金”熔化在背景里了。这不是赋予货币以与商品相平等地位的正确态度。资金的借贷本身就是重要的经济问题，这一点才是分析的中心。作为这种活动所创造的

---

① 值得关注的是，在货币化如此发达的美国，货币有时仍然不被用于商业交易。例如，在“美国全国篮球联盟”（NBA）中，就盛行球员的相互交换而不是货币化的买卖，这与世界足球市场上所盛行的货币化的球员买卖有所不同。在物物交换与货币的使用之间显然存在着某种权衡关系。根据这种关系，货币的使用在某个临界点上显然是不经济的，或者只具有辅助作用，市场的规模显然是其中的一个因素。在篮球比赛中，一个参赛队只有 5 人，整个 NBA 只有 30 只球队，而足球比赛中单只参赛队的规模则是 11 人，球员市场也不像 NBA 那样封闭。这让我们不由得猜想，市场规模的扩张可能具有一个“临界点”，超过了这一点，货币的使用就比较经济了；而在此点之内，因为潜在交易对手的数目较少，加上同步性因素（某队交换出去一名球员，就需要同时补充进来另一名球员）；这导致了相关球员交换方案的排列组合数目尚在可以接受的范围之内。要不是这样的话，也就很难劝说对手进行交换而不是“交易”了。

收入，利息问题只是与这一问题相连带的、相对次要的一个问题。

即便作为商品的对应物，货币也是以与商品流动所不同的渠道、速度、姿态和“气势”来进行流动的，这种流动以复杂而微妙的方式影响着、引导或者替代着商品进行流动。资金的流动协调着人们之间的关系，整合着人们的心理，表达着他们的意见。因而，即使不亲眼观看商品的流动，仅仅凭借对于金融市场的观察，我们也可以对实体经济的状况做出一些判断和预测。这就好比一个体育选手，我们可以凭借他在赛前摩拳擦掌的劲头，来对他将会做出的表现进行若干预判；或者，这就好像总是在场边夸张地哇哇大叫的教练，他的行为不仅影响着比赛，而且那本身就是一出精彩的剧目。

与商品相比，货币通常流动得特别快。因此，在商品与商品之间的交换过程中，如果有一段路程通过搭乘“货币”这趟快车来完成，就可以提高效率，节约时间。这就好比进行远途旅行，仅仅乘坐通常所用的市内交通工具是不够的，而必须搭乘飞机、火车、高铁，或者在高速公路上行驶。由于这个原因，货币常常被人们比作“经济体的血液”，它在经济体内部进行相对高速的、大范围的流动，把器官所需的养料从其所在的地方输送到其所需要的地方，把一个人所不需要的东西转移给另一个需要它的人。

一个人搭乘高速交通工具的能力是他正常生活于当今世界的一个必要条件。同理，一个人或者一个组织拥有一定的货币存量以及正常的现金流也是其生存所不可缺少的。倘若一个企业的现金流动正常，即使发生了亏损（甚至连年亏损），企业也可以照常生存，照常营业；反之，一个企业即使具有优异的资产质量与赢利能力，倘若发生了现金的匮乏甚至断流，很可能就要破产了，就要停业和重组。这通常是商业失败的一个标志。因此，考察企业的现金流动状况是评价一个企业所不可缺少的内容，这种考察相对地独立于对企业资产与盈亏状况的考察。在资产负债表、利润表之外，企业通常拥有第三张重要的报表，即“现金流量表”。这是因为，现金流动状况无法充分地反映在前两张报表之中，所以需要加以补充和汇总。

破产危险的存在表明了现金流动问题有多么重要，它相对于资产价值有多么独立，以及“价格至上论”是何其错误！假如物物交换是容易实现的（或者，如同“新古典的金融理论”所假设的那样，企业随时随地可以无限地借贷资金），企业只需用现有的资产去换取自己想要的资产就行了，也就无须破产，无须为破产而烦恼，破产也就不会成为一个经济问题。所以，破产就好像冰山之一角，它凸显出了潜藏于其下的“货币”这个“**大型实体**”的重要性。这种重要性本质上是通信与计算的重要性。“破产”也反映了价格信息的局限性。资产的账面价格即使是真实的，也不意味着资产随时随地都可以按照账面价值来进行抛售。交易量很重要，从发起寻找买家到完成交易所需的时间也很重要。这些问题都是相对独立于价格的。企业可以通过降低要价来加速交易的实现，由此造成的经济损失恰恰表明了交易所需的时间是一件非同小可的事情。企业的价值需要综合运用多种指标而不是单一指标来进行评判，这一点正如其他任何对象在原则上都需要如此一样。请不要将这种观点神秘化，以为它又在反映着什么整齐划一的、我们无须再动脑筋就可以依赖的“规律”。这不过是有限理性的反映，是对“单一指标可以包打天下”这种“想当然”的否定，因此，“多种指标”的观点不是一种规则性，而要当作一种**不规则性**来进行理解。

7.1.9 经济体为流量所“压迫”

“货币是经济的血液”的观点，有助于我们看清主流经济学尚未揭示的经济系统的另一面，即经济系统是在流动和“运转”中进行生存的，货币则协助经济体建立了它进行运转所需要的秩序，**现金周转流畅与否在一定程度上反映着经济体各部分的运动相互协调的程度**。一个人或者一个组织没有货币，其将举步维艰，就要面临死亡的危险；整个经济体一旦失去货币，各种流动就会被阻滞，整个系统就要崩溃，天下**即刻**就要大乱。社会发明了货币，货币逐渐为人们所接受，人们的行为已经与货币的存在相适应。社会绝不可以突然失去货币，货币也绝不会突然消失的。

在货币的后面，是整个经济体需要建立“和谐的流量”这样一个真相。各种人与物都需要进行流动，这种流动都需要具备一定的速度，这种速度根据其性质而有所不同。而且，这种流动速度还必须具有一定的持续性和稳定性。尽管某些运动速度的改变通常是可以接受的，但是，就眼下来说，**我们尤其需要强调运动速度的刚性**。这种刚性要求有关对象按照一定的方式连续地运动下去，既不可以随意停止，也不可以随意变快或者变慢。最简单的例子就是人要进行吃饭、穿衣等基本的消费，这是绝对不可以含糊的；否则，人就会死亡。人的饭量和所穿衣服的数量变化都不太大，但必须稳定地持续下去。人不可以时而饱餐一顿，时而连续多天饿肚子。即使以这种不稳定的方式所消费的食物总量与通常的消费方式相等，两者之间也绝不可以划等号。这个刚性要求无论对于个人的行动计划，还是对于整个经济体的管理与结构安排都会产生重要的影响。**整个经济体都受到了刚性流量的巨大压迫**，如果忽视它，就会受到惩罚。例如，个人或家庭如果忽视它，可能就会不得不在饥荒年间用祖传的宝贝去换取馒头，以便充饥。这类故事在历史上时有所闻。这种事实意味着，商品的定价基础绝不是静态的和绝对的，时间、情境与流动性要求都参与了价格的确定。无论对于个人、企业抑或其他组织，重要的不在于脱离情境因素来了解或判定商品的“真实价值”或者“最终价值”，而在于保证其生存所需的流量。行为决策要服从于这种流量要求，然后再在流量要求得以满足的前提下来议定价格。用俗话来说就是：“不要过于在乎吃亏或者占便宜，关键是要让日子过得去。”企业的产品定价往往服从于这个规律，“成本加成法”就是这么产生的。它的含义是：在难以确定产品售价多高才合适的情况下，只要能够回收适度的现金，就可以售出产品。消费者们通常也是这样来消费的：我主要根据我的现金收入来决定消费额度，一般情况下不搞借贷和提前消费。

“收入”这个概念主要建立在货币化核算的基础上。正如我们在 6.5.5 节讨论成本的性质时所指出的，成本主要依靠货币化的支出来进行认定，收入也是这样。人们的活动总是付出一些东西，又得到一些东西，但是，只有货币化的“所得”，通常才被认定为“收入”。这是一种简化，这种简化方法逐渐被发展成为一种标准。“效用”也是所得，但它不是货币化的，所以也就不被认定为“收入”。人们在经济活动中所获得的其他好处或利益（例如资产溢价），因为不是货币，或者不能方便地兑换为货币，也大都不被认定为收入。它们通常只被视为增加了当事人获得货币收入的能力或潜力，并且只有在这种潜力转化为实际的货币收入（例如溢价资产的售出）时，才被计为收入。主流学者远未认识到他们的理论（即使其核心部分）是如何与货币因素的存在密不可分的。例如，当主流学者们把收入与预算的有限性设置为消费理论的前提时，他们并未意识到，这种设置已经脱离了他们所坚持的新古典主义原则，他们已经在不知不觉中引入了**“现金原则”**，从而致使他们的理论陷入了分裂之中。按照新古典主义的逻辑一贯性，一个人至少应当在考虑其一生总收入的基础上来安排当前的消费水平；同时，一个人应当可以自由借贷（新古典的金融理论正是这样假定的），可以通过借贷来支撑消费。我们甚至可以认为这意味着对收入概念的否弃。

另一方面，有些流量的持续性要求则比较低，其波动事实上也比较大。例如，人的娱乐与休闲类消费，往往就是可有可无的。实体企业进行财务性投资，进行新产品研发以及投资进入新的行业，也只需要量力而行即可。根据各种流量的刚性或弹性要求，以及它们的弹性的高低，我们可以对流量进行分类，分别观察和分析它们在经济体系中的表现。通常，**弹性的流量会为刚性的流量让路，弹性高的流量则会“谦让”和“服务于”弹性低的流量**。有关经济流量的持续性要求也给政策制订者们带来了很大的压力，迫使他们把满足此类要求摆在政策制订的优先位置。例如，任何政府都必须以某种方式对本国的粮食安全做出一定的特殊安排，而不能把粮食简单地混同于普通的商品。由于占人口大多数的广大工薪阶层需要依赖就业来取得基本的生活资料，就业问题（或者为了进行失业救济而设立的社会保障）也就成为左右经济政策的主要因素之一。

以上提出了算法经济学的一个重要内容，我们可以称之为**“现金原则”“现金持续性原则”**或者**“流量持续性原则”：现金流动问题或者流量的持续性问题具有独立于其他一切经济问题的重要性，因而，应予以相对独立的关注、分析和应对**。对于这个议题，这里现予以明确地提出，后文中将会陆续展开论述。

现在我们再转向说明货币的另一面，即它的相对性。

货币如此重要而有用，那么这是否意味着，一旦有了货币，商品交易也就即刻大功告成了呢？交易的任务（及其代价）也就轻松到了可以予以忽略的程度了呢？显然，答案都是否定的。货币的出现主要解决了“交易者出让一个商品时必须同时接受另一个商品”这样一个尴尬或困难，而关于商品交易的其他问题依然都存在着。例如，交易者依然需要进行相互寻找，相互谈判，甚至进行相互斗争。货币帮助减轻了这些问题，但并不能将其消灭。例如，在货币经济时代，各种资源的闲置和浪费都是普通存在的，每个人的生活也都要经历很多等待、空虚和无聊。假如货币能够帮助解决一切关于交易的问题，资源就总是能够从其所在的地方被输送到其被需要的地方，这些负面现象也就不会存在了。而在寻找交易对象方面，互联网的作用恐怕要比货币更为显著。便携式电子设备（手机、平板电脑等）是对人的闲暇时间所进行的见缝插针式的利用。便携设备这些年所获得的巨大发展，恰恰表明了人的空闲时间有多么丰富，因而它的利用潜力有多么巨大。

货币（尤其是现代货币体系）的确在某些方面使经济驶入了快车道，但绝不能因此而假设它的速度无穷大，以致其流通时间为零。倘若如此，我们就犯了一个“哈耶克式的错误”，即因为价格体系很重要，以致认为它很“神奇”，而看不到它的局限性。笔者以为，主流经济学把货币与金融问题摆在次要位置，在很大程度上正是与这种似是而非的认识有关。货币、金融与商业所带来的便利，未能启发经济学者们重视这些领域，反而导致他们忽视这些领域，而把物理化的对象与物理化的活动摆在经济研究的优先位置。一说到交易，就总是假定它们可以轻易地完成。交易费用一旦为零，经济学家们在遇到任何“不均衡”时，就不得不面临这样的质问和窘境：为什么不借助更多的交易来实现均衡呢？于是，对交易范式的滥用也就成为不可避免的了，而对于其他一切经济问题，通过化约为交易问题，也就都被取消了。

这让我们再次来到了货币的性质问题。货币出现的一个根本原因实际上是技术性的，即人们发现了某些特殊商品（或者技术手段），而这些商品的性质如此独特，以致人们认为在物与物的直接交换之中可以增加一个环节——持有这些商品（或者纸币、电子货币等）。但是，这绝不能被理解为货币已经独特到了不可以与普通商品相并列的地位，以致要么视为“无”（尤其对于信用货币），要么就只能作为“添加物”来处理了。“货币是经济的血液”这句话本身表明，就好比血液本身就是一种生物体、一种生物组织或器官一样，货币（无论任何形式）也与商品是平等的同类；货币与商品之间是兄弟关系，而不是父子关系，更不是神与人的关系。

货币与普通商品是在相互比较和相互竞争中生存的。货币制度建立起来以后，人们除了跟普通商品打交道之外，又平白多出了一项事务，即跟货币打交道；这本身（连同货币发行与维护等其他“麻烦”）是一种代价。这种认识的逻辑结论是，人们只会在使用货币的利益超过其成本的地方，才会使用货币；而在使用货币的利益低于其所带来的麻烦的地方，也就不使用货币。放眼现实世界，情况不正是如此吗？正因为许多对象都不适合用来进行交易，所以商品交易本身才是局部性的现象，因而，货币的使用也才是局部性的。而在交换关系中，由于难以尽述的原因，许多交换关系都不借助货币来完成，甚至明确反对和排斥货币的使用。议员们可以相互投票，但绝对不可以花钱购买支持票。我们中国人特别讲究“人情关系”，这种“关系”就是一种非货币的交换关系。我们可以具体研究为什么会这样。

理解货币相对性的另一种方式，就是进行“换位思考”：假设某种普通商品是货币，而货币则成为普通商品；或者假设两种普通商品之一是货币。通过这种对比，我们可以发现，其实，任何商品都或多或少地具有“货币”的性质，它们都是当事人从一个目的地到达另一个目的地的“中转站”。作为法定货币的那种事物，只是在具体性质与功用上（一般说来）比其他“货币”优越一些而已。这种对比的另一个结论是：货币的使用范围也许处在不断扩张的历史进程中，至少也处于不断变化与进退之中。第三个结论是：关于“经济活动的目的就是赚取更多货币”的观点只是一种胡乱想象，这样的命题只是在特定进程或特定阶段上才成立，而在其他条件下则不成立。

货币的流通比较快，但在货币流通体系之外，在人们不使用货币的时候，生活的节奏大体依旧。这种区别引起了一个问题，即金融市场的节奏如何与实体经济相协调。假如（如同主流经济学的立场）金融市场是实体经济的“被动反映者”，那么，金融市场的运转速度当然就是越快越好。然而，当它们处于相互并列的地位时，这种见解便具有严重的缺陷。货币可以相互独立地聚集、运动和“跳舞”，因此，它可以主动地掀起风浪，冲击实体经济。这是一个事实。假如我们采用主流的立场，也就不能来到这个事实。可以说，这个结论的得出，是我们研究金融问题的一个必要的起点。

7.2 货币、金融与经济动态（下）

7.2.1 论货币的数量（一）

从本小节开始，我们再转回对货币与金融体系本身的讨论。

货币的数量至关重要，这显然不是迄今为止的经济理论进行分析论证的结论，而是经济史告诉我们的重要道理。对金本位制的放弃，是实践家们的明确宣言，表明他们已经接受了这条重要的经济原理。自从金本位制废除以来，世界经济发生了重大的变化。对于这种变化的评价，虽然众说纷纭，不过，占主流的意见仍然是正面的和积极的，信用货币的作用是受到肯定的。然而，遗憾的是，无论对于金本位制的放弃，还是对于信用货币的积极作用的承认，与其说是一种自觉的行为，不如说是被经济现实所迫使的。可以说，在算法经济学之前，经济学界还尚未找到适当的途径，来阐明货币数量的重要性。经济学家们只是从各自的经验观察和朴素的常识性理解出发，来构造形形色色的“货币理论”。在这些理论中，诸如“货币数量的重要性”之类的东西往往并不是推理的结论，而是推理的前提，是作为假设而出现的。经济学家们同样也重视实证研究，他们可以借助大量的经验数据，来“证明”货币数量对于经济“的确”具有真实的效应。然而，对于这样的“结论”，另有不少的经济学家却不予承认，他们仍然固守主流的新古典立场。在否定货币数量的重要性方面，这些经济学家与经常批评他们的奥地利学派之间具有一致性。他们一面抓住凯恩斯主义政策的过失大加挞伐，一面主张各种极端保守的、甚至有些奇奇怪怪的政策措施（例如米塞斯的100%银行准备金制度，哈耶克的“货币的非国家化”[①]）。笔者认为，这都是由于不真正理解货币的性质因而采取了错误的分析方法造成的。这种局面不仅堪称混乱，简直滑稽到了有趣的地步。这是经济学至今还不是一门“科学”的证据之一。

理解“货币数量”为什么是一个重要的、“真实的”问题，可以从下面这个提问中得到启示：人民银行明天突然宣布把现在的人民币 1 元变为 10 元，与按照现行的方式增加发行一部分货币，这两种“增加货币数量”的方式有什么不同？

这个问题的答案是比较容易给出的：在第一种方式下，人们将视为这是在用一种新的币制替代原有的币制，因此，除了去银行把手头的旧钞票兑换为新钞票、以及把物价改为用新货币来进行标记（例如把商品的单价“1 元人民币”改为“10 元新人民币”）以外，经济体系不会发生什么重要的变化。为了更改币制，整个社会将会花费一笔费用，付出一点代价；但是，这些代价相对于整个经济体的资产额与收入额来说，是微不足道的。也许会发生有人因为混淆了新旧币制而发生错误以致造成了经济损失的情况，不过，这种情形想必也是比较少见的，因而也是次要的。

在第二种方式下，答案要复杂一些。首先，按照现行的货币发行方式，货币数量的增加是连续发生的，它是中央银行的一种常规作业，因而，除了相关的专业人士之外，通常乏人问津。普通经济行为者大体上只是按照货币的**现行币值**来使用货币，并不因为这种常规的货币发行而对自己货币资产的价值产生多少怀疑，一般也不因此而要求提高物价。在宏观层面上，货币的增加发行通常将会刺激实体经济，产生新增的国民收入。但是，增加发行达到了一定的程度，这种真实效应将不再发生。超过了这一点之后，若是再增加发行，就会引起通货膨胀，也即物价总水平的上升。这将或多或少引起普通经济行为者的注意。在此之后，如果继续扩张货币，普通经济行为者将会产生通货膨胀预期。通货膨胀预期与实际通货膨胀率相互强化，有可能发生高速的、恶性的、“奔腾式的”通货膨胀。这时，货币因为急速贬值而趋于失效，实际经济活动因此可能会严重萎缩，经济危机也就发生了。

上述两部分答案不仅是大部分经济学者将会给出的回答，而且甚至也是普通人凭借常识可以达到的结论。但这并不等于对上述提问的讨论可以结束了。问题首先不在于围绕着这个回答还可以进行多少争议（笔者稍后将很快提出争议），而在于：两种方式之间为什么会有这种显著的不同？

首先给出一个主要的和直接的解释。第一种方式未能产生真实效应的原因在于，其所更改的只是货币的计算单位，因而只是影响了货币的“计算职能”，而没有影响

① 一些学者高度评价哈耶克的这一设想。然而，考虑到时间因素，笔者认为私人银行作为发钞银行的设想是很难成立的。货币运行的一个显著特点就是快速性，它可以在极短的时间内发生金额极为巨大的流动，而机会主义行为的不良后果的显现是滞后的，所以，私人拥有发钞权将难以杜绝机会主义行为。分析框架中缺少了时间元素，就会导致忽视这类设想中的缺陷。反之，国家的作用之一就是防止此类权责利关系在时间上的不匹配，而提供一种可靠性。相关论述参阅第 7.5.6 节。

其他职能。由于币制的更改必定是公开地、高调地宣布的，这导致当事人**相信**，所有商品都将会重新标价，因而他将要持有的新货币的购买力不会发生任何变化，所以，他也就不会更改自己的行为。卖家同样也是如此。于是，真实效应也就无从发生了。而在第二种方式下，新增货币必定是通过某些**特定的管道**发行的，而不是采用公开面向全体国民的方式。所发行的新增货币与市场上的已有货币具有完全相同的性质，其币值也是完全相等的。这就使得接收新增货币的人手头的财产数量与购买力都得到了增长，于是就会发生新的支出。即使持币者本人并无适当的支出项目，他也会把资金进行转借（当然通常以支付利息为条件），直至找到适当的借款人为止。

通常，经济体系中总是潜在着众多的交易机会。由于通信与计算都是有代价的，以及货币的数量有限，所以，总会有许多机会不能得到满足。它们要么彼此不能找到对方，要么则因为缺少货币而无力完成交易。这是我们在算法框架下需要建立的一个一般观点。在这种情况下，新增的货币就是一座桥梁，它既可以通过贷款等方式帮助那些无力支付的人完成交易，也可以促使他们彼此找到对方。这里的借款人就是“适当的借款人”，这样的货币注入也就是良性的。它不会引起通货膨胀，更不会诱发当事人产生通货膨胀的预期。

7.2.2 论货币的数量（二）

沿着上述思路，我们设想一种理想状态：中央银行安装了一只“天眼”，它悬于高空，可以洞察地面上的一个个交易机会；然后，它可以精确而及时地投放和回收货币：当发现交易机会时立即进行投放，当交易机会利用完毕后便立即回收。这是一种理想的机制，我们可以通过与之进行对比，来理解地面上实际运行中的货币机制。

首先，在信息传递与计算作为真实活动而存在（因而有代价）的环境中，“适当的借款人”是不容易发现的，这是包括商业银行在内的一切放款人所要承担的职能；他们正是（至少部分地）依靠这项工作而取得收入的。而且，贷款是有风险的。从这个意义上讲，并不存在什么绝对合格的“适当的借款人”。由于这个原因，中央银行通常只是让货币（以多种形式）投放给商业银行，增加商业银行资金池的总量。这里使用“资金池”这个词，是想强调这样一个特点，即货币就好像实物一样，当它在数量上很多的时候，就会“感到拥挤”，会像水一样，增加对外部的“压力”。我们必须这样来看待货币。只有这样，才会发生以下的问题：这种“压力”导致货币向外部“流动”，于是，商业银行才会产生寻找新的借款人的动机。可以合理设想的是，新增的款项最终可能会流向多种用途，例如只是采用对现有客户追加贷款的方式，而不是发展新的借款人；款项可以流向通常所谓的“实体经济”，也可以流向其他金融机构或者资产市场。款项不一定会完全准确地“命中”那个理论上可能存在的最为合理的用途，而只是增大了“命中”的概率而已。还需强调的是，即使已经“命中”了，命中它的资金也不一定是中央银行最初新增发行的那笔款项。由于各“笔”（或者各个“批次”）货币之间并无差异，它们也就可以任意地进行相互替代，辗转腾挪。强调这一点不是无用的。

再来看看借款人方面的情况。同样由于信息传递与计算上的原因，借款人通常并不知道，他所借入的哪一笔款项是中央银行新近投放的，哪一笔款项是商业银行已有资金的重复使用。他当然更不知道自己对这笔款项的使用属于正常的、健康的使用呢，还是会（连同其他借款人一起）引起通货膨胀和货币贬值。——思想的实在性是如何深入地型构现实生活的？这又是一例。他通常不关心（也很难有效地关心）这些问题，而只是按照他既有的行为方式以及他所了解的货币的币值来使用货币。现在要强调的是，这种“**不关心**”“**不了解**”以及“**按既定方式行动**”正是货币注入能够产生真实效应的一个条件。这种作用机理本质上就是新信息与存量知识之间关系的一个例证。存量知识通常并不完全包含（或者预见到）新信息的发生，新信息对于存量知识而言是一种“惊奇”；这是它受到新信息的“触动”并最终导致当事人产生“新的行为”（而不是在没有新信息的情况下按部就班的行为）的必要条件。否则，也就无所谓“新信息”了，货币发行者也就不能指望当事人改变原有的行为模式转而去成就他所设计的某种后果了。不幸的是，这正是新古典学派所反对的核心。卢卡斯等人一定要找到某些情形，用来展示外部的冲击是可以预见的，并且已经反映在当事人原有的知识与行为模式之中了，因而，外部的冲击也就不会发生效果，货币管理者也就无法影响当事人了。理性预期学派就是这样来反行为、反动态的。由于离散性与混合性的存在，可以相信，这样的冲击（也许不限于卢卡斯等人所列举的）应该是可以找到的。但是，这类情形的存在并不能否认其他“算法的情形”也同时存在于其他地方。货币刺激当然并非时时处处都有效，但它会在**某些情况下**有效；这一点应该具有高度的可信性。

另一方面，货币刺激的效果会发生衰减，这是直接运用边际规律就可以得出的一个结论。只要我们把货币视为实体，把与货币有关的一切行为视为与物质生产活动一样的**真实活动**，这个结论的得出就是水到渠成的。笔者并不想单单强调边际效应的递减。边际效应也许在某些情况下是递增的，重要的是，**它不是恒定的**。在异质性与结构性的世界中，它是变动的。商业银行系统并不是一个无处不在的体系，因而它消化货币的能力必然是有限的。假如在短时间内注入的货币过多，就好像水池中的水位会发生上涨一样，通货膨胀也就发生了——尽管这并不表明经济中的各种交易机会都已经利用完毕了。通货膨胀首先是货币注入所导致的购买力提高而引起的。因为货币是持续存在于经济体之中的，货币注入通常也是连续发生的。在彼此相互作用与循环作用的情况下，微观当事人不可能分清楚哪种购买力是“原本就有的”，哪种购买力是新增货币所诱发的；哪种物价上涨是个别商品的行为，而哪种物价上涨是通货膨胀的表现。如上所述，人们一般只是一如往常地行为，然后，在与别人的大量交流中，以及从统计局的数据以及媒体的报道中，才得知发生了通货膨胀。微观与宏观的界限就在这里，而它们的连接点与一致性也在这里。

这就引出了一个观点，即对于特定的经济体来说，存在着一个“适度货币数量”

的问题。什么状态的经济体，可能对应着什么数量的货币供应。这是一个临界值。在这个数量之下，货币供应不足，经济增长会受到抑制；而在这个数量之上，将会发生通货膨胀。当然，目前比较通行的规则是容忍适度的通货膨胀率。考虑到这一点之后，“适度货币数量”的位置将会上升。鉴于各种复杂的因素（后文将很快论及），“适度货币数量”其实并不容易确定，但这并不妨碍我们认为它是存在的。这就好比商品价格的确定虽然很复杂，也具有主观性，但是，在每个具体的情境中，无论当事人还是经济学家，都认为应该存在某个“合适的”价格。

7.2.3 论货币的数量（三）

上文的论述给人一种印象，即货币的效力似乎建立在普通当事人对于货币数量缺乏了解的基础之上；假如普通当事人充分地、密切地关注货币发行活动，货币发行当局似乎就不能影响他们的行为了。实情究竟是不是这样的呢？这个问题是值得探讨的。

我们假定从明天开始，每个人都随时随地关注着货币发行活动，而中央银行的行为也都予以及时而充分的披露。毫无疑问，货币注入的效果一定会区别于此前的情形。人们对于货币一定会更为敏感，而货币注入的应有后果一定会更为迅速地显现。但是，这是否意味着这种后果将会等同于 7.2.1 节所提出的更改币制的后果呢？是否意味着，如果中央银行增加发行 5% 的货币，当事人就让币值立即下跌 5%，而把物价立即上调 5% 呢？

此类问题必定会萦绕在每个人的心头。每个人现在都必须做出一定的判断。换句话说，每个人现在都必须研究或者学习货币理论了。请注意，在上述问题中，我们并没有假定通信与计算的代价为零，当事人仍然处于算法的世界；我们只是假定当事人分配了一点注意力在货币发行的问题上（暂不考虑对注意力的这种占用所导致的当事人日程表的变化）。也就是说，当事人现在将会处于我们所在的位置上。经过研究，他们最终将会明白（假如这里所述的货币理论是正确的）：货币增加发行 5%，并不等同于币值下跌 5% 以及物价上涨 5%，通货膨胀率取决于货币超额发行的数量以及发行的速度。可以相信的是，一旦他们明白了这一点，大部分人对于货币发行问题也就失去了兴趣，他们就会回归以前的生活状态（即使这种回归不是完全的）。

这就是说，人们通常对于货币发行问题的漠不关心，是有它的道理的。尽管大多数人可能都不了解货币理论，但是，凭借他们在其他方面的生活经验与常识，他们认为货币发行问题无须过多关注。他们也不介意货币的增发，因为货币的增发并未破坏他们的生活。关于货币的真理就这样渗透在社会之中，不知不觉地为人们所利用。与货币理论相独立的是，货币发行者（通常都是官员）也必定是颇为了解这个道理的，因为货币数量问题是他们在具体操作中所无法回避的问题，很难想象他们会对此一无所知。尤其是在商品货币的条件下，金银币都是真切的实物，它们不可能发生如今的信用货币体系所催生的二元论问题。人们会像理解商品数量那样来理解货币的数量。——当然，由于黄金产量的增长速度通常赶不上经济增长的速度，那时的经济必定是因此而吃了亏的。

这就启发我们来再次回顾一下货币的性质。

货币的产生牢固地建立在思想的实在性之上。只要我们以算法的眼光来看待人类思想，货币的出现就具有不可避免性。即使当事人认识到这一点，认识到货币问题乃是源于他们自身，他们对此也无可奈何。他们无法通过改变自身（以及自己的思想）来消灭货币，因为，他们用来思考货币问题的那些思想本身，仍然受到经济规律的制约。一种货币制度的确立（包括建立人们对它的信任，以及普及关于特定币种和币值的知识，等等）是一项重大的成就，它是历史上的人们进行实实在在努力所取得的成果；不是哪个人念头一转，就可以把它推倒重来，就可以以新的币制来取代旧币制的。这些特性恰如物质商品。即使一个人知道如何来生产摆在他面前的商品，他可能也不得不掏钱购买它，因为他已经来不及自己动手去生产它了。

货币是人们的约定与特定物理手段相结合的产物，这一点恰如商品是生产技术与物质材料相结合的产物。过去，作为思想的两种具体形式，人际约定与生产技术都被排除出了经济理论；现在，它们不仅都同时可以回来了，而且都应当成为经济现象的灵魂了。就“约定”而言，货币类似于法院的判决书。任何“货币”，不管它在物理形态上如何与真实货币相似，倘若它不是由货币发行机关所发行的，或者法律所允许、所认可的，那它就不是真正的“货币”，它就只能是假币。同理，一纸文书，倘若不是真正由法院所制作和发放的，无论其在物质形态上与法院判决书如何相似，也都不是真正的法院判决书。货币与法院判决书都只是人们的特定思想的承载者与表达者。当货币被用于商品交易时，它仿佛是在向卖家诉说：“持有我的这个人曾经在历史上创造过一定的经济价值，这种价值按照公认准则是得到了认可的，我就代表这种价值，我的数量就代表这种价值的大小；因此，如果你接受我的话，也就意味着你所创造的价值同样得到了社会的认可，因而你也就可以使用我来购买其他商品。”货币就是这样一个“信使”。记忆力有限的人需要为自己做记号，缺乏相互信任的人们之间也需要公认的“记号”，以便相互传递这样的信息。

同为实在物，但具体性质却可以不同。同一个法院判决，无论制作多少份文书，都只意味着同一个法院判决，但货币就不同了。就好比网站或者老师所颁发的分数一样，货币是人们有意地设计出来用来表达某种同质的对象（价值）的数量的，它的特点和用途就在于对**数量**的表达。它用同质的单位货币的数量来表达它所要表达的数量。因此，货币一产生，就天然地存在着一个“数量”的问题。一笔货币倘若在这里发挥作用，也就不能同时在那里发挥作用，因此，当这两个地方同时需要货币时，就需要同时准备“**两份**”货币。**这个特点其实与任何思想都是一样的**。当一种思想在一个大脑中发挥作用时，它就不能同时在另一个大脑中发挥作用，所以，当两个人的大脑都需要运用特定的思想时，当事人就必须进行“学习”，也即把特定的思想另行“拷贝”一份，并“安装”在自己的大脑中。这种“拷贝”貌似简单，其实并不很容易，因而，社会中的“良性思想”的份数多寡实际上是个非常重要的问题，它在很大程度上决定着经济社会的富裕程度和发展程度。每个“份额”的货币都在无数当事人所处的具体情境中分散地发挥着应有的作用，每个“份额”的思想也都在无数当事人所处的具体情境中分散地发挥着应有的作用。

与一般商品相比，货币理论所揭示的货币运动的规律其实一点儿也不特殊，因为大部分商品实际上都存在着类似的特征与问题；因此，货币数量问题也还可以继续通过与商品数量的对比再进行说明。大部分商品的寿命都不是暂时的，都是可以延续和重复使用的，因此，它在空间中的布局以及在时间中的运动状况都在很大程度上决定着需要存在于社会中的该商品的数量。例如，洗衣机的性能固然决定着消费者要不要购买它，但是，所需洗衣机的数量却与人们共享它的方式与程度有关。倘若公寓楼不（像美国那样）配备公用的洗衣机，那么每家每户就都必须拥有自己的洗衣机，对洗衣机的需求量也就会很大。反之，当社会普遍接受“公用洗衣机”的安排时，洗衣机的需求量必定就会减少很多。在这种情况下，我们可以把洗衣机想象为像货币那样在各个用户之间高速地“运动”。运动速度越高，则所需洗衣机的数量也就越低。由此我们就可以取得关于洗衣机数量、共享程度、衣服数量、洗涤频率等变量之间的“恒等式”；这将类似于“货币恒等式”。同样地，人们看到工厂在输出洗衣机，也绝不会立即肯定洗衣机将会降价。只有当供过于求时，洗衣机才会降价。假如洗衣机疯狂地生产以致无处不在的话，它也就变成了一种祸害，甚至可以为祸甚巨。因此，关于洗衣机的数量，既存在着各种边际效应，也存在着“最优洗衣机数量”的问题。

商品市场以及整个经济体系普遍存在着类似的问题。因此，货币绝不是一个特例，货币理论也绝不是经济理论的一个特殊部分。导致这种分裂的原因，既在于关于商品市场的不正确的静态理论和所谓的“流量理论”，也在于“思想不能与物质并列为研究对象”的观念。这两者的背后实际上是同一个原因。“计算时间为零”的假设把货币从经济理论中撵了出去，迫于无奈，只好又把它作为特例请了回来。这等于给货币理论的发展提供了一项特殊的“优惠政策”。货币理论是正确的经济理论的一个前奏。货币理论本身虽然也需要修改，但大体上说来它是值得推广的。我们需要在这种推广的基础上来构建统一的动态经济学。

7.2.4 论货币的流通速度

对货币数量的讨论已经大体上包含了对于货币理论中其他元素的讨论，因此，本小节的任务只是再就这些其他元素作一些补充论述。

货币的运动速度与货币的数量是一枚硬币的两个侧面。一旦我们理解了货币的实体性质，这两个变量也就会同时出现。一定时期的商品交易总额，是由该期间的货币存量通过多次周转来完成的（这体现为交易方程式 $MV = PT$。M：货币数量；V：运动速度；P：物价；T：商品交易量），这一点在逻辑上是没有疑义的。但是，我们首先需要区分总量与个量。对于货币发行当局来说，有意义的是总量层面的货币数量，可是，却缺乏总量层面的关于货币流通速度的直观指标。展现在我们眼前的通常都是具体的货币流动现象。资金都是一笔笔地分别把持在不同个人或机构的手中，他们出于不同的具体需要来持有和运用资金，因而，每笔具体资金的流通速度必然都是有所不同的，而宏观层面的“货币流通速度”必然也就只是一个抽象的和平均的概念。这是不同学者关于货币流通速度的判断发生分歧的原因之一。

其次，货币也可以用来作为价值储藏的手段。但是，需要强调的是，价值储藏功能与商品交易功能之间并不存在鸿沟。一笔用来储藏的资金可以理解为它会在比较遥远的将来用于商品交易，因此，它的流通速度只不过慢于普通的资金而已。在所观察的全部期间，该笔资金一直处于储藏状态，也即表明它的流通速度为零，不可能所有的资金都处于储藏状态。部分资金被储藏，通常正是以其他资金处于流通之中为条件的。这些道理，保证了基于现金余额的货币理论（剑桥方程式）与基于商品交易的货币理论（交易方程式）之间在本质上是等价的。对于货币存量的“充分利用”，如同对于商品存量的“充分利用”一样，总是在一定的流转速度上而言的。**这是它们共同作为“客观实在”的一个后果**。这个速度总是介于 $0\sim+\infty$ 之间，个别货币与个别商品的流转速度可以为零，但整个经济体的平均速度则一定大于零，但是，无论个量还是总量，其流转速度都不可能为无穷大——否则就又回到了新古典主义。

最后，经验观察表明，货币流通速度是非常容易发生变化的，并且，由于通信技术与市场机制的进步，其平均速度也是历史性地加快的。这一点也可以大致上作为一个算法式的推论。设想一下微观当事人的行为。一个人去买卖商品，或者去银行，他的货币就会流动；要是不做这些事，货币流动也就会停止。一个人行事积极、乐观或者急躁，货币就流动得快；行事犹豫、悲观或者懒惰，货币就流动得慢。再扩大一点范围。一些或大或小的社会性事件，必然也都会影响人们行事的节奏，从而改变货币流通的速度。社会中每天发生无数的结构性变化与进步，也都可能影响货币流动速度。例如，手机支付如今愈益流行。持有手机的人随时可以远程调动他的银行账户中的资金，这种便利的资金调动也就替代了支票。与使用支票的情况相比，货币流通速度提高了，但货币数量却因为不必再保留诸如支票存款之类的备用金而下降了。由于异质性与异步性的存在，这种种变化固然大都可以相互对冲，但也不大可能恰好完全对冲掉，以致完全不反映在宏观层面上。由于货币发行者总是在货币增量的层面上进行工作的，因而，平均货币流通速度的任何幅度不大的变动，也就有可能对实际货币供应（MV）产生重要的影响，因而就可能需要引起货币管理当局的密切注意。

不仅如此，个体的行为并不只是相互对冲的，而且还会相互叠加和强化。在通常所称的“系统性的”变动中，大量的当事人可能会发生同步性的行为变化，以致货币的总流通速度大幅度变动。这一点并不是现场观察到的，而是我们推测出来的。例如，在美国联邦储备委员会治理美国次贷危机的这些年间，美联储的资产负债表已经扩大了数倍，而美国经济依然未表现出通货膨胀的迹象。由此我们可以知道，在经济危机期间，货币流通速度必定是在大幅度减缓的。

货币流通速度的不稳定增加了货币议题的复杂性。即使货币存量维持不变，货币流通速度本身也可以给经济加温或者降温。这就好比马戏团表演的"笼中飞车"节目：当金属笼中的自行车加速时，它就会脱离地面，在半空中逐级地向上盘旋；而当自行车减速时，它又会逐级地向下盘旋，回到地面。当然，货币不会平白无故地加速。货币运动的加速一定是因为当事人突然变得忙碌起来了，要做的事情变多了。这种加速通常意味着商品运动的加速。商品要想加速运动，就要通过提价的办法，诱使货主放弃对货物的占有，而进入流通状态。所以，倘若当事人同步地变得乐观而进取，这就足以引发物价的普遍上涨。这正是各前社会主义国家在改革初期普遍发生通货膨胀的原因。这与货币（基础货币）的供应数量之间没有直接的关系，尽管调节货币供应可以对通胀产生抑制作用。

对于上面的论述，质疑者可能会说，货币流通速度的提高增加了经济中的债权债务量，同样也会增加银行的存款数额，因此，如果按照存款数额（尤其是 M_2 及以上）来统计货币量的话，货币的数量同时也就会增长；所以，货币流通速度不可能单独变化，它总是会自动地引起货币数量的变化。这是概念的定义与统计问题，我们无意在此作进一步讨论。不过，借着这个机会，笔者可以来表达一点与传统论述有所不同的东西。

首先需要澄清的是，这里所关心的货币数量，是指可以直接用于中央银行进行操作的货币的数量，而不是在基础货币基础上所衍生出来的高阶的货币；后者对于央行的货币发行是没有直接意义的。自从进入信用货币时代以来，货币发行实际上已经成为一个不可回避的、核心的经济理论问题。央行发行给商业银行的货币，经由商业银行与客户之间的"贷款—存款—贷款"的反复循环，可以数倍地进行放大；这称为"存款创造原理"。这是任何一部货币银行学教科书都要讲授的内容。但是，这种讲授给人一种印象，即存款（或者货币）"真的"被创造出来了，新创造的存款似乎是独立的，它与原来作为基础的存款之间似乎不存在什么联系。这当然是不正确的。即使这不是主流学者的真正的意思，这种论述至少也是片面的和误导性的。笔者认为，这是新古典主义的方法在货币银行学中的一种反映，即重视静态而不是动态，重视状态而不是过程。新创造的存款绝不是完全独立的，它不像一笔基础货币与另一笔基础货币那样是彼此独立的，消灭其中的一笔不会影响到另一笔。恰恰相反，高阶存款与低阶存款之间是相互连带的；低阶的存款不存在了，高阶的存款在逻辑上也就没有理由存在。这个道理被异步性所掩盖了，如甲客户意欲抽走他在某银行的存款，按说，只有把根据他的存款所发放的贷款收回，才能满足甲的要求；但是，这通常是来不及的。那么，银行怎么解决这个问题呢？办法就是：银行要么动用储备金（其数量通常只是存款总额的一个零头），要么重新去向其他放款人进行融资，要么则把从其他储户那里新获得的存款交付于甲。由于甲抽走存款的同时其他人（甚至绝大部分）并不都这样做，而相关当事人的数目庞大，所以这种辗转腾挪通常是容易实现的。甲把存款转移到了另一家银行，而其他的存款却可能同时从别的银行转移进来。存款就是存款，它上面没有什么标记，因而可以自由地相互替换。

以上指的是“正常情况”。正是因为过于关注这种“正常情况”了，以致主流学者把它误会为“全部的情况”“非常的情况”就被忽视了。假如有一天，全体（或者相当比例的）储户突然同步地行动，向各个银行要求提取存款，又怎么办呢？答案就是：金融危机将会发生。这时，新增的存款再也不足以兑付要求提取的存款了，于是，银行将会加紧回收贷款，以及取消发放新增的贷款。债务人以存款归还贷款之后，存款总额将会下降，这将进一步限制银行发放贷款的能力。当初存款的扩张是如何发生的，此时反向的存款收缩过程也就同样会发生。[①] 收缩过程具有一种自我强化的倾向。假如宏观经济管理当局处理不当，收缩过程就会持续下去，直至引起一场大型的危机。

这种已经为人们所熟悉的扩张与收缩、正向加速与反向加速的过程提醒我们，**展现在我们面前的货币绝不是完全并列的和相互独立的；即使品种完全相同的存款，其实也不一定是同质的**。假如银行用提取时间来标识每一笔存款，那么，由它所衍生的贷款与存款也就都要标识到期的时间。这些时间将是相互关联的。**从这个意义上说，其实没有存款被创造出来**。只是，由于不同笔货币之间可以相互替代，导致银行无法确切地做出这种标识，这才将各笔存款简单地混同在一起了。

这种把串行关系误解为并行关系的弊病与主流经济学把正常状态误解为“全部状态”是相类似的。这种误解导致经济学成为一门“要么就说废话、要么就没有用”的学问，即当经济处于正常状态时，经济学家们说经济是可以处于正常状态的；而当经济处于危机之中时，他们说这只是少数的例外。

7.2.5 略论货币数量论

截至目前，我们主要是在正面地、直接地论述货币究竟是怎么一回事。这种论述固然是在已有货币理论的基础上进行的，但它现在可以视为“算法的”了。与关于实体经济的论述相比，算法式的（极为初步的）货币理论与已有货币理论的一致性比较强，但这并不能掩盖它的特色。这种特色是由算法理论所带来的。现在，我们要通过对已有货币理论的评论，再来看看算法理论可以贡献些什么新东西。

迄今为止，最引人瞩目的货币理论可能就是所谓的“货币数量论”了。这个理论起源于经济学的早期，它涉及众多的学者。各位学者所表达的意思不尽相同，并且不乏合理之处。它的中心意思是这样的：货币的数量决定物价的绝对水平；货币数量多，物价就高；反之，货币数量少，物价就低。货币的数量只决定绝对价格水平，而相对价格水平则是由商品市场的状况自行决定的（此即“二重定价过程”）。

然而，这个初听上去颇为合理的学说蕴含着一个实质，就是它忽略了“货币流通

---

① 进入 2014 年以来，国内的银行存款总额开始下降，这被某些学者简单地解释为资金外流。经济活动的节奏放缓、企业以及个人进行支出的意愿下降等因素本身会引起贷款意愿下降以及以存款清偿贷款，从而引起存款额下降。这个因素应当被考虑在内。

速度"这个对于普通人来说颇为隐蔽的因素，因而也就忽略了货币的高级化过程。与此相一致的是，"纯粹的"货币数量论实际上认为货币是中性的，它否认货币可以具有真实效应，而只是把货币视为一种用来进行衡量和计算的东西。也就是说，它只把货币理解为"计算货币"。考虑到当时的货币事实上都是商品货币，这一点尤其令人惊讶。复述一下：先将货币理解为一种进行思想和计算的工具，然后再否定它的真实价值，这就相当于不承认思想的经济价值了。笔者认为，这显然就是货币数量论的精髓。基于这种思想可以得出的一个推论是，货币数量只会影响币值，因而，货币数量的变化产生的效果相当于我们业已讨论过的**币制**的改变。这种论点其实是完全不理解货币的性质、"货币数量"的含义以及货币数量的重要性的。这种理论被冠以"货币数量论"，简直令人啼笑皆非。然而，由于它所具有的这一"灵魂"，它已经与后来的新古典主义遥相呼应了；这注定了该理论将会具有"远大的前途"。

因为缺少同时包括流量与存量在内的统一分析框架，货币数量论遭到了来自多个方面的批评。在这种批评声中，它不断地丰富和发展着自己。现在，我们来到了新古典时代，交易方程式和剑桥方程式都被提出来了，这表明流量与存量因素大都逐次地得到了考虑。但是，货币数量论是否因此就成为一种比较完善的理论了呢？笔者认为，答案是否定的。除了即将论述的凯恩斯革命之外，笔者至少还可以举出两个理由：1. 货币流通速度的重要性虽然被认识到了，但是，一般文献所强调的是，"在正常情况下，货币流通速度是稳定的"（尽管承认货币流通速度易变性的学者们是很多的）。这种强调具有一种含义，即鉴于"正常状态"是"大多数情况"，这就表明（重点强调货币数量而忽略其他因素的）货币数量论"在大多数情况下"是正确的，因而也就是可接受的。2. 货币的真实效应得到了承认，但强调说，这是"短期的"；在长期内，货币**仍然**是中性的。这种观点在古典时代就有许多信奉者，在近现代则不断地得到强化，以致曼昆在其著名的教科书中把它作为经济学的"十大原理"之一来予以提出[①]。

在这些地方我们看到了对于新古典框架的明显的附和与"归附"：由于"正常状态"是大多数情况，因而，"不正常的"（也即货币流通速度不稳定的）状态就被视为少数的和病理性的，于是"在原则上"也就可以不予考虑了，而重在强调货币数量的论点于是也就变成"正确"的了。这就好比进行投票，多数派用选票把少数派打倒了。同理，由于货币注入"最终"会引起通货膨胀，于是，那个未引起通货膨胀的过程也就只被视为暂时的，通货膨胀才是最终的"获胜者"；它才是"常态"。**这就是一种典型的"时际不平等""状态不平等"和"情境不平等"的做法**。这是一种蕴含在那些貌似"合理"和"清醒"的"科学论述"中的密码。**货币理论原本可以导向一种健全的动态经济学，但它却最终屈服于古典与新古典经济学的压力；一种反静态的**

① 参阅［美］曼昆：《经济学原理》（上册），梁小民译，第12–13页，北京：生活·读书·新知三联书店，北京大学出版社，1999年。

学说却被用来宣扬静态性。这足见后者的影响力有多么巨大。科学理论可以被用于宣传哲学观念，可以在理论之外做出歪曲的解读，这便是一例。

上述倾向继续发展的现代版本，则是所谓的“货币主义”学说。货币主义学说中蕴含着更加丰富的“新古典主义密码”：经济在原则上不需要政府干预，而货币则是一个例外；鉴于货币数量“有时”具有实际效应，因此政府必须积极投放货币；实际效应是可以消除的，这就是当货币投放数量维持“适度”的时候；在正常情况下，适度的货币投放就是基于经济增长速度按照某种比例或者固定机制所进行的投放；这种适度的投放不仅可以维持繁荣，而且可以消除危机。

让我们进一步解读一下货币主义的含义。货币并不总是中性的，但在某些情况下，它“可以”是中性的。刻意地强调这个“可以”再次表明货币主义者试图把货币视为与普通商品不在一个逻辑层次上的怪物。这是一种退却，但也是一种坚持。这是一种证明主流经济学的“合理性”的方法。对于货币主义者来说，这种“证明”似乎就足够了。这种“方法”如今还在继续发扬光大，它充斥于各种经济学文献。无论那些文献中所描述的现象以及所展示的理论多么离经叛道，但大都以与（同货币中性相一致的）“均衡”发生关系为荣。这就好像在过去那些年中，我们平时大都过着拮据的生活，但每逢国庆，总要准备一份礼物，向国庆节“献礼”；这种“献礼”保证了我们都是“爱国者”。市场是好的，不好的是掌控货币的官僚；只要官僚行事适当，市场自然也就不会发生问题，也就恢复了它的“本来面目”——这是一种政府官员通过行事适当而证明自己“无用”以及证明市场自身可以运转良好的戏剧性的方式。**这种逻辑是极为诡辩的，它是一种“通过重视货币数量、实则否定货币数量”以及“承认流通速度、实则意欲除之而后快”的把戏**。弗里德曼对货币主义的论述，与他对于实证主义的论述异曲同工，就是把极端化、强词夺理以及诸多意识形态密码潜藏于大量比较合理的科学工作之中，一起兜售给读者。

承接上一小节末尾的话题。这种厚此薄彼的执拗态度，实际上在社会公众面前树立了经济学“只能同富贵，不能共患难”的形象，即当经济处于正常状态时，经济学家们开始“发力”和起劲；而当危机来临时，经济学家们也就立刻闪人；当经济走出危机的时候，经济学家们还要扮演一下“雨后送伞”的角色。

7.2.6 略论凯恩斯的货币理论

对凯恩斯货币理论的评论，主要应当结合“结构性”这个概念来进行。

在货币理论的历史上，凯恩斯尤其以强调利率的作用而闻名。与货币量相似，利率也是一种数量性的指标。那么，我们为什么要把它与结构性联系在一起呢？原因就在于，利率是一个不同于货币数量的变量。它与货币数量之间虽然有联系，但却具有相对的独立性。货币数量与利率相并存，这就构成了一种“结构”。为了阐述这种结构，我们有必要先来岔开话题，讨论一下利率本身的性质。

货币（信用货币）的直接制造成本固然很低，但是，鉴于它是经由漫长的历史演进过程并借助政府的法令才得以确立的，因此，它既是稀缺的经济资源，也是代价高昂的产品。按照一般的经济原理，对这种产品的占用当然是要付出代价的。一个人可以付出商品、服务或其他利益，来换得这种产品；当然，也可以暂时什么都不付出，仅仅借用这种产品。借用（或者租赁）商品就要付出租金或者其他代价，借用货币当然也是如此。租赁商品通常是按租赁的时间来支付租金的，借用货币当然也按借用的时间来计算报酬了。这岂不是很顺理成章吗？这里又有什么特别的问题呢？

然而，这个问题却使庞巴维克等人感到困惑了，因此，他们进行长篇大论，一定要来“解释”一番。他既要把货币与利率置于一个不同于普通商品的特殊位置上，又要来解释放款人收取利息的合理性。这种画地为牢正是没有正确理解人类思维的结果。这种误解实际上不像我们所概括的“零计算时间”那样简单，它代表着一种系统化的、根深蒂固的哲学观念与思维习惯，它浸透在知识活动的方方面面。一旦人们通过在受教育过程中的耳濡目染、潜移默化而接受了它，类似的困惑也就产生了：租赁商品要付费，借入货币（当时纸币已经流行）为什么也要付费呢？而且，利息与利率问题一经提出，马上就必须进入有时间的框架，这是深得古典与新古典经济学之“精妙”的学者们都不大喜欢的。

货币的数量与利率，等同于商品的数量与价格；这二者之间的关系绝不是一种比喻，而是本质上就是如此。经济学者们通常也会说出类似的话，不过，据笔者的理解，那都是多多少少含有比喻的意味的。既然如此，我们也就可以根据商品数量与价格之间的关系进一步推知，货币数量与利率之间并不存在严格的相互对应（或者相互“代表”）关系，高货币数量既可以与高利率并存，也可以与低利率并存；低货币数量既可以与低利率并存，也可以与高利率并存。货币数量与利率之间并不是单向的决定关系，而是相互作用、互为因果的。高货币数量可以是为了降低高利率而发行的，因此它可以成为低利率的原因。同时，调整货币数量的目的也可以与利率无关。同理，利率的调整（通过影响货币需求）可以影响货币数量，但它也可以不以此为目的。利率尤其会影响货币的流通速度。此外，结构性（“异质性”“多元性”等词用在这里也许更加合适）所导致的一个必然结论是，在调整经济的效果方面，货币量与利率必然各有其优缺点，它们对于实体经济的影响力在边际上必然是变动的；因此，一个推测性的结论也就是：两种工具有时需要分别独立使用，有时候则需要联合使用——这当然包括有时候需要全部或部分地静止不动。货币政策与财政政策之间的关系也是如此。

只要我们理解到结构性及其种种后果，也就可以恰当地理解凯恩斯主义与货币主义争论的性质了。这种争论是不可能分出绝对化的胜负的。**经济就好比一架经常出毛病的机器，有时候这里需要鼓捣鼓捣，有时候那里则需要鼓捣鼓捣**。这主要是因为人们的身心能力都是有限的，当事人既不可能让社会一下子完全瘫痪，也不可能让所有地方都不出毛病。同理，调控者也不可能一下子把所有的地方都修复，他们总是一处一处地进行修理。这部分地是因为政府的即时行动能力有限，部分地是因为所谓的“毛病”正是在“政府行动能力有限”这一前提下来定义的。人们会按照政府的能力来定义需要政府解决的问题，不会把过多的责任加诸政府（因为过分的要求是无益的），真实当事人判别是非、区分责任的思想观念正是在这一原则的长期影响下而逐渐形成的。

关于货币量与利率关系的上述看法如今已经成为一种普通的常识了。关键并不在于复述这种常识，而在于如何使之得到一种**理论意义**。这种理论意义并不是通过重新建立它们之间的所谓“优美的关系”而得到的，而是通过否定一元论而回到多元化（“预设的多元性”以及“内生的多元性”）的状态而实现的。可惜的是，在 20 世纪中叶，经济学家们还普遍地尚未理解多元论的意义。凯恩斯把他的实际上非常离经叛道的著作，硬要“附加在一个严格的静态骨架上”①，弗里德曼则总是试图用货币量这个单一变量来概括一切，以及他们随时随地都毫不犹豫地大谈各种“函数”的习惯，都可以作为这种一元论当时正在盛行的证据。

凯恩斯被他所竭力批判的“古典经济学”迷惑了（这部分地是因为数学方法的运用在当时还尚未登峰造极），误以为通过引入预期、预防性货币需求、投机性货币需求等概念，就可以改造“古典的”货币理论了。“预期”的本质在于引入时间框架；“预防性需求”的要害则在于风险，它基本上等同于有限理性。“投机性需求”的关键则在于对资产市场与金融市场的引入。对于资产市场，我们无须在此多论。当凯恩斯把金融市场与商品市场放在一个框架之内来进行分析和论述的时候，他显然以为自己是在**直接地**模拟、描述和研究现实经济，他并未意识到要达到这一步还需要走很长的路程。这种分析方法的本质就是把思想作为一种可以与物质相并列的对象来进行研究，这个过渡需要借助于算法理论。对此，我们将转移到 7.2.8 节来继续进行。

7.2.7 略论货币政策

信用货币的出现催生了货币政策。由于货币通常都不是“中性的”，货币发行者也就不仅只是被动地向经济体供应货币，而且也可以利用货币主动地干预经济。只要人们想要利用信用货币所带来的好处，货币政策便是不可避免的。这是政府必须在市场经济体系中扮演一定角色的一个例证。

货币政策与货币理论之间具有极为密切的关系，这种关系超乎普通社会科学与一般社会工程学之间关系的密切程度。我们可以对此做出一些解释。首先，在信用货币制度下，由于货币（在技术上）可以在一瞬间无限量地进行发行，所以，货币问题从一开始就首先是一个操作的（或政策的）问题，而这个操作只能在一定的理论（无论其是否“完善”或“适当”）指导下来进行。离开了某种理论指导（正式的或非正式的），货币也就无法发行。这一点与普通经济行为者是有所区别的：没有经济理论，普通经济行为者照样行为。于是，此时的货币政策，也就是“在一定的货币理论指

① ［美］约瑟夫·熊彼特：《经济分析史》，第三卷，朱泱等译，北京：商务印书馆，1996 年，第 606 页。

导下的政策”，而此时的货币理论，也就变成了对于“按照某种货币政策所造成的结果”的研究；我们也就只能像对待其他实在物那样借助于时空维度来区分“这个理论”与“那个理论”，“这个政策”与“那个政策”，以及“这个世界状态”与“那个世界状态”了。其次，由于一国只具有一个货币管理当局，同时由于金融问题的专门性，该机构通常是由为数很少的经济专家和经济学家来领导的，因此，一种货币理论，只要被央行的官员们所接受，也就可以很容易、很及时地转化为货币政策；而一定的货币政策的实施效果，在经过专家评估之后，又可以用于修改理论，进而使货币政策得到比较及时的修正。笔者认为，正是这个特点造成了货币理论取得了相对独立的发展。这就好比驾驶汽车，任何危险的念头都不可能得到充分的执行，因为它很容易遭受惩罚。驾驶者必须全神贯注于实际效果的取得。因此，货币理论也就脱离主流经济学而单独进行发展了。经济理论与货币理论的区别在于，亿万人的实践活动不一定是基于某种经济理论的，一定的社会状态更不能视作经济理论的建构物；这就允许经济理论与现实发生**较大的**、**较为长期的**偏离。这是一种程度上（而不是本质上）的差别。

对于经济系统的复杂的、异质的、动态的和动荡的特征，我们还将在后文继续做出大量论述。面对这样的工作对象，货币当局有什么办法可以简单而完美地履行自己的职责呢？只要我们通过运用算法理论而洞察了经济体的上述特征，就很容易得出结论，即：**不大可能存在完美的货币政策**。后者是难以设想的。由于经济规模以及货币流通速度的变动，“适当的货币数量”必定是难以精确地确定的。即使可以根据某种公式或机制确定“正常年份”的货币供应量，也难以确定繁荣、衰退或者危机状态下的货币量——而后者也许更为重要。即使可以确定货币的总量，也很难把它“适当地”投放到经济体的角角落落。数量手段与利率手段的配合使用增加了操作的难度，货币政策与其他宏观政策（以及体制改革）的配合将进一步加大操作的难度。

完美货币政策的不可能性，还要从“什么是‘完美’的标准”这个问题上来进行理解。在一个动态的、需要具备一定前瞻性的环境中，我们也常常不知道什么状态是稳定的和可持续的，从而是“完美”的。因此，货币政策只能制订某些具体的、可衡量的目标；通过观察实际状况达到这些目标的程度，来判断货币政策效果。这是有限理性所引起的“不完美性”的一种表现。通货膨胀率通常是主要的指标之一，可以用来衡量货币政策是否适当。“零通胀”是一个人人都可以想到的简单的目标。假如通胀率总是能够维持在零（或其附近），也许可以表明货币供应量是适度的（即使暂时如此），但这是否就表明整个货币政策就是“适当的”呢？这个对于普通人来说可能颇为容易的问题，在经济学家的眼中却有一些复杂。鉴于此，经济学家们通常还要参照经济增长率、失业率以及国际收支等方面的情况，来对货币政策做出综合判断。这种“多指标”的性质也应当视作一种“算法的性质”。

货币政策的难点不仅在于工作对象的性质，而且在于操作者能力的局限性。货币当局也是由普通人来进行管理的，只不过这些人拥有比社会大众更为丰富的专业知识而已。然而，任何已有的知识都是有缺陷的，都有待于发展和革新。这都不能使管理者在面对实际问题时免于使用自己的眼睛观察具体的情况，免于使用自己的头脑现场进行思考。由此得出的决策必定是不圆满的、主观的和有风格的，甚至不能完全排除明显的错误。参与决策的人数增加、民主决策机制的设定以及研究力量的辅助都不可能从根本上改变这种情况。在大多数情况下，央行的领导人都具有举足轻重的影响力。政府首脑所面临的困境是，要么任命一个具有这种倾向的行长，要么任命一个具有那种倾向的行长，要么再根据他的表现与各方面的意见进行撤换。

货币当局的管理水平也是历史地发展的。美国 1929 ~ 1933 年所发生的大萧条，其程度如此之深，一个重要原因就是危机时期配合了高度紧缩的货币政策。这不仅仅是一种“不完善”，而是在不了解货币原理的情况下所发生的严重错误。在苏联解体与俄罗斯改革初期所发生的严重崩溃，源于改革者对于市场经济的教条式理解，而南辕北辙的货币政策也要分担一部分责任。[①]在各门各派从不同方向所进行的促进之下，“货币非中性”这一“观念”（因为暂时还不是“理论”）基本上在各国央行中得到了确立。自此以后，在美联储的带领之下，世界上大多数国家都走上了温和通货膨胀的道路。即使连保守的德国央行，也允许一定的通货膨胀率。世界进入了频繁运用货币政策的时代。在对美国次贷危机和欧洲债务危机的治理中，有关各国的中央银行都表现活跃。如今，在机警的美联储的治理之下，美国经济和欧洲经济似乎都已经从悬崖边被拉回来了，美联储终于开始启动退出“量化宽松”政策的进程了。然而，对危机的治理付出了巨大的代价，所花费的时间也是漫长的，其进程似乎也不比对大萧条的治理更加迅速。另一方面，比较普遍的观点是，美国次贷危机直接起因于长期过于宽松的货币政策，而欧洲债务危机也与货币有关——即在各欧盟国家的财政政策尚不统一的情况下过早地统一了货币。社会公众如今已经普遍产生了对于货币政策的敌视和厌恶情绪。这些都向经济学者们提出了挑战：货币政策今后究竟应当走向何方？

7.2.8 现行货币政策的两个弱点

读者必定明白，我们对于货币政策的重述并不是在简单地重复教科书中的内容，而是在进行“算法式的”回顾。在算法理论的观照下，对于货币和货币政策的分析可以存在多种进路，对货币政策的改进也可以存在多种思路。后一个议题将留待第八章来进行展开。在提出算法式的货币政策建议之前，作为一种准备，我们首先需要探讨一下现有货币政策的一些弱点。

现有的主流货币政策的特点和弱点之一，是它的积极性与活跃性。货币政策的目标不时地发生变动，而货币政策的手段则变动得更加频繁。中央银行成为公共生活的一个明星，它尤其受到金融界的密切关注。由于货币政策对于经济活动具有重大影

---

① 作为一种治理宏观经济失衡的紧急政策，“休克疗法”的特点之一就是实行从紧的货币政策，在引起普遍的危机后又转向极度宽松，于是，当时俄罗斯的经济体分别从两个方面遭受了货币的损害。

响，各类当事人既要主动地预测和顺应货币政策，对之做出最有利于自身的反应，甚至也要积极地游说和影响货币政策。总之，中央银行似乎变成了一个总指挥，各类经济行为者则随之起舞，共同进退。而从博弈的角度来看，则变成了庄家与众多赌徒之间的游戏。现时代经济思想的一个特点，就是人们日益认识到货币政策的威力，于是，越来越多的人加入了中央银行观察者的行列。他们一边围观，一边评论和行动。不仅金融业内的人士重视货币，一般民众也在谈论货币。**社会各方面向中央银行所进行的“聚拢”是一种收敛现象**。由于社会的规模相对很大，可以想象一下，这个“聚拢”的过程将是没有尽头的。中央银行原本是在大部分民众对货币政策不理解、不知情、不关心的情况下来“调控”他们的；现在，被调控者则逐渐觉醒了，他们反过来开始注意调控者的活动了。

这种局面可以产生多方面的效应。在被调控者方面，人们将把更多的资源分配在与中央银行（以及其他政府部门）打交道以及挖掘其中的利益上，分配在其他方面的精力就会减少。社会的同质性与社会行为的同步性就都会加强（我们暂且不进一步评价其利弊）。而在中央银行方面，政策的灵敏度提高了，甚至在尚未采取具体行动的情况下，仅仅央行官员们的讲话就可以影响普通当事人的行为。相应地，公众对于货币政策的适当性、可预测性、公正性和透明度等方面的要求也必然提高。中央银行不择手段地行事必然会受到谴责和约束。另一方面，无论中央银行多么机敏，这都是“一只大象对一群猴子”的游戏。双方的智力具有一定的对等性，中央银行不可能总是能够实现其调控目标，反而可能被普通当事人所利用。频繁地博弈与反博弈的过程给双方都带来了不确定性。长此以往，这是令人气馁的。这也可能致使经济系统过于复杂，带来某些意想不到的风险。大家越来越捆绑在一起，鸡蛋被放进了一个篮子里。要是中央银行行为不慎，大家也就都要遭殃了。这会给社会公众带来一种焦虑心理。而且，笔者认为，这种相互作用的局面在总体上具有一种持续的、单向的演化性质（即使在局部地方可以达到相对稳定），很难预测它将前往何方。

与上述特点相连带的第二个特点与弱点，就是主流货币政策通常容忍轻微通货膨胀作为一种常态而存在，而不是接纳在逻辑上很容易理解的零通货膨胀政策（让我们暂且忽略目标通货膨胀率因为商品质量的改善而需要做出的合理调整）。笔者认为，无论这一政策适当与否，它的“奥妙”其实至今还尚未得到恰当的讨论。这一政策首先建立在普通当事人对于货币政策不大关注或者不大了解的基础上。普通当事人对货币的漠视，首先是一种算法式的效应，即他要把注意力放在他认为更重要的事情上，因而他对此无暇顾及或者满不在乎。由于通信与计算上的原因，普通当事人需要简化问题，他对于币值的认识不可能像通货膨胀率那样飘忽不定。当然，由于记忆的固定性，他的认识可能常常落后于币值的实际变化，因而也可以称作“幻觉”。但是，在现有的经济学语境中，此类“个人对于币值的认识不随通货膨胀率即时调整”的现象，统统被冠以“货币幻觉”，这显然是不适当的。这不是用词的问题，而是表明经济学家们对于引起这种现象的主要原因并不了解。这正好反映了基础性的思维理论的缺席所导致的不良后果。

借用这种算法式的效应，货币管理者就可以用它来实现自己的调控目标了。然而，如上所述，既然由此所带来的利益值得政府去追求，也就很难说它一定会被普通当事人所忽视。在动态的演进过程中，随着知识的同质化与信息对称性的加强，通货膨胀政策的效力也就可能减弱。算法式的效应可以保证通货膨胀政策不会完全归于无效，但其边际收益的递减势必会发生。突然的、意外的政策的效力会相对较高，而可以预料的、比较有规律的政策的效力则会较低。笔者现在要强调的是，持续通货膨胀政策的结构性后果更加不可忽视。

7.2.9 持续通货膨胀的结构性后果难以预料

在主流理论中，通货膨胀政策似乎只具有两方面的后果：一是产生一定的真实效应，也即增加若干总产出；二是引起物价上涨。这两种效应都是数量性的。货币刺激引起总产出净增加一部分。尽管这部分是有限的，最终会缩小到无，然后是物价上涨，此外也就其他什么效应都没有了。这里看不到通货膨胀会带来什么样的负面后果（尽管学者们大都承认并能够列举出诸如贫富分化之类的负面后果，但按照新古典的逻辑，这些后果其实是不能获得理论地位的）。笔者要说的是，这是一种十分可疑的理论。按照这样的理论来进行操作的话，适当的货币政策就是：刺激一下，歇一会儿；再刺激一下，再歇一会儿……长此以往。经济学家们所没有认识到的是，依照常识和直觉，这样的理论不可能是正确的，它简直称得上滑稽可笑（这可以让我们回忆起希克斯式的“一瘸一拐”的“动态与静态相结合”的理论）。世界上没有免费的午餐，而这样的理论就是在宣扬免费的午餐。这就好比一个人吃兴奋剂，吃一次虽然可以兴奋一下，但不可能没有消极后果。消极后果通常都是存在的，只是它的显现以及人们对它的了解程度可能有所不同罢了。

那么，除了已有的论述之外，通货膨胀还会产生哪些消极后果呢？

让我们从一些最为简单的道理讲起。当货币的币值采取 7.2.1 节所述的方式进行公开的改变时，这是一种相当简单而副作用少的方式。然而，通货膨胀政策不是这样。通货膨胀政策首先意味着**公开地声称**币值不变（这一特征常常被忽视），然后，无论作为一种结果还是目标，让通货膨胀率变成了正数。这就把普通经济行为者推入了一种两难境地。经济行为者可以根据通货膨胀率数据来调整交易价格，可是，与普通商品价格的波动幅度相比，那个数据毕竟是很低的，接近于可以忽略。可是，它又是持续的和累积的；当累积到一定程度时，当事人也就不得不调整价格了。以法院的罚金为例。持续的通货膨胀意味着对违法者的惩罚在持续地减轻，而法律条款通常又不明文规定要对罚金进行通货膨胀调整，这种情势客观上必然要求立法者需要每隔数年就考虑重新订定所有法律中关于罚金的条款。这必定是令人困惑的：货币是一种价值的标准，而这种标准的制订者自己为什么却要破坏这种标准呢？假如对这种标准的破坏不重要，又为什么要建立这种标准呢？难道这不是一种自相矛盾吗？

上述简单的事实表明，通货膨胀首先会带来财富再分配的效果。它从一些人身上悄悄地、不知不觉地拿走财富，这部分财富必定被转移给了其他某些人。正如米塞斯所说的（见 4.4.6 节），货币不可能像下雨一样，同时惠及所有人，它必然首先图利于金融业以及与之具有密切联系的利益集团。关于通货膨胀的再分配效应，实际上具有相当普遍的共识。凯恩斯也是一个赞同者。所不同的是，凯恩斯并不止步于这种认识，他反而认为，这是可以善加利用的。凯恩斯的设想是，通货膨胀可以让富人的财富不断地贬值，低利率可以激发借贷与投资的热情，从而使流量活动活跃起来，就业量于是就会增长。这都将有利于穷人和劳苦大众。所以，凯恩斯主义政策的初衷是左翼的。

左翼的政策未必一定会产生左翼的效果。工资水平取决于劳动力市场的供求状况。当劳动力供过于求时，投资活动活跃度的提高固然可以增加就业量，但并不能提高工资水平。这是过去几十年间中国经济的实际情况。在这种条件下，经济繁荣的大多数利益都被企业主以利润的形式拿走了。如今中国的贫富差距悬殊，宽松货币政策要负上一定的责任；这是比较普遍的看法。而在欧美国家，雇佣合同的条款往往比较僵化，工资的弹性较低，因而，工薪阶层从宽松货币政策中的获益，未必会高于雇主阶层（至少短期内如此）。通货膨胀政策所掠夺的主要是那些获取固定收益的人们，而这部分人未必都是富人。退一步讲，即使不能十分肯定通货膨胀政策究竟具有左翼的还是右翼的倾向，至少可以说，它把问题复杂化了，使结果变得不确定了，因时因地而不同了。

通货膨胀的结构性后果，尤其体现在美国次贷危机的发生上。这场危机的原因被普遍认为与美联储激进的货币政策有关。当年深孚众望的美联储主席格林斯潘先生具有一种持之以恒的倾向，即总是担心供应给市场的货币不足够，以致拖累了经济增长速度。只要没有迹象表明将会发生通货膨胀，他便总是宁肯投放较多的货币。套用中国的俗话来说：不刺激白不刺激，白刺激谁不刺激。这种倾向，鲜明地体现在有关他的各种资料文献[①]之中。次级贷款危机发端于过度的信贷投放以及建立在这些贷款基础上的复杂金融交易（当时被视作“金融创新”）。当事人的认识能力是有限的，当事人的数目也是有限的，因此，事后才认识到的那些危险，当时的确未能认识到。这典型地说明了任何时代的任何市场都是残缺不全的，其实都只是新古典主义者所想象的那种“完美市场”的一个局部。而当这种危险有朝一日（在时间历程中）突然被认识到时，因为其规模已经过于庞大，负向的循环和加速过程已经发生了，金融危机也就难免爆发了。

遗憾的是，在对次贷危机教训的总结中，格林斯潘继续把引起灾难的原因归于一些枝节性的问题：

---

① 例如，在其英文原版（The Age of Turbulence：Adventures in a New World）出版于 2007 年（当时次贷危机还未发生）的自传体回忆录《动荡年代：冒险新世界》（[美] 格林斯潘著，南京：译林出版社，2009 年）中，格林斯潘对这种理念的表达是相当明确的（参阅该书第八、九章）。

> 基本上我的结论是，如果我们能回到过去，我现在建议是建立一个制度，有更高的股东权益与资产的比率。我们需要银行，不仅仅是它们的资本，还有抵押品。还要引入一种债券，就是或有可转换债券。这样的局面可以完全限制导致崩溃的问题……这次危机与美国历史上的其他危机不同，我认为我们不仅给世界留下了崩溃的印象，整个市场的结构也遭到瓦解。100 年来是首次，一夜之间市场关闭。20 世纪 30 年代的时候，美国的市场也没有关闭过。但在 1907 年，就一天时间，美国的拆息市场功能消失。但经历了大萧条后，市场仍然开放。我们没有预想到，一夜之间信用完全消失，这意味着你不能再出价竞标。……现在美国的制度非常复杂。坦率地说，它服务于金融目的和经济的情况不是非常好。[①]

我们可以注意到，在这段话中，格林斯潘特别谈到了同步性、复杂性等问题。但是，即便如此，他仍然认为把当前制度框架的某些**细节**修改一下，就可以**保证**灾难不再重演。可以说，目前持有这种看法的大有人在。这表明，对于货币政策的根本性反思仍然是缺乏的，一些人尚未（理论性地）认识到贪婪的害处，因而宁愿继续抱持机会主义的态度。在主流经济学的熏陶下，财经界的头面人物们仍然被这样的思维定式所支配：在其长度可忍受的期间内观察到的后果，也就是某项政策的全部后果；监管者们必须而且能够把事情都“搞定”，而不必谨守某种模糊的原则。

持续超量的货币供应就好像一个屋子里涌进了越来越多的人，它会给其所在的地方持续地造成某些压力。这种压力越来越大，谁知道它会造成什么后果呢？在一个结构性的世界中，我们绝不能简单地假定，数量的变化总是只引起数量性的后果。亚洲的蝴蝶拍拍翅膀，焉知就不会在美洲引起一场风暴？没有人可以保证这个后果绝对不会发生。这一次不发生这个后果，但可能发生另一个后果；下一次不再发生那“另一个后果”，却难保“这个后果”不会出现。关于具体经济运行的细节可以因时因地而不同，但是，**某些结构性后果的发生在原则上却必须事先认识到，在理论上则必须一般性地予以认同**。经济学家们之所以不这样来进行一般性的假设，首先是因为他们企图简化问题，而不是他们确信事实不是这样。这种想象与对价格信息的过度解读在本质上是一样的。笔者甚至可以说，持续通货膨胀政策是令人恐惧的；这一次挤开了“次级贷款”这个缺口，天知道下一次又将会挤开哪个缺口呢？是从根本上和原理上来重新看待这个问题的时候了。

结构化观点的有效确立，应当从关于有限理性的理论开始。当事人、观察者、研究者以及调控者的知识、信息、认识与决策能力的局限性，都应当在**理论框架**中占有一席之地。有限理性的内在化，势必能够导向这样的认识，即好的治理绝不意味着要把所有的增长机会都利用干净；这个目标是不可能实现的。若强求如此，结果可能适

---

① 网易财经“意见中国”节目对话录：《格林斯潘反思金融危机 称是可避免的危机》，参见 http://money.163.com/14/0108/15/9I2VC9K6002550P8.html。

得其反。**机会在客观上是无穷无尽的，关键在于以社会能够适应的节奏与方式去追求它**。好的治理的一个必要条件就是要敢于和善于放弃，不去追求那些不可能达到的目标。关于政府应当谨守规则、自制、保守以及公开运作的古典政治观念，显然就是针对这种积极的干预主义的。不从有限理性的起点出发，理论家们就不能认识到这种政治理念的科学价值，更不可能谈到对现行治理方式的改进了。

7.2.10 略论非银行金融业

作为本节的最后一个小节，我们再来略微论述一下金融系统中非银行的部分。这部分从对贷款与债券的比较开始。

如前所述，众多的存款人与众多的贷款者通过银行这个“中介”而联接起来。但是，“中介”这个词用在这里有些不妥，原因在于存在银行里的钱属于银行自己。在存款人面前，银行是债务人；而在贷款者面前，银行是债权人。银行把从存款人那里得来的钱放给了谁，与存款人无关；银行放给贷款者的钱来自何处，也与贷款者无关。任何一笔资金，只要进了“银行”这个大池子，就在其中分解了，融化了，分不清谁是谁了。这一点颇类似于我们在6.5.6节所谈到的“企业作为一种救济机制而存在”。因为存款者与贷款者不仅人数众多，而且其行为大都是异步性的，所以，无论存款人与贷款者临时改变了主意，还是受到任何意外的冲击，以至中途要更改他们的存贷款行为，都不大可能冲击到银行的正常运转。某些存款人延长存款期限，某些贷款者提前还款，都不大可能使银行的资金显得充裕；某些存款人提前支取存款，某些贷款者延迟还款，也都不大可能导致银行的资金不足。这种逻辑的另一个结论是：假如大量的存款人突然一反常态地提取资金，或者众多贷款者突然同时违约，银行就可能发生倒闭。

另有一种借贷的方式，就是在拥有富余资金与需要使用资金的人之间直接进行借贷，而金融机构只进行牵线搭桥，或者担任顾问。这可以避免使银行赚取利差。债券就是进行此类借贷的一个产物。每一笔债券都是独立地、专门地进行设定并发售的，一般由单一的卖主发售给众多的认购者。由于这种专门的安排需要支出比较可观的固定费用，这就要求单笔债券的发售需要具备较大的规模，而不像银行贷款那样可大可小。债券在持有人与发行人之间建立了特定的、直接的和确定的关系，这导致当持有人突然需要抽取资金的时候，不得不向发行人进行追索。这种困难在银行贷款中一般不会发生。这会导致发行人难以稳定而有效地使用借贷资金。为了避免这个缺陷，债券就需要在二级市场中进行交易。这相当于利用不同存款人行为异步性的特点，在他们之间相互进行垫支。上市交易通常是债券得以顺利发售的一个条件。不具备这个条件，债券也就不容易发售出去。实际的债券市场大都是建立在二级市场交易承诺的基础上的。这种逻辑的另一个推论是：倘若危机来临时，无论整体经济环境如何恶化，都只会影响债券二级市场的交易状况，而不会发生债券的赎回风潮；这就减轻了企业筹措资金的压力，防止由此引起资金市场发生逆向的链式反应。

以上对比可以让我们认识到，时间因素与进程因素在金融领域具有举足轻重的地位。我们也应当从进程管理的角度来看待股票。企业需要稳定地、长期地占用股本资金，以便安排生产及其他各项作业，但是，企业的股东却会不时地产生流动性需要。为了不影响企业的正常运营，股东通常不能直接要求企业赎回股票，而只能寻找其他受让人，向他们进行转让。股票市场的发展与商品市场之间并无本质的区别：起初，寻找受让人是不容易的，交易只能零星地发生；然后，交易者慢慢地进行增加和聚集，终于发展为有形的市场；交易频率的提高催生了专门以赚取买卖差价为生的中间商和投机者，于是市场也就更加活跃了，而股票也就更容易发行出去了。

关于股票市场，我们只是例证性地涉及下述几个问题。

第一，上市公司的数目不仅是有限的，而且通常只限于少数比较优质的企业。这里的原因与债券的发行是类似的：因为企业股票的公开发行与持续交易需要发生一定的固定费用。这种“费用”不仅是指企业所要承担的直接的财务支出，而且指对广大投资者的注意力的占用。一个企业的规模只有不太小，才值得媒体与公众去关注。要顺利地完成投融资过程，不仅企业需要花费代价来进行信息披露，普通投资者还要花费时间和精力来研究企业所披露的信息。这种经济性就在上市企业与非上市企业之间划出了一道界线（即使这条界线有时候并不那么清晰）。这一点通常是被忽视的。

第二，与上述特点相适应的是，市场对于上市公司与非上市公司的估值一般是不同的，对前者的估值相对较高，而对后者则相对较低（私募股权基金正是以赚取两者之间的差价为生存之道的；否则，它也就无法生存了）。这是主流理论所无法提供的结论。一种交易标的只要处于社会大众的聚光灯之下，它的价值就会增加。这就好比金银担当货币的角色导致其价值增加一样，这种现象不应当是费解的。一种容易转手出去的商品与一种不容易转手出去的商品，其定价应当有所区别。即使在不同的上市公司之间，由于公司的规模和质地具有差异，因而其股票的流动性也会具有差异，这一点又会导致它们的定价不同。从这个意义上讲，市场具有一种加速奖励优胜者的倾向；优胜者只要运用适当的策略，也就比较容易长期地保持其优势地位。这些效应都不是新古典的。

第三，人们持有某种证券的原因，既在于获取某些定期或不定期的收益（例如股息），也在于获取该证券的溢价。主流理论把股价完全解释为全部未来股息的贴现之和，这体现了一种用流量来**完全**消解存量的倾向，其目的是在流量与存量之间建立一种非此即彼的、可以完全彼此化约的简单化的关系，而不是容忍二者的并存。股价并不能完全由股息来解释。股价与股息之间进行着**算法式的互动**：股价是主观估计的产物，而企业的现金收益（从而股息，统统作为“真实事件”）可以对这种估计进行一定的验证（这就好比斯密所说的贷款必须不时地进行归还，以便证明企业具有创造流动性的能力）；但是，验证的方式并不是绝对的，股息并不要求每年都发放，典型的例子就是近十几年来的网络股。网络公司长期不能产生足够的现金流，然而交易者对其未来的信念却支撑着股价长期处于高位。另一方面，投资者的观点和信念也不是绝对的，股价的高低与那些位于具体历史情境中的真实的投资者们能够看多远有关系。与其把股价视为投资者们对于企业全部未来的一个总的评估，不如视为他们对于某些有限的、他们能够看得清的前景的评估。企业的全部未来还有待于去创造，因而根本不可能完全进行推测。对于这些难以有所判断的部分，投资者们通常要么置之不理，要么则会使用某些简易的规则与技巧来进行处理。

第四，作为主观性的一个产物，投资者们的观点可以在乐观与悲观之间来回转换，股价也就会忽高忽低。因此，我们必须认为，股价的运动是**相对独立于**股息的贴现之和的。当然，另一种说法是，股价的运动意味着对于企业未来将会发放多少股息的“看法”在不停地变化。不过，这一解释具有不正确的地方。这一解释的基础是认为“短期炒作与长期持股的收益是相同的”这样一种建立在均衡基础上的新古典主义观念。没有这回事。短期炒作无论把握是否得当，其收益一般不可能与长期持股相同。不需要借助统计学，这是一种常见的事实。这个事实可以作为否定该解释的证据。只能认为股息与股价之间是相关的，而不能认为是彼此决定的。这应当成为关于资产价格与资产收益的一个一般观点。产生这种相对独立性的一个原因是，投资者们（作为算法人）之间通常会相互感染，甚至会故意造势和欺骗对方；这就导致股价的上涨和下跌都会发生过度。这就好比狗儿伴随着主人散步，它总是围着主人跑前跑后，而不肯与主人同步行进。狗儿跑的路程要比主人多，行进的线路也与主人不同。绝不能因为这条线路以主人的线路为“中轴”（其实并不总是如此），就否认它的独立性。这不是人际相互作用才会产生的现象。人在自然界面前也是如此。这是认识活动的普遍现象。

现在我们再来谈谈保险业。主流理论说，产生保险业的原因在于风险。这个解释不错，但它是笼统的。保险不仅来自风险，而且来自异步性。人们不知道未来会发生什么危险，又想要规避它，这是人们愿意付费购买保险的原因。但是，假如所有的危险都同时发生，保险公司也将无力赔付，它的现金流也就断裂了，它也就破产了。正是因为某个保户发生灾难的时候，其他大多数客户都并未发生灾难，该保户才会得到（常常远远高于其所缴纳保费的）救助；而当另一些保户发生灾难时，情况也是如此。这种建立在异步性和大数目基础上的机制，既保证了投保人的现金流量是稳定的，也保证了保险公司的现金流量通常都是稳定的。在各个时期内，投保人的数量（从而保费收入）以及所发生灾难的数量（从而赔付支出）都是大体稳定的和可预测的。由此看来，保险公司与银行以及其他企业都是类似的，它们的目标之一就是建立稳定的现金流量，从而使得整个经济体系具有一定的秩序。人们也许无法阻止某些客观事件的发生，但可以通过社会内部的安排，来利用或者消化这些事件所产生的后果。

在金融体系中，还有规模庞大的会计师事务所、律师事务所、评级机构、基金公司、资产管理公司、信托公司以及其他中介服务机构。这些机构的主要工作就是进行某些计算，展示某些算法，或者服务于某些算法。有的提供信息，有的提供保证或者

“信任”，有的对信息进行简化与综合，有的提供专业意见，有的则提供一份辛劳。这些“产品”都是思想性的。对思想的这种加工、组合、传递、兜售和使用，恰如对物质商品的对待方式。它们的具体性、有限性、动态性等性质也恰如物质产品一样。总之，金融业是与普通实体产业相互并列、相互需要并相互作用的一个产业。它其实也是一种“实体产业”。经济体系正是在这种相互结合的基础上成长起来的。假如硬要把它们相互分开，假设在其中之一不存在的情况下来研究另一个，这样的“经济”其实是我们所根本不能理解和想象的。对于这样的“经济学”，不管制作它的人如何声明它的假设，读者们实际上也只能从他们所熟悉的日常经济生活出发，来对之勉强地进行解读。

7.3 分工、产业、区位与城市：经济结构的成长

7.3.1 劳动分工的原由

“分工”这个词的原意是指对于劳动过程中不同工种的划分。经济发展的实际经验是，这种划分可以提高工作效率。继之，这个概念扩大到了企业、行业、地区与国家之间，它与“专业化”和“比较优势”联系在一起，成为商品交易和贸易的原因。在经济学界之内，这种古典学说一直是相当主流的。然而，即便这种“相当主流”的学说，也不能被新古典框架所容纳；这多少具有一些讽刺意味。现在，我们不仅可以把所有这些都相当容易地纳入算法经济学的图式之中，而且还可以对已有的学说进行改造和补充。

我们先从最基本的劳动分工开始。每个工人在劳动中司职不同的工种，具有多种多样的原因。一个经常被提及的原因是，每个人的特点、能力与专长是有差别的，例如高矮、胖瘦、力气大小、聪明程度等各有不同。这种专长首先是先天的，或者是在企业决定雇佣他的时候就已经具备的。对于企业管理者来说，他需要把岗位要求与每个工人的能力进行比较，进而进行恰当的匹配，以便提高工作效率。例如，应该让力气大的工人去干费力气的活儿，而让比较聪明的工人去干需要动脑筋的活儿。主流的论述一般到此为止。我们现在还可以加上两条：1. 工人的能力并不总是容易了解的。不但他们的思想与性格不容易了解，即便他们的身体技能也不容易进行准确的评估，因此，基于工人能力差异所进行的工作分派，必然是在管理者与工人的互动过程中进行的，并且是不断改良的。2. 个人的特点、能力和专长都是多方面的，是综合的，这就难免要在工作分派中对之进行取舍。一定的工种往往意味着需要工人相对密集地使用他的某些器官而忽视另一些器官，利用他的某些能力而放弃他的另一些能力。这是一种不可分性。假如不同工人身上的各种能力可以随意地进行分割和重组，情况可能

会很不相同。这种不可分性在算法世界中是非常普遍的。管理者可以对此进行综合和权衡，但绝不可能做到完美。他只能在遗憾中进行抉择。

然而，工人的个性差异只是导致分工的原因之一，它甚至不是必要的和决定性的。假如工人的能力都是完全相同的，他们是千人一面的，还要不要进行分工呢？

这就有必要考察劳动本身的性质。劳动就是运用人的体力与脑力对一定的对象（物质的或精神的）进行加工。但是，无论体力还是脑力，都具有一定的限度，这种限度与所要从事的作业的性质与尺度之间存在着一定的比较关系。所谓的“限度”或“尺度”，一般是多性质和多维度的，例如，它的大小、轻重、光亮度、气味、运动速度、复杂程度等。当特定作业的尺度在一个人能力的限度之内时，他就可以单独完成该项工作；当作业的尺度超出了一个人能力的限度时，就发生问题了。关于思想领域内的问题，算法理论给出了一个详细的答案，就是采用串行和迂回的方式，分步骤地完成作业。这个技巧也可以运用在体力劳动中，即通过制造和使用工具，或者通过多次的、连续的动作（或者二者兼具），把相关的任务一步步地完成。这是一种基本的工作方式，并且是任何情况下个人都会加以使用的方式。

但是，这种方式可能是不足够的。这是因为，某项在尺度上比较庞大的作业，也许不能允许它的各个部分在不同的时间完成，而要同时完成；这些不同的部分是相互牵制的，如不予以同时进行，其中的任何一个部分也就不能有效地完成。这样的事例是不胜枚举的。这就要求不同的个人在**同一时刻**进行协作，他们分别针对对象的不同部位进行性质相同或不同的作业。“分工”这个术语尤其是指，协作中的劳动者们所从事工作的**性质**是彼此不同的；他们可能使用了不同的身体器官，做出了不同的动作，并借助了不同的工具。无论体力劳动还是脑力劳动，都存在着这种类型的分工。

这种分工的发生，首先不是因为要提高工作效率，而是工作的可行与不可行的问题。没有分工以及基于分工的协作，这些工作根本就无法完成。其次，在分工与协作的过程中，人们发现，在某些情况下这是提高工作效率的一种方式。在当事人把注意力集中于某些较小的或较少的（而不是全部的）目标上时，他在这一领域内的工作能力就会得到精进，他就会逐渐成为某种专门化的“专家”。多领域的专家们在一起协同作业，工作效率就会比当初大为提高。为什么会发生这种积极的效应呢？

核心原因就在于人的特定的、有限的身心结构。这种结构与所要进行的工作一对接，既会发生“是否合乎尺度”的问题，也会发生各种“非线性的”现象，也即形式广泛的范围经济与规模经济问题。在人的能力尺度之内，包括或不包括某些元素，某个变量多变化一些，另一个变量少变化一点，工作的效果都是不同的。我们首先需要认识到不同劳动方式（其中包含着不同的元素、不同的数量及其不同的结合方式）所带来的结果是存在广泛差异的，这一点几乎不需要什么论证。有了这种差异，当事人就会**有意识地**进行选择，就会放弃那些带来低效结果的劳动方式，而选择带来高效结果的劳动方式。要论证“分工”存在的合理性，只需要证明，当我们观察到两种不同的工作效果（其中一种效果比另一种好）时，该等效果所对应的劳动方式在性质或者内部构造上**并不总是**相同的。这岂不是一个很容易接受的命题吗？它基本上等价于“不同劳动方式的效果不同”这个命题。

这就是说，关键在于我们对人体本身采取一种分析的态度。有了这种态度，与厂商理论相类似的那种分析方法也就可以用来分析比较微观的劳动作业本身。专门化既是人的物质器官与相关生物组织的专门化，也是思想的专门化。后者尤为关键。即使在最为简单的体力劳动中，相关岗位的知识与技巧的获得也是至关重要的，并且，在原意上，它是诸如“分工”“专业化”等术语所指的主要内容。由于生理结构的特定性与有限性是非常直观的，它甚至不额外需要什么理论的支持，我们仅凭直觉与常识就可以展开有关的理论分析。焦点（也是难点）就在于如何把这种“分析的态度”加诸思想。现在，算法理论已经帮助我们解决了这个问题。在我们清晰地给出人脑思维的架构及其工作方式之后，“分工”就是一个顺理成章的推论了。

7.3.2 劳动分工的限度

专业化、分工与协作可以提高效率的道理一旦被发现，就会促使人们不断地寻找这样的机会。为了节约和利用这种知识，人们会把在一项工作中所进行的分工，尝试运用在另一项工作中。曾经在前一项工作中司职特定岗位的工人，由于具有了经验，也就很有可能在后一项工作中司职同样的岗位。于是，不同的工种、不同的职业以及不同的职位就会逐渐发展起来。由于各个企业中的工作都具有一定的相似性，工种与职业的类型就会逐渐标准化，并以固定的名称来命名。例如，搬运工、车工、钳工、司炉工、电工、会计师、律师、秘书、程序员、编剧、演员等。企业不再只是把工作分派给那些缺乏一技之长的工人，致力于在工作中培养他们的技能，而是直接在人才市场上招募具有特定技能的人员。招募员工的企业在市场上标明哪些职位需要人手，或者寻找工作的人以特定方式说明自己擅长从事的工种，他们就能够比较容易地相互找到对方，签约成交。

但是，**这种效应是有限度的**。具有特定身心结构的个人与其所从事的工作之间是一种“需要进行恰当匹配”的关系，尺度过大或者过小都是不行的。任务的尺度过大，劳动者将难以承担；任务的尺度过小，劳动者的工作量将不饱满，将会存在劳动力的浪费。在工作多样性与复杂性上的道理也是类似的。然而，客观条件并不能保证这一点，它既不能保证分派给每个人的工作任务恰好都与其能力完全匹配，也不能保证此外“既无重复也无剩余”。也就是说，客观世界不能保证，分工的格局在单个企业中是完美的，而且就全社会及其整个历史期间而言都是完美的。这就是有限理性的、算法式的分工理论区别于主流学说的关键所在。

人们只能在局部范围内找到进行分工与专业化的机会，工作的绩效只会因此而得到**相对的**、**历史性的**改善。分工并不总是带来效率的提高，因此并非所有的工作或任务都会纳入某种分工体系之中。工作任务要具有一定的多样性与综合性，以便利用个人多方面的能力。假如强行胡乱地进行分工，工作效率不但不会得到改善，势必还会降低。这个道理其实就是“规模不经济”与“范围不经济”的道理。由于这个原因，每个人所具有的技能，一般都是某种（或某些）专门技能与诸多通用技能的混合物，他们经常从事的也不一定是自己最擅长的工作。尽管每个人各有其个性与特长，但是，对于大部分人来说，都还不能称为“专家”；只要能够找到工作，他们通常不会挑三拣四，不会过于挑剔地对待就业机会。

一个相应的结论是，少数人将会成为真正的“专家”甚至拔尖的人物。在其所属的专门领域内，他们的能力超越了常人。这种能力的获得通常是由一定的天分、受教育经历、经验积累以及个人的勤奋等因素所共同造成的。由这样的专家来担任相应的职务，一般是最为理想的。可是，事情通常具有两面性。不利的因素在于，因为这类专家是比较宝贵的，要价高昂，因而一旦聘用他，就要充分地利用其专业才干，否则就会造成浪费，而特定企业的相关任务却是时有时无的，其难度也参差不齐，往往不能保证他充分施展才干。解决这个问题的方法是，这类专家将会成立独立的服务机构（例如律师事务所），由它出面与企业签订短期的临时服务协议，而不是在企业内部担任长期的员工。专家可以同时或次第地服务于众多企业。

从劳动者方面来讲，专门化也是有风险的。通常所谓的“专业技能”一般需要通过长期的努力和投资才能形成。对某种特定技能的培养，将会挤占培养其他技能的时间与资源。因此，个人的技能长成了这个样子，就不可能同时再长成那个样子；**个人不可能培养所有的技能，不可能存在在所有技能方面都超越其他所有人的“超人”**。这是算法式的假设所必然得出的一个推论。这就导致当事人有可能陷入一种困境，即假如他过于专注于自己专业的话，他在其他方面的能力就会低于别人，以至他只能凭借自己的这个专长来吃饭。他必须不断地寻找可以发挥自己专长的工作机会。这类工作机会一旦不足，他就可能陷入困顿之中。这就意味着，专家们必须具有一定的自我推销能力，或者市场交易体系必须足够发达，以便把那些能够利用专家能力的工作机会发掘出来，聚集起来，并有序地加以排列。这就使我们很容易地来到了这个“主流的”观点：市场发育程度与专业化水平是相互依赖的；市场交易越便利，专业化程度就可以越高。由此导致的另一个后果是：鉴于经济条件时常处于变化之中，某种专业今日时兴，明日却衰落，便是常有的事。这有可能导致专家们所精心培养起来的技能最终失去用途，曾经处于优势的人变成了处于劣势的人，“前队”变成了“后队”。

分工还引起了单调乏味。这个向来就有的话题实际上是“算法的”。劳动往往只是重复地利用个人某一方面的技能。这种工作起初可能会给劳动者带来趣味和新鲜感，劳动者因此也可能会减少在货币报酬上的要求。然而，之后，由于工作的边际效用递减，乏味感甚至厌恶情绪都会上升，而体验另一些工作的渴望却会上升。这是因为个人是一个综合体，他既具有多方面的需要，也具有多方面的技能；某些技能与需要被关注得过久，另一些技能与需要也就会“闲置”得过久。这将导致工人的劳动积极性下降，或者其期望报酬上升。缓解这一问题的方法只能是适当牺牲专门化的利益，而给工人调换岗位。

过度专业化的另一个例子是教育。各类科学文化知识的内容随着时间的推移日益复杂和丰富起来，导致高等院校里的学科分类体系变得日益庞大，而每个专业所涉及的范围却日益狭窄。学生不了解相邻学科，更不了解其他学科，距离现实社会也就越来越远了。这样的“象牙塔”提供了一种归属感，导致学生甚至不愿意离去，宁愿终身生活在其中。然而，一旦带着这种极度片面知识的学生踏入社会，他与社会之间的冲突便可想而知了。因为不了解实际的工作任务所需的诸多实际知识（由于这些知识暂时未能被成功地总结为理论，因而通常只能通过耗时较长的社会实践而获得），他甚至不能顺利地完成在他人看来相当简单的工作。他所掌握的知识在深度上有余，而在宽度上不足。这类“书呆子”的问题是自古就有的，它必定是与书本知识和学校教育相伴生的。对各类知识（无论书本的还是实践的）重新按照算法的理念来进行梳理、提炼、综合与简化可以缓解这种困境，但绝不可能完全消除这种困境。

7.3.3 差异优先于分工

“分工”这个概念给人一种印象，即劳动者们的技能与职业角色的差异，是由某个被清楚地意识到的生产方案所给定的；又由于在一个经济体之内的生产技术可以自由地流动，那么，该经济体内部各企业的技术水平也就在同一个档次上，且它们都是相互匹配的。总之，一句话，分工方案与技术特征相互决定并相互匹配，它们共同作为生产理论的背景而存在。打个比方说，生产技术（作为一个体系）是一张纸，把这张纸撕成碎片，每个碎片就好比一个劳动岗位，或者好比劳动者所具有的技能。把这些纸片拼接起来，这张纸又会分毫不差地复原。笔者认为，这就是主流经济学分工理论的实质。

当一个工头手持图纸或者说明书向工人们分派工作的时候，我们也许可以认为，**从那份图纸或者说明书的视角来看**，由此所形成的不同工种之间具有上述的关系。但是，在一次工作分派中所形成的分工，未必将会继续适应于其他的工作场合，而工作任务与工作场所却是不断变化的。特定岗位上所需要的技能，往往在工作任务最初得到分派和执行以后，才能在具体实践中逐步地形成。当工人不熟练的时候，他在执行任务；而当工人变得熟练以后，任务却结束了，不再有机会利用这些技能了。新的任务总是或多或少与原来的任务有所不同。即使工人接受事前的培训，培训课程与实际任务不能完全匹配，或者不能穷尽实际任务中的每一个细节，也都是常有的事。这是广泛存在的“进程不匹配”现象的组成部分。

还需要问一个问题：如果不是出自生产技术的要求，工人们之间在技能上是不是就完全相同、没有分别呢？答案当然是否定的。差别原本就存在，没有分工，人们之间绝不会没有差异，差异的种类及其存在都是十分广泛的。但是，人们之间的这种差异绝不可能天然就**恰好适合**于分工的要求。分工可以利用这种差异，以便尽可能减少在人力资本上的投入。分工还会引导人的个性发展。个人会根据自己的天赋、喜好以及对于未来工作需求的预测来发展自己的特长与个性；同时，个人也会根据自己的经历以及业已拥有的技能来考虑人力资本投资。如果不继续对已有的人力资本善加利用，就会造成浪费，而学习新的技能又需要新的时间与投入。这就导致了个人技能发展的路径依赖。个人可以固守自己的专长，而只寻找适合发挥专长的工作；这将导致他可能需要不时地变换工作单位。个人也可以固守自己的工作单位，而不断地学习新的技能，适应新的工作任务。这就形成了广泛的相互联系。个人只能在其中抉择和冒险。

除了按照某种既定的方案来分派任务，分工实际上还可以采取更为灵活多样的途径来实现，尤其是“半内在化”。这是指人们之间不通过面对面交流与约定的方式，而是通过彼此之间的静默的观察以及单方面的自愿行动而达成的某种和谐。鉴于人们无论在什么情况下各自都会具有一定的个性，这种个性即使想要抹去，也不容易实现，那么，具有这些“天然的个性”的人们也只能在此基础上来寻求合作了。人们只能让个性表现出来，然后相互取长补短，对其加以利用。当不同的个人实现了某种合作时，他们也就彼此肯定了对方个性的有用性。这种“分工”虽然是被动的，但也是有效的。合作的成功对相关方都形成了鼓励和启发，致使他们今后有可能继续坚持甚至发展自己的有关个性特征——尽管如若没有这些个性差异的话，生产技术本身也许并不必然要求当事人要具备这样的个性。

人们通过各种有意无意的方式来肯定或者否定他人的个性，而被“评价”的人自身也可能并不能明确认识到相关的信息（或信号）意味着一种评价。他也可能误解这种评价。例如，一位上司的任何表现，都可能被下属所称赞，这就会让他自我感觉良好。可是，下属的称赞其实只是为了保住饭碗而进行的谄媚而已。一旦这种上下级关系发生了改变，该上司也许就需要重新评价自己了。再回到“冒险”的题目上：只有在部分情况下，人的个性与技能才是在他人的明确要求下形成的；在其他时候，这种追求主要是出于自愿，出于个人私下的观察、分析、推测和尝试，并没有什么人明确要求或提示他这样做。

这就来到了一个观点，即呈现在我们面前的各种人际差异，**无论以什么眼光或标准来看**，都绝不可能完全相互匹配。在这些多种多样的差异中，“分工”着重强调了其中相对和谐的、并且是有意识（或者部分地有意识）安排出来的那部分；“冲突”则是“差异”的另一种形式，它连同其他大量不能明确判定为和谐还是冲突的“差异”共同存在于现实世界。差异是优先于分工的。**关于分工的话题所提出来的真正问题是：经济的发展究竟意味着人际（以及整个经济体系的）异质性的加强呢，还是意味着人际（以及整个经济体系的）异质性的削弱？这是我们需要进行思考和探索的问题。**

我们还可以换一种方式来理解分工，即：由于人们所要从事的事务或者所要建立的存量的规模过于巨大，因此只能把它分散存储在不同个人的身上，或者由许多个人来共同完成。因此，存量（无论知识的或物理的）的碎片化和分散存储，与行为的碎片化和分散进行是相互一致的。个人把所要完成的任务分割为许多步骤，以串行和迂回的方式来分别进行，也是一种“分工”；这种分工是在“过去的自己”“当前的自己”与“未来的自己”之间进行的。关键在于认识到这一切都是用有限的心智去“套”外部世界所产生的后果。人的心智只能被视为一个在尺度上很小的量，与之相比，外部世界以及人所要完成的事务都是“大的”，因而就必须进行分割和分步。**强调前者的“小”与后者的“大”是等价的**，二者是彼此共存的。新古典主义也可以被视作假设了超级巨大的“行为”或“存量”；任何所要做的事情，因此一瞬间都能完成；任何存量，也都是终极的，其内部是完全和谐的。这就从根本上取消了定义行为与存量的可能性，取消了“行为”与“存量”这些概念本身的意义和必要性。举例来说，两个完全一样的人，是否可以等同于一个在尺度和能力上两倍于他们的“超人”呢？新古典主义意味着，它其实是对这两种情况不加区分的，它不能认识到前者也可以当作一种比较特殊的“分工”来看待。

7.3.4 分工、比较优势与均衡

有差异的、分工的个人组成了企业，他们通过互补与合作，试图来谋求无论在整体上还是对每个人来说都更为重大的利益。然而，企业的规模是有限的，有的企业只包含一人到数人，而经济体系中则包含着数目庞大的企业。个人有个性，有专长，由有限个人所组成的企业必然也会有个性，有专长；因此，企业之间也存在着差异与分工。分工绝不仅仅指劳动分工。按照习惯的用法，它可以用来指称任何个人、企业、行业、群体、非盈利组织、地区以及国家之间的关系。无论以任何方式组成的人群，只要他们之间存在着差异，也就有可能存在着分工关系——正如也可能产生冲突一样。

在主流学说中，分工与交易是孪生兄弟，这种孪生关系尤其是在引入企业的条件下来讨论的。这是因为，企业被视为典型的交易主体；各企业生产不同的产品，因此在它们之间（以及在它们与消费者之间）才会发生交易。分工成为交易的原因，而交易则是分工的后果。这是一种一目了然的、自然而然的关系。在阅读斯密著作的过程中，读者们几乎不会对此提出什么质疑。

然而，在李嘉图的贸易理论中，李嘉图提出了“比较优势”这个概念，则把问题搞复杂了。比较优势理论系指，针对同样的产品，不同的交易主体生产它的效率是不同的，因此，它们各自会寻找自己最擅长生产的产品来进行专门化的生产，然后通过贸易来相互交换产品，从而使得每个人都获利。这个理论具有合乎常识的地方，它也一向被视为对于斯密学说的再说明。但是，按照这一理论，就会发生一个意想不到的后果：当比较优势被认为消失的时候，贸易的理由也就失去了。这就好比在河面上有一个堤坝，堤坝两侧的水位代表着贸易条件上的差异，而贸易则好比水流，它最终会冲毁堤坝，使其两侧的水位相同；这时候，水还有继续流动的道理吗？

可是，这个推测性的结论是与实际状况相反的：在经济发展水平相当（从而被认为不存在比较优势）的国家之间，贸易仍然是十分活跃的。这个推论也是与日常观察不一致的：各个企业之间相互交易，无论持续多久，我们都看到它们还在那里交易，

不曾有停歇的迹象。贸易理论暗示了随着年深月久，人们（或者企业）之间会变得相同，这是不正确的。无论经历多久，人们之间都不会变得相同，企业之间也不会变得相同；企业不会过多地搞多种经营，以致每个企业无论什么产品都要去生产，结果它们之间不需要进行相互贸易了；个人也不会什么职业都去干，以致不需要与他人进行合作了。这就好比我们每天在家与办公室之间来回穿梭，家绝不会因此就变为办公室，办公室也不会因此就变为家；它们各自连一点儿这样的倾向都不会有。

这就是“贸易理论”与“交易理论”的分裂。我曾经冥思苦想，“交易”究竟与“贸易”有什么区别？为什么这两个题目分别在教科书的不同章节中进行阐述。经过思考，我认为真相就是，经济学家其实根本说不清楚为什么会产生这种分裂，于是只好勉强地这样来进行处理：在讲述商品交易时引导读者去把它与斯密的分工概念联系起来，同时暗示这是在同一地区内部进行的；而在讲述不同地区（以及国家）之间的交易时则使用李嘉图的理论；交通费用充当了两者之间的防火墙，而“交易”与“贸易”这两个词则是表达这种区别的“密码”。

人们通过贸易来消蚀着彼此的竞争优势，最后则达到无须再进行贸易的“均衡状态”。在这个状态，人们之间虽然（在表面上）仍然具有差异，但这种差异已经没有经济意义了，因为人们已经无法通过交易再得到任何利益。于是，一个人无论从事什么职业，一个企业无论生产什么产品，都是一样的，都不可能获得比其他人更多的收益。这可真是一幅“和而不同”的景象啊。

实情究竟是怎样的呢？

首先，贸易的原因是多样化的。通常所谓的“比较优势”只是原因之一。比较优势把甲地效率较高的企业与乙地的客户联系起来，而把乙地效率较低的同行淘汰出市场。贸易量因此将会增长，直至比较优势最终消失（如果最终会消失的话）。但是，贸易（无论贸易对象是否发生变化）还会持续下去，这是因为**基于“即时生产能力的有限性”而导致的分工将会持续存在下去，它不会因为上述比较优势的消失而消失。**这样的生活可能是日复一日地重复的，但绝不会只进行一次性的交易，尔后就不再交易了，交易量也不会出现持续萎缩的态势。这就是发展水平相当的经济体之间的贸易量仍然保持活跃的原因。如 4.2.8 节所述，这种情况其实也可以解释为人的比较优势是情境化的，是随着时间和场合而变化的。在后一种情形中，随着当事人所处场合的变化，可以认为当事人在不断地、循环地失去和获得他的比较优势，因此交易也就不断地结束而又重启。从算法上看，这两种说法其实是相互一致的。

我们不能否认“均衡”概念所指的那种情形可能会局部地存在。在这种情形下，人们之间保持着分工的格局，但同时谁也没有意愿再从事其他人正在从事的工作，或者把生意的范围扩大到其他企业所在的领域。此时，分工（以及人际差异）的意义似乎消失了，以致我们似乎无须再去专门关注它了。于是，“顺理成章”地，分工就从主流文献中悄然淡出了，这种定性化的分析也就为定量分析所“代表”以致失去了自己的独立意义了。价格理论就是这样获得霸权地位的。

然而，这种情形恰好表明，均衡论不能作为**一般的**经济理论，不能作为理论原理来看待。可以相信，这样的“均衡”必然是暂时的，是一种非常特殊的情形，它只是永续变动的经济体可能会偶尔经历的一个瞬间。这种静态性只是从当事人当时的眼光来看的。时间一变动，当事人的意愿很快就会发生变化。例如，有人可能很快就会对工作产生厌倦感，他便希望调换工作。“均衡”下的人际一致性也就更为罕见了。例如，难道我们能够指望，所有的人在某个期间都不想调换工作，企业也不想更改业务范围；而到了另一个期间，一部分希望调换工作（或者更改业务范围）的人（或企业）恰好又能够完全与另一部分人（或企业）实行工作（或者业务）的互换，以致原有的均衡状态“恰好不变”吗？尤其是，个人与企业的能力大都是在动态过程中逐渐发展起来的，并且主要是依赖于各种存量（知识的或物理的）而存在的。一旦我们认识到这些算法式的道理，就会进一步发现，即便是均衡的状态，也可能是一种层级化的、不平等或者不平均的状态，而且，也很难设想那些向来处于变化和发展中的存量事物，为什么突然之间都静止不动了。

7.3.5 市场同时制造平均和差异

以上的论述使我们来到了这样一种结论性的认识，**即自由市场不仅在拉平和消灭各种差异、落差或差距，而且同时也在鼓励和制造各种差异、落差或差距。这两种力量分别可以作为收敛与发散过程的情形之一**。它们相互作用，有时候前者大于后者，有时候后者又大于前者，有时候则维持暂时的平衡。这就好比中国人所说的“气”。气会散，也会聚。我们不能仅仅像主流经济学那样，把市场解释为收敛的、分散化和平均化的过程，这是片面的，我们还需要看到市场集聚的过程。

任何平衡都不能想当然地视为永久性和终极性的。假如目前若干职业的收入彼此相同，便能够据此认定从事这些职业中的任何一个都无关紧要吗？这是不合乎常识的。时光荏苒，不是这个职业变得热门了，就是那个职业变得暗淡无光了。每种职业的利弊都是复杂的，绝非依据任何简单的信息（例如工资收入）就可以轻易地判定。所以，中学毕业生们才会仔细地研究、思索和挑选他在大学要读的专业。既然任何人都只能从事特定性质或者特定领域的工作，那么，不妨就把自己能力的专门性加以强化。这不仅是指提高工作性质的单纯性，也是指它的独特性（例如唯一性）或者优越性（即虽然在性质上相同，但在程度上超过他人）。个人会有意地追求自己与别人不同。企业也会这样做，它既要追求差异化，也要追求优越性。

一个人所拥有的独门技艺可以通过培养徒弟进行扩散，高等知识可以通过学校教育而进行大量的复制，新产品与新业务模式会被竞争者们无偿地进行模仿，稀有的矿产也会因为其售价高昂而被众多企业竞相采掘，最终被各地的人们普遍享用，而矿产储藏却发生了枯竭。这些都是市场分散化与平均化的效应。另一方面，与之相反的是，人们不断地投入新思想、新技术与新产品的研发；人们通过立法以及其他保密措施，阻止知识和技术的传播，以便它被控制在发明者手中；企业致力于新资源的勘探，并且按照计划有节制地开发和使用这些资源。只要“聚气”的过程与“散气”的过程可以相互匹敌，落差或者差距就可以保持下去。因此，市场经济绝不是简单平均化的，而是存在着层级关系。这意味着存在贫富差距、城乡之别、优劣之分，这是我们所谓的“人际差异”这个概念中的应有之义。这些议题需要我们从各个方面来进行发挥和论述。

市场同时制造差异和平均，由此导致的一个进一步的推论是：**增长的原因与分工之间并不存在必然的和规则性的联系**。斯密把增长的原因简单归结为分工程度的提高，而一般主流学说则把市场过程诠释为消灭差异与个性的过程，这两种认识都是偏颇的，真相是这两种过程的折中与综合。如此一来，在总体上，哪种单一的倾向可能都不会显著地、单调地、永久地占据优势。

斯密的分工学说着重强调了工作与任务的单纯性。它给人这样一种印象，即似乎个人所做工作的性质越简单越好，企业生产的产品也越单一越好。尽管斯密承认分工的程度受到客观经济条件的制约，但是他终究相信，经济增长总是与分工水平提高的程度相一致的。人们通过专门化来提高生产效率，然后通过在市场上交换他们的产品来享受生产成果。市场的规模变大之后，妨碍专业化程度提高的经济条件也就变得宽松了，于是专业化程度自然就会提高，经济效率就会得到改进，经济就会变得更加繁荣。斯密所描绘的这个图式虽然简单，但在逻辑上却十分清晰；既容易理解，又便于实践家们进行掌握和运用，因而获得了广泛的传播。它描绘了经济增长的无休止的前景，展示了经济扩张的一种方式；这是激动人心的，而且是后世的著作中所罕见的。这就更加显得弥足珍贵了。鉴于当时的欧洲已经开始了向全世界进行扩张的进程，这种描述在很大程度上也是与那个时代的历史进程相一致的。

然而，时代也蒙蔽了斯密的双眼。在市场与交通条件都不发达的传统社会中，人们不得不成为多面手，不得不亲自动手做各种各样的工作。农庄不得不生产几乎所有的生活必需品，而手工业者也不得不自行完成每一道工序。市场范围的扩大、交易与交通条件的改进势必会促使人们放弃某些不擅长的工作而专注于另一些比较适合自己来从事的工作；这是高度可信的。而且，随着信息技术与互联网的发展，这一效应目前仍然处于深化之中。但是，如果我们认为市场与交通条件的便利化将会**持续不停地**提高专业化程度的话，首先将面临这样一个问题：假如市场与交通的费用趋于零（如同新古典经济学所作的假设），分工将会是什么样子呢？是不是每个人所做的工作将会无比地单纯，每个企业生产的产品也将会无比地简单呢？这显然是荒谬的。如前所述，在算法框架下，一切费用其实都可以（近似地）归结为交通费用：计算是指令与信息在特定空间（人脑）中的结合，生产则是各类智力与物理资源在特定空间（工厂）中的结合。[①] 因此，市场与交通费用的下降，同时将意味着生产（无论智力的还

---

① 关于交通问题在经济学中应当享有的核心地位，我们可以从一些形象的事例中得到认识。例如，汽车是一种交通工具，而对汽车的制造通常被视为典型的、领导性和支柱型的制造业活动。各类交通工具的制造在工业以及国民经济体系中通常处于举足轻重的地位。

是物理的）费用的下降。生产费用的下降意味着人的生产能力提高了，既然生产能力提高了，人们所做的工作怎么会越来越简单呢？！

工作内容的单纯化常常既意味着人的脑力的闲置以及某些特长的浪费，也意味着局部器官以及局部能力的过度使用。工作任务过于复杂时，人们想要使之变得单纯一些，以便进行专门的研究；而当工作任务过于单纯时，人们又想让它变得复杂一些，以便使自己的才能得到充分的发挥。限制工作任务单纯化进程的关键在于人的身心资源并不是单纯的，而是具有一定的结构性、异质性和多样性；人们所追求的是工作任务与他的诸多具体才能之间的匹配，而不是“简单”或者“复杂”本身。况且，除了先天的身心条件之外，人的特长主要是在思想与行动有代价的环境中形成的；假如这些代价接近于无，在很大程度上也就无所谓人的“特长”，从而也就无所谓任务与能力的“匹配”了。这些困难都将导致斯密的分工理论在根本上难以自圆其说。

那么，真相究竟是什么呢？究竟是什么导致了发展与增长呢？

答案主要在于包括知识发展在内的积累现象。在算法框架下，我们可以把“积累”宽泛地定义为既包括物质财富的积累，也包括知识积累；既包括财产数量的增加，也包括财产质量的提高。这是远比分工理论要靠得住的解释。尤其是知识发展。当发展了的新知识要求提高分工水平时，分工就会成为增长的动力；而当发展了的新知识要求提高作业的综合性时，增长就会表现为分工程度的降低。这就好像一个大小固定的盒子，倘若放进去的单个物品体积过大，那么只好减少其中所盛装物品的个数与品种；倘若放进去的单个物品体积较小，那么所盛装物品的个数与品种就会丰富起来，但物品的品种与数量本身则不说明什么。另一个推论是：倘若放进去的物体先前比较大，但后来却变小了，则盒子里的内容就可以更加多样而丰富。一个问题，当人们开始接触它时，往往显得比较复杂，因而需要当事人**全力以赴地**进行研究，这时当事人的工作是比较单纯的；而在人们已经弄懂它和掌握它以后，它也就变得简单了，只需要当事人花费一点儿精力去照应就行了。这时，当事人就可以兼做其他的工作，他的工作的综合性在整体上也就增加了。①

以上论述中至少还包含着两种含义。其一，这个问题是与商品交易的活跃程度相连的。专业化水平的提高要求交易活跃度增加，专业化水平的降低则引起交易频次的减少。因而，商品交易也不是简单地“越活跃就越好”；交易费用（随着交易技术与制度安排的进步）的下降固然可以刺激交易量，但人们并不必然要去交易。其二，身心系统不会凭空闲置；只要早晨睡醒了，它总要做些什么事。换言之，与经济体的财产存量与产出量相比，相对稳定的是人们的身心活动量。当经济发展程度较低时，人们的劳动量较多，而消费活动则较少；而当经济发展程度较高时，人们则反其道而行之。财产数量增加着，产出量增长着，而身心的活跃程度却相对保持不变。如果我们

① 举例来说：过去，一个老板往往要配备多名秘书或助手。如今，由于各类移动办公设备的巨大进步，原先需要由秘书或助手来做的工作，老板本人则可以亲自完成。假如现在仍然要维持原来的分工模式，反而会损害工作效率。

一定要假定某些常量，后者则是一个可能要比其他量更好的选择。

笔者推测，斯密的理论可能以一种模糊的方式表达了这样一个道理，即直观地看，经济发展导致经济与社会生活的内容**在性质上**更加丰富多彩了。这首先反映了财产与知识增长的道理。知识的增长既表现为知识在数量上更加丰富（也即知识在人群中更加普及）了，而且表现为它在质量或“品种”上也更加丰富。一种知识无论复制和重复多少遍都只是一种知识，只有与原有知识**性质不同的**知识才可以算作新的知识。居于人体之内与人体之外的各类财产与人的身心结构进行联合作业，致使人们所从事的活动的数量与种类都不断地增长着。**单个人工作的复杂性也许有所增长，但关键在于经济体中的工种的总数目提高了，人口的异质性上升了**。这就好比许多人联合编织一块毯子，每个人在单位时间内的工作量没有多少变化，而这块毯子却越编越大；或者，许多工人联合建造一座大楼，工人总是做那么多工作，而大楼却越来越高了，经济活动的“场面”越来越大了。呈现在观察者面前的景象的丰富性导致斯密产生了错觉。当然，硬要说“分工”也是勉强可行的，只不过，这种分工是“活的人”与“死的财产”之间的“分工”，是人们与自己的过去之间的“分工”。

7.3.6 “行业”的产生

本节的主题实际上是讨论经济结构的成长。在本书中，经济结构其实一直按照逻辑的或历史的顺序“成长”着，只是，它的若干方面比较适合放在一起来讨论。在比较详细地讨论了分工之后，现在，我们可以把镜头拉远，来看看整个行业以及行业之间的关系。

某个行业由生产相同或相近产品的企业所“组成”。在我们提出这个定义之后，首先要面临这样一些问题：这是否意味着“行业”也是一个与企业相类似的组织？“行业”是否可以作为一种相对独立的研究对象？我们是在什么意义上把它作为研究对象的？等等。

本小节的论述将结合对上述问题的回答来进行。同行之间首先具有竞争的关系，它们争抢资源，争夺客户，相互攀比和防范对方。在有限理性的世界里，企业管理者不可能一眼就看穿事情的结局，因此他们要进行尝试和抗争，这必然会造成冲突。因此，不能说企业之间在有意地结为组织，并且在“有形之手”的指挥下协调一致地进行行动。同行之间的合作是处于次要位置的。过去存在对成员具有强制约束力的行会，这种组织在现代社会已经成为非法的了。如今的行业协会是自愿组成、自愿参加的，它仅在一些十分有限的领域（例如政治游说）发挥特定的作用，成员企业平时主要是独立运作和独自行动的。同行之间可以相互买卖资产，重组与合并，或者共同竞标和赢取客户，但这些合作都是临时的、较少发生的，而不是常规的。既然如此，“行业”作为一个特定的对象，又究竟从何说起呢？

这主要是因为，同行企业的形态及其运动方式相互之间比较类似。这当然首先是因为它们生产同样的产品；但这个解释是肤浅的，仅有它是不够的。“竞争”意味着追求企业彼此之间的差异化，但作为竞争的结果，企业之间反而变得日益相同了。它们想要模仿和学习别人的长处，同时隐藏自己的经营诀窍，但结果是它们越来越使用同样的技术，越来越采用相似的市场策略（当然，这些通行的东西往往集合了各家之所长，而摒弃了各家的短处）。这是一种基于知识发展的收敛现象。根据常识，这是容易理解的。但这种现象背后所潜在的因素是，同行企业之间的相似性要大于不同行企业之间的相似性，同行企业运动变化的同步性也要大于不同行企业，因此，同行企业才作为“一组现象”被识别出来了。这就好比观看大海上的浪花。我们通常首先识别出来的是浪花与平静的海水之间的区别，而不是这一片浪花与那一片浪花之间的区别，因为后者在程度上通常要小于前者。

这不仅是指不同行的企业**在外观上**差异较大，而且是指它们之间在经济利益上所存在的**实质性落差**通常要大于行业内部。这包括在产品价格、技术水平、经营模式、有关经济指标的运动轨迹、活跃程度以及其他任何方面（甚至包括员工的精神状态与气质）都可能存在较大的差距。对于造成这种差距的原因，我们可以简单地解释为“进程性的”，即因为人的行动能力有限，加之存在着各种各样的壁垒，以致在时间上来不及弥合这些落差，这才让它们存在于一时；随着时间的推移，这些落差终将因为收敛于均衡而消失。然而，更加“算法的”解释是，在有限计算速度之下，作为“思维弯曲”的一种现象，当事人不会对各行业的信息平均使用计算力量；他总是对自己所在的行业关注较多，而对其他行业关注较少；他对自己熟悉的信息关注较多，对于相对陌生的信息关注较少；他比较善于处理本行业内既定结构下的数量信息，却不大擅长对比和处理那些在不同结构背景下所生成的信息。因而，本行业的变化总是引起业内人士**更为敏感的**反应，而人们对于跨行业的落差却不那么敏感。这些理由原本可以被持续的收敛所抵消，但是，由于各个行业的新情况不断发生，这又需要投入新的研究资源，以致当事人处于“按下葫芦起来了瓢”的困境之中。特定的弯曲可以修复，但“弯曲”本身在整体上却不能消灭。有限研究力量所导致的另一个后果是，长期定位于比较和研究各个行业宏观变动趋势的人是比较少的。这也会加剧各行业之间的不平衡状况。

这些原因都导致了，行业的运动特点既不同于企业的运动，又不同于整个经济体的运动。各个产业的运动不可能是完全同步的，它们此起彼伏，此消彼长。某些行业的扩张常常伴随着另一些行业的萎缩；一段时间内某些行业收入大涨，利润暴增，投资涌入；过一段时间，这种“好运”又会转移到另一些行业身上。这种现象在当前的中国表现得尤为突出。在21世纪初期，房地产业突然开始扩张，其后则是汽车业，而在这些年间，食品与餐饮业则一直保持稳定高速增长的态势。如果考虑到诸如“如今尚未出现的新产品现在也就绝不可能投产”之类浅显的道理，我们也就很容易得出结论，即各个行业是绝不可能平均发展的。

这些认识都要从对“一般均衡”这个可怕理论的打破开始。这种打破将会赋予一切介于微观与宏观之间的“中观理论”以应有的地位。**经济学应当赋予行业分析以比**

目前更高和更为正式的地位。按照上述逻辑，可以相信，当我们把“行业”作为相对独立的单位来进行研究的时候，既能够取得仅仅以个人或企业为单位进行研究（也即微观经济学）所不能取得的成果，也能够取得跨行业研究（也即宏观经济学）所不能取得的成果。这些成果对于实际商务活动往往极为有用。

这种研究不是对意识活动重要性的否定。个人与企业都是基于有意识活动而构建起来的分析单位，而“行业”这个单位主要是无意识地形成的。“意识”是造成若干对象紧密而协调地行动的一种原因，但它不是唯一的原因。众多对象之间也可能因为其他原因紧密而协调地行动。这意味着我们既承认意识的重要性，又不能忽视它的相对性。对于视野有限的分析者来说，只要对对象的划分方式能够带来一定的好处，我们就可以这样做。我们可以按照所生产产品的种类来划分行业，也可以按照其他标准进行划分（从而产生诸如“周期性行业”这样的概念）。我们也可以不局限在企业的范围内，而按照其他标准或方式来解剖经济体。例如，可以按照地域标准来分割经济体，从而产生所谓的“区域经济学”“城市经济学”等。需要强调指出的是，宏观经济学的概念与对象也正是按照与此相类似的方式而产生的。

关于“产业经济学”，笔者在此不打算涉及过多，原因在于诸如“垄断”“竞争”等传统内容，我们在前文中已经讨论得比较详细了。在此，笔者只想再补充一点，即：鉴于“差异”是无所不在的，其中的一个应有之义，就是这将造成个人、企业、行业、地区、国家等“主体”之间产生广泛的层级化现象。“差异”绝不仅仅是同等福利水平上的“差异”，到处都会出现优胜者与领导者，同时也会出现失败者或追随者；有的主体处于优势，有的处于劣势；有的居于“中心”，有的居于“边缘”；有的过着优裕的生活，有的则忿忿不平。因此，我们也绝不能简单地认为，这些落差都是公平的（或者“均衡的”）。各类主体处境的差距具有多方面的原因，既可能有“运气”的成分，也可能有制度的因素。

7.3.7 经济活动的区位

研究存量与流量在地理或空间中如何进行分布，便是所谓“区位”的问题。在算法框架下，区位问题是当然的议题。这是因为，在定义了思维活动的基本元素（信息与指令）和基本单位（元计算）之后，我们有条件把所有的思维性流量与存量看作是由这些基本元素和基本单位所组成的，进而，思维问题变成了一个关于这些基本元素或基本单位的位置和“位移”的问题，也即“交通”问题。关于构成物理对象的基本元素或基本单位的问题不由算法理论来回答，而由自然科学来回答。在结合有关自然科学知识的基础上，算法经济学实际上成为了社会科学领域的“物理学”与“化学”，它所研究的问题至少可以列举如下：1. 特定对象（或现象）是由哪些基本元素所组成的？ 2. 这些元素何时、在哪里、如何运动、如何聚集与分散以及如何形成了特定的对象或现象？ 3. 由此导致了什么样的状态与后果？ 4. 我们如何来干预这个过程？等等。

所以，在我们的论述中，即使不明确地说明时空因素，它们也始终潜在地存在着。我们总是想象着各种可见不可见的对象存在于我们的眼前，它们从这里运动到那里，又从那里运动到第三地。这种思维方式植根于我们大脑的深处，其实在我们正式学习理论之前就已经存在了。甚至可以说，即使在最为极端的新古典主义者的脑海中，这种思维方式也顽固地存在着。新古典主义者们只是未能意识到他们脑海中对于空间问题的自相矛盾，而这种矛盾则由算法理论予以解决。在我们平时假设时空环境的时候，时空环境都是比较抽象的，并且是背景化的。现在，我们则把时空因素（尤其是空间因素）适当地具体化；也不再把它们作为舞台的背景，而是移到了舞台的中央。这就来到了“空间的”或“区位的”经济学。

任何事物与任何活动都只能在特定的地点上存在，都要占据一定的空间，因此当事人必须研究和决定它们的空间布局。这个议题不能被诸如商品价格（例如房屋与土地的价格）之类的间接指标所完全概括和取代，因此，经济学者们也就有必要专门来研究这个问题，空间经济学也就是经济学中既与其他部分相联系而又相对独立的一个分支，而这也就是空间经济学与一般经济学的统一性之所在。

设立生产型企业所面临的一个基本问题是：工厂的地点应当设于何处？我们先不回答这个问题，而是首先需要思考：为什么会产生这个问题？这是一个什么样的问题？

工厂的选址之所以是一个问题，这是因为，“工厂”这个事物不可能像空气一样均匀地、分散地弥漫于我们周围的空间之中，它也不可能像土壤一样均匀地分布于地球的表层。组成工厂的若干要素必须集聚起来，它们必须位于一个相对狭小的空间之内，假如它们过于分散，工厂就不可能有效地运转。这是一种不可分性。具体来说，机器本身具有有限的体积，它只能位于特定的空间之内。它在此地，便不在彼地。人们既不可能在每个地点都摆放一台机器，也不可能把机器融化为液体，泼洒得到处都是——否则机器就不成其为机器了。这个道理对于任何对象都是一样的——原料、产品、人以及思想都一样。

组成某个事物的若干元素聚合在一起了，它们距离其他事物也就更加遥远了。这个事物如果又要与某些其他事物相互作用，那么，后者也就必须相应地靠近。举例来说，有了机器，就要操作原材料，而机器本身的尺度有限，因此它对于原料的操作具有距离上的限制，这就要求原料必须运输到距离机器相当接近的地方。机器需要人来操作，因此工人也就必须来到生产现场，甚至深入到相当危险的地点进行作业。工人需要指挥和管理，因此，除非配备了便捷的通信工具，企业的管理机构也就不能距离生产点过于遥远。员工不仅在上班的时候聚集在企业之中，而且，为了减少通勤的时间，一些员工甚至需要居住在企业的内部或附近。另一个需要考虑的因素是产品的销售与交货。假如只考虑把工厂建设在距离各类生产要素较近的地方，这对于生产固然有利，但却往往不利于产品的销售、运输与交货。为了降低运输成品的费用，缩短交货的时间，生产点距离市场和客户越近就越好。

这些要求是相互冲突的，企业只能在利弊权衡中勉强地进行抉择。从实际情况来看，由于农业企业严重地依赖于土地，所以它们几乎平均地分布在适宜于耕种的地方，而其他因素暂时都予以忽略了。在农耕时代，人口是高度分散的。在人口相对密集的城市中，主要从事政治、文化、奢侈型消费活动以及少量的工商业。与农业相比，工商业活动已经显著地挣脱了土地的束缚。土地只是用来作为容纳生产活动的场地，而不直接参与生产活动。价值很高的工商业资产，往往只需要很小的地块就可以容纳，而这些资产的总的占地面积，也只占国土面积中极为微小的一个部分。这就为工商业者提供了自由，使他们可以相当从容地选择他们的企业驻扎的地址，并有一定的自由来迁移或重组工作地点。

历史地看，那些原材料比较笨重的企业，往往驻扎在原料产地附近。例如，矿产采掘和粗加工企业，一般只能驻扎在深山老林之中。一般的工商企业则聚集在港口与交通枢纽地带。在这里，原材料与产成品都比较容易输入和输出。由于人口稠密，雇佣工人、交流信息、买进和卖出都比较容易。现代的企业更要考虑环境保护方面的要求。有些企业适合于集中生产，例如化工企业。因此，它们在某个地点建立巨型的工厂，把原材料不远万里地运进来，然后又把产品分销到世界各地。另一些企业则适合于分散经营，例如啤酒业。由于啤酒的单位货值很低，如果进行长途运输，运费就会占去货值中相当高的比例，因此，啤酒企业往往会在各地建立分厂，就近向广大消费者供应啤酒。餐馆业与旅馆业的分散化也就更不消说了。最为有趣的是建筑业。由于建筑物不宜搬动，因此建筑企业必须在客户的住所之内安营扎寨并进行**现场的**生产。为此，大批的设备与人员也就必须不时地从一个工作地点搬迁到另一个工作地点。建筑工人们离家别舍，常年工作和漂泊在外。他们常常居住在简易房屋之内，其中的艰苦是可想而知的。

各类经济活动的地点是不是可以通过科学的计算而精确地**决定**出来呢？在一定程度上说，大抵如此。每个企业的选址都有它必须考虑的因素，假如这些因素遭到忽视，或者安排不当，企业就会遭受经济规律的惩罚。我们可以通过精心选择一些贴近实际的决策问题，来展示地址问题是如何被“决定”的。这正是以往的空间经济学家们主要从事的工作之一。这一个个“模型”被开发出来之后，可以供当事人进行参考和应用。实际的决策者通过把实际情形与这些“理想情形”进行对比，就可以获得帮助与启示。

但是，学问家们要想穷尽所有的实际情形，是根本不可能的。实际问题中所涉及的因素是无限多样的，其未来的变动可能难以预测。建立理论模型的人把这些难处往往排除在外了，而当事人却必须面对它。这就来到了算法的轨道上，对此我们不必详述了。一般观点则是：关于选址的决策必然会包含着主观的、灵活的和自由的因素。相反的极端例子是：在一块广袤无垠的平原上，一队移民要选址居住和进行生产，其中又有多少需要科学分析的因素呢？事实上，随意驻扎下来就行，全凭个人的爱好和习惯。甚至，一个细微的或者偶然的因素，也许就可以决定全局了。

7.3.8 城市（一）

一队移民在广袤平原上安家落户前所享有的那种选择的自由，在安家落户之后将不复存在。人们一旦长期生活在一个固定的地方，就会对这里的环境越来越熟悉，对于如何利用当地的资源谋取福利越来越得心应手。人们之间还会形成一定的分工，结成一定的合作关系（包括友谊和亲情）。如果有人单独选择离开此地，他脑中的这些知识与建构也就浪费了。假如人们选择集体离开这个地方，他们中间的社会关系倒不会浪费掉，可是，在异质性与异步性的条件下，这一点通常是万难做到的。

这里讲的是路径依赖的道理。新古典的个人可以随意地到达任何知识，实现任何人际关系的建构，所以，新古典人不会接受路径依赖。只有算法人才会珍惜本地化的知识和本地化的人际关系。这当然不是说由此造成的壁垒是绝对的，而是说，迁徙者要突破这个壁垒，需要付出一定的代价，因此，只有在迁徙的利益相当显著的情况下，人们才会选择从原住地迁往他处；否则，他们宁可就地发展他们的事业。

企业主不仅仅是因为有城市存在而决定把企业开办在此地的，移民也不仅仅是因为有企业存在而选择在此定居的。组成城市的各个部分是在相互试探和纠错的过程中交替成长的。其间也必定夹杂着老城市的衰落与废弃过程。然而，无论如何，随着工商业活动的发展，城市大大地兴盛起来了。大大小小的城市沿着河流、海岸、矿山带、交通线和平原的走向星星点点地进行布局，就好像镶嵌在原野上的明珠。

理解城市地理分布的要害就在于理解它的历史。任何眼前的经济利益都不足以完全改变城市的地理布局，因为，这种布局是由从古至今无数年代的经济与社会合理性所综合而成的；它既不可能完全适合当前的要求，通常也不会完全与之相抵触。我们不仅需要从这个角度来理解城市的格局，也要由此来理解整个的经济地理。那些至今仍然生活在深山老林与偏远地区的人们，倘若让他们重新自由地选择居住地，他们还会选择居住在那里吗？那些居住在贫穷国家的人们，倘若让他们重新自由地选择国度，他们又会做出何种抉择呢？实际上，在一个地方住得越久，人们也就只好尽可能地把任何事务安排在当地进行，那个地方于是也就会愈益扩张；那个地方越扩张，历史越悠久，人们也就越发没法儿离开那里了。自然条件的限制是相对的。历史的积淀会导致社会的、知识的和文化的财富在那里日益积累起来，从而克服自然界的不利因素。例如，一个由于矿产资源而发展起来的城市，虽然可能会因为资源的耗尽而衰落，但它终究不会消失，因为那里的其他产业（或者产业以外的吸引力）在资源耗尽之时可能已经变得相当兴盛了。这样的例子是很多的。许多在环境恶劣地区发展起来的文明，至今也大都在那些地区顽强地存在和延续着。

相对于分散的农业来说，城市是一种集中。关于城市地理分布的另外一类问题是：为什么城市的集中是有限度的？为什么城市集中到一定程度，就采取设立新城市的方式？为什么会有这么多城市离散地分布在国土上？

这些在宏观上看似颇令人困惑的问题，其实有一个简单的答案，就是交通费用。在古代时期，由于交通颇为不便，集市必须就近设立，以便人们在一日之内实现往返。这就要求集市在国土上的分布要具有一定的密度，既不必过于密集（否则城市内的商品交易将会过于清淡），也不能过于稀疏。这些集市成为城市发展的雏形。这个道理非常类似于宇宙物理学：在宇宙发展的初期，粒子相对（而不是绝对）均匀地分布在宇宙空间，它们运动着和相互作用着。但是，它们之间的引力与相互作用并未导致宇宙结成为一个单一的球体，而是分散地结成无数个星球。

城市的形成首先要从城市与乡村分工的角度来看。一个集市、一个镇、一个城市都有它的服务半径，乡村里分布着一定的产业与经济活动，而城市里则分布着另一些产业与经济活动，它们之间具有一定的合作关系，所以，绝不能脱离乡村而孤立地研究城市。另一方面，城市之间也有一定的分工与协作关系。根据各种经济活动的地理要求的不同，小型、中型与大型城市里的产业分布各有一定的区别。某些使用比较频繁的日用品，即使在乡村的小店中也有供应。但是，如果想要购买一辆豪华汽车，最好去中型或大型城市。这是因为，豪华汽车的市场需求量很小，商家们不值得在每个城市都开设门市进行销售。他们只能选择在若干较大的城市开设分店。

由此产生了一个观点，即城市之间具有一种纵向的、层级的关系，而不仅仅是简单的平行关系。在一个经济体内部，城市的规模越大，其数量就越少，而每个城市所服务的范围也就越大；反之，城市的规模越小，其数量就越多，而每个城市所服务的范围也就越小。这种层级关系是非常明显的。这就好比 7.3.6 节所业已提及的，在不同产业之间以及一个产业内部，往往也存在着层级的关系。在一个时期里，有的产业与企业是“明星”，是“吃肉的”，而有的产业与企业则是“下里巴人”，是“喝汤的”。我们必须正视这些事实的存在。由此还形成了一个概念，叫做“产业结构高度”：大城市里的产业结构往往比较“高级”，小城市里的产业结构则相对较低。不能完全认为诸如此类的概念是“左翼的偏见”的产物。虽然“高级产业”或“明星”的称号并不总是归于固定的行业或企业，“风水”是“轮流转”的，但是，下述规律仍然是明显的：一般说来，居于大城市里的企业与居民的“净收入”相对于小城市比较高，尽管大城市里的物价也相对较高；居于市中心的企业与居民的“净收入”相对于郊区和乡村地区比较高，尽管市中心的房地产和服务的价格比较高。

这些层级化的现象是一种不可避免的算法式效应。让我们略为推测一下这种现象是怎样造成的。如前所述，在算法世界中，人们的能力与企业的素质都存在着个体上的差距。自由和开放的市场过程并不能完全抹平这些差距；恰恰相反，力求卓越的个体会尽可能地制造和保持差距。这就导致一个结果，即无论优质资源、优质产品、优质服务、优质企业还是高素质人才都是相对稀缺的，其中至少有一部分不会因为竞争而（显著地）增多。那些拥有雄厚资本和优质产品的企业，它们要驻扎在人口最为稠密的地方来进行推销。尽管大城市市中心的房屋租金高昂，但是，由于它们的产品单位货值更高，所占面积又不大，因此，在这里开办营业场所仍然是值得的。名牌店会寻找名牌店，奢侈品会寻找奢侈品。这就好比在运动场上，大牌运动员们总是喜欢联手进行比赛，这可以表明他们是属于同一个“档次”或“阶层”的。这就是说，所有领域内的成功人士们具有靠拢与“抱团”的倾向，他们相互从对方的成功中来证明自己的成功。这种“成功”固然常常是相对的，是相对于普通阶层而言的，但人们所追求的往往也就是这种相对性。

这不仅是一种心理倾向，也是实实在在的利益。工商业领域内的成功者们聚集在一起，进行近距离交流与合作，共同面对和应对普通阶层，这可以让他们变得更为成功。具体来说，市中心有供应优质产品的商店，也有财大气粗的顾客。他们聚集在这里，既便于进行相互合作与交易，又能够带来宣传的和炫耀的效应。大型企业通常在这里设有办公室，这是为了便于与其他大型企业或重要对象进行接触和洽谈。老板和有钱人通常也都愿意居住在这里，这是为了便于在此享受高品质的生活（包括高品质的医疗与教育服务）。高素质人才通常也愿意服务于大城市，因为可以在此获得更为密集的工作机会以及更高的报酬。总之，只要资源、产品、服务、人员与企业都存在广泛的品质差异，这种集聚效应就是难免的。大城市中心区的房地产价格高昂正是这种集聚的一个结果，成功的个体迁入，而失败的个体迁出。这就好比一个舞台，有的演员登场，有的演员谢幕，不变的则是日夜不停的演出。

7.3.9 城市（二）

城市是资源聚集的一种方式。这种聚集与其他形式的聚集具有相似的性质，例如杰出的管理才能、独一无二的技术、重大的专利、天才般的演艺技巧、专用性资产、稀缺资源、名牌产品、优质企业、明星产业、垄断地位、政府权力等。在经济学的语言中，与之相联系的一个概念是“租”（或“租金”）。这个概念源于李嘉图对于土地性质的认识。李嘉图认为，土地永远在那里，既不会增加，也不会减少，但它源源不断地给土地所有者提供收入（地租），因此，土地相当于永不灭失的财富。这就好像恒星高悬于宇宙之间，永远放射着光芒。后世的经济学者们把这个概念加以扩展，用来与任何不易替代和不易灭失的特殊资产相联系。这些资产通常是罕见的，只占总资产的一个很小的比例；但是，在某些情形（例如对资产的需求大于供给的时候）下，因为它难以被取代，于是就会产生超额的、甚至令人极为震惊的高收益。由于这个原因，“租”常常作为“超额收益”的同义语。

如此一来，传统的经济学实际上建立了两个相互对立的模型，一是极端的（完全的）垄断，二是极端的（完全的）竞争。通过将这两种极端情形进行比较和折中，经济学家们试图获得对现实经济的一定程度的“理解”。但是，这样的工作是远远不够的。事实上，几乎所有的资产都既有竞争的一面，也有垄断的一面；既具有替代性，也具有专用性；既能够在时间上延续，其寿命也往往不是永恒的。如果我们从现实出发，从眼前具体的、可见的对象出发，从微观的分析单位（而不是某种空想的体系）出发，也就很容易认识到这些性质。那些假设的极端情形并非完全没有用处，但是，只有把真实世界摆在优先的和中心的位置，也即来到算法世界，那些理想化的参照系才有用处，我们也才能解释为什么要对这些对立的模型进行折中与综合。

具体来说，某个事物在某个时间位于某个地点，这就导致它**此时此地**具有一定的垄断性。如果它对当事人**此时此地**的活动具有用处，当事人也就不得不考虑使用它（为此往往也就不得不与该资产的主人进行交涉）。假如当事人试图避免使用该资产，他也就必须设法**另往他处**去寻找替代品（无论同质的还是异质的），以满足对相应功能的需要，而后者则意味着付出额外的代价。从这个意义上说，恐怕没有任何物品具有"完全的可替代性"。空气的流动性非常强，可是，从"我们不得不呼吸含有雾霾的空气"这一意义上讲，我们身边的空气就具有垄断性。另一方面，土地的供应并不是完全垄断性的，对人类有用的土地面积实际上是伸缩性的。不同的地块之间也具有竞争性。在现代市场经济的条件下，由于土地在商品生产中的重要性在不断变化着，土地的价值也是变动的，谁也无法保证使之成为可以流传万世的、永不枯竭的资产。所以，一般性的结论是，**每种资产都同时具有上述两种（乃至其他许多种）"面相"，只是各个资产所具有的这些性质的程度有所不同而已。**

在以上视角之下，我们再来看一看城市。

市中心的高昂地价是一种引人瞩目的经济现象。造成这种现象的原因在于市中心的土地是稀缺的。土地稀缺的原因在于土地无法移动，因而，当地价上涨的时候，其他地方的土地难以搬动到市中心，来平抑这里的地价。于是，市中心的土地主人就好像获得了一个大礼包，当经济景气度提高的时候，这里的地价就会快速地上涨。

然而，这种地价仍然受到多种竞争性因素的影响。首先是人口的集中所带来的经济利益是有限度的。当地价在边际上完全吞噬了这种利益的时候，人口的集中进程就会停止，城市就会转向外延式的扩张，以至设立或发展新的城市。例如，在过去十几年间的房地产大牛市中，上海市中心区的地价很早就涨到了最高位置附近，然后就发生了滞涨；与此同时，外围地区的地价则迅猛地、持续地攀升了十倍左右。另一个竞争性的因素就是建筑的高度。地价越高，迫使建筑的高度也相应增长，以便摊薄单位建筑面积的土地占用。随着建筑技术日新月异的进步，土地对于经济的制约力也就愈发降低了。

按照这一逻辑，我们可以把资产或商品区分为"可移动的"和"不可移动的"，然后根据每种资产或商品具体性质的不同，来解释它们的价格差异。例如，虽然市中心的房价与郊区差异极大，但众多可移动商品的价格差异则要小得多。市中心的一盒方便面、一瓶饮用水，其价格都与郊区差不多。这是因为，方便面与瓶装饮用水都是可移动的，一旦涨了价，它们就会迅速地运进来。与之相比，餐馆中菜品的价格差距则要更大一些。菜品需要在市中心现场进行烹调，实时进行供应，这就需要占用场地、劳动力等要素，从而提高了生产成本。假如在郊区烹调的菜品可以飞速地运进市内，或者菜品可以长久保存而不（像方便面或者瓶装水那样）失去其应有的品质，也就不会出现这种落差。

这样一来，几乎可以说，市中心的物价体系形成了一种颇为"奇特"的结构：某些商品价格高得令人咋舌，而另一些商品却仍然保持低廉的价格。事实上，为了维持城市的运转，有时候甚至会通过政府管制来保持某些必需品（例如公共交通）的低价格。这就好比渔民用网捕鱼，渔网并没有兜住所有的东西，某些东西（例如鱼）留下来了，而其他东西（例如水）却漏掉了。**市中心的物价体系与郊区显然是不同的，不同地区、不同时期经济体的比价关系也都会各有差异**。主流经济学给人一种“所有价格都是相当平均的”印象，而现实的价格体系却是由各类商品的参差不齐的比价关系所构成的，就好像固体与液体所组成的混合物一样。导致这种“参差不齐”的原因既在于各商品的竞争性程度有所不同，也在于商品的其他具体性质以及其他的经济社会条件有所不同。根据商品的具体性质以及具体的经济社会条件，可以详细观察、描述并深入研究具体商品价格的走向以及有关经济活动的规律。这必是大有可为的。对于经济学者们来说，这种研究可以为经济学增添相对独立的新内容。经济学教科书与其把篇幅花在对“均衡”的论述上，还不如向读者们介绍一些关于物价分布与变动的经验性知识。这必定可以帮助学生，使他们成为具有普通人所不具备的有用知识的有用人才，从而在毕业后的实际工作中表现出比较优势。经济现象绝非简单的“均衡”二字可以概括的，要从“不均衡”的角度来描述和认识一切经济现象。这样的经济学，我们也可称作“结构经济学”。算法经济学就是一种“结构经济学”。

7.3.10 城市（三）

如果我们要观察经济的结构（从“结构”这个词的传统用法而言），较好的方法之一就是观察城市。由于这里的商品交易非常便利，因而实行了高度的分工。作为分工与专业化的一种结果，城市展示了诸多令人印象深刻的宏大的结构。许多大型的机构以巨大的规模从事着高度单纯的事业，同时它们聚集在一起，在宏观上表现出一种相对统一的整体性。我们不再过多说明产生这种整体性的原因以及它的性质，现在只是来看一看它表现出来的状态。

城市中的高楼大厦往往集中在一起，位于城市的中心地带。这里一般是商务区，驻扎着各类公司的管理部门。由于金融机构缺乏有形产品而又财力雄厚，它们通常在这里设立外观雄伟的办公室，以便塑造和展示自己可信赖的形象。附近则是商业区，这里店铺林立，人流汹涌。餐馆、旅馆、娱乐以及其他服务设施星罗棋布地夹杂于其间。再往外围，则是政府机构、医院、宗教、文化单位以及次一级的商业与办公设施。居住区则从这里向外蔓延，一直延伸到很远的郊区地带。

“基础设施”是一个基于某些商品的具体而特殊的性质而发展起来的概念。城市也是基础设施比较集中的地方。在私人物品与私人财产之外，通过征税与公共开支，城市提供了规模宏大的公共基础设施。这些设施要么免费使用，要么则只需要支付小额的费用即可使用。其供应通常都比乡村更加慷慨。首先是，地面、地下与空中（包括由高架桥所组成的路网）的交通网络把城市的各个部分连接起来（人们宁愿花费如此巨大的代价来相互靠近，这表明距离是一个多么重要的因素）。市中心的道路一般较为狭窄（因为一般都是在较早时期修建的），越到郊区则越宽敞。城市之间一般由高速公路进行连接。在城市的各个区域，一般都附设有大小不一的公园与休闲设施。水厂、电厂、垃圾处理场与墓地一般都位于郊区。

从一个城市到另一个城市，从城市到乡村，从国土的中央到山脉、森林、沙漠、偏远地区、边境以及江河湖海，我们可以采用相同的眼光来观察整个经济体的“地理结构”。对此暂且不再详述了。

作为“分工”（或者“结构化”）的一种形式，城市中鲜明的地理分区不仅会引起频繁的商品交易，而且也会引起或加剧其他经济流量的活跃度。例如，地理分区将会引起或加剧通勤问题的严重性，把生活场所与工作场所合二为一的人不存在通勤问题，工作场所位于生活场所周围或附近的人（例如农民），其通勤问题也不显著。小城市中的通勤问题通常也不严重。而在大城市之中，通勤问题不仅是就业者重要的私人问题，而且是重大甚至尖锐的公共管理问题。员工花在上下班途中的时间，已经成为就业的一个不可忽视的“负效用”。市内交通因此也就被区分为“高峰时段”和“低谷时段”。由此既造成了对于交通设施的过度利用，又造成了设施利用的不充分。有人提出了设想与尝试，把商业区与居住区混合在一起，试图以此方式来缓解通勤问题。然而，工作场所向某些员工居住区的靠近，同时意味着距离其他员工的居住区更加遥远了。从诸如此类的困境当中，我们可以体会到，交通问题是多么顽固而重大。人们也许可以通过从一种交通模式变换到另一种来改善交通状况，但却难以消灭交通问题本身。从市内交通到城际交通，从国内交通到跨国交通，“交通”不仅是工程技术问题，而且是重大的和中心的社会经济问题之一。

城市还产生了一些特殊的问题与现象。由于城市中的人口流动性较大，人们之间的关系往往是短期的，很不固定，这就导致一个看似有些奇怪的后果，即城市中的人口虽然密集，但城市居民的熟人关系网却常常不如农村或者小镇上的规模庞大。城市居民间的长期交往一般局限在相当狭小的圈子之内，而对于圈子外的其他人则采取冷漠甚至无情的态度。因此，城市生活会带来一种有些怪诞的孤寂感。与这种孤寂感相伴随的则是公共生活氛围中所游荡着的另一种特殊的友爱、关怀与温情。人们不能在具体的友情中得到归属感，便诉诸一种比较远距离的、甚至有些抽象的情感交流活动。

在城市中，一个人只要具备了某种单一的才能，往往就可以终生衣食无忧。由于工作的性质往往过于单纯，这导致城市人的性格中具有天真幼稚的一面。城市居民一般既不像乡村居民那样老成持重，也不像乡村居民那样热情、善良而慷慨。城市人的性格是复杂多变的，与农村人相比，甚至有些贪婪、狡诈和残酷。如前所述，高度专门化的分工以及由此形成的市场体系把人们紧密地联系在一起，这个体系一旦停止运转，几乎所有人都要遭殃。反过来说，这架永不停息的“机器”也驱使着所有人在其中进行转动。城市人所处的自由空间比较狭小，大多数事务都要动用金钱才能解决，因此，他们必须不停地设法赚取货币收入，同时也必须频繁地进行支出。各类利益与代价都显著地货币化了。由于货币是一种十分明确的衡量标准，所以，利害关系也就大大地“显性化”了。这对人既是一种诱惑，也是一种鞭策。所以，总的说来，城市人比农村人更加勤快而有活力。这个结论应当是合乎逻辑的。

城市让生活的节奏更加局促。对于贫困阶层来说，它几乎让人难以获得片刻喘息的机会。一旦当事人对于某些事务的应对失当，其处境就可能会发生急剧的恶化。“贫民窟”就是一种典型的城市现象。贫民窟中的生活**在整体上**是否比乡村贫民的生活更差，这是难有定论的。但是，鉴于城市中的居住成本高昂，贫民们选择了无底线地降低自己的居住条件，以便节约生活费用。由于这种居住条件以集中的、大规模的形式表现出来，它在视觉上往往令人惊骇。不过，城市生活必定在另一些方面给贫民们带来了益处和希望，否则他们不会长期忍受这种低劣的环境。这也是一种迫不得已的“结构性”。

历史经验表明，假如缺少适当的救助，则城市生活的黑暗面是难以穷尽的。例如严重的犯罪、惊人的道德堕落以及令人作呕的变态行为，等等。这些都是**时间**、**进程**与**距离**的“杰作”。时间的压迫让身处底层的人们无法坚守某些底线。缺乏迁移费用，致使处境艰难的人们被时空环境给困住了。狭小而拥挤的生活空间压抑了人的精神，迫使人在紧张和焦虑中去寻求刺激。与这些现象相连带的另一面是：已知元素在具体情境中的不同的组合，我们可能永远也无法确知它们将会产生什么后果，出现什么形态。人类的生活方式与精神世界处于永恒的变动之中。无论这些变动是积极的还是消极的，我们通常首先会基于过去的生活所留存的记忆去评判它们、批判它们。新出现的事物不可能都是错误的和消极的，新旧观念的冲突最终大都会归于和谐，而主流生活方式也将不可避免地发生改变。

城市与乡村相竞争的未来前景如何？这是人们普遍关心的问题。互联网促进了世界的扁平化，使得身处偏远乡村地区的人们也可以与城市人享受同样的网络信息与服务，因此，某些城里人似乎不必继续居住在城市之中了，人们似乎可以居住得比较分散了。然而，另一方面，信息技术致使物理产品的重要性下降了，而后者正是人们进行分散生产和分散居住的原因之一。物理因素的弱化又为人们进城聚集铺平了道路。一些迹象显示，在过去数十年间，美国的大都市一反常态地得到了发展，小城镇反而有所衰落。这是信息技术发展的后果吗？信息化的时代人们将会居住得更加集中吗？这些具体问题是不易回答的，但是，算法的方法可以为研究这些问题提供基本的概念、原理与方法。

7.4 收入、不平等与就业

7.4.1 再论流量与存量的区分

前文我们已经论及，诸如收入、支出、利润之类的概念，严格说来，其实都不是新古典的。新古典思想的核心是把世界视为由所有力量所共同决定的一种平衡状态，而收入之类的概念却是与流动、运动和变化有关的。而且，这些概念着重强调了相对运动，即在一些事物（作为背景）不动的情况下另一些事物（作为“前台的演员”以及注意力的焦点）却在动。在新古典的环境中，当一切事物（通过不占用时间的“思想过程”与“人际互动过程”）机械地、即时地、紧密地联结为一个体系的时候，其实很难设想相对运动，所有的对象都是“同时起舞，共同进退”的。

收入之类的概念其实是与观察世界的另一类思想体系相联系的。这类思想体系把世界视为流动的，它由形形色色的各种“流”所组成。这些“流”要么是单向的，要么是循环的；要么存在于一时，要么则长期运动不止；要么是忽大忽小、起伏不定的，要么则是发展的和扩张的。这些“流”之间要么是相互独立的，要么则是相互作用的；要么相互加强，要么相互抵消。我们可以通过把这些“流”与其所在的背景相比较来识别它们，也可以通过把不同性质与不同运动姿态的“流”相互比较从而区分它们，更可以在“流”的相互作用中来区分彼此。我们可以通过多种方式、运用多种指标来定义、描述和衡量这些“流”；在此基础上，就可以连续地、永不停息地讲述它们运动、变化和发展的故事。

如前所述，一种关于运动的理论中必然包含着静止，因为静止是运动的一种特殊形态。当事物静止时，它以确定不变的形态出现在我们眼前，并且在时间上延续着。在经济学中，我们谓之“存量”。一种关于流量的适当理论必然是包含着存量的，必然同时是关于存量和流量的统一理论。我们说某物在“动”，必定是在说某种“存量”在动；“动”是这个存量所做的动作。没有这个主语，也就无所谓“动”了。反过来，运动则改变（或者生成）着存量，使之吐故纳新。假如运动没有改变（或者生成）任何存量，运动也就是无意义的，也就等于未曾发生过。

“流量—存量”“运动—静止”“主体—行为”都是一些概念对，其中的各个概念各自指称或描述了对象世界的某个部分或某些方面。这些概念联合起来，成为我们刻画世界的概念体系。这就好比照相，因为相机的视野和焦距都有限制，拍摄者往往会拍摄对象场景的某个部分，从而形成一组照片。阅读者通过阅览这一幅幅照片，来对实际场景有一个概括的了解。

可是，有一种想法，却试图在流量与存量之间建立完美的联系，而拒斥这种二元共生状况的存在。这种努力的结果是企图用其中的一个来完全化解另一个。当谈论存量的时候，它们采取了某些手段，致使流量最终完全灭失；而当谈论流量的时候，存量又被完全消解在其中了。这实在是一种一经指出就显得十分明确的意图。而这种意图一旦公开，它也就不驳自倒了，因为它首先暴露出来的是当事人的慵懒，以及出于懒惰而产生的一厢情愿的幻觉。并没有人告诉我们流量与存量可以如此完美地统一起来，更没有人向我们保证过这一点，我们凭什么这样来假设呢？读者们必定已经知道，笔者在此所指的是新古典理论。在一般均衡模型中，在诸如“资本与利息之间的关系”中，在“新古典的资本理论”中，无处不体现着这样的做法，无处不透露着这样的意图。

这就涉及到我们在同时面对流量与存量问题时所应持有的基本态度。客观世界同时以“流量”与“存量”两种基本形态呈现在我们的面前，我们首先需要理解到，这种“呈现”既是客观世界本身的固有性质的反映，同时也是人脑特定思维方式的反映。这种“呈现”是由这两方面的条件共同作用而形成的。这种理解将必然把我们导向一种看法，即作为串行处理方式（也即“纵向分步处理方式”）的一种预备，“流量”与“存量”的划分“在客观上”不能视为一种完美的安排，它很可能包含着迫不得已的成分在内。其次，我们所定义的流量与我们所定义的存量之间既然是相互依存的，它们也就是原初的、最为基本的概念，因此不能指望其中的一个可以被另一个所完全解释、化约或替代，它们之间可能（事实上也是如此）包含着矛盾与冲突。某种完善的关系也许会被发现（或者被构建），但它们一般来说只能是局部的。这种态度是一种应有的算法式的态度，它不仅针对流量与存量，而且应当针对所有的对象、存在或者概念。总之，要用两句或者很多句才能讲完的话，我们不能生硬地要求用一句来讲完。我们需要对这种多元的局面抱有足够的耐心，容忍一切的不完美与无可奈何，坦然地面对我们认识能力的局限性，并且在任何时候都是这样。要是过于急躁，不但无助于担当科学的使命，反而会犯类似于新古典经济学那样的错误。

7.4.2 回顾若干已有的论述

个人、企业以及任何组织都可视为通过吐故纳新而生存的“主体”。这些主体有意识地追求某些（自认为）对自身有益的东西，并为此有所付出。由此形成了收入、支出、成本、利润等概念。这些概念都是基于具体的（已经发生的、正在发生的或者期待发生的）事件而形成的。然而，这些事件中有的可以观察得到，有的却难以观察到；有的距离当事人比较近，有的则比较远，以致不易确知其是否存在，更不容易了解其具体情况；有的事件要在遥远的未来才会发生，而导致该事件发生的原因现在却已经发生了。那么，当事人如何来确认各个收支科目并衡量其大小呢？知识与计算能力有限的当事人又如何对这些科目进行计算呢？

综合已有的论述，我们对这些问题简要回答如下：鉴于当事人不可能关注所有的事件以及其中所有的利害关系，于是他重点关注那些**易于观察的**、**明显的**和**主要的**事件，而有意无意地忽视那些比较遥远的、不大明显的和程度较轻的事件；在这些事件中，只有与当事人有**直接**利害关系的事件才被**明确定义为**收入、支出、成本、利润等；这些概念尤其建立在现金收付的基础之上；其他没有直接关系的以及不包含现金收付的事件通常则被排除在这些定义的范围之外；这些定义有时作适当的延伸，但其延伸的幅度都是很有限的（有时候只是做对增加收入“有利”或者“不利”的判断，甚至干脆连这些判断都不做）；当这些科目都可以精确地表示为现金数量时，经济核算是比较容易的，否则，就要进行“结构化的计算”了；后者意指运用各种定性的知识与规则来进行计算或者判断，其中难免也要进行主观的估计、选择与构造；在个体化与差异化的基础上，人们之间会形成一些共识、习惯与约定，以便决定经济核算的有关事项，这就形成了诸如会计制度之类的东西，它们规制个性化的计算，但也与之相并存；建立在成本—收益核算基础上的决策，优先地和主要地反映了当事人所采用的信息、知识以及他的思想和计算过程（其对无意识因素的反映必然是残缺的、扭曲的、次要的和没有保障的），由此所决定的行为在客观上必然是有独立性的；这种相对独立的行为得以实施之后，又会对客观世界产生新的冲击，从而建构先前被认识和被应对的对象；这种效应将会影响下一轮的行为，它也可能在事前被他人所预见到，因而他人可能提前做出某些反应，而这种提前反应也有可能被自己提前预见到……如此反复地相互反射并相互作用；这个过程通常不会无休止地进行下去，原因在于（由于计算成本与不确定性等方面的原因）互动的力度会逐渐趋于弱化，甚至（在主流学者所指出的某些局部情形中）会收敛于某种稳定状态。

以上就是对前文中有关内容的一个复述。获得这些认识的一个结果，就是使我们对于真实当事人的意识活动、日常经济流量以及真实经济现象的形成**在原则上**建立了一种比较全面的理解。简言之，我们认为，理论模型中的经济流量就是我们所观察到的真实世界中的经济流量，真实世界中的经济流量则是我们进行分析与推演的直接基础；真实世界既是我们的基准和理论原型，也是我们的解释对象。从此往后，论述的重点将转向经济流量，而这些复述与强调是我们进行有关论述的一个必要的准备。

7.4.3 二元化的分配制度

“人是一切社会活动的最终目的”，这是近代以来逐步确立的社会观念。这句话的含义之一就是，一个人所获得的东西不一定要与他的付出与贡献**严格对应起来**；两者可以脱离开来，由社会分别加以考察和安排。其中直接的原因并不复杂：有的人（例如残疾人、重病患者、老年人、儿童、低收入者等）难以自食其力，或者在生命的一定阶段以及特殊的条件下难以自食其力，因此需要由社会给予援助。有人的所得与他的贡献终其一生也不能实现相互对应，因而某些援助必须采取无偿的、单向的形式，而不能要求或期待回报。

如同主流经济学把以上两者的对等看作完美理性的一个条件一样，我们把这种分离视为有限理性的一种表现。按照主流的逻辑来看，这是奇怪的：为什么有些人同意无偿对他人进行奉送呢？熟悉阶级斗争学说的人都知道，在很大程度上这是阶级斗争的结果。在历史上，由于穷人的生活比较悲惨，一旦他们陷入绝望，可能就不会承认和接受已有的制度，就会奋起反抗。加之穷人的人数在数量上比较多，占有总人口较大的比例，当他们掀起革命的时候，整个社会体制也就陷入了危机之中。革命的历史至少讲述了两个道理：第一，社会体制的存在取决于人们的主观接受程度，如果多数人不接受了，社会体制很可能也就崩溃了。相比于自然科学，这是社会科学所面临的特殊议题。自然物只是按照它自己的规律去存在和运动，它既不“关心”人们如何来利用它，人们在利用它的时候也无须征得它的同意。许多自然物曾经很“暴虐”，到如今变为人们的“奴隶”，这显示了自然物在人面前的地位具有持续性的下降趋势。然而，与之相反的是，弱势群体在其他社会成员面前的地位却上升了。他们摆脱了曾经作为奴隶的命运，翻身成为社会的主人，而且迫使上层阶级放下架子，贡献税收。如今人们无论在经济、政治与社会诸地位方面都更加平等了。这是一个巨大的议题，在此难以尽述。但是，笔者认为，造成上述人与物的命运差异的一个根本原因，就是人是有头脑的，他会进行思考、改变与主动的抗争。也就是说，这是智慧的力量的胜利。假如有一种物，它既具有对人有用的某些性质，而它又善变，能够“观察”人，反过来制约人，那么，人类社会也就很可能不得不给予其相类似的地位了。又由于每个人的头脑都具有完全相同的基本结构与功能（也即指令系统），从长期来看，人控制物虽然比较容易，人控制人却越来越困难了。第二，革命并不容易发动起来。革命是罕见的事件。再考虑到人们对于“大锅饭”以及福利主义的厌恶，我们可以说，社会所支持的主流规则并不是将一个人的所得与他的贡献相分离，而是使之相互一致——即使一致性的程度是有限的和不精确的。“权责利相对等”是主要的规则，福利与救助是次要的规则。社会不仅可以接受一定的不平等程度，而且，个人独立自主地追求自己幸福的活动在大多数情况下都是合乎伦理道德的，甚至是社会所鼓励的。为什么要这样？原因就在于激励方面。

个人既具有对商品的需求，又有生产商品的能力。他将这两方面集于一身。“集于一身”的含义是，履行这两方面职能的器官与生物组织**在距离上**十分接近，在物理性质上是相互联结和融为一体的，在计算上则服从同一个中心（大脑）的指挥。这是人作为生物体固有的特点。社会制度可以承认、顺应和强化这种特点，也可以设法抑制和拒斥它。社会可以全面占有一个人所做的贡献，却按照另一种规则来供应其生活资料。这种安排在历史上和现实中都不乏其例。这可以是救助，可以是“强行正义”，也可以是剥夺。市场经济体制是一种有风格的制度，它的特点是：先不管社会整体上或宏观上的状况，而让一个人的需求仰赖于他自己的能力，让一个人的能力优先地服务于他自己的需求。市场经济把这种“自食其力”作为主要的分配制度。在此基础上，改良的和现代的市场经济则由国家出面来对收入分配作第二次调节。后者是边缘性和补充性的政策，其规模和力度都比较微弱，主要涉及社会的最上层和最底层。通过这种“鸡尾酒”式的综合性安排，市场经济体制对收入分配问题做出了自己的回答。

既肯定市场在收入分配方面应当发挥主要作用，又承认其不足，允许通过再分配机制来修复市场的缺陷，这是现代市场经济在收入分配问题上的二元化态度，它代表着存在于真实当事人中间的主流观点。这个观点其实是超越于主流经济理论的。主流经济理论只是挖空心思地证明市场化的分配是如何的精确和完美，它完全无视不平等、不公正的现实状况，无视底层人民的呼吁与渴望。另一方面，它也不知道如何来分析和证明市场化分配的不完善性，事实上它也未能做出任何有效的论证。与之相反，我们可以自豪地说，现实社会的主流观点其实完全是算法式的，它的可理解性与合理性（包括其多元与混合的性质）只有在算法框架下才能做出适当的论证；这些论证甚至可以相当简单明了。

鉴于享受商品的器官与提供商品的器官之间的距离与关系都十分亲密，因此，社会首先应当鼓励自食其力，尽可能地把人同时作为“目的”与“手段”的两种角色统一起来。不是先去凭空设计一个覆盖全社会的大一统的方案，然后强迫每个人去执行，而是先让每个人自己顾自己，自己解决自己的问题，在此基础上再来设法弥补自利制度的缺陷。这是一种“算法”，是在考虑计算、通信与指挥活动的经济因素之后所产生的切合实际的方案。个人想要进行多少消费，他就可以指挥自己的工作器官去进行多少努力；反过来，个人进行了多少努力，其成果（一般来说）主要也归自己所享受了。这就形成了一种激励。

这种激励当然也针对物理资源的利用。个人既拥有着工作器官（人力资本），也拥有大部分的人身以外的资源。对这些资源的调配，不能与对运用这些资源所制作成的产品的享受**完全**分割开来。市场经济的基本逻辑是，要把人的需要的实现**夹带**在资源的调配过程中，使二者相互**挂钩**。如果不这样，假如把两者完全分割了，使用商品的人就可能会无节制地滥用商品，而生产商品的人也可能会丧失工作的主动性与积极性。这是可以对自己的处境与未来进行“瞻前顾后”的**人**可能会做出的反应。物体不会做出这样的反应，拥有无穷大计算速度的“超人”尽管会做出反应，但反应不会是这个样子的。“自食其力”是一种迅速而有效地传递信息的制度，它把工作的困难与艰辛**就地**传递给了商品的消费者，同时把享受商品的满足与欢愉传递给了（作为同一个人的）生产者，这就在很大程度上避免了在这两种角色以及两种活动之间可能会发生的不协调。这也就是“自主”“自愿”“自由”等观念的经济含义。

然而，鉴于上述收入的“初次分配”过程主要借助于价格体系来进行，而如前所述，价格体系本身是不完善的，所以，也就不能指望收入的初次分配是完善（无论“完善”如何来定义）的。价格体系的不完善与收入分配的不完善是密切相关的，它们是同一枚硬币的不同侧面。收入的二次分配首先是指依照习俗与伦理在家庭、亲戚、朋友之间所进行的自愿的再分配；其次是指社会化的慈善事业（包括宗教组织所从事的社会救济）；最后，在阶级斗争的推动下，现代国家终于承担起了财富再分配的使命，国家运用税收、财政支出以及社会保障等手段，强有力地介入了对于市场运作结果的修正。

7.4.4 对边际原理的修正

在古典经济学中，“收入分配”是经济学教科书中不可缺少的内容，因为它被看作一个相对独立的议题。到了新古典时代，这种做法逐渐淡出了教科书，因为，在新古典框架下，收入分配过程被解释为与价格决定过程合二为一了：资本家所获得的利润与利息，劳动者所获得的工资，都是有关服务的价格，因而都服从于边际规律（也即边际投入等于边际产出）。我们现在所面临的问题是：在算法框架下，我们对此如何做出修正？相应地，我们如何来提出算法式的收入分配理论呢？

把收入视为一种价格从而把收入分配与价格决定合二为一的做法具有明显的缺陷，因为如上所述，收入并不全是通过商品与服务的交易而得到的，收入分配问题具有自己的独立性。然而，在“初次分配”领域，这一点却并不需要过分挑剔，关键则在于价格的决定。边际决策原理虽然不能视作普遍有效，但它是一个有益的向导，该原理将首先在满足其数学条件的场合继续使用。在不满足这些条件的场合中，它仍然是有用的，它至少表达了这样的道理：在存量林立的、动态的世界中，当事人可以（不顾全局与长远）优先把眼前的事情办好。有些变量在短期内不能（或者不易）调整，而有些变量在短期内却易于调整；当事人可以着重于后者，把它们的潜力予以充分地挖掘。这种办法未必具有长期内和整体上的最优性，但在有限理性的世界中，它却不失为一种选项。人们会赋予眼前的事务以较高的权重，由此导致的后果是：**灵活易变的价格之间的落差将小于不那么灵活易变的价格之间的落差，联系紧密的价格之间的落差将小于联系不那么紧密的价格之间的落差，实际发生的、可观察的流量之间的落差将小于流量与存量之间以及存量内部的落差**。但是，另一方面，包括边际投入与边际产出的不相等在内，所有形式的价格落差在原则上都将会实际存在。这就是边际决策原理的算法式的扩展和算法式的意义。**短期分析中的边际量的相等只是一种特殊情况。因为被这种特殊情况所蒙蔽，导致新古典学者们犯下了以偏概全的错误**。

边际决策原理也与我们在 7.1.9 节所提及的“现金原则”相联系着。“收入分配”分配的是现金收入（或者与现金极为接近的收入），而不是尚未变为现金的资产。这是因为，现金的灵活性最为显著。分配方式围绕着现金进行，这本身就是上述扩展的边际决策原理的运用。这种方法必然要求引入货币，而货币的引入又与思想的实体化相互联系着。“存量林立”应当同时包括物理的与思维的存量。有了这些延伸以后，我们才可以合乎逻辑地讨论资本的利润与利息，也才可以把边际决策原理应用在这些议题中。

思想的实体化也为边际决策原理直接应用于思想对象创造了条件。当主流经济学家像刻画物体的运动那样来讲述收入的“决定”过程时，势必面临这样的质问：“‘收入分配’是可以由人们有意识地进行商议的，分配的规则是可以人为制订并加以更改的，‘决定’这个说法难道不是一种‘决定论’吗？”算法方法为解决这个矛盾提供了途径：是的，已有的知识、思想和分配观念作为数量巨大的存量存在于当事人自己以及其他亿万当事人的头脑之中，这些存量在短期内不可能被任何个人出于故意而进行显著的改造；个人主要只能把它们视为既定的实在——就好像视为存在于身体之外的建筑物与机器设备一样——然后在这些实在物的夹缝中寻求生存；个人设法去了解这些实在物的性质，然后运用类似于新古典式的数学方法来求出“最优解”。从这个意义上说，收入近似于被“决定”。但是，个人影响不了作为实在物而存在于社会之中的绝大部分思想，不等于影响不了任何人的思想。个人可以借助于多种手段影响他周围的人的思想，尤其是可以影响那些与他进行交易（例如正在商谈雇佣他的人）的个别当事人的思想。例如，个人可以通过说服、欺诈等手段从他的雇主那里获得超过正常水平的高工资，这种事情在人才市场上是屡见不鲜的。雇主也可以抓住某些应聘者的软弱心理，把他的工资压低到反常的水平上。假如雇员认为某项待遇不公平，他有可能忍气吞声地签订雇佣合同，但是，他同时也有可能制订一项发起或参与某项社会运动（例如成立工会）的计划，长期致力于改善员工待遇的斗争——并最终取得成功。从这些意义上讲，收入并不完全是被决定的。对于观察者来说，决定论的方法将会使他的预测发生错误；对于当事人来说，决定论的信念将会使他放弃进行谈判和斗争的机会。这些情况下的决定论都是有害的。另一方面，在任何受到时间限制的具体交易中，成交价格偏离当时所盛行的惯例与社会规范的概率都是很低的；即使发生偏离，幅度通常也很小。这是因为总量与个量在尺度上实在相差悬殊的缘故。主流学者们的自信实际上就建立在这些道理的基础之上。

算法方法不仅扩大了边际决策原理的意义及其使用范围，当然它也同时否定了边际方法的普适性。主要之点在于，真实世界的离散性、异质性以及结构性过于显著，以致任何（边际方法所要求的）理想的数量关系都只能片段地存在，甚至只能存在于某个瞬间。主客观世界中都存在大量的结构性问题需要处理，因而，针对每个具体问题的“最优化”的解法势必就是多种多样的。这些解法混合起来，再次构成了“鸡尾酒”——这种“鸡尾酒”与上述“二元化的收入分配制度”属于同样的风格。在这种情况下，边际投入不可能总是等于边际产出，工资率不可能总是等于劳动的边际贡献，利率不可能总是等于资本的边际生产率；甚至可以相信的是，这种“不相等”的情况必定是相当普遍的，而“相等”才是比较少见的“特殊情形”。

不存在“放之四海而皆准”的简单化的定价规则，因而，也就不存在单一的收入分配准则。这就是算法式的收入分配理论的要点之一。新古典方法硬要把一种特定的方法上升为一般法则，然后又在这个法则之下允许各种“例外”；而算法方法的特点恰恰相反：我们不需要背上这个包袱，不需要对现实世界做出任何剪裁和取舍；我们只是根据各种（主客观的）对象的具体性质以及具体情境，来研究各种情况下的收入分配模式，然后看看我们能够浓缩和提炼些什么。提炼的目的也只是为了有所简化，提炼不出来也不要紧。因为，现实世界在我们面前是具有对等性和对抗性的。

7.4.5 资本与劳动的报酬

从对象的**具体属性**出发，依赖这些属性来进行推演，由此得到的经济学称为“结构经济学”。传统经济学把生产要素分为土地、资本、劳动等几大部分，根据它们各自的具体属性来获得一些结论。这些“属性”要么来自自然物固有的性质，要么来自人的思想在计算成本的压力下所发生的“固态化”或“模式化”效应，要么来自它们二者的结合。传统经济学中包含着丰富的结构性因素。由于这些结构性因素妨碍了新古典经济学达到理想的一般均衡状态，因而都被陆续地剥离掉了。这种剥离在阿罗—德布勒模型中显示得尤其清楚。这突出地表现了新古典经济学“反结构”的本质。现在，我们的任务之一，就是要把结构性因素都还原回来，要把它们予以充分的解放。

在本小节，我们主要推演资本与劳动这两种生产要素的报酬及其变动状况。

当我们谈论各种“性质”的时候，一个重要的含义是说相关对象在某种冲击下将会如何**变动**，因此，“性质”之类的语言其实是在为动态学做准备，它们是服务于动态学的工具。“弹性”“竞争性”之类的词语尤其如此。所以，只谈论“性质”而不发展动态学的做法是奇怪的，把“性质”最终纳入一个绝对静态体系的做法也就更加匪夷所思了。这种做法浪费了人们在动态世界中所发现的各种“性质”。

“资本”的原意是一笔用来做生意的货币，它可以用来购买各种生产资料与服务，支付各种开支；最终，通过出售产成品，换回一笔数额更大的货币。它的特点之一是其数额较大，因而，当它用来购买生产资料的时候，生产资料的规模也比较大。在这里，“数额较多”“规模较大”的含义是相对于作为流量的收入而言的。典型的资本额，通常相当于企业若干年净利润之和。这么一大笔资金投下去，变成了一个“企业”。这个企业作为一个整体在今后若干年间持续存在，其内部各个部分紧密联系，不可随意拆分。不管市场有什么风浪，都必须尽可能地维持下去。基于资本的这一特点可以得出的一个结论是：**资本的报酬有盈利，也有亏损，其波动幅度通常会比较大**。亏损是一种引人瞩目的现象，是需要认真进行解释的。“投资只能基于预期”“投资期间跨度较长”等特征都是造成这种现象的原因。此外，如前所述，利润是各种既定支出之后的一个剩余，是减法运算之后的一个“差”，这一点尤其重要。支出发生在现期，它的金额是确定的；假如它的金额不确定，企业可以利用其使用生产资料的结果来确定供应商报酬的话，利润的波动幅度势必不会这么大。假如特定生产资料的价值是确定的，不随时空条件而变化，或者假如市场是完全的，随时随地可以买进卖出，持有货币与持有实物无甚区别，又怎么会发生亏损呢？

通常所谓的“资本”的另一个特点是可移动；其流动性不仅强于土地，而且，在许多情况下甚至要强于劳动者。资本与各种生产要素在不同的时空环境中进行结合，**而资本的主动性与流动性常常高于要素**。人口固然是可以迁移的，但是，迁移并不是完全自由的（例如中国的户口制度以及世界各国普遍实行的国籍制度）。对于手头资金比较拮据的劳动者们来说，迁移费用构成了一个重要的壁垒。人们通常更加难以舍弃自己在常住地所拥有的人际关系和情感归属。拥有较大资本额的老板们却不一样。相对于他们所拥有的资本额，旅行费用一般并不构成重要的障碍。除此之外，他们还乐意付出代价去搜集信息，发掘商业机会。这就导致了一种局面，**即劳动者们在各地过着相对安静的生活，而资本家们则携带着资本在各地和全球跑来跑去**，试图把资金投在最有生产效率的地方。这么一来，资本虽然有时会发生亏损，但从全社会范围内长期来看，**资本的报酬有可能高于其他要素**——这是对主流的“风险愈高报酬愈高”观点的算法式解读。

劳动力则与资本形成了对比。在经济学者看来，人之所以具有劳动的能力，是因为有一种可以称为“人力资本”（或者人身资本）的东西，它“附着”在人的身体上，与之密不可分。人力资本得自先辈的遗传，又经过后天长期的培养与训练，方才形成。资本首先是货币，而劳动力首先则是实物，它的货币价值是不确定的。这主要是因为它的形成期很长。它的形成虽然离不开对生活资料的采购，却并不完全依靠商品交易，而是依靠自身的努力、教育等等货币化程度较低的活动。当然，这些活动的结果也不完全体现在人力资本的增加上。

人力资本不容易买得到，获得后也不容易失去。除了人的外表，人力资本的其他部分不容易被观察者识别，不像货币或物质资本那样一目了然。这就导致雇主在物色雇员的时候面临着不少困难，容易发生误判。人力资本的人际分布通常比较均匀，除了少数杰出或特殊人士，大部分劳动者的技能都是大体相似的。他们的个性特点固然很重要，但一般都具有相当高的可替代性。人力资本不像普通资本那么容易进行储藏，所以，一个人所拥有的人力资本在数量上也不会比别人多多少。人力资本需要不停地进行维护（例如人每天都要吃饭），其维持费用不仅相当高昂，而且在时间上的要求也很严格。还有，由于人力资本是附着在身体之上的，它便容易得到其所有者的保护；即使法律保障缺位，它也不容易遭到侵犯。它甚至不需要得到法律上的认定，便在暗地里默默地服务于它的主人。总的来说，人力资本不易观察和识别的特点是有利于劳动者的。除了企业专利、雇佣合同中的“非竞争条款”等少数例外，劳动者在工作中所获得的人力资本（信息、知识、技能、人际关系等）大都归劳动者自己所占有。基于保护人权与人身自由的考虑，现代社会更是禁止对人力资本随意地施加管制。与之相反，由于普通资本易于观察和控制，社会施加给它的各种管制也就会比较严格而繁多。不仅如此，因为普通资本位于所有者的身体之外，有时甚至远在其视野之外，其产权的有效性反而要更加依赖于社会的认可和法律的保护。

根据以上特点，我们可以对劳动报酬做出一些解释和推断。**劳动报酬的一个突出特点是要求其在时间上的规则性和稳定性**。工资的金额至少要能够偿付延续生命所需的最低现金支出。最低生活费用的金额虽然不能完全视为刚性的和绝对的，但随着金额的下降，其弹性势必越来越低。重要的是，工资必须定期地、相当频繁地进行支付。工资水平越低，其支付就要越频繁，这是缺少货币资本而不得不出卖劳动的人们的必然要求。现金的匮乏迫使社会底层的劳动者们不得不把自己的工资要求与生活费用**密切地**挂起钩来。无论自己所付出的劳动对企业做出了怎样的贡献，也无论企业的效益如何，工资都要按时足额支付。为了确保这一点得到落实，劳动者们只能放弃他们原本也许可以提出的其他要求。这里没有什么深奥的经济原理；恰恰相反，其他的原理与规律正是据此而衍生出来的。

从事简单体力劳动的劳动者数目通常占劳动阶级的大多数。因为他们的能力彼此差异较小，工资水平的人际差异通常也较小。要想获得较高的收入，就要具备更高的能力。而这又需要事先进行大量的投资（教育、培训、自学等），或者只有在获得较高职位的情况下，从实践中取得这种能力。这就造成了一个矛盾，或者一个“瓶颈”。它把许多有才华的人都终身压制在社会的底层。相应地，由此反过来进行推断，有条件接受高等教育以及有条件在更高的、更广阔的环境中进行历练的人，所取得的收益将会是比较高的。

资本与劳动的不同特点必然表现在其报酬的变动方式的差异上。改革开放以来，随着中国经济总量的快速增长，城市经济也快速地吸收着农村的富余劳动力。然而，由于富余劳动力的存量过于庞大，导致普通劳动阶层的工资水平上涨缓慢，其占国民收入的比例持续下降。① 这段时期是下海当老板做生意的黄金时期，因为收入增长中的较高部分都被企业主拿走了。在这个过程中，工资率基本上不对劳动的边际产出做出反应。这种状况直到近年才有所逆转。

西方世界也经历着相似的过程。20 世纪后期，冷战的结束加速了全球化进程。全球化的首要推动者是资本。发达国家的资本抢先走出国门，进入各个发展中国家和前社会主义国家，在那里带来了经济繁荣和人民生活水平的提升。可是，这却使得西方经济体逐步发生了“失血”现象，廉价商品的进入使得本地产品滞销、工厂关闭和工人失业。然而，工资水平却不能相应地快速下降，**其下降的步伐不足以刺激本地产业的复苏**。这是一个相当缓慢、且颇为令人痛苦的负向循环过程。如今，在全球性危机的压力下，西方劳动阶级更加陷入了困顿之中。尽管名义工资率仍然是中国等发展中国家的数倍，但由于生活费用居高不下，工薪阶层的生活仍然是拮据的。与之相对照的是富人阶层从全球化进程中大获其利。在收入的增长中，资本的收益一定会占据较高的份额，事实上也是如此。

在一个像中国这样快速发展的经济体中，人们都忙于去追逐自己的财富，通常对于收入的公平性问题不十分在意（风气近年已经显著地改变了）。实际上，这里的市场是相当凌乱的，无序的、不公平的、不合理的、偶然的、奇异的现象比比皆是。换句话说，这里市场的**均衡程度**（有了算法的基础，我们就可以合乎逻辑地使用这个“柔性”的词）比较低，收入的均等程度也比较低。同样的逻辑可以得出的另一个结论是：在发展缓慢的、相对静态的经济体中，人们更加关注收入的公平性问题，那里的收入均等程度当然也就比较高，“一夜暴富”式的发财梦也就很少有机会去实现。我们可以用这样的眼光来对比观察东西方社会中的诸多现象。

7.4.6 激励与约束

行文至此，我们有必要插入一个小节，来专门讨论一下“激励与约束”这个议题。

“激励与约束”是一个广受关注的经济议题，它不仅是一个管理性的议题，也是一个体制性的议题；然而，这个议题其实是十分“算法”的。

激励与约束问题首先意味着那种把制度视为某种可以客观无误地加以“决定”的新古典观点是站不住脚的。鉴于知识的有限性，我们从对客观世界的分析中不可能简

① 参阅龚刚、杨光：《从功能性收入看中国收入分配的不平等》，载《中国社会科学》2010（2），54–68。

单地推导出某种唯一的制度体系，使之可以用于指导社会完美地、顺畅地运转下去。我们往往处于类似这样的境地，即站在一个空旷的广场上，可以东南西北地任意行进，这时我们却不知道究竟该去往什么地方了。这就要求我们要进行主观的“设计”了。可是，在设计能力与对制度的实施能力均有限的情况下，制度又是需要进行简化的。具体到收入与财富的分配方面，鉴于自动的、完美的分配机制是不存在的，因而社会采取了这样一种简化的做法：按照若干为数十分有限的规则来确定收入；只要符合这些规则，在大部分情况下收入可以全部归已；在此基础上再建立例外规则，对某些明显的分配不公进行调整。获取收入的方式是无限的，而所要承担的法定责任则是有限的，甚至是明确列举的。用个不太雅致的比喻：这就好比在草原上放羊，草原很广阔，可以任由羊儿奔跑和觅食；但是，建立了某些例外和禁令，某些地方扎了篱笆，某些地方不许羊儿涉足。这些约束性规则都是相当强硬（甚至无情）的，一旦违反，就会遭受惩罚，而惩罚通常是普遍的、整齐划一的和非歧视的。换句话说，**市场经济体制对于收入的获取是相对开放的，而对于成本与责任的承担则是相对封闭的；这两个方面组成了一个整体性的体系**。

假如人的行为不具有自由度、主观性和不确定性，就没有必要进行激励。假如社会系统对于当事人的特定努力能够做出即时的、明确的、充分的和易于观察的反应，也没有必要去激励当事人。对当事人的激励意味着，在某些个人或组织将另一些当事人行为的成果据为己有的情况下，为了促使后者继续做出这些行为，而自愿将这种利益中的一部分与之分享。前者将广泛的、结构性的、**不明确的**利益转化为单一的和**明确的**利益支付给后者，或者将**滞后的**利益转化为**即时的**利益支付给后者。在较少的和极端的情况下，行为者所获得的也有可能超过他的实际贡献，原因之一在于支付报酬的人预测失误，原因之二则在于试图以加大的奖赏来引诱其他人跟进。后一种情形本质上是一种财富的再分配，即以后来者的贡献去补贴先行者。

由此可见，激励是人为建立的收入流和利益循环机制。信息的类型、明确性、及时性以及时空条件的存在实际上在这里扮演着重要的角色。“激励”就好比悬挂在动物面前的一根胡萝卜，引诱它来进行追逐。这根胡萝卜原本并不存在（或者即使存在，也不那么鲜明诱人）。在它悬挂上去之前，不存在如此清晰的信号，如此明确的诱惑。**这种诱惑是人为设置的**。对于理性有限、因而常常陷入无所适从境地的人们来说，这就提供了一个可靠的目标，他们只需要去追逐它就行了。这种追逐意味着对于当事人原有目标体系的改变（甚至扭曲），意味着“弃其他因素于不顾”和“急功近利”。

如前所述，包括货币的使用和有限责任制度的实行等方面在内，市场体制为人们设置了相对单一的目标，就是追逐货币收入；并且，对货币收入的确认一般只需要遵循一些简单的规则就可以了。例如，拥有货币即可以大体上保证得到各类生活资料，只要向他人支付货币就可以买到自己所需的东西，而工商业者只需要依法缴纳明确规定的税收，余下的货币收入就可以全部归己了，而不必再担心自己的收入再遭到他人的索取，等等。不管个人行为的实际影响有多么复杂和久远，市场经济都把由此所引起的责任分割得相对简单、直接而及时。这就激发了**视野有限**的当事人的工作热情。

然而，另一方面，可以推测的是，这种“单兵突进”难免要引起某些消极的后果。收入的分配方式过于简单，留下了多种多样的“空子”可以给当事人去钻，由此难免造成分配不公。有人得到的过多，有人得到的过少。于是，收入再分配机制的建立也就是必要的。无论对收入具体怎样进行再分配，再分配机制在原则上恐怕也就不能避免。其次，工商业活动的其他外部效应也有可能需要进行调整，例如对环境的保护以及对拜金主义风气的纠正，等等。社会将这些消极影响一一加以识别，并把消除这些影响的相关责任分摊给当事人。当然，同时，由于社会管理组织进行因果分析和责任分派的能力是有限的，因此责任的分派不可能十分精确，而在任何特定的历史阶段中，这些消极影响不可能统统加以消除，于是只能听之任之。

在经济学文献中，“约束”这个词首先是指权责利的对应关系，强调享受利益的同时要承担相应的责任。其次，它也含有这样的意思，即权责利对应关系要**直接而及时，要多建立短线的关系**，不要赋予当事人过度的信用和信任；所使用的资源量要有所限制，**不要试图建立过于长线的交易关系**，等等。在这种意义上，它又是对“贪心算法”的一种运用——由施放信用的人向接受信用的人执行“贪心算法”——也即把当下的、现场的利害关系置于长久的和遥远的利害关系之前。我们已经说过，倘若忽略当事人的寿命限制，按照新古典主义的原则，信用其实是可以随意地进行施放的，因为利益循环关系将是无限的，一笔贷款损失了，可以由另一笔贷款来进行补偿，所以，如果我们不能理解当事人的真实处境，不能理解具体收支关系相互对应的重要性和优先性，就不能认识到限制个体经济活动规模与期限的意义，从而也就无法理解“约束”这个术语。

“约束”的近义词之一是“惩罚”。有加速的奖赏，就有加速的惩罚，否则用来进行奖赏的资金就无从所出。所以，无论在组织之内还是组织之间，我们都可以观察到财富分配具有一定的两极分化趋势。这是自由市场的一种内在趋势，这种趋势与平均化的趋势相互并存。这种双重的机制既引起当事人追名逐利的冲动，也给他们投下恐惧感。对于胆小怕事的本分人来说，他们工作动力中的恐惧成分常常要大于逐利的成分。

最后再补充说明一下：以上论述并不意味着社会只能采取“诱惑”与“限制”这两种“粗犷的”方法来调整当事人的行为。制度有时候也会详细规定当事人如何作为，而不留下多少选择的余地。这就好比让火车只能在铁轨上行使。在多样性与混合性的环境下，我们同样不能否认或忽视这种情形。

7.4.7 略论不平等

算法世界中的一个必然现象，就是收入与财富的不平等。这种“不平等”是指相同的要素在不同的情境中所获得的报酬不相等，而且，这种“不相等”按照某种通行的伦理准则来判断，对这些标准是有所违背的。在算法世界中，**无论具体定义了什么样的“均衡”，都可能会发生对这种“均衡”的偏离；不管我们具体设想的状态有多么不规则，实际的状态都可能比它更加不规则**。当所观察到的现象与所采用的标准（科学原理或规范准则）不一致时，“不规则”“不均衡”与“不平等”就都有可能发生。“不平等”则是与伦理准则相联系的一种“非新古典的”效应。

现象与标准的冲突可能表明现象“错了”，也可能表明标准“错了”。前者意味着客观世界需要改造。这种改造如果最终成功的话，当事人将会自愿接纳被推广的标准。后者则意味着科学理论或者伦理准则需要完善，需要重建。我们不否认对于大多数现象的判断都是比较容易的，但在某些尖端问题中，人们的观点并不一致，其内心的信念也不够坚定。即便社会科学家与伦理学专家们自己，往往也是如此。部分原因在于，思想的运动速度总是不与客观世界相等、同步；思想有时候跑得更慢，有时候跑得更快。后者意味着，我们的大脑总会空想出某些理想的状况。我们看到现实，就忍不住要对它进行一番“计算”，总想延伸和发挥它，于是就往往对现状不满。而且，由于某些“空想”最终的确成功地转化成了现实，因此，就连我们所设想的东西究竟是不是“空想”，通常也并不确知。

下面就经济体系中具体的不平等问题作一些简要的论述。

首先，财富的分配很难做到完全平等。自然资源地理分布的不平等本身就是一种自然现象，由此造成的“人造财富”也就不可能完全平均地进行分布与分配。财富在地理空间、国家、人群、行业、企业、社区、个人之间的分布都不是均匀的，并且不断地聚合、分散和变化着。各人天资的差异同样如此。财富分配的不平等是与生产资料的私有制相联系的，而私有制的合理性又与个人计算的独立性以及有限理性密切联系着。在知识有限与“主观性林立”的情况下，以下问题是突出的：假如把所有的生产资料归公共所有，对这些资料将如何来进行运用呢？按照谁的意见办呢？这是现实世界曾经历史性地面对过的大问题，从中产生过极其沉痛的教训。从这个角度来看，实行私有制是具有多方面的重大好处的。例如，私有制意味着让不同的头脑来分别支配一定份额的生产资料，展开智力竞赛，从而有助于发现（相对）正确和有用的知识。可以相信，与公有制相比，私有制所进行尝试的丰富性与活跃度势必具有非常重大的提升。虽然当财富被无知的、低能的、懒惰的和失败的人所支配时，会造成一定的浪费，但这部分浪费在统计上可以由财富管理的成功人士所弥补——相信此后必定还能保有较多的剩余。社会无法准确地鉴别每个人进行财富管理的“资质”，所以也就采用诸如继承遗产之类的简单规则来分配财富。

其次，财产的私有制与收入分配问题是相辅相成的。财产私有以后，人们也就可以据此来分配收入。对收入的获取是财产的一个基本功能。这个功能得以实现之后，所有者把财产投入生产的积极性也就大为提高了，就有动力把财产投向能够产生最高效益的地方，对财产的运用也就合理化了。另一方面，收入的积累必然形成财产。假如（像计划经济体制那样）实行生产资料的公有制，就会造成一个问题，即劳动者除去消费之后的储蓄如何转化为投资呢？如果允许自由投资，普通民众也就会不可避免地积累起私有的生产资料，这将与生产资料公有制相矛盾；如果不允许，则就会造成财富的浪费。此外，以算法的视角观之，“生产资料”的外延是十分丰富的，它远超普通的物质资本。国家可以禁止物质资本的私有，却不能禁止人力资本（以及通常所谓的“社会资本”）的私有，这就势必造成逻辑关系的混乱与实际管理中的失序。

“生产资料公有制”的想法是与下述思想密切联系在一起的：防止竞争的结果（收入）再转化为竞争的条件（财产），以此方式来促进财富的平等。人们基于过去的成就来开创未来，这是发展的一个基本的和主要的手段。在算法框架下，这一点显示得尤其清楚。这种正向的循环每时每刻都在每一项行为中发生着，它本身是不需要也绝不可能加以禁绝的；否则，人类社会也就与发展无缘了。不过，另一方面，在个人命运的演变中，这的确是造成“富者恒富”的一个重要原因。一个成功实现脱贫致富的人，通过实行审慎而恰当的策略，充分发挥其所具有的财产优势，很可能就会长久地保留在富裕阶层之中。这是一种明智，是主流价值观所容许甚至称道的。可是，问题在于，对财产优势运用的某些方面，被社会认为是不恰当的，以致构成了“滥用”。例如，有钱的人可以运用钱财去进行各种收买；可以收买选票，贿赂官员，制造公共舆论，影响政府的政策。有钱人还可以与民间的黑恶势力相勾结，为非作歹，伤天害理，鱼肉百姓。这不仅是历史事实，而且在当今社会仍然广泛地存在着，这就危害了竞争的规则与竞争的环境本身。金钱的力量如不加以控制，它就有可能是破坏性的；这是社会付出了重大的代价才认识到的道理。这是一种负面的边际效应。

解决这个问题的办法，已经由现实社会给出了至少两个答案：一是生产资料公有制，二是以累进所得税、转移支付与社会保障等手段为主的政府调节。后者不改变所有制形式，而是援引公共财政的历史传统，求诸事后的、边际性的再分配措施。它不改变市场经济的大框架，力图通过对资本的权利施加一定**程度**的限制，来**缓解**社会矛盾。第一种方式是为了防止分配不均，直接限制和更改“蛋糕”的生产方式（结果减少了生产数量）。第二种方式虽然允许“蛋糕”照旧生产，但却在生产出来之后把其中的一部分拿走了。既然会遭遇这样的“下场”，反过来，生产“蛋糕”的积极性也就会遭到削弱。这两种方式孰优孰劣呢？

算法原理的意涵在于，它首先可以用来显示此类实际问题的解答的复杂性。多种正反因素结合起来，其最终效果如何？**这里不存在什么“原则性的”答案，只是程度与数量的冲抵和比较**。解答的方法可以有两个：一是模拟，二是实验。好在关于上述问题，现实社会已经通过实验给出了一个相当可靠的答案，即大体说来，第二种方式优于第一种方式。在第一种方式下，或早或晚，经济活动将会发生严重的萎缩与不协调。但第一种方式并不是绝对没有价值的，尤其是在中国当前的经济形势下。对此的进一步探讨和改进意见，将在第 9.3 节论及。

7.4.8 略论不平等（续）

金钱刺激的边际效应是递减的，这可以作为一条重要的社会科学原理。现在我们就来具体看一看，这种边际效应递减在真实经济中是如何发生的。

一个人为了养家糊口而奔波，其工作的动力是毋庸置疑的。用俗话来说，这叫做"火烧屁股，没得选择"。随着收入的增长，生存问题的紧迫性得以缓解，个人所面临的选择也就增加了，偏好、价值观与智慧的因素开始发挥作用。这时候，有的人抓住机会，勤勤恳恳，继续奋斗；有的人则开始好逸恶劳，得过且过。在这个阶段人们的收入差距开始加大。当一个人变得巨富以后，其所拥有的财富数量势必远远超过生活的需要，消费品的边际效用递减致使财富几乎成为多余。但是，俗话说："闲着也是闲着，不如干点儿什么吧。"财富的增加总会或多或少地提升个人获得幸福的潜力，于是，许多富人仍然乐于兢兢业业地打理自己的产业。

现代民主与法治社会已经在很大程度上切断了富人以近乎破坏性的方式来挥霍财产的渠道，使富人几乎变成了"财富的看守者"。这些财富登记在他们的名下，他们可以自由支配和消耗其中的一部分，余下的则为社会所使用，服务于整个经济体系的运转（尽管其收益仍然归属于财产所有者）。财富的货币化衡量削弱了他们（在传统的封建社会中通常会有）的虚荣心，使他们更在意浪费行为，从而对财富的照管更为周到。公有制的惨痛经历使我们认识到，私人经济能够照此简单的模式持续运转下去，是相当令人满意的，甚至简直有些神奇。富人所消耗的财富通常是其所拥有的（从而所管理的）财富的一小部分，这笔"买卖"不可谓不划算。假如所有富人都不顾后果地挥霍他们的财富，或者一般选民（丧失理智地）决意通过投票剥夺富人的财富，则经济体系都是不可能如此健康地运转下去的。所幸的是，这些情况都没有发生。这体现了真实当事人的明智和远见。

金钱刺激的边际效应递减的另一层含义是，**社会要把对人的刺激与对人的关心适当地结合起来**，而不可以一味地固守保守主义的自由放任原则。对于极端弱势的阶层来说，经济激励使他们对社会做出的边际贡献，也许不如救济与援助的效果好。对于可选择项很少的人，增加刺激也无法使他们做出更好的选择了。这时候，以某种方式输送资源给他们，不仅可以减少他们因为反抗或堕落而产生的破坏性影响，还可以培养他们的能力与才华，从而使他们对社会做出重要的贡献。这就是说，**无论刺激、约束还是关怀的政策，都要适度，都要因地制宜，并且要形成某种组合。**①

劳动阶级并非没有任何优势可言。劳动与资本的较量，首先要看要素比例、要素各自稀缺的程度、技术条件、增长速度等诸多"纯经济的"因素。如果资本过剩，人口稀缺，劳动阶层也就可以迎来属于自己的黄金时代。这种时代在历史上不时地出现，并且大都延续得颇为长久，中国很可能正在迎来这样一个时代。这时候，资本的

---

① 卢梭的名言"没有一个公民富得足以购买另一人，也没有一个公民穷得不得不出卖自身"（[法]卢梭：《社会契约论》，北京：商务印书馆，1980年，第69-70页）实际上就表达了这样的意思。

收益不断下降，而工资却节节攀升。中产阶级过着轻松愉快的生活，而老板们却陷于拮据和煎熬的境地。主流学者们说，资本承受着较高的风险（如果不放在算法的环境中，“风险”这个词便是干巴巴的），因而其平均回报也较高。这个结论也许可以同意，但是，与劳动阶级不同的是，资本收益却不够稳定；在极端情况下，即使发生了亏损，也要硬着头皮经营下去。资本家所要进行的操持，其常年所经受的心力消耗，一般劳动者并不曾经受，甚至也不曾了解。——我们已经说过，资本与资本家本人所要付出的管理性工作之间的不可分性，应当视作“有限理性”的一种后果（或者一种表现），因而，这是一种算法式的效应。

在算法世界中——从而在真实世界中——不平等的发生既是容易的，也是普遍的。例如，“运气”就是一个重要因素。有大量我们无法详细解释（甚至也不必追求详细解释）和区分的“偶然情形”，都可能造成贫富差距。个人会因为运气好而发财，这种事屡见不鲜。可是，假如我们注意到把送上门的运气“踢出门外”的大有人在，也就可以推测出来，有幸致富的人所依靠的绝不仅仅是运气。在大体相似的外表下，人们之间往往是有重大差异的，只是，因为这些差异主要是思想性的，外人无从了解而已。对于普通的朋友，人们往往连他们工作的努力程度都所知甚少，何况看不见、摸不着的思想？“某些能力只有在岗位上才能获得”是一个算法式的道理，它表明了知识体系在结构上的松散性，表明我们不可能事先书本化地提炼出所有的知识。这个道理更是表明，机会不可能完全平等地进行分配。某些头脑机灵的人，特别留意去抓取稀缺资源，培养独门绝技，并在生意中采用诸多技巧甚至“诡计”，以图增加自己的收入。这些行为不一定就是敲诈勒索，但它与敲诈勒索运用着同样的原理。成功者的发展轨迹在某些情况下的确是加速的，但是，社会无法对之一一进行甄别，无法确切地界定哪些手段是正当的，哪些不正当，所以也就只好听之任之了。

效率与平等不可能完全地统一起来。因为，这是人们**分别**用两把不同的尺子来度量同一个对象（也即现实经济体）的结果。这两把尺子都是单纯的，要么体现了衡量手段的简单性，要么则体现了人们凭空的想象。人们观察到某些理想化的平等状态，又（在另一些情境中）观察到某些理想化的高效率状态，然后，人们意志主义地要求同一个对象同时符合这两个标准，这怎么能够实现呢？即使部分地实现了某些目标，人们还会要求更高的目标。所以，只要我们理解了算法人的思维方式，也就能够理解，这里内在着、并且时时内生着一种不可能性，因而，效率与平等的一致化进程是没有止境的。

人们未必喜欢完全的平等，因为，人们既不想被别人所超越，同时又想要超越别人。俗话说，“人心不死”，“欲壑难填”。假如人们总是平等的，至少会有一部分人不满意。所以，在一定的意义上讲，“不平等”本身就是一种目标。如果竞争的结果总是平等的，那竞争还有什么意义呢？“竞争”不就成为了一种骗局吗？又有谁还愿意参加竞争呢？竞争实际上就建立在“要比别人强”这样一个颇为单纯、直接、天真甚至有点儿盲目的价值观之上，这可能是主流学者们所认识不足的。“贫富差距”

之所以成为一个问题，是因为在人们看来，“财富平均分布在人们中间”与“财富的人际分布不平均”具有不同的效率含义和经济社会意义。这意味着这个问题的根基是“个人”“他人”“人群”这些概念在理论上要具有不同的、**非线性的**意义。鉴于新古典主义在方法上是取消“个人”的真实意义的，因此，主流经济学不能有效地讨论贫富差距问题，也就不足为怪了。

7.4.9 略论就业

关于就业的种种算法式的道理大都已经在前文中进行了论述，这里只作一些归纳、补充和复述。

就业问题系指劳动力与生产资料在质量与数量上是否相互匹配。这个问题之所以是一个重要的经济问题，是因为社会采取了把个人收入与其努力或贡献**相挂钩**的制度，因而大多数人的收入都仰赖于就业。对就业的关注是制度层面的一种特殊态度。人们集中精力关注这种要素是否得到了充分的利用（从而劳动者得到了赖以生存的收入），却常常忽略其他要素（例如自然资源）也存在类似的问题。只有从这种对比中，我们才可以深入理解就业问题的性质及其可解决的限度；因而，这个对比是值得再次提及的。

主流经济学所强调的是，劳动力存量的存在将对企业造成一种压力与诱惑，使之设法采用或发展与劳动力状况相适应的技术，配备适当的生产资料，从而将存量劳动力予以充分的利用（均衡），以便谋求最大经济效益。可是，“每个人受到地心的吸引”这个情况并不表明，我们现在都“团聚”在地球的最深处。同理，上述趋势的存在也并不表明，充分就业总是能够实现。这是因为，主流学者忽视了与“引力”相反的其他一些力量，这些力量阻止了我们滑落到地球的深处。

在这些力量中，首当其冲的就是需要认识到，“失业后备军”（也即“自然的失业”）的存在是必不可少的。由于雇主与雇员的相互寻找需要时间，因此就需要建立一个劳动力的“周转池”。这是算法框架下可以一目了然的一个推论。“失业后备军”的概念还可以扩大，可以把任何由于人力资本或产业结构调整所产生的失业都包括进来。由商业周期所导致的失业也可以包括在其中。除此之外，还有这样一层意思：即使忽略了所有的“调整过程”，存量劳动力与生产资料之间是否就可以完全相互匹配呢？我们略微思考一下就可以发现，答案只能是不确定的。

人口与生产资料都是在有所区别的环境中**相对独立地**产生或成长的（扩而大之，我们其实可以说，任何对象都是如此），因而，它们之间的匹配性永远都会是一个问题。我们不能（也没有必要）预设或预先断言它们将会完全匹配（或者完全不匹配）。例如，一对夫妇可能因为避孕失败，意外地获得了一个小孩，那么，究竟小孩出生前的状况将与现有的生产资料完全匹配呢，还是小孩出生后的状况完全匹配？一场地震可能会损毁大量的生产资料，究竟是地震前的状况还是地震后的状况将会实现充分就业？除非我们说，避孕的失败或者地震的发生都是“预先注定的”或者“被决定的”。这就近于毫无意义的胡说了。

再考虑技术变化的因素。要素价格固然会对技术开发的方向产生引导作用（例如有意识地开发劳动密集型技术），可是，这方面努力的效果是有限的，不可能出现“市场上一有多少失业者，就立即开发出可以吸收多少劳动力的新技术”的理想情况。技术开发方向的选择还受到各种其他因素的吸引，它尤其着重于追求生产作业的效率，而不仅仅是为了增加人手，减少资本。这就导致新技术的出现看上去似乎是比较独立的和偶然的；至少，技术进步的速度不会与经济社会对这些进步的调适速度相互一致。假设明天突然出现了一种技术，只需要极少量的人员参与生产，就可以生产出当前所需的全部消费品，那么，“充分就业”这时候还能实现吗？主流学者可能会说，失业者可以通过降低报酬要求，重新参与到生产之中。可是，这些工作也许相当轻松，以致增加人手所带来的便利可能完全被企业漠视，而由此造成的管理上的负担企业却很介意。这种边际效益的递减将会阻止企业增加人手，或者只能容许增加为数很少的岗位。类似的道理是很现实的。通过缩短周工作天数和增加假期的方法来刺激就业机会的产生，是一种常用的就业促进措施。但是，在结构性的世界中，这个手段的作用同样是有限的；否则，仅此一条，就可以实现充分就业了。由于缩短周工作天数的方法减少了产量，因此它还具有减少工作机会的倾向。主流学者可能还会说，由于这时候劳动力大量地闲置，他们必然还会发展出其他供给与需求，从而产生新的经济循环系统；可是，在原有生产资料已经被占用的情况下，这又需要多久才能实现呢？失业者的生命能够维持到那一天吗？

这个假设的情形可以用来表明，“充分就业”的实现其实是没有任何保障的。尤其是在算法框架下，我们可以清楚地看到新技术出现的不可避免性。新技术往往会对就业产生排斥的效应：不是排斥生产中所采用的劳动力数量，就是排斥低素质的劳动力，要求劳动者进行再培训。在这个图景中，一般均衡论所起的作用是：断言市场机制的调整可以压倒技术进步，从而使收敛过程持续下去。这又有什么根据呢？

而且，有了算法理论以后，我们也就可以认识到，新技术的发现过程可以视作（由指令与数据所组成的）思想体系内部的**调整过程**，这个过程与市场调整过程是类似的，它其实可以视作整个市场、整个社会以及整个世界的“内部调整过程”的一部分。“组合爆炸”的视角使我们认识到，“调整”仅仅就是“调整”，它本身并不必然引起收敛，因而不能与之混为一谈。“调整”不能保证必然产生一般均衡与充分就业的结果。“调整”引起就业时而增加，时而减少；劳动力时而短缺，时而过剩；仅此而已。一种具体的生产体系，不能保证能够全部雇佣当时社会所存在的劳动者。一种比较稳定的、少有变化的、存在较久的生产体系，其与劳动者群体的契合度（由于针对既定目标持续地进行调整）将会较高；出于同样的逻辑，一种不稳定的、活跃的、变化多端的经济体系，其与劳动者群体的契合度将会较低。我们可以根据对每个具体情境的了解和分析，来推断那里的失业率将会上升、下降还是持平，但是，我们不能**一般性地**说，任何具体的经济都将前往均衡状态。这样的理论不仅没有道理，也是无用的。

我们不再去往“一般均衡”这个分析的目标了，我们将忘记这个目标。历史的所谓“目的”与“最终结局”已经被撕碎和扭曲，而融化在每一天的过程之中了。一个关于时间与过程的理论，这就是一切。我们只是观察世界，描述世界，分析世界，预测世界，并且——在我们认为必要的时候——干预世界。我们现在没有“看不见的手”这个“总任务”了，这可能让我们感到有些失落和茫然；我们宁愿保持这种无所适从的感觉，然后再来重新思考和发展“经济学”这门学科的目标与任务。如前所述，这反而有可能得出更加积极的结论。

7.4.10 略论就业（续）

失业的不可避免，还与劳动者对于工作性质、工作条件以及劳动报酬要求的变动性有关。劳动者会根据自身财富状况以及市场情况的变化，随时更改这些要求，重新安排自己的生活，从而使得劳动力市场的供需情况在大多数情况下处于要么“轻微过剩”、要么“轻微短缺”的状态；虽然不能实现充分就业，通常也不会过于失衡。

我们曾说劳动者通常是比较被动的，缺乏雇主所表现出来的灵活性和机动性，这是相对而言的。另一方面，劳动者与雇主和商人们一样，也是一个经营单位。他消费商品，生产出劳动力，然后又向企业贡献出劳动力，获得收入；如此循环往复。在每一个环节上，他都要权衡一下利弊，适当地调整一下决策与行为。假如工资报酬较高，他便倾向于多劳动，以图增加收入。然而，收入的增加提高了他所拥有的财富水平，令他可以过舒适的生活，他又会降低工作的动力。这两种效应结合起来，其总效果不能一概而论。各因素的非线性变动导致总效果的变动也是非线性的。可以设想，一个一贫如洗的人只能努力去工作。收入越高，他工作的劲头儿就越大。直到收入水平超过了消费的需要之后，其工作动力才会减弱。此时，工作的动力已经转化为为未来进行储蓄了。个人储蓄的上升将促使他去投资，投资收益的增长又将进一步削弱工作的动力。

这就意味着，我们不仅要把个人看作一个经营单位，还要看作财富的拥有者和投资者。一个自食其力的个人，其收入仅仅足够满足消费开支是不够的。在有时间的环境中，他要为假期、失业期间、患病期间以及晚年生活进行财务上的储蓄。“均衡的”工资水平，绝不仅仅包括工作期间的消费开支。若果如此，那就表明工资水平太低了。如果整个市场的工资水平都是如此，该水平就是不可持续的，只能视作一种暂时情况。这个推理可以用来说明，一般而言，作为一种“典型情况”，就业者必须被假定为是拥有财产的，因而他不仅对于失业是有一定承受力的，而且还可以对自己的生活、职业发展和人生历程进行主动的和积极的谋划。

再考虑到劳动者要赡养老人，供养家庭（妇女与小孩），就业者需要拥有的财产额也就更多了。劳动者对他人的供养可以免于使他人去就业。扩而大之，社会性的转移支付、慈善、馈赠与社会保障机制都可用于为缺乏收入的人提供收入，从而使之免于就业。宏观地看，我们可以推测，在任何一个工作时间之内，真正在“工作”的人口其实只占相当小的一个比例。这可以算作一个常识，但这个“常识”可能已经出乎主流经济学文献所施加给我们的印象，它提醒我们要从更广阔的、全社会的和跨年龄的角度来全面地看待就业与收入流转的问题。

就人口来说，人类社会是一个新老交替的、循环流转的系统，我们需要习惯于从这种动态的角度来看待经济现象。人会生老病死，他只能在特定的年龄阶段和特定的健康状态下就业。任何收入都首先立即形成财富存量，这种存量支持他在不工作的时候进行消费。白天的收入就是在为夜间的休息进行“储备”，工作日也是在为假期进行储备。儿童、妇女与老人如果不能得到经济支持，就不能生产出新的劳动力，现有的劳动力在衰老之时也就无从替代。老人可以照管儿童，操持家务，他们在经济社会事务中都扮演着重要角色。老人如果不能得到适当的照顾，中青年人也就会对自己的未来产生忧虑。从这些意义上讲，家庭首先是一种经济组织，它是收入再分配的基本形式，它承担着重大的经济职能。

动态视角的一个自然的后果，就是势必要把人口问题纳入分析框架之中。在避孕技术发明之前，人口的繁殖在相当大的程度上是一种自然现象，这造成了贫困和发展的缓慢。相关论点已经由马尔萨斯先生做出了著名的阐述。避孕技术的发明是人类发展史上的大事件，它使得人们可以理智地控制人口的出生率，争取在人口的出生、养育及其经济利益之间建立起平衡关系。当然，由于今天的劳动力供给是由二十年前的生育决策所给定的，而今天的生育决策也只能影响二十年后的劳动力市场，这么长的时间跨度就有可能造成误判与错配。尤其是当“计划生育”变成国家的公共政策的情况下，这种错配可能就会更为显著。建国后的高速人口增长导致中国最终实行了严厉的计划生育政策，该政策目前正在遭到深入的反思和纠正——因为儿童占总人口的比例已经严重下降。中国经济未来不仅面临着劳动力的不足，而且面临着严重的老龄化问题。为一种人口结构而建立的资本存量，又要为另一种相当不同的结构而进行调整，这势必造成经济上的浪费。

从长期来看，避孕技术以及由此而来的生育的理性决策可能会造成世界人口的持续萎缩。这个趋势已经在发达国家延续了多年。在发展中国家中，传统习俗的力量依然很强大，所以，随着这些国家人均收入的增长，世界总人口可能还要经历一个爆发的阶段，然后才会转入下降。年轻人通常贪图享受，不会居安思危，因此，在传统社会中，生育率的保证建立在老年人的劝导、政府的鼓励以及宗教约束的基础之上。有些学者把这种带有强制性质的社会安排称作“集体理性”。如今，随着家庭走向衰落，“集体理性”则体现为公民福利与社会保障系统的日益发展；这两者相互依赖并相互强化。可是，生育率如何来保证呢？这变成了人类所要面对的长远问题。另一方面，平均寿命的延长（以及生命科技所追求的人类可能“长生不老”的前景）又缓解了这一问题，使得总的局面变得更加不确定了。

最后，我们再略微论述一下工会以及有关的雇佣条款。市场经济体制的精髓之一就是保持众多个体处于自由独立决策的状态，因此，它具有反垄断的倾向。可是，在涉及就业问题时，人们却曾经认为这里可以允许例外的出现。发达国家曾经普遍给工会提供了反垄断法的豁免权，鼓励工会的规模发展得更大。在工会的保护下，工资逐渐丧失了弹性，企业解雇工人变得异常困难。工薪阶层只想过无忧无虑的生活，试图把企业经营的风险与焦虑统统甩给企业主去承担。这种僵化的就业体制曾经对宏观经济产生了消极影响，导致经济的稳定变得更加困难。对在职者的过度保护对于失业者也是不公平的，这将使他们找工作更不容易。各个社会组织的权柄总是握在在职者的手中，这同样属于利益集团的操纵活动。如今，在全球化的冲击下，西方的劳动阶级变得更加脆弱，实际上这也可以理解为这种僵化就业体制的一种恶果。假如工资是灵活的，雇佣条款不是那么僵硬，就业市场的调整也许早早就可以开始了，就不至于造成目前如此猛烈的震荡。劳动阶级与弱势阶层都要得到保护，但是，如何进行保护，又如何避免因此而对经济效率造成伤害，还需要人们继续进行探索。

有关的算法式建议，我们将在第四篇提出。

7.5 经济的有序、无序与变动

7.5.1“经济秩序”的含义

自第六章以来，我们先对经济体系作了比较简短的总述，然后分别论述了商品、投资、生产、企业、消费、交易、货币、分工、区位、收入、就业等方面。这些议题大体上与传统的微观经济学相对应，尽管其内容存在着重大的区别。从本节开始，我们将重新回到对经济系统的总述；我们将把经济系统看作一个整体，看它如何发展和变化。这些议题大体上与传统的宏观经济学相对应。当然，其内容也与之存在着重大的差异，而且，我们的逻辑和论述都是连贯的，而不是像传统的微观经济学与宏观经济学那样相互脱节，泾渭分明。

古典与新古典经济学家们所着力表达的一个意思是，经济体中存在着一种可以称之为“秩序”的东西。“经济秩序”这个词主要为德国以及奥地利的经济学家们所使用，但它实际上表达了英美系学者们的心声。“秩序”一词的意义需要有所探讨。笔者认为，一种有“秩序”的对象，它至少包含着三个特征：1. 不矛盾，不冲突。“自我否定”“自相矛盾”不能称作一种“秩序”。2. 是成功的或有益的。某个对象，虽然其内部很一致，但却是（无论对谁而言）失败的或有害的，也就不能称作“有秩序的”，因为，“秩序”大致上是一个褒义词。3. 是人**有意识地安排**出来的。当我们说某对象“有秩序”时，其实我们首先是在说它是人为的产物，受人的控制与指挥，按照人的意图来运转。其次，在隐喻的意义上，即使我们知道该对象在整体上并未受到某些特定个人的指挥，我们仍然假设它是受到指挥的。例如，宇宙的运转中存在着诸多规律，我们说宇宙是“有秩序的”，是因为我们自己可以支配物体进行某些形式的运转，而宇宙的运转恰恰与这些方式相类似（或者可以相比照）。无论我们是否信仰神灵，我们都是在这种对比中来进行理解、描述和判断的。

当亚当·斯密讲述经济体系的时候，他显然正是这样做的。斯密认为，在看似混乱的外表下，经济系统中存在着一种秩序，一种整体的合理性。在这一点上，斯密说得非常“露骨”。他认为存在一只“看不见的手”，在指挥着一切。“手”的引入，既避免了直接承认上帝的存在，又避免了过度的拟人化。这个说法甚至有点儿“狡猾”。它的极为微妙的地方在于，它既贬低了个人的理性，又以一种迂回的方式褒扬了个人的理性。在我们面前的活生生的个人看上去有时候的确有点儿傻乎乎的，没有什么了不起，没有多少奥秘在他们的身上；可是，斯密说，绝非这么简单，当他们结成群体的时候，他们的能力将会让人惊叹。表面的混乱只是一种表象；甚至可以说，“混乱”本身就是一种秩序，是一种“安排”。这些论点都是颇有道理的（有些“高阶一致性”的意味）。然而，这种“斯密—门格尔—哈耶克式”的论点有时候会发展到极端。例如，它给人一种印象，似乎这种秩序很神圣；对于观察者来说，都是“碰不得摸不得”，不能干预，不能改良。这样一来，任何试图在整体上来观察经济系统的人就都失去了立足之地。观察与研究都是徒劳的，做与不做都一样。这就不禁让人心生疑窦：莫非当事人如同天使一般，不管他们如何作为，结局都是美好的，“正的外部性”总是能够产生呢？此外还有没有负的外部性呢？若果如此，当事人是不是就无须刻意地努力奋斗了呢？

经济体在什么意义上是有秩序的呢？其秩序的限度为何？是否也能够说经济在一定程度上也是“无序”的呢？其“有序”与“无序”的内情究竟如何？我们将在本节对这些问题作一些基本的探讨。经济秩序尤其要在动态条件下来进行观察和理解，因此我们还将在后续几节中另外从多个侧面反复地进行讨论。

在本小节的后半部分，我们再来补充讨论一下规律与秩序之间的关系。当某个对象按照某种固定的方式进行运动时，我们通常认为它的运动是“有规律”的；习惯于数学方法的人士则认为，它可以表示为某个函数。运动的方式本身仍然可以改变，而这种改变有时候也是有规律可循的。按照数学的逻辑，“运动方式改变的规律”本身也可以进一步“拟合”为方式比较复杂的运动（例如曲线的、非线性的运动），同样可以用函数来表示。这就是说，简单的、机械的、模式化的东西可以演变为复杂的现象，而复杂的现象也可以“还原”为简单的规律（例如混沌理论）。这就是在自然科学界占支配地位的“秩序观”。

经济学尚未走出这种秩序观。但是，我们已经认识到，在社会科学中，至少还存在着两类情形，属于“秩序”概念的应有之义。第一种：在某些地方，规律似乎是存在的，或者我们相信它的存在，但它却不易表述，甚至连文字也难以表达，更不消说用函数了。例如医生看病，或者法官断案，我们能说其中没有规律、没有秩序吗？只是，这些“规律”或“秩序”可能要用许多本书、许多个案例才能讲个大概。假如它们可以表达为函数式，医学院与法学院的学生们也就无须寒窗苦读、长期修炼了。这就让我们认识到新古典主义的一个核心特征，即它其实不仅是在主张万事万物皆有规律，而且是在主张这个规律**可以表达得很简短**；所以，它不仅是在暗地里讲究节约计算与表达的代价，而且实际上把这种节约看得极为重要。当然，主流学者可能会说，函数其实也可以非常复杂，也可以用来表示定性的计算。对此笔者不打算多论，而只限于说明：假如主流学者们意识到某个规律或函数可以像一本大辞典那样复杂的话，这必定是超出他们的预料的；事实上，他们所设想的“函数”绝不是这样的。

第二种：不可以客观表示的秩序。上述规律无论多么复杂，总还是可以**客观地**予以表示的，而在社会科学中，人的行为却可以不遵守任何**既成的**规律。**一旦你说出任何规律，当事人都可以去打破它。此类事实与可能性可以用来证伪这些所谓“规律”的有效性和普遍性**。这时候绝不能理解为当事人仍然在遵守某种更为高阶的“规律”。如果你设想出什么叫做“没有规律”，当事人的行为便可能就是那个样子的。这类事实与可能性则可以用来证实当事人行为的“无规律性”。那么，在这种情况下，人类社会还有没有“秩序”可言呢?

笔者认为，经典作家们的原意是对此做出肯定的回答。当有关作者们断言人类社会存在着一定的“秩序”的时候，他们不仅是指社会中存在着某些客观的、具有确定形态的、从而可能被表达出来的“规律”，而且是指，**即使这些“规律”不存在**，社会现象在一定程度上仍然可以被观察者所认识、所理解、所把握、所预测、所干预；即使观察者的认识、理解、把握、预测和干预不够精确，其效果不尽如人意，但也绝非是无所作为的——其中的根本原因当然在于观察者与被观察者属于同类。这就好比说，过去的高射炮弹可以打飞机，而今天的巡航导弹则可以追击飞机。驾驶员开着飞机逃跑，走的线路是任意的，而不是事先设计出来的，更不是按照某个公式计算出来的；然而，基于实时的信息收集和计算，导弹却可以对其紧追不舍。如果社会科学家可以这样来“追击”社会现象的变化，他怎么会认为社会是无序的呢？他当然就会断言社会具有一定的秩序。再比如，人们常说组织是一种有秩序的存在物，这是否意味着组织就在按照某种客观规律进行运动呢？当然不是。这是在说，组织中的成员具有“盯住其领导并按其意志进行运动”这样一个特征；领导的意志随时可以变化，甚至可以前矛后盾，这都不影响组织的有序性。

在剖析了上述种种含义之后，本节要说明的是，即使从上述最宽泛的意义上讲，经济与社会都不是完全有秩序的，社会科学家们不能总是沿着这样的进路来进行理论建构。秩序在局部地方和一定程度上的确存在着，但它首先是具体的、有限的、脆弱的，甚至是没有保障的；**我们必须承认无序性的共存**。从另一面来看，经济与社会都缺乏秩序，是凌乱、危险而粗糙的。采用理想主义的笔调来美化现实不是适当的科学态度。承认现实的不圆满并不令人沮丧，它将意味着理性的进步。

7.5.2 个人生活秩序的形成

摆在我们面前、为我们所观察和研究着的这个经济体系究竟是如何形成的呢？首先，只有摆脱了新古典经济学的误导，来到真实的以及算法的世界，我们才会发现这个问题存在着，它是重要的和十分值得研究的；其次，我们才可能探究它的正确答案。实际上，这个问题只要发现了，提出了，也就距离正确答案只有一半的路程了。

为了回答这个问题，还是要从新古典主义谈起。新古典主义是一面很好的、很纯粹的、很“地道”的镜子；离开了它，算法的论述也就失去了深刻性，读者也就不容易了解其要害所在。新古典主流经济学认为，当事人具有强大的计算与通信能力，他们在市场上充分地交流信息，从而产生出“正确的”价格；同时，他们依据这种价格来安排生产、消费、储蓄与投资，从而形成一个和谐的经济体系。而且，当事人可以正确地预测未来，未来的现实也总是印证当事人的预测（预测的失败被当作人力无法企及的“随机游走”而忽视），而当事人关于未来的安排也已经包括在当下的行动方案中，因此，这个“经济体系”便可以连续地、顺利地、持久地运转下去了。

算法式的（以及其他异端经济学的）反驳是，当事人既没有那么高的计算能力，也没有那么便利的通信条件，价格信息是有缺陷的，而对于未来的预测通常是相当不可靠的，因此，经济秩序不可能以这样的方式来形成。“经济秩序不可能以这样的方式来形成”，是否意味着经济体系中缺乏秩序呢？是否意味着市场经济体制就是没有效率的呢？答案当然是否定的。**经济体系中不普遍存在新古典式的秩序与效率，并不意味着它缺乏秩序与效率，它所具有的秩序与效率至今还未被主流经济学所发现、所描述**——当然这并不意味着其他学者以及实际社会完全没有发现和描述它。社会并不仅仅是以主流经济学所描述的方式来达到秩序与效率的，社会达到秩序与效率的方式远超主流经济学的描述。从这些意义上讲，主流经济学至今还未能胜任“市场经济诠释者”的角色；**这个以“市场”这一名字来命名的制度体系需要从另一条几乎完全不同的进路来进行诠释**。

让我们先从单个人的行为开始。秩序不仅存在于社会中，其实它首先存在于个人的行为中。对于理性有限的个人来说，个人生活的秩序是如何形成的呢？为了论述这一点，我们再来强调说明一下方法论。

个人的理性是有限的，而它“有限”到什么程度呢？算法式的论点是，它的具体形态恰如真实的当事人，真实当事人的思想状态（包括但不限于通常所谓的“常识”“常理”等）就是“有限理性”的具体形态——而它是按照算法式的机理形成的。因此，在很大程度上（当然不是在全部意义上），算法式的推演就是把我们观察者和研究者置于当事人的位置上，按照常识和常理来进行推演。

个人的行为最初是相当盲目的，他只是在进行各种各样的（思想的或实践的）尝试。然后，当获得了一些发现之后，他就把它记录下来，反复地加以运用。例如，他曾经发现了一片果树林，于是，他就把它记录在脑海中。当他饥饿的时候，他就去那里摘果子吃。“饥饿—去果树林—摘果子—食用—返回”就构成了一连串相互一致的、并取得了成功的行为，这就是“秩序”，“秩序”就这样达成了。同理，他在居住、穿衣、娱乐等方面可能也会获得类似的发现。这些发现越来越多，逐渐构成了一种“体系”。“体系”并不是什么神秘的东西，它只是我们对于诸多不同质的组成部分的一个总称，用这个词来指代这些组成部分比一个个地称呼它们要方便一些。按照算法的原理，矛盾在一个体系之中固然是不可避免的，然而，其各个部分之间的联系是主要的；当事人通过分别运用其中各种片段性的知识，来应对生活中的不同事务。如此一来，个人的生活在总体上就建立了一定的秩序。

达到这种秩序的成因是多方面的，是简短的文字所难以尽述的，但其中有两个因素特别需要予以强调。第一个因素就是记忆。尝试所产生的结果有好有坏，而当事人会进行有倾向的选择；他会倾向于保留和重复那些引起良好结果的行动方案。他也许还会留存那些引起不良结果的行动方案，但不会倾向于重复实施它们。这就是“坏方案”在“好方案”面前的劣势。也就是说，“好方案”会得到强化，而“坏方案”则被淘汰。此即通常所谓的“去粗取精，去伪存真”。个人要是没有记忆力，或者缺乏其他记录信息的手段，就不能实现这种进步，今天的知识水平就与昨天是相同的，已经做过的尝试就还会照旧去做（做了也是白做）。无论进行多少次尝试，个人的技能都不会系统性地得到提高；除了偶尔碰到的好运气与坏运气，今年的生活还将与去年相同。反过来，在记忆能力的支持下，个人通过迂回的方式进行“实践—思考与选择—再实践—再思考并再选择”的反复过程，有用的知识就会从数据的海洋中脱颖而出，不断地聚集在人的脑中，并逐渐形成一种“体系”。这个过程一经说出，它就显得很简单直白了，甚至接近于常识——尽管它并不是主流经济理论所演示的方式。

第二个因素就是客观世界的静态性。客观世界的变动是局部的，而剩余部分则保持着相对静止。“相对静止”还指某些变动中的事物的变动方式是相对固定的。这些条件的存在保证了在记忆中留存下来的知识可以**在另一个时间**能够继续发挥作用，从而使得知识体系的形成、保存和重复使用是值得的。

根据我们已经熟知的理论，个人生活的这种秩序必然具有以下的种种特点。首先，它将是不完善的。任何已有的秩序都不一定涉及生活的每一个方面，它对于某些问题的答案可能是空缺的。它将集中于生活中紧急的或重要的事务上。这是就它的覆盖范围而言。就所涉问题的深度来说，它也必定是有限的，它往往只能回答某些方面的问题，或者给问题提供比较模糊的答案，针对具体问题所进行的临时计算必须结合具体问题中的具体情况灵活地进行。其次，有序的生活在一定程度上是靠信念来支撑的。与科学研究工作相类似的那种“理性计算”只能在局部地方发挥作用，剩下的则靠各种常识、迷信、宗教教义以及（在理性主义者看来）“稀奇古怪”的学说来支撑。这类“非科学的”思想帮助当事人在各类抽象或具体的问题上建立起某些态度或应对方式。例如，地震、闪电等自然现象都曾经被（中国或西方的）原始人视为上天（或造物主）发怒的标志。按照这种“学说”，当这些现象发生时，原始人就不会单纯地感到恐惧，以至陷于慌乱和失序，而是通过进行自我反思和纠错来把它转化为建设新生活的契机。诸如"上帝是公正的"之类的信念可以使人们在处于逆境时保持内心的平静，并表现得吃苦耐劳。最后，这种秩序必然是变动的和发展的。它不可能对任何来自外部的冲击保持刚性。在大部分情况下，可以相信，它的表现一定是弹性的，它就像风浪中的船只，随着内外情势的变化而飘摇。知识体系内生的发展必然引起个人生活秩序的变化，记忆力所带来的积累效应也将导致个人生活的秩序在"边破边立"中演进着。这些论点大都是前文内容的复述，但将作为我们在后文中重述经济秩序的基础。

7.5.3 经济秩序的初步形成

一个人可以把他自己的生产与生活安排得比较有条理，比较成功，比较稳定。这种秩序必然需要扩大到他人。这是因为，个人的成功往往离不开别人的合作；即使个人不主动寻求别人的合作，他一般也很难避免遭到他人的干预。所以，即使仅仅从个人利益出发，个人也希望社会具有一定的秩序。

经济学家们曾经既为社会经济秩序的存在和自动运转感到神奇，又把它的形成设想得十分复杂和神秘。我们现在要说的是，以算法的视角来看，经济秩序不仅不神秘，它的形成反而是相当简单的。它简单到了我们只需用寥寥数语就可以大体上讲清楚的程度，剩下的只需对其方方面面的细节做出一些叙述与补充就可以了。

概括说来，此即：展现在我们面前的这个经济体系，实际上绝不是、也绝不可能在很短的时间内从无到有地一下子生成；由于人的各方面能力（思想的与行动的）都是有限的，经济秩序是——也只能是——历史演进的结果。在人类社会的形成之初，人们先建立小型的和初级的秩序。借助人的记忆力以及人类社会存储和延续知识的能力，后代总是一面继承和学习前辈建立起来的秩序，一面改良、发展和扩大它。任何已有的经济秩序必定是脆弱的和不完善的，因此它既容易遭到损伤与破坏，也难免随着时间的推移而不断地发生边际性的演进。

可以设想，起初，人们既不知道生产什么，也不知道如何生产，更不知道把产品运往哪里，销售给谁。因为产品未能得到提供，消费者也就不知道需要什么。他们只有原始的欲望和愿望亟待满足。然后，有人（通过尝试）发现或者设计出了若干产品，把它提供给消费者进行选择。这个消费者其实首先就是生产者或者发明者自己，以及他的家人、族人、邻居、朋友和熟识者。经济活动只是在这个狭小的圈子内进行。消费者可能接受或者拒绝最初得到的产品；被拒绝的遭到淘汰，被接受的则会得到保留，进行持续的甚至扩大的生产。人们通过各种直接或间接的方式参与生产，按照一定的规则分享产品。多余的产品要么用于存储，要么则用于与外人进行交换，商品与收入的循环流动就这样"亦步亦趋地"慢慢建立起来了。**容忍浪费和不完美是建立和扩大这种循环的要害**。产品的品种刚开始可能很少，质量也很差；然后，产品的品种开始扩大，质量则逐渐提升；随着剩余产品的增加，与外部的交易逐渐变得频繁起来。如前所述，市场出现了，货币也出现了。集市是早期的市场形式，后来发展到城市。随着区域经济联系的密切程度与活跃程度的不断提高，参与商品交易的人数越来越多，分工体系因此得到了发展，生产布局与生产手段都逐渐改进。为了维护市场规则与经济秩序，人们设立了政府，用来提供公共产品和公共服务，并对某些事务进行强制管理。

这些内容大都只是前文的复述，是经济史料的摘抄，是对现实的描摹，也是对生活常识的重复。各门各派经济学的内容也都穿插渗透在其中。现在，算法经济学则把它们编织在一起，赋予统一的理论意义。在这里，我们先强调两个要点，然后再在后文中展开比较详细的论述。

形成经济秩序的一个关键在于自由、自主和自愿性。社会经济秩序与个人的生活秩序相比，发生了一个新情况，即需要协调人际关系。可是，如此之多的个人分布在如此之广的空间之内，怎样让他们能够协调一致地行动呢？怎样让生产的货物有销路而不至于浪费？怎样让人们需要的东西得到及时而充分的供应？怎样把资源有效地组织起来投入生产？等等。设若我们在进行制度设计，我们怎样来设计这个制度呢？答案首先就是：让人们自由、自愿地进行相互联系、相互协商、相互选择和相互合作。自由、自愿和自主的状态意味着个人拥有众多甚至无穷的选择与可能性，这就可以把每个人的积极性调动起来，比较充分地利用每个人的智力资源，使他们勤勉地进行计算，**在思想的种类方面向社会提供最大程度的丰富性**。同时，他们也将尽可能地克服时间与空间的障碍，选择适当的合作伙伴，筹划和拟订一定的合作方案。当某种合作关系达成之时，一般来说，它总是对有关各方有利的；以各有关当事人的眼光来看，这一定是他们在当时当地的条件下能够达成的最优合作方案。原因很简单：假如合作方案是不利的，他们也就不会自愿地促成它，因为他们都拥有其他的选择。这种判断固然只是反映了他们自己的判断，从其他旁观者（包括正在研究他们的学者们）的角度来看，可能尚有改进的余地，甚至完全不予认同，然而，自由、自愿和自主性仍然是一种最为基本和主要的机制，这是因为局外人所能够进行的干预通常面临着特殊的困难，对此我们很快就要进行说明。

形成经济秩序的另一个关键是建立在集体记忆基础上的各种正式或非正式的制度。

为此我们还是先从记忆谈起。如前所述，记忆在形成个人生活秩序中发挥了关键的作用，而在社会生活中，道理同样如此；只是，个人要把记忆的对象从个人生活的数据扩大到社会生活的数据。这里不存在任何技术上的障碍。个人可以记住自己与自然界打交道的经验，他就可以记住人际关系、客户资料、交易场所、买卖经验、货币使用、商品体验、谈判技巧、市场信息等一切有关市场和经济体系的知识。这些知识大都是在过去的实践中形成的。假如当事人没有把握去创新，他只要遵循这些行之有效的知识，就可以大体上保证取得生活的成功，而不至于使自己的处境发生倒退。**这进一步意味着经济秩序的形成需要奉行保守主义的策略**。仅有自由自发的探索是不够的；无论社会是多么自由，经济秩序都不可能在一刹那间探索出来。继承旧知识实际上比探索新知识更重要。这是一个需要我们进行反复阐述的议题。

如前所述，个人所拥有的这些记忆，其中相当多的部分都是在“有意无意”“半梦半醒”之间（也即“半内在化”）进行相互匹配的。按照这种方式所结成的合作关系是经济的，但却是缺乏明确保障的。所以，在这些记忆中，我们尤其需要提到那些有意建立的社会性知识，特别是各类正式与非正式的制度。首先是政治法律制度及其相关的意识形态，它分散地存储于人们的头脑之中，并且借助人口更新中缓慢而广泛的异步性而得以世世代代地延续下去。它构成了人们的信念、主张和行动指导。人们自己遵奉之，而且“相信”别人也大都会遵奉之。他们还就此相互检视、监督和辩论，甚至动用强制力，以便确保其得到遵守。它的存在一般是相当稳固的，很不容易因为少数个人意见的改变而改变。它通常只在漫长的历史时期中发生缓慢的变化，因此，我们可以称之为“集体性记忆”。如同个人记忆保证了个人生活中的秩序一样，集体记忆也保证了社会经济生活中的集体性秩序。

上述两条之间是具有一致性的。记忆是大脑的固有机能，但对记忆的使用则是人们自觉自愿选择的产物。只不过，由于制度具有“基础设施”的性质，人们不得不共享它，而人们之间的意见常常具有冲突，这才产生了人际的强制。制度体现了主流的或多数的意见；而对于少数派与反对派来说，它看上去就好像一种压制。因而，“强制”实际上在社会经济秩序的形成中扮演了重要角色——非正式制度的强制力要弱一些，这里暂不就此做专门的论述了。

上述两条之间的关系也需要进行进一步的协调。社会的正常运转，究竟需要自由的成分多，还是管制的成分多呢？对于这个问题，与其进行理论分析，不如求诸历史经验。实际上，任何真实存在的经济秩序，都是以上两种成分的混合，只是，从经验上来看，前者要多一些，后者要少一些；也就是说，自由、自主、自愿的成分要比较多，政府的管制要比较少，方才比较妥当。这就把市场与自由的重要性摆在了更加突出的位置上，同时，也把相关的证明变成了一个技术性、细节性、具体性和相对性的任务。

7.5.4 市场经济的优点

主流经济学不是诠释市场经济体制的恰当工具。尽管经典作家们在这个问题上已经提出了丰富的思想，但是，坦率地说，理论的、社会科学式的诠释还没有正式开始。主流经济学说认为，市场体制的力量之所以很强，是因为分散的个人可以做出完美的决策。严格地讲，这个解释是错误的，是南辕北辙的，而不是完善不完善的问题。**对市场体制的解释不是要从完美理性出发；恰恰相反，而是要从有限理性开始：正因为人的理性是有限的，所以才需要自由市场体制**。这个道理如同实行民主一样：正因为人的理性是有限的，没有完人和圣人，所以我们才不能依靠君主，而要靠千百万人民随时随地所进行的网络式计算。

计划经济体制的特点是由某一个中心来统管全国的经济，指挥资源调配、生产方法、货物销售、收入分配等几乎所有主要的经济活动。而市场经济则是由众多分散的个人与企业各自自由行动、自由联络、自由组织，自主地完成各种经济活动。与前者相比，市场体制具有一个显著的特点，就是让各人自己办自己的事情。这首先带来了一个好处，就是对于那些独立的个人事务，社会可以免于承担责任，从而减轻公共管理系统的负担。算法理论的一个基本推论是，任何事物都有各自的独立性，不能以事物之间的联系来吞没它。许多经济事务都是个人性的，无须社会来干预，个人自己就可以解决。这一点并不表明社会的干预一定不会取得更好的结果，而是说，这种干预**首先在经济上是不值得的**。这是在权衡利弊之后所实行的一种**策略**。这种策略允许政府把主要精力集中于公共领域，从而形成公域与私域的划分。当然，既然是一种策略，那也就不能说这种安排绝对地优越，不能挑战，无法取代。实际上，至少在关于公域与私域范围划分的问题上，长期以来是争论不休的。不过，从实践效果来看，这种策略本身是比较令人满意的。

不仅如此，市场体制意味着，当个人与别人打交道的时候，**原则上**也让他们自己自由自主地相互“勾兑”比较好。有众多的理由可以用来支持这种安排的合理性。主流经济学家们说，只有个人才了解他自己的偏好和需求。[①]哈耶克说，解决问题所需的信息大都是本地化的。这些论点固然都有道理，但还很不充分。算法地看，我们首先可以说，个人还拥有他自己独特的思想与算法。知识既然具有一定的主观性，就不可能存在一个地方、一个中心，或者一个人，那里储藏着所有有价值的知识，其他人只需要接受他（它）的指导就可以万事大吉了。所以，个人的独立决策与自愿行动，不仅容纳了自己的偏好，利用了本地化的信息，而且利用了个人所具有的那“份”独特的思想。当时当地的人们以很高的自主性、积极性和自由度来就地解决他们自己的问题，由此所达成的贴切性、及时性和精细度通常必然都是较高的。他们自由地创意，自由地尝试，自由地抉择，自由地排除低劣与错误，自由自愿地进行合作，从而把他们的生活安排成他们能够达到的最佳状态。假如他们的行动听凭位于远处的其他人来进行指挥，则一般不可能达到这些效果。位于远方的指挥者只能进行大致的、粗陋的指挥。在我们理解了简化与近似的重要意义之后，就可以建立这种对比关系。这些都是算法经济学可以做出的独特贡献。

算法地看，自由市场的另一个重要特点与优势，就是它行动迅速。当事人各自独立行动，不管他们做的事情是好事也罢，坏事也罢；正确也罢，错误也罢，由于不受什么权威的控制与羁绊，所以，与那种被严格管制的社会相比，人们各自行动的内容不仅很丰富，而且在时间上很迅速。“很迅速”所导致的结果就是，在特定时刻横向地看，社会生活的内容很丰富，因而，这两个特征其实是具有等价性的。观察者能够想到的事情，实际社会中往往就已经发生。这不仅可以理解为各个个人的智慧在自

① 萨缪尔森提出的“显示性偏好”理论可能具有一个他本人所始料未及的后果，即他否认了“只有自己才了解自己需要什么”这样一个常理，从而为社会对个人的干预提供了基础。这实在有点儿戏剧性。

由开放条件下同步地、齐头并进式地发展着，而且可以理解为，从客观上和宏观上来看，即使意外的、盲目的尝试也可以产生很大的协同效应，从而把丰富的新事物快速地演化出来。这意味着社会的活跃与繁荣。当然，演化出来的新事物并不都是良性的。自由市场的特点是：良性的事物生长得快，不良的事物也生长得快；那么，两者相互对冲之后，总的效果如何呢？这是一个很有意义的算法式的问题。从历史经验来看，答案当然是偏向于正面的。为什么呢？对此在下一节再继续进行讨论。

与个人独立决策相伴随的是独立决策者的"大数目"特征。不同的个人与组织既是异质性的，又是异步性的，加上个人与组织数目庞大，它们相互作用，造成了一种效果，即宏观表现的稳定性。宏观上的稳定与微观上的活跃实现了相互结合，自由与秩序实现了相互结合。"宏观稳定"的一个表现就是流量的连贯和稳定。许多企业的产品在推向市场之前都没有确定的买主，但产品却大致上总能够销售出去。只要我们带好了货币，一般来说，走到哪里都能买到想要的东西。收入分配虽然不能做到绝对的公平和周到，但在绝大部分年份中，都绝少发生饿死人的事情。这就是人们常说的"无序中的有序"：看似混乱，实则相当地有条理；看似玄玄乎乎，实则相当地有保障。

7.5.5 计划经济的缺点

计划经济已经基本上成为历史的陈迹，不过，计划经济的缺陷究竟是什么？这是一个理论问题，这个问题仍然大有探讨的必要，而在算法框架下，它的答案却可以显示得十分清晰。

计划经济是一种由某个中心来指挥所有主要经济活动的制度，因而，它所面临的一个重大问题，就是信息传递：各地、各个单位、各种商品、各项行动中的信息如何传递给计划委员会呢？计划委员会的指令如何确切地下达给各个执行者呢？这种体制要求微观单位以书面材料作为主要形式来传递信息，可是，众多的信息都是形象化的，是"只可意会，不可言传"的。许多资料（例如偏好）都在当事人的心中，甚至连当事人自己都没有明确意识到，也就更不可能明确地表达出来了——但在市场经济条件下，它们却可以在自由自主的计算中得到利用。在计划经济盛行的时期，社会通信手段都是相当落后的；即使在信息革命之后的今天，我们要通过网络来了解远方的事件，仍然感到有诸多不便，仍然不如亲临现场了解得生动而透彻。况且，对于那些要经过人们有意识的决定才能得以生成和传递的信息，人们还有可能有意地隐瞒和扭曲它们。这些道理可以用来表明微观事件中信息的丰富性和无限性。假如我们硬要从远处来搜集微观事件中的信息，其结果只能是进行"大简化"[①]：只保留少数便于传递的信息，而丢弃其他大量貌似琐碎实则很重要的信息；既不会细致周到地核实信息，

① "大简化"这种说法经由兹比格涅夫·布热津斯基在其名著《大失败：20世纪共产主义的兴亡》（[美]兹比格涅夫·布热津斯基著，北京：军事科学出版社，1989年）一书中的使用而曾经风靡一时。这是一个重要的"算法式"视角。从这个角度来观察社会主义条件下的政府行为以及种种政治经济现象，都可以获得明晰的解释性思路。

也不会进行密切的双向交流。

对信息的加工计算也是如此。信息的丰富多样性导致需要进行的计算也是无比丰富多样的，是任何大型计算机都不可能完全胜任的。计算结果的累积将会更加导致数据的急速膨胀。算法式的道理告诉我们，计算往往是需要借助于某些理论或假说的，而这些理论或假说却常常是主观的，不同的人对它的倾向或偏好有所不同。在这些主张相互抵触的情况下，计划委员会不可能采纳所有的主张，不可能刻意地造成相互矛盾的决策。计划委员会必然会采纳某些管理思想，而放弃其他思想。这取决于哪些派别在政府机构中占据优势。由于政治程序上的原因，任何决策者都不可能“完全地”“不偏不倚地”站在全体国民的立场上来考虑问题，决策者的主观动机（请别忘记，“动机”与“立场”实际上都是算法性的概念）必然也会渗透进决策过程之中。

计划经济的困难也与对“知识”（或者“真理”）形态的看法有关。假如知识如同新古典主义者所设想的那样，只是一种类似于数学公式的东西，则计划经济就是比较可行的。计划委员会只需要公布一般的公式或算法，每个微观单位把自己单位的具体信息输入这个公式之中，运用既定的算法，就可以得出正确的决策。正是从这个意义上，新古典经济学被认为是支持计划经济的。然而，实际的、处于历史进程中的具体知识却大都不具备这种形态，这就要求计划委员会给出的指令不仅仅是可以写在寥寥几张纸上的公式，也不仅仅是具体的关于年度工作计划的数量性指标，而是要针对每种具体情况给出具体的、并且对于不同性质的工作来说常常是彼此有所不同的“算法”。根据“组合爆炸”原理，可知由此所需的“算法”的数目将接近于无穷，而最终的正确的“行动方案书”很可能将不是在印刷品的有限的篇幅之内可以容纳的。

这里还存在着另一种**内生的不可能性**：鉴于算法理论使我们认识到计算的可能性是无穷无尽的，那么，假如有某些为数很少的人（例如计划委员会）可以恰当地完成全国人民所进行的全部计算作业，从而替代了大多数人的大脑，那么，因此而得以节约出来的脑力，就可以投入迄今尚未展开的新计算当中，从而得出计划委员会所不能包容的新知识；而这个结论就与“计划委员会可以恰当地完成全国人民所进行的全部计算作业”的假设相矛盾了——基于这样的视角，我们可以得出一个原则性的结论，即无论企业或政府的规模，或者它的权限及其行使方式，不仅（视乎具体条件）存在着最佳的“度”的问题，而且对于这种限度也许可以进行经验上的归纳和研究。

以上论述意味着，计划经济具有显著的反对或者妨碍创新的倾向。如果我们可以从对实行某些具有显著合理性的既有知识或意图（例如认识到缓解经济周期性波动的必要性）方面发现实行计划经济的好处，那么，创新的缺乏则构成了它的致命性缺陷。创新意味着对任何现行思想的否定。当全国的经济都服从于计划委员会所采用的统一逻辑时，创新又如何实现呢？实际上，计划委员会不仅不会赞同或鼓励创新，它还有可能限制、压制和敌视创新。因为创新会导致整体计划的紊乱，至少会给整体经济计划的实施带来麻烦。即使有开明的计划者有意采取鼓励创新的态度，他也将不知道如何来实行他的主意，因为对于创新的鼓励就意味着放松计划与管制；这么一来，就意味着市场成分的增加，经济体的性质也就发生改变了。计划者当然也可以组织人力物力投入诸如技术开发之类的活动，但是，由计划者所主导的“研发计划”，其数量与规模必将是很有限的（这就好比任何**一个**企业所推动的研发计划的数量与规模一定也会很有限一样），其丰富与活跃的程度绝不可以与自由市场相提并论。其次，“创新”的含义是十分广泛的，它涉及从生产、流通、消费、教育、培训到社会生活的每一个方面，甚至也涉及政府体制自身的运作方式，计划者又怎么能够一边进行计划又一边进行如此广泛的创新呢？尽管开明的计划者会反思自己的工作，会不断地修正计划经济的运作方式，但是，“修正”也只能有序地进行，因而其力度与频繁程度都必定是非常有限的。总之，无论守成还是创新，都只能由计划者说了算，这便是这种体制内在的大矛盾。

根据以上论述，我们可以进一步认识到，计划经济体制的核心特征其实并不是进行计划，而是要由某个中心来对全国经济进行统一的指挥和管理。关键就是实行集中计算，反对分散计算，试图由某个中心所进行的计算来替代**其他所有人**的计算。上面要求怎么做，下面都只是照做；上面要计划便计划，要打破计划便打破计划，甚至要创新便创新，要改革便改革。中央机关并非无权、也并非不乐于随时对下面“下指导棋”，只是由于“一事一议”式的临机处理实在来不及进行，这才变成了事先的计划。事先的（相当刻板的）计划可以让中央管理机关摆脱大部分原本需要进行的临时计算，以便把精力节约出来，用来在平时行使他们所乐于行使的那些专断性权力所以，“计划经济”的方式，本身就是计划者的“迂回生产方法”。

7.5.6 市场的可靠性较差

中央集权的、全面统制型的“计划经济体制”基本上是不可行的。这既可以作为一个比较确定的理论结论，也是世界历史经验的一个概括。但是，从计划经济体制向后退，政府是不是可以（或者应该）在经济中扮演一定的角色呢？除了维持法治体系，政府是不是还可以发挥比较积极的作用呢？或者，由国家主导的经济计划是不是可以与自由市场进行某种方式的结合呢？对于这些问题，人们的看法也就不那么一致了。回答这些问题的关键在于理解“政府”这种组织的特点及其行为方式，在于通过把自由市场与政府的对比来理解各自的优缺点，以及在彼此之间取长补短，形成恰当的结合。为此，我们还需要再回到市场经济。

如前所述，市场经济秩序的达成是借助于自愿性、记忆、大数目独立决策人、行动迅速、多样性等元素来实现的，并且，这种体制较好地兼顾了秩序与创新之间的平衡。但是，这种秩序也是具有缺陷的，它的缺陷正是由上述安排所导致的。让我们具体来看看。

由于各个独立行为者之间的合作是在自由、自愿与大数目的基础上达成的，这就导致由此造成的秩序的**可靠性**较差。**某种客观上的合理性，需要相关的当事人首先在主观上逐步认识到，然后他们才能自主自愿地去促成它，否则它也就不能实现，或者**

实现得不够及时而精确。产品不能卖给甲，但可以卖给乙；丙辞职了，但企业可以再雇佣丁。诸如此类的秩序固然也具有一定的可靠性，但它毕竟不如合同化、组织化甚至强制性的秩序来得可靠。企业的产品固然可以在自由市场上进行公开销售，但是，假如产品的销路在产品生产出来之前就得到确定的话，产品从生产到消费的过程岂不是更顺当、更流畅、更稳妥？国家的指令与计划便带来了这样的好处。鉴于国家的指令与计划又带来了其他坏处，在市场化的体系中，它又被企业间的销售合约所取代了。销售合约的订立意味着相关企业之间建立了一种临时性的“组织”，以规避市场体系的不可靠。它运用组织化的手段来保证货物的流通。如有人违背了合约，受害人则可以追诉和求偿。假如自由市场的可靠性很高，当事人也就不必订立合约。企业的内部更是如此。6.5.2 节举了一个铁匠打铁的例子：打铁作业如果不实行强制的组织化管理，何以保证前一锤落下之后，后一锤即可立即跟上？在民航运输管理中，如果不实行一定的军事化手段，安全飞行所需的那些严格条件就不可能得到充分的保障。

把市场的优点不加分析地奉为教条的人通常争辩说：假如某种管制措施是适当的，那么，当事人通过思考、学习与实践，一定能够认识到遵守它的利益，从而就会自觉遵守之，而不需要建立管制。这种逻辑是不正确的，错误的关键就在于时间性与过程性：在临时计算中，当事人来不及**现场地**、**就地地**认识这些问题；因为认识需要时间与过程，当当事人就有关管制措施取得认同的时候，时间已经晚了，来不及了，他只能去“吃后悔药”了。例如，我们说做一个诚实的人是有益处的；可是，这一条人生的经验假如不事先告诉儿童而是任由他在成长过程中进行摸索的话，他将要付出多大的代价呢？有人可能会说，骗人者会遭到被骗者的惩罚，因此社会无须对此过问。这种意见的理论基础是新古典主义的，其中缺少了时空概念以及一切算法的元素。被骗者必须能够方便地**找到**骗人者，他才能实施惩罚。骗人者**在被抓住的当时**还必须具有支付能力，他才能补偿受害人；否则，受害人也就只能采取拒绝今后与之合作的方式（也就是串行的和递归的方式）来惩罚他。可是，要实施后一种类型的惩罚，骗子与受害人之间就要具有固定的和长期的合作关系才行，而在自由与流动的社会中，这个条件却常常不能具备，因而，惩罚也就不能得到实施。这些都是常理，但这种常理的理论价值却被新古典主义掩盖了。同样的道理也体现在产权制度上。禁止抢劫与偷窃的法律必须得到强制实施，而不能任由犯罪者与受害人之间自由地进行博弈，并期待犯罪者通过博弈而发生醒悟。如此放任自流的代价太高了。

这就是说，自由放任的好处是相对的，自由社会不能完全排斥规则、原则、法治和管制。**不是人们通过自由自主的探索来建构秩序，而是只有首先借助于强力建立了秩序，人们才能够腾出手来，进行自由自主的探索，否则人们的精力就会浪费在与重复性和破坏性行为的斗争之中**。关于个人行为以及社会运作，人们都形成了一些**比较确定的**观点与主张；即使这些意见在局外的观察者们看来是不够成熟、正确和稳妥的，当事人也坚定不移地要求将之**优先地**予以实施，使之独立于临时计算之外。它们在临时计算中不再作为可变的量来加以掂量；反过来，它们被用来影响、引导和约束临时计算，成为临时计算得以凭借的基础。成人把知识与观念“灌输”给儿童、个人建立自我约束的行为准则、不同个体之间在行动之前进行缔约、企业及其他组织建立内部治理结构、建立政府和法治体系等，都服从于同样的逻辑。社会性的强制与个人的自我约束并没有本质的不同。自我约束就是“自我强制”，它发生在当事人的内心之中，所以不易被察觉；而当这种约束扩大到人们之间时，也就只能表现为强制了。所以，在那些自由行动的商人们身上，原本就潜伏着产生政府管制的逻辑；把政府与市场完全对立起来的看法貌似具有合理性，实则是肤浅的。**临时计算与知识存量之间的关系，正是政府与市场关系的一个本质**；政府与市场这个传统的二元对立，则是这一本质的表面化。

社会决意以思想灌输（教育）、强制等手段来实行包括普通知识、行为准则在内的广义的“知识”，这其中有诸多问题需要予以强调或补充。首先，采取这些手段是需要付出代价的，而社会之所以这样做——用个有些同义反复的理解方式——原因在于这样做所带来的净收益要大于不这样做；换言之，不强制实行既有的知识而任由当事人在现场临时去开发这些知识的代价太大了。这是我们需要做出的一种基本理解。自由放任的社会总是在重复开发许多知识，前人犯过的错误后人往往还会再犯。对个性的尊重就意味着，社会允许个人可以不采纳已有的知识而去独立探索，即使是把前人走过的路完全重走一遍。由于多方面的原因，这些独立自主的博弈过程常常并不会收敛于均衡状态，或者收敛得极其缓慢。我们可以举出政治市场上的一个典型例子。例如，经常可以听到对于美国政治生活的如下批评，即某个明显合理的法案，因为两党的博弈而长期不能通过。每每这个时候，就会出现修宪的呼声，即试图绕开国会，直接以宪法规定的形式来贯彻某项措施。可以说，宪法的作用恰恰就在于此：把那些被认为高度合理而普遍的规则和政策，不临时经由国会或者选民的讨论，而直接付诸实施。

以国家强制力为后盾来实行某些既定的知识，带来了什么样的节约呢？一种典型的情形，就在于“制度性公共基础设施”。我们以法治为例来说明。个人的力量可能无法阻止抢劫，擒获盗贼，但是，可以合法行使强制力和武力的政府机关却可以做到这些。在刑事案件中，政府对受害人所提供的服务是免费的；在其他案件中，政府所提供的服务要么免费，要么则只收取低廉的费用。因此，孤立地看待每个案件，政府方面似乎是入不敷出的，是不值当的；但是，政府在特定案件上不计成本的强力介入，却对图谋不轨者产生了威胁作用，使之望而却步，这将导致实际发生的违法犯罪活动相对于庞大的人口总数来说，是非常稀少的。由于全体国民共享一个政府，政府只需处理实际发生的为数很少的案件，就可以确保法律的效力，这就产生了相当显著的经济性。这种经济性也可以用“速度”这一概念来进行表述。前面谈到市场体制的优点在于其行动迅速，这显然只能是指在市场体制可以恰当地发挥作用的那些领域中。而在上述事例中，“市场的局限性”则可以诠释为，“市场”实际上是缓慢的而不是迅速的；在这些领域中，只有政府的行动才是迅速的（当然是在“有效”的前提下）。所以，关于市场与政府的分工，也可以大致上作如下的表述：**在确保有效性的前提下，哪一种手段迅速，就采用哪一种。**

鉴于强行贯彻某些知识是有代价的，社会也就不得不在要强制贯彻哪些知识、不要强制贯彻那些知识、以及如何来强制贯彻特定的知识等问题上进行广泛的权衡。这种权衡的结果必定是给社会留有一定的自由行动的空间，在管制与自由、公域与私域之间做出一定的划分。历史地看，不同的国家、不同的政体对此进行划分的方式都有所不同；不同的划分方式体现着不同的算法。最为基本和典型的型态有两种，即自由民主政体与专制政体。前者的特点是**只对那些最为确定和可靠的（因而在数量上也是较少的）知识进行强制实施**，而对其他所有的、无限的知识则向社会进行开放，任由当事人自由进行选择、检视和处置。后者的特点正好相反：君主（或其他权威）被认为有权控制和干预一切，君主只向社会开放那些他认为“无害”的、或者他不愿意干预的领域，而把其他一切权力保留在自己所控制的政府手中；在这些领域中，除非得到政府的批准，否则社会不得自由行动。

由于有限理性的原因，社会不可能事先就详细规定好**所有事务**的处理方式，因此，对于政府的管理来说，面临着一个显著的问题，即那些事先的“未尽事项”的自由处置权归于何人？是归于普通当事人呢还是归于政府？这是划分政体类型的一个关键因素。

有限理性的另一个表现是，即使被认为“可靠”的知识，也可能只具有一定的深度。例如对于某些事项（比如货币），人们只知道需要由政府来管理，但却不能确信政府应当如何管理，于是，社会只是建立了某些进行此类管理的机构（例如中央银行），或者制订了进行此类管理的程序（例如宪法规定国会可以对货币管理进行若干立法，对中央银行行长的任命进行核准）。这就导致了一种情况，即政府虽然被授权管理某项事务，而政府的管理仍然是具有显著的主观性的，是片面的和有风格的，其决策是可以质疑和挑战的。另一方面，官员的执政路线具有主观性，这并不表明社会可以不服从它。无论法官的判决，还是政府的政令，公民都必须遵守。这样的规则有时被称作“工具理性”。“工具理性”这个概念具有理论地位，原因就在于它所服务的目标客观上不一定是完全合理的，所以，这本身就必须以有限理性的框架为基础。

7.5.7 市场的残酷性与无序性

“可靠性差”只是市场的缺陷之一。本小节要说明的是，在微观层面上，与那只“有形之手”相比较，市场常常是凌乱的、残酷的，具有一定的无序性。这些特征在算法的视角之下表现得尤为清楚。

在人们对于自然与社会都所知甚少的情况下，市场经济体制意味着采取这样一种策略：国家只管那些得到广泛同意的、有把握的、具有**显著**好处或必要性的事务，而把其他**一切**事务的管理权，统统留给自由社会本身。也就是说，那些处于“灰色地带”的、无限的、意识到或未意识到的、确定或不确定的、意见一致或者不一致的“其他事务”，都由当事人自行处理。这就好比公共场所中有一个不大负责任的职员，他只管自己“分内的事”，对其他的一切则都熟视无睹，充耳不闻。用法学语言来说，这叫做“无罪推定”或者“疑点利益归于被告”。正因为人们的认识有限，所以才存在“疑点”，进而才有疑点利益归于谁的问题。这是我们必须指出的市场经济与自由社会的一个特征。离开了有限理性的框架，我们就无法从理论上来挖掘和说明它。①

有了这么一个面孔冷峻的“守夜人”，在大部分情况下，在他所看守下的这个社会里的真实当事人，也就只好自谋生路了。他们将展开真实的博弈和争斗。赛局是严肃的，比赛的结果是钱财的真实分配，并且是无可挽回的。这绝不是在进行什么“游戏”。获胜者将衣食无忧，妻荣子贵；而失败者将手头拮据，陷于困顿，甚至无家可归。我们绝不能把真实经济生活设想或诠释为充满阳光的、公正透明的、温文尔雅的和单纯的智力竞赛。国家只是规定了关于经济生活的少数准则，而实际经济活动却涉及大量的规则、习惯和观念。没有现成的、完善的竞争规则摆在那里，谨供当事人使用；恰恰相反，公正与公平的观念在很大程度上正是人们自由博弈的一个结果，相关规则正是历史性地发展起来的，并且是不断进步和变化的。政府有能力创建和实施多少规则，它就创建和实施多少；否则，它就宁愿什么也不做，而听凭人们自由地相互争斗。在获得信息与知识都需要付出代价的环境中，信息与知识都不会免费地、平等地供应。人们将争夺、掩盖或扭曲信息，也将争夺、掩盖和扭曲知识。如前所述，社会中充斥着好运气、坏运气、阴差阳错、谬误、不和谐，等等。反正，“不管那么多了，只要不出大的乱子就行”，政府官员们只能如是说。**天真的人们期待着政府与社会给他们公道，殊不知，政府官员们还在那里观望和等待着呢；他们正在等待人们的相互争斗给社会带来整体上的稳定，给他们的管理提供向导，从而要么减轻他们作为“守夜人”的责任，要么降低他们工作的难度。**

经济秩序的建立既离不开政府所提供的服务与管理，也离不开普通当事人的自由行动，而且，后者很可能扮演着更为重要的角色。以旁观者的身份、以“事后诸葛亮”式的眼光来看，这样的秩序绝不会是完美的，往往只是勉强凑合着、对付着，“过得去”就行。例如，某个企业自己找到某些客户，长期向他们供货，赚取收入；而更加理想的、愿意支付更高价钱的客户也许就居住在它的隔壁，与它长期为邻，而它却不知道。这个例子绝非极端，大量有秩序的活动实际上都是以这种不那么理想的方式进行的；这才是真实的经济秩序。诚然，假使有办法把**某些特定的**信息汇集在一起，进行集中的研究，就可能实现在这些具体事务上的更好的安排。这正是新古典主义的想法。可是，这样的想法究竟有没有用，却是值得推敲的。对一些权力的集中就会妨碍另一些权利的实行，对一些事情的专注就会妨碍对另一些事情的专注；除非我

① 我们可以把这种权限划分方式称作“除外算法”，其特点是除了对有限的事例采取某种具体的、特定的处理方式之外，对于其他无限的事例则置之不理（或者只采用某些模糊的、粗浅的处理方式）。“自由放任”是“除外算法”的一个典型例子。

们能够把通信与计算的代价彻底消灭掉，否则，这样的想法往往是弊大于利的。

这种经济秩序固然是一种“秩序”，但它的“有序性”是有限的。主流学者们常常以神秘主义的口吻说：“乱”本身就是一种秩序。这句话的确有些道理，因为一定程度的混乱既是关心整体经济秩序的人们所注意到的，也是他们所容忍的，甚至是制度设计者们有意为之的，但这并不值得赞美。假如我清楚地知道做事情的确切方法，我就可以直接那样去做，取得所期待的效果；难道我还要故意弃之不用、舍近求远地绕弯子吗？所以，混乱的发生，主要是由于迫不得已，而不能由此“爱屋及乌”式地对之采取赞美的态度。这种赞美式的论述很容易导致受众把一切经济现象都看得神秘莫测，似乎是由“万能的上帝”所特意安排的。这种态度既偏离了真相，在实践上必定也是有害的。理论者既然说混乱是好的，那就有责任揭示其中的道理。例如，“混乱”只是异质性与异步性背景下的宏观表现；微观地、具体地看，其实并不混乱，等等。对于这些道理中相当多的部分，经济学者们可能都还未予发掘，未予认识。另一方面，同样重要的是，经济理论本身必须承认，任何理论的或实在的经济秩序所达到的完善程度都是有限的。也就是说，**经济现象在一定程度上必须被看作无序的，是一种真正的“混乱”**。“无序”“混乱”这些词语所指的意思是什么，经济社会现象便有可能就是那样子的。并非社会的每个方面都经过人为的安排。笔者认为这一点应当作为一个“真相”来看待。处在不同位置上的人们（包括政府官员）可能分别安排了他们各自所关心的事项，但这些安排结合起来，不可能**恰好**构成社会的整体。存量知识可以对当前的决策产生影响，但不可能覆盖和“包揽”一切。况且，无论人们有意的安排，还是存量知识，其内部也绝不会是完全一致的。所以，不能把**一切**都视为经济秩序的体现（或其一部分），**“无序性”在原则上必须作为理论框架的组成部分。一个综合的、原理性的框架，如果不含有“无序性”这一元素，它就是不健全的，归根到底是不正确的**。经济学者们要么什么也不做；如果打算著书立说，教导世人，就有义务把这个真相告诉大家。

在历史和现实世界中，市场经济的混乱与破坏性都是活生生的事实，它给人们留下了深刻的印象。企业的产品不一定合乎顾客的需要（因而只能废弃），顾客需要的东西市场上也不一定有供应。企业的投资方向不可能总是正确的，投资效果有好有坏，而大部分则介于中间，处于“不太好也不太坏”的状态。消费者也并不总是聪明的，他会购买无用的东西，也经常会后悔。在经济景气的时候，大家的日子普遍比较好过，可是，即使在最为繁荣的年头，也有人因破产而陷于贫困。聪明、勤勉、诚实、善良而有创造力的人们有时候并不能发财，而一些好吃懒做、偷鸡摸狗、招摇撞骗的人却常常所获不菲——这是市场无序性的一种表现。人们期待着政府来纠正市场的偏差，然而，官员们的无能与腐败却带来了新的痛苦。经济活动具有显著的周期性，政府的干预有时的确缓解了经济的不稳定性，但有时也会加剧经济的不稳定。

在近代历史上，资本主义在西方国家的发展不仅曾经以国内下层人民的苦难为代价，而且制造了世界范围内的罪恶、冲突与动荡（当然也伴随着巨大的积极成果）。

这些负面后果是其内在逻辑的必然体现。20世纪末期，在各前社会主义国家向市场经济转型的过程中，也发生了严重的社会失序和生产下降。近年来，在埃及、利比亚、伊拉克、乌克兰等国家的民主化与市场化浪潮中，人们看到了广泛存在的负面后果。人们不得不承受这些后果，同时又不得不继续忍痛前行。市场经济在中国所引起的批评与冲突是十分深刻的。在这些激烈的冲突中，市场的面孔和特性显露得更加清晰了。它就像一个栩栩如生的小说人物，出现在我们面前，展示着它的性情，这些性情中的某些部分受人喜爱，而另一些部分则令人厌恶，但它们却明显地服从于上述同样的逻辑。让我们继续吧。

7.5.8 市场的“群盲”特性及其与政府管制的比较

主要发生于20世纪二三十年代的关于社会主义经济核算问题的辩论，它所提出的问题可能要比它给这些问题所提供的答案更重要。在今天，在算法的框架下，相关的议题不仅值得继续进行下去，而且可以得出比较令人满意的答案。

这场辩论大大加深了人们对于经济问题复杂性的认识。微观经济单位所要进行的决策是如此地多样，其所需要的信息是如此地庞杂，信息供应的时间性要求又是如此地严苛，中央计划机关又如何能够越俎代庖呢？所以，这个视野一旦打开，计划经济的可行性也就显著地动摇了。

当年的讨论并未过多涉及算法问题。在认识到算法的不确定性之后，计划经济的可行性无疑又会再次遭到打击。然而，这是一把双刃剑：普通当事人的决策方法如果是主观与客观、理性与非理性的混合物，他们的行为何以见得就是合理的、以致不需要国家的管理与计划呢？国家不是神，普通当事人也不是；国家不能把经济管理得很好，普通当事人又怎么能够把自己的事务打理得很好呢？难道普通当事人具有政府官员们所不具备的“三头六臂”吗？

除了前述的种种缺陷，自由市场还具有一种明显的缺陷，即它具有一种我们通常所说的“群盲”（或者“羊群效应”）的特征。由于人们获知信息的能力有限，大部分人通常都不能接触信息的原始来源。他们不仅只能从别人那里接收（可能经别人加工过的）二手信息，而且也难免接收别人的意见。信息与意见混合在一起，影响和扭曲着个人的决策。可是，离开了这些外来的影响，个人通常会变得更加孤立无助，因此，个人往往也乐于追随别人，加入某个“圈子”，接受他们的影响，与他们共进退。这种情况将会削弱个人的独立性，其结果是大家共同忽视了全局性的存在。每个人都专注于自己的小环境和小圈子，从全社会角度来考虑问题的人却少之又少。市场有时候像粗鲁的和疯狂的野兽，破坏和摧毁着种种负责任的、谨慎的、周全的和长远的考虑。考虑全局的人往往不能从市场中得到多少利益，反而处于被忽视或者受挖苦的境地。

可是，全局性的利益却常常是存在的。既然人们的认识有限，人们对于他们自己利益的考虑也就不一定完全周密，导致这种疏失的原因首先在于宏观现象不容易观察。对于宏观经济运行状况的了解主要依赖于统计数据，而后者的搜集在个人层面是难以实现的。其次，在自由社会中，普通当事人一般把主要精力放在研究如何通过自己**相对独立的**行动来获取利益方面；假如某个计划涉及他人，需要征得他人的同意，使之参与其中，先取得某种较大的利益，然后再在参与者之间进行分配，则问题就复杂化了。作为一种人际组织，企业正是这样产生的，可是，企业所涉及的套利范围还不够大；当套利范围需要包括整个社会时，企业也就无能为力了。相关的例子之一就是商业周期。在“群盲效应”的作用下，商业周期常常如此明显地存在着，并且不断地重复着；这简直令人沮丧而懈怠。同时，治理商业周期的某些方法似乎凭借常识就可以想得到。在对于商业周期的厌恶感的推动下，以及在这些设想（尽管可能是似是而非的和有争议的）的吸引下，人们呼吁政府对经济进行干预。

请注意，让分散而自由的人们进行分散而自由的计算与决策，这一点绝不可以被解释为，这些分散而自由的人们的**所有利益**都必定可以通过这种方式来实现，或者这种方式（或早或晚）一定能够实现。这一点也不可以被解释为，当一些总揽全局、高瞻远瞩的观察者发现了某种尚未实现的全局性的重要利益、并且也发现了实现这种利益的途径的时候，他没有必要提醒社会中的当事人，也没有必要发起任何动议，而只能等候和听任其他当事人通过他们自己分散的行动来“自动”地发现这些套利机会。政府没有能力对经济与社会进行全面而集中的统一管理，这并不表明政府不能够在**局部领域**恰当地发挥作用，随着知识的积累以及经济、技术、社会条件的变化，过去所划分的政府与市场之间的界线也不能被理解为绝对地保持不变，这是隐藏在二三十年代大辩论以及奥地利学派文献中的逻辑缺陷。**市场的优势要通过其与政府管制之间的竞争来得以形成和显现，政府计划与管制的优势也要通过其与自由市场之间的竞争而得以挖掘、形成和体现出来，关键在于建立这个竞争的框架与机制**。哪一方都不能通过消灭竞争与尝试而武断地宣称自己**绝对地**优于对方。

自古以来，无论在东方还是在西方，都存在着对于某种集权治理的诉求甚至向往。这种诉求与向往固然部分地建立在对于民主制的误解之上，但其内情并不尽然。集权制的一大好处，就是当它被运用于某些适合它来发挥作用的领域的时候，其行动迅速而高效。如果采取民主的或市场的办法，结果往往反而会陷入纷争与拖沓之中。社会可以承受一定程度的混乱，但是，混乱过了头，也就不如有一个“坏的秩序”了。至少，人们会在二者之间进行权衡。传统中国人大多赞美和欣赏“明君”的治理，就是因为“明君”能够把正确的决策与高效的执行比较完善地结合起来，凡是品尝过其中滋味的人，常常会念念不忘。假如理论家们只能以新古典主义的方式来讲解市场经济与民主政治，并不足以完全说服他们。市场与民主的缺陷都是明显的，倘若只是简单地为之进行辩护，其说服力只能是有限的。某些合理性隐藏在人们的内心之中，尽管人们有时候不能将之清楚地讲述出来，但它们却在暗地里指导着当事人做出判断。

这一切都必须在算法的框架下加以厘清。自由市场的优点主要在于“分散决策对于分散的经济问题来说是比较及时的”等我们已经论述过的算法的方面。崇尚市场的学者们对于计划经济与政府管制的批评是切中要害的，但并不全面。算法地看，政府管制的一个重大缺点是，虽然管制本身常常比较容易实行，但它的酝酿、讨论和批准过程却往往很漫长，以致总的形成速度缓慢得难以接受。及至某个管制正式产生时，其所针对的市场条件已经不复存在了。而管制政策一旦实施，其规模往往很大，无一例外，而且一实行起来就会延续很多个年头。这是因为促使它取消的经济社会条件不易判别，相应的政治程序也不易完成。政府权力的强制性进一步压制了信息的反馈，因为对于管制活动的反对言论常常并不能真正地显示管制的害处，而只是显示了管制的确已经发生了。然而，社会实行了某种管制方案甲，也就不可能**同时**实行与之相抵触的管制方案乙，更不可能**同时**做到不实行任何管制方案。这就导致了人们往往不可能**同时**观察到不同管制方案的效果，以便将它们**并列地**进行比较。人们只能**串行地**比较不同管制的效果，而这往往又需要经历很多个年头。例如，对于计划经济的害处，世人花费了大半个世纪的时间才比较清楚地观察到，这时候，已有数代人为之付出了巨大的牺牲。假如人们在革命的当年就能够及时观察到不同经济体制的效果，又何须如此呢？这些**技术性特征**共同造成了一个虽然模糊、但却颇为普遍而流行的看法，即一般而言，对于工商业活动抱持“自由放任”的态度比较好。这并不是因为政府**在原则上**不具有改善工商业活动的潜力，而是**实际的**管制手段经常造成时间上和操作上的延误与失误。在这些延误与失误面前，市场的缺陷反而变成了一种可以容忍的瑕疵，市场变成了行动迅速有效的“典范”。①

7.5.9 再论政府与市场

一些生动的、几乎无可置疑的事例，向我们展示着政府在市场经济秩序形成方面的不可或缺的重要作用。例如关于度量衡与时钟的统一规定。政府对于度量衡标准的统一管理给社会带来了重要的便利，这是有口皆碑的。这里重点探讨一下时钟。政府需要规定时间长度的度量单位（例如年、月、日、时、分、秒等），也需要规定时点的统一标记方法。例如，今年是公元 2014 年，只要采用公元纪年法，任何人就不得擅自把今年标记为公元 2015 年或者 1000 年；现在是下午 3 点，任何人也不能随意说现在是 2 点或 4 点，政府不但要规定这些标准，还要采用标准计时装置公开发布时间信息，不时地宣布和提醒时间的进度。为了便于随时随地进行计时，老百姓们最好也拥有自用的计时装置，不时地将之与官方时间进行校对。这一点在古代时期是很不容易实现的。如今，尽管各类计时手段已经发展得相当便利，但我们每个人每天仍然难免要抽出一点精力，来打理与时间有关的事务。

---

① 按照类似的逻辑，我们可以认识到非法的、体制外的、灰色的甚至“黑社会”式的活动不仅在很大程度上是难以避免的，而且其中必定存在着重要的社会合理性。因此，任何政府只要试图把这些活动“赶尽杀绝”，使之无保留地统统处于法治框架之下，很可能就会付出某种代价。这个认识应当作为一条重要的科学原理来予以看待。这也是对自由政体的另一种说明方式。

为什么呢？这是因为，计时工具在形成和谐的经济社会秩序方面发挥着虽然不引人注意但却十分核心的作用。人口大体平均地分布在地球的表面上。只要相互之间的距离稍微遥远一些，彼此也就不能相互看见，不能相互交流。那么，是什么保证各人的相对独立的行为之间是相互匹配的呢？答案就是时间。人们根据事先的约定，先各做自己手头的工作，然后再在某个约定的时间汇聚在一起，进行合作。合作有时候是由人现场指挥的，但这主要限于一个组织的内部。在大部分情况下，是计时装置在自动地“指挥”着各类彼此相识或陌生的人们进行合作。例如，大家之所以能够同步地汇聚到某个戏院去看戏，就是因为事先约定了时间，而每个人所采用的计时方式都是相同的。装备汽车所需的几万个零件，分别由不同的厂家在不同地点独立地进行生产，欲使它们在整车装配之际统统汇聚到装备地点，整车厂家只需要在采购合同中载明交货时间就可以了。全社会在标准时间的统一协调之下按照一定的节奏和步伐进行运作，进行工作和休息；想想看，这是多么神奇的一件事情啊！

政府的作用还体现在司法、国防、基础设施等方面。并且，根据社会的需要与分工情况，政府的角色也是不断变化和发展的。古代社会的政府管制大都相当严厉。资本主义的发展为社会松了绑，使之进入了“守夜人”的阶段。然而，后来发现，仅仅“守夜”是不够的，于是，财政政策与货币政策逐步为西方国家所采用了。在现代社会中，政府还担任了一种被称作“父亲主义”的角色，例子之一就是实行社会保障制度。鉴于个人生存所需的支出必须在时间上均匀地、稳定地进行分布，而人生是漫长的，理性有限的公民个人并不能严格地计划和保障这一点，那么，这个“进程管理”就由国家出面来做。国家的强制力保证了公民在生老病死的时候可以得到适当的救济。社会保障的根本道理在于以丰补歉，实质上是公民的相互救济与自我救济。稳定的流量就是这样建立起来的。

由此我们是否可以做出一个推论，即随着社会的发展，政府的作用将会越来越大呢？或者，在相反的情况下，断言政府一般是无能的，而认为市场所做的事情总是好的呢？在科学上，我们显然不能这样做。以往的经济学被意识形态控制着，因此它总是试图去得出绝对化的结论。实际上，我们根本不可能在一些可靠的前提下仅仅依靠演绎的方法就推导出诸如“市场值得崇拜”之类的结论，正如我们不可能科学地证明“计划经济体制是可行的”一样。政府、计划与市场都是当事人构思和发展起来的一些策略，它们各有优缺点，哪个也不可能绝对地优于对方。我们甚至不能说这种二元对立也是必然的和“不可避免的”。科学工作只是对于现实世界中的某些片段做出说明与解释，在这里，我们的首要目标甚至不是说明政府与市场各自到底优越在什么地方，而是在于建立起这种一般性、原则性的态度、原理与方法。就目前来说，这才是最重要的。政府与市场各自具体的长处与短处只是这种一般态度之下的细节性、技术性问题，其答案可能是因时势而变化的。

有什么办法保证政府的管制一定是恰当的呢？当然没有。这一点正如私人的作为不可能都恰当一样。从这个视角，我们可以发现政府与市场之间存在着众多的一致性和相似性。它们都是人工作品，都是思想活动的产物，都受当事人知识水平的支配。政府是人们在较大范围内进行宏观思考的一个结果；而在微观活动中，人们其实也在进行着规模与范围较小的“宏观思考”。例如，人们搬动一个物体的时候，有时候就会停下来，向后退，站在稍远一些的地方，再来审视一下，看看有没有更好的作业方式可以施加于该物的“整体”。这种审视不时会获得一些新的发现。较小范围内的审视获得较小的发现，较大范围内的审视获得较大的发现。政府管制则是把国家与社会整体（或者某个相对较大的系统或部分）作为一个对象来进行审视的结果。在理论上描述这种效应的一个必要途径，就是建立关于有限视野与有限思域的基本框架。相应地，人们同样也在实施着范围大小不等的“公共管理工程”。例如，在上例中，民间的计时装置与计时标准自古就有，各个国家与地区所采用的也各有差异。这些个性化的制度安排至今也在一定程度上发挥着作用。只有当人们认为“确有必要”时，才把它上升为正式的国家标准。国家强制力是具有副作用的，但人们在这里却愿意借用它，其原因就在于，它提供了一种确切性和可靠性，它所带来的利益被认为大于其损失。后一句话并不完全是一种同义反复，它意味着主客观世界都具有一定的离散性，这种离散性允许人们能够**在对世界的其他部分不多加考虑**的情况下，仅仅凭借对与特定对象密切相关的这些局部因素的判断，来做出结论。只有人们多加研究与思考，就总会有所发现，有所判断。人类文明成就建立在私人经济与政府管理并行发展的基础之上，我们不必“未审先判”地崇拜一个而歧视另一个，**重要的是维持它们之间的竞争、权衡与互补关系**，让它们在互动中彼此调适，共同成长。而为了实现这一点，人们所应当采取的明智策略似乎是：轻易不要让政府管制的规模过于庞大，保持社会呈现为一定的碎片化状态，尽可能让各种管制政策的后果及时呈现在人们面前，以供分析比较。还是借用那个流行词：风险管理。

7.5.10 秩序与变化

如果秩序是指人们可以顺畅地、省心地、不浪费地、成功地做事从而实现其目的的话，那么，人们的生活绝不可能是完全有秩序的，人们也不可能总是生活在既定的秩序之中。客观物理世界是变动的，这些变动不可能为人们所完全把握。人们的知识、想象力及其型构生产与生活方式的能力既是有限的，而且处于内生性的发展变化之中。这些内外因素结合起来，导致人类的经济与社会秩序不可能一成不变。它不仅时常处于小幅度的变化之中，有时还会发生大变动、大崩溃、大发展。这些都是合乎算法式的逻辑的。

鉴于前文已经做出的各个分论，在此我们不再详论各个局部性的变化为什么发生以及如何发生。我们只需要强调一个合乎常识的一般性观点，即大体而言，人们不可能总是只凭已有的经验和模式就可以料理好自己的生活。秩序只是意味着既定的经验、知识与模式，仅此而已。

然而，关于这个问题，向来存在着一种奇特的观点。这个观点不仅古今中外都有，而且，它至今仍然主要是作为一种正面的、“深刻的”学说来予以看待的；这就是：存在着一些制度、规则或安排，有待于人们去“发现”；一旦人们发现了它们，将之予以运用，经济社会不仅可以顺利地运转，而且可以“有序地”增长。用道家的话来说，这些制度、规则与安排就是车轴，而社会则是轮毂；轮毂虽然是旋转的，但它总是围绕着车轴，而车轴是相对静止的，它并不旋转。在西方，这样的思想尤其体现在保守派思想家们的著作中，保守派人士不欢迎政府在市场经济中发挥作用，但又不得不面对政府不能不发挥作用的客观事实，于是，他们便发明了这样一种学说。这种论调尤其鲜明地体现在哈耶克的著作中。哈耶克认为，这些“规则”之类的东西主要靠发现，它们在数量上为数不多，在形式上往往表现为某些禁令。哈耶克反对国会的立法，认为国家的职责主要就是发现和实行这些“规则”。这样一来，规则就被绝对化了，政府的作用也被绝对化了。这样的论点显然也是服务于把市场的作用理想化、神秘化和绝对化的目标的。政府与市场之间于是变得泾渭分明、“井水不犯河水”了。这就好比一个男明星与一个女明星同时站在观众面前，男的帅气，女的漂亮，并且他们被宣布为一对恋人。这可真是一幅令人艳羡的场景啊！

可是，这是不真实的，这样的“炒作”掩盖了世界的真相。首先，“市场机制的完美性”是一个神话。普通的经济行为者个人大都不具有什么神奇的本领。市场的功效之所以有时候让观察者感到“神奇”，主要是因为普通当事人的数目众多。他们相互作用所产生的结果之所以常常超出任何单个人的能力之外，是因为这些个人的能力经过了某种“加总”，而这种“加总”又是在**有意无意之间**发生的，不是**哪个人**所**系统地**予以设计或预计的。可是，只要参与者的数目是有限的，他们所加总起来的“总成绩”也就是有限的。参与者的数目较少，其“总成绩”就会较低；参与者的数目较多，其“总成绩”则会较高（同样可以推测的是，在这个“加总”过程中，边际效益的递增与递减也都会交替发生）。这是就空间中横向的维度而言的。**就纵向的时间维度来说，市场的另一部分多样性是历史地展现出来的，因而我们不可能在某个时点上就观察到它的全部**，不能因为参与者的数目以亿来计算，我们便想当然地认为他们的智力总和就约等于“终极真理”了——于是经济学家们便去寻找（或伪装）某个完美的终极真理，然后再把它强加给现实社会。

保守派人士所设想的完美的规则很可能也是不存在的；至少，现实社会实际存在的大部分规则，可能都不符合他们的设想。所有权将是永恒的吗？也许。但是，如前所述，所有权并不完美，它时时处于修正和变动之中；这却是活生生的事实。市场的存在很可能必须依赖于某些所谓“权益”的免费使用和让渡，人们之间不可能时时刻刻把什么账都算得清清楚楚。在人际互动中，大量的利益（尤其是思想性的）可能都没有获得报酬，都处于免费使用的状态，否则，市场很可能将是无法运行的——或者，符合这个条件的“市场”其实是我们所无法理解或设想的。如果所有权是可以挑战的，那么还有什么法律条款不可以挑战呢？因此，一个基本的推测是，市场运行所依赖的那些基本规则，很可能都是相对的。

国家的存在是绝对的吗？在这个全球化进程日益加剧的今天，信奉这个看法的人显然已经越来越少了。国家对于强制力的垄断似乎具有“永久的合理性”，可是，谁又能真的禁绝公民个人之间相互使用武力呢？随着社会生活的日益世俗化，人们之间的相互“强制”将更多地采用隐含的而不是公开的形式，其结果将是“强制”与“自愿”之间的界限变得模糊。“民主”是绝对的吗？似乎是。然而，投票却不是绝对的，两者之间不能划等号。关于这一点，经济学家们早已警醒世人：大多数商品的生产并不需要进行投票，但商品却能够相当精确地满足消费者的偏好。经济市场也许要比政治市场运行得好一些。在政治市场中，人们常常必须做出某个选择，放弃其他选择；而在商品市场中，具有不同偏好的消费者却可以各取所需，互不干扰。

既然市场与政府都不是完美的，它们在实际运行中也就不可能完全匹配，互不冲突。尤其是，当内外各种变动发生的时候，现有的制度、规则与安排也就不可能与之完全相容，以致就好像水在渠中流淌那样和谐。现有的秩序虽然考虑了变动本身，并且在一定程度上也是为了管理变动而准备的，但它绝不可能把变动考虑得十分周到，实际发生的变动必然会与之发生或多或少的冲突。在这些冲突之下，要么变动受到程度不等的压制，要么现有秩序的某些部分被冲破、被毁坏以至被重构。

在变动的冲击面前，市场与政府的作用及其表现是有所不同的；这是我们理解两者关系的又一种方式。在变动的冲击之下，简单说来，自由社会与自由市场中的秩序比较容易发生变更，而政府所掌管的法律及其运作方式却相对地不那么容易变更。也就是说，市场内部秩序的灵活性较强，而“正式秩序”的灵活性则较弱。灵活性（以及时效性）的这种差异既是一种迫不得已，也包含着有意识安排的成分；这是一种有意的搭配，是社会管理变动的一种方式。通过这种“长短搭配”，经济社会的**变动本身**可以表现得比较有秩序，比较平和，比较稳妥，而不至于陷入失控之中。

当某种变动发生之后，通常，与之紧密相关的当事人的思想与行为首先会发生改变。这种改变无须牵涉他人，只要当事人自己愿意，就可以发生了。尔后，个人言行的改变就会冲击到周围的其他人，进而引起其他人的改变。在类似的变动增多之后，其影响力就会加强，就会冲击到一定范围内的非正式的秩序，例如习惯、习俗等。相对而言，习惯容易改变，而习俗的改变则需要更长的时间。然而，习惯、习俗都不是强制性的，个人违背了也就违背了，所以，它们实际上必定都是缓慢地、不停歇地变动的，都有一个平滑的、柔性的量变过程。当这些变动最终与法律和政府管制产生冲突的时候，上述调适过程就没有那么柔和了。政府的行为都是比较僵硬的，要改变它们，通常都需要公共讨论，需要履行正式的程序，需要某些人员（人民代表、议员、选民、法官、行政官员等）的明确同意。这就导致法律与管制不容易发生变化。一般首先出现的是游说和舆论上的呼吁。只有当社会上的呼声强烈到**一定程度**的时候，原有的堤坝才会被冲破。有时候是旧秩序被简单地废弃，并没有代之以新的制度；而在另外一些时候，比较周全的考虑则直接导致了以新规则代替旧规则。制度变迁与经济社会变迁之间的关系——打个不太雅致的比喻——颇类似于一个不断发胖的人，他的腰带就要不时地松一松。不能没有腰带，但腰带的放松也不能过度，同时也不可能做到完全同步。两者的运动只能是交替的或交互的。

在时间上较近出现的思想并不一定都是正确的和有价值的，因此，已有的知识与之进行“交战”就是必要的。这种“交战”是一种检验。如果新思想获胜了，旧有的秩序就开始撤退。但是，撤退不能一下子发生，否则经济社会反而会出现制度的真空，以致陷入混乱。撤退应当尽可能地做到有序和平稳，以便保证商品产出的连续增长，而不致忽高忽低，剧烈波动。人们固然可以自由自主地选择经济社会演进的路线，但约束他们进行选择的这些规律与条件却是相对不变的。

这些论述将把我们引导到下文中对增长、发展、危机、制度变迁与制度创新等广泛议题的讨论中去。

7.6 增长与发展

7.6.1“增长”是反新古典的

按照经济学的传统，“增长”系指商品产量（或曰“总产出”）沿着时间顺序进行增加。这个貌似一目了然的定义，以算法的眼光来看，却充满着各种疑问。

首先，因为存在着众多不同性质的商品，“商品产量的增加”这个问题并不容易做出判断。当所有商品的产量统统增加的时候，做出判断是容易的，然而，通常的实际情况是，较晚的时期与较早的时期相比较，有些商品的产量增加了，有些却减少了；在这种情况下，如何判断总产出增加或减少呢？这就难免要引入价格，进而引入商品的货值或者总金额；于是，关于商品产量的判断就变成了“产值”或者“销售金额”的判断。可是，后者却受到货币发行量的影响。为了剔除通货膨胀因素，统计学家们通常采用包括“不变价格法”在内的多种方法进行衡量。“不变价格法”的缺点是，它把往期的比价结构看成了绝对的，忽视了价格结构变动（从而各商品的相对重要性的变动）的重要性；另一个缺点是，它忽视了商品质量的变化，把不同时期的同种商品近似地视作同质的。商品质量的改进固然可能反映在价格上，但也可能伴随着商品数量的增长而发生价格的显著下降。根据商品数量与质量增长的情况，固然可以断言消费者的福利增加了，但是，价格的下跌却可能导致特定商品的市场总价值发生缩减，进而导致厂家的收入缩减。在这种情况下，“国民净福利”到底是增长了还是下降了呢？

上述经常被讨论的统计学问题，在算法框架下凸现得尤为清晰。这从另一个侧面说明，不仅价格信息，而且包括数量信息以及其他类型信息在内的任何信息，其表现力都是有限的、不完全的，都只具有相对的重要性。它们有时候是相互替代的，有时候则是相互补充的。总之，若以我们的主观需要或愿望而言，它们都是不那么规则的；甚至，连这种“不规则”的表现形式都是多种多样的。由于这种基本科学原理在当时未能有效地建立起来，李嘉图陷入了“不变的价值尺度”的迷雾之中。

完美的“不变的价值尺度”是一个梦想，我们幻想出这样一个东西，试图用它来衡量过去、现在与未来，从而对发展的成果做出评价。这个设想不仅是难以实现的，它还具有一些不合逻辑之处。这种不合逻辑之处就蕴含在李嘉图所开创的、以僵硬的形而上学为特征的新古典主义观念之中。这种观念就是：较为晚近的世界是较为早期的世界按照某种“客观规律”而发展起来的，而这种“客观规律”又是由过去的事物的“特征”所决定的，其中包含着关于未来世界的“萌芽”。新古典主义的含义不仅是说局部世界可以如此看待，而且是在说世界在整体上、在“一般意义”上应作如是看待；至少，世界应当**优先地**如此看待。其中不合乎这一观念的现象都被置于偶然、次要因而不予考虑的地位。

但是，当讨论到增长与发展问题时，疑问就来了：既然本期的世界可以在原则上**全部**视作是前期的世界必然地进行变动的结果，那就说明本期的世界只是前期的世界所具有的特征的**体现**，本期的世界只是表现出了前期世界所具有的“内在价值”，那么，按照“贴现”的观念，何来“增长”与“发展”呢？“增长”与“发展”还是与静态地描述世界特征的那个静态理论相对独立的议题吗？它们还有必要专门予以讨论吗？这就好比一笔资金产生了“应有的”利息，所有利息的贴现值被认为与本金相等，那么，资金所有者有什么“赚头”吗？他取得了什么“发展”或“进步”吗？

具体来说，假如某项资产能够在未来取得较高的收入，那么该收入就应当提前体现在该项资产的溢价上；假如某项资产能够取得连续的、甚至递增的收入，那么，这些收入也都应当从资产的现值上反映出来。反过来，假如所有未来的收入都能够在资产现值上反映出来的话，只要我们所说的“收入”和“资产”都是广义的，则资产的价格已经提前实现了收入，也就不存在什么“收入的增长”（也即“增长”）了，这一逻辑可以让我们看清新古典主义“反增长”的实质。进一步地，由此我们还可以继续得出结论：如果增长现象是真实的和值得研究的，那么，**在收入流量与资产价格之间便绝不可以划等号**，资产价格便不可能是其未来收入的准确反映，收入也就不可能完全还原为资产。**这种“不等价性”是研究增长问题的起点**。正因为如此，我们才需要把增长作为一个相对独立的议题来进行研究。

上述逻辑矛盾再次提醒我们，试图把静态理论与动态理论**完全**一致化的愿望显然是难以实现的。静态理论可以让我们看到动态理论所看不到的东西，反过来，动态理论也可以揭示静态理论所难以揭示的内容。**不仅静态理论与动态理论各自的内部要容纳多元化，而且要以多元的眼光来看待静态性与动态性本身的分野**。这个道理同我们把“事物”“系统”“变动”“发展”“倒退”等等概念看作一个既相互联系、相互补充又相互冲突的不完全的“概念组”的道理是一致的。

由于我们的视野有限，对于“经济”这个复杂的、变动的、循环的、存量与流量相结合的对象来说，我们需要从不同的角度、采用不同的手法来研究它。每种方法都只具有有限的作用。统计商品数量是衡量经济绩效的方法之一。这种方法就好比用刀切开一个西瓜，通过对剖面的观察，来推测整个西瓜的品质如何；或者，就好比在马路上设一个观测点，通过计算经过这个观测点的人与车辆的数目，来**估计**某个城区的交通状况。为什么要这么做呢？这是因为，经济的征象纷繁复杂、千变万化，它们体现为无数的变量以及众多的数据类型，因而，计算能力有限的观察者们很难对**所有的**信息进行**充分的**处理。而且，在统计与计算需要花费显著代价（包括对隐私的侵犯）的情况下，当事人不应受到过多的打扰，研究者们必须设想出某些简易的方法来实现他们的目的。

然而，通过观察"商品数量"这个横断面来判断整个经济的做法必定是有缺陷的。福利的"人际可比较性"以及由此而引起的"数量加总的正当性"之类的问题我们姑且不论。只要我们真正地、算法式地进入了动态环境之中，也就必然会注意到以下情况：1. 由于市场范围的局限性，某些经济绩效可能不会体现为商品，从而也就不会体现在商品交易信息上。2. 即使某些经济绩效早晚会体现在商品交易信息上，这种体现也可能不够及时，不够充分。这意味着，某些发展成绩很大的年份，按商品数量统计出来的增长数据却不够"靓丽"①，而增长数据很"靓丽"的年份，经济中却可能已经产生了严重的问题。诸如此类的问题要求我们要力图全面地、谨慎地评价发展的成果，要在一个相对性的框架中来理解和运用统计数据。

另一方面，当我们试图在商品数量之外寻找其他衡量指标的时候，我们又将进一步发现，相对而言，"商品的数量"是一个相当全面、相当便利甚至相当精确的统计指标。这一指标固然有缺陷，而其他指标的缺陷却更大。某些经济绩效固然不会反映在商品数量上，但是，各时期商品数量的纵向比较仍然是很有意义的。经济的实质表现与增长指标之间固然存在某些时间上的不匹配，但各个局部情况以及各个时期的情况可以相互对冲，由此导致增长指标在时间上的连续排列也很有意义。只要我们小心处理，包括商品数量在内的众多指标就仍然是很有用的工具。

这些道理都是普通的，但却是经常被忘记的。算法原理不仅可以用来将之流畅地予以贯通，而且有利于使之实质性地渗透到经济分析的各个过程之中，而不至于再被忘怀。

7.6.2 奉行保守主义是人类生活取得成功的基础

尽管衡量增长、发展与进步的指标是多样的，是有缺陷、有争议的，但人们却普遍相信生活是可以改善的。生活的改善在历史上的大部分阶段也都是事实。这是经由社会大众每日每时的实践与感受所得出的普遍结论，因而，它不仅是客观的事实，也

① 一个著名的例子是：在"二战"结束之后的 1946 年，美国国内经济可谓"万箭齐发"，十分繁荣，然而，按照通行统计方法所衡量的 GDP 增长率，却为 -10.9%。这个例子尤其提醒我们要在动态的、结构的条件下来谨慎地看待收入指标和其他一切数量型指标。

是作为评价意见存在于人们心目中的主观事实。

在上一小节论述的基础上，我们需要再来解释一下这种“主观事实”是如何发生的；也即，人们是如何度量到“增长”现象的。基于生活常识，我们知道了对新商品估价的一些细节。市场上出现了某种新产品，这种产品在功能上可能是全新的，也可能仅仅是对原有产品的局部功能所作的改进。经过试用，消费者可能会赋予其比原有产品更高的估值，于是，按照这种较高估值计算出来的商品的总价值，就比以前增加了。革新也可能仅仅是生产方法上的，它导致同等的投入生产出了更多的商品；按照不变价格来计量，这些商品的总价值也就更加容易增加了。这就是说，我们能够衡量到增长现象的一个不可忽视的原因，就是我们在用**过去的**价值尺度来衡量现在，或者将用现在的价值尺度去衡量未来，**我们既把不同时点的世界看作相对独立的，又认为它们之间可以相互比较**。在进行这种衡量时，我们看待它们的方式就好像我们在看待处于同一时刻的**不同空间中的**两个对象一样。我们不认为它们之间存在着（充分的）决定与被决定的关系，而是就好像它们从不同的来源分别地、同时地来到我们眼前一样。**我们别无他法，只有硬性地这么做了**。这个道理与我们在论述利润问题时所表述的观点是相近的：生产的成本（从而资产价格）一般是按照历史成本来进行核算的，而收入是在现行的市场价格下产生的，它们的计量基础既不相同，又被（不经调整地）置于同一个算式之中来进行运算，因此才产生了利润。

这个观点不可以被误会为笔者在把增长的原因单纯地解释为货币与计价的问题。我们是在指出平常被我们视为理所当然而实则在理论上很复杂的那些衡量方法与计算方法的微妙之处。这里尤其要强调的是，**在实际生活中，货币不仅是沟通同一时点上存在于不同空间中的经济活动的工具，它也是沟通不同时点的工具**。由于每一个“时刻”都转瞬即逝，不同的“时刻”又紧密相连，人们就不得不这样做。诸如“通货膨胀调整”之类的东西建立在人们首先这样来运用货币尺度的基础之上。这种看似鲁莽的做法实际上处于底层的和优先的地位，而不是相反。由于最近的记忆最为清晰，所以人们一般总是通过把在时间上最为相邻的对象进行比较从而对经济绩效做出估价的，如此一期又一期地、环环相扣地、次第地进行下去。而且，人们一般也总是在一个其中大多数元素都相对不变的环境中来对少数变动的元素进行评价的，这种评价是边际性的。假如某个时刻的世界相对于与其相邻的前一个时期的世界发生了巨大变化，其中发行了与原有货币完全不挂钩的新货币，则其经济绩效也就很难进行衡量了，“增长”恐怕也将无从谈起了。

人们把当前所通行的算法**直接地**、**武断地**使用于未来；同理，人们也把当前的生产与生活方式**直接地**、**武断地**使用于未来。这不是故意要去冒险；恰恰相反，这是维护发展果实、维护生活的稳定从而争取成功的关键策略。这是解释增长现象的必要基础。换言之，讨论增长与发展，必须从对人类生活方式的“可持续性”这个问题开始。

“增长”是在已有的基础上添加一个增量，所以，发生增长的前提是那个“基础”必须能够持续存在；也就是说，人们必须能够保住已有的发展成果。那么，人们如何能够做到这一点呢？办法其实很简单，就是持续地复制和重复已有的生活方式，持续地利用已有的资产，优先地学习和传承已有的知识。说得直白和极端一点，就是要人们守规矩，敬畏传统，对于偏离现行轨道的想法和行为要保持警惕、怀疑甚至限制的态度。换言之，**奉行保守主义是人类社会得以生存和延续的一个关键**。这是经济理论至今尚未阐明的道理。如果现有生活的失败率太高，动荡很大，人们就会降低人生的奋斗目标，减少对生活的要求，采取“守成”的态度，少做冒险的事情。不能把现成的东西与想象的东西置于同等的地位上，不能把试验和创新与学习已有的知识置于同等的地位上。这是因为，现成的东西已经被实践证明为有效，而新的想法却不是这样。新思想要想融入传统或者改造传统，需要经历一个漫长的试验、再试验以及求诸大数目人口进行交互式试验的过程。从比率上来说，成功的新思想占全部新思想的比率通常是非常低的。这就导致创新成为一项真真正正的牺牲与冒险事业。在实际生活中，创新者的形象通常其实并不是那么高大，他们一般也不被冠以“创新者”的头衔，他们只是不那么循规蹈矩而已。“创新者”中包括了反抗者、失败者、边缘人、“不务正业”者以及其他许多名声不那么好的人。“创新”不一定是他们的目的，他们有时候的确是在“胡闹”。要想保持社会运行的顺利和健康，是不能够把主要的希望寄托在这些人和这些行为之上的。

在一个充斥着“创新”话语的社会中，“维护传统”这个词语似乎有些负面的意味。然而，如果我们不带偏见地、全面地观察经济社会生活，就会发现支持传统的力量非常强大，“传统”实际上是极为“盛行”的。另类的、新颖的行为与现象毕竟只是少数。虽然我们强调创新活动实际上要比人们感受到的更加宽泛、频繁和丰富，但它们在数量上其实是无法与传统相提并论的。如果离开了传统，生活将会怎样？这是难以设想的。假如没有创新，生活至少是可以勉强延续的；创新就好比一些佐料，是对旧生活感到厌倦的人们所追求的刺激物——这个说法虽然不够全面，但它是简练而生动的。

这当然不意味着所有的传统都应该受到尊敬和实行。正是在强大传统力量的**衬托**下，创新活动**才**显得弥足珍贵。这是产生“创新”话语的真正基础。创新活动在传统力量的控制、约束和管理之下进行，以便提高成功率，降低破坏性。在有限理性与有限行为能力之下，对传统的质疑、挑战和否弃只能是局部的和边际性的。所以，公允地说，比较健康的社会一定是（也只能是）传统与创新的结合，而每个具体社会中的人们所要决定的只是两种行为的**比例**如何。不同的社会形态、政治理念以及政策主张都只是在这一比例上有所差别而已。主张维护传统的往往难免要付出压制创新的代价，而着重于创新的则要忍受经济社会的动荡，甚至常常不得不回过头去重建传统。大家对于“谋求最大利益”这个目标的估计有所不同。保守派、激进派与极端派正是在这个意义上来进行区分的。这种区分绝不仅仅体现在政治活动中，而且体现在经济与社会生活的每一个方面。

7.6.3 增长为什么会发生

当我们采取上述视角的时候，与增长有关的大量问题也就产生了，同时，探索这些问题的路径及其答案也就相继地浮现了出来。

增长理论要回答的基本问题是：经济体的较为晚近的生产力为什么会高于较为早期的生产力？这个问题貌似比较容易回答，实则面临着一些难点。增长建立在继承传统的基础上，因此，要论证增长的发生，就要论证较晚期的资产多于或优于较早期的资产；否则，增长就是没有保证的，即使后期的产出高于前期的产出，也可以视为偶然的，而不是系统性的和持续的。这就意味着，我们必须论证，人们在前期消耗的东西少于（或者次于）他们遗留下来的东西；而这一点又当如何论证呢？先回到经验世界看一看。产出减去消耗之后，前期留给后期的东西在数量上是否一定是正数呢？先看消费品。观察表明，许多低值易耗的消费品都是“边生产边消费”的，或者是在消费之前不久所生产的。这些商品要么在物理性质上无法进行存储（例如服务），要么其有效期比较短暂。假如储存了较长的时间，它们的使用价值就会显著下降。此外，现期的生产固然服务于后期的消费，但现期的消费却也仰赖于前期的生产；两者相抵之后，现在真正可以遗留给未来的消费品的净额也就微乎其微了。这些情况预示着，就低值易耗的消费品来说，它并不是“遗产”的理想形式。事实上，人们的确很少囤积此类消费品。一般而言，人们既不会囤积它们以便应付未来的日常生活，也不会把它们作为遗产遗留给后代。在全社会范围内，此类消费品总是需要多少就生产多少；不仅不会过多生产，而且还要避免过多生产。

这就来到了一个论点，即：假如前一个时期要留给后一个时期一些什么东西的话，那么，相对而言，比较好的办法就是投资在耐用品、货币或者资本品上。资本品是用来生产消费品的商品，前人把财富投资在资本品上，把资本品作为遗产馈赠给后人；后人虽然未能直接地、无偿地得到消费品，虽然仍然必须为生产消费品付出辛劳，但此时资本品的数量增加了，其与同样数量的劳动相结合，就可以生产出更多的消费品。用中国古语来说，这叫做“授人以鱼，莫若授人以渔”。这是遗传财富的一种好方法（也是传统的增长理论所强调的导致增长的主要因素）。如果这个目标并不总能实现的话，前人可以投资于使用期限超长（以至无穷）的货币。耐用品的性质正好介于货币与低值易耗品之间；除非它能给后人的生活带来实际的帮助，否则就不是十分理想的遗产了。

然而，在所有这些资产形态中，却有一类资产，至少以今天的眼光来看是十分理想的遗产。这类资产就是知识。知识一经被当事人掌握，就可以无数次地反复进行使用；不仅不会发生损耗，而且还可以在使用过程中有意无意地得到改进。知识很容易进行复制。把知识复制给别人，并不会减少自己所拥有的知识；把知识遗传给后人，也不会减少今人从知识中可以获得的利益。所以，**知识就好比通常所谓的“顺水的人情”，是前人可以馈赠给后人的最佳礼物**。即使前人不主动这样做，这种遗传在客观上也在所难免。后人所掌握的知识多于前人，一个人后期所掌握的知识也多于前期。只要其所支配的物质财富不减少，我们大致上就可以相信，较晚时期的产出将会多于（或优于）较早时期。

知识进步不仅关乎精神世界本身，而且涉及正确地选择投资方向、构造资本组合与生产方案以及购置消费品等上述所有方面的问题。所以，**我们把存量知识的进步视为经济增长的主要原因**。这一解释是与经验研究的结论相一致的。进一步地，知识的保存、复制和传播技术的进步速度也在很大程度上影响着经济增长的速度。这个论点虽然可能尚未经过仔细的经验检验，但笔者相信它很可能是符合历史事实的。经济增长与进步的一个要害就是如何**让后人避免重复前人的工作**，并且**使后人的工作与前人相互衔接**。只要后人沿着前人的道路继续走下去而不是重新从头再来，我们就可以相信进步的发生。这意味着复制、学习和检视现成知识的花费在原则上是少于重新开发这些知识的代价的。基于常识，我们知道，这个条件在大部分情况下应当能够得到满足，所以，增长与进步也就经常会发生。但在另一些情况下，就好比修改一篇蹩脚的文章不如重写一篇新文章一样，现有的知识具有迷惑性和误导性，需要我们花费较长的时间才能弄明白，这就不如放弃传统、重新再来了。由此所付出的代价使我们痛感，知识变成了负担；无论个人还是社会，都难免绕弯路——而一个刚上路的新手也许从一开始就会走在正确的道路上。这时，增长停止了，倒退（甚至危机）也许就发生了。

如果说增长的原因在于人类具有爱好储蓄的倾向或者具有珍爱后代的天性，这可能难以令人信服。知识持续进步的前景提供了一种诱惑，使人们有动力多为未来进行打算（不管是为了自己还是为了后代），于是，人们就会"爱好"储蓄与投资，就会把增长确立为自觉的行动目标。只有诸如此类的解释才有令人信服之处。这种意图是增长的一个保证。有读者可能会质疑道：旧知识不一定适合于新情况，所以，仅仅从知识的继承与数量增加的角度来论证进步，是不够严谨的。的确如此，我们的分析不能止步于此。"每天的太阳都是新的"。即使新的环境仍旧由原有的元素组成，其组合方式可能也已经变化了。所以，今天的工作包括着要毁弃已有的知识，还包括着要添加适合于当前问题的新知识。只有所添加的大于（或优于）所毁弃的，进步与增长才会发生。那么，我们如何证明这一点呢？这的确是困难的。在这里，笔者认为，我们或多或少要借用一点新古典的逻辑，这就是：无论"除旧"还是"迎新"，在当事人决意展开他们通过计算而得到的针对当前环境的行动方案之时，他们至少**相信**，这个方案是可以实现他们追求增长的目的的；否则，他们就不会去实行它。这种论证方式意味着，要论证增长的发生，就要看我们如何来估计当事人的成功率了。我们可以注意到，把思想作为对象引入经济分析的方法允许当事人采用这样的策略来行事：并非所有的念头和思想都会付诸实施，当事人先构思众多的行动方案，然后**只会**选择那些他们认为最为可靠的方案来实施；这就大大降低了他们的行动遭受失败的危险。**假如这样做仍然未能达到追求增长的目标，他们就会变得更加谨慎，就会做出更多的努力**

来降低失败的发生率，直至增长的序列变得让他们满意为止。

我们需要注意到，增长实际上绝不总是发生的，因此，假如我们采用了什么手段，以致“完全令人信服”地“证明”了这一点，必定是我们做了多余的、虚假的和不必要的工作，我们的论证中一定包含着什么错误。**论证增长的过程中必须埋下论证危机与倒退的种子，只有这种“合二为一”的理论，才是适当的理论。**

7.6.4 增长为什么会发生（续）

关于增长的问题是纷繁多样的。在本小节，我们再来探讨几个专门问题。

第一个问题是经济增长与经济活动所处的自然与社会环境之间的关系。环境不能完全决定经济活动，但却会影响经济活动。从这个意义上也可以说，环境**在一定程度上**决定着经济活动。自然环境如此，社会环境也是如此。与经济活动有关的那些社会条件，虽然是人类活动的产物，但它们是在漫长的历史时期中逐渐形成和沉淀下来的，不是在短时期之内可以发生显著改变的，而人们所关注的经济活动却常常集中在若干年之内，因此，按照经济学的传统，这些社会条件也就连同自然条件一起，共同作为经济活动的**背景**来予以看待。

经济活动的状态在一定程度上是由其背景所决定的，因而，经济增长在一定程度上也是如此。**经济之所以能够增长，在很大程度上依赖于所处环境的稳定性，依赖于人们可以对这个比较稳定的环境进行持续的研究和应对**。这些持续的智力活动持续地提高着知识水平，改进着人们应对环境的方式，于是，后期的经济成果就很有可能会高于前期。这种效应的另一种内涵是，由于智力的有限性以及计算速度的局限，人们无法一下子达到智力的顶峰（如果存在某个“顶峰”的话），于是只有一边从事实际经济活动，一边改进着知识，这才展开了一个增长过程。假如人们的智力一下子达到了某个顶峰，也就不存在知识进步的过程了，从而，也就不存在经济增长了（或者说，增长也就失去了“新奇性”）。这就好比不同的自然环境适合于生长不同的植物。这些植物固然未必只适合于生长在特定的环境中，不过，不同环境中的生态系统毕竟是有所不同的。这些生态系统在各自的环境中生长着，变化着，带着各自的特点无休止地演变下去。

这种论点的一个推论是，假如环境不够稳定，甚至变化多端，增长很可能就会中断，甚至根本就不会发生。这是容易理解的。由于人们从认识环境到开发出应对环境的方法都需要时间过程，针对某个特定的环境，人们好不容易制订了对策，而该环境却变了，变得与以前大不一样了，则已经制定出来的对策很可能就会失效。要是环境发生变化的幅度很大，速度很快，认识活动就会跟不上，经济社会系统更将无法有效地组织起来，何谈“持续的改进”呢？这种论点的另一个推论是，**在一种环境下持续地增长，可能导致人们更加不适应与之差别很大的另一个新环境**。这是因为，随着年深月久的演进，内外各方面条件都会日益变得更加适应于已有的环境；与已有的环境越发亲密，与新环境也就越发疏远。这将意味着不仅那些在已有环境下成长起来的东西在新环境下可能变成负担与障碍，而且尚未发展之时的人的“天性”也已经被改造得今非昔比了。所以，**增长与发展都会带来风险，它有可能引致大倒退**，反而使人类更加不适应新的环境，这是增长与发展的负面后果。

第二个问题是关于国家对于暴力的垄断以及对于种种负面行为的反对与增长之间的关系。如前所述，导致增长的一个重要技巧，就是尽可能保存已有的发展成果，使得后人与前人的工作首尾相接，从而实现工作成果的持续递进，而不是相互“拆台”，不断地破坏与重建。国家的积极意义正可以从这个角度来理解，对此我们已经在前文（5.6.3 节）中提到了。国家禁止个人采用武力抢夺他人的财产，对于其中的原因我们可以这样来理解：抢夺最终会导致战争，而战争是毁灭性的，它会摧毁已有的发展成果。连已有的成果都被摧毁了，还怎么进行“发展”和“增长”呢？与此相适应的是，**市场经济体制采取让人们自由协商与自愿合作的规则，这就迫使人们只能采取对他人进行利诱的方式来动员他人**。如果能够发现可以同时改善合作各方处境的机会，人们就相互交往；否则，就宁愿各自独立行动，而避免彼此往来。这就避免了暴力争斗和战争所造成的破坏。即使要进行“创造性的毁灭”，当事人也将努力确保所创造的东西大于被毁灭的东西。这就意味着要从“零和”的与“负和”的博弈转向“正和”的博弈。所以，**“自由”“自主”“自愿”以及“禁止强制”等规则中天然包含着可以导致增长的因素**。

进一步地，现代社会所采取的策略是：假如人们之间存在着冲突与斗争，也应把它限于言论领域之内，应当尽可能使用言论与思想上的斗争来替代武力斗争。**这就降低了斗争的级别，减小了斗争的破坏力**。相应地，以“文斗”取代“武斗”，这就要求实行言论自由的政策。假如人们不能通过言论来表达不满，武力斗争恐怕也就难以避免了。另一方面，在言论领域，恐吓、侮辱、淫秽与欺诈性的行为也要予以禁止，这必须作为言论自由原则的一些例外来进行处理。因为这些言论也具有破坏性，它会破坏增长的基础。这些禁令迫使人们只能努力去发现真理，去讲真实的、合理的、友善的、有益的、公道的和受欢迎的话。精神与言论领域因此不仅将会有利于物质财富的成长，其本身也将不断发展和发育。

发展体育竞赛是上述逐项安排的一个补充措施。[①]把“武斗”转化为“文斗”可能会引起人类体质的退化，这个效应是与我们谈论上述第一个问题时所表述的观点相一致的。这也是人们向来所普遍认识到的危险（这种危险尤其被一些“社会达尔文主义者”所强调）。因而，作为一项补救措施，体育运动与体育竞赛事业在现代社会中如火如荼地发展起来了；它既满足了人们发泄体力的生理冲动，又有利于保持身体健康。这种策略固然不是完善的，但它毕竟可以或多或少地防止身体的退化。现代人的体质在某些方面优于古人，这个事实更加可以表明：与发展相伴随的退化固然是难以

① 据说，奥运会的创始人顾拜旦在提议设立奥运会时就有一个初衷，即用文明的、有控制的体育比赛来替代战争。这种“替代效应”可能或多或少地存在着。

避免的，但是，只要人们能够自觉地认识到这种效应，也就有可能在另一些方面有所弥补。重要的首先在于，要**在理论上**指出退化的可能性。

第三个问题是分散、自由与大数目个体的存在与增长之间的关系。这个问题我们已经有所论述，在此还要予以强调。与集中管制、缺乏自由度的社会相比，存在大数目自由个体的社会比较容易发生**小步伐但却相对连续的**增长过程；这是因为，后者用小破坏、小崩溃代替了前者所可能发生的大破坏、大崩溃，而小破坏、小崩溃又被**同时**发生的小型的进步与增长**及时地**对冲掉了，其结果是总量的增长往往不很显著，但却是连续不断的。这个问题首先关乎增长的序列与形态。人们是喜欢大起大落、“进二退一”式的增长呢，还是喜欢连续的小增长？这是实际当事人以及政策制订者需要进行抉择的。其次，这个问题也关乎“增长是否能够发生”这一问题本身，因为，假如波动的幅度过于剧烈，以致难以挽回地破坏了某种根本性的大结构，也就陷于“万劫不复”的境地了。例如，如果发生了某种巨大的环境灾难，以致地球不再适宜于人类居住，还有什么增长可言呢？所以，进程问题与我们通常所谓的“根本问题”（或者“静态问题”）是密不可分的，增长与生存是密不可分的，因而，人们对于经济演进过程的研究和管理，绝不是脱离了核心经济理论的“枝节”问题。

7.6.5 增长如何发生

只要我们任意地阅读一下任意一个经济体的统计数据，就会不由自主地发现**经济增长是一个极为引人瞩目的现象**。增长可以表现为个人、家庭、企业、政府的收入（无论分项还是总和）逐月、逐季、逐年地增加，商品的数量以及其他有关统计指标也定期地上升。当这些数字按照相同的统计口径来排列时，通常表现得十分规则而醒目。此外，经济增长还可以体现为商品品种的增加、质量的提高、人民生活水平的改善以及由此所产生的内心的幸福感，等等。这是主流教科书通常的表述。不过，在本小节，我们略微谈论一点主流教科书所不讲授的东西。

增长是否意味着人类所使用的各类生产与生活设施的体积的增大与占地的增加？这个问题听上去似乎有些古怪，在一些人看来也许有一些“外行”，但是，在一个内含着时空元素的理论框架中，这样的问题实际上是必然要提出来的，也是值得研究的。这类研究可以帮助人们更好地理解现实生活，甚至可以指导人们从事经济活动。

前文已经论及，技术进步的后果之一就是，商品可以在不采用较多物质材料的情况下实现更多更好的功能，商品变得更加小巧、精致而有用了；这就是说，商品价值的增加与商品体积的增大并不同步，后者通常要慢于前者。甚至，商品的价值只是单方面地增加而它的体积却不增大。具体到单个商品，这是完全有可能的，这样的实例也是不胜枚举的。不过，需要注意到，体积的不变与缩小同时却伴随着功能的改进，商品在实际使用中的影响范围扩大了，影响程度也加深了。另一方面，随着商品流量的增长，存量也增长了；两者相加，导致任何时刻呈现于我们眼前的世界都充斥着越来越多的人类产品，产品的品种与数量都更加丰富了，其散布的或者影响的地理范围也更加广阔了。简言之，人类在地球上的活动范围与重要性日益增长。即使人类依旧珍惜天然的东西，它们也要么作为刻意的保护对象而存在，要么则作为被改造后的、更适宜与人类相处的人造物（例如草坪）而呈现。这个道理与前述的知识发展将会同时引起知识的质与量非线性增长的道理是相似的。比较发达的国家，其国土被开发的面积也较大，地上的建筑物与各类设施也比较丰富。与之相反，比较贫穷的国家，其国土的外观风貌也比较原始和荒凉。这个议题将再次涉及经济地理学。

增长的主要含义就好比生物体那样，是在现有的肌体上长出新的一部分。由于这个新的部分不可能总是对原有世界在总体上的一个全面的复制品，不可能是结构与性质完全相同、而只在尺度上更小的一个“迷你的旧世界”，我们需要观察一下这种“增长”在微观层面上具体是怎样发生的。每个处于具体情境中的当事人（也包括企业等组织），按照他们各自的目的、视野与行为方式来发展着各自的事业。他们也按照各自特定的方式和程度来考虑全局性的问题。不过，在每个个体层面对于全局以及人际互动的考虑一般来说都是不那么充分的，他们主要考虑自己的事情。由于物理与思想财富的累积，加上人生目标的持续性和稳定性，**个体层面的变动、进步与增长通常将会不可避免地发生**。尽管失败与成功并存，但是，如前所述，由于个人会通过降低目标、减少冒险和实行保守主义等途径来控制失败率，**成功仍然是一种比失败更为常见、更为典型的现象**。

以算法的逻辑来推断，在微观上，增长的方式必定是多种多样的，并且是高度不规则的。而以算法的眼光来看，现实世界里的种种增长现象也就是简单易懂的，因为通常我们大体上知道（或者容易了解）当事人的意识活动，而且我们不必确保经济体的每个部分都“增长”。企业扩张产能，开发新的项目，推出新的产品；个人增加收入，扩大消费支出与投资活动；政府税收增加，公共开支与公共服务的水平提高，都是增长的方式与表现。如前所述，任何一个人或组织，都是通过吐故纳新、新陈代谢而获得生存的，增长则意味着收入与支出的循环在更大的规模与更高的水平上进行。通常，总是收入或支出的某一方**先**进行扩张，**然后**，另一方**再**跟上去。成功地、稳定地增长的关键在于完成资金的**循环**。这就好比走路，迈开了右脚，左脚就要跟上去；迈开了左脚，右脚就要跟上去。如此一来，个人才会前进。首先发生的仍然只是“变化”而已。变化可能是当事人主动发起的，也可能是迫于客观情势而不得不为之，也可能只是循规蹈矩的一个意外后果。所谓的“进步”与“增长”通常只是一种“事后诸葛亮”式的评价；这种评价一般只是针对“变化”中的一个部分。“变化”中还包含着倒退，以及众多不被做出明确的正面或负面评价的部分；它们仅仅是“变化”而已。评价也并不总是发生的。当然，再次强调一下，“发展”与“进步”中也包含着丰富的结构性内容；按照习惯，“增长”主要只是用来指称其中的数量性内容的。

无论出于偶然、武断、尝试等任何原因，在个体所处的局部领域成功地完成了一个新的、增量型的收支循环，这就相当于在社会的肌体上长出了一块新的组织，或者一个新的器官。不管社会“最终”欢迎它或反对它，它都已经作为一种新的实体或事实而存在了。这就是“增长”与“发展”的基本形式。社会肌体的其他部分与之是否进行互动，以及互动的效果如何，这都只能是“后话”。某些个体的增长将会带动与之相关的其他个体次第地取得一系列的良性循环，从而造成持续的、扩大的增长。另一方面，对于造成增长的个体具有积极意义的事情，另一些人则未必接受它或欢迎它。该部分与经济体的其他部分争夺着各种物理与思想资源，由此发生了复杂的、往复的经济过程。其所进行的“改良”，对于另一些个体也许会造成损害。例如，一个人在某个企业找到了一份工作，其结果是，经过劳动力市场内部的一系列反应之后，导致另一个企业的一名职工下岗。某个企业扩大了生产，其结果是，经过商品市场的相互作用，导致了另一个企业不得不相应地进行减产。有时候人们只是在简单地、反复地争夺收入。算法理论告诉我们，很多原因都可以合理地导致这类情况发生。

然而，事情不一定止步于此。这种争夺几乎给所有当事人都增加了压力。在这种压力之下，其中某些人可能会另寻其他出路，而对于他们来说，创新至少是一种可供选择的出路；假如能够通过创新来加强自己在竞争中的地位，也就不一定求诸其他手段了。于是，进一步地，这样的情况便可能发生：某个雇员做出了某项新发明，并受到欢迎，而他既不是那个新近入职的人，也不是那个新近离职的人；某个企业也做出了某项生产技术或管理方法上的创新，降低了成本，增加了利润，而这个企业既不是那个贸然扩产的企业，也不是那个被迫减产的企业。于是，这种结构性的变化终于容纳了那个最初的“增长事件”。

经济系统就以诸如此类的方式运转着。在自由、自主、自愿的规则之下，各种贸然而轻率的扩张活动施压于所有当事人。在负面竞争活动受到禁止或打击的情况下，最终导致了正面的、积极的后果发生了。经济体就这样“不知不觉地”“意外地”“不可避免地”前进着。经济活动的质量与总规模都得到了提高。然而，进步既带来了新的积极因素，又带来了新的消极因素。发展带来了新的压力，它要求进一步的发展。这就好比走路，前一脚迈出去之后，就要求后一只脚跟上去，但后一只脚并不是简单地跟上去，而是会再次迈到前一脚的前头，这就又要求前一只脚再跟上去。① 例如，某个行业内的生产技术进步导致产量可以低成本地扩张，于是产品售价大跌。这在短期内对股东是不利的。但是，售价持续保持在低位刺激了下游产业的扩张，在一段时间之后又导致产品需求大增。这不仅使股东获利，而且再次鼓励企业致力于新一轮的技术创新活动。技术创新一般总是局部发生的，这会使得与之相关的其他生产环节及经济活动显得落后，造成一些不协调。创新刺激着这些领域的发展，使之也陆续地发生了创新，但各个创新之间总是勉强地进行匹配的，很少有“完全恰好匹配”的时候；而且，只有经历了一定的时间过程之后，创新的良性效果才会比较充分地显现出来。

---

① 有一个古老的笑话，说有个笨拙的媳妇煮粥，她觉得粥有点儿稠，于是加了些水；之后又觉得粥太稀了，则又加了些米。如此反复了几回，结果锅满了，粥却仍然没有煮好。在一定程度上，增长与发展就是以这种比较“笨拙”的方式进行的，并且始终不能“完结”。

我们不太容易设想出只会给每个人带来好处而不会带来任何坏处的创新与变化。创新在某些方面带来好处，而在另一些方面造成压力。积极后果与消极后果相互抵消之后，总量上通常只是呈现出相对轻微的增长。在我们洞察了这些内情之后，总量层面通常能够表现出幅度虽小但却持续不已的增长，的确已经颇为令人惊叹了。然而，我们不可以因为这些四平八稳的数据而把增长视为波澜不惊的事件，后者通常正是主流经济学所暗示的。不仅如此，为了缓解增长所带来的压力，修补其负效果，人们还必须继续前进。以这样的眼光来看，经济的变动与发展很难停下脚步。这就好比一台发动机，一旦发动起来，就会连续地运转下去。变动发生之前的经济体是不完善的，变动发生之后的经济体依然是不完善的。

有一款叫做“粘粘世界”（World of Goo）的电脑游戏，可以用来形象地演示经济增长的过程。请参阅图表 17。

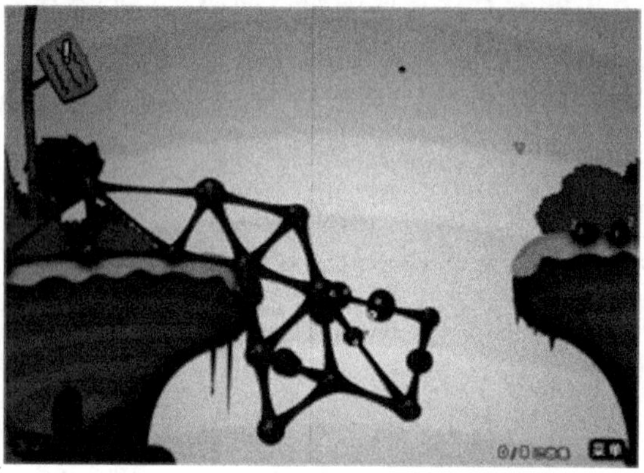

游戏a “大桥颂歌”

这节游戏是建造大桥。大桥只能逐渐地向前延伸，因为自身重量的增加，桥身开始下坠，因此，建造的速度必须相当快。如果能够在桥身垮塌之前连接到对岸，则整座桥也就可以转危为安了。

游戏b “粘粘之塔”

这节游戏是造塔。塔造得越高，则得分越高。塔只能从地面上一步步地成长，向无限的空中延伸。如果它的底部宽厚结实，整座塔就会比较坚固。但是，这将限制塔的高度。反之，缩减底部的用料，可以迅速提升高度，但这样的塔容易发生垮塌，而为了避免中途的垮塌，往往又不得不对其中的某些部位进行加宽，从而形成奇怪的形状。

图表 17：“粘粘世界”

这款游戏是用一种叫做“粘粘球”的东西搭建各种建筑结构。“粘粘球”是一种具有显著重量的球体，它浸在某种胶体之中。如果球被抬高，则胶体发生一定的凝固效应，球体于是就被撑起来了。但是，抬高的幅度不能过大，否则胶体就会被扯断，因此，建筑结构只能一步步地成长。凝固的胶体根据长度与粗细程度的不同，其支撑力与弹性也有所不同。按照这种方式搭建的结构具有一定的韧性，但也有发生局部或整体垮塌的危险。

7.6.6 增长如何发生（续）

增长可以是“亦步亦趋”式的，也可以通过一部分挤压另一部分而实现，还可以采取“创造性毁灭”以及其他多种多样的方式。只要我们把思想、知识、人的行为以及诸多经济社会现象加以实体化，这些难以尽述的方式在原则上也就都是容易理解的，至少将是“见怪不怪”的。这是因为，在普通物体的变动中，在生物的生长中，以及在其他诸多具体的日常活动中，我们对于这些形式都已经习以为常了。在我们所关注的诸种意义上，比较抽象和宏观的经济社会现象与这些具体的物理现象之间并不存在重大的差别。

下面再以大型工程为例，来说明增长发生的过程及其性质。经济体就好比一座处于不断扩张之中的“粘粘之塔”（参阅图表 17 中的游戏 b）。各种微观活动在不同的方向上、以不同的力度撕扯着经济体的结构，使其处于幅度不等的、不停息的摇摆之中。在这种动荡中经济体慢慢地变大。由于各种微观活动的规模较小，而数目众多，在相互对冲（既包括同一空间中的“横向对冲”，也包括时间序列中的“纵向对冲”）之后，其对整体结构在单一方向上的冲击力将是比较小的。然而，如果由国家（或者其他组织）发起某项大型的公共工程，该工程投资巨大，耗时漫长，其结果可能就有所不同了。首先，在该项目建设期间，它将争夺原本可以由其他民间投资项目使用的物资与人力，这将产生推动生产与生活资料价格上涨的倾向。其次，在该项目建成之前，它不会向社会提供产品与服务。由于它的体量巨大，这就会造成总供给不足，从而使得上述通货膨胀的“倾向”转化为现实。虽然任何建设项目其实都具有这样的效应，但大型工程的效应将尤其**显著**。这将意味着“粘粘之塔”发生了显著的倾斜，甚至具有倾覆之危了。此后的情况取决于问题的严重程度。如果这个“大型工程”系指对外战争，就有可能发生严重的危机，因为，除了最终也许带来和平的国际环境之外，“战争”这项工程通常并不带来任何产品与服务。

在这个论述中，我们可以再次看到集权型经济与自由市场之间的差别。自由市场经济的特点是，它**比较紧密地**围绕着现有经济体的边缘进行生长。其中每个投资项目的规模都较小，其对现金循环的要求比较迫切。虽然每个项目所表现出来的眼光可能不是那么“高瞻远瞩”，但整体经济的增长轨迹势必比较平滑、温和而稳定。与之相反，在集权型经济中，大型工程体现了“高瞻远瞩”的视野，但是，假如这种“视野”是错误的或有害的，则其对整个经济体的危害就会很大。即使它是正确的和有益的，增长的路径也会相对地不稳定。

另一方面，考虑到知识的局限性及其发展的必要性，无论集权型的经济还是分权型的经济，都难免会发生动荡。因此，经济增长率不仅不可能维持在某个单一的数值上，甚至有可能在少数年份变为负数。市场经济具有众所周知的危机与商业周期，而历史考察表明，社会主义经济的危机和周期则更为显著。沿着某个方向所进行的生长，并不因为追随者众多就得到了完全的保证。某些系列性的投资固然解决了当时的经济问题，但随着各种变动与创新的发生，有可能在整体上被废弃。这种结构性效应有时是小型的，有时却是大型的。大型的“结构崩坏”有可能引起显著的衰退，而某些“大型结构”（例如政府的政策或者社会习俗）的长期存在，同样也会长期地阻碍增长。

另一些“非新古典的”效应包括增长可以是多路径的、“路径依赖”的、以及“以短期的数量损失为代价换取高速的结构成长”，等等。对此我们不再赘述。总之，算法理论为这一切现象提供了统一的基础。在这些雄辩的论述面前，主流学者们处心积虑地构造出来的所谓“长期单一增长率”“有保证的增长率”“大道理论”等概念或学说显得是那么地虚弱和不堪一击，以致我们无须再做出详尽的批驳了。长期以来，主流学者们实际上被一种与“劳动价值论”相类似的守恒观念支配着，即：人们付出了多少（例如劳动），他们也就应该得到多少。这是在自然与客观性面前的一厢情愿和自说自话。这种观念假设知识是自动生成的，或者是自动达到某种“最优水平”的，所以，它的本质是把知识排除在经济分析之外。如果增长的原因主要在于知识上的创新，则这种“守恒”就不存在，现有的增长文献在总体上就是价值甚微的。根据笔者的粗略考察，即使其中的某些部分确有价值，其意义主要也应转到算法的路线上来重新进行说明。

最后，我们再来说明一种关于增长的“非新古典现象”，这就是存量资产的增值。近些年来，在我国经济的快速增长中，各种资产的增值现象表现得尤为鲜明。过去，普通家庭拥有数套房屋，虽然算得上小康，却难以称得上“富裕”。如今则不然。尤其是在各个中心城市中，按照市场价值来进行计算，这些家庭的富裕程度已经令人咋舌了。另一个相关联的现象就是传统产业的价值重估。在一些年份中，某些只是因循守旧地从事普通生意（例如简单加工业、旅游服务业等）的企业突然获得了丰厚的利润，因为其产品的价格上涨了。这就好比“天上掉下来的钞票”，当事人什么额外的努力也没有付出，而财富找上了门。按照这种高额收益所估量的资产价值（例如偏远地区的景点经营权），自然也就会大幅度上涨。而在另一些情形中，收入流量增长得并不显著，而资产价格却率先大幅度上涨。经济历史表明，在经济增长的长期通道中，某些稀缺资产的价格绝不是“涨多少就跌多少”的“零和游戏”，而是具有长期上涨的趋势。这样的财富似乎不是“创造”出来的，而是主观认识的反映；它就好像用笔直接在财务报表上添加数字一样，神奇得不可思议。无论在短期还是长期之内，这种增值可能都不一定完全反映在收入流量的增长之上，但它无疑也是一种有意义的“发展”。

由此引发的问题困扰着经济思想史。可以说，“劳动价值论”之类的学说就是为了解决诸如此类的困扰而构想出来的方法。这些方法至今并未取得成功。笔者认为，我们首先需要认识到的正是人类经济体系的这种性质的**独特性**。其次，我们可以尝试以当事人的身份来挑战市场的这种运作方式。如果我们不能设想出更好的方式来取代它，那么就需要解释它。而对它进行解释的一个必要前提，就是承认单一的概念、变量、指标和理论一般是不足以完成解释工作的。即使所有的数据与指标“最终”可以归结为单一的指标，时间因素也将在它们之间制造鸿沟。发展的成果需要采用多种手段和指标全面地进行评价。经济学家的困境实际上来自他们一厢情愿地认为经济体可以无限度地进行化约，因而一切发展成果都可以转化为收入流量。在这种想法碰壁以后，困惑于是产生了。这种困惑首先不是来自外物，而是认识者自己给自己制造的。

7.6.7 经济发展（一）

经济体是一种按照人类思想与行为的特定方式在时空环境中建造起来的“粘粘之塔”。这种体系把物理对象改造成一定的状态，使之处于一定的位置；使人们的头脑中具有一定的知识，从而可以在特定的事态下按照一定的方式行事。因此，可以说，特定经济体系的发展水平及其价值正是由其中的各类元素**所处的位置**及其**所采取的姿态**给定的，由此形成的“结构”使得经济体或其某个部分可以对有关经济问题或外来冲击做出比较恰当而及时的反应。富裕经济体做出这些反应的能力比较强，而贫穷经济体做出这些反应的能力则比较弱。

“发展”这个术语具有两层含义，一是指某个经济体沿着时间序列所发生的积极的结构与数量变化。截至目前，本节都是在这个意义上来使用该术语的。“发展”的另一层含义是，一个相对地独立于较发达经济体的、比较不那么发达的经济体，由于受到前者的影响，以致对前者进行模仿和靠近。这个意义上的发展现象的存在再次表明“发展”“进步”“改进”“增长”等概念都是有意义的，人类社会（或多或少地）具有一种“单向进步”的性质，这是不容相对主义者与虚无主义者进行否认的。通过对发展现象的讨论，可以进一步认识经济体的性质及其变动方式。

由于地理环境与制度环境的分隔，每个国家都形成了具有各自特点与风格的经济系统，国家之间曾经处于几乎相互隔绝的状态。然后，随着诸如“地理大发现”之类事件的发生，开始建立起一定的联系。如今，交通与通信条件的巨大进步已经使得这种联系颇为密切了。然而，另一方面，一般说来，国家之间的联系仍然不如一国内部各地区之间的联系那么密切，这是因为在国家之间存在着行政上的管制与约束，这导致人口、知识、资源与商品都不能够**像国内那样**自由地流动。算法的视角使我们认识到，到处都存在着差异与不均匀；国内经济如此，国家之间的差异尤甚。实际情况是，发达国家与发展中国家的人均收入，其差距往往可以达到数十倍之巨。

主流经济学简单地认为，自由贸易与投资可以取得双赢的效果。照这个看法，各国之间的国境线都应予以撤除，然后，不仅世界经济在总量上会保持增长，而且各国经济都会（严格地）继续保持增长，每个人的处境也都会持续地得到改善。常识与历史经验告诉我们，情况绝非如此简单。我们可以运用算法原理来对此做出一个简要的解释。

假如直接地、简单地撤除国境线，不仅会发生建设性的效应，还会发生破坏性的效应。这主要是因为，此前的国际交流只是局限于局部领域（例如部分商品的跨国贸易）和有限的程度上，现在则变成全面的了。此前各国经济的格局是在“存在国境线”的前提之下来布局的，既然如此，它就不可能**同时**适应“不存在国境线”这样一种新情况。这里的核心原因就在于，为了实现经济的流量，必须构建**一定状态的**存量，而鉴于视野与理性的局限，这种存量是有性格的，它只能包容有限范围内的有限事项。人们不可能建立完美地适应于所有情况与所有变动的存量。这个结论是由“存量”的性质及其与流量之间的关系所决定的，否则，就不会存在“存量”这个概念，也不会有流量与存量之间的区分。这就导致了各国先前所拥有的存量与新的流量活动之间将会存在**显著的**冲突，进而引发**比较严重的**破坏性效应。

具体来说，富国的从事相对简单工作的产业工人将会**迅速地**被穷国的求职者夺去饭碗，或者将会被迫接受工资水平的**大幅度**下降。富国的从事相对简单产品（与服务）生产的企业也将**迅速地**被穷国的竞争者夺去收入，从而陷于破产的境地。鉴于创新是不易的，此类简单的同质性竞争也就最容易发生。主流经济学的预测是，富国工资水平的下降将会伴随着物价的下跌，这将阻止富国劳动者真实工资水平的下降；富国企业产品售价的下跌也将伴随着成本的下降，这将阻止它们破产。然而，这种理论是粗糙而僵硬的，因为它没有考虑时间因素，考虑到时间因素之后，将会发现广泛存在的“进程不匹配”的问题。富国工资水平的下降一般不会与物价的下跌**同步**发生，因为物价需要经由大量廉价商品的冲击才会下跌，而来自穷国的廉价商品不可能很快进行增产，因为那是需要穷国扩大投资的。照此来分析，首先发生的一定是大规模的以富国为目的地的移民潮以及继之而来的富国原有职工的失业和工资水平的下降；富国将出现相对的劳动力过剩。由于物价不能够以相同的幅度显著降低，富国的工薪阶层家庭的现金流将发生枯竭，普通人家将陷于困顿。由于发生得很突然，这一阶层的处境恶化可能将比以往任何时候都更加迅速，因此其不满将会十分严重。主流学者所描述的全球化的巨大利益是**遥远的**，问题主要在于**眼前的日子**过不去。由此可以推知，这个国家的严重的政治与社会危机将要发生，天下就要大乱了。如果该国的政体是民主的，那么，在大众选票的推动下，已经打开的国门也许就要重新关上了——国门不是平白无故打开的，它必定是借助某种政治力量打开的；可以打开，也就可以重新关上。

再来看看穷国的情况。穷国将会发生人口的流失，其工资水平将会上涨。移民至富国的打工者可能会汇回部分收入，拉动商品需求。加上富国资本的流入，穷国可能会发生通货膨胀。通货膨胀将会加剧社会冲突与矛盾，因为并非任何人都会**同步地**介入到新发生的收入支出流中，例如退休者就无缘介入。原有企业的情况不一定都会好转。它们面临着各类投入品供应紧张及其成本上升的压力，但其产品不一定畅销不衰。品质竞争是发达国家对发展中国家所采取的主要方式。来自发达国家的优质商品将会吸引消费者，夺走部分购买力。尤其是在高端产品行业，发达国家的产品售价甚至要比发展中国家更低（质量当然也更好）。失去了国境线的保护，穷国的本土制造业反而会部分地陷入困境。核心问题在于企业的成长速度通常比就业与贸易**更为缓慢**。企业不是各类资本品的简单堆积，而是在人的推动下缓慢成长的。穷国的企业管理人员需要学习富国的经验，劳动力大军需要进行培训，各类制度与人际关系网络需要进行发育。这种“发展”绝不限于通常所谓的“经济领域”之内，而是涉及广泛的政治、法律、社会、心理与文化过程。即使具有某些成本优势的支撑，穷国的企业岂是一朝一夕可以成长为跨国公司的?！外国的资本与管理人员固然可以推动这个过程，可是，不同国家的思想、观念、语言与习惯岂是可以在短期之内得以融合的呢?

7.6.8 经济发展（二）

让我们再从较为广泛的社会范围内来看问题。正如我们已经论述过的，适当的法治与管制体系是市场得以顺利运转的必要元素。若果如此，那么，穷国的发展就务必要包括其法律与政治体系的发展，否则，就会发生更为严重的不协调。然而，穷国的法律与政治体系通常是在其自己相对封闭的历史进程中逐渐形成的，并不是一朝一夕可以改变的。穷国的制度改革面临着多方面的困境。假如制度改革依靠其国民在体制内自觉自愿地进行，现行的体制本身就会构成障碍，而且，与现行体制相适应的意识形态控制着国民的思想，这就导致国民对于现代政治法律制度的认同感一般是较低的。普通大众通常很容易对于较高的物质生活水平产生向往，而对于比较抽象的制度改革则缺乏热情。如果现行的体制是独裁型或威权型的，则改革只能依靠权威力量自上而下地进行推动。这种手段本身与市场经济所要求的政治法律原则之间是有冲突的。改革所达到的深度必定取决于政治权威的认知水平及其决心。而且，既然改革要依靠已有的官僚体系，也就必须照顾到官僚体系的利益及其对改革的接受程度。通常，这样的改革只能缓慢地进行，其中必将充斥着复杂的冲突、妥协以及痛苦的煎熬，而绝不可能是彻底的。

改革也可以采取激进的、甚至革命的方式来进行。这将意味着已有官僚体系的崩溃。可是，算法理论可以帮助我们建立一个一般性的观点，即无论变革激进到什么程度，从旧制度的崩溃到新体系的建立，都是显著地需要时间过程的。即使最为上层的变革可以迅速地进行，广大地方与基层政权的重建也是艰巨的任务。政治变革的矛盾在于，变革本身意在革除旧人物与旧思想，然而，在旧思想十分普及的情况下，大部分的“新人物”本身只能从旧人物中产生，只能期待着旧人物具有新思想。可以想象，这将是一个何等艰巨的系统工程啊！激进路线意味着把人们的精力与社会资源在短期内投入政治与法律体系的变革，这不仅在很大程度上撤除了原先服务于经济运转的官僚体系（无论这种“服务”的水平与质量如何），出现了政府管理的缺位，而且必定会挤占国民原本可以投入普通经济活动中的资源。所以，结论是，这就反而有可能造成商品生产的萎缩与暂时下降。在变革的细节与力度把握不当的情况下，甚至可能造成社会混乱与内战，以致使国家陷入长期的动荡之中。

变革还可能有一种来源，即来自外部。但是，鉴于长期以来根深蒂固的国家与民族观念，外部力量的干预通常面临着严重的合法性问题。普通国民宁愿选择继续因循守旧，也要反对外部干预。外部干预的合法性一般只在少数情况下才会获得，例如加入某个国际组织（如世界贸易组织、欧盟等），或者基于民族情结所进行的自愿的国家合并（如德国的统一）。除了这些比较温和和文明的方式，那就是战争了。近代以来，战争是资本主义进行扩张的主要手段之一。发达国家以武力或者武力威胁为后盾，强行打开了诸多欠发达国家的大门，并通过租借、殖民地、治外法权、吞并等方式，在当地勉强建立起了经济活动所要求的政治法律制度。我国曾经长期作为武装侵略的受害者，同时又在一定程度上成为资本主义的受益者。武力干预仍然是处理当今国际事务的方式之一。

严峻的历史与现实告诉我们，"发展"是一个多么重大的议题！如果我们不能够找到一种可以把异质性、结构性、动态性、冲突、制度、知识等元素统统纳入理论分析的基础框架，则以上所有论述都不可能合乎逻辑地成为"经济学"这门学科的当然内容。反之，在有了算法理论之后，我们就可以对古今中外广泛的发展现象先做出一些提纲挈领式的诠释。有了关于经济活动与政治、法律、文化、教育、习俗等的基本关系的理论框架，我们就可以尝试地说明，为什么有些欠发达国家会长期地徘徊于低水平的发展状态。同时也就可以预言，只要和平的国际国内环境继续保持下去，任何低水平的发展最终也都会摆脱束缚自身的枷锁，而向发达国家看齐。这里所需要的首要元素也许仅仅是时间而已。对于中国改革与发展的说明当然也是题中的应有之义（参见第九章）。**发展中国家既需要开放，也需要保护。开放过了头，就会导致某些经济流量的中断，引起结构性崩溃。保护过了头，则会失去发展的动力与速度**。由于发展是在某种较高水平的模式和系统（它们都是知识）**业已存在**的情况下向其所作的"靠拢"，这就为擅长于**实施**大型社会工程的政府提供了表演的舞台，**政府就可以在发展中扮演比发达国家更为重要的角色**。这些都是我们可以得出的顺理成章的结论。

7.6.9 经济发展（三）

从某种意义上说，"发展"就是在某个较发达的经济体之外"平白无故地"再"长出"一个与之类似的经济体来。后者虽然是在某个业已存在的传统经济体的基础上改造而来的，但这种改造却**主要源于较发达经济体在其外部的存在**，以及妨碍两个经济体进行交流的某些障碍的撤除或减弱。我们必须牢记"发展"议题的这个本质特点。这个特点决定了发展过程必定是一个复杂的结构崩坏、重构、培育、再分工以及平均化的过程。

发展过程也是对发达国家的冲击，因此，发达国家也是需要保护的。根据以上分析，倘若发达国家由相对封闭骤然转向全面开放，也将会引起某些经济流量的中断，其所造成的冲击可能不一定处于可承受的范围之内。在技术进步浪潮已经趋于衰减的背景下，当前欧美经济所遭遇的困难，在很大程度上可以说正是以中国、印度为主体的众多发展中国家进行冲击的结果。这些冲击在某些方面产生了正效应，而在另一些方面则产生了负效应。当负效应日益显著之时，欧美各国的贸易保护主义就难免抬头。关于经济增长的同样逻辑可以用于理解为什么会发生这样的危机。这正如中国人所说的一句老话："爬得越高，摔得越重。"西方国家在历史上是怎样打击和掠夺东方国家的，是怎样采取粗暴、短视而自私的政策来扩大而不是缩小国家间的收入差距的，现在则到了进程发生逆转、归还历史旧账的时候。类似的进程以相反的方式展开，这是一种对称性，是发展的负效应的一种显现。发展使自己站在了高处，从而处于危险之中。

面对这样的冲击，各个发达经济体所做出的反应各有自己的特点。由于英美系的国家向来奉行自由放任的政策，它们的经济结构比较灵活；通过强化与发展中国家的贸易与投资联系，普遍取得了较好的经济表现。例如，通过把经济重心放在具有国际比较优势的初级产品生产和出口上，澳大利亚的人均国民收入于 2008 年一举超越了美国。因为欧洲各国对经济的管制普遍比较严格，其经济结构相对僵化，它们在全球化冲击下的表现则比较被动。一度以扩大出口为重点策略的日本经济，随着中国的崛起，则陷入了长期的萎靡不振；即使对外投资迅速跟进，也未能挽救其颓势。在经济总量于 2010 年被中国超越之后，随着日元的大幅度贬值，2014 年日本"国内生产总值"（GDP，这里按美元计算）只相当于中国的 60% 强——如同资产升值是增长的一种方式一样，货币的贬值显然也是一国经济地位下降（以便恢复流量的活跃度）的方式之一。

这种异质性、结构性和动态性的图景，为我们体察经济活动的特点提供了丰富的资料。各国经济无疑都是具有个性化特征的，这些特征不仅来自其地理、历史、人口、资源等方面的特点，当然也离不开移民管制措施。不过，无论如何，发达国家与发展中国家的经济交往，并未产生单向的"一个跌落，而另一个上升"的零和效应。如上所述，虽然局部性的破坏在发生，而总量上却也都在增长，只是发展中国家一般比发达国家增长得快一些而已。这种现象与前几小节所述的国内经济的增长现象是类似的，对它们的解释虽然在细节上难免有所不同，但在本质上也必定是一样的。这种双边而非单边发展的根本原因，在于其中的当事人各自可以获得比封闭经济条件下**更为丰富**的物理与知识材料，进而趋利避害，型构了各自更有效率的经济模式。打个比方：做饭时，只要原材料比原先更加丰富，再加之进程控制得当，炒出来的菜一般总是要更加好吃一些的。而且，比较优势的耗散是需要时间的，不同的比较优势耗散的速度也是不一样的，发达国家可以利用这个特点，积极地发展那些不易耗散的竞争优势（例如科技、教育等）。**对于发达国家来说，比较优势并不需要是绝对的，只要赶在某个优势丧失之前，再抓住新的优势，也就可以继续保持增长了——这就是所谓的**

“生命在于运动”或者“在动态中生存”的道理。

当今的世界实际上处于一种开放与封闭之间的中间状态。这种状态固然是“进程管理”所要求的，但它对于全球资源的合理配置仍然是不利的。主要之点是，**贸易与投资都相对自由，但发达国家与发展中国家之间的人口流动却很不自由**。由于任何经济结构的弹性都是有限度的（否则结构性问题也就没有重要性可言了），由此造成的经济格局必定是比较畸形的。在这些管制措施的压力之下所形成的世界经济格局，或早或晚，又必须为了适应管制措施的改变而继续进行力度较大的调整。发达国家的劳动阶级试图独善其身的想法是不现实的。世界经济需要继续朝着全球化与一体化的方向前进，这是主要的、支配性的趋势。各国政府与各种意识形态也都将不得不顺应这种趋势。

这并不是说我们又转向对自由放任学说的简单附和了。笔者的观点仍然是坚持在目标与进程之间要取得平衡。自由放任学说忽视了进程问题，忽视了开放所可能造成的种种负面后果。发展经济学所研究的问题显然是两方面的，一方面研究积极的增长性因素，另一方面研究消极的破坏性因素。具体经济体的具体状况与具体过程则取决于这两类因素相互作用之后的结果。只有积极因素压倒消极因素，才会进入正的循环，增长与发展才会在总体上发生。积极因素持续地压倒消极因素，增长与发展才会连续地发生。这是最佳的结果，是进程与结果的成功的统一。其他的结果则次之。有句著名的口头禅：“前途是光明的，道路是曲折的。”可是，倘若道路过于曲折，前途也就不见得是光明的了，所以，这两个方面是不可分割的。算法理论帮助我们阐明了这种“不可分割性”，也就帮助我们把发展经济学与普通经济学融合起来了。

在我们阐明大框架、大原理与基本方法之后，诸如开放与保护、自由与管制之类的争论也就都只是**技术性**、**细节性**、**程度性**与**进程性**的问题了。日常的研究工作主要是在这个层面和这种意义上来进行的，我们平常所探讨的大都只是诸如“在什么地方”“采取什么方式”“在多大程度上”以及“按照怎样的节奏”来进行开放或管制的问题。我们可以通过比较在具体（从而局部的）环境中的具体利弊来做出相关的判断，这就好比园丁养护花草，或者医生治疗病人。凡事都要有一个“度”，说到底就是这么简单。算法经济学所要追求的目标之一，就是实现这种“经济生物学”的理想。

7.7 周期与危机

7.7.1 经济周期（一）

增长与发展都只是经济变动中的局部潮流。经济变动中的另一面是向下的过程，包括失败、破坏、衰退、危机、崩溃，等等。这两个方面结合起来，就构成了盛与衰的交替循环，也即商业周期。商业周期是市场经济的一个显著特征。当然，万事万物的运动中都存在着周期，其他社会领域以及一切社会形态中也都存在着周期，只不过，市场的周期表现得如此令人瞩目，如此叫人痛苦、无可奈何而又心有不甘，以致成为了近代以来一个突出的经济问题。为了解决这个问题，整个世界已经付出了惨痛的代价，走了很长的弯路，然而，这个问题至今仍然在严重地困扰着理论界、政策界和社会大众。

周期理论的核心含义是，经济系统内在着持久的不稳定性，繁荣会引起衰退，衰退又为新一轮繁荣提供了基础。这是一种广为人知并深受重视的学说。然而，它在主流理论中其实是没有地位的。在新古典主义的支配下，主流学者持之以恒地追求着某种直线式的增长轨迹。几何定理说：两点之间，直线最短。因此，主流学者们不能理解，既然可以大踏步地直奔目的地，绕那些弯子有什么用呢？在他们看来，这些“弯路”即使在常识上可以理解，它也属于“庸人的游戏”；一旦人们变得睿智起来，也就必然要“截弯取直”了；所以，直路是对弯路的提炼与概括，是高于弯路的东西。在这种认识之下，周期性波动类似于对正常增长路径的一种“随机性扰动”。

这种大谬的学说包含着局部的真理。但是，在论述进一步深入之前，我们还要说明一下，即使从算法的观点来看，对周期学说的反对也具有一定的道理。至少，不能把所有的经济变动都归入“周期”的框架中。某些变动并不是周期性的，或者说，我们宁愿不把它们视为周期性的。这些情形我们很难详细列举，因为一旦举出例子，反对者们总会找出某些理由，来证明其中包含着“周期性的”因素。算法框架以“保持真实世界的原汁原味”为宗旨，我们也就既不必、也不可能列举出经济变动的所有情形，而周期理论却要求在某两个变动之间建立因果式的对应关系；即使仅仅从认识能力上说，我们也不可能总能够做到这一点，这就导致我们只能把“周期”视作虽然含义丰富但却终究是局部性的现象。

周期学说的另一个弊端在于它具有一定的不可证伪性。无论微观或宏观层面的增长与变动，只要不永远是匀速的，则就都可能成为存在周期的“证据”。正如在技术分析派的图表之中，根据市场的交易数据，总可以按照不同的口径画出移动平均线，而统计数据则总是围绕着这条线进行“波动”。分析者们可以根据分析周期的不同而定义出“长周期”与“短周期”，“大破浪”与“小波浪”，等等。假如数据与语言不符，技术分析家就可以说“周期的长度改变了”云云。任何从事统计研究的人都很难避免陷入这种语境之中。这种倾向破坏了周期理论的声誉，使之变得空洞化了。

挽救周期理论的方法是周期理论本身必须具有独立的理论内容，并且该理论内容要与一般经济理论相互一致。算法理论可以沿着多个进路来达成这个目标。先从个人行为入手。在算法框架下，不同的行为（及其后果）之间具有因果联系、因而行为序列的内部具有一定的逻辑关系，这是一件再平常不过的事情。例如，一个人取得了某种成功，他可以将成功的经验如法炮制，从而取得一连串的成功。这一连串事件之间当然是有因果关系的。一个人取得成功之后，他也可以变得骄傲、粗心大意和懈怠，这又可能会导致失败。失败之后，痛定思痛，吸取教训，他又可能再次取得成功。如此一来，就形成了“成功—失败—成功”的周期性表现。另一种情况是，无知的当事人在进行尝试，就好像飞鸟试图逃出笼子；他先向左，碰壁之后，又选择向右；再碰壁之后，重又选择向左；如此等等，又形成了一种周期。关键在于一个把“理性”与“非理性”相结合的有限理性论；有了它以后，这些微观活动也就很容易进行解释了。

以上论述表明，“周期”在微观层面是很容易发生的。由于上述机制（或者个人所用的“算法”）的存在，个人一天的生活，个人的人生轨迹，企业的盛衰变迁，无不充斥着“周期效应”；甚至连个人的心情，也如潮涨潮落般起伏不定。企业的状况也往往是“好几年，坏几年”；家族的命运则是“富不过三代”；民族与国家的兴衰，也莫不如此。如果我们洞察了个人思想中的上述特征，则周期论就是一种具有坚实科学基础的学说。

转回经济周期的讨论。无数微观活动相互作用，导致了宏观现象的发生。不过，在说明人际相互作用过程之前，还是要强调一下：不少人都是相对独立地、“我行我素”式地行事的；他们通常只是专注于自己的事务，依照既定的模式与准则行事，而不大关注他人的意见，也不图谋去影响别人的意见。经验告诉我们，这样的人比比皆是。对于人际互动的论述，应当在这个前提和“例外”之下进行。这并不表明这些独来独往的个人之间不存在相互影响，而是说，他们所采用的日常算法降低了人际互动的级别，使之表现得不那么直接、灵敏而激烈。

另有一些人却不是这样。他们喜欢彼此往来，相互交流；喜欢打听社会上的新鲜事，了解国家大事与经济形势；他们是谨慎的和敏感的，总是倾向于在仔细研判各方面的情况后再做出决定，并且也随时准备改变自己的观点与立场。他们总想走在别人的前面，使别人位于自己的眼皮底下，从而处于被动地位；而让自己的意图免于为别人所了解，从而处于主动的地位。更有甚者，他们以引导和利用别人为能事，经常在市场上进行煽动和鼓噪，而自己私下的行为却与其言论不一致。这是一种行为模式，也是一种性格。这种性格与上述性格有所不同。人生的经验告诉我们，两种性格各有优缺点，难以绝对化地区分优劣，但却都是真实的存在。

人际互动通常在后一类人中间活跃地展开着。在较少的情况下，它的范围会扩大，会将前一类人不同程度地卷入进来。

7.7.2 经济周期（二）

按照逻辑关系，人际互动有两种基本的方式，一是相互抵消，二是相互加强。这两种方式在现实经济活动中都有无数的例子可以举出。市场中的多头与空头之间，就是相互抵消的关系。买家看涨，卖家看跌。成交价格是两种意见的折中，它通常比卖家的最初要价要低，而比买家的最初报价要高。每个市场上都有多头与空头，金融市场上的多空之争通常则更为引人瞩目。扩而大之，不仅在议价活动中，在一切经济与社会活动中（也即在一般的人类活动中），都存在多头与空头、乐观者与悲观者、以及激进派与保守派。他们相互交流，相互争斗，相互说服，相互威胁或诱惑，意图战胜对方，使自己的意见或主张成为主流。

我们在此要岔开一下话题，再来讨论一下新古典主义。如前所述，新古典主义具有多种表现形式。其中的一种形式是，新古典主义者认为，人们的意见分歧最终总是归结于“真理”。新古典主义者通常并不否认主观意见的存在，但是，他们认为，主观意见只是认识活动的某个起点（就好比我们进行逻辑推理时要做出某种假设一样）。任何认识活动，尽管起初可能是错误的或偏颇的，但最终都会归于“正确”。由于他们不把思想过程看作一种客观存在的对象，所以他们认为思想活动只会存在于大脑中，而不会在可见的物理行动上表现出来。作为要交付工作器官去执行的“决策”以及作为决策之体现的“行为”，都是“不偏不倚”的。

现在，算法理论要说的是，人的思想过程以及作为其终点的“决策”，都无法局限于“真理”的范围之内。人的大部分决策都含有主观的成分，因而，主观性首先就会在个体行为的层面上**表现**出来，它绝不限于大脑中的存在。其次，一群不是“偏左”就是“偏右”的人们聚在一起，他们的意见按照某种方式（诸如价格机制或投票）进行统合的结果，一般说来也是偏颇的，而不是“中肯的”。要么是这一派占上风，要么是那一派占上风。这是因为，在人数有限、计算与交流都有代价的环境中，“抵消效应”不会那么精确地发挥作用；抵消效应达不到正好可以消除各人意见的主观性、从而使得社会过程的总结果呈现为“纯粹客观状态”的程度。怎样来论证这一点呢？关键就在于认识到并指出，所谓“正负恰好相抵”的状态是一种由我们的大脑所空想出来的理想状态，产生这种空想的原因在于我们在客观对象面前一厢情愿的完美主义，或者在于思想想要偷懒。它其实并没有什么客观的证据。只要论辩的对手认识到自己具有这个动机，他也就立即可以走出新古典主义的迷梦，看到世界的真相。这个真相就是：一旦有一群持有同样错误思想的人们存在，不能指望马上凭空出现另一群恰好持有相反意见的人们，后者以某种令人信服的方式**及时地**使前者认识到：你们错了，正确的答案是“××”。

简言之，**主观的个人行为会导致主观的群体行为**。反应在价格机制上，按照新古典的方法，如果价格应该从 t 时的 p 调整为 t+1 时的 p+p'，那么，在算法框架下，则价格通常就会调整到 p+p'+p''（或正或负）。这是因为，通常市场上总有某一派的人士占上风，他们对价格过度地施加了影响力，使之“扭曲”了。人们通常并不知道“正确的”价格应当是多少。这种“正确的价格”即使可以知道，往往也是事后才认识到的。

导致上述结果的一个关键原因在于，有一批行为者自己并不具有定见，他们是“墙头草”，这些人要么慑服于权威，养成了“随大流行事”的习惯，要么则是投机者，他们随时在观察风向，一旦认定有某种趋势确立，就立即加以利用。不少投机者都自作聪明地认为自己已经看清了市场的趋势，而市场并未注意到自己的意图。当许多投机者都这样想的时候，“自我实现”的效应就会发生。他们误以为那种趋势是事先已有定见的“老实人”所造成的，但它很可能正是投机者们自己所制造的，至少是他们所强化的，这是一种“误会”。由于投机者们同时行动，他们也就来不及及时地揭穿这种误会——他们甚至会对自己的行动计划相互保密。进而，这种趋势再被上述“老实人”所观察到，他们又误以为自己的判断正确，于是也就更加受到了鼓舞。“误会”当然不是造成这种现象的全部，但它是一个重要因素。想想看，误会必定是经常地、相当频繁地、甚至以相当大的规模发生的。

这样一来，个体层面的动荡与周期就会扩大到群体层面。于是，我们经常可以观察到形态多样的社会性波动。典型的例子之一就是行业的周期。各个行业潮涨潮落，其表现十分明显。某种产品迎来了需求的大爆发，其价格就会上涨。继之，就会发生对这个行业的投资热潮。各个企业的投资决策大体上都在相同或相近的时间内做出，因而大都既不十分了解需求扩张的前景，也不了解它们彼此的决策情况。它们所依据的统计数据要么是滞后的，要么是粗糙的。于是，新增投资在数量上经常会过度，在时间上则过于集中。一旦这些新增的产能开始释放（甚至只是表现出某些迹象），产品价格的上升趋势就可能停止。产能释放到一定的程度，价格变动就会发生逆转。价格的下跌有时候很迅速，有时候则很漫长。它将打击企业的信心，使之停止扩产的步伐。这种收缩过程通常也会过度，从而使得产能的不足在若干年后又重新发生。有向上的过度投资，就有对于过度投资的纠正，进而就可能产生向下的过度收缩（所谓“矫枉过正”）。这个逻辑是一贯的，其内部是一致的。群体性的周期通常也是在群体内部的争论和争斗中发生的，因此，周期的逆转不是平白无故发生的，它只是意味着某种原来就有的势力（空头）经过连续的力量积累，终于占据了优势地位。所以，关键在于把矛盾与冲突引入经济分析之中。这一点实现了，这些现象也就成为自然而然的了。

经济中存在着数量众多的群体性周期活动。这些活动之间既具有一定的相互独立性，又具有一定的相互关联性。就后者来说，有时候它们是相互需要和相互加强的（例如某个行业的扩张引起其上游行业的扩张），有时候则是相互抑制和相互抵消的（例如替代品行业的发展会抑制其所替代的产品的发展）；这些都是我们所熟知的，因而也就不再详述了。周期之间的关联性还体现在资源约束方面。由于资源（尤其是人的注意力）数量的局限性及其性质上的结构性，社会不可能平均地、同步地发展所有行业。某些行业是随着新产品的出现而出现（或者消失）的，因而它也就更不可能事先得到平均的“照顾”了。这就导致了某些行业的扩张必须伴随着另一些行业的收缩或维持。这就好比一个人要是吃饭就不能同时睡觉，要是工作也就不能同时工作。要对这个显明的道理进行理论论证，我们在原理上需要做出很多准备才行。

7.7.3 经济周期（三）

现在我们再来讨论一下整个经济体的周期。整体经济周期的形成，与任何微观或局部周期的形成并无本质的不同。各个个体与群体行为相互对冲，相互叠加，形成了整体经济的“大周期”。还是那句话：个体、群体等行为的相互对冲，不可能总是恰好全部对冲完毕；这是理解“大周期”的一个关键。这里要是有什么不同的话，就是：相对而言，“大周期”通常表现得比较平稳，波动幅度比较小，周期的时段比较长，因而，对于普通当事人来说，它并不显著，通常也不是影响其个人生活的主要因素。造成这种差异的原因是，参与对冲的人数大幅度地增加了，把整个经济体中的所有居民都包括在内了。这就好比在股票行情图上，移动平均线的计算周期越长，则移动平均线就越平缓。

另一个区别在于，由政府主导的宏观经济政策，因为其操作对象通常不是针对经济体的局部或者某个方面，而是比较平均地针对所有人、所有行业和所有地区，因而可以近似地认为，它是把整个经济体作为操作对象的，于是，宏观经济政策就会**直接**对“大周期”产生影响。这种影响我们不需要舍近求远地从局部或微观的层面来进行合成，可以直接从宏观经济数据上来进行求证。假如依旧采取“从微观到宏观”的次序来进行合成，我们在微观层面上要么（由于观察力的局限性）观察不到相应的现象，要么则会观察到相互矛盾的现象，于是我们反而会陷入五里云雾之中。这是宏观经济学相对于微观经济学具有独立性的一种表现，也是“政府”同时作为微观组织与“宏观当事人”的特征的表现。与此相适应的是，宏观经济政策以及宏观经济数据对于金融市场具有显著的影响，金融体系也更为紧密地与宏观经济周期而不是某个“中观”或微观周期相关联。金融体系会直接影响宏观经济周期。这些议题都不大适合于在微观层面上进行讨论。

推出宏观经济政策的初衷之一，是人们希望依靠它来平抑经济周期。经济的周期性波动曾经让普通经济行为者不胜其烦，尤其是周期的衰退阶段可以扼杀许多健康的经济活动（当然不能否认衰退过程中包含着对于扩张和繁荣阶段所犯错误的纠正），引起不小的浪费。例如，一个原本很好的企业，却因为其债务人的破产而连带地破产；一个冉冉升起的新企业，却因为货币紧缩政策而拿不到贷款，陷于困顿之中。仅仅认为衰退可以医治经济体中的某些病症的看法是不全面的。**周期具有一定的重复性，无论在微观层面还是宏观层面都是如此**，这是不可否认的事实：个人生活中发生了类似的问题（例如一个人总是在同一个地方跌倒），他就要设法来纠正；公共生活中发生了类似的问题，人们也要设法来解决；这种意图和努力都是合情合理、无可厚非的。

那么，在达到其目的方面，宏观经济政策究竟是成功还是失败了呢？本小节不是专门探讨这个问题的地方。但是，奥地利学派的一些经济学家认为，经济原本是不存在周期的，周期是由包括货币政策在内的宏观经济政策所引起的，这样的观点却是难以接受的。认为实体经济原本不存在周期的观点实际上暗示所有的对冲都可以即时地、足额地实现，因此它是与新古典主义如出一辙的。尤其是，这种观点由以主张主观性而闻名的奥地利学者们所提出，这实在令人惊讶而遗憾。这进一步表明了奥地利经济学的逻辑混乱状况。认为一种已经被现实世界接受和运用了数十年的政策在根本上不必要，弊大于利；不客气地说，这种看法其实含有对真实当事人不尊重的意味，是对作为研究和解释对象的经济现实的无视；这是不符合科学研究的一般原则和精神的。我们完全同意“人会犯错”的观点，同时，笔者也认为，通过适当地调节保守与激进策略各自所占的比重（以及其他措施），人们会把他们行为的成功率调节到大于失败率的水平上，而不会任由无效甚至有害的政策长期存在。否则，发展就会停止。反过来，如果增长与发展是公认的事实，那么我们就应当同意积极、正面和成功的现象占据着社会的主流。“算法论者”反对新古典派的绝对的、僵硬的乐观主义，但也不赞同悲观主义。社会科学家需要对人类行为及其效果怀抱积极的信念，因此，应当首先寻求理解、解释而不是拒斥和否定现实。

种种僵硬而武断的观点大都是适当经济理论缺位的后果。现在，我们还是回到周期的分析上来。

认为人不会犯错，这是新古典主义的观点，也是新古典主义者回避经济周期的一个根本原因。简单地认为周期会重复，排斥了当事人在周期循环中的学习效应，同样是不适当的。对这种效应的忽视降低了周期论的说服力，使得新古典学者们宁愿抱残守缺。所以，周期论者务必要承认收敛现象，**即纯粹重复性的**周期将会不可避免地发生衰减，甚至有可能收敛在某个均衡点上，然后维持不动。这种现象在微观层面上我们经常可以观察到。一个人犯过的错误，经过多次重复之后，他往往就不再犯了。需要强调的是，收敛过程无论发生在头脑中还是物理世界中，它都是真实的历史事件，这与新古典学者们仅仅视之为假设的过程是不相同的。

照此推理，整体经济的周期也应该发生衰减，经济波动的幅度应该越来越小才对。可是，实际的经济波动至今却仍然是相当剧烈的。即使周期性的波动有所减弱，似乎它也不像我们（按照收敛观点）所期待的那样明显，这又是为什么呢？对此，算法理论可以提供一个水到渠成的答案，那就是新情况、新问题的不断出现。出于各种外生与内生的原因（当然包括创新），无论在微观层面还是宏观层面，都在不断地发生变化。人们每天所面临的问题都会与昨天有所区别。即使旧有的元素，只要按照新的方式进行组装，也会构成新的环境、新的问题。旧环境中加入了新元素，也就更加成为新环境了。在各种变化的冲击之下，当事人会逐渐对“变化的恒常性”本身有所觉解，有所期待。这时候，即使表面上未发生什么变化的老问题，当事人也会有所踌躇，不敢贸然采用老办法来加以处理。这种事例也是屡见不鲜的。

种种新情况重新把当事人抛入了“无知”的困境之中，于是，当事人仍然要到处乱撞，左冲右突；我们业已描述过的动荡也就重新发生了。新情况就好比兴奋剂，它重新刺激着即将陷入“睡眠”的当事人，防止周期的消失。“算法”也许还是那些老算法（主流算法，另类算法，等等），但它们又在解决新问题的努力中重新运转起来了。新发生的波动的程度取决于新问题的冲击力，及其与原有存量进行相互作用的情况。所以，在我们承认“收敛”的同时，我们并不能一般地断定，整体经济的周期究竟是会减弱还是会加强，以及它的其他细节将会如何。

这样一来，我们就建立了一个比较全面、中肯、相对而又切近现实的理论框架，其他的元素、概念、逻辑、模型则都可以围绕着这个框架来进行装配。

7.7.4 经济周期（四）

本小节的任务是对上述理论框架进行若干说明、补充与引申。

如果我们洞悉了经济社会运动中的上述机制，就可以进一步认识到，经济与社会生活之所以呈现为我们眼前的状态，既是人们因循守旧的结果，同时也是新事物持续地进行激发的结果。因此，无论主流经济学把现实经济状态近似地解释为简单循环还是静止状态就都是不正确的。它们不是全部情况，更不是常态，而是一些局部、暂时和片面的状态。离开了新情况与新创造，简单循环的系统在整体上是不可能原封不动地维持下去的。尽管其中的某些部分也许可以照旧进行循环（正如一些学者处心积虑地建立的某些模型一样），但是，另一些部分却不会这样。学习效应将迫使该部分持续地进行变化和收敛[①]，甚至去往观察者们通常都无力加以阻止的任何地方。这个过程很可能是相当可怕的（例如利润率递缩为零），是任何著述者可能都未曾仔细想象过的。它如果真的能够展示出来，恐怕所有人都会大惊失色，而绝不会以为它是现实世界的什么“模型”。换句话说，**“新事物的不断涌现”这个现象本身就是常规经济秩序的组成部分**。只不过，新事物通常可能涌现得比较缓慢、温和、细碎和隐晦，以致许多观察者们都把它给忽略了。现行经济秩序并不全是为现存的事物而准备的。现行经济秩序的某些方面虽然可能与新事物发生冲突，但它也是对新事物有所准备、有所依赖并有所期待的。它对变化与创新本身有所觉解；假如变化与创新不再发生，它反而会失望，会变形，也就不是它现在的这个样子了。这是一种有待于渗透到一般经济分析中的重要观念。

由此我们也就可以断定，**经济波动具有一种永恒的性质。试图从整体上和根本上消灭经济周期，这是不现实的，这个努力是绝不会成功的。这个想法本身就很不对头**。当然，这绝不是说，每一轮经济周期在外观上都会具有同样的表现，都具有相等的剧烈程度与时期长度。倘若如此，经济行为者们早晚会发现这种规则性并加以利用，从而就会倾向于消灭这种规则性（这是“收敛”的例子之一）。经济周期的外观表现通常是相当不规则的；这种“不规则性”正是我们可以推测出来的一个结论。实际观察表明，在经济周期进行展开的每一个阶段，实际当事人常常处于充满疑惑的状态，因为诸多新情况都干扰了当事人的判断（例如，在20世纪末和本世纪初，信息技术革命催生了“新经济”这个概念，它强烈地影响着美联储对宏观经济状况做出判断）。人们还会相互发出信息“噪音”，进一步干扰其他人。这种情况非常类似于一

① 反对者们可能会说，收敛意味着算法的创新，因而就与“离开了新情况与新创造”的假设相矛盾了。的确如此。这个反对意见可以用来说明创新的普遍性。严格说来，离开了新情况与新创造，等于回到了新古典世界，收敛之前的状态就不会实际存在，收敛也就不会存在，哪里还有什么“周期”呢？

艘没有导航设备的船只在茫茫无际的大海上航行。由于没有可靠的、完备的向导，船员们只能根据可以获得的有限的征象来判断航向，摸索前进。这时，航路常常是扭来扭去的，并且不很规则；有时候，甚至会在兜一个大圈子之后，返回原地。船员们也可能为此而争吵不休。如果有较多的船员参与决策，则决策的可靠性可能会增加。但是，有些问题不是简单地依靠参与决策的人数的增加就可以解决的，因为大家都在同一条船上。其中的种种困难，往往有必要亲身体验一下，方才能够比较透彻地了解。

比较规则的波动隐藏在这些不规则性之中，二者相互叠加，形成了各种各样的组合。不规则性对于规则性形成了掩盖和掩护。不过，从另一方面来说，从事经验研究的人也有可能从统计数据中离析出比较令人满意的“规律”；也就是说，他们有时候可以预测未来。这种可能性我们不可以完全排除（希勒宣称三年以上的股价具有可预测性就是一例）。这种可能性的存在与我们认为大小不等的获利机会广泛存在于算法世界的观点是相一致的。只是，由于一个完整的宏观经济周期通常都要持续很多年，所以，只有那些饱经沧桑、高瞻远瞩并有充分耐心和毅力的人（例如像李嘉诚这样的商人）才会对之有效地加以利用。普通经济行为者所追求的主要是眼前或近期的利益；来自宏观经济周期的利益既然如此遥远（一个人的职业生涯通常只能经历数次这样的周期），也就不一定要把它作为考虑的中心了。关心短周期的人比较多，关心长周期的人比较少，因而长周期中的“不均衡性”（从而获利机会）要高于短周期，这是我们可以合理推测出来的结论。

利用商业周期来获利是企业经营的一种重要形式，这种形式在主流经济学中必然遭到忽视。这种经营形式主要是指对资产的买进、持有和卖出。这种活动在主流经济学文献中总是被冠以“投机”一词。这种略带贬义的称谓是主流经济学不能平等对待各种经济活动与“经济存在”的反映。经济学家们设想的最为典型的生产活动其实也是一种针对资产的操作，两者之间并无实质性的区别。但是，按照惯例，通常所谓的“资产操作”则主要是指针对房地产、股票与其他金融产品、大宗商品、古董与艺术品等所进行的操作。**在技术上**，这类商品具有与一般商品不同的特点，因而资产操作对于宏观经济运行也具有特殊的影响。对此我们有必要再做一点补充论述。

适合于“炒作”的商品，通常都具有寿命较长、数量不易增加等特点。因此，**只研究一般抽象商品的主流经济学，也就不能有效地进入这个领域**。在算法框架下，我们可以针对不同商品与不同经济活动的具体特点，来发展各类丰富多彩的分析性模型。由于这些具体经济行为我们一般都颇为熟悉，所以，这样的工作不是更加困难了，而是更加容易了，其对现实经济现象的解释力也就更强了。资产价格出现了上涨趋势，通常会诱发需求的增长。如果需求增长得比较快，就可能超过供应的增加步伐，于是，价格的涨势就会更为猛烈。这是资产价格的“自我强化”效应。反之，资产价格的走势倘若发生逆转，则抛售盘也就会涌出，下跌也就有可能更为猛烈。这种过程往往是循环性的。由于资产市场规模巨大，它的波动也就成为宏观经济不稳定的一个重要来源。这是自由市场的一个负效果。

怎么解决这个问题呢？办法当然首先还是采取市场化的手段，即通过使竞争更加自由和开放、有关信息披露更加透明、使更多的人参与进来、打击制造噪音的违法犯罪活动等。由于政府的规制是市场运转必不可少的组成部分，“促进市场化”本身可以作为政府的政策来予以实施。同时，针对资产性商品的具体特点，国家可能有必要采用适当的管制措施，以便减少由此可能给宏观经济运行所造成的伤害。对此我们将在下一小节以及第四篇中继续探讨。

资产炒作的高级形式是期货、期权等衍生品交易。衍生品交易的特点是在一定程度上突破了仓储限制，可以进行买空和卖空。为了鼓励交易者的积极性，一般采取只交割少量保证金的方式。衍生品交易之所以能够发展起来，显然是因为现货市场平常都过于稳定了，以至以专门从事商品交易为生的业者们无利可图。而社会接受衍生品交易，显然是因为它可以用来在相对平静的市场中显示某些**先行性**的信息。这就透露了一个重要的道理，即**经济体可能并不总是越稳定越好**。处于稳定生活中的人们需要了解他们下一步将要去往何方，并提前开始进行准备；否则，稳定的生活将会变得不可持续，反而可能招致大变动和大危险。

政策制订者需要区分清楚导致不稳定与变动的原因是从哪里来的。对于不同的原因，应当做出不同方式的处理和对待，而不是一味地强求稳定。强求稳定将会造成更为严重的不稳定。这个道理不仅体现在经济运行中，而且也体现在国家的兴衰与历史的长期进程之中。例如，一国的国民对于自己国家在世界上的地位通常具有一种认知。这种认知就是一种资产。由于国家的兴衰一般是以百年甚至千年为单位来进行衡量的，故而，这种资产是在漫长历史时期中逐渐形成和强化的。它在脑中的存在势必很顽固，向相反方向的转化很不容易展开，其时滞也就很长。这意味着，在历史的演进中，强国的国民将会逐渐变得乐观和骄傲起来，然后就会变得懒惰、麻痹而贪图享受。与之相反，因为危机感较强，弱国的国民则会变得日益警惕、勤奋而好学。这一分析的结论就是，在历史的长期演变中，强国将会具有变弱的趋势，而弱国则会具有变强的趋势。文化的盛衰、文明的兴亡，都莫不如此。

7.7.5 危机与复苏

解析每一个具体经济议题的原理与方法，从一开始就包含在算法理论的整体框架之中。这个框架中的每一个部分之间彼此都是密不可分的。本书中的每一个章节，都只是在阐述、补充和强调这个整体框架（从而摆在我们面前的这个经济体）的各个侧面而已。这就给读者造成了一个印象，即各个章节之间可能或多或少地有些重复，或者主要属于某一个章节的内容，却写在了另一处，而在该章节中却又写下了其他的内容。我不认为自己的写作方式是最佳的，但要想完全避免这种方式似乎也是不大可能的。对此我可以提出的另一个辩护是，最好只是把每一章节的标题视作一种提示性的线索，而不是“小而全”的专论。这些线索只给关心这个具体议题的读者们提供一个通道，把他引导到对于整体框架的关注方面去。对于只想通过阅读个别章节就掌握算法经济学的人，恕笔者只能让他失望了。

危机是经济周期的组成部分，在前文中我们已经在多处论及。危机是指某种重大的、消极的变化，它意味着当事人的失败。所以，如同不承认经济周期一样，主流经济学也就不能承认危机。在危机面前的失语以及在危机治理中的束手无策是主流经济学自身每隔若干年就不得不面对的重大“危机”。

危机有个人层面的，也有社会层面的。危机主要是指经济流量突然发生的重大萎缩。经济流量的缓慢的萎缩通常谓之“衰退”，它一般是容易为人们所接受的。这就好比一个企业，虽然经济效益不佳，但现金流动状况尚好，因此，企业就有从容的时间进行收缩与调整。这个过程纵使也有些令人不快，但还不至于引起巨大的痛苦。而危机则不同。数量的萎缩引起了某种“大结构”的崩塌，以至于流量活动戛然而止了。量变引起质变，这是危机的一个突出特点。例如，企业连年的亏损最终导致债权人丧失信心，停止继续提供信用，企业的现金枯竭，宣告破产，员工下岗，供货商收不到货款，更无法继续进行销售，而消费者也不再能够得到商品。大家都坐下来，开始漫长而艰苦的清算谈判，启动繁复的法律程序。然而，时间不等人，供应商需要资金，员工需要收入，消费者需要商品，这是不能停止的。当个别企业破产时，有关方面可以通过转向与其他大多数正常运转的实体进行合作而减少损失，可是，当众多企业都破产时，或者当破产企业的规模足够大的时候，宏观经济层面就会发生危机。

企业被资金所绑架，整个经济体则被流量所绑架；这些特征在危机中体现得尤为显著。危机是结构的损坏，一个结构的损坏可能引起另一个结构的损坏（例如一个企业破产引发另一个企业破产），一种结构的损坏也可能引起另一种结构的损坏（例如大面积企业破产引起金融危机），从而引起一连串的连锁反应。作为一系列连锁反应的结果之一，经济流量不仅在个别地方中断了，而是发生了大面积的中断；不是某种单一性质流量的中断，而是多种流量的衰减与中断，以致经济体在一定范围内发生了系统性的功能萎缩或功能障碍——就好比一个人生了一场大病一样，卧床不起了。这是一种从常识上很容易理解的现象，但是，只有算法方法才能使之进入理论的语境之中。危机发生以后，人还是原先的人，物还是原先的物，但人与人、人与物之间的关系被破坏了。这种“关系”是一种实体。它若不是实体，也就不存在会不会被破坏的问题了。而这种“实体”的内容则是思想性的：合作关系，信任，信念，期待，等等。因为它们被破坏了，赖以采取行动的当事人失去了方向，他们踌躇了，慌乱了，失望了，无所适从了，于是流量也就萎缩了，中断了。流量的中断是一个时间性的问题。并不是说那些被破坏的合作关系不可以进行重建，关键在于，重建需要时间，这个时间长度超过了某些流量的维持可以容忍的长度。最为严重的问题通常是劳动阶级的收入与生活的维持。当失业率急剧扩大时，许多人家将会迅速陷入困顿之中，社会秩序因此将会变得很不稳定。

社会保障制度这时将会派上用场，用以对贫困阶层进行救济。社会保障制度在没有危机的正常时期收集资金，在危机时期派发资金。它向在职者收集资金，向陷于困境的人们派发资金。由于每个人都对自己的未来不很确定，所以通常大都乐于加入社会保障体系。社会保障体系的某些方面是强制性的，相关法律的基本的合理性和公义也正在于对不确定性的应对。

下面再来略微讨论一下危机的治理与复苏过程。首先是理解市场就好比人体一样，为什么会具有自我治疗与自动康复的功能。上文已论及小范围的结构损害的调整过程。大范围的结构损害的康复过程与此类似，只不过要花费更长的时间，付出更大的努力。主要是，康复过程不同于增长过程，它是既有知识与行为模式的继续使用，而不是通常意义上所谓的“创新”。例如，某个企业的客户企业倒闭了，该企业（倘若幸免于难）只需再去找寻其他潜在的客户进行合作就行了，其运作方式与此前并无大的不同。危机既然是对某些错误的惩罚，那么，错误很可能已经遭到了惩罚，当事人可能已经明白正确的做法是什么了。例如，假如产量过剩的行业在危机中遭受了重创，则其中的企业也就暂时不会再扩大产量了。当然，市场中潜藏的错误不可能在一次危机中全部得到纠正，某些错误将会继续延续下去。危机退潮之后，人们照旧行事。

无论如何，鱼龙混杂的市场将会寻求复苏。其实，复苏的努力必定在危机的初期就已经开始了，只是，它的力量不足以抵御破坏性力量的冲击，导致当时的市场在整体上继续下行。现在，当各个微观单位都在通过自身努力而改善各自状况的时候，恶性循环又会重新变为良性循环。各自境况的改善可以鼓励和支持对方，对方境况的改善又将反过来鼓励和支持自己。供求双方将会逐渐地、一个个地、一步步地重新找到彼此，合作关系将会逐步重建起来。**在算法世界中，循环不是恶性的就是良性的，真正线性的关系是少之又少的**。“时间因素是关键”的含义是，随着时间的推移，人们的恐慌情绪将会淡化，危机的冲击效应将会递减，于是，在某个点上，复苏的力量终将在宏观层面上夺取优势地位。

经济体中通常存在着数目极为庞大的、种类极为繁多的、明确的或潜在的供给与需求，它们位于各个地点，嗷嗷待哺。经济体系的作用就是尽可能把它们彼此连接起来，从而形成流量。多种流量之间彼此头尾相接，就实现了经济体在宏观上的全面的循环过程。这种循环一经成功建立，往往就会发展为固定的模式，而得到反复的、“自动”的执行。但是，这种连接不是平白无故发生的，它需要借助于实实在在的实体性存在、并经过人为的努力才能发生。我们不但不应该（像新古典经济学那样）忽略这个过程，而且要把这个过程作为经济学的中心内容。企业本身其实就是进行这种连接的一种“管道”，它把对生产资料的供给与对产成品的需求连接起来。各种各样的交易者与流通性企业当然也是这样的“管道”。这种“管道”的建立需要进行投资，不能指望这种投资**立即**得到回报。“投资”的一个含义就是它可以进行等待，一直等到供给或需求的其中一方在未来出现，以便与另一方进行配对（参阅图表 18）。

在有时间的框架中来看供给、需求与流量，则一切都会显得简单、明白而逻辑流畅，而主流经济学的弊病也就会轻而易举地凸现出来。例如，被广泛赞誉为一场革命的凯恩斯经济学，其“创新”之处就是通过支出来增加收入，从而消除危机。可是，在图表 18 中我们可以看出，经济体系取得成功的关键在于建立和维持种种流量，而在有限理性的条件下，各种可以带来流量的潜在机会一定不会被利用得十分干净和彻底；供给可能找不到需求，需求也可能会找不到供给。市场上现有的供求可能存在着结构性的不匹配。经济学在传统上忽视结构性问题，总是只从供给一端出发来寻找需求；需求找不到时，就断言“总供给过剩”。其实，一个从一开始就天然存在着的、自然而然的选项就是从需求出发来寻找供给；要是我们按照合适的逻辑顺序来展开经济分析的话，则在特定的领域（例如基础设施）扩大支出的方法自始至终就都不会被忽略掉。

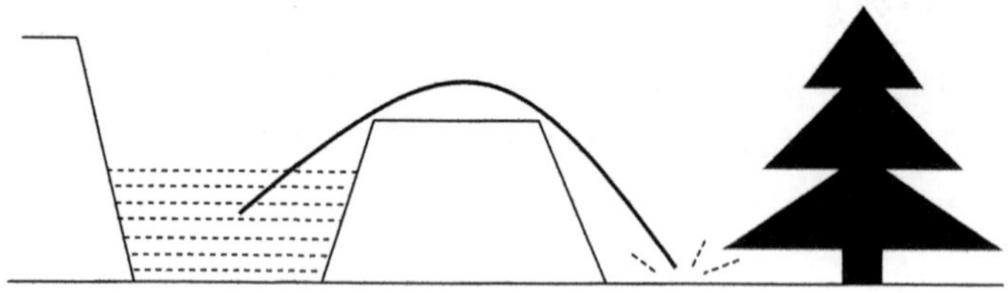

示意图a虹吸现象

水要跨越堤坝、从左边的水池“自动地”、连续地、准确地流到右边树根下的条件是：水池与树根的高度存在正的落差；要有一根水管；水管内要产生一个从左到右的吸力，以便启动水流。

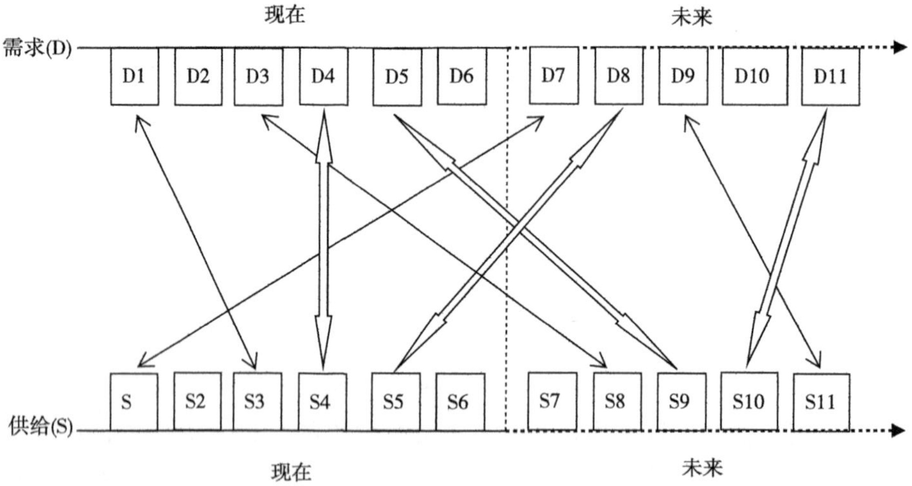

示意图b供求的连接

经济系统的核心作用就是把各种供给与需求连接起来，完成流量的循环。企业（用大双箭头表示）与市场（用小双箭头表示）都是进行这种连接的“管道”。这种连接总会发生“先来后到”式的次序问题。一种情形是当前已有的供求相连，另一种情形则是供求中的一方先到位，期待对方出现。这需要通过进行投资、寻找、通讯、约定、等待、刺激等方式来实现。同时，在任何时期中总会有一些供求，不能转化为现实的流量。

图表 18：经济流量

注：保持经济体健康的关键就是建立和维持各种流量。从虹吸现象中我们可以得到一些启发，从而了解这是怎样实现的，以及将会实现到什么程度。

另一个例子是产品创新。产品创新为什么能够成功？原因既在于知识发展（从而构思新产品）的可能性是无限的，也在于我们必须在原则上承认，人总有某些需求尚未得到满足；当某种新产品出现的时候，潜藏的需求就被激发出来了。倘若不承认需求的潜藏，我们就没有办法解释人们为什么会接受和购买新产品。眼前的世界只是巨大可能性中的一个局部，因而，人们总是有可能（事实上也的确如此）与未来进行交易（图表 18b）。现期的供给与需求并不都是相互针对彼此的，其中的一部分是面向未来的；它们就好像月下的情人在静静地等待着对方的到来（当然，它们也有可能是从过去延续下来的，它们已经被情人“放了鸽子”）。流量的建立是重要的，但这与“等待”不相矛盾。

这些视角无论对于增长还是危机的治理都是至关重要的。

7.8 整体经济的运行

7.8.1 再论均衡范式的终结

在第三篇临近尾声之际，我们再退回远处，从整体上再来观察、描述和论述一下经济体系。这一回顾从对宏观经济学的再评论开始。

宏观经济学是古典经济文献中的另一种传统自然发展和积累的一个结果。这个传统就是近距离观察经济体，收集和整理经验材料，并直面各种经济问题。这种方法类似于生物学家观察和研究动物与植物。大量经验材料（尤其是统计资料）的累积要求建立理论解释框架，而宏观经济学的出现则响应了这种要求。所以，简单说来，宏观经济学可以视作统计学发展的产物。反过来，宏观经济学也指导和帮助了统计学。两者之间形成了一种相辅相成的关系。

然而，在构建理论框架的过程中，宏观经济学却犯了简单模仿微观经济学的错误。这个错误是在其初创者对微观经济学口口声声的批评之下而发生的，也是被大量的非主流的（从而算法的）元素所包裹着的。其典型的表现之一就是诸如“总需求”“总供给”这些概念。直观地看，经济中所存在的是一个个行为者，他们各有各的需求，但并不存在“总需求”这样一个“实体”。那么，“总需求”是一个单纯的统计数字吗？也不是。在凯恩斯的论述中，它是作为一个实体性的概念来进行描述的。“总需求”就好像某个“超人”的需求，“总供给”就好像某个“超人”的供给，几个这样的“超人”组成了经济体系。

这种处理方式与瓦尔拉想象着把交易者都集中在某个大厅之中进行拍卖的做法颇

为相似。这些做法具有一些奥妙之处，它们被用来避免叙述上的某些困境。例如，针对某种商品的需求增加了，针对它的替代品的需求也就有可能增加，由此就会发生一系列广泛、复杂而细微的经济过程。假如要详细地描述和分析这个过程，难免冗长、啰嗦而不值当。在这种情况下，"总需求"就是一个虽则含混但却不失简洁的工具，著述者这时只需要说"总需求增加了"，也就把那些连带的替代品的增加都包括在内了。至于后续的其他过程，则由总量分析统一进行替代了。这是针对交易的分析。在流量分析中也是如此：好像存在着某个"超人"，一年只进行一次收入和支出活动，发生在这个"超人"身上的活动与发生在某个微观当事人身上的活动相仿。

前已指出，诸如同步性的存在、异步性的对冲、异质性的互补等诸多原因（这些原因或多或少地处于经济学家们的体察和觉解之中）支撑着经济学进行这样的简化。这种简化同时包括了把动态性化为静态性、把长期化为短期、把群体化为个体、把结构化为数量等。这种简化的分析曾经把经济学向前推进了一大步，它所包含的真理性如今也已经转化为经济学人的常识；然而，现在却是指出其严重弱点的时候。

这个严重的弱点就是，宏观经济学实际上强烈地附和着微观经济学的均衡范式与静态框架，因而，在经济学基本框架破旧立新的道路上，它只是一个**新旧混杂的中间形态**。这主要表现在，各个宏观变量通过函数和方程相互联系，它们仍然以市场出清和达到整体平衡为最终目标。独立性、矛盾、冲突、失败和波动都是暂时的（甚至在许多情况下都是假设的）。而且，在宏观经济政策内生化以后，看不出有什么系统性的力量（除了死板的资本积累）来破坏这种平衡。阅读这样的文献，读者也不可能产生对于未来世界的好奇心，不能生发对于社会结构、制度变迁、国家兴衰与文明进化的大视野。经济问题与经济变动仍然主要作为一种例外或"病态"来加以处理，单向发展的、大爆炸式的经济观点并没有从根本上树立起来。

均衡范式仍然在很大程度上支配着整个经济学。宏观经济学的论述尽管在许多方面（例如当论者们说"需求容易增加，而供给不易增加"的时候）实际上都摆脱了微观经济学的均衡框架，但论者们显然并不了解均衡方法的错误所在。我们在第三章中表达的观点需要在此重申一下，即：证明一个物体呈现出某种状态不等于要证明作用于其上的各种力量是平衡的，因为这种"平衡状态"可能是连续变化过程中的一个瞬间，它只是像照相那样被我们"抓拍"到了。在模仿物理学的时候，经济学家显然发生了混淆，误把"作用力与反作用力相等"当作了"作用于同一个物体上的各种力相等"。后者是证明物体静止的方法。经济对象经常不是静止的，我们为什么要去证明静止呢？在经典文献中，我们可以清楚地看到，经济学家们的原意是力图先说明经济对象为什么是某个状态，然后再说明它如何运动。这是遵从"从简单到复杂"的研究次序，而不是在证明静止。没有人不承认运动变化的存在，可是，经济学的结局却是不仅"证明了"静止，而且那个静止状态居然还很"稳定"。一个稳定状态意味着它可以把任何偏离拉回原位，如此一来，经济学就非常可笑地证明了静止的普遍性和永恒性——"新信息"作为运动来源的理由根本不能成立，对此我们已经反复说明过了。

这种错误鲜明地体现在“暂时均衡”这个概念上。为了说明那个静止状态如何与运动状态相互兼容，“暂时均衡”出现了，它有时被用于实现从静止到运动的过渡。可是，我们回忆一下力学，物体要么运动，要么静止，要么时快时慢，从来都是很自如的，从来都不需要什么“过渡”。供给与需求也是这样。供给大于需求，展开价格下跌**过程**；供给小于需求，展开价格上涨**过程**；供给等于需求，价格**维持**稳定。这既是经典的论述，也是常识。而主流理论的描述距离这个论述是多么遥远啊！简直可以说是十万八千里了！把“暂时均衡”夹杂在运动中间，这就好像某种“一动一静”的舞蹈：表演者先做几个动作，再停下来摆个姿势，然后再做几个动作，再停下来摆个姿势……如此循环往复。这等于承认静止与运动不能真正地相容。

这就是算法理论要解决的大问题之一。正确地引入时空元素，是解决这个问题的关键。通常，当人们谈论供给与需求的数量的时候，总是在谈论**一段时间之内**、**各个交易地点**以及**多个交易者**的供求量的总和，而**交易行为**本身在时间和地点上一般都是分散进行的。诸如“市场供给”与“市场需求”这些概念都只是对这一系列独立行为的简化的指称。而在单个交易中，普通人都清楚，一般不存在什么“市场出清”的问题，普通当事人只是根据某些准则、习惯和估计行事。商品数量只是影响定价的因素之一。卖家常常标明价格，但并不标明数量。买家买得越多，要价反而越便宜。诸如此类众所周知的方式才是产生独立的、真实的和真正的价格的方式。实际上，普通经济行为者是在不管（或者按照他们特定的方式来“管”）市场出清问题的前提下**先行**定价的。供求缺口不是一个容易获得的信息，它是在一个个具体成交价的运动中逐渐显现出来的；可以说，它往往是一个“事后诸葛亮”式的评价。经济学家们正经八百地拉开架势，从整个市场的大变量出发，企图来解释一个个具体事件，貌似“科学”，实则是迂腐可笑的。

瓦尔拉的拍卖会可以视作一种极为具有误导性的狡辩术，它使经济学家们长期陷入“市场出清”这个议题中难以自拔，并迫使经济学终于变得“一瘸一拐”。现在我们已经知道，要来到以上那些常识性的论述，要把这种论述作为理论的论述，要建立真正的动态经济学，至少要越过多少个环节，要做哪些事情。这些微观机制的阐明，至少将使经济学重新确立这样的方法论原则：定价与传统意义上的均衡无关，无论什么情况下都可能会产生价格；只把均衡与（包括价格稳定在内的）稳定状态联系在一起；价格经常是局部的和运动的；供求数量的差额引起某些已有价格的变动过程，同时，其他因素也会引起价格的变动；只讨论经济世界中局部存在的均衡，不讨论一般均衡问题，更不把一般均衡与定价问题简单地联系在一起。

7.8.2 再论均衡范式的终结（续）

主流学者不断地举出各种理由，来表明均衡范式的重要性。在均衡范式作为现实经济的模型遭到无数批评的情况下，又有经济学家提出理由，说“一般均衡”是一种理论假设，是一个逻辑起点，是一种方法和参照系。这是一种退却。可是，即便对于这种退却，笔者的态度仍然是否定性的。方法并不必然要求建立一般均衡模型。

持这种论调的人说，一般均衡模型是一个“基准”；有了它，当发生任一冲击的时候，就可以把该“冲击”输入模型，它的各种后果就可以在其中清晰地显示出来。这话似乎不错，但它其实是一个特别具有“似是而非”这一性质的论点。无论我们构造任何模型，实际上都会具有这种效果。这是因为，无论假设的还是真实的当事人，他们通常都是有目的的。有了目的，在冲击面前所发生的反应就会具有方向性；再加上一定的计算过程，就可以得出关于行动的决策。即使我们不明确地构造理论模型，而把目光投向真实世界，其中的情形一般也是如此。这与被“冲击”的那种状态是否均衡无关。即使不均衡，冲击所施加的影响也是相似的（均衡本身并不能改变这种影响的性质）。对于理论工作来说，做到这一点通常也就足够了。例如，人民币近日出现了连续贬值的趋势，普通民众可能会问经济学家：这将造成什么样的影响？经济学家们只要就此做出一定的回答（例如将会刺激出口，抑制出境旅游，同时可能会促使资本流出中国，等等）就可以了。人们会根据这一回答，结合自己所处的具体情境，再来判断自己所关心的事项将会出现的状态。这后一种工作一般无须经济学家们亲身参与。

主流学者的意思是，他们不仅要指出相关冲击的影响，而且要具体描绘一下经此冲击之后的整个世界的状态——新的“一般均衡状态”。这种状态将显示出该冲击的全部的“最终”后果。似乎只有这样，相关的回答才配得上“科学”这一称号。然而，在这个地方，他们的错误也就真正暴露出来了。在社会系统中，某种冲击的后果在原则上不能认为是有限的和可以穷尽的。即使其在短期内和有限范围内是这样，在长期内也不是这样。冲击在短期内改变了某个对象，而该对象在下一轮相互作用中又将进一步改变其他对象；如此反复运行，外加反馈和再循环过程，其后果通常是难以尽数的。这是一个组合爆炸问题。即使收敛发生在局部地方，只要有任何一个其他地方不进行收敛，则该冲击的总后果也就绝不是我们可以予以列举的。在“知识大爆炸”的视角下将尤其如此。主流学者给这个过程硬性地加上一个新的一般均衡的总后果，说得轻一点，就是犯了懒惰的毛病，使一种不该终结的过程强行终结，以便结束自己的分析工作（其中多多少少也含有为了进行意识形态辩论而故意使论点变得简单而确定的意图，实际上这种做法弱化了市场派的说服力）；说得重一点，就是在宣扬那种决定论的、末世论的世界观。主流经济学暗示历史将会终结于某种静止的状态，后者好比宇宙大爆炸前的那个“奇点”；算法经济学则把这个过程颠倒过来：从“奇点”（元计算）出发，向无限的未来进行延伸和发散。

现在再来重申一下，一般均衡论的另一种形式同样是一种幻觉和妄想，这种形式就是关于全社会的经济流量将会稳定有序地进行循环流转的想法。这种想法的起点是各个产品市场将会相互匹配，同时出清。在第三章中，我们已经比较详细地说明了，这是不必要的，也是不可能的。在动态条件下，任何市场都是同时在空间与时间两个方向上寻求出清的，主流理论暗示市场只在空间维度上寻求出清，这当然就是不正确的。再加上生产、闲置与储备活动的存在，任何在推销中遇阻的产品，都可以退出流通领域，重新回到这些地方，上述想法也就更加不正确了。进一步地，由于通信与计算上的原因，无论在任何方向上进行出清的努力，都绝不可能完全实现。

上述“交易均衡”经过扩展以后的形式是，在企业生产过程中，有关收入产生出来；来自不同企业的收入将会在未来的某一时刻用于相互购买对方的产品，从而实现“生产—交易—消费—投资—生产”的循环。这种想法中渗透着某种“价值守恒”的东西。古典价值理论的产生与此是有关联的。员工领到工资，工资是一种货币；鉴于币值的变动通常可以忽略不计，这就让观察者们误以为，相关的“价值”已经产生出来了，流通与交易只是价值的运动与实现形式。古典经济学家们忽略了，“先付工资后销售”是企业在有限理性条件下的一种制度安排，它与价值是否得到了“创造”无关。企业完全可以雇佣员工从事一些无用的工作，企业主对此负总的责任。如果企业不得不进行亏本销售，从社会范围内来看，已经“发行”出去的价值就又收了回来，财富只是从企业主手上向其他有关各方发生了转移。所以，企业发了工资，绝不意味着它的货物就可以卖出去（这是常识）。即使企业运转得并不比同行差，手持货币的消费者们也可以改变计划与态度，从而使企业陷入困境。换言之，某种收入被如期完全创造出来的时候，企业的销售必定也已经如期实现了，货物也已经卖出去了；反之，货物如果未能如期卖出，则相关的收入也就尚未完全产生，从而也就不会存在“某些收入坐等货物”的问题。收入与支出是一个硬币的两个侧面，它们是一种同义反复，它们只不过表明了“买的金额就是卖的金额”这样一种缺乏实质意义的意思。无论经济运转是否顺畅，无论繁荣、衰退或者危机，事情总是如此；这就好比无论物体静止、运动、弹跳或者跌落，作用力与反作用力总是相等一样。在这个分析过程中，经济学家是得不到他们想要的那种“守恒定律”或者“均衡”的。其中有意义的东西固然是有的，但并不是经济学家们所理解的那一种。

通信的问题、算法的问题、自由意志、计划的可变性、价格的变动等因素，都导致经济体系的运转绝不会是一如既往和一帆风顺的。经济体系的失败与工程领域或者其他任何领域的失败一样，都会不时发生。失败绝不会只在其他领域发生，而在市场体系中不发生。大量的论述使我们逐渐认识到，“成功”与“失败”是经济学与社会科学的重要概念。因为这些概念建立在当事人目的的基础上，于是它们就将目的（以及当事人的意识）客观化了，而学者们则可以在目的、价值观等问题上采取中立态度，不必总是要假定当事人具有什么单一的或特定的目的。

表面上平静的经济体系难以掩饰微观层面上的大量失败与动荡，而微观层面上的失败所产生的累积效应则可以反映在宏观层面上；于是，我们也就“顺带地”解释了衰退与危机。放着这样的捷径不走，我们何必先挖空心思地证明经济“必将趋于均衡”，由此排除了危机的可能性，然后要么在危机面前失语，要么则在危机发生以后去被迫地、同时又费尽心机地说明均衡框架具有“瑕疵”呢？后者意味着抱残守缺。我们不需要这种抱残守缺。

7.8.3 整体经济的运行

在我们对经济体的各个侧面进行了分别论述之后，现在就整个经济体（区别于“宏观经济”）再说些什么呢？

均衡框架不能作为**全面的**、**一般的**和**核心的**框架，它只能算作关于经济的局部方面与局部过程的理论。也就是说，对均衡理论必须进行“降级”的处理，而不能拿“均衡”的眼光来看待整个经济体。均衡的部分与不均衡的部分合在一起，均衡学说与其他学说合在一起，我们需要给它们提供一个共同的、全面的和一般性的基础框架；这个框架就是算法理论，或者叫做“算法经济学”。其他的各种理论、学说或者称作“经济学”的学问都可以在经过修剪之后粘贴在这个统一的框架之上。它们彼此之间的联系或者紧密，或者松散，都不影响经济学（或者社会科学）的统一性。因为它们所居住的这个框架本身已经提供了这种统一性（包括“高阶一致性”）。

现在，面对着这个合成起来的整体，除了业已做出的论述之外，我们还能够说些什么呢？似乎不存在这样的一句话，可以拿来对整个经济体做出什么概括。这是语言的局限性，也是思想的局限性。正如我们已经多次指出的，算法经济学的意义首先是否定性的，它通过否定“经济体是什么东西”来达到对经济体更为正确的认识。而当我们要说“经济体是什么”的时候，却感到这里有一些困难。

造成这种困难的原因之一，在于经济体的混合性质。说它是运动的，但它也可以静止，而静止与运动都是局部性的。说它是扩张的和发展的，但它也可以收缩或退化，而扩张、发展、收缩、退化也都是局部性的。说它是和谐的，其中却充斥着矛盾。说它是个人化的，其中却存在着大量组织化、群体化的现象。说它是不可知的，我们却可以发现大量规律性的东西。

冯友兰说：“人必须先说很多话然后保持静默。”[①] 我们已经说了很多话，现在似乎到了要“保持静默”的时候了。我不认为这是一件坏事情。但在回到静默之前，笔者觉得还有一些话需要说一说。

但愿算法经济学已经使经济理论真正地实现了动态化。这是我们的主要目标之一。我们的方法就好比写小说：先设定时间、地点、人物、场景、事件（或议题），然后再开始讲故事。如果理论是动态的，那么，理论的主要任务可能就是讲故事——讲已经发生的故事，推想未来的故事，或者虚构故事，等等。经济学文献中的推理，往往其实是在讲故事；所讲的并不是逻辑过程，而是现实的社会过程。经济学家们对这个问题并非一无所知，宏观学者们则对此所知颇多，但这一点并没有得到透彻的论述。原因很简单：在均衡框架下，这一点不可能得到透彻的论述。

对组合爆炸原理的无知显然是知识界中所存在的普遍问题。这种无知很容易把人们的注意力优先地导向对于世界状态背后的“终极真相”的研究。假设这种“真相”已经被抓住（或者其中的某些部分完全能够抓住），从而“一般均衡”已经实现的思

---

① 冯友兰：《中国哲学简史》，北京：北京大学出版社，1996 年，第 295 页。

维方式意味着，思想活动“抄了”物理化行动的“后路”，从而使得今后的一切物理化行动都归于无意义。思维与行动之间是具有相互替代性的，但是，替代性难以达到如此彻底和绝对的地步。恰恰相反，只有在算法框架下，思维与行动之间才存在着具体的、有限的从而真实的替代性。思想从当事人所处的位置出发，向时空深处一边弥漫，一边衰减，最终停留于某处；这就为行动的独立性留下了空间。反之亦然，行动的有限性也为思想的独立性留下了空间。它们的某些部分之间发生了相互替代，而另一些部分则没有发生。后者要么相互配合，要么各行各路。

这就展示了思想流与行动流彼此共存的复杂多样性。它们都是“行为”。现在哪个也不能完全“吃掉”另一个了，问题则变成了哪个具体行为与哪个具体行为之间关系比较紧密、哪个又与哪个关系比较疏远的问题。“单个行为”当然也包括由具体思想与具体行动所组成的组合，以及不同个人、人群的组合，等等。对“关系”的研究当然也包括对这些不同组合之间的关系的研究。关系紧密的实体先动，关系疏远的实体后动；关系紧密的实体之间联动性强，关系疏远的实体之间联动性弱；关系紧密的实体之间互动频繁，关系疏远的实体之间则互不敏感；强度高的行为影响力大，强度低的行为影响力小，等等。社会科学家的任务则是发现、描述、分析和解释这些纷繁多样的关系。顺便再强调一下，这其中的一大部分就是我们所说的“小型质量互变”或者“柔性数量分析”，它将在日常研究工作中占据重要的位置。在摆脱了新古典式的把定性分析与定量分析绝对化地加以区分的做法之后，我们就可以发现社会的角角落落所存在的极为广泛的小型的结构与数量关系。为了有效地描述和分析它们，就需要借助真实当事人的经验，灵活地运用语言和研究方法。数量特征在不同的维度上、以丰富多样的、难以彼此通约的方式存在着。定性特征同样也是如此。存在数量特征的地方，也大都潜在着复杂的异质性。

我们可以认为，在我们所观察的任何有限的期间之内，我们眼前的对象或实体之间（流量与流量之间、存量与流量之间、存量与存量之间，等等）的关系在总体上都不可能实现充分的合理化。一时可以存在的东西，也就有可能（通过变得僵化而）长期存在。这就好比人体与环境之间的温度差异总是能够保持下去一样，任何合理化的进程都不足以在总体上压制社会的活力和内在差异。而由于各种复杂因素（包括时序）的存在，经济社会体系在受到某种冲击后将会表现如何，可能永远都是谜题。这些都是动态化的经济学与社会科学需要包含的元素，或者需要面对的问题。

7.8.4 整体经济的运行（续）

经济学需要研究些什么？这成了一个大问题，这是我们重新回到经济学的起点、力图重构这门学科时需要重新加以思考的明显的和尖锐的问题。这是因为，传统的议题要么已经得到了回答（例如“看不见的手”），要么已经被消解了，要么则被边缘化了。例如，运用算法方法的结果之一显然是：价格理论被边缘化了。“价格”不再是那个总是在会议结束时作“总结发言”的那个人，而是会议中相当普通的一分子。

只是，这个角色比较活跃，有点儿亢奋，有点儿引人瞩目。它上蹿下跳，把经济拉来拉去。它常常是某种“调整过程”的发起者。一有风吹草动，它要么涨上了天，要么跌下了地。所以，它的表现总是有点儿敏感，有点儿夸张，有点儿过头，也有点儿超前——正所谓“竹外桃花三两枝，春江水暖鸭先知”——这是“价格”这个变量的一**种性格**。价格绝不是那个在会议上老成持重的人物，而是种种“边缘人”中的一个。不采用算法的视角，我们是不能达成这种理论性的认知的。

价格边缘化之后，我们就需要重新寻找其他议题了。这不意味着我们需要重新找到一个“主角”，让它享有价格曾经享有的地位。假如我们继续秉承新古典主义的观念，时间也许可以取而代之，我们可以像分析价格那样转而把对经济活动的时间的分析重新置于主要的地位；但是，这是不必要的；若果如此，也就成了一种“以怨报怨”式的报复，很难说经济学真正地进步了。这不过是一种“以牙还牙”式的报复。不过，另一方面，其他“非价格”的议题的重要性势必会上升，而且可能会迎来大发展的潮流。博弈论已经向我们展示了，在把价格议题搁置一边之后，经济议题可以表现得多么丰富多彩而成果累累。时间议题也是这样。经济文献现在可以将大把的篇幅用来描述，在某个冲击之下，先发生什么，再发生什么，依次把故事一轮又一轮地讲下去。故事可以不必以均衡（即使是局部均衡或“算法均衡”）为结局，可以结束在讲述者认为妥当的任何地方。这是指次序。另一个子议题是时间的长度。我们可以专门研究各种经济活动与经济现象的时点与时期长度问题。这对于决策必定是非常有用的。当事人经常会忽略时期长度问题，导致昏庸的决定产生。例如，一个公司可能会没头没脑地在中国市场上大力推广番茄酱，但它并不知道，番茄酱并不是中国人在就餐过程中习惯使用的佐料；即使西餐如今日益普及，其用量的增加也必定是十分缓慢的，而这个速度通常不是单个公司可以等得起的。又如，一国政治法律体制的发育或转轨通常需要漫长的历史时期，社会科学家们可以对此做出量化的研究。假如政治家们对此不了解，就很容易发起轻率而具有破坏性的革新行动。一个含有时间维度的理论框架可以提示决策者注意这个问题。即使缺乏相关的定量研究，理论框架本身也会在掌握它的人脑中设置一些“关卡”，从而防止当事人不经思索就做出决策。——传统经济学框架正是这样来误导人的。

事件、次序、时长、结局、展望等通常是一个故事必备的元素，理论性的故事也是这样。这将会突出理论文献的描述性功能，使之显得有点儿像史学或者文学著作。“最优化”在这里将会显得有点儿像是废话。在一定程度上说，这是有道理的。理论性文献中急需增加真实的、生动活泼的、有血有肉的元素。如果理论家不能使用理论性语言连贯地描述现实生活，叙述真实事件，不能在原则上解释组成真实生活的各个主要元素是怎么来的，不能在理论框架中给予它们适当的位置，则何谈其他更高的目标呢？所以，就眼下来说，只要理论能够成功地回返真实世界①，能够解释主要的经济社会现象，便是一个重大的成就——尽管这种“回返”显然是由高于古典时代的认识水平所策动的。

当然，科学工作不能止步于此。现实生活的某些方面的确具有琐碎和不规则的性质，以致面面俱到的解释并不总是必要的。在某些情况下，当事人的主意是易变的，很容易受到他人的影响。当事人容易受到其他当事人的影响，也就没有理由不容易受到学者们的影响。因此，描述性与解释性的工作进行到了一定的程度，进一步细化的必要性就下降了，而建构的、工程的、干预的和建议性工作的意义则会上升。算法式的观点是，社会工程学与社会科学密切地联系着，前者的地位绝不是可有可无的。社会科学家们构建理论，本身就是影响社会的一种方式。正因为当事人对于社会的认识具有可以改进的余地，社会科学家们才会去发展理论；进而，当事人才有兴趣去了解和掌握这些理论。当事人一旦掌握了他们原先并不掌握的理论，他们的决策与行为必然就会受到程度不等的影响。这种影响必将是相当广泛而深刻的（包括隐含的、不易观察的和难以尽述的）。这是理论影响现实的一个重要方式。无论理论家们是否喜欢，只要研究成果一发表，某些效应就会不可避免、不可阻止地发生。学者们所建议的行动当事人不一定会采取，而学者们未曾建议的行动当事人却可能积极进行。这些情况都是有可能出现的。

然而，无论如何，“最优化”仍然是这一切效应的基础。在自然界面前，人的突出特点之一仍然是其目的性。有了目的性、自由以及由此而产生的最优化努力，当事人才会去往某个“最佳的”地方，不管这个“最佳”是基于当事人自己还是观察者的判断。“不确定性”其实也建立在最优化的基础之上，它的意思是说，对于什么是“最优化”（最优的认识或者最优的决策），有些拿不准。总之，不确定性、主观性、多元性等元素的存在，并不否定正误、好坏、努力、争论、建议与互动的必要性，从而也不否定经济学作为一门科学而存在的必要性。这个观点是我们展开第四篇的基础。

最后要说的是，无论描述性、解释性还是建构性的工作，只要基本框架实现了破旧立新，大量新的议题应该是可以期待的。笔者隐隐约约地感到，沿着算法的方向，未来很可能出现很多很新很新的东西，这些东西也许会大大超出本书讨论的范围。自然科学发展到今天，可能已经在很大程度上征服了世人的想象力，而社会科学却还没有。经济学与社会科学实际上是令人不满的。这个领域要想取得某些如同信息技术或生命科学那样堪称“奇绝”的成就，显然还有很长的路要走。不过，也许我们已经看见一些曙光了。

批判是为了忘却。本书的目的就是帮助经济学与社会科学卸下包袱，轻装前进，

① “回到真实世界”是主流经济学的批评者们的主要诉求之一。例如，名震一时的异端经济学组织“世界经济学会”（World Economics Association）便把它们旗下的一份刊物命名为“真实世界经济学评论”（Real-World Economics Review）。

从一种轨道转入另一种轨道。只有这样，我们才能够拥抱未来。

7.8.5 发展计算机模拟方法的必要性和紧迫性

在本篇行将结尾之时，笔者愈益感觉到了发展计算机模拟方法的必要性和紧迫性。如此庞杂的经济社会系统，如果仅仅依靠笔和纸来进行分析描述，在信息时代就显得太过于慢条斯理了。笔和纸只能用来构造原理，描述一个大概的轮廓。这是这门学科应有的基础性工作，但还不是主体的工作。这些工作还无法直接回答广大公众所关注的种种实际问题，还不具有切实的实用价值，还难以发挥一门成熟的学科在社会中所应当发挥的那种强有力的作用。

基于算法理论所构造的原理以及所进行的综合，如果能够得到广泛的同意和支持，那么经济学与社会科学的研究可望迅速地实现更新换代，除旧迎新。具体化的、应用性的以及问题导向的研究显然都离不开计算机模拟。理论要想变得生动，要想变成“活的”，走向计算机就是一条水到渠成的出路。计算机将不仅仅起辅助研究的作用，将不再是书籍文献之外的一个补充。**计算机应当成为经济学与社会科学研究者标准的工作平台，各种理论、各种进路的研究、各种文献资料、已有的和正在取得的研究成果、历史的和现实的经验材料都应该围绕计算机这个平台来重新进行组织和讨论**。各种抽象的、模糊的理论原理，应当寻找其在计算机中的具体实现方法。各类研究成果和经验资料，应当按照一定的顺序和方式实现电子化的存储，以便为各种理论模型所随时调用。理论模型所需的经验数据（例如人的性格的分类以及常见的行为模式），可以按照要求进行定向的搜集。这些数据中的大部分可能是俯拾即得的，只是过去不知道它们有什么理论意义，因而忽视了。相应地，经济学与社会科学学者（尤其是年轻学者）应当尽快地成为计算机专家。部分在计算机技能方面最为专门的学者可以设计和编写基本的程式，而其他大部分学者则需要学会在基本程式和基本工具所组成的平台上自行开发具体的模型，进行有关的专题研究。

经济学者还需要成为人文社会科学学者，或者与人文社会科学学者进行合作，把哲学、社会学、政治学、法学、心理学、历史学等学科的传统成果转换为可以与计算机平台相对接的表达形式。熟悉了信息科学之后，与之相联系的一大簇学科（例如认知科学与人工智能）的成果需要以经济学和社会科学的眼光来进行搜索、解读、整理、取舍和吸收。过去几十年的工作主要是发散的和各自为战的，现在则需要一个归纳、提炼、系统化以及条理化的过程。

在上述工作的基础上，经济学与社会科学可以树立“**建立关于经济社会的巨系统**”这样一个目标。达到这个目标的物理条件也许是具备的，现在需要的主要是学者们的觉察和意愿。这项工作虽然是艰巨的，但是，只要具有主观意愿，经过全国性甚至全球性的分工与合作，也许是可以进行的，是可以在若干年间初具雏形的。研究工作并不怕任务艰巨，怕的是工作方法不对头，以致缺少**兼容性**和**累积性**，结果了无方向，原地打转，枉费人力。“社会巨系统”其实可大可小，可繁可简，可以分阶段逐步深化，也可以具有多个版本和子系统，因而标准并不是绝对的。

“社会巨系统”的建成具有重大的意义。在各不相同的程度上，它相当于把真实的人类社会搬进了计算机。鉴于现实社会是我们的理论原型，学者们自此便具有了一个“书本中的活的社会”，一代代的学者们可以一边完善和细化这个系统，一边运用它来从事各类研究。各种私人的或公共的行动方案，都可以事先输入其中验看效果，再根据效果来修正方案，则人们行动的成功率也就可望大幅度地提高。当然，运用新一代人工智能技术，也可以既使用计算机来设计方案，又使用它来检验和评估方案，并且反复地进行双向反馈，从而使方案日臻完善。在具有了诸如此类的实用性以后，可以乐观地期待，经济学与社会科学可望迎来它的繁荣时代！对于这个学科门类未来的具体样式以及学者们从业的具体方式，尽管目前还难以设想其细节，但很可能是与今天的情况大不相同的。

经济学与社会科学在原理问题上已经延宕得太久了，现在需要的是在解决原理问题之后，急起直追。信息科技对于人类生活方式的颠覆性目前可能只是初露峥嵘，这可以从以下两个事例中有所体察，例子之一是“性爱机器人”的出现，它可能会对未来的社会组织与生活方式造成令人惊骇的和难以预计的影响。例子之二是金融业。金融业的组织与运作方式如今正在迅猛而全面地走向电子化与网络化，以至业内普遍担心传统的业态有被突然颠覆的危险。面对这种危险，中国的金融监管机关在 2017 年不得不全面地转向“保守管理”的模式，以便进行风险评估。

经济学与社会科学的计算机化当然不是为了盲目地追赶潮流。这里具有坚实的、清晰的逻辑基础。正因为这样，笔者强烈地感受到了它的紧迫性。

第四篇

社会工程学

算法理论可以使工程学在人文与社会科学学科群中正式地享有一个明确的地位，使之与其他诸学科之间具有清晰的分工与逻辑联系，而不再像过去那样处于一种模棱两可的含混状态——尽管“社会工程学”事实上已经先于理论原理而存在很久了。可以说，社会工程学的历史长度实际上等同于人类社会的历史长度。

在这里我们优先地使用“社会工程学”而不是“经济工程学”这个词，是因为按照传统的用法来说，那些关于经济政策的文献大都是在把社会看作一个整体的前提下进行论述的，而不单纯是“经济性”的。例如，《国富论》所讨论的虽然主要是关于国家如何治理经济的问题，但由此而发展起来的全部的“政治经济学”其实具有强烈的政治与社会含义，它的议题和风格与瓦尔拉后来所讲的“纯粹经济学”是很不相同的。“纯粹经济学”把社会给遗忘了，把经济与社会割裂了，使经济学在很大程度上变得琐碎无用。经济议题只能作为与整体的社会性议题密切相关的一个子议题来处理。从这个意义上讲，“社会”是主要的，而“经济”则居于其次的地位；经济议题不能独立地存在。

作为上述思想的一个运用，在本篇中，我们将首先泛泛地讨论一下社会工程学的一般问题，接着提出算法式的社会治理准则的若干基本思路，然后再进入经济政策学。笔者将提出算法式经济政策的一些思路与原则，以图为经济政策的思想库添砖加瓦。这些思路与原则未必都是首创性的，但对它们的明确提出和科学论述却是必要的，这对于政策实践和创新将是十分有益的。旧的政策手段需要扬弃，新的政策体系则需要进行构造。只要基本认识和思路对头了，这些都不是难事；它们将是扎实的连续性工作的一些自然的结果。

当前世界中所存在的机遇、所发生的探索以及所取得的创造都只有到了将来才能揭晓。这种令人遗憾的滞后现象是时间所带给我们的，是我们在根本上无法避免的。算法式逻辑发展的一个必然结果，就是增强了我们对于未来世界以及制度创新的推测和期待。当前，僵化的、教条式的思维同时存在于东西方，世界仍然热衷于旧式的对抗与争斗。如果一门统一的社会科学能够以新的面目和方式比较令人满意地得以建立，势必能够从方方面面对现实社会产生影响力，最终必将能够促使世界的和解、和谐与进步。正如我们已经指出的，社会问题作为人类的一种紧迫的和中心的问题已经存在很长时间了，但我们可以相信，事情将不会永远如此，社会问题终将会获得一个“大解决”；从那以后，社会问题的重要性终将衰落（这就好比主要针对物理对象的制造业目前已经走向衰落一样）。

本篇的最后一部分奉献给中国的改革与发展。为此，作为一种对比，我们将首先略微论述一下俄罗斯的改革（发生于20世纪90年代俄罗斯的经济崩溃是促使算法经济学产生的现实原因之一）。我们将提出对于“中国经济奇迹”“中国模式”以及国企改革等议题的算法式的分析与解释。有关的论述将主要是基础性和思想性的。

第八章　算法式的基本社会经济政策思路

8.1 社会工程学概论

8.1.1 社会工程学的定义及其产生

社会工程学就是指导人们如何从事社会活动的一门学科。由于社会活动的性质与种类是非常丰富多样的，这门学科必然包含众多的子学科。实际上，它应当是众多学科的一个统称，是学科的一个大的门类。在逻辑关系上，它与社会科学、自然科学、（主要以物理对象为标的的）工程学等学科门类相互并列、相互联系并相互区别。

长期以来，“社会工程学”这个概念处于一种若隐若现的模糊状态中。其主要原因在于，在机械的决定论的统治之下，我们无法从社会科学的逻辑中推演出社会工程学。如果人们进行社会活动（以及一切活动）的方案是像解方程那样被严格地、没有选择性地推导出来的，就不存在主观地进行“构造”的问题，从而也就无所谓“工程学”了。当事人按照所推导出来的那个最佳的、唯一的方案进行行动，造成了社会现象。而当社会科学家观察这些现象的时候，这些现象已经被造成了，并且是按照（与观察者视角相一致的）最优的方式造成的，因而，社会科学家除了观察、描述、理解和解释这些现象之外，也就无事可做了。现实不需要社会科学家进行指导，社会科学家也不可能有能力来对当事人进行指导。然而，事实上，这种指导不仅需要，有时还十分迫切。为了响应这些实际需要，学者们不得不在相关的**具体议题**上“炮制”学说，构思方案，提出主张，尽管他们并不能说清楚为什么可以这样做。模糊的状态就这样形成了。

打破这种模糊性的方法在于采取一个看似简单实则重大的措施，这就是引入有限计算速度，以及为此而构造出来的算法框架理论。在算法的进路之下，人类思维被描述为需要众多的阶段与步骤；于是，这就首先出现了一个区分，即以理解和解释世界状态为目的地的思维阶段，以及以得出行动方案为目的地的思维阶段。前者便是认识阶段，或者科学研究阶段；后者则是决策阶段，或者工程研究阶段。前者通常是后者的基础。但是，由于后者可以转化为社会现实，于是，它也可以进一步成为前者的研究对象，从而构成前者的基础。

以上两个阶段是相互衔接和相互循环的。于是，有人必然会问：为什么又要把它们彼此予以区分呢？这里的原因很多。首先是，在算法框架下，任何不同的思想原则上都存在着一定的独立性；不能简单地认为它们彼此决定着对方，以至不需要加以区分。这是演绎法与另类算法交错使用的必然结果。作为这种结果的一个表现，社会科学与社会工程学所要回答的问题不仅不相同，而且回答这些问题所引用的数据材料必定也有所不同。更为重要的是，当引用材料来回答问题时，社会工程学并不能**完全**依赖于社会科学所供应的理论。由于任何具体时空环境下能够提供的理论都是有限的，也就不能指望已经“炮制”出来的这些理论**恰好**能够用于解答工程学时下所面临的问题，不多也不少。**基于经验材料或理论问题所发展起来的社会科学，不可能恰好与基于实际问题所发展起来的工程学完全地相互衔接起来，处处严丝合缝；实际上，它们之间的脱节很严重**。这就好比我喜欢吃的菜与我会炒的菜并不总是一回事一样。假如我喜欢吃所有的菜，也会炒所有的菜，则就不存在这种差异或冲突了。这就是算法方法可以用来区分并分别定义科学与工程学的一种方式。这种方式简单明了，但它也是深刻的，笔者相信是有说服力的。

由人数有限的学者们在有限时间与有限资源的支持下、沿着一定的传统或逻辑顺序所发展起来的科学与工程学，都是具有各自的性格与品相的。这就好比沙漠中的一块块绿洲，各自围绕着其下的水源进行生长、扩张。这意味着知识的分类与离散化，也意味着思想的有限性。算法框架下的各种思想之间是具有**程度不同的**亲疏关系的，因而，对于“思想的群体”的划分是重要的。这就好比自由社会中的公民结成了不同的团体，并分别给他们各自的组织起一个名称。这是一种“非新古典的”现象。当然，这一点不宜过分强调。在社会科学文献中，科学的内容与工程学的内容往往是并存的，有时甚至不能完全区分。尽管两方面的内容之间常常存在着鸿沟，但论者们总是热衷于同时阐述这两个方面，逻辑连贯性则在其中忽隐忽现。在此基础上，如同社会科学一样，社会工程学形成了自己的语言、逻辑、传统、主张甚至共识；有时候，即使科学研究的结论在暗示着相反的倾向，在阐述政策主张时，学者们也对此置之不理，而继续按照传统主张来进行表述。例如，“市场”与“民主”如今都取得了显著的正统性，于是，当学者们发现了不利于这些主张的证据时，他们也总是很小心地进行表述，甚至挖空心思来寻找各种借口，为其开脱。

区分社会科学与社会工程学的另一个容易忽视但却很重要的方面，在于进一步回答这样一个问题：既然科学支持着工程学，工程学又会反过来造就科学研究的研究对象，又如何能够将它们相互区分呢？这个问题还可以转换为以下的问题：在我们研究社会对象的时候，何以能够确信我们所考虑的问题（作为研究对象的）当事人还尚未考虑过呢？或者，何以能够确信我们所型构的方案（作为建议对象的）当事人还尚未构想过呢？假如这些区分不存在，社会科学与社会工程学的区分也就不能实质性地存在，两种学科就只是在从不同的角度谈论同一些事情而已（这正是新古典主义的含义）。然而，常识与经验告诉我们，这些区分都是实实在在存在的。人们读书、求学、向知识分子索取政策建议等现象，都证明了这些区分不仅存在，而且是重要的。那么，原因何在呢？我们又如何来解释这些区分的存在呢？答案就在于以思想的实体化、计算时间等元素所构成的算法理论：社会科学家们所观察和研究的对象，是由**截至观察之时为止**的当事人的思维活动与行动所造成的，当事人的这些思维活动并不能把社会科学家们**在完成观察之后**将要进行的思维活动包括在内，后者虽然难免具有重复的或者可预测的内容，但它在原则上将会具有众多未曾被预测到的新内容——无论这些内容是关于认识的还是关于行动的。这些新内容**已经**无法体现在作为研究对象的**既成事实**之中，它们只能用来影响**今后的**行动和事实了。新古典主义认为这些“新的”内容会被预测到，因而不是“新的”，当然也就无法把工程学从科学中分离出来了。从这里我们可以再次看到把思想区分为“这个”与“那个”，也即把思想区分为**不同的实体**有多么重要。

刚才谈到工程学不能够完全采用社会科学理论来构造行动方案，那么，读者要问的是：那它还将采用什么东西作为基础呢？答案就是：诸如常识与经验之类的东西。包括知识分子在内的每一个当事人每天都要从事某些社会活动，他们在学习社会科学与工程学之前也要从事社会活动，因此，每个人其实都在随时随地地构造和发展着自己的个性化的“社会科学”与“社会工程学”。学者们在构造比较正式化的社会科学与社会工程学的时候，必然也要以自己所拥有的这些常识和经验为基础，然后，再运用自己专门化工作的优势，将之予以加工、提炼、改造和系统化。尤其是，当学者们构造社会工程学的时候，由于社会科学理论是有限的和不敷使用的，他们就难免求诸常识与经验性材料。这些常识与经验性材料不限于自己或他人生活的积累，而且也包括了大量的来自其他学者的书面材料在内。一个典型的例子是，据笔者的观察，经济学家们通常其实很少能够从诸如一般均衡理论之类的“纯理论”中得出政策建议；经济学家们提供给真实当事人的“教诲”或者建议主要来自他们所阅读的诸如《国富论》之类的典籍。这些典籍借助于大量的实例讲述了经济生活中种种丰富的道理，而这些道理实际上至今还甚少被理论化。一个经济学者要是不阅读这门学科历史上各类丰富的典籍，假如仅凭方程式，他基本上就失去了指导现实的能力。

还是那句老话：抽象的、宏大的、系统的和正式的学说只能在与常识和经验的竞争与互补中谋求生存之道，知识分子所讲授的东西只是社会中所存在的一种局部的、类型化的知识。从这个意义上说，说社会工程学可以“指导”现实并不准确，其实它只是一些**建议**，有待于真实当事人进行选择、改造和检验。书本知识所导致的一个有些尴尬但颇为有趣的现象是，无论认识性的还是行动性的知识，在它被传授给当事人以后，当事人未必会按照学者们的期待或指导进行行动，他们所受到的启发有可能完全是另一些东西。他们不事声张，但却因此而悄悄地改变着自己的思考与行为方式。学者们通常对此留意不多。这是有限理性的一种形式，是它的一种后果与表现。社会科学本身就会“自动地”生成某些行为后果与工程学含义，学者们的“工程学”只是其中的一种。

8.1.2 社会工程学的分类与性质

根据社会工程学的定义，这门学科的覆盖范围实际上可以是十分广泛的。

首先是，关于如何组织和管理一个社会，如何形成一个社会的基本结构、规则和样式。这类议题可能在社会工程学中居于核心地位。经济学家们通常着重于探讨经济政策与规制，这是比较具体和“高端”的，比它更为基本而重大的则是社会的基本制度架构，以及用来支撑它的意识形态。原因很简单：通常所谓的“政策”问题只能在“制度”的架构内进行活动。正如众多论者们所反复强调的，制度的限制或决定作用是很强大的，它虽然可变，但却很不容易改变（也不容易形成）。以算法的眼光来看，这里所说的其实是计算的层级化特征。鉴于此，古今中外的众多思想家们大都着重于在这个领域内来工作。他们不仅讨论社会科学问题，而且尤其关注“怎么办”的问题。他们的著作对于社会现实通常都具有强烈的指导意义。例如，中国历史上著名的先秦诸子，他们论述的核心就是如何造就基本的社会秩序。在这些思想与主张的指导下，方才涉及治国理政的问题。由此形成了诸多政治派别。这些派别有些衰落了，有些（例如儒家、法家与道家）则长期活跃于政治舞台。古希腊的思想家们也是这样。由于主观性不可避免地存在着，正如一国内部会形成相互竞争的思想派别一样，不同国家间也存在思想体系上的竞争。国家间的地理位置越远，其思想差异可能也就越大。以此推论来看，中西思想传统的显著差异也就是情理之中的。

人类社会的长期发展，还形成了大量针对各个具体社会领域的工程学，语言文字学可能就是这类具体工程学中最为重要的学科之一。这是人人都必须掌握的基本技能。同时，这种技能也要付出巨大的努力才能获得。从幼儿阶段开始，每个人都至少要掌握两项基本的技能，一是语文，二是数学。但是，我们通常不把数学看作一门工程学（其实其中的工程学成分也是相当丰富的），却把语文看作工程学，原因就在于，语文中主观性、规定性的成分要大于客观性、确定性的成分，而数学则相反。语文首先讲规定，其次才讲对错；数学中则先讲对错，规定性是次要的。

应用性的社会工程学是多种多样的。例如，教育学研究如何以较佳的方法把知识传授给年轻人，新闻学研究如何进行大众传播，会计学则研究怎样用货币化的方法来计算和衡量企业的财务状况，管理学研究怎样对各类组织（当然包括企业）进行管理，金融工程学研究怎样构造或管理各类金融活动，法学的主要内容则是研究和理解各类法律条文（法学的主要内容是工程学的，科学的成分则居于其次），等等。这些学科中的某些部分（例如会计或法律条文）是十分具体、严谨而严肃的，容不得半点儿含糊性和随意性，任何差错都可能立即导致十分具体的实际损失。这种特征如同对于物理对象的操作（例如如何制造汽车零件）一样。其次，任何工程学，无论是社会性的还是物理性的，一般都同时包含着社会元素与物理元素，因而同时涉及社会科学与自然科学。我们可以暂且把与社会工程学相对的普通的“工程学”称作“自然工程学”。自然工程学中的社会元素需要特别予以留意。这是因为，任何工程归根到底都服务于人的目的，并且需要由人来进行操作实施，所以不可能完全排除社会元素。这一点经常在我国遭到忽视。在某些工程学中，社会元素与自然元素甚至是平分秋色的。典型的例子是军事学。另一些例子诸如心理学与地理学。这些学科中的主要部分虽然不能称作工程学，但自然成分与社会成分却显著地并存于其中。

社会工程学并不都是具体而实用的，另有一类抽象而偏重精神生活的“社会工程学”，它在社会中发挥着重大的作用，是需要我们予以重点关注的；这就是伦理、宗教、神话、文化、艺术等。也就是说，对于这些“社会存在”，我们现在要给它们起“社会工程学”这样一个新的名称，要把它们纳入“社会工程学”这样一个大的学科范畴。这个观点可能是比较新颖的，但它是算法框架下我们必然将会到达的地方。

把伦理学作为社会工程学的一部分必定是较少争议的，因为它们属于道格拉斯·诺斯所说的“非正式制度”的组成部分。通过与正式制度作类比，伦理道德的工程学属性便是一目了然的。如前所述，这种属性还可以通过儒学体现出来。关于伦理道德，一些西方人的观念是，它就好比天上的星辰或者自然规律一样，是客观存在的，是被决定出来的。中国人的观念却不是这样，而是相当实用主义的。孔子发现孝道对于社会的生存和维系很重要，但他不直接这样说，而是说，只有孝敬父母的人才能算作“人”，才配得上真正的“人”的称谓。这既是奖赏人的办法，也是吓唬人的办法，而不完全是说理的办法。换言之，儒者显然认识到，伦理学命题是可以人为地予以制订的，它实际上是一种“工程”。它所涉及的主要不是认识性的问题，不在于认清客观世界的真相为何，而在于谋取一定的社会效果。人们如果这样想（只有孝敬父母的人才算“人”）有用，社会就有必要教育人们这样去“想”。因为说理很麻烦，为了简化，儒家就把伦理学命题价值化和目的化了，“孝道有用”于是变成了“孝道很好”。这是一种“思维的弯曲”。

构造社会的目的与价值体系是社会工程学的一个重要功能。宗教、神话、文化、艺术等都在发挥着类似的功能。社会工程学并不仅仅是在教人们怎么通过实施行动去达到自己的具体目的，它不仅仅是一种“术”；更为重要和基本的是，它回答“人们应该去追求些什么”这样的问题。科学回避价值观，或者把价值观当作对象与实在物来进行研究，而**社会工程学不仅不回避价值观，而且直接“设计”和“提供”价值观**。如果我们不把社会工程学作为一门正式的学科范畴予以提出，那么，从事这类重要工作的人在学术上也就没有正式的名分。

早就有学者提出，宗教与神话（以及巫术）的构造方式与近代以来的“科学”是类似的，可是，在科学日益发达的今天，宗教与神话都没有消亡。其原因就在于，科学的覆盖领域是有限的，它并没有覆盖生活的方方面面，它留下了大量的模糊与空白地带。关于世界与人生的诸多具体或抽象的问题，人们不得不在科学之外去寻找答案；有关的精神需要，也必须在科学体系之外去设法解决（我们无须再次强调科学并不能视为**完全**可靠的知识）。宗教与神话的作用在于它们都发明了许多“说法”。如同科学不是完全正确的一样，这些“说法”也未必是完全错误的；**而更为重要的是，它们是有用的，它们是从实用性需要出发而向认知系统所展开的勉强的、“急就章”式的、虽不完美但也无可奈何的行进**。这些说法可以用来慰籍心灵，使人们树立起对于生活的一定的态度。我们每个人今天之所以能够以我们所采取的姿态来面对生活，不恐惧，不愤懑，不急躁，不凶恶，能够在大多数情况下保持积极和阳光的心态，绝不是一件简单的事情。这本身是一个巨大的成就，这个成就正是通过包括宗教与神话在内的各种社会工程学来实现的。

心理建设是一项艰巨的社会工程，其中还包括观念、文化与艺术。社会上通常公开或私下地流传着各种各样非正式的“理论”与“学说”（例如，近期，在一些科学发现的刺激之下，“灵魂不死”说似乎再次兴起了），它们主要是一些观念或信念。它们不一定是宗教的，也可能是哲学的，文化艺术活动首先可以对各类严肃的社会活动产生影响。例如，对小说的阅读以及对影视作品的观看，在一定程度上既可以替代科学与工程学理论，也可以替代实地的体验。其次，在借助较少物质媒介的情况下，它更直接给人们带来美的享受；这就如同物质商品给人们带来欲望上的满足一样。因此，实际上它就是一种“工程学”。画家的工作与工程师是相仿的。尽管艺术家们也许不会乐于接受“社会工程学家”的标签，但是，在对艺术进行学科分类的时候，“社会工程学”这个概念至少可以在逻辑上起到沟通的作用。艺术家们想必知道，并非只有艺术活动需要想象与灵感。韦伯谈论“去魅”，艺术也是需要“去魅”的。关于学科分类的观念需要发生变化，这属于不可避免的“知识演进”现象。

8.2 算法式的治理准则

8.2.1 为什么现在就可以提出政策思路

对“社会工程学”这个概念的一般论述要暂告一个段落了。这个概念我们暂且只能把它提出来（当然是在笔者所理解的意义上）。在一本书中，我们不可能做得太多。我们只能在后续论述和后续工作中逐步地梳理和丰富它。

现在要转向对算法式的社会工程学进行论述。

首先要面对的一个问题是，读者可能会问：算法式的社会科学和经济学刚刚起步，怎么就能够如此迅速地提出政策或行动建议呢？笔者的回答是：基础性的原理可以与基础性的政策思路相对应；既然原理有了，那么，政策思路也就同时可以形成了。工程学是一个体系，它的每个部分并不都是具体的。观念与基本思路是政策体系的必要组成部分，而它们的提出一般并不需要借助于十分具体的理论模型。这种认识本身就是算法的。在一定的基本思路之下，可以产生一系列灵活多样的具体政策，所以，基本思路即使不总是必要的，它也是重要的。

当前的现实世界处于一种比较怪异的状态中：一方面，诸多具体的社会工程已经比较发达和令人满意了，某些具体的社会工程学也已经比较发达和令人满意了；另一方面，社会现实与工程学体系却未能达到令人满意的相互对应状态。这主要是指学术落后于现实。这固然是因为由知识分子所发明和掌管的书本知识具有时效性等方面的固有缺陷，而另一个重要原因则是基础性社会理论的薄弱与不当。“社会”已经存在了百万甚至千万年了，而关于它的基础理论却很不像样，关于如何组织和管理一个社会的基本思路也充斥着混乱。这并不是说工程学与科学的内部都不能存在矛盾，而是说它们都从根本上不承认对方的地位，因而无法进行理性的对话、交流与比较。各种学说或“主义”要么自说自话，要么则变成了政治的、意识形态的、道德的或者情绪化的意气之争。

算法理论可以用来补救社会科学理论的缺陷，当然也就可以在基础社会工程学领域扮演重要角色。学术的发展既可以表现为给人类知识库带来新的、增量性的内容，也可以表现为整合已有的知识，使之更加一致化。算法理论关于冲突与多元性的阐述绝不应成为追求一致性的障碍。算法理论首先在社会科学的“根部”进行工作；同理，它也首先在社会工程学的“根部”进行工作。它首先用来阐述已有的基本社会工程学理论之间的一致性。在此基础上，我们再提出算法式的基本社会经济政策思路。已有的社会工程学是在算法理论缺席的情况下产生的。算法理论的有意识的提出，必然能够生发出对（无意识状态下产生的）已有的社会工程学进行改造的能力。而算法式的社会工程学则是有意识地运用算法理论的一些初级成果。它意在抛砖引玉。笔者相信，随着社会科学与社会工程学基本原理的夯实，具体社会科学与工程学将会沿着正确的方向得到蓬勃的发展，知识分子将会日益成为改造社会现实的一支重要力量。

8.2.2 再论集权与分权

如何组织一个社会，使之井然有序？这是社会工程学所面临的一个最为基本、重大而又核心的问题之一。即使在那些没有文字记载的漫长的史前时代，这个问题必定也为当时的人们所思考。这个问题不仅为社会中的领导人物与管理者们所思考，必定也为一般民众所思考。社会秩序绝不仅仅是通过求诸意外后果的方式而“自然地”形成的。为了展开面对面的政治与社会活动，社会需要建立明确的、可操作的治理理论与游戏规则，需要一系列可以用于思考、人际交流、商谈与行动的话语。主流经济学总是暗示这些东西不必要，或者可以意外地形成，这是它的一个重大缺陷。实际上可以说，几乎每个人都会以自己特定的方式来了解和思考整个社会的组织管理问题，因为这关系到他如何参与社会活动，以及在每个具体行动中决定究竟是接受、拒绝还是改造已有的社会规范。

当这个问题摆在我们面前的时候，可以发现，有两种相互竞争的基本的社会组织模式。它们既是世界历史与现实中的真实存在，也是逻辑上可以得出来的基本结论。这就是专制的方式与民主的方式，或曰集权的方式与分权的方式。前者意指，由个别或少数人所组成的某个中心对全社会发号施令，大多数人在**首先**听从这个中心的指挥的前提下，才能享有一定的自由。后者意指，社会**优先地**保障民权与个人自由，在此前提下，政府得到**有限的**授权，按照一定的规则和程序来治理社会。简言之，民主与专制的区别在于，究竟是把统治者还是民众置于优先地位；不是以前者为主，就是以后者为主。这就好比两个人，他们的辈分总是不一样；一个不是另一个的长辈，就是另一个的晚辈。**两者所用的都是"除外算法"**。专制与民主的一个重要区别在于自由裁量权究竟归于何人。鉴于社会的公共管理事务不可能总是事先明文地得到规定，而某些事务又必须临时做出紧急的决定，这就必然产生赋予统治者多大权限的问题。这个问题在新古典主义条件下是不存在的。在新古典的世界中，人们总是无所不知，总是可以清楚、明白、确切和完美地安排一切，因而，这里就不存在权力，不存在强制力，不存在谁必须听从谁的问题；也不存在临时计算中的困难，不存在无奈的、迫不得已的"思维的弯曲"，不存在自由裁量权。我们总是提到新古典主义，因为它很纯粹、很典型、很极端、很明确，所以，它虽然不宜作为社会理论的主体，但它是进行理论研究的一个优越的参照系。通过它的观照，我们的论点就可以获得明晰的针对性。

正因为那种追求全面一致的、把局部与整体完全统一起来从而消灭个体差异的"理性"不能实现，这才产生了所谓的"算法"问题。当我们用"算法"这个词的时候，就是指那些虽不精确和完美但却能够大致上解决问题的切实可行的行事方法。在这个意义上，专制与民主、集权与分权都是"算法"。算法的一个突出特点是，一种算法，通常都是有利有弊的，是相对于其他算法而存在的；它在较好地实现某些目标的同时，又会在一定程度上牺牲其他目标。在这一点上，专制与民主也不例外。如果这两个词过于刺眼，则可以用"集权"与"分权"来代替。关于这两种算法的优缺点，在前文中已经讨论了不少。总的说来，集权的方式有利于提高决策与执行的效率，适用于**迅速**形成一定的社会秩序。它甚至在某些情况下能够实现优异的统治。历史上不乏这样的事例。但是，受限于决策中心的计算能力（包括领导人的意愿），任何贤明的治理所能达到的范围、所能进行决策的精细程度都是有限的，它必定是相对粗糙而生硬的。扩而大之，任何要对社会实行硬性一刀切的、集中统管的算法，可能都会招致重大的社会代价。对于这些代价，人们一般知之不多。集权通常要辅之以强行的管制，而管制就像柏林墙一样，它会把社会强行切割开来。为了适应这种管制，人们就要对先前的行为模式进行调整、再调整。只有从异质性与异步性的角度，我们才能理解，为什么无论对于任何管制，总有人进行抱怨和批评。

集权制的另一个重大缺陷在于不易确保统治者的动机是良性的。任何统治中心最终都是由人来进行操作和控制的，而人的目的、动机、价值观等都既为决策所必需，亦为其所不可避免。它们本身也是算法性质的。集权制对统治者进行广泛的授权，希图利用统治者个人的内在一致性以及决策迅速等优势，结果自然难以避免统治者利用权力来谋求私利。这种“私利”不仅是指统治者及其相关集团所获得的精神与物质享受，而且是指他们利用手中的权力来进一步巩固对自己有利的体制，强化自己的权力，控制领导人的更替过程，以及操纵整个社会。由于生理、寿命等方面的原因，统治者需要更替，这是集权制、尤其是专制制度所面临的一个重大问题。这个问题的严重性与致命性通常被低估。假如统治者很强大，统治者的产生机制便不可能很强大；反之，假如统治者的产生机制很强大，则统治者（例如王权）的权力便不可能很强大；这两者是有冲突的。这个问题直接导致了从长期来看，专制型的政权存在重大的不稳定因素。

8.2.3 再论集权与分权（续）

与专制和集权相比，民主与分权的方法具有鲜明的性格。从比较宽泛的意义上来理解民主，它首先是指每个人的事情由自己负责打理。这既是一种义务，也是一种权利。相应地，社会既没有权力随意干预个人事务，也没有义务对个人承担太多的责任。也就是说，民主首先意味着自由，意味着公域与私域的划分。其次，民主意味着在公共管理领域，统治者要对民众负责，民众有权按照一定的程序和方式来控制政府及其首脑。通常所谓的民主主要是在后一种意义上讲的。

按照这种原则设计出来的政体，首先凸现了一个问题，即民主与集中的关系问题。当我们从算法的视角来看待公民个人时，这个问题的产生就是自然而然的。因为，公民个人不仅人多嘴杂，而且观点易变。当他们聚集起来的时候，更容易受到煽动，被情绪所控制。“民意”是个模糊不清的概念。这个问题在古希腊、罗马时期就很突出。于是，为了保证政府活动的理性和效率，设置“执政官”之类的行政权力就是十分必要的。这么一来，民主制从一开始就处于集权与分权的紧张关系之中。民众的控制基本上可以保证执政者的行为动机不会发生显著的偏差，民众的丰富智慧还可以用来支持执政者提高治理水平。但是，相对于专制的国家，民主国家是比较纷乱和动荡的。其中虽然发生像专制国家时而发生的那种重大变故的可能性较小，但小型的变动却比较多。由于人权的保障被置于优先位置，这些国家的整体社会秩序通常不是那么安定。它的政府程序冗长，行事缓慢，而且更迭频繁，行为易变，比较不利于从事重大而长远的事业。民主制有利于防止政府行为出现最坏的情况，但也常常会扼杀卓越的人物与卓越的意见。它的表现通常比较平庸和软弱。因为政府要比较频繁地征求选民与民意代表的意见，民主制的统治范围受限于交通与通信条件，所以，尤其是在科技水平比较落后的古代时期，它的治理范围也比较小。

然而，**民主制的优势是，它的自我更新和自我发展能力却比较强**。民主的秩序比较不容易长成，长成之后却比较稳固，而且具有持续不停地进行发展与自我完善的倾向。这首先得益于相对独立的司法体系的奠基性作用。交通与通信条件的持续改善，使公民可以日益方便地进行商谈。经济发展水平的提高，也使人们从事体力劳动的负担得以减轻，闲暇增加，从而可以致力于发展参与公共治理所需的智识活动。年深月久，民主制初期的混乱状况就会得以减轻，因为社会各方面的正式与非正式制度会发育起来。这是一个“收敛”的过程。这很像在稳固的根基上建造大厦。由于根基比较牢靠，大厦就可以越造越高，就会较少地发生“拆了再建”的事情，就会形成一种节约。在这一点上，专制制则不如民主制。专制制有利于比较迅速地形成秩序，但是，因为它的基础通常是统治者的意志而不是法律，在特定个人的治理之下，持续的制度建设常常也就不能够走得很远；统治者更换了，国家的大政方针往往就会发生重大变化，而在原有模式之下长成的制度，也就要废弃掉。这种情形非常类似于我们常说的“治标”与“治本”的关系：吃止痛片可以迅速减少病痛，而疾病的痊愈却需要较长时间的调理。建设美好社会的根本在于发展民主；只要条件一具备，民主制就会发展壮大。从这个视角来看世界历史，我们可以发现一条十分清晰的制度演进路线：古代以至上古时期，专制制度在世界范围内占据着绝对的优势，那是它的全盛时期；而民主制则是直至公元前后才在地中海岸边萌发的火种，它一度几乎失传。然后，随着时间的推移，这个火种日益燃烧起来，直至目前几乎蔓延到世界的每个角落。所以，只要我们建立了适当的动态理论框架，在协调集权与分权关系的同时，算法理论可以给予民主制以极大的、甚至决定性的支持。

不过，在重述了有关的理论观点之后，我们是否可以得出某种诸如“民主必胜”之类的意识形态化的结论呢？答案显然不是那么绝对的。政治体制在世界范围内全面转向民主制似乎是不可避免的，但是，民主制的具体形式仍然是可争议的，是有选择余地的，甚至也需要继续进行创新。民主制的设计者们一直在致力于吸收专制政体的那些优点，这种吸收的成果之一就是总统制于 18 世纪末在美国的创建。在美国式的“三权分立”“制约与平衡”体制的框架下，可以与立法权相抗衡的行政权最终得以产生，这有利于保证行政部门的统一和效率。可是，它的一个弱点是，它经常会造成政治僵局，使政府体系濒于瘫痪。这种内耗固然有利于限制政府的权力，但对于那些势在必行的国家事务来说，它却是令人沮丧的。无休止的、比较缺乏效率和积极意义的、甚至重复性的政治恶斗时而高涨，这时常引起社会舆论的负面评价。在这些消极现象面前，人们不禁会产生怀疑：为了制约政府的权力，难道只有采用这种体制才行吗？这不是对民主制吹毛求疵，民主制显然将在全球范围内继续扩张，可是，这并不表明它的具体形式（包括议会制在内）在原则上应当被视作完美无缺的。任何具体的政体都包含着无奈、粗疏和专横的因素，其具体的安排也都将受到技术、经济与社会条件变化的不断冲击。因此，在一个国家选择或改革政治体制的时候，务必对任何选项抱持分析的、质疑的和相对的态度，要（像美国的开国者们那样）敢于根据本国实际情况进行取舍和创新。这是一种算法式的态度。离开了这种态度，政治建设取得成功的机率将是较小的。

民主与专制这个传统议题显然将要过时了，然而，集权与分权的竞争与融合仍然将会继续存在，它们不仅继续存在于政治领域，而且广泛存在于经济社会的各个领域之中。人们之间不仅存在平等的交换关系，而且也存在着诸如控制与被控制、委托与代理之类的层级关系。这些关系都是人际关系的具体形态，它们同时存在于社会之中，都是社会运行的“调节器”，都在社会运行中发挥着独具特色的作用。主流经济学的缺陷之一，就是失于考察人际的层级关系。层级关系与组织紧密地联系着，它常常是形成组织的一种方式——而在我们的社会中，存在着形态多样的数不清的组织。例如，企业里有领导，家庭中有家长，等等，强制力仍然在众多的地方得到了使用，由此必然会产生一些问题：如果说时代进步了，那么，进步究竟体现在什么地方呢？是分权将会压倒集权吗？我们从历史中究竟应当总结出什么样的经验与教训呢？

笔者认为，核心的问题并不是集权与分权两种算法最终究竟谁将压倒谁（这个问题实际上是形而上学的）。它们显然都将长期存在并发挥作用，即使在一段时间内某种趋势占了上风，也很难说它将是压倒性的。人们可以从局部状况的改进入手来获取社会的整体利益，也可以通过进行某种整体的制度变革而使每个社会成员受益（这正是马克思主义的出发点）；可以利用自由选择的机制来增进效率，也可以通过建立适度的强制管理以防止自由选择的负效应过大。在制度设计中，既要重视一人的居中指挥所带来的好处，也不能忽视适当程序的牵制作用（为此不惜对效率有所牺牲）；既可以求诸普通人的常识（民主），也可以求诸专业技能。关键在于在具体环境中根据具体情况灵活地进行选择和搭配。“集权”与“分权”都只是一些粗略的名称，它们背后都涉及大量具体的制度安排。在很大程度上，正是各种具体制度安排的成长促成了历史的进步。

其次，正如在以前章节中所论述的，历史的经验与教训可以归结为**“风险管理”**四个字。具体地说，就是**要控制组织与集体行动的规模和持续时间**。当全社会被号召统统投入一项从未尝试过的崭新试验时，尤其当这项试验的结果需要很长的时期才能显现的时候，务必需要保持小心的态度，甚至要明确地予以拒绝。因为，这种风险实在过于巨大。全面的、重大的制度革新会带来不可预知的后果，而事先的试验则可以减小风险。小步骤变革比大步骤变革的风险要小，局部改革比整体改革的风险要小，把社会变革的规模与强度保持在人们可以及时对其后果做出判断的限度之内，这才是明智的。试验的效果好，变革方案就予以采纳；否则，就予以拒绝或搁置。这种方法可以保证进步是**持续性的**，而不是大起大落式的。一旦社会明确采取了这种制度变革的方式，它还可以阻止那些危险的煽动者和极端的激进分子，使他们望而却步，知难而退。

这种思路对于人的理性提出了更高的要求，它要求我们要打破各种陈规陋习，要敢于把任何定见和流行观点作为怀疑与理性分析的对象；同时，它也要求我们要善于对社会进行科学分析，要努力弄懂各种经济社会现象的真正的来龙去脉。算法方法为我们提供了坚实的科学基础，它必将成为我们分析社会、构思方案进而改造社会的有力工具。

8.2.4 再论法治、儒学与自由

最早的民主制是由民意代表机关与行政部门这两个部分组成的，一切重大事务（包括案件的审理）都放在类似“议会”这样的场合来进行辩论和表决。这是一种着重于临时计算的体制，而临时计算的困难和弱点也就必然会反映在这种体制的运转上。当一切法律、规章与公共事务都随时可以经由议会的决议而得以订立、废除或决定的时候，议会的决策本身反而将会是困难的、草率的和易变的。法律与普通决议的界线变模糊了。决策的前后一致程度不是提高了，而是会降低，因为议会会不断地推翻自己的决议。这是一种由人直接控制人的体制：人民控制民意代表，民意代表控制行政机关。只要站在你面前的那个活生生的人表态同意或反对，社会行动就可以立即产生或停止。然而，“当下”只是一种局部，“活在当下”是不够的，长期与全局的元素需要渗透进来。仅仅凭借个人大脑的临时计算所提供的理性是不够的，社会需要一种长远的稳定性和一致性，并且要用它来制约临时计算中的情绪波动与思虑不周。这就需要建立法治。

法律是一种文本，上面记载着抽象的条款或者案例。法律之所以采取书面形式，就是为了在社会成员之间制造一种明确的凭证，好让大家无法抵赖和反悔。一旦有人违反它，司法机构便可以以这种“白纸黑字”为依据来进行惩处。后来，司法权逐步走向独立，出现了在立法机构之外所制订的高于普通法律的宪法，司法机构又被赋予解释宪法以及进行违宪审查的权利，加上其他种种措施，法律便提供了比较理想的稳定性与自我一致性。它就像航船里的压仓石，保护着整个社会比较平稳地前行。因为法律通常是社会进行广泛协商的结果，而这种协商并不容易进行，所以，法律所提供的稳定性与一致性甚至要高于个人，法治的社会在长期内要比专制独裁的社会更加稳定。法律守护着社会认为最为确定的那些知识中的某些部分，并且以强制力来进行实施，使之超脱于当事人的临机权衡之外。这便是一种传统的风险管理手段。法律不是不可更改的，但它的更改不如普通的公共政策那样**容易**，更不如非正式制度的变更那样自由，当然也不如老百姓的主意变得那样快了。越是基本和普遍的法律，其修订的难度就越大，修订的程序也就越复杂。这其中的道理是，要让社会成员冷静下来，考虑周全一些，同时也要让与所决事项有利害关系的人尽可能地加入决策过程。另一个道理是，法律争取了时间，以便让其所影响的社会过程中的因果关系在时间历程中尽可能充分地显现出来，以便当事人进行考察研究。所以，归根到底，法治的实质是，它并不直接主张或干预什么具体的事情，具体法律条文所规定的事项都是可以更改的；它的实质就在于**进程管理**（作为一种柔性的“数量管理”），而这种进程管理又是通过规定一系列关于人际互动的**程序**来实现的。“程序”这个词是社会科学与社会工程学中的重要术语，它规定公共决策按照什么顺序和步骤来做出，在每个阶段上由哪些人参与，以及每个人的具体权限是什么，等等。没有适当的“个人”概念，没有人际异质性，没有串行计算方式，也就无所谓“程序”。此外，它不是直接关于具体决

策的，而是关于如何作决策的，是关于决策的“决策”、关于制度的“制度”。假如思想不可以对象化，没有时间进程，也就没有程序。所以，笔者把程序（以及由此所产生的“正当程序”等概念）称作一种“**高阶的管理技术**”。这也是法治的一个实质。

人们喜欢把法律理解为“制度”与“规则”，或者干脆就把法律称作“制度”或“规则”，这种现象是需要予以关注的。我认为，在这些词语的替换及其所造成的模糊性之中，表达着一个重要而又至今尚未被科学地予以揭示的道理，这就是我们在6.2.3节所论及的某个**行为**与行为的某个**方面**之间的区分。只有在算法式的、有限理性的框架之下，我们才能对这种区分做出根本性的说明。法治方法意味着社会对于行为采取了分析性的态度。人的行为的走向具有众多的、甚至无数的选择，而社会并不直接要求或迫使当事人只能去从事什么行为；**社会只是管理行为的某个方面、某些元素**。为此，社会采取了法治的方式。法律告诉人们，不管你做什么事，只要符合某某条件（禁令、要求等，否定性或肯定性的）就行了。法律只是关注这些条件有没有被满足，但它不管行为的其他方面，它对其他方面持开放态度——因为它深深地知道，人们行为的无限性和发展性是不容许一一做出规定的。这就是把自由与秩序结合起来的一种措施。

但是，不必把法律、制度、规则这些东西神秘化。如果我们以“轮毂围绕轮轴进行旋转”那样的方式来看待法律，就很容易走上神秘化的道路。笔者倾向于认为，规则与行为之间的区分纯粹是技术性的。在有限理性的世界中，人们要减少不确定性，要让社会既有活力又有秩序，在原则上就必须进行这种“鸡尾酒”式的搭配。某些知识必须被固定下来，加以强制运用。于是，**人们也就不得不在已有的知识之间进行遴选**。至于哪些知识被选择为强制执行，哪些知识被选择为由当事人自愿执行，则是一个细节性、技术性的问题；也就是说，要到具体的环境之中，在对具体法律条款和相应情境的分析中进行说明——当然还要考虑到执法与司法的能力限制。这里也许不存在什么神秘的规矩或准则，来决定哪些规定可以或者不可以成为法律。**我们要想把其中的规律总结出来，使之上升到“原理”的层面，很可能终究是徒劳的**。既然个体差异或异质性是普遍存在的，有些知识就会被立法者选上，而另一些则会被放弃。总会产生某些在当事人看来比较适当的界分，这种界分至少在原则上是容易理解的。

进一步地，既然有了这种区分，一件很重要的事情就是决定法律管辖范围与自由领域之间的**比例**。这个比例问题在很大程度上决定着一个社会的自由度。专制社会与自由社会的区分主要是一个程度与细节的问题（尽管这种“细节”是非常重要的）。专制社会并非完全没有自由，自由社会也并非没有管制。社会必定认识到这个比例的干系非同小可。不同的个人或党派对此有不同的见解，不同的社会状况必定也要求不同的比例。但是，认为这里存在着一个合适的“度”，则是一个普遍的观念。这就是说，社会并不是简单地根据有关具体事务本身的性质来判断某个提议是否应当成为法律的，社会也会根据法律所应有的密集程度来决定是否把某些知识确定为法律。这就好比寻常百姓家的女子在帝制时代也会被遴选和册封为贵妃一样，法律也是这样被定义出来的。倘若真相是这样，法律的神秘面纱也就又被揭去了一层。实际上，当我们具体地了解和研究大多数普通法律条款的时候，通常并不会感受到它与我们所掌握的其他知识或行为准则之间具有多么不寻常的差别。例如，某些法律是禁令，而另一些法律则要求人们要去作为（例如商品要合乎什么样的标准），而不仅仅是禁令。某些法律的内容是清晰的、事先公布的和可预期的，而另一些则比较含混（例如把权力授予某个机关或个人，仅仅要求社会听从这些机关或个人的指示）。认为法律必须合乎哪些标准或者不能如何来订立的看法很可能都是偏颇的。这些看法一般只能针对局部的、具体的事项，而不能作为普遍规则来加以理解。对于全部的法律来说，假如一定要寻找通用标准的话，也许只有一条，那就是：法律不能够（也不可能）规定一切。

绕了这么一大圈儿，我们究竟想说些什么呢？目的当然在于给出思想与行动上的建议。为此，我们先做一个小结，然后再在下一小节展开论述诸项算法式的治理准则。

人的思想以其固有和特定的方式与丰富多彩的客观世界“不期而遇”，由此而产生的治理手段必定是多种多样的，而它们在总体上呈现为一种拼凑起来的不规则状态。社会需要秩序与强制力，也需要自由和选择性，因此，既有公域，也有私域；既有政府，也有市场。行政机构不可能完全听命于一个人，还需要一群民意代表在旁边进行监督，与其分享权力。社会既需要严格地遵守法律，而法律又可以按照一定的程序进行修改。不仅法律可以修改，价值观与伦理道德准则也无一不是可变动的。社会对个人的态度是综合的：既有强制，又有说服教育，还有诱惑甚至恐吓等手段的运用。这些手段都是在不同的时空环境中由不同的人按照不同的理念所发展起来的。它们各有优缺点，由它们按照有所差异的方式所拼凑起来的社会秩序也各有各的优缺点。各种各样的治理措施是否可以保证人类建立理想而完美的社会呢？看看眼前的世界，答案自然就有了。显然，我们只能生活在相对性之中，绝对的、理想的和完美的社会是难以达到的。这不是在支持相对主义，而是在支持制度发展的无限性。

一切致力于建设美好社会的人，首先有必要摆脱各类偏见的控制，而敢于把社会及其各个部件作为理性分析的对象。当我们不能认清对象时，我们往往会陷入幻想与迷信之中。无论如何，“认识世界”总是关键所在。一旦我们认识了对象，弄清了其中的来龙去脉，了解了它的优缺点；一旦对现象的解释达到了一个可以令我们自己感到满意的程度，笼罩在对象头上的光环与魅力也就消失了，对对象的改造也就有迹可循了，也就可以提上议事日程了。于是我们就可以走“大胆创造，小心求证”的道路。我们虽然不可能完全走出幻想与迷信，但我们可以向后推移幻想与迷信所施加的对象，从而不断地扩大理智可以掌控的范围。

8.2.5 算法式的治理准则（一）

在算法式社会科学的基础上，我们可以给时下的真实当事人提供一些什么样的建议呢？这就是我们往下即将展开的内容。不过，在给出算法式的建议之前，要再次强调一下，算法式的社会工程学需要与算法式的社会科学有所区分，算法理论本身、算法理论在社会科学中的运用需要与基于算法理论及其推论的建议和主张有所区分。因为，我们知道，思想世界中存在着广泛的离散性和独立性。行动方案需要“构思”，它并不是可以直接从其所依据的知识当中推理出来的。由于政策的意图主要在于讲究实效而不是逻辑一贯性，因而，与社会科学相比，政策构思中需要运用的实际知识、常识、想象力、思维的跳跃性和灵活性可能要更加突出一些。而且，这些建议都是有针对性地讲给眼下的世界听的。运用算法的工具，不同的读者都可以各自发展彼此有所不同的行动方案与主张。

关于制度与政策的设计，需要从最基本的思路开始着手。因此，这里首先要提出的，是一些比较初步而抽象的准则。

1. **在原则上，社会的治理不必拘泥于任何特定的手段和既有的方式，而应讲求实效、敢于怀疑、巧妙构思、灵活安排，并大胆地进行尝试和创新。**

在社会政治哲学领域内，各种宏大的论述长期占据着主导地位。这些论述给政治议题蒙上了一层神秘而神圣的色彩。极端理性主义（例如新古典主义）的泛滥使知识分子们惯于用理想化的眼光来看待现行的西方体制，而不再去怀疑它、设法改造它。再加上世界范围内意识形态领域里的长期斗争，更给我们冷静地、理智地、科学地分析和讨论政治议题施加了种种禁忌。这些禁忌不仅存在于东方，也存在于西方。似乎一旦把话说开了，真相大白了，既定的政治信念也就不再坚定了，体制就要崩溃了，社会就要大乱了。这种担忧与我们对人类历史的基本观察和基本信念是不相符合的。人们增进了知识，了解了真相，归根到底，他们的生活绝不会因此而变得更糟。尽管这的确会在一定程度上引起现有秩序的崩坏，但建设性的过程同时就会发生。认为“民可使由之，不可使知之”的人，只是看到了前一个破坏性的过程。此外，理性分析对于已有的制度也是一种检验。通过了这种检验的制度，就会得到自觉的坚持。这种“从自发到自觉”的过程是一种觉醒，是一种不可避免的历史进步。

基本的政治问题，或者说一个社会的基本组织方式问题，实际上是相当朴素的，是普通人凭借常识就可以有所理解并参与讨论的。只要人们不被诸多“高大上”的东西吓唬住，理性的大脑就可以马上开动起来，智慧与灵感就会得到激发，讨论很快就会进入比较有效的环节之中。我们生活在一个民主与自由的话语满天飞舞的时代，这让人们常常对于以下的事实视而不见，即在政治上，国家在一定程度上仍然必须依靠某个特定的个人（例如总统）来进行统治；而在经济上，为了追求效率，人们只能任凭某些处于特定位置的人拿走为数巨大的剩余财富，这些财富是整个经济体系所创造的，它只是按照这个体系的特定的算法和方式才属于某个人的，而这个人可能获得的东西即使比其实际上所得到的要少得多，他仍然不会缺少工作的积极性（也许他反而更为努力了）。专制与不合理的元素实际上无处不在。又如，当人们高呼道德与公正的时候，道德与公正其实都是有价的，其对社会的贡献都是有限的，它们的效力在许多情况下也都是可疑的。想想看，在我们的身边，实际上很少有东西不可以被掂量、被怀疑、被改造、被放弃以及被替代。

这就把我们置于一个比传统的意义广泛得多的**相对的**框架之中，我们要敢于和善于把一切的价值、准则、观念、制度、政策、手段、传统、习俗、心理和文化拿来分析分析，衡量衡量，放在我们的**理性与实用**的天平上称一称分量。这当然不仅是指它们的经济价值。价值是多元的、结构的，需要我们运用多种尺度和手段去度量，去猜测，去估计，甚至去赌博。实用性不仅是指眼前的利益，它也可以是长远的；不仅是物质的，也可以是思想和精神的。实用性也并不仅仅意味着或多或少的机会主义态度，它也可以用来证明现实社会里诸多神圣不可侵犯的法则（例如民主、自由以及某些高级法原则）。这些法则之所以神圣不可侵犯，实际上并不是因为别的，而是因为它们的权变性会导致实际的、甚至立竿见影的害处。把这些法则永久化（或者使社会**相信**它们将是永久的）则可以避免那些损失，从而带来很高的经济性。因此，**它的永久性和神圣性正是（或者应当是）理性分析以及实用性检验的结果，甚至是每日每时进行分析与检验的结果，而不是与理性或实用的原则相抵触的。**[①] 这是我们在算法理论的指导下可以获得的一个洞见。

制度设计有点类似于搭积木，在很大程度上，就是把我们眼前的已有元素重新进行拼装，形成新的模式，使之可以应对眼前的实际问题。任何举措的长远后果固然应当考虑，但是，没有现在就没有未来。在临时计算中，未来与现在不应当被赋予相同的权重，否则，不是效率更高了，而是一定会存在效率上的损失。

算法理论的一个核心成果，就是它可以让我们认识到发展与创新的无穷潜力，进而认识到任何现有的安排都可能是暂时的。现有安排的核心意义在于管理进程，而社会则不能显著地丧失自由（尽管事实上它绝不会完全拥有、也不会完全失去自由）。放眼未来，算法理论可以向我们展示一个极为乐观的前景。**算法式的学说的基调其实可以比新古典主义更加乐观**。笔者认为，**与对过去的回顾相比，人们对未来的展望通常是严重不足的**，现世界的创新的胆略和勇气也是不足够的。当然，不必把“创新”当作教条主义的口号，只要我们本着理性和实用的态度自然地工作，创新就会成为一个不可避免的结果。真正有分量的创新常常具有一个特点，就是当它已经到来的时候，当事人本人常常察觉不够，以至抱着一种无所谓的态度。一些观察表明，这正是在被哈耶克称作“未知的文明”的美国所天天发生的事情。与经济学在美国所经历的令人遗憾的演变所不同的是，美国人民对于制度似乎从来都抱着怀疑而又不断求索的态度，那里的社会制度的实际情况与外部世界对它的简单化的印象是颇为不同的。美国经济学家对于美国精神的影响显然是比较小的，因为这种精神早在经济学的重心转移到美国之前就已经在那里存在很久了。如今美国在国际事务中的僵化的教条主义做

---

① 希望本条所声明的原则不会被误会为那种肤浅的机会主义与不择手段。实际上，看待社会现实的科学的态度在很大程度上类似于机会主义，但它不是一种不负责任，不是实际事务中的不择手段。这种区别是细微而深刻的，它典型地体现了社会科学与社会工程学的微妙性之所在。

派显然也掩盖了这种精神在其国内事务中的叶大根深。我们中国人要学习美国，其实首先应当学习的就是这种冷静、理性和实际的态度，而不是美国社会中任何既定的具体制度安排。对任何具体制度安排的引进都要服从于与之相关的各种因素的检视。中国的改革在一定程度上已经发扬了这种精神，这种精神在经过总结和调整之后，有必要继续发扬下去。

8.2.6 算法式的治理准则（二）

2. 管住进程，放任发展，降低政府所直接承担的发展责任

算法框架为我们提供了一个便利的工具，使我们可以围绕“进程”这个议题来**重述政府的职能**，从而把政府的责任主要归结为“**进行进程管理**”（尽管严格说来，这种“归结”并不完全准确）。例如，政府为什么要订立和强制实施法律？回答是：是为了省去社会在无政府状态下进行自由博弈和探索的时间（以及其他代价）。在立法者看来，假如自由博弈的最终结果仍然是来到法律所规定的界线上（所谓“均衡”），那么，不如从一开始就这样硬性地规定了，省得大家反复地做重复性的工作。这就是所谓的“父亲主义”。这是政府使用强制力的一个根本的正当性之所在。政府所订立的一切法律、所做的一切决定既然都是可以按照一定的程序进行撤销和更改的，既然当前的一切安排可能早晚都会在不可遏止的社会发展潮流中被淘汰掉，那政府的作用究竟体现在什么地方呢？答案就是进程管理。政府的强制管理迫使人们谨慎和深思熟虑，等待有关进程的后果显现，以及建立因果对应关系和实现流量的循环，等等。假如没有政府，纯粹“自然”的因果对应和流量循环可能会表现得十分激烈、漫长而起伏不定。然而，人们喜欢稳定，稳定也带来节约和利益，于是，经过商议，人们强行纠正了那些“纯粹客观的”社会运动方式。

政府的一个重大使命就在于维护稳定。这一点首先表现为建立民主与法治。反过来，民主与法治的价值首先也应该从维护社会稳定方面来进行论证。民主就是用选票来代替子弹，代替政变、革命与国内战争。民主的作用就是减少了政治与社会动荡的**幅度**。法治的道理也同样如此。可以说，这些道理都是中国几千年历史教训的一个总结。

在世界历史上，曾经存在并取得辉煌成就的多个文明都先后衰落和消失了，这种现象把文明的持续性问题尖锐地摆在了世人的面前。**现代社会所取得的成就之一，也许就是大大缓解了创造与破坏之间的矛盾，从而大致解决了发展的持续性问题**（当然，现代型的国家所存在的时间依然是比较短暂的，因此，这一看法还有待于继续审察）。另一方面，在基本制度的框架内，经济社会仍然表现得不够稳定，治理方式仍然有待于继续改进。这一点在危机中显示得尤其清楚。20世纪最为重大的事件之一就是第二次世界大战，而这场大战却直接起源于经济危机。危机强烈地刺激着人们去建立政府管制。那些顽固地坚持“危机可以纠正错误”这一论调的保守主义者们并没有看穿：金钱只涉及穷富问题，而危机则关乎性命，关乎体制的存亡！生命的存在具有一个强烈的特征，就是要在时间进程中**连续地**“活下去”，这一动态特征是习惯于静态思维的经济学者们

所体察不足的。可以说，**整个经济学界，无论对动态性关注得多与少**（也许包括笔者本人），**可能都存在着对于动态性严重理解不足的情况**（假如算法理论是通向适当动态理论的正确方法，则可以说，在此以前大家都还没有在真正动态的框架下工作过）。在危机面前，保守主义的论调是站不住脚的，因为危机与剧烈的周期性波动中存在着大量的浪费和重复性工作。主张稳定的人并不是要消灭周期，而是主张减弱周期，使之降低到不致引起系统性崩溃的程度，以便为纠错聚集资源，赢得时间。比较平稳的宏观状态一般都伴随着微观层面的剧烈波动，所以，以为没有大型危机就不足以发现和消除决策错误的观点是难以成立的。这个道理在医学上表现得尤为清晰：为了治病，过去的中医总是先用泻药把病人放倒在床上；如今，这种医术已经被普遍淘汰了。因为，放大症状的办法同时削弱了肌体抵御疾病的能力。如果可以比较及时地发现肌体中存在的问题并精确地对症下药，为什么要良莠不分地"把洗澡水和孩子一起倒掉"呢？

着重于进程管理并谋求稳定的思路意味着，需要减轻政府在发展方面所承担的责任。在西方国家的历史上，政府对于发展负有责任是一种比较晚近的观念。如今的西方政府总是匆匆忙忙地、日复一日地致力于促进发展，原因之一就是担心增长陷于停滞，以致妨碍了就业。现在，在算法式的视角下，我们则可以长舒一口气了，**因为算法理论让我们知道，在原则上，增长是绝不会停止的**。即使以货币衡量的增长率不会很稳定，广义的、结构性的发展也是绝不会止步的。因此，一般说来，任何一个政府都无须担心发展问题。与之相反，**如果发展是单向持续扩张的**（对此真实当事人应当具有强烈的、切实的感受），**则发展本身就会引起不稳定，而在发展的背景下维护稳定就已经是一项繁重的任务了，政府把工作重心放在维护秩序和保持流量稳定上就已经足够了**。以此观之，过去的"边维护稳定边谋求发展"的思路显然多多少少包含着一些逻辑矛盾。只要大家同意这种看法，则必将迎来政府责任的一场重大解放，政府的责任就会变得相对单纯而轻松，政府的管理因此也可望变得更加专业而高效。政府的行为首先要避免妨碍经济社会的自然发展。有必要按照这种思路来重新检视和清理现有的制度与政策框架，看看有哪些措施正在实质性地妨碍信息传递、自由与创新。

这种风格的政策貌似具有右翼的风格，但由于它同时又突出了政府在维护稳定方面的责任，因而又具有左翼的风格。总之，传统上左与右的标准和界线发生了变化。这样的政策将意味着政府对于短期的波动（以及短期的失业率）要具有更高的耐受力，以此换来对于重大危机的免除。它将进一步导向下文中将要论述的比例管理与风险管理等议题。

当然，政府的发展责任是不可能完全免除的，因为政府仍然需要承担诸如"提供制度性与物理性基础设施"等方面的责任。但是，"基础设施"这个议题是具有专门性的；也就是说，特定的基础设施究竟是否需要由政府进行建设，这个问题通常既有丰富的惯例可以依凭，而且可以根据具体的经济社会条件来进行分析。例如，按照惯例，公路一般应由政府来进行建设，但是，由于高速公路可以方便地进行收费，其建设与运营也可以采取适当的商业化方式。又如，专利法是否要加以修改，这个问题也要在知识产权这个专门领域中来进行讨论，而不能根据“自由放任”的一般原则做决定。

与此相连带的一个看似次要但却仍有必要予以澄清的问题是，政府的责任按照以上思路进行调整并不必然意味着，政府的官员们因此就要在创制和发起行动方面采取消极被动的姿态。经典的保守主义态度是，像美国第30任总统约翰·卡尔文·柯立芝那样在办公室打瞌睡的形象就是理想总统的典范。政府的节制并不意味着官员的偷懒、消极与被动，这是需要澄清的古典观念中的错误成分。一项关于立法或行动的提议并不一定要来自民间，政府的官员就好比企业的员工，作为公共服务的提供者，他们可以主动设计产品，向公众（作为消费者）进行兜售。政府官员们大都是公共管理领域的专门人士，他们具有这方面的知识与技能优势。古典的被动观点是公式化的、机械的和决定论的。有限理性的框架必然导致知识进步以及双向互动的结论，它正好可以用来纠正古典观念中的这些僵硬成分。

8.2.7 算法式的治理准则（三）

3. 在自由市场与政府管制之间推行比例管理

在世界范围内，各国目前都存在着政府承担责任过多的问题。正如自由主义思想家们所说的，政府天然具有一种扩充权力的倾向；假如不对之有意识地加以限制，它就将持续地扩张下去，直至将整个社会置于它的全面管辖之下。政府权力的覆盖范围不仅将会持续扩大，其方式、种类和花样也将不断翻新，不断地复杂化。这些责任相互冲突，已经使政府本身不堪重负了。实际上，如今政治领导人要想提出明晰的执政纲领已经变得越来越困难了。公共管理思维的复杂化也有导致逻辑混乱的危险；这将会削弱政府管理的有效性。

算法理论可以使我们更加明晰而深入地认识到这些危险。如果社会具有持续性的创新、发展和增长的趋势，那么，政府管制所付出的代价就绝不仅仅是那些在管制设立之初所可以衡量的代价。当然，管制的支持者们也可以说，政府管制所得到的利益也将不限于管制的倡议者所列举的那些利益。后一个论点也是不无道理的。不过，政府管制具有一个特点，即由于它通常是普遍的和硬性的，因此它的实行效果以及社会对它的评价一般都表现得很不充分。这就好比软性的物体被坚硬的钢铁所碰撞，终究留不下多少痕迹。重申一下，在这一点上，建立在自愿性基础上的市场交易就要好得多。人们每天都在自由地对商品进行报价，因而对商品的评价就要比对管制政策的评价丰富得多。更为重要的在于从知识开发的角度来理解管制：因为管制减少了自由进行试验的机会，这就会倾向于减少新知识的发现。基于现有知识而不断扩大的管制将会在不知不觉中闭塞人们的头脑，使人们迷信现有的处于优势的知识。于是，社会将会日益变得同质化和同步化，社会生活将会变得日益静态化，人们的社会地位也将日益固定化。自由（尤其是思想自由）虽然不能从根本上消灭，但自由的程度将会大大减小，社会的活力与发展性也将会大大地降低。这一前景不仅令人恐惧，而且它在很大程度上就是历史的和当今的事实。

政府作为一个具有明确的、有意识的内在统一性（例如，政府的政令不能公开地自相矛盾）的组织，它的行政部门通常都由某个人进行统一的领导。立法机构中虽然拥有众多的民意代表，但他们只有结成统一的意志，才能以一个政府机关的名义对外发号施令。这种特征也就必然导致了一个政府的行动能力不仅是有限的，而且这种有限性必定是十分显著的。**政府管理的范围无论从地理上、时期上、强度与复杂性上都必定具有明显的局限性**。前条建议中提议弱化政府的发展职责，就是为了使政府的责任变得相对单纯一些。政府卸下了发展的包袱，正是为了让社会更好地发展。政府不把发展置于优先的地位，正是为了使整个社会把发展置于优先的地位，让社会在发展中解决它内部的问题。

这就必然要求，我们需要在理论上建立诸如“**适当的管制程度**”以及“**比例管理**”之类的概念，需要考察和研究什么样的管制程度对于特定社会来说才比较适当。这就好比一个人随时提醒自己不要把所有的决定都提前固定下来一样。一个社会中的法条是不是过于密集，法条所规定的措施是不是过于严厉，研究者有必要采用多种方法和指标来对此进行衡量。目前实际上存在着诸如“经济自由度”之类的诸多指标和排名，我们现在则要赋予这类研究以正式的理论地位。正如在有些国家已经实行的那样，甚至有必要采取普通立法或者宪法的形式，来规定诸如“公共支出占国内生产总值的比重”之类的指标。某些支出要发生，就有必要把另一些支出减下去；某些管制措施要设立，就有必要把另一些管制措施裁撤掉。这些思想不是新的，这些提议也绝非笔者的发明。还是那句话：有了理论支持，现在则可以思路清晰地、理直气壮地、大张旗鼓地这样做了。

4. 防止组织及其行为的规模过于庞大，权力过于集中

算法理论的一个基本推论是要进行风险管理。风险管理不仅限于企业管理和日常行为，而是要把它提升到制度与政策设计的层面，把它渗透到国家与社会的基本架构与基本治理方式的构造中去。上述“管住进程”“比例管理”等措施都包含着风险管理的含义。此外，非常重要因而有必要予以明确提出的另一条准则就是：要控制住组织的**规模**、组织化行动的**规模**、大型行动的**频率**及其**持续时间**等。总之，在把“权力”概念的内涵具体化和“算法化”的基础上，我们强调：要防止权力过于集中。

对于诸如企业之类的大型组织给经济社会带来的风险，我们已经多有论述。假如政府（及其属下的各个机构）的规模过于庞大，又拥有强大、集中而又专断的权力，其对社会所造成的危险也就更为显著了。这两者的道理是相似的。自由的个人主要生活在异质性与异步性之中，并且随时随地发生大量的冲突。为了减少冲突所造成的浪费，追求行为一致化的利益，人们结成了组织，授予少数人以“权力”。权力驱使人们暂且放下自己的判断力而按照指挥者的指示行事。当众多个人在指挥者的指示之下协调一致地行动而这种指示却是错误甚至邪恶的时候，集体行动就会给社会造成显著的负面冲击。错误可能被发现得很晚，被纠正得更晚，于是，就造成了社会的动荡。这种效应与大数目自由而分散的行为后果相互对冲之后所导致的社会稳定性形成了对

照。进一步地，慑于这种危险，自由行为者们将不再敢于无视权力的存在而一如既往地自由行动，他们将开始聚拢过来，关注权力中心的状况，推测其下一步的行动，并为此开始改变自己原有的行为模式。正如古典思想家们所说的，权力让它的拥有者们处于显耀而优越的地位，这种“硬性”的东西对社会的影响通常是深远久广的。如此一来，我们就来到了自由社会中的一条经典的、至今依然盛行而经济学家们却对之颇多微词的信条：要对一切“硬性的”或者“大的”东西保持警惕的态度。

当然，笔者并不想把这条准则变得简单僵硬。由小规模、大数目个体所组成的社会，也有其不稳定的一面（例如羊群效应）；此时，某些领袖或权威的出现，又具有“稳定军心”的作用。领袖与权威实际上担当了公共交流、建立共识并进行（一般是非正式的）缔约的中心或者媒介。倘若没有这样的中心或媒介，则公共交流的效率不仅不会提高，反而会变差；公共生活的秩序不会更稳定，反而会不稳定。不可忘记政府（以及相应的权力）所具有的稳定社会的功能。某种强大的管制措施，如果是经过深思熟虑的，是广泛同意的，经过试验其效果是良好的，那么，在原则上它就并没有什么不可以实行的道理。

强调“小规模”的准则是与有限知识或不确定性紧密相连的。它的意思是，在经济与社会的管理者对情况不甚明了的条件下，要自觉地加强风险管理的意识。行动的规模不可以过大，涉及的范围不可以太广，手段不可以太强硬，持续时间不可以太久（这些都可以概括为“大”这个意思）。算法的意思倒并不限于（古典自由主义式地）等待和体察自由市场与私人社会的有关动向，管理者们也可以率先主动地发起新行动、新试验。这些有控制的试验就好比私人社会中的小规模活动一样，可以在一定的范围、方式与期限之内显示一定的结果（当然绝不仅仅限于与通常所谓的“市场信息”相类似的信息）。这种结果可以用于决定是否在更大的范围内进行推广。实验或试验的方法既可以大幅度地减少发现新知识的成本，同时又可以显著增加发现新知识的机会，实际上这是人类的一个伟大发明。这种方法首先起始于自然科学与工程技术领域，但它显然也可以运用于社会领域。在中国的改革开放过程中，执政者们便具有这样一种良好的习惯。

这种习惯的本质就是建立“渐进”的策略。小规模与渐进是相一致的。“渐进”是针对庞大存量的存在而言的。如果我们认识到今人能力的有限性与庞大的存量之间是共生的，是相互决定并相互依赖的，也就必然认识到经济社会变革的渐进性。然而，在社会领域中，这种渐进性通常是隐蔽的。假如存量就像看得见的大山，没有人会不相信像“愚公移山”之类的壮举其实只能缓慢地进行。可是，“社会”主要是看不见的实体，它的巨大体量需要借助于适当的理论才能“看”得见，这时，渐进性就很容易忽视，就是需要特别强调的，甚至需要特别“训练”才能认识到。一个拥有巨大权力的、自负而莽撞的人可能认为他能够“气吞山河”“改天换地”，然而，任何真实的行动实际上都只能改变现实世界中很小的一个部分。假如“用力过猛”，反而会疏忽和荒废其他事务。当自负之人的努力最后陷于失败的时候，也许他才会认识到自己能力的局限性。另一种情形是，在适当理论的帮助下，我们自觉地认识到这些道理，并用它来指导我们的行动，使我们既勇敢又谨慎。一定可以期待，这两种情况下的行动后果必定会有所不同。

这种方法的本质也是“立足局部，求证全局”，也即在我们在对于全局不可能一下子把握住的情况下，主要根据可见的、局部性的投入—产出关系或利弊关系，来对局部的、具体的事务进行决策，以此方式求得全局的逐步改善。也就是说，**多建立短线的、直接的、简单的对应关系和循环关系，而尽可能少地谋求长线的、间接的和复杂的关系；使明显的和敏感的关系方案优先于不明显和不敏感的关系方案**。虽然这种方法不一定成功，但是归根到底，我们只能这样做。在任何特定的时空条件下，我们要么只能把握住全局中的某个（或某些）部分，要么只能把握住“全局”本身的某个（或某些）方面。如前所述，这就是“边际主义”的本质，就是我们所理解的“边际方法”。

8.3 算法式的经济政策思路

8.3.1 算法式的经济政策思路（一）

在论述了社会治理的若干基本准则的基础上，现在我们把目光聚焦在公共经济政策领域内。我们将着重论述若干已有政策的利弊与改进方法。一些新想法将同时夹杂在里面。关键在于基本的思路，要点的归纳只是为了表述与阅读的方便。这些思路是针对一般的市场经济体系而言的，转轨与发展的问题要到下一章才会正式论及。

1. 要把时间、知识、结构性、多元性等算法元素全面地注入经济政策的分析与设计。

由于算法理论的影响是广泛而又深刻的，在此我们首先设置这样一个笼统的条款，用来涵盖那些我们暂且不能论及的一般的、无限多样的情形。把算法的元素注入经济政策的设计，意味着要用动态的、综合的、结构的、相对的、多元的和包容的理念来看待经济问题，要在政策设计中采取高度灵活和睿智的态度。重要的首先仍然在于改变传统的看待经济社会的一般观点与方法，其次则是敢于怀疑，不拘一格，不轻易接受任何流行的教条。解放了思想，掌握了原理与方法，则人人都可以设计政策；而且，可以相信的是，所设计的政策方案绝不会仅仅限于本书将要提出的范围。

举例来说，把时间因素融入经济政策，其重要性怎么强调都不过分。古典式的“自由放任”就是一项最为著名的经济政策。这项政策原本是在时间框架内来进行说明的，可惜的是，它被逐渐静态化和绝对化了，市场发挥良性作用的条件与过程被忽略了。这就导致它变成了一个僵硬的教条。这个教条不能指导人们去积极地研究和分析如何来改良经济社会，而是诱导人们无视种种负面的现实，闭上眼睛去偷懒。在中国，这种教义催生了破坏性的激进主义。这也是世界范围内所广泛存在的左右对立的根源之一。

时间应用于经济政策的例子俯拾皆是。在大多数情况下，经济学家们不仅是在研究政策措施本身，而且也是在讨论和安排有关的时间进程。在宏观经济政策领域，政策工具一般只有那些为数有限的若干种，它们通常都是相互联系、相互依赖的。假如离开了时间因素，经济分析就会失去意义，政策选择也会失去意义。事实上，**政策成功的关键恰恰就在于在了解每项政策工具所具有的时间特性及其在具体情境中将会产生的时间效应的基础上，合理安排对各类流量与进程的管控**。围绕通货膨胀、失业等传统问题所采取的诸多干预性措施，其理由和目的首先就在于管控时间进程。工业管制政策也是如此。例如，对商品质量与生产过程的**直接**管制，在很大程度上取决于商品的使用效果是否能够**及时地**显现并得到评价。对这个问题的回答如果是肯定的，那么政府管制就可以较少，或者程度较轻；反之，政府管制条例可能就需要增加或者加重。

再举一下“知识”的例子。如果说算法理论成功地解决了知识在经济学中的地位问题，那么，这也就为经济政策对知识的关注正式地打开了闸门，传统的经济政策就要从“关注知识”的角度来重新进行整理和审视。首先，经济政策要关注对知识产权的保护与交易，关注创新。其次，经济政策要关注教育、培训和终身学习的问题。再次，在任何政策的设计与实施中，都要关注当事人的知识准备状况，关注知识的获得与普及，关注信息与言论的传递、交流、反馈等问题。要预计到政策实施后当事人身上将会发生的知识发展、（无休止的）演进与博弈效应；政策设计本身需要预先对此有所考虑和安排。最后，算法理论倾向于认为，在观察者面前，真实的经济社会体系永远是一个谜，好的制度和政策是不可限量的，而具体的政策措施总是有利有弊；因此，政策设计者务必要保持谦虚谨慎；要谦卑地对待不同意见以及当事人的反馈，永远保持包容的、开放的、自我怀疑的和尝试性的态度，而不是（像一些主流学者们那样）端起“科学”的架子来“教训”社会。

2. 确保流量，防止危机。

经济政策的一个核心目标就是确保流量的持续性和稳定性。笔者认为，这是一条迄今为止提出得不够明确、阐述得不够充分然而实践者却在广泛奉行的政策目标与政策准则。对于造成这种含混性的原因，想必读者已经了解了。现在，有了一个可以把流量与存量、静态与动态适当地加以区分的基础理论，我们就可以明确地提出这一条了。

经济流量需要加以特殊的监察和保护。各种各样的经济指标不能平行地、同等地予以看待。既不能认为它们完全相互一致，也不能认为它们彼此可以完全替代，而是需要区分主次，有保有压。正是在这个意义上，诸如“国民生产总值”（GDP）之类的指标才在海量的统计数据中享有核心地位的。“确保流量的持续性和稳定性”意味着，GDP 沿着时间序列均匀地分布具有极为重大的意义，这种**分布状态**同与之不同的分布状态（例如大幅度波动）之间具有重大的差别。两种不同分布状态的收入，不能因为它们的总和相等，就可以“近似地”认为它们之间没有什么重要的差异。

流量的重要性根源于这样一个事实，即生命体是在时间的延续中才得以存在的。一个富裕的人可以不追求收入流量的连续性，因为存量财富可以支撑他的生存。这是微观层面的情况。但对于一个社会来说，却不可以这样。社会不可以因为其存量财富的统计数据很高，就可以停止运转。它是一刻也停不下来的。一旦停下来，或者流量活动严重地萎缩了，就会发生极为严重的问题。宏观的流量不仅不能因为存量的丰富性而停滞，恰恰相反，正是流量的持续性才导致了存量财产具有纸面价值的。在微观上，个人财富价值的可靠性正是由建立在异步性机制之上的宏观流量的持续性所保证的。主流的观点甚至认为，财产的价值是由其可以孳生的收入（或者效用）所“决定”的。这种观点虽然偏颇，但也反映了关于流量重要性以及“财富价值处于从属地位”的普遍的社会观点。这种观点意味着诸如“一国股票市场总市值”或者“房地产总市值”之类的指标不可与 GDP 等量齐观。

“重视流量”的政策原则是在政策制定具有主观性与自由度的条件下提出的，也是在各个政策目标之间具有冲突的条件下提出的。它要求政策制订者给予流量的持续性和稳定性以更高的权重，而把其他目标摆在相对次要的地位，甚至不惜为了前者而牺牲后者。这意味着资产价值的稳定性经常要被牺牲掉。进一步地，这同样意味着 GDP 增长率也要在一定程度上有所牺牲，以便让位于“居民可支配收入”“失业率”“初次申请失业救济金人数”等**更为核心的**流量指标。这是前述“管住进程，放任发展，降低政府所直接承担的发展责任”这一准则的直接运用。当前的政策制订者们应当对促进发展的冲动有所克制。如果政府忍不住非要去抓住促进发展的种种“机会”，最终很可能就会陷入手忙脚乱的境地，结果反而可能引发混乱与危机。倘若政府有所克制，专注于维护秩序和稳定，把发展的职责交还给社会，其结果将有可能取得更加和谐、健康而持续的发展。

“确保流量”的核心在于防止危机，而不是人为阻止经济体自生自发的发展，也不是要把经济的自然波动强行熨平。要按照“密切监察和预防全局性危机”这个中心目标，来检视已有制度与政策体系的方方面面。经济体的波动和变动归根到底是难以避免的，政府的责任则在于减缓其向下变动的猛烈程度。我们可以不追求凯恩斯式的“长期繁荣”，但要尽最大努力防止系统性崩溃。当大型危机出现苗头的时候，政府的行动一定要坚决果断。

这条政策原则可能被解读为故意维护社会中的既得利益者，因此，它需要辅之以“在救助危机的同时不让犯错者得利”的种种安排。例如，对一家即将倒闭的大型企业的救助，应当不使其股东和债权人获利；这条准则需要同时予以贯彻。在技术上，这一点目前是大致可以做到的，但适用于更广泛领域的、或者更为精致的政策还应当继续研究。

最后，还要说明的是，对于本条提出的准则，经济政策领域的实践者们通常都具有很好的觉解。在一定程度上，实践者是走在理论家的前面的。例如，社会保障制度就是着眼于进程管理、追求核心流量的持续性与稳定性的重大制度安排。这项制度缘起于德国，目前则已经风行于全球。财政政策与货币政策由经济理论家们进行着滔滔不绝的“阐述”和“证明”，可是，社保制度的“理论基础”何在呢？显然，它的基础可以由（综合了德国经济学的）算法经济学来予以提供。**算法经济学不仅可以成为社保制度的基础，而且可以成为财政政策、货币政策以及一切经济政策的总基础。**关于算法理论作为货币政策的基础，我们已经无须多论。关于财政政策，在此可以略说几句。论证财政政策的关键首先在于理解“基础设施”这个概念，而后者来源于市场交易的不完善。其次，市场本身不是平衡增长的，产业结构不是从经济活动的第一天就确定下来并维持不变的。如果这可以作为一个算法式的结论，遑论基础设施？因此，基础设施的供应要么就是不足，要么就是剩余；其建设要么就是滞后，要么就是超前（当前的中国可能就存在着这种情形）。最后，既然如此，基础设施建设的时间选择也就是具有灵活性与自由度的（其实任何资产的建设都是如此），因而，它也就可以用来熨平经济周期了。

财政与货币政策其实都是超前于经济理论的，凯恩斯的学说则试图来“追认”当时已经付诸实践（相关实践的历史可以追溯到古代世界的角角落落）的经济政策。同样的，鉴于社保制度已经如此流行，它也无须再作为一项“建议”予以提出了。不过，对现行经济政策的追认、整理、综合和论证也是一项必要而有益的工作，这是酝酿和研拟改良经济政策的一个前提。

8.3.2 算法式的经济政策思路（二）

3. 提高对短期波动的容忍度，增加对中长期经济变动的关注。

凯恩斯主义者们都是忙碌的，他们整天忙着预测下一个月、下一季度、下一年度的经济波动状况，忙着讨论和制订各种各样的刺激或紧缩政策。当然，无论从事任何职业，原则上讲，勤快总是好事情，总不至于要受到谴责。可是，对凯恩斯主义的这个批评向来都有。因为，批评者们认为，频繁的政府干预扰乱了市场的自然秩序；其中某些问题不是市场所固有的，而是干预政策本身所引起的。

这样的批评不无道理。然而，这样的批评需要深入下去，因此我们需要进入算法的轨道。

在笔者看来，凯恩斯经济学的根本缺陷就在于它建立在静态均衡的框架上。这种框架暗示，均衡是一种常态，并且是可持续的；而失衡状态则源于某些具体的、次要的、为数不多因而相对罕见的缺陷、特质或者错误；所以，只要采取某些干预措施把这些非常情形予以抑制、剔除或者纠正，经济就可以重回稳定的均衡状态。凯恩斯经济学更是暗示了类似于“经济可以以单一的速度持续增长”这样的命题。在这些方面，宏观经济学与微观经济学之间具有一致性。频繁地进行政府干预的做法显然是根据这种理论框架所得出的一个合乎逻辑的结果。对于那些妨碍均衡实现的特质，如果它是顽固的，则需要持续地予以抑制；如果它是不断变换表现方式的，则需要经常进行监测、发现和治疗。反之，假如宏观经济指标（诸如增长率、通货膨胀率等）表现出不稳定性，则就反推出“经济出了问题”，于是，有关的逆向操作也就提上了日程。假如增长率降低了，就考虑实施刺激政策；假如通货膨胀抬头了，就进行紧缩。

针对以上做法要提出的一个根本问题是：假如经济的“自然增长”（也即不考虑宏观经济政策情况下的增长）原本就不是匀速的，这种做法还是合理的吗？经验数据显示，一些小型经济体的增长率有时波动得非常剧烈。由此可以推知，大型经济体的增长率表现得比较稳定，显然是其各个部分相互对冲的结果。然而，算法的视角还告诉我们，既然是对冲的结果，也就不能指望正好把波动完全对冲掉，因为国家的规模无论多大，都是有限度的。即使跨空间的对冲可以比较彻底，跨时期的对冲则绝不可能很彻底。在全球化浪潮和发展中国家的冲击之下，更难以实现匀速的增长，因为结构性因素愈益突出了。倘若我们认识到这种种困难的存在，试图实现匀速增长和永久稳定的意图也就在很大程度上是意志主义的，是主观对客观的一种强加，频繁的操作加上时滞因素与不可观察的因素，可能导致因果关系全面紊乱。调控部门常年处于紧张和疲劳的状态，容易发生误判和误操作，而微观当事人要么无所适从，要么则热衷于寻租和投机。

面对此情此景，该怎么办呢？笔者的建议是，并不是不要调控，只是，**调控者应当后退一步，应当提高对于短期波动的容忍度，而不要过分介意一时一地的指标涨落**。要给市场喘息和进行自我调整的空间。调控动作的频繁度要降低（甚至可以应用某种比例法则，设置操作频率的上限），规则性要提高。调控者也要善于休息和观察。调控区间的加长既有利于调控者进行分析和判断，从而提出更为精准和更为高效的政策，也有利于抑制寻租活动。假如审视和变更调控政策的周期长达数年，大部分急躁而贪婪的寻租者们很可能会等不及。这种对于政策动作频率的管理与上述比例管理是相互一致的。

对短期波动的更多容忍，意味着政府可以腾出精力，致力于关注中长期的稳定与发展问题。“管住进程”“确保流量”的思路仍然是主要的，不过，关注的重点是中长期的进程与流量，而不是要确保短期的流量一定要呈现出“整齐划一”的状态。短期管理着重于维持核心流量；**越是“非核心的”流量，其波动幅度则可以越大**。危机绝不是天天都有的，也不是年年都有的。“自然的”危机一般是数年到数十年发生一次。调控的重点则在于防止这种中长期的、比较大型的危机发生。要熨平的周期，也是这种比较大型的周期。

这种改变貌似只是程度上的，但笔者相信，它可以成为一个重要的变化。这就好比算法理论固然也可以被贴上原子论或还原论的标贴，但是，正如我们所论述的，退回到“指令”一级的原子论和还原论，可以带来何其巨大的理论进步啊！调控手段可以局限于已有的手段，也可以（正如我们已经推荐并将继续推荐的）增加新的手段；但是，即使手段仍旧维持不变，围绕现有宏观经济政策的混乱局面和紧张局势也必将因此而大为缓解。

现在我们再来比较一下算法式的立场与主流微观经济学立场之间的不同。宏观经济政策受到比宏观经济学家更为“主流”的微观经济学家们的批评，原因在于后一类学者在原则上倾向于认为，市场**总能**纠正它自己的问题，因此，政府部门所要做的主要只是限于等待而已。其中的一部分学者认为危机是一种偶然的病理性状况，拒绝把它作为一种必定会发生的规律性现象来予以正式的考虑。这些学者不能认识到“自然经济”状态下经济周期以及危机的必然性和规律性。另一部分学者则认为，鉴于危机具有某些益处，因此无需对它进行刻意的治理。

与以上观点和立场形成鲜明对照的是，算法经济学认为，鉴于经济大体上是单向扩张和发展的，因此其在总体上和长期内绝不会是稳定的；原则上，现有的任何事物可能早晚都面临着毁灭和被取代的命运。经济体会变好，而且会变得越来越好，但这并不保证它的每一个阶段和每一个局部都是令我们舒适的。因此，经济体需要政府的存在和干预。政府所提供的服务可以增加经济福利。此外，政府的管理和干预能够用来控制经济变动的节奏，使之可以为我们所承受和适应。我们与主流学者反对短期政策的理由是不同的。主流学者们认为无需干预，而我们则认为，既然各种各样的经济变动都具有不可避免的性质，既然今后随时都可能有大量的不稳定因素等待着我们，倘若能够设法避免中大型的危机已经不错了，哪里还顾得上对短期的波动“精益求精”“吹毛求疵”呢？由此可见，**凯恩斯主义者把干预的重点与优先次序搞错了**，他们的做法虽然可能避免了某些小波动，但却有可能引起更大的危机。可以认为，美国次贷危机恰好印证了这种危险的存在。

8.3.3 算法式的经济政策思路（三）

4. 警惕货币刺激的结构性后果，更加审慎而明智地使用货币工具。

作为前条准则的一个具体化运用，本小节再来专门讨论一下货币政策。

货币政策如今已经发展成为一个专门性越来越强的领域，这一点就如同金融业本身正在变得越来越复杂一样。然而，货币与金融体系变复杂了，并不必然意味着它就已经变得很好了。如今的货币政策固然比它的早期阶段取得了长足的进步，但从实际效果来看，这一体系仍然问题多多，而造成这些问题的根本原因，在笔者看来，就是货币理论仍然徘徊在狭隘的“中性”与“非中性”的争议之间，而未能建立在一个妥当的基础之上。

“货币在短期内非中性，而在长期内中性”的观点是一种很不彻底的“结构经济学”。“短期内的非中性”意味着货币被视作一种结构性的工具，它用一种结构来对付另一种结构。货币不像雨水一样落到每一寸土地上，平等地提供给每一项交易；这就是一种结构性。若非如此，货币反而就是无用的（它的反面就是币值的改变）。它更进一步意味着，货币政策在利用人们的知识的固定性、即知识就像物质那样不容易改变的特点。这些效应都是算法式的。可是，货币理论家们始终不能忘记货币数量论，他们无法抗拒货币数量论的“真理”性质，于是，他们就做出了妥协，给他们的理论加上了“长期内中性”这样一个“尾巴”。这个“尾巴”是有一些道理的，但在具体执行中，它起了这样一个暗示的作用，即它告诉政策的掌控者们，货币政策的结构性效应是**持续减弱**的，它的极限是零，而这个极限就位于货币注入之后的不远处。它更进一步暗示：假如在增量货币注入之后的某个时间点上，**不再能够观察到**物价总水平的运动或者其他期待中的现象，那就表明这个“极限”到来了，前次的货币动作已经“结清”了——于是，也就可以考虑新一轮的刺激措施了。这就是说，这个通行的“共识”把经济体的运动理解得颇为简单化和理想化，而这种简单化和理想化的结果是：它大大地鼓励了中央银行胆大妄为，任性行事。

如同在 7.2.9 节所论及的，我们不能够简单地认为增量货币注入的“最终后果”仅仅是数量性的。普及运用算法理论的作用之一，就是通过揭示“有限理性”在各种具体场合中的具体表现，让我们深刻认识到主客观世界所广泛存在的不规则性。增量货币注入的后果不限于数量；注入的批次、顺序与方式不同，效果也不同；短期效果与长期效果都可能是结构性的，其时间排列也不一定是单调的，等等，都是这种不规则性的表现。在此我们不可能仅仅基于基础理论就简单地推断并一一详述这些表现，但原则上它们的存在是可以期待的。次贷危机的爆发恰恰展示了这种不规则性。这种“结构性危机”（其实，可能很少有危机不是结构性的）的特点是，它在萌芽时期是相当隐蔽的；当数量因素积累到一定的程度后，它就突然爆发。即使在爆发的初期，人们仍然将信将疑，因为事实上的确有大量的结构性崩溃都未能转化为全局性的危机，结构性崩溃其实是常见的现象。诸多危险的崩溃叠加在一起，市场承受住了，最终渐趋风平浪静了；然而，某个不太显眼的崩溃却变成了“压垮骆驼的最后一根稻草”，改变了整个市场的走向。结构性分析与预测的困难性往往就在于此。某次货币注入的后果逐渐消失了；多次注入的后果叠加以后，又产生了一个新的、未曾预料到的后果；这种效应在原则上必须进入经济学家们的考虑之中（如此复杂精细的分析如何完成呢？诸如计算机模拟之类的工具显然是必要的）。具体到次贷危机中，多年连续的积极的货币刺激终于导致了银行信贷政策的极度松弛，加上杠杆化程度的反复加深，当房价走势出现逆转之后，危机爆发了。另一种可以设想的情形是，持续积极的货币政策会导致经济行为者逐渐改变行为方式，最终引起某些预料不到的事件，而这些事件又会再引起其他事件。由此即可推知，货币刺激的结构性效果可能是间歇性的，是一轮又一轮的；随着时间的推移，甚至还会有累积和强化的趋势。

倘若政策制订者们能够一般性地认识到这些效应，并且认识到这些结构性效应有可能很重大，那么，格林斯潘式的“不通涨就刺激”的模式还会继续实行下去吗？货币政策又当如何进行调整呢？当然，由于价格统计数据中通常不包含商品质量改善的因素，常规性的政策如果简单地以零通货膨胀率为目标，则并不完全妥当；因而，轻度的常规通货膨胀率似乎是可以接受的。鉴于经济规模的持续扩大，常规的、持续的增量货币供应也是必要的，因而有关的货币操作难免要成为各国央行的日常作业，其具体操作方法也难免要随着整个金融体系的演进而不断演进。但是，现有的货币政策是“站在现在看未来”，局限于这种视野来研究和设计货币政策是远远不够的；离开了长远的视野，货币政策的设计就会失去它应有的依托，就会变得空洞而迷茫。

这个“长远的视野”就是经济体单向发展的、“大爆炸”式的远景。如同其他一切经济社会政策一样，货币政策也要站在这个大格局之下来进行再设计。**要首先考虑长远的发展与变动，要提出政策的大框架，然后才会知道每年、每季、每月、每天应当怎么做**。这就是说，要换个立足点，不仅要“站在现在看未来”，还要“站在未来看现在”。只有这样，才可能提出比较妥当的政策。凯恩斯的匆匆忙忙的框架是不健全的，是个“半拉子工程”。仅仅凭借这个框架，怎么可能制订出健全的政策呢？

对于这个新的政策体系的各个细节，我们还难以在此作详细的设计，但是，可以提出以下几个要点：提高对短期经济波动的容忍度，把重点放在防止中长期的大波动，尤其是防止中大型危机的发生上；降低非常规货币操作的频率；控制货币政策复杂性的程度，使之便于操作和监管；提高货币政策的透明度、可预见性及其制订程序的民主性；推行某种形式的比例管理，防止中央银行在整个经济体中的影响力过大，等等。

需要再次强调的是，人们越来越发现，货币政策是一种“成本低、见效快”的调控工具。这就好比生病后打针吃西药，可以迅速控制住病情。货币政策在危机治理中的重大作用是无可置疑的。但是，基于危机治理的货币政策，持续地向常规管理进行蔓延。货币管理者们提供着积极而周到的服务，致使整个经济体越来越依赖于货币。从风险管理的角度看，这是不明智的，甚至是有害的和危险的。这主要是因为，作为一个单一的机构，货币管理当局不可能不犯错误。错误可大可小。操作中的错误加上货币理论本身的缺陷，有朝一日说不定就会酿成重大的过失，发生难以想象的严重后果。①

孟德斯鸠曾经写下如下睿智的名言：“一切有权力的人都容易滥用权力，这是万古不易的一条经验。有权力的人们使用权力一直到遇有界限的地方才休止。”② 独裁者会扩张领土，直到在战争中被打回原地。企业会扩张业务，直到有一天破产和被分拆。现在，各国中央银行的官员们正在全球范围内挥洒权力。显而易见的是，他们各自正在犯着不同类型的错误。美联储的传统是激进主义的，他们使用过多的货币来造成危机，如今又在使用更多的货币来治理危机。美国经济目前似乎恢复得不错，不过，最终结局究竟如何，还要看下一步量化宽松政策退出得如何。与之形成鲜明对照的是，由德国所主导的欧洲央行却似乎过于保守了。在经过多年的危机治理之后，经济形势迟迟不见好转，他们被迫迟至 2015 年初（单纯以时间点来计算，比美国晚了

---

① 较近的一个例子是 2013 年 6 月中下旬，中国人民银行一反常态地收紧货币供应，致使银行间短期拆借利率一路飙升，并在 6 月 20 日创下隔夜 30%、7 日 28%、1 月 18% 的历史纪录。一场金融危机瞬间就面临着爆发的危险。好在央行及时地改弦易辙了。有人把这次政策错误粉饰为央行有意地“教训”市场。其实市场没有什么要刻意地进行“教训”的必要，央行只要做对自己的行为就可以了。

② ［法］孟德斯鸠：《论法的精神》，张雁深译，北京：商务印书馆，1997 年，上册，第 154 页。

6年有余）才终于推出了量化宽松措施。这项被动的决策表明，欧洲的货币管理者们只是一味地固守其长期坚持的诸项货币政策原则，却不顾国际经济在现时代所展现出来的大趋势。这种“大趋势”是什么呢？这就是：在长期和平并维持了基本公正性的国际政治秩序之下，包括中国在内的广大第三世界国家经济突飞猛进，并对诸发达经济体造成了严重的正面冲击；发达经济体的原有结构已经日销月铄，变得脆弱不堪；技术进步势头的减弱也进一步削弱了发达经济体维持自身优势的能力。在这种重大的不利形势面前，骄傲而保守的欧洲人不是顺应潮流，积极应变，而是企图“以不变应万变”，继续固守他们原有的生产、生活和管理方式。保守的货币政策则是这种心态的一种反映。我们在4.3节赞扬过的常态化的德国式经济政策原则显然需要与这种**阶段性的形势**相协调。根据“确保流量”这个宗旨，国际经济的长期趋势显然需要欧洲国家减少规制，提高经济体的灵活性，同时配合实行长期宽松的货币政策（尽管这种政策实质上是一种特例，而不是常态），并且辅之以本币贬值的措施。这种情况下的货币政策是治疗结构挫伤、谋求实现平稳转型（或者“结构性的软着陆”）的必要工具。否则，伴随着流量的持续萎缩，社保与福利体系终将不堪重负，国家经济终将被动地面临一场又一场危机。如若继续抱残守缺，危机将是源源不断的。

上述情况再次表明建立中长期的视角有多么重要！把中长期的趋势放在一边、终日忙不迭地、近乎徒劳地谋求短期的稳定又是一件多么不明智的事情！美国过于激进，欧洲过于保守；虽然其基本政策思路有所不同，但在忽视“中长期动荡的不可避免性”方面却是相似的。当然，货币政策既要有透明的规则，又要有灵活性；既要在某些情况下具有进取性，又要保持节制；要同时兼顾这些准则，是有难度的。这就要求货币管理者与经济学家必须设法减轻货币管理的任务；只有善于放弃，才会得到应有的收获。总之，货币政策需要变得更为明智。而要做到这一点，就有必要采行“算法理论”这样一个理论上的进步。基础理论的进步是使人变得更为明智的一个关键。

8.3.4 算法式的经济政策思路（四）

5. 把资产市场的剧烈波动在原则上视为市场失灵的一个类型，对投机活动和金融业进行适度的监管。

如前所述，静态经济学的一个特征是排斥对存量的分析；相应地，动态经济学的一个必要特征也就是要包含对存量的分析。存量一旦真正有效地纳入分析的范围，我们也就可以发现，对于稳定经济的大目标而言，资产市场经常是一个威胁。历史的教训表明，大型经济危机主要发端于资产市场。因此，一个显而易见、业已实行、但却至今未能在理论上明确提出和阐明的政策原则应当是：警惕资产市场的波动，把资产市场的剧烈波动视为一种市场失灵，并采取相应的监管措施。这既是对现行政策体系的一个追认，也可以成为政策改良与创新的基础。

资产市场包括以证券市场为主的金融市场以及以房地产市场、大宗商品市场为主的实物商品市场等。就实物商品市场来说，其中的商品要么具有显著的不可分性（例如房产），要么则其供应在短期内不易增加（例如粮食与矿产品。“不易增加”的性质实际上也是一种不可分性）。总之，它们与可以较好地适应于常规经济分析的一般工业品有所不同。证券等金融类产品则属于另外一个性质，其特点主要是流动性很强，可以快速而大量地进行交易，价格也可以在短时间内发生非常剧烈的变化。

整个资产市场都受到货币政策的显著影响。金融市场尤甚，而其他资产市场也颇为敏感。主流经济学认为，资产价格由其未来收益的现值所决定。这种理论充其量只是对于影响资产价格的部分因素（也可称作“基本因素”）的说明。实际上，资产价格受到众多因素的影响。其中之一就是，在时间进程中，由于资产价格表现出了一定的单边趋势，针对这种趋势，进而引发了进一步的、“衍生”的交易活动。这种活动有时候会反过来加强既定的趋势。在价格上涨的时候加剧上涨，在价格下跌的时候加剧下跌。也就是说，它会加强而不是削弱市场的波动。资产价格的波动反过来会对普通商品市场和实际经济流量产生反作用。鉴于资产市场的波动具有显著的周期性，其对实体经济的影响也就具有一定的重复性和破坏性。这是一种普遍的、由来已久的看法。这种认识对主流经济学产生了多方面的影响。一方面，它让主流经济学家们认识到了要对经济现象“透过现象看本质”，要“去粗取精”“去伪存真”。这种认识的本质是经济学家们发现了简化经济分析的必要性与可能性。因此，主流经济学长久地盯住实际经济流量来展开分析，而忽视资产市场和金融市场。当然，这种做法也可以理解为，主流经济学的本意是在一个由实物与货币、流量与存量相共存的（从而真实的）环境中来展开相对的分析的，而主流经济学家们显然只是把这种相对的分析当作一种初级的分析。然而，由于经济分析后来令人遗憾地止步于这种初级的分析，导致经济学家们在政策主张上普遍采取对资产市场和金融市场置之不理的态度，或者说对它“失语”了；相关经济政策的制订权因而落到了实践家、金融学家以及凯恩斯主义者的手中了。

沿着算法的逻辑，我们很容易得出要对资产市场有所监管的结论：“大萧条”起源于股票市场的崩溃；次贷危机与欧债危机都是金融市场的危机。尤其是次贷危机，它是金融市场中的问题与房地产市场中的问题的双重结合，这突出地体现了货币管理与资产管理的双重失败。假如金融市场与资产市场的运作是完善的，因而是不需要监管的，怎么还会有大型危机的发生呢？在很大程度上，大型危机正是由于经济体系的各个部分通过金融与资产市场而取得密切的相互联系、因而加强了同质性与同步性的后果。假如我们认识到这一点而又坚持对金融与资产市场不予监管的立场，那就在很大程度上无异于宣称，大型危机是无需关注和无需治理的。

建立在算法逻辑基础上的更加审慎而明智的货币政策，本身将会有利于资产市场的稳定。在此基础上，金融管制的思路包括控制金融市场的规模，防止其运转速度过快（以便市场自身的因与果之间的对称关系能够有时间表现出来），管制衍生品交易的杠杆率（以便弱化链式反应所导致的“放大效应”），等等。对于实物资产市场来说，可以设法适当限制其中的投机性交易，以免恶性循环的发生和扩大。我们在此继续秉承“只讨论基本思路”的原则，暂不涉及政策细节问题。另外，再次强调一下，所有管制政策只着眼于进程、程度、频率、比例等“柔性的数量管理”，而不能妨碍市场基本趋势的显现与演变。

8.3.5 算法式的经济政策思路（五）

6. 实行适度的财富再分配政策

政府对经济活动的介入和管理，会在众多的方面产生财富再分配效应。例如，为了建设基础设施，政府收取税收，统一支出，然后再向使用者免费或者以低廉的价格提供服务。社会保障体系也具有财富再分配的效应。然而，实践表明，仅有这些机制是不够的，社会仍然需要直接以调节贫富差距为目的的再分配政策，这主要是指以权利平等、累进所得税、遗产税、奢侈品消费税、转移支付、贫困救济等措施为主要内容的一系列政策。

算法经济学可以作为财富再分配政策的基本理论基础。道理很简单：假如理性是完备的，制度是圆满的，何需进行财富的再分配呢？财富可以在市场中进行完美的分配（这正是新古典经济学试图竭力去证明的），或者，财富可以在谈判桌上依据某种可以完全意识到并清楚表达出来的规则进行完美的分配（这是根据新古典主义的原则可以引申出来但主流经济学家难以公开承认的）；在这两种情况下，都看不出进行财富再分配的必要性。马克思主义经济学力图证明存在另一种完美的分配方式（即把财富完全归还给创造它的工人，但其具体内容不详）；在这种方式下，显然也不需要财富的**再分配**机制。财富的再分配机制实际上系指这样一种方式，即**先由**市场进行初次分配，初次分配是主要的分配方式；再由政府来主持进行再分配，再分配是次要的和补充性的。如前所述，再分配机制是一种二元的、混合的、“鸡尾酒”式的机制；它否认存在单一而完善的分配机制，它的指导思想就是社会在修修补补中勉强地存在和演进。

在空间上分散、在时间上连续的世界状态，加上大数目个人存在于其中，这种局面容易建立起无数个**小型的**因果对应关系（尽管这种对应关系不可能是十分严格的）。市场分配机制首先借助了这种便利性，在此基础上建立了权责利之间的对应关系（或者说把它们相互“绑定”，或者使之相互“连带”）。无论这种对应关系是否足够合理，它的优点就是其非常便于实行。它不仅能够把产品广泛地分配到各个参与者的手中，而且有利于调动各个参与者的积极性。假如离开了这种被形容为“自然的”机制，假如财富的分配时时处处要依靠某种明确存在着的规则或原则，分配作业就会变得很不经济。

初次分配是便利的，所以它应当被采纳；然而，它是粗糙的，其中的行为者可以因为包括运气在内的任何原因而获得巨额的财富，或者陷入贫困。假如任由这种粗糙的机制“自然地”发展，贫富差距就有可能持续扩大。富裕者就会因为巨富而变得懒惰，甚至产生操纵和奴役他人的意图。贫困者则会因为贫困而变得衰弱，甚至丧失尊严与人格。贫富差距的扩大还会使得穷人变得绝望，他们要么将会缺乏继续参与竞争的热情，要么就有可能拒绝整个体制，甚至以革命的方式推翻体制。总之，财富分配格局的变化将会引发种种“非线性的”“非单调的”变化，它要求对市场竞争的结果进行**一定程度的**矫正，以利于秩序的维持和体制的延续。

制度是人为制订的，是不完美的，是可以修正的，而不完全是客观决定的；这种算法式的特征是进行“创制”或制度修正的一个必要条件。当然，财富再分配所涉及的财富比例不应当（也不可能）过于庞大，不应当达到使大多数人仰赖于再分配而不是初次分配机制的程度。经过再分配之后的财富分布格局不应当（也不可能）从根本上改变市场化的分布格局。也就是说，它仍然是粗糙的，它的首要优点仍然只是“大致上可行”“大致上可以履行它的基本职能”，仅此而已。社会的发展可以逐步补充新的分配规则，或者不断改良现行的规则，使之更加精细有效，但是，分配机制的前景显然是无限的。

“平等分配某些权利”（或曰“平权”）是进行再分配的一个重要技巧，其所分配的对象不是具体的、直接可用于消费的物质财富，而是“权利”这种抽象的对象。在算法的视角下，“权利”作为一种思想，本身就是财富，所以，“平权”的话语自然就属于算法的框架。对权利的再分配可以用来代替对作为竞争结果的物质财富的再分配，从而减少再分配措施对于富人积极性的打击；同时，它要依赖于权利人对权利的行使才能发挥作用，所以它又有利于调动穷人的积极性，使之参与到经济社会进程之中，而不是坐等救济。所以，“平权”是兼具平等与效率的社会改良方法。如今西方社会所展现出来的人道、和平、正义、道德等面相，在很大程度上正是普通人运用权利工具进行斗争的结果——尽管这个工具也不是完美的。

古今中外关于分配机制的理论和实践，可以用来进一步揭示市场的复杂性、无限性、神秘性以及人的知识的有限性。**什么安排在什么情况下会取得怎样的效果，什么元素与什么元素相互结合之后又会产生什么，这就好比化学反应的结果一样，永远是一些不确定的谜**。这种认识可以吸引和促使人们不断地进行怀疑和探索。最后，我们以一个例子来结束本节关于经济政策的讨论。

这个例子就是被广泛视为世界上最为成功的职业体育联盟之一的“美国全国篮球联盟”（简称NBA）。篮球比赛所使用的场地很小，不利于容纳很多观众，但是，NBA不仅拥有数目惊人的观众数量，而且为相关各方创造了丰厚的收入。NBA 制度的设计者与管理者们明确地认识到，比赛的观赏性在很大程度上来自参赛队伍的实力要很**接近**，而不是很**悬殊**，因而，NBA 的制度设计鲜明地体现了“平等与自由相结合”的思想，这种思想深入地体现在其整个制度体系的方方面面。例如，NBA 采用一套复杂的算法来规定了各队的（动态的）工资总额上限，以便防止大牌球员集中在某个特定的俱乐部里。为了防止大牌球员的集中，NBA 甚至会临时采取禁止某个特定球员转会的做法。NBA 采取了基于资格分配而不是工资竞争的“选秀”制度。该制度压低了新进入联盟球员的工资，并把新进入的球员优先分配给成绩单上排名靠后的球队，这就对落后的球队形成了一种补贴。这种补贴机制固然诱发了少数比赛中弱队故意“摆烂”的消极现象，但它有利于落后球队的重新崛起。各种机制综合起来，不仅造成总冠军的获得很不容易，而且对这一荣誉的保持更为困难。所以，我们可以发现，与不实行这些制度的欧洲足球赛事相比，NBA 总冠军的获得机率更为平均，总是这几年某些球队崛起，而过几年则是另外的球队崛起。然而，这并没有使 NBA 的整体水平退化，反而使它的比赛水平远超世界上其他任何职业篮球赛事。关于球队工资总额上限的规定也没有导致球员的收入水平停滞不前，因为，随着 NBA 总收入的不断增长，各队的工资总额上限也得以不断提高。

NBA 的成功事例启发我们，“收入绝对水平与相对水平的持续提高有利于强化刺激进而增加产出”的经典教条显然是不完全正确的；在某些情况下，收入的平均化（或者平权）也可以被巧妙地用来使产出增长，而关键则在于制度的设计。人们不仅在为绝对收入而奋斗，而且也在为人际的相对地位而奋斗。制度设计者们要善于利用人性中种种微妙而复杂的特征。某些制度从局部来看造成了限制（例如对于财产权利的某些限制），似乎是反发展的，但它们却可能在整体上和长期内取得积极的发展效果，因而归根到底是善的和良性的。这里不能讨论具体的细节，而只着眼于启动这些研究进程的第一步。这个“第一步”就是打破新古典主义决定论的桎梏，从而使研究者们认识到要敢于开启自己的智力——开启智力、进行创新既是必要的，也是可能的。

8.4 泛议制度创新及其他

8.4.1 算法理论可能造成的影响难以估计

从基本哲学路线上讲，算法理论意味着柏拉图主义向“赫拉克利特主义”（以及与之相关的诸多哲学学说，现在作为一个整体的体系）的转变。这种转变所造成的影响必将是难以估计的。这种影响既在于理论和认知的方面，也在于行动和实践的方面；既体现在有意识的推理和思维活动中，也是下意识的。也就是说，诸多影响都是自然地、静默地、不知不觉地发生的。鉴于基础理论的特点是它所涉及的范围十分广泛，因而，这些影响绝不是我们事先可以完全推测出来的。这既是指所造成影响的种类与性质的多样性，也是指这些影响的范围、时间与程度的深远久广。而在对当事人行为的指导方面，算法理论当然也不限于仅仅用来为公共政策的制订提供思路和建议，它必定可以用来影响各种各样当事人的行为。它既可以服务于国家的官员，也可以服务于私人，服务于一般的行为者。

算法理论在社会心理方面将会引起的后果可能是颇为有趣的。这个议题首先要从新古典主义谈起。基于实际的观察和体验，笔者倾向于认为，新古典主义（或曰“理性主义”）的思维方法，在日常生活中导致了人的一种性格。这种性格的特点包括勤勉、急躁、过度自信、苛刻、斤斤计较、爱憎分明、容不下不同意见、鄙视普通人和常识等，甚至有些冷酷无情。具有这种性格的人整天忙忙碌碌地去追求真理，因为他们相信再多努力一点，真理就可以**全部**得到了。他们雄心勃勃，目空一切，求全责备，凡事都要追求一个“所以然”。假如确定性一时不可得，他们就要强求一个结论，或者发明一些借口，籍此获得内心的平静。他们都是完美主义者，通常看不到“快捷简便”这种行事方式具有极为关键的意义。更有甚者，由于对多样性与多元性缺乏科学的认知，他们有可能会苛刻而残暴地对待他人；对他人的不满、鄙视可能会发展为仇恨，以致产生武力打击的念头。正如论者们多有指出的，历史上统治者的残暴行为或多或少是与思想上的一元论有关系的。

反过来，正如我们已经零零碎碎提到的，算法理论将有助于塑造另外一种人格，这种人格通常具有平和而从容的心态，可以大度地面对万事万物，不会鄙视种种不规则、不规范和不圆满。由于他事先认识到了差异、冲突与发展的广泛性，他甚至可以宽容而友爱地对待对他怀有敌意的人。“算法人”也可以是勤勉的，但这种勤勉将是以长期不懈的努力为准备的，是以每日的持续进步为目标的，而不是急躁地、贪婪地试图“毕其功于一役”。当然，具有这种性格的人在现实世界上是大有人在的，这些性格的产生可能源于各不相同的认识基础，但基本社会哲学的整合与进步显然可以大大有利于这种有益性格的培养。

而在基本社会观点方面，只要与普通人交谈一下，就可以发现，人们之间的观点分歧何其严重，常常达到相互难以对话的程度！许多人都具有简单化的倾向，都想用自己简单的观点与“学说”来解释社会、看待问题，而这些简单的观点与“学说”之间却是大异其趣。他们自己所讲的话也是前矛后盾、杂乱无章的；只要稍加分析和追问，就会漏洞百出。与此同时，各种古代的、朴素的、迷信的、离奇的、粗陋的观点却一如既往地流行着。这种情况凸现了适当的基本社会科学知识的缺乏，以致当事人处于无所引导的境地。通过对基本人文社会科学原理的沟通，算法理论最终可望用来影响普通大众的思想与观念，带给他们正确的观点和方法——这就好比自然科学的发展曾经给大众心理所造成的影响一样。强调一下：这种整合与进步是不与多元性相矛盾的。

另一方面，这些后果也不一定都是积极的。例如，一旦理解了情感中的算法的机理，个人是否还会珍视情感呢？在认识到“念旧”以及“珍惜友谊”的心理如何形成以后，这些传统的美德还会保持下去吗？在了解到法律是一种“弯曲”之后，法律的神圣性还会继续存在吗？在理解了冲突的普遍性之后，会不会有人将更加热衷于人际的争斗呢？倘若认识到知识有限性、不确定性、“非理性”的不可避免性，会不会有人陷入玩世不恭的虚无主义（例如古代中国的某些道家人士）呢？无论这些后果如何难以预测，但显然总有一些后果将会发生。这些后果的意义也不纯粹是积极的或消极的，而将更多地表现为混合性的，甚至将不那么容易进行评判。如前所述，对此我们所能采取的态度也只能是：短期的消极后果也许是难免的，但这主要应当作为一种“创造性的破坏”来看待；在长期内，我们仍然相信，知识的进步与理智的觉醒终究将会有利于人类自身。①

8.4.2 确定性投资法

算法经济学在经济实践领域内的运用必将是十分广泛的。算法经济学可以用来帮助当事人认识和分析经济世界，从而更好地做出预测。算法经济学还可以帮助当事人更好地构思行为方案，从而取得更大的成功。作为一个应用实例，笔者在此可以向读者推荐一种投资决策方法，即“确定性投资法”。这种投资法在实际操作中向来存在着，笔者现在要对它做出理论上的概括、总结和论证，并以上述正式的名称来命名它。

我们知道，在实业投资领域，当任何人想要投资设立一个企业的时候，一个最低的必要条件是，他必须对这个将要成立企业的业务有所了解。即使在业务上他不够擅长，但也绝不能对之一无所知。这是因为，投资者至少担负着部分的决策责任，而投资者的思想、言行与决策对于企业的价值形成是有显著影响力的。这就是说，此时的投资决策并不是一个纯粹客观的决策，不能完全脱离投资者的身份来谈论这个特定生意的投资价值；不能够说，因为某个生意很有吸引力，它就适合于任何人进行投资。投资的可行性至少对于每个人来说是不一样的。由于算法经济学是真正揭示了人际差异与主观性的经济学，所以本质上这是一种算法式的观点。

我们把这个道理扩大到金融投资领域。金融性投资通常都是被动的，也即，一般认为，投资者只是被动地就有关投资机会进行评估，从而做出投资或不投资的决定；投资者通常没有机会或意愿去影响投资对象的内部决策，进而影响其价值。但是，这并不表明投资对象的价值是纯粹客观的。投资对象固然独立于投资者而存在，并且其价值无论在投资者的投资决策之前还是之后都**“客观地”**存在着，不同的投资者们对于这种价值的大小却可能存在着不同的**看法**。主流经济学认为这种看法的不同源于不同投资者所掌握的信息不同，现在，我们知道这种分歧必定还来自算法上的区别，这种分歧最终能否消除我们也不能确定。

以上观点似乎都是相当普通的，现在我们再将它引向深入。是否存在这样一种情形：所有投资者的观点都是相同的，然而，对于某个标的的投资价值却仍然不能确定，从而投资决策也无法做出？对于这个问题，主流经济学的回答是否定的。主流经济学的观念是，对于任何投资机会人们（在经过适当的信息搜集和计算之后）都能够对之做出恰当而确定的评价。如果我们把“所有人观点相同”这一点理解为人们在这

① 在对待情感、友谊、道德、法律、历史等方面，我们可以发现，英国人和美国人都具有相对温和、谨慎而平衡的态度，他们不像法国人那么绝对化，也不像中国的儒家那样滥情。他们总是处于分析和掂量之中。在那些过于讲求“理性”的地方，他们表现出感性；反之，在那些过于感性的地方，他们则强调理性。这是一种颇为算法的态度。算法理论可以用来解释这样的文明。

项议题上达到了最大的知识限度，那么，我们也就必须得出与主流经济学相同的结论。于是，对于每个金融投资机会，我们必须理解为，如果它值得投资，那么对于每个人都将是值得的；如果它不值得投资，那么对于每个人也都不值得。假如有任何人未能认识到这一点，只是表明他努力得不够，他要么未能勤奋地搜集信息，要么未能认真地进行学习和计算。总之，这将是一个令人遗憾而又可以纠正的错误。

当前的金融市场主要处在这样的思维方式和话语之下。这并非完全不正确，但这是不够的。我们需要转向从另一端来考虑问题。首先要取消这样一个前提，即认为所有人际分歧都可以经过投入不多的努力就可以获得解决——然后就一味地往那个方向去努力。需要认识到人际分歧以及主观性的**顽固性**，以至朝着“科学投资决策方法”努力的边际收益是会持续降低的；所以，投资者不如反过来看看自身。我们将发现，**我们每个人所擅长进行判断的事项各有各的特点**。有的人对于特定的行业、地域或者类型比较熟悉和擅长，而另一些人擅长的则是其他行业、地域或类型。这种能力差异也可能体现在市场运转的不同阶段上。我们有时候**自己感觉到**看不清行情的走势，但有时候却突然**觉得**可以很有把握地做出判断——而且这种判断的确会被事实证明为正确。这就是说，每个人对于每种投资机会或者每个市场阶段的把握能力是不相同的，而不同的投资机会可能适合于不同素养与性格的人来把握。新的思路是：我们不要总是试图去消除各自的个性，而是要尊重、反思和主动体察自己的个性。我们要平和地看待自己判断能力上的特长和弱点。尽管这些特长与弱点会不时地有所变化，但我们绝不可能完全消灭这种特性的存在，要将之视为一种永久性的常态。在反思和评价自己的基础上，可以进而采取这样的投资策略：**当我认为我有把握的时候，我就进行投资；否则，我就始终不入市，而采取观望和等待的态度**。

均衡论要么认为人们**在任何情况下**都能够找到正确的投资方法并取得成功，要么则认为市场一定会收敛到谁都没有把握的程度为止，而这种“谁都没有把握”的状态才是真实存在的状态（或者说“常态”）。这都是不正确的。**无论以任何主观或客观的标准来衡量，市场行情都会既有明朗的时候，也有不明朗的时候**。行情的明朗与不明朗既可能是因为它（在任何意义上）客观上“的确”就是如此，也可能是由投资者认识能力的局限性所造成的。不管出于哪一种原因，反正都会产生这种认识现象。大家对于行情的看法既有高度一致的时候，也有严重分歧的时候。一个人对于市场的判断力也是时弱时强，时好时坏。只要一个人比较正常地生活于社会之中，也就可以相信，并非每天碰到的所有机会都适合于他，**但适合他来把握的投资机会也绝不会永远不出现，它们甚至会以相当稳定（尽管不那么规则）的频率反复出现**。只要了解了这些真正的科学道理，明智的投资者就可以很有信心地运用上述“确定性投资法”了。他就不会整天忙忙碌碌地折腾了。有经验的投资者大都知道，行情需要等待，忙碌不一定有好处。算法经济学可以给这样的投资者吃下定心丸，使他安心地等待那些“属于他的机会”。他不会永远等不到，机会是绵延不绝、取之不尽的。当机会来临时，当事人所要做的，只是实时行动，将之轻松地抓住，加以利用。

有人适合做长线，有人适合做短线；有人善于做多，有人则善于放空（例如，索罗斯就是著名的做空大师，而巴菲特则是著名的多头和长线投资专家）。有人能够观察到距离遥远的两个时间点之间的规则性联系，但却把握不了市场的短期变化；而有的人则相反，他能够很好地预测短期走势，但却常常在大趋势上犯糊涂。这些都是投资界的常识。算法经济理论现在则赋予这些常识以理论上的支持。一定的投资策略通常是与一定的个人性格和知识背景相联系的。我们在行为时不要无视自己的个性，更不要痛苦地违拗自己的个性，否则将会付出额外的代价。根据笔者的实际观察，投资成功的关键常常在于避免不适合自己的“投资机会”，保有适量的现金在手，以便在真正属于自己的机会出现时，有能力去抓住它。失败的投资不仅常常起源于轻率的决策，也起源于糟糕的现金与进程管理，以致当良好的机会终于出现的时候，当事人已经难以为继，因而只能望洋兴叹了。

如此“各安其分”的结果也许是，大家都有所获得，也都有所放弃。当然，我们也不宜以简单的“分工”眼光来看待这种局面。分工乃是主流的陷阱。也不能把“个性”绝对化。绝对化是行为主义的陷阱。归根到底，最为“确定”的投资的确也不一定就会成功，没有人可以绝对地保证这一点，所以，这只是一种相对较为明智的策略而已。这种策略不能用来否定以下的道理，即一方面要认识和利用自己的特长，另一方面也要通过主动的研习，发展自己的特长。这两个方面是以种种不规则的方式共存着的。

8.4.3 制度创新之泛议

本书不是为了给任何现行的制度简单地提供辩护的。我们分析和论证地球上存在的形形色色制度的特点、合理性及其不足，其目的在于建立一些原理和方法，或者说，在于树立看待经济社会问题的一种“眼界”。这种眼界不是把我们引向对现实的崇拜，而是引向创制的冲动和对未来的期望。老实说，笔者认为，整个社会科学界的风气都过于古板、学究和迂腐。社会科学家们要么埋头于数字与文献的海洋，要么则不着边际地高谈阔论。不少人摆出一副高高在上的、神圣的姿态，要么颂扬，要么批判，实则成为了意识形态的俘虏。近代以来的意识形态之争使得社会科学变得过于敏感、拘谨而刻板，到处存在着话语上的禁忌。社会科学要开创新的纪元，首先就要打破这种古板而僵硬的气氛，要多多注入轻松、灵活、机智、平易和实际的元素。

笔者倾向于认为，在作为研究和干预对象的社会现实面前，学者们显得过于胆小了。我们应该抛弃禁忌，放开思维，展开联想和想象的翅膀。在这方面，社会现实可能一直走在学术界的前面。在很大程度上，学术界并不很了解他们所研究的、并且日日处于其中的经济与社会运行的真实逻辑。例如，“隐私”这个概念古已有之，如今它似乎越来越流行了。我记得曾经有学者说，这个概念其实是很“新”的，它“新”得超出了我们当下的理解范围。经济社会存在着另外一个面相，这个面相还整个地处于阴影之中，不为学术界所注意到，而它所占的比例也许要达到50%。例如，社会为了建立秩序，出于迫不得已，有时竟然要采取使人变弱的方法。教人仁爱就具有使人变弱的意味。儒家、尤其是孟子这一派显著地具有这个特点。他的教化让人的心肠变软。墨家主张朴素生活的思路意在管理人的欲望和价值观，它是反发展的，而这种思路竟然在它产生一千多年之后在思想与实践两方面都为社会所接受了，最终风行于全中国。如此种种统治手段的使用使得人口众多的中华帝国变得容易控制了。然而，国家的防务也因此而变弱了，及至到了公元1000年之后，汉族屡次被外族侵略和征服。“使人变弱”的极致则是让妇女裹脚的做法。裹脚让女人部分地丧失了谋生能力，只好依附于男人，于是，家庭就变得稳定了。从今天的和事后的角度来看，我们实在难以想象这个制度怎么会得到如此广泛的推行——可是它事实上不仅曾经极为流行，而且带有自愿的性质，连政府想要禁止都禁止不了。社会所具有的阴郁而实际的一面向来都是真实的存在，学问家们只是生活于其中而不自知；或者，学问家们用一套巧妙的说辞来达到在表面上承认它而实际上无视它的效果。这尤其是西方启蒙运动以来的基调。所以，怪不得导致风气转变、由“近代”进入“现代”的先驱型人物叔本华具有悲观主义的风格了。可以说，“现代”（以及“后现代”）的特征之一就是悲观论，以及由悲观而导致的冷静和理智。这是对自欺与自我麻醉的拒绝，是社会思想的进步应当经历的一个必要阶段。不意识到负面的、消极的东西，社会科学是不能真正地开始的——也就更谈不上走向成熟了。

如果我们对于经济社会的认识提高了，明白了种种现象的来龙去脉，知道了每个工具都有哪些功用，有哪些长处和弱点，会产生哪些后果，则难免就会产生动手来改造对象世界的愿望和冲动。这是难以避免的。知识的增进不可能不反映在行动上。知识增长后的人类行为不可能与尚未发生这种增长之前的行为一样。保守主义者们总是怀念过去，总是希望某种静止的状态能够维持下去，这是因为他们没有认识到社会变动的**不可避免性**。无论往好的状态还是坏的状态进行变动，变动常常都难以避免。在这一点上，社会与自然并无不同。物理、化学、生物学等学科获得了新发现，人们必然就要问：这会给我们带来什么好处呢？工程师们则跃跃欲试，要拿它来进行发明创造（所谓“艺高人胆大”）。每当此时，有人就会莫名其妙地恐惧，害怕新的发明创造会惹恼上帝，进而给人类带来毁灭性的灾难。这种担心固然有它的道理，但是，这些人通常没有认识到，我们人类其实一直就是这样来进行冒险的。我们根据我们的知识采取行动。知识固然不完全，固然是局部的，但我们**只能**依靠它们；我们只能把我们所已经掌握的知识置于优先的地位，据之展开尝试性的行为，然后再判断我们能够观察到的结果……如此循环往复。渗透在这种担心中的一个核心主张是企图在认清全局之后再回到局部来作为。持有这种想法的人显然没有认识到，“全局”与“最终的真相”是我们人类所无法企及的，我们不可能免于冒险。**理性和实用是我们的主要工具**。我们不能把恐惧放在优先的位置，只能把我们所拥有的工具放在优先的位置上。况且，一味固守既定生活模式的人，往往是不能达到他的目的的。主客观各方面都在变化，变化是难以禁绝的，区别只是在于主动还是被动地迎接它。保守主义者应当在建立他们的主张之前考虑到这句箴言中所包含的真理：进攻往往才是最好的防守。

这意味着我们再次回到边际主义的语境之中。“立足局部，求证全局”，仍然是我们通常所采用的主要方法，也是所有实践者所采用的主要方法。只要某种方案能够通过我们理性的检验（包括风险管理方面的评估），我们就可以考虑实施它。只要某种方案能够取得积极的实际效果，也就可以考虑复制或扩张对它的使用。笔者认为，马克思主义对于人类的一个主要的启发也正在于此。马克思怀疑和批判了一些曾经被视为神圣不可侵犯的东西。他所采用的一个主要根据不是别的，正是实用主义的原则：一个制度，不管听上去多么合理，假如它不能带给大多数人幸福，我们就有必要怀疑它，就有理由拒绝它，就可以考虑改造它。

当然，笔者的意思并不是说，任何想得到的制度方案也就都可以**轻率地**付诸实施。我们所说的是思想上的真正的、彻底的解放，也就是如今常说的“研究无禁区”，或者如胡适所说的“大胆假设，小心求证”。例如，我们不能认为强制力的运用一定就是有害的。强制力能否运用，需要到具体的环境中去做具体的分析，要根据具体的利弊状况进行说明。某些一般性的规则（例如“强制力的运用一般是有害的”）也必须在作为一些模糊性算法的意义上来予以看待，它们只是求解实际问题的初级的或参考性的标准，而不是唯一的或全部的标准。这些规则本身也需要不断地被掂量、被审视。又如，“私有制一般是有利于效率的”也只是这样的一种“模糊性算法”，它应当被理解为人们在无法确切地决定所有制形式的场合中用来指导所有制选择的方法。现在，算法框架为我们提供了更进一步的分析工具，我们开始知道公有制与私有制各自的具体的利弊所在，于是，我们也就不再简单地奉行这种“模糊性算法”了；我们就有可能针对具体场合的具体情况，对制度进行“量身定制”。这方面的一个已经存在的实例是专利制度。专利制度旨在通过赋予知识创立者以财产权的方式来刺激研发活动。但是，专利制度的具体规定显然过于笼统和僵硬了，这必然导致权利人滥用权利，导致他们以延缓知识进步速度的方法来获取过多的个人利益。因此，近年来，在美国，呼吁修改（甚至废止）专利制度的呼声日益高涨。对于诸多重要而又垄断性强的专利技术（例如某些治疗严重疾病的新药），越来越多的人要求至少要实行强制许可制度。

近代以来曾经风行一时的各种各样的“主义”，都代表着在认识或行动领域的一些基础性算法。它们尤其代表着在面对实际社会问题时的模糊的、粗糙的、形形色色的“解决之道”。因为这些主义都分别在一定程度上是主观构造的产物，所以，它们之间的冲突和斗争是颇为激烈的。算法方法可以用来厘清和重述各种主义的基本含义，可以在它们之间搭起联系与沟通的桥梁。各种主义在具体社会事务上通常都具有明确的意义。当然，这些意义只有理论家们才能看得真切，这是知识分子在分析具体社会现象时所具有的优势。另一方面，仅有这种优势是不够的，我们还需要理论性地、（相对）全面地解读当事人的意识、语言和行动。为此，就需要运用算法理论了。算法理论可以让我们既“理论地”、同时又真切地看待现实，从而让我们把“深邃”与“精明”结合起来。社会科学家们从此不必继续充当普通人眼中的“老夫子”

（甚至“书呆子”）了。“精明”这个词不再只是用来形容某些实践家的，社会理论家们也可以在具体事务上变得很精明。[①] 经典的“主义之争”因此将变得细致而具体，将具有普通人可以理解的鲜明的实际意义。在理论家们大幅度向现实靠拢的过程中，必将获益良多。对于真实制度的真相的揭示，不仅有利于重构理论，而且必将为制度创新提供丰富的灵感。对现实的总结终将导致对现实的提高。

8.4.4 制度创新之泛议（续）

在本小节，笔者再以我自己在制度创新方面的一点具体思路为例，来说明制度创新的前景为什么是不可限量的。

从对红绿灯的讨论开始。对于交叉路口车流的协调与指挥，既可以由交通警察来进行，也可以借助红绿灯进行。人工方式的优点是，它可以针对交叉路口各个方向上车流量的具体情况，灵活地制订通行方案，并随时变换方案。与之相比，红绿灯制度是比较僵硬的，它通常给每个方向固定的（此即“制度”的实质）通行时间，而不顾具体车流状况的变化。这就容易导致，即使某个方向上的车流已经通过完毕，而绿灯信号依然继续保持下去，同时另一个方向上的车流却被迫继续处于等待之中；反之，即使某个方向上的车流尚未通过完毕，而信号灯却已经变换，同时被放行的方向则根本没有车辆需要通过。总之，机械的信号灯制度并不能完全保证实现完美的通行方案，这是我们所熟知的。然而，为什么流行的是红绿灯、而人工指挥方法却日益遭到了淘汰呢？原因就在成本或便利性的方面。实施红绿灯制度的代价是非常低廉的，而人工指挥制度的成本则要高得多。这就是我们所反复说明的制度的一个实质，即它是通过牺牲精确性来换取便利性或经济性的一种安排。

制度的这种“不完美性”同时也决定了它是可以改进的。改进的方法当然不是回到人工指挥，而是寻找成本更低或者性能更好的措施，比如说智能交通系统。我们暂且不具体讨论处于实际研发过程之中的智能交通系统，只需要来设想一下，假如有某种电子设备，可以实时实地搜集十字路口各个来往方向的交通流量信息，然后现场进行分析计算，得出各个红绿灯信号持续或转换的最佳时点和时间长度，那么，各个路口以至整个城市的交通状况也就可以改善很多了。我们可以从这个角度再来理解传统的交通信号灯制度。红绿灯之所以在传统上比较“傻瓜”，原因主要在于信息收集和计算的方面。交通信息的收集工作本身并不复杂，但是，要不分昼夜地、全天候地收集每个路口和每条马路上的信息，代价是十分高昂的；再加之需要针对每个路口的情况**现场**进行计算、形成方案并**现场**指挥实施，代价就更加高昂了。

---

① 著名经济学家中的不少人似乎都具有失败的股票投资经历，这是令人遗憾的。这种实践的失败与理论的缺陷之间显然不无联系。我们难以想象，假如进行星际旅行，一个研究天体物理的科学家会比普通人更不在行；进了动物园，动物学家会比普通人更不在行；说起话来，语言学家会比普通人更不在行。社会领域理论与实践的脱节在很大程度上很可能是这个学科门类所独有的现象，笔者更希望这只是一个历史现象。用我们中国人的俗语来说，社会科学家们目前所需要的是“开窍”。大部分学者其实都具有比普通人更高的智商，一旦开了窍，由此所释放出来的创造力也许将是不可限量的。

如今，信息技术的发展则为我们提供了这种可能。电子化设备可以用于代价低廉地收集信息、进行计算并进行指挥实施。由于与“全球定位系统”相关的信息传递几乎不限制传输的距离，连上述“在各个路口安装专用设备”的思路可能也已经过时了。各个车辆的位置信息与其向各个“本地化”的计算设备进行输送，不如统一向某个更为高级的中心进行输送。只要这个“指挥中心”的计算能力足够强大，这种做法便可以大幅度地节约计算资源。采用这种方式之后，交通指挥中心不仅可以指挥交叉路口的交通，还可以对车辆的行驶全程进行指挥和协调。一个难点显然在于驾驶员对于指挥中心所发出指令的遵守程度如何，因为有大量的指挥信号必定是建议和引导性质的。由此推测，智能交通系统要大显神威，可能还要等到车辆自动驾驶系统得以确立的那一天；届时，空中的电子信号与车内的自动计算系统相互配套，也许就可以达到比较理想的效果了。这种综合系统的初始投资可能会比较高昂，也许涉及法律的制订或修改，但是，在把这些代价分摊到长期连续运转的整个交通体系之中以后，其经济性也许就是显著的。

人类社会制度的道理与此相类似。专制、民主、自由、法治以及整个经济体制的问题，所研究的都是诸如信息传递、计算、实施、指挥、控制之类的议题。在这些研究中，诸如长距离或短距离传输、本地化或集中式计算、信息传递与意见表达、意见的搜集与综合、计算的主观方法与客观方法的结合等议题都位于核心地带。这些议题就是社会科学以及社会工程学的核心，对它们的研究也就构成了社会科学以及社会工程学本身。

如果制度主要就是关于信息和计算的，那么，一个无可置疑的推论就是，极大地推动了人类信息传递与计算活动的“信息技术”的进步，将会不可避免地导致制度的变迁与创新。至少，已有制度的根基都将发生动摇，需要重新进行权衡与评估了。以美国的总统选举制度为例。美国的“选举人”制度显然立基于“全国难以在同一天完成计票”这样一个技术性的前提，所以，各州先选出代表各州意向的“选举人”，而各州的选举人则在另一天集合在一起，再进行最后的投票。现在，这个技术性前提已经不复存在了，选举人制度也就可以取消了，由选举人制度所带来的某候选人“在普选中实际获胜却因为选举人名额分配不均而造成‘程序性落败’”的弊病也就有希望得以避免了。

代议制度是面对社会性的信息传递与计算问题而发展出来的一种制度，其特点是通过“委托—代理”的方式来简化问题，同时诉诸专业化。目前还看不出信息技术是否将会动摇代议制的根基，但是，冲击显然是存在的。首先，议员们的活动和言论受到了选民更为密切的监督；其次，网络上的言论以及频繁的民意调查必然会对议员造成更大的压力。这种压力当然也会直达执行部门的首脑。鉴于互联网上的表达与统计是如此便利，假如取消现行的代议制，实行直接民主制，有没有可行性呢？有人可能会斩钉截铁地否定这种想法的可行性，可是，笔者要说的是：且慢，还是让我们来推测一番。一般认为，直接民主制的弊病在于它的民粹倾向，不过，在自由博弈的过程中，一些类似的观察表明，选民会相当迅速地认识到专业判断力与专职工作的重要性，许多人将会很快倾向于重新建立某些委托–代理关系；只不过，这种委托–代理关系将会比现行的制度更为灵活多样而已。这就好比每个人都有权去生产很多种商品，但实际真正去这样做的人则寥寥无几。那么，这些灵活多样的委托–代理关系及其具体条款会是怎样的呢？探究这个问题的方向，也就是通往更好的代议制的方向。

再来论述一下法律体系。法官判决案件，就是把他所掌握的复杂的法律条款应用于具体案件的过程。“电脑断案”现在已经成为一个公共议题。通过计算机编程的方式来自动地进行断案，这种方法一定会比人工断案的效果差吗？起码有两条理由可以支持这样做：一是记忆上的问题。法官虽然不大可能把特定法律规定的文字认错，但却可能会发生遗漏，即忘记了特定案件可能还会涉及另外的法律规定或判例。计算机程式则有可能较好地解决这一问题。这就好比电脑可以在疾病诊断与治疗方面发挥一定的作用一样。二是动机上的问题。**计算机不会受到诸如利益、感情等主观因素的影响，尤其不会接受贿赂（如果动机问题是各项政府活动中的老大难问题，那么，公共管理事务的电脑化就有非常广阔的前景）**。只要电脑可以在案件判决上代替部分人工作业，不仅法官的人数可以减少，而且还将能够由优秀法官来审理更多的案件。优秀的法官可以审核计算机得出结论的过程，并复核它的结果。

沿着这样的思路，我们又可以进入立法领域。可以认为，法律条款制订得比较简单的一个重要原因，就是信息传递与计算能力的限制。简单的法律既易于了解，也易于执行。然而，如果（部分地）采用计算机的方式进行断案，那么，法律是否就可以制订得更为复杂和精细一些呢？比如，一项关于道路通行的规定，也许可以附加几十个、甚至数百个例外。这就好比量身定制衣服，可以使之更加准确地切合道路通行中的每个具体情况，减少由于法律的“弯曲”所造成的浪费和损害。我们已经注意到，美国的法案如今正在变得更加复杂化和精细化，这虽然未必是受了司法手段电子化的影响，但是，社会知识与社会工程的持续进步却**必然会**提出这样的要求。这就好比人穿的衣服、用的物品总会越来越精致、越来越合用一样。

法律（以及以法律形式体现的各类管制措施）可以变得更加精细、合理而又有弹性，这是一个值得考虑的发展方向。这与软件系统的发展颇有类似之处。早期的软件比较简单和僵硬，其规模也比较小。如今，随着软件规模的扩张，它也变得比较柔性和人性化了。有人可能会说，法律变复杂以后，普通老百姓怎么去了解和遵守它呢？是的，这是一个问题；无论知识如何发展和扩张，我们每个人的基本运算能力都不会改变。但是，实际观察是，社会同时也会发展出来概括、提炼和简化知识运用的方式。软件很复杂，但是人们依然可以评价和选择它，这是因为软件大都是模块化的，用户可以不直接评价模块内部的构造方式是否合理，但却可以对模块的整体性能以及模块之间的结构方式做出一定的判断。选举总统其实也是这样。候选人的提名与竞选过程实际上是各类政治资源与政治主张围绕特定候选人所进行的整合过程，而最后的投票只是对以特定候选人为标志的“模块”进行选择。如今的行政职能固然是相当复杂的，然而，通过这种方式，普通选民依然有能力进行判断与选择。

在种种物理与社会手段的支持下，我们也许早晚会拥有一个像智能交通系统那样的法律与行政体系，其中的公民在行动的时候不再只受若干抽象而简陋的法条的管辖，而是会得到比较具体、合理而又不失灵活性的引导。这并不必然意味着自由的丧失，主观性与选择性也许能够以新的、我们今天所意想不到的方式表现出来，人的自由度与舒适度反而有可能提升。若果如此，则就实现了自由与必然的比较完善的结合。① 这种理想似乎是颇为“新古典主义”的，但是，不要忘记，计算能力与数据量是交替增长的，我们仍然不可能“算尽”世界，仍将面临无穷无尽的自然与社会问题。在“组合爆炸”的背景下，我们对于自由与主观性的命运，甚至丝毫都不用担心和怀疑。

① “阿尔法狗”（AlphaGo）是一个关于围棋比赛的人工智能项目，根据新闻报道，其在2017年取得了对于人类对手的压倒性优势。它的博弈策略虽然是演化的，但是由于电脑的运转速度极快，存储量极大，所以一台新的“阿尔法狗”只需经过几天的自我交战，就可以总结出人类专业棋手经过多年才能习得的绝大部分经验性知识（甚至更为优异）。这个事例启发我们，对于人类已有知识存量的浓缩和继承，在未来有可能变得相当容易，于是，人类在很大程度上就可以从现有的教育投资中解脱出来，然后使用计算机重点进行创新和试验。新知识的增长势必大大加速！不过，“道高一尺，魔高一丈”，种种算法的规律并不会改变。

第九章　略论中国的改革和发展

9.1 俄罗斯为什么“休克”

在本书接近尾声之时，我们要把算法理论的应用再向前推进一步。此前我们分别演示了它在理论原理与一般性政策上的应用，现在则要来看看，将之应用于分析、解释或解答现实问题时，可以产生怎样的效力。此前所关注的是一个模糊的、抽象的和一般的经济体，现在则要来关注具体的、特定的和特殊的经济体了。这种对现实的关注与对实际历史的关注是相一致的。当然，相关的论述仍然只是初步的，是思想性和例证性的。

每一位作者进行思考与写作的目的，在很大程度上都是为了他的祖国以及他所身处的时代。笔者也不例外。中国改革开放的较早阶段伴随着苏联的解体、东欧与原苏联地区的改革与转轨等一系列重大的国际事件。国际与国内情况的对比形成了强烈的反差，它在理论上与思想上造成了冲击，形成了刺激，同时也带来了丰富的灵感。它促使我们全面深入地反思学派林立的经济学，探寻它的出路。可以说，理论综合与创新的现实要求是空前的。作为对这一要求的回应，国际上出现了一门叫做“转轨经济学”或者“过渡经济学”的应用经济学分支。算法理论作为笔者对此所提出的回应，这个解答实际上是时代性的，因为计算机技术所催生的信息技术革命正在当时的美国风起云涌。我们其实是在用时代性的工具解答时代性的问题。为了具体说明这个解答，以及为了最终回到中国议题上来，这里需要先从一个几乎相反的案例——即俄罗斯的改革开始。

前苏联改革的启动实际上较晚于中国，是从政治与言论领域开始的。其后数年间发生了苏联的解体，俄罗斯联邦作为其主要的继承者登上了国际舞台。俄罗斯改革的特点是在政治、经济、社会领域进行全面的转轨，疾风暴雨式地倒向了西方体制。在外部援助严重不足的情况下，这种以所谓的“休克疗法”为标志的战略导致了大灾难——经济体系真的“休克”了。在 1991～1998 年间，“国内生产总值”（GDP）下降了约 60%，与美国 1929～1933 年“大萧条”期间的衰退程度相当；经济衰退引发了严重的社会灾难，以致有俄罗斯作者用“自我毁灭”之类的字眼来形容它。①

如前所述，计划经济体制具有种种严重的弊病。既然如此，一个尖锐的理论问题是：向市场经济体制所进行的过渡，为什么反而导致了灾难呢？

对此，算法经济学已经可以给出一个基本的、水到渠成的解释。这就是，这种现象典型地表明了作为一种知识的正式制度的性质、特点与作用。有效的临时计算，不能没有知识存量的支撑；有效的经济体系，也不能离开正式的“制度性基础设施”的支持。即使原有的制度不够好，往往也是“有总比没有强”。旧制度只要还在现实社会中发挥着作用，通常不宜在准备不足的情况下贸然予以废弃。这就好比建筑活动需要借助脚手架一样，脚手架在特定的生产阶段上发挥着支撑作用；只有等这个阶段结束之后，才能把它拆除——而这些都需要一个显著的时间过程。②

其次，还要解释一下正式制度为什么可以在一夕之间遭到毁弃。通常，存在于一个社会中的知识存量，由于它在存在形态上的分散性，任何个人或组织都是无力全面地进行破坏的。唯有正式制度不是这样。正式制度是由政府明确公布并明确实行的各类法律和规章，因此，政府具有权力和能力来废除它。尽管这些制度作为一种记忆可以相当长久地留存于社会成员的记忆之中，但政府却可以宣布它失效，致使该种知识存量在短时间内被毁坏。在 20 世纪 90 年代初的俄罗斯，这种决策虽然并不是首脑（例如叶利钦）一个人可以单独做出的，但处于特定时代的人们可以因为某种同质性和同步性，集体地做出某种错误的、头脑发热的决定。这是古典政治学家们（例如美国宪法的设计者们）早就洞若观火的社会奥秘。防止这种一时的“头脑发热”正是宪法得以产生的基本原因之一。宪法的作用之一就是迟滞和延长公共决策的过程，以便当事人就有关提议进行比较充分的观察、研究和交流。也就是说，思维过程是分为临时计算与知识建设两个层级的，二者之间不可偏废；绝不可以仅仅因为某项决策履行了形式上的批准程序，就简单地认为它是“民主的”和适当的。

原有的正式制度可以比较容易地宣布失效，而新的正式制度却不容易有效地建立起来。正式制度虽然在形式上和纸面上比较容易形成，但它实际上是一个体系，包含着大量未能写在纸上的部分，而这些部分的建设过程绝不是一蹴而就的。例如，支撑新制度的理论基础、基本观念与技巧如何在社会成员中间进行普及？如何使之得到认同？有关的当事人如何在新制度之下进行博弈？为此又需要培养哪些

① 作为一个激烈的批评者，谢·格拉济耶夫在他的《俄罗斯改革的悲剧与出路：俄罗斯与世界新秩序》（[俄]谢·格拉济耶夫著，经济管理出版社，2003 年）一书中使用“自我毁灭”“种族灭绝”这样的字眼（第 3 页）来形容俄罗斯所遭遇的灾难。书中列举了一些惊人的事实。例如，“20 世纪 90 年代中期的年人口减少率，比 30 年代头 5 年斯大林镇压时期和大规模饥荒时期翻了一番还多”（第 17 页）。又如，“俄罗斯的贫困问题自 1990 年以来加深了 14 倍”（第 25 页），等等。

② 这种论述使我们与“机会主义”这个词扯上了瓜葛，因此需要即刻澄清一下。算法式的规律强调了人们难以摆脱知识存量的“纠缠”，但为了临时计算的最优性，人们不得不时常变换其所采用的知识存量，这种机会主义态度在根本上是无法避免的。不过，知识体系的异质性可以容许人们选取时效最为长久的知识，对之予以优先的使用。在人际互动中，制度的有效性和经济性都要求制度尽可能地保持不变。这种逻辑是法治的起源，法律因此也是被优选出来的宝贵的知识。然而，归根到底，其与机会主义之间的差别只是程度性的，因为法律的确也需要不时地有所变化。

经验和技巧？这种积累和培养需要多长的时间？等等。在算法的视角下，这些问题自然就会凸现出来，而有关的答案绝不会是轻松的。首先是，临时计算与相关知识存量之间的比例关系内生了一种不可能性；根据这种不可能性，人类社会的任何变革，在原则上一般都是边际性的，通常不会涉及如此广大的范围，不会具有如此显著的整体性和紧迫性。每一时期的变革其实都可以比较明智地局限于部分领域（例如单独的政治体系或者单独的经济体系）之内，然而，不幸的是，在新政体刚刚建立之初，叶利钦政府就急急忙忙地宣布了彻底的私有化与市场化举措。试想一下，在西方经济体中，在制度条件维持不变的情况下，即使少数经济变量的变动都有可能引起经济危机，何况俄罗斯的制度条件本身还处于急剧的变化之中！当这么多重要变量同时变化的时候，当事人如何能够适应呢？当事人要是不适应，这些变革又怎么能够成功地完成呢？算法理论的作用之一就是，它提供了一种前所未有的多维度的数量分析框架，可以使我们（包括运用横向或纵向比较的方法）来预估某项举措的可行性及其后果。

当然，从东欧诸国的历史经验来看，正式制度（作为一种局部性的知识）的全面转轨也许并不是一个绝对不能完成的任务，但这些条件在俄罗斯却都不幸地缺席了。例如东欧诸国享受到的国际援助，在俄罗斯却严重不足。外部援助原本可以用来维持和激发经济流量，防止知识缺位和计算紊乱所造成的收入萎缩。也许因为俄罗斯经济体量过大，也许出于其他战略考虑，西方诸国拒绝大规模援助俄罗斯，这就导致俄罗斯所遭受的危机远比东欧诸国严重。又如，德国的统一提供了制度变迁的另一个样本，即通过撤除国境线的方法，由一个成熟的、体量较大的经济体全面吸收和改造另一个相对落后的经济体——结果是无论在短期还是长期内，都大致上成功地建立了流量的正循环。

算法理论把我们带入了一个具有广泛相对性的世界之中。任何曾经在实践中具体实行过的制度，都不是绝对地好或者绝对地坏；因此，任何一国都需要根据本国的具体情况灵活而巧妙地安排自己的发展战略，以便追求“流量稳定”这样一个核心目标。简单地说，流量指标的逆转只是基于收益与成本之间的比较关系：当新制度带来的收益（因为新制度只是相对地而不是绝对地优于旧制度，其所带来的收益也就只能是有限的）小于其（在最广泛范围内来衡量的）经济社会代价时，国势与国运就会走入下坡路。数量比较关系一旦逆转，导致的将是本质性的变化，是人民生活水平的大相径庭。

根据本书的论述，我们完全可以说，主流经济学指导下的“休克疗法”与“华盛顿共识”的主张者和支持者们，他们所犯的错误在本质上与他们所一贯批判和反对的对手相同，就是认为存在静态的、绝对的真理，而最重要的事情就是尽快到达那个真理，历史的“过程”则是其次的。国际思想界尚未把柏拉图的体系与反柏拉图的体系融合起来，因而尚有待于进入一个综合的、可对二者进行沟通和比较的（从而算法的）体系之中。可以说，20 世纪 90 年代的历史对此提供了明确的证据。

9.2“中国模式”的成功及其原因

把中国与俄罗斯的转轨和发展模式进行对比研究，这是很自然的事。由此诞生了“中国模式”这个词。这个词至少具有如下含义：维持原有政治制度的框架基本不变，经济改革与市场化采用“小步走的”、渐进的方式；扩大开放，吸引外资，促进对外贸易，等等。这样做的结果是，按同期可比口径计算，中国的国内生产总值（GDP）从略低于俄罗斯的1991年，持续增长到最近期（2016年）约为俄罗斯的9倍。相对而言，中国模式的成功是显然的。

中国模式并非产生于学者们所构思的任何理论，而是直接来自于政治实践者的观点、常识、经验和判断。这一点是相当有趣的。不过，无论从转轨还是发展的角度而言，这种成功都具有一个简单明了的算法式的解释，这就是：政治体制与公共政策的稳定性、连续性和统一性固定了众多的经济社会变量，减轻了临时计算的任务，从而使得当事人有能力连续生发出收入流量的正循环，使这在比较长的时期内得以维持。

从转轨的角度来说，即使把改革主要局限在经济领域（当然，政治上的小规模改革或调整总是难以绝对避免的，这是不规则性的一种体现）之内，由于它是对已有知识（制度）的一种破坏，负的收入流量仍然将会发生。这种消极效应典型地表现在20世纪90年代，中国的国有企业系统发生了大面积的亏损和停产，其情形与俄罗斯具有相似之处，只是在程度上没有后者那么严重而已。而“中国模式”的一个效应是：可以对负流量提供**及时的**对冲。掌握在政府手中的经济社会变量比较多，而政府在特定时段只需动用（而不是被迫动用）的变量则为数较少；因此，政府官员们就有时间和能力进行详细研究，究竟从什么地方着手来引发正循环，以便对冲负循环。因为可以从容不迫，则成功的机率就会相当高。例如，国企改制引起的困难，可以“共时性地”为新兴的其他所有制（集体的、私有的、外资的）企业所减轻，后者可以吸收来自前者的下岗人员。后者直接或间接贡献的税收也可以转化为公共开支。政府主导型的投资（基础设施或商业性投资）直接地、即时地提供了购买力和各类收入。[①] 对外贸易的效应是产生直接的收入循环。多种形式的外来投资也发挥了举足轻重的作用，且其金额逐年增大。外商投资既受到了优惠政策的吸引，也是因为外国投资者看好中国的发展前景。当经济增长在总体上发生时，包括外商在内的各类当事人通常都会变得乐观，趋之若鹜，从而使之加速。外国企业的进入不仅带来了先进的技术，而且带来了先进的经营模式与观念；它们都在经济体内部产生了强烈的（算法地不可避免

---

① 政府主导型的投资虽然在改革开放的早期带来了繁荣，但由于效率不高，并且主要（部分地通过原有国有企业）采取银行贷款的形式，继而引起了财务亏损和银行业的危机；经过艰难的重组之后，直到新世纪来临，政府主导型的投资方才重新转化为促进增长的因素。

的）示范和外溢效应；此类效应可以用来（在总量上）弥补对外国企业的优惠性待遇所造成的损失。所以，从计算与知识发展的角度来看，中国模式具有显著的优越性。

上述关于对外经济关系的论述，也适用于发展经济学。“发展”既然用来特指不发达经济体向发达经济体的靠拢，它就必然要聚焦于经济体的对外联系——否则就不是“发展”的问题了。因而，**无论转轨还是发展，其实都是对发达经济体的一种模仿**，是以后者为蓝本所进行的再造。发展的模式虽然不是唯一的，然而，纵观全球，政府主导型的发展模式却占有重要的地位，德国、日本、韩国、中国台湾、新加坡等都是典型的例子。苏联的成立曾经带来了较长期的高速增长，也可以视作一个这样的例子。可以说，“发展经济学”这个分支（如 4.3.4 节所述）就是由此而催生的；研究政府如何在发展中恰当地发挥作用，正是发展经济学的核心议题。当然，自由自发的发展模式也有众多取得成功的例子；然而，政府在发展中的特殊作用尚未得到解释以前，我们其实同样也不能解释后一种模式。

政府在发展中为什么可以具有特殊的作用呢？这个问题的答案是算法的。简言之，因为发展是一种模仿；对于“模仿”这样一个任务而言，“有形之手”要比“无形之手”效率更高。模仿类似于看着图纸制造产品。如同前文举过的例子，试想一下，当一个建筑师看着图纸建造一座大厦时，他是指挥工人有条不紊地进行作业呢，还是借助自愿的市场交易的方式，指望那些分散的、自由的、匿名的、为自己的目的与知识所支配的人们“自动地”“意外地”建起这座大厦呢？答案是不言而喻的。市场经济体系的建设过程虽然并不完全与此类似，但两者之间具有显著的相似性。鉴于理性的局限性，一般而言，政府无力在所有方面都指导普通当事人进行行为；但是，当所要建设的对象是一个具有已知形态的经济体系的时候，政府就可以发挥比较突出的作用，所犯的错误就会较少。政府具有比普通当事人更为广阔和长远的眼界，可以调动的资源的种类与数量也比普通当事人更加丰富。建设发达经济体所需的有关知识虽然大部分是已知的，但要进行学习和推广仍然面临着很大的困难，需要很长的时间，而政府官员作为一个人口数量较少的群体，则比较容易在短期内获得和掌握这些知识。政府还可以延请和任命业已具有这类现成知识的人士担任关键性职务，也就是说，发展中的经济体比较适合采用精英治理的模式。精英的舶来的知识可以与普通当事人所具有的常识和传统知识之间形成一种类似分工的关系，这就显著地节省了对新知识的传播、复制与学习过程。在这一点上，政府主导型模式与自由自发的模式之间的区分是明显的。后者依赖于全体当事人的知识成长，而这种成长又受制于欠发达经济体教育水平的低下。结果是，一些有益的、合理的结构长期不能够建设起来。市场经济体系所固有的羊群效应周期性地发作，反复地造成破坏性影响——这种加速的破坏效应在中国模式之下则在很大程度上得以避免。这种模式必然要求各类社会成员的知识、从而社会各个部分同步地发育，因而也必然要求政治体系要同步地发展；可是，政治发展往往会引起严重的动荡，反而时不时地对经济发展产生破坏性影响。美国次贷危机以来的巴西就是这样的例子。而在此期间，通过综合运用多种措施，中国经济则继续保持中高速增长的态势。

除了上述的战略因素之外，一般认为，促成“中国经济奇迹”的原因，至少还包括了：由较高的低龄人口比重所带来的“人口红利”；中国人爱好储蓄、重视教育的传统；国际上自由而又有秩序的投资与贸易规则，等等。一个民族所具有的有利于经济发展的品质绝不是偶然形成的，它是其丰富而连续的历史经验的一种结晶，是“文明”与“开化”的一种表现。有关文献中那些关于民族特性、经济社会条件、时代机遇、关键人物性格等的分析与论述其实无不是算法的；也就是说，都可以自觉地建立在算法的基础上，作为科学分析的元素，与战略因素融为一体。限于篇幅，在此笔者不详细展开了。

然而，没有完美的战略，中国模式也不例外。连续三十多年的高速增长也积累了严重的消极后果，例如腐败、环境污染、贫富分化等。眼下，发展战略与经济社会各方面都进入了一个调整和再平衡的阶段，这些问题已经引起了高度重视，并正在设法得到治理。

展望未来，以上分析还可以使我们合乎逻辑地得出以下推论：既然政府主导型模式的效力主要来自于“转轨与发展的本质是模仿”这样一个道理，那么，随着人均收入水平向发达国家的靠近，单纯的模仿势必不再能够继续支撑高速的增长了，创新就需要提上议事日程。这是发展经济学的一个重要观点，而这个观点实际上是算法的。按照这个逻辑，我国的发展战略需要适时地进行调整，以数量优势和资源再配置为主要手段的国际竞争需要转向品质、技术、知识和机制上的竞争。为此，在政府与市场之间，就要减少政府管制，加大市场的分量，促进博弈规则的自由与平等；在政府的行政系统与法治系统之间，就要决意改革行政主导的习惯，加大依法治国的力度；在经济改革已经调档换速的情况下，就要适时而稳妥地推进政治体制改革。应当说，无论在学术界还是在政策界，这些看法在很大程度上都是一些共识。然而，另一方面，坚持了几十年的模式具有强大的惯性与“路径依赖”效应，调整过程如果把握不当，就有可能影响社会稳定，引起脱轨或失序——要么则会引起增长的停滞。这是当前面临的严峻挑战。详细探讨下一步的具体改革方略与政策尚不是本书的主题。但算法的论述首先可以使我们全面地认识现状，进而正确地提出问题；这就为问题的解答提供了必要的理论基础。

9.3 国企与民企的竞争是技术性的

算法经济学涉及包括政府与市场在内的一系列综合。就眼下中国思想界的左右之争而言，算法式的综合尤其具有现实意义。它对于我们深化理解政府与市场各自的特点与功能、从而制订灵活、巧妙、务实和前沿性的行动方案是非常有益的，对于达成社会和解、建立共识、构造建设性而不是破坏性的争论方式、进而建设和谐而成功的社会也是非常重要的。在本节，笔者再以对国企改革的讨论来演示算法理论的应用及其上述作用。

在改革开放的早期阶段，国企改革议题是热络的和主要的理论议题之一。然而，近年来，这一议题的热度有所下降。原因当然首先在于国企的经营状况在新世纪取得了大幅度的好转。这种好转是20世纪90年代大刀阔斧地、全方位地进行经济改革的结果。当时，国内的经济理论界分化为强调所有制改革与强调市场机制改革等不同的派别。90年代的改革并不单纯偏向于其中任何一个派别，而是博采众家之长。同时，按照"政企分开"的原则，建立了相对独立的国有企业管理机构，即国务院国有资产管理委员会。诸如此类的综合措施最终导致了国企在新世纪取得了快速的发展。

不过，目前，国企的形势重新陷入了徘徊之中，一些老问题又重新暴露出来，而更为重要的是，国企的改革似乎失去了明确的方向，处于左右两难的境地。这就有必要再次反思有关国企的一些理论问题。

来自西方主流经济学的基本教义是，私有企业制度一般来说是高效的，而国有企业除了公益性企业等少数特殊情形外，原则上都应当予以私有化。这是右翼经济学家们的普遍主张。然而，俄罗斯的教训表明，在一个国企占有较高比重的体系中，短时间的大规模私有化面临着特殊的困难；要想兼顾公平与效率，殊为不易。私有企业的优越性究竟何在呢？主流经济学其实是回答不了这个问题的。算法地看，私企的优越性之一是它的"分散计算"这一特点。众多企业各自独立决策并相互作用，导致经济体系的运行和演进相对平稳。这一点颇类似于民主之于政治体系。与"分散计算"相关的是收入支出流相对短促而直观，因而对当事人具有激励作用。可是，家庭共有制、公用事业、股份公司体系等现象的存在，可以看作"冰山的一角"，它们反映了一个道理，即私有企业制度的效力其实是相对的，它的优越性并不是绝对的和压倒性的；在某些情况下，其中的成本—收益比较关系可能就会发生逆转，这种制度就会变得不经济，因而就会不值得采用。那么，又是什么因素影响着这种制度的成本与收益呢？算法地看，无非与通信、计算等问题有关。一个假定计算时间和通信成本都为零的理论体系是不可能存在、也不可能探讨这些问题的，因而也是与企业制度无关的。现在，在算法框架下，我们才有可能分析它们。

让我们在与公有制的对比中进行说明。国内学界曾经沿用"公地的悲剧"①作为例子，来说明无人关心的公共财产必然就会遭到厄运。后来发现这是一个错误。这是因为国有企业并非无主的"公地"，它是明确地属于国家的，而不是市场中的其他有关主体可以任意占用的。国家对全体人民负有责任，因而国家应当、并且实际上的确也在关注着国企财产的保值增值问题。的确，国企的财产并未量化分配到每一位公民的头上，在这一点上它似乎不如股份公司制度那样具有激励作用。可是，只要我们引入

① Hardin, Garrett. "The Tragedy of the Commons", Science, 162 (1968): 1243-1248.

算法的视角，认识到股份的划分、计算、转让等活动是需要花费代价的实在活动，也就可以认识到，这种模糊性实际上带来了便利与经济性——用俗话来说，“账”并不总是算得越清楚越好；这种科斯式的教条其实是片面的和误导性的。鉴于全民所有制下的“持股”非常分散和平均化，而且是公民投票权的一种附加利益，因此似乎既不必上市交易，也不必进行继承。不仅如此，股份公司制度与目前的全民所有制反而具有一种相似性，就是把针对资产的经营管理权集中起来，建立起某种治理结构，通过这种结构来进行统一的，而不是分散的行使。为什么要这么做呢？其中的道理其实与我们在第5.6节以及其他各处所表述的“公共品”的道理是类似的：当有限理性的个人面对多样的、异质的、巨大的和不规则的客观对象时，个人间的组织化的联合经常是难免的。“市场经济体制”的核心逻辑不在于反对这种联合本身，而在于防止单个组织的规模过大，以致引起进程上的不稳定。

依照上述看法，国企系统的大规模特征确实是一个不利因素。不过，既然任何优势与劣势都是相对的，则这个劣势也就可以具体分析，灵活应对。首先，其他所有制企业如今已经显著地成长起来了，国企系统不仅身处于庞大的国内市场之中，而且身处于更加庞大的国际市场。通过中外合资、股份制改革、混合所有制改革等措施，各个国企大都引入了其他股东。这些都有助于促进企业的独立性与市场的有效性。国企系统的顶层管理者受到政府机构与政治程序的节制，有助于增进其决策的审慎性。这一特点通常是民企所不具备的。与之相关的是，国企系统可以利用其规模大的特点，不仅致力于追求利润最大化，而且可以适当地追求其他经济社会目标。例如，可以设法通过一定的逆周期操作，以便达到稳定宏观经济的目的。学界以往对于政府随意给国企施加政策性负担的批评[①]无疑是正确的，但这与国企系统出于某种目的自愿追求经济社会利益是有区别的。只要建立适当的管理与激励制度，国企就有可能这样做。这方面现存的问题之一是其委托—代理链条太长了[②]。这个议题实际上完全是算法式的，解决的途径有两条；一是在国企系统的内部管理上，可以发展大企业、资本密集型企业以及一些管理任务不那么复杂的企业类型，以便缩短管理的链条。而在国企系统与它的股东——全体人民的关系上，有必要继续探索某种既有利于加强其独立性，防止政企不分，又有利于强化激励与约束的体制。政府身兼裁判员与球员所造成的角色冲突问题目前正在产生越来越严重的负面后果。这个问题也是十分“算法”的。对它的解决同样要求继续探索国资委系统的顶层设计问题。[③]

一种机制、体制或制度，都只是某种“算法”（或其组合）的体现而已。而当我们说“算法”这个词的时候，总是包含着“受到智力与资源约束而不得不如何如何”之类的意思，因而，各类算法之间的比较一般说来都是技术性的，各种常用的算法之间往往互有短长，需要的是不断地进行取舍、修补和改造。从股东的层面来看，公有

---

① 参阅林毅夫、蔡昉、李周：《充分信息与国有企业改革》，第169页，上海三联书店/上海人民出版社，1997年。

② 参阅张维迎：《企业的企业家—契约理论》第236～263页，上海：上海三联书店，上海人民出版社，1995年。

③ 有关具体机制的分析与设计，可以参阅本人的拙作：《国企改革：一个新方案》，经济日报出版社，2005年。

制与私有制之间的竞争不过是一群人与一个人、较多的人与较少的人之间的竞争而已，因而是技术性、程度性和细节性的。算法的视角终将使我们从任何绝对化的条条框框中解脱出来，而获得思想上的自由。我们可以自由地想象和设计有关的具体机制，通过多种方法和渠道来比较利害，展开试验，评估结果；只要控制住风险，也许我们将会展现出前所未有的创造力。

2012.4.1～2015.7.27 一稿
～2016.2.14 二稿
～2017.10.8 三稿
～2017.12.26 四稿
～2019.4.15 五稿

参考文献

（限于文中直接提及的文献）

[1]（英）爱德华·富布鲁克：《经济学的危机：经济学改革运动最初600天》，贾根良、刘辉锋译，北京：高等教育出版社，2004。

[2]（美）埃德温·多兰主编：《现代奥地利学派经济学的基础》，王文玉译，杭州：浙江大学出版社，2008。

[3]（英）安东尼·吉登斯：《社会学（第4版）》，北京：北京大学出版社，2003。

[4]（法）奥古斯特·孔德：《论实证精神》，黄建华译，南京：译林出版社，2011。

[5] Backhouse, Roger E. and Steven G. Medema. "Retrospectives on the Definition of Economics", Journal of Economic Perspectives, Volume 23, Number 1, Winter 2009.

[6] B é nabou, Roland and Jean Tirole. 2016. "Mindful Economics: The Production, Consumption, and Value of Beliefs." Journal of Economic Perspectives, 30 (3): 141-164.

[7]（美）保罗·A·萨缪尔森：《经济学（第十版）》（上中下册），北京：商务印书馆，1982。

[8]（法）保罗·布尔吉纳、（法）让—皮埃尔·纳达尔编著：《认知经济学：跨学科观点》，贺京同等译，北京：中国人民大学出版社，2014。

[9] 曹雪芹、高鹗：《红楼梦》，北京：文化艺术出版社，1995。

[10] Conlisk, John. "Why Bounded Rationality?" Journal of Economic Literature, Vol. XXXIV (June 1996).

[11]（奥）弗洛伊德：《弗洛伊德文集5精神分析新论》，车文博编，长春：长春出版社，2004。

[12]（奥）弗洛伊德：《弗洛伊德文集6自我和本我》，车文博编，长春：长春出版社，2004。

[13] Fodor, Jerry A., "The Language of Thought", Thomas Y. Rowell Company, 1975.

[14]（美）戈登·塔洛克：《寻租——对寻租活动的经济学分析》，李政军译，成都：西南财经大学出版社，1999。

[15]（美）格林斯潘：《动荡年代：冒险新世界》，南京：译林出版社，2009。

[16] 龚刚、杨光：《从功能性收入看中国收入分配的不平等》，载《中国社会科学》2010（2），54-68。

[17]（英）F·A·哈耶克：《个人主义与经济秩序》，邓正来译，北京：生活·读书·新知三联书店，2003。

[18]（奥）F·A·哈耶克：《科学的反革命》，冯克利译，南京：译林出版社，2003。

[19] Hardin, Garrett. "The Tragedy of the Commons", Science, 162 (1968): 1243-1248.

[20]（美）汉密尔顿、杰伊、麦迪逊：《联邦党人文集》，程逢如等译，北京：商务印书馆，1997。

[21] Handbook of Computational Economics
Volume I, edited by H.M. Amman, D.A. Kendrick and J. Rust, Elsevier 1996.
Volume II, edited by Leigh Tesfatsion, Kenneth L. Judd, Elsevier 2006.
Volume III, edited by Karl Schmedders, Kenneth L. Judd, Elsevier 2014.
[22]（美）赫伯特·金迪斯等:《人类的趋社会性及其研究：一个超越经济学的经济分析》，浙江大学跨学科社会科学研究中心译，上海：上海世纪出版集团，2006。
[23] 冯友兰:《中国哲学简史》，北京：北京大学出版社，1996。
[24]（英）霍布斯:《利维坦》，黎思复、黎廷弼译，北京：商务印书馆，1985。
[25]（英）G·M·霍奇逊:《演化经济学的诸多含义》，洪福海译，载《新政治经济学评论》2004（2）。
[26]（英）G·M·霍奇逊:《经济学是如何忘记历史的：社会科学中的历史特性问题》，高伟等译，北京：中国人民大学出版社，2008。
[27]（美）加里·贝克尔:《人类行为的经济分析》，王业宇、陈琪译，上海：上海三联书店，上海人民出版社，1995。
[28] 贾根良:《历史学派再认识与中国经济学的自主创新》，载《南开学报》2006（4），89–97。
[29] 贾根良、黄阳华:《施穆勒纲领与演化经济学的起源》，载《南开学报》2007（4），102–109。
[30] 贾根良:《演化经济学：现代流派与创造性综合》，载《学术月刊》2002（12），13–19。
[31]（奥）卡尔·门格尔:《经济学方法论探究》，姚中秋译，北京：新星出版社，2007。
[32]（美）科斯等:《财产权利与制度变迁——产权学派与新制度学派译文集》，上海：上海三联书店，上海人民出版社，1994。
[33]（美）科斯等:《契约经济学》，李风圣等译，北京：经济科学出版社，1999。
[34] 孔子:《论语》，太原：山西古籍出版社，1999。
[35] Lachmann, Ludwig. “Expectations and the Meaning of Institutions”, London & New York: Routledge, 1994.
[36] Lachmann, Ludwig. “Capital, Expectations and Market Process”, Institute for Humane Studies, Inc., 1977.
[37]（法）莱昂·瓦尔拉斯:《纯粹经济学要义》，蔡受百译，北京：商务印书馆，1989。
[38] 李斌:《国企改革：一个新方案》，北京：经济日报出版社，2005。
[39] 李斌:《经济学的大综合》，“中国经济学跨学科理论创新研讨会”，天则经济研究所，北京，2014.5。
[40] 李斌:《算法经济学：一个关于有限理性的“一般”理论》，载《经济研究信息》2006（6），3–15。
[41] 李斌:《算法框架理论：一门统一的社会科学之基础》，北京：中国人民大学出版社，2009。
[42] 李斌:《社会科学原理初探：算法方法》，北京：中国人民大学出版社，2012。
[43] Li Bin, “The Synthesis of Various Economics: An All-in-One Solution”, Association of Heterodox Economics annual conference, Nottingham, UK., 2011.
[44] 李斌:《制度与组织的内生：算法方法》，中国制度经济学年会，杭州，2015.10。
[45] 李其维:《认知革命与第二代认知科学刍议》，载《心理学报》2008，40（12），1306–1327。
[46]（美）W·A·刘易斯:《二元经济论》，施炜等译，北京：北京经济学院出版社，1989。
[47]《论语》，太原：山西古籍出版社，1999。
[48]（法）卢梭:《社会契约论》，北京：商务印书馆，1980。

[49]（美）罗伯特·威廉·福格尔、斯坦利·L·恩格尔曼：《苦难的时代：美国奴隶制经济学》，颜色译，北京：机械工业出版社，2016。
[50]（英）马克·布劳格：《经济理论的回顾》，姚开建译，北京：中国人民大学出版社，2009。
[51]（德）马克思、恩格斯：《马克思恩格斯选集》，北京：人民出版社，1995 年。
[52]（德）马克思：《资本论》，北京：人民出版社，2004 年。
[53]（英）A·马歇尔：《经济学原理》（上下卷），北京：商务印书馆，1997。
[54]（美）曼昆：《经济学原理》（上下册），梁小民译，北京：生活·读书·新知三联书店，北京大学出版社，1999。
[55]（美）曼瑟尔·奥尔森：《集体行动的逻辑》，陈昕等译，上海：上海三联书店，上海人民出版社，1995。
[56]（法）孟德斯鸠：《论法的精神》（上下册），张雁深译，北京：商务印书馆，1997。
[57]（美）米尔顿·弗里德曼：《弗里德曼文萃》，胡雪峰、武玉宁译，北京：首都经济贸易大学出版社，2001。
[58]（奥）米塞斯：《货币与信用原理》，杨承厚译，台湾：中华书局，1966。
[59]（美）诺姆·乔姆斯基：《句法结构》，邢公畹等译，北京：中国社会科学出版社，1979。
[60] O' Driscoll, Gerald P. Jr. and Mario J. Rizzo. "The Economics of Time and Ignorance", Taylor & Francis e-library, 2002.
[61]（奥）庞巴维克：《资本实证论》，陈端译，北京：商务印书馆，1983。
[62]（瑞士）皮亚杰：《发生认识论原理》，王宪钿等译，北京：商务印书馆，1985。
[63] Pinker, Steven. "The Blank Slate: The Modern Denial of Human Nature", The Penguin Group, 2003.
[64] Reraji, Shenji. "Evolving Norms: Cognitive Perspectives in Economics", Palgrave Macmillan, New York, 2016.
[65] Rizzello, Salvatore (ed.). "Cognitive Developments in Economics", Routledge, London & New York, 2003.
[66] Roamer, Paul M. "Endogenous Technological Change", The Journal of Political Economy, 1990, Volume 98, Issue 5, Part 2, S71-S102.
[67] Rowlands, Mark. "The New Science of the Mind: From Extended Mind to Embodied Phenomenology", The MIT Press, 2010.
[68]（美）斯蒂芬·A·罗斯：《新古典金融学》，北京：中国人民大学出版社，2009。
[69] 宋焕章、张春元、王保恒：《计算机原理与设计》（上下册），长沙：国防科技大学出版社，2000。
[70]（美）唐·罗斯：《经济学理论与认知科学：微观解释》，贾拥民译，北京：中国人民大学出版社，2011。
[71] Thaler, Richard H.. 2016. "Behavioral Economics: Past, Present, and Future", American Economic Review, 106 (7): 1577-1600.
[72]（英）特伦斯·W·哈奇森：《经济学的革命与发展》，李小弥等译，北京：北京大学出版社，1992。
[73]（美）Thomas H. Cormen 等：《算法导论》，潘金贵等译，北京：机械工业出版社，2006。
[74] Topol, Richard & Bernard Walliser (ed.). "Cognitive Economics: New Trends", Elsevier B.V., 2007.
[75]（美）托马斯·伍兹：《清算谎言经济学》，马慧译，北京：中华工商联合出版社有限责任公

司，2010。
[76]（德）瓦尔特·欧肯：《国民经济学基础》，北京：商务印书馆，2010。
[77] Walliser, Bernard. “Cognitive Economics”, Springer-Verlag, Berlin, 2008.
[78] 汪丁丁：《注意力的经济学描述》，载《经济研究》，2000（10），67–72。
[79] 王诚、宋佳兴：《计算机组成与体系结构》，北京：清华大学出版社，2004。
[80] 王旭东编著：《算法设计与分析》，北京：清华大学出版社，2003。
[81]（瑞典）维克塞尔：《国民经济学讲义》，刘契敖译，上海：上海译文出版社，1983。
[82]（英）希克斯：《价值与资本》，薛蕃康译，北京：商务印书馆，1982。
[83]（俄）谢·格拉济耶夫：《俄罗斯改革的悲剧与出路：俄罗斯与世界新秩序》，北京：经济管理出版社，2003。
[84]（英）亚当·斯密：《国民财富的性质和原因的研究》（上下卷），郭大力、王亚南译，北京：商务印书馆，1997。
[85] 晏智杰：《经济学中的边际主义》，北京：北京大学出版社，1987。
[86] 杨小凯：《杨小凯谈经济》，北京：中国社会科学出版社，2004。
[87] 杨小凯、黄有光：《专业化与经济组织》，张玉纲译，北京：经济科学出版社，1999。
[88]（英）伊·拉卡托斯：《科学研究纲领方法论》，上海：上海译文出版社，1987。
[89]（英）约翰·凯：《有效市场假设与经济预测》，英国《金融时报》中文网，2011年9月21日。
[90]（英）约翰·穆勒：《政治经济学原理》，赵荣潜等译，北京：商务印书馆，1991。
[91]（英）约翰·伊特韦尔、（澳）默里·米尔盖特、（英）彼得·纽曼编：《新帕尔格雷夫经济学大辞典》（一~四卷），北京：经济科学出版社，1996；以及 Steven N. Durlauf and Lawrence E. Blume Eds. “The New Palgrave Dictionary of Economics Online”, Palgrave Macmillan。
[92]（美）约瑟夫·熊彼特：《经济分析史》（一~三卷），朱泱等译，北京：商务印书馆，1996。
[93]（美）詹姆斯·M·亨德森、（美）里查德·E·匡特：《中级微观经济理论：数学方法》，苏通译，北京：北京大学出版社，1988。
[94] 张德生：《化学史简明教程》，合肥：中国科学技术大学出版社，2009。
[95] 张雷：《媒介革命》，北京：中国社会科学出版社，2009。
[96] 张维迎：《博弈论与信息经济学》，上海：上海三联书店，上海人民出版社，1996。
[97] 张维迎：《企业的企业家—契约理论》，上海：上海三联书店，上海人民出版社，1995。
[98] 张五常：《佃农理论——应用于亚洲的农业和台湾的土地改革》，易宪容译，北京：商务印书馆，2000。
[99] 张五常：《经济解释——张五常经济论文选》，易宪容、张卫东译，北京：商务印书馆，2001。
[100] 张五常：《卖桔者言》，成都：四川人民出版社，1988。
[101] 张志伟：《西方哲学十五讲》，北京：北京大学出版社，2004。
[102]（美）兹比格涅夫·布热津斯基：《大失败：20 世纪共产主义的兴亡》，北京：军事科学出版社，1989。